형사실무와
판례

Criminal practice,
leading precedents,
and commentary

이성철 외 2인

박영사

축 사

살아 있는 형사법의 발전을 기원하며

김 현 웅(前 법무부장관)

그동안 시대의 흐름에 따라 형사법 체계가 변천되어 왔습니다.

형법, 형사소송법, 형사특별법 등이 시대와 국민의 사법정서에 발맞추어 많은 변화가 있었고 앞으로도 계속하여 발전할 것입니다.

이러한 변화와 발전에 따라 형사법의 실무와 판례가 형성되어 왔으며, 이는 국민들의 실생활에 직접적인 영향을 주었습니다.

해방 이후 지금까지 법원과 검찰은 수많은 형사사건을 담당하고 처리하면서 헌법과 법률 그리고 판례에 따라 정의와 법질서를 세워왔습니다.

형사재판의 최종적인 결론인 대법원판결은 어느 선진외국에 못지않게 정치한 법 이론에 기초한 것으로 인정되고 있고, 또 꾸준히 축적되어 지금은 우리나라도 선진화된 형사법체계가 구축되었다고 생각합니다. 특히 대법원판결은 국민들의 사법정서와 시대의 역사가 스며들어 있는 살아 있는 법입니다.

그동안 시행착오도 있었겠지만 수많은 사건에 관련된 실무와 판례들은 우리나라 사법제도의 방향에 대한 지침이 되고, 국민들의 법률생활에 있어 등대가 되었습니다. 이는 법원, 검찰, 변호사협회, 입법부, 법학계의 모든 구성원들과 국민들의 노고와 준법정신에 기인한 것입니다.

이성철 부장께서는 저의 사법연수원 동기이며, 제가 서울서부지방검찰청 검사장으로 재직할 당시 서울서부지방법원 형사항소 1부장으로 재직하면서 형사실무연구회를 맡아 형사 판례와 실무에 관하여 활발한 연구·발표 활동을 하셨던 기억이 새롭습니다.

이 부장께서는 형사재판장뿐만 아니라 경향 각지 법원에서 국제거래, 의료, 도산, 행정, 지적재산권에 대한 전담재판부 재판장을 거치면서 재판 관련 여러 의문점들을 꾸준히 연구하여 그 결과물인 논문집 『법과 등대』를 지난해 발간하였으며, 법원행정처의 『해상재판실무편람』, 고려대학교 해상법센터의 『바다, 저자와의 대화』를 공동 집필하시는 등 실무와 이론을 겸비한 분으로 널리 알려져 있습니다.

이번에 이 부장께서 형사법과 관련하여 중요한 대법원 전원합의체 판결, 형사재판에서 자주 인용되는 주요 대법원판결, 최근 사회적 이목을 끄는 형사사건에 대한 판례와 실무를 정리하고 간단명료한 해설을 덧붙인 역저를 발간하심을 기쁜 마음으로 축하드립니다.

이 저서는 법률조문 위주의 기존 주석서와는 달리 실무에서 자주 문제되는 판례들이 가독성 있게 정리되어 있어 형사실무에 종사하는 모든 분들께 많은 도움이 될 것으로 기대합니다.

『형사실무와 판례, criminal practice, leading precedents, and commentary』의 출간을 거듭 축하드립니다.

2022. 7.

추 천 사

『형사실무와 판례』 출간을 축하드리며

여 훈 구(前 한국형사판례연구회 회장, 김·장법률사무소 변호사)

판례는 살아 있는 법입니다. 대법원판결은 다양한 법적 분쟁 사건에서 변호사, 검사, 그리고 법관들의 연구와 검토를 순차로 거쳐 절차탁마된 공동작업의 총체로서, 그 시대의 사법 정의가 담겨져 있고 그로 인하여 현재와 향후 우리나라의 법질서를 지켜줄 등대입니다.

대륙법 체계를 갖고 있는 우리나라에서는 영미법 체계와 달리 판례에 법률에 준하는 구속력이 부여되어 있지 않지만, 판례 위반이 상고이유를 구성하고 있을 뿐만 아니라 새로운 판례의 법리가 사회적 흐름의 이정표 내지 전환점으로 기능하고 있어서 판례의 중요성은 아무리 강조해도 지나치지 않습니다. 그러므로 판례에 대한 학문적, 실무적 담론의 제기와 비판적 수용은 필수적입니다.

이러한 맥락에서 이번에 이성철 부장판사께서 '형사실무와 판례'라는 역저를 발간하게 된 것은 매우 의미가 크다고 하겠습니다. 형법, 형사소송법 및 주요 특별형법 등 형사법 전반에 걸쳐서, 전원합의체 대법원판결을 중심으로 하되, 꼭 필요한 대법원판례, 최근 언론에 부각된 판례, 특히 실무에서 자주 회자되는 판결들을 망라하여 법령별, 조문별로 정리하고 이에 더하여 필요한 평석이나 해석을 간결하게 덧붙인 형사법 주석 판례집입니다. 형사 판례의 취지를 명확히 이해하고 적용할 수 있도록 관련 민사·행정 판례는 물론 헌법재판소 결정과 하급심 판결까지 수록하였습니다. 그동안 법률 조문별 주석서나, 교과서, 판결요지집 등이 있었지만 정작 실무에서 필요한 판례들을 형사법을 통관하여 법령별, 조문별로 일목요연하게 정리하고 주석을 붙인 것은 이번이 처음이라고 알고 있습니다.

재판을 주재하면서 수많은 사건을 담당하고 있는 법관으로서, 이처럼 방대하면서도 섬세한 내용의 주석 판례집을 저술하는 작업은 남다른 학문적·실무적 열정과 사명감이 없이는 불가능한 일입니다. 이성철 부장판사께서는 제가 수원지방법원과 서울동부지방법원에 재직할 당시 함께 근무하였는데, 이러한 한결같은 열정과 사명감으로 동료 법관들의 귀감이 되어 오신 분입니다. 재판을 담당하는 과정에서 쟁점에 관하여 고뇌하고 관련 법리를 검토하여 해결에 이른 과정을 항상 자료로 정리·축적한 후 발표를 통하여 이를 주위에 공유한다는 철학과 소신을 체화하고 계신 분으로 알려져 있습니다. 지난 1월에는 해상 등 국제거래 사건, 의료사건, 도산 사건, 지적 재산권 사건 전담 재판을 담당하면서 수시로 발표한 논문과 자료를 정리한 '법과 등대'를 발간하신 바 있습니다.

이 부장께서는 고등법원과 지방법원에서 형사재판부 재판장과 주심 판사로서 형사재판을 담당해 오시면서도 법리에 관하여 검토한 자료를 모아 지방법원이나 사법연수원에서 법관 세미나 등을 통하여 발표하고 각종 토론 모임을 주재하여 오셨습니다. 코로나 팬데믹 상황 속에서 시간을 내어 칩거하면서 10여 년 전부터 틈틈이 준비한 형사법 관련 자료들을 정리하여 졸저를 출간하게 되었다고 겸손해하십니다.

이 책은 형사법 최고 전문가요 실무가의 지혜와 노고가 담긴 산물로서 법률 실무가와 학자들은 물론 법학전문대학원 등에서 연구·수학하는 예비법조인 내지 법학도들께도 소중하고 유익한 자료가 될 것이라고 확신하며, 그 출간을 매우 기쁘게 생각합니다.

그동안의 수고로 이 책을 발간하게 됨을 거듭 축하드리며, 형사법과 형사 판례 등 법률 문화 발전에 하나의 큰 초석이 되기를 기원합니다.

2022. 8.

머 리 말

　그동안 일선 재판장으로서 재판 진행을 하고, 판결문을 작성하고 선고하면서 당사자들에게 큰 기쁨을 주지 못한 사람으로서 글을 쓴다고 하는 것이 부담이 되는 것은 사실입니다. 매주 개정하는 재판 진행, 그리고 가끔 발표한 법률관계 논문들의 준비 외에 글을 쓸 시간과 여유가 없었습니다.

　하지만 나름대로 여러 법학 학회지, 세미나에서 발표한 논문, 대학원, 사법연수원, 보험연수원, 법원행정처 등에서 강의한 자료 등을 정리하여 지난해 '법과 등대'와 '선박충돌의 법리'를 발간하였으며, 그 이전에 법원행정처에서 발간한 '해상재판 실무편람(공동 집필 대표)'과 올해 고려대 해상센터에서 주관한 '바다, 저자와의 대화(공동 집필)'에도 기여하였습니다. 고맙게도 여러분들께서 자문과 덕담을 주셨으며, '법과 등대'는 개정2판까지 출간하였습니다. 이 자리를 빌려 깊이 감사드립니다.

　이제 대전고등법원, 서울서부지방법원, 광주지방법원 순천지원 등에서 형사 단독, 형사 합의, 형사 항소부의 주심 판사, 재판장으로서 약 2,700~3,000건에 달하는 형사사건을 담당하며 관련된 판례와 형사 법리들을 정리해보았습니다. 피고인들의 변호인, 법원, 검찰, 경찰은 물론 법학전문대학원생, 기업, 은행의 법률실무가들이나 관련 법조직(法曹職)에 계시는 분들에게 도움이 될 것으로 생각합니다.

　법원에서 '가장 많이 발생하여 심리하는 형사사건', '대법원 판례, 특히 전원합의체 판결', '최근 중요한 형사 판결(헌법재판소의 한정위헌 결정 포함)'들을 법령별로, 조문 순서대로 정리하였습니다. 실제 일선에서 가장 많이 경험하는 형사사건의 판례, 일선 법률실무가들이 꼭 알아야 하고, 치명적인 실수를 방지하는 실무 관련 판례를 검토하였으며, 필요한 사안의 경우 평석이나 해설을 제시하고 이해를 돕도록 정리하여 가독성을 높였습니다. 특히 재산범죄, 공직선거 사건, 의료 사건, 해양 범죄 사건 중 주요 판례들을 정리하였으며, 다만 전원합의체 판결에 있어서는 지면상 판례에 대한 '반대의견'이나 '별개의견', '보충의견' 등을 모두 게재하지 못한 아쉬움이 있습니다.

저를 아는 친지·지인들께 그동안 코로나19 상황하에서, 공직 근무 등으로 문안 인사를 못 드린 점 널리 양해해주시기 바랍니다. 이 글로써 그나마 失機했던 문안 인사를 대신하오니 그동안 무소식에 대한 서운함을 잊으시고 유익한 시간을 갖게 되기를 바랍니다.

이 글이 나올 수 있도록 동기 부여와 많은 아이디어를 주신 법조 선배님 그리고 동료 법관들에게, 나아가 대법원 법원도서관에서 민사·형사 대법원 판례를 수년간 정리해주신 원종삼 과장님, 그리고 여러 가지 편집과 디자인에 아낌없는 열정을 쏟아주신 박영사 관계자분들께 깊이 감사드립니다.

2022. 8.

대표 저자 和山 드림

[일러두기]

1. 수록 대상

형사사건 판례 중 대법원 전원합의체 판결을 위주로 하되, '대법원 및 하급심 판결 중 중요한 판결', '실무에서 가장 많이 발생하여 심리를 하는 형사사건', '최근 중요한 형사 판결', '헌법재판소 결정 중 중요한 결정'들의 판결 요지를 법령별로, 조문 순서대로 정리하였으며, 대법원판결(전원합의체 판결, 하급심 판결 포함)은 2022. 8. 31.까지 법원공보, 종합법률정보 판례, 판례 공보(원종삼 편저), 법고을, 판결요지집을 실제 형사재판 실무에 대비하여 수록하였으며, 나아가 필요한 사건에서 민사, 행정 대법원판결도 참조 수록하였다.{예: 형법 제307조 명예훼손죄에서 불법행위 책임(대법원 2018. 10. 30. 선고 2014다61654 전원합의체 판결), 형법 제312조 명예훼손죄의 고소와 피해자의 의사에서 민사상의 불법행위 책임(대법원 2009. 4. 16. 선고 2008다53812 전원합의체 판결), 형법 제355조 횡령죄와 불법원인급여에서 윤락행위 선불금(대법원 2004. 9. 3. 선고 2004다27488, 27495 판결), 관세포탈 범죄를 저지르기 위한 비밀 송금(대법원 1992. 12. 11. 선고 92다33169 판결), 민사재판과 형사재판에서의 증거(대법원 2006. 10. 26. 선고 2004다63019판결), 성폭력범죄의 처벌 등에 관한 특례법 위반의 '성인지 감수성'에 관하여 최초로 제시된 심리 기준을 설시한 판결(대법원 2018. 4. 12.선고 2017두74702 판결) 등}

2. 편집 순서

형법, 형사소송법 및 형사소송 규칙, 형사특별법 분야로 나누어 수록하였다. 헌법재판소 결정은 해당 법조문{예: 구 도로교통법 위반, 특정범죄 가중처벌 등에 관한 법률(2010. 3. 31. 법률 제10210호로 개정된 것) 제5조의4 제1항 중 형법 제329조에 관한 부분, 공직자선거법위반 등} 또는 이 책 마지막 부분에 수록하였다.

－ 해양범죄 사건은 형법 제18조(부작위범, 세월호 침몰 사건), 형법 제187조(업무상과실선박파괴, 선박 충돌 사건 등), 형법 제250조(살인, 세월호 침몰 사건), 형법 제340조(해상강도, 소말리아 해적 사건, 남태평양 원양어선 해상강도 살인 사건), 선원법 위반(세월호 침몰 사건), 수난구호법 위반, 특정범죄 가중처벌 등에 관한 법률 제5조의

12(도주 선박의 선장 또는 승무원에 대한 가중처벌), 구(舊) 해양오염방지법 위반(2007.
1. 19. 법률 제8260호로 해양환경관리법 제정, 태안반도 유류 오염 사건 등) 참조
  - 선거범죄 관련 주요 판례는 공직선거법 위반 부분 참조
  - 다양한 의료 사건 관련 판례는 의료법 위반 부분 참조

  3. 대법원판결의 출전 사용례
    - 🏛 대법원 및 하급심 판결
    - ☞ 이 책에 있는 관련 조항 판례 안내 또는 참조
    - 【판결의 요지】, 【판결 이유】, 【판시 사항】
    판결의 요지, 판결 이유, 판결의 사안 내용 등을 포함하여 수록하되, 필요한 사안의 경우 다수 의견, 보충의견, 반대의견, 소수의견, 별개의견을 부기함
    - 【평석】, 【해설】
    형사특별법의 경우 판결 요지에 대하여 원칙적으로 평석이나 해설을 부기하였으며, 대법원 판례 해설(법원도서관), 법률신문 분야별 중요판례 분석, 법원실무제요 형사 I, II, 주석 형법, 주석 형사소송법, 선거범죄재판실무, 재판업무 길라잡이(형사), 해양범죄백서 등을 참조하였다.
    - 【사항 색인】 주요 사항 색인
    - 【판례 색인】 선고기일 순서대로 수록
    - [사건명] 판결문의 사건명을 그대로 인용하되, 사건명이 많을 경우 중요하지 않은 사건명은 "등"으로 표기함
    예: [항공 보안법 위반·강요·업무방해·위계공무집행방해·증거인멸(인정된 죄명: 증거인멸교사)·증거은닉(인정된 죄명: 증거은닉교사)·공무상비밀누설]의 경우 당해 사건의 중요한 사건을 중심으로 [항공 보안법 위반 등]으로 표기
    사건 번호에 부기된 사건명은 판결문에 기재된 원문대로 붙여 쓰기로 하되(예: 대법원 2021도1234판결(성폭력범죄의처벌등에관한특례법위반)), 다른 부분에서는 맞춤법에 따라 띄어쓰기함(예: 성폭력범죄의 처벌 등에 관한 특례법 위반)

차 례

제 1 편 형 법

제 2 편 형사소송법

제 5 편 헌법재판소 결정

제1편

형 법

형/사/실/무/와/판/례

in dubio pro reo
의심스러울때는 피고인의 이익으로

누구나 악을 원하는 자는 없다.
저를 사형에 처하신다면 여러분은 다른 사람을 찾기 어려울 것입니다.
— '소크라테스의 변명'에서

1. 제1조 죄형법정주의와 제20조 정당행위

🏛 대법원 2011. 10. 13. 선고 2011도6287 판결[의료법위반(예비적 죄명: 의료법위반 교사)·약사법위반](서울서부지방법원 2012노24 사건 참조)

판결의 요지

　구 약사법(2007. 10. 17. 법률 제8643호로 개정되기 전의 것, 이하 '구 약사법'이라 한다) 제44조 제1항은 약국 개설자가 아니면 의약품을 판매하거나 판매 목적으로 취득할 수 없다고 규정하고 있는바, 구 약사법 제2조 제1호가 약사법에서 사용되는 '약사(藥事)'의 개념에 대해 정의하면서 '판매(수여를 포함한다. 이하 같다)'라고 규정함으로써 구 약사법 제44조 제1항을 포함하여 위 정의규정 이하의 조항에서의 '판매'에는 '수여'가 포함됨을 명문으로 밝히고 있는 점, 구 약사법은 약사(藥事)에 관한 일들이 원활하게 이루어질 수 있도록 필요한 사항을 규정하여 국민보건향상에 기여하는 것을 목적으로 하고(제1조), 약사 또는 한약사가 아니면 약국을 개설할 수 없도록 하며(제20조 제1항), 의약품은 국민의 보건과 직결되는 것인 만큼 엄격한 의약품 관리를 통하여 의약품이 남용 내지 오용되는 것을 막고 의약품이 비정상적으로 유통되는 것을 막고자 구 약사법 제44조 제1항에서 약국 개설자가 아니면 의약품을 판매 또는 판매 목적으로 취득할 수 없다고 규정한 것인데, 국내에 있는 불특정 또는 다수인에게 무상으로 의약품을 양도하는 수여의 경우를 처벌대상에서 제외한다면 약사법의 위와 같은 입법목적을 달성하기 어려울 것이고, 따라서 이를 처벌 대상에서 제외하려고 한 것이 입법자의 의도였다고 보기는 어려운 점 등을 종합하면, 결국 국내에 있는 불특정 또는 다수인에게 무상으로 의약품을 양도하는 수여행위도 구 약사법 제44조 제1항의 '판매'에 포함된다고 보는 것이 체계적이고 논리적인 해석이라 할 것이고, 그와 같은 해석이 죄형법정주의에 위배된다고 볼 수는 없다.

　또한 어떠한 행위가 사회상규에 위배되지 아니하는 정당한 행위로서 위법성이 조각되는 것인지는 구체적인 사정 아래서 합목적적, 합리적으로 고찰하여 개별적으로 판단되어야 하므로, 이와 같은 정당행위를 인정하려면, 첫째 그 행위의 동기나 목적의 정당성, 둘째 행위의 수단이나 방법의 상당성, 셋째 보호이익과 침해이익과의 법익균형성, 넷째 긴급성, 다섯째 그 행위 외에 다른 수단이나 방법이 없다는 보충성 등의 요건을 갖추어야 한다(대법원 2002. 12. 26. 선고 2002도5077 판결, 대법원 2007. 3. 29. 선고 2006도9307 판결 등 참조).

앞서 본 법리들과 기록에 비추어 살펴보면, 원심이 그 판시와 같은 이유로 피고인들이 OO 주식회사의 직원들 및 그 가족들에게 수여할 목적으로 전문의약품인 △△ 캅셀 75㎎ 39,600정, □□정 39,600정을 00약품 주식회사로부터 매수하여 취득한 행위는 구 약사법 제44조 제1항 위반행위에 해당한다고 전제한 다음, 피고인들의 위와 같은 행위가 사회상규에 위배되지 아니하는 정당행위로서 위법성이 조각된다는 취지의 피고인들의 주장을 배척한 조치는 정당하다.

【평석】 형벌 법규는 문언에 따라 엄격하게 해석·적용하여야 하고 피고인에게 불리한 방향으로 지나치게 확장해석하거나 유추해석 하여서는 아니 되나, 형벌법규의 해석에 있어서도 가능한 문언의 의미 내에서 당해 규정의 입법 취지와 목적 등을 고려한 법률 체계적 연관성에 따라 그 문언의 논리적 의미를 분명히 밝히는 체계적·논리적 해석방법은 그 규정의 본질적 내용에 가장 접근한 해석을 위한 것으로서 죄형법정주의의 원칙에 부합한다(대법원 2003. 1. 10. 선고 2002도2363 판결, 대법원 2007. 6. 14. 선고 2007도2162 판결 등 참조).

2. 제7조 '외국에서 집행된 형의 산입' 규정의 취지

피고인이 외국에서 살인죄를 범하였다가 무죄 취지의 재판을 받고 석방된 후 국내에서 다시 기소되어 제1심에서 징역 10년을 선고받게 되자 자신이 외국에서 미결 상태로 구금된 5년여의 기간에 대하여도 '외국에서 집행된 형의 산입' 규정인 형법 제7조가 적용되어야 한다고 주장한 사안

🏛 대법원 2017. 8. 24. 선고 2017도5977 전원합의체 판결[살인]

판결의 요지

형법 제7조는 "죄를 지어 외국에서 형의 전부 또는 일부가 집행된 사람에 대해서는 그 집행된 형의 전부 또는 일부를 선고하는 형에 산입한다."라고 규정하고 있

다. 이 규정의 취지는, 형사 판결은 국가 주권의 일부분인 형벌권 행사에 기초한 것이어서 피고인이 외국에서 형사처분을 과하는 확정판결을 받았더라도 그 외국 판결은 우리나라 법원을 기속할 수 없고 우리나라에서는 기판력도 없어 일사부재리의 원칙이 적용되지 않으므로, 피고인이 동일한 행위에 관하여 우리나라 형벌 법규에 따라 다시 처벌받는 경우에 생길 수 있는 실질적인 불이익을 완화하려는 것이다. 그런데 여기서 '외국에서 형의 전부 또는 일부가 집행된 사람'이란 문언과 취지에 비추어 '외국 법원의 유죄판결에 의하여 자유형이나 벌금형 등 형의 전부 또는 일부가 실제로 집행된 사람'을 말한다고 해석하여야 한다.

따라서 형사사건으로 외국 법원에 기소되었다가 무죄판결을 받은 사람은, 설령 그가 무죄판결을 받기까지 상당 기간 미결 구금되었더라도 이를 유죄판결에 의하여 형이 실제로 집행된 것으로 볼 수는 없으므로, '외국에서 형의 전부 또는 일부가 집행된 사람'에 해당한다고 볼 수 없고, 그 미결구금 기간은 형법 제7조에 의한 산입의 대상이 될 수 없다.......(중략)

결국 미결구금이 자유 박탈이라는 효과 면에서 형의 집행과 일부 유사하다는 점만을 근거로, 외국에서 형이 집행된 것이 아니라 단지 미결 구금되었다가 무죄판결을 받은 사람의 미결구금일수를 형법 제7조의 유추 적용에 의하여 그가 국내에서 같은 행위로 인하여 선고받는 형에 산입하여야 한다는 것은 허용되기 어렵다.

【평석】 죄를 지어 외국에서 형의 전부 또는 일부가 집행된 사람에 대해서는 그 집행된 형의 전부 또는 일부를 선고하는 형에 산입한다(형법 제7조). 이에 대하여 헌법재판소는, 형사판결은 국가주권의 일부분인 형벌권 행사에 기초한 것으로서, 외국의 형사판결은 동일한 범죄행위에 관하여 다수의 국가에서 재판 또는 처벌을 받는 것이 배제되지 않으므로, 이중처벌금지원칙은 동일한 범죄에 대하여 대한민국 내에서 거듭 형벌권이 행사되어서는 안 된다는 뜻으로 새겨야 할 것이므로 이 사건 법률조항은 이중처벌금지원칙에 위배되지 아니한다고 하였다(헌법재판소 2015. 5. 28. 선고 2013헌바129 결정). 이 사안은 피고인의 범죄행위가 외국에서도 처벌되는 행위이고 외국에서 이미 처벌받은 경우에도 다시 한국에서 처벌하는 것이 가능한가에 대한 사안이다.[1]

---
1) 이용식 교수(2017년 분야별 중요판례 분석, 법률신문, 2018. 4. 13.자)에 의하면, 이 사건 미결구금의 본질에 대하여 견해가 나뉠 수 있는데 어느 한쪽이 더 우월하다고 보이지는 않으며, 다만 다수

3. 제13조 범의

공무원이 뇌물공여자로 하여금 공무원과 뇌물수수죄의 공동정범 관계에 있는 비공무원에게 뇌물을 공여하게 한 경우, 제3자 뇌물수수죄가 성립하는지 여부(소극)

🏛 대법원 2019. 8. 29. 선고 2018도13792 전원합의체 판결[직권남용권리행사방해 · 특정범죄가중처벌등에관한법률위반(뇌물) 등 ☞ 형법 제133조 뇌물공여죄 참조

4. 제16조 법률의 착오

🏛 대법원 2009. 5. 28. 선고 2008도3598 판결[금융실명거래및비밀보장에관한법률위반·신용정보의이용및보호에관한법률위반](서울서부지방법원 2012노24 사건 참조)

판결의 요지

원심은, 이 사건 스크린 스크래핑 프로그램을 제작한 공소외인이 변호사를 통해 법률적인 검토를 한 부분은, '스크린 스크래핑 프로그램'을 통해 정보제공자에게 접근하여 고객의 정보를 수집하는 것의 적법 여부에 대한 것이고, 변호사 역시 고객의 동의를 얻는 경우 법률적으로 문제될 것이 없다는 내용에 불과한 것이며, 더 나아가 피고인들이 대출신청인의 금융거래정보를 금융기관에 요청하기 위하여 금융거래정보의 제공에 대한 서면동의가 필요한지 여부에 관한 점까지 검토가 된 것으로 보이지 않는 점 등을 종합하여 피고인들에게 법률의 착오가 있었다고 볼 수 없다고 판단하였는바, 원심이 인정한 사정들을 앞서 본 법리에 비추어 보면, 원심의 위와 같은 판단은 정당하다.

의견에 따를 경우 다음과 같은 문제가 생길 수 있다고 한다. 즉 미결구금기간의 제한이 사실상 없는 나라에서 5년 내지 10년 정도 미결구금되었던 피고인이 한국에서 다시 재판을 받게 되었는데, 그 범죄에 대한 법률상 감경 및 작량감경 등을 통한 처단형의 최하한이 3년 6개월일 경우, 피고인은 한국에서 적어도 3년 6개월의 형 집행을 더 받아야 한다. 즉 다수의견이 실당하지는 않지만 법운용에 있어서 피고인에게 불이익이 생길 수 있다는 점은 부정할 수 없다. 다만 유추적용을 긍정한다면 외국에서의 형 집행을 작량감경의 요소로 다시 고려할 수 있을 것인지에 관하여도 생각해 볼 필요가 있다고 한다.

【평석】 형법 제16조에서 "자기가 행한 행위가 법령에 의하여 죄가 되지 아니한 것으로 오인한 행위는 그 오인에 정당한 이유가 있는 때에 한하여 벌하지 아니한다"고 규정하고 있는 것은 일반적으로 범죄가 되는 경우이지만 자기의 특수한 경우에는 법령에 의하여 허용된 행위로서 죄가 되지 아니한다고 그릇 인식하고, 그와 같이 그릇 인식함에 정당한 이유가 있는 경우에는 벌하지 아니한다는 취지이고, 이러한 정당한 이유가 있는지 여부는 행위자에게 자기 행위의 위법의 가능성에 대해 심사숙고하거나 조회할 수 있는 계기가 있어 자신의 지적능력을 다하여 이를 회피하기 위한 진지한 노력을 다하였더라면 스스로의 행위에 대하여 위법성을 인식할 수 있는 가능성이 있었음에도 이를 다하지 못한 결과 자기 행위의 위법성을 인식하지 못한 것인지 여부에 따라 판단하여야 할 것이며, 이러한 위법성의 인식에 필요한 노력의 정도는 구체적인 행위 정황과 행위자 개인의 인식능력, 그리고 행위자가 속한 사회집단에 따라 달리 평가되어야 한다(대법원 2006. 3. 24. 선고 2005도3717 판결, 대법원 2008. 2. 28. 선고 2007도5987 판결, 대법원 2021. 11. 25. 선고 2021도10903 판결 및 서울서부지방법원 2012노24 주택법 위반사건 등 참조).

5. 제18조 부작위범

부진정 부작위범에서 부작위로 인한 법익침해가 범죄의 실행행위로 평가될 수 있는 경우 및 여기서의 작위의무는 신의성실의 원칙이나 사회상규 혹은 조리상 작위의무가 기대되는 경우에도 인정되는지 여부(적극)

🏛 대법원 2015. 11. 12. 선고 2015도6809 전원합의체 판결[살인, 유기치사, 수난구호법 위반 등, 세월호 사건]

판결의 요지

범죄는 보통 적극적인 행위에 의하여 실행되지만 때로는 결과의 발생을 방지하지 아니한 부작위에 의하여도 실현될 수 있다. 형법 제18조는 "위험의 발생을 방지할 의무가 있거나 자기의 행위로 인하여 위험 발생의 원인을 야기한 자가 그 위험 발생을 방지하지 아니한 때에는 그 발생된 결과에 의하여 처벌한다."라고 하여 부작위범의 성립요건을 별도로 규정하고 있다.

자연적 의미에서의 부작위는 거동성이 있는 작위와 본질적으로 구별되는 무(無)에 지나지 아니하지만, 위 규정에서 말하는 부작위는 법적 기대라는 규범적 가치판단 요소에 의하여 사회적 중요성을 가지는 사람의 행태가 되어 법적 의미에서 작위와 함께 행위의 기본 형태를 이루게 되므로, 특정한 행위를 하지 아니하는 부작위가 형법적으로 부작위로서의 의미를 가지기 위해서는, 보호법익의 주체에게 해당 구성요건적 결과 발생의 위험이 있는 상황에서 행위자가 구성요건의 실현을 회피하기 위하여 요구되는 행위를 현실적·물리적으로 행할 수 있었음에도 하지 아니하였다고 평가될 수 있어야 한다.

나아가 살인죄와 같이 일반적으로 작위를 내용으로 하는 범죄를 부작위에 의하여 범하는 이른바 부진정 부작위범의 경우에는 보호법익의 주체가 법익에 대한 침해 위협에 대처할 보호 능력이 없고, 부작위행위자에게 침해 위협으로부터 법익을 보호해 주어야 할 법적 작위의무가 있을 뿐 아니라, 부작위행위자가 그러한 보호적 지위에서 법익침해를 일으키는 사태를 지배하고 있어 작위의무의 이행으로 결과 발생을 쉽게 방지할 수 있어야 부작위로 인한 법익침해가 작위에 의한 법익침해와 동등한 형법적 가치가 있는 것으로서 범죄의 실행행위로 평가될 수 있다. 다만 여기서의 작위의무는 법령, 법률행위, 선행행위로 인한 경우는 물론, 신의성실의 원칙이나 사회상규 혹은 조리상 작위의무가 기대되는 경우에도 인정된다.

또한 부진정 부작위범의 고의는 반드시 구성요건적 결과 발생에 대한 목적이나 계획적인 범행 의도가 있어야 하는 것은 아니고 법익침해의 결과 발생을 방지할 법적 작위의무를 가지고 있는 사람이 의무를 이행함으로써 결과 발생을 쉽게 방지할 수 있었음을 예견하고도 결과 발생을 용인하고 이를 방관한 채 의무를 이행하지 아니한다는 인식을 하면 족하며, 이러한 작위 의무자의 예견 또는 인식 등은 확정적인 경우는 물론 불확정적인 경우이더라도 미필적 고의로 인정될 수 있다. 이때 작위 의무자에게 이러한 고의가 있었는지는 작위 의무자의 진술에만 의존할 것이 아니라, 작위의무의 발생 근거, 법익침해의 태양과 위험성, 작위 의무자의 법익침해에 대한 사태지배의 정도, 요구되는 작위의무의 내용과 이행의 용이성, 부작위에 이르게 된 동기와 경위, 부작위의 형태와 결과 발생 사이의 상관관계 등을 종합적으로 고려하여 작위 의무자의 심리상태를 추인하여야 한다.

항해 중이던 선박의 선장 피고인 甲, 1등 항해사 피고인 乙, 2등 항해사 피고인 丙이 배가 좌현으로 기울어져 멈춘 후 침몰하고 있는 상황에서 피해자인 승객 등이 안내방송 등을 믿고 대피하지 않은 채 선내에 대기하고 있음에도 아무런 구조 조치를 취하지 않고 퇴선함으로써, 배에 남아 있던 피해자들을 익사하게 하고, 나머지 피해자들의 사망을 용인하였으나 해경 등에 의해 구조되었다고 하여 살인 및 살인미수로 기소된 사안에서, 피고인 乙, 丙은 간부 선원이기는 하나 나머지 선원들과 마찬가지로 선박침몰과 같은 비상상황 발생 시 각자 비상임무를 수행할 현장에 투입되어 선장의 퇴선 명령이나 퇴선을 위한 유보갑판으로의 대피명령 등에 대비하다가 선장의 실행 지휘에 따라 승객들의 이동과 탈출을 도와주는 임무를 수행하는 사람들로서, 임무의 내용이나 중요도가 선장의 지휘 내용이나 구체적인 현장 상황에 따라 수시로 변동될 수 있을 뿐 아니라 퇴선 유도 등과 같이 경우에 따라서는 승객이나 다른 승무원에 의해서도 비교적 쉽게 대체 가능하고, 따라서 승객 등의 퇴선을 위한 선장의 아무런 지휘·명령이 없는 상태에서 피고인 乙, 丙이 단순히 비상임무 현장에 미리 가서 추가 지시에 대비하지 아니한 채 선장과 함께 조타실에 있었다거나 혹은 기관부 선원들과 함께 3층 선실 복도에서 대기하였다는 사정만으로, 선장과 마찬가지로 선내 대기 중인 승객 등의 사망 결과나 그에 이르는 사태의 핵심적 경과를 계획적으로 조종하거나 저지·촉진하는 등 사태를 지배하는 지위에 있었다고 보기 어려운 점 등 제반 사정을 고려하면, 피고인 乙, 丙이 간부 선원들로서 선장을 보좌하여 승객 등을 구조하여야 할 지위에 있음에도 별다른 구조조치를 취하지 아니한 채 사태를 방관하여 결과적으로 선내 대기 중이던 승객 등이 탈출에 실패하여 사망에 이르게 한 잘못은 있으나, 그러한 부작위를 작위에 의한 살인의 실행행위와 동일하게 평가하기 어렵고, 또한 살인의 미필적 고의로 피고인 甲의 부작위에 의한 살인행위에 공모 가담하였다고 단정하기도 어려우므로, 피고인 乙, 丙에 대해 부작위에 의한 살인의 고의를 인정하기 어렵다고 한 원심의 조치는 정당하다.

【평석】 세월호 침몰 사건에 대한 판결이다. 부진정 부작위범의 고의의 내용 및 이때 작위 의무자에게 고의가 있었는지 판단하는 기준을 제시하고 있다.

선장의 경우에는 포괄적인 구조의무, 선장이 아닌 선원의 경우에는 구체적인 구조행위가 필요한 상황에서 작위의무가 발생한다는 것이다. 선장인 피고인 甲은 위 판결요지에 나타난 것과 같이 위기상황에 대한 인식이 있었음에도 별다른 조치를 취하지 아니한 채 자신만 퇴선하였기 때문에 이미 작위의무가 발생한 상황에서 부작위로 나아갔다면 살인행위와 동가치성이 인정될 수 있다는 것이며, 피고인 乙, 丙의 경우에는 구체적인 구조행위가 필요한 상황에서 퇴선한 것은 아니었기 때문에 그들에게 작위의무가 발생하지 않았고, 그들의 부작위를 작위에 의한 살인행위와 동등한 가치(등가성)을 갖는다고 볼 수 없다고 본 것이다.[2]

☞ 선장의 권한과 의무 등에 대하여는 선원법 위반, 수난구호법 위반 부분 참조.

6. 제20조 정당행위(사회상규에 위배되지 아니하는 행위)

가. 노동조합원의 찬·반 투표절차를 거치지 아니한 쟁의행위가 정당한지(소극)

🏛 대법원 2001. 10. 25. 선고 99도4837 전원합의체 판결[업무방해]

판결의 요지

근로자의 쟁의행위가 형법상 정당행위가 되기 위해서는 첫째 그 주체가 단체교섭의 주체로 될 수 있는 자이어야 하고, 둘째 그 목적이 근로조건의 향상을 위한 노사 간의 자치적 교섭을 조성하는 데에 있어야 하며, 셋째 사용자가 근로자의 근로조건 개선에 관한 구체적인 요구에 대하여 단체교섭을 거부하였을 때 개시하되 특별한 사정이 없는 한 조합원의 찬성 결정 등 법령이 규정한 절차를 거쳐야 하고, 넷째 그 수단과 방법이 사용자의 재산권과 조화를 이루어야 함은 물론 폭력의 행사에 해당되지 아니하여야 한다는 여러 조건을 모두 구비하여야 하는바, 특히 그 절차에 관하여 쟁의행위를 함에 있어 조합원의 직접·비밀·무기명투표에 의한 찬성 결정이라는 절차를 거쳐야 한다는 노동조합 및 노동관계조정법 제41조 제1항의 규정은 노동조합의 자주적이고 민주적인 운영을 도모함과 아울러 쟁의행위에 참가한 근로자들이 사후에 그 쟁의행위의 정당성 유무와 관련하여 어떠한 불이익을 당하지 않도록 그 개시에 관한 조합 의사의 결정에 보다 신중을 기하기 위하여 마련된 규정이므로 위의 절차를 위반한 쟁의행위는 그 절차를 따를 수 없는 객관적인 사정이 인정되지 아니하는 한 정당성이 상실된다. 이와 달리 쟁의행위의 개시에 앞서 노동조합 및 노동관계조정법 제41조 제1항에 의한 투표절차를 거치지 아니한

---

2) 이용식, 2015년 분야별 중요판례 분석, 법률신문, 2016. 4. 7.자

경우에도 조합원의 민주적 의사결정이 실질적으로 확보된 때에는 단지 노동조합 내부의 의사 형성 과정에 결함이 있는 정도에 불과하다고 하여 쟁의행위의 정당성이 상실되지 않는 것으로 해석한다면 위임에 의한 대리투표, 공개결의나 사후결의, 사실상의 찬성 간주 등의 방법이 용인되는 결과, 그와 같은 견해는 위의 관계 규정과 대법원의 판례 취지에 반하는 것이 된다. 따라서 견해를 달리하여 노동조합 및 노동관계조정법 제41조 제1항을 위반하여 조합원의 직접·비밀·무기명 투표에 의한 과반수의 찬성 결정을 거치지 아니하고 쟁의행위에 나아간 경우에도 조합원의 민주적 의사결정이 실질적으로 확보된 경우에는 위와 같은 투표절차를 거치지 아니하였다는 사정만으로 쟁의행위가 정당성을 상실한다고 볼 수 없다는 취지의 대법원 2000. 5. 26. 선고 99도4836 판결은 이와 어긋나는 부분에 한하여 변경하기로 한다.

☞ **노동조합의 조합 활동 관련한 판례는 노동조합 및 노동관계조정법 위반 부분 참조.**

나. 방송사 기자인 피고인이, 구 국가안전기획부 정보수집팀이 타인 간의 사적 대화를 불법 녹음하여 생성한 도청자료인 녹음테이프와 녹취보고서를 입수한 후 이를 자사의 방송프로그램을 통하여 공개한 행위가 형법 제20조의 정당행위에 해당하는지 여부(소극)

🏛 대법원 2011. 3. 17. 선고 2006도8839 전원합의체 판결[통신비밀보호법 위반]

판결의 요지

방송사 기자인 피고인이, 구 국가안전기획부 내 정보수집팀이 대기업 고위관계자와 모 중앙일간지 사주 간의 사적 대화를 불법 녹음하여 생성한 녹음테이프와 녹취보고서로서, 1997년 제15대 대통령 선거를 앞두고 위 대기업의 여야 후보 진영에 대한 정치자금 지원 문제 및 정치인과 검찰 고위관계자에 대한 이른바 추석 떡값 지원 문제 등을 논의한 대화가 담겨 있는 도청자료를 입수한 후 그 내용을 자사의 방송프로그램을 통하여 공개한 사안에서, 피고인이 국가기관의 불법 녹음을 고발하기 위하여 불가피하게 위 도청자료에 담겨 있던 대화 내용을 공개하였다고 보기 어렵고, 위 대화가 보도 시점으로부터 약 8년 전에 이루어져 그 내용이 보도 당시의 정치질서 전개에 직접적인 영향력을 미친다고 보기 어려운 사정 등을 고려할 때 위 대화 내용이 비상한 공적 관심의 대상이 되는 경우에 해당한다고 보기도 어려우며, 피고인이 위 도청자료의 취득에 적극적·주도적으로 관여하였다고 보는 것이 타당하고, 이를 보도하면서 대화 당사자들의 실명과 구체적인 대화 내용을 그대로 공개함으로써 수단이나 방법의 상당성을 결여하였으며, 위 보도와 관련된 모든 사정을 종합하여 볼 때 위 보도에 의하여 얻어지는 이익 및 가치가 통신비밀이 유지됨으로써 얻어지는 이익 및 가치보다 우월하다고 볼 수 없으므로, 피고인의 위 공개행위가 형법 제20조의 정당행위에 해당하지 않는다.

다. 상관의 위법한 명령에 따른 범죄행위의 위법성 조각 여부(소극)

🏛 대법원 1997. 4. 17. 선고 96도3376 전원합의체 판결[반란 수괴·상관살해 등]

판결의 요지

상관의 적법한 직무상 명령에 따른 행위는 정당행위로서 형법 제20조에 의하여 그 위법성이 조각된다고 할 것이나, 상관의 위법한 명령에 따라 범죄행위를 한 경우에는 상관의 명령에 따랐다고 하여 부하가 한 범죄행위의 위법성이 조각될 수는 없다.

라. 명예훼손과 사회상규에 위배되지 아니하는 행위

🏛 대법원 2004. 6. 25. 선고 2003도4934 판결(서울서부지방법원 2012노550 판결 참조)

판결의 요지

명예훼손죄에 대하여

형법 제20조 소정의 '사회상규에 위배되지 아니하는 행위'라 함은 법질서 전체의 정신이나 그 배후에 놓여 있는 사회윤리 내지 사회통념에 비추어 용인될 수 있는 행위를 말하고, 어떠한 행위가 사회상규에 위배되지 아니하는 정당한 행위로서 위법성이 조각되는 것인지는 구체적인 사정 아래서 합목적적, 합리적으로 고찰하여 개별적으로 판단되어야 하므로, 이와 같은 정당행위가 인정되려면, 첫째 그 행위의 동기나 목적의 정당성, 둘째 행위의 수단이나 방법의 상당성, 셋째 보호이익과 침해이익의 법익 균형성, 넷째 긴급성, 다섯째 그 행위 이외의 다른 수단이나 방법이 없다는 보충성 등의 요건을 갖추어야 하고(대법원 2003. 9. 26. 선고 2003도 3000 판결 등 참조), 형법 제21조 소정의 정당방위가 성립하려면 침해행위에 의하여 침해되는 법익의 종류, 정도, 침해의 방법, 침해행위의 완급과 방위행위에 의하여 침해될 법익의 종류, 정도 등 일체의 구체적 사정들을 참작하여 방위행위가 사회적으로 상당한 것이어야 한다(대법원 1992. 12. 22. 선고 92도2540 판결 참조).

원심은, 피고인으로부터 피고인이 피해자 이00을 비방하는 말을 들은 사람들이 기자, 방송국 PD, 신문사 편집국장 등 상당한 사회적 영향력과 전파력을 갖춘 사람들이거나 이00과 같은 동요 작곡가들이어서 피고인의 행위로 인한 이00에 대한 사회적 평가의 절하와 그로 인한 이00의 정신적 고통이 심각할 것으로 보이는 점, 피고인이 공소사실 기재 사람들뿐만 아니라 ...... 등 기타 여러 사람에게도 그러한 비방을 하고 다녔던 점 등을 비롯하여 이 사건 기록에 나타난 피고인과 이00과의 관계, 피고인이 이 사건 각 명예훼손 행위에 이르게 된 경위와 그 이후의 정황 등 제반 사정을 종합하면, 피고인의 행위는 그 수단이나 방법이 상당하다고 보이지 아니하고 또한 피고인의 행위로 인하여 피고인이 얻게 될 이익이 그로 인하여 심각하게 침해될 이00의 사회적 평가와 균형을 이루지 못할 정도로 경미하다고 보이므로 피고인의 행위가 형법 제20조 소정의 정당행위에 해당하지 않고, 피고인의 방위행위가 사회적 상당성을 갖추었다고 보기도 어려우므로 형법 제21조 소정의 정당방위에 해당하지도 않는다고 판단하였는바, 위의 법리에 비추어 기록을 살펴보면, 이와 같은 원심의 판단은 옳은 것으로 수긍이 가고, 거기에 정당행위 또는 정당방위에 관한 법리를 오해한 위법이 있다고 할 수 없다.

【해설】명예훼손죄와 관련하여 '사회상규에 위배되지 아니하는 행위', '정당행위 및 정당방위에 대한 기준'을 제시한 판결이다.

마. 사회상규에 위배되지 아니하는 행위의 판단 기준

🏛 대법원 2009. 12. 24. 선고 2007도6243 판결[전자기록등내용탐지]

상고이유를 살펴본다.

형법 제20조 소정의 '사회상규에 위배되지 아니하는 행위'라 함은 법질서 전체의 정신이나 그 배후에 놓여 있는 사회윤리 내지 사회통념에 비추어 용인될 수 있는 행위를 말하고, 어떠한 행위가 사회상규에 위배되지 아니하는 정당한 행위로서 위법성이 조각되는 것인지는 구체적인 사정 아래서 합목적적, 합리적으로 고찰하여 개별적으로 판단하여야 할 것이다(대법원 2000. 4. 25. 선고 98도2389 판결 등 참조).

이 사건 공소사실의 요지는, 컴퓨터 관련 솔루션 개발업체인 공소외 1 주식회사의 대표이사인 피고인은 영업 차장으로 근무하던 피해자 김00이 회사의 이익을 빼돌린다는 소문을 확인할 목적으로, 그 직원인 공소외 2, 공소외 3과 공모하여, 공소외 2는 비밀번호를 설정함으로써 비밀장치를 한 전자기록인 피해자가 사용하던 개인용 컴퓨터의 하드디스크를 떼어낸 뒤, 공소외 3과 함께 이를 다른 컴퓨터에 연결하여 거기에 저장된 파일 중 '어헤드윈'이라는 단어로 파일검색을 하여 피해자의 메신저 대화 내용과 이 메일 등을 출력하여 비밀 장치한 전자기록 등 특수 매체 기록을 기술적 수단을 이용하여 그 내용을 알아냈다는 것이다.

이에 대하여 원심은, 판시 증거에 의하여 인정되는 사실과 거기에서 알 수 있는 다음과 같은 사정들, 즉 ① 피고인이 피해자가 사용하던 컴퓨터의 하드디스크를 검사할 무렵 피해자의 업무상배임 혐의가 구체적이고 합리적으로 의심되는 상황이었고, 그럼에도 불구하고 피해자가 이를 부인하고 있어 공소외 1 주식회사의 대표이사인 피고인으로서는 피해자가 회사의 무형자산이나 거래처를 빼돌리고 있는지 긴급히 확인하고 이에 대처할 필요가 있었던 점, ② 피고인은 피해자의 컴퓨터 하드디스크에 저장된 정보의 내용을 전부 열람한 것이 아니라 의심이 가는 "어헤드윈"이라는 단어로 검색되는 정보만을 열람함으로써 조사의 범위를 업무와 관련된 것으로 한정한 점, ③ 피해자는 입사할 때에 회사 소유의 컴퓨터를 무단으로 사용하지 않고 업무와 관련된 결과물을 모두 회사에 귀속시키겠다고 약정하였을 뿐만 아니라, 위 컴퓨터에 피해자의 혐의와 관련된 자료가 저장되어 있을 개연성이 컸던 점, ④ 그리하여 위와 같이 검색해 본 결과 공소외 1 주식회사의 고객들을 빼돌릴 목적으로 작성된 어헤드윈 명의의 견적서, 계약서와 어헤드윈 명의로 계약을 빼돌렸다는 취지의 메신저 대화자료, 이 메일 송신자료 등이 발견된 점, ⑤ 또한 회사의 모든 업무가 컴퓨터로 처리되고 그 업무에 관한 정보가 컴퓨터에 보관되고 있는 현재의 사무 환경하에서 부하 직원의 회사에 대한 범죄혐의가 드러나는 경우 피고인과 같은 감독자에 대하여는 회사의 유지·존속 및 손해방지 등을 위해서 그러한 정보에 대한 접근이 허용될 필요가 있는 점 등을 종합하여 볼 때, 피고인의 행위는 사회통념상 허용될 수 있는 상당성이 있는 행위로서 형법 제20조에 정하여진 정당행위에 해당하여 위법성이 조각된다고 판단하였다.

앞서 본 법리에 비추어 살펴보면, 원심의 위와 같은 판단은 정당하고 거기에 상고이유로 주장하는 바와 같은 정당행위에 관한 법리오해의 잘못이 없다.

【해설】 형법 제20조 소정의 '사회상규에 위배되지 아니하는 행위'라 함은 법질서 전체의 정신이나 그 배후에 놓여 있는 사회윤리 내지 사회통념에 비추어 용인될 수 있는 행위를 뜻하고, 사회상규에 위배되는지 여부는 구체적인 사정 아래서 합목적적, 합리적으로 고찰하여 개별적으로 판단한다.

바. 소극적 저항행위와 정당행위

> 🏛 대법원 1996. 5. 28. 96도979 판결(서울서부지방법원 2012노38 참조)

판결의 요지

제1심 법원은 이 사건 공소사실 중 피고인이 발로 피해자 최00의 다리를 3-4회 찼다는 부분에 관하여는 이에 부합하는 증거들을 배척하고, 피고인이 위 최00의 오른손을 잡아 비틀고, 양팔을 잡고 밀고 당기고 하였다는 점에 관하여는 그와 같은 사실은 인정되나 거시증거에 의하면, 위 최00가 피고인의 사무실로 피고인을 찾아가 피고인이 작성하여준 지불각서에 따른 돈을 달라고 하였으나 피고인이 이에 응하지 아니하고 사무실 밖으로 나가려고 하자 양손으로 피고인의 넥타이를 잡고 늘어져, 후경부 피하 출혈상을 입을 정도로 목이 졸리게 된 피고인이 위 최00를 떼어 놓기 위하여 왼손으로 자신의 목 부근 넥타이를 잡은 상태에서 오른손으로 위 최00의 손을 잡아 비틀면서 서로 밀고 당기고 한 사실은 인정이 되나, 피고인의 그와 같은 행위는 목이 졸린 상태에서 벗어나기 위한 소극적인 저항행위에 불과하여 형법 제20조 소정의 정당행위에 해당하여 죄가 되지 아니한다고 판단하여 피고인에 대하여 무죄를 선고하였다. 관계증거를 기록과 대조하여 검토하여 보면, 위와 같은 인정과 판단은 정당하고, 원심판결에 논하는 바와 같이 채증 법칙을 위반하여 사실을 오인하거나 심리를 다하지 아니한 위법이 있다고 볼 수 없다.

【해설】 종종 시비 끝에 쌍방 폭행 등으로 서로 처벌받는 경우가 있다. 자주 발생하는 사건으로서 벌금형이나 집행유예로 판결이 선고되는 경우가 많다. 증거를 잘 정리하면 억울하게 당하지 않고 무죄로 선고되는 경우도 있다.

7. 제21조 정당방위

🏛 대법원 2004. 6. 25. 선고 2003도4934 판결(서울서부지방법원 2012노550 판결 참조)

판결의 요지

가해자의 행위가 피해자의 부당한 공격을 방위하기 위한 것이라기보다는 서로 공격할 의사로 싸우다가 먼저 공격을 받고 이에 대항하여 가해하게 된 것이라고 봄이 상당한 경우, 그 가해행위는 방어행위인 동시에 공격행위의 성격을 가지므로 정당방위라고 볼 수 없다(대법원 2000. 3. 28. 선고 2000도228 판결 참조).

원심은, 공소외 2가 먼저 피고인에게 컵에 든 물을 끼얹고 피고인의 머리채를 잡아 흔들어 싸움을 유발하자 피고인이 공소외 2의 뺨을 1대 때리고 어깨를 잡고 밀고 당기는 등 공소외 2의 폭행에 적극적으로 대항한 점, 당시 공소외 2가 임신 중이었고, 피고인 또한, 그러한 사실을 알고 있었던 점 및 피고인과 공소외 2가 싸움에 이르게 된 동기 및 경위, 싸움 전후의 정황 등 이 사건 기록에 나타난 제반 사정에 비추어, 피고인의 행위는 공소외 2의 부당한 공격에 대한 소극적인 방어의 한도를 넘어 적극적인 반격으로서 공격행위의 성격을 가진다고 봄이 상당하므로 정당방위에 해당하지 않는다고 판단하였는바, 위의 법리에 비추어 기록을 살펴보면, 이와 같은 원심의 판단은 옳은 것으로 수긍이 가고, 거기에 폭행죄에서의 정당방위에 관한 법리를 오해한 위법이 있다고 할 수 없다.

【평석】 실무에서 자주 발생하는 사건이다. 대법원은, 일반적인 쌍방 폭행죄(싸움 등)에 대하여 어느 일방이 책임이 있는지, 어떠한 경우에 정당방위에 해당되는지에 대하여 위와 같은 판결을 선고하였다. 일반적으로 상대방과의 다툼에 있어서 고소인의 피해 사실만 생각하고 고소한 사건들에 대하여 의미 있는 판결이다.

통상적으로 쌍방 당사자가 시비 끝에 폭력을 행사한 사건에 있어서 경찰은 쌍방 폭력 또는 쌍방 피해로 입건 조사를 한다. 형사 입건은 대개 누가 원인을 제공했는지는 물론 신체의 피해가 어느 정도인지 피해의 범위와 정도를 조사한다. 선의의 피해자를 고려해 내부적으로 가이드라인을 두고 있다고 한다. 그중에는 스스로를 보호해야 하고, 도발을 해서는 안 되며, 먼저 폭력행위를 해서는 안 되며, 방어가 상대방의 공격보다 지나쳐서는 안 되며, 방어 당시 최소한도로 폭력을 행사해야 하며, 상대가 폭력을 중지할 경우에는 행동을 멈춰야 하고, 상대방의 피해 정도가 자신의 피해 정도보다 적어야 하며, 치료하는데 3주 이상의 상해가 될 경우에는 정당방위로 인정하기 어렵다는 등의 내용인데, 그동안의 여러 사례를 모아서 만든 가이드라인으로 보인다. 실무에서 이러한 지침의 적용이 까다로울 것이지만, 선의의 피해자를 보호하고, 과잉방위를 방지하며 과도한 폭력을 없애는데 참고할 사항이다.

8. 제25조 미수범

가. 허위의 주장을 하면서 소유권보존등기 명의자를 상대로 보존등기의 말소를 구하는 소송을 제기하여 승소확정판결을 받은 경우, 소송사기의 성립 여부 및 그 기수시기

🏛 대법원 2006. 4. 7. 선고 2005도9858 전원합의체 판결[특정경제범죄가중처벌등에관한법률위반(사기) · 공문서위조 등]

☞ 형법 제347조 사기죄 부분 판례 참조.

나. 소송사기의 실행의 착수

피담보채권인 공사대금 채권을 실제와 달리 허위로 부풀려 유치권에 의한 경매를 신청한 경우, 소송사기죄의 실행의 착수 해당 여부

🏛 2012. 11. 15. 선고 2012도9603 판결[사기미수 · 위증]

　　유치권에 의한 경매를 신청한 유치권자는 일반 채권자와 마찬가지로 피담보채권액에 기초하여 배당을 받게 되는 결과 피담보채권인 공사대금 채권을 실제와 달리 허위로 크게 부풀려 유치권에 의한 경매를 신청할 경우 정당한 채권액에 의하여 경매를 신청한 경우보다 더 많은 배당금을 받을 수도 있으므로, 이는 법원을 기망하여 배당이라는 법원의 처분행위에 의하여 재산상 이익을 취득하려는 행위로서, 불능범에 해당한다고 볼 수 없고, 소송사기죄의 실행의 착수에 해당한다.

9. 제30조 공동정범

가. 구성요건행위를 직접 분담하여 실행하지 않은 공모자가 공모공동정범으로 인정되기 위한 요건, 공동정범에서 공모관계의 성립요건과 공모관계를 인정하기 위한 증명의 정도

🏛 대법원 2018. 4. 19. 선고 2017도14322 전원합의체 판결[공직선거법위반ㆍ국가정보원법위반]

　　형법 제30조의 공동정범은 공동가공의 의사와 그 공동의사에 의한 기능적 행위지배를 통한 범죄 실행이라는 주관적ㆍ객관적 요건을 충족함으로써 성립하므로, 공모자 중 구성요건행위를 직접 분담하여 실행하지 않은 사람도 위 요건의 충족 여부에 따라 이른바 공모공동정범으로서의 죄책을 질 수 있다. 구성요건행위를 직접 분담하여 실행하지 않은 공모자가 공모공동정범으로 인정되기 위해서는 전체 범죄에서 그가 차지하는 지위ㆍ역할, 범죄 경과에 대한 지배나 장악력 등을 종합하여 그가 단순한 공모자에 그치는 것이 아니라 범죄에 대한 본질적 기여를 통한 기능적 행위지배가 존재한다고 인정되어야 한다.

　　공모공동정범의 경우 범죄의 수단과 모습, 가담하는 인원과 그 성향, 범행 시간과 장소의 특성, 범행과정에서 타인과의 접촉 가능성과 예상되는 반응 등 여러 상황에 비추어, 공모자들이 공모한 범행을 수행하거나 목적을 달성하고자 나아가는 도중에 부수적인 다른 범죄가 파생되리라고 예상하거나 충분히 예상할 수 있는데도 그러한 가능성을 외면한 채 이를 방지하기에 충분한 합리적인 조치를 취하지 않고 공모한 범행에 나아갔다가 결국 그와 같이 예상되던 범행들이 발생하였다면, 비록 그 파생적인 범행 하나하나에 대하여 개별적인 의사의 연락이 없었더라도 당초의 공모자들 사이에 그 범행 전부에 대하여 암묵적인 공모는 물론 그에 대한 기능적 행위지배가 존재한다고 보아야 한다.

2인 이상이 범죄에 공동 가공하는 공범 관계에서 공모는 법률상 어떤 정형을 요구하는 것이 아니고 2인 이상이 공모하여 범죄에 공동 가공하여 범죄를 실현하려는 의사의 결합만 있으면 충분하다. 비록 전체의 모의과정이 없더라도 여러 사람 사이에 순차적으로 또는 암묵적으로 의사의 결합이 이루어지면 공모관계가 성립한다. 이러한 공모관계를 인정하기 위해서는 엄격한 증명이 요구되지만, 피고인이 범죄의 주관적 요소인 공모관계를 부인하는 경우에는 사물의 성질상 이와 상당한 관련성이 있는 간접사실 또는 정황사실을 증명하는 방법으로 이를 증명할 수밖에 없다. 이때 무엇이 상당한 관련성이 있는 간접사실에 해당할 것인지는 정상적인 경험칙에 바탕을 두고 치밀한 관찰력이나 분석력으로 사실의 연결 상태를 합리적으로 판단하는 방법으로 하여야 한다.

국가정보원의 원장 피고인 甲, 3차장 피고인 乙, 심리전단장 피고인 丙이 심리전단 산하 사이버팀 직원들과 공모하여 인터넷 게시 글과 댓글 작성, 찬반클릭, 트윗과 리트윗 행위 등의 사이버 활동을 함으로써 국가정보원 직원의 직위를 이용하여 정치 활동에 관여함과 동시에 제18대 대통령 선거와 관련하여 공무원의 지위를 이용한 선거운동을 하였다고 하여 구 국가정보원법(2014. 1. 14. 법률 제12266호로 개정되기 전의 것, 이하 같다) 위반 및 구 공직선거법(2014. 2. 13. 법률 제12393호로 개정되기 전의 것, 이하 같다) 위반으로 기소된 사안에서, 국가정보원의 정보기관으로서의 조직, 역량과 상명하복에 의한 업무수행 체계, 사이버팀 직원들이 범행을 수행한 구체적인 방법과 모습, 피고인들이 각각 국가정보원의 원장과 3차장, 심리전단장으로서 사이버팀을 지휘·감독하던 지위와 역할, 사이버 활동이 이루어질 당시 피고인들이 회의석상에서 직원들에게 한 발언 및 지시 내용 등 제반 사정을 종합하면, 사이버팀 직원들이 한 사이버 활동 중 일부는 구 국가정보원법상 국가정보원 직원의 직위를 이용한 정치 활동 관여 행위 및 구 공직선거법상 공무원의 지위를 이용한 선거운동에 해당하며, 이러한 활동을 구 국가정보원법에 따른 직무 범위 내의 정당한 행위로 볼 수 없고, 피고인들이 실행행위자인 사이버팀 직원들과 순차 공모하여 범행에 대한 기능적 행위 지배를 함으로써 범행에 가담하였다는 등의 이유로, 피고인들에게 구 국가정보원법 위반죄와 구 공직선거법 위반죄를 인정한 원심판단이 정당하다.

나. 공모공동정범의 성립요건

🏛 대법원 2011. 5. 13. 선고 2011도2021 판결[특정범죄가중처벌등에관한법률위반(절도)등]

판결의 요지

3인 이상의 범인이 합동 절도의 범행을 공모한 후 적어도 2인 이상의 범인이 범행 현장에서 시간적, 장소적으로 협동 관계를 이루어 절도의 실행행위를 분담하여 절도 범행을 한 경우에, 그 공모에는 참여하였으나 현장에서 절도의 실행행위를 직접 분담하지 아니한 다른 범인에 대하여도 그가 현장에서 절도 범행을 실행한 위 2인 이상의 범인의 행위를 자기 의사의 수단으로 하여 합동절도의 범행을 하였다고 평가할 수 있는 정범성의 표지를 갖추고 있는 한 공동정범의 일반 이론에 비추어 그 다른 범인에 대하여 합동절도의 공동정범으로 인정할 수 있다(대법원 1998. 5. 21. 선고 98도321 전원합의체 판결 참조).

한편, 형법 제30조의 공동정범은 공동가공의 의사와 그 공동의사에 기한 기능적 행위 지배를 통한 범죄 실행이라는 주관적·객관적 요건을 충족함으로써 성립하는바, 공모자 중 일부가 구성요건 행위 중 일부를 직접 분담하여 실행하지 않은 경우라 할지라도 전체 범죄에서 그가 차지하는 지위, 역할이나 범죄 경과에 대한 지배 내지 장악력 등을 종합해 볼 때, 단순한 공모자에 그치는 것이 아니라 범죄에 대한 본질적 기여를 통한 기능적 행위지배가 존재하는 것으로 인정된다면, 이른바 공모공동정범으로서의 죄책을 면할 수 없다(대법원 1998. 5. 21. 선고 98도321 전원합의체 판결, 대법원 2007. 4. 26. 선고 2007도235 판결, 대법원 2007. 4. 26. 선고 2007도428 판결 등 참조).

원심이 적법하게 채택하여 조사한 증거들에 의하면, ① 피고인이 이 사건 범행 전에 원심 공동피고인 1로부터 이 사건 범행을 제의받고 원심 공동피고인 1에게 아는 후배를 한 명 소개할 테니 함께 하자고 승낙한 사실, ② 피고인이 이 사건 범행 전날 원심 공동피고인 2를 만나 원심 공동피고인 1의 범행 계획 등에 관해 알려 주고 원심 공동피고인 2의 승낙을 받은 사실, ③ 피고인이 이 사건 범행 당일 원심 공동피고인 2를 원심 공동피고인 1에게 소개하여 주었고, 원심 공동피고인 1, 2와 함께 이 사건 범행 장소인 공소외 합명회사 사무실 부근까지 동행하였으며, 도중에 이 사건 범행에 사용할 면장갑과 쇼핑백을 구입하여 원심 공동피고인 2에게 건네 준 사실, ④ 피고인이 이 사건 범행 직전 원심 공동피고인 2로부터 이 사건 범행을 하는 동안 자신의 가방을 대신 보관하여 달라는 부탁을 받고 이를 대신 보관한 사실, ⑤ 피고인이 공소외 합명회사 사무실로부터 불과 약 200m 정도 떨어진 ○○○○ 주유소 앞에서 원심 공동피고인 2와 원심 공동피고인 1을 기다리고 있었던 사실, ⑥ 원심 공동피고인 2는 이 사건 범행을 종료한 후 기다리고 있던 원심 공동피고인 1, 피고인과 합류하여 택시를 타고 △△대학교 인근의 식당으로 이동하였고, 피고인은 위와 같이 이동하는 과정에서 원심 공동피고인 2로부터 절취한 현금이 들어 있는 쇼핑백을 건네받아 이를 소지하기도 하였던 사실, ⑦ 피고인은 위 식당에서 원심 공동피고인 1, 2와 함께 절취한 현금의 액수를 확인하였고, 절취한 현금의 약 1/3에 해당하는 175만 원을 분배받은 사실을 알 수 있다.

사실관계가 위와 같다면, 피고인이 비록 망을 본 일이 없다고 하더라도, 피고인이 합동절도의 범행을 현장에서 실행한 원심 공동피고인 1, 2와 공모하였고, 이 사건 범행을 직접 실행할 원심 공동피고인 2를 원심 공동피고인 1에게 소개하여 주었으며, 원심 공동피고인 2에게 이 사건 범행 도구인 면장갑과 쇼핑백을 구입하여 건네주었고, 원심 공동피고인 2, 1이 이 사건 범행을 종료할 때까지 기다려 그들과 함께 절취한 현금을 운반한 후 그중 일부를 분배받은 것만으로도 단순한 공모자에 그치는 것이 아니라 이 사건 범행에 대한 본질적 기여를 통한 기능적 행위 지배를 하였다고 할 것이고, 따라서 피고인이 원심 공동피고인 1, 2의 행위를 자기 의사의 수단으로 하여 합동절도의 범행을 하였다고 평가될 수 있는 정범성의 표지를 갖추었다고 할 것이므로, 원심 공동피고인 1, 2의 위 합동절도의 범행에 대하여 공동정범으로서의 죄책을 면할 수 없다.

【평석】 공모공동정범이 성립하기 위하여서는, 공동가공의 의사와 그 공동의사에 기한 기능적 행위 지배를 통한 범죄 실행이라는 주관적·객관적 요건을 충족해야 한다. 2인 이상의 공범들의 분담행위, 범행 계획의 수립, 망보는 행위, 범행 가담의 정도 등에 대한 판단 기준이 다르다.

10. 제32조 종범

정범의 실행행위 착수 이전의 방조 행위와 종범의 성부(적극)

🏛 대법원 1997. 4. 17. 선고 96도3377 전원합의체 판결[특정범죄가중처벌등에관한법률위반
(뇌물 · 뇌물방조 · 알선수재) 등]

판결의 요지

종범은 정범의 실행행위 중에 이를 방조하는 경우는 물론이고 실행의 착수 전에
장래의 실행행위를 예상하고 이를 용이하게 하는 행위를 하여 방조한 경우에도 정
범이 그 실행행위에 나아갔다면 성립한다.

11. 제34조 간접정범, 특수한 교사, 방조에 대한 형의 가중

간접정범의 방법에 의한 내란죄의 인정 여부(적극)

🏛 대법원 1997. 4. 17. 선고 96도3376 전원합의체 판결[반란수괴 · 반란모의참여 · 상관살
해 · 상관살해미수 · 초병살해 · 내란목적살인 등]

판결의 요지

범죄는 '어느 행위로 인하여 처벌되지 아니하는 자'를 이용하여서도 이를 실행
할 수 있으므로, 내란죄의 경우에도 '국헌문란의 목적'을 가진 자가 그러한 목적이
없는 자를 이용하여 이를 실행할 수 있다.

12. 제35조 누범

가. 누범가중의 요건

🏛 대법원 2006. 4. 7. 선고 2005도9858 전원합의체 판결[특정경제범죄가중처벌등에관한법
률위반(사기) · 공문서위조 등]

형법 제35조 소정의 누범이 되려면 금고 이상의 형을 받아 그 집행을 종료하거나 면제를 받은 후 3년 내에 다시 금고 이상에 해당하는 죄를 범하여야 하는바, 이경우 다시 금고 이상에 해당하는 죄를 범하였는지 여부는 그 범죄의 실행행위를 하였는지 여부를 기준으로 결정하여야 하므로 3년의 기간 내에 실행의 착수가 있으면 족하고, 그 기간 내에 기수에까지 이르러야 되는 것은 아니다.

나. 누범의 위험성과 특별사면

🏛 대법원 1986. 11. 11. 선고 86도2004 판결[절도]

판결의 요지

형의 선고를 받은 자가 특별사면을 받아 형의 집행을 면제받고, 또 후에 복권이 되었다 하더라도 형의 선고의 효력이 상실되는 것은 아니라 할 것이므로, 1983. 5. 6. 광주지방법원에서 집회 및 시위에 관한 법률 위반죄로 징역 1년을 선고받아 복역하다가 같은 해 8.12 특별사면으로 출소한 후 3년 이내인 1986. 4. 2. 본건 절도죄를 저지른 피고인에 대하여 누범가중을 한 원심판결은 정당하고, 거기에 소론과 같은 법리오해의 위법은 없다.

【해설】 금고 이상의 형을 받아 그 집행을 종료하거나 면제를 받은 후 3년 내에 금고 이상에 해당하는 죄를 범한 자는 누범으로 처벌하고 누범의 형은 그 죄에 정한 형의 장기의 2배까지 가중한다(형법 제35조 제1, 2항). 위의 대법원 판례는 특별사면의 경우를 받은 경우의 사례이다.

13. 제37조 전단 경합범

🏛 대법원 2002. 7. 23. 선고 2001도6281 판결[도로교통법위반(무면허운전)]

　무면허 운전으로 인한 도로교통법위반죄에 있어서는 어느 날에 운전을 시작하여 다음 날까지 동일한 기회에 일련의 과정에서 계속 운전을 한 경우 등 특별한 경우를 제외하고는 사회통념상 운전한 날을 기준으로 운전한 날마다 1개의 운전행위가 있다고 보는 것이 상당하므로 운전한 날마다 무면허 운전으로 인한 도로교통법위반의 1죄가 성립한다고 보아야 할 것이고, 비록 계속적으로 무면허 운전을 할 의사를 가지고 여러 날에 걸쳐 무면허 운전행위를 반복하였다 하더라도 이를 포괄하여 일죄로 볼 수는 없다고 할 것이다.

　기록에 의하면, 위 약식명령이 확정된 도로교통법위반(무면허운전) 사건의 범죄사실은 피고인이 자동차운전면허 없이 2001. 5. 5. 11:35경 서울 구로구 가리봉동 소재 가리봉 5거리 앞길에서부터 서울 구로구 신도림동 소재 대림아파트 앞길까지 약 5㎞ 가량을 경기 58나4388호 아반테 승용차를 운전하였다는 것임을 알 수 있고, 위 범죄사실과 이 사건 공소사실은 피고인이 운전한 차량에 있어서는 동일하나, 운전한 일자가 다르고, 전후 운전행위 사이에 하루 반 정도의 시간적 간격이 있으며, 전후 운전행위를 사회통념상 동일한 기회에 일련의 과정에서 계속된 하나의 운전행위로 볼 만한 자료도 찾아볼 수 없으므로 앞서 본 법리에 비추어 보면 위 각 무면허운전행위는 수죄로 처벌되어야 할 것으로 보인다.

　【평석】 판결이 확정되지 아니한 수개의 죄 또는 금고 이상의 형에 처한 판결이 확정된 죄와 판결 확정 전에 범한 죄를 경합범으로 한다. 이른바 형법 제37조 전단, 후단 경합범의 규정이다. 37조 전단, 특히 후단의 경합범에 대하여는 실무에서 자주 중요시되고 법리 검토가 요망되는 규정이다.

　판례는 음주를 한 후에 동일한 차량을 계속하여 운전한 경우에는 수개의 죄가 아닌 포괄일죄로 보고 있지만(대법원 2007. 7. 26. 선고 2007도4404 판결), 무면허 운전을 매일 한 경우에는 운전한 횟수에 따라 경합범으로 본다고 판시하였다(대법원 2002. 7. 23. 선고 2001도6281판결).

14. 제37조 후단 경합범

가. 금고 이상의 형에 처한 판결이 확정된 죄와 그 판결 확정 전에 범한 죄

> 🏛 대법원 2012. 12. 27. 선고 2012도12911 판결[사기]

판결의 요지

금고 이상의 형에 처한 판결이 확정된 죄와 그 판결 확정 전에 범한 죄"는 형법 제37조 후단에서 정하는 경합범에 해당하고, 이 경우 형법 제39조 제1항에 의하여 경합범 중 판결을 받지 아니한 죄에 대하여는 그 죄와 판결이 확정된 죄를 동시에 판결할 경우와 형평을 고려하여 형을 선고하여야 한다.

나아가 금고 이상의 형에 처한 판결이 확정된 죄가 여럿 있는 경우에도 판결이 확정된 각 죄 모두가 그 판결확정 전에 범한 죄와 형법 제37조 후단의 경합범 관계에 있다고 보아야 하고, 따라서 이 경우 형법 제39조 제1항에 의하여 판결을 받지 아니한 죄에 대하여 판결이 확정된 각 죄 모두를 동시에 판결할 경우와 형평을 고려하여 형을 선고하여야 할 것이다(대법원 2006. 3. 23. 선고 2005도9678 판결, 대법원 2008. 10. 23. 선고 2008도209 판결 참조).

제1심은 "피고인이 2011. 2. 16. 서울서부지방법원에서 사기죄로 징역 10월을 선고받아 그 판결이 2011. 6. 24. 확정되었다"(이하 '① 전과'라고 한다)는 이유로 그 판결 확정 전에 범한 이 사건 범죄에 대하여 형법 제37조 후단, 형법 제39조 제1항에 의하여 판결이 확정된 ① 전과의 죄와 동시에 판결을 할 경우와의 형평을 고려하여 형을 선고하였다.

그런데 기록에 의하면, 피고인은 2012. 2. 17. 서울서부지방법원에서 다른 사기 범행으로 징역 8월을 선고받아 그 판결이 이 사건 제1심판결 선고 이후로서 원심판결 선고 전인 2012. 9. 6.에 확정된 사실(이하 '② 전과'라고 한다), 나아가 ② 전과의 죄는 이 사건 범죄와 마찬가지로 ① 전과의 판결확정일 전에 저질러진 범행인 사실을 알 수 있으므로, ② 전과의 죄는 이 사건 범죄와 동시에 판결을 선고할 수 있었던 경우에 해당한다.

뿐만 아니라 이 사건 공소장에 ② 전과에 대한 항소심 재판이 계속 중인 사실이 기재되어 있고 증거기록에 ② 전과에 대한 공소장도 제출되어 있는 이상 원심이 위와 같이 제1심판결 선고 후에 ② 전과의 판결이 확정된 사실을 충분히 확인할 수 있는 여지가 있었다고 할 것이다.

그렇다면 원심으로서는 제1심판결 선고 후에 ② 전과의 판결이 확정된 것에 대하여도 심리하여 직권으로 제1심판결을 파기하고 이 사건 범죄에 대하여 형법 제37조 후단, 제39조 제1항에 의하여 판결이 확정된 ② 전과의 죄와 동시에 판결할 경우와의 형평도 추가적으로 고려하여 형을 선고하였어야 할 것이다.

이러한 조치를 취하지 아니한 채 제1심판결을 그대로 유지한 원심판결에는 형법 제37조 후단 및 제39조 제1항에 관한 법리를 오해하거나 필요한 심리를 다하지 아니하여 판결에 영향을 미친 위법이 있다.

【평석】 형법 제37조 후단 및 제39조 제1항의 문언, 입법취지 등에 비추어, 형법 제37조 후단의 경합범 관계에 있다고 하더라도 아직 판결을 받지 아니한 죄가 이미 판결이 확정된 죄와 동시에 판결할 수 없었던 경우에는 형법 제39조 제1항에 따라 동시에 판결할 경우와 형평을 고려하여 형을 선고하거나 그 형을 감경 또는 면제할 수 없다고 해석하는 판례도 있다(대법원 2011. 10. 27. 선고 2009도9948 판결 참조).

한편 형법 제37조 후단 경합범이지만 다음과 같은 경우에는 37조 전단이나 후단의 경합범에 해당되지 아니하고 결국 각각의 범죄에 대하여 형을 선고해야 한다.[3]

나. 형법 제37조 전·후단의 어느 경합범 관계도 성립할 수 없어, 결국 각각의 범죄에 대하여 별도로 형을 정하여 선고해야 하는 경우

🏛 대법원 2011. 6. 10. 선고 2011도2351 판결[특정경제범죄가중처벌등에관한법률위반(사기)]

판결의 요지

기록에 의하면 이 사건 2007. 5. 21.자 특정경제범죄 가중처벌 등에 관한 법률 위반(사기)죄와 2007. 6. 11.자 사기죄는 피고인이 서울고등법원에서 특정경제범죄 가중처벌 등에 관한 법률 위반(사기)죄로 징역 3년에 집행유예 4년을 선고받은 판결이 2007. 7. 14. 확정되기 전에 범한 것이기는 하나, 피고인에게는 위 전과와 별

---

3) 필자의 '형사항소심에서 본 단독재판과 몇 가지 법률적 쟁점' 참조, 서울서부지방법원 세미나

도로 서울중앙지방법원에서 특정경제범죄 가중처벌 등에 관한 법률 위반(사기)죄 등으로 징역 2년에 집행유예 3년을 선고받아 2002. 10. 10. 판결이 확정된 전과가 있고 2007. 7. 14. 판결이 확정된 죄는 위 2002. 10. 10. 판결 확정 전에 범한 것이어서 2007. 7. 14. 판결이 확정된 죄와 이 사건 2007. 5. 21.자 및 2007. 6. 11.자 범죄는 처음부터 동시에 판결할 수 없었음을 알 수 있다. 따라서 경합범 중 판결을 받지 아니한 죄에 대하여 형을 선고할 때는 그 죄와 판결이 확정된 죄를 동시에 판결할 경우와 형평을 고려하도록 한 형법 제39조 제1항은 여기에 적용될 여지가 없다고 할 것이나, 그렇다고 하여 마치 2007. 7. 14. 확정된 판결이 존재하지 않는 것처럼 이 사건 범죄 중 위 판결 확정 전에 범한 2007. 5. 21.자 및 2007. 6. 11.자 범죄와 위 판결 확정 후에 범한 2007. 7. 24.자 범죄 사이에 형법 제37조 전단의 경합범 관계가 인정되어 형법 제38조가 적용된다고 볼 수도 없다. 즉, 2007. 7. 14. 확정된 판결의 존재로 인하여 이를 전후한 이 사건 2007. 5. 21.자 및 2007. 6. 11.자 범죄와 이 사건 2007. 7. 24.자 범죄 사이에는 형법 제37조 전·후단의 어느 경합범 관계도 성립할 수 없는 것이고, 결국 각각의 범죄에 대하여 별도로 형을 정하여 선고할 수밖에 없다(대법원 1970. 12. 22. 선고 70도2271 판결, 대법원 2010. 11. 25. 선고 2010도10985 판결 등 참조).

다. 상습범, 재심과 경합범 판단

상습범으로 유죄의 확정판결을 받은 사람이 그 후 동일한 습벽에 의해 후행 범죄를 저질렀는데 유죄의 확정판결에 대하여 재심이 개시된 경우, 동일한 습벽에 의한 후행 범죄가 재심 대상 판결에 대한 재심 판결 선고 전에 범하여졌다면 재심판결의 기판력이 후행 범죄에 미치는지 여부(소극) 등

🏛 대법원 2019. 6. 20. 선고 2018도20698 전원합의체 판결[특정범죄가중처벌등에관한법률위반(절도)·여신전문금융업법위반]

판결의 요지

재심 개시 여부를 심리하는 절차의 성질과 판단 범위, 재심개시결정의 효력 등에 비추어 보면, 유죄의 확정판결 등에 대해 재심개시결정이 확정된 후 재심심판절

차가 진행 중이라는 것만으로는 확정판결의 존재 내지 효력을 부정할 수 없고, 재심개시결정이 확정되어 법원이 그 사건에 대해 다시 심리를 한 후 재심의 판결을 선고하고 그 재심판결이 확정된 때에 종전의 확정판결이 효력을 상실한다.

　재심의 취지와 특성, 형사소송법의 이익재심 원칙과 재심심판절차에 관한 특칙 등에 비추어 보면, 재심심판절차에서는 특별한 사정이 없는 한 검사가 재심대상사건과 별개의 공소사실을 추가하는 내용으로 공소장을 변경하는 것은 허용되지 않고, 재심 대상 사건에 일반 절차로 진행 중인 별개의 형사사건을 병합하여 심리하는 것도 허용되지 않는다.

　상습범으로 유죄의 확정판결(이하 앞서 저질러 재심의 대상이 된 범죄를 '선행 범죄'라 한다)을 받은 사람이 그 후 동일한 습벽에 의해 범행을 저질렀는데(이하 뒤에 저지른 범죄를 '후행 범죄'라 한다) 유죄의 확정판결에 대하여 재심이 개시된 경우, 동일한 습벽에 의한 후행 범죄가 재심 대상 판결에 대한 재심 판결 선고 전에 저질러진 범죄라 하더라도 재심판결의 기판력이 후행 범죄에 미치지 않는다.

　재심심판절차에서 선행범죄, 즉 재심 대상 판결의 공소사실에 후행 범죄를 추가하는 내용으로 공소장을 변경하거나 추가로 공소를 제기한 후 이를 재심 대상 사건에 병합하여 심리하는 것이 허용되지 않으므로 재심심판절차에서는 후행 범죄에 대하여 사실심리를 할 가능성이 없다. 또한 재심심판절차에서 재심 개시 결정의 확정만으로는 재심 대상 판결의 효력이 상실되지 않으므로 재심 대상 판결은 확정판결로서 유효하게 존재하고 있고, 따라서 재심 대상판결을 전후하여 범한 선행범죄와 후행 범죄의 일죄성은 재심 대상 판결에 의하여 분단되어 동일성이 없는 별개의 상습범이 된다. 그러므로 선행 범죄에 대한 공소제기의 효력은 후행 범죄에 미치지 않고 선행범죄에 대한 재심판결의 기판력은 후행 범죄에 미치지 않는다.

　만약 재심판결의 기판력이 재심판결의 선고 전에 선행범죄와 동일한 습벽에 의해 저질러진 모든 범죄에 미친다고 하면, 선행범죄에 대한 재심 대상 판결의 선고 이후 재심 판결 선고 시까지 저지른 범죄는 동시에 심리할 가능성이 없었음에도 모두 처벌할 수 없다는 결론에 이르게 되는데, 이는 처벌의 공백을 초래하고 형평에 반한다.

　유죄의 확정판결을 받은 사람이 그 후 별개의 후행 범죄를 저질렀는데 유죄의 확정판결에 대하여 재심이 개시된 경우, 후행 범죄가 재심대상판결에 대한 재심 판결 확정 전에 범하여졌다 하더라도 아직 판결을 받지 아니한 후행 범죄와 재심 판결이 확정된 선행범죄 사이에는 형법 제37조 후단에서 정한 경합범 관계(이하 '후단 경합범'이라 한다)가 성립하지 않는다.

　재심 판결이 후행 범죄 사건에 대한 판결보다 먼저 확정된 경우에 후행 범죄에 대해 재심 판결을 근거로 후단 경합범이 성립한다고 하려면 재심심판법원이 후행 범죄를 동시에 판결할 수 있었어야 한다. 그러나 아직 판결을 받지 아니한 후행 범죄는 재심심판절차에서 재심 대상이 된 선행범죄와 함께 심리하여 동시에 판결할 수 없었으므로 후행 범죄와 재심 판결이 확정된 선행범죄 사이에는 후단 경합범이 성립하지 않고, 동시에 판결할 경우와 형평을 고려하여 그 형을 감경 또는 면제할 수 없다.

　재심 판결이 후행 범죄에 대한 판결보다 먼저 확정되는 경우에는 재심판결을 근거로 형식적으로 후행 범죄를 판결 확정 전에 범한 범죄로 보아 후단 경합범이 성립한다고 하면, 선행범죄에 대한 재심판결과 후행 범죄에 대한 판결 중 어떤 판결이 먼저 확정되느냐는 우연한 사정에 따라 후단 경합범 성립이 좌우되는 형평에 반하는 결과가 발생한다.

라. 법정형에 하한이 설정된 형법 제37조 후단 경합범에 대하여 형법 제39조 제1항 후문에 따라 형을 감경할 때에는 형법 제55조 제1항이 적용되지 아니하여 유기징역의 경우 그 형기의 2분의 1 미만으로도 감경할 수 있는지 여부

🏛 대법원 2019. 4. 18. 선고 2017도14609 전원합의체 판결[마약류관리에관한법률위반(향정)]

판결의 요지

　형법 제37조 후단 경합범(이하 '후단 경합범'이라 한다)에 대하여 형법 제39조 제1항에 의하여 형을 감경할 때에도 법률상 감경에 관한 형법 제55조 제1항이 적용되어 유기징역을 감경할 때에는 그 형기의 2분의 1 미만으로는 감경할 수 없다. 그 이유는 다음과 같다.

　1) 처단형은 선고형의 최종적인 기준이 되므로 그 범위는 법률에 따라서 엄격하게 정하여야 하고, 별도의 명시적인 규정이 없는 이상 형법 제56조에서 열거하고 있는 가중·감경할 사유에 해당하지 않는 다른 성질의 감경 사유를 인정할 수는 없다.

　형의 감경에는 법률상 감경과 재판상 감경인 작량감경이 있다. 작량감경 외에 법률의 여러 조항에서 정하고 있는 감경은 모두 법률상 감경이라는 하나의 틀 안에 놓여 있다. 따라서 형법 제39조 제1항 후문에서 정한 감경도 당연히 법률상 감경에 해당한다. 형법 제39조 제1항 후문의 "그 형을 감경 또는 면제할 수 있다."라는 규정 형식도 다른 법률상의 감경 사유들과 다르지 않다. 이와 달리 형법 제39조 제1항이 새로운 감경을 설정하였다고 하려면 그에 대하여 일반적인 법률상의 감경과 다른, 감경의 폭이나 방식이 제시되어야 하고 감경의 순서 또한 따로 정했어야 할 것인데 이에 대하여는 아무런 정함이 없다. 감경의 폭이나 방식, 순서에 관해 달리 정하고 있지 않은 이상 후단 경합범에 대하여도 법률상 감경 방식에 관한 총칙 규정인 형법 제55조, 제56조가 적용된다고 보는 것이 지극히 자연스럽다.

2) 후단 경합범에 따른 감경을 새로운 유형의 감경이 아니라 일반 법률상 감경의 하나로 보고, 후단 경합범에 대한 감경에 있어 형법 제55조 제1항에 따라야 한다고 보는 것은 문언적·체계적 해석에 합치될 뿐 아니라 입법자의 의사와 입법 연혁 등을 고려한 목적론적 해석에도 부합한다.

【평석】 형법 제37조 후단 경합범의 처리 방법에 대한 명확한 판단을 내린 것으로 의의를 두고 있다. 위 판결은 형의 하한이 달라지기는 하지만 여전히 법관은 작량감경을 사용하거나 집행유예 또는 과감하게 면제를 함으로써 지나치게 형평에 반하는 결과를 막을 수 있는 수단이 마련되어 있으므로 감경된 형의 하한보다 더 낮은 형을 선택할 수 없는 제한은 법관의 양형 선택권이나 피고인의 지위를 지나치게 제한하는 것은 아니라고 판시하였다.[4] 형법 제37조 후단의 경합범에 대하여, 다수의견은 법률상 감경과 작량감경을 거쳐 법정형 하한의 4분의 1 이상을 선고하거나 아니면 형 면제를 선고하여야 하고, 그 사이의 영역은 선고할 수 없다는 것이다(대법원 2006. 12. 21. 선고 2006도6627 판결). 이러한 제39조 제1항의 '감경'의 해석에 관하여 여러 가지 예를 비교하며 반대의견이 타당하다는 유력한 견해가 있다.[5]

마. 상습으로 저질러진 수개의 범죄의 죄수 관계(포괄일죄)

> 🏛 대법원 2004. 9. 16. 선고 2001도3206 전원합의체 판결[사기]

---

4) 홍은표, 후단 경합범에 대하여 형법 제39조 제1항에 따라 형을 감경함에 있어 형법 제55조 제1항의 감경한도 이하로 감경할 수 있는지 여부, 대법원판례해설, 제120호(2019년 상), 549면
5) 이용식, 2019년 분야별 중요판례 분석, 법률신문, 2020. 3. 12.자

상습성을 갖춘 자가 여러 개의 죄를 반복하여 저지른 경우에는 각 죄를 별죄로 보아 경합범으로 처단할 것이 아니라 그 모두를 포괄하여 상습범이라고 하는 하나의 죄로 처단하는 것이 상습범의 본질 또는 상습범 가중처벌규정의 입법 취지에 부합한다.

상습범으로서 포괄적 일죄의 관계에 있는 여러 개의 범죄사실 중 일부에 대하여 유죄판결이 확정된 경우에, 그 확정판결의 사실심판결 선고 전에 저질러진 나머지 범죄에 대하여 새로이 공소가 제기되었다면 그 새로운 공소는 확정판결이 있었던 사건과 동일한 사건에 대하여 다시 제기된 데 해당하므로 이에 대하여는 판결로써 면소의 선고를 하여야 하는 것인바(형사소송법 제326조 제1호), 다만 이러한 법리가 적용되기 위해서는 전의 확정판결에서 당해 피고인이 상습범으로 기소되어 처단되었을 것을 필요로 하는 것이고, 상습범 아닌 기본 구성요건의 범죄로 처단되는 데 그친 경우에는, 가사 뒤에 기소된 사건에서 비로소 드러났거나 새로 저질러진 범죄사실과 전의 판결에서 이미 유죄로 확정된 범죄사실 등을 종합하여 비로소 그 모두가 상습범으로서의 포괄적 일죄에 해당하는 것으로 판단된다 하더라도 뒤늦게 앞서의 확정판결을 상습범의 일부에 대한 확정판결이라고 보아 그 기판력이 그 사실심판결 선고 전의 나머지 범죄에 미친다고 보아서는 아니 된다.

바. 경합범 중 일부에 대하여 무죄, 일부에 대하여 유죄를 선고한 항소심 판결에 대하여 검사만이 무죄 부분에 대하여 상고를 제기한 경우 상고심에서 이를 파기할 때의 파기범위

🏛 대법원 1992. 1. 21. 선고 91도1402 전원합의체 판결[부녀매매]

형법 제37조 전단의 경합범으로 같은 법 제38조 제1항 제2호에 해당하는 경우 하나의 형으로 처벌하여야 함은 물론이지만 위 규정은 이를 동시에 심판하는 경우에 관한 규정인 것이고 경합범으로 동시에 기소된 사건에 대하여 일부 유죄, 일부 무죄의 선고를 하거나 일부의 죄에 대하여 징역형을, 다른 죄에 대하여 벌금형을 선고하는 등 판결 주문이 수개일 때에는 그 1개의 주문에 포함된 부분을 다른 부분과 분리하여 일부상소를 할 수 있는 것이고 당사자 쌍방이 상소하지 아니한 부분은 분리 확정된다고 볼 것인바, 경합범 중 일부에 대하여 무죄, 일부에 대하여 유죄를 선고한 항소심 판결에 대하여 검사만이 무죄 부분에 대하여 상고를 한 경우 피고인과 검사가 상고하지 아니한 유죄판결 부분은 상고기간이 지남으로써 확정되어 상고심에 계속된 사건은 무죄판결 부분에 대한 공소뿐이라 할 것이므로 상고심에서 이를 파기할 때에는 무죄 부분만을 파기할 수밖에 없다.

☞ 형법 제37조 후단 경합범과 공직선거법 위반사건의 형의 감경 여부 판단에 대하여는 공직선거법 위반 판결 참조.

15. 제39조 판결을 받지 아니한 경합범, 수개의 판결과 경합범, 형의 집행과 경합범

가. 재심 대상 판결 선고 이후 재심 판결 선고 시까지 저지른 범죄

> 🏛 대법원 2019. 6. 20. 선고 2018도20698 전원합의체 판결[특정범죄가중처벌등에관한법률 위반(절도)·여신전문금융업법위반]

판결의 요지

재심개시 여부를 심리하는 절차의 성질과 판단 범위, 재심개시 결정의 효력 등에 비추어 보면, 유죄의 확정판결 등에 대해 재심개시 결정이 확정된 후 재심심판 절차가 진행 중이라는 것만으로는 확정판결의 존재 내지 효력을 부정할 수 없고, 재심개시 결정이 확정되어 법원이 그 사건에 대해 다시 심리를 한 후 재심의 판결을 선고하고 그 재심 판결이 확정된 때에 종전의 확정판결이 효력을 상실한다.

재심의 취지와 특성, 형사소송법의 이익재심 원칙과 재심심판절차에 관한 특칙 등에 비추어 보면, 재심심판절차에서는 특별한 사정이 없는 한 검사가 재심 대상 사건과 별개의 공소사실을 추가하는 내용으로 공소장을 변경하는 것은 허용되지 않고, 재심 대상 사건에 일반 절차로 진행 중인 별개의 형사사건을 병합하여 심리하는 것도 허용되지 않는다.

상습범으로 유죄의 확정판결(이하 앞서 저질러 재심의 대상이 된 범죄를 '선행 범죄'

라 한다)을 받은 사람이 그 후 동일한 습벽에 의해 범행을 저질렀는데(이하 뒤에 저지른 범죄를 '후행 범죄'라 한다) 유죄의 확정판결에 대하여 재심이 개시된 경우, 동일한 습벽에 의한 후행 범죄가 재심 대상 판결에 대한 재심 판결 선고 전에 저질러진 범죄라 하더라도 재심판결의 기판력이 후행 범죄에 미치지 않는다.

재심심판절차에서 선행범죄, 즉 재심 대상 판결의 공소사실에 후행 범죄를 추가하는 내용으로 공소장을 변경하거나 추가로 공소를 제기한 후 이를 재심 대상 사건에 병합하여 심리하는 것이 허용되지 않으므로 재심심판절차에서는 후행 범죄에 대하여 사실심리를 할 가능성이 없다. 또한 재심심판절차에서 재심 개시 결정의 확정만으로는 재심 대상 판결의 효력이 상실되지 않으므로 재심 대상 판결은 확정판결로서 유효하게 존재하고 있고, 따라서 재심 대상판결을 전후하여 범한 선행범죄와 후행 범죄의 일죄성은 재심 대상 판결에 의하여 분단되어 동일성이 없는 별개의 상습범이 된다. 그러므로 선행범죄에 대한 공소제기의 효력은 후행 범죄에 미치지 않고 선행범죄에 대한 재심판결의 기판력은 후행 범죄에 미치지 않는다.

만약 재심판결의 기판력이 재심판결의 선고 전에 선행범죄와 동일한 습벽에 의해 저질러진 모든 범죄에 미친다고 하면, 선행범죄에 대한 재심 대상 판결의 선고 이후 재심 판결 선고 시까지 저지른 범죄는 동시에 심리할 가능성이 없었음에도 모두 처벌할 수 없다는 결론에 이르게 되는데, 이는 처벌의 공백을 초래하고 형평에 반한다.

유죄의 확정판결을 받은 사람이 그 후 별개의 후행 범죄를 저질렀는데 유죄의 확정판결에 대하여 재심이 개시된 경우, 후행 범죄가 재심 대상 판결에 대한 재심 판결 확정 전에 범하여졌다 하더라도 아직 판결을 받지 아니한 후행 범죄와 재심판결이 확정된 선행범죄 사이에는 형법 제37조 후단에서 정한 경합범 관계(이하 '후단 경합범'이라 한다)가 성립하지 않는다.

재심 판결이 후행 범죄 사건에 대한 판결보다 먼저 확정된 경우에 후행 범죄에 대해 재심 판결을 근거로 후단 경합범이 성립한다고 하려면 재심심판법원이 후행 범죄를 동시에 판결할 수 있었어야 한다. 그러나 아직 판결을 받지 아니한 후행 범죄는 재심심판절차에서 재심 대상이 된 선행범죄와 함께 심리하여 동시에 판결할 수 없었으므로 후행 범죄와 재심 판결이 확정된 선행범죄 사이에는 후단 경합범이 성립하지 않고, 동시에 판결할 경우와 형평을 고려하여 그 형을 감경 또는 면제할 수 없다.

재심 판결이 후행 범죄에 대한 판결보다 먼저 확정되는 경우에는 재심판결을 근거로 형식적으로 후행 범죄를 판결 확정 전에 범한 범죄로 보아 후단 경합범이 성립한다고 하면, 선행범죄에 대한 재심판결과 후행 범죄에 대한 판결 중 어떤 판결이 먼저 확정되느냐는 우연한 사정에 따라 후단 경합범 성립이 좌우되는 형평에 반하는 결과가 발생한다.

나. 법정형에 하한이 설정된 형법 제37조 후단 경합범에 대하여 형법 제39조 제1항 후문에 따라 형을 감경할 경우

🏛 대법원 2019. 4. 18. 선고 2017도14609 전원합의체 판결[마약류관리에관한법률위반(향정)]

판결의 요지

1) 형법 제37조 후단 경합범(이하 '후단 경합범'이라 한다)에 대하여 형법 제39조 제1항에 의하여 형을 감경할 때에도 법률상 감경에 관한 형법 제55조 제1항이 적용되어 유기징역을 감경할 때에는 그 형기의 2분의 1 미만으로는 감경할 수 없다. 그 이유는 다음과 같다.

① 처단형은 선고형의 최종적인 기준이 되므로 그 범위는 법률에 따라서 엄격하게 정하여야 하고, 별도의 명시적인 규정이 없는 이상 형법 제56조에서 열거하고 있는 가중·감경할 사유에 해당하지 않는 다른 성질의 감경 사유를 인정할 수는 없다.

형의 감경에는 법률상 감경과 재판상 감경인 작량감경이 있다. 작량감경 외에 법률의 여러 조항에서 정하고 있는 감경은 모두 법률상 감경이라는 하나의 틀 안에 놓여 있다. 따라서 형법 제39조 제1항 후문에서 정한 감경도 당연히 법률상 감경에 해당한다. 형법 제39조 제1항 후문의 "그 형을 감경 또는 면제할 수 있다."라는 규정 형식도 다른 법률상의 감경 사유들과 다르지 않다. 이와 달리 형법 제39조 제1항이 새로운 감경을 설정하였다고 하려면 그에 대하여 일반적인 법률상의 감경과 다른, 감경의 폭이나 방식이 제시되어야 하고 감경의 순서 또한 따로 정했어야 할 것인데 이에 대하여는 아무런 정함이 없다. 감경의 폭이나 방식, 순서에 관해 달리 정하고 있지 않은 이상 후단 경합범에 대하여도 법률상 감경 방식에 관한 총칙 규정인 형법 제55조, 제56조가 적용된다고 보는 것이 지극히 자연스럽다.

② 후단 경합범에 따른 감경을 새로운 유형의 감경이 아니라 일반 법률상 감경

의 하나로 보고, 후단 경합범에 대한 감경에 있어 형법 제55조 제1항에 따라야 한다고 보는 것은 문언적·체계적 해석에 합치될 뿐 아니라 입법자의 의사와 입법 연혁 등을 고려한 목적론적 해석에도 부합한다.

2) 피고인이 마약류 관리에 관한 법률 위반(향정)죄의 범죄사실로 징역 4년을 선고받아 그 판결이 확정되었는데, 위 판결 확정 전에 향정신성의약품을 1회 판매하고 1회 판매하려다 미수에 그쳤다는 내용의 마약류 관리에 관한 법률 위반(향정) 공소사실로 기소된 사안에서, 법정형인 무기 또는 5년 이상의 징역 중에서 유기징역을 선택하고 형법 제37조 후단 경합범에 대한 감경과 작량감경을 한 원심으로서는 형법 제56조 제4호, 제5호, 제6호 및 제55조 제1항 제3호에 따른 처단형인 징역 1년 3개월부터 11년 3개월까지의 범위 내에서 형을 정했어야 하는데도, 이와 달리 형법 제37조 후단 경합범에 대하여 형법 제39조 제1항에서 정한 감경을 할 때에는 형법 제55조 제1항이 적용되지 않는다는 전제에서 위와 같은 법률상 처단형의 하한을 벗어난 징역 6개월을 선고한 원심의 판단에 법리오해의 잘못이 있다.

16. 제40조 상상적 경합

1개의 행위에 관하여 사기죄와 업무상배임죄 또는 단순배임죄의 각 구성요건이 모두 구비된 경우의 죄수 관계(상상적 경합 관계)

> 🏛 대법원 2002. 7. 18. 선고 2002도669 전원합의체 판결[특정경제범죄가중처벌등에관한법률위반(횡령)·업무상 횡령·업무상배임·사기·신용협동조합법위반·특정경제범죄가중처벌등에관한법률위반(사기) 등]

판결의 요지

상상적 경합은 1개의 행위가 실질적으로 수개의 구성요건을 충족하는 경우를 말하고 법조경합은 1개의 행위가 외관상 수개의 죄의 구성요건에 해당하는 것처럼 보이나 실질적으로 1죄만을 구성하는 경우를 말하며, 실질적으로 1죄인가 또는 수죄인가는 구성요건적 평가와 보호법익의 측면에서 고찰하여 판단하여야 한다.

업무상 배임행위에 사기행위가 수반된 때의 죄수 관계에 관하여 보면, 사기죄는 사람을 기망하여 재물의 교부를 받거나 재산상의 이익을 취득하는 것을 구성요건으로 하는 범죄로서 임무 위배를 그 구성요소로 하지 아니하고 사기죄의 관념에 임무위배 행위가 당연히 포함된다고 할 수도 없으며, 업무상배임죄는 업무상 타인의 사무를 처리하는 자가 그 업무상의 임무에 위배하는 행위로써 재산상의 이익을 취득하거나 제3자로 하여금 이를 취득하게 하여 본인에게 손해를 가하는 것을 구성요건으로 하는 범죄로서 기망적 요소를 구성요건의 일부로 하는 것이 아니어서 양 죄는 그 구성요건을 달리하는 별개의 범죄이고 형법상으로도 각각 별개의 장(章)에 규정되어 있어, 1개의 행위에 관하여 사기죄와 업무상배임죄의 각 구성요건이 모두 구비된 때에는 양 죄를 법조경합 관계로 볼 것이 아니라 상상적 경합관계로 봄이 상당하다 할 것이고, 나아가 업무상배임죄가 아닌 단순배임죄라고 하여 양 죄의 관계를 달리 보아야 할 이유도 없다.

17. 제42조 징역 또는 금고의 기간

무기징역형을 작량 감경하는 경우 경합범 가중사유나 누범 가중사유가 있다 하여 15년을 넘는 징역형을 선고할 수 있는지 여부(소극)

> 🏛 대법원 1992. 10. 13. 선고 92도1428 전원합의체 판결[강도치사, 특정범죄가중처벌등에 관한법률위반]

판결의 요지

형법 제38조 제1항 제1호는 경합범 중 가장 중한 죄에 정한 형이 사형 또는 무기징역이나 무기금고인 때에는 가장 중한 죄에 정한 형으로 처벌하도록 규정하고 있으므로, 경합범 중 가장 중한 죄의 소정형에서 무기징역형을 선택한 이상 무기징역형으로만 처벌하고 따로 경합범 가중을 하거나 가장 중한 죄가 누범이라 하여 누범가중을 할 수 없음은 더 말할 나위도 없고, 위와 같이 무기징역형을 선택한 후 형법 제56조 제6호의 규정에 의하여 작량감경을 하는 경우에는 같은 법 제55조 제1항 제2호의 규정에 의하여 7년 이상의 징역으로 감형되는 한편, 같은 법 제42조의 규정에 의하여 유기징역형의 상한은 15년이므로 15년을 초과한 징역형을 선고할 수 없다.

18. 제48조 몰수의 대상과 추징

가. 몰수·추징의 사유가 엄격한 증명을 요하는지 여부(소극)

🏛 대법원 2006. 4. 7. 선고 2005도9858 전원합의체 판결[특정경제범죄가중처벌등에관한법률위반(사기)·공문서위조·허위감정·배임수재 등]

판결의 요지

몰수대상이 되는지 여부나 추징액의 인정 등 몰수·추징의 사유는 범죄구성요건사실에 관한 것이 아니어서 엄격한 증명은 필요 없지만 역시 증거에 의하여 인정되어야 한다.

나. 웹사이트 매각을 통해 취득한 대가의 추징 여부

🏛 대법원 2021. 10. 14. 선고 2021도7168 판결[국민체육진흥법위반·정보통신망이용촉진및정보보호등에관한법률위반(음란물유포)]

판결의 요지

피고인이 갑, 을과 공모하여 정보통신망을 통하여 음란한 화상 또는 영상을 배포하고, 도박 사이트를 홍보하였다는 공소사실로 기소되었는데, 원심이 공소사실을 유죄로 인정하면서 피고인이 범죄행위에 이용한 웹사이트 매각을 통해 취득한 대가를 형법 제48조에 따라 추징한 사안에서, 위 웹사이트는 범죄행위에 제공된 무형의 재산에 해당할 뿐 형법 제48조 제1항 제2호에서 정한 '범죄행위로 인하여 생(生)하였거나 이로 인하여 취득한 물건'에 해당하지 않으므로, 피고인이 위 웹사이트 매각을 통해 취득한 대가는 형법 제48조 제1항 제2호, 제2항이 규정한 추징의 대상에 해당하지 않는다는 이유로, 이와 달리 보아 위 웹사이트 매각대금을 추징한 원심판결에 형법 제48조에서 정한 몰수·추징에 관한 법리오해의 잘못이 있다.

다. 성매매에 제공되는 사실을 알면서 자금·토지 또는 건물을 제공하는 행위와 공범자 중 1인 소유 물건에 대하여 몰수를 선고하는 방법

> 🏛 대법원 2013. 5. 23. 선고 2012도11586 판결[성매매알선등행위의처벌에관한법률위반(성매매알선 등)]

판결의 요지

　피고인이 갑에게서 명의신탁을 받아 피고인 명의로 소유권이전등기를 마친 토지 및 그 지상 건물(이하 '부동산'이라고 한다)에서 갑과 공동하여 영업으로 성매매알선 등 행위를 함으로써 성매매에 제공되는 사실을 알면서 부동산을 제공하였다는 내용의 성매매알선 등 행위의 처벌에 관한 법률 위반 공소사실이 유죄로 인정된 사안에서, 갑은 처음부터 성매매알선 등 행위를 하기 위해 부동산을 취득하여 피고인에게 명의신탁한 후 약 1년 동안 성매매알선 등 행위에 제공하였고, 일정한 장소에서 은밀하게 이루어지는 성매매알선 등 행위의 속성상 장소의 제공이 불가피하다는 점, 부동산은 5층 건물인데 2층 내지 4층 객실 대부분이 성매매알선 등 행위의 장소로 제공된 점, 피고인은 부동산에서 이루어지는 성매매알선 등 행위로 발생하는 수익의 자금관리인으로, 갑과 함께 범행을 지배하는 주체가 되어 영업으로 성매매알선 등 행위를 한 점, 부동산의 실질적인 가치는 크지 않은 반면 피고인이 성매매알선 등 행위로 벌어들인 수익은 상당히 고액인 점, 피고인은 초범이나 공동정범 갑은 이와 동종 범죄로 2회 처벌받은 전력이 있을 뿐 아니라 성매매알선 등 행위의 기간, 특히 단속된 이후에도 성매매알선 등 행위를 계속한 점 등을 고려할 때, 부동산을 몰수한 원심의 조치는 정당하다.

　【평석】 성매매 알선에 대한 사회적 비난이 심한 시절에 건전한 사회 질서를 유지하기 위하여 공범자 소유의 물건에 대한 몰수를 인정한 예이다. 이 판례에서 대법원은 범죄 수익범으로부터 공범자에 대한 몰수의 근거를 끌어내는 것이 아니라 형법 제48조의 몰수규정을 입론의 근거로 제시하고 있는데, 범죄수익법상의 몰수가 보안처분적 성격의 것이라면 형법총칙의 몰수는 형벌의 일종이며, 이 형법총칙으로부터 특별법의 규율원리를 도출하는 대법원의 입론에는 다소 무리가 있다고 생각된다는 견해가 있다.[6]

19. 제49조 몰수의 부가성

🏛 대법원 1973. 12. 11. 선고 73도1133 전원합의체 판결[관세법위반]

판결의 요지

형법 제59조에 의하여 형의 선고유예를 하는 경우에도 몰수의 요건이 있는 때에는 몰수형 만의 선고를 할 수 있다고 해석함이 상당하다.

20. 제50조 형의 경중

가. 집행유예와 벌금형

🏛 대법원 1998. 3. 26. 선고 97도1716 전원합의체 판결[특정경제범죄가중처벌등에관한법률위반{(재산국외도피), 예비적 죄명: 외국환관리법위반}]

판결의 요지

제1심에서 징역 1년 6월 형의 3년간 집행유예를, 환송 전 원심에서 징역 1년 형의 선고유예를 각 선고받은 데 대하여, 환송 후 원심에서 벌금 40,000,000원의 형과 금 16,485,250원의 추징의 선고를 모두 유예한 경우, 불이익변경이라고 볼 수 없다.

나. 징역 6월과 징역 8월(단 집행유예 2년)의 경중

🏛 대법원 1966. 12. 8. 선고 66도1319 전원합의체 판결[절도]

판결의 요지

제1심에서 징역 6월의 선고를 받고 피고인만이 항소한 사건에서 징역 8월에 집행유예 2년을 선고한 것은 제1심형보다 중하고 따라서 불이익변경의 금지원칙에 위반된다.

---

6) 신동운, 2013년 분야별 중요판례 분석, 법률신문, 2014. 4. 17.자

21. 제51조 양형의 조건

가. 상관살해의 양형

🏛 대법원 2016. 2. 19. 선고 2015도12980 전원합의체 판결[상관살해 · 상관살해미수 · 살인 · 살인미수 · 군용물절도 · 군용물손괴 · 군무이탈]

판결의 요지

　군인인 피고인이 소속 부대의 간부나 동료 병사들의 피고인에 대한 태도를 따돌림 내지 괴롭힘이라고 생각하던 중 초소 순찰일지에서 자신의 외모를 희화화하고 모욕하는 표현이 들어 있는 그림과 낙서를 보고 충격을 받아 소초원들을 모두 살해할 의도로 수류탄을 폭발시키거나 소총을 발사하고 도주함으로써 상관 및 동료 병사 5명을 살해하고 7명에게 중상을 가하였으며, 군용물손괴 · 군용물절도 · 군무이탈 행위를 하였다는 내용으로 기소된 사안에서, 범행 동기와 경위, 범행 계획의 내용과 대상, 범행의 준비 정도와 수단, 범행의 잔혹성, 피고인이 내보인 극단적인 인명 경시 태도, 피해자들과의 관계, 피해자의 수와 피해 결과의 중대함, 전방에서 생사고락을 함께하던 부하 혹은 동료 병사였던 피해자들과 유족 및 가족들이 입은 고통과 슬픔, 국토를 방위하고 국민의 생명과 재산을 보호함을 사명으로 하는 군대에서 발생한 범행으로 성실하게 병역의무를 수행하고 있는 장병들과 가족들, 일반 국민이 입은 불안과 충격 등을 종합적으로 고려하면, 비록 피고인에게 일부 참작할 정상이 있고 예외적이고도 신중하게 사형 선고가 이루어져야 한다는 전제에서 보더라도, 범행에 상응하는 책임의 정도, 범죄와 형벌 사이의 균형, 유사한 유형의 범죄 발생을 예방하여 잠재적 피해자를 보호하고 사회를 방위할 필요성 등 제반 견지에서 법정 최고형의 선고가 불가피하므로 피고인에 대한 사형 선고가 정당화될 수 있는 특별한 사정이 있다는 이유로, 피고인에게 사형을 선고한 제1심판결과 원심의 조치를 수긍한다.

나. 항소심이 양형부당을 이유로 제1심판결을 파기하는 경우 양형심리 및 양형 판단 방법 및 원심판단에 근거가 된 양형 자료, 이에 대한 판단내용이 모순 없이 설시되어 있더라도, 양형의 조건이 되는 사유를 일일이 명시하지 아니

하면 위법한지 여부(소극)

🏛 대법원 2015. 7. 23. 선고 2015도3260 전원합의체 판결[게임산업진흥에관한법률위반 · 도박 개장]

판결의 요지

항소심은 제1심에 대한 사후심적 성격이 가미된 속심으로서 제1심과 구분되는 고유의 양형 재량을 가지고 있으므로, 항소심이 자신의 양형 판단과 일치하지 아니한다고 하여 양형부당을 이유로 제1심판결을 파기하는 것이 바람직하지 아니한 점이 있다고 하더라도 이를 두고 양형심리 및 양형 판단 방법이 위법하다고까지 할 수는 없다. 그리고 원심의 판단에 근거가 된 양형 자료와 그에 관한 판단 내용이 모순 없이 설시되어 있는 경우에는 양형의 조건이 되는 사유에 관하여 일일이 명시하지 아니하여도 위법하다고 할 수 없다.

22. 제52조 자수, 자복

자수의 요건과 효과를 정하는 것은 논리 필연적으로 정해지는 것이 아니라 입법 정책의 문제이고 입법재량에 속하는지 여부(적극)

🏛 대법원 1997. 3. 20. 선고 96도1167 전원합의체 판결[공직선거및선거부정방지법위반]

판결의 요지

형법이나 국가보안법 등이 자수에 대하여 형을 감면하는 정도를 그 입법 취지에 따라 달리 정하고 자수의 요건인 자수시기에 관하여도 각각 달리 정하고 있는 점으로 미루어 보면, 어느 죄에 관한 자수의 요건과 효과가 어떠한가 하는 문제는 논리 필연적으로 도출되는 문제가 아니라, 그 입법 취지가 자수의 두 가지 측면 즉 범죄를 스스로 뉘우치고 개전의 정을 표시하는 것으로 보아 비난가능성이 약하다는 점과 자수를 하면 수사를 하는 데 용이할 뿐 아니라 형벌권을 정확하게 행사할 수 있어 죄 없는 자에 대한 처벌을 방지할 수 있다는 점 중 어느 한쪽을 얼마만큼 중시하는지 또는 양자를 모두 동등하게 고려하는지에 따라 입법 정책적으로 결정되는 것이다.

23. 제53조 작량감경

가. 벌금형은 감경되었으나 노역장 환형 유치 기간이 길어진 경우 불이익변경금 지원칙

> 🏛 대법원 1977. 9. 13. 선고 77도2114 전원합의체 판결[특정범죄가중처벌등에관한법률위반
> · 관세법위반]

판결의 요지

벌금형이 감경되었다면 그 벌금형에 환형 유치 기간이 더 길어졌다고 하여도 전체적으로 비교하여 형이 불이익하게 변경되었다고 할 수 없다.

관세법 제180조 위반의 죄가 특정범죄 가중처벌 등에 관한 법률 제6조 제2항, 제3항에 의하여 가중 처벌되고 벌금형이 필요적으로 병과되는 경우에도 관세법 제194조가 적용되므로 벌금형에 대하여 형법 제 53조를 적용하여 작량 감경할 수 없다.

나. 형법 제55조 제1항 제6호의 벌금을 감경할 때의 다액의 의미

> 🏛 대법원 1978. 4. 25. 선고 78도246 전원합의체 판결[특정범죄가중처벌등에관한법률위반
> · 조세범처벌법위반]

판결의 요지

형법 제55조 제1항 제6호의 벌금을 감경할 때의 「다액」의 2분의 1이라는 문구는 「금액」의 2분의 1이라고 해석하여 그 상한과 함께 하한도 2분의 1로 내려가는 것으로 해석하여야 한다(다수의견).

다. 무기징역형의 작량감경

> 🏛 대법원 1992. 10. 13. 선고 92도1428 전원합의체 판결[강도치사, 특정범죄가중처벌등에
> 관한법률위반(절도)]

　형법 제38조 제1항 제1호는 경합범 중 가장 중한 죄에 정한 형이 사형 또는 무기징역이나 무기금고인 때에는 가장 중한 죄에 정한 형으로 처벌하도록 규정하고 있으므로, 경합범 중 가장 중한 죄의 소정형에서 무기징역형을 선택한 이상 무기징역형으로만 처벌하고 따로이 경합범가중을 하거나 가장 중한 죄가 누범이라 하여 누범가중을 할 수 없음은 더 말할 나위도 없고, 위와 같이 무기징역형을 선택한 후 형법 제56조 제6호의 규정에 의하여 작량감경을 하는 경우에는 같은 법 제55조 제1항 제2호의 규정에 의하여 7년 이상의 징역으로 감형되는 한편, 같은 법 제42조의 규정에 의하여 유기징역형의 상한은 15년이므로 15년을 초과한 징역형을 선고할 수 없다.

라. 임의적 감경의 의미

> 🏛 대법원 2021. 1. 21. 선고 2018도5475 전원합의체 판결[특수상해미수 · 폭행]

판결의 요지

　[다수의견] 필요적 감경의 경우에는 감경사유의 존재가 인정되면 반드시 형법 제55조 제1항에 따른 법률상 감경을 하여야 함에 반해, 임의적 감경의 경우에는 감경사유의 존재가 인정되더라도 법관이 형법 제55조 제1항에 따른 법률상 감경을 할 수도 있고 하지 않을 수도 있다. 나아가 임의적 감경사유의 존재가 인정되고 법관이 그에 따라 징역형에 대해 법률상 감경을 하는 이상 형법 제55조 제1항 제3호에 따라 상한과 하한을 모두 2분의 1로 감경한다. 이러한 현재 판례와 실무의 해석은 여전히 타당하다. 구체적인 이유는 다음과 같다.

　① 형법은 필요적 감경의 경우에는 문언상 형을 '감경한다.'라고 표현하고, 임의적 감경의 경우에는 작량감경과 마찬가지로 문언상 형을 '감경할 수 있다.'라고 표현하고 있다. '할 수 있다.'는 말은 어떠한 명제에 대한 가능성이나 일반적인 능력을 나타내는 말로서 '하지 않을 수도 있다.'는 의미를 포함한다. '할 수 있다.'는 문언의 의미에 비추어 보면 입법자는 임의적 감경의 경우 정황 등에 따라 형을 감경하거나 감경하지 않을 수 있도록 한 것이고 그 권한 내지 재량을 법관에게 부여한 것이다. 이러한 해석은 문언상 자연스러울 뿐만 아니라 일상의 언어 사용에 가까운

것으로 누구나 쉽게 이해할 수 있다. 법문과 입법자의 의사에 부합하는 이상, 죄형법정주의 원칙상 허용되지 않는 유추해석에 해당하지도 않는다.

한편 형법 제55조 제1항은 형벌의 종류에 따라 법률상 감경의 방법을 규정하고 있는데, 형법 제55조 제1항 제3호는 "유기징역 또는 유기금고를 감경할 때에는 그 형기의 2분의 1로 한다."라고 규정하고 있다. 이와 같이 유기징역형을 감경할 경우에는 '단기'나 '장기'의 어느 하나만 2분의 1로 감경하는 것이 아니라 '형기' 즉 법정형의 장기와 단기를 모두 2분의 1로 감경함을 의미한다는 것은 법문상 명확하다. 처단형은 선고형의 최종적인 기준이 되므로 그 범위는 법률에 따라서 엄격하게 정하여야 하고, 별도의 명시적인 규정이 없는 이상 형법 제56조에서 열거하고 있는 가중·감경할 사유에 해당하지 않는 다른 성질의 감경사유를 인정할 수는 없다. 따라서 유기징역형에 대한 법률상 감경을 하면서 형법 제55조 제1항 제3호에서 정한 것과 같이 장기와 단기를 모두 2분의 1로 감경하는 것이 아닌 장기 또는 단기 중 어느 하나만을 2분의 1로 감경하는 방식이나 2분의 1보다 넓은 범위의 감경을 하는 방식 등은 죄형법정주의 원칙상 허용될 수 없다.

② 법률상 감경사유는 구성요건해당성, 위법성, 책임 등 범죄의 성립요건과 관련이 있거나 불법의 정도나 보호법익의 침해 정도 등과 관련 있는 사유들이 대부분이다. 입법자는 범죄의 성립 및 처벌과 관련된 중요한 사항들을 법률상 감경의 요건으로 정한 뒤 해당 요건이 범죄의 성립 또는 처벌 범위의 결정에 일반적으로 미치는 영향이나 중요성을 종합적으로 고려하여 필요적 감경, 임의적 감경으로 구별하여 규정하였다.

위와 같이 필요적 감경사유와 임의적 감경사유가 구별되어 규정되어 있는 취지를 고려하면 그 법률효과도 명확히 구별되어야 한다.

[별개의견] 임의적 감경은 다음과 같이 새롭게 해석되어야 한다(이하 '새로운 해석론'이라 한다). 다수의견은 '할 수 있다.'는 문언에 비추어 그 의미가 '하거나 하지 않을 수 있는 재량 내지 권한'이라고 해석하는 것이 타당하다고 주장하나 '할 수 있다.'라는 말은 문맥에 따라 추측, 능력, 가능성, 허가 등 다양한 의미를 나타내지만 그 기저에는 '잠재적 혹은 실제적 가능성'의 의미로 수렴한다. 이와 같이 '할 수 있다.'의 의미가 다의적으로 해석되는 이상, 이를 입법자의 의사에 최대한 부합되게 해석해야 한다. '할 수 있다.'는 것은 감경을 '하는 경우의 범위'와 '하지 않는 경우의 범위' 모두에 걸쳐서 선고형을 정할 수 있다는 의미로 보아야 한다. 즉 감경을

하는 경우와 하지 않는 경우가 모두 가능하다는 점을 고려하여 두 경우의 범위를 합하여 처단형을 정하여야 한다. 그렇다면 감경을 하지 않은 범위의 상한과 감경을 한 범위의 하한 사이의 범위가 임의적 감경의 처단형 범위가 된다. 이를 간단히 법정형의 하한만 감경된다고 이해할 수도 있다.

새로운 해석론에 따른 임의적 감경 방식은 법관의 재량이 개입할 여지가 없이 감경한 구간과 감경하지 않은 구간을 합한 영역이 처단형 범위로 '당연확정'되고, 그에 따라 처단형의 범위는 감경하지 않은 구간의 상한과 감경한 구간의 하한이라고 보는 것이다. 결과적으로는 법정형의 하한만 2분의 1로 감경하는 것과 동일한 결론에 이른다.

【평석】임의적 감경의 의미와 감경 방법에 대한 전원합의체 판결이다. 형의 장기와 단기를 모두 감경하는 방식이 피고인에게 유리한 해석이라고 볼 수 있다. 위 별개의견에 대하여 양형 재량의 축소 내지 통제가 아니라 오히려 처단형의 상한을 확대하는 결과가 되는 셈으로 이는 처단형의 산정이 법관의 재량을 제한하는 의미가 클 수 있다는 의견이 제시되기도 한다.[7]

24. 제59조 선고유예의 요건

가. 선고유예의 요건 중 '개전의 정상이 현저한 때'의 의미 및 이에 대한 원심 판단의 당부를 상고심의 심판대상으로 삼을 수 있는지 여부(소극)

🏛 대법원 2003. 2. 20. 선고 2001도6138 전원합의체 판결[공직선거및선거부정방지법위반]

판결의 요지

선고유예의 요건 중 '개전의 정상이 현저한 때'라고 함은, 반성의 정도를 포함하여 널리 형법 제51조가 규정하는 양형의 조건을 종합적으로 참작하여 볼 때 형을 선고하지 않더라도 피고인이 다시 범행을 저지르지 않으리라는 사정이 현저하게 기대되는 경우를 가리킨다고 해석할 것이고, 이와 달리 여기서의 '개전의 정상이 현저한 때'가 반드시 피고인이 죄를 깊이 뉘우치는 경우만을 뜻하는 것으로 제한하

7) 이주원, 2021년 분야별 중요판례 분석, 법률신문, 2022. 3. 3., 3. 10.자

여 해석하거나, 피고인이 범죄사실을 자백하지 않고 부인할 경우에는 언제나 선고유예를 할 수 없다고 해석할 것은 아니며, 또한 형법 제51조의 사항과 개전의 정상이 현저한지 여부에 관한 사항은 널리 형의 양정에 관한 법원의 재량사항에 속한다고 해석되므로, 상고심으로서는 형사소송법 제383조 제4호에 의하여 사형·무기 또는 10년 이상의 징역·금고가 선고된 사건에서 형의 양정의 당부에 관한 상고이유를 심판하는 경우가 아닌 이상, 선고유예에 관하여 형법 제51조의 사항과 개전의 정상이 현저한지 여부에 대한 원심 판단의 당부를 심판할 수 없고, 그 원심 판단이 현저하게 잘못되었다고 하더라도 달리 볼 것이 아니다.

【해설】 범죄사실을 부인하는 피고인에 대하여 형의 선고를 유예한 원심의 조치가 위법하다는 취지의 상고이유는 적법한 상고이유가 되지 못한다고 판시하였다.

나. 선고유예 결격사유

🏛 대법원 2008. 1. 18. 선고 2007도9405 판결[업무방해]

판결의 요지

원심은, 피고인의 이 사건 범행을 유죄로 인정한 뒤, 제반 정상을 참작하여 피고인에게 벌금형을 선고한 제1심판결을 파기하고, 피고인에 대한 형의 선고를 유예하는 판결을 선고하였다.

기록을 살펴보면, 피고인은 1971. 5. 4. 대구지방법원에서 폭력행위 등 처벌에 관한 법률 위반죄로 징역 2년 6월에 집행유예 3년을 선고받고, 1978. 12. 7. 부산지방법원에서 폭행죄로 징역 8월에 집행유예 2년을 선고받아 그 형이 각 확정된 사실이 인정된다.

형법 제59조 제1항은 "1년 이하의 징역이나 금고, 자격정지 또는 벌금의 형을 선고할 경우 제51조의 사항을 참작하여 개전의 정상이 현저한 때에는 그 선고를 유예할 수 있다. 단, 자격정지 이상의 형을 받은 전과가 있는 자에 대하여는 예외로 한다."고 규정하고 있는바, 선고유예가 주로 범정이 경미한 초범자에 대하여 형을 부과하지 않고 자발적인 개선과 갱생을 촉진시키고자 하는 제도라는 점, 형법

제61조가 유예 기간 중 자격정지 이상의 형에 처한 판결이 확정되거나 자격정지 이상의 형에 처한 전과가 발각된 경우 등을 선고유예의 실효 사유로 규정하고 있는 점 등을 종합하여 보면, 형법 제59조 제1항 단행에서 정한 '자격정지 이상의 형을 받은 전과'라 함은 자격정지 이상의 형을 선고받은 범죄경력 자체를 의미하는 것이고, 그 형의 효력이 상실된 여부는 묻지 않는 것으로 해석함이 상당하다. 따라서 형의 집행유예를 선고받은 자는 형법 제65조에 의하여 그 선고가 실효 또는 취소됨이 없이 정해진 유예기간을 무사히 경과하여 형의 선고가 효력을 잃게 되었다고 하더라도 형의 선고의 법률적 효과가 없어진다는 것일 뿐, 형의 선고가 있었다는 기왕의 사실 자체까지 없어지는 것은 아니므로(대법원 2003. 12. 26. 선고 2003도3768 판결 등 참조), 형법 제59조 제1항 단행에서 정한 선고유예 결격사유인 '자격정지 이상의 형을 받은 전과가 있는 자'에 해당한다고 보아야 한다.

따라서 피고인에 대하여는 선고유예의 판결을 할 수 없다 할 것임에도 피고인에 대하여 선고유예의 판결을 한 원심판결에는 형법 제59조 제1항 단행의 해석적용을 그르쳐 판결에 영향을 미친 위법이 있고, 이 점을 지적하는 검사의 상고논지는 이유 있다.

【해설】실무에서 선고유예는 집행유예보다 훨씬 어렵고 드물다. 그만큼 선고유예의 요건은 까다롭다. 하지만 적절한 요건이 갖추어지면 선고유예를 할 수 있으므로 그 요건을 잘 살펴 볼 필요가 있다.

25. 제62조 집행유예의 요건

가. 집행유예 기간 중에 다시 집행유예를 선고할 수 있는지 여부

🏛 대법원 1989. 9. 12. 선고 87도2365 전원합의체 판결[사문서위조 등]

판결의 요지

형법 제62조 제1항 단서에서 규정한 "금고 이상의 형의 선고를 받아 집행을 종료한 후 또는 집행이 면제된 후로부터 5년을 경과하지 아니한 자"라는 의미는 실형선고를 받고 집행종료나 집행면제 후 5년을 경과하지 않은 경우만을 가리키는 것이 아니라 형의 집행유예를 선고받고 그 유예기간이 경과하지 않은 경우를 포함하나 형법 제37조의 경합범 관계에 있는 수죄가 전후로 기소되어 각각 별개의 절차에서 재판을 받게 된 결과 어느 하나의 사건에서 먼저 집행유예가 선고되어 그 형이 확정되었을 경우 다른 사건의 판결에서는 다시 집행유예를 선고할 수 없다면 그 수죄가 같은 절차에서 동시에 재판을 받아 한꺼번에 집행유예를 선고받을 수 있었던 경우와 비교하여 현저히 균형을 잃게 되므로 이러한 불합리가 생기는 경우에 한하여 위 단서 규정의 "형의 선고를 받아"라는 의미는 실형이 선고된 경우만을 가리키고 형의 집행유예를 선고받은 경우는 포함되지 않는다고 해석함이 상당하다.

【평석】 집행유예기간의 시기에 대하여 우리 형법이 명문의 규정을 두고 있지는 않지만, 형사소송법 제459조 '재판은 이 법률에 특별한 규정이 없으면 확정한 후에 집행한다'의 규정 등에 비추어 보면 집행유예를 함에 있어 그 집행유예 기간의 시기는 집행유예를 선고한 판결 확정일로 하여야 한다고 본다(대법원 2002. 2. 26. 선고 2000도4637 판결).[8]

나. 형의 일부와 집행유예

> 🏛 대법원 2007. 2. 22. 선고 2006도8555 판결[폭력행위등처벌에관한법률위반(집단 ·흉기등 상해)]

판결의 요지

집행유예의 요건에 관한 형법 제62조 제1항 본문은 「3년 이하의 징역 또는 금고의 형을 선고할 경우에 제51조의 사항을 참작하여 그 정상에 참작할 만한 사유가 있는 때에는 1년 이상 5년 이하의 기간 '형'의 집행을 유예할 수 있다.」고 규정하고, 같은 조 제2항은 「형을 '병과'할 경우에는 그 형의 '일부'에 대하여 집행을 유예할 수 있다.」고 규정하고 있는바, 비록 형법 제62조 제1항이 '형'의 집행을 유예할 수 있다고만 규정하고 있다고 하더라도, 이는 같은 조 제2항이 그 형의 '일부'에 대하여 집행을 유예할 수 있는 때를 형을 '병과'할 경우로 한정하고 있는 점에 비추어 보면, 조문의 체계적 해석상 하나의 형의 전부에 대한 집행유예에 관한 규정이

---

8) 이용식, 2019년 분야별 중요판례 분석, 법률신문, 2020. 3. 12.자

라 할 것이다.

또한, 하나의 자유형에 대한 일부 집행유예에 관하여는 그 요건, 효력 및 일부 실형에 대한 집행의 시기와 절차, 방법 등을 입법에 의해 명확하게 할 필요가 있으므로, 그 인정을 위해서는 별도의 근거규정이 필요하다고 할 것이다.

원심은 이와 달리 형법 제62조 제1항이 일부집행유예를 인정하고 있다고 보아 대법원 2002. 2. 26. 선고 2000도4637 판결을 원용하여 피고인에 대하여 하나의 징역형 중 일부에 대한 집행유예를 선고하였으나, 위 판결은 형법 제37조 후단의 경합범 관계에 있는 각 죄에 대하여 두 개의 자유형을 선고하는 경우 그중 하나의 자유형에 대한 집행유예를 인정한 것으로서, 하나의 자유형 중 일부에 대하여 집행유예를 선고한 이 사건과 사안을 달리하여 원용하기 부적절하다.

따라서 원심의 조치에는 집행유예에 관한 법리오해의 위법이 있고, 이는 판결 결과에 영향을 미쳤다고 할 것이므로 이 점을 지적한다.

26. 제62조의2 보호관찰, 사회봉사·수강명령

가. 일정한 금원의 출연을 내용으로 하는 사회봉사명령이 허용되는지 여부(소극)

🏛 대법원 2008. 4. 11. 선고 2007도8373 판결[특정범죄가중처벌등에관한법률위반(횡령) 등]

판결의 요지

형법과 보호관찰 등에 관한 법률의 관계 규정을 종합하면, 사회봉사는 형의 집행을 유예하면서 부가적으로 명하는 것이고 집행유예 되는 형은 자유형에 한정되고 있는 점 등에 비추어, 법원이 형의 집행을 유예하는 경우 명할 수 있는 사회봉사는 자유형의 집행을 대체하기 위한 것으로서 500시간 내에서 시간 단위로 부과될 수 있는 일 또는 근로활동을 의미하는 것으로 해석되므로, 법원이 형법 제62조의2의 규정에 의한 사회봉사명령으로 피고인에게 일정한 금원을 출연하거나 이와 동일시할 수 있는 행위를 명하는 것은 허용될 수 없다.

나. 피고인에게 자신의 범죄행위와 관련하여 어떤 말이나 글을 공개적으로 발표하도록 명하는 내용의 사회봉사명령이 허용되는지 여부(소극)

판결의 요지

법원이 피고인에게 유죄로 인정된 범죄행위를 뉘우치거나 그 범죄행위를 공개하는 취지의 말이나 글을 발표하도록 하는 내용의 사회봉사를 명하고 이를 위반할 경우 형법 제64조 제2항에 의하여 집행유예의 선고를 취소할 수 있도록 함으로써 그 이행을 강제하는 것은, 헌법이 보호하는 피고인의 양심의 자유, 명예 및 인격에 대한 심각하고 중대한 침해에 해당하므로 허용될 수 없고, 또 법원이 명하는 사회봉사의 의미나 내용은 피고인이나 집행 담당 기관이 쉽게 이해할 수 있어 집행 과정에서 그 의미나 내용에 관한 다툼이 발생하지 않을 정도로 특정되어야 하므로, 피고인으로 하여금 자신의 범죄행위와 관련하여 어떤 말이나 글을 공개적으로 발표하라는 사회봉사를 명하는 것은 경우에 따라 피고인의 명예나 인격에 대한 심각하고 중대한 침해를 초래할 수 있고, 그 말이나 글이 어떤 의미나 내용이어야 하는 것인지 쉽게 이해할 수 없어 집행 과정에서 그 의미나 내용에 관한 다툼이 발생할 가능성이 적지 않으며, 유죄로 인정된 범죄행위를 뉘우치거나 그 범죄행위를 공개하는 취지의 말이나 글을 발표하도록 하는 취지의 것으로도 해석될 가능성이 적지 않으므로 이러한 사회봉사명령은 위법하다.

【해설】 ○○ 재벌그룹 회장의 횡령행위 등에 대하여 집행유예를 선고하면서 사회봉사명령으로서 일정액의 금전 출연을 주된 내용으로 하는 사회공헌계획의 성실한 이행을 명하는 것은 시간 단위로 부과될 수 있는 일 또는 근로활동이 아닌 것을 명하는 것이어서 허용될 수 없고, 준법경영을 주제로 하는 강연과 기고를 명하는 것은 헌법상 양심의 자유 등에 대한 심각하고 중대한 침해 가능성, 사회봉사명령의 의미나 내용에 대한 다툼의 여지 등의 문제가 있어 허용될 수 없다고 보았다.

27. 제88조 내란목적의 살인

가. 피고인에 대한 통지 없이 법정 외에서 한 증인신문 결과 및 피고인의 직계가족 등이 한 변호인 선임을 피고인이 취소할 수 있는지 여부, 국헌문란의 목

적, 내란죄에 있어서 폭동의 의미, 저항권 등

> 🏛 대법원 1980. 5. 20. 선고 80도306 판결[(가)내란목적살인,(나)내란수괴미수,(다)내란중요
> 임무종사미수,(라)증거은닉,(마)살인(변경된 죄명)]

판결의 요지

1) 법정 외에서 증인 신문을 실시함에 있어서 피고인에 대하여 통지하지 아니하여 참여 기회를 주지 않은 잘못이 있다고 하더라도 그 후 속개된 공판기일에서 피고인과 변호인이 그 증인신문조사에 대하여 별 의견이 없다고 진술하였다면 그 잘못은 책문권의 포기로 치유된다 할 것이다.

2) 군법회의법 제416조는 군법회의법에 있어서의 항소심은 제1심 절차의 복심이 아니고 사후심사의 절차로서 항소심의 공판기일에 피고인은 원칙으로 출석함을 요하지 아니한다는 근거규정일 뿐이므로 원심 제1차 공판기일에 공동피고인들에 대하여 선택적으로 일부만을 출석시키고, 나머지에 대하여는 그 출석을 명하지 않은 원심의 조치는 잘못이라고 할 것이나, 속행된 제2차 공판기일에 법무사가 전회 공판심리에 관한 중요사항의 요지를 고지하였고 그 이후 반대신문의 기회가 충분히 부여되어 있었을 뿐만 아니라 제1심에서 이미 소론이 주장하는 사항에 관하여는 충분한 심리가 있었고, 원심 제1차 공판기일에서는 그 부분에 대하여 새로운 사항을 심리한 점을 발견할 수 없으므로 위의 잘못은 판결 결과에 영향을 미칠 것이 되지 못한다.

3) 군법회의법 제59조 제2항의 규정에 의하여 피고인의 직계가족 및 배우자는 독립하여 변호인을 선임할 수 있다고 하여도 그 선임권자는 본인의 선임권을 독립 대리 행사하는 자이므로 선임의 효과는 본인에 미치고 본인이 그 선임을 취소하는 것도 가능하다고 볼 것이다.

4) 일반적으로 진술의 임의성이 없다 함은 수사기관에 의하여 신문을 받는 자에 대한 협박, 고문 기타의 방법으로 인하여 자유스러운 분위기하에서 진술되어 있지 않음을 말하고, 그 임의성의 판단은 경험칙에 위배되지 않고 합리적인 범위내의 심판관의 자유스러운 심증에 의하여 결정 되어지는 것으로서 소송수행의 모든 상황, 즉 그 서류의 작성, 내용은 물론 피고인의 변소 및 태도, 검찰관의 석명, 그 서류작성에 관여한 증인의 증언 등 모든 면에 있어서 심판부가 합리적으로 판단을 내리

면 족하다.

5) 내란죄에 있어서의 국헌문란의 목적은 현행의 헌법 또는 법률이 정한 정치적 기본조직을 불법으로 파괴하는 것을 말하고 구체적인 국가기관인 자연인만을 살해하거나, 그 계승을 기대하는 것은 이에 해당되지 않으나 반드시 초법규적인 의미는 아니라고 할 것이며, 공산, 군주 또는 독재제도로 변경하여야 하는 것은 더욱 아니고, 그 목적은 엄격한 증명사항에 속하고 직접적임을 요하나 결과 발생의 희망, 의욕임을 필요로 한다고 할 수는 없고, 또 확정적 인식임을 요하지 아니하며, 다만 미필적 인식이 있으면 족하다 할 것이다(다수의견).

6) 형법 제87조의 구성요건으로서의 "폭동"이라 함은 다수인이 결합하여 폭행, 협박하는 것을 말하는 것으로서 다수인의 결합은 어느 정도 조직화될 필요는 있으나, 그 수효를 특정할 수는 없는 것이고, 내란죄는 폭동행위로서의 집단행동이 개시된 후 국토참절 또는 국헌문란의 목적을 달성하였는가의 여부에 관계없이 기수로 될 수 있음은 소론과 같으나, 그 폭동행위로 말미암아 한 지방의 평온을 해할 정도에 이르렀을 경우라야 기수로 된다고 할 것이고, 폭동의 내용으로서의 폭행 또는 협박은 최광의의 것으로서 이를 준비하거나 보조하는 행위를 총체적으로 파악한 개념이라고 할 것이다(다수의견).

7) 무릇 살인죄의 객체는 생명이 있는 이상, 생존 기능의 유무는 불문한다 할 것이고, 독립행위가 사망의 결과에 원인이 된 것이 분명한 경우에는 각 행위를 모두 기수범으로 처벌한다고 하여 어떤 모순이 있을 수 없으므로 이미 총격을 받은 피해자에 대한 확인사살도 살인죄를 구성한다(다수의견).

8) 공동정범에 있어서 범죄행위를 공모한 후 그 실행행위에 직접 가담하지 아니하더라도 다른 공모자가 분담, 실행한 행위에 대하여 공동정범의 죄책을 면할 수 없고, 공모공동정범에 있어서 공모는 2인 이상의 자가 협력해서 공동의 범의를 실현시키는 의사에 대한 연락을 말하는 것으로서 실행행위를 담당하지 아니하는 공모자에게 그 실행자를 통하여 자기의 범죄를 실현시킨다는 주관적 의사가 있어야 함은 물론이나, 반드시 배후에서 범죄를 기획하고 그 실행행위를 부하 또는 자기가 지배할 수 있는 사람에게 실행하게 하는 실질상의 괴수의 위치에 있어야 할 필요는 없다고 할 것이다.

(소수의견1): 피고인이 상피고인으로부터 "그 친구 오늘 해치워 버리겠다"는 말을 듣고 묵묵히 고개만 끄덕였다는 사실만으로 사람을 살해하는 모의가 이루어졌

다고 본다는 것은 우리의 경험 및 논리칙에 어긋나는 일이라고 아니할 수 없고 실행자인 상피고인을 통하여 피고인 자신의 범죄를 실현시킨다는 의사 있는 경우의 것으로 볼 자료도 없다.

(소수의견2): 실행공동범죄의 경우에는 "공동범해의 인식"이라든가 "의사의 연락"과 같은 넓은 의미의 합의만 있으면 공모관계가 있다고 할 수 있으나 공모공동정범이 인정되려면 간접정범에 가까울 정도의 고도의 합의가 있어야만 한다.

(소수의견3): 공모공동정범이라는 것은 실행정범에 대한 개념으로서 사회의 실정으로 보아 다수인에 의한 범죄 가운데는 실질상 주범이 배후에서 범죄를 계획하고 그 실행행위는 부하 또는 주범의 지배를 받는 사람으로 하여금 실행케 하는 경우에 단순한 교사나 방조만으로써는 처리될 수 없는 경우가 있다는 재판상 필요에서 나온 이론일 뿐이고 그러한 경우에도 주범에게는 자기의 범죄를 행한다는 주관적인 의사가 있어야 하고 단지 타인의 범의를 유발하거나 타인의 범행을 용인 내지 이용하는 경우에는 이에 해당하지 않는다고 봄이 상당하다.

9) 현대 입헌 자유민주주의 국가의 헌법이론상 자연법에서 우러나온 자연권으로서의 소위 저항권이 헌법 기타 실정법에 규정되어 있든 없든 간에 엄존하는 권리로 인정되어야 한다는 논지가 시인된다 하더라도 그 저항권이 실정법에 근거를 두지 못하고 오직 자연법에만 근거하고 있는 한 법관은 이를 재판규범으로 원용할 수 없다고 할 것인바, 헌법 및 법률에 저항권에 관하여 아무런 규정 없는 우리나라의 현 단계에서는 저항권이론을 재판의 근거규범으로 채용, 적용할 수 없다(다수의견).

10) 공무원은 직무를 수행함에 있어서 소속 상관의 명백히 위법한 명령에 대해서까지 복종할 의무는 없을 뿐만 아니라, 중앙정보부 직원은 상관의 명령에 절대 복종하여야 한다는 것이 불문율로 되어 있다는 점만으로는 이 사건에서와 같이 중대하고 명백한 위법명령에 따른 범법행위까지 강요된 행위이거나 적법행위에 대한 기대가능성이 없는 경우에 해당한다고는 도저히 볼 수 없다.

11) 원래 군법회의는 일반법원과는 달리 특수한 목적과 취지에서 설치된 특별법원으로서 피고인에 대한 처우가 일반법원의 그것과 사이에 불평등이 있더라도 이는 헌법과 법률이 당초부터 예상한 것이라고 해석되는 만큼 양형과중을 상고 사유로서 전혀 규정하고 있지 않은 군법회의법 제432조를 헌법 제8조, 제9조에 저촉되는 위헌조항이라고 단정할 수 없다(다수의견).

【해설】 1979. 10. 26. 대통령 시해 사건. 진술의 임의성, 공모공동정범, 저항권 등 여러 쟁점에 대한 판결이다.

나. 내란죄와 내란목적살인죄의 관계

> 🏛 대법원 1997. 4. 17. 선고 96도3376 전원합의체 판결[반란수괴 · 반란모의참여 · 반란상 관살해 · 초병살해 · 내란수괴 · 중요임무종사 · 내란목적살인 · 특정범죄가중처벌등에관한법 률위반(뇌물) 등]

판결의 요지

내란목적살인죄는 국헌을 문란할 목적을 가지고 직접적인 수단으로 사람을 살해함으로써 성립하는 범죄라 할 것이므로, 국헌문란의 목적을 달성함에 있어 내란죄가 '폭동'을 그 수단으로 함에 비하여 내란목적살인죄는 '살인'을 그 수단으로 하는 점에서 두 죄는 엄격히 구별된다. 따라서 내란의 실행과정에서 폭동 행위에 수반하여 개별적으로 발생한 살인행위는 내란 행위의 한 구성요소를 이루는 것이므로 내란 행위에 흡수되어 내란목적살인의 별죄를 구성하지 아니하나, 특정인 또는 일정한 범위 내의 한정된 집단에 대한 살해가 내란의 와중에 폭동에 수반하여 일어난 것이 아니라 그것 자체가 의도적으로 실행된 경우에는 이러한 살인행위는 내란에 흡수될 수 없고 내란목적살인의 별죄를 구성한다.

☞ **형법 제91조 국헌문란의 정의 부분 같은 판결 참조.**

28. 제90조 예비, 음모, 선동 선전

내란선동죄의 성립요건

> 🏛 대법원 2015. 1. 22. 선고 2014도10978 전원합의체 판결[내란음모 · 국가보안법위반(찬양 · 고무 등) · 내란선동]

판결의 요지

1) 내란선동죄는 내란이 실행되는 것을 목표로 선동함으로써 성립하는 독립한 범죄이고, 선동으로 말미암아 피선동자들에게 반드시 범죄의 결의가 발생할 것을

요건으로 하지 않는다. 즉 내란 선동은 주로 내란 행위의 외부적 준비행위에도 이르지 않은 단계에서 이루어지지만, 다수인의 심리상태에 영향을 주는 방법으로 내란의 실행 욕구를 유발 또는 증대시킴으로써 집단적인 내란의 결의와 실행으로 이어지게 할 수 있는 파급력이 큰 행위이다. 따라서 내란을 목표로 선동하는 행위는 그 자체로 내란 예비·음모에 준하는 불법성이 있다고 보아 내란 예비·음모와 동일한 법정형으로 처벌되는 것이다.

2) 내란선동죄에서 '국헌을 문란할 목적'이란 "헌법 또는 법률에 정한 절차에 의하지 아니하고 헌법 또는 법률의 기능을 소멸시키는 것(형법 제91조 제1호)" 또는 "헌법에 의하여 설치된 국가기관을 강압에 의하여 전복 또는 그 권능행사를 불가능하게 하는 것(같은 조 제2호)"을 말한다. 국헌문란의 목적은 범죄 성립을 위하여 고의 외에 요구되는 초과 주관적 위법요소로서 엄격한 증명사항에 속하나, 확정적 인식임을 요하지 아니하며, 다만 미필적 인식이 있으면 족하다. 그리고 국헌문란의 목적이 있었는지 여부는 피고인들이 이를 자백하지 않는 이상 외부적으로 드러난 피고인들의 행위와 그 행위에 이르게 된 경위 등 사물의 성질상 그와 관련성 있는 간접사실 또는 정황 사실을 종합하여 판단하면 되고, 선동자의 표현 자체에 공격대상인 국가기관과 그를 통해 달성하고자 하는 목표, 실현방법과 계획이 구체적으로 나타나 있어야만 인정되는 것은 아니다.

또한, 형법상 내란죄의 구성요건인 폭동의 내용으로서의 폭행 또는 협박은 일체의 유형력의 행사나 외포심을 생기게 하는 해악의 고지를 의미하는 최광의의 폭행·협박을 말하는 것으로서, 이를 준비하거나 보조하는 행위를 전체적으로 파악한 개념이며, 그 정도가 한 지방의 평온을 해할 정도의 위력이 있음을 요한다.

내란 선동이란 내란이 실행되는 것을 목표로 하여 피선동자들에게 내란 행위를 결의, 실행하도록 충동하고 격려하는 일체의 행위를 말한다. 내란 선동은 주로 언동, 문서, 도화 등에 의한 표현행위의 단계에서 문제되는 것이므로 내란선동죄의 구성요건을 해석함에 있어서는 국민의 기본권인 표현의 자유가 위축되거나 본질이 침해되지 아니하도록 죄형법정주의의 기본정신에 따라 엄격하게 해석하여야 한다. 따라서 내란을 실행시킬 목표를 가지고 있다 하여도 단순히 특정한 정치적 사상이나 추상적인 원리를 옹호하거나 교시하는 것만으로는 내란 선동이 될 수 없고, 그 내용이 내란에 이를 수 있을 정도의 폭력적인 행위를 선동하는 것이어야 하고, 나아가 피선동자의 구성 및 성향, 선동자와 피선동자의 관계 등에 비추어 피선동자에게 내란 결의를 유발하거나 증대시킬 위험성이 인정되어야만 내란 선동으로 볼 수 있다. 언어적 표현행위는 매우 추상적이고 다의적일 수 있으므로 그 표현행위가 위와 같은 내란 선동에 해당하는지를 가림에 있어서는 선동행위 당시의 객관적 상황, 발언 등의 장소와 기회, 표현 방식과 전체적인 맥락 등을 종합하여 신중하게 판단하여야 한다.

다만 선동행위는 선동자에 의하여 일방적으로 행해지고, 그 이후 선동에 따른 범죄의 결의 여부 및 그 내용은 선동자의 지배영역을 벗어나 피선동자에 의하여 결정될 수 있으며, 내란 선동을 처벌하는 근거가 선동행위 자체의 위험성과 불법성에 있다는 점 등을 전제하면, 내란선동에 있어 시기와 장소, 대상과 방식, 역할분담 등 내란 실행행위의 주요 내용이 선동 단계에서 구체적으로 제시되어야 하는 것은 아니고, 또 선동에 따라 피선동자가 내란의 실행행위로 나아갈 개연성이 있다고 인정되어야만 내란 선동의 위험성이 있는 것으로 볼 수도 없다.

29. 제91조 국헌문란의 정의

5·18민주화운동에 대한 폭동적 시위진압행위가 국헌문란에 해당하는지 여부 (적극)

🏛 대법원 1997. 4. 17. 선고 96도3376 전원합의체 판결[반란수괴 · 반란모의참여 · 반란중요임무종사 · 상관살해 · 상관살해미수 · 초병살해 · 내란수괴 · 내란목적살인 · 특정범죄가중처벌등에관한법률위반(뇌물) 등]

판결의 요지

5·18 내란 행위자들이 1980. 5. 17. 24:00를 기하여 비상계엄을 전국으로 확대하는 등 헌법기관인 대통령, 국무위원들에 대하여 강압을 가하고 있는 상태에서, 이에 항의하기 위하여 일어난 광주시민들의 시위는 국헌을 문란하게 하는 내란 행위가 아니라 헌정질서를 수호하기 위한 정당한 행위였음에도 불구하고 이를 난폭하게 진압함으로써, 대통령과 국무위원들에 대하여 보다 강한 위협을 가하여 그들을 외포하게 하였다면, 그 시위진압행위는 내란행위자들이 헌법기관인 대통령과 국무위원들을 강압하여 그 권능행사를 불가능하게 한 것으로 보아야 하므로 국헌

문란에 해당한다.

국헌문란의 목적을 가지고 있었는지 여부는 외부적으로 드러난 행위와 그 행위에 이르게 된 경위 및 그 행위의 결과 등을 종합하여 판단하여야 한다.

30. 제98조 간첩

형법 제98조 제1항에서 '간첩'의 의미 및 간첩이 이미 탐지·수집하여 지득하고 있는 사항을 타인에게 보고·누설하는 행위가 간첩행위인지 여부(소극)

> 🏛 2011. 1. 20. 선고 2008재도11 전원합의체 판결[간첩·간첩방조·국가보안법위반·법령제5호위반]

판결의 요지

형법 제98조 제1항에서 간첩이라 함은 적국에 제보하기 위하여 은밀한 방법으로 우리나라의 군사상은 물론 정치, 경제, 사회, 문화, 사상 등 기밀에 속한 사항 또는 도서, 물건을 탐지·수집하는 것을 말하고, 간첩행위는 기밀에 속한 사항 또는 도서, 물건을 탐지·수집한 때에 기수가 되므로 간첩이 이미 탐지·수집하여 지득하고 있는 사항을 타인에게 보고·누설하는 행위는 간첩의 사후행위로서 위 조항에 의하여 처단의 대상이 되는 간첩행위 자체라고 할 수 없다.

재심이 개시된 사건에서 범죄사실에 대하여 적용하여야 할 법령은 재심판결 당시의 법령이고, 재심 대상 판결 당시의 법령이 변경된 경우 법원은 그 범죄사실에 대하여 재심 판결 당시의 법령을 적용하여야 한다.

이른바 '진보당사건'에 관한 재심 대상 판결인 대법원 1959. 2. 27. 선고 4291형상559 판결에서 피고인에 대한 구 국가보안법(1958. 12. 26. 법률 제500호로 폐지 제정되기 전의 것, 이하 '구 국가보안법'이라고 한다) 위반, 군정법령 제5호 위반 및 간첩의 공소사실이 각 유죄로 인정되어 사형이 집행되었는데, 피고인의 자녀들이 위 판결에 대해 재심을 청구하여 재심이 개시된 사안에서, 원심판결과 제1심판결 중 유죄 부분을 각 파기하고 직접 판결을 하면서 제1심판결에서 무죄가 선고된 진보당 관련 구 국가보안법 위반의 공소사실에 대한 검사의 항소를 기각하고, 간첩의 공소사실에 대하여 무죄를 선고하는 한편, 무기불법소지에 의한 군정법령 제5호 위반죄에 대하여는 당시 적용법령인 위 제5호가 폐지되어 구 총포화약류단속법(1981. 1. 10. 법률 제3354호 총포·도검·화약류단속법으로 전부 개정되기 전의 것)을 적용하였으나, 피고인의 독립운동가 및 정치인으로서의 이력과 이 사건 재심에서 공소사실 대부분이 무죄로 밝혀진 점 등을 고려하여 그 형의 선고를 유예한 사례.

31. 제119조 폭발물사용(폭발물의 의의 및 판단 기준)

> 🏛 대법원 2012. 4. 26. 선고 2011도17254 판결[폭발물사용·폭발물사용방조]

판결의 요지

　형법 제119조 제1항에서 규정한 폭발물사용죄는 폭발물을 사용하여 공안을 문란하게 함으로써 성립하는 공공위험범죄로서 개인의 생명, 신체 등과 아울러 공공의 안전과 평온을 보호법익으로 하는 것이고, 법정형이 사형, 무기 또는 7년 이상의 징역으로 범죄의 행위 태양에 해당하는 생명, 신체 또는 재산을 해하는 경우에 성립하는 살인죄, 상해죄, 재물손괴죄 등의 범죄를 비롯한 유사한 다른 범죄에 비하여 매우 무겁게 설정되어 있을 뿐 아니라, 형법은 제172조에서 '폭발성 있는 물건을 파열시켜 사람의 생명, 신체 또는 재산에 대하여 위험을 발생시킨 자'를 처벌하는 폭발성물건파열죄를 별도로 규정하고 있는데 그 법정형은 1년 이상의 유기징역으로 되어 있다. 이와 같은 여러 사정을 종합해 보면, 폭발물사용죄에서 말하는 폭발물이란 폭발작용의 위력이나 파편의 비산 등으로 사람의 생명, 신체, 재산 및 공공의 안전이나 평온에 직접적이고 구체적인 위험을 초래할 수 있는 정도의 강한 파괴력을 가지는 물건을 의미한다. 따라서 어떠한 물건이 형법 제119조에 규정된 폭발물에 해당하는지는 폭발작용 자체의 위력이 공안을 문란하게 할 수 있는 정도로 고도의 폭발성능을 가지고 있는지에 따라 엄격하게 판단하여야 한다.

　피고인이 자신이 제작한 폭발물을 배낭에 담아 고속버스터미널 등의 물품보관함 안에 넣어 두고 폭발하게 함으로써 공안을 문란하게 하였다고 하여 폭발물사용으로 기소된 사안에서, 피고인이 제작한 물건의 구조, 그것이 설치된 장소 및 폭발 당시의 상황 등에 비추어, 위 물건은 폭발작용 자체에 의하여 공공의 안전을 문란하게 하거나 사람의 생명, 신체 또는 재산을 해할 정도의 성능이 없거나, 사람의 신체 또는 재산을 경미하게 손상시킬 수 있는 정도에 그쳐 사회의 안전과 평온에 직접적이고 구체적인 위험을 초래하여 공공의 안전을 문란하게 하기에는 현저히 부족한 정도의 파괴력과 위험성만을 가진 물건이므로 형법 제172조 제1항에 규정된 '폭발성 있는 물건'에는 해당될 여지가 있으나 이를 형법 제119조 제1항에 규정된 '폭발물'에 해당한다고 볼 수는 없는데도, 위 제작물이 폭발물에 해당한다고 보아 폭발물사용죄가 성립한다고 한 원심판결에 법리오해의 위법이 있다.

【해설】 위 대법원 판례는 형법 제172조 폭발성물건파열죄의 법정형과 제119조 폭발물 사용죄의 법정형을 비교하여 '폭발물'의 판단에 대하여 엄격하게 판단해야 한다고 설시하고 있다.[9]

32. 제122조 직무 유기(경찰서 방범과장의 직무 유기)

> 🏛 대법원 2006. 10. 19. 선고 2005도3909 전원합의체 판결[증거인멸 · 직무유기]

판결의 요지

경찰서 방범 과장이 부하직원으로부터 음반 · 비디오물 및 게임물에 관한 법률 위반 혐의로 오락실을 단속하여 증거물로 오락기의 변조 기판을 압수하여 사무실에 보관중임을 보고받아 알고 있었음에도 그 직무상의 의무에 따라 위 압수물을 수사계에 인계하고 검찰에 송치하여 범죄혐의의 입증에 사용하도록 하는 등의 적절한 조치를 취하지 않고, 오히려 부하 직원에게 위와 같이 압수한 변조 기판을 돌려주라고 지시하여 오락실 업주에게 이를 돌려준 경우, 작위범인 증거인멸죄만이 성립하고 부작위범인 직무유기(거부)죄는 따로 성립하지 아니한다.

---

9) 이에 대한 국내의 이론과 일본 판례들에 대한 평석과 해설에 대하여는 박진환, 형법 제119조 폭발물사용죄에서 '폭발물의 의미' 및 폭발물 판단 기준, 대법원판례해설, 제92호(2012년 상), 법원도서관, 619면 참조

33. 제123조 직권남용죄

가. 공직선거법 위반사건과 분리 선고

🏛 대법원 2019. 8. 29. 선고 2018도14303 전원합의체 판결[특정범죄가중처벌등에 관한 법률위반(뇌물) · 직권남용권리행사방해 · 강요(일부 인정된 죄명: 강요미수) · 강요미수 · 공무상비밀누설]

판결의 요지

전직 대통령인 피고인이 재임 중의 직무와 관련하여 뇌물을 수수하고 직권을 남용하여 강요행위를 하였다는 등의 특정범죄 가중처벌 등에 관한 법률(이하 '특정범죄가중법'이라 한다) 위반(뇌물) 및 직권남용권리행사방해, 강요 등의 공소사실로 기소된 사안에서, 공직선거법 제18조 제1항 제3호, 제3항에 따르면 형법 제38조에도 불구하고 피고인이 재임 중의 직무와 관련하여 형법 제129조 내지 제132조(특정범죄가중법 제2조에 의하여 가중 처벌되는 경우를 포함한다)에 규정된 죄를 범한 경우에는 그에 속하는 죄와 다른 죄에 대하여 이를 분리 선고하여야 하므로, 이와 달리 원심이 피고인에게 유죄로 판단한 특정범죄가중법 위반(뇌물)죄와 나머지 다른 죄에 대하여 형법 제38조를 적용하여 하나의 형을 선고한 조치에 공직선거법 제18조 제3항의 법리를 오해한 잘못이 있다.

나. 특별검사가 검찰을 통하여 또는 직접 청와대로부터 넘겨받아 원심에 제출한 '청와대 문건'의 증거능력, 직권남용의 의미 및 남용에 해당하는지 판단하는 기준

🏛 대법원 2020. 1. 30. 선고 2018도2236 전원합의체 판결[직권남용권리행사방해 · 강요 · 국회에서의증언 · 감정등에관한법률위반]

판결의 요지

1) 직권남용권리행사방해죄는 공무원이 일반적 직무권한에 속하는 사항에 관하여 직권을 행사하는 모습으로 실질적, 구체적으로 위법 · 부당한 행위를 한 경우에 성립한다. '직권남용'이란 공무원이 일반적 직무권한에 속하는 사항에 관하여 그 권

한을 위법·부당하게 행사하는 것을 뜻한다.

남용에 해당하는가를 판단하는 기준은 구체적인 공무원의 직무 행위가 본래 법령에서 그 직권을 부여한 목적에 따라 이루어졌는지, 직무 행위가 행해진 상황에서 볼 때 필요성·상당성이 있는 행위인지, 직권행사가 허용되는 법령상의 요건을 충족했는지 등을 종합하여 판단하여야 한다.

2) 직권남용권리행사방해죄는 단순히 공무원이 직권을 남용하는 행위를 하였다는 것만으로 곧바로 성립하는 것이 아니다. 직권을 남용하여 현실적으로 다른 사람이 법령상 의무 없는 일을 하게 하였거나 다른 사람의 구체적인 권리행사를 방해하는 결과가 발생하여야 하고, 그 결과의 발생은 직권남용 행위로 인한 것이어야 한다.

'사람으로 하여금 의무 없는 일을 하게 한 것'과 '사람의 권리행사를 방해한 것'은 형법 제123조가 규정하고 있는 객관적 구성요건요소인 '결과'로서 둘 중 어느 하나가 충족되면 직권남용 권리행사방해죄가 성립된다. 이는 '공무원이 직권을 남용하여'와 구별되는 별개의 범죄성립요건이다. 따라서 공무원이 한 행위가 직권남용에 해당한다고 하여 그러한 이유만으로 상대방이 한 일이 '의무 없는 일'에 해당한다고 인정할 수는 없다. '의무 없는 일'에 해당하는지는 직권을 남용하였는지와 별도로 상대방이 그러한 일을 할 법령상 의무가 있는지를 살펴 개별적으로 판단하여야 한다. 직권을 남용한 행위가 위법하다는 이유로 곧바로 그에 따른 행위가 의무 없는 일이 된다고 인정하면 '의무 없는 일을 하게 한 때'라는 범죄성립요건의 독자성을 부정하는 결과가 되고, '권리행사를 방해한 때'의 경우와 비교하여 형평에도 어긋나게 된다.

직권남용 행위의 상대방이 일반 사인인 경우 특별한 사정이 없는 한 직권에 대응하여 따라야 할 의무가 없으므로 그에게 어떠한 행위를 하게 하였다면 '의무 없는 일을 하게 한 때'에 해당할 수 있다. 그러나 상대방이 공무원이거나 법령에 따라 일정한 공적 임무를 부여받고 있는 공공기관 등의 임직원인 경우에는 법령에 따라 임무를 수행하는 지위에 있으므로 그가 직권에 대응하여 어떠한 일을 한 것이 의무 없는 일인지 여부는 관계 법령 등의 내용에 따라 개별적으로 판단하여야 한다.

행정조직은 날로 복잡·다양화·전문화되고 있는 현대 행정에 대응하는 한편, 민주주의의 요청을 실현하는 것이어야 한다. 따라서 행정조직은 통일된 계통구조를 갖고 효율적으로 운영될 필요가 있고, 민주적으로 운영되어야 하며, 행정목적을 달성하기 위하여 긴밀한 협동과 합리적인 조정이 필요하다. 그로 인하여 행정기관의 의사결정과 집행은 다양한 준비과정과 검토 및 다른 공무원, 부서 또는 유관기관 등과의 협조를 거쳐 이루어지는 것이 통상적이다. 이러한 협조 또는 의견교환 등은 행정의 효율성을 높이기 위하여 필요하고, 동등한 지위 사이뿐만 아니라 상하기관 사이, 감독기관과 피감독기관 사이에서도 이루어질 수 있다. 이러한 관계에서 일방이 상대방의 요청을 청취하고 자신의 의견을 밝히거나 협조하는 등 요청에 응하는 행위를 하는 것은 특별한 사정이 없는 한 법령상 의무 없는 일이라고 단정할 수 없다.

결국 공무원이 직권을 남용하여 사람으로 하여금 어떠한 일을 하게 한 때에 상대방이 공무원 또는 유관기관의 임직원인 경우에는 그가 한 일이 형식과 내용 등에 있어 직무범위 내에 속하는 사항으로서 법령 그 밖의 관련 규정에 따라 직무수행 과정에서 준수하여야 할 원칙이나 기준, 절차 등을 위반하지 않는다면 특별한 사정이 없는 한 법령상 의무 없는 일을 하게 한 때에 해당한다고 보기 어렵다.

3) 대통령비서실장을 비롯한 피고인들 등이 문화체육관광부(이하 '문체부'라 한다) 공무원을 통하여 문화예술진흥기금 등 정부의 지원을 신청한 개인·단체의 이념적 성향이나 정치적 견해 등을 이유로 한국문화예술위원회·영화진흥위원회·한국출판문화산업진흥원(이하 각각 '예술위', '영진위', '출판진흥원'이라 한다)이 수행한 각종 사업에서 이른바 좌파 등에 대한 지원배제를 지시함으로써 예술위·영진위·출판진흥원 직원들로 하여금 의무 없는 일을 하게 하였다는 직권남용권리행사방해의 공소사실로 기소된 사안에서, 피고인들의 위와 같은 지원배제 지시는 헌법에서 정한 문화국가원리, 표현의 자유, 평등의 원칙, 문화기본법의 기본이념인 문화의 다양성·자율성·창조성 등에 반하여 헌법과 법률에 위배되므로 '직권남용'에 해당하고, 나아가 위 지원배제 지시로써 문체부 공무원이 예술위·영진위·출판진흥원 직원들로 하여금 지원배제 방침이 관철될 때까지 사업진행 절차를 중단하는 행위, 지원배제 대상자에게 불리한 사정을 부각시켜 심의위원에게 전달하는 행위, 지원배제 방침을 심의위원에게 전달하면서 지원배제 대상자의 탈락을 종용하는 행위 등을 하게 한 것은 모두 위원들의 독립성을 침해하고 자율적인 절차진행과 운영을 훼손하는 것으로서 예술위·영진위·출판진흥원 직원들이 준수해야 하는 법령상 의무에 위배되므로 '의무 없는 일을 하게 한 때'에 해당하나, 예술위·영진위·출판진흥원 직원들로

하여금 문체부 공무원에게 각종 명단을 송부하게 한 행위, 공모사업 진행 중 수시로 심의 진행 상황을 보고하게 한 행위 부분은, 예술위·영진위·출판진흥원은 사업의 적정한 수행에 관하여 문체부의 감독을 받으므로 일반적으로 지원사업의 진행 상황을 보고하는 등 문체부의 지시에 협조할 의무가 있어 의무 없는 일에 해당하기 어렵다고 볼 여지가 있다는 이유로, 그런데도 원심이 예술위·영진위·출판진흥원 직원들이 종전에도 문체부에 업무협조나 의견교환 등의 차원에서 명단을 송부하고 사업 진행 상황을 보고하였는지, 그 근거는 무엇인지, 공소사실에서 의무 없는 일로 특정한 각 명단 송부 행위와 심의 진행 상황 보고 행위가 종전에 한 행위와 어떠한 차이가 있는지 등을 살피는 방법으로 법령 등의 위반 여부를 심리·판단하지 않은 채 곧바로 이 부분 행위도 '의무 없는 일을 하게 한 때'에 해당한다고 판단한 것에 직권남용권리행사방해죄의 의무 없는 일에 관한 법리를 오해하고 필요한 심리를 다하지 아니한 잘못이 있다.[10]

☞ **형법 제324조 강요죄 참조.**

다. 직권남용의 의의, 직권남용으로 인한 국가정보원법 위반죄의 성립 여부 판단 기준

1) 국고금관리법상 중앙관서장의 직접 사용이 금지되는 '소관 수입'의 의미

2) 직권남용권리행사방해죄에서 말하는 '직권남용'의 의미

3) '사람으로 하여금 의무 없는 일을 하게 한 때'의 의미

4) 공무원이 자신의 직무권한에 속하는 사항에 관하여 실무 담당자로 하여금 직무집행을 보조하게 하는 행위가 '의무 없는 일을 하게 한 때'에 해당하는 경우

5) 국가정보원법에 직권남용권리행사방해죄에 관한 처벌 규정을 별도로 두고 있는 취지

6) 직권남용으로 인한 국가정보원법 위반죄가 성립하는지 판단할 때 고려하여야 할 사항

---

[10] 지방법원 형사수석부장판사의 재판장들에 대한 직권남용권리행사방해 여부 사안에서, 담당재판장들이 독립하여 재판을 수행하였고, 피고인에게 재판권에 관하여 지휘 감독할 수 있는 사법 행정권이 없음을 잘 알고 있으며, 재판관여행위와 결과 사이에 인과관계 또한 인정되지 않는다는 취지로 원심 무죄를 유지한 대법원 2022. 4. 28. 선고 2021도11012 판결이 있으며, 이에 대하여는 2022. 8. 16. 대법원 형사법연구회, 한국형사판례연구회 공동학술대회에서 오병두 교수가 발표한 '직권남용권리행사방해죄와 직권 그리고 남용의 결과' 논문 참조.

7) 직권남용으로 인한 국가정보원법 위반죄의 객체인 '사람'의 의미

8) 수개의 범죄행위가 포괄일죄를 구성하는 경우 및 이때 공소시효의 기산점(최종의 범죄행위가 종료한 때)

9) 국가정보원 직원이 동일한 사안에 관한 일련의 직무집행 과정에서 단일하고 계속된 범의로 일정 기간 계속하여 저지른 직권남용행위에 대하여는 그 상대방이 수인이라도 포괄일죄가 성립할 수 있는지 여부(적극)

🏛 대법원 2021. 3. 11. 선고 2020도12583 판결[특정범죄가중처벌등에관한법률위반(국고 등 손실)·위증·국가정보원법위반 등]

판결의 요지

1) 국고금관리법 제7조는 "중앙관서의 장은 다른 법률에 특별한 규정이 있는 경우를 제외하고는 그 소관 수입을 국고에 납입하여야 하며 이를 직접 사용하지 못한다."라고 규정하고 있다. 이는 국가재정법 제17조에서 선언한 예산총계주의를 수입의 측면에서 더욱 구체화한 것으로 평가할 수 있다. 한편 국고금관리법 제2조 제2호는 '수입'을 조세 등 같은 조 제1호 (가)목에 따른 국고금이 세입으로 납입되거나 기금에 납입되는 것이라고 규정하고 있고, 같은 조 제1호 (가)목은 '국고금'을 법령 또는 계약 등에 따라 국가의 세입으로 납입되거나 기금(제3조 제1항 제2호에 따른 기금을 말한다)에 납입된 모든 현금 및 현금과 같은 가치를 가지는 것으로서 대통령령으로 정하는 것(이하 '현금 등'이라 한다)이라고 규정하고 있다. 같은 법 제5조와 제6조에 따르면, 수입은 법령에서 정하는 바에 따라 징수하거나 수납하여야 하고, 중앙관서의 장은 그 '소관 수입'의 징수와 수납에 관한 사무를 관리한다.

위와 같은 법 규정들의 문언과 그 취지를 종합하여 보면, 국고금 관리법 제7조에 따라 직접 사용이 금지되는 '소관 수입'은 법령 또는 계약 등에 따라 국가에 납입된 것으로서 중앙관서의 장이 징수·수납절차를 거쳐 관리하는 현금 등을 의미한다고 봄이 타당하다.

2) 직권남용권리행사방해죄(이하 '직권남용죄'라 한다)는 공무원이 일반적 직무권한에 속하는 사항에 관하여 직권의 행사에 가탁(假託)하여 실질적, 구체적으로 위법·부당한 행위를 한 경우에 성립한다. 여기에서 말하는 '직권남용'이란 공무원이 일반적 직무권한에 속하는 사항에 관하여 그 권한을 위법·부당하게 행사하는 것, 즉 형식적, 외형적으로는 직무집행으로 보이나 그 실질은 정당한 권한 이외의 행위를 하는 경우를 의미한다. 어떠한 직무가 공무원의 일반적 직무권한에 속하는 사항이라고 하기 위해서는 그에 관한 법령상 근거가 필요하다. 법령상 근거는 반드시 명문의 규정만을 요구하는 것이 아니라 명문의 규정이 없더라도 법령과 제도를 종합적, 실질적으로 살펴보아 그것이 해당 공무원의 직무권한에 속한다고 해석되고, 이것이 남용된 경우 상대방으로 하여금 사실상 의무 없는 일을 하게 하거나 권리를 방해하기에 충분한 것이라고 인정되는 경우에는 직권남용죄에서 말하는 일반적 직무권한에 포함된다. 직권의 '남용'에 해당하는지는 구체적인 직무행위의 목적, 그 행위가 당시의 상황에서 필요성이나 상당성이 있는 것이었는지 여부, 직권 행사가 허용되는 법령상의 요건을 충족했는지 등의 여러 요소를 고려하여 결정하여야 한다.

직권남용죄에서 말하는 '사람으로 하여금 의무 없는 일을 하게 한 때'란 공무원이 직권을 남용하여 다른 사람으로 하여금 법령상 의무 없는 일을 하게 한 때를 의미한다. 따라서 공무원이 자신의 직무권한에 속하는 사항에 관하여 실무 담당자로 하여금 그 직무집행을 보조하는 사실행위를 하도록 하더라도 이는 공무원 자신의 직무집행으로 귀결될 뿐이므로 원칙적으로 의무 없는 일을 하게 한 때에 해당한다고 할 수 없다. 그러나 직무집행의 기준과 절차가 법령에 구체적으로 명시되어 있고 실무 담당자에게도 직무집행의 기준을 적용하고 절차에 관여할 고유한 권한과 역할이 부여되어 있다면 실무 담당자로 하여금 그러한 기준과 절차를 위반하여 직무집행을 보조하게 한 경우에는 '의무 없는 일을 하게 한 때'에 해당한다. 공무원의 직무집행을 보조하는 실무 담당자에게 직무집행의 기준을 적용하고 절차에 관여할 고유한 권한과 역할이 부여되어 있는지 여부 및 공무원의 직권남용행위로 인하여 실무 담당자가 한 일이 그러한 기준이나 절차를 위반하여 한 것으로서 법령상 의무 없는 일인지 여부는 관련 법령 등의 내용에 따라 개별적으로 판단하여야 한다.

3) 국가정보원(이하 '국정원'이라 한다)은 대통령의 직속 기관으로서 그 지시와 감독을 받으면서(국가정보원법 제2조) 대통령의 국정 운영을 뒷받침하는 역할을 수행한다. 국정원이 정보기관으로서 수행하는 정보의 수집·작성·배포 등의 직무는 보

안 유지의 필요성과 은밀하게 이루어지는 그 수행방식의 특수성 등으로 인해 다른 국가기관의 감시나 견제의 대상이 되기 어려운 측면이 있고, 그 직무의 원활한 수행을 위해 국정원 내부적으로 엄격한 상명하복의 지휘체계가 유지될 필요가 있다. 또한 국정원은 현행 국가정보원법(2020. 12. 15. 법률 제17646호로 전부 개정된 것)의 시행 전까지 국민 개개인에 대한 강제력 행사가 수반될 수 있는 국가보안법에 규정된 죄 등에 대한 수사 권한도 가지고 있었다. 이러한 국정원의 법적 지위와 사실상의 영향력, 직무 및 직무수행 방식의 특수성 등으로 인해 그 권한이 남용될 경우 정치·경제·사회·문화 등 생활영역 전반에 걸쳐 국민의 기본권을 침해하고 국가기관의 정치적 중립에 대한 신뢰를 훼손할 위험이 크다. 실제 국정원의 전신인 중앙정보부, 국가안전기획부 시절부터 각종 정치공작과 인권침해사건 등이 자행되어 민주주의의 진전을 가로막았다.

1994. 1. 5. 법률 제4708호로 구 국가안전기획부법(1999. 1. 21. 국가정보원법으로 그 명칭이 변경되었다)이 개정되면서 위 법률에 국가안전기획부의 부장·차장 기타 직원의 직권남용행위를 금지하는 조항(제11조 제1항)과 이를 위반할 경우 형법상 직권남용권리행사방해죄(이하 '직권남용죄'라 한다)보다 무겁게 처벌하는 조항(제19조 제1항)이 신설된 것도 이러한 역사적 경험에 따른 반성적 조치로 볼 수 있다. 현행 국가정보원법에 이르기까지 그 내용이 유지되고 있는 위 조항들의 입법 경위 등에 비추어 보면, 국가정보원법에 직권남용죄에 관한 처벌 규정을 별도로 두고 있는 취지는 국정원의 원장·차장·기획조정실장 및 그 밖의 직원이 자신에게 부여된 직무권한을 남용하여 다른 기관·단체의 권한이나 국민의 자유와 권리를 침해하는 것을 미연에 방지하고자 함에 있다.

따라서 직권남용으로 인한 국가정보원법 위반죄의 성립 여부는 직권남용죄 일반에 적용되는 법리뿐만 아니라 위와 같은 독자적인 처벌 조항의 입법 경위와 그 취지, 국정원의 법적 지위와 영향력, 국정원이 담당하는 직무 및 그 직무수행 방식의 특수성, 국정원 내부의 엄격한 상명하복의 지휘체계 등을 종합적으로 고려하여 판단하여야 한다.

4) 직권남용으로 인한 국가정보원법 위반죄의 객체인 '사람'은 행위자와 공범자 이외의 모든 타인을 말하므로, 행위자의 부하 공무원은 물론 기타 공무원도 거기에 포함될 수 있다.

5) 동일 죄명에 해당하는 수개의 행위를 단일하고 계속된 범의로 일정 기간 계속

하여 행하고 그 피해법익도 동일한 경우에는 이들 각 행위를 통틀어 포괄일죄로 처단하여야 하고, 그 경우 공소시효는 최종의 범죄행위가 종료한 때로부터 진행한다.

6) 형법상 직권남용권리행사방해죄는 국가기능의 공정한 행사라는 국가적 법익을 보호하는 데 주된 목적이 있고, 직권남용으로 인한 국가정보원법 위반죄도 마찬가지이다. 따라서 국가정보원 직원이 동일한 사안에 관한 일련의 직무집행 과정에서 단일하고 계속된 범의로 일정 기간 계속하여 저지른 직권남용행위에 대하여는 설령 그 상대방이 수인이라고 하더라도 포괄일죄가 성립할 수 있다고 봄이 타당하다. 다만 각 직권남용 범행이 포괄일죄가 되느냐 경합범이 되느냐에 따라 공소시효의 완성 여부, 기판력이 미치는 범위 등이 달라질 수 있으므로, 개별 사안에서 포괄일죄의 성립 여부는 직무집행 대상의 동일 여부, 범행의 태양과 동기, 각 범행 사이의 시간적 간격, 범의의 단절이나 갱신 여부 등을 세밀하게 살펴 판단하여야 한다.

34. 제127조 공무상 비밀의 누설('법령에 의한 직무상 비밀' 및 '누설'의 의미)

> 🏛 대법원 2021. 11. 25. 선고 2021도2486 판결[공무상비밀누설]

판결의 요지

형법 제127조는 공무원 또는 공무원이었던 자가 법령에 의한 직무상 비밀을 누설하는 것을 구성요건으로 하고 있는데, 여기서 '법령에 의한 직무상 비밀'이란 반드시 법령에 의하여 비밀로 규정되었거나 비밀로 분류 명시된 사항에 한하지 아니하고, 정치, 군사, 외교, 경제, 사회적 필요에 따라 비밀로 된 사항은 물론 정부나 공무소 또는 국민이 객관적, 일반적인 입장에서 외부에 알려지지 않는 것에 상당한 이익이 있는 사항도 포함하나, 실질적으로 그것을 비밀로서 보호할 가치가 있다고 인정할 수 있는 것이어야 한다. 그리고 '누설'이란 비밀을 아직 모르는 다른 사람에게 임의로 알려주는 행위를 의미한다. 한편 공무상비밀누설죄는 공무상 비밀 그 자체를 보호하는 것이 아니라 공무원의 비밀엄수의무의 침해에 의하여 위험하게 되는 이익, 즉 비밀누설에 의하여 위협받는 국가의 기능을 보호하기 위한 것이다. 그러므로 공무원이 직무상 알게 된 비밀을 그 직무와의 관련성 혹은 필요성에 기하여 해당 직무의 집행과 관련 있는 다른 공무원에게 직무집행의 일환으로 전달한 경우에는, 관련 각 공무원의 지위 및 관계, 직무집행의 목적과 경위, 비밀의 내용과 전달 경위 등 제반 사정에 비추어 비밀을 전달받은 공무원이 이를 그 직무집행과 무관하게 제3자에게 누설할 것으로 예상되는 등 국가기능에 위험이 발생하리라고 볼 만한 특별한 사정이 인정되지 않는 한, 위와 같은 행위가 비밀의 누설에 해당한다고 볼 수 없다.

【평석】 법관이 취득한 정보가 '영장재판과정에서 취득한 정보'라고 인정하기 어렵고, 피고인들이 현직 법관에 대한 검찰 수사를 저지하여 법관 비리를 은폐·축소하려는 의사를 상호 연락하거나 영장기록에 있는 수사 정보를 공소외인에게 보고할 것을 '공모'한 사실이 인정되지 않는다고 보았다. 법관의 이 사건 보고는 일선 법원 사법행정업무 담당자가 그 직무수행의 일환으로 법원행정처에 대해 법관 비위 정보를 보고한 행위로서 해당 정보를 전달받은 공소외인이 이를 일반에게 유포하는 등 국가의 수사·재판기능을 저해하는 행위를 할 우려가 있다고 보기 어렵고, 오히려 재판 제도 존립의 핵심이 되는 법관의 공정성과 청렴성 및 불가매수성에 대한 일반 국민의 신뢰 확보의 차원에서 비리 혐의를 받고 있는 해당 법관에 대해 형사재판이 확정되기 전이라도 그 사실관계를 파악하여 해당 법관의 사무분담 변경이나 징계 처분 등 사법행정의 측면에서 요구되는 조치를 신속하면서도 신중하게 검토, 실행할 필요성하에 해당 사법행정업무를 직간접적으로 담당하고 그에 관한 비밀엄수의무를 부담하는 자들 사이에 그 직무집행에 필요한 정보를 주고받은 행위로 볼 수 있으므로 공무상비밀누설죄의 처벌 대상이 되는 공무상 비밀의 누설 행위에 해당하지 않는다는 취지(무죄)이다. 대법원 2021. 12. 30. 선고 2021도 11924 판결(피고인이 공소외 1과 공모하여 법원행정처 공소외 2에게 이 사건 각 보고서를 송부한 행위는 공소외 1이 서울00지방법원 법원장인 피고인의 사법행정사무를 보좌하는 기획법관 지위에서 직무와 관련하여 알게 된 직무상 비밀을 이를 취득할 지위 내지 자격이 있는 사람에게 전달한 것이므로, 공무상비밀누설죄의 처벌대상이 되는 공무상 비밀의 누설에 해당하지 않는다는 취지) 참조.

나아가, "구청에서 체납차량 영치 및 공매 등의 업무를 담당하던 공무원인 피고인이 갑의 부탁을 받고 차적 조회 시스템을 이용하여 범죄 현장 부근에서 경찰의 잠복근무에 이용되고 있던 경찰청 소속 차량의 소유관계에 관한 정보를 알아내 갑에게 알려줌으로써 공무상비밀을 누설하였다는 내용으로 기소된 사안에서, 위 정보가 공무상비밀누설죄의 '법령에 의한 직무상 비밀'에 해당한다고 볼 수 없는데도, 이와 달리 보아 유죄를 인정한 원심판결에 법리오해의 위법이 있다"고 한 대법원 2012. 3. 15. 선고 2010도14734 판결이 있다.[11]

35. 제129조 수뢰, 사전수뢰

가. 뇌물수수에 있어서 공무원, 공소시효 기산점

🏛 대법원 2013. 2. 15. 선고 2012도14221 판결[사전뇌물수수 등]

판결 이유

검사의 상고이유에 대하여

피고인 양OO에 대한 공소사실의 요지는, '피고인은 2007. 6.경 가칭 '역촌1구역 재건축추진위원회'의 위원장이 되어 추진위원회의 업무 전반을 총괄하던 중, 2007. 9.경 은평구청으로부터 재건축추진위원회 설립 승인을 받고 2007. 10. 30. 조합창립총회에서 이 사건 조합의 조합장으로 선출된 후, 2008. 1. 23. 은평구청에서 위 조합의 설립을 인가함으로써 그 무렵 이 사건 조합의 업무를 총괄하는 조합장이 된 사람이다. 피고인은 2007. 7. 19.경 주식회사 성덕산업개발 대표이사인 김OO로부터 장차 역촌1구역 재개발 사업이 시작되면 철거공사를 수주할 수 있도록 도와달라는 청탁을 받고 그 대가 명목으로 현금 1,000만 원을 교부받았다. 이로써, 공무원이 될 사람인 피고인이 철거업체 선정과 관련된 청탁을 받고 그 대가로 뇌물을 수수한 후 공무원인 주택건축정비사업조합의 조합장이 되었다.'는 것이다.

이에 대하여 원심은, 형법 제129조 제2항이 규정한 사전뇌물수수죄에서의 '공무원이 된 때'는 객관적 처벌조건으로서 이미 성립한 범죄에 대해 형벌권의 발생을 좌우하는 외부적·객관적 사유를 의미하므로 그 개념상 객관적 처벌조건의 성취 여부 이전에 이미 그 형벌 부과 여부의 대상이 되는 범죄행위는 종료된 상태임을 전

---

11) 공무상비밀누설죄의 적용 범위를 축소하였다는 판례로 보고 있다. 이언학, 경찰청 소송 차량이라는 정보가 공무상비밀누설죄에서의 직무상 비밀에 해당하는지 여부, 대법원판례해설, 제92호(2012년 상), 법원도서관, 661면

제로 하고 있다고 본 후, 공소시효의 기산점인 '범죄행위의 종료한 때'를 '공무원이 된 때'가 아닌 '금품을 수수한 때'로 보아 이 사건 공소는 범죄행위가 종료한 때부터 공소시효 3년이 지난 2012. 5. 25.에 제기되어 공소시효가 완성되었다는 이유로, 면소 판결을 선고한 제1심판결을 유지하였다.

형법 제129조 제2항은 '공무원 또는 중재인이 될 자가 그 담당할 직무에 관하여 청탁을 받고 뇌물을 수수, 요구 또는 약속한 후 공무원 또는 중재인이 된 때에는 3년 이하의 징역 또는 7년 이하의 자격정지에 처한다.'고 규정하고 있다.

이와 같이 사전뇌물수수죄는 형법 제129조 제2항에 따라 그 법정형이 3년 이하의 징역 또는 7년 이하의 자격정지에 해당하는 범죄인데, 구 형사소송법(2007. 12. 21. 법률 제8730호로 개정되기 전의 것. 이하 '구 형사소송법'이라 한다) 제249조 제1항 제5호에 의하면, '장기 5년 미만의 징역' 등에 해당하는 범죄의 공소시효는 3년이고, 2007. 12. 21. 법률 제8730호로 개정되어 같은 날 시행된 형사소송법(이하 '개정 형사소송법'이라 한다) 제249조 제1항 제5호에 의하면, '장기 5년 미만의 징역' 등에 해당하는 범죄의 공소시효는 5년이지만, 형사소송법 부칙(2007. 12. 21.) 제3조는 공소시효에 관한 경과규정을 두어 '이 법 시행 전에 범한 죄에 대하여는 종전의 규정을 적용한다.'고 규정하고 있다.

따라서 피고인 양00이 개정 형사소송법 시행 전인 2007. 7. 19. 뇌물수수 범죄행위를 범한 이 사건 사전뇌물수수죄의 공소시효에 대하여는 위 형사소송법 부칙 제3조에 의하여 구 형사소송법이 적용되므로 형법 제50조, 구 형사소송법 제250조, 제249조 제1항 제5호에 따라 공소시효가 3년이다. 그렇다면 검사가 상고이유로 주장하는 바와 같이 이 사건 조합이 설립등기를 마쳐 피고인 양두진이 공무원으로 의제되는 '조합장이 된 때'인 2009. 3. 13.부터 기산하더라도 이 사건 공소가 제기된 2012. 5. 25.에는 이미 3년이 경과하였음이 분명하므로, 공소시효 기산일에 관한 원심판시의 당부와 무관하게 피고인 양00에 대한 공소사실은 공소시효가 완성되었을 때에 해당한다.

따라서 피고인 양00에 대하여 공소시효 완성을 이유로 면소를 선고한 제1심판결을 유지한 원심의 결론에 상고이유 주장과 같이 사전뇌물수수죄와 공소시효에 관한 법리를 오해하여 판결에 영향을 미친 위법이 없다.

【해설】 따라서 뇌물수수죄에 있어서 공소시효의 기산점은 '범죄행위의 종료한

때'를 '공무원이 된 때'가 아닌 '금품을 수수한 때'로 본다는 것이 판례의 취지이다.

나. 뇌물죄에 있어서 직무관련성 및 뇌물성

🏛 대법원 2004. 5. 28. 선고 2004도1442 판결[뇌물수수 등]

판결 이유

1. 피고인의 상고에 대하여

뇌물죄에 있어서의 직무라 함은 공무원이 법령상 관장하는 직무 그 자체뿐만 아니라 그 직무와 밀접한 관련이 있는 행위 또는 관례상이나 사실상 소관하는 직무행위 및 결정권자를 보좌하거나 영향을 줄 수 있는 직무행위도 포함된다(대법원 1997. 4. 17. 선고 96도3378 판결 등 참조).

원심은, 피고인이 소속 대대 병사들의 보직에 관하여 지휘관인 대대장에 건의하면 그 건의가 상당 부분 반영된 사실이 인정되므로 병사들의 보직 등을 결정하는 직무는 피고인이 관례상이나 사실상 소관하는 직무 또는 결정권자를 보좌하거나 영향을 줄 수 있는 직무에 해당하고, 피고인이 소속 부대 병사 공소외 1의 부친인 공소외 2로부터 "우리 아들이 본부포대에 있는데 보직은 물론 앞으로의 군 생활을 잘 하도록 돌봐 달라."는 부탁을 받은 후 공소외 1을 빨래방 관리병으로 선발하는 등으로 군 생활을 보살펴 준 사실이 인정되므로, 공소외 2로부터 수수한 빨래방 공사비 명목 1,500만 원, 부대 체육대회 비용 명목 500만 원은 공소외 1의 보직 유지 및 군 복무 편의의 대가로서 뇌물에 해당한다고 판단하였는바, 기록에 비추어 살펴보면, 이와 같은 원심의 사실인정과 판단은 옳고, 거기에 채증법칙을 위배하여 사실을 오인하거나 뇌물수수죄에 있어서의 직무관련성 및 대가성에 관한 법리를 오해한 위법이 없다.

2. 검찰관의 상고에 대하여

원심은, "피고인은 소속 대대 주임원사로서, 2002. 1. 중순경 소속 대대 신병 공소외 1의 부친인 공소외 2로부터 '우리 아들이 본부포대에 있는데 보직은 물론 앞으로 군 복무를 잘 할 수 있도록 돌봐 달라.'는 취지의 청탁을 받고 공소외 1을 빨래방 관리병으로 선발하고 그 보직을 유지시키는 등 공소외 1의 군대 생활을 돌봐 주던 중, 2002. 12. 9. 피고인 명의의 농협 통장 계좌로 아파트 입주를 위한 차용금 명목으로 1,000만 원을 송금받아 무기한, 무이자로 차용하여 그 이자액 상당의 재산상 금융이익을 취득하여 그 임무에 관하여 뇌물을 수수하였다."는 주위적 공소사실에 대하여, 피고인과 공소외 2 사이에 어느 정도 신뢰관계가 형성되었다고 볼 여지가 있는 점, 피고인이 2003. 4.경 적금을 타게 되면 변제하겠다고 말하였으며, 공소외 2의 부인이 변제독촉의 전화를 한 사실이 있는 점 등을 이유로 직무관련성이 있는 금원의 대여라고 볼 수 없다고 하여 무죄를 선고하는 한편, "처인 공소외 3이 사용한 신용카드의 결제대금이 부족하여 타인으로부터 돈을 빌리더라도 이를 변제할 능력이 없고 만약 돈을 차용하면 공소외 3이 사채를 빌려 쓴 것에 변제하는 데 사용할 것임에도, 피해자 공소외2에게 '민간아파트로 이사하는데 모자라는 입주금 1,000만 원을 빌려주면 2003. 4.경 받게 되는 적금으로 갚겠다.'고 거짓말하여 이에 속은 피해자 공소외 2로부터 2002. 12. 9.경 차용금 명목으로 1,000만 원을 송금받아 이를 편취하였다."는 예비적 공소사실을 유죄로 인정하였다.

그러나 원심의 판단은 다음과 같은 이유에서 수긍할 수 없다.

뇌물죄는 공무원의 직무집행의 공정과 이에 대한 사회의 신뢰 및 직무행위의 불가매수성을 그 보호법익으로 하고 있고, 직무에 관한 청탁이나 부정한 행위를 필요로 하는 것은 아니기 때문에 수수된 금품의 뇌물성을 인정하는 데 특별한 청탁이 있어야만 하는 것은 아니며, 또한 금품이 직무에 관하여 수수된 것으로 족하고 개개의 직무행위와 대가적 관계에 있을 필요는 없고, 공무원이 그 직무의 대상이 되는 사람으로부터 금품 기타 이익을 받은 때에는 사회상규에 비추어 볼 때에 의례상의 대가에 불과한 것이라고 여겨지거나, 개인적인 친분 관계가 있어서 교분상의 필요에 의한 것이라고 명백하게 인정할 수 있는 경우 등 특별한 사정이 없는 한 직무와의 관련성이 없는 것으로 볼 수 없으며, 공무원이 직무와 관련하여 금품을 수수하였다면 비록 사교적 의례의 형식을 빌려 금품을 주고받았다 하더라도 그 수수한 금품은 뇌물이 되고(대법원 2001. 10. 12. 선고 2001도3579 판결 등 참조), 공무원이 그 직무에 관하여 금원을 무기한·무이자로 차용한 경우에는 수뢰자가 받은 실질적 이익은 무기한·무이자 차용금의 금융이익 상당이므로 위의 경우에는 그 금융이익이 뇌물이라 할 것인바(대법원 1976. 9. 28. 선고 75도3607 판결 참조), 병사들의 보직 등을 결정하는 직무가 피고인이 관례상이나 사실상 소관 하는 직무 또는 결정권자를 보좌하거나 영향을 줄 수 있는 직무에 해당함은 앞서 본 바와 같고, 기록에 의하면, 공소외 2의 아들인 공소외 1이 피고인이 주임원사로 근무하는 부대의 사병이라는 관계 이외에는 피고인과 공소외 2 사이에 사적인 친분 관계가 없었던 사실, 공소외 2는 공소외 1에 대한 면회 또는 체육대회 참가 등으로 부대를 방문할 때 특산물 등을 선물하며 피고인에게 인사를 하는 외에는 피고인과의 접촉이 없었던 사실 등이 인정되며, 피고인도 군 검찰에서 '아들을 부탁하는 명목이 아니라면 원래부터 아는 사이가 아닌데 1,000만 원을 빌려주지 않았을 것'이라고 진술하고 있는 점 등에 비추어, 피고인이 공소외 2로부터 1,000만 원을 무이자로 차용하여 이자 상당 금융이익을 취득한 것을 직무와 관계없이 개인적 친분 관계에 의한 교분상의 필요에 의한 것이라고 볼 수는 없고, 오히려 직무의 대가로 얻은 부당한 이익이라고 인정하기에 충분하다 할 것이다.

그럼에도 불구하고, 원심은 피고인이 얻은 금융이익이 직무에 대한 부당한 대가로서의 이익에 해당하지 않는다고 판단하고 말았으니, 원심판결에는 채증법칙을 위배하여 사실을 오인하였거나 뇌물수수죄에 있어서 뇌물의 법적 성격에 대한 법리를 오해한 위법이 있고, 이러한 위법은 판결에 영향을 미쳤음이 명백하다.

【평석】 뇌물죄에 있어서 금원을 차용해준 부분도 금융이익을 제공한 것으로 뇌물수수죄에 있어서 직무의 대가로 얻은 부당한 이익이라고 본다. 피고인은 검사로서 피의자를 수사 도중 피의자가 자신이 수사받는 사건 관련하여 자신의 선처를 바란다고 하면서 피고인에게 유사성교행위 및 성교행위를 시도하였고 이에 응한 사안에서 성적 욕구의 충족으로서 뇌물성을 인정한 사례가 있다(대법원 2014. 1. 29. 선고 2013도13937 판결).

다. 공무원이 얻은 이익이 직무와 대가관계가 있는 부당한 이익으로서 뇌물에 해당하는지 여부의 판단 기준 및 직무의 의의

🏛 대법원 2000. 6. 15. 선고 98도3697 전원합의체 판결[뇌물공여·변호사법위반]

판결의 요지

(1) 공무원이 얻은 어떤 이익이 직무와 대가관계가 있는 부당한 이익으로서 뇌물에 해당하는지 여부는 그 공무원의 직무 내용, 직무와 이익제공자와의 관계, 쌍방 간에 특수한 사적 친분 관계가 존재하는지 여부, 이익의 다과, 이익을 수수한

경위와 시기 등 모든 사정을 참작하여 결정되어야 하고, 뇌물죄가 직무집행의 공정과 이에 대한 사회의 신뢰를 그 보호법익으로 하고 있음에 비추어 공무원이 그 이익을 수수하는 것으로 인하여 사회 일반으로부터 직무집행의 공정성을 의심받게 되는지 여부도 뇌물죄 성부의 판단 기준이 되어야 한다.

(2) 뇌물죄에서 말하는 직무에는 공무원이 법령상 관장하는 직무 그 자체뿐만 아니라 직무와 밀접한 관계가 있는 행위 또는 관례상이나 사실상 관여하는 직무행위도 포함된다.

(3) 구 변호사법(2000. 1. 28. 법률 제6207호로 전문 개정되기 전의 것) 제90조 제2호 후단에서 말하는 알선이라 함은 법률사건의 당사자와 그 사건에 관하여 대리 등의 법률 사무를 취급하는 상대방 사이에서 양자 간에 법률사건이나 법률 사무에 관한 위임계약 등의 체결을 중개하거나 그 편의를 도모하는 행위를 말하고, 따라서 현실적으로 위임계약 등이 성립하지 않아도 무방하며, 그 대가로서의 보수를 알선을 의뢰하는 자뿐만 아니라 그 상대방 또는 쌍방으로부터 지급받는 경우도 포함하고, 비변호사가 법률사건의 대리를 다른 비변호사에게 알선하는 경우는 물론 변호사에게 알선하는 경우도 이에 해당하는바 이러한 법리는 변호사에게 법률사건의 수임을 알선하고 그 대가로 금품을 받는 행위에 대하여 같은 법 제90조 제3호, 제27조 제1항에서 따로 처벌하고 있다고 하여 달리 볼 것도 아니므로, 비변호사인 경찰관, 법원·검찰의 직원 등이 변호사인 피고인에게 소송사건의 대리를 알선하고 그 대가로 금품을 받은 행위는 같은 법 제90조 제2호 후단 소정의 알선에 해당하고, 따라서 변호사인 피고인이 그러한 사정을 알면서 비변호사들로부터 법률사건의 수임을 알선 받은 행위는 같은 법 제90조 제3호, 제27조 제2항, 제90조 제2호 위반죄를 구성한다.

라. 뇌물죄에 있어서 대통령의 직무 범위 및 그 직무관련성(정치자금과 뇌물)

🏛 대법원 1997. 4. 17. 선고 96도3377 전원합의체 판결[특정범죄가중처벌등에관한법률위반(뇌물·뇌물방조·알선수죄)·뇌물공여·업무방해 등]

☞ **특정범죄 가중처벌 등에 관한 법률 위반 관련 판례 참조.**

36. 제133조 뇌물공여 등

가. 1) 공무원과 공무원이 아닌 사람(비공무원)에게 뇌물수수죄의 공동정범이 성립하기 위한 요건

2) 공무원이 뇌물공여자로 하여금 공무원과 뇌물수수죄의 공동정범 관계에 있는 비공무원에게 뇌물을 공여하게 한 경우, 제3자 뇌물수수죄가 성립하는지 여부(소극)

3) 금품이나 이익 전부에 관하여 뇌물수수죄의 공동정범이 성립한 이후 뇌물이 실제로 공동정범인 공무원 또는 비공무원 중 누구에게 귀속되었는지가 이미 성립한 뇌물수수죄에 영향을 미치는지 여부(소극)

4) 뇌물수수죄에서 말하는 '수수'의 의미 및 뇌물에 대한 법률상 소유권을 취득하여야 하는지 여부(소극)

🏛 대법원 2019. 8. 29. 선고 2018도2738 전원합의체 판결[뇌물공여(일부 변경된 죄명: 뇌물공여약속)·특정경제범죄가중처벌등에관한법률위반(횡령)·특정경제범죄가중처벌등에관한법률위반(재산국외도피) 등][12]

판결의 요지

1) 신분 관계가 없는 사람이 신분 관계로 인하여 성립될 범죄에 가공한 경우에는 신분 관계가 있는 사람과 공범이 성립한다(형법 제33조 본문 참조). 이 경우 신분 관계가 없는 사람에게 공동가공의 의사와 이에 기초한 기능적 행위 지배를 통한 범죄의 실행이라는 주관적·객관적 요건이 충족되면 공동정범으로 처벌한다. 공동가공의 의사는 공동의 의사로 특정한 범죄행위를 하기 위하여 일체가 되어 서로 다른 사람의 행위를 이용하여 자기의 의사를 실행에 옮기는 것을 내용으로 한다. 따라서 공무원이 아닌 사람(이하 '비공무원'이라 한다)이 공무원과 공동가공의 의사와 이를 기초로 한 기능적 행위 지배를 통하여 공무원의 직무에 관하여 뇌물을 수수하는 범죄를 실행하였다면 공무원이 직접 뇌물을 받은 것과 동일하게 평가할 수

---

12) 2019. 8. 29. 선고 2018도13792 전원합의체 판결[직권남용권리행사방해·강요(일부 인정된 죄명: 강요미수)·강요미수·사기미수·증거인멸교사·특정범죄가중처벌 등에 관한 법률위반(뇌물)·특정범죄가중처벌 등에 관한 법률위반(뇌물)(인정된 죄명: 뇌물수수) 등]도 같은 취지의 판결이다.

있으므로 공무원과 비공무원에게 형법 제129조 제1항에서 정한 뇌물수수죄의 공동 정범이 성립한다.

2) 형법은 제130조에서 제129조 제1항 뇌물수수죄와는 별도로 공무원이 그 직무에 관하여 뇌물공여자로 하여금 제3자에게 뇌물을 공여하게 한 경우에는 부정한 청탁을 받고 그와 같은 행위를 한 때에 뇌물수수죄와 법정형이 동일한 제3자 뇌물 수수죄로 처벌하고 있다. 제3자 뇌물수수죄에서 뇌물을 받는 제3자가 뇌물임을 인식할 것을 요건으로 하지 않는다. 그러나 공무원이 뇌물공여자로 하여금 공무원과 뇌물수수죄의 공동정범 관계에 있는 비공무원에게 뇌물을 공여하게 한 경우에는 공동정범의 성질상 공무원 자신에게 뇌물을 공여하게 한 것으로 볼 수 있다. 공무원과 공동정범 관계에 있는 비공무원은 제3자뇌물수수죄에서 말하는 제3자가 될 수 없고, 공무원과 공동정범 관계에 있는 비공무원이 뇌물을 받은 경우에는 공무원과 함께 뇌물수수죄의 공동정범이 성립하고 제3자뇌물수수죄는 성립하지 않는다.

3) 뇌물수수죄의 공범들 사이에 직무와 관련하여 금품이나 이익을 수수하기로 하는 명시적 또는 암묵적 공모관계가 성립하고 공모 내용에 따라 공범 중 1인이 금품이나 이익을 주고받았다면, 특별한 사정이 없는 한 이를 주고받은 때 그 금품이나 이익 전부에 관하여 뇌물수수죄의 공동정범이 성립하고, 금품이나 이익의 규모나 정도 등에 대하여 사전에 서로 의사의 연락이 있거나 금품 등의 구체적 금액을 공범이 알아야 공동정범이 성립하는 것은 아니다.

4) 금품이나 이익 전부에 관하여 뇌물수수죄의 공동정범이 성립한 이후에 뇌물이 실제로 공동정범인 공무원 또는 비공무원 중 누구에게 귀속되었는지는 이미 성립한 뇌물수수죄에 영향을 미치지 않는다. 공무원과 비공무원이 사전에 뇌물을 비공무원에게 귀속시키기로 모의하였거나 뇌물의 성질상 비공무원이 사용하거나 소비할 것이라고 하더라도 이러한 사정은 뇌물수수죄의 공동정범이 성립한 이후 뇌물의 처리에 관한 것에 불과하므로 뇌물수수죄가 성립하는 데 영향이 없다.

5) 뇌물죄에서 뇌물의 내용인 이익은 금전, 물품 그 밖의 재산적 이익과 사람의 수요 욕망을 충족시키기에 충분한 일체의 유형·무형의 이익을 포함한다. 뇌물수수죄에서 말하는 '수수'란 받는 것, 즉 뇌물을 취득하는 것이다. 여기에서 취득이란 뇌물에 대한 사실상의 처분권을 획득하는 것을 의미하고, 뇌물인 물건의 법률상 소유권까지 취득하여야 하는 것은 아니다. 뇌물수수자가 법률상 소유권 취득의 요건을 갖추지는 않았더라도 뇌물로 제공된 물건에 대한 점유를 취득하고 뇌물공여자

또는 법률상 소유자로부터 반환을 요구받지 않는 관계에 이른 경우에는 그 물건에 대한 실질적인 사용·처분권한을 갖게 되어 그 물건 자체를 뇌물로 받은 것으로 보아야 한다.

뇌물수수자가 뇌물공여자에 대한 내부관계에서 물건에 대한 실질적인 사용·처분권한을 취득하였으나 뇌물수수 사실을 은닉하거나 뇌물공여자가 계속 그 물건에 대한 비용 등을 부담하기 위하여 소유권 이전의 형식적 요건을 유보하는 경우에는 뇌물공여자와 뇌물수수자 사이에서는 소유권을 이전받은 경우와 다르지 않으므로 그 물건을 뇌물로 받았다고 보아야 한다. 뇌물수수자가 교부받은 물건을 뇌물공여자에게 반환할 것이 아니므로 뇌물수수자에게 영득의 의사도 인정된다.

【평석】 공무원 갑이 뇌물공여자에게 제3자에 대한 승마 지원에 관한 뇌물을 요구하고, 비공무원 을은 승마 지원을 통한 뇌물수수 범행에 이르는 핵심 경과를 조종하는 등으로 공무원 갑과 자신의 의사를 실행에 옮겨, 제3자에 대한 승마 지원과 관련된 뇌물이 비공무원 을에게 귀속된 사안. 사회통념상 제3자가 뇌물을 받은 것을 공무원이 직접 받은 것과 같이 평가할 수 있는 관계(가령 부부관계, 가족관계 등)에 있을 경우에는 뇌물을 받은 주체가 공무원이 아니라 제3자라고 하더라도 제3자뇌물수수죄가 아니라 자기뇌물수수죄가 성립한다고 본다.[13]

나. 의제 공무원(도시개발법상의 임직원)에게 뇌물을 공여한 사람의 죄책

🏛 대법원 2014. 6. 12. 선고 2014도2393 판결[특정경제범죄가중처벌등에관한법률위반(사기)·뇌물공여]

판결의 요지

도시개발법 제84조는 "조합의 임직원, 제20조에 따라 그 업무를 하는 감리원은 형법 제129조부터 제132조까지의 규정에 따른 벌칙을 적용할 때 공무원으로 본다."고 규정하고 있으므로, 도시개발구역의 토지 소유자가 도시개발을 위하여 설립한 조합(이하 '도시개발조합'이라 한다)의 임직원 등은 형법 제129조 내지 제132조가 정한 죄의 주체가 된다. 이에 따라 도시개발조합의 임직원 등이 그 직무에 관하여

---

13) 자세한 평석은 이용식, 2019년 분야별 중요판례 분석, 법률신문, 2020. 3. 19.자 참조

부당한 이익을 얻었다면 그러한 이익도 형법 제133조 제1항에 규정된 "제129조 내지 제132조에 기재한 뇌물"에 해당하므로, 그 뇌물을 약속, 공여 또는 공여의 의사를 표시한 자에게는 형법 제133조 제1항에 의한 뇌물공여죄가 성립한다.[14)]

다. 이른바 대향범 관계에 있는 자 사이에서 각자 상대방 범행에 대하여 형법 총칙의 공범규정이 적용되는지 여부(소극)

🏛 대법원 2015. 2. 12. 선고 2012도4842 판결[제3자뇌물교부]

　형사소송법은 공범 사이의 처벌에 형평을 기하기 위하여 공범 중 1인에 대한 공소의 제기로 다른 공범자에 대하여도 공소시효가 정지되도록 규정하고 있는데, 위 공범의 개념이나 유형에 관하여는 아무런 규정을 두고 있지 아니하다. 따라서 형사소송법 제253조 제2항의 공범을 해석할 때에는 공범 사이의 처벌의 형평이라는 위 조항의 입법 취지, 국가형벌권의 적정한 실현이라는 형사소송법의 기본이념, 국가형벌권 행사의 대상을 규정한 형법 등 실체법과의 체계적 조화 등의 관점을 종합적으로 고려하여야 하고, 특히 위 조항이 공소제기 효력의 인적 범위를 확장하는 예외를 마련하여 놓은 것이므로 원칙적으로 엄격하게 해석하여야 하고 피고인에게 불리한 방향으로 확장하여 해석해서는 아니 된다.

　뇌물공여죄와 뇌물수수죄 사이와 같은 이른바 대향범 관계에 있는 자는 강학상으로는 필요적 공범이라고 불리고 있으나, 서로 대향된 행위의 존재를 필요로 할 뿐 각자 자신의 구성요건을 실현하고 별도의 형벌규정에 따라 처벌되는 것이어서, 2인 이상이 가공하여 공동의 구성요건을 실현하는 공범관계에 있는 자와는 본질적으로 다르며, 대향범 관계에 있는 자 사이에서는 각자 상대방의 범행에 대하여 형

---

14) 김영훈, 의제 공무원에게 뇌물을 공여한 사람의 죄책, 대법원판례해설, 제100호(2014년 상), 법원도서관, 369면. 한편, 형법 제129조 내지 제132조 및 구 변호사법(생략) 제111조에서의 '공무원'이라 함은 국가공무원법과 지방공무원법에 의한 공무원 및 다른 법률에 따라 위 규정들을 적용할 때에 공무원으로 간주되는 자 외에 법령의 근거에 기하여 국가 또는 지방자치단체 및 이에 준하는 공법인의 사무에 종사하는 자로서 그 노무의 내용이 단순한 기계적·육체적인 것에 한정되어 있지 않은 자를 말하며, 집행관사무소의 사무원은 공무원으로 취급되는 집행관의 지위와 비슷한 면이 있기는 하지만 '지방법원에 소속되어 법률이 정하는 바에 따라 재판의 집행, 서류의 송달 그 밖에 법령에 따른 사무에 종사'하는 집행관(집행관법 제2조)과 달리 그에 의해 채용되어 그 업무를 보조하는 자에 불과할 뿐(집행관규칙 제21조 제1항), 그를 대신하거나 그와 독립하여 집행에 관한 업무를 수행하는 자의 지위에 있지는 않다고 본 판례(대법원 2011. 3. 10. 선고 2010도14394 판결)가 있다.

법 총칙의 공범규정이 적용되지 아니한다.

이러한 점들에 비추어 보면, 형사소송법 제253조 제2항에서 말하는 '공범'에는 뇌물공여죄와 뇌물수수죄 사이와 같은 대향범 관계에 있는 자는 포함되지 않는다.

【평석】위 대법원 판결에 대하여, 형사소송법 제253조 제2항의 공범을 해석할 때 형법총칙상 '공범' 규정이 적용됨을 전제로, 강학상의 필요적 공범(notwendige Teilnahme) 중 하나인 대향범(Begegnungsdelikt)은 형법 총칙에서 말하는 '공범'이 아니기 때문에, 가사 대향범 관계에 있는 필요적 공범 중 1인에 대하여 공소 제기 되어 판결이 확정되더라도 그 기간 동안 공소시효의 진행이 정지되지 않는다는 취지로 판시했으며, 대법원은 대향범 관계에 있는 내부자들이 아니라 편면적 대향범에 관한 형법총칙 공범규정 적용 배제를 너무 확대하려는 것으로 보인다는 유력한 견해가 있다.[15)]

37. 제134조 몰수, 추징

제3자 뇌물수수의 경우 그 제3자로부터 뇌물을 건네받지 않은 공무원으로부터 뇌물의 가액을 추징할 수 있는지 여부(소극)

> 🏛 대법원 1997. 4. 17. 선고 96도3376 전원합의체 판결[반란수괴 · 반란모의참여 · 내란목
> 적살인 · 특정범죄가중처벌등에관한법률위반(뇌물) 등]

판결의 요지

형법 제134조에 의하면, 범인 또는 정을 아는 제3자가 받은 뇌물은 필요적으로 몰수·추징하도록 되어 있는바, 그 규정 취지가 범인 또는 정을 아는 제3자로 하여 금 불법한 이득을 보유시키지 아니하려는 데에 있는 점에 비추어 볼 때, 범인이라 하더라도 불법한 이득을 보유하지 아니한 자라면 그로부터 뇌물을 몰수·추징할 수 없으므로, 제3자 뇌물수수의 경우에는 범인인 공무원이 제3자로부터 그 뇌물을 건

---

15) 나아가 형사소송법 제253조 제2항에서의 '공범'에서 강학상 필요적 공범으로 일컬어지는 범죄형태, 특히 관여자 쌍방에 대한 처벌규정이 있는 대향범을 배제하는 해석이 타당한 것인지는 의문이 아닐 수 없다는 견해는 이용식, 2015년 분야별 중요판례 분석, 법률신문, 2016. 4. 7.자 참조

네받아 보유한 때를 제외하고는 그 공무원으로부터 뇌물의 가액을 추징할 수 없다.

38. 제136조 공무집행방해

가. 공무집행방해죄에 있어서 공무의 적법성(부인 사례)

> 🏛 대법원 2000. 7. 4. 선고 99도4341 판결(공무집행방해 등)

판결의 요지

헌법 제12조 제5항 전문은 '누구든지 체포 또는 구속의 이유와 변호인의 조력을 받을 권리가 있음을 고지 받지 아니하고는 체포 또는 구속을 당하지 아니한다.'는 원칙을 천명하고 있고, 형사소송법 제72조는 '피고인에 대하여 범죄사실의 요지, 구속의 이유와 변호인을 선임할 수 있음을 말하고 변명할 기회를 준 후가 아니면 구속할 수 없다.'고 규정하는 한편, 이 규정은 같은 법 제213조의2에 의하여 검사 또는 사법경찰관리가 현행범인을 체포하거나 일반인이 체포한 현행범인을 인도받는 경우에 준용되므로, 이 사건과 같이 사법경찰리가 피고인을 현행범인으로 체포하는 경우에 반드시 피고인에게 범죄사실의 요지, 구속의 이유와 변호인을 선임할 수 있음을 말하고 변명할 기회를 주어야 할 것임은 명백하다.

이러한 법리는 비단 현행범인을 체포하는 경우뿐만 아니라 긴급체포의 경우에도 마찬가지로 적용되는 것이고(대법원 1994. 3. 11. 선고 93도958 판결, 대법원 1995. 5. 26. 선고 94다37226 판결 등 참조), 이와 같은 고지는 체포를 위한 실력행사에 들어가기 이전에 미리 하여야 하는 것이 원칙이나, 달아나는 피의자를 쫓아가 붙들거나 폭력으로 대항하는 피의자를 실력으로 제압하는 경우에는 붙들거나 제압하는 과정에서 하거나, 그것이 여의치 않은 경우에라도 일단 붙들거나 제압한 후에는 지체 없이 행하여야 할 것이다.

그리고 형법 제136조가 규정하는 공무집행방해죄는 공무원의 직무집행이 적법한 경우에 한하여 성립하는 것이고, 여기서 적법한 공무집행이라 함은 그 행위가 공무원의 추상적 권한에 속할 뿐 아니라 구체적 직무집행에 관한 법률상 요건과 방식을 갖춘 경우를 가리키는 것이므로, 경찰관이 적법절차를 준수하지 아니한 채

실력으로 현행범인을 연행하려고 하였다면 적법한 공무집행이라고 할 수 없고, 현행범인이 그 경찰관에 대하여 이를 거부하는 방법으로써 폭행을 하였다고 하여 공무집행방해죄가 성립하는 것은 아니다(대법원 1994. 10. 25. 선고 94도2283 판결, 대법원 1995. 5. 9. 선고 94도3016 판결, 대법원 1996. 12. 23. 선고 96도2673 판결 등 참조).

원심이 같은 취지에서 위와 같은 적법절차를 준수하지 아니한 채 피고인을 강제로 순찰차에 태우려고 한 사실을 들어 공소외 1 등이 피고인을 현행범인으로 체포하려고 한 행위를 적법한 공무집행으로 볼 수 없다고 판단하였음은 정당하다.

【평석】 공무의 적법성에 대하여 "피고인들을 포함한 '갑 주식회사 희생자 추모와 해고자 복직을 위한 범국민대책위원회'(약칭 '대책위')가 덕수궁 대한문 화단 앞 인도('농성 장소')를 불법적으로 점거한 뒤 천막·분향소 등을 설치하고 농성을 계속하다가 관할 구청이 행정대집행으로 농성 장소에 있던 물건을 치웠음에도 대책위 관계자들이 이에 대한 항의의 일환으로 기자회견 명목의 집회를 개최하려고 하자, 출동한 경찰 병력이 농성 장소를 둘러싼 채 대책위 관계자들의 농성 장소 진입을 제지하는 과정에서 피고인들이 경찰관을 밀치는 등으로 공무집행을 방해하였다는 내용으로 기소된 사안에서, 경찰의 농성 장소에 대한 점거와 대책위의 집회 개최를 제지한 직무집행이 '위법한 공무집행'이라고 본 원심판단에 법리오해의 잘못이 있다"고 한 대법원 2021. 10. 14. 선고 2018도2993 판결[공무집행방해·일반교통방해·집회 및 시위에 관한 법률 위반]이 있으며, 다음과 같이 공무의 적법성을 인정한 판례도 있다.

나. 공무의 적법성(인정 사례)

🏛 대법원 2008. 10. 9. 선고 2008도3640 판결[공무집행방해]

형법 제136조의 공무집행방해죄는 공무원의 직무집행이 적법한 경우에 한하여 성립하고, 그 공무집행이 적법하기 위하여는 그 행위가 당해 공무원의 추상적 직무권한에 속할 뿐 아니라 구체적으로도 그 권한 내에 있어야 하며 또한, 직무행위로서의 중요한 방식을 갖추어야 한다고 할 것이며, 한편 구 형사소송법 제213조의2, 제72조의 규정 등에 의하면 사법경찰관리가 현행범인을 체포하는 경우에는 반드시 범죄사실의 요지, 체포의 이유와 변호인을 선임할 수 있음을 말하고 변명할 기회를 주어야 할 것임이 명백하고, 이와 같은 고지는 체포를 위한 실력행사에 들어가기 이전에 미리 하여야 하는 것이 원칙이나, 달아나는 피의자를 쫓아가 붙들거나 폭력으로 대항하는 피의자를 실력으로 제압하는 경우에는 붙들거나 제압하는 과정에서 하거나, 그것이 여의치 않은 경우에라도 일단 붙들거나 제압한 후에 지체 없이 행하였다면 경찰관의 현행범인 체포는 적법한 공무집행이라고 할 수 있다(대법원 2000. 7. 4. 선고 99도4341 판결, 대법원 2004. 11. 26. 선고 2004도5894 판결 등 참조). (중략)

원심은, 경찰관으로부터 현행범인으로 체포당한 피고인이 체포장소 및 경찰 지구대 사무실에서 경찰관에게 욕설을 하고 폭행·협박하여 경찰관들의 범죄의 진압, 수사 및 지구대 내 질서유지에 관한 정당한 직무집행을 방해하였다는 이 사건 공소사실에 대하여, 경찰관 공소외 1이 언제 어디에서 어떤 죄명으로 피고인을 현행범인으로 체포하였는지 불명한 상태라면 경찰관이 피고인을 현행범인으로 체포하면서 범죄사실의 요지, 체포의 이유와 변호인을 선임할 수 있음을 고지하지 아니하고 변명할 기회를 주지 아니한 채 체포한 사실이 인정되므로 피고인에 대한 현행범인 체포와 그에 이은 구금행위는 적법한 직무집행으로 볼 수 없고, 따라서 피고인이 이러한 부적법한 현행범인 체포 및 그에 이은 불법적인 구금상태에서 벗어나거나 이에 저항하기 위해 경찰관에게 판시와 같은 폭행·협박을 하였다 하더라도 공무집행방해죄가 성립되지 아니한다는 이유로 이 사건 공소사실에 대하여 유죄를 인정한 제1심판결을 파기하여 무죄를 선고하였다.

그러나 원심의 위와 같은 판단은 이를 그대로 수긍하기 어렵다.

원심이 채택한 증거에 의하면, 부산 동래경찰서 내성지구대 소속 경찰관 공소외 1은 2007. 7. 23. 10:50경 피고인으로부터 맞아 상처가 났다는 공소외 2의 신고를 받고 부산 동래구 명륜1동 339-8 소재 동성장 여관(이하 '이 사건 여관'이라고 한다)으로 출동한 사실, 경찰관 공소외 1은 공소외 2로부터 피고인이 이 사건 여관 302호에 있는데 잡아서 처벌하여 달라는 말을 듣고 공소 외2와 함께 이 사건 여관 302호로 들어가니 피고인이 만취 상태에서 공소 외 2와 말다툼을 하며 공소외 2를 밀어 방바닥에 넘어뜨린 사실, 이에 경찰관 공소외 1이 피고인과 공소외 2를 이 사건 여관 밖으로 나오게 하였는데, 이 사건 여관 앞 노상에서 피고인이 또다시 공소 외 2에게 화를 내며 시비를 걸다 공소외 2를 밀어 땅바닥에 넘어뜨리는 것을 보고 경찰관 공소외 1이 경찰관 공소외 3, 4와 함께 저항하는 피고인을 제압하여 현행범인으로 체포하고, 피고인에게 범죄사실의 요지, 체포의 이유와 변호인을 선임할 수 있음을 고지한 사실, 피고인에 대한 현행범인체포서에는 사법경찰관리인 공소외 1이 "2007. 7. 23. 11:00" "부산 동래구 명륜1동 339-8 소재 동성장 여관 302호 내"에서 피고인을 현행범인으로 체포한 것으로 기재되어 있으나, 공소사실에는 현행범체포의 일시가 "2007. 7. 23. 10:50경", 체포 장소가 "부산 동래구 명륜1동 339-8 소재 동성장 여관 앞 노상"으로 되어 있는 사실을 알 수 있는바, 앞서 본 법리를 이러한 사실들에 비추어 보면, 경찰관 공소외 1은 공소외 2의 상해피해신고에서 비롯된 피고인의 공소외 2에 대한 폭행 등을 이유로 피고인을 현행범인으로 체포하면서 피고인에게 범죄사실의 요지, 체포의 이유와 변호인을 선임할 수 있음을 고지한 것으로 인정되고, 피고인에 대한 현행범인 체포경위 및 그에 대한 현행범인체포서와 범죄사실에 다소 차이가 있다고 하더라도 이러한 차이는 논리와 경험칙상 장소적·시간적인 동일성이 인정되는 범위 내에서의 차이로 볼 수 있으므로, 경찰관 공소외 1 등이 피고인을 현행범인으로 체포하여 경찰 지구대로 연행한 행위는 적법한 공무집행행위라고 볼 수 있고, 따라서 피고인이 이러한 적법한 현행범인 체포 및 그에 이은 구금상태를 벗어나거나 저항하기 위하여 경찰관에게 판시와 같은 폭행·협박을 하였다면 공무집행방해죄가 충분히 성립된다고 할 것이다.

그럼에도 불구하고, 원심이 피고인에 대한 이 사건 공소사실에 대하여 공무집행방해죄가 성립되지 않는다고 한 조치에는 채증법칙을 위배하고 현행범인 체포에 대한 법리를 오해하여 판결 결과에 영향을 미친 위법이 있다고 하지 않을 수 없다. 이 점을 지적하는 상고이유의 주장은 이유 있다.

【평석】 체포 장소와 시간, 체포 사유 등 경찰관의 현행범인 체포 경위 및 그에 대한 현행범인체포서와 범죄사실의 기재에 다소 차이가 있다고 하더라도 그러한 차이가 체포대상이 된 일련의 피고인의 범행이 장소적·시간적으로 근접한 것에 기인한 것으로서 그 장소적·시간적인 동일성을 해치지 아니하는 정도에 불과하다면 논리와 경험칙상 그러한 사유로 경찰관의 현행범인 체포행위를 부적법한 공무집행이라고는 할 수 없다.

39. 제137조 위계에 의한 공무집행방해

1) 위계에 의한 공무집행방해죄에서 '위계'의 의미 및 상대방이 위계에 따라 그릇된 행위나 처분을 하여야만 위 죄가 성립하는지 여부

2) 구체적인 공무집행을 저지하거나 현실적으로 곤란하게 하는 데까지는 이르지 아니하고 미수에 그친 경우, 위계에 의한 공무집행방해죄로 처벌할 수 있는지 여부(소극)

🏛 대법원 2021. 4. 29. 선고 2018도18582 판결[위계공무집행방해]

판결의 요지

위계에 의한 공무집행방해죄에서 위계란 행위자의 행위 목적을 이루기 위하여 상대방에게 오인, 착각, 부지를 일으키게 하여 그 오인, 착각, 부지를 이용하는 것을 말하는 것으로 상대방이 이에 따라 그릇된 행위나 처분을 하여야만 이 죄가 성립하는 것이고, 만약 범죄행위가 구체적인 공무집행을 저지하거나 현실적으로 곤란하게 하는 데까지는 이르지 아니하고 미수에 그친 경우에는 위계에 의한 공무집행방해죄로 처벌할 수 없다.

특정 정당 소속 지방의회의원인 피고인들 등이 지방의회 의장 선거를 앞두고 '갑을 의장으로 추대'하기로 서면 합의하고 그 이행을 확보하기 위해 투표용지에 가상의 구획을 설정하고 각 의원별로 기표할 위치를 미리 정하기로 구두 합의하는 방법으로 선거를 사실상 기명·공개투표로 치르기로 공모한 다음 그 정을 모르는 임시의장 을이 선거를 진행할 때 사전공모에 따라 투표하여 단독 출마한 갑이 의장에 당선되도록 하여 위계로써 을의 무기명투표 관리에 관한 직무집행을 방해하였다는 내용으로 기소된 사안에서, 지방자치법은 제48조 제1항에서 지방의회 의장을 무기명투표로 선거하여야 한다고 규정하나 그 위반행위를 처벌하는 별도 규정을 두고 있지 않으므로, 피고인들 등의 행위가 비밀선거 원칙(무기명투표 원칙)에 위배되는 면이 있음을 근거로 곧 을의 직무집행을 방해한 것으로 평가할 수 없는 점, 지방의회의원들이 사전에 서로 합의한 방식대로 투표행위를 한 것만으로는 무기명투표 원칙에 반하는 전형적인 행위, 즉 투표 과정이나 투표 이후의 단계에서 타인

의 투표 내용을 알려는 행위라거나 자신의 투표 내용을 공개하는 것 또는 타인에게 투표의 공개를 요구하는 행위로 평가하기 어려우므로, 위와 같은 서면 합의와 구두 합의의 실행 자체가 곧바로 '지방의회 의장 선거 과정에서 무기명투표 원칙이 구현되도록 할 임시의장의 직무집행'을 방해하였다고 보기 어려운 점, 위와 같은 합의 수준에서 더 나아가 피고인들 등 사이에 합의에 반하는 투표가 이루어졌는지를 확인할 감표 위원을 누구로 정할 것인지, 투표용지 확인은 언제, 어떤 방법으로 하고, 합의에 반하는 투표를 한 의원에 대해 어떠한 제재를 가할 것인지에 관하여 논의가 이루어졌음을 증명할 증거가 없는 점 등 제반 사정을 종합하면, 피고인들 등이 '지방의회 임시의장의 무기명투표 관리에 관한 직무집행을 방해'하였다고 평가할 사정에 관한 검사의 증명이 없거나 부족하다는 등의 이유로, 이와 달리 보아 피고인들에게 유죄를 인정한 원심판결에 위계에 의한 공무집행방해죄의 성립에서 위계의 실행행위와 공무집행방해의 결과 및 그 고의에 관한 법리 등을 오해한 잘못이 있다.

40. 제152조 위증, 모해위증

가. 법률에 의한 선서와 증인

국회에서의 증언·감정 등에 관한 법률 제15조 제1항 단서의 고발을 특별위원회가 존속하는 동안에 해야 하는지 여부(적극)

> 🏛 대법원 2010. 1. 21. 선고 2008도942 전원합의체 판결[위증]

1) 위증죄의 구성요건인 '법률에 의하여 선서한 증인'의 의미

위증죄와 형사소송법의 취지, 정신과 기능을 고려하여 볼 때, 형법 제152조 제1항에서 정한 '법률에 의하여 선서한 증인'이라 함은 '법률에 근거하여 법률이 정한 절차에 따라 유효한 선서를 한 증인'이라는 의미이고, 그 증인신문은 법률이 정한 절차 조항을 준수하여 적법하게 이루어진 경우여야 한다고 볼 것이다.

2) 증인신문절차에서 법률에 규정된 증인 보호 규정이 지켜진 것으로 인정되지 않은 경우, 허위진술을 한 증인을 위증죄로 처벌할 수 있는지 여부(원칙적 소극)

위증죄의 의의 및 보호법익, 형사소송법에 규정된 증인신문절차의 내용, 증언거부권의 취지 등을 종합적으로 살펴보면, 증인신문절차에서 법률에 규정된 증인 보호를 위한 규정이 지켜진 것으로 인정되지 않은 경우에는 증인이 허위의 진술을 하였다고 하더라도 위증죄의 구성요건인 "법률에 의하여 선서한 증인"에 해당하지 아니한다고 보아 이를 위증죄로 처벌할 수 없는 것이 원칙이다. 다만, 법률에 규정된 증인 보호 절차라 하더라도 개별 보호 절차 규정들의 내용과 취지가 같지 아니하고, 당해 신문 과정에서 지키지 못한 절차 규정과 그 경위 및 위반의 정도 등 제반 사정이 개별 사건마다 각기 상이하므로, 이러한 사정을 전체적·종합적으로 고려하여 볼 때, 당해 사건에서 증인 보호에 사실상 장애가 초래되었다고 볼 수 없는 경우에까지 예외 없이 위증죄의 성립을 부정할 것은 아니라고 할 것이다.

3) 증언 거부 사유가 있음에도 증언거부권을 고지받지 못함으로 인하여 그 증언거부권을 행사하는 데 사실상 장애가 초래되었다고 볼 수 있는 경우 위증죄 성립 여부(소극)

증언거부권 제도는 증인에게 증언 의무의 이행을 거절할 수 있는 권리를 부여한 것이고, 형사소송법상 증언거부권의 고지 제도는 증인에게 그러한 권리의 존재를 확인시켜 침묵할 것인지 아니면 진술할 것인지에 관하여 심사숙고할 기회를 충분히 부여함으로써 침묵할 수 있는 권리를 보장하기 위한 것임을 감안할 때, 재판장이 신문 전에 증인에게 증언거부권을 고지하지 않은 경우에도 당해 사건에서 증언 당시 증인이 처한 구체적인 상황, 증언 거부사유의 내용, 증인이 증언 거부 사유 또는 증언거부권의 존재를 이미 알고 있었는지 여부, 증언거부권을 고지받았더라도 허위진술을 하였을 것이라고 볼 만한 정황이 있는지 등을 전체적·종합적으로 고려하여 증인이 침묵하지 아니하고 진술한 것이 자신의 진정한 의사에 의한 것인지 여부를 기준으로 위증죄의 성립 여부를 판단하여야 한다. 그러므로 헌법 제12조 제2항에 정한 불이익 진술의 강요금지 원칙을 구체화한 자기 부죄 거부특권에 관한 것이거나 기타 증언거부 사유가 있음에도 증인이 증언거부권을 고지받지 못함으로 인하여 그 증언거부권을 행사하는 데 사실상 장애가 초래되었다고 볼 수 있는 경우에는 위증죄의 성립을 부정하여야 할 것이다.

나. 위증죄에 있어서 기억에 반하는 진술

위증죄에서 항상 문제되는 것은 기억에 반하는 진술인지 여부를 살피는 것이다. 두 개의 대법원판결을 살펴본다.

> 🏛 대법원 2006. 2. 10. 선고 2003도7487 판결[업무상배임, 무고, 위증 등]

증인의 증언이 기억에 반하는 허위 진술인지 여부는 그 증언의 단편적인 구절에 구애될 것이 아니라 당해 신문절차에 있어서의 증언 전체를 일체로 파악하여 판단하여야 할 것이고, 증언의 의미가 그 자체로 불분명하거나 다의적으로 이해될 수 있는 경우에는 언어의 통상적인 의미와 용법, 문제된 증언이 나오게 된 전후 문맥, 신문의 취지, 증언이 행하여진 경위 등을 종합하여 당해 증언의 의미를 명확히 한 다음 허위성을 판단하여야 한다(대법원 1996. 3. 12. 선고 95도2864 판결, 2001. 12. 27. 선고 2001도5252 판결 등 참조).

위 법리와 기록에 비추어 살펴보면, 원심이 이 사건 약속어음 3억 2,500만 원의 발행과 배서 등의 경위에 비추어, '원고들이 신임 대표이사인 공소외 3에게 대여금 채무에 대한 보증의 의미로 회사가 발행한 약속어음 뒷면에 개인 배서를 해 달라고 요구하였다', '공소외 3은 이를 승낙하고 어음의 뒷면에 서명 날인하였다'고 한 피고인의 증언에 대하여 비록 공소외 3이 위 배서할 당시의 의사와는 배치될지 모르나 피고인으로서는 공소외 3이 그 대여금 채무에 대한 보증의 의미로 배서했다고 잘못 판단할 여지도 있었으므로 피고인이 그 인식에 반하여 허위의 사실을 진술한 것으로 볼 수는 없다.

> 🏛 대법원 2007. 10. 26. 선고 2007도5076 판결[위증]

원심은, 이 사건 토지의 매매협상 과정 등에 관한 그 판시의 제반 사정에 비추어 보면, '윤00가 당시 매수희망자인 00주택 회장으로부터 35억 원의 매매가를 제시받고도 이를 거절한 사실을 알고 있다'고 한 이 사건 증언은 '윤00가 00주택으로부터 일단 매매대금은 25억 원으로 하고 공사 수주를 통하여 10억 원 이상의 수익을 올리게 해주겠다는 제의를 받았으나 이를 거절하였다'는 객관적 사실과 전체적인 부분에 있어 일치되고 또 그것이 기억에 반하는 허위의 진술이라고 보기도 어렵다는 이유로, 이 사건 공소사실은 범죄의 증명이 없는 경우에 해당한다고 판단하여 이를 유죄로 인정한 제1심판결을 파기하고 무죄를 선고하였다. 앞서 본 법리와 기록에 비추어 살펴보면, 원심의 이러한 사실인정과 판단은 수긍이 가고, 거기에 상고이유에서 주장하는 바와 같이 채증법칙을 위배하거나 위증죄에 있어 허위의 판단 기준에 관한 법리를 오해한 위법이 없다.16)

41. 제155조 증거인멸 등과 친족 간의 특례

경찰관이 압수물을 범죄혐의의 입증에 사용하도록 하는 등의 적절한 조치를 취하지 아니하고 피압수자에게 돌려주어 증거인멸죄를 범한 경우에 별도로 부작위범인 직무유기죄가 성립하는지 여부(소극)

🏛 대법원 2006. 10. 19. 선고 2005도3909 전원합의체 판결[증거인멸 · 직무유기]
  ☞ 형법 제122조 직무유기 관련 판례 참조

---

42. 제156조 무고

가. 무고죄의 구성요건 중 '허위사실', '공무소'

🏛 대법원 2007. 4. 13. 선고 2006도558 판결[무고]

판결의 요지

타인에게 형사처분을 받게 할 목적으로 "허위의 사실"을 신고한 행위가 무고죄를 구성하기 위하여는 신고된 사실 자체가 형사처분의 원인이 될 수 있어야 할 것

---

16) 증인의 증언이 기억에 반하는 허위진술인지 여부는 그 증언의 단편적인 구절에 구애될 것이 아니라 당해 신문절차에 있어서의 증언 전체를 일체로 파악하여 판단하여야 할 것이고, 증언의 전체적 취지가 객관적 사실과 일치되고 그것이 기억에 반하는 공술이 아니라면 사소한 부분에 관하여 기억과 불일치하더라도 그것이 신문취지의 몰이해 또는 착오에 인한 것이라면 위증이 될 수 없다(대법원 1996. 3. 12. 선고 95도2864 판결 참조).

이어서, 가령 허위의 사실을 신고하였다 하더라도 그 사실 자체가 형사 범죄로 구성되지 아니한다면 무고죄는 성립하지 아니한다(대법원 1992. 10. 13. 선고 92도1799 판결, 2002. 11. 8. 선고 2002도3738 판결 등 참조).

판결 이유

수사기록에 편철된 이 사건 고소장의 기재 내용을 살펴보면 그 고소 취지는, '피고소인 공소외 1은 1998. 11. 3. 피고인과의 사이에 피고인이 1999년부터 2008년까지 10년간 공소외 1 소유의 이 사건 전답을 경작·관리함과 아울러 이 사건 임야에 자생하는 송이를 채취하고, 공소외 1에게 그 대가를 지급하기로 하는 내용의 토지경작관리계약을 체결하였는데, 공소외 1이 2002. 7.경 공소 외 2, 3에게 이 사건 임야에 자생하는 송이의 채취권을 이중으로 넘겨주어 피고인으로 하여금 손해를 입게 하였으므로 공소외 1을 엄벌하여 달라'는 것임을 알 수 있는바, 피고인의 고소 사실이 위와 같다면, 위와 같이 장차(1999년부터 2008년까지의 기간 동안) 이 사건 임야에서 자생하게 될 송이를 채취할 수 있는 권리를 피고인에게 양도한 공소외 1이 피고인의 송이 채취를 방해하지 않아야 할 의무는 민사상의 채무에 지나지 아니하여 이를 타인의 사무로 볼 수 없고, 따라서 비록 공소외 1이 위 송이 채취권을 이중으로 양도하였다고 하더라도 횡령죄나 배임죄 기타 형사범죄를 구성하지는 않는다고 할 것이므로, 형사범죄가 되지 아니하는 내용의 허위사실을 피고인이 신고하였다 하여도 피고인에 대한 무고죄는 성립할 수 없다고 할 것이다.

【해설】 한편, 법무법인 사무장이 "같은 법무법인 변호사 A가 거액의 대가를 받기로 하고 구치소에 수감되어 있는 B를 매주 2회씩 거의 1년여 동안 접견을 하며 외부와의 연락병 역할(일명 비둘기)을 하는 등 변호사로서 품위유지의무를 위반하였으니 징계가 필요하다."는 내용의 허위진정서를 지방변호사회에 접수시킨 사안에서, 변호사회가 형법 제156조에서 말하는 공무소에 해당한다고 한 판결(대법원 2010. 11. 25. 선고 2010도10202 판결)이 있다.

나. 무고죄에 있어서 감경

🏛 대법원 2004. 4. 9. 선고 2004도831 판결[무고], 서울서부지방법원 2012노752 판결 참조

직권으로 보건대, 형법 제157조, 제153조에 의하면 같은 법 제156조의 무고죄를 범한 자가 그 신고한 사건의 재판 또는 징계처분이 확정되기 전에 자백 또는 자수를 한 때에는 그 형을 감경 또는 면제한다고 되어 있어 이러한 재판확정 전의 자백을 필요적 감경 또는 면제사유로 규정하고 있으며 위와 같은 자백의 절차에 관하여는 아무런 법령상의 제한이 없으므로 그가 신고한 사건을 다루는 법원에 대한 고백이나 그 사건을 다루는 재판부에 증인으로 다시 출두하여 전에 그가 한 신고가 진실과 상위(相違)된 것이었음을 고백하는 것임은 물론 무고 사건의 피고인 또는 피의자로서 법원이나 수사기관에서의 신문에 의한 고백 또한 위 자백의 개념에 포함되는 것이라 할 것이다(대법원 1973. 11. 27. 선고 73도1639 판결, 1977. 2. 22. 선고 75도3316 판결 등 참조).

이러한 법리를 전제로 이 사건에 대하여 살펴보면, 피고인은 1심 법정(제4회 공판기일)에서부터 원심 법정에 이르기까지 이 사건 무고 부분의 공소사실에 대하여 자기의 신고내용이 허위였음을 범의를 포함하여 자백하고 있음이 기록상 분명한바, 그렇다면, 원심으로서는 피고인에 대하여 형법 제157조, 제153조에 의한 형의 필요적 감면조치를 하여야 할 것인데도 그러한 조치를 하지 아니하였으므로, 이러한 원심판결에는 결국 무고죄에 있어서의 자백에 관한 법리를 오해하여 판결에 영향을 미친 위법이 있다고 할 것이다.

【평석】 무고죄에 있어서 자백을 하면 감경되지만, 피고인이 자백하면 항상 감경되는지, 어느 시점까지 자백해야 감경되는지에 대한 판결이다. 수사기관 아닌 법원에서 자백을 하는 경우에도 일정한 경우 감경이 가능하다.

다. 무고죄의 성립요건, 신고 사실의 진실성을 인정할 수 없다는 소극적 증명만으로 그 신고 사실을 허위로 단정하여 무고죄를 인정할 수 있는지 여부(소극)

성폭행이나 성희롱 사건의 피해자가 하는 진술의 증명력을 판단할 때 고려하여야 할 사항, 기습추행과 이때 요구되는 폭행의 정도

🏛 대법원 2019. 7. 11. 선고 2018도2614 판결[무고]

1) 무고죄는 타인으로 하여금 형사처분이나 징계처분을 받게 할 목적으로 신고한 사실이 객관적인 진실에 반하는 허위사실인 경우에 성립하는 범죄이므로, 신고한 사실이 객관적 진실에 반하는 허위사실이라는 요건은 적극적 증명이 있어야 하고, 신고 사실의 진실성을 인정할 수 없다는 소극적 증명만으로 곧 그 신고 사실이 객관적 진실에 반하는 허위의 사실이라 단정하여 무고죄의 성립을 인정할 수는 없으며, 신고내용에 일부 객관적 진실에 반하는 내용이 포함되어 있더라도 그것이 범죄의 성부에 영향을 미치는 중요한 부분이 아니고 단지 신고 사실의 정황을 과장하는 데 불과하다면 무고죄는 성립하지 않는다.

2) 성폭행이나 성희롱 사건의 피해자가 피해 사실을 알리고 문제 삼는 과정에서 오히려 피해자가 부정적인 여론이나 불이익한 처우 및 신분 노출의 피해 등을 입기도 하여 온 점 등에 비추어 보면, 성폭행 피해자의 대처 양상은 피해자의 성정이나 가해자와의 관계 및 구체적인 상황에 따라 다르게 나타날 수밖에 없다. 따라서 개별적, 구체적인 사건에서 성폭행 등의 피해자가 처하여 있는 특별한 사정을 충분히 고려하지 않은 채 피해자 진술의 증명력을 가볍게 배척하는 것은 정의와 형평의 이념에 입각하여 논리와 경험의 법칙에 따른 증거판단이라고 볼 수 없다.

위와 같은 법리는, 피해자임을 주장하는 자가 성폭행 등의 피해를 입었다고 신고한 사실에 대하여 증거불충분 등을 이유로 불기소 처분되거나 무죄판결이 선고된 경우 반대로 이러한 신고내용이 객관적 사실에 반하여 무고죄가 성립하는지 여부를 판단할 때에도 마찬가지로 고려되어야 한다. 따라서 성폭행 등의 피해를 입었다는 신고 사실에 관하여 불기소처분 내지 무죄판결이 내려졌다고 하여, 그 자체를 무고하였다는 적극적인 근거로 삼아 신고내용을 허위라고 단정하여서는 아니 됨은 물론, 개별적, 구체적인 사건에서 피해자임을 주장하는 자가 처하였던 특별한 사정을 충분히 고려하지 아니한 채 진정한 피해자라면 마땅히 이렇게 하였을 것이라는 기준을 내세워 성폭행 등의 피해를 입었다는 점 및 신고에 이르게 된 경위 등에 관한 변소를 쉽게 배척하여서는 아니 된다.

3) 강제추행죄는 상대방에 대하여 폭행 또는 협박을 가하여 항거를 곤란하게 한 뒤에 추행행위를 하는 경우뿐만 아니라 폭행행위 자체가 추행행위라고 인정되는 이른바 기습추행의 경우도 포함되며, 이 경우의 폭행은 반드시 상대방의 의사를 억

압할 정도의 것임을 요하지 않고 상대방의 의사에 반하는 유형력의 행사가 있는 이상 그 힘의 대소 강약을 불문한다.

라. 자기 자신을 무고하기로 제3자와 공모하고 무고행위에 가담한 경우, 무고죄의 공동정범으로 처벌할 수 있는지 여부(소극)

🏛 대법원 2017. 4. 26. 선고 2013도12592 판결[무고]

판결의 요지

형법 제30조에서 정한 공동정범은 공동으로 범죄를 저지르려는 의사에 따라 공범자들이 협력하여 범행을 분담함으로써 범죄의 구성요건을 실현한 경우에 각자가 범죄 전체에 대하여 정범으로서의 책임을 지는 것이다. 이러한 공동정범이 성립하기 위해서는 주관적 요건으로서 공동가공의 의사와 객관적 요건으로서 공동의사에 의한 기능적 행위지배를 통한 범죄의 실행사실이 필요하고, 이때 공동가공의 의사는 공동의 의사로 특정한 범죄행위를 하기 위하여 일체가 되어 서로 다른 사람의 행위를 이용하여 자기의 의사를 실행에 옮기는 것을 내용으로 하는 것이어야 한다. 따라서 범죄의 실행에 가담한 사람이라고 할지라도 그가 공동의 의사에 따라 다른 공범자를 이용하여 실현하려는 행위가 자신에게는 범죄를 구성하지 않는다면, 특별한 사정이 없는 한 공동정범의 죄책을 진다고 할 수 없다.

형법 제156조에서 정한 무고죄는 타인으로 하여금 형사처분 또는 징계처분을 받게 할 목적으로 허위의 사실을 신고하는 것을 구성요건으로 하는 범죄이다. 자기 자신으로 하여금 형사처분 또는 징계처분을 받게 할 목적으로 허위의 사실을 신고하는 행위, 즉 자기 자신을 무고하는 행위는 무고죄의 구성요건에 해당하지 않아 무고죄가 성립하지 않는다. 따라서 자기 자신을 무고하기로 제3자와 공모하고 이에 따라 무고행위에 가담하였더라도 이는 자기 자신에게는 무고죄의 구성요건에 해당하지 않아 범죄가 성립할 수 없는 행위를 실현하고자 한 것에 지나지 않아 무고죄의 공동정범으로 처벌할 수 없다.

【평석】 자기 사건에 대한 증거인멸, 피고인에게 위증 교사죄가 성립할 수 있는지 여부와 함께 피무고자에게 무고죄 공동정범이 성립하는 지가 쟁점인 사건인데, 최

종적으로 자기 자신을 무고한 행위에 가담한 경우에는 피무고자에게 공동정범이 성립하지 않는다고 명시적으로 판시하였다.[17]

마. 허위로 신고한 사실 자체가 신고 당시 형사범죄를 구성하지 않는 경우, 무고 죄가 성립하는지 여부(소극)

> 🏛 대법원 2017. 5. 30. 선고 2015도15398 판결[무고]

판결의 요지

타인으로 하여금 형사 처분 또는 징계 처분을 받게 할 목적으로 공무소 또는 공무원에 대하여 허위의 사실을 신고하는 때에 무고죄가 성립한다(형법 제156조). 무고죄는 부수적으로 개인이 부당하게 처벌받거나 징계를 받지 않을 이익도 보호하나, 국가의 형사사법권 또는 징계권의 적정한 행사를 주된 보호법익으로 한다.

타인에게 형사 처분을 받게 할 목적으로 '허위의 사실'을 신고한 행위가 무고죄를 구성하기 위해서는 신고된 사실 자체가 형사처분의 대상이 될 수 있어야 하므로, 가령 허위의 사실을 신고하였더라도 신고 당시 그 사실 자체가 형사범죄를 구성하지 않으면 무고죄는 성립하지 않는다. 그러나 허위로 신고한 사실이 무고행위 당시 형사 처분의 대상이 될 수 있었던 경우에는 국가의 형사사법권의 적정한 행사를 그르치게 할 위험과 부당하게 처벌받지 않을 개인의 법적 안정성이 침해될 위험이 이미 발생하였으므로 무고죄는 기수에 이르고, 이후 그러한 사실이 형사범죄가 되지 않는 것으로 판례가 변경되었더라도 특별한 사정이 없는 한 이미 성립한 무고죄에는 영향을 미치지 않는다.

【평석】 허위로 신고한 사실이 무고행위 당시 형사 처분의 대상이 될 수 있었던 경우에는 국가의 형사사법권의 적정한 행사를 그르치게 할 위험과 부당하게 처벌받지 않을 개인의 법적 안정성이 침해될 위험이 이미 발생하였으므로 무고죄는 기수에 이른다는 것이다.[18]

---

17) 배정현, 자기 자신을 무고한 행위에 가담한 자에게 무고죄의 공동정범이 성립할 수 있는지 여부, 대법원판례해설, 제112호(2017년 상), 법원도서관, 355면
18) 이용식, 2017년 분야별 중요판례 분석, 법률신문, 2018. 4. 19.자

43. 제160조 분묘의 발굴

> 🏛 대법원 1995. 2. 10. 선고 94도1190 판결(분묘발굴), 서울서부지방법원 2012노848 판결 참조

판결 이유

원심판결 이유에 의하면 원심은, 분묘발굴죄의 보호법익이 분묘에 대한 관리, 처분권이 아니고, 분묘의 평온을 유지하여 사자에 대한 종교적 숭경의 감정이나 종교적 습속을 보호하려 함에 있는 점에 비추어 볼 때 피고인이 이 사건 분묘에 매장된 망 박OO의 손녀들인 전OO 등 이 사건 고소인들의 승낙을 얻지 아니한 채 망 박OO의 묘를 발굴한 다음 그 안의 유골을 꺼내어 화장한 이상 피고인이 분묘발굴 전에 종중회의의 결의를 얻었거나 위 망 박OO의 양손자인 전OO의 승낙을 얻었다 하더라도 피고인의 행위는 분묘발굴죄에 해당하고 사회통념상 상당성이 있는 행위라고 볼 수 없다는 이유로 피고인에게 유죄를 선고한 제1심판결을 그대로 유지하였다.

그러나 분묘발굴죄는 그 분묘에 대하여 아무런 권한 없는 자나 또는 권한이 있는 자라도 사체에 대한 종교적 양속에 반하여 함부로 이를 발굴하는 경우만을 처벌대상으로 삼는 취지라고 보아야 할 것이므로 법률상 그 분묘를 수호, 봉사하며 관리하고 처분할 권한이 있는 자 또는 그로부터 정당하게 승낙을 얻은 자가 사체에 대한 종교적, 관습적 양속에 따른 존숭의 예를 갖추어 이를 발굴하는 경우에는 그 행위의 위법성은 조각된다고 할 것이고, 한편 분묘에 대한 봉사, 수호 및 관리, 처분권은 종중이나 그 후손들 모두에게 속하여 있는 것이 아니라 오로지 그 분묘에 관한 호주 상속인에게 전속하는 것으로서 이와 같은 법리는 사후양자로서 그 가를 계승한 경우에도 다르지 아니하다 할 것인바(당원 1980. 10. 27. 선고 80다409 판결, 1967. 12. 26. 선고 67다2492 판결 등 참조), 기록에 의하면 이 사건 분묘에 매장된 망 박OO의 가를 계승한 사람은 위 망인의 사망 당시 호주였던 망 전OO의 사후양자로 그를 호주상속한 것으로 되어 있는 공소외 전OO이고 고소인들은 단지 출가 등의 사유로 오래 전에 위 가를 떠난 위 망 박OO의 양손녀들일 뿐임이 명백하므로 사실상 위 분묘를 관리, 수호하고 봉제사를 행하여 오던 피고인이 실질상 손이 끊겨 수호 관리하기 힘든 조상들의 묘를 화장방식으로 바꾸기로 한 종중의 결의에 따라 위 전OO의 승낙하에 종교적 예를 갖추어 이 사건 분묘를 발굴하였다면 비록

위 발굴 전에 위 망 박00의 출가한 양손녀들인 고소인들의 승낙을 얻지 아니하였다 하더라도 이를 위법한 행위라고 단정할 수는 없는 것이다.

【해설】 한때 분묘를 임의로 굴이(掘移)하는 사건이 많았다. 다른 후손들의 분묘는 물론, 같은 종중 내에서도 명당(明堂) 등을 이유로 임의로 분묘를 굴이하는 경우가 많았다. 종친들 간의 이해관계로 인하여 토지수용 등으로 인하여 분묘굴이 사건은 민사 실무상 가급적 조정으로 해결되기도 하지만 형사상 분묘굴이 사건으로 비화되는 경우가 많다.

44. 제170조 실화

형법 제170조 제2항 소정의 '자기의 소유에 속하는 제166조 또는 제167조에 기재한 물건'의 해석과 죄형법정주의 원칙

🏛 대법원 1994. 12. 20. 자 94모32 전원합의체 결정[공소기각 결정에 대한 재항고]

판결의 요지

형법 제170조 제2항에서 말하는 '자기의 소유에 속하는 제166조 또는 제167조에 기재한 물건'이라 함은 '자기의 소유에 속하는 제166조에 기재한 물건 또는 자기의 소유에 속하든, 타인의 소유에 속하든 불문하고 제167조에 기재한 물건'을 의미하는 것이라고 해석하여야 하며, 제170조 제1항과 제2항의 관계로 보아서도 제166조에 기재한 물건(일반건조물 등) 중 타인의 소유에 속하는 것에 관하여는 제1항에서 규정하고 있기 때문에 제2항에서는 그중 자기의 소유에 속하는 것에 관하여 규정하고, 제167조에 기재한 물건에 관하여는 소유의 귀속을 불문하고 그 대상으로 삼아 규정하고 있는 것이라고 봄이 관련조문을 전체적, 종합적으로 해석하는 방법일 것이고, 이렇게 해석한다고 하더라도 그것이 법 규정의 가능한 의미를 벗어나 법형성이나 법 창조행위에 이른 것이라고는 할 수 없어 죄형법정주의의 원칙상 금지되는 유추해석이나 확장해석에 해당한다고 볼 수는 없을 것이다.

45. 제187조 업무상 과실 선박파괴

가. 선박 충돌에서의 과실

🏛 대법원 1972. 2. 22. 선고 71도2386 판결[업무상과실선박파괴]

판결의 요지

선박 충돌 사고에 있어서 한쪽에 과실이 있다고 하여 반드시 다른 쪽에는 과실이 없다고 단정할 수 없다.

판결 이유

○○호 선장인 공소외인에게 원심 판결 설시와 같은 과실이 있다고 하더라도 이 사건 선박 충돌의 사고원인에는 피고인의 과실도 경합된 것이라는 취지로 공소 제기된 것임이 분명하고 또 공소외인에게 과실이 있다고 하여 반드시 피고인에게는 과실이 없다고 단정할 수는 없는 것이므로 이 사건 사고에 있어서 피고인의 과실 유무를 심리 판단함에 있어서는 공소외인의 과실 유무만을 따질 것이 아니라 검사의 공소장 기재와 같이 피고인이 그 전방 200미터 거리에서 ○○호가 같은 속력으로 출항하는 것을 발견한 사실이 있었는지 또는 그대로 서로 진행하다가는 40초 이내에 충돌하리라는 것을 예견하였거나 예견할 수 있었던 것인지를 심리하고 과연 피고인에게도 △△호를 조타하는 선장으로서 공소장 기재와 같은 업무상의 주의의무가 있는 것이고 또 피고인이 위 업무상의 주의의무를 다하지 못한 것이 이 사건 사고 발생의 원인의 하나가 되었었는지를 심리 판단하였어야 할 것임에도 불구하고 원심은 이에 대한 심리판단 없이 공소외인에게 이 사건 사고 발생에 대한 과실이 있다고 하여 당연히 피고인에게는 아무런 과실이 없다는 것으로 속단하고 또 원심 및 제1심이 조사한 각 증거에 의하면 피고인이 그 전방 200 미터 전방에서 ○○호가 같은 속력으로 출항하는 것을 발견하였으니 그대로 서로 진행하다가는 40초 이내에 충돌하리라는 것을 예견하였거나 예견할 수 있었던 것임을 인정하기에 충분하다할 것이며 원심판결 역시 피고인이 ○○호를 발견하고 공소장 기재와 같은 조치를 취하지 않고 우회하다가 다시 좌 회 하였다는 사실을 인정하였음에도 불구하고 여타의 점에 대한 심리판단을 함이 없이 피고인의 과실에 대한

증거 없다고 판단하였음은 업무상 과실에 대한 법리를 오해하고 채증을 잘못하였거나 심리를 다하지 못한 위법이 있다고 할 수밖에 없으니 원심판결은 파기를 면치 못한다 할 것이고 상고 논지는 이유 있다 할 것이다.

나. 강제도선 구역 내에서 조기 하선한 도선사에게 하선 후 발생한 선박 충돌 사고에 대한 업무상 과실 인정 여부

🏛 대법원 2007. 9. 21. 선고 2006도6949 판결[업무상과실선박파괴]

판결 이유

원심판결 이유에 의하면, 원심은 그 채택 증거에 의하여 그 판시와 같은 사실을 인정한 다음, 도선법 제2조 제2호 소정의 도선사(導船士)인 피고인으로서는 도선법 제20조 제1항, 도선법 시행규칙 제18조 제1항 [별표 5] 소정의 강제도선구(强制導船區)인 부산항 도선구에서 판시 H호(총톤수 13,267톤)에 승선하여 당해 선박을 도선하게 되었으면 위 선박을 부산항 도선구 밖까지 직접 도선하여 충돌위험을 미연에 방지하여야 할 업무상 주의의무가 있음에도 불구하고, 이에 위배하여 H호가 부산항 제3호 등부표를 지날 무렵 정당한 사유 없이 H호에서 하선함으로써 도선사에 비하여 상대적으로 항만 사정이나 한국인과의 교신에 익숙하지 못한 데다 선박 운용 기술이 떨어지는 중국인 선장 공소외 1로 하여금 부산항 강제도선구 내에서 조선하도록 한 업무상 과실이 있고, 나아가 피고인이 위와 같이 강제도선 구역 내에서 조기 하선함으로 인하여 그 후 H호의 선장 공소외 1은 부산항 항만교통정보센터로부터 입항선인 판시 C호(총톤수 39,941톤)의 행동이 의심스러우니 주의하라는 경고를 받았음에도 적기에 충돌 회피 동작을 취하지 못하여 결국 이 사건 선박 충돌사고가 발생하게 하였으므로, 피고인의 위와 같은 업무상 과실과 이 사건 사고 발생 사이의 상당인과관계도 인정된다고 판단하여, 이를 다투는 피고인의 법리오해 내지 사실오인에 관한 항소이유를 배척하였다.

관계 법령 및 기록에 비추어 살펴보면, 원심 판단에는 업무상 과실에 관한 법리오해, 채증법칙 위배 등의 위법이 없다. {이와 관련하여 민사책임에 대하여는 이성철, '선박충돌과 손해배상책임', 퍼플(교보문고), 2022. 7. 참조.}

【평석】 도선사의 업무는 전문적이어서 형사 책임을 입증하기가 다소 어려운데도 도선사의 형사 책임을 인정한 판례이다. '도선사는 법률에 의하여 상당히 고도의 주의의무가 부과되어, 해도에 표시된 장애물뿐 아니라 해도에 표시되어 있지 않고 외관상 쉽게 발견되지 않는 위험물을 포함하여 지방 수역에 관한 지식을 가지고 있어야 하며 이를 활용할 의무가 있고 더욱이 강제도선사는 전문지식이 있다고 판단하여 선임된 자이기 때문에 선박이 임의로 승선시킨 도선사보다 고도의 주의의무를 부담하고 있는 점을 고려하여 볼 때, 강제도선사인 피고인이 선택한 항로로 운항 중이던 유조선의 수중 암초 충돌로 인한 업무상과실치상 및 해양오염방지법 위반사건에 관하여 피고인이 해도를 믿고 항행을 하였다 하여 면책될 수 없다.'는 관련 대법원판결이 있다(대법원 1995. 4. 11. 선고 94도3302 판결[업무상과실치상, 해양오염방지법위반, 업무상과실선박파괴] 참조). 나아가 선장의 업무상 주의의무에 대하여 다음의 판례가 있다.

다. 선장이 갑판상에서 직접 선박을 지휘하여 사고를 미연에 방지할 업무상 주의 의무가 있는 경우

🏛 대법원 1973. 9. 29. 선고 73도2037 판결[업무상과실치사, 업무상과실선박파괴]

판결 이유

원심이 유지한 제1심판결 이유에 의하면 본건 사고의 발생은 B의 당직사관인 C의 견시 의무의 소홀로 인한 것이고 나아가 B가 사고 당시의 폭풍주의보나 천우에는 안전항해에 아무런 영향이 없고, 사고 해상은 협소한 수로를 통과할 경우도 아닌 사실을 인정할 수 있으므로 달리 사고 당시의 동 선박에 위험이 있었다고 인정할 아무런 자료가 없는 본건에 있어 선장인 피고인이 반드시 갑판 상에서 직접 동 선박을 지휘하여야 할 직무상의 의무는 없다 하여 피고인에 대하여 무죄를 선고한다고 판시하였다.

그러나 선장은 선박이 항구를 출입할 때, 선박이 협소한 수로를 통과할 때, 기타 선박에 위험성이 있을 때에는 갑판 상에서 직접 선박을 지휘하여 사고를 미연에 방지할 업무상의 주의의무가 있다 할 것인바, 원심이 확정한 사실에 의하면 사고 당시인 1972. 11. 9. 17:00경부터 다음날 03:00경까지 남해안 지역 전역에 폭풍

주의보가 이미 내려 북동풍이 초속 15미터 내지 20미터 가량의 강풍이 불고 파도는 약 5미터 가량이고, 폭우가 오고 있었고, 더욱이 암야이어서 사고 당시인 1972. 11. 9. 22:10경은 전방주시가 쉽지 않고 또 동 연안 홍도, 국도 부근은 장어잡이 어장으로 주로 야간에 소형어선들이 작업을 하고 있는 해상인데 당시 조타중인 C의 동선에 설치된 레이다도 작동치 아니하고, 선두 견시도 없이 그 견시 의무를 태만히 하여 1972. 11. 9. 22:00 통영군 욕지도 근방에서 장어잡이 하는 어선을 충돌하여 본건 사고를 이르킨 것이라 한다.

이러한 경우라면 선박의 항해는 선박이 항구를 출입할 때나 협소한 수로를 항해할 때 보다 더욱 위험성이 있는 것이 명백하고 이러한 위험있는 항해에는 타 선박과의 충돌의 위험도 포함된다 할 것이므로, 선장은 위와 같은 경우에는 선박의 갑판상에서 직접 선박을 지휘하여 사고를 미연에 방지할 업무상 주의의무가 있다 할 것인데도 불구하고 원심이 유지한 제1심판결은 앞에서 본 바와 같이 동 선박 자체의 항해에 위험이 없고, 또 협소한 수로도 아니라는 이유로 선장인 피고인에게 업무상 주의의무가 없다고 판단하였음은 선장의 업무상 주의의무에 대한 법리를 오해한 잘못이 있다 할 것이므로 논지는 이유 있어 원판결은 파기를 면치 못할 것이다.

☞ **태안반도 해양 유류 오염 사건 관련 판례는 구(舊) 해양오염방지법 위반 참조.**

46. 제225조 공문서등의 위조·변조

가. 복사 문서가 문서위조 및 동행사죄의 객체인 문서에 해당하는지 여부(적극)

🏛 대법원 1989. 9. 12. 선고 87도506 전원합의체 판결[위조사문서행사]

판결의 요지

(다수의견) 사진기나 복사기 등을 사용하여 기계적인 방법에 의하여 원본을 복사한 문서, 이른바 복사 문서는 사본이더라도 필기의 방법 등에 의한 단순한 사본과는 달리 복사자의 의식이 개재할 여지가 없고, 그 내용에서부터 규모, 형태에 이르기까지 원본을 실제 그대로 재현하여 보여주므로 관계자로 하여금 그와 동일한 원본이 존재하는 것으로 믿게 할 뿐만 아니라 그 내용에 있어서도 원본 그 자체를 대하는 것과 같은 감각적 인식을 가지게 하고, 나아가 오늘날 일상거래에서 복사

문서가 원본에 대신하는 증명수단으로서의 기능이 증대되고 있는 실정에 비추어 볼 때 이에 대한 사회적 신용을 보호할 필요가 있으므로 복사한 문서의 사본은 문서위조 및 동행사죄의 객체인 문서에 해당한다.

(반대의견) 위조한 문서를 전자복사기로써 복사본을 만들어 낸 경우에 그 복사본은 형법 제231조 소정의 문서라고 보기도 어려울 뿐 아니라 그 복사본을 만들어 낸 행위를 「타인 명의로 문서를 작성하였다」고 할 수도 없어 그 행위가 형법 제231조 소정의 문서위조행위에 해당한다고 보기 어렵고, 그러한 경우 문서위조의 성립을 인정하는 것은 죄형법정주의의 원칙에 의하여 금지된 유추확장 해석이 되며 같은 법조 소정의 문서의 개념 속에 전자복사본은 포함되고 필사본은 포함되지 않는다고 해석한다면 그 규정을 다의적으로 해석하는 것이 되어 형법 법규의 명확성에 반하는 결과가 된다.

(별개의견) 위조 문서의 원본을 복사하는 행위 자체는 이미 위조가 완성되어 작성 명의의 진정이 침해된 문서의 표시내용을 사본으로 재현하는 것에 불과하고 복사로서 새롭게 그 문서의 작성 명의의 진정을 침해하는 것은 아니므로 이러한 사본의 작성행위를 문서의 위조라고 볼 여지가 없으나, 위조문서를 전자복사나 사진복사 등의 기계적 방법에 의하여 복사한 사본은 문서원본의 외관과 의식내용을 원본 그대로 재현한 것으로서 복사 과정에서 의도적인 조작을 가하지 않는 한 원본의 외관과 의식내용을 그대로 타인에게 전달하는 기능을 가지고 있으므로, 이러한 사본을 제시하는 행위는 기계적 복사라는 중개수단을 통하여 문서원본의 외관과 의식내용을 상대방이 인식할 수 있게끔 간접적인 방법으로 문서원본을 제시하는 것이 되므로 위조문서행사죄를 구성한다.

【평석】 복사 문서가 형법상 문서위조죄 소정 문서에 해당되는지에 대하여, 대법원 1978. 4. 11. 선고 77도4068 전원합의체 판결에서는, 형법에 규정된 문서위조죄나 행사죄에 있어서의 문서라 함은 작성명의인의 의사가 표시된 물체 그 자체를 의미한다 할 것이므로 원본을 기계적 방법에 의하여 사진 복사한 경우에도 그 사본 또는 등본은 사본 또는 등본의 인증이 없는 한 위 각 죄의 행위객체인 문서에 해당되지 아니한다고 판시하였으나 위 전원합의체로 복사 문서도 문서위조죄의 객체가 된다고 판시하였다.

나. 인터넷을 통하여 출력한 등기사항전부증명서 하단의 열람일시 부분을 수정 테이프로 지우고 복사한 행위

🏛 대법원 2021. 2. 25. 선고 2018도19043 판결[공문서변조, 변조공문서행사]

판결의 요지

피고인이 등기사항전부증명서의 열람일시를 삭제하여 복사한 행위는 변경 전 등기사항전부증명서가 나타내는 관리·사실관계와 다른 새로운 증명력을 가진 문서를 만든 것에 해당하고 그로 인하여 공공적 신용을 해할 위험성도 발생하였다고 판단된다. 그 구체적 이유는 다음과 같다.

(1) 등기사항전부증명서의 열람일시는 등기부상 권리관계의 기준 일시를 나타내는 역할을 하는 것으로서 권리관계나 사실관계의 증명에서 중요한 부분에 해당한다. 열람일시의 기재가 있어 그 일시를 기준으로 한 부동산의 권리관계를 증명하는 등기사항전부증명서와 열람일시의 기재가 없어 부동산의 권리관계를 증명하는 기준 시점이 표시되지 않은 등기사항전부증명서 사이에는 증명하는 사실이나 증명력에 분명한 차이가 있다.

(2) 이 사건 변경 후 등기사항전부증명서는 권리관계의 기준 시점이 표시되지 않은 것으로서, 타인에게 제시·교부되어 그 일시 무렵 이 사건 부동산에 관하여 근저당권설정등기 및 소유권이전담보가등기가 존재하지 않는다는 내용의 허위사실을 증명하는데 이용되었다.

(3) 법률가나 관련 분야의 전문가가 아닌 평균인 수준의 사리분별력을 갖는 일반인의 관점에서 보면, 이 사건 변경 후 등기사항전부증명서가 조금만 주의를 기울여 살펴보기만 해도 그 열람 일시가 삭제된 것임을 쉽게 알아볼 수 있을 정도로 공문서로서의 형식과 외관을 갖추지 못했다고 보기도 어렵다.

【평석】 위 사안을 무죄로 보면 향후 위와 같은 행위가 지속적으로 발생하여 부동산 거래의 안전과 신속을 해하게 되고 공공적 신용에 위험을 초래할 가능성이 있고, 이를 공문서 변조 동 행사죄로 인정하였다는 점에 판결의 의의가 있다.[19] 한

---

19) 장석준, 피고인이 인터넷을 통하여 출력한 등기사항전부증명서...... 부분을 수정 테이프로 지우고 복사한 행위가 공문서 변조에 해당하는지 문제된 사건, 대법원판례해설, 제128호(2021년 상), 353면 참조

편 형법 제232조의2 사전자기록등위작죄에서 유형위조는 물론 권한남용적 무형위조가 포함된다는 취지의 대법원 2020. 8. 7. 선고 2019도11294 전원합의체 판결이 있다.

다. 이미지 파일을 전송하여 이를 수신한 상대방이 프린터로 출력한 경우

> 🏛 대법원 2012. 2. 23. 선고 2011도14441 판결[공문서위조(일부 인정된 죄명: 공문서변조)·위조공문서행사(일부 변경된 죄명: 변조공문서행사)·사기]

판결 이유

원심의 판단은 다음과 같은 이유로 수긍하기 어렵다.

위조문서행사죄에 있어서 행사는 위조된 문서를 진정한 것으로 사용함으로써 문서에 대한 공공의 신용을 해칠 우려가 있는 행위를 말하므로 그 행사의 상대방에는 아무런 제한이 없고, 다만 문서가 위조된 것임을 이미 알고 있는 공범자 등에게 행사하는 경우에는 위조문서행사죄가 성립할 수 없으나(대법원 2005. 1. 28. 선고 2004도4663 판결 참조), 간접정범을 통한 위조문서행사범행에 있어 도구로 이용된 자라고 하더라고 문서가 위조된 것임을 알지 못하는 자에게 행사한 경우에는 위조문서행사죄가 성립한다.

원심판결 이유와 기록에 의하면, 피고인은 위조한 전문건설업등록증 등의 컴퓨터 이미지 파일을 공사 수주에 사용하기 위하여 발주자인 공소외 1 또는 ▽▽▽▽▽기술서비스의 담당직원 공소외 2에게 이메일로 송부한 사실, 공소외 1 또는 공소외 2는 피고인으로부터 이메일로 송부받은 컴퓨터 이미지 파일을 프린터로 출력할 당시 그 이미지 파일이 위조된 것임을 알지 못하였던 사실을 알 수 있으므로, 피고인의 위와 같은 행위는 형법 제229조의 위조·변조공문서행사죄를 구성한다고 보아야 할 것이다.

그럼에도 원심은, 간접정범을 통한 위조문서행사 범행의 피이용자는 피고인과 동일시할 수 있는 자와 마찬가지라는 이유만으로 이 사건 각 위조 및 변조공문서행사의 점에 대하여 무죄를 선고하였으니, 이러한 원심판결에는 위조 및 변조공문서행사죄에 있어서 행사의 상대방에 관한 법리를 오해한 위법이 있다.[20]

---

20) 컴퓨터 등을 통하여 이미지 파일의 송·수신에서, 위조된 사실을 모르는 상대방이 프린터로 출력한

47. 제228조 공정증서원본 등의 부실기재

가. 타인으로부터 금원을 차용하여 주금을 납입하고 설립 등기나 증자 등기 후 바로 인출하여 차용금 변제에 사용하는 경우, 상법상 납입가장죄의 성립 외에 공정증서원본불실기재·동행사죄의 성립 여부(적극) 및 업무상횡령죄의 성립 여부(소극)

> 🏛 대법원 2004. 6. 17. 선고 2003도7645 전원합의체 판결[특정경제범죄가중처벌등에관한 법률위반(횡령)(일부 인정된 죄명: 업무상 횡령)·공정증서원본불실기재 등]

판결의 요지

상법 제628조 제1항 소정의 납입가장죄는 회사의 자본충실을 기하려는 법의 취지를 유린하는 행위를 단속하려는 데 그 목적이 있는 것이므로, 당초부터 진실한 주금납입으로 회사의 자금을 확보할 의사 없이 형식상 또는 일시적으로 주금을 납입하고 이 돈을 은행에 예치하여 납입의 외형을 갖추고 주금납입 증명서를 교부받아 설립 등기나 증자 등기의 절차를 마친 다음 바로 그 납입한 돈을 인출한 경우에는, 이를 회사를 위하여 사용하였다는 특별한 사정이 없는 한 실질적으로 회사의 자본이 늘어난 것이 아니어서 납입가장죄 및 공정증서원본불실기재죄와 불실기재공정증서원본행사죄가 성립하고, 다만 납입한 돈을 곧바로 인출하였다고 하더라도 그 인출한 돈을 회사를 위하여 사용한 것이라면 자본충실을 해친다고 할 수 없으므로 주금납입의 의사 없이 납입한 것으로 볼 수는 없고, 한편 주식회사의 설립업무 또는 증자업무를 담당한 자와 주식 인수인이 사전 공모하여 주금납입 취급 은행 이외의 제3자로부터 납입금에 해당하는 금액을 차입하여 주금을 납입하고 납입취급은행으로부터 납입금보관증명서를 교부받아 회사의 설립등기절차 또는 증자등기절차를 마친 직후 이를 인출하여 위 차용금채무의 변제에 사용하는 경우, 위와 같은 행위는 실질적으로 회사의 자본을 증가시키는 것이 아니고 등기를 위하여 납입을 가장하는 편법에 불과하여 주금의 납입 및 인출의 전 과정에서 회사의 자본

경우 이미지 파일을 전송한 사람에게 문서위조죄는 물론 동 행사죄도 성립한다는 것을 명시적으로 판시한 최초의 대법원판결로 의미를 두고 있다. 이태우, 이미지 파일을 전송하여 이를 수신한 상대방이 프린터로 출력한 경우 위조문서행사죄가 성립하는지 여부, 대법원판례해설, 제92호(2012년 상), 법원도서관, 609면 참조

금에는 실제 아무런 변동이 없다고 보아야 할 것이므로, 그들에게 회사의 돈을 임의로 유용한다는 불법영득의 의사가 있다고 보기 어렵다 할 것이고, 이러한 관점에서 상법상 납입가장죄의 성립을 인정하는 이상 회사 자본이 실질적으로 증가됨을 전제로 한 업무상횡령죄가 성립한다고 할 수는 없다.

나. 공증사무취급이 인가된 합동법률사무소 명의로 작성된 공증에 관한 문서의 형법상 성질

🏛 대법원 1977. 8. 23. 선고 74도2715 전원합의체 판결[공정증서원본불실기재 등]

판결의 요지

공증사무 취급이 인가된 합동법률사무소 명의로 작성된 공증에 관한 문서는 형법상 공정증서 기타 공문서에 해당한다(다수의견).

다. 가장매매로 인한 소유권이전등기

🏛 대법원 1972. 3. 28. 선고 71도2417 전원합의체 판결[공정증서원본불실기재, 공정증서본불실기재행사, 강제집행면탈]

판결의 요지

가장매매로 인한 소유권이전등기를 경료하여도 그 당사자 간에는 소유권이전등기를 경료시킬 의사는 있었던 것이므로 공정증서원본불실기재 및 동 행사죄는 성립하지 아니한다.

라. 통정허위표시에 의한 어음발행 및 공증행위와 공정증서원본불실기재죄

🏛 대법원 2012. 4. 26. 선고 2009도5786 판결[사기미수 · 공정증서원본불실기재 · 불실기재공정증서원본행사 · 사문서변조 · 변조사문서행사]

판결의 요지

형법 제228조 제1항의 공정증서원본불실기재죄는 공무원에 대하여 진실에 반하는 허위신고를 하여 공정증서원본 또는 이와 동일한 전자기록 등 특수매체기록에 실체관계에 부합하지 않는 불실의 사실을 기재 또는 기록하게 함으로써 성립한다. 그런데 발행인과 수취인이 통모하여 진정한 어음채무 부담이나 어음채권 취득에 관한 의사 없이 단지 발행인의 채권자에게서 채권 추심이나 강제집행을 받는 것을 회피하기 위하여 형식적으로만 약속어음의 발행을 가장한 경우 이러한 어음발행행위는 통정허위표시로서 무효이므로, 이와 같이 발행인과 수취인 사이에 통정허위표시로서 무효인 어음발행행위를 공증인에게는 마치 진정한 어음발행행위가 있는 것처럼 허위로 신고함으로써 공증인으로 하여금 어음발행행위에 대하여 집행력 있는 어음공정증서원본을 작성케 하고 이를 비치하게 하였다면, 이러한 행위는 공정증서원본불실기재 및 불실기재공정증서원본행사죄에 해당한다고 보아야 한다.

【평석】 원심은 무죄로 판단하였는데, 검사가 상고하였다. 판례는 발행인의 채권자에게서 채권 추심, 강제집행을 회피하기 위하여 형식적인 약속어음을 발행한 경우, 이러한 어음발행행위는 통정허위표시로서 무효이므로, 이와 같은 어음발행행위는 공증인에게 마치 진정한 어음발행행위가 있는 것처럼 허위로 신고한 것으로 평가받아 유죄로 판시하였다.[21)]

48. 제229조 위조등 공문서의 행사

위조문서행사죄에 있어서 객체, 사본

🏛 대법원 2008. 10. 23. 선고 2008도5200 판결[위조사문서행사]

판결의 요지

위조문서행사죄에 있어서 행사라 함은 위조된 문서를 진정한 문서인 것처럼 그 문서의 효용 방법에 따라 이를 사용하는 것을 말하고(대법원 1975. 3. 25. 선고 75도422 판결, 대법원 1988. 1. 19. 선고 87도1217 판결 등 참조), 위조된 문서를 제시 또는

---

21) 김일연, 통정허위표시에 의한 어음발행 및 공증행위와 공정증서원본불실기재죄의 성립, 대법원판례해설, 제92호(2012년 상), 법원도서관, 719면

교부하거나 비치하여 열람할 수 있게 두거나 우편물로 발송하여 도달하게 하는 등 위조된 문서를 진정한 문서인 것처럼 사용하는 한 그 행사의 방법에 제한이 없으며, 또 위조된 문서 그 자체를 직접 상대방에게 제시하거나 이를 기계적인 방법으로 복사하여 그 복사본을 제시하는 경우는 물론, 이를 모사전송의 방법으로 제시하거나 컴퓨터에 연결된 스캐너(scanner)로 읽어 들여 이미지화한 다음 이를 전송하여 컴퓨터 화면상에서 보게 하는 경우도 행사에 해당하여 위조문서행사죄가 성립한다고 할 것이다.

그런데 원심이 인정한 사실관계 및 기록에 의하면, 피고인은 인터넷 쇼핑사이트인 'G-마켓'에 들어가 휴대전화기 구입신청을 하면서 인터넷상에 게시된 케이. 티. 에프.(KTF) 신규 가입신청서 양식에 컴퓨터를 이용하여 공소외 1의 인적사항 및 그 계좌번호, 청구지 주소 등을 각 입력하고 이를 출력한 다음, 그 신청서 용지 하단 고객 명란과 서명란에 '공소외 1'이라고 각 기재함으로써 행사할 목적으로 권한 없이 권리 의무에 관한 사문서인 공소외 1 명의로 된 휴대전화 신규 가입신청서 1장을 위조한 후, 이와 같이 위조한 휴대전화 신규 가입신청서를 컴퓨터에 연결된 스캐너로 읽어 들여 이미지화한 다음, 그 이미지 파일을 이메일로 그 위조 사실을 모르는 공소 외 2에게 마치 진정하게 성립된 것처럼 전송하여 컴퓨터 화면상에서 보게 한 사실을 알 수 있는바, 그렇다면 피고인은 이미 자신이 위조한 휴대전화 신규 가입신청서를 스캐너로 읽어 들여 이미지화한 다음 그 이미지 파일을 그대로 공소 외 2에게 이 메일로 전송하여 컴퓨터 화면상에서 보게 한 것이므로, 위와 같이 스캐너로 읽어 들여 이미지화한 것이 문서에 관한 죄에 있어서의 '문서'에 해당하지 않는다고 하더라도, 자신이 이미 위조한 휴대전화 신규 가입신청서를 행사한 것에 해당하여 위조문서행사죄가 성립한다고 할 것이다.

그럼에도 불구하고, 원심은 이 사건 위조사문서행사의 공소사실에 관하여 그 판시와 같은 이유로 위조문서행사죄가 성립하지 않는다고 판단하였으니, 원심판결에는 위조문서행사죄에서의 '행사'에 관한 법리를 오해한 위법이 있고, 이러한 위법은 판결에 영향을 미쳤음이 분명하다.

【평석】 문서위조죄는 문서의 진정에 대한 공공의 신용을 그 보호법익으로 하는 것이므로 행사할 목적으로 작성된 문서가 일반인으로 하여금 당해 명의인의 권한 내에서 작성된 문서라고 믿게 할 수 있는 정도의 형식과 외관을 갖추고 있으면 문

서위조죄가 성립하는 것이고, 위와 같은 요건을 구비한 이상 그 명의인이 실재하지 않는 허무인이거나 또는 문서의 작성일자 전에 이미 사망하였다고 하더라도 그러한 문서 역시 공공의 신용을 해할 위험성이 있으므로 공문서와 사문서를 가리지 아니하고 문서위조죄가 성립한다고 봄이 상당하며(대법원 2005. 2. 24. 선고 2002도18 전원합의체 판결 참조) 이러한 법리는 법률적, 사회적으로 자연인과 같이 활동하는 법인 또는 단체에도 그대로 적용된다.

49. 제230조 공문서등의 부정행사

신분증명서의 제시 요구에 다른 사람의 운전면허증을 제시한 경우, 공문서부정행사죄에 해당하는지 여부(적극)

> 🏛 대법원 2001. 4. 19. 선고 2000도1985 전원합의체 판결[공문서부정행사]

판결의 요지

운전면허증은 운전면허를 받은 사람이 운전면허시험에 합격하여 자동차의 운전이 허락된 사람임을 증명하는 공문서로서, 운전면허증에 표시된 사람이 운전면허시험에 합격한 사람이라는 '자격증명'과 이를 지니고 있으면서 내보이는 사람이 바로 그 사람이라는 '동일인증명'의 기능을 동시에 가지고 있다. 운전면허증의 앞면에는 운전면허를 받은 사람의 성명·주민등록번호·주소가 기재되고 사진이 첨부되며 뒷면에는 기재사항의 변경내용이 기재될 뿐만 아니라, 정기적으로 반드시 갱신 교부되도록 하고 있어, 운전면허증은 운전면허를 받은 사람의 동일성 및 신분을 증명하기에 충분하고 그 기재 내용의 진실성도 담보되어 있다. 그럼에도 불구하고 운전면허증을 제시한 행위에 있어 동일인증명의 측면은 도외시하고, 그 사용 목적이 자격증명으로만 한정되어 있다고 해석하는 것은 합리성이 없다. 인감증명법상 인감신고인 본인 확인, 공직선거 및 선거부정방지법상 선거인 본인 확인, 부동산등기법상 등기의무자 본인 확인 등 여러 법령에 의한 신분 확인절차에서도 운전면허증은 신분증명서의 하나로 인정되고 있다. 또한 주민등록법 자체도 주민등록증이 원칙적인 신분증명서이지만, 주민등록증을 제시하지 아니한 사람에 대하여 신원을 증명하는 증표나 기타 방법에 의하여 신분을 확인하도록 규정하는 등으로 다른 문서의 신분증명서로서의 기능을 예상하고 있다. 한편 우리 사회에서 운전면허증을 발급받을 수 있는 연령의 사람들 중 절반 이상이 운전면허증을 가지고 있고, 특히 경제활동에 종사하는 사람들의 경우에는 그 비율이 훨씬 더 이를 앞지르고 있으며, 금융기관과의 거래에 있어서도 운전면허증에 의한 실명확인이 인정되고 있는 등 현실적으로 운전면허증은 주민등록증과 대등한 신분증명서로 널리 사용되고 있다. 따라서 제3자로부터 신분확인을 위하여 신분증명서의 제시를 요구받고 다른 사람의 운전면허증을 제시한 행위는 그 사용 목적에 따른 행사로서 공문서부정행사죄에 해당한다고 보는 것이 옳다.

【평석】 한편, 이미지 파일에 의한 운전면허증의 행사가 가능한지에 관하여, "도로교통법에 의하면, 운전면허증을 발급받은 사람은 자동차 등을 운전할 때 운전면허증 등을 지니고 있어야 하고(제92조 제1항), 운전자는 운전 중에 교통안전이나 교통질서 유지를 위하여 경찰공무원이 운전면허증 등을 제시할 것을 요구할 때에는 이에 응하여야 한다(제92조 제2항). 도로교통법이 자동차 등의 운전자에 대하여 위와 같은 의무를 부과하는 취지는 경찰공무원으로 하여금 교통안전 등을 위하여 현장에서 운전자의 신원과 면허조건 등을 법령에 따라 발급된 운전면허증의 외관만으로 신속하게 확인할 수 있도록 하고자 하는 데 있다. 만일 경찰공무원이 자동차 등의 운전자로부터 운전면허증의 이미지 파일 형태를 제시받는 경우에는 그 입수경위 등을 추가로 조사·확인하지 않는 한 이러한 목적을 달성할 수 없을 뿐만 아니라, 그 이미지 파일을 신용하여 적법한 운전면허증의 제시가 있었던 것으로 취급할 수도 없다.

따라서 도로교통법 제92조 제2항에서 제시의 객체로 규정한 운전면허증은 적법한 운전면허의 존재를 추단 내지 증명할 수 있는 운전면허증 그 자체를 가리키는 것이지, 그 이미지 파일 형태는 여기에 해당하지 않는다.

이와 같은 공문서부정행사죄의 구성요건과 입법 취지, 도로교통법 제92조의 규정 내용과 입법 취지 등에 비추어 보면, 자동차 등의 운전자가 운전 중에 도로교통법 제92조 제2항에 따라 경찰공무원으로부터 운전면허증의 제시를 요구받은 경우 운전면허증의 특정된 용법에 따른 행사는 도로교통법 관계 법령에 따라 발급된 운전면허증 자체를 제시하는 것이라고 보아야 한다. 이 경우 자동차 등의 운전자가 경찰공무원에게 다른 사람의 운전면허증 자체가 아니라 이를 촬영한 이미지 파일을 휴대전화 화면 등을 통하여 보여주는 행위는 운전면허증의 특정된 용법에 따른 행사라고 볼 수 없는 것이어서 그로 인하여 경찰공무원이 그릇된 신용을 형성할 위험이 있다고 할 수 없으므로, 이러한 행위는 결국 공문서부정행사죄를 구성하지 아니한다."는 대법원 2019. 12. 12. 선고 2018도2560 판결[22]이 있다.

50. 제231조 사문서등의 위조·변조

가. '서명사취' 사기

🏛 대법원 2017. 2. 16. 선고 2016도13362 전원합의체 판결[특정경제범죄가중처벌등에 관한법률위반(사기)(예비적 죄명: 사기)·사문서위조 등]

판결의 요지

이른바 '서명사취' 사기는 기망행위에 의해 유발된 착오로 인하여 피기망자가 내심의 의사와 다른 처분문서에 서명 또는 날인함으로써 재산상 손해를 초래한 경우이다. 여기서는 행위자의 기망행위 태양 자체가 피기망자가 자신의 처분행위의 의미나 내용을 제대로 인식할 수 없는 상황을 이용하거나 피기망자로 하여금 자신의 행위로 인한 결과를 인식하지 못하게 하는 것을 핵심적인 내용으로 하고, 이로 말미암아 피기망자는 착오에 빠져 처분문서에 대한 자신의 서명 또는 날인행위가 초래하는 결과를 인식하지 못하는 특수성이 있다. 피기망자의 하자 있는 처분행위를 이용하는 것이 사기죄의 본질인데, 서명사취 사안에서는 그 하자가 의사표시 자체의 성립과정에 존재한다.

이러한 서명사취 사안에서 피기망자가 처분문서의 내용을 제대로 인식하지 못하고 처분문서에 서명 또는 날인함으로써 내심의 의사와 처분문서를 통하여 객관적·외부적으로 인식되는 의사가 일치하지 않게 되었더라도, 피기망자의 행위에 의하여 행위자 등이 재물이나 재산상 이익을 취득하는 결과가 초래되었다고 할 수 있는 것은 그러한 재산의 이전을 내용으로 하는 처분문서가 피기망자에 의하여 작

---

22) 자세한 부분은 권문오, '자동차 등의 운전자가 운전 중에 도로교통법 제92조 제2항에 따라 경찰공무원으로부터 운전면허증의 제시를 요구받은 경우, 운전면허증의 특정된 용법에 따른 행사는 도로교통법 관계 법령에 따라 발급된 운전면허증 자체를 제시하는 것인지 여부', 대법원판례해설, 제122호 (2019년 하), 475면 참조

성되었다고 볼 수 있기 때문이다. 이처럼 피기망자가 행위자의 기망행위로 인하여 착오에 빠진 결과 내심의 의사와 다른 효과를 발생시키는 내용의 처분문서에 서명 또는 날인함으로써 처분문서의 내용에 따른 재산상 손해가 초래되었다면 그와 같은 처분문서에 서명 또는 날인을 한 피기망자의 행위는 사기죄에서 말하는 처분행위에 해당한다. 아울러 비록 피기망자가 처분결과, 즉 문서의 구체적 내용과 법적 효과를 미처 인식하지 못하였더라도, 어떤 문서에 스스로 서명 또는 날인함으로써 처분문서에 서명 또는 날인하는 행위에 관한 인식이 있었던 이상 피기망자의 처분의사 역시 인정된다.

나. 허무인·사망자 명의의 사문서를 위조한 경우, 사문서위조죄의 성립 여부

🏛 대법원 2005. 2. 24. 선고 2002도18 전원합의체 판결[사문서위조 등]

판결의 요지

문서위조죄는 문서의 진정에 대한 공공의 신용을 그 보호법익으로 하는 것이므로 행사할 목적으로 작성된 문서가 일반인으로 하여금 당해 명의인의 권한 내에서 작성된 문서라고 믿게 할 수 있는 정도의 형식과 외관을 갖추고 있으면 문서위조죄가 성립하는 것이고, 위와 같은 요건을 구비한 이상 그 명의인이 실재하지 않는 허무인이거나 또는 문서의 작성일자 전에 이미 사망하였다고 하더라도 그러한 문서 역시 공공의 신용을 해할 위험성이 있으므로 문서위조죄가 성립한다고 봄이 상당하며, 이는 공문서뿐만 아니라 사문서의 경우에도 마찬가지라고 보아야 한다.

51. 제245조 공연음란

가. 외설과 예술의 기준

🏛 서울형사지방법원 1992. 12. 28. 선고 92고단10092 판결[음란문서제조등]

판결의 요지

첫째, 성(性) 문화관은 시대에 따라 변천하고 사회에 따라 다르므로 현재 이 사

회에 있어서의 건전한 사회통념에 따른 지배적인 성문화관에 의거하여 판단하여야 할 것이고,

둘째, 문서 자체로서 객관적으로 판단하여야 하고 제조자나 판매자의 주관적인 의도에 따라 좌우되어서는 아니 될 것이며,

셋째, 성적 수치감정이 지나치게 민감 또는 둔감한 자나 미성년자가 아닌 그 시대의 통상적인 성인을 기준으로 하여야 할 것이고,

넷째, 우리 헌법이 예술의 자유(제22조 제1항) 및 언론, 출판의 자유(제21조 제1항)를 기본권의 하나로서 보장하고 있지만 한편 언론, 출판은 타인의 명예나 권리 또는 공중도덕이나 사회윤리를 침해하여서는 아니 된다고 하고(제21조 제4항), 국민의 자유와 권리는 국가안전보장, 질서유지 또는 공공복리를 위해 필요한 경우에 한하여 법률로서 제한할 수 있도록 하고 있으며(제37조 제2항), 그러한 법률유보규정에 따라 형법에서 음란문서 제조, 판매죄(제243조, 제244조)를 규정하고 있는 이상 문학작품이라고 해서 무한정한 표현의 자유를 누려 어떠한 정도의 성적 표현도 가능하다고 할 수 없는 것이어서 문학작품이라는 이유만으로 당연히 음란성이 부정되는 것으로는 볼 수 없을 것이며,

다섯째, 다만 문학작품의 음란성 여부는 그 작품 중 어느 일부분만을 따로 떼어 논할 수 없고 그 작품 전체와 관련시켜 전체적인 내용의 흐름에 비추어 이를 판단하여야 할 것이다.

위와 같은 판단기준을 종합하여 음란성의 개념을 정의하면 '음란'이란 '그 시대의 건전한 사회통념에 비추어서 그것이 공연히 성욕을 흥분 또는 자극시키고 또한 보통인의 성적 수치심을 해하는 것이어서 건전한 성풍속이나 선량한 성적 도의 관념에 반하는 것'이라고 할 수 있을 것이다.

다만 위와 같은 추상적 개념만으로는 구체적 문서의 음란성 판단이 용이하지 아니할 경우가 많을 것이므로 그 판단 방법으로서는 당해 문서의 성에 관한 노골적이고 상세한 묘사서술의 정도와 그 수법, 그 묘사서술이 문서전체에 차지하는 비중, 문서에 표현된 사상등과 묘사서술의 관련성, 문서의 구성이나 전개 더 나아가 예술성 사상성 등에 의한 성적 자극의 완화와 정도, 이들의 관점으로부터 당해 문서를 전체로서 보았을 때 주로 독자의 호색적 흥미를 돋우는 것으로 인정되느냐의 여부 등 여러 관점을 종합 검토하여 위와 같은 개념의 음란에 해당하는지 여부를 판단할 수 있을 것이라고 판시하였다. 이 사례에서는 음란성이 있다고 판시한 반

면, 소설 '반노'에 대하여는 원심판시 내용은 본건 공소사실을 소설 '반노'속에 내포된 '전체적 사항의 흐름'이 음란하다는 것을 전제로 하여 판단한 것이 아니며 공소사실은 어디까지나 그 공소사실에 적힌 위 소설 '반노'의 13장 내지 14장에 기재된 사실이 음란하다고 함에 있음을 전제로 하고 그 사실 자체를 지적하여 그것이 그 표현에 있어 과도하게 성욕을 자극시키거나 또는 정상적인 성적정서를 크게 해칠 정도로 노골적이고 구체적인 묘사라고도 볼 수 없다고 판단하고 나아가 부수적으로 더욱이 그 전체적인 내용의 흐름이 인간에 내재하는 향락적인 성욕에 반항함으로서 결국 그로부터 벗어나 새로운 자아를 발견하는 과정으로 이끌어 매듭된 사실을 인정할 수 있으니 이에 비추어 이 건 소설을 음란한 작품이라고 단정할 수 없다고 판단하였다(대법원 1975. 12. 9.선고 74도976 판결).

다만 '저작권법의 보호 대상인 저작물이라 함은 사상 또는 감정을 창작적으로 표현한 것으로서 문학, 학술 또는 예술의 범위에 속하는 것이면 되고 윤리성 여하는 문제되지 아니하므로 설사 그 내용 중에 부도덕하거나 위법한 부분이 포함되어 있다 하더라도 저작권법상 저작물로 보호된다 할 것이다'라는 대법원 판결(1990. 10. 23. 선고 90다카8845 판결)에 따르면, 일응 음란물이라고 하더라도 저작권의 보호 대상이라고 보아야 할 것이다.

【평석】 모 대학교수가 저술한 소설 '즐거운 △△'에 대하여, 피고인들 및 변호인은 형법에 규정된 '음란'의 개념은 그 시대의 보편적 정서와 가치를 반영하는 것이어서 시대의 흐름과 변천에 따라서 그 내용이 달라질 수밖에 없으며, 특히 문학작품에 대한 '음란'의 판단에 있어서는 문학, 예술 등이 허구의 세계를 다루는 것을 그 본질적 속성으로 하고 있는 점 및 우리 헌법이 예술의 자유와 언론, 출판의 자유를 국민의 기본권의 하나로서 보장하고 있는 점에 비추어 '음란'의 개념을 더욱 엄격하게 해석하여 창작활동을 위축시키지 않도록 하여야 할 것이므로, 그러한 관점에 서서 오늘날의 개방된 성윤리나 성문화 및 이 사건 소설의 전체적인 주제 등을 검토해 볼 경우 이 사건 음란성이 있는 것으로 볼 수 없다는 취지를 주장하였다. 이에 대하여 서울형사지방법원은, 문서의 음란성 여부에 대하여 위와 같은 기준을 제시하였다.

나. 음란한 행위의 의미

🏛 대법원 2000. 12. 22. 선고 2000도4372 판결[공연음란]

판결 이유

원심은 피고인이 2000. 4. 10. 19:30경 하남시 천현동 소재 중부고속도로 하행선 서울기점 약 5㎞ 지점에서 승용차를 운전하여 가던 중 앞서가던 문00 운전의 승용차가 진로를 비켜주지 않는다는 이유로 그 차를 추월하여 정차하게 한 다음, 승용차를 손괴하고 그 안에 타고 있던 정00를 때려 상해를 가하는 등의 행패를 부리다가 신고를 받고 출동한 경찰관이 이를 제지하려고 하자, 시위조로 주위에 운전자 등 사람이 많이 있는 가운데 옷을 모두 벗어 알몸의 상태로 바닥에 드러눕거나 돌아다닌 사실을 인정한 다음, 위와 같이 피고인이 공중 앞에서 단순히 알몸을 노출시킨 행위가 음란한 행위에 해당한다고 보기는 어렵다고 판단하여, 공연음란 부분의 공소사실에 대하여 무죄를 선고하였다.

형법 제245조 소정의 '음란한 행위'라 함은 일반 보통인의 성욕을 자극하여 성적 흥분을 유발하고 정상적인 성적 수치심을 해하여 성적 도의 관념에 반하는 것을 가리킨다고 할 것이고, 위 죄는 주관적으로 성욕의 흥분 또는 만족 등의 성적인 목적이 있어야 성립하는 것은 아니지만 그 행위의 음란성에 대한 의미의 인식이 있으면 족하다고 할 것인바, 원심이 인정한 바와 같이 피고인이 불특정 또는 다수인이 알 수 있는 상태에서 옷을 모두 벗고 알몸이 되어 성기를 노출하였다면, 그 행위는 일반적으로 보통인의 정상적인 성적 수치심을 해하여 성적 도의관념에 반하는 음란한 행위라고 할 것이고, 또 피고인이 승용차를 손괴하거나 타인에게 상해를 가하는 등의 행패를 부리던 중 경찰관이 이를 제지하려고 하자 이에 대항하여 위와 같은 행위를 한 데에는 피고인이 알몸이 되어 성기를 드러내어 보이는 것이 타인의 정상적인 성적 수치심을 해하는 음란한 행위라는 인식도 있었다고 보아야 할 것이다.

그럼에도 불구하고 원심이 피고인이 시위조로 공중 앞에서 단순히 알몸을 노출시킨 행위가 음란한 행위에 해당한다고 보기 어렵다는 이유로 이 부분 공연음란의 공소사실에 대하여 무죄를 선고한 것은, 공연음란죄의 음란한 행위와 그 고의에 관한 법리를 오해하여 판결에 영향을 미친 위법을 저지른 것이라고 할 것이다. 상고

이유 중 이 점을 지적하는 부분은 이유 있다.

【평석】형법 제245조 소정의 '음란한 행위'라 함은 일반 보통인의 성욕을 자극하여 성적 흥분을 유발하고 정상적인 성적 수치심을 해하여 성적 도의관념에 반하는 것을 가리킨다고 할 것이고, 위 죄는 주관적으로 성욕의 흥분 또는 만족 등의 성적인 목적이 있어야 성립하는 것은 아니지만 그 행위의 음란성에 대한 의미의 인식이 있으면 족하다는 기준을 제시하였다.

'음란한 행위'의 의미에 대한 다음의 판례도 있다.

🏛 대법원 2020. 1. 16. 선고 2019도14056 판결[공연음란]

판결의 요지

1) 형법 제245조 공연음란죄에서의 '음란한 행위'란 일반 보통인의 성욕을 자극하여 성적 흥분을 유발하고 정상적인 성적 수치심을 해하여 성적 도의관념에 반하는 행위를 가리키는 것이고, 그 행위가 반드시 성행위를 묘사하거나 성적인 의도를 표출할 것을 요하는 것은 아니다.

2) 경범죄 처벌법 제3조 제1항 제33호가 '공개된 장소에서 공공연하게 성기·엉덩이 등 신체의 주요한 부위를 노출하여 다른 사람에게 부끄러운 느낌이나 불쾌감을 준 사람'을 처벌하도록 규정하고 있는 점 등에 비추어 볼 때, 성기·엉덩이 등 신체의 주요한 부위를 노출한 행위가 있었을 경우 그 일시와 장소, 노출 부위, 노출 방법·정도, 노출 동기·경위 등 구체적 사정에 비추어, 그것이 단순히 다른 사람에게 부끄러운 느낌이나 불쾌감을 주는 정도에 불과하다면 경범죄 처벌법 제3조 제1항 제33호에 해당할 뿐이지만, 그와 같은 정도가 아니라 일반 보통인의 성욕을 자극하여 성적 흥분을 유발하고 정상적인 성적 수치심을 해하는 것이라면 형법 제245조의 '음란한 행위'에 해당한다고 할 수 있다.

3) '음란'이라는 개념 자체는 사회와 시대적 변화에 따라 변동하는 상대적이고도 유동적인 것이고, 그 시대에 있어서 사회의 풍속, 윤리, 종교 등과도 밀접한 관계를 가지는 추상적인 것이므로, 결국 음란성을 구체적으로 판단함에 있어서는 행위자의 주관적 의도가 아니라 사회 평균인의 입장에서 그 전체적인 내용을 관찰하

여 건전한 사회통념에 따라 객관적이고 규범적으로 평가하여야 한다.

☞ 위 서울형사지방법원 1992. 12. 28. 선고 92고단10092 판결 참조.

52. 제250조 살인, 존속살해

가. 살인과 살인 방조

🏛 대법원 2004. 6. 24. 선고 2002도995 판결[살인(인정된 죄명: 살인방조) 등]

판결 이유

기록에 의하면, 피해자는 경막하 출혈상을 입고 9시간 동안 두개골 절제술 및 혈종 제거수술을 받은 후 중환자실로 옮겨져 인공호흡기를 부착한 상태로 계속 합병증 및 후유증에 대한 치료를 받고 있었는데 그로부터 불과 하루 남짓이 경과한 상태에서 피해자에게서 인공호흡기를 제거하는 등 치료를 중단하는 경우 종국에는 사망할 가능성 내지 위험성이 있음이 예견되었고, 피고인들 또한, 담당 전문의와 주치의로서 이러한 사실을 인식하고 있었는바, 이러한 점에 비추어 보면 피고인들이 비록 원심공동피고인의 요청에 의하여 마지못해 치료를 중단하였다고 하더라도 그 당시 피해자의 사망이라는 결과 발생에 대한 미필적 인식 내지 예견마저 없었다고 보기는 어려우므로, 피고인들에게 정범의 고의가 없다고 본 원심의 판단은 잘못된 것이다.

그러나 다른 한편, 형법 제30조의 공동정범이 성립하기 위하여는 주관적 요건인 공동가공의 의사와 객관적 요건으로서 그 공동의사에 기한 기능적 행위 지배를 통하여 범죄를 실행하였을 것이 필요하고, 여기서 공동가공의 의사란 타인의 범행을 인식하면서도 이를 제지함이 없이 용인하는 것만으로는 부족하고 공동의 의사로 특정한 범죄행위를 하기 위하여 일체가 되어 서로 다른 사람의 행위를 이용하여 자기의 의사를 실행에 옮기는 것을 내용으로 하는 것이어야 하는바(대법원 2003. 3. 28. 선고 2002도7477 판결 등 참조), 기록에 의하여 드러난 사정들, 즉 피고인들이 원심공동피고인의 퇴원 조치 요구를 극구 거절하고, 나아가 꼭 퇴원을 하고 싶으면 차라리 피해자를 데리고 몰래 도망치라고까지 말하였던 점, 퇴원 당시 피해자는 인공호흡 조절수보다 자가 호흡수가 많았으므로 일단 자발호흡이 가능하였던 것으로 보이고, 수축기 혈압도 150/80으로 당장의 생명유지에 지장은 없었던 것으로 보이는 점, 피해자의 동맥혈 가스 분석 등에 기초한 폐의 환기기능을 고려할 때 인공호흡기의 제거나 산소 공급의 중단이 즉각적인 호흡기능의 정지를 유발할 가능성이 적었을 것으로 보이는 점 등에 비추어 보면, 피고인들은 피해자의 처 원심공동피고인의 간청에 못 이겨 피해자의 퇴원에 필요한 조치를 취하기는 하였으나, 당시 인공호흡장치의 제거만으로 즉시 사망의 결과가 발생할 것으로 생각하지는 아니하였던 것으로 보이고(피해자가 실제로 인공호흡장치를 제거한지 5분 정도 후에 사망하였다는 것만으로 그러한 결과가 사전에 당연히 예견되는 것이었다고 단정하기는 어렵다.), 결국 피고인들의 이 사건 범행은, 피해자의 담당 의사로서 피해자의 퇴원을 허용하는 행위를 통하여 피해자의 생사를, 민법상 부양의무자요 제1차적 보증인의 지위에 있는 원심공동피고인의 추후 의무 이행 여부에 맡긴 데 불과한 것이라 하겠고, 그 후 피해자의 사망이라는 결과나 그에 이르는 사태의 핵심적 경과를 피고인들이 계획적으로 조종하거나 저지·촉진하는 등으로 지배하고 있었다고 보기는 어렵다. 따라서 피고인들에게는 앞에서 본 공동정범의 객관적 요건인 이른바 기능적 행위지배가 흠결되어 있다고 보는 것이 옳다.

【평석】 살인죄에 있어서의 고의는 반드시 살해의 목적이나 계획적인 살해의 의도가 있어야 하는 것은 아니고 자기의 행위로 인하여 타인의 사망의 결과를 발생시킬 만한 가능 또는 위험이 있음을 인식하거나 예견하면 족한 것이고 그 인식 또는 예견은 확정적인 것은 물론 불확정적인 것이더라도 소위 미필적 고의로서 살인의 범의가 인정된다는 것이 대법원 판례의 취지이다(대법원 2003. 4. 25. 선고 2003도949 판결 등 참조). 형법상 살인은 존속살해, 영아살해, 촉탁 승낙 살인, 위계 위력에 의한 살인 등으로 조항이 나뉘어있고, 미국은 살인의 유형을 모살(謀殺)과 우발적 격정적 살인(manslaughter)으로 나누어 급수에 따라 처벌한다.

나. 선장의 구조조치 의무와 부작위에 의한 작위의무, 인과관계(세월호 침몰 사건)

1) 선장은 승객 등 선박공동체가 위험에 직면할 경우 선박공동체 전원의 안전이 종국적으로 확보될 때까지 적극적·지속적으로 구조조치를 취할 법률상 의무가 있는지 여부(적극) 및 선장이나 승무원은 선박 위험 시 조난된 승객이나 다른 승무원

을 적극적으로 구조할 의무가 있는지 여부(적극)

2) 조난사고로 승객이나 다른 승무원들이 스스로 생명에 대한 위협에 대처할 수 없는 급박한 상황에서 선장이나 선원들의 부작위가 작위에 의한 살인행위와 동등한 형법적 가치를 가지는 경우

3) 부작위와 사망의 결과 사이에 인과관계가 인정되는 경우

> 🏛 대법원 2015. 11. 12. 선고 2015도6809 전원합의체 판결[살인, 예비적 죄명: 유기치사, 수난구호법 위반 · 유기치사 · 유기치상 · 해양환경관리법위반 등]

☞ **형법 제18조 부작위범, 선원법 위반 참조, 그 밖에 소말리아 해적 사건, 남태평양 원양어선 선원 살인사건은 형법 제340조 강도살인 참조.**

53. 제260조 폭행, 존속폭행

가. 폭력행위 등 처벌에 관한 법률 제3조 제1항에서 정한 '위험한 물건'의 의미

> 🏛 대법원 2010. 11. 11. 선고 2010도10256 사건[폭력행위등처벌에관한법률위반(집단 · 흉기등 상해)(인정된 죄명: 상해)]

판결 이유

1) 어떤 물건이 폭력행위 등 처벌에 관한 법률 제3조 제1항에서 정한 '위험한 물건'에 해당하는지 여부는 구체적인 사안에서 사회통념에 비추어 그 물건을 사용하면 상대방이나 제3자가 생명 또는 신체에 위험을 느낄 수 있는지 여부에 따라 판단하여야 한다. 이러한 판단 기준은 자동차를 사용하여 사람의 생명 또는 신체에 위해를 가하거나 다른 사람의 재물을 손괴한 경우에도 마찬가지로 적용된다(대법원 2009. 3. 26. 선고 2007도3520 판결 등 참조).

2) 원심판결 이유에 의하면, 원심은 그 판시와 같은 사정을 인정한 다음, 이 사건 범행의 전후 사정과 피해자의 피해 정도를 종합하여 보면, 사회통념에 비추어 피고인의 판시 자동차(이하 '이 사건 자동차'라고 한다)의 운행으로 인하여 피해자나 제3자가 생명 또는 신체에 위험성을 느꼈으리라고는 보이지 아니하고, 검사 제출의

모든 증거를 종합하더라도 피고인의 이 사건 자동차 이용행위를 폭력행위 등 처벌에 관한 법률 제3조 제1항이 정한 '위험한 물건'을 휴대한 것이라고 단정하기 어렵다는 이유를 들어, 이 사건 공소사실 중 폭력행위 등 처벌에 관한 법률 위반(집단·흉기등 상해)의 점 및 폭력행위 등 처벌에 관한 법률 위반(집단·흉기등 재물손괴등)의 점은 범죄의 증명이 없는 때에 해당하나, 그와 동일한 공소사실의 범위 내에 있는 판시 상해죄 및 판시 제2의 재물손괴죄를 유죄로 인정하는 이상, 주문에서 따로 무죄를 선고하지 아니한다고 판단하였다.

3) 그러나 원심의 위와 같은 판단은 다음과 같은 이유로 이를 수긍하기 어렵다.

원심이 인정한 사실에 따르면, 피고인은 피해자와 사이에 운전 중 발생한 시비로 한차례 다툼이 벌어진 직후 피해자가 계속하여 피고인이 운전하던 이 사건 자동차를 뒤따라온다고 보고 순간적으로 화가 나 피해자에게 겁을 주기 위하여 이 사건 자동차를 후진하여 피해자가 승차하고 있던 판시 자동차(이하 '피해자 자동차'라고 한다)와 충돌하였고, 피해자는 원심 법정에서 이 사건 당시 이 사건 자동차와 피해자 자동차 사이의 거리가 4 내지 5m가량 되었다고 진술하였음을 알 수 있다. 한편 기록에 의하면, 피해자는 검찰에서 이 사건 자동차와 충돌할 당시의 상황에 대하여, '피고인이 이 사건 자동차를 운행하다가 정차한 후에 급하게 후진을 하였고, 이에 피해자도 급하게 후진기어를 넣고 약 4 내지 5m 이상을 후진하면서 충돌을 피하려고 하였는데, 이 사건 자동차가 워낙 빠른 속도로 후진하여 피하지 못하고 피해자 자동차의 앞 범퍼와 이 사건 자동차의 뒤 범퍼가 부딪쳤다'라는 취지로 진술한 바 있다.

사정이 그러하다면 앞서 본 법리에 비추어 볼 때, 피고인이 피해자에게 겁을 주기 위하여 이 사건 자동차를 후진하다가 피해자 자동차와 충돌한 것이고, 본래 자동차 자체는 살상용, 파괴용 물건이 아닌 점 등을 감안하더라도, 이 사건 자동차와 피해자 자동차의 충돌 당시와 같은 상황 하에서는 피해자는 물론 제3자라도 이 사건 자동차와 충돌하면 생명 또는 신체에 살상의 위험을 느꼈을 것이라고 할 것이다.

【평석】 따라서 대법원은, 피고인이 이 사건 자동차를 이용하여 피해자에게 상해를 가하고, 피해자의 자동차를 손괴한 행위는 폭력행위 등 처벌에 관한 법률 제3조 제1항이 정한 '위험한 물건'을 휴대하여 이루어진 범죄라고 보았다.

폭력행위 등 처벌에 관한 법률 제3조 제1항에서 정한 '위험한 물건'에 해당하는지 여부는 여전히 실무에서 논란이 되고 있다. 주요 사건의 판례를 보면 다음과 같다.

－실탄이 장전되지 아니한 공기총이 위험한 물건에 해당한다고 한 사례(대법원 2002. 11. 26. 선고 2002도4586 판결)

－피해자에게 농약을 먹이려 하고 당구큐대로 폭행한 사안에서, 농약과 당구큐대가 폭력행위등 처벌에 관한 법률 제3조 제1항 소정의 위험한 물건에 해당한다고 한 사례(대법원 2002. 9. 6. 선고 2002도2812 판결)

－세멘벽돌이 폭력행위등 처벌에 관한 법률 제3조 제1항 소정의 위험한 물건에 해당한다고 본 사례(대법원 1990. 1. 23. 선고 89도2273 판결)

－재단용 가위가 폭력행위등 처벌에 관한 법률 제3조 제1항 소정의 흉기로 본 사례(대법원 1985. 3. 26. 선고 85도157 판결)

【평석】 한편 자동차에 대하여 '위험한 물건이 아니다'라는 다음의 대법원판결도 있음을 유의하여야 한다. 즉, 자동차를 이용하여 다른 자동차를 충격한 사안에서, 충격 당시 차량의 크기, 속도, 손괴 정도 등 제반 사정에 비추어 위 자동차가 폭력행위 등 처벌에 관한 법률 제3조 제1항에 정한 '위험한 물건'인지 여부를 판단해야 하는 것이다.

> 🏛 대법원 2009. 3. 26. 선고 2007도3520 판결[폭력행위등처벌에관한법률위반(집단흉기등상해) 등]

어떤 물건이 폭력행위 등 처벌에 관한 법률 제3조 제1항에 정한 '위험한 물건'에 해당하는지 여부는 구체적인 사안에서 사회통념에 비추어 그 물건을 사용하면 상대방이나 제3자가 생명 또는 신체에 위험을 느낄 수 있는지 여부에 따라 판단하여야 하고(대법원 1981. 7. 28. 선고 81도1046 판결, 대법원 1995. 1. 24. 선고 94도1949 판결, 대법원 2003. 1. 24. 선고 2002도5783 판결 등 참조), 이러한 판단 기준은 자동차를 사용하여 사람의 생명 또는 신체에 위해를 가하거나 다른 사람의 재물을 손괴한 경우에도 마찬가지로 적용된다.

원심판결 이유에 의하면, 원심은 그 판시와 같이 사실을 인정한 다음, 피고인이 이혼 분쟁 과정에서 자신의 아들을 승낙 없이 자동차에 태우고 떠나려고 하는 피해자들 일행을 상대로 급하게 추격 또는 제지하는 과정에서 이 사건 자동차를 사용하게 된 점, 이 사건 범행은 소형승용차(라노스)로 중형승용차(쏘나타)를 충격한 것이고, 충격할 당시 두 차량 모두 정차하여 있다가 막 출발하는 상태로서 차량 속도가 빠르지 않았으며 상대방 차량의 손괴 정도가 그다지 심하지 아니한 점, 이 사건 자동차의 충격으로 피해자들이 입은 상해의 정도가 비교적 경미한 점 등의 여러 사정을 종합하면, 피고인의 이 사건 자동차 운행으로 인하여 사회통념상 상대방이나 제3자가 생명 또는 신체에 위험을 느꼈다고 보기 어렵다고 판단하여 피고인에 대한 폭력행위 등 처벌에 관한 법률 제3조 제1항 위반죄가 성립하지 아니한다고 보았다.

앞서 본 법리 및 기록에 비추어 살펴보면, 원심의 위와 같은 판단은 정당하고, 거기에 상고이유로 주장하는 폭력행위 등 처벌에 관한 법률 제3조 제1항에 정한 '위험한 물건'에 관한 법리오해 등의 위법이 없다.

54. 제268조 업무상과실 · 중과실치사상

가. 도급인의 주의의무 위반에 대하여

> 🏛 대법원 2009. 5. 28. 선고 2008도7030 판결[업무상과실치사, 산업안전보건법위반], 서울
> 서부지방법원 2012노843 사건 참조

판결 이유

검사의 상고이유에 대하여

원심판결 이유에 의하면, 원심은, 피고인 00건설이 동일한 장소에서 행하여지는 사업의 '전부'를 도급에 의하여 행하는 사업주이므로 결국 법 제29조 제2항의 안전조치 의무를 이행하여야 하는 사업주에 해당하지 않는다는 이유로, 피고인 방00, 00건설에 대한 산업안전보건법위반죄뿐만 아니라 피고인 방00에 대한 업무상과실치사죄에 대하여도 무죄를 선고한 제1심판결을 그대로 유지하였다.

그러나 원심의 위와 같은 판단은 다음과 같은 점에서 수긍하기 어렵다.(중략)

기록에 의하면, 피고인 방00은 이 사건 공사현장의 소장으로 법 제13조의 안전보건관리책임자로 지정되어 안전보건 및 관리업무를 총괄적으로 지휘 · 감독하였고, 피고인 00건설 소속 직원 15명이 업무를 분장하여 구체적으로 작업현장을 관리 ·

감독해온 사실, 피고인 00건설의 건축시공담당 유00이 이 사건 비계 해체에 관한 매우 구체적인 작업 절차서를 작성하여, 안전대리 엄00, 공사과장 최00, 부소장 윤00의 검토를 거쳐, 현장소장 피고인 방00이 승인결재를 하였던 사실, 위 계획서에는 작업자 특별안전교육 실시, 출입금지 구역 설정, 층별로 추락방지망 해체 등의 세부작업절차가 마련되어 있고, 1차 해체(6층 이상)시에는 층별로 추락 방지망을 해체하고, 2차 해체(1층 ~ 5층)시에는 1층까지 안전망을 모두 해체한다는 구체적인 작업내용이 포함되어 있는 사실, 피고인 00개발은 피고인 00건설 안전요원의 감독을 받으면서 위 작업 절차서에 따라 안전망을 모두 제거한 후 비계해체 작업을 진행하다가 이 사건 사고가 발생한 사실, 사고 발생 당시에도 피고인 00건설 안전요원 1명이 작업현장에서 근로자들의 작업을 감독하고 있었던 사실, 피고인 00건설의 대리 엄00등은 2006. 11. 20. 07:20경부터 2시간 동안 피해자를 포함한 근로자들을 상대로 비계설치·해체 작업에 대한 특별안전교육을 실시하기도 하였던 사실 등을 알 수 있는바, 이와 같은 제반 사정에 비추어 보면, 이 사건 공사현장의 소장인 피고인 방00은 이 사건 비계 해체 작업과 관련하여 하수급인인 피고인 00개발의 근로자들에 대해 구체적으로 작업을 지시·감독하였다고 할 것이므로 위 작업과 관련하여 사고방지에 필요한 안전조치를 취할 주의의무가 있다고 할 것이다.

【평석】 도급계약의 경우 원칙적으로 도급인에게는 수급인의 업무와 관련하여 사고방지에 필요한 안전조치를 취할 주의의무가 없으나, 법령에 의하여 도급인에게 수급인의 업무에 관하여 구체적인 관리·감독의무 등이 부여되어 있거나 도급인이 공사의 시공이나 개별 작업에 관하여 구체적으로 지시·감독하였다는 등의 특별한 사정이 있는 경우에는 도급인에게도 수급인의 업무와 관련하여 사고방지에 필요한 안전조치를 취한 주의의무가 있다고 할 것이다(대법원 1996. 1. 26. 선고 95도2263 판결 등 참조). 사업주나 경영책임자 등에게 안전보건확보의무 등을 부여하고 이를 위반하여 중대재해에 이르게 한 경우 다음의 산업안전보건법 위반 사례보다 형사책임을 강화시킨 중대재해 처벌 등에 관한 법률(법률 제17907호)이 2022. 1. 27. 시행되었다.

나. 구 산업안전보건법위반과 도급인의 주의의무

🏛 대법원 2016. 3. 24. 선고 2015도8621 판결[업무상과실치사 · 업무상과실치상 · 산업안전보건법위반]

판결 이유

상고이유를 판단한다.

도급계약의 경우 원칙적으로 도급인에게는 수급인의 업무와 관련하여 사고방지에 필요한 안전조치를 취할 주의의무가 없으나, 법령에 의하여 도급인에게 수급인의 업무에 관하여 구체적인 관리 · 감독의무 등이 부여되어 있거나 도급인이 공사의 시공이나 개별 작업에 관하여 구체적으로 지시 · 감독하였다는 등의 특별한 사정이 있는 경우에는 도급인에게도 수급인의 업무와 관련하여 사고방지에 필요한 안전조치를 취할 주의의무가 있다(대법원 1996. 1. 26. 선고 95도2263 판결, 대법원 2009. 5. 28. 선고 2008도7030 판결 등 참조).

구 산업안전보건법(2013. 6. 12. 법률 제11882호로 개정되기 전의 것, 이하 같다) 제29조 제3항은 "제1항에 따른 사업주는 그의 수급인이 사용하는 근로자가 고용노동부령으로 정하는 산업재해 발생위험이 있는 장소에서 작업을 할 때에는 고용노동부령으로 정하는 산업재해 예방을 위한 조치를 하여야 한다."라고 규정하고 있는바, 여기서 말하는 '제1항에 따른 사업주'란 구 산업안전보건법 제29조 제1항에 규정된 '같은 장소에서 행하여지는 사업으로서 사업의 일부를 분리하여 도급을 주어 하는 사업 중 대통령령으로 정하는 사업의 사업주'를 의미한다(대법원 2005. 10. 28. 선고 2005도4802 판결, 대법원 2009. 5. 28. 선고 2008도7030 판결 등 참조).

구 산업안전보건법 제29조 제1항은 사업의 일부를 도급한 발주자 또는 사업의 전부를 도급받아 그중 일부를 하도급에 의하여 행하는 수급인 등 사업의 전체적인 진행 과정을 총괄하고 조율할 능력이나 의무가 있는 사업주에게 그가 관리하는 작업장에서 발생할 수 있는 산업재해를 예방하기 위한 조치를 하여야 할 의무를 규정한 조항으로, 구 산업안전보건법 제29조 제1항의 '같은 장소에서 행하여지는 사업'은 사업주와 그의 수급인이 같은 장소에서 작업을 하는 사업을 의미하고, 장소적 동일성 외에 시간적 동일성까지 필요하다고 볼 수 없다.

원심판결 이유를 관련 법리와 원심이 적법하게 채택한 증거들에 비추어 살펴보면, 원심이 그 판시와 같은 이유를 들어 피고인 2 주식회사가 구 산업안전보건법 제29조 제3항의 사업주에 포함되고, 피고인 1의 의무 위반과 피해자들의 사망 또는 상해의 결과 사이에 상당인과관계가 인정된다고 판단한 것은 정당하고, 거기에 상고이유 주장과 같이 논리와 경험의 법칙을 위반하여 자유심증주의의 한계를 벗어나거나 구 산업안전보건법상 안전조치의무, 인과관계의 인정과 단절에 관한 법리를 오해하는 등의 잘못이 없다.

그러므로 상고를 모두 기각하기로 하여, 관여 대법관의 일치된 의견으로 주문과 같이 판결한다.

다. 환자의 자기결정권 행사의 한계와 업무상과실치사

🏛 대법원 2014. 6. 26. 선고 2009도14407 판결[업무상과실치사]

판결의 요지

환자의 명시적인 수혈 거부 의사가 존재하여 수혈하지 아니함을 전제로 환자의 승낙(동의)을 받아 수술하였는데 수술 과정에서 수혈을 하지 않으면 생명에 위험이 발생할 수 있는 응급상태에 이른 경우에, 환자의 생명을 보존하기 위해 불가피한 수혈 방법의 선택을 고려함이 원칙이라 할 수 있지만, 한편으로 환자의 생명 보호에 못지않게 환자의 자기결정권을 존중하여야 할 의무가 대등한 가치를 가지는 것으로 평가되는 때에는 이를 고려하여 진료행위를 하여야 한다.

어느 경우에 수혈을 거부하는 환자의 자기결정권이 생명과 대등한 가치가 있다고 평가될 것인지는 환자의 나이, 지적 능력, 가족관계, 수혈 거부라는 자기결정권을 행사하게 된 배경과 경위 및 목적, 수혈 거부 의사가 일시적인 것인지 아니면 상당한 기간 동안 지속되어 온 확고한 종교적 또는 양심적 신념에 기초한 것인지, 환자가 수혈을 거부하는 것이 실질적으로 자살을 목적으로 하는 것으로 평가될 수 있는지 및 수혈을 거부하는 것이 다른 제3자의 이익을 침해할 여지는 없는 것인지 등 제반 사정을 종합적으로 고려하여 판단하여야 한다. 다만 환자의 생명과 자기결정권을 비교형량하기 어려운 특별한 사정이 있다고 인정되는 경우에 의사가 자신의 직업적 양심에 따라 환자의 양립할 수 없는 두 개의 가치 중 어느 하나를 존중하는 방향으로 행위하였다면, 이러한 행위는 처벌할 수 없다.

그렇지만 이러한 판단을 위해서는 환자가 거부하는 치료방법, 즉 수혈 및 이를 대체할 수 있는 치료방법의 가능성과 안정성 등에 관한 의사의 설명의무 이행과 이에 따른 환자의 자기결정권 행사에 어떠한 하자도 개입되지 않아야 한다는 점이 전제되어야 한다. 즉 환자는 치료행위 과정에서의 수혈의 필요성 내지 수혈을 하지 아니할 경우에 야기될 수 있는 생명 등에 대한 위험성, 수혈을 대체할 수 있는 의료 방법의 효용성 및 한계 등에 관하여 의사로부터 충분한 설명을 듣고, 이러한 의사의 설명을 이해한 후 진지한 의사결정을 하여야 하고, 그 설명 및 자기결정권 행사 과정에서 예상한 범위 내의 상황이 발생되어야 하며, 또한 의사는 실제로 발생된 상황 아래에서 환자가 수혈 거부를 철회할 의사가 없는지 재확인하여야 한다.

특히 의사는 수술과정 등에서 발생되는 출혈로 인하여 환자의 생명이 위험에 빠지지 않도록 하기 위하여 환자에게 수혈하는 것이 통상적인 진료방법이고 또한 수혈을 통하여 출혈로 인한 사망의 위험을 상당한 정도로 낮출 수 있음에도 환자의 의사결정에 따라 수혈을 포기하고 이를 대체할 수 있는 수술 방법을 택하는 것인데, 그 대체 수술 방법이 수혈을 완전히 대체할 수 있을 정도의 출혈 방지 효과를 가지지 못한다면 그만큼 수술과정에서 환자가 과다출혈로 인한 사망에 이를 위험이 증가할 수 있으므로, 그럼에도 불구하고 수술을 할 필요성이 있는지에 관하여 통상적인 경우보다 더욱 세심하게 주의를 기울임으로써, 과연 수술을 하는 것이 환자를 위한 최선의 진료방법인지 신중히 판단할 주의의무가 있다. 그리고 수술을 하는 경우라 하더라도 수혈 대체 의료 방법과 함께 당시의 의료 수준에 따라 출혈로 인한 위험을 최대한 줄일 수 있는 사전준비나 시술방법을 시행함으로써 위와 같은 위험 발생 가능성을 줄이도록 노력하여야 하며, 또한 수술 과정에서 예상과 달리 다량의 출혈이 발생될 수 있는 사정이 드러남으로써 위와 같은 위험 발생 가능성이 현실화되었다면 과연 위험을 무릅쓰고 수술을 계속하는 것이 환자를 위한 최선의 진료방법인지 다시 판단하여야 한다. 환자가 수혈 대체 의료 방법을 선택하였다고 하더라도 이는 생명에 대한 위험이 현실화되지 아니할 것이라는 전제 내지 기대 아래에서의 결정일 가능성이 크므로, 위험 발생 가능성이 현실화된 상태에서 위험을 무릅쓰고 수술을 계속하는 것이 환자의 자기결정권에 기초한 진료라고 쉽게 단정하여서는 아니 된다.

【평석】 '여호와 증인' 신도인 망인이 다른 사람의 혈액을 수혈(타가수혈)받지 말

아야 한다는 종교적 신념을 가지고 있어서, 무수혈 방식으로 수술을 받고자 하였고, 가족들은 의견이 나뉜 상태에서 대학병원 정형외과 의사로 있는 피고인이 과다출혈 등의 위급한 상태에서 중환자실로 옮겼지만, 망인은 폐부종으로 사망한 사안. 고귀한 생명을 함부로 처분할 수 없고, 인간의 존엄과 가치 등은 어느 법에서도 존중되어야 한다. 대법원은 의사가 환자의 자기결정권을 존중할 의무와 생명권을 존중할 의무가 충돌할 경우 두 의무를 비교형량 할 수 없는 특별한 사정이 있다면 예외적으로 직업적 양심에 따라 환자의 자기결정권을 존중할 의무를 우선하여 행위하더라도 처벌할 수 없다는 취지로 판시하였다. 즉 위법성조각이 아닌 책임조각으로 다루었다고 본다.[23)]

55. 제276조 체포, 감금

🏛 대법원 2000. 3. 24. 선고 2000도102 판결(서울서부지방법원 2012노112 사건 참조)

판결의 요지

감금죄는 사람의 행동의 자유를 그 보호법익으로 하여 사람이 특정한 구역에서 나가는 것을 불가능하게 하거나 또는 심히 곤란하게 하는 죄로서 이와 같이 사람이 특정한 구역에서 나가는 것을 불가능하게 하거나 심히 곤란하게 하는 그 장해는 물리적, 유형적 장해뿐만 아니라 심리적, 무형적 장해에 의하여서도 가능하고 또 감금의 본질은 사람의 행동의 자유를 구속하는 것으로 행동의 자유를 구속하는 그 수단과 방법에는 아무런 제한이 없으므로 그 수단과 방법에는 유형적인 것이거나 무형적인 것이거나를 가리지 아니하며 감금에 있어서의 사람의 행동의 자유의 박탈은 반드시 전면적이어야 할 필요가 없으므로 감금된 특정구역 내부에서 일정한 생활의 자유가 허용되어 있었다고 하더라도 감금죄의 성립에는 아무 소장이 없다(대법원 1998. 5. 26. 선고 98도1036 판결, 1984. 5. 15. 선고 84도655 판결 등 참조).

기록에 의하면, 피해자 백00이 감금되었다는 기간 중에 동성로파 사람들과 술집에서 술을 마시고, 아는 사람들이나 검찰청에 전화를 걸고, 새벽에 한증막에 갔다가 잠을 자고 돌아오기도 하였지만, 피해자는 위 피고인들이나 그 하수인들과 같은

---

23) 이용식, 2014년 분야별 중요판례 분석, 법률신문, 2015. 4. 2.자 참조

장소에 있거나 감시되어 행동의 자유가 구속된 상태였음을 인정할 수 있으므로, 원심의 사실인정과 판단에 사실오인이나 감금죄에 관한 법리오해의 위법이 없다.

그동안 쟁점이 되었던 몇 가지 사례를 살펴본다.

🏛 대법원 1984. 5. 15. 선고 84도655 판결[폭력행위등처벌에관한법률위반 · 상습도박 · 중감금]

판결의 요지

피해자가 여관 등에서 8일간 있는 동안 그의 처와 만났으며 피고인 등과 같이 술을 마신 일이 있는 등 특정 지역 내에서 일정한 생활의 자유가 허용되었고, 피고인이 피해자에게 폭행을 가한 것은 감금을 위한 것이라기보다는 피해자의 채무불이행에 대한 분노에서 행하여진 것으로 보인다든지 또는 피해자가 피고인 등과 민·형사간 문제를 삼지 않겠다는 합의서를 경찰에 제출한 사실 또는 피해자나 그의 가족이 감금사실에 대하여 고소, 고발을 하지 않았다는 사정 등이 있다 하더라도 피고인 일행이 밤마다 폭행하고 괴롭히고 있으니 경찰에 신고하라고 피해자가 전화한 사실이 있을 뿐 아니라 감금에서 풀려난 것이 피해자의 얼굴 등이 많이 싱해 있는 것을 본 공소외(갑)이 경찰에 신고하여 경찰관이 와서 피고인 등을 연행해 감으로써 풀려난 것임에 비추어 볼 때, 피해자가 그의 행동의 자유에 아무런 제약도 받지 아니하고 그의 자유로운 의사에 의하여 8일간을 여관 등에서 보내게 된 것이라고 볼 수 없다.

🏛 대법원 1998. 5. 26. 선고 98도1036 판결[미성년자의제강간치상 · 폭력행위등처벌에관한 법률위반, 서울서부지방법원 2011고합189 강간 감금 참조]

판결의 요지

감금죄는 사람의 행동의 자유를 그 보호법익으로 하여 사람이 특정한 구역에서 벗어나는 것을 불가능하게 하거나 또는 매우 곤란하게 하는 죄로서 그 본질은 사람의 행동의 자유를 구속하는 데에 있다. 이와 같이 행동의 자유를 구속하는 수단과 방법에는 아무런 제한이 없고, 사람이 특정한 구역에서 벗어나는 것을 불가능하게 하거나 매우 곤란하게 하는 장애는 물리적·유형적 장애뿐만 아니라 심리적·무형적 장애에 의하여서도 가능하므로 감금죄의 수단과 방법은 유형적인 것이거나 무형적인 것이거나를 가리지 아니한다. 또한 감금죄가 성립하기 위하여 반드시 사람의 행동의 자유를 전면적으로 박탈할 필요는 없고, 감금된 특정한 구역 범위 안에서 일정한 생활의 자유가 허용되어 있었다고 하더라도 유형적이거나 무형적인 수단과 방법에 의하여 사람이 특정한 구역에서 벗어나는 것을 불가능하게 하거나 매우 곤란하게 한 이상 감금죄의 성립에는 아무런 지장이 없다(당원 1994. 3. 16.자 94모2 결정, 1991. 12. 30.자 91모5 결정, 1984. 5. 15. 선고 84도655 판결 등 참조).

그리고 미성년자를 유인한 자가 계속하여 미성년자를 불법하게 감금하였을 때에는 미성년자유인죄 이외에 감금죄가 별도로 성립한다(당원 1961. 9. 21. 선고 61도455 판결 참조).

원심이 인정한 이 사건 폭력행위등 처벌에 관한 법률 위반죄(야간감금)의 공소사실은 피고인은 1996. 12. 10.경 피해자 임제희(당시 만 10세)의 집에서 피해자로 하여금 부모에게 말하지 말고 인천 계양구 효성동에 있는 동아아파트 앞으로 나오도록 유인한 다음 피고인이 운전하는 화물차에 태우고 데리고 다니면서 피해자에게 "네가 집에 돌아가면 경찰이 붙잡아 소년원에 보낸다."라고 위협하여 피해자를 집에 가지 못하도록 하는 등 그 무렵부터 1997. 6. 8. 08:00경까지 서울 은평구 진관외동 392 소재 피고인의 셋방 등지에서 피해자를 감금하였다는 것인바, 원심이 그대로 유지한 제1심판결이 채택한 증거들을 종합하여 보면, 피고인이 피해자를 유인한 후 혼자서는 생활할 능력이 없는 어린이인 피해자에게 위와 같은 말을 함으로써 피해자가 겁을 먹은 나머지 부모에게 돌아갈 생각을 하지 못하고 어쩔 수 없이 위 기간 동안 전국특송화물차 운전기사인 피고인이 화물차를 운전하여 강원도, 대구, 부산 등지로 운행할 때에는 피고인을 따라 화물차에 타고 다니고, 피고인이 판시 피고인의 셋방에 돌아와 있을 때에는 피고인과 함께 그 곳에 기거하였음을 알 수 있으며, 또한 위 증거에 의하면 피고인은 피해자를 감시하기도 하였다는 것인바(수사기록 22쪽의 사법경찰관 사무취급이 작성한 피고인에 대한 피의자신문조서 참조), 사실관계가 이러하다면 피고인은 판시 기간 동안 피해자를 위 화물차와 피고인의 셋방에 감금한 것이라고 할 수 있고, 원심의 위와 같은 판시는 다소 미흡한 느낌은 있으나 1996. 12. 10.경부터 1997. 6. 8.까지 피해자를 위 화물차와 피고인의 셋방에 감금하였다고 인정한 것이라 할 수 있고, 그와 같은 조치에 논하는 바와 같은 감금죄에 대한 법리오해와 그로 인한 심리미진 혹은 채증법칙 위반 등의 위법이 있다고 할 수 없다.

【평석】 감금죄는 사람의 행동의 자유를 그 보호법익으로 한다. 물리적, 유형적, 심리적, 무형적으로 감금이 가능하고, 사람의 행동의 자유를 구속하는 그 수단과 방법에는 아무런 제한이 없다. 대상에는 경우에 따라 처와 가족 등도 포함될 수 있다.

56. 제283조 협박, 존속협박

가. 협박죄에 있어서 협박의 기준

🏛 대법원 2011. 5. 26. 선고 2011도2412 판결, 서울서부지방법원 2012노687 협박 사건 참조

판결의 요지

채권자가 채권추심을 위하여 독촉 등 권리행사에 필요한 행위를 할 수 있기는 하지만, 법률상 허용되는 정당한 절차에 의한 것이어야 하며, 또한 채무자의 자발적 이행을 촉구하기 위해 필요한 범위 안에서 상당한 방법으로 그 권리가 행사되어야 한다.

원심이 확정한 사실관계에 의하면, 사채업자인 피고인은 피해자에게, 채무를 변제하지 않으면 피해자가 숨기고 싶어 하는 과거의 행적과 사채를 쓴 사실 등을 남편과 시댁에 알리겠다는 등의 문자메시지를 발송하였다는 것인바, 이는 피해자에게 공포심을 일으키기에 충분하다고 보아야 할 것이고, 그 밖에 피고인이 고지한 해악의 구체적인 내용과 표현방법, 피고인이 피해자에게 위와 같은 해악을 고지하게 된 경위와 동기 등 제반 사정 등을 종합하면, 피고인에게 협박의 고의가 있었음을 충분히 인정할 수 있으며, 피고인이 정당한 절차와 방법을 통해 그 권리를 행사하지 아니하고 피해자에게 위와 같이 해악을 고지한 것이 사회의 관습이나 윤리관념 등 사회통념에 비추어 용인할 수 있는 정도의 것이라고 볼 수는 없다.

원심이 같은 취지에서 이 사건 공소사실을 유죄로 인정하는 한편 위와 같은 행위가 정당행위에 해당한다는 피고인의 주장을 배척한 것은 정당하고, 거기에 협박죄 및 정당행위에 관한 법리를 오해한 위법은 없다고 판시하였다.

【평석】 협박죄에 있어서의 협박이라 함은 사람으로 하여금 공포심을 일으킬 수 있을 정도의 해악을 고지하는 것을 말하고 협박죄가 성립하기 위해서는 적어도 발생 가능한 것으로 생각될 수 있는 정도의 구체적인 해악의 고지가 있어야 하며, 해악의 고지가 있다 하더라도 그것이 사회의 관습이나 윤리관념 등에 비추어 사회통념상 용인될 정도의 것이라면 협박죄는 성립하지 않으나, 이러한 의미의 협박행위 내지 협박의 고의가 있었는지 여부는 행위의 외형뿐 아니라 그러한 행위에 이르게 된 경위, 피해자와의 관계 등 전후 상황을 종합하여 판단해야 할 것이다(대법원 1991. 5. 10. 선고 90도2102 판결, 대법원 2005. 3. 25. 선고 2005도329 판결 등 참조).

나. 협박죄의 기수

🏛 대법원 2012. 5. 24. 선고 2011도5910 판결[공갈미수·협박]

판결의 요지

협박죄가 성립하려면 고지된 해악의 내용이 행위자와 상대방의 성향, 고지 당시의 주변 상황, 행위자와 상대방 사이의 친숙 정도 및 지위 등의 상호관계, 제3자에 의한 해악을 고지한 경우에는 그에 포함되거나 암시된 제3자와 행위자 사이의 관계 등 행위 전후의 여러 사정을 종합하여 볼 때에 일반적으로 사람으로 하여금 공포심을 일으키게 하기에 충분한 것이어야 하지만, 상대방이 그에 의하여 현실적으로 공포심을 일으킬 것까지 요구하는 것은 아니며, 그와 같은 정도의 해악을 고지함으로써 상대방이 그 의미를 인식한 이상, 상대방이 현실적으로 공포심을 일으켰는지와 관계없이 그로써 구성요건은 충족되어 협박죄의 기수에 이르는 것으로 해석하여야 한다(대법원 2007. 9. 28. 선고 2007도606 전원합의체 판결 등 참조). 그리고 고지하는 내용이 위법하지 않은 것인 때에도 해악이 될 수 있다(대법원 2001. 2. 23. 선고 2000도4415 판결 등 참조).

원심은 그 채택 증거에 의하여, 피고인이 원심 공동피고인 이00과 공모하여, 2008. 11. 5.부터 2009. 1. 15.까지 00건설의 대표이사인 피해자 정00에게 원심판결 [별지 1.] 범죄일람표 기재와 같이 9차례에 걸쳐 00건설의 이중계약체결과 허위세금계산서를 통한 비자금 조성 의혹을 제기하면서 민사소송과 형사고발을 비롯하여 세무서 등 관계기관과 언론사에 제보하겠다는 취지의 통지문을 보낸 사실 등을 인정한 다음, 피고인이 피해자 정00에게 회사의 비자금 등을 언급하며 이를 폭로하겠다는 취지의 통지문을 보낸 것은 사회 통념상 용인될 수 있을 정도의 것이라거나 사회상규에 반하지 않는 정당행위에 해당한다고 볼 수 없으므로 포괄하여 협박죄가 성립한다고 판단하였다.

앞서 본 법리와 기록에 비추어 살펴보면, 원심의 위와 같은 판단은 정당하고, 거기에 상고이유로 주장하는 바와 같은 협박죄에 관한 법리오해와 채증법칙 위반 등의 위법이 없다.

【해설】 협박의 의미와 기준에 대하여 설시한 기본 판례들이며, 실무에서 판결문에 자주 인용되는 판례이다.

다. 협박죄에 있어서 상대방의 공포심을 유발했는지 여부가 협박죄의 범죄구성요건에 해당하는지(협박죄의 성립요건)

> 🏛 대법원 2007. 9. 28. 선고 2007도606 전원합의체 판결[협박 등](서울서부지방법원 2012 노495 판결 참조)

판결의 요지

우리 형법은 제286조에서 협박죄의 미수범을 처벌하는 조항을 두고 있으나 미수범 처벌조항이 있다 하여 반드시 침해범으로 해석할 것은 아니며, 지극히 주관적이고 복합적이며 종종 무의식의 영역에까지 걸쳐 있는 상대방의 정서적 반응을 객관적으로 심리·판단하는 것이 현실적으로 불가능에 가깝고, 상대방이 과거 자신의 정서적 반응이나 감정 상태를 회고하여 표현한다 하여도 공포심을 일으켰는지 여부의 의미나 판단 기준이 사람마다 다르며 그 정도를 측정할 객관적 척도도 존재하지 아니하는 점 등에 비추어 보면, 상대방이 현실적으로 공포심을 일으켰는지 여부에 따라 기수 여부가 결정되는 것으로 해석하는 것은 적절치 아니하기 때문이다.

결국, 협박죄는 사람의 의사결정의 자유를 보호법익으로 하는 위험범이라 봄이 상당하고, 위 미수범 처벌조항은 해악의 고지가 현실적으로 상대방에게 도달하지 아니한 경우나, 도달은 하였으나 전혀 지각하지 못한 경우, 혹은 고지된 해악의 의미를 상대방이 인식하지 못한 경우 등에 적용될 뿐이라 할 것이다.

위 법리에 비추어 볼 때, 앞서 본 당시 상황에서 피고인이 정보과 소속 경찰관의 지위에 있음을 내세우면서 빨리 변제하지 않으면 상부에 보고하여 문제를 삼겠다고 이야기한 것은, 객관적으로 보아 사람으로 하여금 공포심을 일으키게 하기에 충분한 정도의 해악의 고지에 해당한다고 볼 것이므로, 피해자가 그 취지를 인식하였음이 명백한 이상 현실적으로 피해자가 공포심을 일으켰는지 여부와 무관하게 협박죄의 기수에 이르렀다고 보아야 할 것이다.

같은 취지의 원심 판단은 정당하고, 거기에 협박죄의 성립요건에 관한 법리오해의 위법이 있다고 할 수 없다.

【평석】 협박죄가 성립되려면 고지된 해악의 내용이 행위자와 상대방의 성향, 고지 당시의 주변 상황, 행위자와 상대방 사이의 친숙의 정도 및 지위 등의 상호관계, 제3자에 의한 해악을 고지한 경우에는 그에 포함되거나 암시된 제3자와 행위자 사이의 관계 등 행위 전후의 여러 사정을 종합하여 볼 때에 일반적으로 사람으로 하여금 공포심을 일으키게 하기에 충분한 것이어야 할 것이지만, 상대방이 그에 의하여 현실적으로 공포심을 일으킬 것까지 요구되는 것은 아니며, 그와 같은 정도의 해악을 고지함으로써 상대방이 그 의미를 인식한 이상, 상대방이 현실적으로 공포심을 일으켰는지 여부와 관계없이 그로써 구성요건은 충족되어 협박죄의 기수에 이르는 것으로 해석한다는 것이 위 판례의 취지이다.

라. 피고인이 공중전화를 이용하여 정당의 당사를 폭파하겠다는 말을 한 경우 협박죄를 구성하는지

🏛 대법원 2012. 8. 17. 선고 2011도10451 판결[협박]

판결의 요지

형법 제283조에서 정하는 협박죄의 성립에 요구되는 '협박'이라고 함은 일반적으로 그 상대방이 된 사람으로 하여금 공포심을 일으키기에 충분한 정도의 해악을 고지하는 것으로서, 그러한 해악의 고지에 해당하는지 여부는 행위자와 상대방의 성향, 고지 당시의 주변 상황, 행위자와 상대방 사이의 관계·지위, 그 친숙의 정도 등 행위 전후의 여러 사정을 종합하여 판단되어야 한다. 한편 여기서의 '해악'이란 법익을 침해하는 것을 가리키는데, 그 해악이 반드시 피해자 본인이 아니라 그 친족 그 밖의 제3자의 법익을 침해하는 것을 내용으로 하더라도 피해자 본인과 제3자가 밀접한 관계에 있어서 그 해악의 내용이 피해자 본인에게 공포심을 일으킬 만한 것이라면 협박죄가 성립할 수 있다.

피고인이 혼자 술을 마시던 중 갑 정당이 국회에서 예산안을 강행처리하였다는 것에 화가 나서 공중전화를 이용하여 경찰서에 여러 차례 전화를 걸어 전화를 받은 각 경찰관에게 경찰서 관할구역 내에 있는 갑 정당의 당사를 폭파하겠다는 말을 한 사안에서, 피고인은 갑 정당에 관한 해악을 고지한 것이므로 각 경찰관 개인에 관한 해악을 고지하였다고 할 수 없고, 다른 특별한 사정이 없는 한 일반적으로 갑 정당에 대한 해악의 고지가 각 경찰관 개인에게 공포심을 일으킬 만큼 서로 밀접한 관계에 있다고 보기 어려운데도, 이와 달리 피고인의 행위가 각 경찰관에 대한 협박죄를 구성한다고 본 원심판결에 협박죄에 관한 법리오해의 위법이 있다.

【평석】 경찰서 등 공무소에 대한 허위 신고 등에 대하여 경범죄처벌법에 의한 처벌은 별론으로 하고, 적어도 관할구역 내에 있는 정당의 당사를 폭파하겠다는 말을 하였다고 하여 경찰관 개인에게 외포심을 일으킬 만한 밀접한 정도는 아니라는 판결이다.

57. 제287조 미성년자의 약취, 유인

가. 미성년자를 보호 감독하는 사람이 당해 미성년자에 대한 약취·유인죄의 주체가 될 수 있는지 여부

🏛 대법원 2008. 1. 31. 선고 2007도8011 판결[특정범죄가중처벌등에관한법률위반(영리약취·유인등)(인정된 죄명: 미성년자약취·유인)]

판결 이유

피고인들의 상고이유를 본다.

미성년자를 보호감독하는 자라 하더라도 다른 보호감독자의 감호권을 침해하거나 자신의 감호권을 남용하여 미성년자 본인의 이익을 침해하는 경우에는 미성년자 약취·유인죄의 주체가 될 수 있다.

원심판결 이유에 의하면, 원심은 피해자의 아버지인 피고인 2가 피해자의 어머니이자 피고인의 처인 공소외 1이 교통사고로 사망하자 피해자의 외조부인 공소외 2에게 피해자의 양육을 맡겨 왔으나, 교통사고 배상금 등을 둘러싸고 공소외 2 등과 사이에 분쟁이 발생하자 자신이 직접 피해자를 양육하기로 마음먹고, 피고인 1과 공모하여 학교에서 귀가하는 피해자를 본인의 의사에 반하여 강제로 차에 태우고 할아버지에게 간다는 등의 거짓말로 속인 후 고아원에 데려가 피해자의 수용문제를 상담하고, 개사육장에서 잠을 재운 후 다른 아동복지상담소에 데리고 가는 등으로 사실상 지배함으로써 미성년자인 피해자를 약취하였다고 인정하였는바, 이러한 원심의 사실인정 및 법리판단은 앞서 본 법리 및 기록에 비추어 정당하여 수긍할 수 있고, 거기에 채증법칙을 위반하거나 미성년자약취·유인죄에 관한 법리를 오해한 위법이 없다.

상고이유는 피고인 2에게 선고된 한정치산선고가 잘못되었다는 점을 지적하면서 피고인들의 행위가 정당하다는 취지로 주장하나, 설사 피고인 2에 대한 한정치산선고에 부당한 점이 있거나 이 사건 범행 당시 한정치산선고가 확정되지 아니하여 피고인 2가 친권을 유지하고 있었다 하더라도 앞서 본 바와 같은 법리 및 사실관계에 비추어 이 사건 범죄가 성립됨에 영향이 없다고 할 것이다.

나. 미성년자약취죄, 국외이송약취죄 등의 구성요건 중 '약취'의 의미와 그 판단 기준 및 미성년자를 보호·감독하는 사람이 해당 미성년자에 대한 약취죄의 주체가 될 수 있는지 및 이때 약취죄의 성립 요건

🏛 대법원 2013. 6. 20. 선고 2010도14328 전원합의체 판결[국외이송약취·피약취자국외이송]

판결의 요지

1) 형법 제287조의 미성년자약취죄, 제288조 제3항 전단[구 형법(2013. 4. 5. 법률 제11731호로 개정되기 전의 것을 말한다. 이하 같다) 제289조 제1항에 해당한다]의 국외이송약취죄 등의 구성요건요소로서 약취란 폭행, 협박 또는 불법적인 사실상

의 힘을 수단으로 사용하여 피해자를 그 의사에 반하여 자유로운 생활 관계 또는 보호 관계로부터 이탈시켜 자기 또는 제3자의 사실상 지배하에 옮기는 행위를 의미하고, 구체적 사건에서 어떤 행위가 약취에 해당하는지 여부는 행위의 목적과 의도, 행위 당시의 정황, 행위의 태양과 종류, 수단과 방법, 피해자의 상태 등 관련 사정을 종합하여 판단하여야 한다. 한편 미성년자를 보호·감독하는 사람이라고 하더라도 다른 보호감독자의 보호·양육권을 침해하거나 자신의 보호·양육권을 남용하여 미성년자 본인의 이익을 침해하는 때에는 미성년자에 대한 약취죄의 주체가 될 수 있는데, 그 경우에도 해당 보호감독자에 대하여 약취죄의 성립을 인정할 수 있으려면 그 행위가 위와 같은 의미의 약취에 해당하여야 한다. 그렇지 아니하고 폭행, 협박 또는 불법적인 사실상의 힘을 사용하여 그 미성년자를 평온하던 종전의 보호·양육 상태로부터 이탈시켰다고 볼 수 없는 행위에 대해서까지 다른 보호감독자의 보호·양육권을 침해하였다는 이유로 미성년자에 대한 약취죄의 성립을 긍정하는 것은 형벌 법규의 문언 범위를 벗어나는 해석으로서 죄형법정주의의 원칙에 비추어 허용될 수 없다. 따라서 부모가 이혼하였거나 별거하는 상황에서 미성년의 자녀를 부모의 일방이 평온하게 보호·양육하고 있는데, 상대방 부모가 폭행, 협박 또는 불법적인 사실상의 힘을 행사하여 그 보호·양육 상태를 깨뜨리고 자녀를 탈취하여 자기 또는 제3자의 사실상 지배하에 옮긴 경우, 그와 같은 행위는 특별한 사정이 없는 한 미성년자에 대한 약취죄를 구성한다고 볼 수 있다. 그러나 이와 달리 미성년의 자녀를 부모가 함께 동거하면서 보호·양육하여 오던 중 부모의 일방이 상대방 부모나 그 자녀에게 어떠한 폭행, 협박이나 불법적인 사실상의 힘을 행사함이 없이 그 자녀를 데리고 종전의 거소를 벗어나 다른 곳으로 옮겨 자녀에 대한 보호·양육을 계속하였다면, 그 행위가 보호·양육권의 남용에 해당한다는 등 특별한 사정이 없는 한 설령 이에 관하여 법원의 결정이나 상대방 부모의 동의를 얻지 아니하였다고 하더라도 그러한 행위에 대하여 곧바로 형법상 미성년자에 대한 약취죄의 성립을 인정할 수는 없다.

2) 베트남 국적 여성인 피고인이 남편 甲의 의사에 반하여 생후 약 13개월 된 아들 乙을 주거지에서 데리고 나와 약취하고 이어서 베트남에 함께 입국함으로써 乙을 국외에 이송하였다고 하여 국외이송약취 및 피약취자국외이송으로 기소된 사안에서, 제반 사정을 종합할 때 피고인이 乙을 데리고 베트남으로 떠난 행위는 어떠한 실력을 행사하여 乙을 평온하던 종전의 보호·양육 상태로부터 이탈시킨 것이

라기보다 친권자인 모(母)로서 출생 이후 줄곧 맡아왔던 乙에 대한 보호·양육을 계속 유지한 행위에 해당하여, 이를 폭행, 협박 또는 불법적인 사실상의 힘을 사용하여 乙을 자기 또는 제3자의 지배하에 옮긴 약취행위로 볼 수는 없다는 이유로, 피고인에게 무죄를 인정한 원심판단을 정당하다고 판시하였다.

【평석】 베트남 국적 여성인 피고인이 남편 甲의 의사에 반하여 생후 약 13개월 된 아들 乙을 주거지에서 데리고 베트남에 입국한 사안. 약취란 폭행, 협박 또는 불법적인 사실상의 힘을 수단으로 사용하여 피해자를 그 의사에 반하여 자유로운 생활관계 또는 보호관계로부터 이탈시켜 자기 또는 제3자의 사실상 지배하에 옮기는 행위를 의미한다. 이 사안에서 약취의 의미인 폭행·협박 사실이 없다. 이에 대하여 피고인에게 사실상의 지배관계가 인정되고 있으므로 결국 '불법적'인 사실상의 힘을 수단으로 사용하였는가가 논의의 초점으로 등장하게 되고 이에 대하여 견해들이 나뉜다. 자국민보호와 어머니의 자녀보호라는 두 가지 가치가 서로 충돌하는 법률관계에서 대법원은 후자에 보다 무게를 둔 판단을 내리고 있다고 본다.[24]

58. 제288조 추행 등 목적 약취, 유인 등

부녀매매죄의 주체 및 객체와 그 성립요건

🏛 대법원 1992. 1. 21. 선고 91도1402 전원합의체 판결[부녀매매]

판결의 요지

부녀매매죄는 부녀자의 신체의 자유를 그 일차적인 보호법익으로 하는 죄로서 그 행위의 객체는 부녀이고, 여자인 이상 그 나이나 성년, 미성년, 기혼 여부 등을 불문한다고 보아야 하고, 행위의 주체에는 제한이 없으니 반드시 친권자등의 보호자만이 본 죄의 주체가 될 수 있다는 것도 근거 없는 해석이라 할 것이며, 요컨대 본죄의 성립 여부는 그 주체 및 객체에 중점을 두고 볼 것이 아니라 매매의 일방이 어떤 경위로 취득한 부녀자에 대한 실력적 지배를 대가를 받고 그 상대방에게 넘

---

24) 신동운, 2013년 분야별 중요판례 분석, 법률신문, 2014. 4. 17.자

긴다고 하는 행위에 중점을 두고 판단하여야 하므로 매도인이 매매 당시 부녀자를 실력으로 지배하고 있었는가 여부, 즉 계속된 협박이나 명시적 혹은 묵시적인 폭행의 위협 등의 험악한 분위기로 인하여 보통의 부녀자라면 법질서에 보호를 호소하기를 단념할 정도의 상태에서 그 신체에 대한 인계인수가 이루어졌는가의 여부에 달려 있다고 하여야 할 것이다.

59. 제297조 강간

가. 강간죄의 고소기간과 폭행

1) 강간죄에 대하여 고소가 없거나 고소가 취소된 경우 또는 강간죄의 고소 기간이 경과된 후에 고소가 있는 경우, 그 강간 범행의 수단으로 사용된 또는 그에 수반하여 저질러진 폭행·협박의 점을 따로 떼어내어 폭행죄·협박죄 또는 폭력행위등 처벌에 관한 법률 위반죄로 공소제기한 경우의 조치(공소기각)

2) 폭행 또는 협박으로 부녀를 강간한 경우 강간죄 외에 폭행죄나 협박죄 또는 폭력행위등 처벌에 관한 법률 위반죄를 구성하는지 여부(소극) 및 이들 각 죄의 관계(법조경합)

> 🏛 대법원 2002. 5. 16. 선고 2002도51 전원합의체 판결[강간·폭력행위등처벌에관한법률위반]

판결의 요지

[다수의견]

1) 강간죄에 대한 피해자의 고소가 성폭력범죄의 처벌 및 피해자보호등에 관한 법률상의 고소 기간 안에 제기되었음에도 형사소송법상의 고소 기간을 경과한 후 제기되었다는 이유로 공소를 기각한 원심판결에는 성폭력범죄의 고소 기간에 관한 법리오해의 위법이 있다.

2) 폭행 또는 협박으로 부녀를 강간한 경우에는 강간죄만 성립하고, 그것과 별도로 강간의 수단으로 사용된 폭행·협박이 형법상의 폭행죄나 협박죄 또는 폭력행위등 처벌에 관한 법률 위반의 죄를 구성한다고는 볼 수 없으며, 강간죄와 이들 각

죄는 이른바 법조경합의 관계일 뿐이다.

3) 성폭력범죄의 처벌 및 피해자보호등에 관한 법률이 시행된 이후에도 여전히 친고죄로 남아 있는 강간죄의 경우, 고소가 없거나 고소가 취소된 경우 또는 강간 죄의 고소 기간이 경과된 후에 고소가 있는 때에는 강간죄로 공소를 제기할 수 없음은 물론, 나아가 그 강간범행의 수단으로 또는 그에 수반하여 저질러진 폭행·협박의 점 또한 강간죄의 구성요소로서 그에 흡수되는 법조경합의 관계에 있는 만큼 이를 따로 떼어내어 폭행죄·협박죄 또는 폭력행위등 처벌에 관한 법률 위반의 죄로 공소제기할 수 없다고 해야 마땅하고, 이는 만일 이러한 공소제기를 허용한다면, 강간죄를 친고죄로 규정한 취지에 반하기 때문이므로 결국 그와 같은 공소는 공소제기의 절차가 법률에 위반되어 무효인 경우로서 형사소송법 제327조 제2호에 따라 공소기각의 판결을 하여야 한다. 따라서 강간죄에 대하여 고소취소가 있는 경우에 그 수단인 폭행만을 분리하여 공소제기하였다면 이는 범죄로 되지 아니하는 경우에 해당하므로, 무죄를 선고하여야 한다고 본 대법원 1976. 4. 27. 선고 75도3365 판결의 견해는 이와 저촉되는 한도 내에서 변경하기로 한다.

[별개의견] 강간죄를 친고죄로 정한 취지가 피해자의 명예와 인격을 보호하기 위하여 공소권의 행사 여부를 피해자의 의사에 따르도록 제한하려는 데 있는 이상, 피해자가 강간죄 자체가 아니라 특별히 그 수단인 폭행·협박의 점에 대하여만 한정하여 처벌을 원하는 취지의 고소를 하였거나, 강간죄의 고소 기간이 도과된 후에 그 폭행·협박의 점에 대한 처벌을 원하는 고소를 한 경우와 같이, 행위자를 강간 죄로 소추할 수 없는 상태에서 피해자가 적극적으로 강간죄의 수단인 폭행·협박의 점에 대한 처벌을 원하고 있는 경우에는 그 폭행·협박의 점을 소추·처벌하더라도 강간죄를 친고죄로 정한 취지에 반하지 않는다고 보아야 하고, 특히 강간죄의 고소 기간이 이미 도과한 후에 강간죄의 고소를 한 피해자의 의사는 특별한 사정이 없는 한 폭행·협박의 죄에 대해서만이라도 처벌을 원하는 데 있다고 해석되는데, 친고죄에 관한 고소 기간을 정하여 고소권의 행사시기를 제한하는 이유가, 친고죄에 관한 형사소추권의 발동 여부가 일정의 장기간 이상 피해자의 의사에 따라 불확정한 상태에 놓여지게 됨으로써 생길 수 있는 폐단을 방지하려는 데 있는 이상, 강간죄의 고소 기간이 도과된 경우에도 피해자가 적극적으로 처벌을 원하는 경우에 한하여 친고죄가 아닌 폭행죄 또는 협박죄로 처벌할 수 있게 되는 것은, 친고죄의 고소 기간을 정하여 둔 형사소송법의 입법 취지에도 반하지 않는다고 보아야 할 뿐

만 아니라 강간죄와 같은 결합범의 경우에, 법이 친고죄로 정한 취지를 해하지 아니하는 범위 안에서 강간의 수단인 폭행·협박 부분을 분리하여 처벌하는 것이 반드시 불가능하다고만 볼 것은 아닌바, 이러한 점을 종합하여 볼 때, 피해자가 적극적으로 폭행·협박의 점에 대하여만 한정하여 고소를 하였거나 강간죄의 고소가 법률상 불가능한 상태에서 한 피해자의 고소가 폭행·협박의 점에 대해서만이라도 처벌을 원하는 취지라고 해석되는 예외적인 경우에는, 앞에서 본 원칙에 대한 예외로서 그 폭행·협박의 점에 대한 소추·처벌이 가능하다고 보는 것이 옳다.

나. 주거침입강제추행죄 및 주거침입강간죄 등이 주거침입죄를 범한 후에 사람을 강간하는 등의 행위를 하여야 하는 일종의 신분범인지 여부(적극) 및 그 실행의 착수시기(주거침입 행위 후 강간죄 등의 실행행위에 나아간 때), 유사강간죄의 실행의 착수시기

🏛 대법원 2021. 8. 12. 선고 2020도17796 판결[성폭력범죄의처벌등에관한특례법위반(주거침입유사강간)·폭행·강제추행미수]

판결의 요지

주거침입강제추행죄 및 주거침입강간죄 등은 사람의 주거 등을 침입한 자가 피해자를 간음, 강제추행 등 성폭력을 행사한 경우에 성립하는 것으로서, 주거침입죄를 범한 후에 사람을 강간하는 등의 행위를 하여야 하는 일종의 신분범이고, 선후가 바뀌어 강간죄 등을 범한 자가 그 피해자의 주거에 침입한 경우에는 이에 해당하지 않고 강간죄 등과 주거침입죄 등의 실체적 경합범이 된다. 그 실행의 착수시기는 주거침입 행위 후 강간죄 등의 실행행위에 나아간 때이다.

강간죄는 사람을 강간하기 위하여 피해자의 항거를 불능하게 하거나 현저히 곤란하게 할 정도의 폭행 또는 협박을 개시한 때에 그 실행의 착수가 있다고 보아야할 것이지, 실제 간음행위가 시작되어야만 그 실행의 착수가 있다고 볼 것은 아니다. 유사강간죄의 경우도 이와 같다.

다. 폭행 또는 협박으로 부녀를 강간한 경우 강간죄 외에 폭행죄나 협박죄 또는 폭력행위등 처벌에 관한 법률 위반죄를 구성하는지 여부(소극) 및 이들 각 죄의 관계(법조경합), 고소기간

> 🏛 대법원 2002. 5. 16. 선고 2002도51 전원합의체 판결[강간 · 폭력행위등처벌에관한법률위반]

1) 강간죄에 대한 피해자의 고소가 성폭력범죄의 처벌 및 피해자 보호 등에 관한 법률상의 고소 기간 안에 제기되었음에도 형사소송법상의 고소 기간을 경과한 후 제기되었다는 이유로 공소를 기각한 원심판결에는 성폭력범죄의 고소 기간에 관한 법리오해의 위법이 있다.

2) 성폭력범죄의 처벌 및 피해자 보호 등에 관한 법률이 시행된 이후에도 여전히 친고죄로 남아 있는 강간죄의 경우, 고소가 없거나 고소가 취소된 경우 또는 강간죄의 고소 기간이 경과된 후에 고소가 있는 때에는 강간죄로 공소를 제기할 수 없음은 물론, 나아가 그 강간 범행의 수단으로 또는 그에 수반하여 저질러진 폭행 · 협박의 점 또한 강간죄의 구성요소로서 그에 흡수되는 법조경합의 관계에 있는 만큼 이를 따로 떼어내어 폭행죄 · 협박죄 또는 폭력행위등 처벌에 관한 법률 위반의 죄로 공소 제기할 수 없다고 해야 마땅하고, 이는 만일 이러한 공소제기를 허용한다면, 강간죄를 친고죄로 규정한 취지에 반하기 때문이므로 결국 그와 같은 공소는 공소제기의 절차가 법률에 위반되어 무효인 경우로서 형사소송법 제327조 제2호에 따라 공소기각의 판결을 하여야 한다. 따라서 강간죄에 대하여 고소취소가 있는 경우에 그 수단인 폭행만을 분리하여 공소 제기하였다면 이는 범죄로 되지 아니하는 경우에 해당하므로, 무죄를 선고하여야 한다고 본 대법원 1976. 4. 27. 선고 75도3365 판결의 견해는 이와 저촉되는 한도 내에서 변경하기로 한다.

라. 준강간죄에서 '고의'의 내용

> 🏛 대법원 2019. 3. 28. 선고 2018도16002 전원합의체 판결[강간(인정된 죄명: 준강간미수, 변경된 죄명: 준강간)]

판결의 요지

　형법 제297조는 "폭행 또는 협박으로 사람을 강간한 자는 3년 이상의 유기징역에 처한다."라고 규정하고, 제299조는 "사람의 심신상실 또는 항거불능의 상태를 이용하여 간음 또는 추행을 한 자는 제297조, 제297조의2 및 제298조의 예에 의한다."라고 규정하고 있다. 형법은 폭행 또는 협박의 방법이 아닌 심신상실 또는 항거불능의 상태를 이용하여 간음한 행위를 강간죄에 준하여 처벌하고 있으므로, 준강간의 고의는 피해자가 심신상실 또는 항거불능의 상태에 있다는 것과 그러한 상태를 이용하여 간음한다는 구성요건적 결과 발생의 가능성을 인식하고 그러한 위험을 용인하는 내심의 의사를 말한다.

　형법 제300조는 준강간죄의 미수범을 처벌한다. 또한 형법 제27조는 "실행의 수단 또는 대상의 착오로 인하여 결과의 발생이 불가능하더라도 위험성이 있는 때에는 처벌한다. 단, 형을 감경 또는 면제할 수 있다."라고 규정하여 불능미수범을 처벌하고 있다.

　따라서 피고인이 피해자가 심신상실 또는 항거불능의 상태에 있다고 인식하고 그러한 상태를 이용하여 간음할 의사로 피해자를 간음하였으나 피해자가 실제로는 심신상실 또는 항거불능의 상태에 있지 않은 경우에는, 실행의 수단 또는 대상의 착오로 인하여 준강간죄에서 규정하고 있는 구성요건적 결과의 발생이 처음부터 불가능하였고 실제로 그러한 결과가 발생하였다고 할 수 없다. 피고인이 준강간의 실행에 착수하였으나 범죄가 기수에 이르지 못하였으므로 준강간죄의 미수범이 성립한다. 피고인이 행위 당시에 인식한 사정을 놓고 일반인이 객관적으로 판단하여 보았을 때 준강간의 결과가 발생할 위험성이 있었으므로 준강간죄의 불능미수가 성립한다.

　【평석】 피고인이 자신의 집에서 피고인의 처, 그리고 피해자(여·22세)와 함께 술을 마시기 시작하였고 피고인의 처가 먼저 잠든 후인 오전 2시경 피해자가 안방으로 들어가자 피해자를 따라 방에 들어가서, 피해자가 실제로 만취상태가 아니어서 반항이 불가능할 정도가 아니었음에도 항거불능상태에 있는 것으로 오인하고, 피해자의 옆에서 그의 가슴을 만지고 피해자를 1회 간음한 사안.

　피고인이 준강간의 고의를 가지고 실행을 마쳤지만 피해자가 실제로 항거불능의 상태가 아니었던 경우, 행위자가 드러낸 행위속성으로부터 범죄의 유무와 종류를 판단해야 한다는 원리에서 볼 때 이는 구성요건에 해당하지 아니하는 것이 아니라 준강간의 미수인 것이다. 이에 대하여, 실행 당시 행위 자체의 규범적인 속성을 판단한다면 사례는 준강간의 불능미수가 아니라 장애미수로 보는 것이 더 합리적이며, 이러한 논점들은 범죄체계에서 가벌성 여부와 종류를 확인하기 위한 여러 조건들은 '드러난 결과 현상으로부터 역추론하는 방식'이 아니라, '행위자가 수행한 행위 자체로부터 평가받아야 함'을 공통적으로 보여준다는 견해가 있다.[25]

마. 형법 제297조에서 규정한 강간죄의 객체인 '부녀'에 법률상 처(妻)가 포함되는지 여부(적극) 및 혼인관계가 실질적으로 유지되고 있더라도 남편이 반항을 불가능하게 하거나 현저히 곤란하게 할 정도의 폭행이나 협박을 가하여 아내를 간음한 경우 강간죄가 성립하는지 여부(적극)와 남편의 아내에 대한 폭행 또는 협박이 피해자의 반항을 불가능하게 하거나 현저히 곤란하게 할 정도에 이른 것인지 판단하는 기준

🏛 대법원 2013. 5. 16. 선고 2012도14788, 2012전도252 전원합의체 판결[폭력행위등처벌에관한법률위반(집단·흉기 등 폭행)·준강간·성폭력범죄의처벌등에관한특례법위반(특수강간) 등]

형법(2012. 12. 18. 법률 제11574호로 개정되기 전의 것, 이하 같다) 제297조는 부녀를 강간한 자를 처벌한다고 규정하고 있는데, 형법이 강간죄의 객체로 규정하고 있는 '부녀'란 성년이든 미성년이든, 기혼이든 미혼이든 불문하며 곧 여자를 가리킨다. 이와 같이 형법은 법률상 처를 강간죄의 객체에서 제외하는 명문의 규정을 두고 있지 않으므로, 문언 해석상으로도 법률상 처가 강간죄의 객체에 포함된다고 새기는 것에 아무런 제한이 없다. 한편 1953. 9. 18. 법률 제293호로 제정된 형법은 강간죄를 규정한 제297조를 담고 있는 제2편 제32장의 제목을 '정조에 관한 죄'라고 정하고 있었는데, 1995. 12. 29. 법률 제5057호로 형법이 개정되면서 그 제목이 '강간과 추행의 죄'로 바뀌게 되었다. 이러한 형법의 개정은 강간죄의 보호법익이 현재 또는 장래의 배우자인 남성을 전제로 한 관념으로 인식될 수 있는 '여성의 정

---

25) 홍영기, 준강간죄의 미수는 언제, 어떻게 성립하는가?, 법률신문, 2019. 9. 19.

조' 또는 '성적 순결'이 아니라, 자유롭고 독립된 개인으로서 여성이 가지는 성적 자기결정권이라는 사회 일반의 보편적 인식과 법감정을 반영한 것으로 볼 수 있다. 부부 사이에 민법상의 동거의무가 인정된다고 하더라도 거기에 폭행, 협박에 의하여 강요된 성관계를 감내할 의무가 내포되어 있다고 할 수 없다. 혼인이 개인의 성적 자기결정권에 대한 포기를 의미한다고 할 수 없고, 성적으로 억압된 삶을 인내하는 과정일 수도 없기 때문이다.

결론적으로 헌법이 보장하는 혼인과 가족생활의 내용, 가정에서의 성폭력에 대한 인식의 변화, 형법의 체계와 그 개정 경과, 강간죄의 보호법익과 부부의 동거의무의 내용 등에 비추어 보면, 형법 제297조가 정한 강간죄의 객체인 '부녀'에는 법률상 처가 포함되고, 혼인 관계가 파탄된 경우뿐만 아니라 혼인 관계가 실질적으로 유지되고 있는 경우에도 남편이 반항을 불가능하게 하거나 현저히 곤란하게 할 정도의 폭행이나 협박을 가하여 아내를 간음한 경우에는 강간죄가 성립한다고 보아야 한다. 다만 남편의 아내에 대한 폭행 또는 협박이 피해자의 반항을 불가능하게 하거나 현저히 곤란하게 할 정도에 이른 것인지 여부는, 부부 사이의 성생활에 대한 국가의 개입은 가정의 유지라는 관점에서 최대한 자제하여야 한다는 전제에서, 그 폭행 또는 협박의 내용과 정도가 아내의 성적 자기결정권을 본질적으로 침해하는 정도에 이른 것인지 여부, 남편이 유형력을 행사하게 된 경위, 혼인 생활의 형태와 부부의 평소 성행, 성교 당시와 그 후의 상황 등 모든 사정을 종합하여 신중하게 판단하여야 한다.

【평석】 직장을 그만둔 남편과 피해자인 처가 부부 싸움을 하다가 피고인이 처를 폭행하고 강제로 성관계를 한 사안. '사람을 강간한 자'라고 규정되어 있어서 강간죄의 주체와 객체로 남성, 여성을 구별하지 않는다. 여성의 성적 자기 결정권을 존중하는 판례로 보기도 하지만 남, 녀의 차별 없이 강간의 경우 법률로 처벌한다는 데 의미를 두고 싶다.[26]

---

26) 은밀하게 이루어지는 부부 사이의 성생활에 국가가 개입하는 것을 극도로 자제해야 한다는 점을 강조하며, 이를 조화하는 방법으로 대법원은 혼인관계가 실질적으로 유지되고 있는 경우에도 남편이 반항을 불가능하게 하거나 현저히 곤란하게 할 정도의 폭행이나 협박을 가하여 아내를 간음한 경우에는 강간죄가 성립한다는 점과 남편의 아내에 대한 강제적인 성행위가 형법상 강간죄의 구성요건을 충족하더라도 형사처벌보다 가정폭력특례법에 따른 보호처분이 적절한 경우에는 이를 가정보호사건으로 처리해야 한다는 점 두 가지를 제시하는 것이라는 견해가 있다. 신동운, 2013년 분야별 중요 판례 분석, 법률신문, 2014. 4. 17.자 참조

바. 강간죄에 있어서 폭행 협박의 정도

> 🏛 대법원 2007. 1. 25. 선고 2006도5979 판결[강간], 서울서부지방법원 2011고합189[강간, 감금] 사건 참조

판결의 요지

가. 강간죄가 성립하려면 가해자의 폭행·협박은 피해자의 항거를 불가능하게 하거나 현저히 곤란하게 할 정도의 것이어야 하고, 그 폭행·협박이 피해자의 항거를 불가능하게 하거나 현저히 곤란하게 할 정도의 것이었는지 여부는 그 폭행·협박의 내용과 정도는 물론, 유형력을 행사하게 된 경위, 피해자와의 관계, 성교 당시와 그 후의 정황 등 모든 사정을 종합하여 판단하여야 한다(대법원 1992. 4. 14. 선고 92도259 판결, 2004. 6. 25. 선고 2004도2611 판결 등 참조). (중략)

따라서 가해자가 폭행을 수반함이 없이 오직 협박만을 수단으로 피해자를 간음 또는 추행한 경우에도 그 협박의 정도가 위와 같은 정도의 것이었다면 강간죄 또는 강제추행죄가 성립하는 것이고, 협박과 간음 또는 추행 사이에 시간적 간격이 있더라도 협박에 의하여 간음 또는 추행이 이루어진 것으로 인정될 수 있다면 달리 볼 것은 아니며, 한편 유부녀인 피해자에 대하여 혼인 외 성관계 사실을 폭로하겠다는 등의 내용으로 협박을 행사하여 피해자를 간음 또는 추행한 경우에 있어서 그 협박이 위와 같은 정도의 것이었는지 여부에 관하여는, 일반적으로 혼인한 여성에 대하여 정조의 가치를 특히 중시하는 우리 사회의 현실이나 형법상 간통죄로 처벌하는 조항이 있는 사정 등을 감안할 때 혼인 외 성관계 사실의 폭로 자체가 여성의 명예손상, 가족관계의 파탄, 경제적 생활기반의 상실 등 생활상의 이익에 막대한 영향을 미칠 수 있고 경우에 따라서는 간통죄로 처벌받는 신체상의 불이익이 초래될 수도 있으며, 나아가 폭로의 상대방이나 범위 및 방법(예를 들면 인터넷 공개, 가족들에 대한 공개, 자녀들의 학교에 대한 공개 등)에 따라서는 그 심리적 압박의 정도가 심각할 수 있으므로, 단순히 협박의 내용만으로 그 정도를 단정할 수는 없고, 그 밖에도 협박의 경위, 가해자 및 피해자의 신분이나 사회적 지위, 피해자와의 관계, 간음 또는 추행 당시와 그 후의 정황, 그 협박이 피해자에게 미칠 수 있는 심리적 압박의 내용과 정도 등 모든 사정을 종합하여 신중하게 판단하여야 한다.

나. 원심은 이 사건 강간 및 강제추행 부분의 각 공소사실에 대하여, 피해자의

진술에 의하더라도, 피해자는 옛 애인으로 행세한 피고인과 그 얼굴을 정확히 보지 못한 상태에서 1회 성관계를 가진 후 여전히 옛 애인으로 행세하는 피고인으로부터 전화로 '피고인을 만나기 위하여 애를 업고 모텔로 들어가는 피해자의 모습과 피고인과 만났던 모텔 방 호수를 사진으로 찍은 사람이 피해자와의 성관계를 요구한다'는 말을 듣는 등 마치 사진 찍은 자의 성관계 요구에 불응하면 사진이 피해자의 집으로 보내지고 옛 애인과 성관계를 가진 사실이 남편과 가족들에게 알려질 듯한 태도에 협박받아 '사진 찍은 자'로도 행세하는 피고인으로부터 간음 및 추행을 당하게 되었고, 그 외에는 피고인으로부터 별다른 폭행이나 협박을 받은 적이 없을 뿐만 아니라 위 각 간음 및 추행 현장에서도 피고인으로부터 어떠한 폭행이나 협박을 당하지도 않았다는 것이므로, 위와 같은 협박은 피해자의 의사에 반하는 정도라고 볼 수는 있을지언정 피해자의 항거를 불가능하게 하거나 현저히 곤란하게 할 정도의 것(강간죄)이라거나 또는 피해자의 항거를 곤란하게 할 정도의 것(강제추행죄)이라고 보기 어렵다는 이유로 무죄를 선고하였다.

다. 그러나 기록에 의하면, ① 피해자는 1971. 10. 15.생으로 과거 공소외인이라는 남자와 교제하면서 임신하기도 하였으나 공소외인이 연락을 끊어 헤어진 후 1994. 2.경 남편과 혼인하여 이 사건 당시 남편과 사이에 11세, 9세, 3세의 아들 셋을 두고 있는 평범한 가정주부인 사실, ② 이 사건 직전 피해자는 옛 애인 공소외인으로 행세하는 피고인에게 속아 어두운 모텔방에서 우연히 1회 성관계를 맺기는 하였으나, 그 후 옛 애인으로 행세하는 피고인으로부터 '제3자가 피고인을 만나기 위하여 애를 업고 모텔로 들어가는 피해자의 모습과 모텔 방 호수를 사진으로 찍었다고 하면서 돈은 필요 없고 성관계를 요구한다'라는 말을 듣는 등 마치 '사진 찍은 자'의 성관계 요구에 불응하면 사진이 피해자의 집으로 보내지고 옛 애인과 성관계를 가진 사실이 남편과 가족들에게 알려질 듯이 협박받아, 아무런 저항도 하지 못한 채, '사진 찍은 자'로도 행세하는 피고인으로부터 이 사건 간음 및 추행을 당한 사실, ③ 옛 애인으로 행세하는 피고인은 피해자에게 '사진 찍은 자'의 성관계 요구를 전달한다고 하면서 '그 부하가 10명쯤 되는데 그 사람들에게 다 당하는 것보다 1명에게 당하는 것이 낫지 않느냐'(수사기록 31면의 뒷장, 138면, 215면 피해자 진술 참조), '그 사람 성질을 건드리지 마라'(공판기록 92면, 97면 피해자 진술 참조)라고 말하는 한편, '나는 어차피 이민 가면 그만이지만 여기에 남아 있는 너는 계속 그 사진 찍은 자에게 괴롭힘을 당할 것이다'(수사기록 196면, 214면 피해자 진술, 공판기록 45면 피고인 진술 각 참조)라고 말하기도 하였으며, '사진 찍은 자'로 행세하면서 피해자를 간음한 후에는 남편이 출근하고 자녀들이 등교하여 3살짜리 아들만을 데리고 있는 피해자에게 전화하여 '사진 찍은 자'의 거듭된 성관계 요구를 전달한다고 하면서 이에 불응하는 피해자에 대하여 '사진 찍은 자를 집으로 보내겠다'고 말하기도 하여(수사기록 217면, 공판기록 98면 피해자 진술 참조), 결국 09:30경 내지 10:30경 아침시간대에 수회에 걸쳐 피해자의 주거를 침입하면서까지 피해자를 간음한 사실, ④ 피고인은 실제로 피해자의 집으로 전화하여 피해자의 아들에게 피해자 남편의 휴대전화번호를 물어보기도 하고, '사진 찍은 자'로 행세하면서 새벽에 피해자의 집에 전화하기까지 한 사실(수사기록 218면, 공판기록 94면 피해자 진술), ⑤ 피해자는 피고인의 위와 같은 협박에 의하여 옛 애인과의 혼전 성관계까지 모두 폭로될지도 모른다는 등의 압박감을 갖게 됨에 따라 생면부지의 '사진 찍은 자'로 행세하는 피고인과 성관계를 갖게 되었고 그 후에도 사진의 존재는 물론 기왕의 성관계까지 모두 폭로되어 남편과 시댁에 알려지거나 가정이 파탄될 것이 두려워 계속되는 성관계 요구를 더욱 거절할 수가 없었다고 진술하고 있는 사실, ⑥ 피해자는 피고인과의 성관계 사실이 시어머니와 남편에게 알려지자 2005. 11. 12.경에는 수면제를 먹고 자살을 기도하기도 한 사실 등을 알 수 있다.

이러한 사실관계를 앞서 본 법리에 비추어 살펴보면, 피고인의 협박 내용이 혼인 외 성관계 사실을 폭로하겠다는 취지의 것 이외에도 마치 '사진 찍은 자'가 수명의 부하를 거느리고 있다거나 그 성질을 건드리지 마라는 등 여러 내용을 포함하고 있는 점, 피고인은 실제로 피해자의 가족이 출근이나 등교한 직후 아침시간대에 피해자와 3살짜리 아들만 있는 피해자의 집까지 찾아가 수회에 걸쳐 피해자를 간음하였으며 때로는 피해자의 아들에게 피해자 남편의 휴대전화번호를 물어보거나 새벽에 피해자의 집에 전화하기까지 한 점, 피고인은 수회에 걸쳐 피해자와 통화하거나 피해자를 간음하는 과정에서 피고인의 1인 2역 행동에 쉽게 속아 넘어가 심한 압박감에 시달리고 있는 피해자의 심리상태를 교묘하게 간파하여, 상황과 필요에 따라 "때로는 '사진 찍은 자'로, 때로는 옛 애인으로" 행세하면서, 피해자가 성관계에 불응할 경우 성관계 사실을 폭로하거나 '사진 찍은 자'가 마치 자신의 폭력조직 부하들을 동원하여 피해자의 신체 등에 위해를 가할 수도 있다는 것을 암시하는 등의 방법으로 피해자를 협박하고 '사진 찍은 자'로 행세하면서 수회에 걸쳐 피해자를 간음 또는 추행하기에 이른 점, 한편 피해자로서는, 자신을 협박하고 있는 '사진 찍은 자'가 폭력조직을 거느리고 있는 것으로 오인하고 있는 데다가 그 정확한 신원을 전혀 모르고 있는 관계에 있어 '사진 찍은 자'는 성관계를 폭로하더라도 아무런 피해를 입지 않은 채 피해자만이 심각한 불이익을 당하게 될 상황에 처해 있고, 따라서 '사진 찍은 자'의 계속되는 협박에 피해자가 불응할 경우 언제든지 협박의 내용과 같은 성관계 폭로가 현실화될 수 있을 것이라는 위협을 더욱 크게 느꼈을 것으로 예상되는 점 등, 이 사건 협박의 내용과 정도, 협박의 경위, 이 사건 '사진 찍은 자'와 피해자의 신분이나 사회적 지위, 피해자와의 관계, 피해자의 가족 상황, 간음 또는 추행 당시와 그 후의 정황, 이 사건 협박이 피해자에게 미칠 수 있는 심리적 압박의 내용과 정도를 비롯하여 기록에 나타난 모든 사정을 종합하여 볼 때, 피고인의 위와 같은 협박은 피해자를 단순히 외포시킨 정도를 넘어 적어도 피해자의 항거를 현저히 곤란하게 할 정도의 것이었다고 보기에 충분하다고 할 것이므로, 강간죄 및 강제추행죄가 성립된다고 봄이 상당하다.

　　라. 그럼에도 불구하고, 원심은 피고인의 이 사건 협박이 피해자의 항거를 불가능하게 하거나 현저히 곤란하게 할 정도의 것(강간죄)이거나 또는 피해자의 항거를 곤란하게 할 정도의 것(강제추행죄)이라고 보기 어렵다는 이유로 이 부분 각 공소사실에 대하여 무죄를 선고하였으니, 원심판결에는 강간죄와 강제추행죄에 있어서의 협박의 정도에 관한 법리를 오해한 위법이 있고(원심이 원용하고 있는 대법원 1998. 7. 28. 선고 98도1379 판결 및 대법원 2002. 3. 12. 선고 2001도6960 판결의 사안들은, 그 협박의 표면적인 일부 내용을 제외하고는 협박의 전체적인 내용 및 정도, 협박의 경위, 가해자와 피해자의 신분이나 사회적 지위, 피해자와의 관계, 간음 당시와 그 후의 정황, 성관계 폭로 위협에 따른 압박감의 내용과 정도 등에 있어서 이 사건 사안과는 다르다고 할 것이므로, 위 대법원판결들은 이 사건에 원용하기에 적절하지 아니하다), 이러한 위법은 판결에 영향을 미쳤음이 분명하다.

【평석】 상대방에 대하여 폭행 또는 협박을 가하여 추행 행위를 하는 경우에 강제추행죄가 성립하려면 그 폭행 또는 협박이 항거를 곤란하게 할 정도일 것을 요하고(대법원 1983. 6. 28. 선고 83도399 판결, 2006. 2. 23. 선고 2005도9422 판결 등 참조), 그 폭행·협박이 피해자의 항거를 곤란하게 할 정도의 것이었는지 여부 역시 그 폭행·협박의 내용과 정도는 물론, 유형력을 행사하게 된 경위, 피해자와의 관계, 추행 당시와 그 후의 정황 등 모든 사정을 종합하여 판단하여야 한다.

60. 형법 제298조 강제추행

가. 강제추행에 있어서 추행행위

> 🏛 수원지방법원 2009고합11{성폭력범죄의처벌및피해자보호등에관한법률위반(13세미만미성년자강간등)}, 서울고등법원 2009노2672, 대법원 2009도13909 판결로 확정됨

판결의 요지

강제추행죄는 상대방에 대하여 폭행 또는 협박을 가하여 항거를 곤란하게 한 뒤에 추행행위를 하는 경우뿐만 아니라 폭행행위 자체가 추행행위라고 인정되는 경우도 포함되는 것이며, 이 경우에 있어서의 폭행은 반드시 상대방의 의사를 억압할 정도의 것임을 요하지 않고 상대방의 의사에 반하는 유형력의 행사가 있는 이상 그 힘의 대소 강약을 불문한다고 할 것이고(대법원 2002. 4. 26. 선고 2001도2417 판결 등 참조), 여기서 추행이라 함은 객관적으로 일반인에게 성적 수치심이나 혐오감을 일으키게 하고 선량한 성적 도덕관념에 반하는 행위로서 피해자의 성적 자유를 침해하는 것이라고 할 것인데, 이에 해당하는지 여부는 피해자의 의사, 성별, 연령, 행위자와 피해자의 이전부터의 관계, 그 행위에 이르게 된 경위, 구체적 행위 태양, 주위의 객관적 상황과 그 시대의 성적 도덕관념 등을 종합적으로 고려하여 신중히 결정되어야 한다(대법원 2004. 4. 16. 선고 2004도52 판결 등 참조).

이 사건에 관하여 보건대, 위 증거들에 의하여 인정되는 다음과 같은 사정, 즉 ① 피해자는 이 법정에서 '피고인이 껴안자 무섭고 겁이 나서 놓아달라고 하였는데 놓아주지 않고 조금 후에 놓아주었다'고 진술하고 있는 점에 비추어 피해자가 명백히 거절의사를 표시하였다고 보이는데도 불구하고 피고인이 피해자의 의사에 상관없이 피해자를 껴안고, 피해자의 볼에 뽀뽀를 한 점, ② 이 사건 범행 당시 피해자는 만 9세에 불과하기는 하였으나 초등학교 3학년 여학생으로서 학교에서 성교육 등을 통하여 어느 정도 성에 대한 인식이 정립되어가는 단계에 있었던 것으로 보이는 점, ③ 피고인이 피해자와 한 동네에 거주하기는 하였으나, 이 사건 범행 이전에 피해자나 그 부모와 알고 지내는 사이는 아니었던 점, ④ 피고인은 술에 취한 상태에서 지나가던 피해자를 불러 피해자의 의사에 반하여 피해자를 껴안고, 볼에 뽀뽀하고, 엉덩이를 툭툭 치는 행위를 하였고, 이에 피해자가 놓아 주라고 하였음

에도 바로 놓아주지 않고 조금 있다가 놓아 주어 그제야 피해자가 집으로 간 점, ⑤ 이 사건 범행 당시 피해자 옆에 있던 친구 공소외 1은 피고인의 위와 같은 행위가 학교에서 배운 성추행에 해당한다고 생각하여 집에 간 직후에 피해자의 어머니에게 피해자가 성추행을 당하였다는 취지로 이야기하였고, 그로 인하여 피해자의 부모가 피고인을 고소하게 된 점, ⑥ 최근에 아동에 대한 성범죄가 날로 증가하여 아동을 성적 침해로부터 보호하는 것이 중요한 사회적 과제로 대두되는 추세에 비추어 아동에 대한 신체적 접촉의 허용한계에 대하여도 과거에 비하여 엄격한 기준 설정이 필요하다고 보이는 점 등을 종합하여 보면, 피고인이 술에 취한 상태에서 피해자를 껴안고 볼에 뽀뽀하고, 엉덩이를 토닥인 행위는 강제추행행위"라고 판시하였다.

나. 강제추행의 기준

🏛 대법원 2012. 7. 26. 선고 2011도8805, 2002. 4. 26. 선고 2001도2417 판결. 서울서부지방법원 2012노915 판결 참조

판결의 요지

형법 제298조는 "폭행 또는 협박으로 사람에 대하여 추행을 한 자"를 강제추행죄로 벌할 것을 정한다. 그런데 강제추행죄는 개인의 성적 자유라는 개인적 법익을 침해하는 죄로서, 위 법 규정에서의 '추행'이란 일반인에게 성적 수치심이나 혐오감을 일으키고 선량한 성적 도덕관념에 반하는 행위인 것만으로는 부족하고 그 행위의 상대방인 피해자의 성적 자기결정의 자유를 침해하는 것이어야 한다.

따라서 건전한 성 풍속이라는 일반적인 사회적 법익을 보호하려는 목적을 가진 형법 제245조의 공연음란죄에서 정하는 '음란한 행위'(또는 이른바 과다노출에 관한 경범죄 처벌법 제1조 제41호에서 정하는 행위)가 특정한 사람을 상대로 행하여졌다고 해서 반드시 그 사람에 대하여 '추행'이 된다고 말할 수 없고, 무엇보다도 문제의 행위가 피해자의 성적 자유를 침해하는 것으로 평가될 수 있어야 한다. 그리고 이에 해당하는지 여부는 피해자의 의사·성별·연령, 행위자와 피해자의 관계, 그 행위에 이르게 된 경위, 구체적 행위태양, 주위의 객관적 상황 등을 종합적으로 고려하여 정하여진다(대법원 2010. 2. 25. 선고 2009도13716 판결 등 참조).

또한 강제추행죄는 폭행 또는 협박을 가하여 사람을 추행함으로써 성립하는 것으로서 그 폭행 또는 협박이 항거를 곤란하게 할 정도일 것을 요한다. 그리고 그 폭행 등이 피해자의 항거를 곤란하게 할 정도의 것이었는지 여부는 그 폭행 등의 내용과 정도는 물론, 유형력을 행사하게 된 경위, 피해자와의 관계, 추행 당시와 그 후의 정황 등 모든 사정을 종합하여 판단하여야 한다(대법원 2007. 1. 25. 선고 2006도5979 판결 등 참조).

원심은 채택 증거를 종합하여 그 판시와 같은 사실을 인정한 다음, 피고인과 피해자는 처음 본 사이이었고, 범행 장소가 사람들이 왕래하는 골목길이기는 하나 주차된 차량들 사이이며, 범행시간이 저녁 8시경이었던 점 등에 비추어 보면, 피고인이 자신의 00를 피해자에게 보여준 행위는 일반인에게 성적 수치심과 혐오감을 일으키는 한편 선량한 성적 도덕관념에 반하는 행위로서 피해자의 성적 자유를 침해하는 추행에 해당되므로 피고인의 위와 같은 행위는 강제추행죄를 구성한다고 판단하였다.

그러나 원심의 위와 같은 판단은 아래와 같은 이유로 수긍하기 어렵다.

기록에 의하면, 다음과 같은 사정을 알 수 있다. ① 피해자는 48세의 여자로 부산 동래구 온천1동 149-24 소재 건물 2층에서 '김정문 알로에' 지점을 운영하고 있는데 그 건물 1층에서 식당을 운영하는 000와 분쟁이 있었다. ② 피고인은 그 식당에서 술을 마시면서 평소 알고 지내던 000로부터 피해자와의 분쟁에 관한 이야기를 들었고, 마침 피해자가 내려오자 피해자에게 말을 걸었다. ③ 피해자는 피고인의 말을 무시하고 위 식당 앞 도로에 주차하여 둔 자신의 차량으로 걸어갔고 이에 피고인은 피해자의 뒤를 쫓아가면서 공소사실과 같이 욕을 하고 바지를 벗어 00를 피해자에게 보였다. ④ 그곳은 허심청 온천 뒷길로 식당 및 편의점 등이 있어서 저녁 8시 무렵에도 사람 및 차량의 왕래가 빈번한 도로이고 피해자는 당시 위 식당 옆 도로변에 차를 주차하여 둔 상태이었다.

이상에서 본 피해자의 성별·연령, 이 사건 행위에 이르게 된 경위 및 피고인은 자신의 성기를 꺼내어 일정한 거리를 두고 피해자에게 보였을 뿐 피해자에게 어떠한 신체적 접촉도 하지 아니한 점, 위 행위 장소는 피해자가 차량을 주차하여 둔 사무실 근처의 도로로서, 사람 및 차량의 왕래가 빈번한 공중에게 공개된 곳이었고, 피해자로서는 곧바로 피고인으로부터 시선을 돌림으로써 그의 행위를 쉽사리 외면할 수 있었으며 필요하다면 주위의 도움을 청하는 것도 충분히 가능하였던 점,

피고인은 피해자를 위 행위 장소로 이끈 것이 아니라 피해자의 차량으로 가는 피해자를 따라가면서 위와 같은 행위에 이르게 된 점, 피고인이 피해자에 대하여 행하여서 협박죄를 구성하는 욕설은 성적인 성질을 가지지 아니하는 것으로서 '추행'과 관련이 없는 점, 그 외에 피해자가 자신의 성적 결정의 자유를 침해당하였다고 볼 만한 사정은 이를 찾을 수 없는 점 기타 제반 사정을 고려하여 보면, 단순히 피고인이 바지를 벗어 자신의 00를 피해자에게 보여준 것만으로는 그것이 비록 객관적으로 일반인에게 성적 수치심이나 혐오감을 일으키게 하는 행위라고 할 수 있을지 몰라도 피고인이 폭행 또는 협박으로 '추행'을 하였다고 볼 수 없다.

【평석】 신체적 접촉이 없는 경우에도 강제추행죄가 성립하는지에 대하여 그동안 논의가 있었는데, 성적 수치심, 혐오감의 정도, 성적 자기 결정권의 침해 등을 고려하여 그와 동등한 정도라고 평가될 수 있는 경우에는 강제추행죄를 인정하였다.[27]

다. 피해자로 하여금 가슴 사진 등을 촬영하도록 한 다음, 촬영된 사진과 동영상을 전송받은 경우 강제추행죄의 성부

🏛 대법원 2018. 2. 8. 선고 2016도17733 판결[강제추행]

판결의 요지

강제추행죄는 사람의 성적 자유 내지 성적 자기결정의 자유를 보호하기 위한 죄로서 정범 자신이 직접 범죄를 실행하여야 성립하는 자수범이라고 볼 수 없으므로, 처벌되지 아니하는 타인을 도구로 삼아 피해자를 강제로 추행하는 간접정범의 형태로도 범할 수 있다. 여기서 강제추행에 관한 간접정범의 의사를 실현하는 도구로서의 타인에는 피해자도 포함될 수 있으므로, 피해자를 도구로 삼아 피해자의 신체를 이용하여 추행행위를 한 경우에도 강제추행죄의 간접정범에 해당할 수 있다.

【평석】 피고인은 피고인의 협박으로 겁을 먹은 피해자로 하여금 스스로 가슴 사진, 성기 사진, 가슴을 만지는 동영상을 촬영하도록 한 다음, 그와 같이 촬영된 사

---

27) 강성수, 피해자 앞에서 00를 꺼내어 보여준 행위가 강제추행죄에 해당하는지 여부, 대법원판례해설, 제94호(2012년 하), 법원도서관, 573면

진과 동영상을 전송받은 사안.

1심은 유죄를 선고하였지만, 항소심은, 피고인은 피해자들과 다른 장소에 있으면서 휴대전화를 통하여 협박하여 사진 및 동영상 등을 전송받은 것으로 피해자들의 신체에 대한 즉각적인 접촉 또는 공격가능성이 있다고 보기 어려운 점 등을 보면, 피고인의 행위를 피해자의 신체에 대한 접촉이 있는 경우와 동등한 정도로 성적 수치심 내지 혐오감을 주거나 성적 자기결정권을 침해하는 것이라고 보기 어렵다고 판단하였다.

강간죄와 강제추행죄에 있어서 간접정범이 가능한 범죄인지 여부에대하여 학계의 논의가 다양하다. 그러나 성범죄는 행위자의 성적 욕구의 충족에 본질이 있는 것이 아니라 피해자의 성적 자기결정권이라는 보호법익 침해에 그 본질이 있는 것이기 때문에 행위자 자신이 아니더라도 타인을 도구로 이용하여 간음행위나 추행행위가 가능할 수 있다고 볼 수 있다.[28]

라. 공소장변경 없이 비친고죄인 강제추행치상죄를 친고죄인 강제추행죄로 인정할 수 있는지 여부(적극) 대법원 1999. 4. 15. 선고 96도1922 전원합의체 판결[강제추행치상]

☞ 형사소송법 제298조 공소장의 변경 참조.

마. 폭행과 추행의 기준

🏛 대법원 2015. 9. 10. 선고 2015도6980, 2015모2524 판결[아동·청소년의성보호에관한법률위반·주거침입·보호관찰명령]

판결의 요지

강제추행죄는 상대방에 대하여 폭행 또는 협박을 가하여 항거를 곤란하게 한 뒤에 추행행위를 하는 경우뿐만 아니라 폭행행위 자체가 추행행위라고 인정되는 경우도 포함되며, 이 경우의 폭행은 반드시 상대방의 의사를 억압할 정도의 것일 필요는 없다. 추행은 객관적으로 일반인에게 성적 수치심이나 혐오감을 일으키게 하

---

28) 이용식, 2018년 분야별 중요판례 분석, 법률신문, 2019. 3. 14.자

고 선량한 성적 도덕관념에 반하는 행위로서 피해자의 성적 자유를 침해하는 것을 말하며, 이에 해당하는지는 피해자의 의사, 성별, 연령, 행위자와 피해자의 이전부터의 관계, 행위에 이르게 된 경위, 구체적 행위태양, 주위의 객관적 상황과 그 시대의 성적 도덕관념 등을 종합적으로 고려하여 신중히 결정되어야 한다.

그리고, 추행의 고의로 상대방의 의사에 반하는 유형력의 행사, 즉 폭행행위를 하여 실행행위에 착수하였으나 추행의 결과에 이르지 못한 때에는 강제추행미수죄가 성립하며, 이러한 법리는 폭행행위 자체가 추행행위라고 인정되는 이른바 '기습추행'의 경우에도 마찬가지로 적용된다.

피고인이 밤에 술을 마시고 배회하던 중 버스에서 내려 혼자 걸어가는 피해자 갑(여, 17세)을 발견하고 마스크를 착용한 채 뒤따라가다가 인적이 없고 외진 곳에서 가까이 접근하여 껴안으려 하였으나, 갑이 뒤돌아보면서 소리치자 그 상태로 몇 초 동안 쳐다보다가 다시 오던 길로 되돌아갔다고 하여 아동·청소년의 성보호에 관한 법률 위반으로 기소된 사안에서, 피고인과 갑의 관계, 갑의 연령과 의사, 행위에 이르게 된 경위와 당시 상황, 행위 후 갑의 반응 및 행위가 갑에게 미친 영향 등을 고려하여 보면, 피고인은 갑을 추행하기 위해 뒤따라간 것으로 추행의 고의를 인정할 수 있고, 피고인이 가까이 접근하여 갑자기 뒤에서 껴안는 행위는 일반인에게 성적 수치심이나 혐오감을 일으키게 하고 선량한 성적 도덕관념에 반하는 행위로서 갑의 성적 자유를 침해하는 행위여서 그 자체로 이른바 '기습추행' 행위로 볼 수 있으므로, 피고인의 팔이 갑의 몸에 닿지 않았더라도 양팔을 높이 들어 갑자기 뒤에서 껴안으려는 행위는 갑의 의사에 반하는 유형력의 행사로서 폭행행위에 해당하며, 그때 '기습추행'에 관한 실행의 착수가 있는데, 마침 갑이 뒤돌아보면서 소리치는 바람에 몸을 껴안는 추행의 결과에 이르지 못하고 미수에 그쳤으므로, 피고인의 행위는 아동·청소년에 대한 강제추행미수죄에 해당한다.

【평석】기습추행의 경우 폭행, 협박의 정도가 반드시 상대방의 반항을 곤란하게 할 정도임은 요하지 않고 상대방의 의사에 반하는 정도의 유형력의 행사가 있는 것으로 족하다고 보고 있다(대법원 2012. 6. 14. 선고 2012도3893, 2012감도14, 2012전도83 판결 등). 기습추행에 있어서의 폭행 개념에 대한 판례의 기준대로라면, 공중밀집 장소에서의 추행의 경우에는 언제나 기습추행에 포섭될 여지가 있으며, 위와 같은 대법원의 해석이 법문에 반한다고 볼 수는 없겠지만, 행위의 정도에 따른 처

벌의 구체화를 위하여는, 기습추행에 대한 처벌은 새로운 입법을 통하여 해결하는 것이 타당할 것이라는 견해가 있다.[29)]

바. 동성 군인간 합의한 키스, 구강00, 항문00 사안

🏛 대법원 2022. 4. 21. 선고 2019도3047 전원합의체 판결[추행]

판결의 요지

법은 원칙적으로 불특정 다수인에 대하여 동일한 구속력을 갖는 사회의 보편타당한 규범이므로, 이를 해석할 때에는 법의 표준적 의미를 밝혀 객관적 타당성이 있도록 하여야 하고 가급적 모든 사람이 수긍할 수 있는 일관성을 유지함으로써 법적 안정성이 손상되지 않도록 하여야 한다. 그리고 실정법이란 보편적이고 전형적인 사안을 염두에 두고 규정되기 마련이므로 사회현실에서 일어나는 다양한 사안에서 그 법을 적용할 때 구체적 사안에 맞는 가장 타당한 해결이 될 수 있도록, 즉 구체적 타당성을 가지도록 해석할 것도 요구된다. 요컨대, 법해석의 목표는 어디까지나 법적 안정성을 저해하지 않는 범위 내에서 구체적 타당성을 찾는 데 두어야 한다. 그 과정에서 가능한 한 법률에 사용된 문언의 통상적인 의미에 충실하게 해석하는 것을 원칙으로 하고, 나아가 법률의 입법 취지와 목적, 그 제정·개정 연혁, 법질서 전체와의 조화, 다른 법령과의 관계 등을 고려하는 체계적·논리적 해석방법을 추가적으로 동원함으로써, 위에서 본 법해석의 요청에 부응하는 타당한 해석이 되도록 하여야 한다(대법원 2009. 4. 23. 선고 2006다81035 판결 등 참조).

군형법 제92조의6의 문언, 개정 연혁, 보호법익과 헌법 규정을 비롯한 전체 법질서의 변화를 종합적으로 고려하면, 위 규정은 동성인 군인 사이의 항문성교나 그 밖에 이와 유사한 행위가 사적 공간에서 자발적 의사 합치에 따라 이루어지는 등 군이라는 공동사회의 건전한 생활과 군기를 직접적, 구체적으로 침해한 것으로 보기 어려운 경우에는 적용되지 않는다고 봄이 타당하다.

구체적인 이유는 다음과 같다.

---

29) 그밖에 뒤에서 껴안는 행위가 추행의 개념에 포섭되는지 여부, 이 사안에서 강제추행미수를 중지미수로 볼 것인지, 장애미수로 볼 것인지 등에 대하여는 이용식, 2015년 분야별 중요판례 분석, 법률신문, 2016. 4. 14.자 참조

(1) 법률 규정의 변화와 현행 규정의 문언적 의미

제정 당시 군형법(2009. 11. 2. 법률 제9820호로 개정되기 전의 것, 이하 '제정 군형법'이라 한다) 제92조는 "계간 기타 추행을 한 자는 1년 이하의 징역에 처한다."라고 정하였고, 구 군형법(2013. 4. 5. 법률 제11734호로 개정되기 전의 것, 이하 '구 군형법'이라 한다) 제92조의5는 "계간(鷄姦)이나 그 밖의 추행을 한 사람은 2년 이하의 징역에 처한다."라고 정하였다.

대법원은 제정 군형법 제92조에서 말하는 '추행'이란 계간에 이르지 아니한 동성애 성행위 등 객관적으로 일반인에게 혐오감을 일으키게 하고 선량한 성적 도덕관념에 반하는 성적 만족 행위로서 군이라는 공동사회의 건전한 생활과 군기를 침해하는 것이라고 판단하였고(대법원 2008. 5. 29. 선고 2008도2222 판결 참조), 구 군형법 제92조의5의 '추행'에 대해서도 같은 취지로 판단하였다(대법원 2012. 6. 14. 선고 2012도3980 판결 참조). 헌법재판소는 제정 군형법 제92조와 구 군형법 제92조의5에 대하여 3차례에 걸쳐 합헌 결정을 하면서(헌법재판소 2002. 6. 27. 선고 2001헌바70 결정, 헌법재판소 2011. 3. 31. 선고 2008헌가21 결정, 헌법재판소 2016. 7. 28. 선고 2012헌바258 결정), 이 규정이 동성 군인 간의 행위에만 적용되고 강제력 행사를 요구하지 않으며 합의에 의한 것인지 여부나 행위의 시간, 장소 등에 관한 별도의 제한을 하지 않는다고 보았다.

이 사건에 적용되는 현행 군형법 제92조의6은 2013. 4. 5. 법률 제11734호로 개정된 것으로서 "제1조 제1항부터 제3항까지에 규정된 사람(이하 '군인 등'이라 한다)에 대하여 항문성교나 그 밖의 추행을 한 사람은 2년 이하의 징역에 처한다."라고 정하고 있다(이하 '현행 규정'이라 한다). 현행 규정은 구 군형법 제92조의5 규정과는 달리 '계간(鷄姦)' 대신 '항문성교'라는 표현을 사용하고 행위의 객체를 군형법이 적용되는 군인 등으로 한정하였다.

제정 군형법 제92조와 구 군형법 제92조의5의 대표적 구성요건인 '계간(鷄姦)'은 사전적(辭典的)으로 '사내끼리 성교하듯이 하는 짓'으로서 남성 간의 성행위라는 개념요소를 내포하고 있다. 반면, 현행 규정의 대표적 구성요건인 '항문성교'는 '발기한 성기를 항문으로 삽입하는 성행위'라는 성교행위의 한 형태를 가리키는 것으로서, 이성 간에도 가능한 행위이고 남성 간의 행위에 한정하여 사용되는 것이 아니다. 따라서 현행 규정의 문언만으로는 동성 군인 간의 성행위 그 자체를 처벌하는 규정이라는 해석이 당연히 도출될 수 없고, 별도의 규범적인 고려 또는 법적 평가를 더해야만 그러한 해석이 가능하다.

2013. 4. 5. 군형법 개정 당시 용어를 순화하였을 뿐이고 여전히 남성 간에 합의로 이루어진 성행위를 처벌하려는 입법의도에는 아무런 변화가 없다고 볼 수도 있다. 그러나 '동성 간의 성행위를 비하하는 용어를 변경하려는 것'이라는 개정이유에는 동성 간 성행위 자체만으로 이를 비하하거나 금기시하여 무조건적인 처벌의 대상으로 삼지 않으려는 의도가 포함되어 있다고 볼 수 있으므로, 이러한 취지를 도외시한 채 종래의 해석을 유지해야 하는 것은 아니다.

'추행'의 사전적 의미는 '① 더럽고 지저분한 행동, ② 강간이나 그와 비슷한 짓'이라고 되어 있다. 형법 등 성폭력 범죄 처벌규정에서 '추행'을 구성요건으로 정하고 있는 경우가 있는데, 대법원은 추행을 '객관적으로 일반인에게 성적 수치심이나 혐오감을 일으키게 하고 선량한 성적 도덕관념에 반하는 행위로서 피해자의 성적 자유를 침해하는 것'이라고 하면서 이를 판단할 때 피해자의 의사를 고려요소의 하나로 삼고 있다(대법원 2015. 9. 10. 선고 2015도6980 판결 등 참조).

어떤 행위가 추행에 해당하는지에 대한 일반적인 관념이나 동성 간의 성행위에 대한 규범적 평가는 시대와 사회의 변화에 따라 바뀌어 왔고, 동성 간의 성행위가 객관적으로 일반인에게 성적 수치심이나 혐오감을 일으키게 하고 선량한 성적 도덕관념에 반하는 행위라는 평가는 이 시대 보편타당한 규범으로 받아들이기 어렵게 되었다. 대법원 2013. 11. 14. 선고 2011두11266 판결은 "동성애를 이성애와 같은 정상적인 성적 지향의 하나로 보아야 한다는 주장이 있고, 사회적인 분위기 역시 동성애를 비롯한 성적 소수자에 대한 이해와 관심이 높아져 가고 있다."라는 이유 등을 들어 동성애 성행위 장면이 나오는 영화를 청소년 관람불가 등급으로 분류한 처분을 취소한 원심판단을 받아들였다. 대법원 2014. 7. 24. 선고 2012므806 판결에서는 "민법 규정에 따라 적법하게 입양신고를 마친 사람이 단지 동성애자로서 동성과 동거하면서 자신의 성과 다른 성 역할을 하는 사람이라는 이유만으로는 입양이 선량한 풍속에 반하여 무효라고 할 수 없다."라고 판단하기도 하였다.

이처럼 현행 규정의 문언 변경과 함께 동성 간의 성행위에 대한 법규범적 평가가 달라진 점을 고려하면, 동성 간의 성행위가 그 자체만으로 '추행'이 된다고 본 종래의 해석은 더 이상 유지하기 어려워졌다. 아래에서는 현행 규정의 개정에 따른 보호법익의 변화를 살펴보고 헌법을 비롯한 전체 법질서를 고려하여 현행 규정의 적용 범위를 다시 검토해 보고자 한다.

(2) 보호법익과 군대의 특수성

제정 군형법 제92조는 '제15장 기타의 죄' 중 하나였고 당시 군형법에 다른 성
폭력 범죄를 처벌하는 규정은 없었다. 대법원은 제정 군형법 제92조의 주된 보호법
익은 '개인의 성적 자유'가 아니라 '군이라는 공동사회의 건전한 생활과 군기'라는
사회적 법익이라고 파악하고 남성 군인 간 성행위는 이러한 보호법익을 침해하는
행위로서 처벌대상이 된다고 보았다(위 대법원 2008도2222 판결 참조). 헌법재판소
역시 같은 입장에서 남성 동성 간 성행위를 이성 간 성행위와 달리 취급하는 데 합
리적인 이유가 있다고 하면서 상명하복의 엄격한 규율과 집단적 공동생활을 본질
로 하는 군대의 특수한 사정을 고려하였다. 즉, 혈기왕성한 젊은 남성 의무복무자
들이 폐쇄적인 단체생활을 하므로 남성 간의 비정상적인 성적 교섭행위가 발생할
가능성이 높고 상급자의 하급자를 상대로 한 의사에 반하는 성행위가 발생할 가능
성이 높다는 것이다.

그런데 군대 내 여성의 증가로 여성 군인에 대한 성폭력 문제가 심각해지고 상
명하복이 철저한 계급사회에서 하급자인 남성 군인에 대한 성폭력 범죄도 빈번히
발생하여 군대 내 성폭력 문제가 사회적으로 관심을 받게 되자 군형법은 2009. 11.
2. 법률 제9820호로 개정되었다. 이때 군형법은 '제15장 강간과 추행의 죄'를 신설
하여 군인 등에 대한 강간, 강제추행 등 성폭력 범죄를 가중 처벌하는 규정을 도입
하였고, 제정 군형법 제92조에 정해진 법정형의 징역형 상한을 1년에서 2년으로
상향하면서 이를 '제15장 강간과 추행의 죄'의 하나(제92조의5)로 옮겨 규정의 체계
적 위치가 달라졌다. 2013. 4. 5. 다시 개정된 현행 규정에서는 다른 성폭력 범죄
처벌규정과 마찬가지로 '군인 등에 대하여'라는 문구를 추가하여 행위의 주체와 객
체를 구별하는 표현을 사용하고 있다.

현행 규정의 체계와 문언, 개정 경위와 함께, 동성 간 성행위에 대한 법규범적
평가의 변화에 따라 동성 군인 간 합의에 따른 성행위를 아무런 제한 없이 군기를
침해하는 행위라고 보기 어려운 점 등을 종합하면, 현행 규정의 보호법익에는 '군
이라는 공동사회의 건전한 생활과 군기'라는 전통적인 보호법익과 함께 '군인의 성
적 자기결정권'도 포함된다고 보아야 한다.

이 사건과 같이 군인이 자신의 사적 공간인 독신자숙소에서 자유로운 의사로 합
의에 따른 성행위를 한 사안으로서 군인의 성적 자기결정권이라는 법익에 대한 침
해는 물론, 군이라는 공동사회의 건전한 생활과 군기라는 법익에 대한 침해를 인정

하기 어려운 경우까지 처벌대상으로 삼는 해석은 허용될 수 없다.

(3) 헌법을 비롯한 전체 법질서

헌법 제11조 제1항은 "모든 국민은 법 앞에 평등하다. 누구든지 성별·종교 또는 사회적 신분에 의하여 정치적·경제적·사회적·문화적 생활의 모든 영역에 있어서 차별을 받지 아니한다."라고 정하여 평등의 원칙을 선언함과 동시에 모든 국민에게 평등권을 보장하고 있다. 국가인권위원회법 제2조 제3호는 '평등권 침해의 차별행위'를 정의하면서 차별사유의 하나로 '성적 지향'을 명시하여 합리적인 이유 없이 성적 지향에 근거한 차별을 금지하고 있다.

헌법 제10조는 "모든 국민은 인간으로서의 존엄과 가치를 가지며, 행복을 추구할 권리를 가진다. 국가는 개인이 가지는 불가침의 기본적 인권을 확인하고 이를 보장할 의무를 진다."라고 정하고, 제17조는 "모든 국민은 사생활의 비밀과 자유를 침해받지 아니한다."라고 정하며, 제37조 제2항은 "국민의 모든 자유와 권리는 국가안전보장·질서유지 또는 공공복리를 위하여 필요한 경우에 한하여 법률로써 제한할 수 있으며, 제한하는 경우에도 자유와 권리의 본질적인 내용을 침해할 수 없다."라고 정한다.

자기결정권은 헌법 제10조에서 규정한 개인의 인격권과 행복추구권에 의하여 보호되는 권리이다(대법원 2009. 5. 21. 선고 2009다17417 전원합의체 판결 등 참조). 그중 성적 자기결정권은 스스로 선택한 인생관 등을 바탕으로 사회공동체 안에서 각자가 독자적으로 성적 관념을 확립하고 이에 따라 사생활의 영역에서 자기 스스로 내린 성적 결정에 따라 자기책임으로 상대방을 선택하고 성행위를 할 권리이다(대법원 2020. 8. 27. 선고 2015도9436 전원합의체 판결, 헌법재판소 2002. 10. 31. 선고 99헌바40 등 결정 참조). 이러한 성적 자기결정권은 군형법의 적용 대상인 군인에게도 당연히 인정되는 보편적 권리로서, 군인의 신분에 수반되는 국가안전보장·질서유지 또는 공공복리를 위하여 필요한 범위 내에서 법률로 이를 제한하는 경우에도 그 본질적인 내용은 침해될 수 없다.

위에서 본 동성 간 성행위에 대한 법규범적 평가에 비추어 보면, 동성 군인 간 합의에 의한 성행위로서 그것이 군이라는 공동사회의 건전한 생활과 군기를 직접적, 구체적으로 침해하지 않는 경우에까지 형사처벌을 하는 것은 헌법을 비롯한 전체 법질서에 비추어 허용되지 않는다고 보아야 한다. 이를 처벌하는 것은 합리적인 이유 없이 군인이라는 이유만으로 성적 자기결정권을 과도하게 제한하는 것으로서 헌법상 보장된 평등권, 인간으로서의 존엄과 가치, 그리고 행복추구권을 침해할 우려가 있다.

특히 현행 규정은 장교나 부사관 등 직업군인에게도 적용되는데, 직업군인의 경우 장기간 동안 군형법의 적용을 받게 되므로 기본권 제한의 정도가 매우 크다. 그리고 군인 간의 합의에 의한 항문성교 그 밖의 성행위가 사적 공간에서 은밀히 이루어진 경우 이를 처벌하기 위해서는 지극히 사생활 영역에 있는 행위에 대한 수사가 필수적인데, 이러한 수사는 군인의 사생활의 비밀과 자유를 과도하게 제한하는 것으로 허용되기 어렵다.

다만 현행 규정이 평등권을 이유로 이성 간 행위에까지 확대 적용되어야 하는지에 대해서는 이 사건의 쟁점이 아닐 뿐만 아니라 현행 규정의 처벌 범위를 확대하는 문제가 있으므로 판단하지 않고자 한다.

판례 변경

이와 달리 남성 군인 간 항문성교를 비롯한 성행위가 그 자체만으로 객관적으로 일반인에게 혐오감을 일으키게 하고 선량한 성적 도덕관념에 반하는 행위라는 이유로 사적 공간에서 합의하여 이루어진 성행위인지 여부 등을 따지지 않고 제정 군형법 제92조와 구 군형법 제92조의5 규정이 적용된다는 취지로 판단한 대법원 2008. 5. 29. 선고 2008도2222 판결, 대법원 2012. 6. 14. 선고 2012도3980 판결을 비롯하여 같은 취지의 대법원 판결들은 이 판결의 견해에 배치되는 범위 내에서 변경하기로 한다.

이 사건에 관한 판단

(1) 원심판결 이유와 기록에 따르면 다음 사정을 알 수 있다.

피고인 권00과 윤○○은 중위, 피고인 안00는 상사(上士)로서 동성애 채팅 어플리케이션 잭디(Jack'D)를 통해 만났고, 같은 부대 소속이 아니었다. 피고인들과 윤○○은 행위 당시 피고인들의 독신자 숙소에서 휴일 또는 근무시간 이후에 자유로운 의사를 기초로 한 합의에 따라 항문성교나 그 밖의 성행위를 하였다. 그 과정에 폭행·협박, 위계·위력은 없었으며 의사에 반하는 행위인지 여부가 문제된 사정도 전혀 없다. 피고인들의 행위가 군이라는 공동체 내의 공적, 업무적 영역 또는 이에 준하는 상황에서 이루어져 군이라는 공동체의 건전한 생활과 군기를 직접적이고 구체적으로 침해한 경우에 해당한다는 사정은 증명되지 않았다.

(2) 이러한 사정을 위에서 본 법리에 비추어 보면, 피고인들의 행위는 현행 규정에서 처벌대상으로 규정한 '항문00나 그 밖의 추행'에 해당하지 않는다.

그런데도 원심은 피고인들의 행위가 현행 규정에서 정한 '항문00나 그 밖의 추행'에 해당한다고 보아 피고인들에 대한 위 공소사실을 유죄로 인정한 제1심 판결을 그대로 유지하였다. 이러한 판단에는 군형법 제92조의6에 정해진 '항문00나 그 밖의 추행'에 관한 법리를 오해하여 판결에 영향을 미친 잘못이 있다. 이 부분을 지적하는 피고인들의 상고이유 주장은 정당하다.

【평석】 이 사건 쟁점은 동성 군인이 합의하여 영외의 사적 공간에서 항문00를 비롯한 성행위를 하는 경우에 군형법 제92조의6(醜行)을 위반하였다고 보아 처벌할 수 있는지 여부이다. 원심은, 군형법 제92조의6은 자발적 합의로 이루어진 행위에도 적용되고, 남성인 피고인들의 동성 간 구강성교, 상호 사정행위 등은 객관적으로 일반인에게 혐오감을 일으키게 하고 선량한 성적 도덕관념에 반하는 행위로서 군형법 제92조의6의 '그 밖의 추행'에 해당한다는 이유로, 위 공소사실을 유죄로 판단한 제1심 판결을 그대로 유지하였다. 위 판례의 다수의견에 대하여, '군이라는 공동사회의 건전한 생활과 군기'를 현행 규정의 적용 여부를 판단하는 기준으로 삼으면서도, 동성 군인 사이의 항문00나 그 밖의 추행행위가 사적 공간에서 '자발적 의사 합치'에 따라 이루어진 경우에는 현행 규정이 적용되지 않는다고 하지만, 그러나 합의 여부를 현행 규정 적용의 소극적 요소 중 하나로 파악하는 것은 법률해석을 넘어서는 실질적 입법행위에 해당하여 찬성하기 어렵다는 별개의견, 사적 공간에서 자발적 합의에 따라 이루어진 성행위라 하더라도 그러한 행위를 한 사람이 군이라는 공동사회의 구성원인 이상 군기라는 사회적 법익은 침해돼 처벌 대상에서 제외할 수 없다는 반대의견이 있다.

61. 제299조 준강제추행

'알코올 블랙아웃(black out)'의 의미 및 의식상실(passing out)과의 구별

판결의 요지

준강간죄에서 '심신상실'이란 정신기능의 장애로 인하여 성적 행위에 대한 정상적인 판단능력이 없는 상태를 의미하고, '항거불능'의 상태란 심신상실 이외의 원인으로 심리적 또는 물리적으로 반항이 절대적으로 불가능하거나 현저히 곤란한 경우를 의미한다. 이는 준강제추행죄의 경우에도 마찬가지이다. 피해자가 깊은 잠에 빠져 있거나 술·약물 등에 의해 일시적으로 의식을 잃은 상태 또는 완전히 의식을 잃지는 않았더라도 그와 같은 사유로 정상적인 판단능력과 대응·조절능력을 행사할 수 없는 상태에 있었다면 준강간죄 또는 준강제추행죄에서의 심신상실 또는 항거불능 상태에 해당한다.

(가) 의학적 개념으로서의 '알코올 블랙아웃(black out)'은 중증도 이상의 알코올 혈중농도, 특히 단기간 폭음으로 알코올 혈중농도가 급격히 올라간 경우 그 알코올 성분이 외부 자극에 대하여 기록하고 해석하는 인코딩 과정(기억형성에 관여하는 뇌의 특정 기능)에 영향을 미침으로써 행위자가 일정한 시점에 진행되었던 사실에 대한 기억을 상실하는 것을 말한다.

알코올 블랙아웃은 인코딩 손상의 정도에 따라 단편적인 블랙아웃과 전면적인 블랙아웃이 모두 포함한다. 그러나 알코올의 심각한 독성화와 전형적으로 결부된 형태로서의 의식상실의 상태, 즉 알코올의 최면진정작용으로 인하여 수면에 빠지는 의식상실(passing out)과 구별되는 개념이다.

(나) 따라서 음주 후 준강간 또는 준강제추행을 당하였음을 호소한 피해자의 경우, 범행 당시 알코올이 위의 기억형성의 실패만을 야기한 알코올 블랙아웃 상태였다면 피해자는 기억장애 외에 인지기능이나 의식 상태의 장애에 이르렀다고 인정하기 어렵지만, 이에 비하여 피해자가 술에 취해 수면상태에 빠지는 등 의식을 상실한 패싱아웃 상태였다면 심신상실의 상태에 있었음을 인정할 수 있다.

또한 '준강간죄 또는 준강제추행죄에서의 심신상실·항거불능'의 개념에 비추어, 피해자가 의식상실 상태에 빠져 있지는 않지만 알코올의 영향으로 의사를 형성할 능력이나 성적 자기결정권 침해행위에 맞서려는 저항력이 현저하게 저하된 상태였다면 '항거불능'에 해당하여, 이러한 피해자에 대한 성적 행위 역시 준강간죄 또는 준강제추행죄를 구성할 수 있다.

(다) 그런데 법의학 분야에서는 알코올 블랙아웃이 '술을 마시는 동안에 일어난 중요한 사건에 대한 기억상실'로 정의되기도 하며, 일반인 입장에서는 '음주 후 발생한 광범위한 인지기능 장애 또는 의식상실'까지 통칭하기도 한다.

(라) 따라서 음주로 심신상실 상태에 있는 피해자에 대하여 준강간 또는 준강제추행을 하였음을 이유로 기소된 피고인이 '피해자가 범행 당시 의식상실 상태가 아니었고 그 후 기억하지 못할 뿐이다.'라는 취지에서 알코올 블랙아웃을 주장하는 경우, 법원은 피해자의 범행 당시 음주량과 음주 속도, 경과한 시간, 피해자의 평소 주량, 피해자가 평소 음주 후 기억장애를 경험하였는지 여부 등 피해자의 신체 및 의식 상태가 범행 당시 알코올 블랙아웃인지 아니면 패싱아웃 또는 행위통제능력이 현저히 저하된 상태였는지를 구분할 수 있는 사정들과 더불어 CCTV나 목격자를 통하여 확인되는 당시 피해자의 상태, 언동, 피고인과의 평소 관계, 만나게 된 경위, 성적 접촉이 이루어진 장소와 방식, 그 계기와 정황, 피해자의 연령·경험 등 특성, 성에 대한 인식 정도, 심리적·정서적 상태, 피해자와 성적 관계를 맺게 된 경위에 대한 피고인의 진술 내용의 합리성, 사건 이후 피고인과 피해자의 반응을 비롯한 제반 사정을 면밀하게 살펴 범행 당시 피해자가 심신상실 또는 항거불능 상태에 있었는지 여부를 판단해야 한다.

또한 피해사실 전후의 객관적 정황상 피해자가 심신상실 등이 의심될 정도로 비정상적인 상태에 있었음이 밝혀진 경우 혹은 피해자와 피고인의 관계 등에 비추어 피해자가 정상적인 상태하에서라면 피고인과 성적 관계를 맺거나 이에 수동적으로나마 동의하리라고 도저히 기대하기 어려운 사정이 인정되는데도, 피해자의 단편적인 모습만으로 피해자가 단순히 '알코올 블랙아웃'에 해당하여 심신상실 상태에 있지 않았다고 단정하여서는 안 된다.

【해설】 피고인이 모텔에서 술에 취하여 심신상실 상태에 있는 피해자(18세)를 침대에 눕힌 후, 피해자의 상의와 브래지어, 팬티를 벗기고 피해자에게 키스하고 손으로 피해자의 가슴을 만져 피해자의 심신상실의 상태를 이용하여 추행한 사안이지만, 대법원은, 1) 피해자가 '음주 후 필름이 끊겼다.'고 진술한 경우 음주량과 음주속도 등 앞서 본 사정들을 심리하지 않은 채 알코올 블랙아웃의 가능성을 쉽사리 인정하여서는 안 되며, 2) 알코올의 영향은 개인적 특성 및 상황에 따라 다르게

나타날 수 있다. 피해자가 어느 순간 몸을 가누지 못할 정도로 비틀거리지는 않고 스스로 걸을 수 있다거나, 자신의 이름을 대답하는 등의 행동이 가능하였다는 점만을 들어 범행 당시 심신상실 등 상태에 있지 않았다고, 섣불리 단정할 것은 아니다. 3) 피해자는 이 사건 당시 짧은 시간 동안 다량의 술을 마셔 구토를 할 정도로 취했다. 자신의 일행이나 소지품을 찾을 방법을 알지 못하고, 사건 당일 처음 만난 피고인과 함께 모텔에 가서 무방비 상태로 잠이 들었다. 피해자는 인터폰으로 자신의 이름을 말해준 이후에도 상황 파악을 하지 못한 채로 다시 잠이 들어버렸을 뿐만 아니라, 경찰이 모텔 객실로 들어오는 상황이었음에도 옷을 벗은 상태로 누워 있을 정도로 판단능력 및 신체적 대응능력에 심각한 문제가 발생한 상태였다. 이와 같은 사정에 비추어 보면 피해자는 피고인이 추행을 할 당시 술에 만취하여 잠이 드는 등 심신상실 상태에 있었다고 볼 여지가 충분하다는 등의 사유로 심리미진으로 파기환송하였다.

62. 제301조 강간 등 상해·치상

피고인이 성폭력범죄로 소년보호처분을 받은 전력이 있는데 다시 강간상해죄를 범하여 '특정 범죄자에 대한 위치추적 전자장치 부착 등에 관한 법률' 제5조 제1항 제3호에 근거하여 부착명령이 청구된 사안에서, '성폭력범죄를 2회 이상 범한 경우'에 해당하지 않는다고 보아 부착명령 청구를 기각한 원심판단을 정당하다고 한 사례

🏛 대법원 2012. 3. 22. 선고 2011도15057, 2011전도249 전원합의체 판결[강간상해·강도상해·상해·부착명령]

판결의 요지

피고인이 성폭력범죄로 소년법에 의한 보호처분을 받은 전력이 있는데 다시 강간상해죄를 범하여 '특정 범죄자에 대한 위치추적 전자장치 부착 등에 관한 법률' 제5조 제1항 제3호에 근거하여 부착명령이 청구된 사안에서, 피부착명령청구자가 피고사건 범죄사실인 강간상해죄를 1회 범한 것 외에 과거에 성폭력범죄로 소년보호처분을 받은 사실이 있다는 사유만으로는 위 규정에서 정한 '성폭력범죄를 2회 이상 범한 경우'에 해당하지 않는다고 보아 부착명령청구를 기각한 원심판단은 정

당하다.

63. 제305조 미성년자에 대한 간음, 추행

미성년자 의제간음 추행치사상과 고소의 여부

> 🏛 대법원 1977. 4. 12. 선고 76도3719 전원합의체 판결[미성년자의제강제추행치상]

판결의 요지

13세 미만의 부녀자에게 추행을 하여 그에게 상해를 입힌 소위에 대하여는 형법 305조에 의하여 같은 법 301조가 적용되므로 고소가 없어도 이를 논할 수 있다(다수의견).

64. 제307조 명예훼손

가. 표현행위가 명예훼손에 해당하는지를 판단할 때 고려하여야 할 사항 및 타인에 대하여 비판적인 의견을 표명하는 것이 민법상 불법행위가 되는 경우

공적인 존재의 정치적 이념을 비판하는 표현에 대한 법적 규제와 그 한계

> 🏛 대법원 2018. 10. 30. 선고 2014다61654 전원합의체 판결[손해배상(기)]

판결의 요지

1) 명예훼손과 모욕적 표현은 구분해서 다루어야 하고 그 책임의 인정 여부도 달리함으로써 정치적 논쟁이나 의견 표명과 관련하여 표현의 자유를 넓게 보장할 필요가 있다.

표현행위로 인한 명예훼손 책임이 인정되려면 사실을 적시함으로써 명예가 훼손되었다는 점이 인정되어야 한다. 명예는 객관적인 사회적 평판을 뜻한다. 누군가

를 단순히 '종북'이나 '주사파'라고 하는 등 부정적인 표현으로 지칭했다고 해서 명예훼손이라고 단정할 수 없고, 그러한 표현행위로 말미암아 객관적으로 평판이나 명성이 손상되었다는 점까지 증명되어야 명예훼손 책임이 인정된다.

표현행위가 명예훼손에 해당하는지를 판단할 때에는 사용된 표현뿐만 아니라 발언자와 그 상대방이 누구이고 어떤 지위에 있는지도 고려해야 한다. '극우'든 '극좌'든, '보수우익'이든 '종북'이나 '주사파'든 그 표현만을 들어 명예훼손이라고 판단할 수 없고, 그 표현을 한 맥락을 고려하여 명예훼손에 해당하는지를 판단해야 한다. 피해자의 지위를 고려하는 것은 이른바 공인 이론에 반영되어 있다. 공론의 장에 나선 전면적 공적 인물의 경우에는 비판을 감수해야 하고 그러한 비판에 대해서는 해명과 재반박을 통해서 극복해야 한다. 발언자의 지위나 평소 태도도 그 발언으로 상대방의 명예를 훼손했는지 판단할 때 영향을 미칠 수 있다.

민주주의 국가에서는 여론의 자유로운 형성과 전달에 의하여 다수의견을 집약시켜 민주적 정치 질서를 생성·유지시켜 나가야 하므로 표현의 자유, 특히 공적 관심사에 대한 표현의 자유는 중요한 헌법상 권리로서 최대한 보장되어야 한다. 다만 개인의 사적 법익도 보호되어야 하므로, 표현의 자유 보장과 인격권 보호라는 두 법익이 충돌하였을 때에는 구체적인 경우에 표현의 자유로 얻어지는 가치와 인격권의 보호에 의하여 달성되는 가치를 비교 형량하여 그 규제의 폭과 방법을 정하여야 한다.

타인에 대하여 비판적인 의견을 표명하는 것은 극히 예외적인 사정이 없는 한 위법하다고 볼 수 없다. 그러나 표현행위의 형식과 내용이 모욕적이고 경멸적인 인신공격에 해당하거나 타인의 신상에 관하여 다소간의 과장을 넘어서 사실을 왜곡하는 공표행위를 하는 등으로 인격권을 침해한 경우에는 의견 표명으로서의 한계를 벗어난 것으로서 불법행위가 될 수 있다.

2) 언론에서 공직자 등에 대해 비판하거나 정치적 반대의견을 표명하면서 사실의 적시가 일부 포함된 경우에도 불법행위책임을 인정하는 것은 신중해야 한다. 위에서 보았듯이 대법원이 언론 보도가 공직자 또는 공직 사회에 대한 감시·비판·견제라는 정당한 언론 활동의 범위를 벗어나 악의적이거나 심히 경솔한 공격으로서 현저히 상당성을 잃은 것으로 평가되는 경우에 한하여 책임을 인정하고 있는 것도 이러한 맥락이다.

표현이 공적인 존재의 정치적 이념에 관한 것인 때에는 특별한 의미가 있다. 공적인 존재가 가진 국가·사회적 영향력이 크면 클수록 그 존재가 가진 정치적 이념은 국가의 운명에까지 영향을 미치게 된다. 그러므로 그 존재가 가진 정치적 이념은 더욱 철저히 공개되고 검증되어야 하며, 이에 대한 의문이나 의혹은 그 개연성이 있는 한 광범위하게 문제 제기가 허용되어야 하고 공개토론을 받아야 한다. 정확한 논증이나 공적인 판단이 내려지기 전이라고 해서 그에 대한 의혹의 제기가 공적 존재의 명예보호라는 이름으로 봉쇄되어서는 안 되고 찬반 토론을 통한 경쟁과정에서 도태되도록 하는 것이 민주적이다.

그런데 사람이나 단체가 가진 정치적 이념은 외부적으로 분명하게 드러나지 않는 경우가 많을 뿐 아니라 정치적 이념의 성질상 그들이 어떠한 이념을 가지고 있는지를 정확히 증명해 낸다는 것은 거의 불가능한 일이다. 그러므로 이에 대한 의혹의 제기나 주관적인 평가가 진실에 부합하는지 혹은 진실하다고 믿을 만한 상당한 이유가 있는지를 따질 때에는 일반의 경우와 같이 엄격하게 증명해 낼 것을 요구해서는 안 되고, 그러한 의혹의 제기나 주관적인 평가를 내릴 수도 있는 구체적 정황의 제시로 증명의 부담을 완화해 주어야 한다.

나아가 공방의 대상으로 된 좌와 우의 이념문제 등은 국가의 운명과 이에 따른 국민 개개인의 존재 양식을 결정하는 중차대한 쟁점이고 이 논쟁에는 필연적으로 평가적인 요소가 수반되는 특성이 있다. 그러므로 이 문제에 관한 표현의 자유는 넓게 보장되어야 하고 이에 관한 일방의 타방에 대한 공격이 타방의 기본입장을 왜곡시키는 것이 아닌 한 부분적인 오류나 다소의 과장이 있다 하더라도 이를 들어 섣불리 불법행위의 책임을 인정함으로써 이 문제에 관한 언로를 봉쇄하여서는 안 된다.

정치적 이념에 관한 논쟁이나 토론에 법원이 직접 개입하여 사법적 책임을 부과하는 것은 바람직하지 않다. 어떤 사람이 가지고 있는 정치적 이념은 사실문제이기는 하지만, 많은 경우 의견과 섞여 있어 논쟁과 평가 없이는 이에 대해 판단하는 것 자체가 불가능하기 때문이다.

3) 어느 시대, 어느 사회에서나 부정확하거나 바람직하지 못한 표현들은 있기 마련이다. 그렇다고 해서 이러한 표현들 모두에 대하여 무거운 법적 책임을 묻는 것이 그 해결책이 될 수는 없다. 일정한 한계를 넘는 표현에 대해서는 엄정한 조치를 취할 필요가 있지만, 그에 앞서 자유로운 토론과 성숙한 민주주의를 위하여 표현의 자유를 더욱 넓게 보장하는 것이 전제되어야 한다. 자유로운 의견 표명과 공

개 토론과정에서 부분적으로 잘못되거나 과장된 표현은 피할 수 없고, 표현의 자유가 제 기능을 발휘하기 위해서는 그 생존에 필요한 숨 쉴 공간이 있어야 하기 때문이다. 따라서 명예훼손이나 모욕적 표현을 이유로 법적 책임을 지우는 범위를 좁히되, 법적으로 용인할 수 있는 한계를 명백히 넘는 표현에 대해서는 더욱 엄정하게 대응해야 한다.

명예훼손으로 인한 책임으로부터 표현의 자유를 보장하기 위해서는 이른바 '숨 쉴 공간'을 확보해 두어야 한다. 부적절하거나 부당한 표현에 대해서는 도의적 책임이나 정치적 책임을 져야 하는 경우도 있고 법적 책임을 져야 하는 경우도 있다. 도의적·정치적 책임을 져야 하는 사안에 무조건 법적 책임을 부과하려고 해서는 안 된다. 표현의 자유를 위해 법적 판단으로부터 자유로운 중립적인 공간을 남겨두어야 한다.

표현의 자유를 보장하는 것은 좌우의 문제가 아니다. 진보든 보수든 표현을 자유롭게 보장해야만 서로 장점을 배우고 단점을 보완할 기회를 가질 수 있다. 비록 양쪽이 서로에게 벽을 치고 서로 비방하는 상황이라고 하더라도, 일반 국민은 그들의 토론과 논쟁을 보면서 누가 옳고 그른지 판단할 수 있는 기회를 가져야 한다. 정치적·이념적 논쟁 과정에서 통상 있을 수 있는 수사학적인 과장이나 비유적인 표현에 불과하다고 볼 수 있는 부분에 대해서까지 금기시하고 법적 책임을 지우는 것은 표현의 자유를 지나치게 제한하는 결과가 될 수 있다.

4) 甲 등이 트위터 글이나 기사들에 乙 등을 비판하는 글을 작성·게시하면서 '종북', '주사파' 등의 표현으로 지칭한 사안에서, 위 표현행위의 의미를 객관적으로 확정할 경우 사실 적시가 아니라 의견 표명으로 볼 여지가 있는 점, 명예훼손에 해당하려면 사실의 적시가 있는지 따져보고 그것이 진실인지 허위인지에 따라 손해의 정도를 달리 보아야 하는데, 위 표현행위에 사실의 적시가 포함되어 있다고 하더라도 공인인 乙 등에 대한 의혹의 제기나 주장이 진실이라고 믿을 만한 상당한 이유가 있다고 볼 만한 구체적 정황의 제시가 있는 점 등에 비추어, 甲 등이 트위터 글이나 기사들에서 한 위 표현행위는 의견 표명이나 구체적인 정황 제시가 있는 의혹 제기에 불과하여 불법행위가 되지 않거나 乙 등이 공인이라는 점을 고려할 때 위법하지 않다.

나. 1) 명예훼손죄에서 '사실의 적시'의 의미 및 보고나 진술이 사실인지 의견인

지 판단하는 기준, 사실을 적시한 것으로 보아야 하는지 여부(적극) 및 공적 인물과 관련된 공적 관심사에 관하여 의혹을 제기하는 형태의 표현행위를 암시에 의한 사실의 적시로 평가할 때 유의할 사항

2) 기자회견 등 공개적인 발언으로 인한 명예훼손죄가 성립하는지 판단할 때 고려하여야 할 사항, 정부 또는 국가기관의 정책결정이나 업무수행과 관련된 사항을 주된 내용으로 하는 발언으로 그에 관여한 공직자 개인에 대한 명예훼손죄가 성립하는지 여부 및 판단 기준

3) 피고인이 세월호 참사 국민대책회의 공동위원장이자 '4월 16일의 약속 국민연대' 상임운영위원으로서 언론사 기자와 시민 등을 상대로 기자회견을 하던 중 '세월호 참사 당일 7시간 동안 대통령 갑이 마약이나 보톡스를 했다는 의혹이 사실인지 청와대를 압수·수색해서 확인했으면 좋겠다'는 취지의 발언이 명예 훼손에 해당하는지 여부

> 🏛 대법원 2021. 3. 25. 선고 2016도14995 판결[특수공무집행방해치상 · 일반교통방해 · 집회및시위에관한법률위반 · 명예훼손 등]

판결의 요지

1) 민주주의 국가에서는 여론의 자유로운 형성과 전달을 통하여 다수의견을 집약시켜 민주적 정치 질서를 생성·유지시켜 나가야 하므로 표현의 자유, 특히 공적 관심사에 대한 표현의 자유는 중요한 헌법상 권리로서 최대한 보장되어야 한다. 다만 개인의 사적 법익도 보호되어야 하므로, 표현의 자유 보장과 인격권 보호라는 두 법익이 충돌할 때에는 구체적인 경우에 표현의 자유로 얻어지는 가치와 인격권의 보호로 달성되는 가치를 비교 형량하여 그 규제의 폭과 방법을 정해야 한다.

명예훼손죄에서 '사실의 적시'란 가치판단이나 평가를 내용으로 하는 '의견표현'에 대치되는 개념으로서 시간적으로나 공간적으로 구체적인 과거 또는 현재의 사실관계에 관한 보고나 진술을 뜻하고, 표현 내용을 증거로 증명할 수 있는 것을 말한다. 보고나 진술이 사실인지 의견인지를 구별할 때에는 언어의 통상적 의미와 용법, 증명가능성, 문제 된 표현이 사용된 문맥, 표현이 이루어진 사회적 상황 등 전체적 정황을 고려하여 판단하여야 한다. 객관적으로 피해자의 사회적 평가를 저하시키는 사실에 관한 발언이 보도, 소문이나 제3자의 말을 인용하는 방법으로 단정

적인 표현이 아닌 전문 또는 추측의 형태로 표현되었더라도, 표현 전체의 취지로 보아 사실이 존재할 수 있다는 것을 암시하는 방식으로 이루어진 경우에는 사실을 적시한 것으로 보아야 한다.

그러나 공론의 장에 나선 전면적 공적 인물의 경우에는 비판과 의혹의 제기를 감수해야 하고 그러한 비판과 의혹에 대해서는 해명과 재반박을 통해서 이를 극복해야 하며 공적 관심사에 대한 표현의 자유는 중요한 헌법상 권리로서 최대한 보장되어야 한다. 따라서 공적 인물과 관련된 공적 관심사에 관하여 의혹을 제기하는 형태의 표현행위에 대해서는 일반인에 대한 경우와 달리 암시에 의한 사실의 적시로 평가하는 데 신중해야 한다.

2) 기자회견 등 공개적인 발언으로 인한 명예훼손죄 성립 여부가 문제 되는 경우 발언으로 인한 피해자가 공적 인물인지 사적 인물인지, 발언이 공적인 관심 사안에 관한 것인지 순수한 사적인 영역에 속하는 사안에 관한 것인지, 발언이 객관적으로 국민이 알아야 할 공공성이나 사회성을 갖춘 사안에 관한 것으로 여론형성이나 공개토론에 기여하는 것인지 아닌지 등을 따져보아 공적 인물에 대한 공적 관심사안과 사적인 영역에 속하는 사안 사이에 심사기준의 차이를 두어야 한다. 문제 된 표현이 사적인 영역에 속하는 경우에는 표현의 자유보다 명예의 보호라는 인격권이 우선할 수 있으나, 공공적·사회적인 의미를 가진 경우에는 이와 달리 표현의 자유에 대한 제한이 완화되어야 한다. 특히 정부 또는 국가기관의 정책 결정이나 업무수행과 관련된 사항은 항상 국민의 감시와 비판의 대상이 되어야 하고, 이러한 감시와 비판은 표현의 자유가 충분히 보장될 때 비로소 정상적으로 이루어질 수 있으며, 정부 또는 국가기관은 형법상 명예훼손죄의 피해자가 될 수 없다. 그러므로 정부 또는 국가기관의 정책결정 또는 업무수행과 관련된 사항을 주된 내용으로 하는 발언으로 정책결정이나 업무수행에 관여한 공직자에 대한 사회적 평가가 다소 저하될 수 있더라도, 발언 내용이 공직자 개인에 대한 악의적이거나 심히 경솔한 공격으로서 현저히 상당성을 잃은 것으로 평가되지 않는 한, 그 발언은 여전히 공공의 이익에 관한 것으로서 공직자 개인에 대한 명예훼손이 된다고 할 수 없다. 이때 그러한 표현이 국가기관에 대한 감시·비판을 벗어나 공직자 개인에 대한 악의적이거나 심히 경솔한 공격으로서 현저히 상당성을 잃은 것인지는 표현의 내용이나 방식, 의혹 사항의 내용이나 공익성의 정도, 공직자의 사회적 평가를 저하하는 정도, 사실 확인을 위한 노력의 정도, 그 밖의 주위 여러 사정 등을 종합

하여 판단해야 한다.

3) 피고인이 세월호 참사 국민대책회의 공동위원장이자 '4월 16일의 약속 국민연대'(이하 '4·16 연대'라 한다) 상임운영위원으로서 언론사 기자와 시민 등을 상대로 기자회견을 하던 중 '세월호 참사 당일 7시간 동안 대통령 갑이 마약이나 보톡스를 했다는 의혹이 사실인지 청와대를 압수·수색해서 확인했으면 좋겠다.'는 취지로 발언함으로써 마치 갑이 세월호 사건 발생 당일 마약을 하거나 피부미용, 성형수술을 위한 보톡스 주사를 맞고 있어 직무수행을 하지 않았던 것처럼 허위사실을 적시하여 갑의 명예를 훼손하였다는 내용으로 기소된 사안에서, 제반 사실에 비추어 위 발언은 피고인과 4·16 연대 사무실에 대한 압수·수색의 부당성과 갑의행적을 밝힐 필요성에 관한 의견을 표명하는 과정에서 세간에 널리 퍼져 있는 의혹을 제시한 것으로 '갑이 마약을 하거나 보톡스 주사를 맞고 있어 직무수행을 하지 않았다.'는 구체적인 사실을 적시하였다고 단정하기 어렵고, 피고인이 공적 인물과 관련된 공적 관심사항에 대한 의혹 제기 방식으로 표현행위를 한 것으로서 대통령인 갑 개인에 대한 악의적이거나 심히 경솔한 공격으로서 현저히 상당성을 잃은 것으로 평가할 수 없어 명예훼손죄로 처벌할 수 없다는 이유로, 이와 달리 본원심판단에 형법 제307조 제2항에서 정한 명예훼손죄의 사실 적시, 전면적 공적인물에 대한 명예훼손죄의 위법성 판단에 관한 법리오해의 잘못이 있다고 판시하였다.

【평석】 명예훼손죄에서 '사실의 적시'의 의미 및 보고나 진술이 사실인지 의견인지 판단하는 기준 등에 관한 대법원 판결이다. 나아가 판례는 상급자로부터 추궁이나 질문에 대하여 단순한 확인 취지의 답변을 소극적으로 한 경우에는 명예훼손에서 말하는 사실의 적시라고 단정할 수도 없다고 하였다(대법원 2022. 4. 14. 선고 2021도17744 판결[명예훼손]).[30]

---

[30] 작업장의 책임자인 피고인이 갑으로부터 작업장에서 발생한 성추행 사건에 대해 보고받은 사실이 있음에도, 직원 5명이 있는 회의 자리에서 상급자로부터 경과보고를 요구받으면서 과태료 처분에 관한 책임을 추궁받자 이에 대답하는 과정에서 '갑은 성추행 사건에 대해 애초에 보고한 사실이 없다. 그런데도 이를 수사기관 등에 신고하지 않았다고 과태료 처분을 받는 것은 억울하다.'는 취지로 발언함으로써 허위사실을 적시하여 갑의 명예를 훼손하였다는 내용으로 기소된 사안에서, 위와 같이 회의 자리에서 상급자로부터 책임을 추궁당하며 질문을 받게 되자 이에 대답하는 과정에서 타인의 명예를 훼손하는 듯한 사실을 발설하게 된 것이라면 그 발설 내용과 경위·동기 및 상황 등에 비추어 명예훼손의 고의를 인정하기 어렵고, 또한 질문에 대하여 단순한 확인 취지의 답변을 소극적으로 한

다. 명예훼손과 공연성

🏛 대법원 2004. 4. 9. 선고 2004도340 판결(서울서부지방법원 2011노1335사건 참조)

판결의 요지

명예훼손죄의 구성요건인 공연성은 불특정 또는 다수인이 인식할 수 있는 상태를 말하고, 비록 개별적으로 한사람에 대하여 사실을 적시하더라도 그로부터 불특정 또는 다수인에게 전파될 가능성이 있다면 공연성의 요건을 충족하며(대법원 2000. 5. 16. 선고 99도5622 판결 참조), 이와 같이 전파가능성을 이유로 명예훼손죄의 공연성을 인정하는 경우에는 적어도 범죄구성요건의 주관적 요소로서 미필적 고의가 필요하므로 전파가능성에 대한 인식이 있음은 물론 나아가 그 위험을 용인하는 내심의 의사가 있어야 하고, 그 행위자가 전파가능성을 용인하고 있었는지의 여부는 외부에 나타난 행위의 형태와 행위의 상황 등 구체적인 사정을 기초로 하여 일반인이라면 그 전파가능성을 어떻게 평가할 것인가를 고려하면서 행위자의 입장에서 그 심리상태를 추인하여야 할 것이다.

같은 취지에서 원심은, 그 채용 증거들에 의하여, 피고인이 주식회사 000과 사이에 발생한 분쟁을 해결하려고 1996. 3.경 당시의 대표이사 이00를 사기 혐의로 고소하였으나 1996. 7. 30. 검찰에서 혐의 없음 처분이 내려지자, 이00와 사이의 분쟁을 야당 국회의원들을 통하여 해결하고자 1996. 9.경 당시 국민회의 소속 서울시 정무부시장 김00에게 그 판시와 같은 허위사실들을 적시하면서 그 분쟁 경위와 검찰의 사건 처리과정 등을 설명하고 국회 차원에서 주식회사 000의 비리를 조사해 줄 것을 부탁하며 관련 자료를 넘겨주었고, 이에 김00은 그 무렵 국회의원 이00에게 그 자료를 넘겨주었으며, 국회의원 이00는 그와 같은 자료를 바탕으로 1996. 10. 22. 국회에서 주식회사 000에 관하여 발표함으로써 피고인이 적시한 허위사실들이 언론에 보도된 사실을 인정한 다음, 그와 같은 사실관계에 기초하여, 피고인이 비록 김00에 대하여 허위 사실을 적시하였다고 하더라도 피고인의 행위형태와 당시의 행위 상황 등에 비추어 보면, 피고인으로서는 김00이 피고인으로부터 전해

것에 불과하다면 이를 명예훼손에서 말하는 사실의 적시라고 단정할 수도 없다는 이유로, 이와 달리 보아 피고인에게 유죄를 인정한 원심판결에 명예훼손죄의 고의와 사실의 적시에 관한 법리오해의 잘못이 있다고 판시하였다.

들은 허위사실들을 야당 국회의원 등을 통하여 공론화함으로써 불특정 또는 다수인에게 전파될 가능성이 있었음을 인식하면서 이를 용인하고 있었음이 인정된다는 이유로 명예훼손의 범죄사실을 유죄로 판단하였는바, 기록에 비추어 살펴보면, 원심의 위와 같은 사실인정과 판단은 정당하여 수긍할 수 있고, 거기에 채증법칙 위배로 인한 사실오인이나 형법 제307조 제2항에 정하여진 공연성의 해석적용에 관한 법령위반의 위법이 없다.

【해설】 명예훼손죄에 있어서는 대부분 '공연성'의 인정 여부가 쟁점이다.
한편 공연성을 인정하지 않는 다음의 판례들도 있다.

🏛 1) 대법원 2005. 12. 9. 선고 2004도2880 판결[명예훼손·무고 등]

판결의 요지

명예훼손죄의 구성요건인 공연성은 불특정 또는 다수인이 인식할 수 있는 상태를 말하는 것으로서, 비록 개별적으로 한 사람에 대하여 사실을 적시하더라도 그로부터 불특정 또는 다수인에게 전파될 가능성이 있다면 공연성의 요건을 충족하는 것이나, 어느 사람에게 귀엣말 등 그 사람만 들을 수 있는 방법으로 그 사람 본인의 사회적 가치 내지 평가를 떨어뜨릴 만한 사실을 이야기하였다면, 위와 같은 이야기가 불특정 또는 다수인에게 전파될 가능성이 있다고 볼 수 없어 명예훼손의 구성요건인 공연성을 충족하지 못하는 것이며, 그 사람이 들은 말을 스스로 다른 사람들에게 전파하였더라도 위와 같은 결론에는 영향이 없다.

원심이 피고인이 피해자만 들을 수 있도록 귀엣말로 위 피해자가 OOO과 부적절한 성적 관계를 맺었다는 취지의 이야기를 한 사실을 인정하고, 그것만으로는 명예훼손의 구성요건요소인 공연성을 인정할 수 없음을 이유로 이 사건 공소사실 중 명예훼손의 점을 무죄로 판단한 조치는 위에서 본 법리나 이 사건 기록에 비추어 옳고, 증거 수집법칙 위배로 사실을 오인하거나 명예훼손죄의 공연성에 관한 법리를 오해하는 등으로 판결 결과에 영향을 미친 위법이 없다.

🏛 2) 대법원 2004. 6. 25. 선고 2003도4934 판결[명예훼손(일부 인정된 죄명: 모욕·폭행)]

　　명예훼손죄에 있어서 공연성은 불특정 또는 다수인이 인식할 수 있는 상태를 의미하므로, 비록 개별적으로 한 사람에 대하여 사실을 유포하더라도 이로부터 불특정 또는 다수인에게 전파될 가능성이 있다면 공연성의 요건을 충족한다 할 것이지만, 이와 달리 전파될 가능성이 없다면 특정한 한 사람에 대한 사실의 유포는 공연성을 결한다 할 것이고(대법원 1992. 5. 26. 선고 92도445 판결 참조), 전문 진술이나 전문 진술을 기재한 조서는 형사소송법 제310조의2의 규정에 따라 원칙적으로 증거능력이 없고, 다만 전문 진술은 형사소송법 제316조 제2항의 규정에 따라 원진술자가 사망, 질병, 외국거주 기타 사유로 인하여 진술할 수 없고, 그 진술이 특히 신빙할 수 있는 상태 하에서 행하여진 때에 한하여 예외적으로 증거능력이 있으며, 전문 진술이 기재된 조서는 형사소송법 제312조 또는 제314조의 규정에 따라 증거능력이 인정될 수 있는 경우에 해당하여야 함은 물론 형사소송법 제316조 제2항의 규정에 따른 요건을 갖추어야 예외적으로 증거능력이 있다(대법원 2001. 9. 4. 선고 2001도3081 판결 등 참조).

　　원심은, "피고인이 2001. 5. 중순 일자 불상경 서울 종로구 번지 불상 소재 YMCA 청소년 사업부 사무실에서 김00 및 수명의 성명 불상 동요 작곡가들이 있는 자리에서 '공소외 1은 사기꾼이다. 출판비를 가로채고, 출판비나 제작비 명목이라며 거짓말하여 나로부터 많은 돈을 가로챘다.'라고 말하여 공연히 사실을 적시하여 공소외 1의 명예를 훼손하였다."는 공소사실에 대하여, 당시 위 장소에 김00 외에 수명의 성명 불상 동요 작곡가들이 있었다는 취지의 공소 외1에 대한 검찰 및 경찰에서의 각 진술조서의 기재는 공소외 1이 김00로부터 피고인이 김00와 수명의 성명 불상 동요 작곡가들이 있는 자리에서 위와 같이 공소외 1을 비방하였다는 내용을 들었다는 것이어서 모두 전문증거에 해당하고, 공소외 1이 들었다는 김00의 위와 같은 진술이 형사소송법 제316조 제2항에서 규정하고 있는 특히 신빙할 수 있는 상태하에서 행하여졌다고 인정할 증거가 부족하므로, 위 각 진술조서는 수명의 성명 불상 동요 작곡가들이 김00와 함께 피고인의 공소외 1에 대한 비방을 들었음을 인정할 증거로 쓸 수 없고, 검사가 제출한 다른 증거들만으로는 김00가 피고인으로부터 들은 말을 타인에게 전파할 개연성이 있다고 보기에 부족하고, 달리 이를 인정할 아무런 증거가 없다는 이유로, 이 부분 공소사실을 유죄로 인정한 제1심

판결을 파기하고 무죄를 선고하였는바, 위의 법리에 비추어 기록을 살펴보면, 이와 같은 원심의 사실인정과 판단은 옳은 것으로 수긍이 가고, 거기에 채증법칙을 위배하여 사실을 오인하거나 전문 진술을 기재한 조서의 증거능력 또는 명예훼손죄에서의 공연성에 관한 법리를 오해한 위법이 있다고 할 수 없다.

【해설】 명예훼손죄에 있어서 유의해야 할 부분은 공연성, 적시된 사실이 공익성에 해당되는지 또는 전파될 개연성이 있는지 등이다.

라. 명예훼손죄와 모욕죄

🏛 대법원 1987. 5. 12. 선고 87도739 판결[명예훼손, 상해]

판결의 요지

원심판결과 원심이 유지한 제1심판결의 각 이유에 의하면, 원심은 피고인이 그 판시와 같이 공연하게 피해자에 대하여 '늙은 화냥년의 간나, 너가 화냥질을 했잖아'라고 말하여 피해자의 명예를 훼손하였다고 인정하고 피고인을 형법 제307조 제2항의 명예훼손죄를 적용 처단하고 있다.

그러나 명예훼손죄와 모욕죄의 보호법익은 다 같이 사람의 가치에 대한 사회적 평가인 이른바 외부적 명예인 점에서는 차이가 없으나 다만 명예훼손은 사람의 사회적 평가를 저하시킬 만한 구체적 사실의 적시를 하여 명예를 침해함을 요하는 것으로서 구체적 사실이 아닌 단순한 추상적 판단이나 경멸적 감정의 표현으로서 사회적 평가를 저하시키는 모욕죄에 비하여 그 형을 무겁게 하고 있다.

기록에 비추어 보면, 피고인이 피해자에 대하여 말하였다는 판시와 같은 발언내용은 그 자체가 위 피해자의 사회적 평가를 저하시킬 만한 구체적 사실의 적시라기 보다는 피고인이 피해자의 도덕성에 관하여 경멸적인 감정표현을 과장되게 강조한 욕설에 불과한 것이 아닌가 의문이 간다.

【해설】 명예훼손죄와 모욕죄를 구별하고, 단순한 경멸적인 감정 표현은 모욕죄로 볼 수 있지 않은가 하는 판례로서, 피고인의 위와 같은 발언행위를 바로 명예훼손죄로 의율한 원심은 심리 미진, 명예훼손죄의 법리 오해로 판결결과에 영향을 미

친 위법을 저질렀다고 판시하였다.

마. 명예훼손죄의 공연성에 관하여 이른바 '전파가능성 이론'의 유지 여부(적극)

🏛 대법원 2020. 11. 19. 선고 2020도5813 전원합의체 판결[상해 · 명예훼손 · 폭행]

판결의 요지

1) 공연성은 명예훼손죄의 구성요건으로서, 특정 소수에 대한 사실적시의 경우 공연성이 부정되는 유력한 사정이 될 수 있으므로, 전파될 가능성에 관하여는 검사의 엄격한 증명이 필요하다. 나아가 대법원은 '특정의 개인이나 소수인에게 개인적 또는 사적으로 정보를 전달하는 것과 같은 행위는 공연하다고 할 수 없고, 다만 특정의 개인 또는 소수인이라고 하더라도 불특정 또는 다수인에게 전파 또는 유포될 개연성이 있는 경우라면 공연하다고 할 수 있다'고 판시하여 전파될 가능성에 대한 증명의 정도로 단순히 '가능성'이 아닌 '개연성'을 요구하였다.

2) 공연성의 존부는 발언자와 상대방 또는 피해자 사이의 관계나 지위, 대화를 하게 된 경위와 상황, 사실적시의 내용, 적시의 방법과 장소 등 행위 당시의 객관적 제반 사정에 관하여 심리한 다음, 그로부터 상대방이 불특정 또는 다수인에게 전파할 가능성이 있는지 여부를 검토하여 종합적으로 판단하여야 한다. 발언 이후 실제 전파되었는지 여부는 전파가능성 유무를 판단하는 고려요소가 될 수 있으나, 발언 후 실제 전파 여부라는 우연한 사정은 공연성 인정 여부를 판단함에 있어 소극적 사정으로만 고려되어야 한다. 따라서 전파가능성 법리에 따르더라도 위와 같은 객관적 기준에 따라 전파가능성을 판단할 수 있고, 행위자도 발언 당시 공연성 여부를 충분히 예견할 수 있으며, 상대방의 전파의사만으로 전파가능성을 판단하거나 실제 전파되었다는 결과를 가지고 책임을 묻는 것이 아니다.

3) 추상적 위험범으로서 명예훼손죄는 개인의 명예에 대한 사회적 평가를 진위에 관계없이 보호함을 목적으로 하고, 적시된 사실이 특정인의 사회적 평가를 침해할 가능성이 있을 정도로 구체성을 띠어야 하나, 위와 같이 침해할 위험이 발생한 것으로 족하고 침해의 결과를 요구하지 않으므로, 다수의 사람에게 사실을 적시한 경우뿐만 아니라 소수의 사람에게 발언하였다고 하더라도 그로 인해 불특정 또는

다수인이 인식할 수 있는 상태를 초래한 경우에도 공연히 발언한 것으로 해석할 수 있다.

4) 전파가능성 법리는 정보통신망 등 다양한 유형의 명예훼손 처벌규정에서의 공연성 개념에 부합한다고 볼 수 있다. 인터넷, 스마트폰과 같은 모바일 기술 등의 발달과 보편화로 SNS, 이메일, 포털사이트 등 정보통신망을 통해 대부분의 의사표현이나 의사전달이 이루어지고 있고, 그에 따라 정보통신망을 이용한 명예훼손도 급격히 증가해 가고 있다. 이러한 정보통신망과 정보유통과정은 비대면성, 접근성, 익명성 및 연결성 등을 본질적 속성으로 하고 있어서, 정보의 무한 저장, 재생산 및 전달이 용이하여 정보통신망을 이용한 명예훼손은 '행위 상대방' 범위와 경계가 불분명해지고, 명예훼손 내용을 소수에게만 보냈음에도 행위 자체로 불특정 또는 다수인이 인식할 수 있는 상태를 형성하는 경우가 다수 발생하게 된다. 특히 정보통신망에 의한 명예훼손의 경우 행위자가 적시한 정보에 대한 통제가능성을 쉽게 상실하게 되고, 빠른 전파성으로 인하여 피해자의 명예훼손의 침해 정도와 범위가 광범위하게 되어 표현에 대한 반론과 토론을 통한 자정작용이 사실상 무의미한 경우도 적지 아니하다.

따라서 정보통신망을 이용한 명예훼손 행위에 대하여, 상대방이 직접 인식하여야 한다거나, 특정된 소수의 상대방으로는 공연성을 충족하지 못한다는 법리를 내세운다면 해결 기준으로 기능하기 어렵게 된다. 오히려 특정 소수에게 전달한 경우에도 그로부터 불특정 또는 다수인에 대한 전파가능성 여부를 가려 개인의 사회적 평가가 침해될 일반적 위험성이 발생하였는지를 검토하는 것이 실질적인 공연성 판단에 부합되고, 공연성의 범위를 제한하는 구체적인 기준이 될 수 있다. 이러한 공연성의 의미는 형법과 정보통신망법 등의 특별법에서 동일하게 적용되어야 한다.

5) 독일 형법 제193조와 같은 입법례나 유엔인권위원회의 권고 및 표현의 자유와의 조화를 고려하면, 진실한 사실의 적시의 경우에는 형법 제310조의 '공공의 이익'도 보다 더 넓게 인정되어야 한다. 특히 공공의 이익관련성 개념이 시대에 따라 변화하고 공공의 관심사 역시 상황에 따라 쉴 새 없이 바뀌고 있다는 점을 고려하면, 공적인 인물, 제도 및 정책 등에 관한 것만을 공공의 이익관련성으로 한정할 것은 아니다.

따라서 사실적시의 내용이 사회 일반의 일부 이익에만 관련된 사항이라도 다른 일반인과의 공동생활에 관계된 사항이라면 공익성을 지닌다고 할 것이고, 이에 나아가 개인에 관한 사항이더라도 그것이 공공의 이익과 관련되어 있고 사회적인 관심을 획득한 경우라면 직접적으로 국가·사회 일반의 이익이나 특정한 사회집단에 관한 것이 아니라는 이유만으로 형법 제310조의 적용을 배제할 것은 아니다. 사인이라도 그가 관계하는 사회적 활동의 성질과 사회에 미칠 영향을 헤아려 공공의 이익에 관련되는지 판단하여야 한다.

【평석】 명예훼손에 관한 기존의 판결을 재확인하면서, 공적인 인물, 제도 및 정책 등에 관한 것만을 공공의 이익관련성으로 한정하지 않는다고 판시하였다. 개인에 관한 사항이라도 공공의 이익과 사회적인 관심을 획득한 경우라면 직접적으로 국가·사회 일반의 이익이나 특정한 사회집단에 관한 것이 아니더라도, 사회적 활동의 성질과 사회에 미칠 영향을 헤아려 공공의 이익에 관련되는지 판단하여야 한다.

65. 제309조 출판물 등에 의한 명예훼손

명예훼손죄에 있어서 사실의 적시와 의견 표현의 구별

> 🏛 대법원 2017. 5. 11. 선고 2016도19255 판결[출판물에의한명예훼손]

판결 이유

사실의 적시와 의견표현의 구별에 관하여

가. 명예훼손죄에 있어서의 사실의 적시란 가치판단이나 평가를 내용으로 하는 의견표현에 대치되는 개념으로서 시간과 공간적으로 구체적인 과거 또는 현재의 사실관계에 관한 보고 내지 진술을 의미하는 것이며, 그 표현내용이 증거에 의한 입증이 가능한 것을 말하고 판단할 진술이 사실인가 또는 의견인가를 구별함에 있어서는 언어의 통상적 의미와 용법, 입증가능성, 문제 된 말이 사용된 문맥, 그 표현이 행하여진 사회적 상황 등 전체적 정황을 고려하여 판단하여야 한다(대법원 1998. 3. 24. 선고 97도2956 판결 등 참조).

다른 사람의 말이나 글을 비평하면서 사용한 표현이 겉으로 보기에 증거에 의해 입증 가능한 구체적인 사실관계를 서술하는 형태를 취하고 있다고 하더라도, 글의 집필의도, 논리적 흐름, 서술체계 및 전개방식, 해당 글과 비평의 대상이 된 말 또는 글의 전체적인 내용 등을 종합하여 볼 때, 평균적인 독자의 관점에서 문제 된 부분이 실제로는 비평자의 주관적 의견에 해당하고, 다만 비평자가 자신의 의견을 강조하기 위한 수단으로 그와 같은 표현을 사용한 것이라고 이해된다면 명예훼손죄에서 말하는 사실의 적시에 해당한다고 볼 수 없다.

나. 이 사건 공소사실의 요지는, 피해자가 「○○○○○○○ ○○○○」라는 저서(이하 '피해자 책'이라고 한다)에서 임나일본부라는 명칭을 부정함은 물론, 일본이 고대사의 특정시기에 가야를 비롯한 한반도 남부 일정지역을 점령하거나 통치했다는 사실을 일본인이 신봉하는 일본서기의 사료를 이용해 반박하였을 뿐이고 피해자 책에는 아래 ①, ②, ③과 같은 내용이 들어있지 않음에도 불구하고, 피고인은 피해자 책의 내용을 다룬 「△△ △△ △△△△」이라는 책(이하 '이 사건 책'이라고 한다)을 집필·발간하면서, 피해자가 ① "임나일본부설이 사실이다.", ② "백제는 야마토 조정의 속국·식민지이고, 야마토 조정이 백제를 통해 한반도 남부를 통치했다."라고 주장했다고 기술하고, ③ "일본서기를 사실로 믿고, 스에마쓰 야스카즈의 임나일본부설을 비판하지 않고 있다."라고 기술함으로써, 피해자를 비방할 목적으로 출판물에 의하여 공연히 허위의 사실을 적시하여 피해자의 명예를 훼손하였다는 것이다.

다. 앞서 본 법리와 기록에 의하여 알 수 있는 다음과 같은 사정, 즉 위 ①, ②, ③ 부분은 겉으로는 증거에 의해 입증 가능한 구체적인 사실관계를 서술하는 형태를 취하고 있어 그 부분만을 놓고 보면 사실의 적시로 오인될 소지가 없지 않으나, 이 사건 책은 피고인이 그 머리말에서 밝히고 있는 것과 같이 식민사관에 대한 비판을 목적으로 집필되었고 시종일관 위와 같은 시각에서 기존 주류사학계의 연구성과를 비판하는 내용으로 전개되는 점, 위 ①, ②, ③ 부분은 피해자 책의 특정 부분을 인용한 후 그 부분의 논리구조를 설명하거나 피해자 책의 내용을 요약한 다음 이에 대한 피고인의 해석을 제시하고, 여기에 피고인 나름대로의 비판적 평가를 덧붙이는 서술체계를 취하고 있는 점 등과 이 사건 책 및 피해자 책의 전체적인 내용 등을 종합하여 볼 때, 이 사건 책을 읽게 될 평균적인 독자의 관점에서 보면 위 ①, ②, ③ 부분은 피고인이 이 사건 책의 다른 부분에서 제시하고 있는 것과 같은 자료 내지 논증을 근거로 하여, '피해자는 임나의 지배주체가 백제라고 주장하였지만 그 밖에는 스에마쓰 야스카즈의 임나일본부설과 일본서기의 내용 대부분을 사실로 받아들였고, 표면적으로는 백제와 야마토 조정이 대등한 관계에 있는 것처럼 기술하였으나 실질적으로는 백제가 야마토 조정의 속국인 것처럼 묘사하였으므로, 결과적으로 야마토 조정이 한반도 남부를 통치했다는 임나일본부설이 사실이라고 주장한 것과 다름없다'는 취지의 피고인의 주장을 함축적이고 단정적인 문장으로 서술한 것으로서 피고인의 주관적 의견에 해당하고, 다만 피고인이 위 의견을 강조하기 위한 수단으로 그와 같은 표현을 사용한 것이라고 이해된다고 할 것이다.

비록 위와 같은 피고인의 주장 내지 의견에 대해서는 그 내용의 합리성이나 서술방식의 공정성 등과 관련하여 비판의 여지가 있다고 할지라도 그러한 비판은 가급적 학문적 논쟁과 사상의 자유경쟁 영역에서 다루어지도록 하는 것이 바람직하고, 명예훼손죄의 구성요건을 해석하면서 겉으로 드러난 표현방식을 문제 삼아 사실의 적시에 해당한다고 쉽사리 단정함으로써 형사처벌의 대상으로 함부로 끌어들일 일은 아니다.

라. 원심은 위 ①, ③ 부분에 관하여는 이 사건 책에서 기술한 내용의 전체적인 취지가 공소사실 기재와 같지 않다거나, 이 사건 책에서 기술한 내용이 허위사실이 아니라거나, 위 ①, ③ 부분을 공소사실 기재와 같이 해석하더라도 이는 피해자 책에 대한 피고인의 의견 또는 평가를 밝힌 것이라는 이유로, 위 ② 부분에 관하여는 이를 피해자 책에 숨겨진 이면의 논리에 대한 피고인의 가치판단과 평가를 내용으로 하는 의견표명에 해당한다는 이유로 제1심판결을 파기하고, 피고인에 대하여 무죄를 선고하였다.

원심의 이유 설시에 다소 미흡한 점은 없지 않으나, 피고인에 대하여 출판물에 의한 명예훼손죄가 성립하지 않는다고 판단한 결론은 정당하고, 거기에 상고이유 주장과 같이 사실의 적시와 의견표현의 구별에 관한 법리를 오해하거나 논리와 경험의 법칙을 위반하여 자유심증주의의 한계를 벗어나 판결에 영향을 미친 위법이 없다.

【해설】 명예훼손죄에 있어서 사실의 적시와 의견 표현에 대하여 설시한 주요 판결이다. 참고 대법원판결로는, "명예훼손죄가 성립하기 위해서는 사실의 적시가 있어야 하고, 적시된 사실은 이로써 특정인의 사회적 가치 내지 평가가 침해될 가능성이 있을 정도로 구체성을 띠어야 한다. 이때 사실의 적시란 가치판단이나 평가를 내용으로 하는 의견표현에 대치되는 개념으로서 시간과 공간적으로 구체적인 과거

또는 현재의 사실관계에 관한 보고 내지 진술을 의미하며, 그 표현내용이 증거에 의한 입증이 가능한 것을 말하고, 판단할 진술이 사실인가 또는 의견인가를 구별할 때에는 언어의 통상적 의미와 용법, 입증가능성, 문제된 말이 사용된 문맥, 그 표현이 행하여진 사회적 상황 등 전체적 정황을 고려하여 판단하여야 한다.

다른 사람의 말이나 글을 비평하면서 사용한 표현이 겉으로 보기에 증거에 의해 입증 가능한 구체적인 사실관계를 서술하는 형태를 취하고 있더라도, 글의 집필의도, 논리적 흐름, 서술체계 및 전개방식, 해당 글과 비평의 대상이 된 말 또는 글의 전체적인 내용 등을 종합하여 볼 때, 평균적인 독자의 관점에서 문제된 부분이 실제로는 비평자의 주관적 의견에 해당하고, 다만 비평자가 자신의 의견을 강조하기 위한 수단으로 그와 같은 표현을 사용한 것이라고 이해된다면 명예훼손죄에서 말하는 사실의 적시에 해당한다고 볼 수 없다. 그리고 이러한 법리는 어떠한 의견을 주장하기 위해 다른 사람의 견해나 그 근거를 비판하면서 사용한 표현의 경우에도 다를 바 없다."고 판시한 대법원 2017. 12. 5. 선고 2017도15628 판결[출판물에의한명예훼손]이 있다.

66. 제311조 모욕

가. 모욕죄에서 말하는 '모욕'의 의미(일명 '기레기' 사건)

1) 어떤 글이 모욕적 표현을 담고 있더라도 사회상규에 위배되지 않는 행위로서 위법성이 조각될 수 있는 경우

2) 특정 사안에 대한 의견을 공유하는 인터넷 게시판 등의 공간에서 작성된 단문의 글에 모욕적 표현이 포함되어 있더라도 그 글을 작성한 행위가 사회상규에 위배되지 않는 행위로서 위법성이 조각되는 경우

3) 인터넷 신문사 소속 기자 갑이 작성한 기사가 인터넷 포털 사이트의 '핫이슈' 난에 게재되자, 피고인이 "이런걸 기레기라고 하죠?"라는 댓글을 게시함으로써 공연히 갑을 모욕하였다는 내용으로 기소된 사안에서, '기레기'는 모욕적 표현에 해당하나, 위 댓글의 내용, 작성 시기와 위치, 위 댓글 전후로 게시된 다른 댓글의 내용과 흐름 등을 종합하면, 위 댓글을 작성한 행위는 사회상규에 위배되지 않는 행위로서 형법 제20조에 의하여 위법성이 조각된다고 한 사례

🏛 대법원 2021. 3. 25. 선고 2017도17643 판결[모욕]

판결의 요지

1) 모욕죄에서 말하는 모욕이란 사실을 적시하지 아니하고 사람의 사회적 평가를 저하시킬 만한 추상적 판단이나 경멸적 감정을 표현하는 것을 의미한다.

다만 어떤 글이 모욕적 표현을 담고 있는 경우에도 그 글이 객관적으로 타당성이 있는 사실을 전제로 하여 그 사실관계나 이를 둘러싼 문제에 관한 자신의 판단과 피해자의 태도 등이 합당한가 하는 데 대한 자신의 의견을 밝히고, 자신의 판단과 의견이 타당함을 강조하는 과정에서 부분적으로 모욕적인 표현이 사용된 것에 불과하다면 사회상규에 위배되지 않는 행위로서 형법 제20조에 의하여 위법성이 조각될 수 있다. 그리고 특정 사안에 대한 의견을 공유하는 인터넷 게시판 등의 공간에서 작성된 단문의 글에 모욕적 표현이 포함되어 있더라도, 그 글이 동조하는 다른 의견들과 연속적·전체적인 측면에서 볼 때, 그 내용이 객관적으로 타당성이 있는 사정에 기초하여 관련 사안에 대한 자신의 판단 내지 피해자의 태도 등이 합당한가 하는 데 대한 자신의 의견을 강조하거나 압축하여 표현한 것이라고 평가할 수 있고, 그 표현도 주로 피해자의 행위에 대한 것으로서 지나치게 악의적이지 않다면, 다른 특별한 사정이 없는 한 그 글을 작성한 행위는 사회상규에 위배되지 않는 행위로서 위법성이 조각된다고 보아야 한다.

2) 자동차 정보 관련 인터넷 신문사 소속 기자 갑이 작성한 기사가 인터넷 포털사이트의 자동차 뉴스 '핫 이슈' 난에 게재되자, 피고인이 "이런걸 기레기라고 하죠?"라는 댓글을 게시함으로써 공연히 갑을 모욕하였다는 내용으로 기소된 사안에서, '기레기'는 기자인 갑의 사회적 평가를 저하시킬 만한 추상적 판단이나 경멸적 감정을 표현한, 모욕적 표현에 해당하나, 피고인은 기사를 본 독자들이 자신의 의견을 자유롭게 펼칠 수 있도록 마련된 '네티즌 댓글' 난에 위 댓글을 게시한 점, 위 기사는 특정 제조사 자동차 부품의 안전성에 대한 논란이 많은 가운데 이를 옹호하는 제목으로 게시되었는데, 위 기사가 게재되기 직전 다른 언론사에서 이와 관련한 부정적인 내용을 방송하였고, 위 기사를 읽은 상당수의 독자들은 위와 같은 방송 내용 등을 근거로 위 기사의 제목과 내용, 이를 작성한 갑의 행위나 태도를 비판하는 의견이 담긴 댓글을 게시하였으므로 이러한 의견은 어느 정도 객관적으로

타당성 있는 사정에 기초한 것으로 볼 수 있는 점, 위 댓글의 내용, 작성 시기와 위치, 위 댓글 전후로 게시된 다른 댓글의 내용과 흐름 등에 비추어 볼 때, 위 댓글은 그 전후에 게시된 다른 댓글들과 같은 견지에서 방송 내용 등을 근거로 위 기사의 제목과 내용, 이를 작성한 갑의 행위나 태도를 비판하는 의견을 강조하거나 압축하여 표현한 것이라고 평가할 수 있고, '기레기'는 기사 및 기자의 행태를 비판하는 글에서 비교적 폭넓게 사용되는 단어이며, 위 기사에 대한 다른 댓글들의 논조 및 내용과 비교할 때 댓글의 표현이 지나치게 악의적이라고 하기도 어려운 점을 종합하면, 위 댓글을 작성한 행위는 사회상규에 위배되지 않는 행위로서 형법 제20조에 의하여 위법성이 조각된다고 한 사례.

나. 상관 모욕, '도라이' 사건

모욕적 표현이라도 형법 제20조의 정당행위에 해당하여 위법성이 조각되는 경우

🏛 대법원 2021. 8. 19. 선고 2020도14576 판결[상관모욕]

판결의 요지

공연히 타인을 모욕한 경우에 이를 처벌하는 것은 사람의 인격적 가치에 대한 사회적 평가, 즉 외부적 명예를 보호하기 위함이다. 반면에 모욕죄의 형사 처벌은 표현의 자유를 제한하고 있으므로, 어떠한 글이 모욕적 표현을 포함하는 판단이나 의견을 담고 있을 경우에도 그 시대의 건전한 사회통념에 비추어 살펴보아 그 표현이 사회상규에 위배되지 않는 행위로 볼 수 있는 때에는 형법 제20조의 정당행위에 해당하여 위법성이 조각된다고 보아야 하고, 이로써 표현의 자유로 획득되는 이익 및 가치와 명예보호에 의하여 달성되는 이익 및 가치를 적절히 조화할 수 있다.

군형법상 상관모욕죄를 적용할 때에도 충돌하는 기본권이 적절히 조화되고 상관모욕죄에 의한 처벌이 필요 최소한의 범위 내에서 표현의 자유를 제한하도록 하여야 한다. 다만 군 형법상 상관모욕죄는 상관에 대한 사회적 평가의 보호에 더하여 군 조직의 질서 및 통수체계 유지를 보호법익으로 하므로, 해당 표현이 형법 제20조에 의하여 위법성이 조각될 수 있는지 여부는 피해자 및 피고인의 지위와 역할, 해당 표현으로 인한 군의 조직질서와 정당한 지휘체계의 침해 여부와 그 정도

등을 함께 고려하여 구체적·개별적으로 판단하여야 한다.

부사관 교육생이던 피고인이 동기들과 함께 사용하는 단체채팅방에서 지도관이던 피해자가 목욕탕 청소 담당 교육생들에게 과실 지적을 많이 한다는 이유로 "도라이 ㅋㅋㅋ 습기가 그렇게 많은데"라는 글을 게시하여 공연히 상관인 피해자를 모욕하였다는 내용으로 기소된 사안에서, '도라이'는 상관인 피해자를 경멸적으로 비난한 것으로 모욕적인 언사라고 볼 수 있으나, 위 표현은 피고인의 입장에서 불만을 토로하는 과정에서 즉흥적이고 우발적으로 이루어진 것으로 보이는 점, 위 단체채팅방은 동기생들만 참여대상으로 하는 비공개채팅방으로 교육생 신분에서 가질 수 있는 불평불만을 토로하는 공간으로서의 역할을 하고 있었고, 교육생 상당수가 별다른 거리낌 없이 욕설을 포함한 비속어를 사용하고 대화하고 있었던 점, 당시 목욕탕 청소를 담당했던 다른 교육생들도 위 단체채팅방에서 피고인과 비슷한 불만을 토로하고 있었는데, 피고인의 위 표현은 단 1회에 그쳤고, 그 부분이 전체 대화내용에서 차지하는 비중도 크지 않은 점, 위 표현은 근래 비공개적인 상황에서는 일상생활에서 드물지 않게 사용되고 그 표현이 내포하는 모욕의 정도도 경미한 수준인 점 등에 비추어 볼 때, 피고인의 위 표현은 동기 교육생들끼리 고충을 토로하고 의견을 교환하는 사이버공간에서 상관인 피해자에 대하여 일부 부적절한 표현을 사용하게 된 것에 불과하고 이로 인하여 군의 조직질서와 정당한 지휘체계가 문란하게 되었다고 보이지 않으므로, 이러한 행위는 사회상규에 위배되지 않는다고 보는 것이 타당하다는 이유로, 위 표현이 형법 제20조의 정당행위에 해당하지 않는다고 본 원심판단에 상관모욕죄의 위법성조각사유에 관한 법리오해의 잘못이 있다.

다. 집단표시에 의한 모욕이 집단 구성원 개개인에 대한 모욕죄를 구성하는 경우 및 구체적인 판단 기준(여성 아나운서 모욕 사건)

🏛 대법원 2014. 3. 27. 선고 2011도15631 판결[무고·모욕]

판결 이유

모욕죄는 특정한 사람 또는 인격을 보유하는 단체에 대하여 사회적 평가를 저하시킬 만한 경멸적 감정을 표현함으로써 성립하므로 그 피해자는 특정되어야 한다.

그리고 이른바 집단표시에 의한 모욕은, 모욕의 내용이 집단에 속한 특정인에 대한 것이라고는 해석되기 힘들고, 집단표시에 의한 비난이 개별구성원에 이르러서는 비난의 정도가 희석되어 구성원 개개인의 사회적 평가에 영향을 미칠 정도에 이르지 아니한 경우에는 구성원 개개인에 대한 모욕이 성립되지 않는다고 봄이 원칙이고, 비난의 정도가 희석되지 않아 구성원 개개인의 사회적 평가를 저하시킬 만한 것으로 평가될 경우에는 예외적으로 구성원 개개인에 대한 모욕이 성립할 수 있다. 한편 구성원 개개인에 대한 것으로 여겨질 정도로 구성원 수가 적거나 당시의 주위 정황 등으로 보아 집단 내 개별구성원을 지칭하는 것으로 여겨질 수 있는 때에는 집단 내 개별구성원이 피해자로서 특정된다고 보아야 할 것인데, 구체적인 기준으로는 집단의 크기, 집단의 성격과 집단 내에서의 피해자의 지위 등을 들 수 있다.

원심은, 국회의원이었던 피고인이 국회의장배 전국 대학생 토론대회에 참여했던 학생들과 저녁회식을 하는 자리에서, 장래의 희망이 아나운서라고 한 여학생들에게 (아나운서 지위를 유지하거나 승진하기 위하여) "다 줄 생각을 해야 하는데, 그래도 아나운서 할 수 있겠느냐. ○○여대 이상은 자존심 때문에 그렇게 못하더라"라는 등의 말을 함으로써 공연히 8개 공중파 방송 아나운서들로 구성된 △△△△△△연합회 회원인 여성 아나운서 154명을 각 모욕하였다는 이 부분 공소사실에 대하여, 피고인이 위와 같은 발언을 한 사실이 있음을 인정한 다음 피고인의 이 사건 발언이 여성 아나운서들이라는 집단으로 표시되었고 △△△△△△연합회에 등록된 여성 아나운서의 수가 295명에 이르지만, 피고인의 지위와 이 사건 발언을 하게 된 경위, 표현 내용, 여성 아나운서 집단과 피해자들의 업무의 특수성, 피해자들에 대한 일반의 관심 그리고 피해자들이 생활하는 범위 내의 사람들이 이 사건 발언의 표현 내용과 피해자들을 연결시킬 가능성 등을 종합하여 볼 때, 피고인의 위 발언은 여성 아나운서들 집단의 개별구성원, 적어도 △△△△△△연합회에 등록되어 있는 회원들인 이 사건 피해자들에 대한 사회적 평가를 저하시킬 위험성이 있는 경멸적 표현에 해당한다는 등 그 판시와 같은 이유로 이 부분 공소사실을 유죄로 인정한 제1심판결을 그대로 유지하였다.

그러나 원심의 위와 같은 판단은 다음과 같은 이유에서 그대로 수긍할 수 없다.

원심판결 이유를 앞서 본 법리와 적법하게 채택한 증거에 비추어 살펴보면, 우선 피고인의 이 사건 발언이 여성 아나운서에 대하여 수치심과 분노의 감정을 불러 일으키기에 충분한 경멸적인 표현에 해당한다고 본 원심의 판단은 수긍할 수 있다.

그러나 이 부분 공소사실은 여성 아나운서 집단에 속한 개개의 여성 아나운서가 피해자임을 전제로 하고 있으므로 무엇보다도 그 비난의 정도가 여성 아나운서 개개인의 사회적 평가를 저하시킬 정도여야 할 것인데, 기록에 의하여 알 수 있는 다음과 같은 사정 즉, ① 피고인을 수사기관에 고소한 여성 아나운서는 154명이고, △△△△△△연합회에 등록된 여성 아나운서의 수는 295명에 이르며, 피고인의 발언 대상인 '여성 아나운서'라는 집단은 직업과 성별로만 분류된 집단의 명칭으로서 그 중에는 이 사건 고소인들이 속한 공중파 방송 아나운서들로 구성된 △△△△△△연합회에 등록된 사람뿐만 아니라 유선방송에 소속되어 있거나 그 밖의 다양한 형태로 활동하는 여성 아나운서들이 존재하므로 '여성 아나운서'라는 집단 자체의 경계가 불분명하고 그 조직화 및 결속력의 정도 또한 견고하다고 볼 수 없는 점, ② 피고인의 발언 대상이 그중 피고인을 고소한 여성 아나운서들이 속한 △△△△△△연합회만을 구체적으로 지칭한다고 보기도 어려운 점, ③ 피고인의 이 사건 발언은, 비록 그 발언 내용이 매우 부적절하고 저속하기는 하지만, 앞서 본 여성 아나운서 집단의 규모와 조직 체계, 대외적으로 구성원의 개성이 부각되는 정도에 더하여 그 발언의 경위와 상대방, 발언 당시의 상황, 그 표현의 구체적 방식과 정도 및 맥락 등을 고려해 보면 위 발언으로 인하여 곧바로 피해자들을 비롯한 여성 아나운서들에 대한 기존의 사회적 평가를 근본적으로 변동시킬 것으로 보이지는 아니하는 점, ④ 피해자들을 비롯한 여성 아나운서들은 방송을 통해 대중에게 널리 알려진 사람들이어서 그 생활 범위 내에 있는 사람들이 문제된 발언과 피해자들을 연결시킬 가능성이 있다는 이유만으로 곧바로 그 집단 구성원 개개인에 대한 모욕이 된다고 평가하게 되면 모욕죄의 성립 범위를 지나치게 확대시킬 우려가 있는 점 등을 종합해 보면, 피고인의 이 사건 발언은 여성 아나운서 일반을 대상으로 한 것으로서 그 개별구성원인 피해자들에 이르러서는 비난의 정도가 희석되어 피해자 개개인의 사회적 평가에 영향을 미칠 정도에까지는 이르지 아니하므로 형법상 모욕죄에 해당한다고 보기는 어렵다고 볼 여지가 충분하다.

그럼에도 원심은 이와 달리 그 판시와 같은 이유만으로 피해자 개개인에 대한 모욕의 점에 관한 이 부분 공소사실을 유죄로 인정하였으니, 이러한 원심의 판단에는 집단표시에 의한 모욕죄에 관한 법리를 오해한 위법이 있다. 이를 지적하는 상고이유의 주장은 이유 있다.

【해설】 피해자의 특정 정도, 발언의 경위와 당시 상황, 상대방, 표현의 방식, 정도를 살펴보아 피해자들을 모욕하였다고 단정하기 어렵다는 취지이다.

67. 제312조 고소와 피해자의 의사

1) 인터넷 종합 정보제공 사업자가 보도 매체의 기사를 보관하면서 스스로 그 기사의 일부를 선별하여 게시한 경우, 그로 인하여 명예가 훼손된 자에게 불법행위 책임을 지는지 여부(적극)

2) 인터넷 종합 정보제공 사업자의 명예훼손 게시물에 대한 삭제 및 차단 의무의 발생 요건

🏛 대법원 2009. 4. 16. 선고 2008다53812 전원합의체 판결[손해배상(기)등]

판결의 요지

1) 인터넷 종합 정보제공 사업자가 보도 매체가 작성·보관하는 기사에 대한 인터넷 이용자의 검색·접근에 관한 창구 역할을 넘어서서, 보도 매체로부터 기사를 전송받아 자신의 자료저장 컴퓨터 설비에 보관하면서 스스로 그 기사 가운데 일부를 선별하여 자신이 직접 관리하는 뉴스 게시공간에 게재하였고 그 게재된 기사가 타인의 명예를 훼손하는 내용을 담고 있다면, 이는 단순히 보도매체의 기사에 대한 검색·접근 기능을 제공하는 경우와는 달리 인터넷 종합 정보제공 사업자가 보도매체의 특정한 명예훼손적 기사 내용을 인식하고 이를 적극적으로 선택하여 전파한 행위에 해당하므로, 달리 특별한 사정이 없는 이상 위 사업자는 명예훼손적 기사를 보도한 보도매체와 마찬가지로 그로 인하여 명예가 훼손된 피해자에 대하여 불법행위로 인한 손해배상책임을 진다.

2) [다수의견] 명예훼손적 게시물이 게시된 목적, 내용, 게시 기간과 방법, 그로 인한 피해의 정도, 게시자와 피해자의 관계, 반론 또는 삭제 요구의 유무 등 게시에 관련한 쌍방의 대응태도 등에 비추어, 인터넷 종합 정보제공 사업자가 제공하는

인터넷 게시공간에 게시된 명예훼손적 게시물의 불법성이 명백하고, 위 사업자가 위와 같은 게시물로 인하여 명예를 훼손당한 피해자로부터 구체적·개별적인 게시물의 삭제 및 차단 요구를 받은 경우는 물론, 피해자로부터 직접적인 요구를 받지 않은 경우라 하더라도 그 게시물이 게시된 사정을 구체적으로 인식하고 있었거나 그 게시물의 존재를 인식할 수 있었음이 외관상 명백히 드러나며, 또한 기술적, 경제적으로 그 게시물에 대한 관리·통제가 가능한 경우에는, 위 사업자에게 그 게시물을 삭제하고 향후 같은 인터넷 게시공간에 유사한 내용의 게시물이 게시되지 않도록 차단할 주의의무가 있고, 그 게시물 삭제 등의 처리를 위하여 필요한 상당한 기간이 지나도록 그 처리를 하지 아니함으로써 타인에게 손해가 발생한 경우에는 부작위에 의한 불법행위책임이 성립한다.

3) 인터넷 종합 정보제공 장소는 특정 기사에 대한 댓글들, 지식검색란에서의 특정 질문에 대한 답변들, 특정 사적(私的) 인터넷 게시공간 등과 같이 일정한 주제나 운영 주체에 따라 정보를 게시할 수 있는 개별 인터넷 게시공간으로 나누어져서 그 각 개별 인터넷 게시공간별로 운영 및 관리가 이루어지고 있고, 위와 같은 개별 인터넷 게시공간 내에서의 게시물들은 서로 관련을 맺고 게시되므로, 불법 게시물의 삭제 및 차단 의무는 위 개별 인터넷 게시공간별로 그 의무의 발생 당시 대상으로 된 불법 게시물뿐만 아니라 그 후 이와 관련되어 게시되는 불법 게시물에 대하여도 함께 문제될 수 있다. 따라서 그 의무 위반으로 인한 불법행위책임은 개별 인터넷 게시공간별로 포괄적으로 평가될 수 있다.

☞ **위 2008다53812 전원합의체 판결과 위 제307조 명예훼손의 2014다61654 전원합의체 판결은 명예훼손죄와 관련된 주요 민사판결로 종종 인용된다.**

68. 제314조 업무방해

가. 업무방해죄에 있어서 업무의 범위

🏛 대법원 2013. 1. 31. 선고 2012도3475 판결[업무방해·폭력행위등처벌에관한법률위반(야간·공동주거침입)]

판결 이유

상고이유를 판단한다.

1. 이 사건 공소사실 중 피고인(들)의 업무방해의 점에 관하여

가. 이 부분 공소사실의 요지는, 위 피고인들은 전국철도노동조합 서울정비창지방본부의 간부들로 2010. 5. 11. 13:00경 한국철도공사 수도권 철도차량 정비단 대강당 앞에서, 한국철도공사 기술본부장 강00이 수도권 철도차량 정비단 소속 직원약 350명을 상대로 한국철도공사의 전반적인 철도현황에 대한 설명 및 파업시 회사에 미치는 영향 등 경영환경에 대하여 특별교육을 실시하려 한다는 사실을 알고, 피고인 안00은 노동조합 간부들에게 교육이 실시되는 대강당 앞으로 집합할 것을 지시하고, 나머지 피고인들은 이00, 박00, 강00, 김00, 박00 등 다른 노동조합 간부들 및 노조원들과 함께 대강당 앞에 집결하여 대강당으로 연결되는 통로를 막고, 일부 직원들이 교육장에 들어가려고 하자 소리를 지르며 몸으로 진입을 막는 등 공모하여 위력으로써 한국철도공사의 직원들을 상대로 한 특별교육 업무를 방해하였다는 것이다.

원심은 위 공소사실에 관하여, 그 판시와 같은 사정을 들어 강00가 파업이 임박한 상황에서 한국철도공사 산하 현장을 순회하며 직원들을 상대로 위와 같은 특별교육(이하 '이 사건 특별교육'이라고 한다)을 실시하려 한 것은 부당노동행위에 해당하여 업무방해죄의 보호대상으로서의 업무로 볼 수 없고, 설령 위와 같은 특별교육이 업무방해죄의 보호대상으로서의 업무에 해당한다고 하더라도 위 피고인들이 이를 부당노동행위로 오인한 데에 정당한 이유가 있으며, 이 사건 공소사실 기재와 같은 말을 하며 소리를 지른 위 피고인들에게 업무방해의 범의가 있었다고 보기 어렵다고 판단하여 무죄를 선고하였다.

나. 그러나 원심의 위와 같은 판단은 다음과 같은 이유에서 수긍하기 어렵다.

(1) 먼저 이 사건 특별교육이 업무방해죄의 보호 대상으로서의 업무에 해당하는지에 관하여 본다.

사용자가 연설, 사내방송, 게시문, 서한 등을 통하여 의견을 표명하는 경우 그 표명된 의견의 내용과 함께 그것이 행하여진 상황, 시점, 장소, 방법 및 그것이 노동조합의 운영이나 활동에 미치거나 미칠 수 있는 영향 등을 종합하여 노동조합의 조직이나 운영 및 활동을 지배하거나 이에 개입하는 의사가 인정된다면 노동조합

및 노동관계조정법 제81조 제4호에 규정된 '근로자가 노동조합을 조직 또는 운영하는 것을 지배하거나 이에 개입하는 행위'로서 부당노동행위가 성립하고, 또 그 지배·개입으로서의 부당노동행위의 성립에 반드시 근로자의 단결권의 침해라는 결과의 발생까지 요하는 것은 아니다(대법원 2006. 9. 8. 선고 2006도388 판결 참조).

그러나 사용자 또한 자신의 의견을 표명할 수 있는 자유를 가지고 있으므로, 사용자가 노동조합의 활동에 대하여 단순히 비판적 견해를 표명하거나 근로자를 상대로 집단적인 설명회 등을 개최하여 회사의 경영상황 및 정책방향 등 입장을 설명하고 이해를 구하는 행위 또는 비록 파업이 예정된 상황이라 하더라도 그 파업의 정당성과 적법성 여부 및 파업이 회사나 근로자에 미치는 영향 등을 설명하는 행위는 거기에 징계 등 불이익의 위협 또는 이익제공의 약속 등이 포함되어 있거나 다른 지배·개입의 정황 등 노동조합의 자주성을 해칠 수 있는 요소가 연관되어 있지 않는 한, 사용자에게 노동조합의 조직이나 운영 및 활동을 지배하거나 이에 개입하는 의사가 있다고 가볍게 단정할 것은 아니라 할 것이다(대법원 2013. 1. 10. 선고 2011도15497 판결 참조).

원심판결 이유 및 제1심이 적법하게 채택한 증거 등에 의하면, ① 한국철도공사가 2009. 11. 24. 전국철도노동조합(이하 '이 사건 노동조합'이라고 한다)과의 단체협약을 해지하자 이 사건 노동조합은 같은 해 11. 26.부터 같은 해 12. 2.까지 파업을 진행하다가 같은 해 12. 3. 업무에 복귀한 사실, ② 이 사건 노동조합은 이후 계속하여 한국철도공사와 단체교섭을 진행하였음에도 교섭이 이루어지지 않자, 2010. 5. 12.까지 교섭이 결렬될 경우 재차 파업을 하겠다고 한국철도공사에 예고한 사실(파업예정일은 2010. 5. 12. 04:00경임), ③ 이에 한국철도공사의 기술본부장이자 단체교섭의 사용자측 교섭위원 중 한 명인 강00는 2010. 5. 8.부터 같은 달 11일까지 한국철도공사 산하 차량사업소 및 정비단 등 현장을 순회하면서 직원설명회를 개최하기로 하여 파업 예정일 이전 며칠 동안 집중적으로 전국을 이동하며 직원설명회를 개최한 사실, ④ 피고인(들)은 강00가 2010. 5. 11. 13:00경 한국철도공사 산하 수도권 철도차량 정비단 대강당에서 한국철도공사의 전반적인 철도현황에 대한 설명 및 파업시 회사에 미치는 영향 등 경영환경에 대하여 특별교육을 실시하려고 한다는 사실을 알고, 위 교육이 정상적으로 이루어질 수 없도록 하기 위하여, 피고인 안00은 노동조합 간부들에게 교육이 실시되는 대강당 앞으로 집합할 것을 지시하고, 나머지 피고인들은 이00, 박00, 강00, 김00, 박00 등 다른 노동조합 간부들 및 노조원들과 함께 대강당 앞에 집결하여 대강당으로 연결되는 통로를 막고, 전기차량팀장 이00와 디젤차량팀장 김00가 소속 팀원 50여 명을 이끌고 교육장에 들어가려고 하자 "근무시간 중이니 현장으로 돌아가십시오.", "교육에 대해 노사협의가 안 됐다. 우리 업무는 열차 중정비를 하는 것이다. 빨리 중정비 업무하세요." 등의 소리를 지르며 진입을 막은 사실, ⑤ 강00는 특별교육을 위하여 대기하다가 위 피고인들 등의 위와 같은 행위로 인하여 특별교육을 포기하고 2010. 5. 11. 16:00경 수도권철도차량정비단을 떠난 사실 등을 알 수 있다.

이러한 순회설명회의 경과 등에 비추어 볼 때, 강00가 이 사건 특별교육에서 설명하고자 한 내용은 다른 지역설명회에서 한 발언과 유사할 것으로 보이지만, 원심은 그 내용에 대해서는 구체적으로 심리한 바가 없다. 그리고 그 내용이 강00가 이 사건 직전에 한국철도공사 서울차량사업소 2층 회의실에서 약 10분간 설명회를 진행하면서 하였던 발언 내용과 별 차이가 없는 것이라면, 파업이 예정된 상황에서 한국철도공사의 전반적 현황과 파업이 회사에 미치는 영향을 설명하면서 파업 참여에 신중할 것을 호소·설득하는 등 사용자 입장에서 노동조합이 예정한 파업방침에 대해 비판적 견해를 표명한 것으로서 사용자측에 허용된 언론의 자유의 범위를 벗어난 것이라고 단정하기는 어렵다 할 것이다.

또한, 강00가 이 사건 특별교육을 하려는 과정에서 강00나 한국철도공사 측 간부들이 노동조합의 조직이나 운영을 지배하거나 이에 개입하는 의사가 있었던 것으로 볼 만한 행동을 하였다는 자료는 찾아볼 수 없다. (중략)

그럼에도 원심은 이에 이르지 아니한 채 단지 그 판시와 같은 사정만으로 이 사건 특별교육이 '근로자가 노동조합을 운영하는 것을 지배하거나 이에 개입하는 행위'로서 업무방해죄에 있어서의 보호대상이 되는 업무에 해당한다고 단정할 수 없다고 판단하였으니, 이러한 원심의 판단에는 지배·개입에 의한 부당노동행위의 성립에 관한 법리 또는 업무방해죄의 보호대상으로서의 업무에 관한 법리를 오해하여 필요한 심리를 다하지 아니함으로써 판결에 영향을 미친 위법이 있다.

【평석】 원심에서, 비록 이 사건 특별교육이 파업이 임박한 시기에 예정된 것이라고 하더라도, 강00가 다른 지역에서 한 순회설명회에서 표명한 발언의 내용 및 그러한 발언 등이 조합원이나 노동조합의 활동에 미쳤거나 미칠 수 있는 영향, 그리고 당초 예정된 파업의 정당성 여부 등 지배·개입의 부당노동행위를 인정하는

전제가 되는 전후 상황 등에 대하여 구체적으로 심리하여, 이 사건 특별교육이 사용자 입장에서 단순히 파업에 대한 의견을 개진하는 수준을 넘어 조합원에 대해 회유 내지 위협적 효과를 가지는 등의 사정이 있어, 사용자에게 노동조합의 운영이나 활동을 지배하거나 노동조합의 활동에 개입하려는 의사가 있었던 것으로 추단되는지 여부를 좀 더 심리하였어야 한다는 취지이다.

나. 공무원이 직무상 수행하는 공무를 방해하는 행위를 업무방해죄로 의율할 수 있는지 여부(소극)

🏛 대법원 2009. 11. 19. 선고 2009도4166 전원합의체 판결[업무방해]

판결의 요지

형법상 업무방해죄의 보호법익은 업무를 통한 사람의 사회적·경제적 활동을 보호하려는 데 있으므로, 그 보호대상이 되는 '업무'란 직업 또는 계속적으로 종사하는 사무나 사업을 말하고, 여기서 '사무' 또는 '사업'은 단순히 경제적 활동만을 의미하는 것이 아니라 널리 사람이 그 사회생활상의 지위에서 계속적으로 행하는 일체의 사회적 활동을 의미한다. 한편, 형법상 업무방해죄와 별도로 규정한 공무집행방해죄에서 '직무의 집행'이란 널리 공무원이 직무상 취급할 수 있는 사무를 행하는 것을 의미하는데, 이 죄의 보호법익이 공무원에 의하여 구체적으로 행하여지는 국가 또는 공공기관의 기능을 보호하고자 하는 데 있는 점을 감안할 때, 공무원의 직무집행이 적법한 경우에 한하여 공무집행방해죄가 성립하고, 여기에서 적법한 공무집행이란 그 행위가 공무원의 추상적 권한에 속할 뿐 아니라 구체적 직무집행에 관한 법률상 요건과 방식을 갖춘 경우를 가리키는 것으로 보아야 한다. 이와 같이 업무방해죄와 공무집행방해죄는 그 보호법익과 보호 대상이 상이할 뿐만 아니라 업무방해죄의 행위유형에 비하여 공무집행방해죄의 행위 유형은 보다 제한되어 있다. 즉 공무집행방해죄는 폭행, 협박에 이른 경우를 구성요건으로 삼고 있을 뿐 이에 이르지 아니하는 위력 등에 의한 경우는 그 구성요건의 대상으로 삼고 있지 않다. 또한, 형법은 공무집행방해죄 외에도 여러 가지 유형의 공무방해행위를 처벌하는 규정을 개별적·구체적으로 마련하여 두고 있으므로, 이러한 처벌 조항 이외에 공무의 집행을 업무방해죄에 의하여 보호받도록 하여야 할 현실적 필요가 적다는 측면도 있다. 그러므로 형법이 업무방해죄와는 별도로 공무집행방해죄를 규정하고 있는 것은 사적 업무와 공무를 구별하여 공무에 관해서는 공무원에 대한 폭행, 협박 또는 위계의 방법으로 그 집행을 방해하는 경우에 한하여 처벌하겠다는 취지라고 보아야 한다. 따라서 공무원이 직무상 수행하는 공무를 방해하는 행위에 대해서는 업무방해죄로 의율할 수는 없다고 해석함이 상당하다.

다. 업무방해죄에 있어서 업무의 적법성

🏛 대법원 2011. 10. 13. 선고 2011도7081 판결[업무방해 등]

판결의 요지

구 성매매알선 등 행위의 처벌에 관한 법률(2010. 4. 15. 법률 제10261호로 개정되기 전의 것, 이하 '법'이라 한다)은 제2조 제1항 제2호에서 성매매알선 등 행위에 해당하는 행위로 '성매매를 알선·권유·유인 또는 강요하는 행위', '성매매의 장소를 제공하는 행위' 등을 규정하고, 그 제4조 제2호 및 제4호에서는 성매매알선행위와 성을 파는 행위를 하게 할 목적으로 타인을 고용·모집하는 행위를 금지하고, 이에 위반하여 성매매알선 등 행위를 한 자 및 그 미수범을 형사 처벌하도록 규정하고 있으므로(법 제19조 제1항 제1호, 제19조 제2항 1호, 제23조 등 참조), 성매매알선 등 행위는 법에 의하여 원천적으로 금지된 행위로서 형사 처벌의 대상이 되는 중대한 범죄행위일 뿐 아니라 정의 관념상 용인될 수 없는 정도로 반사회성을 띠는 경우에 해당하므로 이는 업무방해죄의 보호 대상이 되는 업무라고 볼 수 없다.

이러한 법리를 기록에 비추어 살펴보면, 피해자 공소외 1은 2005. 4.경부터 3년간 수원역 인근 사창가 골목에서 윤락녀를 고용하여 성매매업소를 운영하여 온 사실 등을 알 수 있고, 위 성매매업소 운영에는 성매매를 알선·권유하거나 성매매장소를 제공하는 행위 등이 필연적으로 수반되는 것이어서 그 업소의 운영자는 법 제19조 제1항 제1호의 성매매알선 등 행위를 한 자 또는 법 제19조 제2항 제1호의 영업으로 성매매알선 등 행위를 한 자에 해당하므로, 이 부분 공소사실에 적시된 위 피해자의 성매매업소 운영업무는 업무방해죄의 보호 대상이 되는 업무라고 볼 수 없다.

그럼에도 원심이 이와 달리 위 피고인에 대한 업무방해의 공소사실을 유죄로 인정한 것은 업무방해죄의 보호 대상이 되는 업무에 관한 법리를 오해함으로써 판결에 영향을 미친 위법이 있고, 이 점을 지적하는 상고이유는 이유 있다.

【평석】 형법상 업무방해죄의 보호 대상이 되는 '업무'라 함은 직업 또는 계속적으로 종사하는 사무나 사업으로서 타인의 위법한 침해로부터 형법상 보호할 가치가 있는 것이어야 하므로, 어떤 사무나 활동 자체가 위법의 정도가 중하여 사회생활상 도저히 용인될 수 없는 정도로 반사회성을 띠는 경우에는 업무방해죄의 보호대상이 되는 '업무'에 해당한다고 볼 수 없다(대법원 2001. 11. 30. 선고 2001도2015 판결, 대법원 2007. 1. 12. 선고 2006도6599 판결 등 참조).

라. 업무방해죄의 성립에 업무방해의 결과가 실제로 발생함을 요하는지(소극)

신청을 받아 자격요건 등을 심사하여 수용 여부를 결정하는 업무의 담당자에게 신청인이 허위의 주장을 하면서 이에 부합하는 허위의 소명자료를 첨부하여 제출한 행위가 위계에 의한 업무방해죄를 구성하는 경우

🏛 대법원 2020. 9. 24. 선고 2017도19283 판결[업무방해]

판결의 요지

업무방해죄의 성립에 있어서는 업무방해의 결과가 실제로 발생함을 요하지 않고 업무방해의 결과를 초래할 위험이 발생하면 족하다.

상대방으로부터 신청을 받아 상대방이 일정한 자격요건 등을 갖춘 경우에 한하여 그에 대한 수용 여부를 결정하는 업무에 있어서는 신청서에 기재된 사유가 사실과 부합하지 않을 수 있음을 전제로 자격요건 등을 심사·판단하는 것이므로, 업무담당자가 사실을 충분히 확인하지 않은 채 신청인이 제출한 허위의 신청 사유나 허위의 소명자료를 가볍게 믿고 이를 수용하였다면 이는 업무담당자의 불충분한 심사에 기인한 것으로서 신청인의 위계가 업무방해의 위험성을 발생시켰다고 할 수 없어 위계에 의한 업무방해죄를 구성하지 않는다. 그러나 신청인이 업무담당자에게 허위의 주장을 하면서 이에 부합하는 허위의 소명자료를 첨부하여 제출한 경우 그 수리 여부를 결정하는 업무담당자가 관계 규정이 정한 바에 따라 그 요건의 존

부에 관하여 나름대로 충분히 심사를 하였으나 신청 사유 및 소명자료가 허위임을 발견하지 못하여 신청을 수리하게 될 정도에 이르렀다면 이는 업무담당자의 불충분한 심사가 아니라 신청인의 위계행위에 의하여 업무방해의 위험성이 발생된 것이어서 이에 대하여 위계에 의한 업무방해죄가 성립된다.

피고인 갑, 을이 공모하여, 피고인 갑은 병 고등학교의 학생 정이 약 10개월 동안 총 84시간의 봉사활동을 한 것처럼 허위로 기재된 봉사활동확인서를 발급받아 피고인 을에게 교부하고, 피고인 을은 이를 정의 담임교사를 통하여 병 학교에 제출하여 정으로 하여금 2010년도 학교장 명의의 봉사상을 수상하도록 하는 방법으로 위계로써 학교장의 봉사상 심사 및 선정 업무를 방해하였다는 내용으로 기소된 사안에서, 관련 법령에 의하면 학교의 장은 학생지도 및 상급학교의 학생 선발에 활용할 수 있는 인적사항, 학적사항, 출결사항 등 학교생활기록을 작성·관리하도록 규정하고 있는데, 봉사활동 및 봉사상 수상경력은 이러한 학교 생활기록 사항에 포함되는 점, 병 학교는 학생들이 제출하는 봉사활동 확인서에 따라 학교생활기록부에 봉사활동내역 및 시간 등을 기재한 후 학년도 말에 학교생활기록부의 연간 봉사실적 누계시간이 80시간 이상인 학생을 특별활동부에 추천하고, 특별활동부에서 이를 취합한 후 공적심사위원회를 통하여 봉사활동 시간의 적정성에 관한 자료를 검토·심의하고 학교장의 결재를 거쳐 봉사상 수상자를 선정하도록 정하고 있는 점, 피고인 을이 제출한 봉사활동확인서는 교내가 아닌 학교 외에서 이루어진 봉사활동에 관한 것이고, 주관기관이 그 명의로 발급하였으며, 위 확인서 자체로 명백한 모순·오류가 있다거나 병 학교 담당교사들 또는 학교장 등이 위 확인서에서 그 내용이 허위임을 인식하였거나 인식할 수 있었다고 볼 사정도 발견되지 않는 점, 학교장은 피고인 을이 제출한 봉사활동 확인서에 기재된 대로 정이 봉사활동을 한 것으로 오인·착각하여 정을 봉사상 수상자로 선정하였으므로, 피고인들의 허위 봉사활동확인서 제출로써 학교장의 봉사상 심사 및 선정 업무 방해의 결과를 초래할 위험이 발생한 점, 병 학교의 봉사상 심사 및 선정 업무는 봉사활동확인서의 내용이 사실과 부합하지 않을 수 있음을 전제로 봉사상 수상의 자격요건 등을 심사·판단하는 업무라고 볼 수 없는 점 등의 사정을 종합하면, 이와 다른 전제에서 정의 봉사상 수상자 선정은 병 학교 업무담당자의 불충분한 심사에 기인한 것으로서 피고인들의 위계가 업무방해의 위험성을 발생시켰다고 할 수 없다고 보아 피고인들에게 무죄를 선고한 원심의 판단에 업무방해죄의 성립에 관한 법리오해의 위법이 있다.

마. 쟁의행위로서 파업이 업무방해죄의 '위력'에 해당하는지 여부(한정 적극)

> 🏛 대법원 2011. 3. 17. 선고 2007도482 전원합의체 판결[업무방해]

판결의 요지

업무방해죄는 위계 또는 위력으로써 사람의 업무를 방해한 경우에 성립하며(형법 제314조 제1항), '위력'이란 사람의 자유의사를 제압·혼란케 할 만한 일체의 세력을 말한다. 쟁의행위로서 파업(노동조합 및 노동관계조정법 제2조 제6호)도, 단순히 근로계약에 따른 노무의 제공을 거부하는 부작위에 그치지 아니하고 이를 넘어서 사용자에게 압력을 가하여 근로자의 주장을 관철하고자 집단적으로 노무제공을 중단하는 실력행사이므로, 업무방해죄에서 말하는 위력에 해당하는 요소를 포함하고 있다.

근로자는 원칙적으로 헌법상 보장된 기본권으로서 근로조건 향상을 위한 자주적인 단결권·단체교섭권 및 단체행동권을 가지므로(헌법 제33조 제1항), 쟁의행위로서 파업이 언제나 업무방해죄에 해당하는 것으로 볼 것은 아니고, 전후 사정과 경위 등에 비추어 사용자가 예측할 수 없는 시기에 전격적으로 이루어져 사용자의 사업운영에 심대한 혼란 내지 막대한 손해를 초래하는 등으로 사용자의 사업계속에 관한 자유의사가 제압·혼란될 수 있다고 평가할 수 있는 경우에 비로소 집단적 노무 제공의 거부가 위력에 해당하여 업무방해죄가 성립한다고 보는 것이 타당하다.

이와 달리, 근로자들이 집단적으로 근로의 제공을 거부하여 사용자의 정상적인 업무운영을 저해하고 손해를 발생하게 한 행위가 당연히 위력에 해당하는 것을 전제로 노동관계 법령에 따른 정당한 쟁의행위로서 위법성이 조각되는 경우가 아닌 한 업무방해죄를 구성한다는 취지로 판시한 대법원 1991. 4. 23. 선고 90도2771 판결, 대법원 1991. 11. 8. 선고 91도326 판결, 대법원 2004. 5. 27. 선고 2004도689 판결, 대법원 2006. 5. 12. 선고 2002도3450 판결, 대법원 2006. 5. 25. 선고 2002도5577 판결 등은 이 판결의 견해에 배치되는 범위 내에서 변경한다.

【평석】 업무방해죄의 수단인 위력은 사람의 자유의사를 제압·혼란하게 할 만한

일체의 억압적 방법을 말하고, 이는 제3자를 통하여 간접적으로 행사하는 것도 포함될 수 있다. 그러나 어떤 행위의 결과 상대방의 업무에 지장이 초래되었다 하더라도 행위자가 가지는 정당한 권한을 행사한 것으로 볼 수 있는 경우에는, 행위의 내용이나 수단 등이 사회통념상 허용될 수 없는 등 특별한 사정이 없는 한 업무방해죄를 구성하는 위력을 행사한 것이라고 할 수 없다. 제3자로 하여금 상대방에게 어떤 조치를 취하게 하는 등으로 상대방의 업무에 곤란을 야기하거나 그러한 위험이 초래되게 하였다 하더라도, 행위자가 제3자의 의사결정에 관여할 수 있는 권한을 가지고 있거나 그에 대하여 업무상 지시를 할 수 있는 지위에 있는 경우에는 특별한 사정이 없는 한 업무방해죄를 구성하지 아니한다는 판례로는 대법원 2013. 2. 28. 선고 2011도16718 판결 참조.

이 판례에 대하여, 업무방해죄와 관련하여 노동쟁의행위에 대한 탄력적 대응을 가능하게 한다는 점에서 주목되며, 범죄론체계의 관점에서 보면 위법성조각으로부터 구성요건해당성으로 초점이 전진배치됨에 따라 착오론의 주장에 차이가 있을 것으로 전망된다는 견해가 있다.[31]

바. 소비자불매운동이 위력에 의한 업무방해죄를 구성하는지 판단하는 기준

🏛 대법원 2013. 3. 14. 선고 2010도410 판결[업무방해 · 정보통신망이용촉진및정보보호등에관한법률위반(정보통신망침해등)]

판결의 요지

소비자가 구매력을 무기로 상품이나 용역에 대한 자신들의 선호를 시장에 실질적으로 반영하기 위한 집단적 시도인 소비자불매운동은 본래 '공정한 가격으로 양질의 상품 또는 용역을 적절한 유통구조를 통해 적절한 시기에 안전하게 구입하거나 사용할 소비자의 제반 권익을 증진할 목적'에서 행해지는 소비자보호운동의 일환으로서 헌법 제124조를 통하여 제도로서 보장되나, 그와는 다른 측면에서 일반 시민들이 특정한 사회, 경제적 또는 정치적 대의나 가치를 주장·옹호하거나 이를

---

31) 신동운, 2011년 분야별 중요판례 분석, 법률신문, 2012. 5. 17.자 참조. 정당행위에 대한 착오는 형법 제16조에 의하여 그 오인에 '정당한 이유가 있는 때에 한하여' 허용될 것이며, 이에 대해 위력 자체에 대한 착오는 그러한 제한 없이 형법 제13조에 따라 판단될 것이라고 한다.

진작시키기 위한 수단으로서 소비자불매운동을 선택하는 경우도 있을 수 있고, 이러한 소비자불매운동 역시 반드시 헌법 제124조는 아니더라도 헌법 제21조에 따라 보장되는 정치적 표현의 자유나 헌법 제10조에 내재된 일반적 행동의 자유의 관점 등에서 보호받을 가능성이 있으므로, 단순히 소비자불매운동이 헌법 제124조에 따라 보장되는 소비자보호운동의 요건을 갖추지 못하였다는 이유만으로 이에 대하여 아무런 헌법적 보호도 주어지지 아니한다거나 소비자불매운동에 본질적으로 내재되어 있는 집단행위로서의 성격과 대상 기업에 대한 불이익 또는 피해의 가능성만을 들어 곧바로 형법 제314조 제1항의 업무방해죄에서 말하는 위력의 행사에 해당한다고 단정하여서는 아니 된다. 다만 그 소비자불매운동이 헌법상 보장되는 정치적 표현의 자유나 일반적 행동의 자유 등의 점에서도 전체 법질서상 용인될 수 없을 정도로 사회적 상당성을 갖추지 못한 때에는 그 행위 자체가 위법한 세력의 행사로서 형법 제314조 제1항의 업무방해죄에서 말하는 위력의 개념에 포섭될 수 있고, 그러한 관점에서 어떠한 소비자불매운동이 위력에 의한 업무방해죄를 구성하는지 여부는 해당 소비자불매운동의 목적, 불매운동에 이르게 된 경위, 대상 기업의 선정이유 및 불매운동의 목적과의 연관성, 대상 기업의 사회·경제적 지위와 거기에 비교되는 불매운동의 규모 및 영향력, 불매운동 참여자의 자발성, 불매운동 실행과정에서 다른 폭력행위나 위법행위의 수반 여부, 불매운동의 기간 및 그로 인하여 대상 기업이 입은 불이익이나 피해의 정도, 그에 대한 대상 기업의 반응이나 태도 등 제반 사정을 종합적·실질적으로 고려하여 판단하여야 한다.

업무방해죄의 위력은 원칙적으로 피해자에게 행사되어야 하므로, 그 위력 행사의 상대방이 피해자가 아닌 제3자인 경우 그로 인하여 피해자의 자유의사가 제압될 가능성이 직접적으로 발생함으로써 이를 실질적으로 피해자에 대한 위력의 행사와 동일시할 수 있는 특별한 사정이 있는 경우가 아니라면 피해자에 대한 업무방해죄가 성립한다고 볼 수 없다. 이때 제3자에 대한 위력의 행사로 피해자의 자유의사가 직접 제압될 가능성이 있는지는 위력 행사의 의도나 목적, 위력 행사의 상대방인 제3자와 피해자의 관계, 위력의 행사 장소나 방법 등 태양, 제3자에 대한 위력의 행사에 관한 피해자의 인식 여부, 제3자에 대한 위력의 행사로 피해자가 입게 되는 불이익이나 피해의 정도, 피해자에 의한 위력의 배제나 제3자에 대한 보호의 가능성 등을 종합적으로 고려하여 판단하여야 한다.

인터넷카페의 운영진인 피고인들이 카페 회원들과 공모하여, 특정 신문들에 광고를 게재하는 광고주들에게 불매운동의 일환으로 지속적·집단적으로 항의전화를 하거나 광고주들의 홈페이지에 항의글을 게시하는 등의 방법으로 광고중단을 압박함으로써 위력으로 광고주들 및 신문사들의 업무를 방해하였다는 내용으로 기소된 사안에서, 원심이 피고인들이 벌인 불매운동의 목적, 그 조직과정, 대상 기업의 선정경위, 불매운동의 규모 및 영향력, 불매운동의 실행 형태, 불매운동의 기간, 대상 기업인 광고주들이 입은 불이익이나 피해의 정도 등에 비추어 피고인들의 위 행위가 광고주들의 자유의사를 제압할 만한 세력으로서 위력에 해당한다고 본 것은 정당하나, 나아가 피고인들의 행위로 신문사들이 실제 입은 불이익이나 피해의 정도, 그로 인하여 신문사들의 영업활동이나 보도에 관한 자유의사가 제압될 만한 상황에 이르렀는지 등을 구체적으로 심리하여 살펴보지 아니한 채, 신문사들에 대한 직접적인 위력의 행사가 있었다고 보아 유죄를 인정한 원심판결에 업무방해죄의 구성요건인 위력의 대상 등에 관한 법리를 오해하여 심리를 다하지 아니한 잘못이 있다.

정보통신망 이용촉진 및 정보보호 등에 관한 법률 제48조 제3항은 "누구든지 정보통신망의 안정적 운영을 방해할 목적으로 대량의 신호 또는 데이터를 보내거나 부정한 명령을 처리하도록 하는 등의 방법으로 정보통신망에 장애가 발생하게 하여서는 아니 된다."라고 규정하고 있고, 이는 정보통신망의 안정적 운영 내지 적정한 작동을 보호하기 위한 규정이므로, 위 죄가 성립하기 위해서는 정보통신망이 그 사용목적에 부합하는 기능을 하지 못하거나 사용목적과 다른 기능을 하는 등 정보통신망의 장애가 현실적으로 발생하였을 것을 요한다.

【평석】 소비자불매운동에 본질적으로 내재되어 있는 집단행위로서의 성격과 대상 기업에 대한 불이익 또는 피해의 가능성만을 들어 곧바로 형법 제314조 제1항의 업무방해죄에서 말하는 위력의 행사에 해당한다고 단정하여서는 아니 된다라고 판시하였다. 미국산 쇠고기 수입 반대를 위한 촛불집회가 잇따라 열리던 시점의 사안이다.[32]

또한, 갑 주식회사 임원인 피고인이 자동차 판매수수료율과 관련하여 대리점 사업자들과 갑 회사 사이에 의견대립이 고조되자, 대리점 사업자 을이 일정액의 사용

---

32) 신동운, 2013년 분야별 중요판례 분석, 법률신문 2014. 4. 17.자

료를 지급하고 판매정보 교환 등에 이용해 오던 갑 회사의 내부전산망 전체 및 고객관리시스템 중 자유게시판에 대한 접속권한을 차단한 사안에서, 대법원은, 피고인이 위력으로 을의 업무를 방해하였다고 본 원심판단을 정당하다고 판시하였다(대법원 2012. 5. 24. 선고 2009도4141 판결).

참고로 업무방해죄와 공무집행방해죄의 판단 기준을 제시한 판례로는 대법원 2013. 8. 23. 선고 2011도4763 판결 참조.

사. 폭력조직 간부인 피고인이 조직원들과 공모하여 갑이 운영하는 성매매업소 앞에 속칭 '병풍'을 치거나 차량을 주차해 놓는 등 위력으로써 업무를 방해한 사안

🏛 대법원 2011. 10. 13. 선고 2011도7081 판결[폭력행위등처벌에관한법률위반 등]

판결의 요지

형법상 업무방해죄의 보호대상이 되는 '업무'란 직업 또는 계속적으로 종사하는 사무나 사업으로서 타인의 위법한 침해로부터 형법상 보호할 가치가 있는 것이어야 하므로, 어떤 사무나 활동 자체가 위법의 정도가 중하여 사회생활상 도저히 용인될 수 없는 정도로 반사회성을 띠는 경우에는 업무방해죄 보호대상이 되는 '업무'에 해당한다고 볼 수 없다.

구 성매매알선 등 행위의 처벌에 관한 법률(2010. 4. 15. 법률 제10261호로 개정되기 전의 것)은 제2조 제1항 제2호에서 성매매알선 등 행위에 해당하는 행위로 '성매매를 알선·권유·유인 또는 강요하는 행위', '성매매의 장소를 제공하는 행위' 등을 규정하고, 제4조 제2호 및 제4호에서 성매매알선행위와 성을 파는 행위를 하게 할 목적으로 타인을 고용·모집하는 행위를 금지하고, 이를 위반하여 성매매알선 등 행위를 한 자 및 미수범을 형사처벌하도록 규정하고 있으므로(같은 법 제19조 제1항 제1호, 제2항 제1호, 제23조 등 참조), 성매매알선 등 행위는 법에 의하여 원천적으로 금지된 행위로서 형사처벌의 대상이 되는 중대한 범죄행위일 뿐 아니라 정의관념상 용인될 수 없는 정도로 반사회성을 띠는 경우에 해당하므로, 업무방해죄의 보호대상이 되는 업무라고 볼 수 없다.

폭력조직 간부인 피고인이 조직원들과 공모하여 갑이 운영하는 성매매업소 앞에 속칭 '병풍'을 치거나 차량을 주차해 놓는 등 위력으로써 업무를 방해하였다는 내용으로 기소된 사안에서, 갑은 사창가 골목에서 윤락녀를 고용하여 성매매업소를 운영하여 왔는데, 성매매업소 운영에는 성매매를 알선·권유하거나 성매매장소를 제공하는 행위 등이 필연적으로 수반되고 따라서 업소 운영자는 구 성매매알선 등 행위의 처벌에 관한 법률(2010. 4. 15. 법률 제10261호로 개정되기 전의 것) 제19조 제1항 제1호의 '성매매알선 등 행위를 한 자' 또는 같은 법 제19조 제2항 제1호의 '영업으로 성매매알선 등 행위를 한 자'에 해당하므로, 갑의 성매매업소 운영업무는 업무방해죄의 보호대상이 되는 업무라고 볼 수 없다.

【평석】 성매매알선 등 행위는 법에 의하여 원천적으로 금지된 행위로서 형사처벌의 대상이 되는 중대한 범죄행위일 뿐 아니라 정의관념상 용인될 수 없는 정도로 반사회성을 띠는 경우에 해당하므로, 업무방해죄의 보호 대상이 되는 업무라고 볼 수 없다는 취지로 그동안 실무에서 논란이 되어 온 사안을 종지부 찍은 판례이다.

69. 제315조 경매, 입찰의 방해

가. 입찰방해와 위태범

🏛 대법원 1994. 5. 24. 선고 94도600 판결(서울서부지방법원 2013노10 사건 참조)

판결의 요지

입찰방해죄는 위계 또는 위력 기타의 방법으로 입찰의 공정을 해하는 경우에 성립하는 위태범으로서, 입찰의 공정을 해할 행위를 하면 그것으로 족한 것이지 현실적으로 입찰의 공정을 해한 결과가 발생할 필요는 없는 것인바(당원 1993. 2. 23. 선고 92도3395 판결; 1988. 3. 8. 선고 87도2646 판결 참조) / 가장경쟁자를 조작하거나 입찰의 경쟁에 참가하는 자가 서로 통모하여 그중의 특정한 자를 낙찰자로 하기 위하여 기타의 자는 일정한 가격 이하 또는 이상으로 입찰하지 않을 것을 협정하는 소위 담합행위를 한 경우에는 담합자 상호간에 금품의 수수와 상관없이 입찰의 공정을 해할 위험성이 있다 할 것이고, 담합자 상호간에 담합의 대가에 관한 다툼이 있었고, 실제의 낙찰단가가 낙찰예정단가보다 낮아 입찰시행자에게 유리하게 결정되었다고 하여 그러한 위험성이 없었다거나 입찰방해죄가 미수에 그친 것이라고 할 수는 없다.

원심이 유지한 제1심 판결은 그 채용증거에 의하여 피고인과 상피고인 이 공모하여 그들만이 참가한 공영개발사업단의 바다모래개발사업자선정 일반경쟁입찰에서 피고인이 낙찰받도록 하기 위하여 상피고인은 입찰단가를 금 3,900원으로 응찰하고, 피고인은 그보다 낮은 단가로 응찰하기로 상의한 뒤, 상피고인은 금 3,900원에, 피고인은 금 3,630원으로 각 응찰하여 피고인이 낙찰받음으로써 위계로써 위 입찰의 공정을 해하였다는 공소사실을 유죄로 인정하고 있는바, 기록에 비추어 살펴볼 때, 이러한 사실인정과 판단은 정당하고, 거기에 채증법칙을 위배하거나 입찰방해죄의 법리를 오해한 위법이 있다고 할 수 없다고 판시하였다.

【평석】 입찰방해죄에 있어서 의외로 위태범이라는 법리를 오해하는 경우가 많으므로 관련 조문과 법률규정의 입법취지를 잘 살펴보아야 한다. 또한 입찰방해죄에 있어서 입찰자 전부와 담합이 이루어지지 않은 경우 입찰방해죄는 인정되지 않는다.

나. 입찰방해가 성립되지 않는 사안

> 🏛 대법원 1983. 1. 18. 선고 81도824 판결[입찰방해]

판결의 요지

원심판결 이유에 의하면, 원심은 산림청 산하 중부영림서에서 1978. 12. 28 실시한 판시 국유림 35,475㎡에 대한 연기(연기)매각 경쟁입찰에 공소외 1주식회사, 00주식회사, 주식회사 00공사, 00제지주식회사, 00임업주식회사(이하 각 주식회사의 기재는 생략함), 종국에 응찰을 포기한 00목재등 6개 회사가 등록을 하였으나, 그중 00공사 및 00제지는 00임업 대표이사 노00의 부탁으로 사실상 낙찰의 의사 없이 노00의 들러리로 입찰에 응한 것이고, 공소외 1 주식회사 전무인 피고인은 공소외 조00이 00공사의 명의를 빌려서 위 노00의 들러리로 입찰한 것임을 알지 못하고 00공사의 외형 거래액이 피고인의 회사보다 커서 00공사와 과다한 경쟁을 하여서는 피고인의 회사가 낙찰 받지 못할 것을 염려한 나머지 1978. 12. 28. 13:00경 원주시내 다방에서 조00을 만나 낙찰을 포기하고 8,000여만 원 이내로 투찰하여 줄 것을 부탁하고 그 대가로 금 2,000만원의 약속어음을 교부하였으며, 한편 OO임업의 전무이사인 김OO에게도 조건을 제시하면 들어주겠으니 7,500만 원 선으로 투찰할 것을 제의하였으나 승낙을 받지 못하였고, 피고인의 형인 공소외 1 주식회사 대표이사 공소외 2는 따로 위 노OO에게 원목 20만재를 시가보다 재당 20원씩 싸게 양도하여 주겠으니 9,000만 원 이하로 투찰해 달라고 제의하자, 노OO은 외형거래액에서 피고인의 회사와 경쟁할 수 없음을 깨닫고 들러리로 세우려고 하였던 위 OO공사의 명의로 낙찰 받을 생각으로 조OO에게 그 뜻을 말하였으나 동인이 이에 응하지 아니하여 사실상 낙찰 받는 것을 포기하였으나, 한편 요행을 바라는 마음에서 입찰실시자의 예정가격 7,800만원을 넘는 8,450만원을 적정가격으로 생각하고 그 금액으로 투찰하고, 위 조OO은 피고인의 부탁대로 금 7,500만원에, 대한제지는 노OO과의 당초 약속대로 금 9,000만원에, 위 김OO는 자신이 계산한 적정금액인 금 8,500만원에 각 투찰하였고, 피고인은 노OO으로부터 위 담합제의에 대한 확답을 받지 못한 관계로 혹시 낙찰이 되지 않을까 우려하여 생각했던 것보다 훨씬 높은 1억 550만원에 응찰한 결과 피고인이 최고가격으로 낙찰 받은 사실을 인정하고, 이에 대하여 피고인이 낙찰받은 가격이 입찰예정 가격보다 높아서 국가의 이익을 해하거나 피고인이 부당한 이득을 취한 것이 없고, 조OO에게 약속어음을 교부하고 담합함에 있어서 그가 제3자의 들러리로 입찰에 응한 것을 몰랐다고 하더라도 조OO과 경쟁하여서는 불리하다고 염려하여 담합하고 그 대가가 지불되어 위 공소외인이 부정한 이득을 취한 이상 이러한 담합행위가 동업자간의 무모한 경쟁을 방지하기 위하여 한 행위라 볼 수 없고 경쟁 입찰의 방법을 해치는 행위라고 판시하고 있다.

생각건대, 가장 경쟁자를 조작하거나 입찰의 경쟁에 참가하는 자가 서로 통모하여 그중의 특정한 자를 낙찰자로 하기 위하여 기타의 자는 일정한 가격이하 또는 이상으로 입찰하지 않을 것을 협정하는 소위 담합행위는 입찰가격에 있어서 실시자의 이익을 해하는 것이 아니라도 실질적인 단독입찰을 경쟁 입찰인 것처럼 가장하여 그 입찰가격으로 낙찰되게 한 경우에는 담합자간에 금품의 수수에 관계없이 일응 입찰의 공정을 해할 위험성이 있다 하겠으나(당원 1971. 4. 30. 선고 71도519 판결 참조) 한편 담합이 있고 그에 따른 담합금이 수수되었다 하더라도 입찰시행자의 이익을 해함이 없이 자유로운 경쟁을 한 것과 동일한 결과로 되는 경우에는 입찰의 공정을 해할 위험성은 없다고 하여야 할 것인바, 원심이 확정한 바와 같이 이 사건 입찰에 참가한 5명의 업자 중에서 입찰가격을 담합한 것은 신한흥업공사 명의로 입찰에 참가한 조00과의 사이에서 뿐이며 노00의 동서임업 및 김00의 00임업과는 담합이 이루어지지 아니하여 동인들은 각자 낙찰할 목적으로 각각 적정가격으로 생각되는 위 금액으로 투찰하였다는 것이고, 위 두 사람의 투찰가격이 모두 입찰예정 가격을 넘고 있으며, 피고인 역시 노00 등으로 부터 확답을 못 얻어 불안한 나머지 당초 예정한 것보다 훨씬 높은 판시가격으로 응찰하게 되었다는 것이고, 또한 피고인이 공소외 허0연, 조00 등이 00임업(노00)의 들러리로 입찰에 참가하게 된 사정을 몰랐다면 비록 피고인이 판시와 같은 내용의 담합을 제의하였으나 위 노00이나 김00등 실질적인 입찰참가자가 이를 받아들이지 않은 이상 그들을 형식적으로 입찰에 참가하게 하여 피고인의 실질적인 단독입찰을 경쟁 입찰로 가장한 것이라고 볼 수 없고 결국은 자유경쟁을 한 것과 동일한 결과로 되어 위 조00이 부정한 이익을 받았다 하더라도 그것만으로는 입찰방해죄가 성립한다고 볼 수 없을 것이다.

그리고 이 사건 입찰에 있어서는 각 참가자의 입찰실시 이전 1년간의 외형거래액의 한도까지 입찰금액으로서 경쟁이 가능하고 위 조00이 명의를 빌려온 00공사의 외형(11억)이 가장 높아서 피고인은 그와의 경쟁에 이길 수 없다고 염려한 나머지 판시와 같은 담합이 이루어졌다고 하나 위 노00의 외형거래액도 피고인의 투찰가격 1억 550만원을 훨씬 넘는 2억 4,000만원이고 보면 노00도 그 범위까지는 경쟁이 가능하여 조00과의 담합만으로는 노00의 경쟁을 완전히 배제할 수 없어서 입찰의 공정을 해할 위험이 있는 경우라고 할 수도 없다.

원심판결은 필경 그 인정사실에 대하여 법률적 평가를 잘못하였거나 입찰방해죄의 법리를 오해하여 판결에 영향을 미쳤다 할 것이니 이 점 논지는 이유 있고 원심판결은 나머지 상고이유에 관한 판단을 할 것도 없이 파기를 면치 못한다.

70. 제319조 주거침입, 퇴거불응

가. 주거의 의미

🏛 대법원 2009. 9. 10. 선고 2009도4335 판결[성폭력범죄의처벌및피해자보호등에관한법률위반(강간등 상해){인정된 죄명: 강간상해}]

주거침입죄에 있어서 주거라 함은 단순히 가옥 자체만을 말하는 것이 아니라 그 정원 등 위요지(圍繞地)를 포함하는 것인바(대법원 1983. 3. 8. 선고 82도1363 판결, 대법원 2001. 4. 24. 선고 2001도1092 판결 등 참조), 다가구용 단독주택이나 다세대주택·연립주택·아파트 등 공동주택 안에서 공용으로 사용하는 엘리베이터, 계단과 복도는 주거로 사용하는 각 가구 또는 세대의 전용 부분에 필수적으로 부속하는 부분으로서 그 거주자들에 의하여 일상생활에서 감시·관리가 예정되어 있고 사실상의 주거의 평온을 보호할 필요성이 있는 부분이므로, 다가구용 단독주택이나 다세대주택·연립주택·아파트 등 공동주택의 내부에 있는 엘리베이터, 공용 계단과 복도는 특별한 사정이 없는 한 주거침입죄의 객체인 '사람의 주거'에 해당하고, 위 장소에 거주자의 명시적, 묵시적 의사에 반하여 침입하는 행위는 주거침입죄를 구성한다.

위 법리에 비추어 보면, 피고인이 피해자를 강간할 목적으로 피해자를 따라 피해자가 거주하는 아파트 내부의 공용부분에 들어온 행위는 주거침입행위이므로, 피고인이 성폭력범죄의 처벌 및 피해자보호 등에 관한 법률 제5조 제1항 소정의 주거침입범의 신분을 가지게 되었음은 분명하다.

따라서 피고인의 위와 같은 행위를 주거침입으로 보지 않은 원심판결에는 성폭력범죄의 처벌 및 피해자보호 등에 관한 법률 제5조 제1항 소정의 주거침입에 관한 법리를 오해하여 판결에 영향을 미친 위법이 있다.

【평석】 형법상 주거침입죄라 함은 단순 가옥 이외에 아파트 연립주택 등의 엘리베이터, 공용계단 등에 거주자의 의사에 반하여 침입하는 경우를 말한다.

나. 관리자의 의사에 반한 주거침입

> 🏛 대법원 1955. 12. 23. 선고 4288형상25 판결[특수주거침입 등]

주거침입죄는 관리자의 의사에 반하여 타인의 주거에 침입함으로써 성립하는 것이므로 종전에 있어서 당해 주택에 무상출입을 허용된 자라 하더라도 당해 주거침입의 소위가 관리자의 의사에 반하거나 관리자의 인용치 않을 의사가 추측됨에 불구하고 감행된 것인 경우에는 주거침입죄의 성립에 소장이 없다고 해석되므로 설령 피고인이 소론과 같이 작업계약의 관계로 수시 소론 지점장실에 출입하여 왔으며 또 출입할 수 있는 지위에 있었다 하더라도 피고인이 원판시와 같이 폭행의 목적으로 동 지점장실에 들어간 것인 경우에는 당연히 관리자인 지점장의 의사는 당해 침입의 소위를 인용치 않음에 있다고 추측되는 것이므로 피고인의 원판시 소위는 주거침입의 죄를 구성함에 과불급이 없을 것이며 또 타인의 주거에 무상출입하는 권한의 유무가 전 설시와 같이 주거침입죄의 성립에 관련이 없는 사항인 이상 설령 소론 증명서에 대한 조사를 하지 아니하였다 하여 심리부진이라 할 수 없으므로 논지는 이유 없다.

다. 한편 주거침입이 인정되지 않는 경우는 다음과 같다.

> 🏛 대법원 1967. 9. 26. 선고 67도1089 판결[특수폭행, 특수주거침입]

판결의 요지

원심은 1966. 6. 13. 밤에 피고인과 공소 외 1, 2의 세 사람이 함께 술을 마시고 그들이 사는 동리의 공소외 1집 앞길에 이르렀을 때 공소외 1이 사소한 일로 피고인을 그 길가의 논에 넘어뜨리고 주먹으로 얼굴을 때리는 등의 폭행을 하였으므로 인하여 양인 간에 시비가 벌어지게 되었던바, 그 시비중 공소외 1이 그의 집으로 돌아가기에 피고인도 술에 취하여 동인에게 얻어맞아가면서 동인의 집까지 따라 들어가서 동인에 대하여 피고인을 때리는 이유를 따졌던 것이라는 사실을 확정함으로써 이와 같은 정황 하에 피고인이 1의 집으로 따라 들어간 소위를 위법성 있는 주거침입이라고 논란하기 어렵다고 판시하였음이 뚜렷하고 그 판시중의 주거침입의 위법성에 관한 부분에 법리의 오해가 있었다고는 인정되지 않는다.

라. 특정범죄가중처벌 등에 관한 법률 제5조의4 제1항 소정의 상습절도 등 죄를 범한 범인이 그 범행의 수단으로 주거침입을 한 경우의 죄책

> 🏛 대법원 1984. 12. 26. 선고 84도1573 전원합의체 판결[방실침입]

검사의 상고이유를 본다.

1. 형법 제330조 및 제331조 제1항에 규정된 야간주거침입절도죄와 손괴특수절도죄를 제외하고 일반적으로 주거침입은 절도죄의 구성요건이 아니므로 절도 범인이 그 범행수단으로 주거침입을 한 경우에 그 주거침입행위는 절도죄에 흡수되지 아니하고 별개로 주거침입죄를 구성하며 절도죄와는 실체적 경합의 관계에 서는 것이 원칙이다.

그러나 특정범죄가중처벌 등에 관한 법률(이하 특가법이라 한다) 제5조의4 제1항에 규정된 상습절도 등 죄를 범한 범인이 그 범행의 수단으로 주거침입을 한 경우에 주거침입행위는 상습절도 등 죄에 흡수되어 위 법조에 규정된 상습절도 등 죄의 1죄만이 성립하고 별개로 주거침입죄를 구성하지 않으며, 또 위 상습절도 등 죄를 범한 범인이 그 범행 외에 상습적인 절도의 목적으로 주거침입을 하였다가 절도에 이르지 아니하고 주거침입에 그친 경우에도 그것이 절도상습성의 발현이라고 보여지는 이상 주거침입행위는 다른 상습절도 등 죄에 흡수되어 위 법조에 규정된 상습절도 등 죄의 1죄만을 구성하고 이 상습절도 등 죄와 별개로 주거침입죄를 구성하지 않는다고 보아야 할 것이다.

위 견해에 배치하는 당원 1983. 4. 12. 선고 83도422 판결은 이를 폐기하기로 한다.

【평석】 또 다른 사안으로, 절도의 상습성이 있는 피고인이 서울 서대문구 연희동에 있는 집에 절도를 위해 화장실 창문을 통해 침입했으나 마침 사람이 있어 베란다를 통해 도망갔고, 같은 해 서울 서대문구 연희동에 있는 다른 집에 절도를 위해 현관으로 침입했으나 마침 사람이 있어 현관문을 통해 도망감으로써, 피고인은 주거침입 및 상습절도미수의 공소사실로 공소제기된 사안에서, 1심에서 주거침입 부분은 상습절도에 흡수된다고 보아 무죄로 판시하였지만 항소심에서 상습절도죄와 별도로 주거침입죄가 성립한다고 판단하였고 같은 사건은 상고기각 되었다(대법원 2015. 10. 15. 선고 2015도8169 판결).33)

---

33) 이 사건과 관련하여 대법원 1984. 12. 26. 선고 84도1573 전원합의체 판결의 다수의견은 특정범죄 가중처벌 등에 관한 법률상 상습절도죄와 주거침입죄 사이에 흡수 관계를 인정하여 전원합의체 판결의 타당성에 관하여는 논란이 있으며, 위 전원합의체 판결의 소수의견이 지적하는 것처럼, 목적

마. 1) 외부인이 공동거주자의 일부가 부재중에 주거 내에 현재하는 거주자의 현실적인 승낙을 받아 통상적인 출입방법에 따라 공동 주거에 들어갔으나 부재중인 다른 거주자의 추정적 의사에 반하는 경우, 주거침입죄가 성립하는지 여부(소극)

2) 피고인이 갑의 부재중에 갑의 처 을과 혼외 성관계를 가질 목적으로 을이 열어 준 현관 출입문을 통하여 갑과 을이 공동으로 거주하는 아파트에 들어간 경우, 피고인이 을로부터 현실적인 승낙을 받아 주거에 들어갔으므로 주거의 사실상 평온상태를 해치는 행위 태양으로 주거에 들어간 것이 아니어서 주거에 침입한 것으로 볼 수 없다고 본 사안

🏛 대법원 2021. 9. 9. 선고 2020도12630 전원합의체 판결[주거침입]

판결의 요지

1) [다수의견] 외부인이 공동거주자의 일부가 부재중에 주거 내에 현재하는 거주자의 현실적인 승낙을 받아 통상적인 출입방법에 따라 공동 주거에 들어간 경우라면 그것이 부재중인 다른 거주자의 추정적 의사에 반하는 경우에도 주거침입죄가 성립하지 않는다고 보아야 한다. 구체적인 이유는 다음과 같다.

(가) 주거침입죄의 보호법익은 사적 생활 관계에 있어서 사실상 누리고 있는 주거의 평온, 즉 '사실상 주거의 평온'으로서, 주거를 점유할 법적 권한이 없더라도 사실상의 권한이 있는 거주자가 주거에서 누리는 사실적 지배·관리 관계가 평온하게 유지되는 상태를 말한다. 외부인이 무단으로 주거에 출입하게 되면 이러한 사실상 주거의 평온이 깨어지는 것이다. 이러한 보호법익은 주거를 점유하는 사실 상태를 바탕으로 발생하는 것으로서 사실적 성질을 가진다.

한편 공동 주거의 경우에는 여러 사람이 하나의 생활공간에서 거주하는 성질에 비추어 공동거주자 각자는 다른 거주자와의 관계로 인하여 주거에서 누리는 사실상 주거의 평온이라는 법익이 일정 부분 제약될 수밖에 없고, 공동거주자는 공동 주거 관계를 형성하면서 이러한 사정을 서로 용인하였다고 보아야 한다.

범이 아닌 주거침입죄의 경우 상습절도죄의 성립과는 관계없이 별도로 성립할 수 있으므로 이러한 문제는 양형에 의하여 해결하여야 할 수도 있다. 그러나 궁극적으로는 개별 행위마다 법정형을 구체화하지 아니한 특정범죄 가중처벌 등에 관한 법률을 수정하여야 하는 것 아닌가 생각된다는 견해는, 이용식, 2015년 분야별 중요판례 분석, 법률신문, 2016. 4. 14.자 참조

부재중인 일부 공동거주자에 대하여 주거침입죄가 성립하는지를 판단할 때에도 이러한 주거침입죄의 보호법익의 내용과 성질, 공동주거관계의 특성을 고려하여야 한다. 공동거주자 개개인은 각자 사실상 주거의 평온을 누릴 수 있으므로 어느 거주자가 부재중이라고 하더라도 사실상의 평온상태를 해치는 행위태양으로 들어가거나 그 거주자가 독자적으로 사용하는 공간에 들어간 경우에는 그 거주자의 사실상 주거의 평온을 침해하는 결과를 가져올 수 있다. 그러나 공동거주자 중 주거 내에 현재하는 거주자의 현실적인 승낙을 받아 통상적인 출입방법에 따라 들어갔다면, 설령 그것이 부재중인 다른 거주자의 의사에 반하는 것으로 추정된다고 하더라도 주거침입죄의 보호법익인 사실상 주거의 평온을 깨트렸다고 볼 수는 없다. 만일 외부인의 출입에 대하여 공동거주자 중 주거 내에 현재하는 거주자의 승낙을 받아 통상적인 출입방법에 따라 들어갔음에도 불구하고 그것이 부재중인 다른 거주자의 의사에 반하는 것으로 추정된다는 사정만으로 주거침입죄의 성립을 인정하게 되면, 주거침입죄를 의사의 자유를 침해하는 범죄의 일종으로 보는 것이 되어 주거침입죄가 보호하고자 하는 법익의 범위를 넘어서게 되고, '평온의 침해' 내용이 주관화·관념화되며, 출입 당시 현실적으로 존재하지 않는, 부재중인 거주자의 추정적 의사에 따라 주거침입죄의 성립 여부가 좌우되어 범죄 성립 여부가 명확하지 않고 가벌성의 범위가 지나치게 넓어지게 되어 부당한 결과를 가져오게 된다.

(나) 주거침입죄의 구성요건적 행위인 침입은 주거침입죄의 보호법익과의 관계에서 해석하여야 한다. 따라서 침입이란 '거주자가 주거에서 누리는 사실상의 평온상태를 해치는 행위 태양으로 주거에 들어가는 것'을 의미하고, 침입에 해당하는지 여부는 출입 당시 객관적·외형적으로 드러난 행위 태양을 기준으로 판단함이 원칙이다. 사실상의 평온상태를 해치는 행위 태양으로 주거에 들어가는 것이라면 대체로 거주자의 의사에 반하는 것이겠지만, 단순히 주거에 들어가는 행위 자체가 거주자의 의사에 반한다는 거주자의 주관적 사정만으로 바로 침입에 해당한다고 볼 수는 없다.

외부인이 공동거주자 중 주거 내에 현재하는 거주자로부터 현실적인 승낙을 받아 통상적인 출입방법에 따라 주거에 들어간 경우라면, 특별한 사정이 없는 한 사실상의 평온상태를 해치는 행위 태양으로 주거에 들어간 것이라고 볼 수 없으므로 주거침입죄에서 규정하고 있는 침입행위에 해당하지 않는다.

[별개의견] (가) 주거침입죄의 보호법익은 주거권이다. 주거침입죄가 주거의 평

온을 보호하기 위한 것이라고 해서 그 보호법익을 주거권으로 파악하는 데 장애가 되지 않는다. 주거침입죄의 보호법익에 관하여 대법원판결에서 '사실상 주거의 평온'이라는 표현을 사용한 사안들은 그 보호법익을 주거권으로 보더라도 사안의 해결에 영향이 없다.

(나) 주거침입죄에서 말하는 침입은 이른바 의사침해설에 따라 '거주자의 의사에 반하여 주거에 들어가는 것'이라고 본 판례가 타당하다.

(다) 동등한 권한이 있는 공동주거권자 중 한 사람의 승낙을 받고 주거에 들어간 경우에는 어느 한쪽의 의사나 권리를 우선시할 수 없어 원칙적으로 주거침입죄가 성립하지 않는다. 다른 공동주거권자의 의사에 반한다고 해서 형법 제319조 제1항이 정한 침입에 해당하는 것으로 보아 주거침입죄로 처벌하는 것은 죄형법정주의가 정한 명확성의 원칙이나 형법의 보충성 원칙에 반할 수 있다. 평온한 방법으로 주거에 들어갔는지 여부가 주거침입죄의 성립 여부를 판단하는 기준이라고 볼 근거도 없다.

(라) 부부인 공동주거권자 중 남편의 부재중에 아내의 승낙을 받아 혼외 성관계를 가질 목적으로 주거에 들어갔다고 해서 주거침입죄로 처벌할 수 없다. 주거침입죄는 목적범이 아닌 데다가 현재 혼외 성관계는 형사처분의 대상이 아니기 때문에 이러한 목적의 유무에 따라 주거침입죄의 성립이 좌우된다고 볼 수 없다.

[별개의견] 외부인이 공동거주자 중 한 사람의 승낙을 받아 공동 주거에 출입한 경우에는 그것이 다른 거주자의 의사에 반하더라도 특별한 사정이 없는 한 주거침입죄가 성립하지 않는다. 공동거주자 중 한 사람의 승낙에 따른 외부인의 공동 주거 출입행위 그 자체는 외부인의 출입을 승낙한 공동거주자의 통상적인 공동 주거의 이용행위 내지 이에 수반되는 행위에 해당한다고 할 것이고, 다른 거주자는 외부인의 출입이 그의 의사에 반하더라도 여러 사람이 함께 거주함으로써 사생활이 제약될 수밖에 없는 공동 주거의 특성에 비추어 공동거주자 중 한 사람의 승낙을 받은 외부인의 출입을 용인하여야 하기 때문이다. 즉, 공동거주자 중 한 사람이 다른 거주자의 의사에 반하여 공동주거에 출입하더라도 주거침입죄가 성립하지 않는 것과 마찬가지로, 공동거주자 중 한 사람의 승낙에 따라 공동 주거에 출입한 외부인이 다른 거주자의 의사에 반하여 공동 주거에 출입하더라도 주거침입죄가 성립하지 않는다고 보아야 한다.

[일부 반대의견] 공동거주자 중 한 사람의 부재중에 주거 내에 현재하는 다른

거주자의 승낙을 받아 주거에 들어간 경우 주거침입죄가 성립하는지 여부는 부재 중인 거주자가 만일 그 자리에 있었다면 피고인의 출입을 거부하였을 것임이 명백 한지 여부에 따라야 한다. 즉, 부재중인 거주자가 그 자리에 있었다면 피고인의 출입 을 거부하였을 것임이 명백한 경우에는 주거침입죄가 성립하고, 그렇지 않을 경우에 는 주거침입죄가 성립하지 않는다고 보아야 한다. 구체적인 이유는 다음과 같다.

(가) 주거침입죄는 거주자의 의사에 반하여 주거에 들어가는 경우에 성립한다. 주거침입죄는 사람의 주거에 침입한 경우, 즉 거주자 외의 사람이 거주자의 승낙 없이 무단으로 주거에 출입하는 경우에 성립하는 것이다. 거주자는 주거에 대한 출 입이 자신의 의사대로 통제되고 지배·관리되어야 주거 내에서 평온을 누릴 수 있 다. 이러한 점에서 주거침입죄의 보호법익인 '사실상 주거의 평온'은 '법익의 귀속 주체인 거주자의 주거에 대한 지배·관리, 즉 주거에 대한 출입의 통제가 자유롭게 유지되는 상태'를 말한다고 할 것이다. 이러한 주거에 대한 지배·관리 내지 출입통 제의 방식은 거주자의 의사 및 의사 표명을 통하여 이루어지게 된다. 따라서 주거 침입죄에 있어 침입은 '거주자의 의사에 반하여 주거에 들어가는 것'이라고 해석하 여야 한다.

(나) 부재중인 거주자의 경우에도 그의 '사실상 주거의 평온'이라는 법익은 보호 되므로 그의 법익이 침해된 경우에는 주거침입죄가 성립한다.

(다) 공동 주거에 있어서도 외부인의 출입이 공동거주자 중 부재중인 거주자의 의사에 반하는 것이 명백한 경우에는 그 거주자에 대한 관계에서 사실상 주거의 평온이 깨어졌다고 보아 주거침입죄의 성립을 인정하는 것이 주거침입죄의 법적 성질과 보호법익의 실체에 부합하는 해석이다.

(라) 외부인의 출입이 부재중인 거주자의 의사에 반하는 것이 명백한 경우에 해 당하는지에 대한 판단은 우리 사회에서 건전한 상식을 가지고 있는 일반 국민의 의사를 기준으로 객관적으로 하고 그에 관한 증명책임은 검사가 부담하므로, 외부 인의 출입이 부재중인 거주자의 의사에 반하는 것이 명백한 경우에는 주거침입죄 가 성립한다고 보더라도 처벌 범위가 확장되는 것이 아니다.

2) 피고인이 갑의 부재중에 갑의 처(妻) 을과 혼외 성관계를 가질 목적으로 을 이 열어 준 현관 출입문을 통하여 갑과 을이 공동으로 거주하는 아파트에 3회에 걸쳐 들어간 사안에서, 피고인이 을로부터 현실적인 승낙을 받아 통상적인 출입방 법에 따라 주거에 들어갔으므로 주거의 사실상 평온상태를 해치는 행위 태양으로

주거에 들어간 것이 아니어서 주거에 침입한 것으로 볼 수 없고, 설령 피고인의 주거 출입이 부재중인 갑의 의사에 반하는 것으로 추정되더라도 그것이 사실상 주거의 평온을 보호법익으로 하는 주거침입죄의 성립 여부에 영향을 미치지 않는다는 이유로, 같은 취지에서 피고인에게 무죄를 선고한 원심의 판단이 정당하다.

【평석】 주거침입죄에서 침입의 의미에 대하여, 거주자의 의사에 반하여 주거에 들어가는 것(의사침해설)을 변경하여 사실상의 평온을 해치는 행위 태양으로 주거에 들어가는 것(평온침해설)으로 그 범위를 축소, 전환하는 판결로 이해한다.[34] 이 판례에 대하여 다양한 의견들이 개진되고 있으며, 나아가 '아파트 등 공동주택의 공동현관에 출입하는 경우에도, 그것이 주거로 사용하는 각 세대의 전용 부분에 필수적으로 부속하는 부분으로 거주자와 관리자에게만 부여된 비밀번호를 출입문에 입력하여야만 출입할 수 있거나, 외부인의 출입을 통제·관리하기 위한 취지의 표시나 경비원이 존재하는 등 외형적으로 외부인의 무단출입을 통제·관리하고 있는 사정이 존재하고, 외부인이 이를 인식하고서도 그 출입에 관한 거주자나 관리자의 승낙이 없음은 물론, 거주자와의 관계 기타 출입의 필요 등에 비추어 보더라도 정당한 이유 없이 비밀번호를 임의로 입력하거나 조작하는 등의 방법으로 거주자나 관리자 모르게 공동현관에 출입한 경우와 같이, 그 출입 목적 및 경위, 출입의 태양과 출입한 시간 등을 종합적으로 고려할 때 공동주택 거주자의 사실상 주거의 평온상태를 해치는 행위 태양으로 볼 수 있는 경우라면 공동주택 거주자들에 대한 주거침입에 해당한다'는 최근 판례가 선고되었다(대법원 2022. 1. 27. 선고 2021도15507 판결). 또한 피고인들이 피해자가 운영하는 음식점에서 기자를 만나 식사를 대접하면서 기자가 부적절한 요구를 하는 장면 등을 확보할 목적으로 녹음·녹화장치를 설치하거나 장치의 작동 여부 확인 및 이를 제거하기 위하여 위 음식점의 방실에 침입하였다는 공소사실에 대하여, "일반인의 출입이 허용된 음식점에 영업주의 승낙을 받아 통상적인 출입방법으로 들어갔다면 특별한 사정이 없는 한 주거침입죄에서 규정하는 침입행위에 해당하지 않는다. 설령 행위자가 범죄 등을 목적으로 음식점에 출입하였거나 영업주가 행위자의 실제 출입 목적을 알았더라면 출입을 승낙하지 않았을 것이라는 사정이 인정되더라도 그러한 사정만으로는 출입

---

34) 이주원, 전게 논문 참조

당시 객관적·외형적으로 드러난 행위 태양에 비추어 사실상의 평온상태를 해치는 방법으로 음식점에 들어갔다고 평가할 수 없으므로 침입행위에 해당하지 않는다. ... 이와 달리 일반인의 출입이 허용된 음식점이더라도 음식점의 방실에 도청용 송신기를 설치할 목적으로 들어간 것은 영업주의 명시적 또는 추정적 의사에 반한다고 보아 주거침입죄가 성립한다고 인정한 대법원 1997. 3. 28. 선고 95도2674 판결을 비롯하여 같은 취지의 대법원 판결들은 이 판결의 견해에 배치되는 범위 안에서 이를 변경하기로 한다."고 판시하였다(대법원 2022. 3. 24. 선고 2017도18272 전원합의체 판결). 일반인의 출입이 허용된 음식점에 대하여 영업주의 승낙을 받아 들어간 경우에는 사실상의 평온 상태가 침해되었다고 볼 수 없으므로 주거침입죄가 성립하지 않는다는 판결로서 위 대법원판결의 취지(사실상의 평온 상태 침해 여부)와 같은 결론이다.

바. 피고인이 교제하다 헤어진 피해자의 주거가 속해 있는 아파트 동의 출입구에 설치된 공동출입문에 피해자나 다른 입주자의 승낙 없이 비밀번호를 입력하는 방법으로 아파트의 공용 부분에 출입한 경우

🏛 대법원 2022. 1. 27. 선고 2021도15507 판결[주거침입·도로교통법위반(음주운전)]

판결의 요지

주거침입죄는 사실상 주거의 평온을 보호법익으로 한다. 주거침입죄의 구성요건적 행위인 침입은 주거침입죄의 보호법익과의 관계에서 해석하여야 하므로, 침입이란 거주자가 주거에서 누리는 사실상의 평온상태를 해치는 행위 태양으로 주거에 들어가는 것을 의미하고, 침입에 해당하는지 여부는 출입 당시 객관적·외형적으로 드러난 행위 태양을 기준으로 판단함이 원칙이다. 사실상의 평온을 해치는 행위 태양으로 주거에 들어가는 것이라면 특별한 사정이 없는 한 거주자의 의사에 반하는 것이겠지만, 단순히 주거에 들어가는 행위 자체가 거주자의 의사에 반한다는 거주자의 주관적 사정만으로 바로 침입에 해당한다고 볼 수 없다. 따라서 침입에 해당한다고 인정하기 위해서는 거주자의 의사에 반한다는 사정만으로는 부족하고, 주거의 형태와 용도·성질, 외부인의 출입에 대한 통제·관리 상태, 출입의 경위와 태양 등을 종합적으로 고려하여 객관적·외형적으로 판단할 때 주거의 사실상의 평온상태를 해치는 경우에 이르러야 한다.

다가구용 단독주택이나 다세대주택·연립주택·아파트와 같은 공동주택 내부의 엘리베이터, 공용 계단, 복도 등 공용 부분도 그 거주자들의 사실상 주거의 평온을 보호할 필요성이 있어 주거침입죄의 객체인 '사람의 주거'에 해당한다. 거주자가 아닌 외부인이 공동주택의 공용 부분에 출입한 것이 공동주택 거주자들에 대한 주거침입에 해당하는지 여부를 판단함에 있어서도 그 공용 부분이 일반 공중에 출입이 허용된 공간이 아니고 주거로 사용되는 각 가구 또는 세대의 전용 부분에 필수적으로 부속하는 부분으로서 거주자들 또는 관리자에 의하여 외부인의 출입에 대한 통제·관리가 예정되어 있어 거주자들의 사실상 주거의 평온을 보호할 필요성이 있는 부분인지, 공동주택의 거주자들이나 관리자가 평소 외부인이 그곳에 출입하는 것을 통제·관리하였는지 등의 사정과 외부인의 출입 목적 및 경위, 출입의 태양과 출입한 시간 등을 종합적으로 고려하여 '주거의 사실상의 평온상태를 침해하였는지'의 관점에서 객관적·외형적으로 판단하여야 한다.

따라서 아파트 등 공동주택의 공동현관에 출입하는 경우에도, 그것이 주거로 사용하는 각 세대의 전용 부분에 필수적으로 부속하는 부분으로 기주자와 관리자에게만 부여된 비밀번호를 출입문에 입력하여야만 출입할 수 있거나, 외부인의 출입을 통제·관리하기 위한 취지의 표시나 경비원이 존재하는 등 외형적으로 외부인의 무단출입을 통제·관리하고 있는 사정이 존재하고, 외부인이 이를 인식하고서도 그 출입에 관한 거주자나 관리자의 승낙이 없음은 물론, 거주자와의 관계 기타 출입의 필요 등에 비추어 보더라도 정당한 이유 없이 비밀번호를 임의로 입력하거나 조작하는 등의 방법으로 거주자나 관리자 모르게 공동현관에 출입한 경우와 같이, 그 출입 목적 및 경위, 출입의 태양과 출입한 시간 등을 종합적으로 고려할 때 공동주택 거주자의 사실상 주거의 평온상태를 해치는 행위 태양으로 볼 수 있는 경우라면 공동주택 거주자들에 대한 주거침입에 해당할 것이다.[35]

---

[35] 피고인인 아파트 방문 손세차 서비스업자가 세차를 위하여 아파트 지하주차장을 출입하는 과정에서, 피고인이 이 사건 "아파트 지하주차장에 세차영업을 위하여 출입하여서는 안 된다."라는 내용의 법원의 출입금지 가처분 인용결정문을 송달받은 후에도 이 사건 아파트의 지하주차장에 들어가 피고인과 세차용역계약을 체결한 일부 입주자 등의 차량을 세차한 경우 건조물침입죄가 성립한다는 대법원 2021. 1. 14. 선고 2017도21323 판결이 있다.

71. 제323조 권리행사방해

자기의 소유가 아닌 물건이 권리행사방해죄의 객체가 될 수 있는지 여부(소극)

> 🏛 대법원 2017. 5. 30. 선고 2017도4578 판결[사기ㆍ업무상횡령ㆍ권리행사방해]

판결의 요지

형법 제323조의 권리행사방해죄는 타인의 점유 또는 권리의 목적이 된 자기의 물건을 취거, 은닉 또는 손괴하여 타인의 권리행사를 방해함으로써 성립하므로 그 취거, 은닉 또는 손괴한 물건이 자기의 물건이 아니라면 권리행사방해죄가 성립할 수 없다.

물건의 소유자가 아닌 사람은 형법 제33조 본문에 따라 소유자의 권리행사방해 범행에 가담한 경우에 한하여 그의 공범이 될 수 있을 뿐이다. 그러나 권리행사방해죄의 공범으로 기소된 물건의 소유자에게 고의가 없는 등으로 범죄가 성립하지 않는다면 공동정범이 성립할 여지가 없다.

【평석】 사실혼 관계에 있는 자 명의로 자동차를 구입한 후 피해자에게 근저당권을 설정한 다음, 그 자동차를 성명불상자에게 대포차로 매각한 사안. 피고인 및 사실혼 관계인은 권리행사방해죄로 기소되었다.

부동산은 부동산 실권리자명의 등기에 관한 법률에 의하여 명의신탁의 유ㆍ무효가 판단되지만, 자동차에 관하여는 명의신탁의 효력에 관하여 규율하는 명백한 법률이 없고, 자동차의 명의신탁에 관하여는 판례에 의하여 소유권의 귀속이 판단된다. 판례에 따르면 자동차 명의신탁에 있어서 자동차는 대외적으로는 사실혼 관계인 소유, 대내적으로는 피고인의 소유이다. 따라서 피고인 단독으로는 권리행사방해죄의 주체가 될 수 없다. 그렇기 때문에 피고인이 아니라 사실혼관계인의 소유라고 본다면, 피고인은 자신의 소유임을 전제로 하는 권리행사방해죄의 주체가 될 수는 없다고 본다.[36]

---

36) 이용식, 2017년 분야별 중요판례 분석, 법률신문, 2018. 4. 19.자

72. 제324조 강요

강요죄에서 말하는 '협박'의 의미와 내용

행위자가 직업이나 지위에 기초하여 상대방에게 어떠한 요구를 한 경우, 그 요구 행위가 강요죄의 수단으로서 해악의 고지에 해당하는지 판단하는 기준

🏛 대법원 2020. 1. 30. 선고 2018도2236 전원합의체 판결[직권남용권리행사방해 · 강요 · 국회에서의 증언 · 감정등에관한법률위반]

판결의 요지

강요죄는 폭행 또는 협박으로 사람의 권리행사를 방해하거나 의무 없는 일을 하게 하는 범죄이다. 여기에서 협박은 객관적으로 사람의 의사결정의 자유를 제한하거나 의사실행의 자유를 방해할 정도로 겁을 먹게 할 만한 해악을 고지하는 것을 말한다. 이와 같은 협박이 인정되기 위해서는 발생 가능한 것으로 생각할 수 있는 정도의 구체적인 해악의 고지가 있어야 한다. 행위자가 직업이나 지위에 기초하여 상대방에게 어떠한 요구를 하였을 때 그 요구 행위가 강요죄의 수단으로서 해악의 고지에 해당하는지 여부는 행위자의 지위뿐만 아니라 그 언동의 내용과 경위, 요구 당시의 상황, 행위자와 상대방의 성행 · 경력 · 상호관계 등에 비추어 볼 때 상대방으로 하여금 그 요구에 불응하면 어떠한 해악에 이를 것이라는 인식을 갖게 하였다고 볼 수 있는지, 행위자와 상대방이 행위자의 지위에서 상대방에게 줄 수 있는 해악을 인식하거나 합리적으로 예상할 수 있었는지 등을 종합하여 판단해야 한다.

대통령비서실장을 비롯한 피고인들 등이 문화체육관광부(이하 '문체부'라 한다) 공무원들을 통하여 문화예술진흥기금 등 정부의 지원을 신청한 개인 · 단체의 이념적 성향이나 정치적 견해 등을 이유로 한국문화예술위원회 · 영화진흥위원회 · 한국출판문화산업진흥원(이하 각각 '예술위', '영진위', '출판진흥원'이라 한다)이 수행한 각종 사업에서 이른바 좌파 등에 대한 지원배제에 이르는 과정에서, 공무원 甲 및 지원배제 적용에 소극적인 문체부 1급 공무원 乙 등에 대하여 사직서를 제출하도록 요구하고, 예술위 · 영진위 · 출판진흥원 직원들로 하여금 지원심의 등에 개입하도록 지시함으로써 업무상 · 신분상 불이익을 당할 위험이 있다는 위구심을 일으켜 의무

없는 일을 하게 하였다는 강요의 공소사실로 기소된 사안에서, 사직 요구 또는 지원배제 지시를 할 당시의 구체적인 상황과 요구 경위 및 발언의 내용, 요구자와 상대방의 직위·경력, 사직 또는 지원배제에 이르게 된 경위, 일부 사업에서 특정인 또는 특정단체가 지원배제 지시에도 불구하고 지원 대상자로 선정되기도 한 사정 등을 종합할 때, 피고인들이 상대방의 의사결정의 자유를 제한하거나 의사실행의 자유를 방해할 정도로 겁을 먹게 할 만한 해악을 고지하였다는 점에 대한 증명이 부족하다.

73. 제327조 강제집행면탈

가. 신축중인 건물의 건축주 명의 변경이 강제집행면탈죄를 구성하는지

🏛 대법원 2014. 10. 27. 선고 2014도9442 판결[강제집행면탈]

판결의 요지

갑 주식회사 대표이사 등인 피고인들이 공모하여 회사 채권자들의 강제집행을 면탈할 목적으로 갑 회사가 시공 중인 건물에 관한 건축주 명의를 갑 회사에서 을 주식회사로 변경하였다는 내용으로 기소된 사안에서, 위 건물은 지하 4층, 지상 12층으로 건축허가를 받았으나 피고인들이 건축주 명의를 변경한 당시에는 지상 8층까지 골조공사가 완료된 채 공사가 중단되었던 사정에 비추어 민사집행법상 강제집행이나 보전처분의 대상이 될 수 있다고 단정하기 어려운데도, 이에 관하여 심리·판단하지 아니한 채 위 건물이 강제집행면탈죄의 객체가 될 수 있다고 본 원심판결에 강제집행면탈죄의 객체에 관한 법리오해 등의 위법이 있다.

【평석】 강제집행의 대상은 민사집행법상 강제집행이나 보전처분이 가능해야 한다. 이 사건 건물이 지하 4층, 지상 12층 중 8층까지만 골조공사가 완료된 상태에서는 사회 통념상 건물로서 인정하기 어렵다. 이로 인하여 더 심리할 필요가 있어 파기한 사안이다(재판 진행 중에 더 공사가 완공되었을 가능성도 있다).[37]

---

37) 김영훈, 신축중인 건물의 건축주 명의 변경이 강제집행면탈죄를 구성하는지, 대법원판례해설, 제102호(2014년 하), 법원도서관, 417면

나. 압류금지채권의 목적물이 채무자의 예금계좌에 입금된 경우, 그 예금채권도 압류금지채권에 해당하는지 여부(소극)

🏛 대법원 2017. 8. 18. 선고 2017도6229 판결[강제집행면탈]

판결의 요지

압류금지채권의 목적물이 채무자의 예금계좌에 입금된 경우에는 그 예금채권에 대하여 더 이상 압류금지의 효력이 미치지 아니하므로 그 예금은 압류금지채권에 해당하지 않지만, 압류금지채권의 목적물이 채무자의 예금계좌에 입금되기 전까지는 여전히 강제집행 또는 보전처분의 대상이 될 수 없으므로, 압류금지채권의 목적물을 수령하는 데 사용하던 기존 예금계좌가 채권자에 의해 압류된 채무자가 압류되지 않은 다른 예금계좌를 통하여 그 목적물을 수령하더라도 강제집행이 임박한 채권자의 권리를 침해할 위험이 있는 행위라고 볼 수 없어 강제집행면탈죄가 성립하지 않는다.

【해설】 예금계좌가 압류된 피고인이, 장차 지급받게 될 휴업급여가 기존의 압류된 예금계좌로 입금될 경우 그 휴업급여를 사용할 수 없게 되자, 휴업급여를 지급받을 새로운 예금계좌를 개설하여, 그 새로운 예금계좌로 휴업급여를 지급받은 사안. 민사집행법 제246조 제2항은 압류금지채권의 목적물이 채무자의 계좌에 이체되는 경우 채무자의 신청에 따라 그에 해당하는 부분의 압류명령을 취소하도록 규정하고 있는바, 그 반대해석상 취소되기 이전까지 이루어진 집행부분은 유효한 것으로 취급된다.[38]

74. 제329조 절도

가. 절취한 신용 카드 사용

🏛 대법원 2008. 6. 12. 선고 2008도2440 판결[사기 · 절도 등]

---

38) 이용식, 2017년 분야별 중요판례 분석, 법률신문, 2018. 4. 19.자

절도죄에 있어서의 절취란 타인이 점유하고 있는 자기 이외의 자의 소유물을 점유자의 의사에 반하여 점유를 배제하고 자기 또는 제3자의 점유로 옮기는 것을 말하고(대법원 2006. 9. 28. 선고 2006도2963 판결 등 참조), 절취한 신용카드를 이용하여 현금자동지급기에서 현금을 인출한 경우, 현금자동지급기 관리자의 의사에 반하여 그의 지배를 배제하고 그 현금을 자기의 지배하에 옮겨 놓는 것이 되어 절도죄를 구성하나(대법원 1995. 7. 28. 선고 95도997 판결 등 참조), 위 공소사실 기재 행위 중 피고인이 공소외 2의 신용카드를 이용하여 현금지급기에서 계좌이체를 한 행위는 컴퓨터등사용사기죄에 있어서의 컴퓨터 등 정보처리장치에 권한 없이 정보를 입력하여 정보처리를 하게 한 행위에 해당함은 별론으로 하고 이를 절취행위라고 볼 수는 없고, 한편 피고인이 위 계좌이체 후 현금지급기에서 현금을 인출한 행위는 자신의 신용카드나 현금카드를 이용한 것이어서 이러한 현금인출이 현금지급기 관리자의 의사에 반한다고 볼 수 없으므로, 이 또한 절취행위에 해당하지 아니하는바, 결국 위 공소사실 기재 행위는 절도죄를 구성하지 않는다고 보아야 한다.

나. 상습절도에 있어서 상습성의 인정 여하

🏛 대법원 1982. 1. 19. 선고 81도3133,81감도112 판결[보호감호·특정범죄가중처벌등에 관한법률위반]

원심판결에 의하면, 원심은 1970. 4. 16. 절도죄로 소년부 송치되고, 1971. 9. 27 같은 죄로 징역 8월, 1972. 12. 4 같은 죄로 징역 10월에 3년간 집행유예(후에 취소됨), 1975. 5. 9. 상습절도죄로 징역 1년 6월의 선고를 받고 1976. 5. 경 만기출소한 피고인이 다시 이 사건 절도범행을 한 사실을 인정한 후 위와 같이 1970년 이후 수차에 걸쳐 절도범행을 반복한 점과 그 범죄의 수단, 방법에 비추어 상습성이 인정된다 하여 이를 상습절도죄로 처단한 제1심 판결을 적법하다 하여 유지하고 있다.

그러나, 절도죄에 있어서의 상습성의 인정은 절도행위를 여러 번 하였고 그 수단, 방법 및 성질이 같다는 것만으로는 반드시 상습성이 인정된다고는 볼 수 없고,

그 여러 번 행하여진 범행이 절도 습성의 발현이라고 인정되는 경우에만 상습성의 인정이 가능한 것이며, 수회의 범행이 우발적인 동기나 경제적 사정이 급박한 나머지 범행한 것으로서 범인의 평소에 가진 절도습성의 발현이라고 볼 수 없는 경우에는 상습절도로 인정할 수 없는 것이며(당원 76. 4. 13. 선고 76도259 판결 참조), 장시일이 경과된 전과 사실을 근거로 상습성을 인정하려면 그 전과 사실과 종합하여 그 범행이 피고인의 습벽의 발로라고 인정함에 상당한 특별한 사정이 있어야 한다.

그런데, 기록에 의하면, 원심이 인정한 전과사실은 그 전부가 1975. 5. 9. 징역 1년 6월의 선고를 받은 상습절도 전의 범행들로서 결국 이 건 범행은 최종전과 사실인 위 상습절도 사실과는 약 6년이 경과된 후에 행하여진 것이고, 피고인은 또한 위 최종전과 범행 이후 자동차 운전면허를 취득하여 택시운전사로 종사하다가 이 사건 범행 전에 자동차 접촉사고가 발생하여 휴업하던 중 벌과금이 나올 것 같아 이를 마련하고자 이 건 범행에 이르렀다는 것이니 이와 같이 최종전과 사실로부터 장시일이 경과된 후 위와 같은 동기에서 행한 이건 범행이 피고인의 절도의 습벽의 발로라고 보기에는 미흡하고, 그밖에 이를 절도습벽의 발로라고 인정해도 무리가 아니라고 볼 특별한 사정을 인정할 자료도 기록상 찾아볼 수 없는 이 건에 있어 막연히 위 전과 사실과 범행의 수단, 방법만 가지고 곧바로 상습성으로 인정한 원심의 조처는 필경 증거 없이 상습성을 인정한 위법이 있는 경우가 아니면 절도죄에 있어서 상습성에 관한 법리를 오해한 위법이 있다 할 것이고, 이는 판결의 결과에 영향을 미쳤다 할 것이므로 다른 상고이유를 판단할 필요도 없이 원심판결은 파기를 면치 못한다.

【해설】 절도죄에 있어서의 상습성의 인정은 여러 번 행하여진 절도 범행이 절도 습성의 발현이라고 인정되는 경우에만 상습성의 인정이 가능한 것이고, 범행이 우발적인 동기나 경제적 사정이 급박한 나머지 범행한 경우에는 상습절도로 인정할 수 없다.

다. 명의신탁 자동차의 취거 행위와 절도죄

🏛 대법원 2012. 4. 26. 선고 2010도11771 판결[절도(예비적 죄명: 권리행사방해)]

　당사자 사이에 자동차의 소유권을 등록명의자 아닌 자가 보유하기로 약정한 경우, 약정 당사자 사이의 내부관계에서는 등록명의자 아닌 자가 소유권을 보유하게 된다고 하더라도 제3자에 대한 관계에서는 어디까지나 등록명의자가 자동차의 소유자라고 할 것이다.

　피고인이 자신의 모친인 갑 명의로 구입·등록하여 갑에게 명의신탁한 자동차를 을에게 담보로 제공한 후, 을 몰래 가져가 절취한 사안에서, 을에 대한 관계에서 자동차의 소유자는 갑이고 피고인은 소유자가 아니므로 을이 점유하고 있는 자동차를 임의로 가져간 이상 절도죄가 성립한다.

라. 점유의 상속이 인정되는지 여부

> 🏛 대법원 2012. 4. 26. 선고 2010도6334 판결[횡령(인정된 죄명: 절도)]

　절도죄란 재물에 대한 타인의 점유를 침해함으로써 성립하는 것이다. 여기서의 '점유'라고 함은 현실적으로 어떠한 재물을 지배하는 순수한 사실상의 관계를 말하는 것으로서, 민법상의 점유와 반드시 일치하는 것이 아니다. 물론 이러한 현실적 지배라고 하여도 점유자가 반드시 직접 소지하거나 항상 감수(甘受)하여야 하는 것은 아니고, 재물을 위와 같은 의미에서 사실상으로 지배하는지 여부는 재물의 크기·형상, 그 개성의 유무, 점유자와 재물과의 시간적·장소적 관계 등을 종합하여 사회통념에 비추어 결정되어야 한다. 그렇게 보면 종전 점유자의 점유가 그의 사망으로 인한 상속에 의하여 당연히 그 상속인에게 이전된다는 민법 제193조는 절도죄의 요건으로서의 '타인의 점유'와 관련하여서는 적용의 여지가 없고, 재물을 점유하는 소유자로부터 이를 상속받아 그 소유권을 취득하였다고 하더라도 상속인이 그 재물에 관하여 위에서 본 의미에서의 사실상의 지배를 가지게 되어야만 이를 점유하는 것으로서 그때부터 비로소 상속인에 대한 절도죄가 성립할 수 있다.

　피고인이 내연관계에 있는 갑과 아파트에서 동거하다가, 갑의 사망으로 갑의 상속인인 을 및 병 소유에 속하게 된 부동산 등기권리증 등 서류들이 들어 있는 가방을 위 아파트에서 가지고 가 절취하였다는 내용으로 기소된 사안에서, 피고인이 갑의 사망 전부터 아파트에서 갑과 함께 거주하였고, 갑의 자식인 을 및 병은 위 아파트에서 전혀 거주한 일이 없이 다른 곳에서 거주·생활하다가 갑의 사망으로 아파트 등의 소유권을 상속하였으나, 을 및 병이 갑 사망 후 피고인이 가방을 가지고 가기까지 그들의 소유권 등에 기하여 아파트 또는 그곳에 있던 가방의 인도 등을 요구한 일이 전혀 없는 사정 등에 비추어, 피고인이 가방을 들고나온 시점에 을 및 병이 아파트에 있던 가방을 사실상 지배하여 점유하고 있었다고 볼 수 없어 피고인의 행위가 을 등의 가방에 대한 점유를 침해하여 절도죄를 구성한다고 할 수 없는데도, 이와 달리 보아 절도죄를 인정한 원심판결에 절도죄의 점유에 관한 법리오해 등의 위법이 있다.

【평석】 재산상속 관계에서 민법 제193조의 법리가 어떻게 작동하는지, 이로 인하여 절도죄가 성립하는지에 관한 판례이다. 소유자로부터 재물을 상속받아 소유권을 취득하였다 하더라도 상속인이 그 재물에 관하여 사실상의 지배를 하여야, 점유로 본다는 취지이다. 이러한 점유를 취득하지 못한 경우에는 상속인 소유 물건을 취거하였다 하더라도 절도죄가 성립하지 않는다고 판시한 최초의 판례로 보고 있다.[39)]

75. 제331조 특수절도와 흉기

> 🏛 대법원 2012. 6. 14. 선고 2012도4175 판결[강도치상(인정된 죄명: 특수절도)]

판결의 요지

원심은, 피고인이 이 사건 절도 범행을 함에 있어서 택시 운전석 창문을 파손하는 데 사용한 이 사건 드라이버가 흉기에 해당한다고 보아 피고인이 형법 제331조 제2항의 특수절도죄를 범하였다고 본 제1심판결을 그 판시와 같은 이유를 들어 그대로 유지하였다.

그러나 앞서 본 형법 제331조 제2항의 취지와 기록에 의하여 살펴보면, 피고인

---

39) 박영호, 절도죄에 있어서 점유의 상속이 인정되는지 여부, 대법원판례해설, 제92호(2012년 상), 법원도서관, 862면

이 사용한 이 사건 드라이버는 일반적인 드라이버와 동일한 것으로 특별히 개조된 바는 없는 것으로 보이고, 그 크기와 모양 등 제반사정에 비추어 보더라도 피고인의 이 사건 범행이 흉기를 휴대하여 타인의 재물을 절취한 경우에 해당한다고 보기는 어렵다고 보인다. 따라서 원심이 피고인의 이 사건 범행이 형법 제331조 제2항이 규정한 특수절도죄에 해당한다고 본 제1심판결을 그대로 유지한 조치에는 관련 법리를 오해하였거나 필요한 심리를 다하지 않음으로써 판결에 영향을 미친 위법이 있다.

【평석】 형법은 흉기와 위험한 물건을 분명하게 구분하여 규정하고 있는데, 형벌법규는 문언에 따라 엄격하게 해석·적용하여야 하고 피고인에게 불리한 방향으로 지나치게 확장해석하거나 유추해석해서는 아니 된다. 그리고 형법 제331조 제2항에서 '흉기를 휴대하여 타인의 재물을 절취한' 행위를 특수절도죄로 가중하여 처벌하는 것은 흉기의 휴대로 인하여 피해자 등에 대한 위해의 위험이 커진다는 점 등을 고려한 것으로 볼 수 있다. 이에 비추어 위 형법 조항에서 규정한 흉기는 본래 살상용·파괴용으로 만들어진 것이거나 이에 준할 정도의 위험성을 가진 것으로 봄이 상당하고, 그러한 위험성을 가진 물건에 해당하는지 여부는 그 물건의 본래의 용도, 크기와 모양, 개조 여부, 구체적 범행 과정에서 그 물건을 사용한 방법 등 제반 사정에 비추어 사회통념에 따라 객관적으로 판단해야 할 것이므로, 이 사안에서 일반 드라이버는 형법상의 흉기가 아니라고 판시한 것이다.

☞ 형법 제260조 폭행죄 참조.

76. 제332조 상습범

상습성 인정의 자료

🏛 대법원 1973. 7. 24. 선고 73도1255 전원합의체 판결[상습절도]

소년법상의 보호처분을 받은 사실도 상습성 인정의 자료가 된다.

77. 제333조 강도

단순 절도 범인이 체포를 면탈하기 위하여 협박을 가하면서 비로소 흉기를 사용한 소위를 특수강도의 준강도로 본 사례

🏛 대법원 1973. 11. 13. 선고 73도1553 전원합의체 판결[준강도]

판결의 요지

절도 범인이 처음에는 흉기를 휴대하지 아니하였으나, 체포를 면탈할 목적으로 폭행 또는 협박을 가할 때에 비로소 흉기를 휴대 사용하게 된 경우에는 형법 제334조의 예에 의한 준강도(특수강도의 준강도)가 된다.

78. 제335조 준강도

가. 준강도죄의 미수·기수의 판단 기준

🏛 대법원 2004. 11. 18. 선고 2004도5074 전원합의체 판결[준강도(인정된 죄명: 준강도미수)]

판결의 요지

형법 제335조에서 절도가 재물의 탈환을 항거하거나 체포를 면탈하거나 죄적을 인멸할 목적으로 폭행 또는 협박을 가한 때에 준강도로서 강도죄의 예에 따라 처벌하는 취지는, 강도죄와 준강도죄의 구성요건인 재물탈취와 폭행·협박 사이에 시간적 순서상 전후의 차이가 있을 뿐 실질적으로 위법성이 같다고 보기 때문인바, 이와 같은 준강도죄의 입법 취지, 강도죄와의 균형 등을 종합적으로 고려해 보면, 준강도죄의 기수 여부는 절도행위의 기수 여부를 기준으로 하여 판단하여야 한다.

나. 단순 절도 범인이 체포를 면탈하기 위하여 협박을 가하면서 비로소 흉기를 사용한 경우 특수강도의 준강도로 본 사안

절도 범인이 처음에는 흉기를 휴대하지 아니하였으나, 체포를 면탈할 목적으로 폭행 또는 협박을 가할 때에 비로소 흉기를 휴대 사용하게 된 경우에는 형법 제334조의 예에 의한 준강도(특수강도의 준강도)가 된다.

다. 피고인이 술값의 지급을 요구받자 피해자를 유인·폭행하고 도주함으로써 술값의 지급을 면하여 재산상 이익을 취득하고 상해를 가한 경우

🏛 대법원 2014. 5. 16. 선고 2014도2521 판결[강도상해(인정된 죄명: 준강도)]

형법 제335조는 '절도'가 재물의 탈환을 항거하거나 체포를 면탈하거나 죄적을 인멸한 목적으로 폭행 또는 협박을 가한 때에 준강도가 성립한다고 규정하고 있으므로, 준강도죄의 주체는 절도범인이고, 절도죄의 객체는 재물이다.

피고인이 술집 운영자 갑으로부터 술값의 지급을 요구받자 갑을 유인·폭행하고 도주함으로써 술값의 지급을 면하여 재산상 이익을 취득하고 상해를 가하였다고 하여 강도상해로 기소되었는데, 원심이 위 공소사실을 '피고인이 갑에게 지급해야 할 술값의 지급을 면하여 재산상 이익을 취득하고 갑을 폭행하였다'는 범죄사실로 인정하여 준강도죄를 적용한 사안에서, 원심이 인정한 범죄사실에는 그 자체로 절도의 실행에 착수하였다는 내용이 포함되어 있지 않음에도 준강도죄를 적용하여 유죄로 인정한 원심판결에 준강도죄의 주체에 관한 법리오해의 잘못이 있다.

79. 제340조 해상강도

가. 소말리아 해적 사건

토지관할을 규정한 형사소송법 제4조 제1항에서 '현재지'의 의미(적극)

형사소송법 제213조 제1항에서 '즉시'의 의미 및 검사 또는 사법경찰관리 아닌 이에 의하여 현행범인이 체포된 후, 구속영장 청구 기간인 48시간의 기산점(검사 등이 현행범인을 인도받은 때)

소말리아 해적인 피고인들의 납치 사건에서의 토지관할 및 살해 의도 여부

> 🏛 대법원 2011. 12. 22. 선고 2011도12927 판결[해상강도살인미수, 선박및해상구조물에
> 대한위해행위의처벌등에관한법률위반 등]

판결의 요지

1) 형사소송법 제4조 제1항은 "토지관할은 범죄지, 피고인의 주소, 거소 또는 현재지로 한다"라고 정하고, 여기서 '현재지'라고 함은 공소제기 당시 피고인이 현재한 장소로서 임의에 의한 현재지뿐만 아니라 적법한 강제에 의한 현재지도 이에 해당한다.

2) 현행범인은 누구든지 영장 없이 체포할 수 있고(형사소송법 제212조), 검사 또는 사법경찰관리(이하 '검사 등'이라고 한다) 아닌 이가 현행범인을 체포한 때에는 즉시 검사 등에게 인도하여야 한다(형사소송법 제213조 제1항). 여기서 '즉시'라고 함은 반드시 체포 시점과 시간적으로 밀착된 시점이어야 하는 것은 아니고, '정당한 이유 없이 인도를 지연하거나 체포를 계속하는 등으로 불필요한 지체를 함이 없이'라는 뜻으로 볼 것이다. 또한 검사 등이 현행범인을 체포하거나 현행범인을 인도받은 후 현행범인을 구속하고자 하는 경우 48시간 이내에 구속영장을 청구하여야 하고 그 기간 내에 구속영장을 청구하지 아니하는 때에는 즉시 석방하여야 한다(형사소송법 제213조의2, 제200조의2 제5항). 위와 같이 체포된 현행범인에 대하여 일정 시간 내에 구속영장 청구 여부를 결정하도록 하고 그 기간 내에 구속영장을 청구하지 아니하는 때에는 즉시 석방하도록 한 것은 영장에 의하지 아니한 체포 상태가 부당하게 장기화되어서는 안 된다는 인권 보호의 요청과 함께 수사기관에서 구속영장 청구 여부를 결정하기 위한 합리적이고 충분한 시간을 보장해 주려는 데에도 그 입법취지가 있다고 할 것이다. 따라서 검사 등이 아닌 이에 의하여 현행범인이 체포된 후 불필요한 지체 없이 검사 등에게 인도된 경우 위 48시간의 기산점은 체포시가 아니라 검사 등이 현행범인을 인도받은 때라고 할 것이다.

3) 소말리아 해적인 피고인들이 아라비아해 인근 공해상에서 대한민국 해운회사가 운항 중인 선박을 납치하여 대한민국 국민인 선원 등에게 해상강도 등 범행을 저질렀다는 내용으로 국군 청해부대에 의해 체포·이송되어 국내 수사기관에 인

도된 후 구속·기소된 사안에서, 청해부대 소속 군인들이 피고인들을 현행범인으로 체포한 것은 검사 등이 아닌 이에 의한 현행범인 체포에 해당하고, 피고인들 체포 이후 국내로 이송하는 데에 약 9일이 소요된 것은 공간적·물리적 제약상 불가피한 것으로 정당한 이유 없이 인도를 지연하거나 체포를 계속한 경우로 볼 수 없으며, 경찰관들이 피고인들의 신병을 인수한 때로부터 48시간 이내에 청구하여 발부된 구속영장에 의하여 피고인들이 구속되었으므로, 피고인들은 적법한 체포, 즉시 인도 및 적법한 구속에 의하여 공소제기 당시 국내에 구금되어 있다 할 것이어서 현재지인 국내법원에 토지관할이 있다.

4) 소말리아 해적인 피고인들 등이 공모하여 아라비아해 인근 공해상에서 대한민국 해운회사가 운항 중인 선박 '00주얼리호'를 납치하여 대한민국 국민인 선원 등에게 해상강도 등 범행을 저질렀다는 내용으로 국내법원에 기소된 사안에서, 피고인 갑이 선장 을을 살해할 의도로 을에게 총격을 가하여 미수에 그친 사실을 충분히 인정할 수 있다고 본 다음, 이 사건 해적들의 공모 내용은 선박 납치, 소말리아로의 운항 강제, 석방 대가 요구 등 본래 목적의 달성에 차질이 생기는 상황이 발생한 때에는 인질 등을 살상하여서라도 본래 목적을 달성하려는 것에 있을 뿐, 본래 목적달성이 무산되고 자신들의 생존 여부도 장담할 수 없는 상황에서 보복하기 위하여 그 원인을 제공한 이를 살해하는 것까지 공모한 것으로는 볼 수 없고, 당시 피고인 갑을 제외한 나머지 해적들은 두목의 지시에 따라 무기를 조타실 밖으로 버리고 조타실 내에서 몸을 숙여 총알을 피하거나 선실로 내려가 피신함으로써 저항을 포기하였고, 이로써 해적행위에 관한 공모관계는 실질적으로 종료하였으므로, 그 이후 자신의 생존을 위하여 피신하여 있던 나머지 피고인들로서는 피고인 갑이 을에게 총격을 가하여 살해하려고 할 것이라는 점까지 예상할 수는 없었다.

【평석】 아직도 소말리아에 해적들이 활동하고 있는데, '피고인을 포함한 이 사건 해적들이 선박을 총기 등으로 위협하여 강취한 다음 선박과 선원들을 소말리아로 끌고 가 인질로 삼아 그 석방대가를 요구하기로 공모한 후 두목과 부두목을 중심으로 각자 역할을 분담하여 조직적·체계적으로 활동한 사실, 이 사건 해적들은 해군의 제1차 구출작전 후 선원들에 대한 폭행·협박의 정도를 높이는 가운데 해군이 재차 공격해 온다면 선원들을 윙브리지로 내세운 후 저항하여 싸울 것을 계획하였던 사실의 인정 하에 원심은 이 사건 해적들 사이에는 해군이 다시 구출작전에 나

설 경우 선원들을 '인간방패'로 사용하는 것에 관하여 사전 공모가 있었고, 해군의 위협사격에 의하여 총알이 빗발치는 윙브리지로 선원들을 내몰 경우 선원들이 사망할 수 있다는 점을 당연히 예견하고 나아가 이를 용인하였다고 할 것이므로 살인의 미필적 고의가 인정된다'고 판단하였다.

☞ **대법원 2011. 12. 22. 선고 2011도12928 판결[해상강도살인미수 · 강도살인미수 · 해상강도상해 · 강도상해 · 특수공무집행방해치상 · 선박및해상구조물에대한위해행위의처벌등에관한법률위반] 참조.**

나. 참치잡이 남태평양 어선 선장 등 살해 사건

선장 등을 살해하는 등의 방법으로 선박의 지배권을 장악한 후 선박을 매도하거나 침몰시키려고 한 경우에 선박에 대한 불법영득의 의사 인정 여부

사람을 살해한 자의 사체유기 행위가 불가벌적 사후행위인지 여부(소극)

> 🏛 대법원 1997. 7. 25. 선고 97도1142 판결[해상강도살인 · 사체유기 · 폭력행위등처벌에관한법률위반]

판결 이유

1) 원심이 인용한 제1심판결의 증거들을 기록에 비추어 살펴보면, 원심이, 피고인들은 참치잡이 원양어선 ○○○○(영문 생략) 15호에 승선하여 남태평양 해상에서 근무하던 중 한국인 선원들이 피고인들에 대하여 조업거부 등을 이유로 징계의결을 하고 피고인들을 하선시키기 위하여 사모아로 회항하게 되자, 자신들의 의사에 반하여 하선당하는 데 불만을 품은 나머지, 1등 항해사 피해자 공소외 1(27세)을 제외한 선장, 갑판장 등 한국인 선원 7명을 살해하고, 인도네시아인, 조선족 중국인 등 선원 10명은 어창에 감금하여 동사시켜 선박을 그들의 지배하에 넣어 한국이나 일본 부근으로 항해하여 선박을 매도하거나 침몰시킨 후 한국이나 일본으로 밀입국하기로 결의한 다음, 합세하여 선장 피해자 공소외 2(32세)를 비롯하여 한국인 선원 7명을 차례로 살해하고, 나머지 생존 선원들의 반항을 억압하여 선박의 지배권을 장악한 후 피해자 공소외 1에게 지시하여 사모아로 향하던 항로를 한국으로 수정하였다가 다시 일본으로 수정하였고, 선박을 침몰시키고 일본으로 밀

입국하기 위하여 항해 도중에 뗏목을 만들기도 하였던 사실을 확정하고서, 피고인들은 선박의 권리자를 배제하고 선박을 자신들의 소유물과 같이 그 경제적 용법에 따라 이용하고 처분할 의사가 있었다고 인정하여 피고인들이 선박에 대한 불법영득의 의사가 없었다는 주장을 배척한 조치나, 피고인 1이 판시와 같이 범행의 모의를 주도하고 다른 피고인들에게 구체적인 실행행위를 지시하였다고 인정한 제1심 판결을 유지하고, 피고인들이 한국인 선원 7명을 살해하고 나머지 선원들의 반항을 억압하여 선박의 지배권을 장악한 판시 범행을 다중의 위력으로 선박을 강취한 것으로 보아 이를 해상강도살인죄로 의율한 조치는 모두 정당하고, 거기에 상고이유로서 주장하는 바와 같은 채증법칙 위배, 심리미진, 해상강도살인죄에 관한 법리오해의 위법이 있다고 할 수 없다.

2) 사람을 살해한 자가 그 사체를 다른 장소로 옮겨 유기하였을 때에는 별도로 사체유기죄가 성립하고, 이와 같은 사체유기를 불가벌적 사후행위로 볼 수는 없다 (대법원 1984. 11. 27. 선고 84도2263 판결 참조).

【평석】 유명한 해상강도살인, 사체유기 사건이다. 남태평양 해상에서 중국인 선원, 인도네시아 선원 등이 작업 방법의 미숙, 한국인 선원들에 대한 적개심과 절망감 등으로 시비 끝에 피고인들이 선장 등을 순차로 살해하고 사체를 유기하였으며, 피해자 소유의 선박 시가 4억 원 상당을 다중의 위력으로 강취하였다. 피고인들은 모두 조선족 중국인으로서 가난을 모면하기 위하여 어렵게 마련한 돈으로 선원송출업체에 담보를 제공하고 선박에 승선하게 되었고, 승선 근무 중 한국인 선원들로부터 폭행을 당하는 등 중국에서 겪어보지 못한 가혹한 대우를 받아 승선한 지 약한 달 보름 만에 하선시켜 줄 것을 스스로 요구하다가 끝내 징계 조치로 하선 당하게 되어 한국인 선원들에 대한 적개심과 절망감에서 이 사건 범행을 저질렀고, 현재 자신들의 범행을 깊이 뉘우치고 있는 점에서 피고인들에게 전혀 동정의 여지가 없다고 할 수는 없지만, 피고인들은 사전에 치밀하고 계획적으로 이 사건 범행을 모의하였고, 한국인, 조선족 중국인, 인도네시아인 선원 도합 11명을 살해하고, 뿐만 아니라 범행 후 선박의 매각이 여의치 아니함을 알고는 선박을 침몰시키고 일본으로 밀입국하기 위하여 뗏목을 만드는 등 그때까지 범행의 완벽한 은폐를 기도한 점을 고려하여 최고의 극형 또는 무기징역형을 선고하였다.

80. 제347조 사기

가. 형법 제347조 편취의 범의

🏛 대법원 2008. 2. 28. 선고 2007도10416 판결[사기]

판결의 요지

사기죄의 주관적 구성요건인 편취의 범의는 피고인이 자백하지 않는 이상 범행 전후 피고인의 재력, 환경, 범행의 내용, 거래의 이행과정 등과 같은 객관적인 사정 등을 종합하여 판단할 수밖에 없고, 그 범의는 확정적인 고의가 아닌 미필적 고의로도 족하다. 특히, 물품 거래 관계에 있어서 편취에 의한 사기죄의 성립 여부는 거래 당시를 기준으로 피고인에게 납품 대금을 변제할 의사나 능력이 없음에도 피해자에게 납품 대금을 변제할 것처럼 거짓말을 하여 피해자로부터 물품 등을 편취할 고의가 있었는지의 여부에 의하여 판단하여야 하며, 어음할인의 방법으로 금원을 교부받은 경우에는 어음이 지급기일에 결제되지 않으리라는 점을 예견하였거나 지급기일에 지급될 수 있다는 확신이 없으면서도 그러한 내용을 수취인에게 고지하지 아니하고 이를 속여서 할인을 받았다면 사기죄가 성립한다고 할 것이다(대법원 1997. 12. 26. 선고 97도2609 판결, 대법원 2005. 11. 24. 선고 2005도7481 판결, 대법원 2006. 6. 27. 선고 2006도2864 판결 등 참조).

이러한 법리와 관련 증거에 비추어 이 부분 원심판결 이유를 살펴보면, 원심이 그 설시의 증거를 종합하여 2004. 1.경부터 피고인이 경영하던 공소외 2 주식회사의 자금 사정이 매우 악화되어 피해자 공소외 1 주식회사로부터 물품을 공급받거나 어음을 할인받더라도 그 물품 대금으로 지급하거나 할인받은 어음을 지급기일에 제대로 결제할 의사와 능력이 없음에도 불구하고 이를 속이고 물품 및 어음할인금 명목의 금원을 교부받아 편취한 사실을 인정할 수 있다고 판단한 것은 정당하고, 거기에 상고이유의 주장과 같이 사기죄에 있어서의 편취 범의와 기망행위에 관한 법리를 오해하거나 채증법칙을 위반한 위법이 없다.

【평석】 사기죄에 있어서 기망의 의사를 입증하기는 어렵다. 특히 차용금 사기죄에 있어서 금전거래 자체는 인정하면서 편취의 범의를 부인하는 경우가 많다. 이런

경우 편취의 범의는 피고인이 사건을 저지르게 된 경위, 과정, 사건당시 피고인의 재력(능력), 환경, 금전거래의 이행과정, 피고인의 직업, 사회적 지위, 평소의 채권 채무관계, 수입과 지출, 계속적 거래 여부, 기망행위의 내용 등 제반 사정을 종합적으로 검토하여야 한다.

피고인의 재력 등에 대하여는 부동산 등기부 등본, 은행 계좌 잔고, 저당권 설정관계, 가압류 가처분 관계, 피담보 채무액, 채권액 등의 설정일시 및 거래 시기, 거래 범위, 차용금액 및 차용 명목 등에 대한 입증 여부 등을 살펴보아야 할 것이고, 또한 피고인이 차용한 금원의 사용 용도, 사용 금원 등을 파악하면 편취의 범의를 추론할 수 있다.

나. 공모공동정범에 있어서 편취의 범의와 사실의 인정

🏛 대법원 2006. 2. 23. 선고 2005도8645 판결, 서울서부지방법원 2012노116, 270 이른바 보이스 피싱 상품판매 사건 참조

판결의 요지

2인 이상이 공동으로 가공하여 범죄를 행하는 공동정범에 있어서 공모나 모의는 반드시 직접, 명시적으로 이루어질 필요는 없고 순차적, 암묵적으로 상통하여 이루어질 수도 있으나 어느 경우에도 범죄에 공동 가공하여 이를 공동으로 실현하려는 의사의 결합이 있어야 할 것이고, 피고인이 공모의 점과 함께 범의를 부인하는 경우에는, 이러한 주관적 요소로 되는 사실은 사물의 성질상 범의와 상당한 관련성이 있는 간접사실 또는 정황 사실을 증명하는 방법에 의하여 이를 입증할 수밖에 없으며, 이때 무엇이 상당한 관련성이 있는 간접사실에 해당할 것인가는 정상적인 경험칙에 바탕을 두고 치밀한 관찰력이나 분석력에 의하여 사실의 연결 상태를 합리적으로 판단하는 방법에 의하여야 한다(대법원 2003. 1. 24. 선고 2002도6103 판결, 2003. 10. 10. 선고 2003도3516 판결 등 참조).

【해설】 보이스 피싱 등 사건에 있어서 주모자와 주모자의 얼굴도 몰라 공모공동정범을 부인하는 하수인간에 아무런 교류가 없다고 하여 무죄를 주장하는 피고인들에 대한 사건에서 자주 인용되는 판례이다.

다. 피기망자가 처분행위의 의미나 내용을 인식하지 못하였으나 피기망자의 작위 또는 부작위가 직접 재산상 손해를 초래하는 재산적 처분행위로 평가되고, 이러한 작위 또는 부작위를 피기망자가 인식하고 한 경우, 사기죄의 처분행위에 상응하는 처분 의사가 인정되는지 여부(적극)

🏛 대법원 2017. 2. 16. 선고 2016도13362 전원합의체 판결[특정경제범죄가중처벌등에관한 법률위반(사기)(예비적 죄명: 사기) · 사기 · 사문서위조 등]

판결의 요지

사기죄에서 처분행위는 행위자의 기망행위에 의한 피기망자의 착오와 행위자 등의 재물 또는 재산상 이익의 취득이라는 최종적 결과를 중간에서 매개 · 연결하는 한편, 착오에 빠진 피해자의 행위를 이용하여 재산을 취득하는 것을 본질적 특성으로 하는 사기죄와 피해자의 행위에 의하지 아니하고 행위자가 탈취의 방법으로 재물을 취득하는 절도죄를 구분하는 역할을 한다. 처분행위가 갖는 이러한 역할과 기능을 고려하면, 피기망자의 의사에 기초한 어떤 행위를 통해 행위자 등이 재물 또는 재산상의 이익을 취득하였다고 평가할 수 있는 경우라면 사기죄에서 말하는 처분행위가 인정된다.

사기죄에서 피기망자의 처분 의사는 기망행위로 착오에 빠진 상태에서 형성된 하자 있는 의사이므로 불완전하거나 결함이 있을 수밖에 없다. 처분행위의 법적 의미나 경제적 효과 등에 대한 피기망자의 주관적 인식과 실제로 초래되는 결과가 일치하지 않는 것이 오히려 당연하고, 이 점이 사기죄의 본질적 속성이다. 따라서 처분 의사는 착오에 빠진 피기망자가 어떤 행위를 한다는 인식이 있으면 충분하고, 그 행위가 가져오는 결과에 대한 인식까지 필요하다고 볼 것은 아니다.

사기죄의 성립요소로서 기망행위는 널리 거래 관계에서 지켜야 할 신의칙에 반하는 행위로서 사람으로 하여금 착오를 일으키게 하는 것을 말하고, 착오는 사실과 일치하지 않는 인식을 의미하는 것으로, 사실에 관한 것이든, 법률관계에 관한 것이든, 법률효과에 관한 것이든 상관없다. 또한 사실과 일치하지 않는 하자 있는 피기망자의 인식은 처분행위의 동기, 의도, 목적에 관한 것이든, 처분행위 자체에 관한 것이든 제한이 없다. 따라서 피기망자가 기망당한 결과 자신의 작위 또는 부작위가 갖는 의미를 제대로 인식하지 못하여 그러한 행위가 초래하는 결과를 인식하지 못하였더라도 그와 같은 착오 상태에서 재산상 손해를 초래하는 행위를 하기에 이르렀다면 피기망자의 처분행위와 그에 상응하는 처분 의사가 있다고 보아야 한다.

피해자의 처분행위에 처분 의사가 필요하다고 보는 근거는 처분행위를 피해자가 인식하고 한 것이라는 점이 인정될 때 처분행위를 피해자가 한 행위라고 볼 수 있기 때문이다. 다시 말하여 사기죄에서 피해자의 처분 의사가 갖는 기능은 피해자의 처분행위가 존재한다는 객관적 측면에 상응하여 이를 주관적 측면에서 확인하는 역할을 하는 것일 뿐이다. 따라서 처분행위라고 평가되는 어떤 행위를 피해자가 인식하고 한 것이라면 피해자의 처분 의사가 있다고 할 수 있다. 결국 피해자가 처분행위로 인한 결과까지 인식할 필요가 있는 것은 아니다.

결론적으로 사기죄의 본질과 구조, 처분행위와 그 의사적 요소로서 처분 의사의 기능과 역할, 기망행위와 착오의 의미 등에 비추어 보면, 비록 피기망자가 처분행위의 의미나 내용을 인식하지 못하였더라도, 피기망자의 작위 또는 부작위가 직접 재산상 손해를 초래하는 재산적 처분행위로 평가되고, 이러한 작위 또는 부작위를 피기망자가 인식하고 한 것이라면 처분행위에 상응하는 처분 의사는 인정된다. 다시 말하면 피기망자가 자신의 작위 또는 부작위에 따른 결과까지 인식하여야 처분 의사를 인정할 수 있는 것은 아니다.

【평석】 이에 대하여, "절도는 범죄행위자의 탈취행위에 의하여 재물을 취득하는 것이고, 사기는 피해자의 처분행위에 의하여 재산을 취득하는 것으로, 양자는 처분행위를 기준으로 하여 구분된다. 이러한 의미에서 사기죄는 자기손상범죄, 절도죄는 타인손상범죄라고 설명된다. 사기죄에서 이러한 자기손상행위로서 처분행위의 본질이 충족되기 위해서는 피해자에게 자기 재산 처분에 대한 결정의사가 필수적이다. 다시 말하면 피해자의 행위가 자신의 재산권과 관련되어 있다는 인식에 기초하여 형성된 의사에 지배된 작위 또는 부작위만이 사기죄에서 말하는 처분행위에 해당한다고 규범적으로 평가할 수 있다. 처분결과에 대한 아무런 인식 또는 의사가 없는 처분행위는 그 자체로서 모순이라고 하지 않을 수 없다. 요컨대 피해자가 자신의 재산과 관련하여 무엇을 하였는지조차 전혀 인식하지 못하는 모습의 사기죄는 자기손상범죄로서의 본질에 반한다.

사기죄의 구성요건은 사기죄의 본질에 따라 해석되어야 하고, 이러한 본질에 반하는 구성요건 해석론은 정당성을 인정받기 어렵다. 자기손상범죄로서 사기죄를 특징짓고 절도죄와 구분 짓는 처분행위의 해석상 피기망자에게 처분결과에 대한 인식은 당연히 요청되는 것으로, 사기죄의 다른 구성요건인 착오와 기망행위를 해석함에 있어서도 이에 반하는 해석론을 전개할 수는 없다. 즉, 사기죄의 본질 및 이를 통해 도출되는 처분 의사의 의미에 의하면, 착오에 빠진 피기망자가 자신의 행위의 의미와 결과에 대한 인식을 가진 채 처분행위를 한 경우에만 사기죄가 성립될 수 있으므로, 구성요건요소로서 피기망자의 착오 역시 처분행위의 동기, 의도, 목적에 관한 것에 한정되고, 처분결과에 대한 인식조차 없는 처분행위 자체에 관한 착오는 해석론상 사기죄에서 말하는 착오에 포섭될 수 없다. 구성요건으로서 기망행위에 대한 적정한 해석론 역시 이와 다르지 않다. 결국 사기죄의 본질과 특수성을 고려하지 않은 채 이루어진 착오 및 기망행위에 대한 부적절한 구성요건 해석을 들어 피기망자의 처분결과에 대한 인식이 반드시 필요한 것은 아니라는 다수의견의 논증은 선후가 바뀐 해석론에 불과하여 그대로 받아들이기 어렵다.

사기죄의 처분 의사 판단에서 피기망자에게 처분결과에 대한 인식이 필요 없는 것으로 해석하는 다수의견에 의하면 사기죄 성립 여부가 불분명해지고, 그 결과 처벌 범위 역시 확대될 우려가 있다. 행위자의 기망적 행위가 개입한 다수의 범행에서 피기망자의 인식을 전혀 고려하지 않은 채 사기 범행과 사기 아닌 범행을 명확히 구분해 낼 수 있을지 의문이다. 피기망자로 하여금 자신의 행위로 인한 결과를 미처 인식하지 못하도록 하는 위법한 기망행위를 통해 재산상의 이익을 취득한 행위자를 형사처벌하고자 한다면, 다수의견과 같이 사기죄에 관한 확립된 법리의 근간을 함부로 변경할 것이 아니라 별도의 입법을 하는 것이 올바른 해결책"이라는 유력한 [반대의견]이 있다.

라. 사기죄에 있어서 기망과 단순한 채무불이행

🏛 서울서부지방법원 2013. 5. 2. 선고 2012노1115 판결 [사기]확정

판결의 요지

1) 차용금의 편취에 의한 사기죄의 성립 여부는 차용 당시를 기준으로 판단하여야 하므로, 피고인이 차용 당시에는 변제할 의사와 능력이 있었다면 그 후에 차용금을 변제하지 못하였다고 하더라도 이는 단순한 민사상의 채무불이행에 불과할

뿐 형사상 사기죄가 성립한다고 할 수 없고, 한편 사기죄의 주관적 구성요건인 편취의 범의의 존부는 피고인이 자백하지 아니하는 한 범행 전후의 피고인의 재력, 환경, 범행의 내용, 거래의 이행과정, 피해자와의 관계 등과 같은 객관적인 사정을 종합하여 판단하여야 한다(대법원 1996. 3. 26. 선고 95도3034 판결 참조).

2) 이와 같은 법리에 비추어 원심과 당심이 적법하게 채택하여 조사한 증거들에 의하여 인정되는 다음과 같은 사정들 즉, ① 피해자는 이 사건 대출 당시 피고인에 대한 신용정보 조회 등을 통하여 피고인의 채무 내역에 대한 신용정보를 파악할 수 있었고, 피고인이 이 사건 대출 신청 당시 피고인의 수입, 직업, 재산 관계 등 피고인의 신용도에 영향을 줄 수 있는 사실에 관하여 묵비하거나 허위로 진술하지 아니한 것으로 보이는 점, ② 피고인은 이 사건 대출 당시 버스 기사로 근무하며 약 220만 원 정도의 월수입이 있었던 점, ③ 이 사건 대출금액은 300만 원이고 피고인이 매월 납입해야 하는 원리금 균등상환액은 135,000원 상당으로서 비록 피고인이 상당한 규모의 다른 채무를 부담하고 있었다고 하더라도 당시 피고인의 사정으로는 위 약정금을 갚아 나갈 변제의사와 능력이 있었다고 보이는 점, ④ 이 사건 대출 당시 피고인이 다른 채무를 연체하거나 불이행하였다고 보이지 않는 점, ⑤ 피해자도 피고인에 대한 신용도 등을 참작하여 피고인에 대한 이자율을 비교적 고율인 연 39%로 책정한 점 등을 종합하여 볼 때, 검사가 제출한 증거만으로는 피고인이 이 사건 대출 당시 이 사건 공소사실 기재와 같이 피해자를 기망하였다거나 피해자가 피고인의 기망행위로 인하여 착오에 빠진 나머지 이 사건 대출을 하였다는 점을 인정하기 부족하고, 달리 이를 인정할 증거가 없다.

3) 따라서 원심이 위와 같이 이 사건 공소사실을 무죄라고 판단한 것은 정당하고, 원심판결에 검사 주장과 같은 사실오인의 위법이 없다.

【평석】 사기죄의 주관적 구성요건인 편취의 범의의 존부는 피고인이 자백하지 아니하는 한 범행 전후의 피고인의 재력, 환경, 범행의 내용, 거래의 이행과정, 피해자와의 관계 등과 같은 객관적인 사정을 종합하여 판단할 수밖에 없고(대법원 2004. 12. 10. 선고 2004도3515 판결 등 참조), 한편 사기죄의 요건으로서의 기망은 널리 재산상의 거래 관계에 있어서 서로 지켜야 할 신의와 성실의 의무를 저버리는 모든 적극적 또는 소극적 행위를 말하는 것이다(대법원 2004. 4. 9. 선고 2003도7828 판결 등 참조).

이와 같은 사기죄의 성립 여부는 그 행위 당시를 기준으로 판단하여야 하며, 그 행위 이후의 경제 사정의 변화 등으로 인하여 피고인이 채무불이행 상태에 이르게 된다고 하여 이를 사기죄로 처벌할 수는 없다(대법원 2008. 9. 25. 선고 2008도5618 판결 등 참조).

마. 허위 주장과 소송사기

🏛 대법원 2009. 9. 24. 선고 2008도11788 판결[사기](서울서부지방법원 2012노604 판결 참조)

판결의 요지

1. 형사재판에서 공소가 제기된 범죄사실에 대한 입증책임은 검사에게 있고, 유죄의 인정은 법관으로 하여금 합리적인 의심을 할 여지가 없을 정도로 공소사실이 진실한 것이라는 확신을 가지게 하는 증명력을 가진 증거에 의하여야 하므로, 그와 같은 증거가 없다면 설령 피고인에게 유죄의 의심이 간다 하더라도 피고인의 이익으로 판단할 수밖에 없고, 소송사기는 법원을 기망하여 자기에게 유리한 판결을 얻음으로써 상대방의 재물 또는 재산상의 이익을 취득하는 것을 내용으로 하는 범죄로서, 이를 처벌하는 것은 필연적으로 누구든지 자기에게 유리한 주장을 하고 소송을 통하여 권리구제를 받을 수 있다는 민사재판제도의 위축을 가져올 수밖에 없으므로, 피고인이 그 범행을 인정한 경우 외에는 그 소송상의 주장이 사실과 다름이 객관적으로 명백하거나 피고인이 그 소송상의 주장이 명백히 허위인 것을 인식하였거나 증거를 조작하려고 한 흔적이 있는 등의 경우 외에는 이를 쉽사리 유죄로 인정하여서는 안 된다(대법원 2003. 4. 22. 선고 2001도2590 판결 등 참조).

2. 가. 원심은 제1심 및 원심 증인 공소외 1, 제1심 증인 공소외 2의 각 법정진술에 의하여, 피고인 1이 1996. 3. 12.경부터 1997. 2. 27.경까지 사이에 5,000만 원을 대여하였고, 고소인 공소외 2가 1997. 2. 29. 고소인들의 집에서 피고인 1의 요청에 따라 고소인 공소외 1 명의로 1996. 4. 15.을 발행일로 기재하여 발행한 액면금 2000만 원의 제1 약속어음을 위 피고인에게 교부하였으며, 1999. 2.경 발행일을 1997. 4. 11.로 기재한 액면금 5,000만 원의 제2 약속어음을 다시 교부하면서 제1 약속어음을 회수하지 못하였다는 사실을 인정하고, 이를 전제로 피고인들이 공

모하여, 피고인 1이 1996. 3. 11.경부터 1997. 2. 27.경까지 사이에 고소인들에게 합계 약 7,000만 원을 대여한 것이 아니라 1996. 3. 12.경부터 1997. 2. 27.경까지 사이에 약 5,000만 원을 대여하고 1999. 2.경 입증자료로 제2 약속어음을 교부받고서도 그 전에 위 대여금 중 2,000만 원과 관련하여 교부받은 제1 약속어음을 반환하지 않고 있음을 기화로 고소인들을 상대로 이 사건 대여금 소송을 제기하고, 피고인 2는 피고인 1과 공모하여 위 소송에서 원고 측 증인으로 출석하여 "1996. 4. 13. 공소외 3으로부터 곗돈 및 차용금으로 금 2,000만 원을 교부받아 같은 달 15. 피고인 1에게 빌려주었다"고 허위 증언하는 방법으로 법원을 기망하여 승소판결을 받아 2,000만 원 상당의 재산상 이익을 취득한 사실을 인정하였다.

나. 그러나 우선 1996. 3. 12.경부터 1997. 2. 27.경까지 사이에 5,000만 원을 대여하고도 그중 일부인 2,000만 원에 대하여만 약속어음을 교부한다는 것은 경험칙상 이례적이다. 원심은 이에 대하여 2,000만 원은 소액으로 분할하여 차용한 것이기 때문에 따로 이를 합하여 제1 약속어음을 작성한 것이라고 판단하였으나, 대여금의 증거로서 약속어음을 교부받으면서 소액에 대하여만 교부받고 그보다 큰 금액의 대여금에 대하여는 약속어음을 교부받지 않는다는 것 역시 경험칙상 극히 이례적이라고 할 것이다.

또한 여러 차례에 걸쳐 대여한 금원에 대한 증거로 그때까지의 대여금을 모두 합하여 하나의 약속어음을 교부하면서 그중 일부에 대하여 대여금의 증거로 이미 교부된 약속어음이 있었다면, 이를 반환받고 새로운 약속어음을 교부하는 것이 보통일 것이고, 이와 달리 제1 약속어음을 피고인 1로부터 회수하지 못하였다는 것도 경험칙상 이례적이다.

그리고 증인 공소외 3의 진술도 그 전체적인 취지가 뇌경색으로 인하여 그 전에 있었던 피고인 2와의 금전거래를 기억하지 못하고 단지 남아 있는 서류를 보고 추측할 뿐이라는 것이어서, 그것만으로 공소외 3이 피고인 2에게 1996. 4. 13.경 2,000만 원을 교부하지 않았다는 사실을 입증하기에는 부족하다.

다. 이러한 점을 앞서 본 법리에 비추어 보면, 이 사건 대여금 소송에서의 피고인 1의 주장이 사실과 다름이 객관적으로 명백하게 밝혀졌다고 볼 수 없음은 물론, 제1 약속어음의 발행 경위에 있어 피고인 1이 공소외 1과 공소외 2에게 2,000만 원을 대여하였을 가능성을 배제할 수 없으므로, 원심이 설시한 바와 같은 사정만으로는 공소사실을 유죄로 단정하기는 어려울 것으로 보인다.

그럼에도 원심은 피고인들에 대한 이 사건 공소사실을 유죄로 인정하였는바, 이러한 원심의 판단에는 소송사기에 관한 법리를 오해한 위법이 있다.

【평석】 통상적인 소송에서 당사자가 거짓 주장을 하는 경우가 있다. 이를 참다못한 상대방은 소송사기라고 주장하고 고소한다. 그러나 단순한 채무불이행이 사기죄가 아니듯이 거짓 주장이라고 하여 반드시 소송사기가 되는 것은 아니다.

관련 판례로 대법원 1998. 2. 27. 선고 97도2786 판결이 있다.

"누구든지 자기에게 유리한 주장을 하고 소송을 통하여 권리구제를 받을 수 있다는 민사재판제도의 위축을 가져올 수밖에 없으므로, 피고인이 그 범행을 인정한 경우 외에는 그 소송상의 주장이 사실과 다름이 객관적으로 명백하거나 피고인이 그 소송상의 주장이 명백히 허위인 것을 인식하였거나 증거를 조작하려고 한 흔적이 있는 등의 경우 외에는 이를 쉽사리 유죄로 인정하여서는 아니되는 것이다(대법원 1992. 2. 25. 선고 91도2666 판결, 1997. 7. 22. 선고 96도2422 판결 참조)." 하지만 적극적 소송당사자인 원고뿐만 아니라 방어적인 위치에 있는 피고라 하더라도 허위내용의 서류를 작성하여 이를 증거로 제출하거나 위증을 시키는 등의 적극적인 방법으로 법원을 기망하여 착오에 빠지게 한 결과 승소확정판결을 받음으로써 자기의 재산상의 의무이행을 면하게 된 경우에는 그 재산가액 상당에 대하여 사기죄가 성립한다고 할 것이다(대법원 1987. 9. 22. 선고 87도1090 판결 참조).

또한 피고인은 허위의 공정증서를 작성하여 피해자가 제3자에 대하여 갖는 소유권이전등기청구권에 대하여 압류명령을 받았는데, 피해자의 실제 채권자가 피해자를 대위하여 제3자로부터 피해자에게 소유권이전등기를 경료한 다음 타인에게 소유권이전등기를 경료하게 한 사안에서, 대법원은 이러한 경우 소유권이전등기청구권에 대한 압류는 당해 부동산에 대한 경매의 실시를 위한 사전 단계로서의 의미를 가지나, 전체로서의 강제집행절차를 위한 일련의 시작행위라고 할 수 있으므로, 허위 채권에 기한 공정증서를 집행권원으로 하여 채무자의 소유권이전등기청구권에 대하여 압류신청을 한 시점에 소송사기의 실행에 착수하였다고 볼 것이라고 판시하였다(대법원 2015. 2. 12. 선고 2014도10086 판결).[40]

---

40) 이용식, 2015년 분야별 중요판례 분석, 법률신문, 2016. 4. 14.자 참조
   이외에 "유치권에 의한 경매를 신청한 유치권자는 일반채권자와 마찬가지로 피담보채권액에 기초하여 배당을 받게 되는 결과 피담보채권인 공사대금 채권을 실제와 달리 허위로 크게 부풀려 유치권에 의한 경매를 신청할 경우 정당한 채권액에 의하여 경매를 신청한 경우보다 더 많은 배당금을 받을

바. 보험사기

🏛 대법원 2009. 10. 29. 선고 2009도5864 판결[사기 등] (서울서부지방법원 2012노168 사건 판결 참조)

판결의 요지

원심은, 그 채택 증거들에 의하여 인정되는 다음과 같은 사정, 즉 피고인 박00은 먼저 복음내과에 입원하여 자유롭게 외출하며 치료를 받던 중 어머니인 피고인 윤00에게 위 병원에서 입원치료를 받도록 하였고, 그 이유는 위 병원에 입원하여도 외출이 자유롭기 때문이었던 점, 피고인 손00도 입원 상담 시부터 피고인 조00에게 입원치료를 받기가 어렵다는 말을 하였고, 실제로 입원 기간의 절반가량을 집에서 잠을 잤으며, 언니인 피고인 손00에게도 복음내과를 추천해 주어 입원하도록 한 점, 피고인 손00도 입원 기간 중 병원에 가지 않기도 하였던 점, 피고인 임00은 거의 한 달 간격으로 입·퇴원을 반복하여 총 입원 기간이 255일에 이르고, 입원 기간 중 40일가량은 외출하여 일을 보거나 집에서 잠을 잤던 점, 피고인 임00의 처인 피고인 박00도 3차례나 입원하였고, 입원 기간 중에 출근하거나 집에 가서 자녀를 돌보기도 하였던 점, 이 사건 환자들이 입원 기간 중 받은 치료의 주된 부분은 링거 주사와 근육주사인데 이는 통원치료를 하면서도 충분히 맞을 수 있다고 보이는 점, 피고인 조00이 이00이나 피고인 손00에게 통원치료보다 입원치료가 비용부담이 적다는 취지의 말을 하였을 뿐만 아니라 이 사건 환자들이 입원 기간 중 대부분 위 병원에서 잠을 자지 아니하고 자주 외출한 것에 대하여 아무런 통제를 하지 않은 점 등에 비추어, 위 피고인들이 형식상으로는 위 병원에서 입원 수속을 밟고 치료를 받았다 할지라도 그 치료의 실질은 통원치료에 해당한다는 이유로, 위 피고인들이 위 병원에서 입원치료를 받은 것처럼 보험회사를 기망하여 보험금을 편취하였다는 공소사실을 유죄로 인정한 제1심판결을 유지한 원심의 판단에 채증법칙을 위반하여 사실을 오인하거나 사기죄에 관한 법리를 오해한 잘못이 있다고 할 수 없다고 판시하였다.

수도 있으므로, 이는 법원을 기망하여 배당이라는 법원의 처분행위에 의하여 재산상 이익을 취득하려는 행위로서, 불능범에 해당한다고 볼 수 없고, 소송사기죄의 실행의 착수에 해당한다고 할 것이다."라는 대법원 2012. 12. 13. 선고 2012도11162 판결이 있는데, 이에 대한 평석은 신동운, 2012년 분야별 중요판례 분석, 법률신문, 2013. 3. 21.자 참조

나아가 의사인 피고인 조00의 상고이유에 관하여

" '입원'이라 함은 환자의 질병에 대한 저항력이 매우 낮거나 투여되는 약물이 가져오는 부작용 혹은 부수효과와 관련하여 의료진의 지속적인 관찰이 필요한 경우, 영양 상태 및 섭취음식물에 대한 관리가 필요한 경우, 약물투여·처치 등이 계속적으로 이루어질 필요가 있어 환자의 통원이 오히려 치료에 불편함을 끼치는 경우 또는 환자의 상태가 통원을 감당할 수 없는 상태에 있는 경우나 감염의 위험이 있는 경우 등에 환자가 병원 내에 체류하면서 치료를 받는 것으로서, 보건복지부 고시인 '요양급여의 적용기준 및 방법에 관한 세부사항'등의 제반 규정에 따라 환자가 6시간 이상 입원실에 체류하면서 의료진의 관찰 및 관리하에 치료를 받는 것을 의미한다고 할 것이나, 입원실 체류시간만을 기준으로 입원 여부를 판단할 수는 없고, 환자의 증상, 진단 및 치료 내용과 경위, 환자들의 행동 등을 종합하여 판단하여야 할 것이다(대법원 2006. 1. 12. 선고 2004도6557 판결 참조).

원심은, 환자가 입원 수속을 밟은 후 고정된 병실을 배정받아 치료를 받는 형식을 취하였고 병원에 6시간 이상 체류하였다고 하더라도 실제 치료를 받은 시간은 일부분에 불과하고 나머지 시간 동안 의료진의 관찰이나 감독을 전혀 받지 아니한 채 단순히 병원에 머무르기만 하였으며, 환자가 받은 치료의 내용이나 목적이 통원 치료로도 충분히 달성될 수 있을 때에는 이를 입원치료가 아닌 통원치료로 보아야 함을 전제로, 피고인 임00, 박00, 윤00, 손00, 박00, 손00에 대한 치료의 실질은 입원치료가 아니라 통원치료에 해당한다고 판단"한 원심의 판단은 정당하다고 판시하였다.

나아가, "피고인 조00이 이00이나 피고인 손00에게 통원치료보다는 입원치료가 비용부담이 적다는 취지의 말을 하였던 점, 환자들이 위 병원에서 입원확인서를 발급받아 이를 가지고 보험회사에 제출하면 4~5일 정도 지나 보험회사 직원이 조사를 하기 위해 위 병원에 와서 원장인 피고인 조00 등을 만나곤 하였던 점에 비추어, 피고인 조00은 자신이 발급한 입원확인서가 환자들의 보험회사에 대한 보험금 청구에 사용된다는 것을 알았다고 봄이 상당하므로, 위 병원의 사무장인 공00을 통하여 허위의 입원확인서를 발급해 주는 방법으로 피고인 임00, 박00, 윤00, 손00, 박00, 손00으로 하여금 보험금을 편취하는 것을 용이하게 하여 이를 방조하였음을 충분히 인정할 수 있다는 이유로, 피고인 조00에 대한 사기 방조의 공소사실을 유죄로 인정한 제1심판결"이 채증법칙 위반 또는 심리미진으로 인하여 사실을 잘못

인정하는 등의 위법이 없다고 판시하였다.

【평석】 종종 보험사기 사건이 발생한다. 대법원은 병원장인 의사가 보험사기 사건을 방조할 경우 사기 방조의 책임을 묻고 있다. 반면에 보험계약자의 고지의무 위반과 사기죄의 성부에 대하여, "생명보험계약은 사람의 생명에 관한 '우연한 사고'에 대하여 보험금을 지급하기로 하는 약정을 말하고, 여기서 '우연한 사고'라 함은 사고가 피보험자가 예측할 수 없는 원인에 의하여 발생하는 것으로서 고의에 의한 것이 아니고 예견하지 않았는데 우연히 발생하고 통상적인 과정으로는 기대할 수 없는 결과를 가져오는 사고를 의미한다(대법원 2010. 8. 19. 선고 2008다78491, 78507 판결 참조). 따라서 보험계약자가 상법상 고지의무를 위반하여 보험자와 생명보험계약을 체결한다고 하더라도 그 보험금은 보험계약의 체결만으로 지급되는 것이 아니라 우연한 사고가 발생하여야만 지급되는 것이므로, 상법상 고지의무를 위반하여 보험계약을 체결하였다는 사정만으로 보험계약자에게 미필적으로나마 보험금 편취를 위한 고의의 기망행위가 있었다고 단정하여서는 아니 되고, 더 나아가 보험사고가 이미 발생하였음에도 이를 묵비한 채 보험계약을 체결하거나 보험사고 발생의 개연성이 농후함을 인식하면서도 보험계약을 체결하는 경우 또는 보험사고를 임의로 조작하려는 의도를 갖고 보험계약을 체결하는 경우와 같이 그 행위가 '보험사고의 우연성'과 같은 보험의 본질을 해할 정도에 이르러야 비로소 보험금 편취를 위한 고의의 기망행위를 인정할 수 있다고 할 것이다"라고 판시하였다(대법원 2012. 11. 15. 선고 2010도6910 판결).

또한 보험사기의 기수시기에 관하여, "보험계약자가 고지의무를 위반하여 보험회사와 보험계약을 체결한다 하더라도 그 보험금은 보험계약의 체결만으로 지급되는 것이 아니라 보험계약에서 정한 우연한 사고가 발생하여야만 지급되는 것이다. 상법상 고지의무를 위반하여 보험계약을 체결하였다는 사정만으로 보험계약자에게 미필적으로나마 보험금 편취를 위한 고의의 기망행위가 있었다고 단정하여서는 아니 되고, 더 나아가 보험사고가 이미 발생하였음에도 이를 묵비한 채 보험계약을 체결하거나 보험사고 발생의 개연성이 농후함을 인식하면서도 보험계약을 체결하는 경우 또는 보험사고를 임의로 조작하려는 의도를 갖고 보험계약을 체결하는 경우와 같이 그 행위가 '보험사고의 우연성'과 같은 보험의 본질을 해할 정도에 이르러야 비로소 보험금 편취를 위한 고의의 기망행위를 인정할 수 있다. 피고인이 위와 같은 고의의 기망행위로 보험계약을 체결하고 위 보험사고가 발생하였다는 이유로 보험회사에 보험금을 청구하여 보험금을 지급받았을 때 사기죄는 기수에 이른다."고 판시하였다(대법원 2019. 4. 3. 선고 2014도2754 판결). 보험계약자가 고지의무를 위반하여 보험회사와 보험계약을 체결한다 하더라도 그것만으로 보험금 편취를 위한 고의의 기망행위가 있었다고 단정할 수는 없고, '보험사고의 우연성'과 같은 보험의 본질을 해할 정도에 이르러야 기망행위가 인정된다고 보아, 사법상의 고지의무 위반만으로 바로 기망행위가 인정되는 것은 아니라는 것이다. 위와 같이 '보험사고의 우연성'이라는 보험의 본질을 해하여 보험계약을 체결하고, 보험사고가 발생되었다는 이유로 보험금을 청구하여 이를 지급받았을 때에 기수에 이른다고 본 것이 판결의 취지이다.[41]

사. 보이스 피싱(이체된 송금의 인출)

1) 송금의뢰인이 다른 사람의 예금계좌에 자금을 송금·이체하여 송금의뢰인과 계좌명의인 사이에 송금·이체의 원인이 된 법률관계가 존재하지 않음에도 송금이체에 의하여 계좌명의인이 그 금액 상당의 예금채권을 취득한 경우, 계좌명의인이 그와 같이 송금·이체된 돈을 그대로 보관하지 않고 영득할 의사로 인출하면 횡령죄가 성립하는지 여부(적극)

2) 계좌 명의인이 개설한 예금계좌가 전기통신금융사기 범행에 이용되어 그 계좌에 피해자가 사기 피해금을 송금·이체한 경우, 계좌명의인이 그 돈을 영득할 의사로 인출하면 피해자에 대한 횡령죄가 성립하는지 여부(한정 적극) 및 이때 계좌명의인의 인출행위가 전기통신금융사기의 범인에 대한 관계에서도 횡령죄가 되는지 여부(소극)

🏛 대법원 2018. 7. 19. 선고 2017도17494 전원합의체 판결[사기방조·횡령]

☞ **형법 제355조 횡령 부분 참조.**

---

41) 이에 대한 자세한 평석은 이용식, 2019년 분야별 중요판례 분석, 법률신문, 2020. 3. 19.자 참조

아. 피기망자의 재산적 처분행위와 사기 여부

피기망자가 처분행위의 의미나 내용을 인식하지 못하였으나 피기망자의 작위 또는 부작위가 직접 재산상 손해를 초래하는 재산적 처분행위로 평가되고, 이러한 작위 또는 부작위를 피기망자가 인식하고 한 경우, 사기죄의 처분행위에 상응하는 처분 의사가 인정되는지 여부(적극)

> 🏛 대법원 2017. 2. 16. 선고 2016도13362 전원합의체 판결[특정경제범죄가중처벌등에관한 법률위반(사기)(예비적 죄명: 사기) · 사문서위조 등]

판결의 요지

사기죄에서 처분행위는 행위자의 기망행위에 의한 피기망자의 착오와 행위자 등의 재물 또는 재산상 이익의 취득이라는 최종적 결과를 중간에서 매개 · 연결하는 한편, 착오에 빠진 피해자의 행위를 이용하여 재산을 취득하는 것을 본질적 특성으로 하는 사기죄와 피해자의 행위에 의하지 아니하고 행위자가 탈취의 방법으로 재물을 취득하는 절도죄를 구분하는 역할을 한다. 처분행위가 갖는 이러한 역할과 기능을 고려하면, 피기망자의 의사에 기초한 어떤 행위를 통해 행위자 등이 재물 또는 재산상의 이익을 취득하였다고 평가할 수 있는 경우라면 사기죄에서 말하는 처분행위가 인정된다.

사기죄에서 피기망자의 처분 의사는 기망행위로 착오에 빠진 상태에서 형성된 하자 있는 의사이므로 불완전하거나 결함이 있을 수밖에 없다. 처분행위의 법적 의미나 경제적 효과 등에 대한 피기망자의 주관적 인식과 실제로 초래되는 결과가 일치하지 않는 것이 오히려 당연하고, 이 점이 사기죄의 본질적 속성이다. 따라서 처분 의사는 착오에 빠진 피기망자가 어떤 행위를 한다는 인식이 있으면 충분하고, 그 행위가 가져오는 결과에 대한 인식까지 필요하다고 볼 것은 아니다.

사기죄의 성립요소로서 기망행위는 널리 거래 관계에서 지켜야 할 신의칙에 반하는 행위로서 사람으로 하여금 착오를 일으키게 하는 것을 말하고, 착오는 사실과 일치하지 않는 인식을 의미하는 것으로, 사실에 관한 것이든, 법률관계에 관한 것이든, 법률효과에 관한 것이든 상관없다. 또한 사실과 일치하지 않는 하자 있는 피기망자의 인식은 처분행위의 동기, 의도, 목적에 관한 것이든, 처분행위 자체에 관한 것이든 제한이 없다. 따라서 피기망자가 기망당한 결과 자신의 작위 또는 부작위가 갖는 의미를 제대로 인식하지 못하여 그러한 행위가 초래하는 결과를 인식하지 못하였더라도 그와 같은 착오 상태에서 재산상 손해를 초래하는 행위를 하기에 이르렀다면 피기망자의 처분행위와 그에 상응하는 처분 의사가 있다고 보아야 한다.

피해자의 처분행위에 처분 의사가 필요하다고 보는 근거는 처분행위를 피해자가 인식하고 한 것이라는 점이 인정될 때 처분행위를 피해자가 한 행위라고 볼 수 있기 때문이다. 다시 말하여 사기죄에서 피해자의 처분 의사가 갖는 기능은 피해자의 처분행위가 존재한다는 객관적 측면에 상응하여 이를 주관적 측면에서 확인하는 역할을 하는 것일 뿐이다. 따라서 처분행위라고 평가되는 어떤 행위를 피해자가 인식하고 한 것이라면 피해자의 처분 의사가 있다고 할 수 있다. 결국 피해자가 처분행위로 인한 결과까지 인식할 필요가 있는 것은 아니다.

결론적으로 사기죄의 본질과 구조, 처분행위와 그 의사적 요소로서 처분 의사의 기능과 역할, 기망행위와 착오의 의미 등에 비추어 보면, 비록 피기망자가 처분행위의 의미나 내용을 인식하지 못하였더라도, 피기망자의 작위 또는 부작위가 직접 재산상 손해를 초래하는 재산적 처분행위로 평가되고, 이러한 작위 또는 부작위를 피기망자가 인식하고 한 것이라면 처분행위에 상응하는 처분 의사는 인정된다. 다시 말하면 피기망자가 자신의 작위 또는 부작위에 따른 결과까지 인식하여야 처분 의사를 인정할 수 있는 것은 아니다.

자. 부동산 편취와 부동산 가액(편취액)

부동산을 편취한 경우에 특정경제범죄 가중처벌 등에 관한 법률 제3조의 적용을 전제로 그 부동산의 가액을 산정함에 있어, 부동산의 시가 상당액에서 근저당권 등에 의한 부담에 상당하는 금액을 공제하여야 하는지 여부(적극)

🏛 대법원 2007. 4. 19. 선고 2005도7288 전원합의체 판결[특정경제범죄가중처벌등에관한 법률위반(사기)]

판결의 요지

형법 제347조의 사기죄는 사람을 기망하여 재물의 교부를 받거나 재산상의 이익을 취득하거나 제3자로 하여금 재물의 교부를 받게 하거나 재산상의 이익을 취득하게 함으로써 성립하고, 그 교부받은 재물이나 재산상 이익의 가액이 얼마인지는 문제되지 아니하는 데 비하여, 사기로 인한 특정경제범죄 가중처벌 등에 관한 법률 위반죄에 있어서는 편취한 재물이나 재산상 이익의 가액이 5억 원 이상 또는 50억 원 이상이라는 것이 범죄 구성요건의 일부로 되어 있고 그 가액에 따라 그 죄에 대한 형벌도 가중되어 있으므로, 이를 적용함에 있어서는 편취한 재물이나 재산상 이익의 가액을 엄격하고 신중하게 산정함으로써, 범죄와 형벌 사이에 적정한 균형이 이루어져야 한다는 죄형균형 원칙이나 형벌은 책임에 기초하고 그 책임에 비례하여야 한다는 책임주의 원칙이 훼손되지 않도록 유의하여야 한다.

따라서 사람을 기망하여 부동산의 소유권을 이전받거나 제3자로 하여금 이전받게 함으로써 이를 편취한 경우에 특정경제범죄 가중처벌 등에 관한 법률 제3조의 적용을 전제로 하여 그 부동산의 가액을 산정함에 있어서는, 그 부동산에 아무런 부담이 없는 때에는 그 부동산의 시가 상당액이 곧 그 가액이라고 볼 것이지만, 그 부동산에 근저당권설정등기가 경료되어 있거나 압류 또는 가압류 등이 이루어져 있는 때에는 특별한 사정이 없는 한 아무런 부담이 없는 상태에서의 그 부동산의 시가 상당액에서 근저당권의 채권최고액 범위 내에서의 피담보채권액, 압류에 걸린 집행채권액, 가압류에 걸린 청구금액 범위 내에서의 피보전채권액 등을 뺀 실제의 교환가치를 그 부동산의 가액으로 보아야 한다.

차. 부동산 소유권보존등기말소 소송과 소송사기의 성립 시기

🏛 대법원 2006. 4. 7. 선고 2005도9858 전원합의체 판결[특정경제범죄가중처벌등에관한법률위반(사기) · 공문서위조 · 허위감정 · 배임수재 등]

판결의 요지

피고인 또는 그와 공모한 자가 자신이 토지의 소유자라고 허위의 주장을 하면서 소유권보존등기 명의자를 상대로 보존등기의 말소를 구하는 소송을 제기한 경우 그 소송에서 위 토지가 피고인 또는 그와 공모한 자의 소유임을 인정하여 보존등기 말소를 명하는 내용의 승소확정판결을 받는다면, 이에 터 잡아 언제든지 단독으로 상대방의 소유권보존등기를 말소시킨 후 위 판결을 부동산등기법 제130조 제2호 소정의 소유권을 증명하는 판결로 하여 자기 앞으로의 소유권보존등기를 신청하여 그 등기를 마칠 수 있게 되므로, 이는 법원을 기망하여 유리한 판결을 얻음으로써 '대상 토지의 소유권에 대한 방해를 제거하고 그 소유명의를 얻을 수 있는 지위'라는 재산상 이익을 취득한 것이고, 그 경우 기수시기는 위 판결이 확정된 때이다.

카. 1개의 행위에 관하여 사기죄와 업무상배임죄 또는 단순배임죄의 각 구성요건이 모두 구비된 경우의 죄수관계(상상적 경합관계)

> 🏛 대법원 2002. 7. 18. 선고 2002도669 전원합의체 판결[특정경제범죄가중처벌등에관한법률위반(사기) · 업무상배임 등]

판결의 요지

업무상 배임행위에 사기행위가 수반된 때의 죄수 관계에 관하여 보면, 사기죄는 사람을 기망하여 재물의 교부를 받거나 재산상의 이익을 취득하는 것을 구성요건으로 하는 범죄로서 임무 위배를 그 구성요소로 하지 아니하고 사기죄의 관념에 임무 위배 행위가 당연히 포함된다고 할 수도 없으며, 업무상배임죄는 업무상 타인의 사무를 처리하는 자가 그 업무상의 임무에 위배하는 행위로써 재산상의 이익을 취득하거나 제3자로 하여금 이를 취득하게 하여 본인에게 손해를 가하는 것을 구성요건으로 하는 범죄로서 기망적 요소를 구성요건의 일부로 하는 것이 아니어서 양 죄는 그 구성요건을 달리하는 별개의 범죄이고 형법상으로도 각각 별개의 장(章)에 규정되어 있어, 1개의 행위에 관하여 사기죄와 업무상배임죄의 각 구성요건이 모두 구비된 때에는 양 죄를 법조경합 관계로 볼 것이 아니라 상상적 경합 관계로 봄이 상당하다 할 것이고, 나아가 업무상배임죄가 아닌 단순배임죄라고 하여 양 죄의 관계를 달리 보아야 할 이유도 없다.

타. 기업이 도산에 직면한 상황을 숨기고 생산 자재용 물품을 납품받은 경우와 편취의 미필적 고의

> 🏛 대법원 1983. 5. 10. 선고 83도340 전원합의체 판결[부정수표단속법 위반 · 사기]

피고인이 경영하던 기업이 과다한 금융채무부담, 덤핑판매로 인한 재무구조악화 등으로 특별한 금융 혜택을 받지 않는 한 도산이 불가피한 상황에 이르렀는데 피고인이 특별한 금융 혜택을 받을 수 없음에도 위 상황을 숨기고 대금 지급이 불가능하게 될 가능성을 충분히 인식하면서 피해자로부터 생산 자재용 물품을 납품받았다면 편취의 미필적 범의가 인정된다.

파. 2인 이상이 저작물의 작성에 관여한 경우 저작권 침해와 사기(가수 조OO 무죄 판결 사건)

1) 2인 이상이 저작물의 작성에 관여한 경우, 저작자가 누구인지 판단하는 기준 및 미술저작물의 창작과정에 복수의 사람이 관여되어 있는 경우, 어느 과정에 어느 정도 관여하여야 창작적인 표현형식에 기여한 자로서 저작자로 인정되는지에 대한 사법심사 기준

2) 사기죄의 요건으로서 '부작위에 의한 기망'의 의미 및 이때 법률상 고지의무가 인정되는 범위. 법률상 고지의무의 근거가 되는 거래의 내용 등의 주장·증명할 책임의 소재(검사)

3) 피고인이 화가 갑에게 돈을 주고 자신의 기존 콜라주 작품을 회화로 그려오게 하거나, 자신이 추상적인 아이디어만 제공하고 이를 갑이 임의대로 회화로 표현하게 하는 등의 작업을 지시한 다음 갑으로부터 완성된 그림을 건네받아 경미한 작업만 추가하고 자신의 서명을 하였음에도, 위와 같은 방법으로 그림을 완성한다는 사실을 고지하지 아니하고 사실상 갑 등이 그린 그림을 마치 자신이 직접 그린 친작(親作)인 것처럼 전시하여 피해자들에게 그림(미술작품)을 판매하고 대금 상당의 돈을 편취하였다는 내용으로 기소된 사안에서, 피해자들이 위 미술작품을 피고인의 친작으로 착오한 상태에서 구매한 것이라고 단정하기 어렵다고 보아 피고인에게 무죄를 선고한 원심판단에 위법이 없다.

🏛 대법원 2020. 6. 25. 선고 2018도13696 판결[사기]

1) 저작권법상 '저작물'은 인간의 사상 또는 감정을 표현한 창작물을 말하고, '저작자'는 저작물을 창작한 자를 말한다(저작권법 제2조 제1호, 제2호). 저작권은 구체적으로 외부에 표현한 창작적인 표현형식만을 보호 대상으로 하므로, 2인 이상이 저작물의 작성에 관여한 경우 그중에서 창작적인 표현형식 자체에 기여한 자만이 그 저작물의 저작자가 되고, 창작적인 표현형식에 기여하지 아니한 자는 비록 저작물의 작성 과정에서 아이디어나 소재 또는 필요한 자료를 제공하는 등의 관여를 하였더라도 그 저작물의 저작자가 되는 것은 아니다. 여기에서 사상이나 감정이 '표현'되었다고 하려면 머릿속에서 구상된 것만으로는 부족하고 어떤 형태나 방법으로든 외부에 나타나야 한다. 그 나타나는 방법이나 형태에 대하여는 아무런 제한이 없다.

저작물 중에서도 미술저작물은 인간의 사상이나 감정이 시각적 형상이나 색채 또는 이들의 조합에 의하여 미적(美的)으로 표현되어있는 저작물이다(저작권법 제4조 제1항). 미술저작물은 다른 일반 저작물과 달리 그것이 화체된 유체물이 주된 거래의 대상이 되며, 그 유체물을 공중이 볼 수 있도록 공개하는 '전시'라는 이용형태가 특별히 중요한 의미를 가진다. 미술저작물의 창작행위는 공개적으로 이루어지지 않는 경우가 많으므로 실제 누가 저작자인지 다투어지는 경우가 많이 있다. 저작물을 창작한 사람을 저작자라고 할 때 그 창작행위는 '사실행위'이므로 누가 저작물을 창작하였는지는 기본적으로 사실인정의 문제이다. 그러나 창작과정에서 어떤 형태로든 복수의 사람이 관여되어 있는 경우에 어느 과정에 어느 정도 관여하여야 창작적인 표현형식에 기여한 자로서 저작자로 인정되는지는 법적 평가의 문제이다. 이는 미술저작물의 작성에 관여한 복수의 사람이 공동저작자인지 또는 작가와 조수의 관계에 있는지 아니면 저작명의인과 대작(代作) 화가의 관계에 있는지의 문제이기도 하다. 그런데 미술저작물을 창작하는 여러 단계의 과정에서 작가의 사상이나 감정이 어느 단계에서 어떤 형태와 방법으로 외부에 나타났다고 볼 것인지는 용이한 일이 아니다. 본래 이를 따지는 일은 비평과 담론으로 다루어야 할 미학적 문제이기 때문이다. 그러므로 이에 관한 논란은 미학적인 평가 또는 작가에 대한 윤리적 평가에 관한 문제로 보아 예술 영역에서의 비평과 담론을 통해 자율적으로 해결하는 것이 사회적으로 바람직하고, 이에 대한 사법 판단은 그 논란이 법적 분쟁으로 비화하여 저작권 문제가 정면으로 쟁점이 된 경우로 제한되어야 한다.

2) 사기죄의 요건으로서의 기망은 널리 재산상의 거래 관계에서 서로 지켜야 할 신의와 성실의 의무를 저버리는 모든 적극적 또는 소극적 행위를 말하고, 이러한 소극적 행위로서의 부작위에 의한 기망은 법률상 고지의무 있는 자가 일정한 사실에 관하여 상대방이 착오에 빠져 있음을 알면서도 이를 고지하지 않는 것을 말한다. 여기에서 법률상 고지의무는 법령, 계약, 관습, 조리 등에 의하여 인정되는 것으로서 문제가 되는 구체적인 사례에 즉응하여 거래실정과 신의성실의 원칙에 의하여 결정되어야 한다. 그리고 법률상 고지의무를 인정할 것인지는 법률문제로서 상고심의 심판대상이 되지만 그 근거가 되는 거래의 내용이나 거래 관행 등 거래실정에 관한 사실을 주장·증명할 책임은 검사에게 있다.

2) 피고인이 평소 알고 지내던 화가 갑에게 돈을 주고 자신의 기존 콜라주 작품을 회화로 그려오게 하거나, 자신이 추상적인 아이디어만 제공하고 이를 갑이 임의대로 회화로 표현하게 하거나, 기존 자신의 그림을 그대로 그려달라고 하는 등의 작업을 지시한 다음 갑으로부터 완성된 그림을 건네받아 배경색을 일부 덧칠하는 등의 경미한 작업만 추가하고 자신의 서명을 하였음에도, 위와 같은 방법으로 그림을 완성한다는 사실을 고지하지 아니하고 사실상 갑 등이 그린 그림을 마치 자신이 직접 그린 친작(친작)인 것처럼 전시하여 피해자들에게 그림(이하 '미술작품'이라고 한다)을 판매하고 대금 상당의 돈을 편취하였다는 내용으로 기소된 사안에서, 피고인이 미술작품의 창작과정, 특히 조수 등 다른 사람이 관여한 사정을 알리지 않은 것이 신의칙상 고지의무 위반으로서 사기죄에서의 기망행위에 해당하고 그 그림을 판매한 것이 판매대금의 편취행위라고 보려면 두 가지의 전제, 즉 미술작품의 거래에서 창작과정을 알려주는 것, 특히 작가가 조수의 도움을 받았는지 등 다른 관여자가 있음을 알려주는 것이 관행이라는 것 및 미술작품을 구매한 사람이 이러한 사정에 관한 고지를 받았더라면 거래에 임하지 아니하였을 것이라는 관계가 인정되어야 하고, 미술작품의 거래에서 기망 여부를 판단할 때에는 미술작품에 위작여부나 저작권에 관한 다툼이 있는 등의 특별한 사정이 없는 한 법원은 미술작품의 가치 평가 등은 전문가의 의견을 존중하는 사법 자제 원칙을 지켜야 한다는 이유로, 피해자들의 구매 동기 등 제반 사정에 비추어 검사가 제출한 증거만으로는 피해자들이 미술작품을 피고인의 친작으로 착오한 상태에서 구매한 것이라고 단정하기 어렵다고 보아 피고인에게 무죄를 선고한 원심판단을 수긍하였다.

하. 서명사취

1) 피기망자가 처분행위의 의미나 내용을 인식하지 못하였으나 피기망자의 작위 또는 부작위가 직접 재산상 손해를 초래하는 재산적 처분행위로 평가되고, 이러한 작위 또는 부작위를 피기망자가 인식하고 한 경우, 사기죄의 처분행위에 상응하는 처분 의사가 인정되는지 여부(적극)

2) 피기망자가 행위자의 기망행위로 인하여 착오에 빠진 결과 내심의 의사와 다른 효과를 발생시키는 내용의 처분문서에 서명 또는 날인함으로써 처분문서의 내용에 따른 재산상 손해가 초래된 경우, 피기망자의 행위가 사기죄에서 말하는 처분행위에 해당하는지 여부(적극) / 이때 피기망자가 처분결과, 즉 문서의 구체적 내용과 법적 효과를 미처 인식하지 못하였으나 처분문서에 서명 또는 날인하는 행위에 관한 인식이 있었던 경우, 피기망자의 처분 의사가 인정되는지 여부(적극)

🏛 대법원 2017. 2. 16. 선고 2016도13362 전원합의체 판결[특정경제범죄가중처벌등에관한
  법률위반(사기)(예비적 죄명: 사기)·사기·사문서위조·위조사문서행사·공정증서원본불실
  기재·불실기재공정증서원본행사·횡령]

판결의 요지

1) 사기죄에서 처분행위는 행위자의 기망행위에 의한 피기망자의 착오와 행위자 등의 재물 또는 재산상 이익의 취득이라는 최종적 결과를 중간에서 매개·연결하는 한편, 착오에 빠진 피해자의 행위를 이용하여 재산을 취득하는 것을 본질적 특성으로 하는 사기죄와 피해자의 행위에 의하지 아니하고 행위자가 탈취의 방법으로 재물을 취득하는 절도죄를 구분하는 역할을 한다. 처분행위가 갖는 이러한 역할과 기능을 고려하면, 피기망자의 의사에 기초한 어떤 행위를 통해 행위자 등이 재물 또는 재산상의 이익을 취득하였다고 평가할 수 있는 경우라면 사기죄에서 말하는 처분행위가 인정된다.

사기죄에서 피기망자의 처분 의사는 기망행위로 착오에 빠진 상태에서 형성된 하자 있는 의사이므로 불완전하거나 결함이 있을 수밖에 없다. 처분행위의 법적 의미나 경제적 효과 등에 대한 피기망자의 주관적 인식과 실제로 초래되는 결과가 일치하지 않는 것이 오히려 당연하고, 이 점이 사기죄의 본질적 속성이다. 따라서

처분 의사는 착오에 빠진 피기망자가 어떤 행위를 한다는 인식이 있으면 충분하고, 그 행위가 가져오는 결과에 대한 인식까지 필요하다고 볼 것은 아니다.

사기죄의 성립요소로서 기망행위는 널리 거래 관계에서 지켜야 할 신의칙에 반하는 행위로서 사람으로 하여금 착오를 일으키게 하는 것을 말하고, 착오는 사실과 일치하지 않는 인식을 의미하는 것으로, 사실에 관한 것이든, 법률관계에 관한 것이든, 법률효과에 관한 것이든 상관없다. 또한 사실과 일치하지 않는 하자 있는 피기망자의 인식은 처분행위의 동기, 의도, 목적에 관한 것이든, 처분행위 자체에 관한 것이든 제한이 없다. 따라서 피기망자가 기망당한 결과 자신의 작위 또는 부작위가 갖는 의미를 제대로 인식하지 못하여 그러한 행위가 초래하는 결과를 인식하지 못하였더라도 그와 같은 착오 상태에서 재산상 손해를 초래하는 행위를 하기에 이르렀다면 피기망자의 처분행위와 그에 상응하는 처분 의사가 있다고 보아야 한다.

피해자의 처분행위에 처분 의사가 필요하다고 보는 근거는 처분행위를 피해자가 인식하고 한 것이라는 점이 인정될 때 처분행위를 피해자가 한 행위라고 볼 수 있기 때문이다. 다시 말하여 사기죄에서 피해자의 처분 의사가 갖는 기능은 피해자의 처분행위가 존재한다는 객관적 측면에 상응하여 이를 주관적 측면에서 확인하는 역할을 하는 것일 뿐이다. 따라서 처분행위라고 평가되는 어떤 행위를 피해자가 인식하고 한 것이라면 피해자의 처분 의사가 있다고 할 수 있다. 결국 피해자가 처분행위로 인한 결과까지 인식할 필요가 있는 것은 아니다.

결론적으로 사기죄의 본질과 구조, 처분행위와 그 의사적 요소로서 처분 의사의 기능과 역할, 기망행위와 착오의 의미 등에 비추어 보면, 비록 피기망자가 처분행위의 의미나 내용을 인식하지 못하였더라도, 피기망자의 작위 또는 부작위가 직접 재산상 손해를 초래하는 재산적 처분행위로 평가되고, 이러한 작위 또는 부작위를 피기망자가 인식하고 한 것이라면 처분행위에 상응하는 처분 의사는 인정된다. 다시 말하면 피기망자가 자신의 작위 또는 부작위에 따른 결과까지 인식하여야 처분 의사를 인정할 수 있는 것은 아니다.

2) 이른바 '서명사취' 사기는 기망행위에 의해 유발된 착오로 인하여 피기망자가 내심의 의사와 다른 처분문서에 서명 또는 날인함으로써 재산상 손해를 초래한 경우이다. 여기서는 행위자의 기망행위 태양 자체가 피기망자가 자신의 처분행위의 의미나 내용을 제대로 인식할 수 없는 상황을 이용하거나 피기망자로 하여금 자신의 행위로 인한 결과를 인식하지 못하게 하는 것을 핵심적인 내용으로 하고,

이로 말미암아 피기망자는 착오에 빠져 처분문서에 대한 자신의 서명 또는 날인행위가 초래하는 결과를 인식하지 못하는 특수성이 있다. 피기망자의 하자 있는 처분행위를 이용하는 것이 사기죄의 본질인데, 서명사취 사안에서는 그 하자가 의사표시 자체의 성립과정에 존재한다.

이러한 서명사취 사안에서 피기망자가 처분문서의 내용을 제대로 인식하지 못하고 처분문서에 서명 또는 날인함으로써 내심의 의사와 처분문서를 통하여 객관적·외부적으로 인식되는 의사가 일치하지 않게 되었더라도, 피기망자의 행위에 의하여 행위자 등이 재물이나 재산상 이익을 취득하는 결과가 초래되었다고 할 수 있는 것은 그러한 재산의 이전을 내용으로 하는 처분문서가 피기망자에 의하여 작성되었다고 볼 수 있기 때문이다. 이처럼 피기망자가 행위자의 기망행위로 인하여 착오에 빠진 결과 내심의 의사와 다른 효과를 발생시키는 내용의 처분문서에 서명 또는 날인함으로써 처분문서의 내용에 따른 재산상 손해가 초래되었다면 그와 같은 처분문서에 서명 또는 날인을 한 피기망자의 행위는 사기죄에서 말하는 처분행위에 해당한다. 아울러 비록 피기망자가 처분결과, 즉 문서의 구체적 내용과 법적 효과를 미처 인식하지 못하였더라도, 어떤 문서에 스스로 서명 또는 날인함으로써 처분문서에 서명 또는 날인하는 행위에 관한 인식이 있었던 이상 피기망자의 처분의사 역시 인정된다.

거. 기망행위에 의하여 조세를 포탈하거나 조세의 환급·공제를 받은 경우

🏛 대법원 2021. 11. 11. 선고 2021도7831 판결[특정경제범죄가중처벌등에관한법률위반(사기)(예비적 죄명: 조세범처벌법위반) 등]

판결의 요지

기망행위에 의하여 국가적 또는 공공적 법익을 침해한 경우라도 그와 동시에 형법상 사기죄의 보호법익인 재산권을 침해하는 것과 동일하게 평가할 수 있는 때에는 당해 행정법규에서 사기죄의 특별관계에 해당하는 처벌 규정을 별도로 두고 있지 않는 한 사기죄가 성립할 수 있다. 그런데 기망행위에 의하여 조세를 포탈하거나 조세의 환급·공제를 받은 경우에는 조세범 처벌법에서 이러한 행위를 처벌하는 규정을 별도로 두고 있을 뿐만 아니라, 조세를 강제적으로 징수하는 국가 또는 지방자치단체의 직접적인 권력작용을 사기죄의 보호법익인 재산권과 동일하게 평가할 수 없는 것이므로, 기망행위에 의하여 조세를 포탈하거나 조세의 환급·공제를 받은 경우에는 조세범 처벌법 위반죄가 성립함은 별론으로 하고, 형법상 사기죄는 성립할 수 없다.

너. '비트코인(Bitcoin)'이 사기죄의 객체인 재산상 이익에 해당하는지 여부(적극)

> 🏛 대법원 2021. 11. 11. 선고 2021도9855 판결[특정경제범죄가중처벌등에관한법률위반(사기) 등]

판결의 요지

비트코인은 경제적인 가치를 디지털로 표상하여 전자적으로 이전, 저장과 거래가 가능하도록 한 가상자산의 일종으로 사기죄의 객체인 재산상 이익에 해당한다.

【해설】 비트 코인을 재산산 이익으로 보는 최초의 대법원 판결이며, 비트 코인을 범죄수익으로 취득한 경우 몰수 추징이 가능하다는 최초의 판결로는 대법원 2018. 5. 30. 선고 2018도3619 판결이 있다.[42] 가상자산의 범죄수익환수에 대하여는 검찰이 특정 금융거래정보의 보고 및 이용 등에 관한 법률 및 동법 시행령에 따라 몰수한 비트코인을 매각해 국고 귀속한 사례가 있다. 하지만, 민사법상으로는 몰수한 가장자산에 대한 공매절차 등이 구체적으로 규정되어 있지 않아, 입법으로 또는 우선 가상자산에 대한 강제집행에 대하여 대법원예규를 제정할 필요가 있다는 의견이 제기되고 있으며, 여기서 가상자산이라 함은 민사집행법령이나 그 밖의 법령이 달리 정하지 않는 한 전자적 형태로 존재, 거래하는 경제적 가치가 있는 물건, 권리, 이익을 모두 포함한다고 한다.

더. 비의료인이 면허를 갖춘 의료인을 통하여 진료를 한 경우, 이때 진료를 받은 환자의 실손의료비 청구와 사기죄의 성부

> 🏛 대법원 2018. 4. 10. 선고 2017도17699 판결[사기]

---

42) 김정훈, 비트 코인을 범죄수익으로 취득한 경우 몰수·추징이 가능한지 여부, 대법원판례해설, 제116호(2018년 상), 530면

상법 제737조, 제739조의2, 제739조의3의 규정과 실손의료보험이 보험회사가 피보험자의 질병 또는 상해로 인한 의료비 상당의 손해를 보상하는 것을 내용으로 한다는 점을 종합해 보면, 실손의료보험에는 상법상 상해 보험에 관한 규정이 준용되고, 그 경우 인보험인 상해보험에서와 마찬가지로 실손의료보험에서도 보험사고가 발생하면 보험수익자만이 보험회사에 대해 실손의료비 청구권을 행사할 수 있다고 보아야 한다. 반면 피보험자를 진료한 의료기관으로서는 피보험자나 보험수익자로부터 그에 따른 진료비를 지급받을 수 있고, 경우에 따라 보험수익자의 청구에 응하여 진료 사실 증명 등을 발급해 줌으로써 단순히 그 보험금 청구 절차를 도울 수 있을 뿐이다.

따라서 특별한 사정이 없는 한 피보험자를 진료한 의료기관이 의료법 제33조 제2항에 위반되어 개설된 것이라는 사정은 해당 피보험자에 대한 보험회사의 실손의료비 지급의무에 영향을 미칠 수 있는 사유가 아니라고 보아야 하고, 설령 해당 의료기관이 보험회사 등에 이를 고지하지 아니한 채 보험수익자에게 진료 사실 증명 등을 발급해 주었다 하더라도, 그러한 사실만으로는 사기죄에서 말하는 기망이 있다고 볼 수는 없다.

【평석】 비의료인인 피고인이 의료법을 위반하여 개설한 의료기관에서 면허를 갖춘 의료인을 통해 환자 등에 대한 진료를 하였고, 진료를 받은 환자들이 실손의료비 청구를 위한 진료 사실 증명 등의 발급을 요구하였다. 피고인이 개설한 의료기관이 발급한 증명서를 이용하여 환자들이 보험회사에 실손의료비를 청구하여 지급받았다. 피고인은 실손의료비에 관하여 보험회사를 기망하였다는 공소사실에 대하여, 이 부분을 파기하고 무죄를 선고한 판결이다.

국민건강보험공단에 대한 요양급여비용 청구에 관하여 대법원은, 의료법 제33조 제2항을 위반하여 적법하게 개설되지 아니한 의료기관에서 환자를 진료하는 등의 요양급여를 실시하였다면 해당 의료기관은 국민건강보험법상 요양급여비용을 청구할 수 있는 요양기관에 해당되지 아니하므로 요양급여비용을 적법하게 지급받을 자격이 없다고 판시하였다(대법원 2015. 5. 29. 선고 2014다229399 판결, 대법원 2015. 5. 14. 선고 2012다72384 판결 등 참조).

하지만 이 사건에서는, 의료기관의 행위는 실손의료비 청구를 돕는 것일 뿐 직접 실손의료비의 지급을 청구하는 것이 아니며, 그 의료기관이 의료법에 위반되어 설립되었다는 것도 실손의료비의 지급 장애사유로 작용할 수 없다고 판시하였다(자동차손해배상 보장법상 자동차보험의 피보험자 등에게 교통사고에 따른 손해배상책임이 발생하였을 때 피해자로 하여금 보험회사 등에 대해 상법 제724조 제2항에 따라 보험금 등을 자기에게 직접 지급해 줄 것을 청구할 수 있도록 하고 있다).[43]한편, 의료인인 한의사를 고용하여 한의원(의료기관)을 개설한 후, 한의사로 하여금 환자를 진료하도록 한 다음, 환자에 대한 요양급여를 국민건강보험공단에 청구하여 이를 지급받은 경우 사기죄가 성립한다(대법원 2015. 7. 9. 선고 2014도11843 판결). 이 경우 의료기관의 개설인인 비의료인이 개설 명의를 빌려준 의료인으로 하여금 환자들에게 요양급여를 제공하게 하였다 하여도 마찬가지이다.[44]

러. 경매사기의 피해자 및 기수시기

🏛 대법원 2017. 6. 19. 선고 2013도564 판결[사기]

판결의 요지

기소된 공소사실의 재산상 피해자와 공소장에 기재된 피해자가 다른 것이 판명된 경우에는 공소사실의 동일성을 해하지 않고 피고인의 방어권 행사에 실질적 불이익을 주지 않는 한 공소장변경절차 없이 직권으로 공소장 기재의 피해자와 다른 실제의 피해자를 적시하여 이를 유죄로 인정하여야 한다.

근저당권자가 집행법원을 기망하여 원인무효이거나 피담보채권이 존재하지 않는 근저당권에 기해 채무자 또는 물상보증인 소유의 부동산에 대하여 임의경매신청을 함으로써 경매절차가 진행된 결과 부동산이 매각되었더라도 그 경매절차는 무효로서 채무자나 물상보증인은 부동산의 소유권을 잃지 않고, 매수인은 부동산의 소유권을 취득할 수 없다. 이러한 경우에 허위의 근저당권자가 매각대금에 대한 배당절차에서 배당금을 지급받기에 이르렀다면 집행법원의 배당표 작성과 이에 따른 배당금 교부행위는 매수인에 대한 관계에서 그의 재산을 처분하여 직접 재산상

---

43) 이용식, 2018년 분야별 중요판례 분석, 법률신문, 2019. 3. 14.자
44) 이용식, 전게 논문

손해를 야기하는 행위로서 매수인의 처분행위에 갈음하는 내용과 효력을 가진다.

피고인이 피해자 갑에 대한 대여금 채권이 없음에도 갑 명의의 차용증을 허위로 작성하고 갑 소유의 부동산에 관하여 피고인 앞으로 근저당권설정등기를 마친 다음, 그에 기하여 부동산임의경매를 신청하여 배당금을 교부받아 편취하였다는 내용으로 기소된 사안에서, 공소사실과 동일성이 인정되고 피고인의 방어권 행사에 불이익을 주지 않는 이상 피해자가 공소장에 기재된 갑이 아니라고 하여 곧바로 피고인에게 무죄를 선고할 것이 아니라 진정한 피해자를 가려내어 그 피해자에 대한 사기죄로 처벌하여야 하고, 공소사실에 따른 실제 피해자는 부동산 매수인 을이므로 을에 대한 관계에서 사기죄가 성립함에도, 이와 달리 진정한 피해자가 누구인지를 가려내지 않은 채 공소사실을 무죄로 판단한 원심판결에 사기죄의 처분행위, 공소사실의 동일성과 심판 범위에 관한 법리오해의 잘못이 있다.

【평석】 피고인이 피해자 명의의 차용증을 허위로 작성하고 피해자 소유의 부동산을 피고인 명의로 근저당권설정등기를 마친 다음, 부동산임의경매를 신청하여 배당금을 교부받은 사안. 1심, 2심은 무효인 근저당권설정등기에 기한 임의경매절차가 무효라서 피해자가 소유권을 상실할 이유가 없다는 이유로 무죄를 선고하였다. 공소사실과 동일성이 인정되고 피고인의 방어권 행사에 불이익을 주지 않는 이상 피해자가 공소장에 기재되어 있지 않더라도 곧바로 피고인에게 무죄를 선고할 것이 아니라 진정한 피해자를 가려내어 그 피해자에 대한 사기죄로 처벌하여야 하고, 공소사실에 따른 실제 피해자는 부동산 매수인이므로 이에 대한 관계에서 사기죄가 성립함에도, 이와 달리 진정한 피해자가 누구인지를 가려내지 않은 채 공소사실을 무죄로 판단한 원심판결에 사기죄의 처분행위, 공소사실의 동일성과 심판 범위에 관한 법리오해의 잘못이 있다는 취지이다.[45]

---

45) 이 경우 사기죄의 기수시기에 대하여, '소송사기의 경우 통상적으로 판결이 확정되었을 경우 기수에 이른다고 보는데, 행위자가 경매절차를 이용하여 배당금을 편취하려 하는 경우, 기망행위의 상대방 및 처분행위자는 매수인으로 보아야 하고, 경매법원은 행위자에 의하여 이용되는 간접정범에서의 도구와 유사한 성질을 갖게 되고, 이 경우 매각허가결정(민사집행법 제128조)에 따라 매수인이 매각대금을 납입하였을 때(제135조) 기수에 이른다고 생각된다. 즉 처분행위는 매수인의 매각대금 납입행위로 보아야 한다'는 견해는, 이용식, 2017년 분야별 중요판례 분석, 법률신문, 2018. 4. 19.자 참조

81. 제350조 공갈

공갈죄에 있어서 협박의 정도

🏛 가. 대법원 2005. 8. 25. 선고 2004도6030 판결[사기·공갈]

판결 이유

피고인의 상고에 대하여

공갈죄에 있어서 협박은 사람의 의사결정의 자유를 제한하거나 의사실행의 자유를 방해할 정도로 겁을 먹게 할 만한 해악을 고지하는 것을 말하고, 해악의 고지는 반드시 명시의 방법에 의할 것을 요하지 아니하며 언어나 거동에 의하여 상대방으로 하여금 어떠한 해악에 이르게 할 것이라는 인식을 갖게 하는 것이면 족한 것이고, 또한 직접적이 아니더라도 피공갈자 이외의 제3자를 통해서 간접적으로 할 수도 있으며, 행위자가 그의 직업, 지위에 기하여 불법한 위세를 이용하여 재물의 교부를 요구하고 상대방으로 하여금 그 요구에 응하지 아니한 때에는 부당한 불이익을 초래할 위험이 있다는 위구심을 야기하게 하는 경우에도 해악의 고지가 된다(대법원 2002. 12. 10. 선고 2001도7095 판결, 2003. 5. 13. 선고 2003도709 판결 등 참조).

원심은 그 채택 증거들에 의하여, (명칭생략)문중(이하 '이 사건 문중'이라 한다) 대표인 피고인이 이 사건 문중회관 신축공사를 사실상 단독으로 처리하는 과정에서 다른 문중원들이 공사의 구체적인 진행이나 내용에 관심이 없어 기성금 지급이나 추가공사 등에 관하여 전권을 행사해 온 사실, 피고인은 피해자 1과 이 사건 문중회관 신축공사 도급계약을 체결한 후, 1996. 9. 25.경 피해자 1에게 선급금 1억 원을 지급하였는데, 그 무렵 피해자 1에게 2,000만 원의 지급을 요구하면서 '돈을 주지 않으면 공사를 파기하겠다'는 등의 말을 하였고, 이에 피해자 1은 이미 자신이 이 사건 문중회관 신축공사를 위하여 상당한 금액을 투자하여 계약이 파기되는 경우 금전적 손실을 입을 것이라고 겁을 먹고 피고인에게 2,000만 원을 교부한 사실, 피고인은 그 이후에도 1997. 12. 3.까지 피해자 1에게 금원 지급을 수차례 요구하였고, 공사 도중 피고인으로부터 공사 기성금을 제대로 받지 못하여 곤란을 겪던 피해자 1은 이 사건 문중회관 신축공사계약의 파기 또는 공사대금 미지급 등으로 인한 금전적 손실에 대한 우려로 피고인의 요구에 따라 수회에 걸쳐 피고인에게 합계 4,000만 원을 교부한 사실을 인정한 다음, 이 사건 공소사실 중 금원갈취의 점에 대하여 유죄를 선고한 제1심판결을 유지하였는바, 위 법리에 비추어 기록을 살펴보면, 이러한 원심의 조치는 옳고, 거기에 채증법칙을 위배하여 사실을 오인하거나 심리를 미진한 위법 또는 공갈죄의 법리를 오해한 위법이 있다고 할 수 없다.

🏛 나. 대법원 2012. 5. 24. 선고 2011도5910 판결[공갈미수 · 협박](서울서부지방법원 2012노1149 판결)

판결의 요지

공갈죄의 수단으로서의 협박은 사람의 의사결정의 자유를 제한하거나 의사실행의 자유를 방해할 정도로 겁을 먹게 할 만한 해악을 고지하는 것을 말하고, 여기에서 고지된 해악의 실현은 반드시 그 자체가 위법한 것임을 필요로 하지 않으며, 행위자가 그의 직업, 지위 등을 근거로 하여 불법한 위세를 이용하여 재물의 교부나 재산상 이익을 요구하고 상대방으로 하여금 그 요구에 응하지 아니한 때에는 부당한 불이익을 가져올 위험이 있다는 위구심을 일으키게 하는 경우에도 해악의 고지가 되고, 해악의 고지가 권리실현의 수단으로 사용된 경우라고 하여도 그것이 권리행사를 빙자하여 협박을 수단으로 상대방을 겁을 먹게 하였고 그 권리 실행의 수단 방법이 사회 통념상 허용되는 정도나 범위를 넘는다면 공갈죄가 성립한다(대법원 1991. 11. 26. 선고 91도2344 판결, 대법원 1996. 3. 22. 선고 95도2801 판결, 대법원 2003. 5. 13. 선고 2003도709 판결 등 참조).

원심은 적법하게 채택한 증거에 의하여, 피고인이 원심 공동피고인 이00과 공모하여 2008. 11. 4. 주식회사 00건설(이하 '00건설'이라고만 한다)의 명예회장인 정00에게 00건설의 이중계약과 비자금 조성을 언급하면서 피고인이 지배인으로 근무하던 00설비와 수의계약 등을 요구하는 내용의 호소문을 보낸 사실 등 그 판시와 같은 사실을 인정한 다음, 피고인이 비자금을 언급하며 수의계약 등을 요구한 행동은 단순한 협상이나 권리실현의 수단으로 한 행위가 아니라 사회 통념상 허용되는 범위를 넘는 것으로 보고 공갈미수죄의 성립을 인정하였다.

앞서 본 법리와 기록에 비추어 살펴보면, 원심의 위와 같은 판단은 정당하고,

거기에 상고이유로 주장하는 바와 같은 공갈죄에 관한 법리오해와 채증법칙 위반 등의 위법이 없다.

82. 제351조 상습범

상습으로 저질러진 수개의 범죄의 죄수 관계(포괄일죄)와 면소 판결

> 🏛 대법원 2004. 9. 16. 선고 2001도3206 전원합의체 판결[사기]

판결의 요지

상습성을 갖춘 자가 여러 개의 죄를 반복하여 저지른 경우에는 각 죄를 별죄로 보아 경합범으로 처단할 것이 아니라 그 모두를 포괄하여 상습범이라고 하는 하나의 죄로 처단하는 것이 상습범의 본질 또는 상습범 가중처벌규정의 입법 취지에 부합한다.

상습범으로서 포괄적 일죄의 관계에 있는 여러 개의 범죄사실 중 일부에 대하여 유죄판결이 확정된 경우에, 그 확정판결의 사실심판결 선고 전에 저질러진 나머지 범죄에 대하여 새로이 공소가 제기되었다면 그 새로운 공소는 확정판결이 있었던 사건과 동일한 사건에 대하여 다시 제기된 데 해당하므로 이에 대하여는 판결로써 면소의 선고를 하여야 하는 것인바(형사소송법 제326조 제1호), 다만 이러한 법리가 적용되기 위해서는 전의 확정판결에서 당해 피고인이 상습범으로 기소되어 처단되었을 것을 필요로 하는 것이고, 상습범 아닌 기본 구성요건의 범죄로 처단되는 데 그친 경우에는, 가사 뒤에 기소된 사건에서 비로소 드러났거나 새로 저질러진 범죄사실과 전의 판결에서 이미 유죄로 확정된 범죄사실 등을 종합하여 비로소 그 모두가 상습범으로서의 포괄적 일죄에 해당하는 것으로 판단된다 하더라도 뒤늦게 앞서의 확정판결을 상습범의 일부에 대한 확정판결이라고 보아 그 기판력이 그 사실심판결 선고 전의 나머지 범죄에 미친다고 보아서는 아니 된다.

83. 제355조 횡령

가. 법률관계 없는 예금 채권과 영득의 의사로 인출한 형사 책임

송금의뢰인이 다른 사람의 예금계좌에 자금을 송금·이체하여 송금의뢰인과 계좌명의인 사이에 송금·이체의 원인이 된 법률관계가 존재하지 않음에도 송금·이체에 의하여 계좌명의인이 그 금액 상당의 예금채권을 취득한 경우, 계좌명의인이 그와 같이 송금·이체된 돈을 그대로 보관하지 않고 영득할 의사로 인출하면 횡령죄가 성립하는지 여부(적극)

🏛 대법원 2018. 7. 19. 선고 2017도17494 전원합의체 판결[사기방조·횡령]

판결의 요지

송금의뢰인이 다른 사람의 예금계좌에 자금을 송금·이체한 경우 특별한 사정이 없는 한 송금의뢰인과 계좌명의인 사이에 그 원인이 되는 법률관계가 존재하는지 여부에 관계없이 계좌명의인(수취인)과 수취은행 사이에는 그 자금에 대하여 예금계약이 성립하고, 계좌명의인은 수취은행에 대하여 그 금액 상당의 예금채권을 취득한다. 이때 송금의뢰인과 계좌명의인 사이에 송금·이체의 원인이 된 법률관계가 존재하지 않음에도 송금·이체에 의하여 계좌명의인이 그 금액 상당의 예금 채권을 취득한 경우 계좌명의인은 송금의뢰인에게 그 금액 상당의 돈을 반환하여야 한다. 이와 같이 계좌명의인이 송금·이체의 원인이 되는 법률관계가 존재하지 않음에도 계좌이체에 의하여 취득한 예금채권 상당의 돈은 송금의뢰인에게 반환하여야 할 성격의 것이므로, 계좌명의인은 그와 같이 송금·이체된 돈에 대하여 송금의뢰인을 위하여 보관하는 지위에 있다고 보아야 한다. 따라서 계좌명의인이 그와 같이 송금·이체된 돈을 그대로 보관하지 않고 영득할 의사로 인출하면 횡령죄가 성립한다.

이러한 법리는 계좌명의인이 개설한 예금계좌가 전기통신금융사기 범행에 이용되어 그 계좌에 피해자가 사기 피해금을 송금·이체한 경우에도 마찬가지로 적용된다. 계좌명의인은 피해자와 사이에 아무런 법률관계 없이 송금·이체된 사기 피해금 상당의 돈을 피해자에게 반환하여야 하므로, 피해자를 위하여 사기 피해금을 보관하는 지위에 있다고 보아야 하고, 만약 계좌명의인이 그 돈을 영득할 의사로 인출하면 피해자에 대한 횡령죄가 성립한다. 이때 계좌명의인이 사기의 공범이라면 자신이 가담한 범행의 결과 피해금을 보관하게 된 것일 뿐이어서 피해자와 사이에 위탁 관계가 없고, 그가 송금·이체된 돈을 인출하더라도 이는 자신이 저지른 사기 범행의 실행행위에 지나지 아니하여 새로운 법익을 침해한다고 볼 수 없으므로 사기죄 외에 별도로 횡령죄를 구성하지 않는다.

한편 계좌명의인의 인출행위는 전기통신금융사기의 범인에 대한 관계에서는 횡령죄가 되지 않는다.

① 계좌명의인이 전기통신금융사기의 범인에게 예금계좌에 연결된 접근매체를 양도하였다 하더라도 은행에 대하여 여전히 예금계약의 당사자로서 예금반환청구권을 가지는 이상 그 계좌에 송금·이체된 돈이 그 접근 매체를 교부받은 사람에게 귀속되었다고 볼 수는 없다. 접근 매체를 교부받은 사람은 계좌명의인의 예금반환청구권을 자신이 사실상 행사할 수 있게 된 것일 뿐 예금 자체를 취득한 것이 아니다. 판례는 전기통신금융사기 범행으로 피해자의 돈이 사기 이용 계좌로 송금·이체되었다면 이로써 편취행위는 기수에 이른다고 보고 있는데, 이는 사기범이 접근 매체를 이용하여 그 돈을 인출할 수 있는 상태에 이르렀다는 의미일 뿐 사기범이 그 돈을 취득하였다는 것은 아니다.

② 또한 계좌명의인과 전기통신금융사기의 범인 사이의 관계는 횡령죄로 보호할 만한 가치가 있는 위탁 관계가 아니다. 사기범이 제3자 명의 사기 이용 계좌로 돈을 송금·이체하게 하는 행위는 그 자체로 범죄행위에 해당한다. 그리고 사기범이 그 계좌를 이용하는 것도 전기통신금융사기 범행의 실행행위에 해당하므로 계좌명의인과 사기범 사이의 관계를 횡령죄로 보호하는 것은 그 범행으로 송금·이체된 돈을 사기범에게 귀속시키는 결과가 되어 옳지 않다.

나. 횡령과 화대(花代) - 불법성(不法性) 비교론(比較論)

🏛 대법원 1999. 9. 17. 선고 98도2036 판결

판결 이유

상고이유를 본다.

원심판결 이유에 의하면, 원심은 이 사건 공소사실 중, 피고인은 처인 공소외 1

과 공모하여, 1994. 5. 1. 인천 소재 피고인 경영의 윤락업소에서, 피해자와 사이에 피해자가 손님을 상대로 윤락행위를 하고 그 대가로 받은 화대를 절반씩 분배하기로 약정한 다음, 그때부터 같은 해 9. 30.까지 피해자가 피고인의 업소에 찾아온 손님들을 상대로 윤락행위를 하고서 받은 화대 합계 2천7백만 원을 보관하던 중 그중 절반인 1천3백5십만 원을 피해자에게 반환하지 아니하고 피고인과 공소외 1의 생활비 등으로 임의로 소비함으로써 이를 횡령하였다는 부분에 대하여, 형법 제355조 제1항의 횡령죄는 타인의 재물을 보관하는 자가 이를 불법으로 영득함으로써 성립하는 범죄인데, 피고인이 윤락업소를 경영하는 포주로서 피해자가 윤락행위를 하고 그 상대방으로부터 지급받은 화대를 자신이 보관하였다가 피해자와 절반씩 분배하기로 한 약정은 윤락행위등방지법에 의하여 금지된 윤락행위를 영위하는 것을 전제로 한 것이어서 민법 제103조에 규정된 '선량한 풍속 기타 사회질서에 위반한 사항을 내용으로 하는 법률행위'에 해당하여 무효이므로, 피해자는 피고인에 대하여 그 약정에 기하여 금원의 반환을 청구할 수 없을 뿐만 아니라, 민법 제746조 본문에 규정된 '불법의 원인으로 인하여 재산을 급여하거나 노무를 제공한 때'에 해당하여 부당이득으로서도 그 반환을 청구할 수 없어 그 금원은 피고인의 소유에 속하고, 따라서 피고인이 이를 피해자에게 반환하지 않고 소비하였다고 하더라도 그것이 '타인의 재물'이 아닌 이상 횡령죄가 성립하지 아니한다는 이유로 무죄로 판단하였다.

민법 제746조에 의하면, 불법의 원인으로 인한 급여가 있고, 그 불법원인이 급여자에게 있는 경우에는 수익자에게 불법원인이 있는지 여부, 수익자의 불법원인의 정도, 그 불법성이 급여자의 그것보다 큰지 여부를 막론하고 급여자는 불법원인급여의 반환을 구할 수 없는 것이 원칙이나, 수익자의 불법성이 급여자의 그것보다 현저히 큰 데 반하여 급여자의 불법성은 미약한 경우에도 급여자의 반환청구가 허용되지 않는다면 공평에 반하고 신의성실의 원칙에도 어긋나므로, 이러한 경우에는 민법 제746조 본문의 적용이 배제되어 급여자의 반환청구는 허용된다고 해석함이 상당하다(대법원 1997. 10. 24. 선고 95다49530, 49547 판결 등 참조).

이 사건에서와 같이 포주인 피고인이 피해자가 손님을 상대로 윤락행위를 할 수 있도록 업소를 제공하고, 윤락녀인 피해자가 윤락행위의 상대방으로부터 받은 화대를 피고인에게 보관하도록 하였다가 이를 분배하기로 한 약정은 선량한 풍속 기타 사회질서에 위반되는 것이고, 따라서 피해자가 그 약정에 기하여 피고인에게 화대를 교부한 것은 불법의 원인으로 인하여 급여를 한 경우로 보아야 하겠지만, 한편 기록에 의하면, 피고인은 다방 종업원으로 근무하고 있던 피해자를 수차 찾아가 자신의 업소에서 윤락행위를 해 줄 것을 적극적으로 권유함으로써 피해자가 피고인과 사이에 위와 같은 약정을 맺고서 윤락행위를 하게 되었고, 피고인은 전직 경찰관으로서 행정사 업무에 종사하면서도 자신의 업소에 피해자 등 5명의 윤락녀를 두고 그들이 받은 화대에서 상당한 이득을 취하는 것을 영업으로 해 왔음에 반하여, 피해자는 혼인하여 남편과 두 아들이 있음에도 남편이 알코올중독으로 생활능력이 없어 가족의 생계를 위하여 피고인의 권유에 따라 윤락행위에 이르게 되었음을 알 수 있는바, 위와 같은 피고인과 피해자의 사회적 지위, 그 약정에 이르게 된 경위에다가 앞에서 본 약정의 구체적 내용, 급여의 성격 등을 종합해 볼 때, 피고인 측의 불법성이 피해자 측의 그것보다 현저하게 크다고 봄이 상당하므로, 민법 제746조 본문의 적용은 배제되어 피해자가 피고인에게 보관한 화대의 소유권은 여전히 피해자에게 속하는 것이어서, 피해자는 그 전부의 반환을 청구할 수 있고, 피고인이 이를 임의로 소비한 행위는 횡령죄를 구성한다고 보지 않을 수 없다.

그럼에도 불구하고, 원심은 위에서 본 바와 같은 이유로 피해자가 피고인에게 보관한 화대의 절반에 대한 이 사건 횡령의 공소사실을 무죄를 판단하였으니, 원심판결에는 횡령죄와 불법원인급여에 관한 법리를 오해함으로써 판결에 영향을 미친 위법이 있고, 이 점을 지적하는 상고이유의 주장은 이유 있다.

【평석】 민법 제746조에 의해, 불법의 원인으로 인한 급여가 있고, 그 불법원인이 급여자에게 있는 경우에는 수익자에게 불법원인이 있는지 여부, 수익자의 불법원인의 정도, 그 불법성이 급여자의 그것보다 큰지 여부를 막론하고 급여자는 불법원인급여의 반환을 구할 수 없는 것이 원칙이다. 하지만 수익자의 불법성이 급여자의 그것과 비교하여 공평과 신의성실의 원칙에 따라 급여자의 반환청구는 허용될 수 있음을 살펴보아야 한다.(대법원 1997. 10. 24. 선고 95다49530, 49547 판결 등 참조).

불법원인급여와 이에 대한 반환청구 가능 여부에 대하여 다음의 사례들이 있다.
1) 앞에서 본 윤락행위 선불금(대법원 2004. 9. 3. 선고 2004다27488, 27495 판결), 관세포탈 범죄를 저지르기 위한 비밀 송금(대법원 1992. 12. 11. 선고 92다33169 판결), 내연관계 대가로 증여한 부동산(대법원 1979. 11. 13. 선고 79다483 판결), 도박 자금으로 대여한 백미(대법원 1962. 4. 4. 선고 4294민상1296 판결) 등은 일반적으로 반환

청구가 불가능하고 따라서 횡령의 죄책을 부담하지 않는 것으로 판시하고 있으며, 2) 어업권을 다른 공유자와 함께 취득하는 경우 어업권의 임대차를 금지하고 있는 취지에도 불구하고, 선량한 풍속 기타 사회질서에 반하는 행위라고 볼 수 없어 반환 청구 가능하다고 한 사례(대법원 2010. 12. 9. 선고 2010다57626 판결), 재건축공사 수주 목적으로 무이자로 금원을 대여해 준 경우 그 원본(대법원 2011. 1. 13. 선고 2010다77477 판결), 명의신탁 약정에 기하여 경료된 타인 명의의 등기(대법원 1994. 4. 15. 선고 93다61307 판결), 의사가 의료인 아닌 자로부터 투자받은 동업자금(대법원 2008. 12. 11. 선고 2008도8611 판결), 건설업면허대여의 방편으로 체결되는 건설업양도양수계약(대법원 1988. 11. 22. 선고 88다카7306 판결), 광업권임대계약(덕대계약)에 기한 편의상의 광업권 이전등록(대법원 1981. 7. 28. 선고 81다145 판결) 등은 강행법규에 위반한다고 보지만 선량한 풍속 기타 사회질서에 위반하는 행위라고 할 수 없다고 판시하였다.

다. 차량 보관과 횡령

1) 소유권의 취득에 등록이 필요한 타인 소유. 차량을 인도받아 보관하고 있는 사람이 이를 사실상 처분한 경우, 보관 위임자나 보관자가 차량의 등록명의자가 아니라도 횡령죄가 성립하는지 여부(적극)

2) 지입회사에 소유권이 있는 차량에 대하여 지입회사에서 운행관리권을 위임받은 지입차주 또는 지입차주에게서 차량 보관을 위임받은 사람이 지입회사 또는 지입차주의 승낙 없이 보관 중인 차량을 사실상 처분한 경우에도 같은 법리가 적용되는지 여부(적극)

🏛 대법원 2015. 6. 25. 선고 2015도1944 전원합의체 판결[사문서위조 · 장물취득 등]

판결의 요지

횡령죄는 타인의 재물을 보관하는 사람이 재물을 횡령하거나 반환을 거부한 때에 성립한다(형법 제355조 제1항). 횡령죄에서 재물의 보관은 재물에 대한 사실상 또는 법률상 지배력이 있는 상태를 의미하며, 횡령행위는 불법영득의사를 실현하는 일체의 행위를 말한다. 따라서 소유권의 취득에 등록이 필요한 타인 소유의 차량을 인도받아 보관하고 있는 사람이 이를 사실상 처분하면 횡령죄가 성립하며, 보관 위임자나 보관자가 차량의 등록명의자일 필요는 없다. 그리고 이와 같은 법리는 지입회사에 소유권이 있는 차량에 대하여 지입회사에서 운행관리권을 위임받은 지입차주가 지입회사의 승낙 없이 보관 중인 차량을 사실상 처분하거나 지입차주에게서 차량 보관을 위임받은 사람이 지입차주의 승낙 없이 보관 중인 차량을 사실상 처분한 경우에도 마찬가지로 적용된다.

【평석】 소유권의 취득에 등록이 필요한 타인 소유의 차량을 인도받아 보관하고 있는 사람이 이를 사실상 처분하면 횡령죄가 성립하며, 보관 위임자나 보관자가 차량의 등록명의자일 필요는 없다는 취지이다.

지입계약에 있어 지입차주와 지입회사 사이에 누가 소유권자인지에 관해 논의가 있는데, 지입차주에게 소유권을 귀속시키기로 하는 합의 등 특별한 사정이 없는 한 지입회사가 대외적으로뿐만 아니라 대내적으로도 소유권자라고 본다(대법원 2003. 5. 30. 선고 2000도5767 판결 등). 등록을 요하는 자동차의 경우 소유권의 득실변경은 등록을 그 요건으로 하기 때문에(자동차관리법 제6조), 등록명의자가 아닌 자는 점유의 이전만으로 자동차의 소유권을 이전할 수 없으므로 자동차를 법률상 유효하게 처분할 수 없다.46)

라. 횡령죄에서의 '보관'의 의미와 부동산 실권리자명의 등기에 관한 법률 위반

🏛 대법원 2021. 2. 18. 선고 2016도18761 전원합의체 판결[사기 · 횡령]

판결 이유

1. 검사의 상고이유에 관하여

가. 무죄 부분에 관하여

1) 형법 제355조 제1항이 정한 횡령죄에서 보관이란 위탁관계에 의하여 재물을 점유하는 것을 뜻하므로 횡령죄가 성립하기 위하여는 재물의 보관자와 재물의 소유자(또는 기타의 본권자) 사이에 법률상 또는 사실상의 위탁관계가 존재하여야 한다. 이러한 위탁관계는 사용대차 · 임대차 · 위임 등의 계약에 의하여서뿐만 아니라

---

46) 이용식, 2015년 분야별 중요판례 분석, 법률신문, 2016. 4. 14.자

사무관리·관습·조리·신의칙 등에 의해서도 성립될 수 있으나, 횡령죄의 본질이 신임관계에 기초하여 위탁된 타인의 물건을 위법하게 영득하는 데 있음에 비추어 볼 때 위탁관계는 횡령죄로 보호할 만한 가치 있는 신임에 의한 것으로 한정함이 타당하다(대법원 2016. 5. 19. 선고 2014도6992 전원합의체 판결 참조). 위탁관계가 있는지 여부는 재물의 보관자와 소유자 사이의 관계, 재물을 보관하게 된 경위 등에 비추어 볼 때 보관자에게 재물의 보관 상태를 그대로 유지하여야 할 의무를 부과하여 그 보관 상태를 형사법적으로 보호할 필요가 있는지 등을 고려하여 규범적으로 판단하여야 한다(대법원 2018. 7. 19. 선고 2017도17494 전원합의체 판결 참조).

「부동산 실권리자명의 등기에 관한 법률」(이하 '부동산실명법'이라 한다)은 부동산에 관한 소유권과 그 밖의 물권을 실체적 권리관계와 일치하도록 실권리자 명의로 등기하게 함으로써 부동산등기제도를 악용한 투기·탈세·탈법행위 등 반사회적 행위를 방지하고 부동산 거래의 정상화와 부동산 가격의 안정을 도모하여 국민경제의 건전한 발전에 이바지함을 목적으로 하고 있다(제1조). 부동산실명법에 의하면, 누구든지 부동산에 관한 물권을 명의신탁 약정에 따라 명의수탁자의 명의로 등기하여서는 아니 되고(제3조 제1항), 명의신탁 약정과 그에 따른 등기로 이루어진 부동산에 관한 물권변동은 무효가 되며(제4조 제1항, 제2항 본문), 명의신탁 약정에 따른 명의수탁자 명의의 등기를 금지하도록 규정한 부동산실명법 제3조 제1항을 위반한 경우 명의신탁자와 명의수탁자 쌍방은 형사처벌된다(제7조).

이러한 부동산실명법의 명의신탁 관계에 대한 규율 내용 및 태도 등에 비추어 보면, 부동산실명법을 위반하여 명의신탁자가 그 소유인 부동산의 등기명의를 명의수탁자에게 이전하는 이른바 양자간 명의신탁의 경우, 계약인 명의신탁 약정과 그에 부수한 위임약정, 명의신탁 약정을 전제로 한 명의신탁 부동산 및 그 처분대금 반환약정은 모두 무효이다(대법원 2006. 11. 9. 선고 2006다35117 판결, 대법원 2015. 9. 10. 선고 2013다55300 판결 등 참조).

나아가 명의신탁자와 명의수탁자 사이에 무효인 명의신탁 약정 등에 기초하여 존재한다고 주장될 수 있는 사실상의 위탁관계라는 것은 부동산실명법에 반하여 범죄를 구성하는 불법적인 관계에 지나지 아니할 뿐 이를 형법상 보호할 만한 가치 있는 신임에 의한 것이라고 할 수 없다(위 대법원 2014도6992 전원합의체 판결 참조).

명의수탁자가 명의신탁자에 대하여 소유권이전등기말소의무를 부담하게 되나, 위 소유권이전등기는 처음부터 원인무효여서 명의수탁자는 명의신탁자가 소유권에 기한 방해배제청구로 말소를 구하는 것에 대하여 상대방으로서 응할 처지에 있음에 불과하다. 명의수탁자가 제3자와 한 처분행위가 부동산실명법 제4조 제3항에 따라 유효하게 될 가능성이 있다고 하더라도 이는 거래 상대방인 제3자를 보호하기 위하여 명의신탁 약정의 무효에 대한 예외를 설정한 취지일 뿐 명의신탁자와 명의수탁자 사이에 위 처분행위를 유효하게 만드는 어떠한 위탁관계가 존재함을 전제한 것이라고는 볼 수 없다. 따라서 말소등기의무의 존재나 명의수탁자에 의한 유효한 처분가능성을 들어 명의수탁자가 명의신탁자에 대한 관계에서 '타인의 재물을 보관하는 자'의 지위에 있다고 볼 수도 없다.

그러므로 부동산실명법을 위반한 양자간 명의신탁의 경우 명의수탁자가 신탁받은 부동산을 임의로 처분하여도 명의신탁자에 대한 관계에서 횡령죄가 성립하지 아니한다.

이러한 법리는 부동산 명의신탁이 부동산실명법 시행 전에 이루어졌고 같은 법이 정한 유예기간 이내에 실명 등기를 하지 아니함으로써 그 명의신탁약정 및 이에 따라 행하여진 등기에 의한 물권변동이 무효로 된 후에 처분행위가 이루어진 경우에도 마찬가지로 적용된다.

이와 달리 부동산실명법을 위반한 양자간 명의신탁을 한 경우, 명의수탁자가 명의신탁자에 대한 관계에서 '타인의 재물을 보관하는 자'의 지위에 있다고 보아 명의수탁자가 그 명의로 신탁된 부동산을 임의로 처분하면 명의신탁자에 대한 횡령죄가 성립한다고 판시한 대법원 1999. 10. 12. 선고 99도3170 판결, 대법원 2000. 2. 22. 선고 99도5227 판결, 대법원 2000. 4. 25. 선고 99도1906 판결, 대법원 2003. 12. 26. 선고 2003도4893 판결, 대법원 2009. 8. 20. 선고 2008도12009 판결, 대법원 2009. 11. 26. 선고 2009도5547 판결, 대법원 2011. 1. 27. 선고 2010도12944 판결 등은 이 판결에 배치되는 범위에서 이를 변경하기로 한다.

【평석】 대법원이 양자 간 명의신탁이든, 중간생략등기이든 부동산실명법에 위반한 명의신탁에서의 위탁 관계는 형법상 보호할만한 가치 있는 신임에 의한 것이 아님을 선언한 판결이다.[47) 위 전원합의체 대법원판결에 인용된 2016. 5. 19. 선

---

47) 이주원, 전게 논문 참조, 장석준, 부동산 실권리자명의 등기에 관한 법률에 위반한 이른바 양자 간 명의신탁에서 명의수탁자가 신탁부동산을 임의로 처분한 경우 횡령죄가 성립하는지 여부가 문제된 사건, 대법원판례해설, 제128호(2021년 상), 법원도서관, 396면

고 2014도6992 전원합의체 판결은 다음과 같다.

판결의 요지

형법 제355조 제1항이 정한 횡령죄의 주체는 타인의 재물을 보관하는 자라야 하고, 타인의 재물인지 아닌지는 민법, 상법, 기타의 실체법에 따라 결정하여야 한다. 횡령죄에서 보관이란 위탁 관계에 의하여 재물을 점유하는 것을 뜻하므로 횡령죄가 성립하기 위해서는 재물의 보관자와 재물의 소유자(또는 기타의 본권자) 사이에 법률상 또는 사실상의 위탁 신임관계가 존재하여야 한다. 이러한 위탁 신임관계는 사용대차·임대차·위임 등의 계약에 의하여서뿐만 아니라 사무관리·관습·조리·신의칙 등에 의해서도 성립될 수 있으나, 횡령죄의 본질이 신임관계에 기초하여 위탁된 타인의 물건을 위법하게 영득하는 데 있음에 비추어 볼 때 위탁 신임관계는 횡령죄로 보호할 만한 가치 있는 신임에 의한 것으로 한정함이 타당하다.

그런데 부동산을 매수한 명의신탁자가 자신의 명의로 소유권이전등기를 하지 아니하고 명의수탁자와 맺은 명의신탁 약정에 따라 매도인에게서 바로 명의수탁자에게 중간생략의 소유권이전등기를 마친 경우, 부동산 실권리자명의 등기에 관한 법률(이하 '부동산실명법'이라 한다) 제4조 제2항 본문에 의하여 명의수탁자 명의의 소유권이전등기는 무효이고, 신탁부동산의 소유권은 매도인이 그대로 보유하게 된다. 따라서 명의신탁자로서는 매도인에 대한 소유권이전등기청구권을 가질 뿐 신탁부동산의 소유권을 가지지 아니하고, 명의수탁자 역시 명의신탁자에 대하여 직접 신탁부동산의 소유권을 이전할 의무를 부담하지는 아니하므로, 신탁부동산의 소유자도 아닌 명의신탁자에 대한 관계에서 명의수탁자가 횡령죄에서 말하는 '타인의 재물을 보관하는 자'의 지위에 있다고 볼 수는 없다. 명의신탁자가 매매계약의 당사자로서 매도인을 대위하여 신탁부동산을 이전받아 취득할 수 있는 권리 기타 법적 가능성을 가지고 있기는 하지만, 명의신탁자가 이러한 권리 등을 보유하였음을 이유로 명의신탁자를 사실상 또는 실질적 소유권자로 보아 민사상 소유권이론과 달리 횡령죄가 보호하는 신탁부동산의 소유자라고 평가할 수는 없다. 명의수탁자에 대한 관계에서 명의신탁자를 사실상 또는 실질적 소유권자라고 형법적으로 평가하는 것은 부동산실명법이 명의신탁 약정을 무효로 하고 있음에도 불구하고 무효인 명의신탁약정에 따른 소유권의 상대적 귀속을 인정하는 것과 다름이 없어서 부동산실명법의 규정과 취지에 명백히 반하여 허용될 수 없다.

그러므로 명의신탁자가 매수한 부동산에 관하여 부동산실명법을 위반하여 명의수탁자와 맺은 명의신탁 약정에 따라 매도인에게서 바로 명의수탁자 명의로 소유권이전등기를 마친 이른바 중간생략등기형 명의신탁을 한 경우, 명의신탁자는 신탁부동산의 소유권을 가지지 아니하고, 명의신탁자와 명의수탁자 사이에 위탁 신임관계를 인정할 수도 없다. 따라서 명의수탁자가 명의신탁자의 재물을 보관하는 자라고 할 수 없으므로, 명의수탁자가 신탁받은 부동산을 임의로 처분하여도 명의신탁자에 대한 관계에서 횡령죄가 성립하지 아니한다.[48]

마. 신탁자와 수탁자간의 법률관계

🏛 대법원 2000. 3. 24. 선고 98도4347 판결[횡령 · 부동산실권리자명의등기에관한법률위반]

판결의 요지

대법원은 신탁자와 수탁자간의 법률관계의 효력에 대하여, "횡령죄는 타인의 재물을 보관하는 자가 그 재물을 횡령하는 경우에 성립하는 범죄인바, 부동산실권리자 명의 등기에 관한 법률 제2조 제1호 및 제4조의 규정에 의하면, 신탁자와 수탁자가 명의신탁 약정을 맺고, 이에 따라 수탁자가 당사자가 되어 명의신탁 약정이 있다는 사실을 알지 못하는 소유자와 사이에서 부동산에 관한 매매계약을 체결한 후 그 매매계약에 기하여 당해 부동산의 소유권이전등기를 수탁자 명의로 경료한 경우에는, 그 소유권이전등기에 의한 당해 부동산에 관한 물권변동은 유효하고, 한편 신탁자와 수탁자 사이의 명의신탁 약정은 무효이므로, 결국 수탁자는 전소유자

---

48) 부동산실명법에 반하여 명의신탁한 부동산의 수탁자가 그 부동산을 임의로 처분하였을 경우, 그 수탁자에게 횡령죄가 성립하는지 여부에 관하여 부동산실명법 제정 당시부터 견해가 나뉘었다. 부동산실명법에 의하여 명의신탁 약정이 무효로 되지만, 그 무효에 기초한 민사적 법률관계를 따져 보면, 소유권이 신탁자에게 귀속되는 경우도 있고, 그러한 경우에는 수탁자는 신탁자의 재물을 보관하다가 처분한 것이 되어 횡령죄가 된다고 볼 수도 있기 때문이었다. 그리하여 명의신탁의 유형을 양자 간 명의신탁, 중간생략등기형 명의신탁, 계약명의신탁(이는 다시 매도인 선의의 계약명의신탁, 매도인 악의의 계약명의신탁으로 나뉨)으로 구분하여, 양자 간 명의신탁의 경우에는 소유권이 신탁자에게 있기 때문에, 중간생략등기형 명의신탁이나 매도인 악의의 계약명의신탁의 경우에는 소유권이 매도인에게 있기 때문에 이러한 경우에는 행위자인 수탁자에게 소유권이 존재하지 않으므로, 수탁자는 타인의 재물을 보관하는 지위에 있다고 보아서 그의 부동산 처분행위는 횡령행위에 해당한다는 견해가 있었는데, 이에 대하여 애초 횡령죄가 보호하는 것이 무엇인지를 생각해 볼 필요가 있다는 견해는, 이용식, 2016년 분야별 중요판례 분석, 법률신문, 2017. 4. 14.자 참조

인 매도인뿐만 아니라 신탁자에 대한 관계에서도 유효하게 당해 부동산의 소유권을 취득한 것으로 보아야 할 것이고, 따라서 그 수탁자는 타인의 재물을 보관하는 자라고 볼 수 없다.

원심판결 이유에 의하면, 원심은 피고인이 1996년 9월 초경 김 훈 외 9인과 함께 태백시 황지동 산 10 임야 43,737㎡ 중 7,237/43,737지분을 매수하되, 다만 편의상 피고인이 단독으로 매매계약을 체결하고, 그 등기명의도 피고인의 단독 명의로 하여 두기로 약정한 다음, 피고인이 그 소유자인 정창수와 매매대금을 3억 4,000만 원으로 정하여 이 사건 토지 지분을 매수하여 매매대금을 지급하고 1996. 10. 25. 피고인 단독 명의로 소유권이전등기를 경료한 사실, 매매계약 당시 피고인은 자신이 단독으로 이 사건 토지 지분을 매수하는 것으로 계약을 체결하였기 때문에 정창수도 피고인이 단독으로 매수하는 것으로 안 사실, 그 후 1997. 6. 19.에 이르러 피고인은 이 사건 토지 지분에 관하여 피고인을 채무자로 하여 근저당권자 주식회사 제일은행, 채권최고액 4억 6,000만 원인 근저당권을 설정한 사실 등을 인정한 다음, 이 사건 토지 지분과 관련하여 피고인은 타인의 재물을 보관하는 지위에 있지 않으므로 피고인의 근저당권 설정행위는 횡령죄를 구성하지 않는다는 이유로 피고인에 대한 이 사건 공소사실 중 횡령의 점에 대하여 무죄를 선고한 제1심판결을 유지하고 있다"고 판시하였다.

바. 계약 명의신탁과 횡령, 배임

🏛 1) 대법원 2012. 11. 29. 선고 2011도7361 판결[특정경제범죄가중처벌등에관한법률위반(횡령)]

판결 이유

상고이유에 대하여 판단한다.

1. 명의신탁자와 명의수탁자가 이른바 계약명의신탁 약정을 맺고 명의수탁자가 당사자가 되어 명의신탁 약정이 있다는 사실을 알고 있는 소유자와 부동산에 관한 매매계약을 체결한 후 그 매매계약에 따라 당해 부동산의 소유권이전등기를 명의수탁자 명의로 마친 경우에는 부동산 실권리자명의 등기에 관한 법률(이하 '부동산 실명법'이라 한다) 제4조 제2항 본문에 의하여 수탁자 명의의 소유권이전등기는 무효이고 당해 부동산의 소유권은 매도인이 그대로 보유하게 되므로(대법원 2009. 5.

14. 선고 2007도2168 판결 참조), 명의수탁자는 부동산 취득을 위한 계약의 당사자도 아닌 명의신탁자에 대한 관계에서 횡령죄에서의 '타인의 재물을 보관하는 자'의 지위에 있다고 볼 수 없고, 또한 명의수탁자가 명의신탁자에 대하여 매매대금 등을 부당이득으로서 반환할 의무를 부담한다고 하더라도 이를 두고 배임죄에서의 '타인의 사무를 처리하는 자'의 지위에 있다고 보기도 어렵다(대법원 2001. 9. 25. 선고 2001도2722 판결, 대법원 2008. 3. 27. 선고 2008도455 판결 등 참조).

한편 위 경우 명의수탁자는 매도인에 대하여 소유권이전등기말소의무를 부담하게 되나, 위 소유권이전등기는 처음부터 원인무효여서 명의수탁자는 매도인이 소유권에 기한 방해배제청구로 그 말소를 구하는 것에 대하여 상대방으로서 응할 처지에 있음에 불과하고, 그가 제3자와 사이에 한 처분행위가 부동산실명법 제4조 제3항에 따라 유효하게 될 가능성이 있다고 하더라도 이는 거래의 상대방인 제3자를 보호하기 위하여 명의신탁 약정의 무효에 대한 예외를 설정한 취지일 뿐 매도인과 명의수탁자 사이에 위 처분행위를 유효하게 만드는 어떠한 신임관계가 존재함을 전제한 것이라고는 볼 수 없으므로, 그 말소등기의무의 존재나 명의수탁자에 의한 유효한 처분가능성을 들어 명의수탁자가 매도인에 대한 관계에서 횡령죄에서의 '타인의 재물을 보관하는 자' 또는 배임죄에서의 '타인의 사무를 처리하는 자'의 지위에 있다고 볼 수도 없다.

2. 원심은 그 채택 증거를 종합하여 공소외 1이 천안시 서북구 군동리 (지번 생략) 밭 2,922㎡(이하 '이 사건 부동산'이라 한다)를 매도하면서 매매계약 당시 실제 매수인은 이 사건 피해자이고 피고인은 피해자와의 이 사건 명의신탁 약정에 따라 매매계약의 당사자가 되어 그에 따른 소유권이전등기를 할 뿐이라는 사정을 알고 있었다고 사실인정을 한 다음, 명의수탁자인 피고인이 이 사건 부동산에 관하여 공소외 2 농업협동조합에 근저당권을 설정해 준 행위가 횡령죄를 구성한다고 판단하였다.

그러나 원심이 인정한 위 사실관계를 앞서 본 법리에 비추어 보면, 이 사건 명의신탁 약정은 매수인 측의 명의신탁 약정 사실을 매도인이 알면서 명의수탁자와 계약을 체결한 이른바 '악의의 계약명의신탁'에 해당하여 이 사건 부동산에 관하여 피고인 명의로 마친 소유권이전등기는 무효이고 매도인인 공소외 1이 그 소유권을 그대로 보유하고 있으므로, 이 사건 부동산에 관한 소유권이 명의신탁자인 피해자에게 있음을 전제로 피고인이 그와의 관계에서 횡령죄에서의 '타인의 재물을 보관하는 자'의 지위에 있다고 볼 수 없다.

【평석】이와 관련하여 피해자 甲 종중으로부터 토지를 명의신탁받아 보관 중이던 피고인 乙이 개인 채무 변제에 사용할 돈을 차용하기 위해 위 토지에 근저당권을 설정하였는데, 그 후 피고인 乙, 丙이 공모하여 위 토지를 丁에게 매도한 사안에서, 피고인들의 토지 매도행위는 별도의 횡령죄를 구성한다고 판단한 대법원 2013. 2. 21. 선고 2010도10500 전원합의체 판결이 있다.

명의수탁자가 횡령죄에서의 '타인의 재물을 보관하는 자'의 지위에 있는지, 명의수탁자가 명의신탁자에 대하여 매매대금 등을 부당이득으로서 반환할 의무를 부담하는지, 배임죄에서의 '타인의 사무를 처리하는 자'의 지위에 대하여는 대법원 판례 이외에 명의신탁 법리에 관한 논문들을 살펴볼 필요가 있다.[49]

> 🏛 2) 대법원 2012. 12. 13. 선고 2010도10515 판결[횡령](서울서부지방법원 2012노1476 판결 참조)

판결 이유

상고이유를 판단한다.

명의신탁자와 명의수탁자가 이른바 계약명의신탁약정을 맺고 명의수탁자가 당사자가 되어 그러한 명의신탁약정이 있다는 사실을 알고 있는 소유자로부터 부동산을 매수하는 계약을 체결한 후 그 매매계약에 따라 명의수탁자 앞으로 당해 부동산의 소유권이전등기가 행하여졌다면 '부동산 실권리자명의 등기에 관한 법률' 제4조 제2항 본문에 의하여 명의수탁자 명의의 소유권이전등기는 무효이고 당해 부동산의 소유권은 매도인이 그대로 보유하게 된다(대법원 2009. 5. 14. 선고 2007도2168 판결 참조). 나아가 그 경우 명의신탁자는 부동산매매계약의 당사자가 되지 아니하고 또 명의신탁약정은 위 법률 제4조 제1항에 의하여 무효이므로, 그는 다른 특별한 사정이 없는 한 부동산 자체를 매도인으로부터 이전받아 취득할 수 있는 권리 기타 법적 가능성을 가지지 못한다. 따라서 이때 명의수탁자가 명의신탁자에

---

49) 중간생략등기형 명의신탁과 악의의 계약명의신탁 비교에 대하여는, 우인성, 악의의 계약명의신탁에 있어 명의수탁자의 보관물 임의처분시 범죄 성립 여부, 대법원판례해설, 제94호(2012년 하), 685면 참조

대한 관계에서 횡령죄에서의 '타인의 재물을 보관하는 자'의 지위에 있다고 볼 수 없다.

한편 부동산매매계약에 있어서 매수인이 된 사람이 비록 제3자와의 약정에 기하여 계약자 명의를 제공한 것이라고 하더라도 다른 특별한 사정이 없는 한 그와 같은 명의대여의 약정은 그들 사이의 내부적인 관계에 불과하고 자신의 명의로 위 계약을 체결한 사람이 매매당사자가 된다고 할 것이다(대법원 2003. 9. 5. 선고 2001 다32120 판결 등 참조).

원심은, 그 판시와 같은 사정들을 종합하여 서울 마포구 성산동 (지번 생략) 소재 ○○아파트 14층 1402호(이하 '이 사건 아파트'라고 한다)는 피해자 공소외 1이 매수하여 이를 피고인에게 명의신탁한 부동산이라고 인정한 후, 피고인이 피해자를 위하여 보관하고 있는 이 사건 아파트를 공소외 2에게 매도하여 이를 횡령하였다는 이 사건 공소사실을 유죄로 판단하였다.

원심판결 이유를 원심이 적법하게 채택한 증거들에 비추어 살펴보면, 이 사건 아파트가 피해자와 피고인 사이의 명의신탁약정에 기하여 피고인에게 소유권보존등기가 경료 되었다고 본 것은 수긍할 수 있고, 거기에 상고이유의 주장과 같이 논리와 경험의 법칙에 위배하여 사실을 인정한 위법이 있다고 할 수 없다.

그러나 제1심과 원심이 적법하게 채택한 증거들에 의하면, 피해자가 1992년경 이 사건 아파트를 분양받으려고 하였으나 당시 피해자가 서울 지역 3년 이상 거주라는 수분양자격을 갖추지 못하여 건설사, 그리고 매도인인 조합측의 권유로 그 자격요건을 구비한 타인 명의로 계약을 체결하기로 한 사실, 이에 피해자가 위와 같은 자격요건을 갖춘 피고인에게 매도인과의 분양계약 체결을 부탁하여 피고인이 이를 수락함으로써 매도인과 피고인 사이에 이 사건 아파트에 관한 분양계약이 체결된 사실, 피해자가 위 분양계약 체결에 따른 분양대금을 지급한 후 피고인 명의로 이 사건 아파트에 관한 소유권보존등기가 경료되기에 이른 사실을 알 수 있다. 반면 피고인이 매도인측과 분양계약을 체결함에 있어서 그 계약의 효과를 피해자에게 귀속시키기로 하는 합의가 있었다는 등의 특별한 사정이 있다고 볼 만한 자료를 찾을 수 없다.

이러한 사실관계 및 계약체결 전후의 사정 등을 앞서 본 법리에 비추어 살펴보면, 이 사건 아파트 분양계약에서의 위와 같은 매수인 명의의 대여 관계는 피해자와 피고인 사이의 내부적인 관계에 불과하여 이 사건 아파트 분양계약의 매수인의 지위에 있는 것은 피고인이고 나아가 매도인인 조합측은 피해자와 피고인 사이의 위와 같은 명의대여 관계를 알고 있었다고 할 것이다. 따라서 이 사건 아파트의 소유권은 매도인이 그대로 보유하고 이 사건 아파트 분양계약의 당사자가 아닌 피해자로서는 달리 이 사건 아파트 자체를 취득할 법적 가능성이 없는 것이어서, 결국 피고인이 피해자에 대한 관계에서 이 사건 공소사실의 유죄 인정에 요구되는 '이 사건 아파트를 보관하는 자'의 지위에 있다고 볼 수 없다.

【해설】 계약명의신탁과 관련한 사건들이 법리 오해로 종종 무죄의 판결들이 선고되므로 실무에서는 반드시 명의신탁에 관한 대법원 판례를 살펴보아야 한다. 계약명의신탁이냐 아니냐에 따라, 신탁자와 수탁자의 법적 지위가 다르며 이에 따라 형법상 횡령의 죄책을 부담하는지가 나누어진다. 다음의 대법원 판례를 더 소개한다.

사. 횡령에 있어서 '타인의 재물을 보관하는 자'의 의미 및 판단 기준

🏛 대법원 2018. 7. 19. 선고 2017도17494 전원합의체 판결[사기방조 · 횡령]

판결의 요지

형법 제355조 제1항이 정한 횡령죄의 주체는 타인의 재물을 보관하는 자라야 하고, 여기에서 보관이란 위탁 관계에 의하여 재물을 점유하는 것을 뜻하므로 횡령죄가 성립하기 위하여는 재물의 보관자와 재물의 소유자(또는 기타의 본권자) 사이에 위탁 관계가 있어야 한다. 이러한 위탁 관계는 사실상의 관계에 있으면 충분하고 피고인이 반드시 민사상 계약의 당사자일 필요는 없다. 위탁 관계는 사용대차 · 임대차 · 위임 · 임치 등의 계약에 의하여 발생하는 것이 보통이지만 이에 한하지 않고 사무관리와 같은 법률의 규정, 관습이나 조리 또는 신의성실의 원칙에 의해서도 발생할 수 있다. 그러나 횡령죄의 본질이 위탁받은 타인의 재물을 불법으로 영득하는 데 있음에 비추어 볼 때 그 위탁 관계는 횡령죄로 보호할 만한 가치가 있는 것으로 한정된다. 위탁 관계가 있는지 여부는 재물의 보관자와 소유자 사이의 관계, 재물을 보관하게 된 경위 등에 비추어 볼 때 보관자에게 재물의 보관 상태를 그대로 유지하여야 할 의무를 부과하여 그 보관 상태를 형사법적으로 보호할 필요가 있는지 등을 고려하여 규범적으로 판단하여야 한다.

아. 보이스 피싱과 횡령

1) 예금계좌의 접근 매체 양도

🏛 대법원 2017. 5. 31. 선고 2017도3045 판결[횡령·사기방조·전자금융거래법위반·사기]

판결의 요지

전기통신금융사기(이른바 보이스 피싱 범죄)의 범인이 피해자를 기망하여 피해자의 돈을 사기이용계좌로 송금·이체받았다면 이로써 편취행위는 기수에 이른다. 따라서 범인이 피해자의 돈을 보유하게 되었더라도 이로 인하여 피해자와 사이에 어떠한 위탁 또는 신임관계가 존재한다고 할 수 없는 이상 피해자의 돈을 보관하는 지위에 있다고 볼 수 없으며, 나아가 그 후에 범인이 사기이용계좌에서 현금을 인출하였더라도 이는 이미 성립한 사기범행의 실행행위에 지나지 아니하여 새로운 법익을 침해한다고 보기도 어려우므로, 위와 같은 인출행위는 사기의 피해자에 대하여 따로 횡령죄를 구성하지 아니한다. 그리고 이러한 법리는 사기범행에 이용되리라는 사정을 알고서도 자신 명의 계좌의 접근매체를 양도함으로써 사기범행을 방조한 종범이 사기이용계좌로 송금된 피해자의 돈을 임의로 인출한 경우에도 마찬가지로 적용된다.

【평석】보이스 피싱 범행에서 피해자가 돈을 사기 이용계좌로 송금하면 사기죄는 기수에 이르고, 사기죄의 기망행위로 형성된 위탁 또는 신임관계는 횡령죄에 있어서의 위탁 신임 관계가 될 수 없어 피고인이 피해자의 돈을 보관하는 지위에 있지 않으며, 사기 이용계좌에서 돈을 인출하더라도 이미 성립한 사기 범행의 실행행위에 지나지 않아 새로운 법익을 침해하지 않으므로 횡령죄가 성립할 수 없고, 이는 사기 방조범의 경우에도 같은 결론이라는 판결이다.[50]

보이스 피싱에 관하여 다음의 전원합의체 판결이 있다.

2) 제3자 명의 사기 이용 계좌 명의인이 그 계좌에 입금된 보이스 피싱 피해금을 인출한 경우

---

50) 이진혁, 전기통신금융사기(보이스피싱 범죄)와 횡령죄의 성립 여부, 대법원판례해설, 제112호(2017년 상), 법원도서관, 357면

🏛 대법원 2018. 7. 19. 선고 2017도17494 전원합의체 판결[사기방조 · 횡령]

판결의 요지

(1) 형법 제355조 제1항이 정한 횡령죄의 주체는 타인의 재물을 보관하는 자라야 하고, 여기에서 보관이란 위탁관계에 의하여 재물을 점유하는 것을 뜻하므로 횡령죄가 성립하기 위하여는 재물의 보관자와 재물의 소유자(또는 기타의 본권자) 사이에 위탁관계가 있어야 한다. 이러한 위탁관계는 사실상의 관계에 있으면 충분하고 피고인이 반드시 민사상 계약의 당사자일 필요는 없다. 위탁관계는 사용대차 · 임대차 · 위임 · 임치 등의 계약에 의하여 발생하는 것이 보통이지만 이에 한하지 않고 사무관리와 같은 법률의 규정, 관습이나 조리 또는 신의성실의 원칙에 의해서도 발생할 수 있다. 그러나 횡령죄의 본질이 위탁받은 타인의 재물을 불법으로 영득하는 데 있음에 비추어 볼 때 그 위탁관계는 횡령죄로 보호할 만한 가치가 있는 것으로 한정된다. 위탁관계가 있는지 여부는 재물의 보관자와 소유자 사이의 관계, 재물을 보관하게 된 경위 등에 비추어 볼 때 보관자에게 재물의 보관 상태를 그대로 유지하여야 할 의무를 부과하여 그 보관 상태를 형사법적으로 보호할 필요가 있는지 등을 고려하여 규범적으로 판단하여야 한다.

(2) [다수의견] 송금의뢰인이 다른 사람의 예금계좌에 자금을 송금 · 이체한 경우 특별한 사정이 없는 한 송금의뢰인과 계좌명의인 사이에 그 원인이 되는 법률관계가 존재하는지 여부에 관계없이 계좌명의인(수취인)과 수취은행 사이에는 그 자금에 대하여 예금계약이 성립하고, 계좌명의인은 수취은행에 대하여 그 금액 상당의 예금채권을 취득한다. 이때 송금의뢰인과 계좌명의인 사이에 송금 · 이체의 원인이 된 법률관계가 존재하지 않음에도 송금 · 이체에 의하여 계좌명의인이 그 금액 상당의 예금채권을 취득한 경우 계좌명의인은 송금의뢰인에게 그 금액 상당의 돈을 반환하여야 한다. 이와 같이 계좌명의인이 송금 · 이체의 원인이 되는 법률관계가 존재하지 않음에도 계좌이체에 의하여 취득한 예금채권 상당의 돈은 송금의뢰인에게 반환하여야 할 성격의 것이므로, 계좌명의인은 그와 같이 송금 · 이체된 돈에 대하여 송금의뢰인을 위하여 보관하는 지위에 있다고 보아야 한다. 따라서 계좌명의인이 그와 같이 송금 · 이체된 돈을 그대로 보관하지 않고 영득할 의사로 인출하면 횡령죄가 성립한다.

이러한 법리는 계좌명의인이 개설한 예금계좌가 전기통신금융사기 범행에 이용되어 그 계좌에 피해자가 사기피해금을 송금·이체한 경우에도 마찬가지로 적용된다. 계좌명의인은 피해자와 사이에 아무런 법률관계 없이 송금·이체된 사기피해금 상당의 돈을 피해자에게 반환하여야 하므로, 피해자를 위하여 사기피해금을 보관하는 지위에 있다고 보아야 하고, 만약 계좌명의인이 그 돈을 영득할 의사로 인출하면 피해자에 대한 횡령죄가 성립한다. 이때 계좌명의인이 사기의 공범이라면 자신이 가담한 범행의 결과 피해금을 보관하게 된 것일 뿐이어서 피해자와 사이에 위탁관계가 없고, 그가 송금·이체된 돈을 인출하더라도 이는 자신이 저지른 사기범행의 실행행위에 지나지 아니하여 새로운 법익을 침해한다고 볼 수 없으므로 사기죄 외에 별도로 횡령죄를 구성하지 않는다.

한편 계좌명의인의 인출행위는 전기통신금융사기의 범인에 대한 관계에서는 횡령죄가 되지 않는다.

① 계좌명의인이 전기통신금융사기의 범인에게 예금계좌에 연결된 접근매체를 양도하였다 하더라도 은행에 대하여 여전히 예금계약의 당사자로서 예금반환청구권을 가지는 이상 그 계좌에 송금·이체된 돈이 그 접근매체를 교부받은 사람에게 귀속되었다고 볼 수는 없다. 접근매체를 교부받은 사람은 계좌명의인의 예금반환청구권을 자신이 사실상 행사할 수 있게 된 것일 뿐 예금 자체를 취득한 것이 아니다. 판례는 전기통신금융사기 범행으로 피해자의 돈이 사기이용계좌로 송금·이체되었다면 이로써 편취행위는 기수에 이른다고 보고 있는데, 이는 사기범이 접근매체를 이용하여 그 돈을 인출할 수 있는 상태에 이르렀다는 의미일 뿐 사기범이 그 돈을 취득하였다는 것은 아니다.

② 또한 계좌명의인과 전기통신금융사기의 범인 사이의 관계는 횡령죄로 보호할 만한 가치가 있는 위탁관계가 아니다. 사기범이 제3자 명의 사기이용계좌로 돈을 송금·이체하게 하는 행위는 그 자체로 범죄행위에 해당한다. 그리고 사기범이 그 계좌를 이용하는 것도 전기통신금융사기 범행의 실행행위에 해당하므로 계좌명의인과 사기범 사이의 관계를 횡령죄로 보호하는 것은 그 범행으로 송금·이체된 돈을 사기범에게 귀속시키는 결과가 되어 옳지 않다.

[별개의견] 다수의견의 논리는 다음과 같은 이유로 동의하기 어렵다.

① 계좌명의인과 사기피해자 사이에는 아무런 위탁관계가 존재하지 않는다.

사기이용계좌에 사기피해자로부터 돈이 송금·이체되면 전기통신금융사기 행위는 종료되고 전기통신금융사기 범죄는 이미 기수에 이른다. 사기죄는 재물을 교부받거나 재산상 이익을 취득함으로써 성립하므로 기수에 이르렀다는 것은 재물 또는 재산상 이익을 취득하였다는 것이다. 사기피해자는 돈을 송금·이체함으로써 그 돈에 대한 소유권을 상실한다. 한편 사기피해자가 사후에 전기통신금융사기 범인을 상대로 불법행위를 원인으로 한 손해배상청구, 부당이득반환청구 등 채권적 청구권을 가지거나 전기통신금융사기 피해 방지 및 피해금 환급에 관한 특별법(이하 '통신사기피해환급법'이라 한다)에 따른 피해환급금을 지급받을 수 있다 하더라도 이는 사후적으로 손해를 회복하는 수단에 불과하다. 사기피해자에게 위와 같은 피해회복 수단이 있다는 사정만으로 이미 사기이용계좌로 송금·이체된 돈에 대한 소유권이 남아 있다고 볼 수는 없다. 그러한 상태에서 계좌명의인이 송금·이체된 돈을 인출한다고 해서 사기피해자에게 이미 발생한 소유권 침해를 초과하는 어떠한 새로운 법익침해가 발생하는 것은 아니다.

다수의견은 계좌명의인과 사기피해자 사이에 위탁관계가 성립한다고 보면서 그 근거로 착오송금에 관한 판례를 들고 있다. 그러나 전기통신금융사기 범행에 따른 송금·이체는 착오송금과 다르므로 착오송금에 관한 법리를 적용할 수 없다. 대법원이 신의칙상 보관관계의 성립을 인정한 착오송금 사안은 송금인이 스스로 착오에 빠져 잘못 송금한 경우이다. 반면 사기피해자로부터 돈이 사기이용계좌로 송금·이체된 것은 타인 명의 계좌의 접근매체를 양수받은 사람(이하 '접근매체 양수인'이라 한다)의 전기통신금융사기 범행이 원인이 되어 이루어진 결과이다. 이는 계좌명의인이 접근매체 양수인에게 접근매체를 양도하여 사기이용계좌를 사용하게 하되 자신은 그 계좌에 입금된 돈을 임의로 인출하지 않기로 하는 약정에 따른 신임관계에 기초한다. 계좌명의인의 접근매체 양도, 접근매체 양수인의 기망을 수단으로 한 송금·이체 원인 제공, 그에 따른 사기피해자의 송금·이체가 원인과 결과로 결합되어 이루어졌다. 송금인과 계좌명의인 사이의 양자 관계가 아니라 접근매체 양수인까지 존재하는 3자 사이의 관계이고 접근매체 양수인이 송금·이체의 원인과 결과에 직접 관여하고 있다는 점에서 착오송금의 경우와 다르다.

② 계좌명의인과 접근매체 양수인 사이의 위탁관계를 인정할 수 있으므로 계좌명의인이 그 계좌에 입금된 돈을 인출하면 접근매체 양수인에 대한 횡령죄가 성립한다.

계좌명의인과 접근매체 양수인 사이에는 그 계좌에 송금·이체된 돈의 보관에 관한 약정이 있다고 볼 수 있다.

대법원은 부동산 실권리자명의 등기에 관한 법률(이하 '부동산실명법'이라 한다)을 위반하여 중간생략등기형 명의신탁이 이루어진 사안에서, 횡령죄에서 위탁신임관계는 횡령죄로 보호할 만한 가치 있는 신임에 의한 것으로 한정함이 타당하다고 판결하였다. 그러나 중간생략등기형 명의신탁 사안은 위탁신임약정 자체가 부동산 실명법에 따라서 무효인 경우이다. 반면 사기피해자로부터 돈이 송금·이체된 사안에서는 계좌명의인이 전기통신금융사기 범행을 알지 못한 이상 접근매체 양수인과 사이의 약정이 무효라거나 돈의 보관이 불법원인급여에 해당한다고 볼 뚜렷한 근거는 없다. 이와 같이 원인관계가 무효이거나 돈의 보관이 불법원인급여에 해당한다고 보기 어려운 경우에까지 횡령죄의 성립을 부정할 것은 아니다.

③ 다수의견에 따르더라도 사기피해자를 더 강하게 보호하는 것이 아니고, 오히려 법률관계가 복잡해진다. 굳이 계좌명의인과 사기피해자 사이에 위탁관계를 인정하지 않더라도 민사적으로 사기피해자를 보호할 수 있다. 사기피해자는 계좌명의인을 상대로 부당이득반환청구를 할 수 있고, 계좌명의인에게 과실이 있는 경우 불법행위를 원인으로 한 손해배상청구를 할 수도 있다. 그리고 접근매체 양수인에 대한 불법행위를 원인으로 한 손해배상청구권을 피보전채권으로 삼아 접근매체 양수인을 대위하여 계좌명의인을 상대로 위탁관계에 따른 돈의 반환을 청구할 수도 있다. 아울러 통신사기피해환급법에 따른 피해환급금을 지급받을 수도 있다.

④ 결론적으로, 전기통신금융사기 범행을 알지 못하는 계좌명의인이 그 계좌에 송금·이체된 돈을 인출한 경우 접근매체 양수인에 대한 횡령죄가 성립하고, 송금인에 대하여는 횡령죄가 성립하지 않는다.

[반대의견] 송금인과 접근매체 양수인 중 누구에 대하여도 횡령죄가 성립하지 않는다고 보아야 한다. 그 이유는 아래와 같다.

① 계좌명의인과 접근매체 양수인 사이의 위탁관계는 형법상 보호할 만한 가치 있는 신임에 의한 것이 아니므로 접근매체 양수인에 대한 횡령죄가 성립하지 않는다.

② 계좌명의인과 송금인 사이에는 아무런 위탁관계가 없으므로 송금인에 대한 횡령죄가 성립하지 않는다.

다수의견은 착오송금에 관한 판례 법리를 근거로 계좌명의인과 송금인 사이의 위탁관계를 인정하나, 착오송금은 송금인과 계좌명의인 양자 사이의 법률관계에 관한 사안이므로 송금인과 별도로 계좌명의인과 접근매체 양수인 사이에 위탁관계가 존재하는 이 사건에 적용할 수는 없다. 그리고 다수의견은 송금인이 계좌명의인에게 부당이득반환청구권을 가진다는 대법원판결을 근거로 곧바로 착오송금에 관한 판례를 이 사건에도 적용할 수 있다고 한다. 그러나 착오송금에 관한 판례의 사안은 부당이득반환에 관한 권리·의무 또는 그 발생원인 사실이 있다는 것을 계좌명의인이 알고 있었던 경우이다. 설령 송금인이 계좌명의인에게 부당이득반환청구권을 가진다 하더라도 계좌명의인이 그러한 권리·의무 또는 그 발생원인 사실이 있다는 것을 알지 못한 상태에서 그 돈을 인출하였다면 계좌명의인에게 송금인에 대한 횡령죄를 인정할 수는 없다.

계좌명의인은 접근매체 양수인과 사이에 계약에 의한 위탁관계에 있고 그 위탁관계가 형법상 보호할 만한 신임에 의한 것이 아니라면 무죄가 될 뿐이다. 계좌명의인과 송금인 사이에서 없던 위탁관계가 생겨나고 행위자에게 그에 대한 고의까지 있다고 볼 수는 없다.

(3) 피고인 갑, 을이 공모하여, 피고인 갑 명의로 개설된 예금계좌의 접근매체를 보이스 피싱 조직원 병에게 양도함으로써 병의 정에 대한 전기통신금융사기 범행을 방조하고, 사기피해자 정이 병에게 속아 위 계좌로 송금한 사기피해금 중 일부를 별도의 접근매체를 이용하여 임의로 인출함으로써 주위적으로는 병의 재물을, 예비적으로는 정의 재물을 횡령하였다는 내용으로 기소되었는데, 원심이 피고인들에 대한 사기방조 및 횡령의 공소사실을 모두 무죄로 판단한 사안에서, 피고인들에게 사기방조죄가 성립하지 않는 이상 사기피해금 중 일부를 임의로 인출한 행위는 사기피해자 정에 대한 횡령죄가 성립한다는 이유로, 원심이 공소사실 중 횡령의 점에 관하여 병을 피해자로 삼은 주위적 공소사실을 무죄로 판단한 것은 정당하나, 이와 달리 정을 피해자로 삼은 예비적 공소사실도 무죄로 판단한 데에는 횡령죄에서의 위탁관계 등에 관한 법리를 오해한 위법이 있다.[51]

【평석】 착오 송금에 관한 이전의 대법원 판례(대법원 2005. 10. 28. 선고 2005도5975 판결, 대법원 2006. 10. 12. 선고 2006도3929 판결, 대법원 2017. 5. 31. 선고 2017도3045 판결 등)에 비추어 횡령죄의 성립이 가능하다고 본 것으로 보았다. 이에 대하

---

51) 대법원 2017. 5. 31. 선고 2017도3045 판결과 위 대법원 2018. 7. 19. 선고 2017도17494 전원합의체 판결과의 비교, 평석에 대하여는 배정현, 제3자 명의 사기 이용 계좌(이른바 대포통장) 명의인이 그 계좌에 입금된 보이스 피싱 피해금을 인출한 경우 횡령죄의 성립 여부, 대법원판례해설, 제118호(2018년 하), 법원도서관, 621면

여 반대의견, 별개의견들이 논리적인 면이 있다. 그러나 계좌를 통하여 입금액의 구분이 가능하기 때문에 계좌를 통해 입금된 금원은 혼화되지 않는다는 논리도 가능할 것이고, 따라서 착오로 입금된 금원은 여전히 송금자의 금원이라고 전제한다면, 횡령죄도 성립 가능하다. 일반 유실물에 대하여 위탁관계가 인정되지 않는다고 보아 점유이탈물횡령죄가 성립한다고 봄이 일반적인데, 군이 계좌를 통하여 입금된 금원에 대하여만 위탁관계를 인정할 필요성이 있는지에 다소 의문이 있다는 견해가 있다(이러한 이유로 일본의 판례는 은행에 대한 사기죄를 인정한다고 한다).[52]

3) 전기통신금융사기(이른바 보이스 피싱 범죄)의 범인이 피해자를 기망하여 피해자의 자금을 사기이용계좌로 송금·이체받은 후 사기이용계좌에서 현금을 인출한 행위가 사기의 피해자에 대하여 별도의 횡령죄를 구성하는지 여부(소극)

> 🏛 대법원 2017. 5. 31. 선고 2017도3894 판결[사기·전기통신금융사기피해방지및피해금환급에관한특별법위반·전자금융거래법위반·사기방조·횡령 등]

판결의 요지

간접정범을 통한 범행에서 피이용자는 간접정범의 의사를 실현하는 수단으로서의 지위를 가질 뿐이므로, 피해자에 대한 사기범행을 실현하는 수단으로서 타인을 기망하여 그를 피해자로부터 편취한 재물이나 재산상 이익을 전달하는 도구로서만 이용한 경우에는 편취의 대상인 재물 또는 재산상 이익에 관하여 피해자에 대한 사기죄가 성립할 뿐 도구로 이용된 타인에 대한 사기죄가 별도로 성립한다고 할 수 없다.

전기통신금융사기(이른바 보이스 피싱 범죄)의 범인이 피해자를 기망하여 피해자의 자금을 사기이용계좌로 송금·이체받으면 사기죄는 기수에 이르고, 범인이 피해자의 자금을 점유하고 있다고 하여 피해자와의 어떠한 위탁관계나 신임관계가 존재한다고 볼 수 없을 뿐만 아니라, 그 후 범인이 사기이용계좌에서 현금을 인출하였더라도 이는 이미 성립한 사기범행이 예정하고 있던 행위에 지나지 아니하여 새로운 법익을 침해한다고 보기도 어려우므로, 위와 같은 인출행위는 사기의 피해자

---

52) 이용식, 2018년 분야별 중요판례 분석, 법률신문, 2019. 3. 14.자

에 대하여 별도의 횡령죄를 구성하지 아니한다. 이러한 법리는 사기범행에 이용되리라는 사정을 알고서 자신 명의 계좌의 접근매체를 양도함으로써 사기범행을 방조한 종범이 사기이용계좌로 송금된 피해자의 자금을 임의로 인출한 경우에도 마찬가지로 적용된다.

【평석】이미 피해자에 대하여 침해된 법익이 다시 침해되는 것에 불과하므로 불가벌적 사후행위로 평가하는 것이라고 본다.

4) 사기이용계좌 인출행위와 통신사기피해환급법 위반에 관한 사건

> 🏛 대법원 2016. 2. 19. 선고 2015도15101 전원합의체 판결[사기 · 전기통신금융사기피해
> 방지및피해금환급에관한특별법위반 · 전자금융거래법위반]

판결의 요지

[다수의견] 전기통신금융사기 피해 방지 및 피해금 환급에 관한 특별법(이하 '통신사기피해환급법'이라고 한다) 제15조의2 제1항(이하 '처벌조항'이라고 한다)이 처벌 대상으로 삼고 있는 '통신사기피해환급법 제2조 제2호에서 정한 전기통신금융사기(이하 '전기통신금융사기'라고 한다)를 목적으로 하는 정보 또는 명령의 입력'이란 '타인에 대한 전기통신금융사기 행위에 의하여 자금을 다른 계좌(이하 '사기이용계좌'라고 한다)로 송금 · 이체하는 것을 목적으로 하는 정보 또는 명령의 입력'을 의미한다고 해석되며, 이러한 해석은 이른바 변종 보이스 피싱 행위도 처벌할 수 있도록 하기 위하여 처벌조항을 신설하였다는 통신사기피해환급법의 개정이유에 의하여서도 뒷받침된다.

그리고 전기통신금융사기를 목적으로 타인으로 하여금 컴퓨터 등 정보처리장치에 정보 또는 명령을 입력하게 하는 행위(처벌조항 제1호, 이하 '제1호 행위'라고 한다)나 전기통신금융사기를 목적으로 취득한 타인의 정보를 이용하여 컴퓨터 등 정보처리장치에 정보 또는 명령을 입력하는 행위(처벌조항 제2호, 이하 '제2호 행위'라고 한다)에 의한 정보 또는 명령의 입력으로 자금이 사기이용계좌로 송금 · 이체되면 전기통신금융사기 행위는 종료되고 처벌조항 위반죄는 이미 기수에 이른 것이므로,

그 후에 사기이용계좌에서 현금을 인출하거나 다시 송금하는 행위는 범인들 내부 영역에서 그들이 관리하는 계좌를 이용하여 이루어지는 행위이어서, 이를 두고 새로 전기통신금융사기를 목적으로 하는 행위라고 할 수 없다.

또한 통신사기피해환급법 제2조 제2호에서 정한 '타인'은 '기망의 상대방으로서 전기통신금융사기의 대상이 된 사람'을 의미하고, 제1호 행위에서 정하고 있는 정보 또는 명령을 입력하는 주체인 '타인' 역시 위와 같은 의미임이 분명하다. 이에 비추어 보면 제2호 행위에서 정하고 있는 정보 취득의 대상인 '타인' 역시 위와 마찬가지로 '전기통신금융사기의 대상이 된 사람'을 의미한다고 해석함이 타당하고, 제2호 행위에 관하여서만 이와 달리 해석하여 '타인'에 사기이용계좌 명의인까지 포함된다고 볼 수는 없다.

결국 구 전기통신금융사기 피해금 환급에 관한 특별법(2014. 1. 28. 법률 제12384호 통신사기피해환급법으로 개정되기 전의 것) 제2조 제2호 본문 (가)목, (나)목, 통신사기피해환급법 제2조 제2호 본문, 처벌조항의 문언과 내용 및 처벌조항의 신설 취지 등을 종합하면, 전기통신금융사기로 인하여 피해자의 자금이 사기이용계좌로 송금·이체된 후 계좌에서 현금을 인출하기 위하여 정보처리장치에 사기이용계좌 명의인의 정보 등을 입력하는 행위는 '전기통신금융사기를 목적으로 하는 행위'가 아닐 뿐만 아니라 '전기통신금융사기의 대상이 된 사람의 정보를 이용한 행위'가 아니라서, 처벌조항이 정한 구성요건에 해당하지 않는다.

[반대의견] 처벌조항 위반죄는 '전기통신금융사기의 목적'이라는 초과 주관적 구성요건요소를 가지고 있는 목적범에 해당한다. 처벌조항의 객관적 구성요건은 '타인으로 하여금 정보나 명령을 입력하게 하거나, 취득한 타인의 정보를 이용하여 정보나 명령을 입력하는 행위'이고, 구성요건적 행위가 '전기통신금융사기를 목적'으로 이루어진 것이라면 불법성이 인정되는데, 여기서 '전기통신금융사기'는 초과 주관적 구성요건인 목적의 대상일 뿐 처벌조항의 객관적 구성요건요소는 아니다.

전기통신금융사기의 목적을 달성하기 위해서는 피해자의 자금을 제3자 명의의 차명계좌인 이른바 대포통장 계좌(이하 이러한 대포통장 계좌를 '제3자 명의 사기이용계좌'라고 한다)로 송금·이체받는 것만으로는 부족하고, 적어도 통신사기피해환급법에 따른 지급정지 조치를 회피하여 자금을 자유롭게 처분하거나 사용할 수 있는 상태에 이르러야 한다. 따라서 제3자 명의 사기이용계좌에서 자금을 인출하는 행위는 전기통신금융사기를 목적으로 하는 행위로 보아야 하고, 전기통신금융사기의 목적을 달성한 이후의 행위라고 볼 것은 아니다.

통신사기피해환급법은 제2조 제3호에서 따로 "피해자란 전기통신금융사기로 인하여 재산상의 피해를 입은 자를 말한다."라고 정의하고 있다. 그럼에도 처벌조항에 '피해자'라는 용어 대신 굳이 '타인'이라는 용어를 사용한 것은 문언 그대로 '범인 이외의 다른 사람'을 대상으로 삼겠다는 입법자의 의사로 볼 수 있다. 따라서 제3자 명의 사기이용계좌의 명의인도 처벌조항에서 말하는 '타인'에 해당한다.

전기통신금융사기 조직의 인출책이 범행 목적을 달성하기 위하여 피해자의 자금을 찾고자 제3자 명의 사기이용계좌의 명의인으로부터 취득한 정보 등을 정보처리장치에 입력하는 행위는 처벌조항의 문언을 굳이 확장하거나 유추하지 않더라도 문언에 그대로 들어맞는 행위이다. 이와 같이 처벌조항을 해석한다고 하여 죄형법정주의 원칙상 금지되는 확장해석이나 유추해석이라고 할 수 없다.

결론적으로, 피해자의 자금이 제3자 명의 사기이용계좌로 송금·이체된 후 계좌에서 현금을 인출하기 위하여 계좌 명의인의 정보를 이용하여 정보처리장치에 정보 등을 입력하는 행위는 처벌조항 제2호의 구성요건에 해당한다.

【평석】 일반적인 보이스 피싱 범행은, 피고인이 피해자에게 전화를 하여 피해자가 피고인이 제3자 명의를 빌려 개설하여 놓은 대포통장으로 금원을 이체하게 한 후, 그와 같이 이체된 금원을 제3자 명의 체크카드 등을 이용하여 현금인출을 하거나 다른 계좌로 다시 이체하는 것이다. 피고인이 금원을 자신의 수중에 실질적으로 갖게 되는 시점은 소위 대포통장에서 현금을 인출하는 시점이다.[53]

☞ 그 밖에 보이스 피싱 조직에 속아 대출에 필요하다고 하여 접근매체를 교부한 사안의 경우는 전자금융거래법 위반 참조.

자. 종중 부동산 '명의수탁자의 처분(근저당권 설정)과 횡령'

피해자 甲 종중으로부터 토지를 명의신탁 받아 보관 중이던 피고인 乙이 개인 채무 변제에 사용할 돈을 차용하기 위해 위 토지에 근저당권을 설정하였는데, 그

---

53) 피고인이 보이스 피싱을 통해 피해자의 금원을 제3자의 대포통장으로 이체한 후, 대포통장에서 금원을 인출할 인출책을 구하여, 그 인출책에게 사정을 모두 설명한 다음 금원을 인출하게 하였을 경우, 그 인출책이 어떠한 죄책을 부담할 수 있는가에 대하여는 이용식, 2016년 분야별 중요판례 분석, 법률신문, 2017. 4. 6.자 참조

후 피고인 乙, 丙이 공모하여 위 토지를 丁에게 매도한 사안에서, 피고인들의 토지 매도행위가 별도의 횡령죄를 구성하는지 여부

🏛 대법원 2013. 2. 21. 선고 2010도10500 전원합의체 판결[횡령]

판결의 요지

[1] [다수의견] (가) 횡령죄는 다른 사람의 재물에 관한 소유권 등 본권을 보호 법익으로 하고 법익침해의 위험이 있으면 침해의 결과가 발생되지 아니하더라도 성립하는 위험범이다. 그리고 일단 특정한 처분행위(이를 '선행 처분행위'라 한다)로 인하여 법익침해의 위험이 발생함으로써 횡령죄가 기수에 이른 후 종국적인 법익 침해의 결과가 발생하기 전에 새로운 처분행위(이를 '후행 처분행위'라 한다)가 이루어졌을 때, 후행 처분행위가 선행 처분행위에 의하여 발생한 위험을 현실적인 법익 침해로 완성하는 수단에 불과하거나 그 과정에서 당연히 예상될 수 있는 것으로서 새로운 위험을 추가하는 것이 아니라면 후행 처분행위에 의해 발생한 위험은 선행 처분행위에 의하여 이미 성립된 횡령죄에 의해 평가된 위험에 포함되는 것이므로 후행 처분행위는 이른바 불가벌적 사후행위에 해당한다. 그러나 후행 처분행위가 이를 넘어서서, 선행 처분행위로 예상할 수 없는 새로운 위험을 추가함으로써 법익 침해에 대한 위험을 증가시키거나 선행 처분행위와는 무관한 방법으로 법익침해의 결과를 발생시키는 경우라면, 이는 선행 처분행위에 의하여 이미 성립된 횡령죄에 의해 평가된 위험의 범위를 벗어나는 것이므로 특별한 사정이 없는 한 별도로 횡 령죄를 구성한다고 보아야 한다.

(나) 따라서 타인의 부동산을 보관 중인 자가 불법영득의사를 가지고 그 부동산 에 근저당권설정등기를 경료함으로써 일단 횡령행위가 기수에 이르렀다 하더라도 그 후 같은 부동산에 별개의 근저당권을 설정하여 새로운 법익침해의 위험을 추가 함으로써 법익침해의 위험을 증가시키거나 해당 부동산을 매각함으로써 기존의 근 저당권과 관계없이 법익침해의 결과를 발생시켰다면, 이는 당초의 근저당권 실행 을 위한 임의경매에 의한 매각 등 그 근저당권으로 인해 당연히 예상될 수 있는 범 위를 넘어 새로운 법익침해의 위험을 추가시키거나 법익침해의 결과를 발생시킨 것이므로 특별한 사정이 없는 한 불가벌적 사후행위로 볼 수 없고, 별도로 횡령죄

를 구성한다.

[별개의견] (가) 타인의 부동산에 근저당권을 설정하는 선행 횡령행위로 인하여 부동산 전체에 대한 소유권 침해의 위험이 발생함으로써 그에 대한 횡령죄가 성립하는 이상, 그 이후에 이루어진 당해 부동산에 대한 별개의 근저당권설정행위나 당해 부동산의 매각행위 등의 후행 횡령행위는 이미 소유권 침해의 위험이 발생한 부동산 전체에 대하여 다시 소유권 침해의 위험을 발생시킨 것에 불과하므로, 특별한 사정이 없는 한 선행 횡령행위에 의하여 평가되어 버린 불가벌적 사후행위로 보는 것이 논리상 자연스럽다.

(나) 선행 횡령행위로 발생한 소유권 침해의 위험이 미약하여 과도한 비용과 노력을 들이지 아니하고도 그 위험을 제거하거나 원상회복할 수 있는 상태에서 그보다 월등히 큰 위험을 초래하는 후행 횡령행위를 저지른 경우에는 그 행위의 반사회성이나 가벌성이 충분히 인정되고 일반인으로서도 그에 대한 처벌을 감수함이 마땅하다고 여길 만하다. 이와 같은 경우에는 예외적으로 이를 불가벌적 사후행위로 볼 것이 아니라 처벌대상으로 삼을 필요가 있다. 기존의 판례를 변경하지 아니하고도 이러한 해석이 가능하고, 이러한 해석을 하려면 판례를 변경하여야 한다고 보더라도 그 범위 내에서만 제한적으로 변경함으로써 충분하다.

[반대의견] (가) 형법 제355조 제1항에서 규정한 횡령죄는 재물의 영득을 구성요건적 행위로 삼는다는 점에서 재산상의 이익을 대상으로 하는 같은 조 제2항의 배임죄와 구분되는데, 재물에 대한 불법영득의사는 피해자의 소유권 등 본권에 대한 전면적 침해를 본질적 내용으로 하므로 그러한 불법영득의사에 기한 횡령행위가 있을 경우 이미 그에 의한 법익침해의 결과나 위험은 그 소유권 등의 객체인 재물의 전체에 미친다고 볼 수밖에 없고, 따라서 일단 위와 같은 횡령죄가 성립한 후에는 재물의 보관자에 의한 새로운 처분행위가 있다고 하여 별도의 법익침해의 결과나 위험이 발생할 수 없음은 당연한 논리적 귀결이다.

(나) 타인의 부동산을 보관 중인 자가 그 부동산의 일부 재산상 가치를 신임관계에 반하여 유용하는 행위로서, 즉 배임행위로서 제3자에게 근저당권을 설정한 것이 아니라, 아예 해당 부동산을 재물로서 불법적으로 영득할 의사로, 즉 횡령행위로서 근저당권을 설정한 것이라면, 이러한 횡령행위에 의한 법익침해의 결과나 위험은 그때 이미 위 부동산에 관한 소유권 전체에 미치게 되고, 이 경우 후행 처분행위에 의한 추가적 법익침해의 결과나 위험은 법논리상 불가능하다고 보아야 한다.

[2] 피해자 갑 종중으로부터 종중 소유의 토지를 명의신탁받아 보관 중이던 피고인 을이 자신의 개인 채무 변제에 사용할 돈을 차용하기 위해 위 토지에 근저당권을 설정하였는데, 그 후 피고인 을, 병이 공모하여 위 토지를 정에게 매도한 사안에서, 피고인들이 토지를 매도한 행위는 선행 근저당권설정행위 이후에 이루어진 것이어서 불가벌적 사후행위에 해당한다는 취지의 피고인들 주장을 배척하고 위 토지 매도행위가 별도의 횡령죄를 구성한다고 본 원심판단을 정당하다고 판시하였다.

【평석】 명의신탁과 횡령죄의 처벌에 대하여는 실무에서 계속하여 논의되는 사안이다. 이에 대하여 선행 처분행위의 대상이 된 부동산을 임의경매로 매각하는 후행 처분행위는 선행 처분행위의 근저당권으로 인해 당연히 예상될 수 있는 범위 내에 속하므로 불가벌적 사후행위에 해당하고, 선행 처분행위의 대상이 된 부동산에 별개의 근저당권을 설정하는 후행 처분행위는 새로운 법익침해의 위험을 추가함으로써 법익침해의 위험을 증가시키는 것으로서 불가벌적 사후행위라고 볼 수 없으며, 선행 처분행위의 대상이 된 부동산을 매각하는 후행 처분행위는 기존의 근저당권과 관계없이 법익침해의 결과를 발생시킨 것으로서 불가벌적 사후행위라고 볼 수 없다는 견해가 있다.[54)]

차. 비자금과 횡령

> 🏛 대법원 2009. 2. 26. 선고 2007도4784 판결[특정경제범죄가중처벌등에관한법률위반(횡령) 등], 서울서부지방법원 2013노178 판결 참조

판결 이유

1. 피고인들의 상고이유(피고인들의 변호인과 국선변호인의 각 상고이유에 대하여 함께 본다) 및 검사의 상고이유 제1점에 대하여

가. 업무상횡령죄에 있어서의 불법영득의 의사라 함은 타인의 재물을 보관하는 자가 자기 또는 제3자의 이익을 꾀할 목적으로 업무상의 임무에 위배하여 보관하는 타인의 재물을 자기의 소유인 경우와 같이 사실상 또는 법률상 처분하는 의사

---

54) 신동운, 횡령 후의 횡령죄 성립 여부, 서울대학교 법학, 54권 4호, 291면 이하 참조

를 의미하고, 반드시 자기 스스로 영득하여야만 하는 것은 아니다(대법원 2000. 12. 27. 선고 2000도4005 판결, 대법원 2008. 8. 21. 선고 2007도9318 판결 등 참조).

또한, 이 사건과 같이 피고인들이 회사의 비자금을 사용한 사실은 인정하면서도 그 비자금을 회사를 위하여 인출, 사용하였다고 주장하면서 불법영득의사의 존재를 부인하는 경우, 피고인들이 주장하는 비자금의 사용이 회사의 운영과정에서 통상적으로 발생하는 비용에 대한 지출(부담)로서 회사가 그 비용을 부담하는 것이 상당하다고 볼 수 있는지 여부, 비자금 사용의 구체적인 시기, 대상, 범위, 금액 등에 대한 결정이 객관적, 합리적으로 적정하게 이루어졌는지 여부(다만, 일반적인 비자금의 조성과정이나 비자금의 성격 등에 비추어 볼 때, 비자금 사용에 관하여 회사 내부규정이 존재하지 않거나 이사회 결의 등을 거치지 않았다고 하더라도, 그러한 사정만으로 바로 피고인들의 불법영득의사의 존재가 인정된다고 할 것은 아니다) 등을 비롯하여 그 비자금을 사용하게 된 시기, 경위, 결과 등을 종합적으로 고려하여, 해당 비자금 사용의 주된 목적이 피고인들의 개인적인 용도에 사용하기 위한 것이라고 볼 수 있는지 여부 내지 불법영득의사의 존재를 인정할 수 있는지 여부에 대하여 판단하여야 할 것이다.

그리고 불법영득의사를 실현하는 행위로서의 횡령행위가 있었다는 점은 검사가 법관으로 하여금 합리적인 의심을 할 여지가 없을 정도의 확신을 생기게 하는 증명력을 가진 엄격한 증거에 의하여 입증하여야 하며, 이와 같은 증거가 없다면 설령 피고인들에게 유죄의 의심이 간다 하더라도 피고인들의 이익으로 판단할 수밖에 없다(대법원 1994. 9. 9. 선고 94도998 판결, 위 대법원 2008. 8. 21. 선고 2007도9318 판결 등 참조).

나. 원심은, 적법하게 채용한 증거들에 의하여 그 판시와 같은 사실들을 각 인정하고, 그 인정 사실들을 종합하면, 이 사건 공소사실 제1항 기재 각 비자금 사용행위 중, 원심 판시 별지 범죄일람표(1)(이하 '이 사건 범죄일람표'라고 한다)의 순번 제2, 5, 6, 8, 9, 11번(다만, 순번 제11번의 경우 그중 일부인 5,900만 원) 기재 각 사용행위(사용된 비자금 액수 합계 11억 8,164만 원)에 대하여는 피고인들의 불법영득의사를 인정할 수 있고, 이 사건 범죄일람표의 순번 제1, 3, 4, 7, 10, 11, 12 내지 17번(다만, 순번 제11번의 경우 그중 일부인 1,700만 원) 기재 각 사용행위(사용된 비자금 액수 합계 33억 1,630만 9천 원)에 대하여는 피고인들의 불법영득의사를 인정할 수 없다고 판단하였다.

그러나 다음과 같은 이유에서, 원심의 위와 같은 판단 중, 피고인들의 불법영득의사를 인정할 수 없다고 판단한 부분은 수긍할 수 있으나, 피고인들의 불법영득의사를 인정할 수 있다고 판단한 부분은 수긍하기 어렵다.

　다. 원심이 인정한 사실관계 및 기록에 비추어 살펴보면 다음과 같은 사정들을 알 수 있다.

　(1) 이 사건 각 비자금 사용 당시 피고인 2는 공소외 회사의 대표이사이고, 피고인 1은 공소외 회사의 관리이사 겸 감사이다.

　(2) 이 사건 범죄일람표 기재 각 비자금 사용내역은 모두 그 외형상 일응 공소외 회사 운영 과정에서 통상적으로 발생하는 비용에 대한 지출(해당 비용을 선지출한 임직원에 대한 비용 보전 포함)이거나, 공소외 회사의 임직원들, 현장 관계자들 및 거래처 등에 대한 경조사 비용, 복리 후생증진 비용(휴가 비용 포함), 명절 선물비용 등에 대한 지출 등으로 보이는바, 그와 같은 각 비자금 사용의 주된 목적은 피고인들의 개인적인 이익을 도모하기 위한 것이라기보다는 공소외 회사의 운영자금 지출 내지 공소외 회사 경영상의 필요에 의한 지출, 즉 공소외 회사의 원활한 운영과 공소외 회사 임직원의 관리, 거래처와의 유대관계 유지 등을 도모하기 위한 것으로서, 피고인들의 불법영득의사의 존재를 인정하기 어려운 사유에 해당한다고 볼 여지가 있다.

　(3) 이 사건 각 비자금 사용 당시 피고인 2는 공소외 회사 주식의 45%를 소유하고 있는 대주주였으며, 아울러 다른 주주들인 공소외 1(주식 45% 소유), 공소외 2(주식 10% 소유)로부터 사실상 의결권 행사를 포괄적으로 위임받은 상태였고, 당시 공소외 회사의 이사들도 피고인2에게 공소 외 회사 업무 집행에 관한 대부분의 사항을 위임하여, 피고인 2가 대체로 스스로의 판단과 책임하에 공소외 회사를 경영하였던 것으로 보이는바, 이러한 상황에서 피고인 2의 공소외 회사 경영권이 불안정한 상태에 있었다거나, 위 피고인이 특별히 공소외 회사 임직원들에게 현금 기타 재산상 이익을 제공하면서까지 자신의 위상을 높이거나 자신에 대한 충성심을 강화하여야 할 만한 특별한 사정은 보이지 않는다. 그리고 피고인들이 위와 같은 비자금의 사용을 통하여 부수적인 목적으로서 피고인들의 위상과 평판을 높이는 효과를 가져 오고자 하였거나 결과적으로 그러한 효과를 얻게 되었다고 하더라도, 그러한 사정들만으로 위 비자금 사용에 대하여 피고인들의 불법영득의사의 존재를 선뜻 인정할 수는 없다고 할 것이다.

(4) 비록 피고인들이 이 사건 각 비자금을 사용, 지출함에 있어서, 공소외 회사의 내부규정상 그러한 지출의 근거가 존재하지 않거나, 그 지출이 공소 외 회사의 내부규정에서 정하고 있는 기준과 절차를 준수하지 않았다고 하더라도, 비자금의 일반적인 성격상 그러한 사정만으로 비자금의 사용행위에 대하여 바로 피고인들의 불법영득의사의 존재를 인정하기는 곤란하다. 그리고 이 사건의 경우 피고인 2가 공소외 회사 대표이사로서의 경영판단에 근거하여 나름대로의 필요성과 기준에 의하여 이 사건 비자금 사용 여부 및 그 대상, 금액 등을 결정한 것으로 볼 여지가 있고, 그러한 결정이 통상적으로 대표이사의 경영판단으로서 용인할 수 있는 범위를 넘어서서 피고인 2의 개인적 이익을 위하여 주관적, 자의적으로 이루어졌다고 인정하기에는 입증이 부족하다.

(5) 피고인들이 주장하고 있는 이 사건 비자금을 사용한 각 사용처 중에서 검사가 공소를 제기하지 아니한 사용내역들(직원 여비교통비, 현장 작업독려수당, 직원 차량유지비, 직원 통신지원비 등)과 이 사건 범죄일람표 기재 각 사용내역들에 있어 그 주된 사용 목적 내지 피고인들의 불법영득의사의 존재 여부가 서로 다르다고(전자는 공소외 회사를 위한 것이고, 후자는 피고인들 개인의 이익을 위한 것이라고) 볼 만한 뚜렷한 차이를 인정하기 어렵다.

라. 앞서 본 바와 같은 법리 및 위와 같은 사정들에 비추어 살펴보면, 피고인들의 이 사건 범죄일람표 기재 각 비자금 사용행위 전부에 대하여 피고인들의 불법영득의사의 존재를 선뜻 인정하기 어렵다고 할 것이고, 그 밖에 검사가 제출하고 있는 모든 주장과 자료들을 종합하여 보더라도, 피고인들의 이 사건 범죄일람표 기재 각 비자금의 사용행위의 주된 목적이 피고인들의 개인적인 이익을 위한 것이라는 점 내지 피고인들의 불법영득의사의 존재에 대하여 합리적인 의심을 할 여지가 없을 정도로 충분한 입증이 되었다고 인정하기 어렵다.

그렇다면 이 사건 범죄일람표의 순번 제2, 5, 6, 8, 9, 11번(다만, 순번 제11번의 경우 그중 일부인 5,900만 원) 기재 각 비자금 사용행위에 대하여 피고인들의 불법영득의사의 존재를 인정할 수 있다고 판단한 원심판결 부분에는 업무상횡령죄에 있어서 불법영득의사에 관한 법리오해로 인하여 판결 결과에 영향을 미친 위법이 있다고 할 것이고, 이를 지적하는 피고인들의 상고이유의 주장은 이유 있다.

반면, 이 사건 범죄일람표의 순번 제1, 3, 4, 7, 10, 11, 12 내지 17번(다만, 순번 제11번의 경우 그중 일부인 1,700만 원) 기재 각 비자금 사용행위에 대하여 피고인들의 불법영득의사의 존재를 인정할 수 없다고 판단한 원심판결 부분은 정당하여 수긍할 수 있고, 거기에 검사가 상고이유로 주장하는 바와 같은 채증법칙 위배로 인한 사실오인이나 심리미진, 또는 업무상횡령죄에 있어서 불법영득의사에 관한 법리오해 등의 위법이 있다고 할 수 없다.

【평석】 피고인들이 보관, 관리하고 있던 회사의 비자금이 인출, 사용되었음에도 피고인들이 그 행방이나 사용처를 제대로 설명하지 못하거나, 피고인들이 주장하는 사용처에 사용된 자금이 그 비자금과는 다른 자금으로 충당된 것으로 드러나는 등 피고인들이 주장하는 사용처에 비자금이 사용되었다는 점을 인정할 수 있는 자료가 부족하고 오히려 피고인들이 비자금을 개인적인 용도에 사용하였다는 점에 대한 신빙성 있는 자료가 많은 경우 등에는 피고인들이 그 돈을 불법영득의 의사로써 횡령한 것이라고 추단할 수 있을 것이다. 하지만, 이와 달리 피고인들이 불법영득의사의 존재를 인정하기 어려운 사유를 들어 비자금의 행방이나 사용처에 대한 설명을 하고 있고 이에 부합하는 자료도 있다면, 피고인들이 그 보관, 관리하고 있던 비자금을 일단 타 용도로 소비한 다음 그만한 돈을 별도로 입금 또는 반환한 것이라는 등의 사정이 인정되지 아니하는 한, 함부로 보관, 관리하고 있던 비자금을 불법영득의사로 인출하여 횡령하였다고 인정할 수는 없다(대법원 1994. 9. 9. 선고 94도998 판결, 대법원 2002. 7. 26. 선고 2001도5459 판결 등 참조). 피고인들이 회사의 비자금을 사용한 사실은 인정하면서도 그 비자금을 회사를 위하여 인출, 사용하였다고 주장하면서 불법영득의사의 존재를 부인하는 경우, 피고인들이 주장하는 비자금의 사용이 회사의 운영과정에서 통상적으로 발생하는 비용에 대한 지출(부담)로서 회사가 그 비용을 부담하는 것이 상당하다고 볼 수 있는지 여부 등에 대한 판결이다.

카. 주금납입 후 설립 등기 후 인출하여 차용금 변제 행위

타인으로부터 금원을 차용하여 주금을 납입하고 설립 등기나 증자 등기 후 바로 인출하여 차용금 변제에 사용하는 경우, 상법상 납입가장죄의 성립 외에 공정증서원본불실기재·동행사죄의 성립 여부(적극) 및 업무상횡령죄의 성립 여부(소극)

🏛 대법원 2004. 6. 17. 선고 2003도7645 전원합의체 판결[특정경제범죄가중처벌등에관한
법률위반(횡령)(일부 인정된 죄명: 업무상 횡령) · 공정증서원본불실기재 등] ☞ 형법 제
228조 공정증서원본등의부실기재 관련 판결 참조

타. 자금세탁을 위해 교부받은 범죄수익 등인 수표를 횡령한 사건

🏛 대법원 2017. 4. 26. 선고 2016도18035 판결[특정경제범죄가중처벌등에관한법률위반(횡
령) · 범죄수익은닉의규제및처벌등에관한법률위반]

판결의 요지

민법 제746조가 불법의 원인으로 인하여 재산을 급여한 때에는 그 이익의 반환
을 청구하지 못한다고 규정한 뜻은, 그러한 급여를 한 사람은 원인행위가 법률상
무효임을 내세워 상대방에게 부당이득반환청구를 할 수 없음은 물론 급여한 물건
의 소유권이 자기에게 있다고 하여 소유권에 기한 반환청구도 할 수 없다는 데 있
으므로, 결국 그 물건의 소유권은 급여를 받은 상대방에게 귀속된다.

한편 민법 제746조에서 말하는 '불법'이 있다고 하려면, 급여의 원인된 행위가
내용이나 성격 또는 목적이나 연유 등으로 볼 때 선량한 풍속 기타 사회질서에 위
반될 뿐 아니라 반사회성 · 반윤리성 · 반도덕성이 현저하거나, 급여가 강행법규를
위반하여 이루어졌지만 이를 반환하게 하는 것이 오히려 규범목적에 부합하지 아
니하는 경우 등에 해당하여야 한다.

피고인이 갑으로부터 액면금 합계 19억 2,370만 원인 수표들(이하 '수표'라고 한
다)을 현금으로 교환해 주면 대가를 주겠다는 제안을 받고 수표가 을 등이 불법 금
융다단계 유사수신행위에 의한 사기범행을 통해 취득한 범죄수익이거나 이러한 범
죄수익에서 유래한 재산(이하 합쳐서 '범죄수익 등'이라고 한다)이라는 사실을 잘 알면
서도 교부받아 그 일부를 14억 원에서 15억 원가량의 현금으로 교환한 후 병, 정과
공모하여 아직 교환되지 못한 수표 및 교환된 현금을 임의로 사용하여 횡령하였다
고 하여 특정경제범죄 가중처벌 등에 관한 법률 위반으로 기소된 사안에서, 피고인
이 갑으로부터 수표를 교부받은 원인행위는 이를 현금으로 교환해 주고 대가를 지
급받기로 하는 계약으로서, 범죄수익은닉의 규제 및 처벌 등에 관한 법률(이하 '범
죄수익은닉규제법'이라고 한다) 제3조 제1항 제3호에 의하여 형사처벌되는 행위, 즉
거기에서 정한 범죄수익 등에 해당하는 수표를 현금으로 교환하여 그 특정, 추적

또는 발견을 현저히 곤란하게 하는 은닉행위를 법률행위의 내용 및 목적으로 하는 것이므로 선량한 풍속 기타 사회질서에 위반되고, 범죄수익은닉규제법에 의하여 직접 처벌되는 행위를 내용으로 하는 위 계약은 그 자체로 반사회성이 현저하며, 형벌법규에서 금지하고 있는 자금세탁행위를 목적으로 교부된 범죄수익 등을 특정 범죄를 범한 자가 다시 반환받을 수 있도록 한다면, 범죄자로서는 교부의 목적을 달성하지 못하더라도 언제든지 범죄수익을 회수할 수 있게 되어 자금세탁행위가 조장될 수 있으므로, 범죄수익의 은닉이나 가장, 수수 등의 행위를 억지하고자 하는 범죄수익은닉규제법의 입법 목적에도 배치되므로, 결국 피고인이 갑으로부터 범죄수익 등의 은닉범행 등을 위해 교부받은 수표는 불법의 원인으로 급여한 물건에 해당하여 소유권이 피고인에게 귀속되고, 따라서 피고인이 그중 교환하지 못한 수표와 이미 교환한 현금을 임의로 소비하였더라도 횡령죄가 성립하지 않는다.

【평석】 피고인은 이 사건 수표가 불법원인급여에 해당한다는 취지로 무죄를 주장하였다. 이에 대하여 학설은 나누어지지만, 범죄수익은닉규제법상 처벌되는 범죄수익 등의 은닉 범행을 위해 교부한 수표가 불법원인급여물에 해당하여 횡령죄의 객체가 될 수 없다고 판시하였다. 위 판결은 민법 제746조 불법성 인정과 관련하여 농지 임대차사건(대법원 2013다79887, 79894 판결)에서 제시된 구체적 기준에 따라 불법원인급여 해당 여부를 판단한 사건이라고도 한다.55)

84. 제355조 배임

가. 부동산 매매계약(중도금 지급 등)에서 '타인의 사무를 처리하는 자'의 의미

🏛 대법원 2018. 5. 17. 선고 2017도4027 전원합의체 판결[특정경제범죄가중처벌등에관한법률위반(배임) 등]

판결의 요지

부동산 매매계약에서 계약금만 지급된 단계에서는 어느 당사자나 계약금을 포기하거나 그 배액을 상환함으로써 자유롭게 계약의 구속력에서 벗어날 수 있다. 그

---

55) 김희수, 자금세탁범행을 위해 교부받은 수표에 대한 횡령죄 성립 여부, 대법원판례해설, 제112호 (2017년 상), 법원도서관, 405면

러나 중도금이 지급되는 등 계약이 본격적으로 이행되는 단계에 이른 때에는 계약이 취소되거나 해제되지 않는 한 매도인은 매수인에게 부동산의 소유권을 이전해 줄 의무에서 벗어날 수 없다. 따라서 이러한 단계에 이른 때에 매도인은 매수인에 대하여 매수인의 재산보전에 협력하여 재산적 이익을 보호·관리할 신임관계에 있게 된다. 그때부터 매도인은 배임죄에서 말하는 '타인의 사무를 처리하는 자'에 해당한다고 보아야 한다. 그러한 지위에 있는 매도인이 매수인에게 계약 내용에 따라 부동산의 소유권을 이전해 주기 전에 그 부동산을 제3자에게 처분하고 제3자 앞으로 그 처분에 따른 등기를 마쳐 준 행위는 매수인의 부동산 취득 또는 보전에 지장을 초래하는 행위이다. 이는 매수인과의 신임관계를 저버리는 행위로서 배임죄가 성립한다.

그 이유는 다음과 같다.

① 배임죄는 타인과 그 재산상 이익을 보호·관리하여야 할 신임관계에 있는 사람이 신뢰를 저버리는 행위를 함으로써 타인의 재산상 이익을 침해할 때 성립하는 범죄이다. 계약관계에 있는 당사자 사이에 어느 정도의 신뢰가 형성되었을 때 형사법에 의해 보호받는 신임관계가 발생한다고 볼 것인지, 어떠한 형태의 신뢰위반 행위를 가벌적인 임무 위배 행위로 인정할 것인지는 계약의 내용과 이행의 정도, 그에 따른 계약의 구속력 정도, 거래 관행, 신임관계의 유형과 내용, 신뢰위반의 정도 등을 종합적으로 고려하여 타인의 재산상 이익 보호가 신임관계의 전형적·본질적 내용이 되었는지, 해당 행위가 형사법의 개입이 정당화될 정도의 배신적인 행위인지 등에 따라 규범적으로 판단해야 한다. 이와 같이 배임죄의 성립 범위를 확정함에 있어서는 형벌 법규로서의 배임죄가 본연의 기능을 다하지 못하게 되어 개인의 재산권 보호가 소홀해지지 않도록 유의해야 한다.

② 우리나라에서 부동산은 국민의 기본적 생활의 터전으로 경제활동의 근저를 이루고 있고, 국민 개개인이 보유하는 재산 가치의 대부분을 부동산이 차지하는 경우도 상당하다. 이렇듯 부동산이 경제생활에서 차지하는 비중이나 이를 목적으로 한 거래의 사회경제적 의미는 여전히 크다.

③ 부동산 매매대금은 통상 계약금, 중도금, 잔금으로 나뉘어 지급된다. 매수인이 매도인에게 중도금을 지급하면 당사자가 임의로 계약을 해제할 수 없는 구속력이 발생한다(민법 제565조 참조). 그런데 매수인이 매도인에게 매매대금의 상당부분에 이르는 계약금과 중도금까지 지급하더라도 매도인의 이중매매를 방지할 보편적

이고 충분한 수단은 마련되어 있지 않다. 이러한 상황에서도 매수인은 매도인이 소유권이전등기를 마쳐 줄 것으로 믿고 중도금을 지급한다. 즉 매수인은 매도인이 소유권이전등기를 마쳐 줄 것이라는 신뢰에 기초하여 중도금을 지급하고, 매도인 또한 중도금이 그러한 신뢰를 바탕으로 지급된다는 것을 인식하면서 이를 받는다. 따라서 중도금이 지급된 단계부터는 매도인이 매수인의 재산보전에 협력하는 신임관계가 당사자 관계의 전형적·본질적 내용이 된다. 이러한 신임관계에 있는 매도인은 매수인의 소유권 취득 사무를 처리하는 자로서 배임죄에서 말하는 '타인의 사무를 처리하는 자'에 해당하게 된다. 나아가 그러한 지위에 있는 매도인이 매수인에게 소유권을 이전하기 전에 고의로 제3자에게 목적부동산을 처분하는 행위는 매매계약상 혹은 신의칙상 당연히 하지 않아야 할 행위로서 배임죄에서 말하는 임무위배 행위로 평가할 수 있다.

④ 대법원은 오래전부터 부동산 이중매매 사건에서, 매도인은 매수인 앞으로 소유권이전등기를 마칠 때까지 협력할 의무가 있고, 매도인이 중도금을 지급받은 이후 목적부동산을 제3자에게 이중으로 양도하면 배임죄가 성립한다고 일관되게 판결함으로써 그러한 판례를 확립하여 왔다. 이러한 판례 법리는 부동산 이중매매를 억제하고 매수인을 보호하는 역할을 충실히 수행하여 왔고, 현재 우리의 부동산 매매 거래 현실에 비추어 보더라도 여전히 타당하다. 이러한 법리가 부동산 거래의 왜곡 또는 혼란을 야기하는 것도 아니고, 매도인의 계약의 자유를 과도하게 제한한다고 볼 수도 없다. 따라서 기존의 판례는 유지되어야 한다.

나. 대표이사의 대표권 남용과 배임

주식회사의 대표이사가 대표권을 남용하는 등 임무에 위배하여 약속어음 발행을 한 행위가 배임죄의 기수 또는 미수에 해당하는지 판단하는 기준

> 🏛 대법원 2017. 7. 20. 선고 2014도1104 전원합의체 판결[특정경제범죄가중처벌등에관한법률위반(배임)] ☞ 특정경제범죄가중처벌등에관한법률위반(배임)관련 판결 참조

다. 명의신탁과 배임

🏛 대법원 2008. 3. 27. 선고 2008도455 판결[배임], 서울서부지방법원 2012노954 판결 참조

판결의 요지

명의신탁 약정이 있다는 사실을 알지 못하는 소유자와 사이에서 부동산에 관한 매매계약을 체결한 계약명의신탁에 있어, 수탁자는 신탁자에 대한 관계에서도 신탁부동산의 소유권을 완전히 취득하고 단지 신탁자에 대하여 명의신탁약정의 무효로 인한 부당이득 반환의무만을 부담할 뿐인바, 그와 같은 부당이득 반환의무는 명의신탁 약정의 무효로 인하여 수탁자가 신탁자에 대하여 부담하는 통상의 채무에 불과할 뿐 아니라 신탁자와 수탁자 간의 명의신탁 약정이 무효인 이상, 특별한 사정이 없는 한 신탁자와 수탁자 간에 명의신탁 약정과 함께 이루어진 부동산 매입의 위임 약정 역시 무효라고 할 것이므로, 수탁자가 신탁자와의 신임관계에 기하여 신탁자를 위하여 신탁 부동산을 관리한다거나 신탁자의 허락 없이 이를 처분하여서는 아니되는 의무를 부담하는 등으로 타인의 사무를 처리하는 자의 지위에 있다고 볼 수 없다(대법원 2001. 9. 25. 선고 2001도2722 판결, 대법원 2004. 4. 27. 선고 2003도6994 판결 등 참조).

원심은 피고인이 조합과의 사이에 실지로는 조합이 매수하는 이 사건 주택 매수인 명의를 피고인의 처 명의로 하기로 하는 위와 같은 계약명의신탁 관계에 있고, 그와 같은 명의신탁계약이 무효임이 인정된다고 보아 피고인이 조합의 재산을 보전 관리하는 지위에 있지 아니하다고 판단하였는바, 원심의 위와 같은 인정과 판단은 위 법리와 기록에 비추어 정당한 것으로 수긍된다.

원심의 설시에 일부 적절치 못한 부분이 있다 하더라도 결론에 있어 정당함이 위와 같으므로, 원심판결에 지적하는 바와 같이 배임죄의 주체에 관한 법리오해의 위법이 있다고 할 수 없으며, 원심의 증거 취사와 사실인정을 비난하는 상고이유는 적법한 상고이유가 되지 못한다.

라. 동산 양도담보에서 '타인의 사무를 처리하는 자'의 의미

🏛 대법원 2020. 2. 20. 선고 2019도9756 전원합의체 판결[사기 · 배임]

　배임죄는 타인의 사무를 처리하는 자가 그 임무에 위배하는 행위로써 재산상의 이익을 취득하거나 제3자로 하여금 이를 취득하게 하여 사무의 주체인 타인에게 손해를 가할 때 성립하는 것이므로 범죄의 주체는 타인의 사무를 처리하는 지위에 있어야 한다. 여기에서 '타인의 사무를 처리하는 자'라고 하려면, 타인의 재산관리에 관한 사무의 전부 또는 일부를 타인을 위하여 대행하는 경우와 같이 당사자 관계의 전형적·본질적 내용이 통상의 계약에서의 이익대립 관계를 넘어서 그들 사이의 신임관계에 기초하여 타인의 재산을 보호 또는 관리하는 데에 있어야 한다. 이익대립 관계에 있는 통상의 계약관계에서 채무자의 성실한 급부이행에 의해 상대방이 계약상 권리의 만족 내지 채권의 실현이라는 이익을 얻게 되는 관계에 있다거나, 계약을 이행함에 있어 상대방을 보호하거나 배려할 부수적인 의무가 있다는 것만으로는 채무자를 타인의 사무를 처리하는 자라고 할 수 없고, 위임 등과 같이 계약의 전형적·본질적인 급부의 내용이 상대방의 재산상 사무를 일정한 권한을 가지고 맡아 처리하는 경우에 해당하여야 한다.

　채무자가 금전채무를 담보하기 위하여 그 소유의 동산을 채권자에게 양도담보로 제공함으로써 채권자인 양도담보권자에 대하여 담보물의 담보가치를 유지·보전할 의무 내지 담보물을 타에 처분하거나 멸실, 훼손하는 등으로 담보권 실행에 지장을 초래하는 행위를 하지 않을 의무를 부담하게 되었더라도, 이를 들어 채무자가 통상의 계약에서의 이익대립 관계를 넘어서 채권자와의 신임관계에 기초하여 채권자의 사무를 맡아 처리하는 것으로 볼 수 없다. 따라서 채무자를 배임죄의 주체인 '타인의 사무를 처리하는 자'에 해당한다고 할 수 없고, 그가 담보물을 제3자에게 처분하는 등으로 담보가치를 감소 또는 상실시켜 채권자의 담보권 실행이나 이를 통한 채권실현에 위험을 초래하더라도 배임죄가 성립한다고 할 수 없다.

　위와 같은 법리는, 채무자가 동산에 관하여 양도담보설정계약을 체결하여 이를 채권자에게 양도할 의무가 있음에도 제3자에게 처분한 경우에도 적용되고, 주식에 관하여 양도담보설정계약을 체결한 채무자가 제3자에게 해당 주식을 처분한 사안에도 마찬가지로 적용된다.

【평석】 채무자가 담보권자인 채권자에 대하여 부담하는 담보물 보관의무 및 담

보가치 유지의무가 타인의 사무에 해당하지 않는다고 본다. 동산 이중양도(대법원 2008도10479판결), 대물변제 예약 부동산의 임의처분(대법원 2014도3363 판결)의 경우에도 매도인이나 채무자의 의무는 타인의 사무에 해당하지 않는다고 보았다. 다만 여전히 부동산의 이중매매의 경우에는 중도금을 지급한 경우에는 계약이 본격적으로 이행단계에 이른 것이라고 보아 타인의 사무에 해당한다고 본다(대법원 2019도16228 판결).[56]

마. 배임죄의 성립요건 및 실행의 착수시기와 기수시기, 그 기준

🏛 대법원 2017. 7. 20. 선고 2014도1104 전원합의체 판결[특정경제범죄가중처벌등에관한 법률위반(배임)]

판결의 요지

1) 형법 제355조 제2항은 타인의 사무를 처리하는 자가 그 임무에 위배하는 행위로써 재산상 이익을 취득하거나 제3자로 하여금 이를 취득하게 하여 본인에게 손해를 가한 때에 배임죄가 성립한다고 규정하고 있고, 형법 제359조는 그 미수범은 처벌한다고 규정하고 있다. 이와 같이 형법은 타인의 사무를 처리하는 자가 그 임무에 위배하는 행위를 할 것과 그러한 행위로 인해 행위자나 제3자가 재산상 이익을 취득하여 본인에게 손해를 가할 것을 배임죄의 객관적 구성요건으로 정하고 있으므로, 타인의 사무를 처리하는 자가 배임의 범의로, 즉 임무에 위배하는 행위를 한다는 점과 이로 인하여 자기 또는 제3자가 이익을 취득하여 본인에게 손해를 가한다는 점에 대한 인식이나 의사를 가지고 임무에 위배한 행위를 개시한 때 배임죄의 실행에 착수한 것이고, 이러한 행위로 인하여 자기 또는 제3자가 이익을 취득하여 본인에게 손해를 가한 때 기수에 이른다.

2) 배임죄로 기소된 형사 사건의 재판 실무에서 배임죄의 기수시기를 심리·판단하기란 쉽지 않다. 타인의 사무를 처리하는 자가 형식적으로는 본인을 위한 법률행위를 하는 외관을 갖추고 있지만 그러한 행위가 실질적으로는 배임죄에서의 임무위배행위에 해당하는 경우, 이러한 행위는 민사재판에서 반사회질서의 법률행위(민법 제103조 참조) 등에 해당한다는 사유로 무효로 판단될 가능성이 적지 않은데,

---

56) 이주원, 2020년 분야별 중요판례 분석, 법률신문, 2021. 3. 14.자

형사재판에서 배임죄의 성립 여부를 판단할 때에도 이러한 행위에 대한 민사법상의 평가가 경제적 관점에서 피해자의 재산 상태에 미치는 영향 등을 충분히 고려하여야 하기 때문이다. 결국 형사재판에서 배임죄의 객관적 구성요건요소인 손해 발생 또는 배임죄의 보호법익인 피해자의 재산상 이익의 침해 여부를 판단할 때에는 종래의 대법원 판례를 기준으로 하되 구체적 사안별로 타인의 사무의 내용과 성질, 임무 위배의 중대성 및 본인의 재산 상태에 미치는 영향 등을 종합하여 신중하게 판단하여야 한다.

주식회사의 대표이사가 대표권을 남용하는 등 그 임무에 위배하여 회사 명의로 의무를 부담하는 행위를 하더라도 일단 회사의 행위로서 유효하고, 다만 상대방이 대표이사의 진의를 알았거나 알 수 있었을 때에는 회사에 대하여 무효가 된다. 따라서 상대방이 대표권 남용 사실을 알았거나 알 수 있었던 경우 그 의무부담행위는 원칙적으로 회사에 대하여 효력이 없고, 경제적 관점에서 보아도 이러한 사실만으로는 회사에 현실적인 손해가 발생하였다거나 실해 발생의 위험이 초래되었다고 평가하기 어려우므로, 달리 그 의무부담행위로 인하여 실제로 채무의 이행이 이루어졌다거나 회사가 민법상 불법행위책임을 부담하게 되었다는 등의 사정이 없는 이상 배임죄의 기수에 이른 것은 아니다. 그러나 이 경우에도 대표이사로서는 배임의 범의로 임무 위배 행위를 함으로써 실행에 착수한 것이므로 배임죄의 미수범이 된다.

그리고 상대방이 대표권 남용 사실을 알지 못하였다는 등의 사정이 있어 그 의무부담행위가 회사에 대하여 유효한 경우에는 회사의 채무가 발생하고 회사는 그 채무를 이행할 의무를 부담하므로, 이러한 채무의 발생은 그 자체로 현실적인 손해 또는 재산상 실해 발생의 위험이라고 할 것이어서 그 채무가 현실적으로 이행되기 전이라도 배임죄의 기수에 이르렀다고 보아야 한다.

주식회사의 대표이사가 대표권을 남용하는 등 그 임무에 위배하여 약속어음 발행을 한 행위가 배임죄에 해당하는지도 원칙적으로 위에서 살펴본 의무부담행위와 마찬가지로 보아야 한다. 다만 약속어음 발행의 경우 어음법상 발행인은 종전의 소지인에 대한 인적 관계로 인한 항변으로써 소지인에게 대항하지 못하므로(어음법 제17조, 제77조), 어음발행이 무효라 하더라도 그 어음이 실제로 제3자에게 유통되었다면 회사로서는 어음채무를 부담할 위험이 구체적·현실적으로 발생하였다고 보아야 하고, 따라서 그 어음채무가 실제로 이행되기 전이라도 배임죄의 기수범이 된다. 그러나 약속어음 발행이 무효일 뿐만 아니라 그 어음이 유통되지도 않았다면 회사는 어음발행의 상대방에게 어음채무를 부담하지 않기 때문에 특별한 사정이 없는 한 회사에 현실적으로 손해가 발생하였다거나 실해 발생의 위험이 발생하였다고도 볼 수 없으므로, 이때에는 배임죄의 기수범이 아니라 배임미수죄로 처벌하여야 한다.

바. 부동산의 이중매매와 배임(부동산 매매계약에서 '타인의 사무를 처리하는 자')

> 🏛 1) 대법원 2011. 6. 30. 선고 2011도1651 판결[특정경제범죄가중처벌등에관한법률위반(배임) 등]

판결의 요지

매수인에게 부동산의 소유권이전등기를 해 줄 의무를 지는 매도인이 그 부동산에 관하여 다른 사람에게 이전등기를 마쳐 준 때에는 매도인이 그 부동산의 소유권에 관한 등기를 회복하여 매수인에게 이전등기해 줄 수 있는 특별한 사정이 없어야 비로소 매수인에 대한 소유권이전등기의무가 이행불능의 상태에 이르렀다고 할 수 있다(대법원 2010. 4. 29. 선고 2009다99129 판결 등 참조).

그러나 배임죄는 타인의 사무를 처리하는 자가 그 임무에 위배하는 행위로써 재산상의 이익을 취득하거나 제3자로 하여금 이를 취득하게 하여 본인에게 손해를 가한 경우에 성립되고, 여기서 본인에게 손해를 가한 때라 함은 현실적인 실해를 가한 경우뿐만 아니라 실해 발생의 위험성을 초래한 경우도 포함되며, 위임받은 타인의 사무가 부동산소유권 이전등기의무인 경우에는 임무위배행위로 인하여 매수인이 가지고 있는 소유권이전등기청구권이 이행불능 되거나 이행불능에 빠질 위험성이 있으면 배임죄는 성립한다(대법원 1993. 5. 27. 선고 93도169 판결, 대법원 2007. 7. 26. 선고 2007도3882 판결 등 참조).

원심판결 이유에 의하면, 원심은 그 채용 증거에 의하여, 피고인 2, 1이 위 2007. 12. 31.자 약정에 따라 피해자 측으로부터 계약금과 중도금까지 지급받은 직후 이 사건 가등기에 관하여 위 피고인들이 실질적으로 지배하는 회사인 공소외 8 주식회사, 공소외 9 주식회사 앞으로 이전등기를 마친 사실을 인정한 다음, 위 피고인들과 공소외 8 주식회사, 공소외 9 주식회사 사이의 관계에 비추어 위 피고인들이 이 사건 가등기의 등기명의를 회복하여 피해자에게 이전등기해 주는 것이 불가능하다고 할 수는 없으나, 그 판시와 같은 사정, 즉 위 피고인들은 피해자 측으로부터 중도금을 수령하면서 이 사건 가등기의 이전에 필요한 일체의 서류를 교부하였음에도 등기권리증을 분실하였다는 거짓 사유를 들어 이 사건 가등기의 이전등기를 마쳤던 점, 피해자가 새로운 가등기명의인인 공소외 8 주식회사, 공소외 9 주식회사를 상대로 가등기의 원상회복을 구하는 소송을 제기한다고 하더라도 그 소송에서 승소하리라고 장담할 수는 없는 점 등에 비추어, 위 피고인들의 가등기 이전행위로 말미암아 피해자의 위 피고인들에 대한 가등기이전등기청구권이 이행불능에 빠질 위험성은 발생하였다는 취지로 판단하였다.

앞서 본 법리와 기록에 비추어 살펴보면, 원심의 위와 같은 판단은 정당한 것으로 수긍이 가고, 거기에 이중매매로 인한 배임죄에 있어서 이행불능에 빠질 위험성에 관한 법리오해 등의 위법이 있다고 할 수 없다.

2) 부동산 매매계약에서 중도금이 지급되는 등 계약이 본격적으로 이행되는 단계에 이른 경우, 그때부터 매도인은 배임죄에서 말하는 '타인의 사무를 처리하는 자'에 해당하는지 여부(적극) 및 그러한 지위에 있는 매도인이 매수인에게 계약 내용에 따라 부동산의 소유권을 이전해 주기 전에 그 부동산을 제3자에게 처분하고 제3자 앞으로 그 처분에 따른 등기를 마쳐 준 경우, 배임죄가 성립하는지 여부(적극)

> 🏛 대법원 2018. 5. 17. 선고 2017도4027 전원합의체 판결〔특정경제범죄가중처벌등에관한
> 법률위반(배임) 등〕

판결의 요지

[다수의견] 부동산 매매계약에서 계약금만 지급된 단계에서는 어느 당사자나 계약금을 포기하거나 그 배액을 상환함으로써 자유롭게 계약의 구속력에서 벗어날 수 있다. 그러나 중도금이 지급되는 등 계약이 본격적으로 이행되는 단계에 이른 때에는 계약이 취소되거나 해제되지 않는 한 매도인은 매수인에게 부동산의 소유권을 이전해 줄 의무에서 벗어날 수 없다. 따라서 이러한 단계에 이른 때에 매도인은 매수인에 대하여 매수인의 재산보전에 협력하여 재산적 이익을 보호·관리할 신임관계에 있게 된다. 그때부터 매도인은 배임죄에서 말하는 '타인의 사무를 처리하

는 자'에 해당한다고 보아야 한다. 그러한 지위에 있는 매도인이 매수인에게 계약 내용에 따라 부동산의 소유권을 이전해 주기 전에 그 부동산을 제3자에게 처분하고 제3자 앞으로 그 처분에 따른 등기를 마쳐 준 행위는 매수인의 부동산 취득 또는 보전에 지장을 초래하는 행위이다. 이는 매수인과의 신임관계를 저버리는 행위로서 배임죄가 성립한다.

그 이유는 다음과 같다.

① 배임죄는 타인과 그 재산상 이익을 보호·관리하여야 할 신임관계에 있는 사람이 신뢰를 저버리는 행위를 함으로써 타인의 재산상 이익을 침해할 때 성립하는 범죄이다. 계약관계에 있는 당사자 사이에 어느 정도의 신뢰가 형성되었을 때 형사법에 의해 보호받는 신임관계가 발생한다고 볼 것인지, 어떠한 형태의 신뢰위반 행위를 가벌적인 임무위배행위로 인정할 것인지는 계약의 내용과 이행의 정도, 그에 따른 계약의 구속력 정도, 거래 관행, 신임관계의 유형과 내용, 신뢰위반의 정도 등을 종합적으로 고려하여 타인의 재산상 이익 보호가 신임관계의 전형적·본질적 내용이 되었는지, 해당 행위가 형사법의 개입이 정당화될 정도의 배신적인 행위인지 등에 따라 규범적으로 판단해야 한다. 이와 같이 배임죄의 성립 범위를 확정함에 있어서는 형벌법규로서의 배임죄가 본연의 기능을 다하지 못하게 되어 개인의 재산권 보호가 소홀해지지 않도록 유의해야 한다.

② 우리나라에서 부동산은 국민의 기본적 생활의 터전으로 경제활동의 근저를 이루고 있고, 국민 개개인이 보유하는 재산 가치의 대부분을 부동산이 차지하는 경우도 상당하다. 이렇듯 부동산이 경제생활에서 차지하는 비중이나 이를 목적으로 한 거래의 사회경제적 의미는 여전히 크다.

③ 부동산 매매대금은 통상 계약금, 중도금, 잔금으로 나뉘어 지급된다. 매수인이 매도인에게 중도금을 지급하면 당사자가 임의로 계약을 해제할 수 없는 구속력이 발생한다(민법 제565조 참조). 그런데 매수인이 매도인에게 매매대금의 상당 부분에 이르는 계약금과 중도금까지 지급하더라도 매도인의 이중매매를 방지할 보편적이고 충분한 수단은 마련되어 있지 않다. 이러한 상황에서도 매수인은 매도인이 소유권이전등기를 마쳐 줄 것으로 믿고 중도금을 지급한다. 즉 매수인은 매도인이 소유권이전등기를 마쳐 줄 것이라는 신뢰에 기초하여 중도금을 지급하고, 매도인 또한 중도금이 그러한 신뢰를 바탕으로 지급된다는 것을 인식하면서 이를 받는다. 따라서 중도금이 지급된 단계부터는 매도인이 매수인의 재산보전에 협력하는 신임

관계가 당사자 관계의 전형적·본질적 내용이 된다. 이러한 신임관계에 있는 매도인은 매수인의 소유권 취득 사무를 처리하는 자로서 배임죄에서 말하는 '타인의 사무를 처리하는 자'에 해당하게 된다. 나아가 그러한 지위에 있는 매도인이 매수인에게 소유권을 이전하기 전에 고의로 제3자에게 목적부동산을 처분하는 행위는 매매계약상 혹은 신의칙상 당연히 하지 않아야 할 행위로서 배임죄에서 말하는 임무위배행위로 평가할 수 있다.

④ 대법원은 오래전부터 부동산 이중매매 사건에서, 매도인은 매수인 앞으로 소유권이전등기를 마칠 때까지 협력할 의무가 있고, 매도인이 중도금을 지급받은 이후 목적부동산을 제3자에게 이중으로 양도하면 배임죄가 성립한다고 일관되게 판결함으로써 그러한 판례를 확립하여 왔다. 이러한 판례 법리는 부동산 이중매매를 억제하고 매수인을 보호하는 역할을 충실히 수행하여 왔고, 현재 우리의 부동산 매매 거래 현실에 비추어 보더라도 여전히 타당하다. 이러한 법리가 부동산 거래의 왜곡 또는 혼란을 야기하는 것도 아니고, 매도인의 계약의 자유를 과도하게 제한한다고 볼 수도 없다. 따라서 기존의 판례는 유지되어야 한다.

【평석】 자주 일어나는 부동산 이중매매사건으로 기존의 판례를 재확인한 사건이다. 상대방은 계약상 권리의 만족이라는 이익을 얻는 관계에 있더라도 그 의무의 이행이 위와 같은 의미의 '타인의 사무'에 해당하지 않는다면, 그것은 '자기의 사무'에 불과할 뿐이라는 반대의견이 있다. 1심에서 유죄, 항소심에서 무죄가 선고된 사건이다. 배임죄를 처벌하는 근본적인 이유는 타인의 사무를 처리하는 자가 갖는 지위의 특수성에 있다. 즉 타인의 재산권에 대한 관리·처분이 매우 용이하여, 피해자의 재산에 대하여 지배적 지위에 있는 행위자의 임무 위배행위에 대한 제재인 것이다. 판례의 다수의견이 타당하다고 판단된다.[57]

사. 동산의 이중매매와 배임

> 🏛 대법원 2011. 1. 20. 선고 2008도10479 전원합의체 판결[배임]

동산의 이중매매는 위에서 본 부동산의 이중매매와 달리 다음과 같은 논점이 있다.

---

57) 같은 취지, 이용식, 2018년 분야별 중요판례 분석, 법률신문, 2019. 3. 14.자

[다수의견] 배임죄는 타인의 사무를 처리하는 자가 그 임무에 위배하는 행위로 재산상 이익을 취득하여 사무의 주체인 타인에게 손해를 가함으로써 성립하는 것이므로 그 범죄의 주체는 타인의 사무를 처리하는 지위에 있어야 한다. 여기에서 '타인의 사무를 처리하는 자'라고 하려면 당사자 관계의 본질적 내용이 단순한 채권관계상의 의무를 넘어서 그들 간의 신임관계에 기초하여 타인의 재산을 보호 내지 관리하는 데 있어야 하고, 그 사무가 타인의 사무가 아니고 자기의 사무라면 그 사무의 처리가 타인에게 이익이 되어 타인에 대하여 이를 처리할 의무를 부담하는 경우라도 그는 타인의 사무를 처리하는 자에 해당하지 아니한다(대법원 1976. 5. 11. 선고 75도2245 판결, 대법원 1987. 4. 28. 선고 86도2490 판결, 대법원 2009. 2. 26. 선고 2008도11722 판결 등 참조).

원심은, 피고인이 이 사건 인쇄기를 공소외 1에게 135,000,000원에 양도하기로 하여 그로부터 1, 2차 계약금 및 중도금 명목으로 합계 43,610,082원 상당의 원단을 제공받아 이를 수령하였음에도 불구하고 그 인쇄기를 자신의 채권자인 공소외 2에게 기존 채무 84,000,000원의 변제에 갈음하여 양도함으로써 동액 상당의 재산상 이익을 취득하고 공소외 1에게 동액 상당의 손해를 입혔다는 이 사건 공소사실에 대하여, 피고인이 이 사건 동산매매계약에 따라 공소외 1에게 이 사건 인쇄기를 인도하여 줄 의무는 민사상의 채무에 불과할 뿐 타인의 사무라고 할 수 없으므로 위 인쇄기의 양도와 관련하여 피고인이 타인의 사무를 처리하는 자의 지위에 있다고 볼 수 없다는 이유로, 피고인에 대하여 무죄를 선고한 제1심판결을 그대로 유지하였다.

이 사건 매매와 같이 당사자 일방이 재산권을 상대방에게 이전할 것을 약정하고 상대방이 그 대금을 지급할 것을 약정함으로써 그 효력이 생기는 계약의 경우(민법 제563조), 쌍방이 그 계약의 내용에 좇은 이행을 하여야 할 채무는 특별한 사정이 없는 한 '자기의 사무'에 해당하는 것이 원칙이다. 매매의 목적물이 동산일 경우, 매도인은 매수인에게 계약에 정한 바에 따라 그 목적물인 동산을 인도함으로써 계약의 이행을 완료하게 되고 그때 매수인은 매매목적물에 대한 권리를 취득하게 되는 것이므로, 매도인에게 자기의 사무인 동산인도채무 외에 별도로 매수인의 재산의 보호 내지 관리 행위에 협력할 의무가 있다고 할 수 없다. 동산매매계약에서의 매도인은 매수인에 대하여 그의 사무를 처리하는 지위에 있지 아니하므로, 매도인이 목적물을 매수인에게 인도하지 아니하고 이를 타에 처분하였다 하더라도 형법상 배임죄가 성립하는 것은 아니다.

[반대의견] (가) 매매계약의 당사자 사이에 중도금을 수수하는 등으로 계약의 이행이 진행되어 다른 특별한 사정이 없는 한 임의로 계약을 해제할 수 없는 단계에 이른 때에는 그 계약의 내용에 좇은 채무의 이행은 채무자로서의 자기 사무의 처리라는 측면과 아울러 상대방의 재산보전에 협력하는 타인 사무의 처리라는 성격을 동시에 가지게 되므로, 이러한 경우 그 채무자는 배임죄의 주체인 '타인의 사무를 처리하는 자'의 지위에 있고, 이러한 지위에 있는 자가 그 의무의 이행을 통하여 상대방으로 하여금 그 재산에 관한 완전한 권리를 취득하게 하기 전에 이를 다시 제3자에게 처분하는 등 상대방의 재산 취득 혹은 보전에 지장을 초래하는 행위는 상대방의 정당한 신뢰를 저버리는 것으로 비난가능성이 매우 높은 전형적인 임무위배행위에 해당한다.

(나) 동산매매의 경우에도 당사자 사이에 중도금이 수수되는 등으로 계약의 이행이 일정한 단계를 넘어선 때에는 매도인이 매매목적물을 타에 처분하는 행위는 배임죄로 처벌하는 것이 논리적으로 일관되고, 그와 달리 유독 동산을 다른 재산과 달리 취급할 아무런 이유를 찾아볼 수 없다. 다수의견은 본질적으로 유사한 사안을 합리적 근거 없이 달리 취급하는 것으로서 형평의 이념에 반하며, 재산권의 이중매매 또는 이중양도의 전반에 걸쳐 배임죄의 성립을 인정함으로써 거래상 신뢰관계의 보호에 기여하여 온 대법원판례의 의미를 크게 퇴색시키는 것이다.

[다수의견에 대한 보충의견1] (가) 일반적으로 모든 계약에는 상대방의 재산상 이익의 보호를 배려할 신의칙상 의무가 포함되어 있다는 점을 감안하면, 계약의 당사자 일방이 배임죄에서 말하는 '타인의 사무를 처리하는 자'에 해당한다고 보기 위해서는, 계약의 당사자 일방이 상대방에게 위와 같은 신의칙상 의무를 부담하는 것에 그치지 않고 더 나아가 계약의 목적이 된 권리를 계약 상대방의 재산으로서 보호 내지 관리하여야 할 의무를 전형적·본질적인 내용으로 하는 신임관계가 형성되었음을 요구한다고 제한적으로 해석하여야 하고, 계약 당사자 일방의 사무 처리가 타인인 계약 상대방의 이익을 위한 것이라고 하더라도 위와 같은 의미의 타인의 사무가 아니라면 그 사무는 자기의 사무이고 그 일방 당사자는 배임죄의 주체인 '타인의 사무를 처리하는 자'에 해당하지 아니하므로 배임죄가 성립할 여지는

없다. 따라서 배임죄의 행위주체인 '타인의 사무를 처리하는 자'의 의미를 그 사무의 본질에 입각하여 제한해석하는 것에 합당한 의미를 부여하지 아니한 채, 채무의 이행이 타인의 이익을 위한다는 측면을 겸비하고 있으면 그 채무자의 배신적 행위는 배임죄를 구성할 수 있다고 확대해석하여 현행 형사법상 범죄로 되지 아니하는 채무불이행과의 구분을 모호하게 하는 것은 죄형법정주의의 관점에서도 엄격히 경계되어야 한다.

(나) 반대의견은 동산 이외에 부동산, 채권, 면허·허가권 등의 다른 유형의 재산에 대한 이중매매 혹은 양도담보로 제공된 동산의 처분행위를 배임죄로 처벌하는 기존 판례의 취지를 동산 이중매매 사안에서도 그대로 원용할 수 있다고 하나, 부동산 이외의 재산의 이중매매 등의 사안은 모두 계약의 목적이 된 권리가 계약의 상대방에게 이전·귀속된 이후의 문제를 다루고 있어 계약의 일방 당사자가 계약의 상대방에게 귀속된 재산권을 보호·관리할 의무를 타인의 사무로 상정하는 데 어려움이 없는 반면, 동산 이중매매의 경우는 아직 계약의 목적이 된 권리가 계약의 상대방에게 이전되기 전인 계약의 이행 과정에서 계약의 일방 당사자의 상대방에 대한 계약상의 권리이전의무의 이행에 관한 사항을 타인의 사무로 취급할 수 있는지의 문제를 다루는 것이어서, '타인의 사무를 처리하는 자'의 인정에 관하여 그 본질적인 구조를 달리하며, 판례가 애초 부동산 이중매매를 우리 형법상 배임죄로 의율하게 된 배경이나 이에 대한 비판적 고려의 여지가 있는 사정 등에 비추어 보면, 배임죄의 성립 여부와 관련하여 부동산과 동산의 이중매매를 단순히 평면적으로 대비하는 것은 법리적으로 적절하지 않다.

(다) 결국 매매거래 일반에 있어 매도인이 제1매수인으로부터 중도금을 수령한 이후에 매매목적물을 이중으로 매도하는 행위가 널리 배임죄를 구성한다는 것을 전제로 하여 동산 이중매매의 경우에도 배임죄가 성립한다고 인정하는 것은, 부동산 이중매매를 배임죄로 인정한 기존 판례가 안고 있는 내재적 한계를 외면하고 형법상 배임의 본질에 관한 법리적 오류를 동산의 경우에까지 그대로 답습하는 셈이 되므로 반대의견에는 찬성하기 어렵다.

[다수의견에 대한 보충의견2] 부동산과 동산의 거래 구조상 본질적 차이를 도외시한 채 부동산의 거래에 적용될 수 있는 논리를 동산의 거래에도 그대로 원용하려는 반대의견에는 동의할 수 없고, 오히려 부동산등기절차의 고유한 특성을 매개로 타인의 재산 보호 내지 관리를 위한 협력의무의 존재를 긍정한 기존 판례의 취

지를 감안하면 그와 같은 내용의 협력의무를 상정하기 어려운 동산매매의 경우에 매도인은 매수인의 사무를 처리하는 자에 해당하지 않는다고 보는 것이 단순한 채무불이행은 배임죄를 구성하지 않는다는 기본 법리에 보다 충실한 법해석이다.

[반대의견에 대한 보충의견] (가) 다수의견에 대한 각 보충의견은 물권변동에 관한 민법상의 입법주의 전환에 지나친 의미를 부여하고 그에 따른 법구성적인 측면의 차이에 불필요하게 구애되어 행위의 실질적 불법성 내지 '비난가능성'의 측면에 충분히 주목하지 아니함으로써 종전 판례의 진정한 의미를 적절하게 이해하지 못하고 있다.

(나) 판례는 부동산매매에서 매도인의 다양한 채무불이행에 대하여 이를 일반적으로 배임죄로 의율한 바 없으며, 단지 부동산매매계약에서 중도금 지급 등으로 그 계약관계가 일정한 단계에 도달한 경우에 비로소, 그것도 매도인의 배신적 처분행위로 말미암아 매수인의 온전한 권리 취득이 아예 좌절되거나 그에 현저한 장애가 발생한 사안에 한정하여 배임죄를 긍정하여 왔을 뿐이다.

(다) 판례는 부동산을 제외한 다른 재산의 이중매매 등의 사안에서도 매도인의 배임죄를 긍정하여 왔고, 이 역시 수긍할 만한 이유에 기한다. 요컨대 채권자(양도담보의 경우) 또는 채권양수인(채권양도의 경우)이 양도의 목적물을 취득한다는 것만으로 담보권설정자 또는 채권양도인이 채권자(담보권자) 또는 채권양수인에 대하여 '거래관계상 보호되는 신임관계'에 있을 수 있고 따라서 그를 배임죄의 주체가 되는 '타인의 사무를 처리하는 자'에 해당한다고 하는 것도 긍정될 수 있지만, 단지 '계약이행을 완료하기 이전 단계에서의 동산 이중매매의 사안'에서는 이를 긍정할 여지가 없다고는 단연코 말할 수 없다. 판례가 위의 사안들에서 배임죄를 긍정하는 것은 양수인이 이미 권리를 '취득'하였다는 점에 착안한 것이 아니라 각각의 사안 유형에 고유한 현저하고 중대한 위험에 대처하기 위한 것이라고 보아야 한다.

(라) 매매에 있어서 매도인의 의무의 구조는 그 목적물이 부동산이든 동산이든 전혀 다를 바 없고, 이중매매에 대하여 배임의 죄책을 인정하는 것이 그러한 의무의 위반행위 중 일정한 양태에 대한 형사법적 평가라고 한다면, 이에 관하여 부동산과 동산을 달리 취급할 이유는 없다. 동산매매에 있어서도 매도인의 의무는 부동산매매에 있어서와 그 구조를 완전히 같이하며, 다만 여기서 매도인의 인도의무는 한편으로 소유권 이전, 다른 한편으로 사용·수익 보장이라는 보다 근원적 의무의 구체적 모습으로 그와 같은 내용을 가지게 되는 것일 뿐이다. 즉, 동산매매에서 매

도인의 목적물 인도는 한편으로 소유권이전의무를, 다른 한편으로 많은 경우에 용익보장의무를 이행하는 것으로서, 엄밀하게 말하면 이중의 기능을 수행하게 된다. 여기서 전자의 측면은 부동산매도인의 소유권이전등기의무에, 후자의 측면은 그의 용익보장의무의 한 내용으로서의 인도의무에 대응한다. 따라서 동산매도인도 일정한 단계에 이르면 부동산매도인과 마찬가지로 매수인의 소유권 취득을 위하여 '그의 사무를 처리하는 자'의 지위에 있게 된다고 충분히 볼 수 있고, 또 그렇게 보아야 한다.

【평석】 피고인이 '인쇄기'를 갑에게 양도하기로 하고 계약금 및 중도금을 수령하였음에도 이를 자신의 채권자 을에게 기존 채무 변제에 갈음하여 양도함으로써 재산상 이익을 취득하고 갑에게 동액 상당의 손해를 입힌 사안에서, 피고인은 갑에 대하여 그의 사무를 처리하는 지위에 있지 않다고 판시하였다.

부동산 이중매매에 대해 대법원은 확립된 판례로써 배임죄의 성립을 긍정하였지만, 동산, 나아가 재산권 일반에까지 확장할 것인가 아니면 어디까지나 예외적인 법리로 남겨놓을 것인가에 대해 대법원의 다수의견은 후자를 지지하였다. 본 판례는 재산권의 이중매매에 대해 원칙적으로 배임죄가 성립하지 않는다는 점을 대법원이 전원합의체 판결로 확인하였다는 점에 의미가 크다고 보고 있다.[58]

아. 새마을금고 임·직원이 동일인 대출한도 제한규정을 위반한 초과대출행위

🏛 대법원 2008. 6. 19. 선고 2006도4876 전원합의체 판결[특정경제범죄가중처벌등에관한 법률위반(배임)·업무상배임·새마을금고법위반]

판결의 요지

새마을금고의 동일인 대출한도 제한규정은 새마을금고 자체의 적정한 운영을 위하여 마련된 것이지 대출채무자의 신용도를 평가해서 대출채권의 회수가능성을 직접적으로 고려하여 만들어진 것은 아니므로 동일인 대출한도를 초과하였다는 사실만으로 곧바로 대출채권을 회수하지 못하게 될 위험이 생겼다고 볼 수 없고, 구 새마을금고법(2007. 5. 25. 법률 제8485호로 개정되기 전의 것) 제26조의2, 제27조에

---

58) 신동운, 2011년 분야별 중요판례 분석, 법률신문, 2012. 5. 17.자 참조

비추어 보면 동일인 대출한도를 초과하였다는 사정만으로는 다른 회원들에 대한 대출을 곤란하게 하여 새마을금고의 적정한 자산운용에 장애를 초래한다는 등 어떠한 위험이 발생하였다고 단정할 수도 없다. 따라서 동일인 대출한도를 초과하여 대출함으로써 구 새마을금고법을 위반하였다고 하더라도, 대출한도 제한규정 위반으로 처벌함은 별론으로 하고, 그 사실만으로 특별한 사정이 없는 한 업무상배임죄가 성립한다고 할 수 없고, 일반적으로 이러한 동일인 대출한도 초과대출이라는 임무위배의 점에 더하여 대출 당시의 대출채무자의 재무상태, 다른 금융기관으로부터의 차입금, 기타 채무를 포함한 전반적인 금융거래상황, 사업현황 및 전망과 대출금의 용도, 소요기간 등에 비추어 볼 때 채무상환능력이 부족하거나 제공된 담보의 경제적 가치가 부실해서 대출채권의 회수에 문제가 있는 것으로 판단되는 경우에 재산상 손해가 발생하였다고 보아 업무상배임죄가 성립한다고 해야 한다.

자. 배임죄와 사기죄의 죄수

1개의 행위에 관하여 사기죄와 업무상배임죄 또는 단순배임죄의 각 구성요건이 모두 구비된 경우의 죄수 관계(상상적 경합관계)

> 🏛 대법원 2002. 7. 18. 선고 2002도669 전원합의체 판결[특정경제범죄가중처벌등에관한 법률위반(사기) · 업무상배임 · 사기 등]

판결의 요지

업무상 배임 행위에 사기행위가 수반된 때의 죄수 관계에 관하여 보면, 사기죄는 사람을 기망하여 재물의 교부를 받거나 재산상의 이익을 취득하는 것을 구성요건으로 하는 범죄로서 임무 위배를 그 구성요소로 하지 아니하고 사기죄의 관념에 임무위배 행위가 당연히 포함된다고 할 수도 없으며, 업무상배임죄는 업무상 타인의 사무를 처리하는 자가 그 업무상의 임무에 위배하는 행위로써 재산상의 이익을 취득하거나 제3자로 하여금 이를 취득하게 하여 본인에게 손해를 가하는 것을 구성요건으로 하는 범죄로서 기망적 요소를 구성요건의 일부로 하는 것이 아니어서 양 죄는 그 구성요건을 달리하는 별개의 범죄이고 형법상으로도 각각 별개의 장(章)에 규정되어 있어, 1개의 행위에 관하여 사기죄와 업무상배임죄의 각 구성요건이 모두 구비된 때에는 양 죄를 법조경합 관계로 볼 것이 아니라 상상적 경합관계로 봄이 상당하다 할 것이고, 나아가 업무상배임죄가 아닌 단순배임죄라고 하여 양 죄의 관계를 달리 보아야 할 이유도 없다.

차. 1인 주주와 배임죄

🏛 대법원 1983. 12. 13. 선고 83도2330 전원합의체 판결[업무상배임]

판결의 요지

1) 소위 1인 주주가 회사에 대한 배임죄의 주체가 될 수 있느냐 여부(적극)

배임죄의 주체는 타인을 위하여 사무를 처리하는 자이며, 그의 임무위반 행위로 써 그 타인인 본인에게 재산상의 손해를 발생케 하였을 때 이 죄가 성립되는 것인 즉, 소위 1인 회사에 있어서도 행위의 주체와 그 본인은 분명히 별개의 인격이며, 그 본인인 주식회사에 재산상 손해가 발생하였을 때 배임죄는 기수가 되는 것이므 로 궁극적으로 그 손해가 주주의 손해가 된다 하더라도 이미 성립한 죄에는 아무 소장이 없다.

2) 본인에게 손해를 가하려는 의사가 배임죄의 구성요건인지 여부(소극)

우리 형법은 배임죄에 있어 자기 또는 제3자의 이익을 도모하고 또 본인에게 손 해를 가하려는 목적을 그 구성요건으로 규정하고 있지 않으므로 배임죄의 범의는 자기의 행위가 그 임무에 위배한다는 인식으로 족하고, 본인에게 손해를 가하려는 의사는 이를 필요로 하지 않는다.

카. 부작위와 배임

업무상배임죄가 부작위에 의해서도 성립할 수 있는지 여부(적극) 및 그러한 부 작위를 실행의 착수로 인정하기 위한 요건, 이때 행위자는 부작위 당시 자신에게 주어진 임무를 위반한다는 점과 그 부작위로 인해 손해가 발생할 위험이 있다는 점을 인식하여야 하는지 여부(적극)

🏛 대법원 2021. 5. 27. 선고 2020도15529 판결[업무상배임미수]

업무상배임죄는 타인의 사무를 처리하는 자가 업무상의 임무에 위배되는 행위로써 재산상의 이익을 취득하거나 제3자로 하여금 이를 취득하게 하여 그 타인에게 손해를 가한 때에 성립한다(형법 제356조, 제355조 제2항). 형법 제18조는 부작위범의 성립요건에 관하여 "위험의 발생을 방지할 의무가 있거나 자기의 행위로 인하여 위험 발생의 원인을 야기한 자가 그 위험 발생을 방지하지 아니한 때에는 그 발생된 결과에 의하여 처벌한다."라고 정하고 있다.

업무상배임죄는 타인과의 신뢰 관계에서 일정한 임무에 따라 사무를 처리할 법적 의무가 있는 자가 그 상황에서 당연히 할 것이 법적으로 요구되는 행위를 하지 않는 부작위에 의해서도 성립할 수 있다. 그러한 부작위를 실행의 착수로 볼 수 있기 위해서는 작위의무가 이행되지 않으면 사무처리의 임무를 부여한 사람이 재산권을 행사할 수 없으리라고 객관적으로 예견되는 등으로 구성요건적 결과 발생의 위험이 구체화한 상황에서 부작위가 이루어져야 한다. 그리고 행위자는 부작위 당시 자신에게 주어진 임무를 위반한다는 점과 그 부작위로 인해 손해가 발생할 위험이 있다는 점을 인식하였어야 한다.

【평석】 부작위에 의하여 업무상배임죄가 성립할 수 있으며, 부작위를 실행의 착수로 볼 수 있기 위하여는 작위의무가 이행되지 않으면 사무처리의 임무를 부여한 사람이 재산권을 행사할 수 없으리라고 객관적으로 예견되는 등으로 구성요건적 결과 발생의 위험이 구체화된 상황하에서 부작위가 이루어져야 할 것이다. 부작위에 의한 실행의 착수 시기에 관하여 구체적인 판단 기준을 제시한 최초의 예로 보고 있다.[59]

타. 채권 담보 목적으로 부동산에 관한 대물변제예약을 체결한 채무자가 대물로 변제하기로 한 부동산을 제3자에게 처분한 경우, 배임죄가 성립하는지 여부 (소극)

🏛 대법원 2014. 8. 21. 선고 2014도3363 전원합의체 판결[배임]

---

59) 하종민, 업무상배임죄에서 부작위를 실행의 착수로 인정하기 위한 요건, 대법원판례해설, 제128호 (2021년 상), 법원도서관 및 이주원, 전게 논문 참조.

　채무자가 채권자에 대하여 소비대차 등으로 인한 채무를 부담하고 이를 담보하기 위하여 장래에 부동산의 소유권을 이전하기로 하는 내용의 대물변제예약에서, 약정의 내용에 좇은 이행을 하여야 할 채무는 특별한 사정이 없는 한 '자기의 사무'에 해당하는 것이 원칙이다.

　채무자가 대물변제예약에 따라 부동산에 관한 소유권을 이전해 줄 의무는 예약 당시에 확정적으로 발생하는 것이 아니라 채무자가 차용금을 제때에 반환하지 못하여 채권자가 예약완결권을 행사한 후에야 비로소 문제가 되고, 채무자는 예약완결권 행사 이후라도 얼마든지 금전채무를 변제하여 당해 부동산에 관한 소유권이전등기절차를 이행할 의무를 소멸시키고 의무에서 벗어날 수 있다. 한편 채권자는 당해 부동산을 특정물 자체보다는 담보물로서 가치를 평가하고 이로써 기존의 금전채권을 변제받는 데 주된 관심이 있으므로, 채무자의 채무불이행으로 인하여 대물변제예약에 따른 소유권등기를 이전받는 것이 불가능하게 되는 상황이 초래되어도 채권자는 채무자로부터 금전적 손해배상을 받음으로써 대물변제예약을 통해 달성하고자 한 목적을 사실상 이룰 수 있다. 이러한 점에서 대물변제예약의 궁극적 목적은 차용금반환채무의 이행 확보에 있고, 채무자가 대물변제예약에 따라 부동산에 관한 소유권이전등기절차를 이행할 의무는 궁극적 목적을 달성하기 위해 채무자에게 요구되는 부수적 내용이어서 이를 가지고 배임죄에서 말하는 신임관계에 기초하여 채권자의 재산을 보호 또는 관리하여야 하는 '타인의 사무'에 해당한다고 볼 수는 없다.

　그러므로 채권 담보를 위한 대물변제예약 사안에서 채무자가 대물로 변제하기로 한 부동산을 제3자에게 처분하였다고 하더라도 형법상 배임죄가 성립하는 것은 아니다.

　채무자인 피고인이 채권자 甲에게 차용금을 변제하지 못할 경우 자신의 어머니 소유 부동산에 대한 유증상속분을 대물변제하기로 약정한 후 유증을 원인으로 위 부동산에 관한 소유권이전등기를 마쳤음에도 이를 제3자에게 매도함으로써 甲에게 손해를 입혔다고 하여 배임으로 기소된 사안에서, 피고인이 대물변제예약에 따라 甲에게 부동산의 소유권이전등기를 마쳐 줄 의무는 민사상 채무에 불과할 뿐 타인의 사무라고 할 수 없어 피고인이 '타인의 사무를 처리하는 자'의 지위에 있다고 볼 수 없는데도, 피고인이 이에 해당된다고 전제하여 유죄를 인정한 원심판결에 배임죄에서 '타인의 사무를 처리하는 자'의 의미에 관한 법리오해의 위법이 있다.

【평석】다수의견의 주된 논지는, 채무자가 채권자에 대하여 소비대차 등으로 인한 채무를 부담하고 이를 담보하기 위하여 장래에 부동산의 소유권을 이전하기로 하는 내용의 대물변제예약에서, 약정의 내용에 좇은 이행을 하여야 할 채무는 특별한 사정이 없는 한 '자기의 사무'에 해당하는 것이 원칙이라는 것이다.

소수의견의 주된 논지는, 판례의 축적을 통하여, 등기협력의무 등 거래 상대방의 재산보전에 협력하여야 할 의무가 있는 사람이 고의로 임무를 위반하여 상대방에게 회복하기 어려운 손해를 입힌 경우에는 배임죄로 처벌받을 수 있다는 것이 우리 사회의 확립된 법원칙으로서 자리매김하게 되었고, 이러한 법리는 전형적인 배신행위에 대하여는 형벌법규의 개입이 정당하다는 사회적 합의에 의해 지지되고 있는 것이라는 것이다. 이에 대하여 "과연 단순 채무불이행이면 배임죄가 성립하지 않는다는 명제는 타당한가? 배임죄나 횡령죄와 같이 신뢰관계를 전제하는 재산범죄는 채무불이행을 전제로 하고 있다. 어느 시각에서 보는가에 따라 타인의 사무가 될 수도, 자기의 사무가 될 수도 있다. 다수의견은 배임죄의 처벌범위를 좁혀야 한다는 관념에 너무 경도되어 범죄 성립 범위를 축소하려는 방향으로만 배임죄를 바라보는 것 아닐까?"라는 의문을 제기하는 유력한 견해가 있다.[60]

파. 금전채권과 타인의 사무를 처리하는 자

1) 금전채권채무 관계에서 채무자가 채권자에 대하여 '타인의 사무를 처리하는 자'에 해당하는지 여부(소극)

2) 채무자가 금전채무를 담보하기 위하여 '자동차 등 특정동산 저당법' 등에 따라 그 소유의 동산에 관하여 채권자에게 저당권을 설정해 주기로 약정하거나 저당권을 설정한 경우, 채권자에 대한 관계에서 배임죄의 주체인 '타인의 사무를 처리하는 자'에 해당하는지 여부(소극)

3) 이때 채무자가 담보물을 제3자에게 처분하는 등으로 담보가치를 감소 또는 상실시켜 채권자의 담보권 실행이나 이를 통한 채권실현에 위험을 초래하는 경우,

---

60) 이용식, 2014년 분야별 중요판례 평석, 법률신문, 2015. 4. 9.자

배임죄가 성립하는지 여부(소극)

4) 위와 같은 법리는, 금전채무를 담보하기 위하여 '공장 및 광업재단 저당법'에 따라 저당권이 설정된 동산을 채무자가 제3자에게 임의로 처분한 사안에도 마찬가지로 적용되는지 여부(적극)

5) 동산 매매계약에서 매도인이 매수인에 대하여 그의 사무를 처리하는 지위에 있는지 여부(소극) 및 이때 매도인이 목적물을 타에 처분한 경우, 형법상 배임죄가 성립하는지 여부(소극)

6) 권리이전에 등기·등록을 요하는 동산에 대한 매매계약에서 자동차 등의 매도인이 매수인에 대하여 그의 사무를 처리하는 지위에 있는지 여부(소극)

이때 매도인이 매수인에게 소유권이전등록을 하지 아니하고 타에 처분한 경우, 배임죄가 성립하는지 여부(소극)

🏛 대법원 2020. 10. 22. 선고 2020도6258 전원합의체 판결[특정경제범죄가중처벌등에관한 법률위반(사기)·횡령·업무상배임·조세범처벌법위반 등]

판결의 요지

금전채권채무 관계에서 채권자가 채무자의 급부이행에 대한 신뢰를 바탕으로 금전을 대여하고 채무자의 성실한 급부이행에 의해 채권의 만족이라는 이익을 얻게 된다 하더라도, 채권자가 채무자에 대한 신임을 기초로 그의 재산을 보호 또는 관리하는 임무를 부여하였다고 할 수 없고, 금전채무의 이행은 어디까지나 채무자가 자신의 급부의무의 이행으로서 행하는 것이므로 이를 두고 채권자의 사무를 맡아 처리하는 것으로 볼 수 없다. 따라서 채무자를 채권자에 대한 관계에서 '타인의 사무를 처리하는 자'에 해당한다고 할 수 없다.

채무자가 금전채무를 담보하기 위하여 '자동차 등 특정동산 저당법' 등에 따라 그 소유의 동산에 관하여 채권자에게 저당권을 설정해 주기로 약정하거나 저당권을 설정한 경우에도 마찬가지이다. 채무자가 저당권설정계약에 따라 부담하는 의무, 즉 동산을 담보로 제공할 의무, 담보물의 담보가치를 유지·보전하거나 담보물을 손상, 감소 또는 멸실시키지 않을 소극적 의무, 담보권 실행 시 채권자나 그가 지정하는 자에게 담보물을 현실로 인도할 의무와 같이 채권자의 담보권 실행에 협조할 의무 등은 모두 저당권설정계약에 따라 부담하게 된 채무자 자신의 급부의무이다. 또한 저당권설정계약은 피담보채권의 발생을 위한 계약에 종된 계약으로, 피담보채무가 소멸하면 저당권설정계약상의 권리의무도 소멸하게 된다. 저당권설정계약에 따라 채무자가 부담하는 의무는 담보목적의 달성, 즉 채무불이행 시 담보권실행을 통한 채권의 실현을 위한 것이므로 저당권설정계약의 체결이나 저당권 설정 전후를 불문하고 당사자 관계의 전형적·본질적 내용은 여전히 금전채권의 실현 내지 피담보채무의 변제에 있다.

따라서 채무자가 위와 같은 급부의무를 이행하는 것은 채무자 자신의 사무에 해당할 뿐이고, 채무자가 통상의 계약에서의 이익대립 관계를 넘어서 채권자와의 신임관계에 기초하여 채권자의 사무를 맡아 처리한다고 볼 수 없으므로 채무자를 채권자에 대한 관계에서 배임죄의 주체인 '타인의 사무를 처리하는 자'에 해당한다고 할 수 없다. 그러므로 채무자가 담보물을 제3자에게 처분하는 등으로 담보가치를 감소 또는 상실시켜 채권자의 담보권 실행이나 이를 통한 채권실현에 위험을 초래하더라도 배임죄가 성립하지 아니한다.

위와 같은 법리는, 금전채무를 담보하기 위하여 '공장 및 광업재단 저당법'에 따라 저당권이 설정된 동산을 채무자가 제3자에게 임의로 처분한 사안에도 마찬가지로 적용된다.

매매와 같이 당사자 일방이 재산권을 상대방에게 이전할 것을 약정하고 상대방이 그 대금을 지급할 것을 약정함으로써 효력이 생기는 계약의 경우(민법 제563조), 쌍방이 그 계약의 내용에 좇은 이행을 하여야 할 채무는 특별한 사정이 없는 한 '자기의 사무'에 해당하는 것이 원칙이다. 동산 매매계약에서의 매도인은 매수인에 대하여 그의 사무를 처리하는 지위에 있지 아니하므로, 매도인이 목적물을 타에 처분하였다 하더라도 형법상 배임죄가 성립하지 아니한다.

위와 같은 법리는 권리이전에 등기·등록을 요하는 동산에 대한 매매계약에서도 동일하게 적용되므로, 자동차 등의 매도인은 매수인에 대하여 그의 사무를 처리하는 지위에 있지 아니하여, 매도인이 매수인에게 소유권이전등록을 하지 아니하고 타에 처분하였다고 하더라도 마찬가지로 배임죄가 성립하지 아니한다.

하. 지입차주와 배임

지입차주가 자신이 실질적으로 소유하거나 처분 권한을 가지는 자동차에 관하여 지입회사와 지입계약을 체결함으로써 지입회사에 그 자동차의 소유권등록 명의를 신탁하고 운송사업용 자동차로서 등록 및 그 유지 관련 사무의 대행을 위임한 경우, 지입회사 운영자가 지입차주와의 관계에서 '타인의 사무를 처리하는 자'의 지위에 있는지 여부(적극)

🏛 대법원 2021. 6. 24. 선고 2018도14365 판결[업무상배임]

판결의 요지

이른바 지입제는 자동차운송사업면허 등을 가진 운송사업자와 실질적으로 자동차를 소유하고 있는 차주 간의 계약으로 외부적으로는 자동차를 운송사업자 명의로 등록하여 운송사업자에게 귀속시키고 내부적으로는 각 차주들이 독립된 관리 및 계산으로 영업을 하며 운송사업자에 내하여는 지입료를 지불하는 운송사업형태를 말한다.

따라서 지입차주가 자신이 실질적으로 소유하거나 처분 권한을 가지는 자동차에 관하여 지입회사와 지입계약을 체결함으로써 지입회사에 그 자동차의 소유권등록 명의를 신탁하고 운송사업용 자동차로서 등록 및 그 유지 관련 사무의 대행을 위임한 경우에는, 특별한 사정이 없는 한 지입회사 측이 지입차주의 실질적 재산인 지입차량에 관한 재산상 사무를 일정한 권한을 가지고 맡아 처리하는 것으로서 당사자 관계의 전형적·본질적 내용이 통상의 계약에서의 이익대립관계를 넘어서 그들 사이의 신임관계에 기초하여 타인의 재산을 보호 또는 관리하는 데에 있으므로, 지입회사 운영자는 지입차주와의 관계에서 '타인의 사무를 처리하는 자'의 지위에 있다.

【평석】지입계약의 유형에 따라 지입 차량을 지입 차주의 실질적 재산인지 아닌지 확정하기 어려운 경우가 있으며, 위 판결도 지입 계약의 다양한 형태를 예상하고 있다. 이 판결은 지입회사의 운영자가 지입 차주와의 관계에서 배임죄의 타인의 사무를 처리하는 자의 지위에 있다고 명시적으로 판시한 최초의 판결이라고 본다.

지입차량을 지입차주의 실질적 재산으로 볼 수 있는 경우에 타인의 사무처리를 인정하여 향후 유사 사건에서 참고할 수 있는 선례가 될 것이다. [61)

거. 회사의 이사가 시가보다 현저하게 낮은 가액으로 신주 등을 발행한 경우 업무상배임죄가 성립하는지 여부

> 🏛 대법원 2009. 5. 29. 선고 2007도4949 전원합의체 판결[특정경제범죄가중처벌등에관한법률위반(배임), 에버랜드 전환사채 발행사건]

판결의 요지

1) 주주는 회사에 대하여 주식의 인수가액에 대한 납입의무를 부담할 뿐 인수가액 전액을 납입하여 주식을 취득한 후에는 주주 유한책임의 원칙에 따라 회사에 대하여 추가 출자의무를 부담하지 않는 점, 회사가 준비금을 자본으로 전입하거나 이익을 주식으로 배당할 경우에는 주주들에게 지분비율에 따라 무상으로 신주를 발행할 수 있는 점 등에 비추어 볼 때, 회사가 주주 배정의 방법, 즉 주주가 가진 주식 수에 따라 신주, 전환사채나 신주인수권부사채(이하 '신주 등'이라 한다)의 배정을 하는 방법으로 신주 등을 발행하는 경우에는 발행가액 등을 반드시 시가에 의하여야 하는 것은 아니다. 따라서, 회사의 이사로서는 주주 배정의 방법으로 신주를 발행하는 경우 원칙적으로 액면가를 하회하여서는 아니 된다는 제약 외에는 주주 전체의 이익, 회사의 자금조달의 필요성, 급박성 등을 감안하여 경영판단에 따라 자유로이 그 발행조건을 정할 수 있다고 보아야 하므로, 시가보다 낮게 발행가액 등을 정함으로써 주주들로부터 가능한 최대한의 자금을 유치하지 못하였다고 하여 배임죄의 구성요건인 임무위배, 즉 회사의 재산보호의무를 위반하였다고 볼 것은 아니다. 그러나 주주배정의 방법이 아니라 제3자에게 인수권을 부여하는 제3자 배정방법의 경우, 제3자는 신주 등을 인수함으로써 회사의 지분을 새로 취득하게 되므로 그 제3자와 회사와의 관계를 주주의 경우와 동일하게 볼 수는 없다. 제3자에게 시가보다 현저하게 낮은 가액으로 신주 등을 발행하는 경우에는 시가를 적정하게 반영하여 발행조건을 정하거나 또는 주식의 실질 가액을 고려한 적정한 가

---

61) 최문수, 지입회사 운영자가 지입차주와의 관계에서 배임죄의 '타인의 사무를 처리하는 자의 지위에 있는지 여부', 법원도서관, 대법원판례해설, 제128호(2021년 상), 397면

격에 의하여 발행하는 경우와 비교하여 그 차이에 상당한 만큼 회사의 자산을 증가시키지 못하게 되는 결과가 발생하는데, 이 경우에는 회사법상 공정한 발행가액과 실제 발행가액과의 차액에 발행주식수를 곱하여 산출된 액수만큼 회사가 손해를 입은 것으로 보아야 한다. 이와 같이 현저하게 불공정한 가액으로 제3자 배정방식에 의하여 신주 등을 발행하는 행위는 이사의 임무 위배행위에 해당하는 것으로서 그로 인하여 회사에 공정한 발행가액과의 차액에 상당하는 자금을 취득하지 못하게 되는 손해를 입힌 이상 이사에 대하여 배임죄의 죄책을 물을 수 있다. 다만, 회사가 제3자 배정의 방법으로 신주 등을 발행하는 경우에는 회사의 재무구조, 영업전망과 그에 대한 시장의 평가, 주식의 실질 가액, 금융시장의 상황, 신주의 인수 가능성 등 여러 사정을 종합적으로 고려하여, 이사가 그 임무에 위배하여 신주의 발행가액 등을 공정한 가액보다 현저히 낮추어 발행한 경우에 해당하는지를 살펴 이사의 업무상배임죄의 성립 여부를 판단하여야 한다.

2) 신주 등의 발행에서 주주 배정방식과 제3자 배정방식을 구별하는 기준은 회사가 신주 등을 발행하는 때에 주주들에게 그들의 지분비율에 따라 신주 등을 우선적으로 인수할 기회를 부여하였는지 여부에 따라 객관적으로 결정되어야 할 성질의 것이지, 신주 등의 인수권을 부여받은 주주들이 실제로 인수권을 행사함으로써 신주 등을 배정받았는지 여부에 좌우되는 것은 아니다. 회사가 기존 주주들에게 지분비율대로 신주 등을 인수할 기회를 부여하였는데도 주주들이 그 인수를 포기함에 따라 발생한 실권주 등을 제3자에게 배정한 결과 회사 지분비율에 변화가 생기고, 이 경우 신주 등의 발행가액이 시가보다 현저하게 낮아 그 인수권을 행사하지 아니한 주주들이 보유한 주식의 가치가 희석되어 기존 주주들의 부(富)가 새로이 주주가 된 사람들에게 이전되는 효과가 발생하더라도, 그로 인한 불이익은 기존 주주들 자신의 선택에 의한 것일 뿐이다. 또한, 회사의 입장에서 보더라도 기존 주주들이 신주 등을 인수하여 이를 제3자에게 양도한 경우와 이사회가 기존 주주들이 인수하지 아니한 신주 등을 제3자에게 배정한 경우를 비교하여 보면 회사에 유입되는 자금의 규모에 아무런 차이가 없을 것이므로, 이사가 회사에 대한 관계에서 어떠한 임무에 위배하여 손해를 끼쳤다고 볼 수는 없다.

3) 전환사채 발행을 위한 이사회 결의에는 하자가 있었다 하더라도 실권된 전환사채를 제3자에게 배정하기로 의결한 이사회 결의에는 하자가 없는 경우, 전환사채의 발행절차를 진행한 것이 재산보호의무 위반으로서의 임무위배에 해당하지 않는다.

4) 이사가 주식회사의 지배권을 기존 주주의 의사에 반하여 제3자에게 이전하는 것은 기존 주주의 이익을 침해하는 행위일 뿐 지배권의 객체인 주식회사의 이익을 침해하는 것으로 볼 수는 없는데, 주식회사의 이사는 주식회사의 사무를 처리하는 자의 지위에 있다고 할 수 있지만, 주식회사와 별개인 주주들에 대한 관계에서 직접 그들의 사무를 처리하는 자의 지위에 있는 것은 아니고, 더욱이 경영권의 이전은 지배주식을 확보하는 데 따르는 부수적인 효과에 불과한 것이어서, 회사 지분비율의 변화가 기존 주주 자신의 선택에 기인한 것이라면 지배권 이전과 관련하여 이사에게 임무 위배가 있다고 할 수 없다.

너. 주류제조면허의 양도자가 타인의 사무를 처리하는 자가 되는지 여부

🏛 대법원 1979. 11. 27. 선고 76도3962 판결 전원합의체 판결[배임·업무상횡령·업무방해]

주류제조면허의 양도계약은 양도인이 면허취소신청을 함과 동시에 양수인이 면허신청을 하는 방법으로 일반적으로 널리 행하여 지고 있으므로 이를 무효라 할 수 없으며 양도인의 면허취소신청은 양수인의 면허획득에 중요한 요소가 되는 것이므로 자기 자신의 사무인 동시에 양수인이 면허신청을 하여 면허를 얻는 사무의 일부를 이룩하고 있는 양수인의 사무라고 할 것이므로 그 의무불이행은 배임죄가 성립한다.

【평석】 위 판결의 다수의견에 대하여, "다수의견은 설시하기를 사실심법원이 인정한대로 주류제조면허의 양도계약이 체결된 경우 양도인은 면허취소 신청을 하고 양수인은 새로이 면허신청을 하면 세무관서에서는 양수인 명의로 면허를 내주는 것이 사실상의 사무취급관례로 되어 있으니 이 사건의 경우 배임죄가 구성된다는 것이나 이는 세무관서가 양도인의 면허를 취소하고 양수인에게 결격사유 유무를 심사한 후 새로운 주류제조면허를 내주는 행정행위로 인하여 양수인에게 면허가 양도된 것 같은 결과가 초래되었을 뿐이고 양도인의 면허취소신청행위로 인하여 법률상 당연히 양수인에게 주류제조면허가 부여된 것은 아니므로 양도인에게 자기의 면허취소신청의무 이외에 그 취소된 면허가 양수인에게 새로이 부여되도록 협력할 법률상의 의무가 있을 수 없고, 또 양도인의 면허 취소신청행위로 인하여 법

률상 당연히 양수인에게 그 취소된 면허가 부여되는 것이 아니므로 양도인의 면허 취소신청 사무는 양도인 자신의 사무일 뿐 다른 한편으로 양수인에게 취소된 면허가 부여되게 하는 법률상의 의무가 포함되었다고는 볼 수 없다 할 것이니 주류제조면허의 양도인은 배임죄의 주체가 될 수 없음이 분명하다 할 것이요. 이러한 경우까지 배임죄의 구성을 인정한다면 채무자의 채무불이행으로 인하여 채권자에게 재산상의 손실을 가져오게 하는 모든 채무불이행자가 다 배임죄의 주체가 되어야 한다는 결과가 되어 부당하다"는 소수 반대의견이 있다. 배임죄에 있어서 타인의 사무를 처리하는 자에 대한 견해는 매사건 마다 다르므로 신중하게 판단해야 한다.

더. 배임죄의 주체인 '타인의 사무를 처리하는 자'의 의미

🏛 대법원 2004. 6. 17. 선고 2003도7645 전원합의체 판결[특정경제범죄가중처벌등에관한 법률위반(배임)·공정증서원본불실기재 등]

판결의 요지

배임죄는 타인의 사무를 처리하는 자가 그 임무에 위배하는 행위에 의하여 재산상의 이익을 취득하거나 제3자로 하여금 이를 취득하게 하여 본인에게 손해를 가함으로써 성립하는 것으로, 여기에서 그 주체인 '타인의 사무를 처리하는 자'란 양자 간의 신임관계에 기초를 두고 타인의 재산관리에 관한 사무를 대행하거나 타인 재산의 보전행위에 협력하는 자의 경우 등을 가리킨다.

러. 채권양도인이 양도 통지 전에 채무자로부터 채권을 추심하여 금전을 수령한 경우, 양도인과 양수인 사이에서 그 금전의 소유권 귀속(양수인) 및 양도인이 위 금전을 양수인을 위하여 보관하는 지위에 있는지 여부(적극)

🏛 대법원 1999. 4. 15. 선고 97도666 전원합의체 판결[횡령(예비적 죄명: 배임)]

판결의 요지

채권양도는 채권을 하나의 재화로 다루어 이를 처분하는 계약으로서, 채권 자체가 그 동일성을 잃지 아니한 채 양도인으로부터 양수인에게로 바로 이전하고, 이 경우 양수인으로서는 채권자의 지위를 확보하여 채무자로부터 유효하게 채권의 변제를 받는 것이 그 목적인바, 우리 민법은 채무자와 제3자에 대한 대항요건으로서 채무자에 대한 양도의 통지 또는 채무자의 양도에 대한 승낙을 요구하고, 채무자에 대한 통지의 권능을 양도인에게만 부여하고 있으므로, 양도인은 채무자에게 채권양도 통지를 하거나 채무자로부터 채권양도 승낙을 받음으로써 양수인으로 하여금 채무자에 대한 대항요건을 갖출 수 있도록 해 줄 의무를 부담하며, 양도인이 채권양도 통지를 하기 전에 타에 채권을 이중으로 양도하여 채무자에게 그 양도 통지를 하는 등 대항요건을 갖추어 줌으로써 양수인이 채무자에게 대항할 수 없게 되면 양수인은 그 목적을 달성할 수 없게 되므로, 양도인이 이와 같은 행위를 하지 않음으로써 양수인으로 하여금 원만하게 채권을 추심할 수 있도록 하여야 할 의무도 당연히 포함되고, 양도인의 이와 같은 적극적·소극적 의무는 이미 양수인에게 귀속된 채권을 보전하기 위한 것이고, 그 채권의 보전 여부는 오로지 양도인의 의사에 매여 있는 것이므로, 채권양도의 당사자 사이에서는 양도인은 양수인을 위하여 양수채권 보전에 관한 사무를 처리하는 자라고 할 수 있고, 따라서 채권양도의 당사자 사이에는 양도인의 사무처리를 통하여 양수인은 유효하게 채무자에게 채권을 추심할 수 있다는 신임관계가 전제되어 있다고 보아야 할 것이고, 나아가 양도인이 채권양도 통지를 하기 전에 채무자로부터 채권을 추심하여 금전을 수령한 경우, 아직 대항요건을 갖추지 아니한 이상 채무자가 양도인에 대하여 한 변제는 유효하고, 그 결과 양수인에게 귀속되었던 채권은 소멸하지만, 이는 이미 채권을 양도하여 그 채권에 관한 한 아무런 권한도 가지지 아니하는 양도인이 양수인에게 귀속된 채권에 대한 변제로서 수령한 것이므로, 채권양도의 당연한 귀결로서 그 금전을 자신에게 귀속시키기 위하여 수령할 수는 없는 것이고, 오로지 양수인에게 전달해 주기 위하여서만 수령할 수 있을 뿐이어서, 양도인이 수령한 금전은 양도인과 양수인 사이에서 양수인의 소유에 속하고, 여기에다가 위와 같이 양도인이 양수인을 위하여 채권보전에 관한 사무를 처리하는 지위에 있다는 것을 고려하면, 양도인은 이를 양수인을 위하여 보관하는 관계에 있다고 보아야 할 것이다.

머. 양도담보권자의 정산의무 불이행과 배임죄의 성부

🏛 대법원 1985. 11. 26. 선고 85도1493 전원합의체 판결[배임]

양도담보가 처분정산형의 경우이건 귀속정산형의 경우이건 간에 담보권자가 변제기 경과 후에 담보권을 실행하여 그 환가대금 또는 평가액을 채권원리금과 담보권 실행비용 등의 변제에 충당하고 환가대금 또는 평가액의 나머지가 있어 이를 담보제공자에게 반환할 의무는 담보계약에 따라 부담하는 자신의 정산의무이므로 그 의무를 이행하는 사무는 곧 자기의 사무처리에 속하는 것이라 할 것이고 이를 부동산매매에 있어서의 매도인의 등기의무와 같이 타인인 채무자의 사무처리에 속하는 것이라고 볼 수는 없어 그 정산의무를 이행하지 아니한 소위는 배임죄를 구성하지 않는다.

버. 타인의 사무를 처리할 의무의 주체가 법인인 경우 그 법인의 대표기관이 배임죄의 주체가 될 수 있는지 여부(적극)

🏛 대법원 1984. 10. 10. 선고 82도2595 전원합의체 판결[배임]

형법 제355조 제2항의 배임죄에 있어서 타인의 사무를 처리할 의무의 주체가 법인이 되는 경우라도 법인은 다만 사법상의 의무주체가 될 뿐 범죄능력이 없는 것이며 그 타인의 사무는 법인을 대표하는 자연인인 대표기관의 의사결정에 따른 대표행위에 의하여 실현될 수밖에 없어 그 대표기관은 마땅히 법인이 타인에 대하여 부담하고 있는 의무 내용대로 사무를 처리할 임무가 있다 할 것이므로 법인이 처리할 의무를 지는 타인의 사무에 관하여는 법인이 배임죄의 주체가 될 수 없고 그 법인을 대표하여 사무를 처리하는 자연인인 대표기관이 바로 타인의 사무를 처리하는 자 즉 배임죄의 주체가 된다. [이 전원합의체 판결로 대법원 1982. 2. 9. 선고 80도1796, 1983. 2. 22. 82도1527 판결 등 변경]

【평석】 배임죄에 있어서 '타인의 사무를 처리하는 자'라 함은 타인과의 내부적인 관계에서 신의성실의 원칙에 비추어 타인의 사무를 처리할 신임관계에 있게 되어 그 관계에 기하여 타인의 재산적 이익 등을 보호·관리하는 것이 신임관계의 전형

적·본질적 내용이 되는 지위에 있는 사람을 말한다. 그러나 그 사무의 처리가 오로지 타인의 이익을 보호·관리하는 것만을 내용으로 하여야 할 필요는 없고, 자신의 이익을 도모하는 성질도 아울러 가진다고 하더라도 타인을 위한 사무로서의 성질이 부수적·주변적인 의미를 넘어서 중요한 내용을 이루는 경우에는 여기서 말하는 '타인의 사무를 처리하는 자'에 해당한다. 이 사안은 법인과 법인의 대표기관인 자연인의 형사 책임에 관한 판결이다.

참고로 "신용카드 정보통신부가사업회사[통상 '밴(VAN. value added network의 약어) 사업자'라고도 한다]인 갑 주식회사와 가맹점 관리대행계약, 대리점계약, 단말기 무상임대차계약, 판매장려금계약을 각 체결하고 갑 회사의 대리점으로서 카드단말기의 판매 및 설치, 가맹점 관리업무 등을 수행하는 을 주식회사 대표이사인 피고인이, 그 임무에 위배하여 갑 회사의 기존 가입 가맹점을 갑 회사와 경쟁관계에 있는 다른 밴사업자 가맹점으로 임의로 전환하여 갑 회사에 재산상 손해를 가하였다고 하여 업무상배임으로 기소된 사안에서, 갑 회사가 보유하는 가맹점은 갑 회사의 수익과 직결되는 재산적 가치를 지니고 있어 피고인이 갑 회사를 대신하여 가맹점을 모집·유지 및 관리하는 것은 본래 갑 회사의 사무로서 피고인에 대한 인적 신임관계에 기하여 그 처리가 피고인에게 위탁된 것이고, 이는 단지 피고인 자신의 사무만에 그치지 아니하고 갑 회사의 재산적 이익을 보호 내지 관리하는 것을 본질적 내용으로 하며, 그 업무가 피고인 자신의 계약상 의무를 이행하고 갑 회사로부터 더 많은 수수료 이익을 취득하기 위한 피고인 자신의 사무의 성격을 일부 가지고 있다고 하여 달리 볼 것이 아니므로, 피고인은 갑 회사와 신임관계에 기하여 갑 회사의 가맹점 관리업무를 대행하는 '타인의 사무를 처리하는 자'의 지위에 있다고 할 것인데도, 이와 달리 보아 무죄를 선고한 원심판결에 배임죄에서 '타인의 사무를 처리하는 자'에 관한 법리오해의 위법이 있다"고 한 대법원 2012. 5. 10. 선고 2010도3532 판결[62]이 있다.

---

62) 이에 대한 평석은 한경환, 배임죄에 있어서 '타인의 사무를 처리하는 자'의 의미, 대법원판례해설, 제92호(2012년 상), 법원도서관, 874면 참조

서. 업무상배임죄에서 재산상 손해 유무를 판단하는 기준 및 '소극적 손해'의 유무와 범위 산정 방법

> 🏛 대법원 2013. 4. 26. 선고 2011도6798 판결[업무상 배임]

판결의 요지

업무상배임죄에서 재산상 손해의 유무에 관한 판단은 법률적 판단에 의하지 아니하고 경제적 관점에서 실질적으로 판단하여야 하는데, 여기에는 재산의 처분 등 직접적인 재산의 감소, 보증이나 담보제공 등 채무 부담으로 인한 재산의 감소와 같은 적극적 손해를 야기한 경우는 물론, 객관적으로 보아 취득할 것이 충분히 기대되는데도 임무위배행위로 말미암아 이익을 얻지 못한 경우, 즉 소극적 손해를 야기한 경우도 포함된다. 이러한 소극적 손해는 재산증가를 객관적·개연적으로 기대할 수 있음에도 임무위배행위로 이러한 재산증가가 이루어지지 않은 경우를 의미하므로 임무위배행위가 없었다면 실현되었을 재산 상태와 임무위배행위로 말미암아 현실적으로 실현된 재산 상태를 비교하여 그 유무 및 범위를 산정하여야 한다.

피고인이, 갑이 운영하는 을 주식회사의 부사장으로 대외 영업활동을 하여 그 활동 및 계약을 을 회사에 귀속시키기로 갑과 약정하고도 을 회사에 알리지 않고 피고인 자신이 을 회사 대표인 것처럼 가장하거나 피고인이 별도로 설립한 병 주식회사 명의로 금형제작·납품계약을 체결함으로써 을 회사에 손해를 가하였다고 하여 업무상배임으로 기소된 사안에서, 을 회사의 재산상 손해는 피고인의 임무위배행위로 을 회사의 금형제작·납품계약 체결기회가 박탈됨으로써 발생하므로, 원칙적으로 계약을 체결한 때를 기준으로 금형제작·납품계약 대금에 기초하여 산정하여야 하며, 계약대금 중에서 사후적으로 발생되는 미수금이나 계약 해지로 받지 못하게 되는 나머지 계약대금 등은 특별한 사정이 없는 한 계약 대금에서 공제할 것이 아닌데도, 이와 달리 금형제작·납품계약 대금 중 미수금 및 계약 해지로 받지 못하게 된 부분은 피고인의 배임행위로 인한 재산상 손해로 인정할 수 없다고 본 원심판결에 업무상배임죄의 재산상 손해에 관한 법리를 오해한 잘못이 있다.[63]

---

63) 자세한 평석은 우인성, 형법상 배임죄에 있어서 재산상 손해의 산정, 대법원판례해설, 제96호(2013년 상), 법원도서관, 580면 참조

85. 제357조 배임수증재

1) 배임수재죄에서 '부정한 청탁'의 의미 및 판단 기준

2) 보도의 대상이 되는 자가 언론사 소속 기자에게 '유료 기사' 게재를 청탁하는 행위가 배임수재죄의 부정한 청탁에 해당하는지 여부(적극) 및 '유료 기사'의 내용이 객관적 사실과 부합하더라도 마찬가지인지 여부(적극)

3) 2016. 5. 29. 개정된 형법 제357조 제1항에서 배임수재죄의 구성요건에 '제3자로 하여금 재물이나 재산상 이익을 취득하게 하는 행위'를 추가한 취지

> 🏛 대법원 2021. 9. 30. 선고 2019도17102 판결[배임수재·부정청탁및금품등수수의금지에관한법률위반]

판결의 요지

1) 배임수재죄에서 '부정한 청탁'은 반드시 업무상 배임의 내용이 되는 정도에 이를 필요는 없고, 사회상규 또는 신의성실의 원칙에 반하는 것을 내용으로 하면 충분하다. '부정한 청탁'에 해당하는지를 판단할 때에는 청탁의 내용 및 이에 관련한 대가의 액수, 형식, 보호법익인 거래의 청렴성 등을 종합적으로 고찰하여야 하고, 그 청탁이 반드시 명시적으로 이루어져야 하는 것은 아니며 묵시적으로 이루어지더라도 무방하다. 그리고 타인의 업무를 처리하는 사람에게 공여한 금품에 부정한 청탁의 대가로서의 성질과 그 외의 행위에 대한 사례로서의 성질이 불가분적으로 결합되어 있는 경우에는 그 전부가 불가분적으로 부정한 청탁의 대가로서의 성질을 갖는 것으로 보아야 한다.

언론의 보도는 공정하고 객관적이어야 하며, 언론은 공적인 관심사에 대하여 공익을 대변하며, 취재·보도·논평 또는 그 밖의 방법으로 민주적 여론형성에 이바지함으로써 그 공적 임무를 수행한다(언론중재 및 피해구제 등에 관한 법률 제4조 제1항, 제3항). 또한 지역신문은 정확하고 공정하게 보도하고 지역사회의 공론의 장으로서 다양한 의견을 수렴할 책무가 있다(지역신문발전지원 특별법 제5조).

그런데 '광고'와 '언론 보도'는 그 내용의 공정성, 객관성 등에 대한 공공의 신뢰에 있어 확연한 차이가 있고, '광고'는 '언론 보도'의 범주에 포함되지 않는다. 신문·인터넷신문의 편집인 및 인터넷뉴스서비스의 기사배열책임자는 독자가 기사와 광고

를 혼동하지 아니하도록 명확하게 구분하여 편집하여야 하며(신문 등의 진흥에 관한 법률 제6조 제3항), 신문사 등이 광고주로부터 홍보자료 등을 전달받아 실질은 광고이지만 기사의 형식을 빌린 이른바 '기사형 광고'를 게재하는 경우에는, 독자가 광고임을 전제로 정보의 가치를 합리적으로 판단할 수 있도록 그것이 광고임을 표시하여야 하고, 언론 보도로 오인할 수 있는 형태로 게재하여서는 안 된다.

그러므로 보도의 대상이 되는 자가 언론사 소속 기자에게 소위 '유료 기사' 게재를 청탁하는 행위는 사실상 '광고'를 '언론 보도'인 것처럼 가장하여 달라는 것으로서 언론 보도의 공정성 및 객관성에 대한 공공의 신뢰를 저버리는 것이므로, 배임수재죄의 부정한 청탁에 해당한다. 설령 '유료 기사'의 내용이 객관적 사실과 부합하더라도, 언론 보도를 금전적 거래의 대상으로 삼은 이상 그 자체로 부정한 청탁에 해당한다.

2) 구 형법(2016. 5. 29. 법률 제14178호로 개정되기 전의 것) 제357조 제1항은 "타인의 사무를 처리하는 자가 그 임무에 관하여 부정한 청탁을 받고 재물 또는 재산상의 이익을 취득한 자는 5년 이하의 징역 또는 1천만 원 이하의 벌금에 처한다."라고 규정하여, 문언상 부정한 청탁을 받은 사무처리자 본인이 재물 또는 재산상의 이익을 취득한 경우에만 처벌할 수 있었다.

따라서 제3자에게 재물이나 재산상 이익을 취득하게 한 경우에는 부정한 청탁을 받은 사무처리자가 직접 받은 것과 동일하게 평가할 수 있는 관계가 있는 경우가 아닌 한 배임수재죄의 성립은 부정되었다.

개정 형법(2016. 5. 29. 법률 제14178호로 개정된 것) 제357조 제1항은 구법과 달리 배임수재죄의 구성요건을 '타인의 사무를 처리하는 자가 그 임무에 관하여 부정한 청탁을 받고 재물 또는 재산상의 이익을 취득하거나 제3자로 하여금 이를 취득하게 한 때'라고 규정함으로써 제3자로 하여금 재물이나 재산상 이익을 취득하게 하는 행위를 구성요건에 추가하였다. 그 입법 취지는 부패행위를 방지하고 'UN 부패방지협약' 등 국제적 기준에 부합하도록 하려는 것이다.

개정 형법 제357조의 보호법익 및 체계적 위치, 개정 경위, 법문의 문언 등을 종합하여 볼 때, 개정 형법이 적용되는 경우에도 '제3자'에는 다른 특별한 사정이 없는 한 사무처리를 위임한 타인은 포함되지 않는다고 봄이 타당하다.

그러나 배임수재죄의 행위주체가 재물 또는 재산상 이익을 취득하였는지는 증거에 의하여 인정된 사실에 대한 규범적 평가의 문제이다. 부정한 청탁에 따른 재물이나 재산상 이익이 외형상 사무처리를 위임한 타인에게 지급된 것으로 보이더라도 사회통념상 그 타인이 재물 또는 재산상 이익을 받은 것을 부정한 청탁을 받은 사람이 직접 받은 것과 동일하게 평가할 수 있는 경우에는 배임수재죄가 성립될 수 있다.

86. 제359조 미수범

배임죄의 성립요건 및 실행의 착수시기와 기수시기

🏛 대법원 2017. 7. 20. 선고 2014도1104 전원합의체 판결[특정경제범죄가중처벌등에관한법률위반(배임)] ☞ 위 형법 제355조 참조

87. 제366조 재물손괴 등

가. 입주자대표회의 회장이 자신의 승인 없이 동 대표들이 관리소장과 함께 게시한 입주자대표회의 소집공고문을 제거한 경우

🏛 대법원 2021. 12. 30. 선고 2021도9680 판결[재물손괴]

판결의 요지

갑 아파트 입주자대표회의 회장인 피고인이 자신의 승인 없이 동 대표들이 관리소장과 함께 게시한 입주자대표회의 소집공고문을 뜯어내 제거함으로써 그 효용을 해하였다고 하여 재물손괴로 기소된 사안에서, 갑 아파트의 관리규약에 따르면 입주자대표회의는 회장이 소집하도록 규정되어 있으므로 입주자대표회의 소집공고문 역시 입주자대표회의 회장 명의로 게시되어야 하는 점, 위 공고문이 계속 게시되고 방치될 경우 적법한 소집권자가 작성한 진정한 공고문으로 오인될 가능성이 매우 높고, 이를 신뢰한 동 대표들이 해당 일시의 입주자대표회의에 참석할 것으로 충분히 예상되는 상황이었던 점, 게시판의 관리주체인 관리소장이 위 공고문을 게시하였더라도 소집절차의 하자가 치유되지 않는 점, 피고인이 위 공고문을 발견한 날은 공휴일 야간이었고 그다음 날이 위 공고문에서 정한 입주자대표회의가 개최되는

당일이어서 시기적으로 달리 적절한 방안을 찾기 어려웠던 점 등을 종합하면, 피고인이 위 공고문을 손괴한 조치는, 그에 선행하는 위법한 공고문 작성 및 게시에 따른 위법상태의 구체적 실현이 임박한 상황 하에서 그 위법성을 바로잡기 위한 것으로 사회통념상 허용되는 범위를 크게 넘어서지 않는 행위로 볼 수 있다는 이유로, 이와 달리 본 원심판단에 정당행위에 관한 법리오해의 잘못이 있다.

나. 자동문을 자동으로 작동하지 않고 수동으로만 개폐가 가능하게 하여 자동잠금장치로서 역할을 할 수 없도록 한 경우, 재물손괴죄가 성립하는지 여부(적극)

🏛 대법원 2016. 11. 25. 선고 2016도9219 판결[재물손괴]

판결의 요지

재물손괴죄는 타인의 재물, 문서 또는 전자기록 등 특수매체기록을 손괴 또는 은닉 기타 방법으로 그 효용을 해한 경우에 성립한다(형법 제366조). 여기에서 손괴 또는 은닉 기타 방법으로 그 효용을 해하는 경우에는 물질적인 파괴행위로 물건 등을 본래의 목적에 사용할 수 없는 상태로 만드는 경우뿐만 아니라 일시적으로 물건 등의 구체적 역할을 할 수 없는 상태로 만들어 효용을 떨어뜨리는 경우도 포함된다. 따라서 자동문을 자동으로 작동하지 않고 수동으로만 개폐가 가능하게 하여 자동잠금장치로서 역할을 할 수 없도록 한 경우에도 재물손괴죄가 성립한다.

【평석】 물건의 본래의 사용 목적에 공할 수 없게 하는 상태로 만드는 것이 효용을 해한 것이 된다. 자동문의 자동잠금장치로서의 기능이 제대로 이루어지지 않게 한 경우인데, 자동문 자체에 대한 물리적인 파괴가 아니고 자동문의 자동잠금장치로서의 기능이 정지되게 하여, 수동으로는 개폐가 가능하여 '문' 자체로서의 기능이 상실되었다고 볼 수는 없다는 점이다. 이는 자동문이 수동으로만 개폐를 할 수밖에 없게 되어 사용에 불편을 초래하게 하였다는 것으로 볼 수 있다. 판례가 제시하는 기준은 제반 사정을 종합하여 효용을 해하였는지 여부를 판단하라는 것으로 보인다. 이 사안에서는 외관에 대한 유형적인 변경이 있었다고 보기는 어렵고, '문'에 중점을 두어 본다면, 기능적 효용이 감소되었다고 볼 수 없다. 그러나 '자동'에 중점을 두어 본다면, 기능적 효용이 감소되었음이 분명하다는 견해가 있다.[64]

88. 부칙 제4조(제31개 죄에 대한 신 구법의 적용례)

특정경제범죄가중처벌 등에 관한 법률 시행 전후에 걸쳐 상습사기 범행을 한 자가 위 법 시행 이후 취득한 가액이 동법 제3조 제1항 제3호 소정의 하단을 초과하는 경우의 적용법조

🏛 대법원 1986. 7. 22. 선고 86도1012 전원합의체 판결[상습사기, 특정경제범죄가중처벌등에관한법률위반, 유가증권위조]

판결의 요지

형법 부칙 제4조 제1항은 "1개의 죄가 본법 시행 전후에 걸쳐서 행하여진 때에는 본법 시행 전에 범한 것으로 간주한다"고 규정하고 있으나 위 부칙은 형법 시행에 즈음하여 구 형법과의 관계에서 그 적용 범위를 규정한 경과법으로서 형법 제8조에서 규정하는 총칙 규정이 아닐 뿐 아니라 범죄의 성립과 처벌은 행위시의 법률에 의한다고 규정한 형법 제1조 제1항의 해석으로서도 행위종료시의 법률의 적용을 배제한 점에서 타당한 것이 아니므로 신·구형법과의 관계가 아닌 다른 법과의 관계에서는 위 부칙을 적용 내지 유추 적용할 것이 아니다. 따라서 상습으로 사기의 범죄행위를 되풀이한 경우에 특정경제범죄가중처벌등에 관한 법률 시행 이후의 범행으로 인하여 취득한 재물의 가액이 위 법률 제3조 제1항 제3호의 구성요건을 충족하는 때는 그중 법정형이 중한 위 특정경제범죄가중처벌 등에 관한 법률 위반의 죄에 나머지 행위를 포괄시켜 특정경제범죄가중처벌 등에 관한 법률 위반의 죄로 처단하여야 한다.

---

64) 이용식, 2016년 분야별 중요판례 분석, 법률신문, 2017. 4. 14.자

제2편

형사소송법

형/사/실/무/와/판/례

Nullum crimen sine lege, nulla poena sine lege.
법률 없이 범죄 없고, 법률 없이 형벌 없다.

나는 그저 다른 사람들처럼 자유롭기를 원했다. 나는 나의 영향권 안에 없는 것,
즉 피부색 때문에 늘 무시당하고 싶지 않았을 뿐이다.
— 로자 파크스(Rosa Lee Louise McCauley Parks), 현대시민권 운동의 어머니, 1955.

1. 민사재판과 형사재판에서의 증거

🏛 대법원 2006. 10. 26. 선고 2004다63019 판결[양수금]

판결의 요지

원심판결 이유에 의하면, 원심은 그 채용 증거에 의하여, 원심 공동피고는 사실은 신00으로부터 이 사건 대출금에 대한 선이자 및 이면담보 명목으로 금원을 지급받더라도 이를 이 사건 대출금에 대한 이자의 변제에 충당하거나 이 사건 대출금에 대한 담보로 피고 00은행(이하 '피고 은행'이라고 한다)에 예치할 생각이 없으면서도, 신00에게 이 사건 대출금에 대한 선이자 및 이면담보로 대출금 중 2억 원을 예치하라고 기망하여 위 금원을 편취하였다는 내용의 사기죄 등으로 기소되어 2002. 9. 16. 부산지방법원 동부지원에서 징역 7년을 선고받은 후 원심 공동피고의 항소 및 상고가 모두 기각되어 위 판결이 확정된 사실을 인정하여, 위 금원은 원심 공동피고가 선이자 및 이면담보 명목으로 편취한 것이라고 보고, 위 금원이 대출사례금으로 지급된 것이라는 피고 은행의 주장을 배척하였다.

위 법리와 기록에 비추어 보면, 원심의 이와 같은 사실인정은 옳은 것으로 수긍이 가고, 거기에 상고이유로 주장하는 바와 같은 채증법칙 위반으로 인한 사실오인의 위법이 있다고 할 수 없다.

【평석】민사재판에 있어서는 형사재판의 사실인정에 구속을 받는 것은 아니라고 하더라도 동일한 사실관계에 관하여 이미 확정된 형사판결이 유죄로 인정한 사실은 유력한 증거 자료가 되므로 민사재판에서 제출된 다른 증거들에 비추어 형사재판의 사실 판단을 채용하기 어렵다고 인정되는 특별한 사정이 없는 한 이와 반대되는 사실은 인정할 수 없다(대법원 1997. 9. 30. 선고 97다24276 판결, 2005. 4. 29. 선고 2004다72631 판결 등 참조).

2. 제4조 토지관할

지방법원 지원에 제1심 형사사건 토지관할이 인정된다는 사정만으로 당연히 지

방법원 본원에 제1심 토지관할이 인정되는지 여부(원칙적 소극)

> 🏛 대법원 2015. 10. 15. 선고 2015도1803 판결[직권남용권리행사방해 · 업무방해 · 공무상
> 비밀누설 · 선박안전법위반교사]

판결의 요지

  형사사건의 관할은 심리의 편의와 사건의 능률적 처리라는 절차적 요구뿐만 아니라 피고인의 출석과 방어권 행사의 편의라는 방어상의 이익도 충분히 고려하여 결정하여야 하고, 특히 자의적 사건처리를 방지하기 위하여 법률에 규정된 추상적 기준에 따라 획일적으로 결정하여야 한다. 이에 따라 각급 법원의 설치와 관할구역에 관한 법률 제4조 제1호 [별표 3]은 지방법원 본원과 지방법원 지원의 관할구역을 대등한 입장에서 서로 겹치지 않게 구분하여 규정하고 있다. 따라서 제1심 형사사건에 관하여 지방법원 본원과 지방법원 지원은 소송법상 별개의 법원이자 각각 일정한 토지관할 구역을 나누어 가지는 대등한 관계에 있으므로, 지방법원 본원과 지방법원 지원 사이의 관할의 분배도 지방법원 내부의 사법행정사무로서 행해진 지방법원 본원과 지원 사이의 단순한 사무분배에 그치는 것이 아니라 소송법상 토지관할의 분배에 해당한다. 그러므로 형사소송법 제4조에 의하여 지방법원 본원에 제1심 토지관할이 인정된다고 볼 특별한 사정이 없는 한, 지방법원 지원에 제1심 토지관할이 인정된다는 사정만으로 당연히 지방법원 본원에도 제1심 토지관할이 인정된다고 볼 수는 없다.

  【평석】 형사 사건 관할은 재판의 심리와 사건의 능률적 처리, 피고인의 출석과 방어권 보장을 위하여 자의적으로 사건처리가 되지 않도록 법률에 규정된 추상적 기준에 따라 정해야 한다. 지방법원 지원에 1심이 토지관할이 인정된다고 하여 당연히 지방법원 본원에 제1심 토지 관할이 인정되는 것은 아니라는 점을 최초로 판시하였다.[65]

---

65) 김상훈, 지방법원 지원에 제1심 형사사건 토지관할이 인정되는 경우 당연히 지방법원 본원에 제1심 토지관할이 인정되는지, 대법원판례해설, 제106호(2015년 하), 법원도서관, 553면

3. 제6조 토지관할의 병합심리

형사소송법 제6조에 따른 토지관할 병합심리 신청사건의 관할법원

🏛 대법원 2006. 12. 5.자 2006초기335 결정[토지관할병합]

판결의 요지

사물관할은 같지만 토지관할을 달리하는 수개의 제1심 법원(지원을 포함한다. 이하 같다)들에 관련 사건이 계속된 경우에 있어서, 형사소송법 제6조에서 말하는 '공통되는 직근 상급법원'은 그 성질상 형사사건의 토지관할 구역을 정해 놓은 '각급 법원의 설치와 관할구역에 관한 법률' 제4조에 기한 [별표 3]의 관할구역 구분을 기준으로 정하여야 할 것인바, 형사 사건의 제1심 법원은 각각 일정한 토지관할 구역을 나누어 가지는 대등한 관계에 있으므로 그 상급법원은 위 표에서 정한 제1심 법원들의 토지관할 구역을 포괄하여 관할하는 고등법원이 된다. 따라서 토지관할을 달리하는 수개의 제1심 법원들에 관련 사건이 계속된 경우에 그 소속 고등법원이 같은 경우에는 그 고등법원이, 그 소속 고등법원이 다른 경우에는 대법원이 위 제1심 법원들의 공통되는 직근 상급법원으로서 위 조항에 의한 토지관할 병합심리 신청사건의 관할법원이 된다.

【해설】형사 사건에 있어서 병합은 민사소송보다 쉽지 않다. '공통되는 직근 상급법원' 예컨대 서울고등법원과 대전고등법원에 각 사건이 따로 심리 중에 있을 때에는 직근 상급 법원인 대법원이 병합심리 신청사건의 관할법원이 된다.

4. 제18조 기피의 원인과 신청권자

🏛 대법원 2005. 1. 13.자 2004초기506, 2004도8497 결정

판결의 요지

형사소송법 제18조 제1항 제2호 소정의 '불공평한 재판을 할 염려가 있는 때'라

함은 당사자가 불공평한 재판이 될지도 모른다고 추측할 만한 주관적인 사정이 있는 때를 말하는 것이 아니라, 통상인의 판단으로서 법관과 사건과의 관계상 불공평한 재판을 할 것이라는 의혹을 갖는 것이 합리적이라고 인정할 만한 객관적인 사정이 있는 때를 말하는 것인바(대법원 2001. 3. 21.자 2001모2 결정 등 참조), 신청인에 대한 대법원 2004재도4 사건에 관여한 대법관들이 신청인에 대한 대법원 2004도8497 사건의 담당 재판부를 구성하고 있다는 사정만으로는 위 대법관들이 위 사건의 재판을 함에 있어서 공정을 기대하기 어려운 사정이 있다고 볼 수 없고, 달리 기록을 살펴보아도 위와 같은 사정이 있다고 인정할 만한 아무런 자료가 없다.

【평석】당사자들 중에는 재판부가 증인 신청을 받아주지 아니하고 뜻대로 잘 안 해준다는 이유 등으로 재판부 기피신청을 하는 경우가 있다. 민사소송법 제43조 제1항에 의하면 당사자는 법관에게 공정한 재판을 기대하기 어려운 사정이 있는 때에는 기피신청을 할 수 있다.

특히 재판부의 증거 채부(채택 여부) 결정에 대하여 재판부 기피신청을 하는 경우가 있다. 대법원은, 증거의 채부 결정은 담당 재판부의 전권에 속하는 사항으로서, 담당 재판부가 증거를 신청하는 측의 신청에 따른 증거 채택을 일부 취소하였다는 사유만으로는 그 재판부를 구성하는 법관들에게 재판의 공정을 기대하기 어려운 사정이 있는 때에 해당한다고 할 수 없어, 위 법관들에 대한 기피신청은 이유 없다고 판시하였다(대법원 1993. 8. 19.자 93주21 결정).

기피신청을 당한 법관이 전근이나 해외 연수 등으로 당해 사건에 관하여 직무를 집행하지 아니하게 된 경우에는 기피신청은 그 목적을 잃게 되어 기피신청의 이익이 없게 되므로(대법원 1988. 10. 2.자 88주2 결정), 부적법한 것으로 판시한다. 또한 기피신청사유 있음을 알면서도 본안에 관하여 변론하거나 준비기일에서 진술을 하는 경우에는 기피신청을 하지 못한다. 자신에게 잘해줄 것 같은 법관이 재판장으로 될 때까지 계속 재판장을 변경하거나 기피하며 고르기도 어렵고, 이러한 기피신청은 소송비용과 시간의 낭비, 나아가 사건 자체에 불리하게 작용될 여지가 있다.

5. 제30조 변호인선임권자

필요적 변호 사건에서 항소법원이 국선변호인을 선정하고 항소인인 피고인과 그 변호인에게 소송기록접수통지를 한 다음 피고인이 사선변호인을 선임함에 따라 항소법원이 국선변호인의 선정을 취소한 경우, 새로 선임된 사선변호인에게 다시 같은 통지를 하여야 하는지 여부(소극) 및 이때 항소이유서 제출기간의 기산일(국선변호인 또는 피고인이 소송기록접수통지를 받은 날)

항소이유서 제출 기간 내에 피고인이 책임질 수 없는 사유로 국선변호인이 변경되면 그 국선변호인에게도 소송기록접수통지를 하도록 정한 형사소송규칙 제156조의2 제3항을 새로 선임된 사선변호인의 경우까지 확대 적용하거나 유추 적용할 수 있는지 여부(소극)

🏛 대법원 2018. 11. 22.자 2015도10651 전원합의체 결정[특정경제범죄가중처벌등에관한법률위반(배임)]

판결의 요지

형사소송법은 항소법원이 항소인인 피고인에게 소송기록접수통지를 하기 전에 변호인의 선임이 있는 때에는 변호인에게도 소송기록접수통지를 하도록 정하고 있으므로(제361조의2 제2항), 피고인에게 소송기록접수통지를 한 다음에 변호인이 선임된 경우에는 변호인에게 다시 같은 통지를 할 필요가 없다. 이는 필요적 변호 사건에서 항소법원이 국선변호인을 선정하고 피고인과 그 변호인에게 소송기록접수통지를 한 다음 피고인이 사선변호인을 선임함에 따라 항소법원이 국선변호인의 선정을 취소한 경우에도 마찬가지이다. 이러한 경우 항소이유서 제출 기간은 국선변호인 또는 피고인이 소송기록접수통지를 받은 날부터 계산하여야 한다.

한편 형사소송규칙 제156조의2 제3항은 항소이유서 제출 기간 내에 피고인이 책임질 수 없는 사유로 국선변호인이 변경되면 그 국선변호인에게도 소송기록접수통지를 하여야 한다고 정하고 있는데, 이 규정을 새로 선임된 사선변호인의 경우까지 확대해서 적용하거나 유추 적용할 수는 없다.

결국, 형사소송법이나 그 규칙을 개정하여 명시적인 근거규정을 두지 않는 이상 현행 법규의 해석론으로는 필요적 변호 사건에서 항소법원이 국선변호인을 선정하고 피고인과 국선변호인에게 소송기록접수통지를 한 다음 피고인이 사선변호인을 선임함에 따라 국선변호인의 선정을 취소한 경우 항소법원은 사선변호인에게 다시 소송기록접수통지를 할 의무가 없다고 보아야 한다.

【평석】 피고인에게 통지를 한 다음에 선임된 사선변호인이나 항소이유서 제출기간 도과 후에 있은 청구에 따라 선정된 청구 국선 변호인에게는 다시 통지할 필요가 없다. 그러나 필요 국선이나 재량 국선의 변호인, 또는 시각장애인을 위한 청구 국선의 변호인에게는 다시 통지를 하여야 하고 변호인은 이때부터 20일 이내에 항소이유서를 제출하면 된다. 또 피고인과 국선변호인이 모두 기간 내에 항소이유서를 제출하지 아니한 경우 피고인에게 귀책사유가 있음이 특별히 밝혀지지 않는 한 법원은 새로 국선변호인을 선정하여 그에게 통지한 다음 항소이유서를 제출하도록 하여야 한다. 이러한 기존 법리는 피고인에게 책임 지울 사정이 없는 한도에서 방어권을 최대한 보장해주려는 태도가 반영된 것이다. 위 판결은 이러한 기조에서 사선변호인의 선임은 피고인의 책임영역이라고 판단한 것이라 본다.[66]

나아가, 피의자가 변호인의 참여를 원한다는 의사를 명백하게 표시하였음에도 수사기관이 정당한 사유 없이 변호인을 참여하게 하지 아니한 채 피의자를 신문하여 작성한 피의자신문조서는 형사소송법 제312조에 정한 '적법한 절차와 방식'에 위반된 증거일 뿐만 아니라, 형사소송법 제308조의2에서 정한 '적법한 절차에 따르지 아니하고 수집한 증거'에 해당하므로 이를 증거로 할 수 없다는 대법원 2013. 3. 28. 선고 2010도3359 판결이 있다.

6. 제34조 피고인, 피의자와의 접견, 교통, 受診

🏛 대법원 2012. 5. 17. 선고 2009도6788 전원합의체 판결[건설산업기본법위반 · 특정범죄 가중처벌등에관한법률위반(뇌물)(일부 인정된 죄명: 뇌물수수) 등]

판결의 요지

甲 주식회사 및 그 직원인 피고인들이 정비사업전문관리업자의 임원에게 甲 회사가 주택재개발사업 시공사로 선정되게 해 달라는 청탁을 하면서 금원을 제공하였다고 하여 구 건설산업기본법(2011. 5. 24. 법률 제10719호로 개정되기 전의 것) 위

---

66) 이상원, 2018년 분야별 중요판례 분석, 법률신문, 2019. 5.

반으로 기소되었는데, 변호사가 법률자문 과정에 작성하여 甲 회사 측에 전송한 전자문서를 출력한 '법률의견서'에 대하여 피고인들이 증거로 함에 동의하지 아니하고, 변호사가 원심 공판기일에 증인으로 출석하였으나 증언할 내용이 甲 회사로부터 업무상 위탁을 받은 관계로 알게 된 타인의 비밀에 관한 것임을 소명한 후 증언을 거부한 사안에서, 위 법률의견서는 압수된 디지털 저장매체로부터 출력한 문건으로서 실질에 있어서 형사소송법 제313조 제1항에 규정된 '피고인 아닌 자가 작성한 진술서나 그 진술을 기재한 서류'에 해당하는데, 공판준비 또는 공판기일에서 작성자 또는 진술자인 변호사의 진술에 의하여 성립의 진정함이 증명되지 아니하였으므로 위 규정에 의하여 증거능력을 인정할 수 없고, 나아가 원심 공판기일에 출석한 변호사가 그 진정 성립 등에 관하여 진술하지 아니한 것은 형사소송법 제149조에서 정한 바에 따라 정당하게 증언거부권을 행사한 경우에 해당하므로 형사소송법 제314조에 의하여 증거능력을 인정할 수도 없다는 이유로, 원심이 이른바 변호인·의뢰인 특권에 근거하여 위 의견서의 증거능력을 부정한 것은 적절하다고 할 수 없으나, 위 의견서의 증거능력을 부정하고 나머지 증거들만으로 유죄를 인정하기 어렵다고 본 결론은 정당하다.

7. 제37조 재판서의 방식

'여순사건' 당시 내란 및 국권문란 혐의로 군법회의에 회부되어 사형을 선고받고 그 판결에 따라 사형이 집행된 피고인들의 유족들이 그 후 위 판결에 대해 재심을 청구하여 재심개시결정이 있게 되자 검사가 재항고를 한 사안에서, 위 재심대상판결에 형사소송법 제422조, 제420조 제7호의 재심사유가 있다고 본 원심판단이 정당하다고 한 사례

🏛 대법원 2019. 3. 21.자 2015모2229 전원합의체 결정[재심인용결정에대한재항고]

판결의 요지

'여순사건' 당시 내란 및 국권문란 혐의로 군법회의에 회부되어 사형을 선고받고 그 판결에 따라 사형이 집행된 피고인들의 유족들이 그 후 위 판결(이하 '재심대

상판결'이라 한다)에 대해 재심을 청구하여 재심 개시 결정이 있게 되자 검사가 재항고를 한 사안에서, 형사소송법 제415조에서 정한 재항고의 절차에 관하여는 형사소송법에 아무런 규정을 두고 있지 않으므로 성질상 상고에 관한 규정을 준용하여야 하고, 사실인정의 전제로서 하는 증거의 취사선택과 증거의 증명력은 사실심 법원의 자유판단에 속하는 점, 형사재판에서 심증 형성은 반드시 직접증거로 해야만 하는 것은 아니고 간접증거로 할 수도 있는 점, 재심의 청구를 받은 법원은 재심청구 이유의 유무를 판단함에 필요한 경우 사실을 조사할 수 있고(형사소송법 제37조 제3항), 공판절차에 적용되는 엄격한 증거조사 방식에 따라야만 하는 것은 아닌 점 및 대한민국헌법(1948. 7. 17. 제정된 것, 제헌헌법) 제9조, 구 형사소송법(1948. 3. 20. 군정법령 제176호로 개정된 것) 제3조, 제6조 등의 규정, 그리고 진실·화해를 위한 과거사 정리위원회의 여순사건 진실규명결정서를 비롯한 기록에서 알 수 있는 사정을 종합하면, 피고인들은 여순사건 당시 진압군이 순천지역을 회복한 후 군경에 의하여 반란군에 가담하거나 협조하였다는 혐의로 체포되어 감금되었다가 내란죄와 국권문란죄로 군법회의에 회부되어 유죄판결을 받았고, 피고인들을 체포·감금한 군경이 법원으로부터 구속영장을 발부받았어야 하는데도 이러한 구속영장 발부 없이 불법 체포·감금하였다고 인정하여 재심대상판결에 형사소송법 제422조, 제420조 제7호의 재심사유가 있다고 본 원심판단이 정당하다.

8. 제39조 재판의 이유

항소심이 자신의 양형 판단과 일치하지 않는다고 하여 양형부당을 이유로 제1심판결을 파기하는 경우, 양형심리 및 양형 판단 방법이 위법한지 여부(소극) 및 원심판단에 근거가 된 양형 자료와 그에 관한 판단 내용이 모순 없이 설시되어 있더라도, 양형의 조건이 되는 사유를 일일이 명시하지 아니하면 위법한지 여부(소극)

🏛 대법원 2015. 7. 23. 선고 2015도3260 전원합의체 판결[게임산업진흥에관한법률위반·도박개장]

판결의 요지

항소심은 제1심에 대한 사후심적 성격이 가미된 속심으로서 제1심과 구분되는 고유의 양형 재량을 가지고 있으므로, 항소심이 자신의 양형 판단과 일치하지 아니한다고 하여 양형부당을 이유로 제1심판결을 파기하는 것이 바람직하지 아니한 점이 있다고 하더라도 이를 두고 양형심리 및 양형 판단 방법이 위법하다고까지 할 수는 없다. 그리고 원심의 판단에 근거가 된 양형 자료와 그에 관한 판단 내용이 모순 없이 설시되어 있는 경우에는 양형의 조건이 되는 사유에 관하여 일일이 명시하지 아니하여도 위법하다고 할 수 없다.

9. 제54조 공판조서의 정리 등

🏛 대법원 1980. 5. 20. 선고 80도306 판결[(가)내란목적살인,(나)내란수괴미수,(다)내란중요임무종사미수,(라)증거은닉,(마)살인(변경된 죄명)]

판결의 요지

피고인에 대한 통지 없이 법정 외에서 한 증인신문 결과, 군법회의의 항소심에서 공동피고인들 중 일부만을 공판기일에 출석시키고 나머지 피고인들에 대하여 출석을 명하지 않은 조치의 적부, 피고인의 직계가족 등이 한 변호인 선임을 피고인이 취소할 수 있는지 여부 등

☞ **형법 제88조 내란목적의 살인 부분 참조.**

10. 제65조 민사소송법의 준용

재정신청 기각결정에 대한 재항고나 그 재항고 기각결정에 대한 즉시항고로서의 재항고에 대한 법정기간 준수 여부는 도달주의 원칙에 따라 판단하여야 하는지 여부(적극) 및 여기에 형사소송법 제344조 제1항의 '재소자 피고인에 대한 특칙'이 준용되는지 여부(소극)

🏛 대법원 2015. 7. 16.자 2013모2347 전원합의체 결정[재정신청기각결정에대한재항고]

형사소송절차에서 법원에 제출하는 서류는 법원에 도달하여야 제출의 효과가 발생하며, 각종 서류의 제출에 관하여 법정기간의 준수 여부를 판단할 때에도 당연히 해당 서류가 법원에 도달한 시점을 기준으로 하여야 한다.

한편 형사소송법은 이러한 도달주의 원칙에 대한 예외로서, 교도소 또는 구치소에 있는 피고인(이하 '재소자 피고인'이라 한다)이 제출하는 상소장에 대하여 상소의 제기 기간 내에 교도소장이나 구치소장 또는 그 직무를 대리하는 사람에게 이를 제출한 때에 상소의 제기 기간 내에 상소한 것으로 간주하는 재소자 피고인에 대한 특칙(제344조 제1항, 이하 '재소자 피고인 특칙'이라 한다)을 두고 있다. 그런데 형사소송법은 상소장 외에 재소자가 제출하는 다른 서류에 대하여는 재소자 피고인 특칙을 일반적으로 적용하거나 준용하지 아니하고, 상소권회복의 청구 또는 상소의 포기나 취하(제355조), 항소이유서 및 상고이유서 제출(제361조의3 제1항, 제379조 제1항), 재심의 청구와 취하(제430조), 소송비용의 집행면제 신청, 재판의 해석에 대한 의의(疑義)신청과 재판의 집행에 대한 이의신청 및 취하(제490조 제2항) 등의 경우에 개별적으로 재소자 피고인 특칙을 준용하는 규정을 두고 있으며, 재정신청 절차에 대하여는 재소자 피고인 특칙의 준용 규정을 두고 있지 아니하다. 이와 같이 형사소송법이 법정기간의 준수에 대하여 도달주의 원칙을 정하고 그에 대한 예외로서 재소자 피고인 특칙을 제한적으로 인정하는 취지는 소송절차의 명확성, 안정성과 신속성을 도모하기 위한 것이며, 재정신청 절차에 대하여 재소자 피고인 특칙의 준용 규정을 두지 아니한 것도 마찬가지이다.

그리고 재정신청 절차는 고소·고발인이 검찰의 불기소처분에 불복하여 법원에 그 당부에 관한 판단을 구하는 절차로서 검사가 공소를 제기하여 공판절차가 진행되는 형사재판절차와는 다르며, 또한 고소·고발인인 재정신청인은 검사에 의하여 공소가 제기되어 형사재판을 받는 피고인과는 지위가 본질적으로 다르다.

또한 재정신청인이 교도소 또는 구치소에 있는 경우에도 제3자에게 제출권한을 위임하여 재정신청 기각결정에 대한 재항고장을 제출할 수 있고, 게다가 특급우편제도를 이용할 경우에는 발송 다음 날까지 재항고장이 도달할 수도 있다. 또한 형사소송법 제67조 및 형사소송규칙 제44조에 의하여 재정신청인이 있는 교도소 등의 소재지와 법원과의 거리, 교통통신의 불편 정도에 따라 일정한 기간이 재항고

제기 기간에 부가되며 나아가 법원에 의하여 기간이 더 연장될 수 있다. 그뿐 아니라 재정신청인이 자기 또는 대리인이 책임질 수 없는 사유로 인하여 재정신청 기각결정에 대한 재항고 제기 기간을 준수하지 못한 경우에는 형사소송법 제345조에 따라 재항고권 회복을 청구할 수도 있다.

위와 같이 법정기간 준수에 대하여 도달주의 원칙을 정하고 재소자 피고인 특칙의 예외를 개별적으로 인정한 형사소송법의 규정 내용과 입법 취지, 재정신청절차가 형사재판절차와 구별되는 특수성, 법정기간 내의 도달주의를 보완할 수 있는 여러 형사소송법상 제도 및 신속한 특급우편 제도의 이용 가능성 등을 종합하여 보면, 재정신청 기각결정에 대한 재항고나 그 재항고 기각결정에 대한 즉시항고로서의 재항고에 대한 법정기간의 준수 여부는 도달주의 원칙에 따라 재항고장이나 즉시항고장이 법원에 도달한 시점을 기준으로 판단하여야 하고, 거기에 재소자 피고인 특칙은 준용되지 아니한다.

11. 제103조 보증금 등의 몰취

보석보증금 몰수 결정은 반드시 보석취소와 동시에 하여야만 하는지 여부(소극)

🏛 대법원 2001. 5. 29.자 2000모22 전원합의체 결정[보석취소 결정에 대한 재항고]

판결의 요지

형사소송법 제102조 제2항은 "보석을 취소할 때에는 결정으로 보증금의 전부 또는 일부를 몰수할 수 있다."라고 규정하고 있는바, 이는 보석취소 사유가 있어 보석취소 결정을 할 경우에는 보석보증금의 전부 또는 일부를 몰수하는 것도 가능하다는 의미로 해석될 뿐, 문언상 보석보증금의 몰수는 반드시 보석취소와 동시에 결정하여야 한다는 취지라고 단정하기는 어려운 점, 같은 법 제103조에서 보석된 자가 유죄판결 확정 후의 집행을 위한 소환에 불응하거나 도망한 경우 보증금을 몰수하도록 규정하고 있어 보석보증금은 형벌의 집행 단계에서의 신체 확보까지 담보하고 있으므로, 보석보증금의 기능은 유죄의 판결이 확정될 때까지의 신체 확보도 담보하는 취지로 봄이 상당한 점, 보석취소 결정은 그 성질상 신속을 요하는 경우가 대부분임에 반하여, 보증금몰수 결정에 있어서는 그 몰수의 요부(보석조건위반 등 귀책 사유의 유무) 및 몰수 금액의 범위 등에 관하여 신중히 검토하여야 할 필요성도 있는 점 등을 아울러 고려하여 보면, 보석보증금을 몰수하려면 반드시 보석취소와 동시에 하여야만 가능한 것이 아니라 보석취소 후에 별도로 보증금몰수 결정을 할 수도 있다. 그리고 형사소송법 제104조가 구속 또는 보석을 취소하거나 구속영장의 효력이 소멸된 때에는 몰수하지 아니한 보증금을 청구한 날로부터 7일 이내에 환부하도록 규정되어 있다고 하여도, 이 규정의 해석상 보석취소 후에 보증금몰수를 하는 것이 불가능하게 되는 것도 아니다.

12. 제106조 압수

가. 전자정보에 대한 압수·수색이 저장매체 또는 복제본을 수사기관 사무실 등 외부로 반출하는 방식으로 허용되는 예외적인 경우 및 수사기관 사무실 등으로 반출된 저장매체 또는 복제본에서 혐의사실 관련성에 대한 구분 없이 임의로 저장된 전자정보를 문서로 출력하거나 파일로 복제하는 행위가 영장주의 원칙에 반하는 위법한 압수인지 여부(원칙적 적극)

🏛 대법원 2015. 7. 16.자 2011모1839 전원합의체 결정[준항고 인용 결정에 대한 재항고]

판결의 요지

1) 수사기관의 전자정보에 대한 압수·수색은 원칙적으로 영장 발부의 사유로 된 범죄 혐의사실과 관련된 부분만을 문서 출력물로 수집하거나 수사기관이 휴대한 저장매체에 해당 파일을 복제하는 방식으로 이루어져야 하고, 저장매체 자체를 직접 반출하거나 저장매체에 들어 있는 전자파일 전부를 하드카피나 이미징 등 형태(이하 '복제본'이라 한다)로 수사기관 사무실 등 외부로 반출하는 방식으로 압수·수색하는 것은 현장의 사정이나 전자정보의 대량성으로 관련 정보 획득에 긴 시간이 소요되거나 전문 인력에 의한 기술적 조치가 필요한 경우 등 범위를 정하여 출력 또는 복제하는 방법이 불가능하거나 압수의 목적을 달성하기에 현저히 곤란하다고 인정되는 때에 한하여 예외적으로 허용될 수 있을 뿐이다.

이처럼 저장매체 자체 또는 적법하게 획득한 복제본을 탐색하여 혐의사실과 관련된 전자정보를 문서로 출력하거나 파일로 복제하는 일련의 과정 역시 전체적으로 하나의 영장에 기한 압수·수색의 일환에 해당하므로, 그러한 경우의 문서 출력 또는 파일복제의 대상 역시 저장매체 소재지에서의 압수·수색과 마찬가지로 혐의사실과 관련된 부분으로 한정되어야 함은 헌법 제12조 제1항, 제3항과 형사소송법 제114조, 제215조의 적법절차 및 영장주의 원칙이나 비례의 원칙에 비추어 당연하다. 따라서 수사기관 사무실 등으로 반출된 저장매체 또는 복제본에서 혐의사실 관련성에 대한 구분 없이 임의로 저장된 전자정보를 문서로 출력하거나 파일로 복제하는 행위는 원칙적으로 영장주의 원칙에 반하는 위법한 압수가 된다.

2) 저장매체에 대한 압수·수색 과정에서 범위를 정하여 출력 또는 복제하는 방법이 불가능하거나 압수의 목적을 달성하기에 현저히 곤란한 예외적인 사정이 인정되어 전자정보가 담긴 저장매체 또는 하드카피나 이미징 등 형태(이하 '복제본'이라 한다)를 수사기관 사무실 등으로 옮겨 복제·탐색·출력하는 경우에도, 그와 같은 일련의 과정에서 형사소송법 제219조, 제121조에서 규정하는 피압수·수색 당사자(이하 '피압수자'라 한다)나 변호인에게 참여의 기회를 보장하고 혐의사실과 무관한 전자정보의 임의적인 복제 등을 막기 위한 적절한 조치를 취하는 등 영장주의 원칙과 적법절차를 준수하여야 한다. 만약 그러한 조치가 취해지지 않았다면 피압수자 측이 참여하지 아니한다는 의사를 명시적으로 표시하였거나 절차 위반행위가 이루어진 과정의 성질과 내용 등에 비추어 피압수자 측에 절차 참여를 보장한 취지가 실질적으로 침해되었다고 볼 수 없을 정도에 해당한다는 등의 특별한 사정이 없는 이상 압수·수색이 적법하다고 평가할 수 없고, 비록 수사기관이 저장매체 또는 복제본에서 혐의사실과 관련된 전자정보만을 복제·출력하였다 하더라도 달리 볼 것은 아니다.

3) 검사가 압수·수색영장을 발부받아 甲 주식회사 빌딩 내 乙의 사무실을 압수·수색하였는데, 저장매체에 범죄혐의와 관련된 정보(이하 '유관정보'라 한다)와 범죄혐의와 무관한 정보(이하 '무관정보'라 한다)가 혼재된 것으로 판단하여 甲 회사의 동의를 받아 저장매체를 수사기관 사무실로 반출한 다음 乙 측의 참여하에 저장매체에 저장된 전자정보파일 전부를 '이미징'의 방법으로 다른 저장매체로 복제(이하 '제1 처분'이라 한다)하고, 乙 측의 참여 없이 이미징한 복제본을 외장 하드디스크에 재복제(이하 '제2 처분'이라 한다)하였으며, 乙 측의 참여 없이 하드디스크에서 유관정보를 탐색하는 과정에서 甲 회사의 별건 범죄혐의와 관련된 전자정보 등 무관정보도 함

께 출력(이하 '제3 처분'이라 한다)한 사안에서, 제1 처분은 위법하다고 볼 수 없으나, 제2·3 처분은 제1 처분 후 피압수·수색 당사자에게 계속적인 참여권을 보장하는 등의 조치가 이루어지지 아니한 채 유관정보는 물론 무관정보까지 재복제·출력한 것으로서 영장이 허용한 범위를 벗어나고 적법절차를 위반한 위법한 처분이며, 제2·3 처분에 해당하는 전자정보의 복제·출력 과정은 증거물을 획득하는 행위로서 압수·수색의 목적에 해당하는 중요한 과정인 점 등 위법의 중대성에 비추어 위 영장에 기한 압수·수색이 전체적으로 취소되어야 한다.

4) 전자정보에 대한 압수·수색에 있어 저장매체 자체를 외부로 반출하거나 하드카피·이미징 등의 형태로 복제본을 만들어 외부에서 저장매체나 복제본에 대하여 압수·수색이 허용되는 예외적인 경우에도 혐의사실과 관련된 전자정보 이외에 이와 무관한 전자정보를 탐색·복제·출력하는 것은 원칙적으로 위법한 압수·수색에 해당하므로 허용될 수 없다. 그러나 전자정보에 대한 압수·수색이 종료되기 전에 혐의사실과 관련된 전자정보를 적법하게 탐색하는 과정에서 별도의 범죄혐의와 관련된 전자정보를 우연히 발견한 경우라면, 수사기관은 더 이상의 추가 탐색을 중단하고 법원에서 별도의 범죄혐의에 대한 압수·수색영장을 발부받은 경우에 한하여 그러한 정보에 대하여도 적법하게 압수·수색을 할 수 있다.

나아가 이러한 경우에도 별도의 압수·수색 절차는 최초의 압수·수색 절차와 구별되는 별개의 절차이고, 별도 범죄혐의와 관련된 전자정보는 최초의 압수·수색영장에 의한 압수·수색의 대상이 아니어서 저장매체의 원래 소재지에서 별도의 압수·수색영장에 기해 압수·수색을 진행하는 경우와 마찬가지로 피압수·수색 당사자(이하 '피압수자'라 한다)는 최초의 압수·수색 이전부터 해당 전자정보를 관리하고 있던 자라 할 것이므로, 특별한 사정이 없는 한 피압수자에게 형사소송법 제219조, 제121조, 제129조에 따라 참여권을 보장하고 압수한 전자정보 목록을 교부하는 등 피압수자의 이익을 보호하기 위한 적절한 조치가 이루어져야 한다.

5) 검사가 압수·수색영장(이하 '제1 영장'이라 한다)을 발부받아 甲 주식회사 빌딩 내 乙의 사무실을 압수·수색하였는데, 저장매체에 범죄혐의와 관련된 정보(이하 '유관정보'라 한다)와 범죄혐의와 무관한 정보(무관정보)가 혼재된 것으로 판단하여 甲 회사의 동의를 받아 저장매체를 수사기관 사무실로 반출한 다음 乙 측의 참여하에 저장매체에 저장된 전자정보파일 전부를 '이미징'의 방법으로 다른 저장매체로 복제하고, 乙 측의 참여 없이 이미징한 복제본을 외장 하드디스크에 재복제하

였으며, 乙 측의 참여 없이 하드디스크에서 유관정보를 탐색하던 중 우연히 乙 등의 별건 범죄혐의와 관련된 전자정보(이하 '별건 정보'라 한다)를 발견하고 문서로 출력하였고, 그 후 乙 측에 참여권 등을 보장하지 않은 채 다른 검사가 별건 정보를 소명자료로 제출하면서 압수·수색영장(이하 '제2 영장'이라 한다)을 발부받아 외장 하드디스크에서 별건 정보를 탐색·출력한 사안에서, 제2 영장 청구 당시 압수할 물건으로 삼은 정보는 제1 영장의 피압수·수색 당사자에게 참여의 기회를 부여하지 않은 채 임의로 재복제한 외장 하드디스크에 저장된 정보로서 그 자체가 위법한 압수물이어서 별건 정보에 대한 영장청구 요건을 충족하지 못하였고, 나아가 제2 영장에 기한 압수·수색 당시 乙 측에 압수·수색 과정에 참여할 기회를 보장하지 않았으므로, 제2 영장에 기한 압수·수색은 전체적으로 위법하다.[67]

나. 압수·수색영장의 제시가 현실적으로 불가능한 경우, 영장 제시 없이 이루어진 압수·수색의 적법 여부(적극)

🏛 대법원 2015. 1. 22. 선고 2014도10978 전원합의체 판결[내란음모·국가보안법위반(찬양·고무 등)·내란선동]

판결의 요지

형사소송법 제219조가 준용하는 제118조는 "압수·수색영장은 처분을 받는 자에게 반드시 제시하여야 한다."고 규정하고 있으나, 이는 영장 제시가 현실적으로 가능한 상황을 전제로 한 규정으로 보아야 하고, 피처분자가 현장에 없거나 현장에서 그를 발견할 수 없는 경우 등 영장 제시가 현실적으로 불가능한 경우에는 영장을 제시하지 아니한 채 압수·수색을 하더라도 위법하다고 볼 수 없다.

【평석】 전기통신사업자가 정보통신망 이용촉진 및 정보보호 등에 관한 법률 제30조 제2항 제2호, 제4항에 기한 이용자의 이 메일 압수·수색 사항의 열람·제공 요구에 응할 의무가 있는지 여부(소극)에 대하여 다음의 주요 민사 판결이 있다.

---

67) 불법촬영 당한 피해자가 임의제출한 피의자의 휴대폰에서 원래 수사 대상과 다른 범행의 단서가 발견되었다 하더라도 법원으로부터 해당 범행에 대한 별도의 압수 수색 영장을 발부 받고 피의자 참여권을 보장하는 등 적법절차를 거치지 않았다면 증거로 쓸 수 없다. 대법원 2021. 11. 18. 선고 2016도348 판결[준강제추행, 성폭력범죄의 처벌등에 관한 특례법 위반(카메라등이용촬영)]

판결의 요지

통신비밀보호법 제9조의3은 전기 통신에 대한 압수·수색 집행 사실의 가입자에 대한 통지에 관하여 별도의 규정을 두어 통지의 주체를 수사기관으로 한정하고 통지의 시기도 압수·수색 직후가 아닌 일정 기간 이후로 규정하고 있는데, 이는 전기 통신에 대한 압수·수색의 대상이 된 자의 알 권리와 수사상 기밀 유지의 필요성을 함께 고려한 것으로 보이고, 이러한 입법목적을 달성하기 위해서는 통신비밀보호법 제9조의3 이외의 다른 법률에 기하여 수사기관 이외의 제3자가 전기 통신에 대한 압수·수색 사항을 가입자에게 별도로 통지하는 것은 제한할 필요가 있는 점, 정보통신망 이용촉진 및 정보보호 등에 관한 법률(이하 '정보통신망법'이라 한다) 제5조는 정보통신망 이용촉진 및 정보보호 등에 관하여 다른 법률에서 특별히 규정된 경우 외에는 이 법으로 정하는 바에 따른다고 규정하고 있어, 다른 법률이 제3자에 대한 개인정보 제공 현황의 통지에 관하여 달리 규정하는 경우에는 정보통신망법의 적용이 배제되는데, 전기 통신에 대한 압수·수색 집행 사실의 통지에 관하여 통지의 주체, 시기, 절차를 별도로 규정한 통신비밀보호법 제9조의3은 정보통신망법 제30조 제2항 제2호, 제4항의 특칙에 해당하는 점, 전기 통신에 대한 압수·수색 시 수사기관은 가입자의 전기 통신일시, 상대방의 가입자 번호, 사용도수 등 통신사실 확인 자료에 해당하는 사항 또한 제공받게 되므로 전기 통신에 대한 압수·수색은 통신사실 확인 자료 제공과 불가분적으로 결합되어 있고, 송·수신이 완료된 전기 통신에 대한 압수·수색에 관하여 통신비밀보호법 제11조 제2항이 직접 준용되지는 아니하나, 전기통신사업자가 통신 사실 확인자료 제공 사항에 관하여는 비밀준수의무를 부담하면서도 통신 사실 확인 자료 제공 사항과 불가분적으로 결합된 전기 통신에 대한 압수·수색 사항에 대하여는 비밀준수의무를 부담하지 아니한다고 보면 통신 사실 확인 자료 제공 사항에 관한 비밀준수의 취지가 몰각되므로, 통신 사실 확인 자료 제공 사항과 마찬가지로 전기통신에 대한 압수·수색 사항에 관하여도 전기통신사업자가 비밀준수의무를 부담한다고 볼 것인 점 등을 종합적으로 고려하면, 전기통신사업자는 정보통신망법 제30조 제2항 제2호, 제4항에 기한 이용자의 이 메일 압수·수색 사항의 열람·제공 요구에 응할 의무가 없다.

다. 원격지(국외 포함)의 저장매체에 저장된 정자정보에 대한 압수·수색

> 🏛 대법원 2017. 11. 29. 선고 2017도9747 판결[국가보안법위반(찬양·고무등)·국가보안
> 법위반(회합·통신등)·국가보안법위반(편의제공) 등]

판결의 요지

압수·수색은 대상물의 소유자 또는 소지자를 상대로 할 수 있고, 이는 해당 소유자 또는 소지자가 피고인이나 피의자인 경우에도 마찬가지이다(형사소송법 제106조 제1항, 제2항, 제107조 제1항, 제108조, 제109조 제1항, 제219조 참조). 또한 정보저장매체에 저장된 전자정보에 대한 압수·수색은 영장 발부의 사유로 된 범죄 혐의사실과 관련된 부분만을 출력하거나 복제하는 방법으로 하여야 하고, 다만 범위를 정하여 출력 또는 복제하는 방법이 불가능하거나 압수의 목적을 달성하기에 현저히 곤란하다고 인정되는 때에는 정보저장매체 자체를 압수할 수 있다(형사소송법 제106조 제3항, 제219조 참조).

인터넷서비스이용자는 인터넷서비스제공자와 체결한 서비스이용계약에 따라 인터넷서비스를 이용하여 개설한 이메일 계정과 관련 서버에 대한 접속권한을 가지고, 해당 이메일 계정에서 생성한 이메일 등 전자정보에 관한 작성·수정·열람·관리 등의 처분권한을 가지며, 전자정보의 내용에 관하여 사생활의 비밀과 자유 등의 권리보호이익을 가지는 주체로서 해당 전자정보의 소유자 내지 소지자라고 할 수 있다. 또한 인터넷서비스제공자는 서비스이용약관에 따라 전자정보가 저장된 서버의 유지·관리책임을 부담하고, 해당 서버 접속을 위해 입력된 아이디와 비밀번호 등이 인터넷서비스이용자가 등록한 것과 일치하면 접속하려는 자가 인터넷서비스이용자인지를 확인하지 아니하고 접속을 허용하여 해당 전자정보를 정보통신망으로 연결되어 있는 컴퓨터 등 다른 정보처리장치로 이전, 복제 등을 할 수 있도록 하는 것이 일반적이다.

따라서 수사기관이 인터넷서비스이용자인 피의자를 상대로 피의자의 컴퓨터 등 정보처리장치 내에 저장되어 있는 이메일 등 전자정보를 압수·수색하는 것은 전자정보의 소유자 내지 소지자를 상대로 해당 전자정보를 압수·수색하는 대물적 강제처분으로 형사소송법의 해석상 허용된다.

나아가 압수·수색할 전자정보가 압수·수색영장에 기재된 수색장소에 있는 컴

퓨터 등 정보처리장치 내에 있지 아니하고 그 정보처리장치와 정보통신망으로 연결되어 제3자가 관리하는 원격지의 서버 등 저장매체에 저장되어 있는 경우에도, 수사기관이 피의자의 이메일 계정에 대한 접근권한에 갈음하여 발부받은 영장에 따라 영장 기재 수색장소에 있는 컴퓨터 등 정보처리장치를 이용하여 적법하게 취득한 피의자의 이메일 계정 아이디와 비밀번호를 입력하는 등 피의자가 접근하는 통상적인 방법에 따라 원격지의 저장매체에 접속하고 그곳에 저장되어 있는 피의자의 이메일 관련 전자정보를 수색장소의 정보처리장치로 내려받거나 그 화면에 현출시키는 것 역시 피의자의 소유에 속하거나 소지하는 전자정보를 대상으로 이루어지는 것이므로 그 전자정보에 대한 압수·수색을 위와 달리 볼 필요가 없다.

비록 수사기관이 위와 같이 원격지의 저장매체에 접속하여 그 저장된 전자정보를 수색장소의 정보처리장치로 내려받거나 그 화면에 현출시킨다 하더라도, 이는 인터넷서비스제공자가 허용한 피의자의 전자정보에 대한 접근 및 처분권한과 일반적 접속 절차에 기초한 것으로서, 특별한 사정이 없는 한 인터넷서비스제공자의 의사에 반하는 것이라고 단정할 수 없다.

또한 형사소송법 제109조 제1항, 제114조 제1항에서 영장에 수색할 장소를 특정하도록 한 취지와 정보통신망으로 연결되어 있는 한 정보처리장치 또는 저장매체 간 이전, 복제가 용이한 전자정보의 특성 등에 비추어 보면, 수색장소에 있는 정보처리장치를 이용하여 정보통신망으로 연결된 원격지의 저장매체에 접속하는 것이 위와 같은 형사소송법의 규정에 위반하여 압수·수색영장에서 허용한 집행의 장소적 범위를 확대하는 것이라고 볼 수 없다. 수색행위는 정보통신망을 통해 원격지의 저장매체에서 수색장소에 있는 정보처리장치로 내려받거나 현출된 전자정보에 대하여 위 정보처리장치를 이용하여 이루어지고, 압수행위는 위 정보처리장치에 존재하는 전자정보를 대상으로 그 범위를 정하여 이를 출력 또는 복제하는 방법으로 이루어지므로, 수색에서 압수에 이르는 일련의 과정이 모두 압수·수색영장에 기재된 장소에서 행해지기 때문이다.

위와 같은 사정들을 종합하여 보면, 피의자의 이메일 계정에 대한 접근권한에 갈음하여 발부받은 압수·수색영장에 따라 원격지의 저장매체에 적법하게 접속하여 내려받거나 현출된 전자정보를 대상으로 하여 범죄 혐의사실과 관련된 부분에 대하여 압수·수색하는 것은, 압수·수색영장의 집행을 원활하고 적정하게 행하기 위하여 필요한 최소한도의 범위 내에서 이루어지며 그 수단과 목적에 비추어 사회통념상 타당하다고 인정되는 대물적 강제처분 행위로서 허용되며, 형사소송법 제120조 제1항에서 정한 압수·수색영장의 집행에 필요한 처분에 해당한다. 그리고 이러한 법리는 원격지의 저장매체가 국외에 있는 경우라 하더라도 그 사정만으로 달리 볼 것은 아니다.

【평석】 원격지의 저장매체에 저장된 정자정보에 대한 압수·수색의 허용 여부에 대하여, 학설은 그 필요성은 대체로 인정하면서도 현행 형사소송법하에서 가능한지에 대하여는 소극설, 제한적 적극설 등이 있었다. 이 판결은 수사기관이 피의자의 이 메일 계정에 대한 접근 권한에 갈음하여 발부받은 압수·수색 영장에 따라 피의자가 접근하는 통상적인 방법으로 원격지의 저장매체에 접속하여 범죄혐의사실과 관련된 부분에 대하여 압수 수색하는 것이 허용되고, 원격지의 저장매체가 국외에 있는 경우라도 허용된다고 판시하였다. 현행 형사소송법 아래에서 그동안의 실무 관행에 대하여 일정한 요건 아래에서 위법한 것은 아니라는 취지의 첫 판결이다.[68]

또한, 일본, 독일, 프랑스 형소법은 원격 압수를 허용하고 있고, 역외 압수는 유럽이사회(Council of Europe) 사이버범죄조약(2001)이 이용자의 적법하고 자발적인 동의를 전제로 허용하고 있으며, 원격 압수수색의 필요성이 인정된다고 하더라도 현행법상 허용되는지 여부에 관하여는 견해가 분분하고, 특히 역외 압수수색의 경우는 주권의 문제까지 더해져 논의가 조심스러운데, 대상판결은 이런 모든 논의를 단칼로 쳐낸 용감한 판결이라고도 한다.[69]

라. 제3자가 임의제출한 정보저장매체에 저장된 전자정보 및 금융계좌추적용 압수·수색영장 집행 결과의 증거능력 인정 여부

🏛 대법원 2022. 1. 27. 선고 2021도11170 판결[자본시장과금융투자업에관한법률위반·사기·허위작성공문서행사·금융실명거래및비밀보장에관한법률위반·위계공무집행방해·위조사문서행사·증거은닉교사·증거인멸교사 등]

---

68) 정문경, 원격지 저장매체에 저장된 정자정보에 대한 압수·수색, 대법원판례해설, 제114호(2017년 하), 법원도서관, 535면
69) 이상원, 2017년 분야별 중요판례 분석, 법률신문, 2018. 6. 21.자

1) 헌법과 형사소송법이 구현하고자 하는 적법절차, 영장주의, 비례의 원칙은 물론, 사생활의 비밀과 자유, 정보에 대한 자기결정권 및 재산권의 보호라는 관점에서 정보저장매체 내 전자정보가 가지는 중요성에 비추어 볼 때, 정보저장매체를 임의제출하는 사람이 거기에 담긴 전자정보를 지정하거나 제출 범위를 한정하는 취지로 한 의사표시는 엄격하게 해석하여야 하고, 확인되지 않은 제출자의 의사를 수사기관이 함부로 추단하는 것은 허용될 수 없다. 따라서 수사기관이 제출자의 의사를 쉽게 확인할 수 있음에도 이를 확인하지 않은 채 특정 범죄혐의사실과 관련된 전자정보와 그렇지 않은 전자정보가 혼재된 정보저장매체를 임의제출받은 경우, 그 정보저장매체에 저장된 전자정보 전부가 임의제출되어 압수된 것으로 취급할 수는 없다.

전자정보를 압수하고자 하는 수사기관이 정보저장매체와 거기에 저장된 전자정보를 임의제출의 방식으로 압수할 때, 제출자의 구체적인 제출 범위에 관한 의사를 제대로 확인하지 않는 등의 사유로 인해 임의제출자의 의사에 따른 전자정보 압수의 대상과 범위가 명확하지 않거나 이를 알 수 없는 경우에는 임의제출에 따른 압수의 동기가 된 범죄혐의사실과 관련되고 이를 증명할 수 있는 최소한의 가치가 있는 전자정보에 한하여 압수의 대상이 된다. 이때 범죄혐의사실과 관련된 전자정보에는 범죄혐의사실 그 자체 또는 그와 기본적 사실관계가 동일한 범행과 직접 관련되어 있는 것은 물론 범행 동기와 경위, 범행 수단과 방법, 범행 시간과 장소 등을 증명하기 위한 간접증거나 정황증거 등으로 사용될 수 있는 것도 포함될 수 있다. 다만 그 관련성은 임의제출에 따른 압수의 동기가 된 범죄혐의사실의 내용과 수사의 대상, 수사의 경위, 임의제출의 과정 등을 종합하여 구체적·개별적 연관관계가 있는 경우에만 인정되고, 범죄혐의사실과 단순히 동종 또는 유사 범행이라는 사유만으로 관련성이 있다고 할 것은 아니다.

2) 압수의 대상이 되는 전자정보와 그렇지 않은 전자정보가 혼재된 정보저장매체나 그 복제본을 임의제출받은 수사기관이 그 정보저장매체 등을 수사기관 사무실 등으로 옮겨 이를 탐색·복제·출력하는 경우, 그와 같은 일련의 과정에서 형사소송법 제219조, 제121조에서 규정하는 피압수·수색 당사자(이하 '피압수자'라 한다)나 그 변호인에게 참여의 기회를 보장하고 압수된 전자정보의 파일 명세가 특정된

압수목록을 작성·교부하여야 하며 범죄혐의사실과 무관한 전자정보의 임의적인 복제 등을 막기 위한 적절한 조치를 취하는 등 영장주의 원칙과 적법절차를 준수하여야 한다. 만약 그러한 조치가 취해지지 않았다면 피압수자 측이 참여하지 아니한다는 의사를 명시적으로 표시하였거나 임의제출의 취지와 경과 또는 그 절차 위반행위가 이루어진 과정의 성질과 내용 등에 비추어 피압수자 측에 절차 참여를 보장한 취지가 실질적으로 침해되었다고 볼 수 없을 정도에 해당한다는 등의 특별한 사정이 없는 이상 압수·수색이 적법하다고 평가할 수 없고, 비록 수사기관이 정보저장매체 또는 복제본에서 범죄혐의사실과 관련된 전자정보만을 복제·출력하였다 하더라도 달리 볼 것은 아니다.

3) 피해자 등 제3자가 피의자의 소유·관리에 속하는 정보저장매체를 영장에 의하지 않고 임의제출한 경우에는 실질적 피압수·수색 당사자(이하 '피압수자'라 한다)인 피의자가 수사기관으로 하여금 그 전자정보 전부를 무제한 탐색하는 데 동의한 것으로 보기 어려울 뿐만 아니라 피의자 스스로 임의제출한 경우 피의자의 참여권 등이 보장되어야 하는 것과 견주어 보더라도 특별한 사정이 없는 한 형사소송법 제219조, 제121조, 제129조에 따라 피의자에게 참여권을 보장하고 압수한 전자정보 목록을 교부하는 등 피의자의 절차적 권리를 보장하기 위한 적절한 조치가 이루어져야 한다.

이와 같이 정보저장매체를 임의제출한 피압수자에 더하여 임의제출자 아닌 피의자에게도 참여권이 보장되어야 하는 '피의자의 소유·관리에 속하는 정보저장매체'란, 피의자가 압수·수색 당시 또는 이와 시간적으로 근접한 시기까지 해당 정보저장매체를 현실적으로 지배·관리하면서 그 정보저장매체 내 전자정보 전반에 관한 전속적인 관리처분권을 보유·행사하고, 달리 이를 자신의 의사에 따라 제3자에게 양도하거나 포기하지 아니한 경우로써, 피의자를 그 정보저장매체에 저장된 전자정보에 대하여 실질적인 피압수자로 평가할 수 있는 경우를 말하는 것이다. 이에 해당하는지 여부는 민사법상 권리의 귀속에 따른 법률적·사후적 판단이 아니라 압수·수색 당시 외형적·객관적으로 인식 가능한 사실상의 상태를 기준으로 판단하여야 한다. 이러한 정보저장매체의 외형적·객관적 지배·관리 등 상태와 별도로 단지 피의자나 그 밖의 제3자가 과거 그 정보저장매체의 이용 내지 개별 전자정보의 생성·이용 등에 관여한 사실이 있다거나 그 과정에서 생성된 전자정보에 의해 식별되는 정보주체에 해당한다는 사정만으로 그들을 실질적으로 압수·수색을 받는 당사자로 취급하여야 하는 것은 아니다.

3) 수사기관의 압수·수색은 법관이 발부한 압수·수색영장에 의하여야 하는 것이 원칙이고, 영장의 원본은 처분을 받는 자에게 반드시 제시되어야 하므로, 금융계좌추적용 압수·수색영장의 집행에 있어서도 수사기관이 금융기관으로부터 금융거래자료를 수신하기에 앞서 금융기관에 영장 원본을 사전에 제시하지 않았다면 원칙적으로 적법한 집행 방법이라고 볼 수는 없다.

다만 수사기관이 금융기관에 금융실명거래 및 비밀보장에 관한 법률(이하 '금융실명법'이라 한다) 제4조 제2항에 따라서 금융거래정보에 대하여 영장 사본을 첨부하여 그 제공을 요구한 결과 금융기관으로부터 회신받은 금융거래자료가 해당 영장의 집행 대상과 범위에 포함되어 있고, 이러한 모사전송 내지 전자적 송수신 방식의 금융거래정보 제공요구 및 자료 회신의 전 과정이 해당 금융기관의 자발적 협조의사에 따른 것이며, 그 자료 중 범죄혐의사실과 관련된 금융거래를 선별하는 절차를 거친 후 최종적으로 영장 원본을 제시하고 위와 같이 선별된 금융거래자료에 대한 압수절차가 집행된 경우로서, 그 과정이 금융실명법에서 정한 방식에 따라 이루어지고 달리 적법절차와 영장주의 원칙을 잠탈하기 위한 의도에서 이루어진 것이라고 볼 만한 사정이 없어, 이러한 일련의 과정을 전체적으로 '하나의 영장에 기하여 적시에 원본을 제시하고 이를 토대로 압수·수색하는 것'으로 평가할 수 있는 경우에 한하여, 예외적으로 영장의 적법한 집행 방법에 해당한다고 볼 수 있다.

마. 긴급강제채혈과 영장주의

> 🏛 대법원 2012. 11. 15. 선고 2011도15258 판결[도로교통법위반(음주운전)]

판결의 요지

수사기관이 법원으로부터 영장 또는 감정처분허가장을 발부받지 아니한 채 피의자의 동의 없이 피의자의 신체로부터 혈액을 채취하고 사후에도 지체 없이 영장을 발부받지 아니한 채 혈액 중 알코올농도에 관한 감정을 의뢰하였다면, 이러한 과정을 거쳐 얻은 감정의뢰회보 등은 형사소송법상 영장주의 원칙을 위반하여 수집하거나 그에 기초하여 획득한 증거로서, 원칙적으로 절차위반행위가 적법절차의 실질적인 내용을 침해하여 피고인이나 변호인의 동의가 있더라도 유죄의 증거로 사용할 수 없다.

　수사기관이 범죄 증거를 수집할 목적으로 피의자의 동의 없이 피의자의 혈액을 취득·보관하는 행위는 법원으로부터 감정처분허가장을 받아 형사소송법 제221조의4 제1항, 제173조 제1항에 의한 '감정에 필요한 처분'으로도 할 수 있지만, 형사소송법 제219조, 제106조 제1항에 정한 압수의 방법으로도 할 수 있고, 압수의 방법에 의하는 경우 혈액의 취득을 위하여 피의자의 신체로부터 혈액을 채취하는 행위는 혈액의 압수를 위한 것으로서 형사소송법 제219조, 제120조 제1항에 정한 '압수영장의 집행에 있어 필요한 처분'에 해당한다.

　음주운전 중 교통사고를 야기한 후 피의자가 의식불명 상태에 빠져 있는 등으로 도로교통법이 음주운전의 제1차적 수사방법으로 규정한 호흡조사에 의한 음주측정이 불가능하고 혈액 채취에 대한 동의를 받을 수도 없을 뿐만 아니라 법원으로부터 혈액 채취에 대한 감정처분허가장이나 사전 압수영장을 발부받을 시간적 여유도 없는 긴급한 상황이 생길 수 있다. 이러한 경우 피의자의 신체 내지 의복류에 주취로 인한 냄새가 강하게 나는 등 형사소송법 제211조 제2항 제3호가 정하는 범죄의 증적이 현저한 준현행범인의 요건이 갖추어져 있고 교통사고 발생 시각으로부터 사회통념상 범행 직후라고 볼 수 있는 시간 내라면, 피의자의 생명·신체를 구조하기 위하여 사고현장으로부터 곧바로 후송된 병원 응급실 등의 장소는 형사소송법 제216조 제3항의 범죄 장소에 준한다 할 것이므로, 검사 또는 사법경찰관은 피의자의 혈중알코올농도 등 증거의 수집을 위하여 의료법상 의료인의 자격이 있는 자로 하여금 의료용 기구로 의학적인 방법에 따라 필요최소한의 한도 내에서 피의자의 혈액을 채취하게 한 후 그 혈액을 영장 없이 압수할 수 있다. 다만 이 경우에도 형사소송법 제216조 제3항 단서, 형사소송규칙 제58조, 제107조 제1항 제3호에 따라 사후에 지체 없이 강제채혈에 의한 압수의 사유 등을 기재한 영장청구서에 의하여 법원으로부터 압수영장을 받아야 한다.

　【평석】 음주운전으로 인한 교통사고 후 피의자가 의식불명 상태에 있을 경우, 호흡측정에 의한 음주측정도 불가능하고 혈액 채취 동의도 어렵고, 병원의 혈액 채취에 대한 감정처분 허가장이나 사전 압수영장을 발부받을 시간적 여유도 없는 긴급한 상황에 있는 경우에 수사기관이 과연 어떠한 절차를 밟아야 적법한 강제집행 절차로 인정받을 수 있는가에 대한 판결이다. 그동안 실무적으로 많은 논의가 되어

왔는데 형사소송법 제216조 3항의 문언을 벗어나지 않는 범위 내에서 피의자의 헌법상 기본권 침해를 최소화하도록 요건을 설정하였다. 따라서 긴급상황이 있다고 하여 곧바로 사전영장심사에서 제외한다거나 그와 같은 상황하에서 영장없이 수집된 증거의 증거능력이 인정된다고 섣불리 단정하여서는 아니될 것이다.[70]

13. 제133조 압수물의 환부, 가환부

피의자가 수사관에게 소유권 포기 각서를 제출한 경우 수사기관의 압수물 환부의무 면제 여부(소극) 및 피의자의 압수물 환부청구권 소멸 여부(소극)

> 🏛 대법원 1996. 8. 16.자 94모51 전원합의체 결정[검사의 압수물에 관한 처분에 대한 준항고 · 기각 결정에 대한 재항고]

판결의 요지

피압수자 등 환부를 받을 자가 압수 후 그 소유권을 포기하는 등에 의하여 실체법상의 권리를 상실하더라도 그 때문에 압수물을 환부하여야 하는 수사기관의 의무에 어떠한 영향을 미칠 수 없고, 또한 수사기관에 대하여 형사소송법상의 환부청구권을 포기한다는 의사표시를 하더라도 그 효력이 없어 그에 의하여 수사기관의 필요적 환부의무가 면제된다고 볼 수는 없으므로, 압수물의 소유권이나 그 환부청구권을 포기하는 의사표시로 인하여 위 환부의무에 대응하는 압수물에 대한 환부청구권이 소멸하는 것은 아니다.

압수물의 환부는 환부를 받는 자에게 환부된 물건에 대한 소유권 기타 실체법상의 권리를 부여하거나 그러한 권리를 확정하는 것이 아니라 단지 압수를 해제하여 압수 이전의 상태로 환원시키는 것 뿐으로서, 이는 실체법상의 권리와 관계없이 압수 당시의 소지인에 대하여 행하는 것이므로, 실체법인 민법(사법)상 권리의 유무나 변동이 압수물의 환부를 받을 자의 절차법인 형사소송법(공법)상 지위에 어떠한 영향을 미친다고는 할 수 없다. 그리고 형사사법권의 행사절차인 압수물 처분에 관한 준항고 절차에서 민사 분쟁인 소유권 포기 의사의 존부나 그 의사표시의 효력

---

70) 김승주, 긴급 강제채혈의 법적 성질과 영장주의, 대법원판례해설, 제94호(2012년 하), 법원도서관, 744면

및 하자의 유무를 가리는 것은 적절하지 아니하고 이는 결국 민사소송으로 해결할 문제이므로, 피압수자 등 환부를 받을 자가 압수 후에 그 소유권을 포기하는 등에 의하여 실체법상의 권리를 상실하는 일이 있다고 하더라도, 그로 인하여 압수를 계속할 필요가 없는 압수물을 환부하여야 하는 수사기관의 의무에 어떠한 영향을 미친다고 할 수는 없으니, 그에 대응하는 압수물의 환부를 청구할 수 있는 절차법상의 권리가 소멸하는 것은 아니다.

형사소송법 제133조 제1항, 제219조, 제486조 각 규정의 취지를 종합하여 보면, 압수물에 대하여 더 이상 압수를 계속할 필요가 없어진 때에는 수사기관은 환부가 불가능하여 국고에 귀속시키는 경우를 제외하고는 반드시 그 압수물을 환부하여야 하고, 환부를 받을 자로 하여금 그 환부청구권을 포기하게 하는 등의 방법으로 압수물의 환부의무를 면할 수는 없다. 법률이 압수물을 국고에 귀속시키는 절차와 방법에 관하여 엄격히 규정함과 아울러 압수된 범칙물이 범인에게 복귀되지 아니하도록 필요에 따른 준비를 하여 두고 있는데도, 법률이 정하고 있는 이러한 방법 이외에 피압수자 등으로 하여금 그 압수물에 대한 환부청구권을 포기하게 하는 등의 방법으로 압수물의 환부의무를 면하게 함으로써 압수를 계속할 필요가 없어진 물건을 국고에 귀속시킬 수 있는 길을 허용하는 것은 적법절차에 의한 인권보장 및 재산권 보장의 헌법정신에도 어긋나고, 압수물의 환부를 필요적이고 의무적인 것으로 규정한 형사소송법 제133조를 사문화시키며, 나아가 몰수제도를 잠탈할 수 있는 길을 열어 놓게 되는 것이다.

따라서 피압수자 등 압수물을 환부 받을 자가 수사기관에 대하여 형사소송법상의 환부청구권을 포기한다는 의사표시를 한 경우에 있어서도, 그 효력이 없어 그에 의하여 수사기관의 필요적 환부의무가 면제된다고 볼 수는 없으므로, 그 환부의무에 대응하는 압수물의 환부를 청구할 수 있는 절차법상의 권리가 소멸하는 것은 아니다.

외국산 물품을 관세 장물의 혐의가 있다고 보아 압수하였다 하더라도 그것이 언제, 누구에 의하여 관세 포탈된 물건인지 알 수 없어 기소중지 처분을 한 경우에는 그 압수물은 관세 장물이라고 단정할 수 없어 이를 국고에 귀속시킬 수 없을 뿐만 아니라 압수를 더 이상 계속할 필요도 없다.

14. 제148조 근친자의 형사 책임과 증언거부

가. 수사기관에서 진술한 참고인이 법정에서 증언을 거부하여 피고인이 반대신문을 하지 못하였으나 정당하게 증언거부권을 행사한 것이 아닌 경우, 형사소송법 제314조의 '그 밖에 이에 준하는 사유로 인하여 진술할 수 없는 때'에 해당하는지 여부(원칙적 소극) 및 이때 수사기관에서 그 증인의 진술을 기재한 서류의 증거능력 유무(소극)

🏛 대법원 2019. 11. 21. 선고 2018도13945 전원합의체 판결[마약류관리에관한법률위반 (향정)]

판결의 요지

수사기관에서 진술한 참고인이 법정에서 증언을 거부하여 피고인이 반대신문을 하지 못한 경우에는 정당하게 증언거부권을 행사한 것이 아니라도, 피고인이 증인의 증언거부 상황을 초래하였다는 등의 특별한 사정이 없는 한 형사소송법 제314조의 '그 밖에 이에 준하는 사유로 인하여 진술할 수 없는 때'에 해당하지 않는다고 보아야 한다. 따라서 증인이 정당하게 증언거부권을 행사하여 증언을 거부한 경우와 마찬가지로 수사기관에서 그 증인의 진술을 기재한 서류는 증거능력이 없다.

다만 피고인이 증인의 증언거부 상황을 초래하였다는 등의 특별한 사정이 있는 경우에는 형사소송법 제314조의 적용을 배제할 이유가 없다. 이러한 경우까지 형사소송법 제314조의 '그 밖에 이에 준하는 사유로 인하여 진술할 수 없는 때'에 해당하지 않는다고 보면 사건의 실체에 대한 심증 형성은 법관의 면전에서 본래 증거에 대한 반대신문이 보장된 증거조사를 통하여 이루어져야 한다는 실질적 직접심리주의와 전문법칙에 대하여 예외를 정한 형사소송법 제314조의 취지에 반하고 정의의 관념에도 맞지 않기 때문이다.

【평석】 아래 대법원 2012. 5. 17. 선고 2009도6788 전원합의체 판결은 증인이 '정당하게 증언거부권을 행사한 사안'에 관한 판례이고, 정당하게 증언거부권을 행사한 것으로 볼 수 없는 경우(정당한 이유 없이 증언을 거부하는 경우)에 관하여는 명확한 판시가 없었다. 위 판결은 증인이 정당한 이유 없이 증언을 거부하는 경우에

도 원칙적으로 형사소송법 제314조의 '그 밖에 이에 준하는 사유로 인하여 진술할 수 없는 때'에 해당하지 않는다고 명시적으로 밝힘으로써 이제는 증인의 증언 거부에 정당한 이유가 있는지 여부와 관계없이 형사소송법 제314를 적용할 수 없게 되어 수사기관이 작성한 증인에 대한 진술조서 등은 증거능력을 인정받을 수 없게 되었다.[71]

나. 증인이 형사소송법에서 정한 바에 따라 정당하게 증언거부권을 행사하여 증언을 거부한 경우가 형사소송법 제314조의 '그 밖에 이에 준하는 사유로 인하여 진술할 수 없는 때'에 해당하는지 여부(소극)

🏛 대법원 2012. 5. 17. 선고 2009도6788 전원합의체 판결[건설산업기본법위반 · 뇌물공여 · 특정범죄가중처벌등에관한법률위반(뇌물) 등]

판결의 요지

형사소송법 제314조는 "제312조 또는 제313조의 경우에 공판준비 또는 공판기일에 진술을 요하는 자가 사망 · 질병 · 외국 거주 · 소재 불명, 그 밖에 이에 준하는 사유로 인하여 진술할 수 없는 때에는 그 조서 및 그 밖의 서류를 증거로 할 수 있다. 다만, 그 진술 또는 작성이 특히 신빙할 수 있는 상태 하에서 행하여졌음이 증명된 때에 한한다."라고 정함으로써, 원진술자 등의 진술에 의하여 진정 성립이 증명되지 아니하는 전문증거에 대하여 예외적으로 증거능력이 인정될 수 있는 사유로 '사망 · 질병 · 외국 거주 · 소재 불명, 그 밖에 이에 준하는 사유로 인하여 진술할 수 없는 때'를 들고 있다. 위 증거능력에 대한 예외사유로 1995. 12. 29. 법률 제5054호로 개정되기 전의 구 형사소송법 제314조가 '사망, 질병 기타 사유로 인하여 진술할 수 없는 때', 2007. 6. 1. 법률 제8496호로 개정되기 전의 구 형사소송법 제314조가 '사망, 질병, 외국 거주 기타 사유로 인하여 진술할 수 없는 때'라고 각 규정한 것에 비하여 현행 형사소송법은 그 예외사유의 범위를 더욱 엄격하게 제한하고 있는데, 이는 직접심리주의와 공판중심주의의 요소를 강화하려는 취지가 반영된 것이다. 한편 형사소송법은 누구든지 자기 또는 친족 등이 형사소추 또는 공

---

71) 자세한 부분은 고권홍, 증인이 정당한 이유 없이 증언을 거부한 경우 그의 진술이 기재된 수사기관 조서의 증거능력이 인정되는지, 대법원판례해설, 제122호(2019년 하), 법원도서관, 511면 참조

소제기를 당하거나 유죄판결을 받을 사실이 발로될 염려가 있는 증언을 거부할 수 있도록 하고(제148조), 또한 변호사, 변리사, 공증인, 공인회계사, 세무사, 대서업자, 의사, 한의사, 치과의사, 약사, 약종상, 조산사, 간호사, 종교의 직에 있는 자 또는 이러한 직에 있던 사람은 그 업무상 위탁을 받은 관계로 알게 된 사실로서 타인의 비밀에 관한 것은 증언을 거부할 수 있도록 규정하여(제149조 본문), 증인에게 일정한 사유가 있는 경우 증언을 거부할 수 있는 권리를 보장하고 있다. 위와 같은 현행 형사소송법 제314조의 문언과 개정 취지, 증언거부권 관련 규정의 내용 등에 비추어 보면, 법정에 출석한 증인이 형사소송법 제148조, 제149조 등에서 정한 바에 따라 정당하게 증언거부권을 행사하여 증언을 거부한 경우는 형사소송법 제314조의 '그 밖에 이에 준하는 사유로 인하여 진술할 수 없는 때'에 해당하지 아니한다.

다. 증인신문절차에서 법률에 규정된 증인 보호 규정이 지켜진 것으로 인정되지 않은 경우, 허위진술을 한 증인을 위증죄로 처벌할 수 있는지 여부(원칙적 소극)

> 🏛 대법원 2010. 1. 21. 선고 2008도942 전원합의체 판결[위증]

판결의 요지

위증죄의 의의 및 보호법익, 형사소송법에 규정된 증인신문절차의 내용, 증언거부권의 취지 등을 종합적으로 살펴보면, 증인신문절차에서 법률에 규정된 증인 보호를 위한 규정이 지켜진 것으로 인정되지 않은 경우에는 증인이 허위의 진술을 하였다고 하더라도 위증죄의 구성요건인 "법률에 의하여 선서한 증인"에 해당하지 아니한다고 보아 이를 위증죄로 처벌할 수 없는 것이 원칙이다. 다만, 법률에 규정된 증인 보호 절차라 하더라도 개별 보호절차 규정들의 내용과 취지가 같지 아니하고, 당해 신문 과정에서 지키지 못한 절차 규정과 그 경위 및 위반의 정도 등 제반 사정이 개별 사건마다 각기 상이하므로, 이러한 사정을 전체적·종합적으로 고려하여 볼 때, 당해 사건에서 증인 보호에 사실상 장애가 초래되었다고 볼 수 없는 경우에까지 예외 없이 위증죄의 성립을 부정할 것은 아니라고 할 것이다.

증언거부권 제도는 증인에게 증언 의무의 이행을 거절할 수 있는 권리를 부여한 것이고, 형사소송법상 증언거부권의 고지 제도는 증인에게 그러한 권리의 존재를 확인시켜 침묵할 것인지 아니면 진술할 것인지에 관하여 심사숙고할 기회를 충분히 부여함으로써 침묵할 수 있는 권리를 보장하기 위한 것임을 감안할 때, 재판장이 신문 전에 증인에게 증언거부권을 고지하지 않은 경우에도 당해 사건에서 증언 당시 증인이 처한 구체적인 상황, 증언거부사유의 내용, 증인이 증언거부 사유 또는 증언거부권의 존재를 이미 알고 있었는지 여부, 증언거부권을 고지받았더라도 허위진술을 하였을 것이라고 볼 만한 정황이 있는지 등을 전체적·종합적으로 고려하여 증인이 침묵하지 아니하고 진술한 것이 자신의 진정한 의사에 의한 것인지 여부를 기준으로 위증죄의 성립 여부를 판단하여야 한다. 그러므로 헌법 제12조 제2항에 정한 불이익 진술의 강요금지 원칙을 구체화한 자기부죄거부특권에 관한 것이거나 기타 증언거부 사유가 있음에도 증인이 증언거부권을 고지받지 못함으로 인하여 그 증언거부권을 행사하는 데 사실상 장애가 초래되었다고 볼 수 있는 경우에는 위증죄의 성립을 부정하여야 할 것이다.

15. 제149조 업무상 비밀과 증언거부

증언거부 사유가 있음에도 증언거부권을 고지 받지 못함으로 인하여 그 증언거부권을 행사하는 데 사실상 장애가 초래되었다고 볼 수 있는 경우 위증죄 성립 여부(소극)

> 🏛 대법원 2013. 5. 23. 선고 2013도3284 판결[위증 · 사기]

증언거부권 제도는 증인에게 증언 의무의 이행을 거절할 수 있는 권리를 부여한 것이고, 형사소송법상 증언거부권의 고지 제도는 증인에게 그러한 권리의 존재를 확인시켜 침묵할 것인지 아니면 진술할 것인지에 관하여 심사숙고할 기회를 충분히 부여함으로써 침묵할 수 있는 권리를 보장하기 위한 것임을 감안할 때, 재판장이 신문 전에 증인에게 증언거부권을 고지하지 않은 경우에도 당해 사건에서 증언 당시 증인이 처한 구체적인 상황, 증언거부 사유의 내용, 증인이 증언거부 사유 또는 증언거부권의 존재를 이미 알고 있었는지 여부, 증언거부권을 고지받았더라도 허위 진술을 하였을 것이라고 볼 만한 정황이 있는지 등을 전체적·종합적으로 고려하여 증인이 침묵하지 아니하고 진술한 것이 자신의 진정한 의사에 의한 것인지 여부를 기준으로 위증죄의 성립 여부를 판단하여야 한다. 그러므로 헌법 제12조 제2항에 정한 불이익 진술의 강요금지 원칙을 구체화한 자기부죄 거부 특권에 관한 것이거나 기타 증언거부 사유가 있음에도 증인이 증언거부권을 고지받지 못함으로 인하여 그 증언거부권을 행사하는 데 사실상 장애가 초래되었다고 볼 수 있는 경우에는 위증죄의 성립을 부정하여야 할 것이다.

16. 제156조 증인의 선서

증인신문절차에서 법률에 규정된 증인 보호 규정이 지켜진 것으로 인정되지 않은 경우, 허위 진술을 한 증인을 위증죄로 처벌할 수 있는지 여부(원칙적 소극)

> 🏛 대법원 2010. 1. 21. 선고 2008도942 전원합의체 판결[위증]

판결의 요지

위증죄의 의의 및 보호법익, 형사소송법에 규정된 증인신문절차의 내용, 증언거부권의 취지 등을 종합적으로 살펴보면, 증인신문절차에서 법률에 규정된 증인 보호를 위한 규정이 지켜진 것으로 인정되지 않은 경우에는 증인이 허위의 진술을 하였다고 하더라도 위증죄의 구성요건인 "법률에 의하여 선서한 증인"에 해당하지 아니한다고 보아 이를 위증죄로 처벌할 수 없는 것이 원칙이다. 다만, 법률에 규정된 증인 보호 절차라 하더라도 개별 보호 절차 규정들의 내용과 취지가 같지 아니하고, 당해 신문 과정에서 지키지 못한 절차 규정과 그 경위 및 위반의 정도 등 제반 사정이 개별 사건마다 각기 상이하므로, 이러한 사정을 전체적·종합적으로 고려하여 볼 때, 당해 사건에서 증인 보호에 사실상 장애가 초래되었다고 볼 수 없는 경우에까지 예외 없이 위증죄의 성립을 부정할 것은 아니라고 할 것이다.

17. 제184조 증거보전의 청구와 그 절차

소송촉진 등에 관한 특례법 제23조에 따라 진행된 제1심의 불출석 재판에 대하여 검사만 항소하고 항소심도 불출석 재판으로 진행한 후에 제1심판결을 파기하고 새로 또는 다시 유죄판결을 선고하여 유죄판결이 확정된 경우, 같은 법 제23조의2 제1항을 유추 적용하여 항소심 법원에 재심을 청구할 수 있는지 여부(적극), 이때 원심판결에 '재심청구의 사유가 있는 때'에 해당하는지 여부

🏛 대법원 2015. 6. 25. 선고 2014도17252 전원합의체 판결[폭행 · 공무집행방해 · 사기]

판결의 요지

소송촉진 등에 관한 특례법(이하 '소송촉진법'이라 한다) 제23조(이하 '특례 규정'이라 한다)와 소송촉진법 제23조의2 제1항(이하 '재심 규정'이라 한다)의 내용 및 입법 취지, 헌법 및 형사소송법에서 정한 피고인의 공정한 재판을 받을 권리 및 방어권의 내용, 적법절차를 선언한 헌법 정신, 귀책사유 없이 불출석한 상태에서 제1심과 항소심에서 유죄판결을 받은 피고인의 공정한 재판을 받을 권리를 실질적으로 보호할 필요성 등의 여러 사정들을 종합하여 보면, 특례 규정에 따라 진행된 제1심의 불출석 재판에 대하여 검사만 항소하고 항소심도 불출석 재판으로 진행한 후에 제1심판결을 파기하고 새로 또는 다시 유죄판결을 선고하여 유죄판결이 확정된 경우에도, 재심 규정을 유추 적용하여 귀책 사유 없이 제1심과 항소심의 공판절차에 출석할 수 없었던 피고인은 재심 규정이 정한 기간 내에 항소심 법원에 유죄판결에 대한 재심을 청구할 수 있다.

그리고 피고인이 재심을 청구하지 않고 상고권 회복에 의한 상고를 제기하여 위 사유를 상고이유로 주장한다면, 이는 형사소송법 제383조 제3호에서 상고이유로 정한 원심판결에 '재심청구의 사유가 있는 때'에 해당한다고 볼 수 있으므로 원심판결에 대한 파기 사유가 될 수 있다. 나아가 위 사유로 파기되는 사건을 환송받아 다시 항소심 절차를 진행하는 원심으로서는 피고인의 귀책 사유 없이 특례 규정에 의하여 제1심이 진행되었다는 파기환송 판결 취지에 따라, 제1심판결에 형사소송법 제361조의5 제13호의 항소이유에 해당하는 재심 규정에 의한 재심청구의 사유가 있어 직권 파기 사유에 해당한다고 보고, 다시 공소장 부본 등을 송달하는 등 새로 소송절차를 진행한 다음 새로운 심리 결과에 따라 다시 판결을 하여야 한다.

18. 제211조 현행범인과 준현행범인

🏛 대법원 2009. 9. 24. 선고 2009도4489 판결[폭력행위 등 처벌에 관한 법률 위반(공동폭행) · 폭력행위등처벌에관한법률위반(공동상해) · 공무집행방해]

판결의 요지

형사소송법 제211조가 현행범인으로 규정한 '범죄의 실행의 즉후인 자'라고 함은, 범죄의 실행행위를 종료한 직후의 범인이라는 것이 체포하는 자의 입장에서 볼 때 명백한 경우를 일컫는 것으로서, 위 법조가 제1항에서 본래의 의미의 현행범인에 관하여 규정하면서 '범죄의 실행의 즉후인 자'를 '범죄의 실행 중인 자'와 마찬가지로 현행범인으로 보고 있고, 제2항에서는 현행범인으로 간주되는 준 현행범인에 관하여 별도로 규정하고 있는 점 등으로 미루어 볼 때, '범죄의 실행행위를 종료한 직후'라고 함은, 범죄행위를 실행하여 끝마친 순간 또는 이에 아주 접착된 시간적 단계를 의미하는 것으로 해석되므로, 시간적으로나 장소적으로 보아 체포를 당하는 자가 방금 범죄를 실행한 범인이라는 점에 관한 죄증이 명백히 존재하는 것으로 인정되는 경우에는 현행범인으로 볼 수 있다(대법원 2002. 5. 10. 선고 2001도300 판결 등 참조)."고 판시하면서 "판시 사정에 비추어 볼 때, 피고인 원OO에 대한 체포 당시 범죄행위의 실행 직후로서 죄증이 명백히 존재하였다고 인정하기 어렵고, 달리 이를 인정할 만한 증거가 없으며, 따라서 피고인 원OO에 대한 현행범 체포행위는 적법절차를 무시한 강제 연행으로서 적법한 공무집행이라고 할 수 없으므로, 피고인 원OO이 위와 같이 강제연행을 거부하면서 경찰관들에 대하여 그 연행을 방해하였다고 하더라도 공무집행방해죄가 성립하지 않고, 피고인 원OO이 고OO에 대하여 가한 상해는 적법하지 않은 현행범 체포로 인하여 위 피고인의 신체에 대하여 가해진 현재의 부당한 침해를 벗어나기 위한 소극적인 저항행위로서 정당행위 또는 정당방위에 해당하여 위법성이 조각되며, 또한 피고인 채OO가 최OO의 멱살을 잡아 흔드는 등의 방법으로 공무집행을 방해하였음을 인정할 만한 증거가 없고, 피고인 원OO의 판시와 같은 상해를 예상할 수 있었다거나 이를 감수하려는 의사가 있었다고 보기 어려워 결국 피고인들에 대한 각 폭력행위 등 처벌에 관한 법률 위반(공동 상해)의 점 및 공무집행방해의 점은 모두 죄가 되지 아니하거나 범죄의 증명이 없는 경우에 해당한다고 판단하였다.

그러나 원심이 채택한 증거들에 의하면, 피고인들과 맹00 일행 사이의 판시와 같은 폭력사건의 신고를 받고 출동한 대구 동구 불로동 불로지구대 근무 경위 주00으로부터 긴급지원요청을 받은 등촌 지구대 소속 경찰관 고00와 최00이 곧바로 순찰차로 현장에 도착한 사실, 당시 불로 순찰차에는 맹00 일행이 현행범으로 체포되어 타고 있었고, 피고인 원00은 길바닥에 누워 있었으며 피고인 채00는 그 옆에서 있던 사실, 이에 최00 등이 피고인 원00을 들어 순찰차 옆까지 가자 위 피고인은 스스로 순찰차 뒷좌석에 탄 사실, 최00이 운전하고 고00가 조수석에 앉아 순찰차를 출발시키자 피고인 원00이 "어이 이거 못간다. 나를 때린 사람을 데려다 달라", "기자를 불러 달라"고 말하면서 운전석과 조수석 사이로 나오려고 하며 소란을 피워 순찰차를 정차시키고 고00가 뒷좌석으로 가 피고인들을 제지하였는데, 이때 피고인 원00은 운전대에 발을 끼워 순찰차를 운전하지 못하도록 하고 피고인 채00는 순찰차의 조수석 뒷자리에서 앞자리로 넘어와 하차하려 한 사실, 이에 고00는 피고인들을 제압하기 위하여 수갑 하나로 피고인들의 각 한쪽 팔에 채우고, 피고인 원00의 상체를 제압하자 피고인 채00는 수갑을 찬 상태에서 더 이상 움직이지 않았고, 피고인 원00은 고00가 상체를 제압하는데 대항하여 고00의 옆구리를 문 사실 등을 알 수 있는바, 이러한 사실들을 위 법리에 비추어 보면, 경찰관 고00 등이 피고인들을 현행범으로 체포한 시점에는 싸움이 끝나고 피고인 원00이 길에 누워 있는 상태이기는 하였지만, 그전에 이미 불로지구대 소속 경찰관들이 신고를 받고 현장에 도착하여 싸움의 당사자인 맹00 일행 및 피고인들을 체포하려고 하였으나 인원이 많아 맹00 일행만을 순찰차에 태우고 고00 등에게 지원요청을 하자 곧바로 고00 등이 현장에 도착하여 피고인들을 체포한 것으로서 전체적으로 현행범체포과정 중에 있었다고 볼 수 있으므로, 피고인 원00에 대한 체포 당시는 범죄행위를 실행하여 끝마친 순간 또는 이에 아주 접착된 시간적 단계로서 '범죄의 실행행위를 종료한 직후'라고 봄이 상당하다. 따라서 피고인 원00에 대한 현행범 체포행위는 적법한 공무집행이라고 할 것이므로, 피고인들이 위와 같이 강제연행을 거부하면서 경찰관들에 대항하여 그 연행을 방해하였다면 공무집행방해죄가 성립하고, 또한 피고인들이 위와 같이 적법한 현행범체포행위를 방해하면서 피고인 원00이 고00의 옆구리를 문 것은 서로 공동하여 상해를 가한 것이라고 충분히 볼 수 있음에도 불구하고 이와 달리 판단한 원심판결에는 현행범체포와 공무집행방해에 대한 법리를 오해하고 채증법칙을 위반하여 판결결과에 영향을 미쳤다고 판시하였다.

【해설】 현행범 체포의 적법성에 대하여 논란이 많다. 어떠한 경우가 현행범이며 과연 어떠한 경우의 체포가 적법한지와 현행범 체포에 있어서 공무집행방해의 적법성에 대하여 위 대법원 판례가 적절히 판시하고 있다.

19. 제213조의2 준용규정

미란다 원칙의 고지 여부와 정당한 직무집행의 방해 여하

> 🏛 대법원 2007. 11. 29. 선고 2007도7961 판결[특수공무집행방해치상 등]

판결의 요지

원심판결 이유에 의하면 원심은, 그 판시와 같은 사실을 인정한 다음, 피고인이 지명 수배되어있는 상태에서 공소외 1 등 경찰관 3명이 피고인이 처와 함께 위 모텔에 투숙한 것을 확인하고 피고인을 검거하기 위하여 새벽 1시에 마스터키로 모텔방문을 열고 방 안으로 들어가는 순간 이미 피고인을 긴급체포하기 위한 실력행사에 착수한 것으로 보아야 하고, 따라서 형사소송법 규정에 따라 피의자를 긴급체포하려는 사법경찰관리로서는 위 실력행사에 들어가기 전, 즉 마스터키로 모텔방문을 열기에 앞서 피고인을 임의로 방 밖으로 나오도록 하거나 피고인의 승낙하에 방 안으로 들어가서 피고인에게 지명수배된 범죄사실의 요지, 구속의 이유와 변호인을 선임할 수 있음을 말하고 변명의 기회를 주어야 하는 것이 원칙이며, 그렇게 하지 않고 피고인이 도주하거나 자해할 우려가 있다는 등의 이유로 피고인의 승낙 없이 새벽 시간에 피고인 부부가 머물고 있는 모텔방에 마스터키로 방문을 열고 들어감으로써 이와 같은 고지를 하지 않은 채 먼저 긴급체포를 위한 실력행사부터 돌입한 경우라면, 방안에서 피고인을 만난 순간 지체 없이 피고인에게 이와 같은 고지를 하였어야 할 것으로서, 긴급체포하기 위하여 야간에 주거에 침입하는 경우에는 침입한 직후에 미란다 원칙을 고지하여야 하고, 이를 위반하였다면 적법한 공무집행으로 보지 않는 것이 사생활의 평온과 주거권을 보장하는 헌법정신에 부합한다고 할 것인데, 그럼에도 경찰관들은 피고인에게 경남지방경찰청에 지명 수배되어 있는 사실과 불법 성인피시방 영업행위 등의 범죄사실만 말한 채 곧바로 피

고인의 신분증을 제시해 줄 것을 요구하였고, 피고인이 동생의 운전면허증을 제시하는 바람에 경찰관들이 그 운전면허증으로 지문조회를 하는 동안에도 피고인에게 구속의 이유와 변호인을 선임할 수 있음을 말하거나 변명할 기회를 준 바는 없으며, 그렇다면 경찰관들이 피고인을 긴급체포하기 위한 실력행사를 개시한 후 상당한 시간이 경과하는 동안에도 위와 같은 적법절차를 준수하지 아니한 이상 경찰관들이 모텔방문을 열고 들어가 피고인을 긴급체포하려고 한 일련의 행위는 적법한 공무집행이라고 보기 어렵고, 따라서 피고인이 유리창을 깬 후 깨진 유리 조각을 들고 위협한다는 이유로 피고인에게 달려들어 피고인을 제압하는 과정에서 경찰관들이 피고인이 휘두른 유리 조각에 찔리거나 손가락 부위 등에 상해를 입게 되었다고 하더라도, 이로 인하여 경찰관들의 긴급체포업무에 관한 정당한 직무집행이 방해되었다고 볼 수 없다고 판단하였다.

그러나 원심의 이 부분 판단은 수긍할 수 없다.

원심이 그 판시 사실에서 인정한 바와 같이, 경찰관들이 피고인이 처와 함께 모텔에 투숙하였음을 확인한 후 도주나 자해 우려를 이유로 방안으로 검거하러 들어가서 피고인의 이름을 부른 다음, 그 지명수배 사실 및 범죄사실을 말하고 신분증 제시를 요구하였는데, 피고인이 자신이 동생인 공소외 2라고 주장하면서 공소외 2 명의의 운전면허증을 제시하는 경우라면, 경찰관으로서는 체포하려는 상대방이 피고인 본인이 맞는지를 먼저 확인한 후에 이른바 미란다 원칙을 고지하여야 하는 것이지, 그 상대방이 피고인인지 공소외 2인지를 확인하지 아니한 채로 일단 체포하면서 미란다 원칙을 고지할 것은 아니라고 보아야 한다. 만약 상대방을 확인하지도 않은 채로 먼저 체포하고 미란다 원칙을 고지한다면, 때로는 실제 피의자가 아닌 사람을 체포하는 경우도 생길 수 있고, 이런 경우에는 일반적으로 미란다 원칙의 고지가 앞당겨짐에서 얻어지는 인권 보호보다도 훨씬 더 큰 인권침해가 생길 수도 있다. 따라서 이 사건 경찰관들이 미란다 원칙의 고지사항을 전부 고지하지 않은 채로 신원확인절차에 나아갔다고 해서, 그 행위가 부적법하다고 볼 수는 없다.

그리고 원심이 인정한 사실에 의하면, 피고인은 경찰관들이 지문을 확인하려 하자 태도를 돌변하여 욕설을 하면서 주먹으로 유리창을 깨뜨리고 유리조각을 쥐고 경찰관들이 다가오지 못하도록 앞으로 휘둘렀으며, 이에 경찰관들은 피고인을 제압하기 위하여 피고인과 엉켜서 20분간의 몸싸움을 하기에 이르렀는바, 이와 같이 폭력으로 대항하는 피의자를 실력으로 제압하는 단계에 이르면, 경찰관들로서는 그 제압 과정 또는 그것이 여의치 않으면 제압한 후에 지체 없이 미란다 원칙을 고지하면 되는 것이라고 보아야 할 것이며, 따라서 이 사건 경찰관들의 긴급체포행위를 적법한 공무집행이라고 보기 어렵다고 할 수는 없고, 경찰관들이 피고인에게 달려들어 피고인을 제압하는 과정에서 경찰관들이 피고인이 휘두른 유리 조각에 찔리거나 손가락 부위 등에 상해를 입게 되었다면, 이는 경찰관들의 긴급체포업무에 관한 정당한 직무집행이 방해된 경우라고 볼 수 있다.

【평석】 헌법 제12조 제5항 전문은 '누구든지 체포 또는 구속의 이유와 변호인의 조력을 받을 권리가 있음을 고지 받지 아니하고는 체포 또는 구속을 당하지 아니한다.'는 원칙을 천명하고 있고, 형사소송법 제72조는 '피고인에 대하여 범죄사실의 요지, 구속의 이유와 변호인을 선임할 수 있음을 말하고 변명할 기회를 준 후가 아니면 구속할 수 없다.'고 규정하는 한편, 이 규정은 같은 법 제213조의2에 의하여 검사 또는 사법경찰관리가 현행범인을 체포하거나 일반인이 체포한 현행범인을 인도받는 경우에 준용되므로, 사법경찰리가 현행범인으로 체포하는 경우에는 반드시 범죄사실의 요지, 구속의 이유와 변호인을 선임할 수 있음을 말하고 변명할 기회를 주어야 할 것임은 명백하며, 이러한 법리는 비단 현행범인을 체포하는 경우뿐만 아니라 긴급체포의 경우에도 마찬가지로 적용되는 것이고, 이와 같은 고지는 체포를 위한 실력행사에 들어가기 이전에 미리 하여야 하는 것이 원칙이나, 달아나는 피의자를 쫓아가 붙들거나 폭력으로 대항하는 피의자를 실력으로 제압하는 경우에는 붙들거나 제압하는 과정에서 하거나, 그것이 여의치 않은 경우에는 일단 붙들거나 제압한 후에 지체 없이 행하여야 한다(대법원 2000. 7. 4. 선고 99도4341 판결 참조).

20. 제215조 압수, 수색, 검증

영장 없이 채혈한 혈액의 증거 채택 여하

🏛 대법원 2011. 5. 13. 선고 2009도10871 판결[도로교통법위반(음주운전)]

　형사소송법 제215조 제2항은 '사법경찰관이 범죄 수사에 필요한 때에는 검사에게 신청하여 검사의 청구로 지방법원 판사가 발부한 영장에 의하여 압수, 수색 또는 검증을 할 수 있다.'고 규정하고, 형사소송법 제216조 제3항은 범행 중 또는 범행 직후의 범죄 장소에서 긴급을 요하여 법원 판사의 영장을 받을 수 없는 때에는 압수·수색·검증을 할 수 있으나 이 경우에는 사후에 지체 없이 영장을 받아야 한다고 규정하고 있으며, 한편 검사 또는 사법경찰관으로부터 감정을 위촉받은 감정인은 감정에 관하여 필요한 때에는 검사의 청구에 의해 판사로부터 감정처분허가장을 발부받아 신체의 검사 등 형사소송법 제173조 제1항에 규정된 처분을 할 수 있도록 규정되어 있는바(형사소송법 제221조, 제221조의4, 제173조 제1항), 위와 같은 형사소송법 규정에 위반하여 수사기관이 법원으로부터 영장 또는 감정처분허가장을 발부받지 아니한 채 피의자의 동의 없이 피의자의 신체로부터 혈액을 채취하고 더구나 사후적으로도 지체 없이 이에 대한 영장을 발부받지 아니하고서 위와 같이 강제 채혈한 피의자의 혈액 중 알코올농도에 관한 감정이 이루어졌다면, 이러한 감정 결과보고서 등은 형사소송법상 영장주의 원칙을 위반하여 수집하거나 그에 기초한 증거로서 그 절차 위반행위가 적법절차의 실질적인 내용을 침해하는 정도에 해당한다고 할 것이므로, 피고인이나 변호인의 증거 동의 여부를 불문하고 이 사건 범죄사실을 유죄로 인정하는 증거로 사용할 수 없다고 보아야 한다.

　원심이 적법하게 채택한 증거들에 의하면, 피고인이 2008. 7. 11. 22:50경 판시 장소에서 피고인 소유의 승용차를 운전하여 가다가 도로 우측 갓길에 정차해 있던 중 같은 방향으로 진행하던 화물차에 추돌당하는 사고가 발생하였고, 피고인은 위 사고로 약 8주간의 치료를 요하는 상해를 입고 응급실로 호송된 사실, 그런데 위 사고신고를 받고 응급실로 출동한 경찰관은 2008. 7. 12. 00:27경 법원으로부터 압수·수색 또는 검증 영장이나 감정처분허가장을 발부받지 아니한 채 피고인의 처로부터 채혈동의를 받고서 간호사로 하여금 의식을 잃고 응급실에 누워 있는 피고인으로부터 채혈을 하도록 한 사실 등을 알 수 있는바, 원심은 이와 같은 사실관계를 기초로 하여, 이 사건 채혈이 법관으로부터 영장을 발부받지 않은 상태에서 이루어졌고, 사후에 영장을 발부받지도 아니하였다는 등의 이유로 피고인의 혈중알코올농도에 대한 국립과학수사연구소 중부분소의 감정의뢰회보와 이에 기초한 수사보고 및 주취운전자적발보고서는 위법수집증거로서 증거증력이 없고, 피고인 소유의 승용차에 동승한 공소외인에 대한 경찰 진술조서의 진술기재만으로는 주위적 공소 사실을 인정하기에 부족하며, 달리 주위적 공소사실을 인정할 만한 증거가 없고, 이 사건 채혈이 피고인의 처의 동의를 얻어서 이루어졌다는 사정만으로는 이를 달리 볼 수 없다는 이유로 주위적 공소사실을 무죄로 판단하였다.

앞서 본 법리에 비추어 보면, 원심이 적법한 절차에 따르지 아니하고 수집된 피고인의 혈액을 이용한 혈중알코올농도에 관한 감정의뢰 회보와 수사보고 및 주취운전자적발보고서의 증거능력을 부정한 것은 형사소송법 제308조의2에 따른 것으로 정당하고, 이와 달리 음주운전 중 교통사고를 당하여 의식불명 상태에 빠져 병원에 후송된 피의자에 대해 수사기관이 수사의 목적으로 의료진에게 요청하여 혈액을 채취하였다거나 피의자의 가족으로부터 피의자의 혈액을 채취하는 것에 대한 동의를 받았다는 사정이 있다고 하더라도, 위와 같이 기본적 인권보장을 위해 마련된 적법한 절차에 따르지 아니한 위 각 증거의 증거능력을 배제하는 것이 오히려 헌법과 형사소송법이 적법절차의 원칙과 실체적 진실 규명의 조화를 통하여 형사사법 정의를 실현하려고 한 취지에 반하는 결과를 초래하는 것으로 평가되는 예외적인 경우에 해당한다고 볼 수는 없다.

원심이 위 각 증거의 증거능력을 부정하고 피고인에 대한 주위적 공소사실에 대하여는 범죄의 증명이 없다는 이유로 무죄를 선고한 것은 정당하다고 판시하였다.

【해설】 앞에서 본 전원합의체 대법원판결을 근거로 피의자의 동의 없이 채혈한 혈액에 대하여 알코올농도에 관한 감정이 이루어진 사안에서 무죄의 판결이 선고된 경우이다. 자주 인용되는 대법원 판례를 소개한다.

🏛 대법원 2012. 11. 15. 선고 2011도15258 판결[도로교통법위반(음주운전)]

판결 이유

상고이유를 판단한다.

1. 가. 우리 헌법은 "누구든지 법률에 의하지 아니하고는 체포·구속·압수·수색 또는 심문을 받지 아니하며"(헌법 제12조 제1항 후문), "체포·구속·압수 또는 수

색을 할 때에는 적법한 절차에 따라 검사의 신청에 의하여 법관이 발부한 영장을 제시하여야 한다. 다만 현행범인인 경우와 장기 3년 이상의 형에 해당하는 죄를 범하고 도피 또는 증거인멸의 염려가 있을 때에는 사후에 영장을 청구할 수 있다."고 규정하여(같은 조 제3항) 압수·수색에 관한 적법절차와 영장주의의 근간을 선언하고 있다.

이를 이어받아 형사소송법은 사법경찰관이 범죄수사에 필요한 때에는 검사에게 신청하여 검사의 청구로 판사가 발부한 영장에 의하여 압수, 수색 또는 검증을 할 수 있고(제215조 제2항), 검사 또는 사법경찰관은 제200조의2, 제200조의3, 제201조 또는 제212조의 규정에 의하여 피의자를 체포 또는 구속하는 경우에 필요한 때에는 체포현장에서 영장 없이 압수, 수색, 검증을 할 수 있으나, 압수한 물건을 계속 압수할 필요가 있는 경우에는 체포한 때부터 48시간 이내에 지체 없이 압수·수색영장을 청구하여야 하며(제216조 제1항 제2호, 제217조 제2항), 범행 중 또는 범행 직후의 범죄 장소에서 긴급을 요하여 판사의 영장을 받을 수 없는 때에는 영장 없이 압수, 수색 또는 검증을 할 수 있으나, 이 경우에는 사후에 지체 없이 영장을 받아야 하고(제216조 제3항), 검사 또는 사법경찰관으로부터 감정을 위촉받은 감정인은 감정에 관하여 필요한 때에는 검사의 청구에 의해 판사로부터 허가장을 발부받아 감정에 필요한 처분을 할 수 있다고 규정함으로써(제221조 제2항, 제221조의4, 제173조 제1항) 실체적 진실 규명과 개인의 권리보호 이념을 조화롭게 실현할 수 있도록 압수·수색·검증과 감정처분절차에 관한 구체적 기준을 마련하고 있다. 그리고 나아가 "적법한 절차에 따르지 아니하고 수집한 증거는 증거로 할 수 없다."고 규정함으로써(제308조의2) 위와 같은 구체적 기준을 마련하고 있는 형사소송법의 규범력이 확고히 유지되도록 하고 있다. (중략)

나. 한편 수사기관이 범죄 증거를 수집할 목적으로 피의자의 동의 없이 피의자의 혈액을 취득·보관하는 행위는 법원으로부터 감정처분허가장을 받아 형사소송법 제221조의4 제1항, 제173조 제1항에 의한 '감정에 필요한 처분'으로도 할 수 있지만, 형사소송법 제219조, 제106조 제1항에 정한 압수의 방법으로도 할 수 있고, 압수의 방법에 의하는 경우 혈액의 취득을 위하여 피의자의 신체로부터 혈액을 채취하는 행위는 그 혈액의 압수를 위한 것으로서 형사소송법 제219조, 제120조 제1항에 정한 '압수영장의 집행에 있어 필요한 처분'에 해당한다고 할 것이다.

그런데 음주운전 중 교통사고를 야기한 후 피의자가 의식불명 상태에 빠져 있는 등으로 도로교통법이 음주운전의 제1차적 수사방법으로 규정한 호흡조사에 의한 음주측정이 불가능하고 혈액 채취에 대한 동의를 받을 수도 없을 뿐만 아니라 법원으로부터 혈액 채취에 대한 감정처분허가장이나 사전 압수영장을 발부받을 시간적 여유도 없는 긴급한 상황이 생길 수 있다. 이러한 경우 피의자의 신체 내지 의복류에 주취로 인한 냄새가 강하게 나는 등 형사소송법 제211조 제2항 제3호가 정하는 범죄의 증적이 현저한 준 현행범인으로서의 요건이 갖추어져 있고 교통사고 발생 시각으로부터 사회통념상 범행 직후라고 볼 수 있는 시간 내라면, 피의자의 생명·신체를 구조하기 위하여 사고 현장으로부터 곧바로 후송된 병원 응급실 등의 장소는 형사소송법 제216조 제3항의 범죄 장소에 준한다 할 것이므로, 검사 또는 사법경찰관은 피의자의 혈중알코올농도 등 증거의 수집을 위하여 의료법상 의료인의 자격이 있는 자로 하여금 의료용 기구로 의학적인 방법에 따라 필요 최소한의 한도 내에서 피의자의 혈액을 채취하게 한 후 그 혈액을 영장 없이 압수할 수 있다고 할 것이다. 다만 이 경우에도 형사소송법 제216조 제3항 단서, 형사소송규칙 제58조, 제107조 제1항 제3호에 따라 사후에 지체 없이 강제채혈에 의한 압수의 사유 등을 기재한 영장청구서에 의하여 법원으로부터 압수영장을 받아야 함은 물론이다.

2. 원심은 그 채택 증거에 의하여, 피고인이 2011. 3. 5. 23:45경 판시 장소에서 오토바이를 운전하여 가다가 선행 차량의 뒷부분을 들이받는 교통사고를 야기한 후 의식을 잃은 채 119구급 차량에 의하여 병원 응급실로 후송된 사실, 사고 시각으로부터 약 1시간 후인 2011. 3. 6. 00:50경 사고신고를 받고 병원 응급실로 출동한 경찰관은 법원으로부터 압수·수색 또는 검증 영장을 발부받지 아니한 채 피고인의 아들로부터 동의를 받아 간호사로 하여금 의식을 잃고 응급실에 누워 있는 피고인으로부터 채혈을 하도록 한 사실 등을 인정하였다. 그리고 나아가 이 사건 채혈은 법관으로부터 영장을 발부받지 않은 상태에서 이루어졌고 사후에 영장을 발부받지도 아니하였으므로 피고인의 혈중알코올농도에 대한 국립과학수사연구소의 감정의뢰회보 및 이에 기초한 주취운전자 적발보고서, 주취운전자 정황보고서 등의 증거는 위법수집증거로서 증거능력이 없으므로, 피고인의 자백 외에 달리 이를 보강할 만한 증거가 없다는 이유로 이 사건 공소사실을 무죄로 판단하였다.

원심판결 이유를 앞서 본 법리와 기록에 비추어 살펴보면, 원심이 적법한 절차에 따르지 아니하고 수집된 피고인의 혈액을 이용한 혈중알코올농도에 관한 감정의뢰회보 등의 증거능력을 부정한 것은 정당하고, 달리 위와 같은 증거의 증거능력을 배제하는 것이 헌법과 형사소송법이 형사소송에 관한 절차 조항을 마련하여 적법절차의 원칙과 실체적 진실 규명의 조화를 도모하고 이를 통하여 형사사법 정의를 실현하려 한 취지에 반하는 결과를 초래하는 것으로 평가되는 예외적인 경우에 해당한다고 볼 사유도 찾아볼 수 없다.

【평석】 헌법과 형사소송법이 정한 절차에 따르지 아니하고 수집된 증거는 기본적 인권 보장을 위해 마련된 적법한 절차에 따르지 않은 것으로서 원칙적으로 유죄 인정의 증거로 삼을 수 없고, 위와 같은 법리는 이를 기초로 하여 획득한 2차적 증거에도 마찬가지로 적용된다고 함은 앞에서 본 바와 같다. 그렇다면 수사기관이 법원으로부터 영장 또는 감정처분허가장을 발부받지 아니한 채 피의자의 동의 없이 피의자의 신체로부터 혈액을 채취하고 사후에도 지체 없이 영장을 발부받지 아니한 채 그 혈액 중 알코올농도에 관한 감정을 의뢰하였다면, 이러한 과정을 거쳐 얻은 감정의뢰회보 등은 형사소송법상 영장주의 원칙을 위반하여 수집하거나 그에 기초하여 획득한 증거로서, 원칙적으로 그 절차위반행위가 적법절차의 실질적인 내용을 침해하여 피고인이나 변호인의 동의가 있더라도 유죄의 증거로 사용할 수 없다고 할 것이다(대법원 2011. 4. 28. 선고 2009도2109 판결 등 참조).

21. 제219조 준용규정, 제121조

가. 저장매체에 대한 압수 · 수색과 변호인의 참여권

1) 저장매체에 대한 압수 · 수색 과정에서 전자정보가 담긴 저장매체, 하드카피나 이미징(imaging) 등 형태(복제본)를 수사기관 사무실 등으로 옮겨 복제 · 탐색 · 출력하는 경우, 피압수자나 변호인에게 참여 기회를 보장하고 혐의사실과 무관한 전자정보의 임의적인 복제 등을 막기 위한 적절한 조치를 취하여야 하는지 여부(적극) 및 이러한 조치를 취하지 않은 경우, 압수 · 수색의 적법 여부(원칙적 소극)

이는 수사기관이 저장매체 또는 복제본에서 혐의사실과 관련된 전자정보만을 복제 · 출력한 경우에도 마찬가지인지 여부(적극)

2) 형사소송법 제219조, 제121조에서 규정한 변호인의 참여권이 피압수자의 보

호를 위하여 변호인에게 주어진 고유권인지 여부(적극)

피압수자가 수사기관에 압수·수색영장의 집행에 참여하지 않는다는 의사를 명시한 경우, 그 변호인에게는 미리 집행의 일시와 장소를 통지하는 등으로 압수·수색영장의 집행에 참여할 기회를 별도로 보장하여야 하는지 여부(원칙적 적극)

3) 위법수집증거 배제 원칙을 명시한 형사소송법 제308조의2의 취지

적법한 절차에 따르지 않고 수집한 증거 및 이를 기초로 하여 획득한 2차적 증거의 증거능력 유무(원칙적 소극)

위법수집증거 및 이를 기초로 하여 획득한 2차적 증거의 증거능력을 예외적으로 인정할 수 있는 경우와 그 판단 기준

> 🏛 대법원 2020. 11. 26. 선고 2020도10729판결[성폭력범죄의처벌등에관한특례법위반(카메라등 이용촬영)]

판결의 요지

1) 수사기관이 압수·수색영장을 집행할 때에는 피압수자 또는 변호인은 그 집행에 참여할 수 있다(형사소송법 제219조, 제121조). 저장매체에 대한 압수·수색 과정에서 범위를 정하여 출력·복제하는 방법이 불가능하거나 압수의 목적을 달성하기에 현저히 곤란한 예외적인 사정이 인정되어 전자정보가 담긴 저장매체, 하드카피나 이미징(imaging) 등 형태(이하 '복제본'이라 한다)를 수사기관 사무실 등으로 옮겨 복제·탐색·출력하는 경우에도, 피압수자나 변호인에게 참여 기회를 보장하고 혐의사실과 무관한 전자정보의 임의적인 복제 등을 막기 위한 적절한 조치를 취하는 등 영장주의 원칙과 적법절차를 준수하여야 한다. 만일 그러한 조치를 취하지 않았다면 피압수자 측이 위와 같은 절차나 과정에 참여하지 않는다는 의사를 명시적으로 표시하였거나 절차 위반행위가 이루어진 과정의 성질과 내용 등에 비추어 피압수자에게 절차 참여를 보장한 취지가 실질적으로 침해되었다고 볼 수 없을 정도에 해당한다는 등의 특별한 사정이 없는 이상 압수·수색이 적법하다고 할 수 없다. 이는 수사기관이 저장매체 또는 복제본에서 혐의사실과 관련된 전자정보만을 복제·출력한 경우에도 마찬가지이다.

2) 형사소송법 제219조, 제121조가 규정한 변호인의 참여권은 피압수자의 보호

를 위하여 변호인에게 주어진 고유권이다. 따라서 설령 피압수자가 수사기관에 압수·수색영장의 집행에 참여하지 않는다는 의사를 명시하였다고 하더라도, 특별한 사정이 없는 한 그 변호인에게는 형사소송법 제219조, 제122조에 따라 미리 집행의 일시와 장소를 통지하는 등으로 압수·수색영장의 집행에 참여할 기회를 별도로 보장하여야 한다.

3) 형사소송법 제308조의2는 '적법한 절차에 따르지 아니하고 수집한 증거는 증거로 할 수 없다'고 정하고 있다. 이는 위법한 압수·수색을 비롯한 수사 과정의 위법행위를 억제하고 재발을 방지함으로써 국민의 기본적 인권 보장이라는 헌법 이념을 실현하고자 위법수집증거 배제 원칙을 명시한 것이다. 헌법 제12조는 기본적 인권을 보장하기 위하여 압수·수색에 관한 적법절차와 영장주의 원칙을 선언하고 있고, 형사소송법은 이를 이어받아 실체적 진실 규명과 개인의 권리 보호 이념을 조화롭게 실현할 수 있도록 압수·수색절차에 관한 구체적 기준을 마련하고 있다. 이러한 헌법과 형사소송법의 규범력을 확고하게 유지하고 수사과정의 위법행위를 억제할 필요가 있으므로, 적법한 절차에 따르지 않고 수집한 증거는 물론 이를 기초로 하여 획득한 2차적 증거 또한 기본적 인권 보장을 위해 마련된 적법한 절차에 따르지 않고 확보한 것으로서 원칙적으로 유죄 인정의 증거로 삼을 수 없다고 보아야 한다.

그러나 법률에 정해진 절차에 따르지 않고 수집한 증거라는 이유만을 내세워 획일적으로 증거능력을 부정하는 것은 헌법과 형사소송법의 목적에 맞지 않는다. 실체적 진실 규명을 통한 정당한 형벌권의 실현도 헌법과 형사소송법이 형사소송절차를 통하여 달성하려는 중요한 목표이자 이념이기 때문이다. 수사기관의 절차 위반행위가 적법절차의 실질적인 내용을 침해하는 경우에 해당하지 않고, 오히려 증거능력을 배제하는 것이 헌법과 형사소송법이 형사소송에 관한 절차 조항을 마련하여 적법절차의 원칙과 실체적 진실 규명의 조화를 도모하고 이를 통하여 형사사법 정의를 실현하려 한 취지에 반하는 결과를 초래하는 것으로 평가되는 예외적인 경우라면, 법원은 그 증거를 유죄 인정의 증거로 사용할 수 있다고 보아야 한다. 이에 해당하는지는 수사기관의 증거 수집 과정에서 이루어진 절차 위반행위와 관련된 모든 사정, 즉 절차 조항의 취지, 위반 내용과 정도, 구체적인 위반 경위와 회피가능성, 절차 조항이 보호하고자 하는 권리나 법익의 성질과 침해 정도, 이러한 권리나 법익과 피고인 사이의 관련성, 절차 위반행위와 증거 수집 사이의 관련성, 수사기관의 인식과 의도 등을 전체적·종합적으로 고찰하여 판단해야 한다. 이러한 법리는 적법한 절차에 따르지 않고 수집한 증거를 기초로 하여 획득한 2차적 증거에 대해서도 마찬가지로 적용되므로, 절차에 따르지 않은 증거 수집과 2차적 증거 수집 사이 인과관계의 희석이나 단절 여부를 중심으로 2차적 증거 수집과 관련된 모든 사정을 전체적·종합적으로 고려하여 예외적인 경우에는 유죄 인정의 증거로 사용할 수 있다.

【평석】 제출자가 매체의 소유자가 아닌 제3자일 경우 그가 전체를 제출하였다고 밝혔더라도 그에게 처분권이 있는 등 특별한 사정이 없는 한 관련정보만을 압수할 수 있다(선별압수원칙). 성폭력범죄의 처벌 및 피해자보호 등에 관한 법률 위반 판결 참조.

나. 헌법과 형사소송법이 정한 절차를 위반하여 수집한 압수물과 이를 기초로 획득한 2차적 증거의 증거능력 유무(원칙적 소극) 및 그 판단 기준

🏛 대법원 2007. 11. 15. 선고 2007도3061 판결[공직선거법위반]

판결 이유

1. 피고인 김00, 피고인 2, 4, 6, 7, 9의 상고이유에 대하여

가. 우리 헌법은 "누구든지 법률에 의하지 아니하고는 … 압수·수색 … 을 받지 아니하며"(헌법 제12조 제1항 후문), "체포·구속·압수 또는 수색을 할 때에는 적법한 절차에 따라 검사의 신청에 의하여 법관이 발부한 영장을 제시하여야 한다. 다만, 현행범인인 경우와 장기 3년 이상의 형에 해당하는 죄를 범하고 도피 또는 증거인멸의 염려가 있을 때에는 사후에 영장을 청구할 수 있다."(같은 조 제3항)라고 정하여 압수수색에 관한 적법절차와 영장주의의 근간을 선언하고 있다.

이를 이어받아 압수수색에 관한 적법절차와 영장주의를 구체화한 형사소송법과 형사소송규칙은 수사기관의 압수수색에 관한 상세한 절차 조항을 마련하고 있다. 이에 의하면, 수사기관의 압수수색은 법관이 발부한 압수수색영장에 의하여야 하는 것이 원칙이고, 그 영장에는 피의자의 성명, 압수할 물건, 수색할 장소·신체·물건과 압수수색의 사유 등이 특정되어야 하며(형사소송법 제215조, 제219조, 제114조

제1항, 형사소송규칙 제58조), 영장은 처분을 받는 자에게 반드시 제시되어야 하고, 피의자 아닌 자의 신체 또는 물건은 압수할 물건이 있음을 인정할 수 있는 경우에 한하여 수색할 수 있다(형사소송법 제219조, 제109조 제2항, 제118조). 또한, 영장 집행은 피의자 등 참여권자에게 미리 통지하여야 하고, 집행 장소가 공무소일 때에는 그 책임자에게 참여할 것을 통지하여야 하며, 공무원이 소지하는 물건에 관하여 직무상의 비밀에 관한 것이라는 신고가 있으면 그 소속 공무소 등의 승낙 없이는 압수하지 못하고(같은 법 제219조, 제111조 제1항, 제121조, 제122조, 제123조 제1항), 압수물을 압수한 경우에는 목록을 작성하여 소유자, 소지자 등에게 교부하여야 한다(같은 법 제219조, 제129조, 제133조).

(중략)

무릇 수사기관의 강제처분인 압수수색은 그 과정에서 관련자들의 권리나 법익을 침해할 가능성이 적지 않으므로 엄격히 헌법과 형사소송법이 정한 절차를 준수하여 이루어져야 한다. 절차 조항에 따르지 않는 수사기관의 압수수색을 억제하고 재발을 방지하는 가장 효과적이고 확실한 대응책은 이를 통하여 수집한 증거는 물론 이를 기초로 하여 획득한 2차적 증거를 유죄 인정의 증거로 삼을 수 없도록 하는 것이다.

이와 달리, 압수물은 그 압수절차가 위법이라 하더라도 물건 자체의 성질, 형상에 변경을 가져오는 것은 아니므로 그 형상 등에 관한 증거가치에는 변함이 없다 할 것이므로 증거능력이 있다는 취지로 판시한 대법원 1968. 9. 17. 선고 68도932 판결, 대법원 1987. 6. 23. 선고 87도705 판결, 대법원 1994. 2. 8. 선고 93도3318 판결, 대법원 1996. 5. 14.자 96초88 결정, 대법원 2002. 11. 26. 선고 2000도1513 판결, 대법원 2006. 7. 27. 선고 2006도3194 판결 등은 이 판결의 견해에 배치되는 범위 안에서 이를 변경하기로 한다.

다만, 법이 정한 절차에 따르지 아니하고 수집된 압수물의 증거능력 인정 여부를 최종적으로 판단함에 있어서는, 실체적 진실 규명을 통한 정당한 형벌권의 실현도 헌법과 형사소송법이 형사소송 절차를 통하여 달성하려는 중요한 목표이자 이념이므로, 형식적으로 보아 정해진 절차에 따르지 아니하고 수집된 증거라는 이유만을 내세워 획일적으로 그 증거의 증거능력을 부정하는 것 역시 헌법과 형사소송법이 형사소송에 관한 절차 조항을 마련한 취지에 맞는다고 볼 수 없다는 것을 고려해야 한다. 따라서 수사기관의 증거 수집 과정에서 이루어진 절차 위반행위와 관련된 모든 사정, 즉 절차 조항의 취지와 그 위반의 내용 및 정도, 구체적인 위반 경위와 회피가능성, 절차 조항이 보호하고자 하는 권리 또는 법익의 성질과 침해 정도 및 피고인과의 관련성, 절차 위반행위와 증거수집 사이의 인과관계 등 관련성의 정도, 수사기관의 인식과 의도 등을 전체적·종합적으로 살펴 볼 때, 수사기관의 절차 위반행위가 적법절차의 실질적인 내용을 침해하는 경우에 해당하지 아니하고, 오히려 그 증거의 증거능력을 배제하는 것이 헌법과 형사소송법이 형사소송에 관한 절차 조항을 마련하여 적법절차의 원칙과 실체적 진실 규명의 조화를 도모하고 이를 통하여 형사 사법 정의를 실현하려 한 취지에 반하는 결과를 초래하는 것으로 평가되는 예외적인 경우라면, 법원은 그 증거를 유죄 인정의 증거로 사용할 수 있다고 보아야 할 것이다. 이는 적법한 절차에 따르지 아니하고 수집된 증거를 기초로 하여 획득된 2차적 증거의 경우에도 마찬가지여서, 절차에 따르지 아니한 증거 수집과 2차적 증거 수집 사이의 인과관계 희석 또는 단절 여부를 중심으로 2차적 증거 수집과 관련된 모든 사정을 전체적·종합적으로 고려하여 예외적인 경우에는 유죄 인정의 증거로 사용할 수 있는 것이다.

　나. 이 사건에서, 피고인 김00, 피고인 2, 4, 6, 7, 9는 공소제기 직후부터 일관하여 검사가 실시한 압수수색은 압수수색영장의 효력이 미치는 범위, 영장의 제시 및 집행에 관한 사전통지와 참여, 압수목록 작성·교부 등에 관하여 법이 정한 여러 절차 조항을 따르지 않은 위법한 것이어서 이를 통하여 수집된 이 사건 압수물을 유죄 인정의 증거로 삼아서는 안 된다고 주장하고 있고, 이에 따라 압수물의 수집 과정에서 헌법 및 형사소송법이 정한 절차 조항을 위반한 위법이 있었는지, 그로 인하여 이 사건 압수물을 유죄 인정의 증거로 삼을 수 없는 것인지가 이 사건의 가장 핵심적인 쟁점이 되어 있다.

　그렇다면 원심으로서는 검사가 이 사건 압수물을 수집하는 과정에서 실제로 위 피고인들이 주장하는 바와 같은 헌법 및 형사소송법이 정한 절차 조항을 위반한 위법이 있는지를 확인해 보았어야 할 것이고, 특히 주장된 구체적 위법사유 중 영장에 압수할 물건으로 기재되지 않은 물건의 압수, 영장 제시 절차의 누락, 압수목록 작성·교부 절차의 현저한 지연 등으로 적법절차의 실질적인 내용을 침해한 점이 있는지 여부 등을 심리해 보았어야 할 것이다. 그럼에도 불구하고, 원심이 이 점에 관하여 충분히 심리하지 아니한 채 그냥 압수절차가 위법하더라도 압수물의 증거능력은 인정된다는 이유만으로 이 사건 압수물의 증거능력을 인정하고 이를 유죄 인정의 유력한 증거로 채택하여 위 피고인들에 대한 이 사건 공소사실 중 유죄 부분에 대하여 죄책을 인정한 것은, 적법한 절차에 따르지 아니하고 수집한 증거의 증거능력에 관한 법리오해, 채증법칙 위반 등의 위법을 범한 것으로, 이는 판결에 영향을 미쳤음이 분명하다.

【평석】 형사소송에 있어서 그리고 헌법에서 보장하는 가장 중요한 인권 보장의 대명제이다. 기본적 인권보장을 위하여 압수수색에 관한 적법절차와 영장주의의 근간을 선언한 헌법과 이를 이어받아 실체적 진실 규명과 개인의 권리보호 이념을 조화롭게 실현할 수 있도록 압수수색절차에 관한 구체적 기준을 마련하고 있는 형사소송법의 규범력은 확고히 유지되어야 한다. 그러므로 헌법과 형사소송법이 정한 절차에 따르지 아니하고 수집된 증거는 기본적 인권보장을 위해 마련된 적법한 절차에 따르지 않은 것으로서 원칙적으로 유죄 인정의 증거로 삼을 수 없다고 본다.

22. 제221조 제3자의 출석 요구 등

수사기관이 참고인을 조사하는 과정에서 형사소송법 제221조 제1항에 따라 작성한 영상녹화물이 공소사실을 직접 증명할 수 있는 독립적인 증거로 사용될 수 있는지 여부(원칙적 소극)

> 🏛 대법원 2014. 7. 10. 선고 2012도5041 판결[존속살해방조{인정된 죄명: 폭력행위등 처벌에 관한 법률 위반(공동존속감금) 등}]

판결의 요지

2007. 6. 1. 법률 제8496호로 개정되기 전의 형사소송법에는 없던 수사기관에 의한 피의자 아닌 자(이하 '참고인'이라 한다) 진술의 영상녹화를 새로 정하면서 그 용도를 참고인에 대한 진술조서의 실질적 진정성립을 증명하거나 참고인의 기억을 환기시키기 위한 것으로 한정하고 있는 현행 형사소송법의 규정 내용을 영상물에 수록된 성범죄 피해자의 진술에 대하여 독립적인 증거능력을 인정하고 있는 성폭력범죄의 처벌 등에 관한 특례법 제30조 제6항 또는 아동·청소년의 성보호에 관

한 법률 제26조 제6항의 규정과 대비하여 보면, 수사기관이 참고인을 조사하는 과정에서 형사소송법 제221조 제1항에 따라 작성한 영상녹화물은, 다른 법률에서 달리 규정하고 있는 등의 특별한 사정이 없는 한, 공소사실을 직접 증명할 수 있는 독립적인 증거로 사용될 수는 없다고 해석함이 타당하다.

【평석】수사기관이 작성한 영상녹화물은 물론 녹음테이프 등도 마찬가지로 해석된다. 피고인이 증거로 함에 동의하면 본증으로 사용할 수 있는가에 대하여는 부정설과 긍정설 등이 있는데, 일응 증거 동의하는 경우까지 본증으로서의 증거능력을 부정할 이유는 없을 것으로 보이기는 하나 향후 적절한 사건에서 검토될 수 있을 것이다.[72)

23. 제232조 고소의 취소

항소심에서 공소장변경 또는 법원 직권에 의하여 비친고죄를 친고죄로 인정한 경우, 항소심에서의 고소취소가 친고죄에 대한 고소취소로서의 효력이 있는지 여부(소극)

> 🏛 대법원 1999. 4. 15. 선고 96도1922 전원합의체 판결[강제추행치상]

판결의 요지

원래 고소의 대상이 된 피고소인의 행위가 친고죄에 해당할 경우 소송요건인 그 친고죄의 고소를 취소할 수 있는 시기를 언제까지로 한정하는가는 형사소송절차운영에 관한 입법 정책상의 문제이기에 형사소송법의 그 규정은 국가형벌권의 행사가 피해자의 의사에 의하여 좌우되는 현상을 장기간 방치하지 않으려는 목적에서 고소취소의 시한을 획일적으로 제1심판결 선고시까지로 한정한 것이고, 따라서 그

---

72) 민철기, 수사기관이 참고인을 조사하는 과정에서 작성한 영상녹화물을 공소사실을 직접 증명할 수 있는 독립적인 증거로 사용될 수 있는지 여부, 대법원판례해설, 제102호(2014년 하), 법원도서관, 462면
오기두, "형사재판의 쟁점과 과제-영상녹화물과 증거 사용", 사법발전재단(2008), 244면
위 판결은 그동안의 실무를 대법원판결로 확인함으로써 적어도 법해석에서의 논란에 종지부를 찍은 것이라는 견해는 이상원, 2014년 분야별 중요판례 분석, 법률신문, 2015. 5. 15.자 참조

규정을 현실적 심판의 대상이 된 공소사실이 친고죄로 된 당해 심급의 판결 선고 시까지 고소인이 고소를 취소할 수 있다는 의미로 볼 수는 없다 할 것이어서, 항소심에서 공소장의 변경에 의하여 또는 공소장변경절차를 거치지 아니하고 법원 직권에 의하여 친고죄가 아닌 범죄를 친고죄로 인정하였더라도 항소심을 제1심이라 할 수는 없는 것이므로, 항소심에 이르러 비로소 고소인이 고소를 취소하였다면 이는 친고죄에 대한 고소를 취소할 수 있는 것으로 보아야 한다.

24. 제234조 고발

국회에서의 증언·감정 등에 관한 법률 제15조 제1항의 고발이 같은 법 제14조 제1항 본문에서 정한 위증죄의 소추 요건인지 여부(적극)

> 🏛 대법원 2018. 5. 17. 선고 2017도14749 전원합의체 판결[국회에서의 증언·감정등에 관한법률위반] ☞ 국회에서의 증언·감정등에관한법률위반 참조

25. 제249조 공소시효의 기간

가. 사전뇌물수수죄에서의 '공무원이 된 때'와 공소시효

> 🏛 대법원 2013. 2. 15. 선고 2012도14221 판결[사전뇌물수수등](서울서부지방법원 2012 노983 판결, 대전고등법원 2010. 1. 29. 선고 2009노301 판결 등 참조)

판결의 요지

피고인 양00에 대한 공소사실의 요지는, '피고인은 2007. 6.경 가칭 '0000 재건축추진위원회'의 위원장이 되어 추진위원회의 업무 전반을 총괄하던 중, 2007. 9.경 은평구청으로부터 재건축추진위원회 설립 승인을 받고 2007. 10. 30. 조합창립총회에서 이 사건 조합의 조합장으로 선출된 후, 2008. 1. 23. 은평구청에서 위 조합의 설립을 인가함으로써 그 무렵 이 사건 조합의 업무를 총괄하는 조합장이 된 사람이다. 피고인은 2007. 7. 19.경 주식회사 00산업개발 대표이사인 김00로부터 장차 역촌1구역 재개발 사업이 시작되면 철거공사를 수주할 수 있도록 도와 달라

는 청탁을 받고 그 대가 명목으로 현금 1,000만 원을 교부받았다. 이로써, 공무원이 될 사람인 피고인이 철거업체 선정과 관련된 청탁을 받고 그 대가로 뇌물을 수수한 후 공무원인 주택건축정비사업조합의 조합장이 되었다.'는 것이다.

이에 대하여 원심은, 형법 제129조 제2항이 규정한 사전뇌물수수죄에서의 '공무원이 된 때'는 객관적 처벌조건으로서 이미 성립한 범죄에 대해 형벌권의 발생을 좌우하는 외부적·객관적 사유를 의미하므로 그 개념상 객관적 처벌조건의 성취 여부 이전에 이미 그 형벌 부과 여부의 대상이 되는 범죄행위는 종료된 상태임을 전제로 하고 있다고 본 후, 공소시효의 기산점인 '범죄행위의 종료한 때'를 '공무원이 된 때'가 아닌 '금품을 수수한 때'로 보아 이 사건 공소는 범죄행위가 종료한 때부터 공소시효 3년이 지난 2012. 5. 25.에 제기되어 공소시효가 완성되었다는 이유로, 면소 판결을 선고한 제1심판결을 유지하였다.

형법 제129조 제2항은 '공무원 또는 중재인이 될 자가 그 담당할 직무에 관하여 청탁을 받고 뇌물을 수수, 요구 또는 약속한 후 공무원 또는 중재인이 된 때에는 3년 이하의 징역 또는 7년 이하의 자격정지에 처한다.'고 규정하고 있다.

이와 같이 사전뇌물수수죄는 형법 제129조 제2항에 따라 그 법정형이 3년 이하의 징역 또는 7년 이하의 자격정지에 해당하는 범죄인데, 구 형사소송법(2007. 12. 21. 법률 제8730호로 개정되기 전의 것. 이하 '구 형사소송법'이라 한다) 제249조 제1항 제5호에 의하면, '장기 5년 미만의 징역' 등에 해당하는 범죄의 공소시효는 3년이고, 2007. 12. 21. 법률 제8730호로 개정되어 같은 날 시행된 형사소송법(이하 '개정 형사소송법'이라 한다) 제249조 제1항 제5호에 의하면, '장기 5년 미만의 징역' 등에 해당하는 범죄의 공소시효는 5년이지만, 형사소송법 부칙(2007. 12. 21.) 제3조는 공소시효에 관한 경과규정을 두어 '이 법 시행 전에 범한 죄에 대하여는 종전의 규정을 적용한다.'고 규정하고 있다.

따라서 피고인 양00이 개정 형사소송법 시행 전인 2007. 7. 19. 뇌물수수 범죄행위를 범한 이 사건 사전뇌물수수죄의 공소시효에 대하여는 위 형사소송법 부칙 제3조에 의하여 구 형사소송법이 적용되므로 형법 제50조, 구 형사소송법 제250조, 제249조 제1항 제5호에 따라 공소시효가 3년이다. 그렇다면 검사가 상고이유로 주장하는 바와 같이 이 사건 조합이 설립 등기를 마쳐 피고인 양00이 공무원으로 의제되는 '조합장이 된 때'인 2009. 3. 13.부터 기산하더라도 이 사건 공소가 제기된 2012. 5. 25.에는 이미 3년이 경과하였음이 분명하므로, 공소시효 기산일에 관한 원심판시의 당부와 무관하게 피고인 양00에 대한 공소사실은 공소시효가 완성되었을 때에 해당한다.

따라서 피고인 양00에 대하여 공소시효 완성을 이유로 면소를 선고한 제1심판결을 유지한 원심의 결론에 상고이유 주장과 같이 사전뇌물수수죄와 공소시효에 관한 법리를 오해하여 판결에 영향을 미친 위법이 없다.

나. 5·18 민주화운동 등에 관한 특별법 제2조와 같은 법 시행 당시 공소시효

🏛 대법원 1997. 4. 17. 선고 96도3376 전원합의체 판결[반란수괴 · 지휘관계엄지역수소이 탈 · 상관살해 · 상관살해미수 · 초병살해 · 내란목적살인 등]

판결의 요지

[다수의견] 5·18 민주화운동 등에 관한 특별법 제2조는 그 제1항에서 그 적용대상을 '1979년 12월 12일과 1980년 5월 18일을 전후하여 발생한 헌정질서파괴범죄의 공소시효등에 관한 특례법 제2조의 헌정질서 파괴범죄 행위'라고 특정하고 있으므로, 그에 해당하는 범죄는 5·18 민주화운동 등에 관한 특별법의 시행 당시 이미 형사소송법 제249조에 의한 공소시효가 완성되었는지 여부에 관계없이 모두 그 적용대상이 됨이 명백하다고 할 것인데, 위 법률 조항에 대하여는 헌법재판소가 1996. 2. 16. 선고 96헌가2, 96헌마7, 13 사건에서 위 법률 조항이 헌법에 위반되지 아니한다는 합헌결정을 하였으므로, 위 법률 조항의 적용범위에 속하는 범죄에 대하여는 이를 그대로 적용할 수밖에 없다.

[반대의견1] 5·18 민주화운동 등에 관한 특별법이 적용대상으로 삼는 헌정질서파괴범죄를 처벌하기 위한 공익의 중대성과 그 범죄혐의자들에 대하여 보호해야 할 법적 이익을 교량할 때 5·18 민주화운동 등에 관한 특별법 제2조는 그 정당성이 인정된다. 그러나 공소시효가 이미 완성한 다음에 소급적으로 공소시효를 정지시키는 이른바 진정소급효를 갖는 법률규정은 형사소추권이 소멸함으로써 이미 법적 · 사회적 안정성을 부여받아 국가의 형벌권 행사로부터 자유로워진 범죄혐의자에 대하여 실체적인 죄형의 규정을 소급적으로 신설하여 처벌하는 것과 실질적으로 동일한 결과를 초래하게 되어, 행위시의 법률에 의하지 아니하고는 처벌받지 아니한다는 헌법상의 원칙에 위배되므로, 공소시효에 관한 것이라 하더라도 공소시

효가 이미 완성된 경우에 다시 소추할 수 있도록 공소시효를 소급하여 정지하는 내용의 법률은 그 정당성이 인정될 수 없다. 따라서 5·18 민주화운동 등에 관한 특별법 제2조는 그 시행 당시 공소시효가 완성하지 않은 범죄에 대하여만 한정하여 적용되고, 이미 공소시효가 완성된 범죄에 대해서까지 적용되는 것은 아니라고 해석하는 것이 옳다.

또한 법원은 헌법재판소의 1996. 2. 16. 선고 96헌가2, 96헌가7, 13 결정에서 공소시효가 이미 완성된 경우에도 위 법률 조항이 합헌이라고 한 결정 이유 중의 판단 내용에 기속되지 아니하는 것이며, 합헌으로 선고된 법률조항의 의미·내용과 적용 범위가 어떠한 것인지를 정하는 권한 곧 법령의 해석·적용의 권한은 바로 사법권의 본질적 내용을 이루는 것으로서, 전적으로 대법원을 최고법원으로 하는 법원에 전속하는 것이며, 법원이 어떠한 법률 조항을 해석·적용함에 있어서 한 가지 해석방법에 의하면 헌법에 위배되는 결과가 되고 다른 해석방법에 의하면 헌법에 합치하는 것으로 볼 수 있을 때에는 위헌적인 해석을 피하고 헌법에 합치하는 해석방법을 택하여야 하는 것임은 또 하나의 헌법수호기관인 법원의 당연한 책무이기도 한 만큼 헌법재판소의 합헌결정에 불구하고 위 법률 조항을 위와 같이 해석·적용함에 아무런 장애가 없다.

[반대의견2] 법원은 법률의 내용이 헌법에 위반되더라도 곧바로 그 적용을 거부할 수 있는 것이 아니라, 그 법률이 헌법에 위반되는 여부가 재판의 전제가 된 경우에 헌법 제107조 제1항에 의하여 헌법재판소에 제청하여 그 심판에 의하여 재판하여야 하는바, 이 경우 헌법재판소의 결정 중 각종 위헌결정은 헌법재판소법 제47조에 의하여 법원을 기속하게 되나, 합헌결정은 그 법률을 재판에 적용할 수 있다는 효력이 있을 뿐이므로, 그 법률을 적용함에 있어서 합헌적으로 해석할 책무는 여전히 법원에 남아 있는 것이다. 그런데 헌법재판소의 위 결정은 5·18 민주화운동 등에 관한 특별법 제2조가 합헌이라는 것인 만큼 법원에게는 그 법률 조항을 합헌적으로 해석할 의무가 여전히 있는 것이고, 공소시효에 관한 위 법률 조항은 [반대의견1]에서 밝힌 바와 같이 그 시행 당시 공소시효가 완성되지 아니한 자에 대하여만 적용된다고 해석함이 합헌적이다.

다. 공소시효를 정지·연장·배제하는 특례조항을 신설하면서 소급적용에 관한 명시적인 경과규정을 두지 않은 경우, 그 조항을 소급하여 적용할 수 있는지

판단하는 방법

🏛 대법원 2021. 2. 25. 선고 2020도3694 판결[상습폭행(인정된 죄명: 폭행)·아동복지법위반(상습아동학대){인정된 죄명: 아동복지법위반(아동학대)}]

판결의 요지

공소시효를 정지·연장·배제하는 특례조항을 신설하면서 소급적용에 관한 명시적인 경과규정을 두지 않은 경우 그 조항을 소급하여 적용할 수 있는지에 관해서는 보편타당한 일반원칙이 존재하지 않고, 적법절차 원칙과 소급금지 원칙을 천명한 헌법 제12조 제1항과 제13조 제1항의 정신을 바탕으로 하여 법적 안정성과 신뢰보호원칙을 포함한 법치주의 이념을 훼손하지 않는 범위에서 신중히 판단해야 한다.

아동학대범죄의 처벌 등에 관한 특례법(2014. 1. 28. 제정되어 2014. 9. 29. 시행되었으며, 이하 '아동학대처벌법'이라 한다)은 아동학대범죄의 처벌에 관한 특례 등을 정함으로써 아동을 보호하여 아동이 건강한 사회 구성원으로 성장하도록 함을 목적으로 다음과 같은 규정을 두고 있다. 제2조 제4호 (타)목은 아동복지법 제71조 제1항 제2호, 제17조 제3호에서 정한 '아동의 신체에 손상을 주거나 신체의 건강 및 발달을 해치는 신체적 학대행위'를 아동학대범죄의 하나로 정하고 있다. 제34조는 '공소시효의 정지와 효력'이라는 제목으로 제1항에서 "아동학대범죄의 공소시효는 형사소송법 제252조에도 불구하고 해당 아동학대범죄의 피해아동이 성년에 달한 날부터 진행한다."라고 정하고, 부칙은 "이 법은 공포 후 8개월이 경과한 날부터 시행한다."라고 정하고 있다. 아동학대처벌법은 신체적 학대행위를 비롯한 아동학대범죄로부터 피해아동을 보호하기 위한 것으로서, 제34조는 아동학대범죄가 피해아동의 성년에 이르기 전에 공소시효가 완성되어 처벌대상에서 벗어나는 것을 방지하고자 그 진행을 정지시킴으로써 피해를 입은 18세 미만 아동(아동학대처벌법 제2조 제1호, 아동복지법 제3조 제1호)을 실질적으로 보호하려는 데 취지가 있다.

아동학대처벌법은 제34조 제1항의 소급적용에 관하여 명시적인 경과규정을 두고 있지는 않다. 그러나 이 규정의 문언과 취지, 아동학대처벌법의 입법 목적, 공소시효를 정지하는 특례조항의 신설·소급에 관한 법리에 비추어 보면, 이 규정은 완성되지 않은 공소시효의 진행을 일정한 요건에서 장래를 향하여 정지시키는 것으로서, 그 시행일인 2014. 9. 29. 당시 범죄행위가 종료되었으나 아직 공소시효가 완성되지 않은 아동학대범죄에 대해서도 적용된다고 봄이 타당하다.

한편 대법원 2015. 5. 28. 선고 2015도1362, 2015전도19 판결은 공소시효의 배제를 규정한 구 성폭력범죄의 처벌 등에 관한 특례법(2012. 12. 18. 법률 제11556호로 전부 개정되기 전의 것) 제20조 제3항에 대한 것으로, 공소시효의 적용을 영구적으로 배제하는 것이 아니고 공소시효의 진행을 장래에 향하여 정지시키는 데 불과한 아동학대처벌법 제34조 제1항의 위와 같은 해석·적용에 방해가 되지 않는다.[73]

26. 제254조 공소제기의 방식과 공소장

가. 공소사실의 특정(마약 사건)

> 🏛 대법원 2000. 10. 27. 선고 2000도3082 판결[마약류관리에관한법률위반(향정)]

판결의 요지

형사소송법 제254조 제4항이 '공소사실의 기재는 범죄의 시일, 장소와 방법을 명시하여 사실을 특정할 수 있도록 기재하여야 한다'라고 규정한 취지는, 심판의 대상을 한정함으로써 심판의 능률과 신속을 꾀함과 동시에 방어의 범위를 특정하여 피고인의 방어권 행사를 쉽게 해주기 위한 것이므로, 검사로서는 위 세 가지 특정요소를 종합하여 다른 사실과의 식별이 가능하도록 범죄 구성요건에 해당하는 구체적 사실을 기재하여야 할 것이다.

그런데 이 사건 공소사실은 '피고인이 1999. 5. 중순경부터 같은 해 11. 19경까지 사이에 부산 이하 불상지에서 향정신성의약품인 메스암페타민 약 0.03 g을, 1회용 주사기를 이용하여 팔 등의 혈관에 주사하거나 음료수 등에 타 마시는 방법으로, 이를 투약하였다'는 것인바, 위와 같은 투약량은 메스암페타민 투약자들이 보통 1회에 투약하는 최소한의 단위로 알려진 것이고, 위와 같은 투약방법 역시 그 어느 것이나 메스암페타민 투약자들이 일반적으로 사용하는 방법에 지나지 않는 것을 막연히 기재하면서, 그 투약의 일시와 장소마저 위와 같은 정도로 기재한 것

---

[73] 이에 대한 평석은 이상원, 2021년 분야별 중요판례 분석, 법률신문, 2022. 3. 17. 12-13면 참조

만으로는 형사소송법 제254조 제4항의 요건에 맞는 구체적 사실의 기재라고 볼 수 없으므로, 이 사건 공소는 그 공소사실이 특정되었다고 할 수 없다.

【해설】 공소사실은 특정되어야 한다. 그럼에도 사건의 특성에 따라 공소사실을 특정하기가 어려운 사건들이 있다. 마약류 관리에 관한 법률, 폐지된 구 형법상의 간통죄 등은 공소사실이 특정되기 어려운 사건이다. 이 사건은 그 공소제기의 절차가 법률의 규정에 위반하여 무효인 때에 해당한다고 하여 원심판결을 파기하여, 사건을 원심법원에 환송하였다. 하지만 이와는 약간 다른 사례의 다음 판결이 있다.

나. 공소사실의 기재

🏛 대법원 2000. 11. 14. 선고 2000도3798 판결[향정신성의약품관리법위반]

판결의 요지

원래의 이 사건 공소사실 제2항은, '피고인이 1999. 1. 하순경 서울 노원구 소재 공소외 정경모의 집에서 향정신성의약품인 메스암페타민 분량 미상을 불상의 방법으로 투약하였다'는 것이었는데, 제1심에서 유죄선고가 된 후 원심에 이르러 수사 당시 행해진 모발감정결과의 효력기간에 관한 대검찰청 과학수사과 및 국립과학수사연구소의 사실조회 회보에 의하여 투약시기의 진정 여부가 문제되자 검사가 위의 공소사실을 '피고인이 1998. 9. 2. (형 집행을 마치고 출소한 다음날)부터 1999. 1. 하순경까지 사이에 서울 이하 불상지에서 분량 미상의 메스암페타민을 불상의 방법으로 투약하였다'라고 바꾸는 공소장변경허가신청을 하였고 원심이 이를 허가하고 유죄의 선고를 하였다.

향정신성의약품 관련 범죄의 특성상, 피고인의 모발에서 메스암페타민 성분이 검출되었다는 감정서가 증거로 제출되어 있고 피고인이 그 투약사실을 부인하는 경우에는, 투약 시기를 위 모발 감정에서 성분이 검출될 수 있는 기간의 범위 내로 하고 장소도 토지관할의 구분이 가능할 정도로 특정하는 한, 그 시기·장소·방법·투약량 등을 불상으로 기재하더라도 공소사실이 특정되었다고 보아야 하는 것이 대법원의 견해이다(대법원 1999. 9. 3. 선고 99도2666 판결, 1998. 2. 24. 선고 97도1376 판결, 1997. 10. 14. 선고 97도1826 판결, 1994. 12. 9. 선고 94도1680 판결).

기록에 의하면 1999. 2. 9. 수사기관에서 피고인의 모발(길이 7㎝로 약 80개)을, 모근 부분을 남기고 가위로 자르는 방식으로 채취하여 감정 의뢰하였는데, 감정 결과 메스암페타민 성분이 검출된 사실, 감정 시료가 된 모발의 길이와 위 채취방식에 비추어 채취시기로부터 역산하여 2−5일전부터 한 달 보름 전까지의 기간에 대한 투약 여부의 단정은 불가능하나 한 달 보름 전부터 약 7개월 전까지 사이의 투약 사실은 단정이 가능하다는 것이 감정기관의 견해(모발은 한 달에 약 1㎝씩 자란다고 한다)인 사실이 인정되므로, 이에 비추어 보면 위 변경된 공소사실은 그 시기나 장소 등이 특정되었다고 보는 것이 옳다고 하여 원심 판결의 조치는 정당하다.

【평석】 위 두 가지 사례의 결론이 다른 이유는 모발감정이 소변감정에 비해 오류가능성이 있을 수 있다거나, 투약 기간(1개월 이상 장기간 여부)과 검사 시기(소변 채취시기) 등에 따라 달리 취급하고 있지 않나 하는 의견들이 있다. 다음의 대법원 2010. 8. 26. 선고 2010도4671 판결 이후에 이에 대한 논점을 어느 정도 시사하는 점이 있지만, 아직 완전히 정리되지는 않은 상태이다.[74]

다. 공소사실의 특정과 방어권

🏛 대법원 2010. 8. 26. 선고 2010도4671 판결[마약류관리에관한법률위반(향정)]

판결의 요지

공소사실의 기재는 범죄의 시일, 장소와 방법을 명시하여 사실을 특정할 수 있도록 하여야 하는데(형사소송법 제254조 제4항), 이처럼 공소사실의 특정을 요구하는 법의 취지는 피고인의 방어권 행사를 쉽게 해 주기 위한 데에 있으므로, 공소사실은 이러한 요소를 종합하여 구성요건 해당 사실을 다른 사실과 식별할 수 있는 정도로 기재하면 족하고, 공소장에 범죄의 일시, 장소, 방법 등이 구체적으로 적시되지 않았더라도 공소사실을 특정하도록 한 법의 취지에 반하지 아니하고, 공소범죄의 성격에 비추어 그 개괄적 표시가 부득이하며 그에 대한 피고인의 방어권 행사에 지장이 없다면 그 공소내용이 특정되지 않았다고 볼 수 없다(대법원 2007. 6. 14.

---

74) 필자의 '형사 항소심에서 본 형사단독 재판 및 몇 가지 유익한 사항', 서울서부지방법원 형사실무연구회 세미나 발표 자료 참조

선고 2007도2694 판결, 대법원 2008. 7. 24. 선고 2008도4854 판결 등 참조).

원심은, 투약 시기가 피고인의 소변 감정결과 만에 기초하여 소변에서 필로폰이 검출되자 소변 채취일로부터 그 투약 가능한 기간을 역으로 추산한 것이고, 투약 장소도 범위가 광범위하여 구체적이라고 보기 어려우며, 투약량이나 투약방법도 불상으로 기재하고 횟수도 기재하지 않아서 그 정도의 기재만으로는 심판대상이 한정되었다고 보기 어려워, 피고인의 방어권 행사에 지장을 초래할 위험이 크다고 할 것이므로 공소사실이 특정되었다고 할 수 없다는 이유로 이 부분 공소를 기각 하였다.

그러나 기록에 의하면, 검사는 향정신성의약품인 메스암페타민의 양성반응이 나 온 소변의 채취일시, 메스암페타민의 투약 후 소변으로 배출되는 기간에 관한 자료 와 피고인이 체포될 당시까지 거주 또는 왕래한 장소에 대한 피고인의 진술 등 기 소 당시의 증거들에 의하여 범죄 일시를 '2009. 8. 10.부터 2009. 8. 19.까지 사이' 로 열흘의 기간 내로 표시하고, 장소를 '서울 또는 부산 이하 불상'으로 표시하여 가능한 한 이를 구체적으로 특정하였으며, 나아가 피고인이 자신의 체내에 메스암 페타민이 투약된 사실을 인정하면서도 위 투약은 공소외인이 위 범죄 일시로 기재 된 기간에 해당하는 2009. 8. 19. 피고인 몰래 피고인의 음료에 메스암페타민을 넣 어서 생긴 것이므로 위 투약에 관한 정을 몰랐다는 취지로 변소하자 이에 대응하 여 위 공소외인에 대한 수사기관의 수사와 제1심의 증거조사까지 이루어졌음을 알 수 있다. 위와 같은 이 부분 공소사실 기재의 경위 및 피고인의 변소와 그에 대한 증거조사 내용에다가 앞서 본 향정신성의약품투약 범죄의 특성 등에 비추어 볼 때 이 부분 공소사실은 피고인의 방어권을 침해하지 않는 범위 내에서 범죄의 특성을 고려하여 합리적인 정도로 특정된 것으로 볼 수 있다.

이와 달리 이 부분 공소사실이 특정되었다고 볼 수 없다고 판단하여 이 부분 공 소를 기각한 원심에는 향정신성의약품 관련 공소사실의 특정에 관한 법리를 오해 하여 판결 결과에 영향을 미친 위법이 있고 이를 지적하는 검사의 상고이유는 이 유 있다.

【평석】 투약 일시가 모발 감정 결과에 기초한 경우라고 하더라도 통상의 범죄에 서 공소사실의 특정을 인정하는 정도의 단기간으로서 피고인의 방어권 행사에 큰 지장이 없는 경우까지 맹목적으로 공소사실의 특정을 배제할 것은 아니라고 본다.

라. 공소장일본주의의 위배 여부를 판단하는 기준 및 그 법적 효과

> 🏛 대법원 2009. 10. 22. 선고 2009도7436 전원합의체 판결[공직선거법 위반·정치자금법 위반]

판결의 요지

1) [다수의견] 형사소송 법령의 내용과 그 개정 경위, 공소장일본주의의 기본취지, 우리나라 형사소송법이 당사자주의와 공판중심주의 원칙 및 직접심리주의와 증거재판주의 원칙 등을 채택하고 있다는 점 등을 아울러 살펴보면, 공소장일본주의는 위와 같은 형사소송절차의 원칙을 공소제기의 단계에서부터 실현할 것을 목적으로 하는 제도적 장치로서 우리나라 형사소송구조의 한 축을 이루고 있다고 보아야 한다. 그러나 공소장일본주의는 공소사실 특정의 필요성이라는 또 다른 요청에 의하여 필연적으로 제약을 받을 수밖에 없는 것이므로, 양자의 취지와 정신이 조화를 이룰 수 있는 선에서 공소사실 기재 또는 표현의 허용범위와 한계가 설정되어야 한다는 점, 공판준비절차는 공판중심주의와 집중심리의 원칙을 실현하려는 데 그 주된 목적이 있으므로 공소장일본주의 위배를 포함한 공소제기 절차상의 하자는 이 단계에서 점검함으로써 위법한 공소제기에 기초한 소송절차가 계속 진행되지 않도록 하는 것이 바람직하다는 점, 형사소송법상 인정되는 공소장변경제도는 실체적 진실발견이라는 형사소송이념을 실현하기 위한 직권주의적 요소로서 형사소송법이 절차법으로서 가지는 소송절차의 발전적·동적 성격과 소송경제의 이념 등을 반영하고 있는 것이므로, 이러한 점에서도 공소장일본주의의 적용은 공소제기 이후 공판절차가 진행된 단계에서는 필연적으로 일정한 한계를 가질 수밖에 없다는 점 등을 종합하여 보면, 공소장일본주의의 위배 여부는 공소사실로 기재된 범죄의 유형과 내용 등에 비추어 볼 때에 공소장에 첨부 또는 인용된 서류 기타 물건의 내용, 그리고 법령이 요구하는 사항 이외에 공소장에 기재된 사실이 법관 또는 배심원에게 예단을 생기게 하여 법관 또는 배심원이 범죄사실의 실체를 파악하는 데 장애가 될 수 있는지 여부를 기준으로 당해 사건에서 구체적으로 판단하여야 한다. 이러한 기준에 비추어 공소장일본주의에 위배된 공소제기라고 인정되는 때에는 그 절차가 법률의 규정을 위반하여 무효인 때에 해당하는 것으로 보아 공소기각의 판결을 선고하는 것이 원칙이다. 그러나 공소장 기재의 방식에 관하여 피고

인 측으로부터 아무런 이의가 제기되지 아니하였고 법원 역시 범죄사실의 실체를 파악하는 데 지장이 없다고 판단하여 그대로 공판절차를 진행한 결과 증거조사절차가 마무리되어 법관의 심증형성이 이루어진 단계에서는 소송절차의 동적 안정성 및 소송경제의 이념 등에 비추어 볼 때 이제는 더 이상 공소장일본주의 위배를 주장하여 이미 진행된 소송절차의 효력을 다툴 수는 없다고 보아야 한다.

[별개의견] 다수의견을 따르면 공소장일본주의 위배의 정도가 중대하여 법관이나 배심원의 공정하고 중립적인 심증형성에 심각한 장애를 초래하는 정도에 이른 경우라도, 피고인이나 변호인이 초기에 적절하게 대응하지 못한 상태에서 제1심 증거조사절차를 마치게 되면 그 구제방법을 박탈함으로써 공소장일본주의의 취지를 상당 부분 무력화시킬 수 있다. 한편, 뒤에 나오는 반대의견을 따르면 공소장일본주의라는 원칙만을 지나치게 강조한 나머지 우리 형사소송절차가 추구하는 다른 원칙이나 가치들과 조화를 이루지 못하고 부적절한 결과를 초래할 수 있다. 따라서 무죄 추정의 권리를 향유하는 피고인에 대하여 법관이 가질 수 있는 유죄의 예단을 최대한 효율적으로 차단하면서도 실체적 진실발견과 적절한 형벌권의 행사를 함께 도모하기 위해서는, 공소장일본주의 위배의 효과를 모든 사안에 있어서 일률적으로 확정할 수는 없고, 그 위배의 정도가 중대하여 법관이나 배심원의 공정하고 중립적인 심증형성에 심각한 장애를 초래하는 정도에 해당하는 경우에는 형사소송절차의 진행 정도에 관계없이 공소기각의 판결을 선고하는 것이 합당하다. 다만, 이러한 경우에 해당하는지 여부는 공소장일본주의 위배의 내용과 태양 및 정도, 위배 경위와 회피가능성, 공소제기의 주체인 검사의 인식과 의도, 피고인과 변호인의 방어권 행사에 미친 영향, 사건의 경중과 특성, 공판절차가 국민참여재판으로 이루어졌는지 여부 등 여러 사정을 종합적으로 고려하여 판단할 수 있다.

2) 정당의 후보자 추천 관련 금품수수 범행의 공소사실에 범죄사실 이전 단계의 정황과 경위, 범행을 전후하여 관계자들이 주고받은 대화와 이 메일 내용, 수첩의 메모 내용, 세세한 주변 사실 등을 장황하게 기재한 사안에서, 위 범죄의 성격상 검사로서는 그 범의나 공모관계, 범행의 동기나 경위 등을 명확히 하기 위하여 구체적인 사정을 적시할 필요도 있는 점, 이와 관련하여 제1심 공판절차에서 피고인 측이 아무런 이의를 제기하지 않은 상태에서 공판절차가 진행되어 위 공소사실에 인용된 증거들을 포함하여 검사가 제출한 증거들에 대한 증거조사가 모두 마쳐진 점 등을 종합하여, 공소제기의 절차가 법률의 규정을 위반하여 무효인 때에 해당하

지 않는다.

마. 공소사실 특정의 정도

> 🏛 대법원 2002. 6. 20. 선고 2002도807 전원합의체 판결[성폭력범죄의처벌및피해자보호
> 등에관한법률위반(장애인에대한준강간등) 등]

판결의 요지

공소사실의 기재에 있어서 범죄의 일시·장소·방법을 명시하여 공소사실을 특정하도록 한 법의 취지는 법원에 대하여 심판의 대상을 한정하고 피고인에게 방어의 범위를 특정하여 그 방어권 행사를 쉽게 해주기 위한 데에 있는 것이므로, 공소사실은 이러한 요소를 종합하여 구성요건 해당 사실을 다른 사실과 구별할 수 있을 정도로 기재하면 족하고, 공소장에 범죄의 일시·장소·방법 등이 구체적으로 적시되지 않았더라도 위와 같이 공소사실을 특정하도록 한 법의 취지에 반하지 아니하고 공소범죄의 성격에 비추어 그 개괄적 표시가 부득이한 경우에는, 그 공소내용이 특정되지 않아 공소제기가 위법하다고 할 수 없으며, 특히 포괄일죄에 있어서는 그 일죄의 일부를 구성하는 개개의 행위에 대하여 구체적으로 특정되지 아니하더라도 그 전체 범행의 시기와 종기, 범행방법, 피해자나 상대방, 범행횟수나 피해액의 합계 등을 명시하면 이로써 그 범죄 사실은 특정된다.

바. 형법 제254조 제5항의 취지

> 🏛 대법원 1966. 3. 24. 선고 65도114 전원합의체 판결[뇌물수수 등]

판결의 요지

형사소송법 제254조 제5항에 수개의 범죄사실과 적용 법조를 예비적 또는 택일적으로 기재할 수 있다함은 수개의 범죄사실 간에 범죄사실의 동일성이 인정되는 범위 내에서는 물론 그들 범죄사실 상호간에 범죄의 일시, 장소, 수단 및 객체 등이 달라서 수개의 범죄사실로 인정되는 경우에도 이들 수개의 범죄사실을 예비적 또는 택일적으로 기재할 수 있다는 취지다.

27. 제257조 고소 등에 의한 사건의 처리

※ 국회에서의 증언·감정 등에 관한 법률 제15조 제1항의 고발이 같은 법 제14조 제1항 본문에서 정한 위증죄의 소추 요건인지 여부(적극)

🏛 대법원 2018. 5. 17. 선고 2017도14749 전원합의체 판결[국회에서의 증언·감정 등에 관한 법률 위반] ☞ 국회에서의증언·감정등에관한법률위반 참조

28. 제276조 피고인의 출석권

소송촉진 등에 관한 특례법 제23조에 따라 진행된 제1심의 불출석 재판에 대하여 검사만 항소하고 항소심도 불출석 재판으로 진행한 후에 제1심판결을 파기하고 새로 또는 다시 유죄판결을 선고하여 유죄판결이 확정된 경우, 같은 법 제23조의2 제1항을 유추 적용하여 항소심 법원에 재심을 청구할 수 있는지 여부(적극)

이때 피고인이 상고권 회복에 의한 상고를 제기하여 위 사유를 상고이유로 주장하는 경우, 형사소송법 제383조 제3호에서 상고이유로 정한 원심판결에 '재심청구의 사유가 있는 때'에 해당하는지 여부(적극) 및 위 사유로 파기되는 사건을 환송받아 다시 항소심 절차를 진행하는 원심이 취해야 할 조치

🏛 대법원 2015. 6. 25. 선고 2014도17252 전원합의체 판결[폭행·공무집행방해·사기]

판결의 요지

소송촉진 등에 관한 특례법(이하 '소송촉진법'이라 한다) 제23조(이하 '특례 규정'이라 한다)와 소송촉진법 제23조의2 제1항(이하 '재심 규정'이라 한다)의 내용 및 입법 취지, 헌법 및 형사소송법에서 정한 피고인의 공정한 재판을 받을 권리 및 방어권의 내용, 적법절차를 선언한 헌법정신, 귀책 사유 없이 불출석한 상태에서 제1심과 항소심에서 유죄판결을 받은 피고인의 공정한 재판을 받을 권리를 실질적으로 보호할 필요성 등의 여러 사정들을 종합하여 보면, 특례 규정에 따라 진행된 제1심의 불출석 재판에 대하여 검사만 항소하고 항소심도 불출석 재판으로 진행한 후에 제

1심판결을 파기하고 새로 또는 다시 유죄판결을 선고하여 유죄판결이 확정된 경우에도, 재심 규정을 유추 적용하여 귀책 사유 없이 제1심과 항소심의 공판절차에 출석할 수 없었던 피고인은 재심 규정이 정한 기간 내에 항소심 법원에 유죄판결에 대한 재심을 청구할 수 있다.

그리고 피고인이 재심을 청구하지 않고 상고권 회복에 의한 상고를 제기하여 위 사유를 상고이유로 주장한다면, 이는 형사소송법 제383조 제3호에서 상고이유로 정한 원심판결에 '재심청구의 사유가 있는 때'에 해당한다고 볼 수 있으므로 원심판결에 대한 파기 사유가 될 수 있다. 나아가 위 사유로 파기되는 사건을 환송받아 다시 항소심 절차를 진행하는 원심으로서는 피고인의 귀책 사유 없이 특례 규정에 의하여 제1심이 진행되었다는 파기환송 판결 취지에 따라, 제1심판결에 형사소송법 제361조의5 제13호의 항소이유에 해당하는 재심 규정에 의한 재심청구의 사유가 있어 직권 파기 사유에 해당한다고 보고, 다시 공소장 부본 등을 송달하는 등 새로 소송절차를 진행한 다음 새로운 심리 결과에 따라 다시 판결을 하여야 한다.

29. 제282조 필요적 보호

필요적 변호 사건에서 항소법원이 국선변호인을 선정하고 항소인인 피고인과 그 변호인에게 소송기록접수통지를 한 다음 피고인이 사선변호인을 선임함에 따라 항소법원이 국선변호인의 선정을 취소한 경우, 새로 선임된 사선 변호인에게 다시 같은 통지를 하여야 하는지 여부(소극) 및 이때 항소이유서 제출 기간의 기산일(국선변호인 또는 피고인이 소송기록접수통지를 받은 날)

항소이유서 제출 기간 내에 피고인이 책임질 수 없는 사유로 국선변호인이 변경되면 그 국선변호인에게도 소송기록접수통지를 하도록 정한 형사소송규칙 제156조의2 제3항을 새로 선임된 사선변호인의 경우까지 확대 적용하거나 유추 적용할 수 있는지 여부(소극)

🏛 대법원 2018. 11. 22.자 2015도10651 전원합의체 결정[특정경제범죄가중처벌등에관한법률위반(배임)]

형사소송법은 항소법원이 항소인인 피고인에게 소송기록접수통지를 하기 전에 변호인의 선임이 있는 때에는 변호인에게도 소송기록접수통지를 하도록 정하고 있으므로(제361조의2 제2항), 피고인에게 소송기록접수통지를 한 다음에 변호인이 선임된 경우에는 변호인에게 다시 같은 통지를 할 필요가 없다. 이는 필요적 변호 사건에서 항소법원이 국선변호인을 선정하고 피고인과 그 변호인에게 소송기록접수통지를 한 다음 피고인이 사선변호인을 선임함에 따라 항소법원이 국선변호인의 선정을 취소한 경우에도 마찬가지이다. 이러한 경우 항소이유서 제출 기간은 국선변호인 또는 피고인이 소송기록접수통지를 받은 날부터 계산하여야 한다.

한편 형사소송규칙 제156조의2 제3항은 항소이유서 제출 기간 내에 피고인이 책임질 수 없는 사유로 국선변호인이 변경되면 그 국선 변호인에게도 소송기록접수통지를 하여야 한다고 정하고 있는데, 이 규정을 새로 선임된 사선변호인의 경우까지 확대해서 적용하거나 유추 적용할 수는 없다.

결국, 형사소송법이나 그 규칙을 개정하여 명시적인 근거 규정을 두지 않는 이상 현행 법규의 해석론으로는 필요적 변호 사건에서 항소법원이 국선변호인을 선정하고 피고인과 국선 변호인에게 소송기록접수통지를 한 다음 피고인이 사선변호인을 선임함에 따라 국선변호인의 선정을 취소한 경우 항소법원은 사선 변호인에게 다시 소송기록접수통지를 할 의무가 없다고 보아야 한다.

30. 제298조 공소장의 변경

가. 공소장변경 없이 공소사실과 다른 범죄사실을 인정할 수 있는지 여부(한정 적극) 및 공소장변경 없이 비친고죄인 강제추행치상죄를 친고죄인 강제추행죄로 인정할 수 있는지 여부(적극)

🏛 대법원 1999. 4. 15. 선고 96도1922 전원합의체 판결[강제추행치상]

판결의 요지

[다수의견] 1) 피고인의 방어권 행사의 보장을 비롯한 적법절차의 준수는 형사소송에서 어길 수 없는 원칙이며 공소장변경제도는 피고인의 방어권 행사를 보장

하기 위한 제도 중의 하나이어서 그의 중요성이 아무리 강조되어도 지나침이 없다 할 것이나, 정의와 형평의 기조 아래서의 실체적 진실의 신속한 발견 역시 형사소송이 목적하는 바이므로 형사소송에서는 적법절차를 준수하면서 동시에 실체적 진실을 발견하도록 요청되는데, 공소사실의 변경과 관련하여 이처럼 일응 상반되는 두 가지의 요청을 적절히 조화시키기 위하여는 피고인의 방어권 행사에 실질적으로 불이익을 줄 우려가 없을 경우에 한하여 법원으로 하여금 검사의 공소장변경절차를 거치지 아니하고 공소사실과 다른 범죄사실을 인정할 수 있게 함이 상당하다 할 것인바, 강제추행치상의 공소사실 중에는 강제추행의 공소사실도 포함되어 있다고 볼 것이므로 강제추행치상의 공소사실에 대한 피고인의 방어행위는 동시에 강제추행의 공소사실에 대한 방어행위를 겸하고 있으며 한편, 고소와 그의 취소는 고소의 대상이 된 범죄사실과 동일성이 인정되는 범위 내의 공소사실 전부에 대하여 그의 효력이 미치는 것이어서, 피고인으로서는 그 방어행위의 일환으로 자신의 행위로 인하여 피해자에게 강제추행치상죄에서의 상해를 입힌 사실이 없다는 주장을 하고 법원이 그와 같은 주장을 받아들여 피고인의 행위가 강제추행죄로 처벌하는 경우까지도 대비하여 강제추행죄에 관한 고소인의 고소취소의 원용 등 일체의 방어행위를 할 수 있으므로, 법원이 사건의 실체적 사실관계나 공소요건을 포함한 절차적 사실관계에 관하여 심리를 거쳐 판단한 이상 공소장변경절차를 거치지 아니하고 강제추행치상죄의 공소사실에 대하여 강제추행죄를 인정·처벌하였다고 하더라도, 그로 인하여 피고인에게 미처 예기하지 못한 불의의 타격을 가하여 강제추행죄에 관한 방어권 행사에 어떠한 불이익을 주었다고는 할 수 없으며, 이러한 이치는 공소제기된 강제추행치상죄는 친고죄가 아닌 반면 강제추행죄는 친고죄라 하여 달라질 것은 아니기 때문에, 공소 제기된 강제추행치상죄가 입증되지 않고 강제추행죄만 입증되는 경우에 법원은 공소장변경절차를 거치지 아니하고 강제추행의 공소사실에 관하여 심리·판단할 수 있고, 그때 그 강제추행죄에 대한 고소를 취소한 사실이 인정되면 공소기각의 판결을 선고하여야 할 것이지 강제추행치상죄의 증명이 없다 하여 무죄의 선고를 할 것은 아니다.

[반대의견] 심리 결과 공소장에 기재된 공소사실과 법원이 인정하는 범죄사실이 상이한 경우, 공소사실의 동일성이 인정된다고 하더라도 법원은 원칙적으로 공소장변경절차를 거쳐 인정된 공소사실을 현실적 심판의 대상으로 삼아 피고인에게 변경된 공소사실에 대한 방어의 기회를 충분히 부여한 다음에 이를 인정하여야 하

고, 다만 예외적으로 공소장변경절차를 거치지 아니하고 공소장에 기재된 공소사실과 다른 범죄사실을 인정한다고 하더라도 피고인의 방어권 행사에 실질적인 불이익을 초래할 염려가 없는 경우에 한하여 공소장변경절차를 거치지 아니하고도 이를 인정할 수 있는 것으로 보아야 할 것인바, 강제추행치상죄로 공소가 제기된 경우 공소장변경절차를 거치지 아니하고 친고죄인 강제추행죄를 인정하는 것은 피고인에게 미처 예기치 못한 불의의 타격을 가하여 방어권 행사에 실질적 불이익을 줄 우려가 있고, 한편 이 경우에 검사가 강제추행의 범죄사실을 예비적으로 기재하거나 소송의 추이에 따라 공소장변경절차를 거친다고 하여 다수의견이 염려하는 실체적 진실의 신속한 발견에 특별히 지장을 주는 것도 아니라 할 것이므로, 위와 같은 경우 공소장변경절차를 거치지 아니하고 강제추행죄를 인정할 수는 없다고 보아야 할 것이며, 따라서 강제추행치상죄는 입증되지 아니하나 강제추행죄가 입증된다고 하더라도 공소장변경절차를 거치지 아니한 이상 피고인에 대하여 무죄를 선고함이 마땅하다.

2) [다수의견] 원래 고소의 대상이 된 피고소인의 행위가 친고죄에 해당할 경우 소송요건인 그 친고죄의 고소를 취소할 수 있는 시기를 언제까지로 한정하는가는 형사소송절차운영에 관한 입법정책상의 문제이기에 형사소송법의 그 규정은 국가형벌권의 행사가 피해자의 의사에 의하여 좌우되는 현상을 장기간 방치하지 않으려는 목적에서 고소취소의 시한을 획일적으로 제1심판결 선고시까지로 한정한 것이고, 따라서 그 규정을 현실적 심판의 대상이 된 공소사실이 친고죄로 된 당해 심급의 판결 선고시까지 고소인이 고소를 취소할 수 있다는 의미로 볼 수는 없다 할 것이어서, 항소심에서 공소장의 변경에 의하여 또는 공소장변경절차를 거치지 아니하고 법원 직권에 의하여 친고죄가 아닌 범죄를 친고죄로 인정하였더라도 항소심을 제1심이라 할 수는 없는 것이므로, 항소심에 이르러 비로소 고소인이 고소를 취소하였다면 이는 친고죄에 대한 고소취소로서의 효력은 없다.

나. 판결이 확정된 장물취득죄와 강도상해죄 사이에 동일성 여부 및 두 죄의 기본적 사실관계가 동일한지 여부의 판단 기준

🏛 대법원 1994. 3. 22. 선고 93도2080 전원합의체 판결[강도상해]

1) 유죄로 확정된 장물취득죄와 이 사건 강도상해죄는 범행일시가 근접하고 위 장물취득죄의 장물이 이 사건 강도상해죄의 목적물 중 일부이기는 하나, 그 범행의 일시, 장소가 서로 다르고, 강도상해죄는 피해자를 폭행하여 상해를 입히고 재물을 강취하였다는 것인데 반하여 위 장물취득죄는 위와 같은 강도상해의 범행이 완료된 이후에 강도상해죄의 범인이 아닌 피고인이 다른 장소에서 그 장물을 교부받았음을 내용으로 하는 것으로서 그 수단, 방법, 상대방 등 범죄사실의 내용이나 행위가 별개이고, 행위의 태양이나 피해법익도 다르고 죄질에도 현저한 차이가 있어, 위 장물취득죄와 이 사건 강도상해죄 사이에는 동일성이 있다고 보기 어렵고, 따라서 피고인이 장물취득죄로 받은 판결이 확정되었다고 하여 강도상해죄의 공소사실에 대하여 면소를 선고하여야 한다거나 피고인을 강도상해죄로 처벌하는 것이 일사부재리의 원칙에 어긋난다고는 할 수 없다.

2) 공소사실이나 범죄사실의 동일성은 형사소송법상의 개념이므로 이것이 형사소송절차에서 가지는 의의나 소송법적 기능을 고려하여야 할 것이고, 따라서 두 죄의 기본적 사실관계가 동일한가의 여부는 그 규범적 요소를 전적으로 배제한 채 순수하게 사회적, 전 법률적인 관점에서만 파악할 수는 없고, 그 자연적, 사회적 사실관계나 피고인의 행위가 동일한 것인가 외에 그 규범적 요소도 기본적 사실관계 동일성의 실질적 내용의 일부를 이루는 것이라고 보는 것이 상당하다.

【평석】 특수강도의 공소 사실을 공소장 변경절차 없이 특수공갈죄로 처단함은 위법하다는 오래전 대법원 1968. 9. 19. 선고 68도995 전원합의체 판결[특수강도]도 있으며, 영리목적 대마 수입의 범죄사실을 공소장 변경없이 직권으로 대마 매매의 범죄사실로 인정할 수 있다는 대법원 2019. 5. 30. 선고 2019도2839 판결이 있다.[75)]

---

75) 이승호, 공소장 변경의 필요성: 공소가 제기된 영리 목적 대마 수입의 범죄 사실을 공소장 변경없이 직권으로 대마 매매의 범죄사실로 인정할 수 있는지 여부, 대법원판례해설, 제120호(2091년 상), 법원도서관, 578면

31. 제307조 증거재판주의

가. 공판중심주의와 실질적 직접심리주의의 취지

> 🏛 대법원 2006. 11. 24. 선고 2006도4994 판결[유가증권위조 등]

판결 이유

상고이유를 판단한다.

1. 우리 형사소송법은 형사 사건의 실체에 대한 유죄·무죄의 심증 형성은 법정에서의 심리에 의하여야 한다는 공판중심주의의 한 요소로서, 법관의 면전에서 직접 조사한 증거만을 재판의 기초로 삼을 수 있고 증명 대상이 되는 사실과 가장 가까운 원본 증거를 재판의 기초로 삼아야 하며 원본 증거의 대체물 사용은 원칙적으로 허용되어서는 안 된다는 실질적 직접심리주의를 채택하고 있는바, 이는 법관이 법정에서 직접 원본 증거를 조사하는 방법을 통하여 사건에 대한 신선하고 정확한 심증을 형성할 수 있고 피고인에게 원본 증거에 관한 직접적인 의견진술의 기회를 부여함으로써 실체적 진실을 발견하고 공정한 재판을 실현할 수 있기 때문이다. 형사소송절차를 주재하는 법원으로서는 형사소송절차의 진행과 심리 과정에서 법정을 중심으로 특히, 당사자의 주장과 증거조사가 이루어지는 원칙적인 절차인 제1심의 법정에서 위와 같은 실질적 직접심리주의의 정신이 충분하고도 완벽하게 구현될 수 있도록 하여야 할 것이다.

원래 제1심이 증인신문 절차를 진행한 뒤 그 진술의 신빙성 유무를 판단함에 있어서는, 진술 내용 자체의 합리성·논리성·모순 또는 경험칙 부합 여부나 물증 또는 제3자의 진술과의 부합 여부 등은 물론, 법관의 면전에서 선서한 후 공개된 법정에서 진술에 임하고 있는 증인의 모습이나 태도, 진술의 뉘앙스 등 증인신문조서에는 기록하기 어려운 여러 사정을 직접 관찰함으로써 얻게 된 심증까지 모두 고려하여 신빙성 유무를 평가하게 된다. 이에 비하여, 현행 형사소송법상 제1심 증인이 한 진술에 대한 항소심의 신빙성 유무 판단은 원칙적으로 증인신문조서를 포함한 기록만을 그 자료로 삼게 되므로, 진술의 신빙성 유무 판단에 있어 가장 중요한 요소 중의 하나라 할 수 있는 진술 당시 증인의 모습이나 태도, 진술의 뉘앙스 등을 신빙성 유무 평가에 반영할 수 없다는 본질적인 한계를 지니게 된다. 앞서 본 실질적 직접심리주의의 정신에 비추어 위와 같은 제1심과 항소심의 신빙성 평가 방법의 차이를 고려해 보면, 제1심판결 내용과 제1심에서 적법하게 증거조사를 거친 증거들에 비추어 제1심 증인이 한 진술의 신빙성 유무에 대한 제1심의 판단이 명백하게 잘못되었다고 볼 특별한 사정이 있거나, 제1심의 증거조사 결과와 항소심 변론종결시까지 추가로 이루어진 증거조사 결과를 종합하면 제1심 증인이 한 진술의 신빙성 유무에 대한 제1심의 판단을 그대로 유지하는 것이 현저히 부당하다고 인정되는 예외적인 경우가 아니라면, 항소심으로서는 제1심 증인이 한 진술의 신빙성 유무에 대한 제1심의 판단이 항소심의 판단과 다르다는 이유만으로 이에 대한 제1심의 판단을 함부로 뒤집어서는 아니 된다 할 것이다(대법원 1991. 10. .22. 선고 91도1672 판결, 1994. 11. 25. 선고 94도1545 판결, 1996. 12. 6. 선고 96도2461 판결, 2005. 5. 26. 선고 2005도130 판결 등 참조).

(중략)

기록에 의하면, 아래와 같은 사정을 알 수 있다.

이 사건 공소사실의 요지는, 피고인이 2004. 4.경 불상의 방법으로 소지하게 된 공소외 1의 인감도장을 찍어 이 사건 약속어음 및 위임장을 위조·행사하였다는 것인데, 피고인은 수사 초기부터 일관하여 고소인 공소외 1이 공소사실 기재 일 시경 피고인의 사무실을 방문하여 남편 공소외 2의 채무를 연대 보증하는 취지로 백지 약속어음 및 위임장에 직접 인감도장을 날인하였다고 주장하였다.

이에 반하여, 공소외 1과 공소외 2는 고소 이후 일관하여 공소외 1은 공소사실 기재 일 시경 공소외 2의 채무에 대하여 연대 보증한 사실은 물론, 피고인의 사무실을 방문하거나 공소외 2에게 인감도장을 맡긴 사실조차 없다고 주장하였고, 제1심에 증인으로 출석해서도 같은 취지로 진술하였으나, 두 사람에 대한 증인신문을 마친 제1심은 이 사건 약속어음 및 위임장에 공소외 1의 인감도장이 날인되어 있는 사실 등에 비추어 두 사람의 진술은 믿기 어렵다고 보아 그 신빙성을 배척하고 피고인에게 무죄를 선고하였다.

그런데 원심은 공소외 1의 연대보증 여부와 관련된 정황에 대하여 피고인에게 석명하여 피고인이 원심에서 제출한 일부 서류들에 대하여 추가로 증거조사를 하기는 하였으나, 그 제출한 서류들이 대부분 수사기록에 첨부되어 있는 서류들일 뿐만 아니라, 주로 제1심에서 증거조사를 마친 수사기록에 첨부된 대출 관련 서류들에 기초하여 수사 및 제1심 과정에서 이미 지적이 되었던 사정들 즉, 이 사건 대출 관련 서류들의 연대보증인 란에 공소외 1의 서명날인이 없고, 피고인이 공소외 1의 인감증명서를 받아 두지 않았다는 사실 등으로 미루어 볼 때 공소외 1이 연대보증을 하지 않았다는 두 사람의 제1심법정 진술에 신빙성이 인정된다고 판단하여 제1심을 파기하고, 피고인에게 유죄를 선고하였다.

앞서 본 법리에 위 사실을 비추어 살펴보면, 원심이 공소사실을 뒷받침하는 공소외 1, 2의 제1심법정 진술의 신빙성을 배척한 제1심의 판단을 뒤집기 위해서는 그러한 제1심의 판단을 수긍할 수 없는 충분하고도 납득할 만한 현저한 사정이 나타나는 경우이어야 할 것인데, 원심이 지적한 사정들은 제1심에서 증거조사를 마친 수사기록에 첨부된 대출 관련 서류들에 기초하여 수사 및 제1심 과정에서 이미 지적이 되었던 사정들로서 제1심이 공소외 1, 2의 제1심법정 진술의 신빙성을 배척함에 있어 이미 고려했던 여러 정황들 중 일부에 불과한 것으로 보이고 제1심의 판단을 뒤집을 만한 특별한 사정으로 내세울 만한 것은 아니라 할 것이니, 원심이 공소외 1, 2가 제1심에서 한 진술의 신빙성에 대한 제1심의 판단을 뒤집은 조치는 수긍하기 어렵다.

결국, 원심에는 제1심 증인이 한 진술의 신빙성에 대한 판단을 함에 있어 공판중심주의와 직접심리주의의 원칙에 어긋남으로써 채증법칙을 위반한 위법이 있고, 이는 판결에 영향을 미쳤음이 명백하여 그대로 유지될 수 없다 할 것이다.

【평석】 특히 공소사실을 뒷받침하는 증거의 경우에는, 증인신문 절차를 진행하면서 진술에 임하는 증인의 모습과 태도를 직접 관찰한 제1심이 증인의 진술에 대하여 그 신빙성을 인정할 수 없다고 판단하였음에도 불구하고, 항소심이 이를 뒤집어 그 진술의 신빙성을 인정할 수 있다고 판단할 수 있으려면, 진술의 신빙성을 배척한 제1심의 판단을 수긍할 수 없는 충분하고도 납득할 만한 현저한 사정이 나타나는 경우이어야 한다는 것이 대법원판결의 취지이다.

나. 증거재판주의(항소심에서의 증거 판단)

다음과 같이 제1심 증인 진술의 신빙성에 대하여 1심의 판단과 다르게 선고한 항소심 판결을 정당하다고 선고한 대법원판결도 있다.

판결의 요지

우리 형사소송법이 채택하고 있는 실질적 직접심리주의의 정신에 비추어, 항소심으로서는 제1심 증인이 한 진술의 신빙성 유무에 대한 제1심의 판단이 항소심의 판단과 다르다는 이유만으로 이에 대한 제1심의 판단을 함부로 뒤집어서는 아니되나, 제1심 증인이 한 진술의 신빙성 유무에 대한 제1심의 판단이 명백하게 잘못되었다고 볼 특별한 사정이 있거나, 제1심의 증거조사 결과와 항소심 변론종결시까지 추가로 이루어진 증거조사 결과를 종합하면 제1심 증인이 한 진술의 신빙성 유무에 대한 제1심의 판단을 그대로 유지하는 것이 현저히 부당하다고 인정되는 예외적인 경우에는 그러하지 아니하다(대법원 2006. 11. 24. 선고 2006도4994 판결, 대법원 2009. 1. 30. 선고 2008도7462 판결 등 참조).

원심은 제1심에서 적법하게 채택·조사된 증거들에 의하여 인정되는 그 판시와 같은 여러 사정, 즉 피해자가 평소 피고인으로부터 수시로 폭행·협박을 당하여 피고인과 대면하는 것 자체에 대하여 상당한 두려움을 갖고 있었던 점, 피해자가 제1심법정에 증인으로 출석하여 진술하던 도중 피고인의 면전에서 충분한 진술을 할 수 없음이 인정되어 피고인에 대한 퇴정이 명하여진 점, 그 퇴정을 전후하여 피해자의 진술 태도 및 내용에 변화가 있었던 점 등에 비추어 피해자의 제1심 법정진술 중 이 사건 공소사실에 배치되는 부분의 신빙성을 제1심의 판단과 달리 배척하고 거시 증거들에 의하여 이 사건 공소사실을 유죄로 인정하였다. 앞서 본 법리와 기록에 비추어 살펴보면 원심의 조치는 옳고, 거기에 증거의 증명력 판단에 관한 자유심증주의의 한계를 벗어나거나 공판중심주의 또는 직접심리주의에 관한 법리를 오해한 위법이 없다. 이에 관한 상고이유의 주장은 받아들이지 아니한다.

다. 원심에서 제출된 '청와대 문건'의 증거능력

대통령비서실장인 피고인이 대통령의 뜻에 따라 정무수석비서관실과 교육문화수석비서관실 등 수석비서관실과 문화체육관광부에 문화예술진흥기금 등 정부의 지원을 신청한 개인·단체의 이념적 성향이나 정치적 견해 등을 이유로 한국문화예술위원회·영화진흥위원회·한국출판문화산업진흥원이 수행한 각종 사업에서 이른바 좌파 등에 대한 지원배제를 지시하였다는 직권남용권리행사방해의 공소사실로 기소되었는데, 특별검사가 검찰을 통하여 또는 직접 청와대로부터 넘겨받아 원심에 제출한 '청와대 문건'의 증거능력이 문제된 사안에서, 위 '청와대 문건'은 위법수집증거가 아니므로 증거능력이 있다고 본 원심판단을 수긍한 사례

🏛 대법원 2020. 1. 30. 선고 2018도2236 전원합의체 판결[직권남용권리행사방해 · 강요 · 국회에서의증언 · 감정등에관한법률위반]

판결의 요지

대통령비서실장인 피고인이 대통령의 뜻에 따라 정무수석비서관실과 교육문화수석비서관실 등 수석비서관실과 문화체육관광부에 문화예술진흥기금 등 정부의 지원을 신청한 개인 · 단체의 이념적 성향이나 정치적 견해 등을 이유로 한국문화예술위원회 · 영화진흥위원회 · 한국출판문화산업진흥원이 수행한 각종 사업에서 이른바 좌파 등에 대한 지원배제를 지시하였다는 직권남용권리행사방해의 공소사실로 기소되었는데, 특별검사가 검찰을 통하여 또는 직접 청와대로부터 넘겨받아 원심에 제출한 '청와대 문건'의 증거능력이 문제된 사안에서, 위 '청와대 문건'은 '대통령기록물 관리에 관한 법률'을 위반하거나 공무상 비밀을 누설하여 수집된 것으로 볼 수 없어 위법수집증거가 아니므로 증거능력이 있다.

라. 검사 면담 후 증언

검사가 공판기일에 증인으로 신청하여 신문할 사람을 특별한 사정 없이 미리 수사기관에 소환하여 면담하는 절차를 거친 후 증인이 법정 진술의 신빙성 및 이때 증인에 대한 회유나 압박 등이 없었다는 사정에 대한 증명책임 소재

🏛 대법원 2021. 6. 10. 선고 2020도15891 판결[특정범죄가중처벌등에관한법률위반(뇌물)]

판결의 요지

헌법은 제12조 제1항 후문에서 적법절차의 원칙을 천명하고, 제27조에서 재판받을 권리를 보장하고 있다. 형사소송법은 이를 실질적으로 구현하기 위하여, 피고사

건에 대한 실체심리가 공개된 법정에서 검사와 피고인 양 당사자의 공격·방어활동에 의하여 행해져야 한다는 당사자주의와 공판중심주의, 공소사실의 인정은 법관의 면전에서 직접 조사한 증거만을 기초로 해야 한다는 직접심리주의와 증거재판주의를 기본원칙으로 채택하고 있다. 이에 따라 공소가 제기된 후에는 그 사건에 관한 형사절차의 모든 권한이 사건을 주재하는 수소법원에 속하게 되며, 수사의 대상이던 피의자는 검사와 대등한 당사자인 피고인의 지위에서 방어권을 행사하게 된다.

이러한 형사소송법의 기본원칙에 비추어 보면, 검사가 공판기일에 증인으로 신청하여 신문할 사람을 특별한 사정 없이 미리 수사기관에 소환하여 면담하는 절차를 거친 후 증인이 법정에서 피고인에게 불리한 내용의 진술을 한 경우, 검사가 증인신문 전 면담 과정에서 증인에 대한 회유나 압박, 답변 유도나 암시 등으로 증인의 법정진술에 영향을 미치지 않았다는 점이 담보되어야 증인의 법정진술을 신빙할 수 있다고 할 것이다. 검사가 증인신문 준비 등 필요에 따라 증인을 사전 면담할 수 있다고 하더라도 법원이나 피고인의 관여 없이 일방적으로 사전 면담하는 과정에서 증인이 훈련되거나 유도되어 법정에서 왜곡된 진술을 할 가능성도 배제할 수 없기 때문이다. 증인에 대한 회유나 압박 등이 없었다는 사정은 검사가 증인의 법정진술이나 면담 과정을 기록한 자료 등으로 사전면담 시점, 이유와 방법, 구체적 내용 등을 밝힘으로써 증명하여야 한다.

【평석】 피고인에 유리한 증인을 한 증인을 검사가 법정 진술 전에 소환하여 증언 내용을 추궁하여 번복시키는 내용으로 작성한 진술조서의 증거능력을 부인하였는데, 나아가 검사가 단순히 피고인을 사전 면담한 경우 증인의 법정 진술에 영향을 미치지 않았음을 검사가 증명하지 않는 한 증인의 증언에 신빙성을 부여하기 어렵다고 한 판결이다.[76]

32. 제308조 자유심증주의

가. 자유심증주의의 의미와 한계

🏛 대법원 2015. 8. 20. 선고 2013도11650 전원합의체 판결[정치자금법위반]

---

76) 이상원, 2021년 분야별 중요판례 분석, 법률신문, 2022. 3. 17.자

형사소송법 제307조 제1항, 제308조는 증거에 의하여 사실을 인정하되 증거의 증명력은 법관의 자유판단에 의하도록 규정하고 있는데, 이는 법관이 증거능력 있는 증거 중 필요한 증거를 채택·사용하고 증거의 실질적인 가치를 평가하여 사실을 인정하는 것은 법관의 자유심증에 속한다는 것을 의미한다. 따라서 충분한 증명력이 있는 증거를 합리적인 근거 없이 배척하거나 반대로 객관적인 사실에 명백히 반하는 증거를 아무런 합리적인 근거 없이 채택·사용하는 등으로 논리와 경험의 법칙에 어긋나는 것이 아닌 이상, 법관은 자유심증으로 증거를 채택하여 사실을 인정할 수 있다.

국회의원인 피고인이 甲 주식회사 대표이사 乙에게서 3차례에 걸쳐 약 9억 원의 불법정치자금을 수수하였다는 내용으로 기소되었는데, 乙이 검찰의 소환 조사에서는 자금을 조성하여 피고인에게 정치자금으로 제공하였다고 진술하였다가, 제1심 법정에서는 이를 번복하여 자금 조성 사실은 시인하면서도 피고인에게 정치자금으로 제공한 사실을 부인하고 자금의 사용처를 달리 진술한 사안에서, 공판중심주의와 실질적 직접심리주의 등 형사소송의 기본원칙상 검찰 진술보다 법정 진술에 더 무게를 두어야 한다는 점을 감안하더라도, 乙의 법정 진술을 믿을 수 없는 사정 아래에서 乙이 법정에서 검찰 진술을 번복하였다는 이유만으로 조성 자금을 피고인에게 정치자금으로 공여하였다는 검찰 진술의 신빙성이 부정될 수는 없고, 진술 내용 자체의 합리성, 객관적 상당성, 전후의 일관성, 이해관계 유무 등과 함께 다른 객관적인 증거나 정황 사실에 의하여 진술의 신빙성이 보강될 수 있는지, 반대로 공소사실과 배치되는 사정이 존재하는지 두루 살펴 판단할 때 자금 사용처에 관한 乙의 검찰 진술의 신빙성이 인정되므로, 乙의 검찰 진술 등을 종합하여 공소사실을 모두 유죄로 인정한 원심판단에 자유심증주의의 한계를 벗어나는 등의 잘못이 없다.

나. 경험칙과 논리 법칙

🏛 대법원 2004. 6. 25. 선고 2004도2221[폭력행위등처벌에관한법률위반·공무집행방해·특정범죄가중처벌등에관한법률위반(도주차량) 등]

가. 공소사실의 요지

피고인은 자동차운전면허를 받지 아니하고, 2002. 11. 6. 전북 32너5257 승합차량(이하 가해차량이라 한다)을 운전하여 익산시 어양동 소재 레포츠 공원 앞 교차로에 이르러 전방주시의무를 게을리 한 과실로 신호대기로 정지하고 있던 피해자 000 운전의 전북 29로6480호 승용차 뒤 범퍼 부분을 들이받아 피해자로 하여금 2주간의 치료를 요하는 뇌진탕상 등을 입게 함과 동시에 피해차량 뒤 범퍼 등을 3,166,702원 상당의 수리비가 들도록 손괴하고도 피해자를 구호하는 등의 조치를 취하지 아니하고 도주하였다.

나. 법원의 판단

(1) 자유심증주의를 규정한 형사소송법 제308조가 증거의 증명력을 법관의 자유판단에 의하도록 한 것은 그것이 실체적 진실발견에 적합하기 때문이라 할 것이므로, 증기판단에 관한 전권을 가지고 있는 사실심 법관은 사실인정에 있어 공판절차에서 획득된 인식과 조사된 증거를 남김없이 고려하여야 한다.

형사재판에 있어 심증형성은 반드시 직접증거에 의하여 형성되어야만 하는 것은 아니고 간접증거에 의할 수도 있는 것이며, 간접증거는 이를 개별적·고립적으로 평가하여서는 아니 되고 모든 관점에서 빠짐없이 상호 관련시켜 종합적으로 평가하고, 치밀하고 모순 없는 논증을 거쳐야 한다.

증거의 증명력은 법관의 자유판단에 맡겨져 있으나 그 판단은 논리와 경험칙에 합치하여야 하고, 형사재판에 있어서 유죄로 인정하기 위한 심증형성의 정도는 합리적인 의심을 할 여지가 없을 정도여야 하나, 이는 모든 가능한 의심을 배제할 정도에 이를 것까지 요구하는 것은 아니며, 증명력이 있는 것으로 인정되는 증거를 합리적인 근거가 없는 의심을 일으켜 이를 배척하는 것은 자유심증주의의 한계를 벗어나는 것으로 허용될 수 없다 할 것인바(대법원 1994. 9. 13. 선고 94도1335 판결 등 참조), 여기에서 말하는 합리적 의심이라 함은 모든 의문, 불신을 포함하는 것이 아니라 논리와 경험칙에 기하여 요증사실과 양립할 수 없는 사실의 개연성에 대한 합리성 있는 의문을 의미하는 것으로서(대법원 1997. 7. 25. 선고 97도974 판결 참조), 피고인에게 유리한 정황을 사실인정과 관련하여 파악한 이성적 추론에 그 근거를 두어야 하는 것이므로 단순히 관념적인 의심이나 추상적인 가능성에 기초한 의심은 합리적 의심에 포함된다고 할 수 없다.

(2) 이와 같은 견해에 의하여 위 공소사실의 사안의 경우, 제반 사정을 종합적으로 고려하여, 피고인이 이 사건 사고 당시 가해차량 내에 있었다고 추론함이 상당하고, 그 당시 가해차량 안에 두 사람 이상이 탑승하고 있었다는 등의 특별한 사정이 없는 한 피고인이 가해차량을 운전하다가 이 사건 사고를 일으켰다고 보아야 할 것이다.

원심이 증명력을 배척하는 사유로 든 근거 중, 피고인이 범칙금납부통고서만 들어 있는 지갑을 가해차량에 놓아둔 채 이를 도난당하였을 가능성도 배제할 수 없다는 점은, 도난 변소의 합리성 및 OOO 명의의 휴대폰의 실제 사용자를 도외시한 비합리적 의심에 불과하고, 통화내역의 통화시간이 극히 짧아 실질적으로 어떤 대화를 나누었다고 볼 수 없었다는 점은 일부 통화에만 타당한 것일 뿐만 아니라 휴대폰의 실제 사용자를 가리는데 있어 통화를 시도하였다는 점이 중요한 것이지 실제 통화가 이루어졌는가 하는 점은 큰 의미가 없다는 점을 간과한 것이다.

(3) 결국, 이 부분 공소사실에 대한 범죄의 증명이 없다고 한 원심의 판단은, 공판에서 획득된 인식과 조사된 증거를 남김없이 고려하지 아니하였고, 이를 모든 관점에서 상호 관련시켜 종합적으로 평가하지 아니하였을 뿐만 아니라 치밀한 논증을 거치지 아니하였으며, 증거의 증명력을 판단함에 있어 경험칙과 논리법칙에 어긋나는 판단을 함으로써, 자유심증주의에 관한 법리 및 간접증거의 증명력 평가에 관한 법리를 오해하였거나, 채증법칙 위배 또는 심리미진으로 인하여 사실을 오인함으로써 판결에 영향을 미친 위법을 저지른 것이다.

【해설】 법원의 자유심증주의는 어디까지 미치는가에 대한 재판 실무 판결문에 주요 판례(무죄 부분)로 자주 인용된다.

다. 대화 내용을 녹음한 파일 등 전자매체의 증거능력을 인정하기 위한 요건과 증거로 제출된 녹음파일의 증거능력을 판단하는 기준

🏛 대법원 2015. 1. 22. 선고 2014도10978 전원합의체 판결[내란음모·국가보안법위반(찬양·고무등)·내란선동]

대화 내용을 녹음한 파일 등의 전자매체는 성질상 작성자나 진술자의 서명 혹은 날인이 없을 뿐만 아니라, 녹음자의 의도나 특정한 기술에 의하여 내용이 편집·조작될 위험성이 있음을 고려하여 대화 내용을 녹음한 원본이거나 혹은 원본으로부터 복사한 사본일 경우에는 복사 과정에서 편집되는 등 인위적 개작 없이 원본의 내용 그대로 복사된 사본임이 입증되어야만 하고, 그러한 입증이 없는 경우에는 쉽게 그 증거능력을 인정할 수 없다.

그리고 증거로 제출된 녹음파일이 대화 내용을 녹음한 원본이거나 혹은 복사 과정에서 편집되는 등 인위적 개작 없이 원본 내용을 그대로 복사한 사본이라는 점은 녹음파일의 생성과 전달 및 보관 등의 절차에 관여한 사람의 증언이나 진술, 원본이나 사본 파일 생성 직후의 해쉬(Hash)값과의 비교, 녹음파일에 대한 검증·감정 결과 등 제반 사정을 종합하여 판단할 수 있다.

라. 피고인에 대한 '간첩'의 공소사실은 증거가 없고, 이미 지득한 관련 문건 등을 보고·누설한 행위에 불과하여 형법 제98조 제1항에 규정된 간첩행위로 보기 어렵다고 한 사례 및 형사재판에서 공소사실에 대한 증명책임의 소재(검사)

🏛 대법원 2011. 1. 20. 선고 2008재도11 전원합의체 판결[간첩·간첩방조·국가보안법 위반·법령제5호 위반]

피고인에 대한 간첩의 공소사실은 합리적인 의심이 없을 정도로 증명되었다고 보기 어렵고 달리 이를 인정할 만한 증거가 없을 뿐만 아니라, 진보당의 중앙위원장인 피고인이 이미 지득하고 있던 관련 문건 등을 보고·누설한 행위에 불과하여 그 사실 자체로서 형법 제98조 제1항에 규정된 간첩행위로 보기 어렵다.

형사재판에서 공소된 범죄사실에 대한 증명책임은 검사에게 있고, 유죄의 인정은 법관으로 하여금 합리적인 의심을 할 여지가 없을 정도로 공소사실이 진실한 것이라는 확신을 가지게 하는 증명력을 가진 증거에 의하여야 하므로, 그와 같은 증거가 없다면 설령 피고인에게 유죄의 의심이 간다 하더라도 피고인의 이익으로 판단할 수밖에 없다.

☞ 이 사건 재심사유에 관한 부분은 형법 제420조 관련 판결 참조.

마. 국회의원인 피고인이 甲 주식회사 대표이사 乙에게서 3차례에 걸쳐 불법정치자금을 수수한 경우와 자유심증주의의 한계

🏛 대법원 2015. 8. 20. 선고 2013도11650 전원합의체 판결[정치자금법위반]

판결의 요지

국회의원인 피고인이 甲 주식회사 대표이사 乙에게서 3차례에 걸쳐 약 9억 원의 불법정치자금을 수수하였다는 내용으로 기소되었는데, 乙이 검찰의 소환 조사에서는 자금을 조성하여 피고인에게 정치자금으로 제공하였다고 진술하였다가, 제1심 법정에서는 이를 번복하여 자금 조성 사실은 시인하면서도 피고인에게 정치자금으로 제공한 사실을 부인하고 자금의 사용처를 달리 진술한 사안에서, 공판중심주의와 실질적 직접심리주의 등 형사소송의 기본원칙상 검찰 진술보다 법정 진술에 더 무게를 두어야 한다는 점을 감안하더라도, 乙의 법정 진술을 믿을 수 없는 사정 아래에서 乙이 법정에서 검찰 진술을 번복하였다는 이유만으로 조성 자금을 피고인에게 정치자금으로 공여하였다는 검찰 진술의 신빙성이 부정될 수는 없고, 진술 내용 자체의 합리성, 객관적 상당성, 전후의 일관성, 이해관계 유무 등과 함께 다른 객관적인 증거나 정황 사실에 의하여 진술의 신빙성이 보강될 수 있는지, 반대로 공소사실과 배치되는 사정이 존재하는지 두루 살펴 판단할 때 자금 사용처에 관한 乙의 검찰 진술의 신빙성이 인정되므로, 乙의 검찰 진술 등을 종합하여 공소사실을 모두 유죄로 인정한 원심판단에 자유심증주의의 한계를 벗어나는 등의 잘못이 없다.

33. 제308조의2 위법수집증거의 배제

수사기관이 '피고인 아닌 자'를 상대로 위법하게 수집한 증거를 '피고인'에 대한 유죄 인정의 증거로 삼을 수 있는지 여부

🏛 대법원 2011. 6. 30. 선고 2009도6717 판결[식품위생법위반]

판결의 요지

1) 형사소송법 제199조 제1항은 임의수사 원칙을 명시하고 있는데, 수사관이 수사과정에서 동의를 받는 형식으로 피의자를 수사관서 등에 동행하는 것은, 피의자의 신체의 자유가 제한되어 실질적으로 체포와 유사한데도 이를 억제할 방법이 없어서 이를 통해서는 제도적으로는 물론 현실적으로도 임의성을 보장할 수 없을 뿐만 아니라, 아직 정식 체포·구속단계 이전이라는 이유로 헌법 및 형사소송법이 체포·구속된 피의자에게 부여하는 각종 권리보장 장치가 제공되지 않는 등 형사소송법의 원리에 반하는 결과를 초래할 가능성이 크므로, 수사관이 동행에 앞서 피의자에게 동행을 거부할 수 있음을 알려 주었거나 동행한 피의자가 언제든지 자유로이 동행과정에서 이탈 또는 동행장소에서 퇴거할 수 있었음이 인정되는 등 오로지 피의자의 자발적인 의사에 의하여 수사관서 등에 동행이 이루어졌다는 것이 객관적인 사정에 의하여 명백하게 입증된 경우에 한하여, 동행의 적법성이 인정된다고 보는 것이 타당하다.

2) 형사소송법 제308조의2는 "적법한 절차에 따르지 아니하고 수집한 증거는 증거로 할 수 없다."고 규정하고 있는데, 수사기관이 헌법과 형사소송법이 정한 절차에 따르지 아니하고 수집한 증거는 유죄 인정의 증거로 삼을 수 없는 것이 원칙이므로, 수사기관이 피고인 아닌 자를 상대로 적법한 절차에 따르지 아니하고 수집한 증거는 원칙적으로 피고인에 대한 유죄 인정의 증거로 삼을 수 없다.

유흥주점 업주와 종업원인 피고인들이 영업장을 벗어나 시간적 소요의 대가로 금품을 받아서는 아니되는데도, 이른바 '티켓영업' 형태로 성매매를 하면서 금품을 수수하였다고 하여 구 식품위생법(2007. 12. 21. 법률 제8779호로 개정되기 전의 것) 위반으로 기소된 사안에서, 경찰이 피고인 아닌 갑, 을을 사실상 강제연행하여 불법체포한 상태에서 갑, 을 간의 성매매행위나 피고인들의 유흥업소 영업행위를 처벌하기 위하여 갑, 을에게서 자술서를 받고 갑, 을에 대한 진술조서를 작성한 경우, 위 각 자술서와 진술조서는 헌법과 형사소송법이 규정한 체포·구속에 관한 영장주의 원칙에 위배하여 수집된 것으로서 수사기관이 피고인 아닌 자를 상대로 적법한 절차에 따르지 아니하고 수집한 증거에 해당하여 형사소송법 제308조의2에 따라 증거능력이 부정된다는 이유로, 이를 피고인들에 대한 유죄 인정의 증거로 삼을 수 없다.

【평석】 적법하지 않게 수집한 증거는 다른 피고인 형사 사건에서 사용할 수 없다. 예컨대, 진술거부권 고지 없이 취득한 공범 진술의 증거능력을 부인하고 있는데(대법원 2010. 5. 27. 선고 2010도1755 판결), 공범이 아닌 제3자에게 이러한 법리가 확장되는지에 관하여는 명백한 판시가 없었다. 이 판결은 위법수사의 당사자뿐만 아니라 제3자도 위법수집증거의 배제를 주장할 수 있음을 명시적으로 판시한 최초의 판결이라고 보고 있다.[77]

한편, 적법한 절차에 따르지 아니하고 수집한 증거를 유죄 인정의 증거로 사용할 수 있는 예외적인 경우 및 이에 해당하는지 판단하는 기준에 대한 대법원 2022. 4. 28. 선고 2021도17103 판결[마약류관리에관한법률위반(향정)·출입국관리법위반]의 요지는 다음과 같다.

"적법한 절차에 따르지 아니하고 수집한 증거는 증거로 할 수 없다(형사소송법 제308조의2). 다만 수사기관의 절차 위반행위가 적법절차의 실질적인 내용을 침해하는 경우에 해당하지 않고, 오히려 그 증거의 증거능력을 배제하는 것이 헌법과 형사소송법이 형사소송에 관한 절차 조항을 마련하여 적법절차의 원칙과 실체적 진실 규명의 조화를 도모하고 이를 통하여 형사 사법 정의를 실현하려고 한 취지에 반하는 결과를 초래하는 것으로 평가되는 예외적인 경우라면 법원은 그 증거를 유죄 인정의 증거로 사용할 수 있다. 이에 해당하는지는 수사기관의 증거 수집 과정에서 이루어진 절차 위반행위와 관련된 모든 사정, 즉 절차 조항의 취지, 위반 내용과 정도, 구체적인 위반 경위와 회피가능성, 절차 조항이 보호하고자 하는 권리나 법익의 성질과 침해 정도, 이러한 권리나 법익과 피고인 사이의 관련성, 절차 위반행위와 증거 수집 사이의 관련성, 수사기관의 인식과 의도 등을 전체적·종합적으로 고찰해서 판단해야 한다.

사법경찰관이 인도네시아 국적의 외국인인 피고인을 출입국관리법 위반의 현행범인으로 체포하면서 소변과 모발을 임의제출 받아 압수하였고, 소변검사 결과에서 향정신성의약품인 MDMA(일명 엑스터시) 양성반응이 나오자 피고인은 출입국관리법 위반과 마약류 관리에 관한 법률 위반(향정) 범행을 모두 자백한 후 구속되었는데, 피고인이 검찰 수사 단계에서 자신의 구금 사실을 자국 영사관에 통보할 수

---

77) 이상원, 2011년 분야별 중요판례 분석, 법률신문, 2012. 5. 24.자 참조. 미국 연방대법원은 위법수집증거라도 제3자에 대하여는 사용할 수 있다는 입장인데, 이에 대하여는 비판적인 견해도 있고 또 모든 주가 연방대법원의 법리를 따르고 있는 것도 아니라고 한다.

있음을 알게 되었음에도 수사기관에 영사기관 통보를 요구하지 않은 사안에서, 사법경찰관이 체포 당시 피고인에게 영사통보권 등을 지체 없이 고지하지 않았으므로 체포나 구속 절차에 영사관계에 관한 비엔나협약(Vienna Convention on Consular Relations, 1977. 4. 6. 대한민국에 대하여 발효된 조약 제594호) 제36조 제1항 (b)호를 위반한 위법이 있으나, 제반 사정을 종합하면 피고인이 영사통보권 등을 고지받았더라도 영사의 조력을 구하였으리라고 보기 어렵고, 수사기관이 피고인에게 영사통보권 등을 고지하지 않았더라도 그로 인해 피고인에게 실질적인 불이익이 초래되었다고 볼 수 없어 피고인에게 영사통보권 등을 고지하지 않은 사정이 수사기관의 증거 수집이나 이후 공판절차에 상당한 영향을 미쳤다고 보기 어려우므로, 절차위반의 내용과 정도가 중대하거나 절차 조항이 보호하고자 하는 외국인 피고인의 권리나 법익을 본질적으로 침해하였다고 볼 수 없어 체포나 구속 이후 수집된 증거와 이에 기초한 증거들은 유죄 인정의 증거로 사용할 수 있다."

34. 제309조 강제등 자백의 증거능력

🏛 대법원 2011. 10. 27. 선고 2009도1603 판결[강간치사·살인]

판결의 요지

1) 피고인이 피의자신문조서에 기재된 피고인 진술의 임의성을 다투면서 그것이 허위 자백이라고 주장하는 경우, 법원은 구체적인 사건에 따라 피고인의 학력, 경력, 직업, 사회적 지위, 지능 정도, 진술 내용, 피의자신문조서의 경우 조서 형식 등 제반 사정을 참작하여 자유로운 심증으로 진술이 임의로 된 것인지를 판단하되, 자백의 진술 내용 자체가 객관적인 합리성을 띠고 있는가, 자백의 동기나 이유 및 자백에 이르게 된 경위는 어떠한가, 자백 외 정황증거 중 자백과 저촉되거나 모순되는 것이 없는가 하는 점 등을 고려하여 신빙성 유무를 판단하여야 한다.

피고인이 검사 이전 수사기관에서 고문 등 가혹행위로 인하여 임의성 없는 자백을 하고 그 후 검사 조사단계에서도 임의성 없는 심리상태가 계속되어 동일한 내용의 자백을 하였다면, 검사 조사단계에서 고문 등 자백 강요행위가 없었다고 하여도 검사 앞에서의 자백도 임의성 없는 자백이라고 보아야 한다.

2) 피고인의 초등학생(여, 10세) 강간치사 공소사실을 유죄로 인정한 재심대상판결에 대하여 재심이 개시된 사안에서, 피고인이 검찰에서 피의자신문을 받을 당시 공소사실에 대하여 자백을 하였으나, 자백에 이르게 된 경위와 검찰 자백의 내용 등 제반 사정을 모두 종합할 때, 피고인은 경찰 조사단계에서 고문 등 가혹행위로 인하여 임의성 없는 자백을 하고 그 후 검사 조사단계에서도 임의성 없는 심리상태가 계속되어 동일한 내용의 자백을 한 것으로 보아야 한다. 공소사실을 자백하는 내용의 검사 작성 제1, 2회 피의자신문조서는 증거능력이 없다.

피고인의 초등학생(여, 10세) 강간치사 공소사실을 유죄로 인정한 재심대상판결에 대하여 재심이 개시된 사안에서, 공소사실에 부합하는 주된 증거인 공소사실을 자백하는 내용의 검사 작성 제1, 2회 피의자신문조서는 증거능력이 없고, '범행현장에서 발견된 연필과 머리빗이 피고인의 것이고, 피고인의 팬티에 혈흔이 있었다'는 관련자들 각 진술은 신빙성이 없는 것으로 보아야 하며, 나머지 관련자들의 경찰 진술, 검찰 진술 또는 증언이나 나머지 증거들은 모두 공소사실에 대한 직접적인 증거가 될 만한 내용이 아니다.(공소사실에 부합하는 증거들 모두 배척하고 무죄를 인정한 원심판단을 수긍)

【평석】 판례는 진술의 임의성이 추정된다고 하여 임의성이 다투어지는 경우, 바로 임의성이 인정되지 않는 것이 아니라 여러 가지 사정을 참작하여 법원이 자유롭게 판정하며 피고인이나 검사에게 주장입증책임이 분배되는 것은 아니라는 취지(대법원 1983. 3. 8. 선고 82도3248 판결)이고, 임의성이 없다는 주장은 고문 등의 사실을 제기하여야 한다고 한다.[78]

35. 제310조 불이익한 자백의 증거능력

가. 자백과 보강증거

🏛 대법원 2010. 12. 23. 선고 2010도11272 판결[마약류관리에관한법률위반(향정)·도로교통법위반]

---

78) 이상원, 2011년 분야별 중요판례 분석, 법률신문, 2012. 5. 24.자 참조

원심이 적법하게 조사한 공소외인의 경찰, 검찰 진술, 감정의뢰회보에 의하면, 공소외인은 2010. 2. 18. 01:35경 위 스타렉스 차량을 타고 온 피고인으로부터 필로폰 0.06g을 건네받은 후 피고인이 위 차량을 운전해 갔다고 진술하였고, 2010. 2. 20. 피고인으로부터 채취한 소변에서 필로폰 양성 반응이 나왔다는 것인바, 앞서 본 법리에 의하면 위와 같은 증거는 피고인이 필로폰 투약으로 정상적으로 운전하지 못할 우려가 있는 상태에 있었다는 공소사실 부분에 대한 자백을 보강하는 증거가 되기에 충분하다.

【평석】 피고인의 자백이 고문 폭행 협박 구속의 부당한 장기화 또는 기망 기타의 방법에 의하여 자의로 진술된 것이 아니라고 인정될 때 또는 정식재판에 있어서 피고인의 자백이 그에게 유일한 증거일 때에는 이를 유죄의 증거로 삼거나 이를 이유로 처벌할 수 없다(헌법 제12조 제7항, 형사소송법 제310조 참조).

피고인으로서는 피해자의 진술만이 유일한 증거이고, 달리 증거가 없는 경우에 피고인이나 변호인은 억울함을 호소하는 피고인을 위하여 끝까지 무죄를 주장할 수 있을 것이다. 그러나 명철한 검찰과 재판부의 눈을 피해가지 못하고 주요한 증거나 증인의 진술로 유죄로 인정되는 경우 형량은 가중될 것이다. 자신이 저지른 범행을 반성하지 못하고 피해자와도 합의가 난망이고 대책이 없는 경우가 발생한다.

심지어 1심에서 자백하여 적정 형량을 받은 후에 항소심에서 공소사실을 부인하는 경우가 있다. 이른바 불이익변경금지의 원칙을 활용하여, 항소심에서 이제 마음 놓고 부인하는 것이다. 1심에서의 자백은 변호인이 시켜서 한 것이고 피고인은 법을 잘 몰라서 그렇게 자백하였다는 것인데, 여러 가지 꼼수를 사용하다가 기록과 증거에 따라 엄하게 처벌받는 경우가 많다. 부디 진솔하게 재판정에서 사실대로 진술하여 그에 맞는 유·무죄, 적정한 형벌을 받음이 상책이라고 생각한다.

한편, 자백에 대한 보강증거는 범죄사실의 전부 또는 중요 부분을 인정할 수 있는 정도가 되지 아니하더라도 피고인의 자백이 가공적인 것이 아닌 진실한 것임을 인정할 수 있는 정도만 되면 족할 뿐만 아니라, 직접증거가 아닌 간접증거나 정황증거도 보강증거가 될 수 있고, 또한 자백과 보강증거가 서로 어울려서 전체로서 범죄사실을 인정할 수 있으면 유죄의 증거로 충분하다(대법원 2006. 1. 27. 선고 2005

도8704 판결, 대법원 2008. 5. 29. 선고 2008도2343 판결 등 참조).

나. 불이익한 유일한 증거인 피고인의 자백과 보강증거로서의 상황증거

> 🏛 대법원 1966. 7. 26. 선고 66도634 전원합의체 판결[국가보안법위반·반공법위반·간첩·동방조]

판결의 요지

구 헌법(1962. 12. 26. 개정) 제10조 및 본건의 규정에 의하면 피고인의 자백이 그에게 불리한 유일한 증거인 때에는 그 자백이 공판정에서의 자백이든 피의자로서의 조사관에 대한 진술이든 그 자백의 증거능력이 제한되어 있고 그 어느 것이나 독립하여 유죄의 증거가 될 수 없으므로 위 자백을 아무리 합쳐 보더라도 그것만으로는 유죄의 판결을 할 수 없다.

피고인에게 불이익한 자백도 보강증거가 있으면 유죄의 증거로 할 수 있고 보강증거로서는 직접증거뿐 아니라 상황증거도 증거능력이 있다.

36. 제310조의2 전문증거와 증거능력의 제한

가. 수사기관에서 진술한 참고인이 법정에서 증언을 거부하여 피고인이 반대신문을 하지 못하였으나 정당하게 증언거부권을 행사한 것이 아닌 경우, 형사소송법 제314조의 '그 밖에 이에 준하는 사유로 인하여 진술할 수 없는 때'에 해당하는지 여부 및 이때 수사기관에서 그 증인의 진술을 기재한 서류의 증거능력 유무

> 🏛 대법원 2019. 11. 21. 선고 2018도13945 전원합의체 판결[마약류관리에관한법률위반(향정)]

판결의 요지

[다수의견] 수사기관에서 진술한 참고인이 법정에서 증언을 거부하여 피고인이 반대신문을 하지 못한 경우에는 정당하게 증언거부권을 행사한 것이 아니라도, 피고인이 증인의 증언거부 상황을 초래하였다는 등의 특별한 사정이 없는 한 형사소

송법 제314조의 '그 밖에 이에 준하는 사유로 인하여 진술할 수 없는 때'에 해당하지 않는다고 보아야 한다. 따라서 증인이 정당하게 증언거부권을 행사하여 증언을 거부한 경우와 마찬가지로 수사기관에서 그 증인의 진술을 기재한 서류는 증거능력이 없다.

다만 피고인이 증인의 증언거부 상황을 초래하였다는 등의 특별한 사정이 있는 경우에는 형사소송법 제314조의 적용을 배제할 이유가 없다. 이러한 경우까지 형사소송법 제314조의 '그 밖에 이에 준하는 사유로 인하여 진술할 수 없는 때'에 해당하지 않는다고 보면 사건의 실체에 대한 심증 형성은 법관의 면전에서 본래증거에 대한 반대신문이 보장된 증거조사를 통하여 이루어져야 한다는 실질적 직접심리주의와 전문법칙에 대하여 예외를 정한 형사소송법 제314조의 취지에 반하고 정의의 관념에도 맞지 않기 때문이다.

[별개의견] 증인이 정당하게 증언거부권을 행사한 것으로 볼 수 없는 경우에는 형사소송법 제314조의 '그 밖에 이에 준하는 사유로 인하여 진술할 수 없는 때'에 해당한다고 보아야 한다.

증인이 정당하게 증언거부권을 행사하여 증언을 거부하는 경우에는 형사소송법 제314조의 '그 밖에 이에 준하는 사유로 인하여 진술할 수 없는 때'에 해당하지 않아 그에 대한 수사기관 작성 참고인 진술조서는 증거능력이 없고, 그 후 증언거부의 사유가 소멸된 시점에 증인이 재차 법정에 출석하여 또다시 증언을 거부하더라도 더이상 형사소송법 제314조에 의하여 그의 참고인 진술조서의 증거능력이 인정될 수는 없다고 보아야 한다.

나. 대화 내용을 녹음한 파일 등 전자매체의 증거능력을 인정하기 위한 요건

🏛 대법원 2015. 1. 22. 선고 2014도10978 전원합의체 판결[내란음모·국가보안법위반(찬양·고무 등)·내란선동]

판결의 요지

대화 내용을 녹음한 파일 등의 전자매체는 성질상 작성자나 진술자의 서명 혹은 날인이 없을 뿐만 아니라, 녹음자의 의도나 특정한 기술에 의하여 내용이 편집·조작될 위험성이 있음을 고려하여 대화 내용을 녹음한 원본이거나 혹은 원본으로부터 복사한 사본일 경우에는 복사 과정에서 편집되는 등 인위적 개작 없이 원본의 내용 그대로 복사된 사본임이 입증되어야만 하고, 그러한 입증이 없는 경우에는 쉽게 그 증거능력을 인정할 수 없다.

그리고 증거로 제출된 녹음파일이 대화 내용을 녹음한 원본이거나 혹은 복사 과정에서 편집되는 등 인위적 개작 없이 원본 내용을 그대로 복사한 사본이라는 점은 녹음파일의 생성과 전달 및 보관 등의 절차에 관여한 사람의 증언이나 진술, 원본이나 사본 파일 생성 직후의 해쉬(Hash)값과의 비교, 녹음파일에 대한 검증·감정 결과 등 제반 사정을 종합하여 판단할 수 있다.

다. 전문증거의 증거능력과 다른 사람의 진술을 내용으로 하는 진술이 전문증거 인지 본래 증거인지 판단하는 기준

🏛 대법원 2019. 8. 29. 선고 2018도14303 전원합의체 판결[특정범죄가중처벌등에관한법률 위반(뇌물)·직권남용권리행사방해·공무상비밀누설 등]

판결의 요지

형사소송법은 제310조의2에서 원칙적으로 전문증거의 증거능력을 인정하지 않고, 제311조부터 제316조까지에서 정한 요건을 충족하는 경우에만 예외적으로 증거능력을 인정한다. 다른 사람의 진술을 내용으로 하는 진술이 전문증거인지는 요증사실이 무엇인지에 따라 정해진다. 다른 사람의 진술, 즉 원 진술의 내용인 사실이 요증사실인 경우에는 전문증거이지만, 원 진술의 존재 자체가 요증사실인 경우에는 본래 증거이지 전문증거가 아니다.

어떤 진술이 기재된 서류가 그 내용의 진실성이 범죄사실에 대한 직접증거로 사용될 때는 전문증거가 되지만, 그와 같은 진술을 하였다는 것 자체 또는 진술의 진실성과 관계없는 간접사실에 대한 정황증거로 사용될 때는 반드시 전문증거가 되는 것이 아니다. 그러나 어떠한 내용의 진술을 하였다는 사실 자체에 대한 정황증거로 사용될 것이라는 이유로 서류의 증거능력을 인정한 다음 그 사실을 다시 진술 내용이나 그 진실성을 증명하는 간접사실로 사용하는 경우에 그 서류는 전문증거에 해당한다. 서류가 그곳에 기재된 원 진술의 내용인 사실을 증명하는 데 사용되어 원 진술의 내용인 사실이 요증사실이 되기 때문이다. 이러한 경우 형사소송법 제311조부터 제316조까지 정한 요건을 충족하지 못한다면 증거능력이 없다.

37. 312조 검사 또는 사법경찰관의 조서 등

가. 피고인과 공범 관계에 있는 다른 피의자에 대한 사법경찰관리 작성의 피의자 신문조서의 증거능력과 형사소송법 제314조의 적용 여부(소극)

🏛 대법원 2004. 7. 15. 선고 2003도7185 전원합의체 판결[여신전문금융업법위반]

판결의 요지

형사소송법 제312조 제2항은 검사 이외의 수사기관이 작성한 당해 피고인에 대한 피의자신문조서를 유죄의 증거로 하는 경우뿐만 아니라 검사 이외의 수사기관이 작성한 당해 피고인과 공범 관계에 있는 다른 피고인이나 피의자에 대한 피의자신문조서를 당해 피고인에 대한 유죄의 증거로 채택할 경우에도 적용되는바, 당해 피고인과 공범 관계가 있는 다른 피의자에 대한 검사 이외의 수사기관 작성의 피의자신문조서는 그 피의자의 법정진술에 의하여 그 성립의 진정이 인정되더라도 당해 피고인이 공판기일에서 그 조서의 내용을 부인하면 증거능력이 부정되므로 그 당연한 결과로 그 피의자신문조서에 대하여는 사망 등 사유로 인하여 법정에서 진술할 수 없는 때에 예외적으로 증거능력을 인정하는 규정인 형사소송법 제314조가 적용되지 아니한다.

피의자가 경찰수사 단계에서 작성한 진술서에 대하여는 검사 이외의 수사기관 작성의 피의자신문조서와 동일하게 제312조 제2항을 적용하여야 한다.

나. 공판준비 또는 공판기일에서 이미 증언을 마친 증인을 검사가 소환한 후 피고인에게 유리한 그 증언 내용을 추궁하여 이를 일방적으로 번복시키는 방식으로 작성한 진술조서의 증거능력을 인정할 수 있는지 여부(소극)

🏛 대법원 2000. 6. 15. 선고 99도1108 전원합의체 판결[변호사법위반]

[다수의견] 공판준비 또는 공판기일에서 이미 증언을 마친 증인을 검사가 소환한 후 피고인에게 유리한 그 증언 내용을 추궁하여 이를 일방적으로 번복시키는 방식으로 작성한 진술조서를 유죄의 증거로 삼는 것은 당사자주의·공판중심주의·직접주의를 지향하는 현행 형사소송법의 소송구조에 어긋나는 것일 뿐만 아니라, 헌법 제27조가 보장하는 기본권, 즉 법관의 면전에서 모든 증거 자료가 조사·진술되고 이에 대하여 피고인이 공격·방어할 수 있는 기회가 실질적으로 부여되는 재판을 받을 권리를 침해하는 것이므로, 이러한 진술조서는 피고인이 증거로 할 수 있음에 동의하지 아니하는 한 그 증거능력이 없다고 하여야 할 것이고, 그 후 원진술자인 종전 증인이 다시 법정에 출석하여 증언을 하면서 그 진술조서의 성립의 진정함을 인정하고 피고인 측에 반대신문의 기회가 부여되었다고 하더라도 그 증언 자체를 유죄의 증거로 할 수 있음은 별론으로 하고 위와 같은 진술조서의 증거능력이 없다는 결론은 달리할 것이 아니다.

[보충의견] (1) 헌법은 제12조 제1항에서 적법절차에 의하지 아니하고는 처벌을 받지 않을 권리를, 제27조 제1항 및 제3항에서 법관의 법률에 의한 공정하고 신속한 공개재판을 받을 권리를 각 명문으로 규정하고 있고, 이러한 기본권을 실현하기 위하여 형사소송법은 제161조의2에서 피고인의 반대신문권을 포함한 교호신문 제도를 규정함과 동시에, 제310조의2에서 법관의 면전에서 진술되지 아니하고 피고인에 대한 반대신문의 기회가 부여되지 아니한 진술에 대하여는 원칙적으로 증거능력을 부여하지 아니함으로써, 형사재판에 있어서 모든 증거는 법관의 면전에서 진술·심리되어야 한다는 직접주의와 피고인에게 불리한 증거에 대하여는 반대신문할 수 있는 권리를 원칙적으로 보장하고 있으므로 형사소송법 제310조의2에서 정한 예외 규정인 제312조와 제313조가 엄격하게 해석·적용되어야 하고, (2) 형사소송법은 ① 공소제기 이전 단계에서 검사가 피의자나 피의자 아닌 자에 대하여 작성한 조서는 법 제312조에서, ② 제1회 공판기일 이전 단계에서 수소법원이 아닌 판사가 행한 증거보전절차 등에 따라 작성된 증인신문조서는 법 제311조 후문에서, ③ 제1회 공판기일 이후에 수소법원에 의하여 작성된 증인신문조서는 법 제311조 전문에서 각 그 증거능력을 규정하고 있음을 알 수 있으므로, 공판준비 또는 공판기일에서 이미 증언을 마친 증인을 검사가 소환한 후 피고인에게 유리한 그

증언 내용을 추궁하여 이를 일방적으로 번복시키는 방식으로 작성한 진술조서는 공소제기에 따라 피의자가 피고인이 됨으로써 피의자라는 개념이 없어진 이후에 작성된 것으로서 형사소송법 제312조가 예정하는 '피의자 아닌 자'의 진술을 기재한 조서에 해당하지 아니하고, 같은 법 제313조도 같은 법 제311조와 제312조 이외의 진술서 등 서류를 규정한 것으로서 역시 위 진술조서와 같은 것을 예정하고 있는 것이라고 볼 수 없어 위 진술조서는 같은 법 제312조의 조서나 제313조의 진술서 등에 해당하지 아니하며, (3) 형사소송법 제312조나 제313조가 규정하는 조서나 서류는 수사기관이 수사 업무를 수행하면서 작성하거나 수집한 증거를 말하는 것인데, 증인을 위증 혐의로 입건·수사한 바 없이 위와 같은 진술조서를 작성하는 행위는 그 실질에 있어서 증인의 종전 증언을 탄핵할 목적으로 증인을 상대로 재신문을 행하되, 법정이 아닌 자기의 사무실에서 증인신문절차가 아닌 임의의 방법을 취한 것에 불과하다고 봄이 상당하므로, 결국 이러한 검사의 행위는 수사기관이 행하는 수사라기보다는 공소유지기관인 당사자가 행하는 재신문이라는 소송행위의 연장선상에 있는 것으로 봄이 마땅하고, 그 결과 작성된 진술조서는 형사소송법 제312조나 제313조가 규정하는 조서나 서류에 해당한다고 볼 수도 없다 할 것이며, (4) 참고인이 증인으로 소환되어 법관의 면전에서 자기가 경험한 사실을 직접 진술한 바 있고 그 후에도 재차 증언이 가능한 경우, 수소법원으로서는 그 증인의 종전 증언 내용에 의문이 있다고 판단되면 직권이나 당사자의 신청에 따라 그를 다시 소환하여 증언을 직접 들으면 되고 또한 그것으로 충분한 것이며, 그럼에도 불구하고 검사가 종전 증인을 상대로 진술조서를 작성하여 유죄의 증거로 제출하였다면, 그것은 법원의 직접 심리가 얼마든지 가능한 상황에서 의도적으로 만들어진 전문증거로서 직접주의에 역행하는 산물임이 분명하므로, 여기에 제312조나 제313조를 내세워 증거능력을 부여할 수 없는 것이다.

　[반대의견] 증언 이후의 진술조서 작성 과정에서 위법함이 개재되지 아니한 진술조서는 형사소송법 제312조 제1항에 의하여 원진술자에 의한 성립의 진정함이 인정되고 반대신문권이 보장되면 그의 증거능력을 인정하되 그의 증거가치에 관하여는 재판부의 자유심증에 따라 판단되게 할 이치로서, 이 사건에 있어서 한번 증언을 한 증인의 최초의 진술조서의 내용과 그 후의 증언의 내용, 검사가 그에 대한 재차의 진술조서를 받게 된 이유와 그 절차 경위, 그 진술조서의 내용 등을 조사하여 거기서 증거능력을 부정할 수 있는 위법사유가 있는지의 여부가 판단되어야 할

것이기에, 다수의견이 한번 증언한 자에 대한 진술조서라는 한 가지 이유만으로 그의 증거능력을 부정한다는 데는 찬성할 수 없다.

38. 제313조 진술서등

가. 피의자가 경찰수사 단계에서 작성한 진술서에 대한 형사소송법 제312조 제2항의 적용 여부(적극)

> 🏛 대법원 2004. 7. 15. 선고 2003도7185 전원합의체 판결[여신전문금융업법위반] ☞ 위 형사소송법 제312조 판결 참조

나. 사법경찰관에 의한 신문 과정에서 피의자에 의하여 작성 제출된 진술서의 증거능력

> 🏛 대법원 1982. 9. 14. 선고 82도1479 전원합의체 판결[살인 · 상해 · 폭력행위등처벌에관한법률위반]

판결의 요지

증거능력의 부여에 있어서 검사 이외의 수사기관 작성의 피의자 신문조서에 엄격한 요건을 요구한 취지는 그 신문에 있어서 있을지도 모르는 개인의 기본적 인권보장의 결여를 방지하려는 입법 정책적 고려라고 할 것이고, 피의자가 작성한 진술서에 대하여 그 성립만 인정되면 증거로 할 수 있고 그 이외에 기재 내용의 인정이나 신빙성을 그 요건으로 하지 아니한 취지는 피고인의 자백이나 불이익한 사실의 승인은 재현 불가능이 많고 또한 진술거부권이 있음에도 불구하고 자기에게 불이익한 사실을 진술하는 것은 진실성이 강하다는 데에 입법적 근거를 둔 것이다. 따라서 위와 같은 형사소송법 규정들의 입법 취지 그리고 공익의 유지와 개인의 기본적 인권의 보장이라는 형사소송법의 기본이념들을 종합 고찰하여 볼 때, 사법경찰관이 피의자를 조사하는 과정에서 형사소송법 제244조에 의하여 피의자신문조서에 기재됨이 마땅한 피의자의 진술 내용을 진술서의 형식으로 피의자로 하여금 기하여 제출케 한 경우에는 그 진술성의 증거능력 유무는 검사 이외의 수사기관이 작성한 피의자신문조서와 마찬가지로 형사소송법 제312조 제2항에 따라 결정되어

야 할 것이고 동법 제313조 제1항 본문에 따라 결정할 것이 아니다.

실체적 진실의 발견은 법관의 자유로운 증거 판단에 맡겨진 것이며 이같은 증거법상의 기본원칙인 자유심증주의를 제한하는 규정은 자유심증주의의 뜻과 효율성을 십분 살릴 수 있는 범위에서 특히 제한적으로 엄격히 해석해야 하고 그 규정의 본질을 벗어나서 입법 취지나 목적에 반할 수 없는 것인바, 형사소송법 제313조 제1항 소정의 진술서등은 동 제312조 소정의 조서 보다 소위 신용성의 정황적 보장이 강하여 그 내용의 진실성이 앞서며 한편으로는 재현이 불가능할 경우가 많다는 점이 이들을 달리 규정하는 이유이며 위 진술서는 피고인이 된 후에 작성되었거나 피의자로서 작성되었거나 또는 그 이전에 작성된 것인가를 불문하고 또 그 작성된 장소가 어디이고 누구의 면전에서 작성된 것인가를 가리지 않는다고 해석할 것이므로 다수의견과 같이 경찰에서 피의자 신문조서가 작성되는 기회에 작성되었다는 사정만으로 그 증거능력을 부인하는 것은 아무리 제한적인 해석이라 하여도 위 명문 규정에 반함은 물론 위 규정의 이론적, 역사적 배경 등을 도외시하여 입법 근거 및 입법 취지에도 어긋나는 것이다.

39. 제314조 증거능력에 대한 예외

가. 수사기관에서 진술한 참고인이 법정에서 증언을 거부하여 피고인이 반대신문을 하지 못하였으나 정당하게 증언거부권을 행사한 것이 아닌 경우, 형사소송법 제314조의 '그 밖에 이에 준하는 사유로 인하여 진술할 수 없는 때'에 해당하는지 여부(원칙적 소극) 및 이때 수사기관에서 그 증인의 진술을 기재한 서류의 증거능력 유무(소극)

🏛 대법원 2019. 11. 21. 선고 2018도13945 전원합의체 판결[마약류관리에관한법률위반(향정)] ☞ 형사소송법 제310조의2 판결 참조

나. 피고인이 증거서류의 진정 성립을 묻는 검사의 질문에 대하여 진술거부권을 행사하여 진술을 거부한 경우가 형사소송법 제314조의 '그 밖에 이에 준하는 사유로 인하여 진술할 수 없는 때'에 해당하는지 여부(소극)

🏛 대법원 2013. 6. 13. 선고 2012도16001 판결[공직선거법위반]

　압수물인 디지털 저장매체로부터 출력한 문건을 증거로 사용하기 위해서는 디지털 저장매체 원본에 저장된 내용과 출력한 문건의 동일성이 인정되어야 하고, 이를 위해서는 디지털 저장매체 원본이 압수 시부터 문건 출력 시까지 변경되지 않았음이 담보되어야 한다. 그리고 압수된 디지털 저장매체로부터 출력한 문건을 진술증거로 사용하는 경우, 그 기재 내용의 진실성에 관하여는 전문법칙이 적용되므로 형사소송법 제313조 제1항에 따라 공판준비나 공판기일에서의 그 작성자 또는 진술자의 진술에 의하여 그 성립의 진정함이 증명된 때에 한하여 이를 증거로 사용할 수 있다.

　형사소송법 제314조는 "제312조 또는 제313조의 경우에 공판준비 또는 공판기일에 진술을 요하는 자가 사망·질병·외국거주·소재불명, 그 밖에 이에 준하는 사유로 인하여 진술할 수 없는 때에는 그 조서 및 그 밖의 서류를 증거로 할 수 있다. 다만, 그 진술 또는 작성이 특히 신빙할 수 있는 상태하에서 행하여졌음이 증명된 때에 한한다."라고 정함으로써, 원진술자 등의 진술에 의하여 진정성립이 증명되지 아니하는 전문증거에 대하여 예외적으로 증거능력이 인정될 수 있는 사유로 '사망·질병·외국거주·소재불명, 그 밖에 이에 준하는 사유로 인하여 진술할 수 없는 때'를 들고 있다. 위 증거능력에 대한 예외사유로 1995. 12. 29. 법률 제5054호로 개정되기 전의 구 형사소송법 제314조가 '사망, 질병 기타 사유로 인하여 진술할 수 없는 때', 2007. 6. 1. 법률 제8496호로 개정되기 전의 구 형사소송법 제314조가 '사망, 질병, 외국거주 기타 사유로 인하여 진술할 수 없는 때'라고 각 규정한 것에 비하여 현행 형사소송법은 그 예외사유의 범위를 더욱 엄격하게 제한하고 있는데, 이는 직접심리주의와 공판중심주의의 요소를 강화하려는 취지가 반영된 것이다. 한편 헌법은 모든 국민은 형사상 자기에게 불리한 진술을 강요당하지 아니한다고 선언하고(제12조 제2항), 형사소송법은 피고인은 진술하지 아니하거나 개개의 질문에 대하여 진술을 거부할 수 있다고 규정하여(제283조의2 제1항), 진술거부권을 피고인의 권리로서 보장하고 있다. 위와 같은 현행 형사소송법 제314조의 문언과 개정 취지, 진술거부권 관련 규정의 내용 등에 비추어 보면, 피고인이 증거서류의 진정성립을 묻는 검사의 질문에 대하여 진술거부권을 행사하여 진술을 거부한 경우는 형사소송법 제314조의 '그 밖에 이에 준하는 사유로 인하여 진술할 수 없는 때'에 해당하지 아니한다.

어떤 진술이 기재된 서류가 그 내용의 진실성이 범죄사실에 대한 직접증거로 사용될 때는 전문증거가 된다고 하더라도, 그와 같은 진술을 하였다는 것 자체 또는 그 진술의 진실성과 관계없는 간접사실에 대한 정황증거로 사용될 때는 반드시 전문증거가 되는 것은 아니다.[79]

40. 제318조 당사자의 동의와 증거능력

공판준비 또는 공판기일에서 이미 증언을 마친 증인을 검사가 소환한 후 피고인에게 유리한 그 증언 내용을 추궁하여 이를 일방적으로 번복시키는 방식으로 작성한 진술조서의 증거능력을 인정할 수 있는지 여부(소극)

🏛 대법원 2000. 6. 15. 선고 99도1108 전원합의체 판결[변호사법위반]

판결의 요지

[다수의견] 공판준비 또는 공판기일에서 이미 증언을 마친 증인을 검사가 소환한 후 피고인에게 유리한 그 증언 내용을 추궁하여 이를 일방적으로 번복시키는 방식으로 작성한 진술조서를 유죄의 증거로 삼는 것은 당사자주의·공판중심주의·직접주의를 지향하는 현행 형사소송법의 소송구조에 어긋나는 것일 뿐만 아니라, 헌법 제27조가 보장하는 기본권, 즉 법관의 면전에서 모든 증거자료가 조사·진술되고 이에 대하여 피고인이 공격·방어할 수 있는 기회가 실질적으로 부여되는 재판을 받을 권리를 침해하는 것이므로, 이러한 진술조서는 피고인이 증거로 할 수 있음에 동의하지 아니하는 한 그 증거능력이 없다고 하여야 할 것이고, 그 후 원진술자인 종전 증인이 다시 법정에 출석하여 증언을 하면서 그 진술조서의 성립의 진정함을 인정하고 피고인 측에 반대신문의 기회가 부여되었다고 하더라도 그 증

---

79) 디지털 저장매체로부터 출력한 문서의 증거능력에 대하여 피고인이 진술거부권을 행사하는 경우에는 형사소송법 제314조의 '그밖에 이에 준하는 사유로 인하여 진술할 수 없는 때'에 해당하지 아니함을 밝힌 최초의 판결이라고 본다. 민철기, 피고인이 증거서류의 진정 성립을 묻는 검사의 질문에 대하여 진술을 거부한 경우가...... 해당하는지 여부, 대법원판례해설, 제96호(2013년 상), 법원도서관, 712면 참조

언 자체를 유죄의 증거로 할 수 있음은 별론으로 하고 위와 같은 진술조서의 증거능력이 없다는 결론은 달리할 것이 아니다.

[보충의견] (1) 헌법은 제12조 제1항에서 적법절차에 의하지 아니하고는 처벌을 받지 않을 권리를, 제27조 제1항 및 제3항에서 법관의 법률에 의한 공정하고 신속한 공개재판을 받을 권리를 각 명문으로 규정하고 있고, 이러한 기본권을 실현하기 위하여 형사소송법은 제161조의2에서 피고인의 반대신문권을 포함한 교호신문제도를 규정함과 동시에, 제310조의2에서 법관의 면전에서 진술되지 아니하고 피고인에 대한 반대신문의 기회가 부여되지 아니한 진술에 대하여는 원칙적으로 증거능력을 부여하지 아니함으로써, 형사재판에 있어서 모든 증거는 법관의 면전에서 진술·심리되어야 한다는 직접주의와 피고인에게 불리한 증거에 대하여는 반대신문할 수 있는 권리를 원칙적으로 보장하고 있으므로 형사소송법 제310조의2에서 정한 예외 규정인 제312조와 제313조가 엄격하게 해석·적용되어야 하고, (2) 형사소송법은 ① 공소제기 이전 단계에서 검사가 피의자나 피의자 아닌 자에 대하여 작성한 조서는 법 제312조에서, ② 제1회 공판기일 이전 단계에서 수소법원이 아닌 판사가 행한 증거보전절차 등에 따라 작성된 증인신문조서는 법 제311조 후문에서, ③ 제1회 공판기일 이후에 수소법원에 의하여 작성된 증인신문조서는 법 제311조 전문에서 각 그 증거능력을 규정하고 있음을 알 수 있으므로, 공판준비 또는 공판기일에서 이미 증언을 마친 증인을 검사가 소환한 후 피고인에게 유리한 그 증언 내용을 추궁하여 이를 일방적으로 번복시키는 방식으로 작성한 진술조서는 공소제기에 따라 피의자가 피고인이 됨으로써 피의자라는 개념이 없어진 이후에 작성된 것으로서 형사소송법 제312조가 예정하는 '피의자 아닌 자'의 진술을 기재한 조서에 해당하지 아니하고, 같은 법 제313조도 같은 법 제311조와 제312조 이외의 진술서 등 서류를 규정한 것으로서 역시 위 진술조서와 같은 것을 예정하고 있는 것이라고 볼 수 없어 위 진술조서는 같은 법 제312조의 조서나 제313조의 진술서 등에 해당하지 아니하며, (3) 형사소송법 제312조나 제313조가 규정하는 조서나 서류는 수사기관이 수사 업무를 수행하면서 작성하거나 수집한 증거를 말하는 것인데, 증인을 위증 혐의로 입건·수사한 바 없이 위와 같은 진술조서를 작성하는 행위는 그 실질에 있어서 증인의 종전 증언을 탄핵할 목적으로 증인을 상대로 재신문을 행하되, 법정이 아닌 자기의 사무실에서 증인신문절차가 아닌 임의의 방법을 취한 것에 불과하다고 봄이 상당하므로, 결국 이러한 검사의 행위는 수사기

관이 행하는 수사라기보다는 공소유지기관인 당사자가 행하는 재신문이라는 소송행위의 연장선상에 있는 것으로 봄이 마땅하고, 그 결과 작성된 진술조서는 형사소송법 제312조나 제313조가 규정하는 조서나 서류에 해당한다고 볼 수도 없다 할 것이며, (4) 참고인이 증인으로 소환되어 법관의 면전에서 자기가 경험한 사실을 직접 진술한 바 있고 그 후에도 재차 증언이 가능한 경우, 수소법원으로서는 그 증인의 종전 증언 내용에 의문이 있다고 판단되면 직권이나 당사자의 신청에 따라 그를 다시 소환하여 증언을 직접 들으면 되고 또한 그것으로 충분한 것이며, 그럼에도 불구하고 검사가 종전 증인을 상대로 진술조서를 작성하여 유죄의 증거로 제출하였다면, 그것은 법원의 직접 심리가 얼마든지 가능한 상황에서 의도적으로 만들어진 전문증거로서 직접주의에 역행하는 산물임이 분명하므로, 여기에 제312조나 제313조를 내세워 증거능력을 부여할 수 없는 것이다.

41. 제325조 무죄의 판결

가. 살인 사건과 무죄

> 🏛 대법원 2013. 2. 14. 선고 2012도11591 판결[살인 · 사기 · 사기미수]

판결의 요지

형사재판에 있어서 유죄의 인정은 법관으로 하여금 합리적인 의심을 할 여지가 없을 정도로 공소사실이 진실한 것이라는 확신을 가지게 할 수 있는 증명력을 가진 증거에 의하여야 하고 이러한 정도의 심증을 형성하는 증거가 없다면 설령 피고인에게 유죄의 의심이 간다 하더라도 피고인의 이익으로 판단할 수밖에 없다. 다만 그와 같은 심증이 반드시 직접증거에 의하여 형성되어야만 하는 것은 아니고 경험칙과 논리법칙에 위반되지 아니하는 한 간접증거에 의하여 형성되어도 되는 것이며, 간접증거가 개별적으로는 범죄사실에 대한 완전한 증명력을 가지지 못하더라도 전체 증거를 상호 관련하에 종합적으로 고찰할 경우 그 단독으로는 가지지 못하는 종합적 증명력이 있는 것으로 판단되면 그에 의하여도 범죄사실을 인정할 수가 있다(대법원 1999. 10. 22. 선고 99도3273 판결, 대법원 2008. 3. 13. 선고 2007도10754 판결 등 참조). 여기서 합리적 의심이라 함은 모든 의문, 불신을 포함하는 것이 아니라 논리와 경험칙에 기하여 요증사실과 양립할 수 없는 사실의 개연성에 대한 합리적 의문을 의미하는 것으로서, 피고인에게 유리한 정황을 사실인정과 관련하여 파악한 이성적 추론에 그 근거를 두어야 하는 것이므로, 단순히 관념적인 의심이나 추상적인 가능성에 기초한 의심은 합리적 의심에 포함된다고 할 수 없다 (대법원 2004. 6. 25. 선고 2004도2221 판결, 대법원 2012. 9. 27. 선고 2012도2658 판결 등 참조).

【평석】 형법 제325조에 의하면 피고 사건이 무죄로 되지 아니하거나 범죄사실의 증명이 없는 때에는 판결로 무죄를 선고한다. 다시 말하면 피고인이 사건을 저지른 사실이 있어도 무죄로 되지 아니하거나 이에 대한 증명이 없으면 무죄가 된다. 예컨대 증거가 있어도 증거능력이 없는 경우, 신분범의 경우 범죄구성요건상의 신분에 해당되지 않는 경우 등이 있는데, 어떤 피고인은 자신이 범행을 저질렀지만 위 법리에 따라 무죄를 선고받으면 어리둥절하는 경우도 있다.

수사기관에서의 수사 당시 영상 녹화한 영상이나, 거짓말 탐지기의 조사결과도 증거능력이 제한된다. 경찰작성의 진술조서 등도 피고인이 동의하지 않으면 증거능력이 없다. 무죄를 받은 피고인 중에는 유죄가 있을 수도 있을 것이다. 다만 현재의 형사증거법상, 자유로운 심증으로 합리적인 의심을 배제할 정도의 증거가 없는 한 유죄를 선고할 수는 없다는 것이다. 예컨대 한밤중 부부 싸움을 하던 도중에 처의 몸에 휘발유가 끼얹혀 있고 라이터 불에 화재가 발생하여 사망한 사건에서 남아 있는 증거는 없고, 오직 혐의를 부인하는 남편의 진술만이 있다. 당시의 상황을 정확히 아는 사람은 남편과 처만이 알지만 처는 이미 사망하고 자신의 죄를 부인하는 남편만이 자신의 결백을 주장한다. 여러 가지 정황 증거가 있을 수 있고, 심증은 있지만 유죄로 삼기 매우 어렵다. 이른바 증거에 의한 실체적 진실의 발견이 아닌 이미지(상상이나 추측)로 재판할 수는 없다. 위에서 본 판례는 살인 사건의 경우인데, 살인 사건에서는 피해자의 진술이 없어 유·무죄의 판단이 더 어렵다. 2001년경 지방 고등법원 형사합의부에서 약 90여 건의 살인 사건을 처리했던 기억이 난다. 사망한 피해자는 말이 없고 혐의를 부인하는 피고인의 진술만이 있어, 공소사실을 입증하려는 수사관의 노고가 보통이 아니다. 중요한 사건, 국민들의 많은 관심 속에 있는 사건을, 경찰과 검찰에서 나름대로 공소사실에 대한 증거를 기록에 편철하고 법정에 현출하였는데, 재판부가 이를 믿지 아니하고 '합리적인 의심을 배제할 정도의 증거가 없다'는 이유로 무죄를 선고할 경우, 피해자나 수사관의 입장에서는 야속한 경우도 있을 것이다. 재판부로서는 과학적인 수사가 좀 더 발전하여 수사기관의 고충이 덜어지고 억울한 피고인과 피해자를 위하여 좀 더 명백한 증거가 현출되기를 고대한다.

나. 폐지된 형벌 관련 법령이 당초부터 위헌·무효인 경우, 그 법령을 적용하여 공소가 제기된 피고사건에 대하여 법원이 취할 조치(무죄의 선고) 및 재심 사건에서 형벌 관련 법령이 당초부터 위헌·무효인 경우 무죄 사유에 해당하는지 여부(적극)

🏛 대법원 2013. 5. 16. 선고 2011도2631 전원합의체 판결[대통령긴급조치위반·반공법위반]

판결의 요지

형벌에 관한 법령이 헌법재판소의 위헌결정으로 인하여 소급하여 그 효력을 상실하였거나 법원에서 위헌·무효로 선언된 경우, 당해 법령을 적용하여 공소가 제기된 피고사건에 대하여는 형사소송법 제325조에 따라 무죄를 선고하여야 한다. 나아가 재심이 개시된 사건에서 형벌에 관한 법령이 재심 판결 당시 폐지되었다 하더라도 그 폐지가 당초부터 헌법에 위배되어 효력이 없는 법령에 대한 것이었다면 형사소송법 제325조 전단이 규정하는 '범죄로 되지 아니한 때'의 무죄 사유에 해당하는 것이지, 형사소송법 제326조 제4호에서 정한 면소 사유에 해당한다고 할 수 없다.

【평석】 같은 취지의 '위헌·무효인 대통령 긴급조치 제1호 제5항, 제1항, 제3항을 적용하여 공소가 제기된 이 사건 공소사실 중 각 긴급조치 위반의 점에 대하여 면소를 선고한 '원심판결 중 유언비어 날조·유포로 인한 긴급조치 위반' 부분에 법리오해의 위법이 있다는 이유로, 원심판결 및 제1심판결 중 이 부분을 파기하고 직접 무죄를 선고한 판결로, 2010. 12. 16. 선고 2010도5986 전원합의체 판결이 있다. 또한 이로 인한 무죄의 판결시 형사보상을 청구할 수 있는지에 대하여 긴급조치 9호와 관련한 다음의 대법원 전원합의체 결정이 있다.

"구 대한민국헌법(1980. 10. 27. 헌법 제9호로 전부 개정되기 전의 것. 이하 '유신헌법'

이라 한다) 제53조에 근거하여 발령된 '국가안전과 공공질서의 수호를 위한 대통령 긴급조치'(이하 '긴급조치 제9호'라 한다)는 그 발동 요건을 갖추지 못한 채 목적상 한계를 벗어나 국민의 자유와 권리를 지나치게 제한함으로써 헌법상 보장된 국민의 기본권을 침해한 것이므로, 긴급조치 제9호가 해제 내지 실효되기 이전부터 이는 유신헌법에 위배되어 위헌·무효이고, 나아가 긴급조치 제9호에 의하여 침해된 기본권들의 보장 규정을 두고 있는 현행 헌법에 비추어 보더라도 위헌·무효이다.

피고인이 '긴급조치 제9호'를 위반하였다는 공소사실로 제1, 2심에서 유죄판결을 선고받고 상고하여 상고심에서 구속집행이 정지된 한편 긴급조치 제9호가 해제됨에 따라 면소판결을 받아 확정된 다음 사망하였는데, 그 후 피고인의 처(妻) 갑이 형사보상을 청구한 사안에서, 긴급조치 제9호는 헌법에 위배되어 당초부터 무효이고, 이와 같이 위헌·무효인 긴급조치 제9호를 적용하여 공소가 제기된 경우에는 형사소송법 제325조 전단의 '피고사건이 범죄로 되지 아니한 때'에 해당하므로 법원은 무죄를 선고하였어야 하는데, 피고인이 면소판결을 받은 경위 및 그 이유, 원판결 당시 법원이 긴급조치 제9호에 대한 사법심사를 자제하는 바람에 그 위반죄로 기소된 사람으로서는 재판절차에서 긴급조치 제9호의 위헌성을 다툴 수 없었던 사정 등을 종합하여 보면, 이 결정에서 긴급조치 제9호의 위헌·무효를 선언함으로써 비로소 면소의 재판을 할 만한 사유가 없었더라면 무죄 재판을 받을 만한 현저한 사유가 피고인에게 생겼다고 할 것이므로, 갑은 형사보상 및 명예회복에 관한 법률 제26조 제1항 제1호, 제3조 제1항, 제11조를 근거로 긴급조치 제9호 위반으로 피고인이 구금을 당한 데 대한 보상을 청구할 수 있다(대법원 2013. 4. 18.자 2011초기689 전원합의체 결정).

다. 형사재판에서의 입증

🏛 대법원 2010. 11. 4. 28. 선고 2010도14487 판결[뇌물수수]

판결의 요지

형사재판에서 범죄사실의 인정은 법관으로 하여금 합리적인 의심을 할 여지가 없을 정도의 확신을 가지게 하는 증명력을 가진 엄격한 증거에 의하여야 하는 것이므로, 검사의 입증이 위와 같은 확신을 가지게 하는 정도에 충분히 이르지 못한 경우에는 비록 피고인의 주장이나 변명이 모순되거나 석연치 않은 면이 있는 등 유죄의 의심이 간다고 하더라도 피고인의 이익으로 판단하여야 한다. 그리고 위와 같은 엄격한 증명의 대상에는 검사가 공소장에 기재한 구체적 범죄사실이 모두 포함되고, 특히 공소사실에 특정된 범죄의 일시는 피고인의 방어권 행사의 주된 대상이 되므로 엄격한 증명을 통해 그 특정한 대로 범죄사실이 인정되어야 하며, 그러한 증명이 부족함에도 다른 시기에 범행을 하였을 개연성이 있다는 이유로 범죄사실에 대한 증명이 있다고 인정하여서는 아니 된다.

【평석】 이 대법원 판례는 형사재판에 있어서 근간을 이루는 것으로서, 판결에 있어서 무죄를 주장하거나 무죄 선고시에 가장 많이 인용되는 판시 내용이다.

42. 제326조 면소의 판결

가. 1) 상습범으로 유죄의 확정판결을 받은 사람이 그 후 동일한 습벽에 의해 후행 범죄를 저질렀는데 유죄의 확정판결에 대하여 재심이 개시된 경우, 동일한 습벽에 의한 후행 범죄가 재심 대상 판결에 대한 재심 판결 선고 전에 범하여졌다면 재심판결의 기판력이 후행 범죄에 미치는지 여부(소극)

2) 유죄의 확정판결을 받은 사람이 그 후 별개의 후행 범죄를 저질렀는데 유죄의 확정판결에 대하여 재심이 개시된 경우, 후행 범죄가 재심 대상 판결에 대한 재심판결 확정 전에 범하여졌다면 아직 판결을 받지 아니한 후행 범죄와 재심판결이 확정된 선행범죄 사이에 형법 제37조 후단에서 정한 경합범 관계가 성립하는지 여부(소극)

🏛 대법원 2019. 6. 20. 선고 2018도20698 전원합의체 판결[특정범죄가중처벌등에관한법률위반(절도)·여신전문금융업법위반] ☞ 형법 제37조 후단 경합범 참조

나. 제326조 제2호의 '사면이 있는 때'

상습범으로서 포괄적 일죄의 관계에 있는 여러 개의 범죄사실 중 일부에 대하여 유죄판결이 확정된 경우, 그 확정판결의 사실심판결 선고 전에 저질러진 나머지 범

죄에 대하여 면소 판결을 선고하기 위한 요건

> 🏛 대법원 2004. 9. 16. 선고 2001도3206 전원합의체 판결[사기]

판결의 요지

1) 상습범으로서 포괄적 일죄의 관계에 있는 여러 개의 범죄사실 중 일부에 대하여 유죄판결이 확정된 경우에, 그 확정판결의 사실심판결 선고 전에 저질러진 나머지 범죄에 대하여 새로이 공소가 제기되었다면 그 새로운 공소는 확정판결이 있었던 사건과 동일한 사건에 대하여 다시 제기된 데 해당하므로 이에 대하여는 판결로써 면소의 선고를 하여야 하는 것인바(형사소송법 제326조 제1호), 다만 이러한 법리가 적용되기 위해서는 전의 확정판결에서 당해 피고인이 상습범으로 기소되어 처단되었을 것을 필요로 하는 것이고, 상습범 아닌 기본 구성요건의 범죄로 처단되는 데 그친 경우에는, 가사 뒤에 기소된 사건에서 비로소 드러났거나 새로 저질러진 범죄사실과 전의 판결에서 이미 유죄로 확정된 범죄사실 등을 종합하여 비로소 그 모두가 상습범으로서의 포괄적 일죄에 해당하는 것으로 판단된다 하더라도 뒤늦게 앞서의 확정판결을 상습범의 일부에 대한 확정판결이라고 보아 그 기판력이 그 사실심판결 선고 전의 나머지 범죄에 미친다고 보아서는 아니 된다.

2) 면소 판결 사유인 형사소송법 제326조 제2호의 '사면이 있는 때'에서 말하는 '사면'이란 일반사면을 의미할 뿐, 형을 선고받아 확정된 자를 상대로 이루어지는 특별사면은 여기에 해당하지 않으므로, 재심 대상 판결 확정 후에 형 선고의 효력을 상실케 하는 특별사면이 있었다고 하더라도, 재심개시 결정이 확정되어 재심심판절차를 진행하는 법원은 그 심급에 따라 다시 심판하여 실체에 관한 유·무죄 등의 판단을 해야지, 특별사면이 있음을 들어 면소 판결을 하여서는 아니 된다.

다. 형사소송법 제326조 제2호에서 말하는 '사면'의 의미(일반사면)

재심 대상 판결 확정 후에 형 선고의 효력을 상실케 하는 특별사면이 있었던 경우, 재심개시 결정이 확정되어 재심심판절차를 진행하는 법원은 면소 판결이 아니라 실체에 관한 유·무죄 등의 판단을 해야 하는지 여부(적극)

🏛 대법원 2015. 5. 21. 선고 2011도1932 전원합의체 판결[업무상횡령·경제의안정과성장
에관한긴급명령위반·총포화약류단속법위반]

면소 판결 사유인 형사소송법 제326조 제2호의 '사면이 있는 때'에서 말하는 '사
면'이란 일반사면을 의미할 뿐, 형을 선고받아 확정된 자를 상대로 이루어지는 특
별사면은 여기에 해당하지 않으므로, 재심 대상 판결 확정 후에 형 선고의 효력을
상실케 하는 특별사면이 있었다고 하더라도, 재심개시 결정이 확정되어 재심심판
절차를 진행하는 법원은 그 심급에 따라 다시 심판하여 실체에 관한 유·무죄 등의
판단을 해야지, 특별사면이 있음을 들어 면소 판결을 하여서는 아니 된다.

라. 공인중개사의 업무 및 부동산 거래신고에 관한 법률 위반으로 약식명령이 확
정된 후 다시 '횡령'으로 기소된 경우

🏛 대법원 2012. 5. 24. 선고 2010도3950 판결[횡령·부동산등기특별조치법위반·공인중개
사의업무및부동산거래신고에관한법률위반·위증]

피고인에 대하여 '공인중개사 자격이 없고 중개사무소 개설등록을 하지 않았는
데도 갑, 을과 공모하여 부동산 매매계약을 중개한 대가로 병에게서 갑, 을 및 피
고인의 수고비 합계 2천만 원을 교부받아 중개행위를 하였다'는 공인중개사의 업무
및 부동산 거래신고에 관한 법률 위반 공소사실로 벌금 500만 원의 약식명령이 발
령되어 확정되었는데, 그 후 피고인이 '피해자 병에게서 갑, 을에 대한 소개비 조로
2천만 원을 교부받아 병을 위하여 보관하던 중 임의로 사용하여 횡령하였다'는 공
소사실로 기소된 사안에서, 확정된 약식명령의 공소사실에 의하면 중개수수료로
취득한 2천만 원은 피고인 등의 소유로 확정적으로 귀속되고, 그 이후 이를 소비하
는 것은 불가벌적 사후행위에 해당하는데, 공소가 제기된 횡령의 공소사실은 피고
인이 2천만 원을 교부받은 이후에도 이것이 여전히 병의 소유로 남아 있어 피고인
은 이를 보관하는 자임을 전제로 하고 있어 확정된 약식명령의 공소사실과 양립할
수 없는 관계에 있고, 양자의 행위 객체인 금품이 병이 교부한 2천만 원으로 동일
한 점에 비추어 양자는 행위 태양이나 피해법익 등을 서로 달리하지만, 규범적으로
는 공소사실의 동일성이 인정된다는 이유로, 확정된 약식명령의 기판력이 횡령의

공소사실에 미친다고 보아 면소를 선고한 원심의 조치는 정당하다.

【평석】 공인중개사 자격증 없이 부동산 매매계약을 중개한 대가로 합계 2천만 원을 교부받아 중개행위를 한 사실과 피해자에게서 소개비 조로 2천만 원을 교부받아 보관하던 중 임의로 사용하여 횡령한 사실이, 규범적으로는 공소사실의 동일성이 인정되므로 확정된 약식명령의 기판력이 횡령에도 미친다는 취지이다.

43. 제327조 공소기각의 판결

🏛 대법원 2018. 5. 17. 선고 2017도14749 전원합의체 판결[국회에서의증언·감정등에관한 법률위반]

피고인이 2016. 12. 14. 국회에서 열린 '박근혜 정부의 甲 등 민간인에 의한 국정농단 의혹사건 진상규명을 위한 국정조사 특별위원회'(이하 '특별위원회'라 한다)에 증인으로 출석하여 국회에서의 증언·감정 등에 관한 법률(이하 '국회증언감정법'이라 한다)에 따라 선서한 후 허위의 진술을 하였다는 공소사실에 관하여, 특별위원회의 존속기간이 종료된 후에 재적 위원 3분의 1 이상이 연서하여 피고인을 국회증언감정법 제14조 제1항 본문에서 정한 위증죄로 고발함에 따라 공소가 제기된 사안에서, 특별위원회의 조사 기간은 2016. 11. 17.부터 2017. 1. 15.까지이고, 국회 본회의에서 2017. 1. 20. 특별위원회의 국정조사 결과보고서가 채택·의결되었으며, 특별위원회의 위원이던 18명 중 13명이 2017. 2. 28. 연서에 의하여 고발을 한 점 등에 비추어 위 고발은 특별위원회가 존속하지 않게 된 이후에 이루어져 국회증언감정법 제15조 제1항에 따른 적법한 고발이 아니고, 공소가 소추요건인 적법한 고발 없이 제기되어 부적법하다는 이유로, 같은 취지에서 공소를 기각한 원심판결이 정당하다.

☞ **국회에서의 증언·감정 등에 관한 법률 위반 판결 참조.**

44. 제338조 상소권자

가. 헌법상 변호인의 조력을 받을 권리의 내용 및 국선변호인이 선정된 사건에서 피고인과 국선변호인이 모두 항소이유서를 제출하지 아니하고, 국선변호인이 법정기간 내에 항소이유서를 제출하지 아니한 데 피고인의 귀책 사유가 밝혀지지 아니한 경우 항소법원이 취하여야 할 조치

> 🏛 대법원 2012. 2. 16.자 2009모1044 전원합의체 결정[항소기각결정에대한재항고]

판결의 요지

1) (가) 헌법상 보장되는 '변호인의 조력을 받을 권리'는 변호인의 '충분한 조력'을 받을 권리를 의미하므로, 일정한 경우 피고인에게 국선변호인의 조력을 받을 권리를 보장하여야 할 국가의 의무에는 형사소송절차에서 단순히 국선변호인을 선정하여 주는 데 그치지 않고 한 걸음 더 나아가 피고인이 국선변호인의 실질적인 조력을 받을 수 있도록 필요한 업무 감독과 절차적 조치를 취할 책무까지 포함된다고 할 것이다.

(나) 피고인을 위하여 선정된 국선변호인이 법정기간 내에 항소이유서를 제출하지 아니하면 이는 피고인을 위하여 요구되는 충분한 조력을 제공하지 아니한 것으로 보아야 하고, 이런 경우에 피고인에게 책임을 돌릴 만한 아무런 사유가 없는데도 항소법원이 형사소송법 제361조의4 제1항 본문에 따라 피고인의 항소를 기각한다면, 이는 피고인에게 국선변호인으로부터 충분한 조력을 받을 권리를 보장하고 이를 위한 국가의 의무를 규정하고 있는 헌법의 취지에 반하는 조치이다. 따라서 피고인과 국선변호인이 모두 법정기간 내에 항소이유서를 제출하지 아니하였더라도, 국선변호인이 항소이유서를 제출하지 아니한 데 대하여 피고인에게 귀책 사유가 있음이 특별히 밝혀지지 않는 한, 항소법원은 종전 국선변호인의 선정을 취소하고 새로운 국선변호인을 선정하여 다시 소송기록접수통지를 함으로써 새로운 국선변호인으로 하여금 그 통지를 받은 때로부터 형사소송법 제361조의3 제1항의 기간 내에 피고인을 위하여 항소이유서를 제출하도록 하여야 한다.

2) 필요적 변호 사건의 항소심에서, 원심법원이 피고인 본인의 항소이유서 제출기간 경과 후 국선변호인을 선정하고 그에게 소송기록접수통지를 하였으나 국선변

호인이 법정기간 내에 항소이유서를 제출하지 아니한 사안에서, 국선변호인이 항소이유서를 제출하지 아니한 데 대하여 피고인에게 책임을 돌릴 만한 사유가 특별히 밝혀지지 아니한 이상, 국선변호인의 선정을 취소하고 새로운 국선변호인을 선정하여 그에게 소송기록접수통지를 함으로써 새로운 국선변호인이 항소이유서를 제출하도록 하는 조치를 취했어야 하는데도, 위와 같은 조치를 취하지 아니한 채 피고인과 국선변호인이 모두 제출기간 내에 항소이유서를 제출하지 아니하였고 제1심판결에 직권조사사유가 없다는 등의 이유로 곧바로 항소를 기각한 원심결정에는 국선변호인의 조력을 받을 피고인의 권리에 관한 헌법 및 형사소송법상의 법리를 오해한 위법이 있다고 한 사례.

나. '상고이유 제한에 관한 법리'의 의의와 근거

1) 상고심은 항소심에서 심판대상으로 되었던 사항에 한하여 상고이유의 범위 내에서 그 당부만을 심사하여야 하는지 여부(적극) 및 항소인이 항소이유로 주장하거나 항소심이 직권으로 심판대상으로 삼아 판단한 사항 이외의 사유를 상고이유로 삼아 다시 상고심의 심판범위에 포함시키는 것은 상고심의 사후심 구조에 반하는지 여부(적극)

2) 피고인이 유죄가 인정된 제1심판결에 대하여 항소하지 않거나 양형부당만을 이유로 항소하고 검사는 양형부당만을 이유로 항소하였는데, 항소심이 검사의 항소를 받아들여 제1심판결을 파기하고 그보다 높은 형을 선고한 경우, 피고인이 항소심의 심판대상이 되지 않았던 법령위반 등 새로운 사항을 상고이유로 삼아 상고하는 것이 적법한지 여부(소극)

🏛 **대법원 2019. 3. 21. 선고 2017도16593-1 전원합의체 판결[약사법위반]**

1) ① 형사소송법상 상고인이나 변호인은 소정의 기간 내에 상고법원에 상고이유서를 제출하여야 하고, 상고이유서에는 소송기록과 항소법원의 증거조사에 표현된 사실을 인용하여 그 이유를 명시하여야 한다(제379조 제1항, 제2항). 상고법원은 원칙적으로 상고이유서에 포함된 사유에 관하여 심판하여야 하고(제384조 본문), 상고이유가 있는 때에는 판결로써 항소심 판결을 파기하여야 하는데(제391조), 파기

하는 경우에도 환송 또는 이송을 통해 항소심으로 하여금 사건을 다시 심리·판단하도록 함이 원칙이며 자판은 예외적으로만 허용된다(제393조 내지 제397조). 또한 상고심은 항소심까지의 소송자료만을 기초로 하여 항소심 판결 선고 시를 기준으로 그 당부를 판단하여야 하므로, 직권조사 기타 법령에 특정한 경우를 제외하고는 새로운 증거조사를 할 수 없을뿐더러 항소심 판결 후에 나타난 사실이나 증거의 경우 비록 그것이 상고이유서 등에 첨부되어 있다 하더라도 사용할 수 없다.

위 규정 및 법리를 종합해 보면, 상고심은 항소심 판결에 대한 사후심으로서 항소심에서 심판대상으로 되었던 사항에 한하여 상고이유의 범위 내에서 그 당부만을 심사하여야 한다. 그 결과 항소인이 항소이유로 주장하거나 항소심이 직권으로 심판대상으로 삼아 판단한 사항 이외의 사유는 상고이유로 삼을 수 없고 이를 다시 상고심의 심판범위에 포함시키는 것은 상고심의 사후심 구조에 반한다. 이러한 점에서 이른바 '상고이유 제한에 관한 법리'(이하 '상고이유 제한 법리'라고 한다)는 형사소송법이 상고심을 사후심으로 규정한 데에 따른 귀결이라고 할 수 있다.

② 상고이유 제한 법리는 피고인이 항소하지 않거나 양형부당만을 이유로 항소함으로써 항소심의 심판대상이 되지 않았던 법령위반 등 새로운 사항에 대해서는 피고인이 이를 상고이유로 삼아 상고하더라도 부적법한 것으로 취급함으로써 상고심의 심판대상을 제한하고 있다. 이는 심급제도의 운영에 관한 여러 가지 선택 가능한 형태 중에서 현행 제도가 사후심제 및 법률심의 방식을 선택한 입법적 결단에 따른 결과이다. 특히 모든 사건의 제1심 형사재판절차에서 법관에 의한 사실적·법률적 심리검토의 기회가 주어지고 피고인이 제1심판결에 대해 항소할 기회가 부여되어 있음에도 항소심에서 적극적으로 이를 다투지 아니한 사정 등을 감안하여 개개 사건에서 재판의 적정, 피고인의 구제 또는 방어권 보장과 조화되는 범위 내에서 재판의 신속 및 소송경제를 도모하고 심급제도의 효율적인 운영을 실현하기 위하여 마련된 실정법상의 제약으로서 그 합리성도 인정된다.

③ 상고심과 항소심의 직권심판권은 하급심판결에 대한 법령위반 등 잘못을 최대한 바로잡기 위한 취지이다. 그리하여 먼저 항소심의 직권심판권을 통하여 제1심판결에 대하여 피고인이 항소이유를 주장하여 적절히 다투지 아니하더라도 사실을 오인하거나 법령을 위반하는 등의 사유로 판결에 영향을 미친 잘못이 있다면 항소심에서 이를 바로잡을 수 있고, 상고심은 항소심판결 자체에 여전히 위법이 있는 경우, 예를 들어 항소심이 제1심판결의 위법을 간과하고 항소기각 판결을 선고하거

나 제1심판결을 파기 후 자판하는 항소심판결에 고유한 법령적용의 위법이 있는 경우에 직권심판권을 폭넓게 활용함으로써 최종적으로 이를 바로잡을 수 있다.

위와 같이 형사소송법상 상고심과 항소심의 두 심급에 걸쳐 마련되어 있는 직권심판권의 발동에 의해 직권심판사항에 해당한다고 판단되는 위법사유에 대해서는 피고인이 항소하지 않거나 항소이유로 주장하지 아니함에 따라 항소심의 심판대상에 속하지 않았던 사항이라도 피고인에게 이익이 되는 방향으로 그 잘못을 최대한 바로잡을 수 있는 장치가 갖추어져 있다. 이를 통해 상고심의 사후심 및 법률심으로서의 기능과 피고인의 구제는 더욱 강화된다.

④ 형사소송법상 법관의 면전에서 당사자의 모든 주장과 증거조사가 실질적으로 이루어지는 제1심법정에서의 절차가 실질적 직접심리주의 및 공판중심주의를 구현하는 원칙적인 것이 되고, 다만 제1심의 공판절차에 관한 규정은 특별한 규정이 없으면 항소심의 심판절차에도 준용되는 만큼(제370조), 항소심도 제한적인 범위 내에서 이러한 원칙에 따른 절차로 볼 수 있다. 반면 형사소송법상 상고심은 상고장, 상고이유서 기타의 소송기록에 의하여 변론 없이 판결할 수 있도록 되어 있고(제390조 제1항), 공판절차를 진행하더라도 피고인의 소환을 요하지 않는 등(제389조의2) 절차적인 면에서 이와는 현격한 차이가 있다.

위와 같은 제1심 및 항소심과 상고심에 있어 심리절차상의 차이를 공판중심주의 및 실질적 직접심리주의의 정신에 비추어 살펴보면, 제1심법원이 법관의 면전에서 사실을 검토하고 법령을 적용하여 판결한 사유에 대해 피고인이 항소하지 않거나 양형부당만을 항소이유로 주장하여 항소함으로써 죄의 성부에 관한 판단 내용을 인정하는 태도를 보였다면 그에 관한 판단 내용이 잘못되었다고 주장하면서 상고하는 것은 허용될 수 없다고 보아야 한다.

⑤ 양형이 원칙적으로 재량 판단이라는 점을 감안한다면, 항소심이 검사의 양형부당에 관한 항소를 받아들임으로써 제1심판결을 파기하고 보다 높은 형을 선고한 것은 심급 제도하에서 양형 요소라는 동일한 심판대상에 관해 서로 다른 법원에서 고유의 권한으로 반복하여 심사가 이루어짐에 따라 부득이하게 발생된 결과라고 봄이 타당하다. 따라서 제1심과 항소심 사이의 양형 판단이 피고인에게 불리한 내용으로 달라졌다는 사정변경이 사후심 구조에 따른 상고이유 제한 법리의 타당성 등에 영향을 미칠 만한 것이라고 보기는 어렵다.

[별개의견] ① 피고인이 유죄가 인정된 제1심판결에 대하여 항소하지 않거나

양형부당만을 이유로 소극적으로 항소하고 검사는 양형부당만을 이유로 항소하였는데, 항소심이 검사의 항소를 받아들임으로써 제1심판결을 파기하고 그보다 높은 형을 선고하였다면 이는 피고인이 항소 여부 등을 판단할 때 기초가 된 사정에 중대한 변경이 생긴 것으로 볼 수 있다. 이러한 사정변경은 제1심법원이 양형에 관한 판단을 잘못하였다는 이유로 상급심인 항소법원이 이를 바로잡는 과정에서 발생한 것이어서 피고인이 항소 여부 등을 판단할 당시에는 예견하기 어려웠던 것일 뿐만 아니라 그 발생 원인에 대해 피고인에게 책임이 있다고 볼 수도 없다.

이러한 사정을 종합해 볼 때 피고인이 제1심판결의 결론에 승복함으로써 항소 당시에는 그 주장을 보류해 두었던 사실오인, 법령위반 등 사유를 항소심에서 형이 높아진 다음에 상고이유로 삼아 상고하였을 때 이를 허용해 주는 것이 타당하다. 설령 이러한 상황에서 피고인이 상고이유로 삼고 있는 사유가 항소심의 심판대상이 되지 않았던 새로운 것이라고 하더라도 이를 주장하여 상고하는 피고인의 태도를 항소 당시와는 모순되는 거동으로서 부당하다고 볼 수는 없다. 또한 이를 남상고로 단정하기도 어렵다. 오히려 이와 같은 경우에 대해서도 상고이유를 항소 여부를 결정할 당시를 기준으로 제한하는 것은 피고인의 상고권을 과도하게 제한하는 것이어서 부당하다.

② 상소 제도와 관련하여 판결 주문은 피고인의 상소 가능성과 그 의사는 물론, 구체적인 상소 이유의 내용과 범위를 전반적으로 결정짓는 핵심이 된다는 점에서 판결 이유와는 질적으로 다르다. 상소의 적법 여부, 상소 이유의 허용 범위를 판단할 때에도 양자는 달리 취급되어야 하고 1차적으로 판결 주문이 기준이 되어야 한다. 따라서 판결 주문이 앞선 심급에 비하여 피고인에게 불이익하게 변경되었고 그에 대해 피고인이 승복하지 않고 상소할 경우에는, 이를 뒷받침하기 위해 주장할 상소 이유의 허용 범위도 주문의 정당성을 다툴 만한 것인 이상 가급적 널리 인정하여야 한다. 이것이 불이익한 재판 결과에 대한 소송절차상의 방어권으로서 피고인에 대해 상소권을 인정한 취지에 부합하는 태도이다.

제1심판결에 대하여 검사만이 양형부당을 이유로 항소하고 피고인은 항소하지 않은 상황에서 항소심이 검사의 항소를 받아들여 제1심보다 무거운 형을 선고한 사안이나 제1심판결에 대하여 피고인과 검사 쌍방이 양형부당만을 이유로 항소하였으나 항소심이 피고인의 항소는 기각하고 검사의 항소만을 받아들임으로써 제1심판결을 파기하고 그보다 무거운 형을 선고한 사안(이하 통틀어 '이 사건 사안'이라 한다)은 피고인이 제1심판결의 주문에 대해 승복함으로써 그 결론이 유지되는 이상 적극적으로 항소할 의사가 없었고 설령 판결 이유 중의 사실인정, 법령적용 등에 불만이 있었더라도 항소하는 것이 허용되지도 않았는데, 항소심에서 판결 주문이 불리하게 변경됨으로써 상고할 이익이나 필요성이 새로 발생된 경우라고 할 수 있다. 따라서 피고인이 상고함에 있어 판결 이유 중의 법령위반 등 새로운 사유라도 이를 주장하여 항소심판결의 잘못을 충분히 다툴 수 있도록 하여야 한다.

③ 사후심이란 원판결 자체를 심판대상으로 삼아 원판결의 당부를 제출된 상소 이유에 따라 사후에 심사하는 것을 말한다. 이때 사후심이 복심이나 속심 등 다른 심판구조와 대비되는 본질적인 특징은 심판대상이 원판결 자체인지 아니면 피고사건 자체인지 및 심판방법이 원판결 당시를 표준으로 기존의 소송자료에만 기초하여 심사하는 것인지 여부의 차이에 따른 것이다. 그러므로 상고심이 사후심이라는 사실 자체는 피고인이 상고이유로 삼을 수 있는 사유가 다수의견이 주장하는 것처럼 항소심 판결 중 피고인이 항소이유로 주장하여 다투었거나 직권 발동에 의해 심판대상이 됨으로써 판단된 사항에 한정된다고 볼 근거가 될 수 없다. 항소심판결의 판단 내용에 포함된 사실인정, 법령적용에 관한 사항도 항소심의 심판대상이 된 사항에 속할 수 있는 것이며 그와 같은 해석이 상고심의 사후심 구조에 배치되는 것은 아니다.

④ 심급에 기초한 상소 제도의 구성과 운영은 입법정책의 문제이기는 하지만, 헌법상 법치주의의 원리, 헌법 제12조 제1항의 적법절차 규정과 헌법 제27조 제1항의 공정한 재판청구권 규정은 형사재판에서 피고인의 방어권을 보장하려는 취지이므로, 항소심에서도 이러한 취지는 유지되어야 하고, 현행 형사항소심의 구조를 기본적으로 속심제로 보는 이상 항소심에서 피고인의 방어권 보장의 내용은 본질적인 면에서는 제1심에서의 그것과 같이 보아야 한다. 특히 이 사건 사안과 같은 경우는 항소심이 파기 후 자판함으로써 제1심판결의 효력이 사실상 소멸되고 제1심판결 선고 직전 상태에서 항소심의 심리가 계속 이어져 항소법원이 항소심 판결 선고 시를 표준으로 피고사건 실체에 대해 새로운 판단을 내린 것이라는 점에서 속심적 성격이 더욱 분명하다.

따라서 피고인이 자신에게 불리하게 선고된 제1심판결에 대해 항소할 때와 마찬가지로, 자신에게 불리하게 변경된 항소심판결에 대해서도 그 직전의 항소심 진행 과정에서 적극적으로 다투었는지 여부에 구애됨이 없이 다음 심급인 상고심에서 항소심 판결에 영향을 미친 법령위반 등 사유를 상고이유로 삼아 자유롭게 다툼으로써 스스로를 적극적으로 방어할 수 있도록 그 기회를 보장해야 한다.

⑤ 이 사건 사안에서 상고이유 제한 법리를 엄격하게 관철할 경우 피고인의 전략적 행동을 유발함으로써 권리의 구제와 오판의 시정이라는 심급제도 및 상소제도 본래의 취지나 목적과는 무관하게 절차가 운영될 뿐만 아니라, 피고인과 항소법원 모두에게 소송절차와 관련된 불필요한 비용이나 부담이 발생하는 부작용이 초래된다. 결국 이 법리는 남상소를 방지하기 위한 적합한 수단이 될 수 없다.

⑥ 요컨대, 유죄판결을 받은 피고인이 항소하지 않거나 양형부당만을 이유로 항소한 후 항소심이 검사의 양형부당 항소를 받아들여 제1심판결을 파기하고 자판하면서 형을 높인 때에는 항소심의 심판대상이 되지 않았던 사유라 할지라도 적법한 상고이유로 인정되어야 한다. 이 사건 사안에 대해서까지 상고이유 제한 법리를 적용하는 것은 피고인이 항소 여부 등을 결정할 당시에는 예견하기 어려운 중대한 사정변경이 있었다는 점, 형사소송법상 상소의 가능성과 그 의사는 판결 주문에 따라 결정되는데 항소심에서 주문이 불리하게 변경된 점, 항소심의 파기 후 자판에 의한 판결 내용은 항소심의 고유한 판단이라는 점, 제1심과 항소심에서의 판결 결과에 따라 상소권 보장의 불균형이 생기는 것을 방지할 필요가 있는 점, 불필요한 항소를 유발하게 되어 심리부담 경감의 수단으로는 부적합한 점 등의 특수한 사정을 간과한 것이다. 그리하여 피고인이 상고하여 방어권을 행사할 실질적인 근거가 있음에도 그 기회를 사실상 박탈함으로써 피고인에게 예상치 못한 불이익을 주는 결과가 된다. 이는 재판을 받을 권리를 기본권으로 규정하고 적법절차를 보장하고 있는 헌법의 정신에도 반한다.

상고이유 제한 법리는 심급제도 및 각 심급의 구조와 역할, 그리고 이에 대응한 피고인의 소송상 지위 등에 기초한 것으로서, 위 법리 자체의 타당성은 인정된다. 그러나 이는 형사소송법 제383조와는 달리 명문의 규정이 없이 관련 규정의 체계적 해석을 통해 인정되는 것이고 이로 인하여 피고인이 형사소송법에 규정된 상고권을 행사할 기회는 크게 제한된다. 이러한 점에 비추어 본다면, 이 사건 사안과 같이 위 법리를 구체적 사안에 적용하였을 때 본래의 취지에 맞지 않는 불합리한 결과가 초래된다거나 심급에 따른 상소권 보장의 본질에 반하는 등 특수한 사정이 존재하여 이를 그대로 적용하는 것이 타당하지 않다고 인정되는 경우에는 그 적용을 배제하는 것이 균형 있는 해석이 된다.

[별개의견] ① 형사소송법 제383조는 상고권자가 적법하게 상고를 제기할 수 있는 요건으로 원심판결에 대한 것일 것과 제1호 내지 제4호의 각호에서 정한 사유 중 어느 하나에 해당할 것이라는 두 가지만을 요구하고 있다. 위의 두 가지 요건 외에 다수의견이 말하는 것처럼 '항소심에서 상고인이 항소이유로 주장하거나 항소심이 직권으로 심판대상으로 삼음으로써 항소심의 심판대상이 된 사항일 것'이 요구된다고 볼 수는 없다. 이러한 요건이 포함되어 있다고 보는 것은 위 규정의 문언에 따른 가능한 해석의 범위를 넘는다.

그 밖에 형사소송법과 다른 법률을 살펴보아도 다수의견의 위와 같은 상고이유 제한 법리를 뒷받침하고 있다고 볼 만한 근거 규정을 전혀 찾을 수 없다.

② 상고심은 법률심으로서 재판을 통하여 원심판결에 관한 법령위반의 잘못을 최종적으로 바로잡음으로써 법률문제에 관하여 여러 개의 하급심의 판단이 서로 달라질 경우 발생하게 될 위법 상태 또는 법적 혼란 상태를 극복하는 것을 본질적인 기능으로 하고 있다. 이는 유일의 최상급법원으로 하여금 법률의 해석·적용에 관한 최종적인 심판권을 갖도록 함으로써 국가 전체적으로 법률의 해석·적용에 관한 통일성을 유지하고, 하급심의 잘못된 법률의 해석·적용으로 인하여 침해되는 피고인의 권리가 구제될 수 있도록 하기 위한 것이다. 상고심이 법률문제에 대해 최종적인 심판기관으로서 이러한 기능과 역할을 수행하는 것은 심급제도와 상소제도에 관한 입법적 결단으로서 결코 포기될 수 없는 상고심의 고유한 권한인 동시에 책무이다.

따라서 형사소송법 제383조에서 규정하는 법령위반 등에 관한 상고이유 주장은 언제나 적법한 상고이유가 된다고 보아야 한다. 다수의견의 상고이유 제한 법리는 이러한 법률문제에 관한 상고이유에 대해서도 항소심에서 구체적인 심판대상이 된 사항인지 아닌지에 따라 적법성 여부가 좌우된다고 보고 있는데, 이는 법률심인 상고심의 기능과 역할에 배치되므로 받아들이기 어렵다.

③ 형사소송법 제384조에 규정된 직권심판은 상고심의 의무가 아니라 권한으로서 그 발동 여부가 상고심의 재량에 달려 있다. 그리하여 직권심판사항에 대해서는 그 위법사유가 긍정되어야 할 뿐만 아니라 상고심 스스로 이를 바로잡기 위해 원심판결을 파기할 필요가 있다고 인정하는 예외적인 경우에 한하여 그에 관한 명시적인 판단이 이루어지기 때문에 대부분의 경우에는 그에 관하여 상고심이 제대로 직권심판권을 발동하였는지 알 길이 없다. 이러한 점에서 상고심의 직권심판은 의

무적 심판대상인 상고이유에 관한 판단과 비교해 볼 때 법률심을 강화하기 위한 수단으로 미흡하여 다수의견의 상고이유 제한 법리를 합리화할 근거가 되기에 부족하다.

④ 요컨대, 형사소송법 제383조는 상고이유의 범위에 관하여 명문의 규정을 두고 있는데, 다수의견이 주장하는 상고이유 제한 법리는 형사소송법, 그 밖의 관련 법령상 아무런 근거가 없을 뿐만 아니라, 상고심의 사후심 구조나 상고심의 적정한 기능 확보를 위한 정책적 필요성을 이유로 그 타당성을 인정하기도 어렵다. 이는 헌법과 형사소송법의 취지 및 법률심으로서 상고심의 기능이나 역할과도 배치되므로 도저히 받아들일 수 없다. 그러므로 형사소송법 제383조에 따라 판결에 영향을 미친 법령위반 등 사유를 상고이유로 삼아 상고한 경우에는 항소심에서 심판대상이 된 사항인지 여부와 관계없이 언제나 적법한 상고이유가 된다고 보아야 한다. 상고심의 기능은 위 규정을 보다 엄격히 해석하여 순수한 법령위반에 관한 사유만으로 상고이유의 범위를 한정하는 방법으로 해결되어야 한다.

2) 피고인들이 약사법 위반으로 기소되어 제1심에서 각각 벌금형을 선고받은 후 항소하지 않거나 양형부당만을 이유로 항소하였고 검사도 양형부당을 이유로 항소하였는데, 항소심에서 검사의 항소이유가 인용됨으로써 제1심판결이 파기되고 피고인들에 대해 각각 그보다 높은 형이 선고되자, 피고인들이 항소심에서 심판대상이 되지 않았던 채증법칙 위반, 심리미진 및 법리오해의 새로운 사유를 상고이유로 삼아 상고한 사안에서, 기존 대법원 판례가 일관되게 유지해 온 이른바 '상고이유 제한에 관한 법리'가 그대로 적용되어야 한다는 전제에서, 피고인들의 위 상고이유 주장은 항소심에서 심판대상이 되지 아니한 사항이므로 적법한 상고이유가 아니다.

【평석】 피고인들의 상고이유 중 법리 오해 등에 관한 부분은 피고인들이 항소하지 않았거나, 항소이유로 주장하지 않아 항소심 심판대상이 되지 않은 새로운 사유이고, 이는 상고이유 제한에 따라 부적법한 상고이유로 판단되어 상고가 기각되었다. 이 사건 상고이유 제한의 법리가 그대로 인정되는 판례로 보이지만, 상고심의 구조와 본질에 관하여 살펴볼 수 있는 사건이다.[80]

---

80) 하태한, 검사의 양형부당 항소가 받아들여짐으로써 항소심에서 형이 높아진 경우 피고인이 항소 이유로 주장하지 않은 사유를 상고이유로 삼을 수 있는지 여부, 대법원판례해설, 제120호(2019년

45. 제342조 일부상소

가. 불가분의 관계에 있는 재판의 일부만을 상소한 경우의 효력

필수적 몰수·추징 규정이 적용되는 피고사건의 재판 가운데 몰수 또는 추징 부분 만에 대하여 상소한 경우의 효력

🏛 대법원 2008. 11. 20. 선고 2008도5596 전원합의체 판결[마약류관리에관한법률위반(향정)]

판결의 요지

형사소송법 제342조는 제1항에서 일부 상소를 원칙적으로 허용하면서, 제2항에서 이른바 상소불가분의 원칙을 선언하고 있다. 따라서 불가분의 관계에 있는 재판의 일부만을 불복대상으로 삼은 경우 그 상소의 효력은 상소불가분의 원칙상 피고사건 전부에 미쳐 그 전부가 상소심에 이심되고, 이러한 경우로는 일부 상소가 피고사건의 주위적 주문과 불가분적 관계에 있는 주문에 대한 것, 일죄의 일부에 대한 것, 경합범에 대하여 1개의 형이 선고된 경우 경합범의 일부 죄에 대한 것 등에 해당하는 경우를 들 수 있다.

마약류관리에 관한 법률 제67조는 이른바 필수적 몰수 또는 추징 조항으로서 그 요건에 해당하는 한 법원은 반드시 몰수를 선고하거나 추징을 명하여야 한다. 위와 같은 몰수 또는 추징은 범죄행위로 인한 이득의 박탈을 목적으로 하는 것이 아니라 징벌적인 성질을 가지는 처분으로 부가형으로서의 성격을 띠고 있다. 이는 피고사건 본안에 관한 판단에 따른 주형 등에 부가하여 한 번에 선고되고 이와 일체를 이루어 동시에 확정되어야 하고 본안에 관한 주형 등과 분리되어 이심되어서는 아니 되는 것이 원칙이므로, 피고사건의 주위적 주문과 몰수 또는 추징에 관한 주문은 상호 불가분적 관계에 있어 상소불가분의 원칙이 적용되는 경우에 해당한다. 따라서 피고사건의 재판 가운데 몰수 또는 추징에 관한 부분만을 불복대상으로 삼아 상소가 제기되었다 하더라도, 상소심으로서는 이를 적법한 상소제기로 다루어야 하고, 그 부분에 대한 상소의 효력은 그 부분과 불가분의 관계에 있는 본안에 관한 판단 부분에까지 미쳐 그 전부가 상소심으로 이심된다.

상), 법원도서관, 603면

나. 경합범 중 일부에 대하여 무죄, 일부에 대하여 유죄를 선고한 항소심 판결에 대하여 검사만이 무죄 부분에 대하여 상고를 제기한 경우 상고심에서 이를 파기할 때의 파기범위

🏛 대법원 1992. 1. 21. 선고 91도1402 전원합의체 판결[부녀매매]

판결의 요지

형법 제37조 전단의 경합범으로 같은 법 제38조 제1항 제2호에 해당하는 경우 하나의 형으로 처벌하여야 함은 물론이지만 위 규정은 이를 동시에 심판하는 경우에 관한 규정인 것이고 경합범으로 동시에 기소된 사건에 대하여 일부 유죄, 일부 무죄의 선고를 하거나 일부의 죄에 대하여 징역형을, 다른 죄에 대하여 벌금형을 선고하는 등 판결 주문이 수개일 때에는 그 1개의 주문에 포함된 부분을 다른 부분과 분리하여 일부상소를 할 수 있는 것이고 당사자 쌍방이 상소하지 아니한 부분은 분리 확정된다고 볼 것인바, 경합범 중 일부에 대하여 무죄, 일부에 대하여 유죄를 선고한 항소심 판결에 대하여 검사만이 무죄 부분에 대하여 상고를 한 경우 피고인과 검사가 상고하지 아니한 유죄판결 부분은 상고기간이 지남으로써 확정되어 상고심에 계속된 사건은 무죄판결 부분에 대한 공소뿐이라 할 것이므로 상고심에서 이를 파기할 때에는 무죄 부분만을 파기할 수밖에 없다.

46. 제361조의4 항소기각의 결정

형사 사건의 항소이유서 제출기간과 직권조사사유

🏛 대법원 2006. 3. 30.자 2005모564 결정[항소기각결정에대한재항고]

판결의 요지

형사소송법 제361조의4 제1항 단서 소정의 '직권조사사유'라 함은 법령적용이나 법령해석의 착오 여부 등 당사자가 주장하지 아니하는 경우에도 법원이 직권으로 조사하여야 할 사유를 말한다(대법원 2003. 5. 16.자 2002모338 결정 참조).

한편, 법원은 공소사실의 동일성이 인정되는 범위 내에서 공소가 제기된 범죄사실에 포함된 보다 가벼운 범죄사실이 인정되는 경우에 심리의 경과에 비추어 피고인의 방어권 행사에 실질적 불이익을 초래할 염려가 없다고 인정되는 때에는 공소장이 변경되지 않았더라도 직권으로 공소장에 기재된 공소사실과 다른 범죄사실을 인정할 수 있지만, 이와 같은 경우라고 하더라도 공소가 제기된 범죄사실과 대비하여 볼 때 실제로 인정되는 범죄사실의 사안이 중대하여 공소장이 변경되지 않았다는 이유로 이를 처벌하지 않는다면 적정절차에 의한 신속한 실체적 진실의 발견이라는 형사소송의 목적에 비추어 현저히 정의와 형평에 반하는 것으로 인정되는 경우가 아닌 한 법원이 직권으로 그 범죄사실을 인정하지 아니하였다고 하여 위법한 것이라고까지 볼 수는 없다(대법원 1990. 10. 26. 선고 90도1229 판결, 1993. 12. 28. 선고 93도3058 판결 등 참조).

기록에 비추어 살펴보면, 공직선거 및 선거부정방지법 제256조 제3항 제6호, 제141조 제1항 소정의 '당원집회 금지 위반'과 같은 법 제254조 제2항 제3호 소정의 '선거운동기간 제한 위반'은, 양자를 대비하여 볼 때 그 구성요건상 차이가 있고 후자가 전자를 포함하는 관계도 아니라고 보일 뿐만 아니라, 전자의 공소사실이 인정되지 아니함에도 공소장이 변경되지 않았다는 이유로 후자의 해당 여부를 심리하여 유죄로 인정하지 아니한 것이 적정절차에 의한 신속한 실체적 진실의 발견이라는 형사소송의 목적에 비추어 현저히 정의와 형평에 반하는 것이라고 보이지도 않으므로, 제1심이 전자의 죄를 내용으로 하는 공소사실을 무죄로 판단하면서 후자의 죄를 인정하지 않은 것이 위법인가의 여부는 형사소송법 제361조의4 제1항 단서 소정의 '직권조사사유'라고 할 수 없다.

원심이 제1심판결에 직권조사사유가 없다고 판단한 것은 위와 같은 취지를 포함하고 있는 것이어서, 거기에 재항고 이유로 주장하는 바와 같은 직권조사사유에 관한 판단 유탈 등의 위법이 있다고 할 수 없다.

나아가 직권으로 살피건대, 형사소송법 제361조의4 제1항은 항소인이나 변호인이 같은 법 제361조의3 제1항의 기간 내에 항소이유서를 제출하지 아니한 때에는 직권조사사유가 있거나 항소장에 항소이유의 기재가 있는 경우를 제외하고 결정으로 항소를 기각하여야 한다고 규정하고 있으므로, 항소인이나 변호인이 항소이유서에 항소이유를 특정하여 구체적으로 명시하지 아니하였다고 하더라도 항소이유서가 법정의 기간 내에 적법하게 제출된 경우에는 이를 항소이유서가 법정의 기간 내에 제출되지 아니한 것과 같이 보아 형사소송법 제361조의4 제1항에 의하여 결정으로 항소를 기각할 수는 없다(대법원 2002. 12. 3.자 2002모265 결정 참조).

그러므로 비록 검사가 2005. 9. 2. 제출한 항소이유서에는 위에서 본 바와 같이 적법한 항소이유가 기재되어 있지 않다고 하더라도 위 항소이유서가 법정의 기간 내에 적법하게 제출된 이상, 이를 항소이유서가 법정의 기간 내에 제출되지 아니한 것과 같게 보아 형사소송법 제361조의4 제1항에 의하여 결정으로 항소를 기각할 수는 없다고 할 것이다.

그럼에도 불구하고, 원심은 검사가 항소이유를 특정하여 구체적으로 명시하지 아니하여 부적법하게 된 위 항소이유서를 법정의 기간 내에 제출하였다고 하더라도 이는 항소이유서가 법정의 기간 내에 제출되지 아니한 경우에 해당하여 형사소송법 제361조의4 제1항에 의하여 항소를 기각할 수 있다고 보아 검사의 항소를 결정으로 기각하고 말았는바, 앞서 본 법리에 비추어 보면 이러한 원심의 결정은 형사소송법 제361조의4 제1항에 관한 법리를 오해하여 재판의 결과에 영향을 끼친 위법이 있음이 분명하므로, 원심결정은 더 이상 유지될 수 없게 되었다.

【평석】 민사, 형사 재판에 있어서 기일에는 제척기간이나 소멸시효, 공소시효 등이 있다. 1년, 3년 또는 5년, 10년 등 다양하다. 형사 항소사건의 경우에는 1주일의 항소 제기 기간 내에 항소장을 원심 법원에 제출해야 한다(형사소송법 제358조, 359조). 항소 법원이 소송의 기록을 송부받은 때에는 즉시 항소인과 상대방에게 그 사유를 통지하여야 한다. 중요한 점은 항소인 또는 변호인은 위 통지를 받은 날로부터 20일 이내에 항소이유서를 항소법원에 제출해야 한다. 만일 이를 해태하여 위 기간 내에 항소이유서를 제출하지 아니한 때에는 결정으로 항소를 기각하여야 한다(형사소송법 제361조의3, 4, 5항 참조).

같은 법 제 361조의 5에서 정하는 항소이유는 다양하다. 관할 위반, 법리 오해, 사실 오인, 양형 부당, 재심 청구의 사유, 판결에 이유가 없는 경우 등이다. 많은 분들이 항소장만 제출하고 항소이유서를 제출하지 아니하여 기각되는 경우가 많다. 단순히 항소장에 항소이유를 "사실 오인" 또는 "양형 부당"이라고 기재하여도 선해하여 항소이유서가 있는 것으로 보기도 하지만 의외로 항소이유서를 제출하지 않아 불이익을 받는 경우가 많다. 주의할 점이다. 다만 직권조사사유(위 대법원 판례)가 있거나 항소장에 항소이유의 기재가 있는 경우에는 예외로 한다(같은 법 제361조의5 단서).

47. 제368조 불이익변경의 금지

가. 제1심에서 징역 1년 6월형의 3년간 집행유예를, 환송 전 원심에서 징역 1년형의 선고유예를 각 선고 받은 데 대하여, 환송 후 원심에서 벌금 40,000,000원의 형과 금 16,485,250원의 추징의 선고를 모두 유예한 경우, 불이익변경 여부(소극)

🏛 대법원 1998. 3. 26. 선고 97도1716 전원합의체 판결[특정경제범죄가중처벌등에관한법률위반{(재산국외도피), 예비적 죄명: 외국환관리법위반}]

판결의 요지

피고인에 대하여 제1심이 징역 1년 6월에 집행유예 3년의 형을 선고하고, 이에 대하여 피고인만이 항소하였는데, 환송 전 원심은 제1심판결을 파기하고 징역 1년형의 선고를 유예하였으며, 이에 대하여 피고인만이 상고하여 당원이 원심판결을 파기하고 사건을 원심에 환송하자, 환송 후 원심은 제1심판결을 파기하고, 벌금 40,000,000원 형과 금 16,485,250원 추징의 선고를 모두 유예하였다면, 환송 후 원심이 제1심이나 환송 전 원심보다 가볍게 그 주형을 징역 1년 6월 형의 집행유예 또는 징역 1년 형의 선고유예에서 벌금 40,000,000원 형의 선고유예로 감경한 점에 비추어, 그 선고를 유예한 금 16,485,250원의 추징을 새로이 추가하였다고 하더라도, 전체적·실질적으로 볼 때 피고인에 대한 형이 제1심판결이나 환송 전 원심판결보다 불이익하게 변경되었다고 볼 수는 없다.

나. 형의 집행면제의 판결을 집행유예로 변경한 것이 불이익변경에 해당하는지 여부(소극)

🏛 대법원 1985. 9. 24. 선고 84도2972 전원합의체 판결[업무상군용물횡령·허위공문서작성·동 행사·증뢰]

형의 집행유예의 판결은 소정 유예기간을 특별한 사유 없이 경과한 때에는 그 형의 선고의 효력이 상실되나 형의 집행면제는 그 형의 집행만을 면제하는데 불과하여, 전자가 후자보다 피고인에게 불이익한 것이라 할 수 없다.

다. 징역 8월(집행유예 2년)의 경중

🏛 대법원 1966. 12. 8. 선고 66도1319 전원합의체 판결[절도]

판결의 요지

제1심에서 징역 6월의 선고를 받고 피고인만이 항소한 사건에서 징역 8월에 집행유예 2년을 선고한 것은 제1심형보다 중하고 따라서 불이익변경의 금지원칙에 위반된다.

라. 상고심이 원심판결을 파기환송 한 경우에 항소심이 그 파기된 원판결과의 관계에 있어서 불이익변경 금지의 제한을 받는가 여부

🏛 대법원 1964. 9. 17. 선고 64도298 전원합의체 판결[국가보안법위반, 반공법위반]

판결의 요지

상고심이 원심판결을 파기 환부한 경우에 항소심은 그 파기된 원판결과의 관계에 있어서 불이익변경금지원칙의 적용을 받는다.

마. 제1심 유죄판결에 대하여 검사공소가 없고 피고인만의 공소가 있는 제2심 판결에 대한 검사 상고와 상고심에 있어서의 불이익변경금지원칙의 적용

🏛 대법원 1957. 10. 4. 선고 4290형비상1 판결[증뢰]

판결의 요지

제1심 유죄판결에 대하여 검사의 공소가 없고 피고인만의 공소가 있는 제2심 유죄판결에 대하여 검사 상고가 있는 경우에 상고심은 검사의 불복 없는 제1심 판결의 형보다 중한 형을 과할 수 없다.

바. 검사의 항소이유가 실질적으로 구두변론을 거쳐 심리되지 않을 경우, 검사의 항소 이유를 받아들여 피고인에게 불리하게 제1심 판결을 변경할 수 있는지 여부(소극)

🏛 대법원 2015. 12. 10. 선고 2015도11696 판결[강간]

판결의 요지

공판중심주의를 실현하고 이를 통하여 피고인의 방어권을 실질적으로 보장하기 위하여 마련된 형사소송법 제37조 제1항, 제275조의3, 제285조, 제286조 제1항, 제287조, 제370조, 형사소송규칙 제156조의3 제1항, 제2항, 제156조의4, 제156조의7에 비추어 볼 때, 검사가 공판정에서 구두변론을 통해 항소이유를 주장하지 않았고 피고인도 그에 대한 적절한 방어권을 행사하지 못하는 등 검사의 항소이유가 실질적으로 구두변론을 거쳐 심리되지 않았다고 평가될 경우, 항소심법원이 검사의 항소이유 주장을 받아들여 피고인에게 불리하게 제1심판결을 변경하는 것은 허용되지 않는다.

검사가 일부 유죄, 일부 무죄가 선고된 제1심판결 전부에 대하여 항소하면서 유죄 부분에 대하여는 아무런 항소이유도 주장하지 않은 경우에는, 유죄 부분에 대하여 법정기간 내에 항소이유서를 제출하지 않은 것이 되고, 그 경우 설령 제1심의 양형이 가벼워 부당하다 하더라도 그와 같은 사유는 형사소송법 제361조의4 제1항 단서의 직권조사사유나 같은 법 제364조 제2항의 직권심판사항에 해당하지 않으므로, 항소심이 제1심판결의 형보다 중한 형을 선고하는 것은 허용되지 않는데, 이러한 법리는 검사가 유죄 부분에 대하여 아무런 항소이유를 주장하지 않은 경우뿐만 아니라 검사가 항소장이나 법정기간 내에 제출된 항소이유서에서 유죄 부분에 대하여 양형부당 주장을 하였으나, 항소이유 주장이 실질적으로 구두변론을 거쳐 심리되지 아니한 경우에도 마찬가지로 적용된다.

【평석】 이 사건에서는 검사가 제출한 항소장에는 양형부당 주장이 포함되어 있

지만 이후 제출한 항소이유서에는 양형부당 주장이 없는 경우, 검사의 양형 부당을 받아들여 1심보다 중한 형을 선고할 수 있는지가 쟁점이다. 대법원은 공판중심주의, 구두변론주의 등을 살펴, 양형부당 주장이 구두변론을 거쳐 심리된 것으로 보기는 어렵다고 판시하였다.[81]

48. 제383조 상고이유

가. 양형부당을 사유로 한 상고이유를 제한하는 형사소송법 제383조 제4호의 위헌 여부 등(소극)

🏛 대법원 2019. 3. 21. 선고 2017도16593-1 전원합의체 판결[약사법위반]

☞ 형사소송법 제338조 참조. 같은 취지의 대법원 2003. 2. 20. 선고 2001도6138 전원합의체 판결이 있으며, 양형부당을 상고이유로 할 수 없는 사건에서 정상에 관한 심리미진을 상고이유로 할 수 있는지 여부에 대하여 상고할 수 없다는 취지의 대법원 1998. 5. 21. 선고 95도2002 전원합의체 판결이 있다.

나. 검사가 피고인에게 불리하게 원심의 양형이 가볍다거나 원심이 양형의 전제사실을 인정하는 데 자유심증주의의 한계를 벗어난 잘못이 있다는 사유를 상고이유로 주장할 수 있는지 여부(소극)

🏛 대법원 2022. 4. 28. 선고 2021도16719, 2021전도165, 2021보도54 판결[살인{예비적 죄명: 아동학대범죄의 처벌 등에 관한 특례법 위반(아동학대치사)}·아동복지법 위반(상습아동학대) 등]

판결의 요지

형사소송법 제383조 제4호 후단은 '사형, 무기 또는 10년 이상의 징역이나 금고가 선고된 사건에서 형의 양정이 심히 부당하다고 인정할 현저한 사유가 있는 때'를 원심판결에 대한 상고이유로 할 수 있다고 정한다.

---

81) 민철기, 공판기일에서 구두 변론되지 않은 검사의 양형부당 항소 이유를 받아들여 항소심이 제1심의 형보다 높은 형을 선고할 수 있는지 여부, 대법원판례해설, 제106호(2015년 하), 법원도서관, 590면

상고심의 본래 기능은 하급심의 법령위반을 사후에 심사하여 잘못을 바로잡음으로써 법령 해석·적용의 통일을 도모하는 것이고, 형사소송법은 상고심을 원칙적으로 법률심이자 사후심으로 정하고 있다. 그런데도 형사소송법이 양형부당을 상고이유로 삼을 수 있도록 한 이유는 무거운 형이라고 할 수 있는 사형, 무기 또는 10년 이상의 징역이나 금고를 선고받은 피고인의 이익을 한층 두텁게 보호하고 양형문제에 관한 권리구제를 최종적으로 보장하려는 데 있다.

원심의 양형이 가볍다는 이유로 상고를 허용할 필요성은 10년 이상의 징역이나 금고 등의 형이 선고된 사건보다 10년 미만의 징역이나 금고 등의 형이 선고된 사건이 더 클 수 있다. 형사소송법 제383조 제4호 후단에 따르더라도 10년 미만의 징역이나 금고 등의 형이 선고된 사건에서 검사는 원심의 양형이 가볍다는 이유로 상고할 수 없다. 그런데도 그보다 중한 형인 10년 이상의 징역이나 금고 등이 선고된 사건에서는 검사가 위와 같은 이유로 상고할 수 있다고 보는 것은 균형이 맞지 않는다. 이러한 사정에 비추어 형사소송법 제383조 제4호 후단이 정한 양형부당의 상고이유는 10년 이상의 징역이나 금고 등의 형을 선고받은 피고인의 이익을 위한 것으로 볼 수 있다.

따라서 검사는 피고인에게 불리하게 원심의 양형이 가볍다거나 원심이 양형의 전제사실을 인정하는 데 자유심증주의의 한계를 벗어난 잘못이 있다는 사유를 상고이유로 주장할 수 없다.

다. 제1심판결에 대하여 피고인은 비약적 상고를, 검사는 항소를 각각 제기하여 이들이 경합한 경우, 피고인의 비약적 상고에 항소로서의 효력이 인정되는지 여부(한정 적극)

🏛 대법원 2022. 5. 19. 선고 2021도17131, 2021전도170 전원합의체 판결[강도·폭행·업무방해·부착명령]

판결의 요지

형사소송법 제372조, 제373조 및 관련 규정의 내용과 취지, 비약적 상고와 항소가 제1심판결에 대한 상소권 행사로서 갖는 공통성, 이와 관련된 피고인의 불복의사, 피고인의 상소권 보장의 취지 및 그에 대한 제한의 범위와 정도, 피고인의 재판청구권을 보장하는 헌법합치적 해석의 필요성 등을 종합하여 보면, 제1심판결에 대하여 피고인은 비약적 상고를, 검사는 항소를 각각 제기하여 이들이 경합한 경우 피고인의 비약적 상고에 상고의 효력이 인정되지는 않더라도, 피고인의 비약적 상고가 항소기간 준수 등 항소로서의 적법요건을 모두 갖추었고, 피고인이 자신의 비약적 상고에 상고의 효력이 인정되지 않는 때에도 항소심에서는 제1심판결을 다툴 의사가 없었다고 볼 만한 특별한 사정이 없다면, 피고인의 비약적 상고에 항소로서의 효력이 인정된다고 보아야 한다.

【해설】 "형사소송법은 피고인의 비약적 상고와 검사의 항소가 경합한 경우 피고인의 비약적 상고는 상고의 효력이 없다는 취지로 규정하고 있을 뿐, 피고인의 비약적 상고에 항소로서의 효력을 인정할 수 있는지에 관해서는 명문의 규정을 두고 있지 않다. 또한 형사소송법 제373조의 취지는 당사자 일방의 비약적 상고로 상대방이 심급의 이익을 잃지 않도록 하고 아울러 동일 사건이 항소심과 상고심에 동시에 계속되는 것을 막기 위하여 당사자 일방의 비약적 상고가 있더라도 항소심을 진행한다"는 것이 다수의견의 견해이며, 이에 대하여 "다수의견은 법해석의 첫 단계로서 성문법규 해석의 기본인 문언해석을 벗어난 것으로 법형성에 해당하고 그 정당한 사유를 찾기도 어렵다. 특히 명확성과 안정성이 엄격하게 요구되는 형사절차 규정에 대하여 문언의 통상적인 의미를 넘어서는 해석은 허용되기 어렵다. 또한 대법원의 확립된 선례를 변경함으로써 이에 근거하여 안정적으로 운영되어 온 현재 재판실무에 혼란과 지장을 가져다 줄 뿐만 아니라, 그러한 이유를 들어 명문의 법률 규정을 얼마든지 문언과 다르게 해석할 수 있다는 잘못된 신호를 줄 수 있다는 점에서 우려가 크다"는 반대의견이 있다.

49. 제417조 同前(준항고)

가. 전자정보에 대한 압수·수색 과정에서 이루어진 현장에서의 저장매체 압수·이미징·탐색·복제 및 출력행위 등 일련의 행위가 모두 진행되어 압수·수색이 종료된 후 전체 압수·수색 과정을 단계적·개별적으로 구분하여 각 단계의 개별 처분의 취소를 구하는 준항고가 있는 경우, 당해 압수·수색 과정 전체를 하나의 절차로 파악하여 그 과정에서 나타난 위법이 압수·수색 절차 전

체를 위법하게 할 정도로 중대한지 여부에 따라 전체적으로 압수·수색 처분을 취소할 것인지를 가려야 하는지 여부(원칙적 적극) 및 이때 위법의 중대성을 판단하는 기준

🏛 대법원 2015. 7. 16.자 2011모1839 전원합의체 결정[준항고 인용 결정에 대한 재항고]

판결의 요지

1) [다수의견] 전자정보에 대한 압수·수색 과정에서 이루어진 현장에서의 저장 매체 압수·이미징·탐색·복제 및 출력행위 등 수사기관의 처분은 하나의 영장에 의한 압수·수색 과정에서 이루어진다. 그러한 일련의 행위가 모두 진행되어 압수· 수색이 종료된 이후에는 특정단계의 처분만을 취소하더라도 그 이후의 압수·수색 을 저지한다는 것을 상정할 수 없고 수사기관에게 압수·수색의 결과물을 보유하도 록 할 것인지가 문제 될 뿐이다. 그러므로 이 경우에는 준항고인이 전체 압수·수 색 과정을 단계적·개별적으로 구분하여 각 단계의 개별 처분의 취소를 구하더라도 준항고법원은 특별한 사정이 없는 한 구분된 개별 처분의 위법이나 취소 여부를 판단할 것이 아니라 당해 압수·수색 과정 전체를 하나의 절차로 파악하여 그 과정 에서 나타난 위법이 압수·수색 절차 전체를 위법하게 할 정도로 중대한지 여부에 따라 전체적으로 압수·수색 처분을 취소할 것인지를 가려야 한다. 여기서 위법의 중대성은 위반한 절차조항의 취지, 전체과정 중에서 위반행위가 발생한 과정의 중 요도, 위반사항에 의한 법익침해 가능성의 경중 등을 종합하여 판단하여야 한다.

[별개의견] 컴퓨터용 디스크나 그 밖에 이와 비슷한 정보저장매체(이하 '저장매 체'라 한다)에 관한 압수절차가 현장에서의 압수 및 복제·탐색·출력과 같은 일련의 단계를 거쳐 이루어지고 각 단계의 개별 처분이 구분될 수 있어 개별 처분별로 위 법 여부를 가릴 수 있는 이상, 그에 관한 취소 여부도 개별적으로 판단할 수 있으 며, 이는 영장에 의한 압수·수색 과정이 모두 종료된 경우에도 마찬가지이다. 준 항고법원은 수사기관의 압수·수색 과정에서 이루어진 절차 위반행위와 관련된 모 든 사정을 전체적·종합적으로 고려하여, 해당 압수·수색을 취소할 것인지 여부 및 취소한다면 어느 범위에서 취소할 것인지를 형사법적 관점에서 독자적으로 판 단할 수 있으며, 결국 구체적인 사안에서 이루어진 일련의 압수·수색 과정에 관하 여 위법 여부를 가린 후 결과에 따라 압수·수색 과정 전부를 취소할 수도 있고 또

는 압수·수색 과정을 단계적·개별적으로 구분하여 일부만을 취소할 수도 있다.

[반대의견1] 전자정보에 대한 압수·수색은 일련의 과정을 거쳐 이루어지게 되므로, 압수·수색을 구성하는 일련의 과정에서 이루어진 저장매체 압수, 이미징, 탐색, 복제 또는 출력 등의 행위를 개별적으로 나누어 처분의 적법성을 판단하는 것은 타당하다고 할 수 없으나, 처분의 적법성은 압수의 대상이 된 전자정보별로 달리 평가될 수 있다. 즉 하나의 압수·수색영장에 기한 압수·수색이 외형상으로는 1개만 존재한다고 하더라도 관념적으로는 대상별로 수개의 압수·수색이 존재하고, 하나의 압수·수색만이 존재하는 것으로 보아야 한다 하더라도 압수 대상 전자정보별로 가분적인 것이다. 따라서 압수·수색의 적법성은 '대상별'로 전체적으로 판단되어야 한다.

[반대의견2] 일련의 과정을 거쳐 단계적으로 이루어지는 압수·수색 과정에 여러 개의 처분이 있을 경우 전체를 하나의 절차로 파악하여 위법 여부를 판단하여야 한다는 다수의견의 해석론은 형사소송법 제417조에서 곧바로 도출되는 것이라고 보기 어려울 뿐만 아니라 형사소송절차의 실제에서도 검사는 적법한 압수처분에 기하여 수집된 증거를 사용할 수 있는 것이므로, 압수처분 이후에 이루어진 다른 압수처분에 어떠한 잘못이 있다고 해서 적법하게 수집된 증거의 효력까지 소급하여 부정할 것은 아니다.

2) [다수의견] 검사가 압수·수색영장을 발부받아 甲 주식회사 빌딩 내 乙의 사무실을 압수·수색하였는데, 저장매체에 범죄혐의와 관련된 정보(이하 '유관정보'라 한다)와 범죄혐의와 무관한 정보(이하 '무관정보'라 한다)가 혼재된 것으로 판단하여 甲 회사의 동의를 받아 저장매체를 수사기관 사무실로 반출한 다음 乙 측의 참여하에 저장매체에 저장된 전자정보파일 전부를 '이미징'의 방법으로 다른 저장매체로 복제(이하 '제1 처분'이라 한다)하고, 乙 측의 참여 없이 이미징한 복제본을 외장 하드디스크에 재복제(이하 '제2 처분'이라 한다)하였으며, 乙 측의 참여 없이 하드디스크에서 유관정보를 탐색하는 과정에서 甲 회사의 별건 범죄혐의와 관련된 전자정보 등 무관정보도 함께 출력(이하 '제3 처분'이라 한다)한 사안에서, 제1 처분은 위법하다고 볼 수 없으나, 제2·3 처분은 제1 처분 후 피압수·수색 당사자에게 계속적인 참여권을 보장하는 등의 조치가 이루어지지 아니한 채 유관정보는 물론 무관정보까지 재복제·출력한 것으로서 영장이 허용한 범위를 벗어나고 적법절차를 위반한 위법한 처분이며, 제2·3 처분에 해당하는 전자정보의 복제·출력 과정은 증

거물을 획득하는 행위로서 압수·수색의 목적에 해당하는 중요한 과정인 점 등 위법의 중대성에 비추어 위 영장에 기한 압수·수색이 전체적으로 취소되어야 한다.

[제1 처분에 관한 별개의견] 위 사안에서, 위법한 제2·3 처분 외에 제1 처분까지 취소한 원심의 결론은 수긍할 수 있으나, 그 이유는 압수·수색이 종료된 이후에는 전체 압수·수색 과정을 하나의 절차로 파악하여야 함에 따라 제2·3 처분의 중대한 위법으로 인하여 절차적으로 적법하였던 제1 처분까지 함께 취소되어야 하기 때문이 아니고, 영장에서 정한 압수의 목적 내지 필요성의 범위를 벗어나는 제1 처분의 결과물을 더 이상 수사기관이 보유할 수 없음에 따라 제1 처분이 취소되어야 한다.

[제1·2·3 처분에 관한 반대의견] 위 사안에서, 제2·3 처분 당시 참여권이 보장되지 않았더라도 가장 중요한 절차라고 할 수 있는 현장압수 및 제1 처분 당시 참여권이 보장된 점, 유관정보에 대하여는 참여권 보장이 가지는 의미가 상대적으로 적은 점 등 제반 사정에 비추어 볼 때, 압수·수색 중 유관정보에 대한 압수·수색이 영장주의 원칙의 본질적 부분을 침해한 것으로 평가될 수 있는 경우에 해당하거나 증거로서의 사용 가능성을 원천적으로 배제하여야 할 만큼 절차적 위법이 중대한 경우에 해당한다고 볼 수 없어 취소할 수 없다.

[제1 처분에 관한 반대의견] 위 사안에서, 검사가 당사자를 참여시키지도 아니한 채 이미징한 복제본을 자신이 소지한 외장 하드디스크에 재복제한 제2 처분 및 하드디스크에서 영장 기재 범죄사실과 무관한 정보까지 함께 출력한 제3 처분 등은 압수·수색에 관한 실체적·절차적 요건을 갖추지 못한 것으로서 위법하여 취소되어야 하지만, 그렇다고 적법하게 이루어진 제1 처분까지 소급하여 모두 위법하게 되는 것은 아니므로 취소의 대상이 되지 않는다.

3) 검사가 압수·수색영장(이하 '제1 영장'이라 한다)을 발부받아 甲 주식회사 빌딩 내 乙의 사무실을 압수·수색하였는데, 저장매체에 범죄혐의와 관련된 정보(이하 '유관정보'라 한다)와 범죄혐의와 무관한 정보(무관정보)가 혼재된 것으로 판단하여 甲 회사의 동의를 받아 저장매체를 수사기관 사무실로 반출한 다음 乙 측의 참여하에 저장매체에 저장된 전자정보파일 전부를 '이미징'의 방법으로 다른 저장매체로 복제하고, 乙 측의 참여 없이 이미징한 복제본을 외장 하드디스크에 재복제하였으며, 乙 측의 참여 없이 하드디스크에서 유관정보를 탐색하던 중 우연히 乙 등의 별건 범죄혐의와 관련된 전자정보(이하 '별건 정보'라 한다)를 발견하고 문서로 출

력하였고, 그 후 乙 측에 참여권 등을 보장하지 않은 채 다른 검사가 별건 정보를 소명자료로 제출하면서 압수·수색영장(이하 '제2 영장'이라 한다)을 발부받아 외장 하드디스크에서 별건 정보를 탐색·출력한 사안에서, 제2 영장 청구 당시 압수할 물건으로 삼은 정보는 제1 영장의 피압수·수색 당사자에게 참여의 기회를 부여하지 않은 채 임의로 재복제한 외장 하드디스크에 저장된 정보로서 그 자체가 위법한 압수물이어서 별건 정보에 대한 영장청구 요건을 충족하지 못하였고, 나아가 제2 영장에 기한 압수·수색 당시 乙 측에 압수·수색 과정에 참여할 기회를 보장하지 않았으므로, 제2 영장에 기한 압수·수색은 전체적으로 위법하다.

나. 형사소송법 제420조 제5호에 정한 재심사유인 '증거가 새로 발견된 때'와 관련하여 그 증거가 법원뿐만 아니라 재심을 청구한 피고인에게도 새로워야 하는지 여부(적극)

> 🏛 대법원 2009. 7. 16.자 2005모472 전원합의체 결정[재심 기각 결정에 대한 재항고]

판결의 요지

1) 형사소송법 제420조 제5호에 정한 무죄 등을 인정할 '증거가 새로 발견된 때'란 재심 대상이 되는 확정판결의 소송절차에서 발견되지 못하였거나 또는 발견되었다 하더라도 제출할 수 없었던 증거를 새로 발견하였거나 비로소 제출할 수 있게 된 때를 말한다. 증거의 신규성을 누구를 기준으로 판단할 것인지에 대하여 위 조항이 그 범위를 제한하고 있지 않으므로 그 대상을 법원으로 한정할 것은 아니다. 그러나 재심은 당해 심급에서 또는 상소를 통한 신중한 사실심리를 거쳐 확정된 사실관계를 재심사하는 예외적인 비상구제절차이므로, 피고인이 판결 확정 전 소송절차에서 제출할 수 있었던 증거까지 거기에 포함된다고 보게 되면, 판결의 확정력이 피고인이 선택한 증거 제출 시기에 따라 손쉽게 부인될 수 있게 되어 형사재판의 법적 안정성을 해치고, 헌법이 대법원을 최종심으로 규정한 취지에 반하여 제4심으로서의 재심을 허용하는 결과를 초래할 수 있다. 따라서 피고인이 재심을 청구한 경우 재심 대상이 되는 확정판결의 소송절차 중에 그러한 증거를 제출하지 못한 데 있는 경우에는 그 증거는 위 조항에서의 '증거가 새로 발견된 때'에서 제외된다고 해석함이 상당하다.

2) 형사소송법 제420조 제5호에 정한 '무죄 등을 인정할 명백한 증거'에 해당하는지 여부를 판단할 때에는 법원으로서는 새로 발견된 증거만을 독립적·고립적으로 고찰하여 그 증거가치만으로 재심의 개시 여부를 판단할 것이 아니라, 재심 대상이 되는 확정판결을 선고한 법원이 사실인정의 기초로 삼은 증거들 가운데 새로 발견된 증거와 유기적으로 밀접하게 관련되고 모순되는 것들은 함께 고려하여 평가하여야 하고, 그 결과 단순히 재심 대상이 되는 유죄의 확정판결에 대하여 그 정당성이 의심되는 수준을 넘어 그 판결을 그대로 유지할 수 없을 정도로 고도의 개연성이 인정되는 경우라면 그 새로운 증거는 위 조항의 '명백한 증거'에 해당한다. 만일 법원이 새로 발견된 증거만을 독립적·고립적으로 고찰하여 명백성 여부를 평가·판단하여야 한다면, 그 자체만으로 무죄 등을 인정할 수 있는 명백한 증거가치를 가지는 경우에만 재심 개시가 허용되어 재심사유가 지나치게 제한되는데, 이는 새로운 증거에 의하여 이전과 달라진 증거관계 아래에서 다시 살펴 실체적 진실을 모색하도록 하기 위해 '무죄 등을 인정할 명백한 증거가 새로 발견된 때'를 재심사유의 하나로 정한 재심제도의 취지에 반하기 때문이다.

3) 원판결이 확정된 후에 이루어진 재항고인에 대한 정액검사 결과 재항고인은 무정자증이 아니라는 사실이 밝혀졌으므로 범인이 무정자증임을 전제로 한 원판결에는 형사소송법 제420조 제5호의 재심사유가 있다는 주장에 대하여, 정액검사 결과가 원판결의 소송절차에서 제출될 수 없었다거나 무죄를 인정할 명백한 증거라고 볼 수 없다고 판단한 원심결정에는, 정액검사 결과가 새로 발견된 것인지 여부 등을 제대로 심리하지 않았고 정액검사 결과만의 증거가치를 기준으로 무죄를 인정할 명백한 증거인지 여부를 판단한 잘못이 있으나, 원판결의 사실인정에 기초가 된 증거들 가운데 정액검사 결과와 유기적으로 밀접하게 관련된 증거들을 함께 살펴보더라도 범인이 반드시 무정자증이라고 단정할 수 없어, 정액검사 결과가 무죄를 인정할 명백한 증거에 해당하지 않는다.

☞ 형법 제170조 제2항 소정의 '자기의 소유에 속하는 제166조 또는 제167조에 기재한 물건'의 해석과 죄형법정주의 원칙과 관련한 결정은, 대법원 1994. 12. 20.자 94모32 전원합의체 결정[공소기각 결정에 대한 재항고] 형법 제170조 실화 부분 참조.

50. 제420조 재심이유

가. 특별사면으로 형 선고의 효력이 상실된 유죄의 확정판결이 형사소송법 제420조의 '유죄의 확정판결'에 해당하여 재심청구의 대상이 될 수 있는지 여부(적극)

🏛 대법원 2015. 5. 21. 선고 2011도1932 전원합의체 판결[업무상횡령·경제의안정과성장에관한긴급명령위반, 총포화약류단속법위반]

판결의 요지

유죄판결 확정 후에 형 선고의 효력을 상실케 하는 특별사면이 있었다고 하더라도, 형 선고의 법률적 효과만 장래를 향하여 소멸될 뿐이고 확정된 유죄판결에서 이루어진 사실인정과 그에 따른 유죄 판단까지 없어지는 것은 아니므로, 유죄판결은 형 선고의 효력만 상실된 채로 여전히 존재하는 것으로 보아야 하고, 한편 형사소송법 제420조 각 호의 재심사유가 있는 피고인으로서는 재심을 통하여 특별사면에도 불구하고 여전히 남아 있는 불이익, 즉 유죄의 선고는 물론 형 선고가 있었다는 기왕의 경력 자체 등을 제거할 필요가 있다.

그리고 형사소송법 제420조가 유죄의 확정판결에 대하여 선고를 받은 자의 이익을 위하여 재심을 청구할 수 있다고 규정하고 있는 것은 유죄의 확정판결에 중대한 사실인정의 오류가 있는 경우 이를 바로잡아 무고하고 죄 없는 피고인의 인권침해를 구제하기 위한 것인데, 만일 특별사면으로 형 선고의 효력이 상실된 유죄판결이 재심청구의 대상이 될 수 없다고 한다면, 이는 특별사면이 있었다는 사정만으로 재심청구권을 박탈하여 명예를 회복하고 형사보상을 받을 기회 등을 원천적으로 봉쇄하는 것과 다를 바 없어서 재심제도의 취지에 반하게 된다.

따라서 특별사면으로 형 선고의 효력이 상실된 유죄의 확정판결도 형사소송법 제420조의 '유죄의 확정판결'에 해당하여 재심청구의 대상이 될 수 있다.

나. 재심 사유('여순사건'의 재항고사건)

'여순사건' 당시 내란 및 국권 문란 혐의로 군법회의에 회부되어 사형을 선고받고 그 판결에 따라 사형이 집행된 피고인들의 유족들이 그 후 위 판결에 대해 재심을 청구하여 재심개시 결정이 있게 되자 검사가 재항고를 한 사안에서, 위 재심 대상 판결에 형사소송법 제422조, 제420조 제7호의 재심사유가 있다고 본 원심판단이 정당하다고 한 사례

🏛 대법원 2019. 3. 21.자 2015모2229 전원합의체 결정[재심 인용 결정에 대한 재항고]

판결의 요지

1) [다수의견] '여순사건' 당시 내란 및 국권문란 혐의로 군법회의에 회부되어 사형을 선고받고 그 판결에 따라 사형이 집행된 피고인들의 유족들이 그 후 위 판결(이하 '재심 대상 판결'이라 한다)에 대해 재심을 청구하여 재심 개시 결정이 있게 되자 검사가 재항고를 한 사안에서, 형사소송법 제415조에서 정한 재항고의 절차에 관하여는 형사소송법에 아무런 규정을 두고 있지 않으므로 성질상 상고에 관한 규정을 준용하여야 하고, 사실인정의 전제로서 하는 증거의 취사선택과 증거의 증명력은 사실심 법원의 자유판단에 속하는 점, 형사재판에서 심증 형성은 반드시 직접증거로 해야만 하는 것은 아니고 간접증거로 할 수도 있는 점, 재심의 청구를 받은 법원은 재심청구 이유의 유무를 판단함에 필요한 경우 사실을 조사할 수 있고(형사소송법 제37조 제3항), 공판절차에 적용되는 엄격한 증거조사 방식에 따라야만 하는 것은 아닌 점 및 대한민국헌법(1948. 7. 17. 제정된 것, 제헌헌법) 제9조, 구 형사소송법(1948. 3. 20. 군정법령 제176호로 개정된 것) 제3조, 제6조 등의 규정, 그리고 진실·화해를 위한 과거사 정리위원회의 여순사건 진실규명결정서를 비롯한 기록에서 알 수 있는 사정을 종합하면, 피고인들은 여순사건 당시 진압군이 순천지역을 회복한 후 군경에 의하여 반란군에 가담하거나 협조하였다는 혐의로 체포되어 감금되었다가 내란죄와 국권문란죄로 군법회의에 회부되어 유죄판결을 받았고, 피고인들을 체포·감금한 군경이 법원으로부터 구속영장을 발부받았어야 하는데도 이러한 구속영장 발부 없이 불법 체포·감금하였다고 인정하여 재심대상판결에 형사소송법 제422조, 제420조 제7호의 재심사유가 있다고 본 원심판단이 정당하다.

2) [다수의견] '여순사건' 당시 내란 및 국권문란 혐의로 군법회의에 회부되어 사형을 선고받고 그 판결에 따라 사형이 집행된 피고인들의 유족들이 그 후 위 판결(이하 '재심대상판결'이라 한다)에 대해 재심을 청구하여 재심개시결정이 있게 되자

검사가 재항고를 한 사안에서, 재심대상판결의 판결서는 발견되지 않았으나 판결의 존재와 판결서의 존재는 구별되는 것이고, 재심대상판결의 존재, 즉 판결의 선고와 확정 사실은 계엄지구사령부 사령관 명의로 작성된 고등군법회의명령 제3호 문서(이하 '판결집행명령서'라 한다), 당시의 언론보도, 진실·화해를 위한 과거사 정리위원회의 여순사건 진실규명결정서 등 다른 자료를 통하여 인정할 수 있는 점, 재심대상판결의 판결서 원본이 작성되었으나 사변 등으로 멸실·분실되었을 가능성이 있고, 설령 처음부터 판결서가 작성되지 않았더라도 판결이 선고되고 확정되어 집행된 사실이 인정되는 이상 판결의 성립을 인정하는 데에는 영향이 없는 점, 여순사건 당시 선포된 계엄령과 그 계엄령 선포에 따라 설치된 군법회의에 대하여 법적 근거와 절차 등의 위헌·위법 논란이 있으나, 대한민국헌법(1948. 7. 17. 제정된 것, 제헌헌법) 제64조, 제76조 제2항, 제100조 아래 이루어진 계엄선포 상황에서 국가공권력에 의한 사법작용으로서 군법회의를 통한 판결이 선고된 이상 그 근거 법령이나 절차, 내용 등이 위헌·위법하다고 평가되어 판결이 당연 무효가 되는 것은 별론으로 하고 판결의 성립을 부정할 수는 없는 점, 또한 판결이 위와 같은 위헌·위법 사유로 당연 무효라고 하더라도 그것이 성립한 이상 형식적 확정력은 인정되고, 오히려 그러한 중대한 위헌·위법 상태를 바로잡기 위하여 재심의 대상이 될 수 있다고 보아야 하며, 이러한 판결에 대하여 재심을 통한 구제를 긍정하는 것이 유죄의 확정판결에 중대한 하자가 있는 경우 피고인의 이익을 위하여 이를 바로잡는다는 재심제도의 존재 목적에도 부합하는 점 등을 종합하면, 유죄의 확정판결로서 재심의 대상이 되는 재심 대상 판결이 존재한다고 본 원심판단이 정당하다.

다. 이른바 '진보당사건'에 대한 재심 대상 판결인 대법원 1959. 2. 27. 선고 4291형상559 판결에서 피고인에 대한 구 국가보안법 위반, 군정 법령 제5호 위반, 간첩행위의 공소사실이 각 유죄로 인정되어 사형이 집행되었는데, 피고인의 자녀들이 위 판결에 대하여 재심을 청구한 사안에서, 위 대상판결에 형사소송법 제420조 제7호에 정한 재심사유가 있다고 한 사례 및 재심이 개시된 사건에서 재심 대상 판결 당시의 법령이 변경된 경우 법원이 범죄사실에 대하여 적용하여야 할 법령(재심 판결 당시의 법령)

🏛 대법원 2010. 10. 29.자 2008재도11 전원합의체 결정[간첩·간첩방조·국가보안법위반·법령제5호위반]

피고인이 북한 괴뢰집단의 주장과 같은 평화통일을 정강정책으로 하는 진보당을 결성하여 그 중앙위원장에 취임하고, 진보당이 목적하는 실행사항을 협의하였으며, 공동피고인 甲을 통하여 북한의 지령을 받아 이에 호응하여 금품을 수수하고, 제반 남한정세 및 진보당 중앙당위원 명단 등 문건을 북한에 제보 내지 제공하였다는 등의 내용으로 공소가 제기되었고, 이에 대해 재심대상판결인 대법원 1959. 2. 27. 선고 4291형상559 판결에서 그중 구 국가보안법(1958. 12. 26. 법률 제500호로 폐지 제정되기 전의 것) 위반, 군정 법령 제5호 위반, 간첩행위의 공소사실이 각 유죄로 인정되어 사형이 집행되었는데, 피고인의 자녀들이 위 판결에 대하여 재심을 청구한 사안에서, 일반인에 대한 수사 권한이 없는 육군 특무부대 소속 수사관들이 피고인 및 공동피고인 甲을 피의자로 신문한 행위는 구 헌병과 국군 정보기관의 수사한계에 관한 법률(1962. 1. 20. 법률 제1004호 군법회의법 부칙 제6조로 폐지) 제3조 위반죄 및 구 형법(1995. 12. 29. 법률 제5057호로 개정되기 전의 것) 제123조의 타인의 권리행사방해죄를 구성하고, 이들 범죄는 모두 형사소송법 제420조 제7호에 정한 사법경찰관의 직무에 관한 죄에 해당하며, 한편 위 각 죄에 대한 공소시효가 완성되어 같은 법 제422조의 '확정판결을 얻을 수 없는 때'에 해당하므로, 결국 위 대상판결은 그 공소의 기초된 수사에 관여한 사법경찰관이 그 직무에 관한 죄를 범하였고 그러한 사실이 증명되었다고 할 것이어서, 같은 법 제420조 제7호에 정한 재심사유가 있다.

재심이 개시된 사건에서 범죄사실에 대하여 적용하여야 할 법령은 재심판결 당시의 법령이고, 재심 대상 판결 당시의 법령이 변경된 경우 법원은 그 범죄사실에 대하여 재심 판결 당시의 법령을 적용하여야 한다.

라. 미확정 유죄판결에 대하여 재심이 가능한지

> 🏛 대법원 2013. 6. 27. 선고 2011도7931 판결[국가보안법위반(기타)]

형사소송법 제420조 본문에 의하면 재심은 유죄의 확정판결에 대하여 그 선고를 받은 자의 이익을 위하여 청구할 수 있다. 항소심의 유죄판결에 대하여 상고가 제기되어 상고심 재판이 계속되던 중 피고인이 사망하여 형사소송법 제382조, 제328조 제1항 제2호에 따라 공소기각결정이 확정되었다면 항소심의 유죄판결은 이로써 당연히 그 효력을 상실하게 되므로, 이러한 경우에는 형사소송법상 재심절차의 전제가 되는 '유죄의 확정판결'이 존재하는 경우에 해당한다고 할 수 없다. 그런데 피고인 등이 이와 같이 공소기각결정으로 효력을 상실한 항소심의 유죄판결을 대상으로 하여 재심을 청구한 경우, 법원이 일단 이를 대상으로 재심개시결정을 한 후 이에 대하여 검사나 피고인 등이 모두 불복하지 아니함으로써 재심개시결정이 확정된 때에는, 재심개시결정에 의하여 재심이 개시된 대상은 항소심의 유죄판결로 확정되고, 재심개시결정에 따라 재심절차를 진행하는 법원이 재심이 개시된 대상을 변경할 수는 없다. 그러나 이 경우 재심개시결정은 재심을 개시할 수 없는 항소심의 유죄판결을 대상으로 한 것이므로, 재심개시결정에 따라 재심절차를 진행하는 법원으로서는 심판의 대상이 없어 아무런 재판을 할 수 없다.[82]

마. 법률 조항 자체는 그대로 둔 채 법률 조항에 관한 특정한 내용의 해석·적용만을 위헌으로 선언하는 이른바 한정위헌결정에 헌법재판소법 제47조가 규정하는 위헌결정의 효력을 부여할 수 있는지 여부(소극) 및 한정위헌결정이 재심사유가 될 수 있는지 여부(소극)

법령을 전부 개정하는 경우 종전 부칙 규정이 소멸하는지 여부(원칙적 적극) 및 예외적으로 종전 부칙 경과규정이 실효되지 않고 계속 적용되는 경우

> 🏛 대법원 2013. 3. 28. 선고 2012재두299 판결[법인세부과처분취소]

판결의 요지

[1] 헌법재판소가 법률 조항 자체는 그대로 둔 채 그 법률 조항에 관한 특정한 내용의 해석·적용만을 위헌으로 선언하는 이른바 한정위헌결정에 관하여는 헌법재판소법 제47조가 규정하는 위헌결정의 효력을 부여할 수 없으며, 그 결과 한정위헌결정은 법원을 기속할 수 없고 재심사유가 될 수 없다. 이와 같은 대법원의 판단

---

82) 자세한 해설은 우인성, 미확정 유죄판결에 대하여 재심 가부, 대법원판례해설, 제96호(2013년 상), 법원도서관, 743면

은 다음과 같은 이유에서 비롯된 것이다.

(가) 법원과 헌법재판소 간의 권력분립 구조와 사법권 독립의 원칙에 관한 헌법 제101조 제1항, 제2항, 제103조, 제111조 제1항 규정의 내용과 취지에 비추어 보면, 구체적인 사건에서 어떠한 법률해석이 헌법에 합치되는 해석인가를 포함하는 법령의 해석·적용에 관한 권한은 대법원을 최고 법원으로 하는 법원에 전속한다. 헌법재판소는 헌법 제111조 제1항 제1호에 의하여 국회가 제정한 '법률'이 위헌인지를 심판할 제한적인 권한을 부여받았을 뿐, 이를 넘어서 헌법의 규범력을 확보한다는 명목으로 법원의 법률해석이나 판결 등에 관여하여 다른 해석 기준을 제시할 수 없다. 이와 달리 보는 것은 헌법재판소의 관장사항으로 열거한 사항에 해당하지 않는 한 사법권은 포괄적으로 법원에 속하도록 결단하여 규정한 헌법에 위반된다.

(나) 민사소송법 제423조, 제442조, 제449조, 제451조 제1항, 제461조, 행정소송법 제8조 제2항, 형사소송법 제383조 제1호, 제415조, 제420조의 내용과 취지에 따르면, 당사자가 제1심법원이나 항소법원의 법률해석이 헌법에 위반된다고 주장하는 경우에는 상소를 통하여 다투어야 하고, 어떠한 법률해석이 헌법에 합치되는 해석인가는 최종적으로 최고법원인 대법원의 심판에 의하여 가려지며, 대법원의 심판이 이루어지면 그 사건의 판결 등은 확정되고 기판력이 발생하게 된다. 이로써 그 법적 분쟁은 종결되어 더는 같은 분쟁을 되풀이하여 다툴 수 없게 되고 이에 따라 법적 안정성이 확보되며 사회 전체는 그 확정판결에서 제시된 법리를 행위규범으로 삼아 새로운 법률관계를 형성하게 되는 것이다.

(다) 헌법재판소법 제41조 제1항, 제45조 본문은 헌법재판소는 국회가 제정한 '법률'이 헌법에 위반되는지를 당해 사건을 담당하는 법원으로부터 제청받아 '법률의 위헌 여부'만을 결정할 뿐 특정한 '법률해석이 위헌인지 여부'에 관하여 제청받아 이를 심판하는 것이 아님을 분명히 밝히고 있다. 헌법재판소법 제41조 제1항에서 규정하는 '법률의 위헌 여부'에 대한 심판에 '법률해석의 위헌 여부'에 대한 심판이 포함되어 있다고 해석한다면, 헌법재판소법 제42조 제1항에 의하여 법원은 어떠한 법률해석이 헌법에 합치되는지 여부의 심판을 헌법재판소에 제청한 후 헌법재판소의 결정이 있을 때까지 재판을 정지하여야 하는 수긍할 수 없는 결과가 발생한다. 헌법재판소법 제47조 제1항, 제2항, 제3항의 규정을 헌법재판소가 '법률의 위헌 여부'만을 결정할 수 있도록 한 헌법재판소법 제45조 본문과 함께 살펴보면, 헌법재판소법 제47조 제1항에서 규정한 '법률의 위헌결정'은 국회가 제정한 '법

률'이 헌법에 위반된다는 이유로 그 효력을 상실시키는 결정만을 가리키고, 단순히 특정한 '법률해석'이 헌법에 위반된다는 의견을 표명한 결정은 '법률'의 위헌 여부에 관한 결정이 아닐 뿐만 아니라 그 결정에 의하여 법률의 효력을 상실시키지도 못하므로 이에 해당하지 아니함이 명백하다. 따라서 헌법재판소가 '법률'이 헌법에 위반된다고 선언하여 그 효력을 상실시키지 아니한 채 단지 특정한 '법률해석'이 헌법에 위반된다고 표명한 의견은 그 권한 범위를 뚜렷이 넘어선 것으로서 그 방식이나 형태가 무엇이든지 간에 법원과 그 밖의 국가기관 등을 기속할 수 없다. 또한 그 의견이 확정판결에서 제시된 법률해석에 대한 것이라 하더라도 법률이 위헌으로 결정된 경우에 해당하지 아니하여 법률의 효력을 상실시키지 못하는 이상 헌법재판소법 제47조 제3항에서 규정한 재심사유가 존재한다고 할 수 없다. 헌법재판소가 법률의 해석 기준을 제시함으로써 구체적 사건의 재판에 관여하는 것은 독일 등 일부 외국의 입법례에서처럼 헌법재판소가 헌법상 규정된 사법권의 일부로서 그 권한을 행사함으로써 사실상 사법부의 일원이 되어 있는 헌법구조에서는 가능할 수 있다. 그러나 우리 헌법은 사법권은 대법원을 최고법원으로 한 법원에 속한다고 명백하게 선언하고 있고, 헌법재판소는 사법권을 행사하는 법원의 일부가 아님이 분명한 이상, 법률의 합헌적 해석기준을 들어 재판에 관여하는 것은 헌법 및 그에 기초한 법률체계와 맞지 않는 것이고 그런 의견이 제시되었더라도 이는 법원을 구속할 수 없다.

(라) 헌법재판소법 제41조 제1항에 의한 법률의 위헌 여부 심판의 제청은 법원이 국회가 제정한 '법률'이 위헌인지 여부의 심판을 헌법재판소에 제청하는 것이지 그 법률의 의미를 풀이한 '법률해석'이 위헌인지 여부의 심판을 제청하는 것이 아니므로, 당사자가 위헌제청신청이 기각된 경우 헌법재판소에 헌법소원심판을 청구할 수 있는 대상도 '법률'의 위헌 여부이지 '법률해석'의 위헌 여부가 될 수 없음은 분명하다. 따라서 헌법재판소가 '법률해석'에 대한 헌법소원을 받아들여 특정한 법률해석이 위헌이라고 결정하더라도, 이는 헌법이나 헌법재판소법상 근거가 없는 결정일 뿐만 아니라 법률의 효력을 상실시키지도 못하므로, 이를 헌법재판소법 제75조 제1항에서 규정하는 '헌법소원의 인용결정'이라거나, 헌법재판소법 제75조 제7항에서 규정하는 '헌법소원이 인용된 경우'에 해당된다고 볼 수 없고, 이러한 결정은 법원이나 그 밖의 국가기관 등을 기속하지 못하며 확정판결 등에 대한 재심사유가 될 수도 없다. 법원의 판결 등에서 제시된 법률해석을 헌법소원의 대상으로

받아들이는 것은 국회의 입법작용을 통제하기 위하여 헌법재판소에 부여된 '법률'의 위헌 여부에 대한 심판권을 법원의 사법작용을 통제하는 수단으로 변질시킴으로써 헌법이 결단한 권력분립 구조에 어긋나고 사법권 독립의 원칙을 해치며 재판소원을 금지한 헌법재판소법 제68조 제1항의 취지를 위반하는 결과를 가져온다. 또한 위와 같은 헌법소원을 허용하게 되면, 재판의 당사자는 제1심법원부터 대법원에 이르기까지 법원이 자신에게 불리하게 적용하거나 적용할 것으로 예상되는 하나 또는 여러 법률해석에 대하여 수시로 위헌제청신청을 하고 그 신청이 기각당하면 헌법소원심판을 청구할 수 있게 된다. 이렇게 되면 법원의 재판과 이에 대한 상소를 통하여 최종적으로 대법원에서 가려야 할 법률해석에 대한 다툼이 법원을 떠나 헌법재판소로 옮겨가고 재판의 반대 당사자는 이 때문에 사실상 이중으로 응소하여야 하는 고통을 겪게 되며, 승소 확정판결을 받은 당사자는 확정판결 등에 의하여 보장받아야 할 법적 안정성을 침해받게 된다. 이는 사실상 재판절차에서 또하나의 심급을 인정하는 결과로서 현행 헌법과 법률 아래에서 가능한 일이 아니다.

　[2] 법령을 전부 개정하는 경우에는 법령의 내용 전부를 새로 고쳐 쓰므로 종전의 본칙은 물론 부칙 규정도 모두 소멸한다고 해석하는 것이 원칙이겠지만, 그 경우에도 종전 경과규정의 입법 경위와 취지, 그리고 개정 전후 법령의 전반적인 체계나 내용 등에 비추어 신법의 효력발생 이후에도 종전의 경과규정을 계속 적용하는 것이 입법자의 의사에 부합하고, 그 결과가 수범자인 국민에게 예측할 수 없는 부담을 지우는 것이 아니라면 별도의 규정이 없더라도 종전의 경과규정이 실효되지 않고 계속 적용된다고 해석할 수 있다.

　【평석】 헌법재판소의 한정위헌결정에 대한 대법원 판결이며, 헌법재판소의 위헌결정이 있는 경우 및 헌법재판소법 제68조 제2항 헌법소원에 관하여 헌법재판소가 위헌 무효의 결정을 한 경우에는 그 법률 또는 그 법률의 조항을 적용받아 유죄의 확정 판결을 받은 자는 재심을 청구할 수 있다(헌법재판소법 제47조 제4항, 제47조 제3항 단서).

제3편

형사소송규칙

형/사/실/무/와/판/례

Do ut Des
네가 주기 때문에 내가 준다

우리는 우리의 투쟁을 평화롭게, 그러나 포기하지 않고, 미합중국의 모든 시민이
법 앞에 동등하다는 인정을 받는 최후의 승리를 얻어 낼 때까지 계속하게 될 것이다.
— 여성 참정권, 노예제도폐지 운동가, 수잔 앤서니(Susan Brownell Anthony)의
재판 전 연설, 1873.

1. 제1조 목적

1) 필요적 변호 사건에서 항소법원이 국선변호인을 선정하고 항소인인 피고인과 그 변호인에게 소송기록접수통지를 한 다음 피고인이 사선변호인을 선임함에 따라 항소법원이 국선변호인의 선정을 취소한 경우, 새로 선임된 사선 변호인에게 다시 같은 통지를 하여야 하는지 여부(소극) 및 이때 항소이유서 제출 기간의 기산일(국선 변호인 또는 피고인이 소송기록접수통지를 받은 날)

2) 항소이유서 제출 기간 내에 피고인이 책임질 수 없는 사유로 국선변호인이 변경되면 그 국선 변호인에게도 소송기록접수통지를 하도록 정한 형사소송규칙 제156조의2 제3항을 새로 선임된 사선변호인의 경우까지 확대 적용하거나 유추 적용할 수 있는지 여부(소극)

> 🏛 대법원 2018. 11. 22.자 2015도10651 전원합의체 결정[특정경제범죄가중처벌등에관한법률위반(배임)] ☞ 형사소송법 제30조 관련 판결 참조

2. 제118조 공소장의 첨부서류

1) 필요적 변호 사건에서 항소법원이 국선변호인을 선정하고 항소인인 피고인과 그 변호인에게 소송기록접수통지를 한 다음 피고인이 사선변호인을 선임함에 따라 항소법원이 국선변호인의 선정을 취소한 경우, 새로 선임된 사선변호인에게 다시 같은 통지를 하여야 하는지 여부(소극) 및 이때 항소이유서 제출 기간의 기산일(국선변호인 또는 피고인이 소송기록접수통지를 받은 날)

2) 항소이유서 제출 기간 내에 피고인이 책임질 수 없는 사유로 국선변호인이 변경되면 그 국선변호인에게도 소송기록접수통지를 하도록 정한 형사소송규칙 제156조의2 제3항을 새로 선임된 사선변호인의 경우까지 확대적용하거나 유추 적용할 수 있는지 여부(소극)

> 🏛 대법원 2018. 11. 22.자 2015도10651 전원합의체 결정[특정경제범죄가중처벌등에관한법률위반(배임)]

[다수의견] 형사소송법은 항소법원이 항소인인 피고인에게 소송기록접수통지를 하기 전에 변호인의 선임이 있는 때에는 변호인에게도 소송기록접수통지를 하도록 정하고 있으므로(제361조의2 제2항), 피고인에게 소송기록접수통지를 한 다음에 변호인이 선임된 경우에는 변호인에게 다시 같은 통지를 할 필요가 없다. 이는 필요적 변호 사건에서 항소법원이 국선변호인을 선정하고 피고인과 그 변호인에게 소송기록접수통지를 한 다음 피고인이 사선변호인을 선임함에 따라 항소법원이 국선변호인의 선정을 취소한 경우에도 마찬가지이다. 이러한 경우 항소이유서 제출 기간은 국선변호인 또는 피고인이 소송기록접수통지를 받은 날부터 계산하여야 한다.

한편 형사소송규칙 제156조의2 제3항은 항소이유서 제출기간 내에 피고인이 책임질 수 없는 사유로 국선변호인이 변경되면 그 국선변호인에게도 소송기록접수통지를 하여야 한다고 정하고 있는데, 이 규정을 새로 선임된 사선변호인의 경우까지 확대해서 적용하거나 유추 적용할 수는 없다.

결국, 형사소송법이나 그 규칙을 개정하여 명시적인 근거 규정을 두지 않는 이상 현행 법규의 해석론으로는 필요적 변호 사건에서 항소법원이 국선변호인을 선정하고 피고인과 국선변호인에게 소송기록접수통지를 한 다음 피고인이 사선변호인을 선임함에 따라 국선변호인의 선정을 취소한 경우 항소법원은 사선 변호인에게 다시 소송기록접수통지를 할 의무가 없다고 보아야 한다.

[반대의견] 헌법상 변호인의 조력을 받을 권리의 의의, 형사소송법상 국선변호인 제도의 취지, 필요적 변호 사건의 성격, 형사 항소심 소송절차에서 항소이유서의 제출이 지니는 중요성 등을 고려할 때, 형사소송법 제33조 제1항의 필요적 변호 사건에서 항소법원이 피고인과 국선변호인에게 소송기록접수통지를 하였으나 피고인과 국선변호인이 항소이유서를 제출하지 않고 있는 사이에 항소이유서 제출 기간 내에 피고인이 사선변호인을 선임함에 따라 항소법원이 직권으로 기존 국선변호인 선정 결정을 취소하였다면, 항소법원은 피고인이 소송지연 등을 위하여 새로 변호인을 선임하였다는 등의 특별한 사정이 없는 한 새로 선임된 사선변호인에게 소송기록접수통지를 하여 그 변호인에게 항소이유서 작성·제출을 위한 기간을 보장해 주어야 한다고 봄이 타당하다.

다수의견에 따르면 새로 선임된 사선변호인은 국선변호인이 소송기록접수통지를 받은 때부터 기산되는 항소이유서 제출 기간에서 국선변호인이 항소이유서를 제출하지 않고 지나버린 기간을 제외한 나머지 기간 동안에 항소이유서를 작성·제출해야만 한다. 이는 법원이 피고인을 위하여 선정한 국선변호인이 소송기록접수통지를 받고도 항소이유서를 제출하지 않은 기간에 대하여 피고인 또는 사선변호인에게 책임을 지우는 것과 다르지 않다. 다수의견은 피고인의 방어능력을 보충할 필요가 불가결한 필요적 변호 사건에서 변호인의 항소이유서 제출 기간을 사실상 단축시켜 변호인의 조력을 받을 피고인의 헌법상 권리를 침해한다는 점을 간과한 것으로서 동의할 수 없다.

필요적 변호 사건에서 피고인이 책임질 수 없는 사유로 국선변호인이 변경된 경우와 이 사건의 유사성이 인정되므로, 그에 관한 형사소송규칙 제156조의2 제3항을 유추 적용할 수 있다. 이는 헌법과 형사소송법이 필요적 변호 사건에서 피고인을 위한 변호인의 조력권을 충분히 보장하는 취지에 부합한다.

3. 제142조 공소장의 변경

1) 형사소송규칙 제142조 제1항, 제5항의 취지

2) 검사의 서면에 의한 공소장변경허가신청이 있는데도 법원이 피고인 또는 변호인에게 공소장변경허가신청서 부본을 송달·교부하지 않은 채 공소장변경을 허가하고 공소장변경허가신청서에 기재된 공소사실에 관하여 유죄판결을 한 경우, 공소장변경허가신청서 부본을 송달·교부하지 않은 법원의 잘못이 판결에 영향을 미친 법령 위반에 해당하는지 여부(원칙적 적극)

3) 피고인이 강제추행죄로 기소되어 제1심에서 무죄가 선고되자 검사가 항소심에서 공연음란죄를 예비적으로 추가하는 공소장변경허가신청서를 제출하였는데 원심이 공소장변경허가신청서 부본을 피고인 또는 변호인에게 송달하거나 교부하지 않은 채 공판절차를 진행하여 제1심 판결을 파기하고 예비적 공소사실을 유죄로 판단한 사안에서, 원심판결에는 공소장변경절차에 관한 법령을 위반하여 판결에 영향을 미친 잘못이 있다고 한 경우

🏛 대법원 2021. 6. 30. 선고 2019도7217 판결[강제추행(인정된 죄명: 공연음란)]

　법원은 공소사실 또는 적용법조의 추가, 철회 또는 변경이 있을 때에는 그 사유를 신속히 피고인 또는 변호인에게 고지하여야 한다(형사소송법 제298조 제3항). 형사소송규칙 제142조 제1항은 '검사가 형사소송법 제298조 제1항에 따라 공소장에 기재한 공소사실 또는 적용법조의 추가, 철회 또는 변경을 하고자 하는 때에는 그 취지를 기재한 공소장변경허가신청서를 법원에 제출하여야 한다.'고 정하고, 제5항은 '법원은 제1항의 규정에도 불구하고 피고인이 재정하는 공판정에서는 피고인에게 이익이 되거나 피고인이 동의하는 경우 구술에 의한 공소장변경을 허가할 수 있다.'고 정하고 있다. 이와 같이 검사가 공소장변경신청을 하고자 할 때에는 서면으로 하는 것이 원칙이고, 예외적으로 피고인이 재정하는 공판정에서 피고인에게 이익이 되거나 피고인이 동의하는 경우에는 구술에 의한 공소장변경신청을 할 수 있다. 이는 심판의 대상을 명확히 한정하고 절차를 분명히 하여 피고인의 방어권 행사를 가능하게 하기 위한 것이다.

　형사소송규칙 제142조 제2항, 제3항에 따르면, 검사가 서면으로 공소장변경신청을 하는 경우 피고인의 수에 상응한 부본을 첨부하여야 하고, 법원은 그 부본을 피고인 또는 변호인에게 즉시 송달하여야 한다.

　위와 같은 공소장변경 절차에 관한 법규의 내용과 취지에 비추어 보면, 검사의 서면에 의한 공소장변경허가신청이 있는데도 법원이 피고인 또는 변호인에게 공소장변경허가신청서 부본을 송달·교부하지 않은 채 공소장변경을 허가하고 공소장변경허가신청서에 기재된 공소사실에 관하여 유죄판결을 하였다면, 공소장변경허가신청서 부본을 송달·교부하지 않은 법원의 잘못은 판결에 영향을 미친 법령 위반에 해당한다. 다만 공소장변경 내용이 피고인의 방어권과 변호인의 변호권 행사에 지장이 없는 것이거나 피고인과 변호인이 공판기일에서 변경된 공소사실에 대하여 충분히 변론할 기회를 부여받는 등 피고인의 방어권이나 변호인의 변호권이 본질적으로 침해되지 않았다고 볼 만한 특별한 사정이 있다면 판결에 영향을 미친 법령 위반이라고 할 수 없다.

　피고인이 강제추행죄로 기소되어 제1심에서 무죄가 선고되자 검사가 항소심에서 공연음란죄를 예비적으로 추가하는 공소장변경허가신청서를 제출하였는데 원심이 공소장변경허가신청서 부본을 피고인 또는 변호인에게 송달하거나 교부하지 않은 채 공판절차를 진행하여 기존 공소사실에 대하여 무죄로 판단한 제1심판결을 파기하고 예비적 공소사실을 유죄로 판단한 사안에서, 공연음란죄는 강제추행죄와 비교하여 행위 양태, 보호법익, 죄질과 법정형 등에서 차이가 있어, 기존 공소사실과 예비적 공소사실은 심판대상과 피고인의 방어대상이 서로 달라 피고인의 방어권이나 변호인의 변호권을 본질적으로 침해한 것으로 볼 수 있으므로, 원심판결에는 공소장변경절차에 관한 법령을 위반하여 판결에 영향을 미친 잘못이 있다.

제4편

형사특별법

Generalibus specialia derogant

특별법은 일반법을 폐지한다

Tempus est optimus iudex

시간은 가장 훌륭한 재판관이다

한 형사소송법상 절차에 따라야 하고, 이러한 절차를 무시한 채 이루어진 강제연행은 위법한 체포에 해당한다. 이와 같은 위법한 체포 상태에서 음주측정요구가 이루어진 경우, 음주측정요구를 위한 위법한 체포와 그에 이은 음주측정요구는 주취운전이라는 범죄행위에 대한 증거 수집을 위하여 연속하여 이루어진 것으로서 개별적으로 적법 여부를 평가하는 것은 적절하지 않으므로 일련의 과정을 전체적으로 보아 위법한 음주측정요구가 있었던 것으로 볼 수밖에 없고, 운전자가 주취운전을 하였다고 인정할 만한 상당한 이유가 있다 하더라도 운전자에게 경찰공무원의 이와 같은 위법한 음주측정요구까지 응할 의무가 있다고 보아 이를 강제하는 것은 부당하므로 그에 불응하였다고 하여 음주측정거부에 관한 도로교통법 위반죄로 처벌할 수 없다.

　화물차 운전자인 피고인이 경찰의 음주단속에 불응하고 도주하였다가 다른 차량에 막혀 더 이상 진행하지 못하게 되자 운전석에서 내려 다시 도주하려다 경찰관에게 검거되어 지구대로 보호조치된 후 2회에 걸쳐 음주측정요구를 거부하였다고 하여 도로교통법 위반(음주측정거부)으로 기소된 사안에서, 당시 피고인이 술에 취한 상태이기는 하였으나 술에 만취하여 정상적인 판단능력이나 의사능력을 상실할 정도에 있었다고 보기 어려운 점, 당시 상황에 비추어 평균적인 경찰관으로서는 피고인이 경찰관직무집행법 제4조 제1항 제1호(이하 '이 사건 조항'이라 한다)의 보호조치를 필요로 하는 상태에 있었다고 판단하지 않았을 것으로 보이는 점, 경찰관이 피고인에 대하여 이 사건 조항에 따른 보호조치를 하고자 하였다면, 당시 옆에 있었던 피고인 처(妻)에게 피고인을 인계하였어야 하는데도, 피고인 처의 의사에 반하여 지구대로 데려간 점 등 제반 사정을 종합할 때, 경찰관이 피고인과 피고인 처의 의사에 반하여 피고인을 지구대로 데려간 행위를 적법한 보호조치라고 할 수 없고, 나아가 달리 적법 요건을 갖추었다고 볼 자료가 없는 이상 경찰관이 피고인을 지구대로 데려간 행위는 위법한 체포에 해당하므로, 그와 같이 위법한 체포 상태에서 이루어진 경찰관의 음주측정요구도 위법하다고 볼 수밖에 없어 그에 불응하였다고 하여 피고인을 음주측정거부에 관한 도로교통법 위반죄로 처벌할 수는 없는데도, 이와 달리 보아 유죄를 선고한 원심판결에 이 사건 조항의 보호조치에 관한 법리를 오해하여 위법한 체포상태에서의 도로교통법 위반(음주측정거부)죄 성립에 관한 판단을 그르친 위법이 있다.

【해설】 음주단속에 불응하고 도주하는 사람을 검거하여 지구대로 보호조치한 후 음주측정요구를 한 사안. 보호조치가 위법하지 않는 한 보호조치 상태에서도 음주측정요구를 할 수 있지만, 보호조치가 위법하면 음주측정요구 자체에는 강제성이 없더라도 전체적으로 보아 음주측정요구까지 위법하게 된다고 본다.

2. 공직선거법 위반

가. 허위 학력 기재

> 🏛 대법원 2009. 5. 28. 선고 2009도2457 판결[공직선거법위반]

판결의 요지

공직선거법 제64조 제1항 및 동법 제250조 제1항에 의하면 학력을 게재하는 경우에는 정규학력과 이에 준하는 외국의 교육과정을 이수한 학력 외에는 게재할 수 없고, 이를 위반한 경우에는 처벌하도록 하고 있는데, 여기서 '정규학력'이란 초·중등교육법 및 고등교육법에서 학교의 종류, 설립, 경영, 교원, 교과과정, 학력평가 및 능력인증 등에 관하여 엄격히 관리·통제되고 있는 학교교육제도상의 학력만을 의미한다(대법원 2006. 3. 10. 선고 2005도6316 판결, 헌법재판소 2000. 11. 30. 선고 99헌바95 결정 참조). 따라서 '이에 준하는 외국의 교육과정을 이수한 학력'에 해당하는지 여부도 외국의 교육과정에 대한 입학자격, 수업연한, 교과과정, 학력평가 및 능력인증 절차 등을 종합적으로 고찰하여 합리적으로 판단하여야 할 것이다(대법원 2007. 9. 20. 선고 2007도5953 판결 참조).

원심판결 및 원심이 적법하게 조사한 증거 등에 의하여 인정되는 다음과 같은 사정, 즉 이 사건 교육과정을 만든 Ecole des Hautes Etudes Politiques(정치고등교육학교, 이하 'HEP'라고 한다)는 한국어 학교명을 '파리정치대학원'이라는 명칭을 사용하고는 있으나, HEP는 프랑스의 교육법에 의하여 대학(Universite)이라는 명칭을 사용할 수 없고 국가학위를 수여할 수 없는 프랑스의 고등교육기관 중 사립전문학교(Ecoles specialisees)에 해당하는 고등교육기관인 점, 이 사건 교육과정은 전 단계의 학력 내지 학위의 취득을 입학자격으로 명확하게 규정하고 있는 우리나라의 고등교육법의 규정과는 달리 석사학위 소지자 외에도 전·현직 정치지도자 및 고위관료, 여성지도자, 학사학위 소지자로 전문직경력자에게 입학자격을 부여하고 있어 자의적, 편의적으로 해석되어 운용될 여지가 있는 점, HEP의 정규과정의 수업연한이 1년인데 이 사건 교육과정의 수업연한은 프랑스에서의 2주간 교육과정과 한국에서의 6개월간 월 1회 교육과정으로 구성되어 있으며, 프랑스에서 2주 동안 실제 이루어진 수업시간은 약 80시간 정도이며, 한국에서 6개월 동안 실제 이루어진 수업시간은 약 40여 시간에 불과한 점, HEP의 정규과정의 운영과는 달리 이 사건 교육과정의 운영은 프랑스어로 진행되지 아니하고, 프랑스에서의 교육과정조차 프랑스어를 한국어로 동시통역하는 방식으로 진행되었고, 이 사건 교육과정 중 프랑스에서의 교육과정은 평점 및 학점제 등으로 운영되지 않고 주로 특강과 기관방문으로 이루어졌고 별다른 평가가 이루어지지 않았으며, 한국에서의 교육과정은 HEP가 HEP의 정식교수가 아닌 OOO으로 하여금 그 프로그램의 구성, 담당교수의 선정, 한국인 교수의 위촉을 하도록 하고 그 교육과정도 대부분 HEP의 정식교수가 아닌 한국인 교수들이 담당하게 하며, 그 내용도 평점 및 학점제 등으로 운영되지 않고 주로 특강으로 이루어졌고 별다른 평가가 이루어지지 않았으며, 논문의 지도도 HEP의 교수들이 아닌 한국인 교수들이 지도하고 논문의 작성도 한국어로 1부를 작성한 다음 영어나 불어 중 택일하여 요약본을 작성하여 프랑스에 있는 HEP로 보냈고 HEP에서는 요약본인 서류로만 심사한 점, 이 사건 교육과정을 마친 사람에게는 이 사건 학위가 수여되었으나, 이는 국가학위가 아니고 위 학위를 국가학위로 인정받기 위해서는 별도로 HEP가 국립대학 등과 협약을 체결하고 그 통제를 받거나 그러한 협약을 체결하지 아니한 경우에는 관할 대학구장(교육감)이 학생의 지식수준 및 적성이 통제되어질 수 있도록 정한 조건을 준수하여야만 국가학위로 인정받을 수 있는데, HEP는 이 사건 학위에 대하여 국립대학 등과 협약을 체결한 사실이 없는 점, 이 사건 교육과정을 마치고 이 사건 학위를 취득한 사람이 대학의 학술학위 과정으로 진학하기 위해서는 해당 대학에 설치된 에끼발랑스(equivalence des diplomes)라는 학위동등인정심사회의의 심사를 거쳐 학술학위 과정으로의 진학여부를 결정하게 되고, 그 심사 후 진학이 인정되지 않거나 하향조정되기도 하는 점, HEP는 이 사건 교육과정과 관련하여 우리나라의 고등교육법이 정하는 바에 따라 한국 학교와 공동연구과정에 관한 협약을 체결하거나 분교 설치 등의 절차를 취하였다는 아무런 자료가 없는 점 등을 종합해 보면, 이 사건 교육과정은 우리나라의 고등교육법이 인정하는 정규학력에 준하는 어느 학력에도 해당하지 아니한다고 할 것이다.

같은 취지에서 원심이, 피고인이 선거용 명함 및 예비후보자 홍보물과 후원회 안내장, 인터넷 홈페이지 및 네이버 블로그 등의 학력란에 이 사건 교육과정에 의한 이 사건 학위를 취득하였다는 취지의 '파리정치대학원 정치학 전문학위 취득'이라고 게재한 것은 '대학원' 및 '전문학위'라는 명칭을 사용하고 있어 선거구민들로 하여금 우리나라의 고등교육법상 석사학위 또는 박사학위에 해당하는 전문학위로 오인하여 후보자에 대한 정확한 판단을 그르치게 할 수 있는 허위학력의 게재에 해당한다고 판단하여 주위적 공소사실을 유죄로 인정한 것은 정당하고, 거기에 상고이유에서 주장하는 것과 같은 채증법칙 위반이나 법리오해 등의 잘못이 없다.

【평석】 공직선거법 제250조(허위사실공표죄)

① 당선되거나 되게 할 목적으로 연설·방송·신문·통신·잡지·벽보·선전문서 기타의 방법으로 후보자(후보자가 되고자 하는 자를 포함한다. 이하 이 조에서 같다)에게 유리하도록 후보자, 그의 배우자 또는 직계 존·비속이나 형제자매의 출생지·신분·직업·경력등·재산·인격·행위·소속단체 등에 관하여 허위의 사실[학력을 게재하는 경우 제64조 제1항의 규정에 의한 방법으로 게재하지 아니한 경우를 포함한다]을 공표하거나 공표하게 한 자와 허위의 사실을 게재한 선전문서를 배포할 목적으로 소지한 자는 5년 이하의 징역 또는 3천만 원 이하의 벌금에 처한다.(공직선거법 제11374호 2012. 2. 29. 일부개정)

학력을 허위로 기재하여 선거에 후보자로 나가 당선이 되었지만 당선 무효형을 받아 낭패한 경우가 많다. 허위 학력 기재의 범위가 어디까지인지 다음의 대법원판례가 있다.

🏛 대법원 2007. 2. 8. 선고 2006도8138 판결[공직선거법위반]

판결의 요지

'00대학교 행정대학원 동문회 부위원장'이라는 기재는 그것만으로도 선거구민에게 피고인이 위 대학원을 수료 또는 졸업한 자로 인식하게 하기에 충분하고, 따라서 비록 졸업 또는 수료라는 문구가 없다고 하더라도 위와 같은 기재는 공직선거법 제250조 제1항 소정의 '비정규학력의 기재'에 해당한다고 할 것이다(대법원 1999. 6. 11. 선고 99도307 판결 등 참조).

원심이 같은 취지로 판단하여, 피고인은 경력을 나타내기 위하여 명함에 '00대학교 행정대학원 동문회 부위원장'이라고 기재한 것일 뿐 학력으로 내세운 것이 아님에도 이를 허위학력 기재로 인한 공직선거법위반으로 판단한 제1심판결에 법리오해의 위법이 있다는 피고인의 항소이유를 배척한 것은 정당하고, 거기에 상고이유의 주장과 같이 판결 결과에 영향을 미친 법리오해 등의 위법이 있다고 할 수 없다.

【평석】 대법원 양형위원회에서 정한 선거범죄의 양형기준에 따르면 선거에 출마한 후보자가 당선목적으로 허위사실 공표, 즉 허위로 학력을 공표한 경우(제250조 제3항)에는 기본적으로 징역 10월이나 200만원 내지 800만원의 벌금에 처하되 감경요인(허위사실 공표의 내용이 약하거나, 이를 듣는 상대방이 소수인 경우, 전파성이 낮은 경우, 농아자, 심신미약자, 자수의 경우, 진지한 반성, 형사 처벌 전력 없는 경우, 자진 사퇴 불출마의 경우 등에는 70만원 내지 300만원의 벌금)과 가중요인(허위 사실의 내용이 후보자 평가에 중요한 경우, 선거일에 임박하고, 이를 듣는 상대방이 다수이며, 전파성이 매우 높은 경우, 범행수법이 불량한 경우, 동종 전과 있는 경우, 비속어를 사용하는 경우, 선거관리위원회로부터 경고등을 받고도 계속하여 범행에 나간 경우, 범행 후 도피, 증거은폐의 경우 등에는 징역 8월 내지 2년, 500만원 내지 1000만원의 벌금)에 따라 처단형을 정한다.

나. 구(舊) 공직선거법상 선거운동의 의미와 금지되는 선거운동의 범위를 판단하는 기준

🏛 대법원 2016. 8. 26. 선고 2015도11812 전원합의체 판결[공직선거법위반 · 정치자금법위반]

판결의 요지

선거운동의 자유와 공정 및 기회균등을 꾀하고, 정치인의 통상적인 정치 활동을 보장할 필요성, 죄형법정주의 원칙에서 파생되는 형벌법규의 엄격해석의 원칙, 구 공직선거법(2014. 1. 17. 법률 제12267호로 개정되기 전의 것, 이하 '공직선거법'이라고 한다)의 전체적인 체계에서 선거운동이 차지하는 위치 및 다른 개별적 금지규정의 내용 등에 비추어 볼 때, 공직선거법상 선거운동의 의미와 금지되는 선거운동의 범위는 다음과 같은 구체적인 기준에 따라 판단하는 것이 타당하다.

'선거운동'은 특정 선거에서 특정 후보자의 당선 또는 낙선을 도모한다는 목적의사가 객관적으로 인정될 수 있는 행위를 말하는데, 이에 해당하는지는 행위를 하는 주체 내부의 의사가 아니라 외부에 표시된 행위를 대상으로 객관적으로 판단하여야 한다. 따라서 행위가 당시의 상황에서 객관적으로 보아 그와 같은 목적의사를 실현하려는 행위로 인정되지 않음에도 행위자가 주관적으로 선거를 염두에 두고 있었다거나, 결과적으로 행위가 단순히 선거에 영향을 미친다거나 또는 당선이나 낙선을 도모하는 데 필요하거나 유리하다고 하여 선거운동에 해당한다고 할 수 없다. 또 선거 관련 국가기관이나 법률전문가의 관점에서 사후적·회고적인 방법이 아니라 일반인, 특히 선거인의 관점에서 행위 당시의 구체적인 상황에 기초하여 판단하여야 하므로, 개별적 행위들의 유기적 관계를 치밀하게 분석하거나 법률적 의미와 효과에 치중하기보다는 문제 된 행위를 경험한 선거인이 행위 당시의 상황에서 그러한 목적 의사가 있음을 알 수 있는지를 살펴보아야 한다.

위와 같은 목적 의사는 특정한 선거에 출마할 의사를 밝히면서 그에 대한 지지를 부탁하는 등의 명시적인 방법뿐만 아니라 당시의 객관적 사정에 비추어 선거인의 관점에서 특정 선거에서 당선이나 낙선을 도모하려는 목적의사를 쉽게 추단할 수 있을 정도에 이른 경우에도 인정할 수 있다. 위와 같은 목적의사가 있었다고 추단하려면, 단순히 선거와의 관련성을 추측할 수 있다거나 선거에 관한 사항을 동기로 하였다는 사정만으로는 부족하고 특정 선거에서의 당락을 도모하는 행위임을 선거인이 명백히 인식할 만한 객관적인 사정에 근거하여야 한다. 그러한 목적 의사를 가지고 하는 행위인지는 단순히 행위의 명목뿐만 아니라 행위의 태양, 즉 행위가 행하여지는 시기·장소·방법 등을 종합적으로 관찰하여 판단하여야 한다. 특히, 공직선거법이 선거일과의 시간적 간격에 따라 특정한 행위에 대한 규율을 달리하고 있는 점과 문제가 된 행위가 이루어진 시기에 따라 동일한 행위라도 선거인의 관점에서는 선거와의 관련성이 달리 인식될 수 있는 점 등에 비추어, 행위를 한 시기가 선거일에 가까우면 가까울수록 명시적인 표현 없이도 다른 객관적 사정을 통하여 당해 선거에서의 당선 또는 낙선을 도모하는 의사가 있다고 인정할 수 있으나, 선거가 실시되기 오래전에 행해져서 시간적으로 멀리 떨어진 행위라면 단순히 선거와의 관련성을 추측할 수 있다는 것만으로 당해 선거에서의 당락을 도모하는 의사가 표시된 것으로 인정될 수는 없다.

선거운동은 대상인 선거가 특정되는 것이 중요한 개념표지이므로 문제된 행위가 특정 선거를 위한 것임이 인정되어야만 선거운동에 해당하는데, 행위 당시의 상황에서 특정 선거의 실시에 대한 예측이나 확정 여부, 행위의 시기와 특정 선거일 간의 시간적 간격, 행위의 내용과 당시의 상황, 행위자와 후보자의 관계 등 여러 객관적 사정을 종합하여 선거인의 관점에서 문제된 행위가 특정 선거를 대상으로 하였는지를 합리적으로 판단하여야 한다. 한편 정치인은 누구나 기회가 오면 장래의 적절한 선거에 출마하여 당선될 것을 목표로 삼고 있는 사람이고, 선거운동은 특정한 선거에서 당락을 목표로 하는 행위이므로, 문제된 행위가 특정 선거를 위한 것이라고 인정하려면, 단순히 어떤 사람이 향후 언젠가 어떤 선거에 나설 것이라는 예측을 할 수 있는 정도로는 부족하고, 특정 선거를 전제로 선거에서 당락을 도모하는 행위임을 선거인이 명백히 인식할 수 있는 객관적 사정이 있어야 한다.

정치인이 일상적인 사회활동과 통상적인 정치 활동의 일환으로 선거인과 접촉하여 자신의 인격에 대한 공감과 정치적 식견에 대한 찬성과 동의를 구하는 한편, 그들의 의견을 청취·수용하여 지지를 받을 수 있는 정책을 구상·수립하는 과정을 통하여 이른바 인지도와 긍정적 이미지를 제고하여 정치적 기반을 다지는 행위에도 위와 같은 판단 기준이 그대로 적용되어야 한다. 따라서 그와 같은 일상적인 사회활동과 통상적인 정치 활동에 인지도와 긍정적 이미지를 높이려는 목적이 있다 하여도 행위가 특정한 선거를 목표로 하여 선거에서 특정인의 당선 또는 낙선을 도모하는 목적 의사가 표시된 것으로 인정되지 않는 한 선거운동이라고 볼 것은 아니다.

문제된 행위가 단체 등을 통한 활동의 모습으로 나타나는 경우에는 단체 등의 설립 목적과 경위, 인적 구성, 활동의 시기, 방법, 내용과 규모 등을 추가적으로 고려하여 활동이 특정 선거에서 특정인의 당선 또는 낙선을 도모하는 목적 의사에 따라 행해진 것이라는 점이 당해 선거인의 관점에서 객관적으로 인정되는지를 살펴보아야 한다. 단체 등의 목적 범위 내에서 통상적으로 행해지는 한도에서는 특별한 사정이 없는 한 그러한 활동이 특정인의 당선 또는 낙선을 목적으로 한 선거운동이라고 보아서는 아니 되고, 단체의 목적이나 활동 내용이 정치 이외의 다른 전형적인 사회활동을 하는 단체가 갖는 특성에 딱 들어맞지 않는다는 이유만으로 단체의 활동을 선거운동에 해당한다고 단정하여서도 아니 된다.

【평석】 공직선거법 위반 사건은 신속한 처리가 관건이지만 아울러 전국적인 양형 기준의 형평성과 공정성도 중요하다. 그 밖에 형의 분리 선고, 자수자에 대한 특례 규정, 공소시효, 당선 무효에 관한 규정, 피고인의 불출석시 공판절차 진행 등에 관한 규정, 합의부 관할 규정 등이 별도로 규정되어 있으므로 유의해야 한다. 선거재판에 관련된 법령으로는 공직선거법 이외에 공공단체등 위탁 선거에 관한 법률, 지방교육자치에 관한 법률, 정치자금법 등이 있으므로 함께 살펴보아야 한다.

다. 공직선거법 제96조 제1항의 행위 태양인 '공표'의 의미 및 공표의 요건인 전파가능성에 관한 증명책임 소재(검사)와 증명 정도

공직선거법 제96조 제1항에 따라 공표 등이 금지되는 '왜곡된 여론조사결과'의 내용 및 전파가능성을 이유로 개별적으로 한 사람에게 알리는 행위가 '왜곡된 여론조사결과의 공표' 행위에 해당하기 위한 요건

> 🏛 대법원 2021. 6. 24. 선고 2019도13687 판결[공직선거법위반]

판결의 요지

공직선거법 제96조 제1항은 "누구든지 선거에 관한 여론조사결과를 왜곡하여 공표 또는 보도할 수 없다."라고 규정하고, 제252조 제2항은 "제96조 제1항을 위반한 자는 5년 이하의 징역 또는 300만 원 이상 2천만 원 이하의 벌금에 처한다."라고 규정하고 있다. 이는 여론조사의 객관성·공정성에 대한 신뢰를 이용하여 선거인의 판단에 잘못된 영향을 미치는 행위를 처벌함으로써 선거의 공정성을 보장하려는 규정이다

공직선거법 제96조 제1항의 행위태양인 '공표'는 불특정 또는 다수인에게 왜곡된 여론조사결과를 널리 드러내어 알리는 것을 말한다. 비록 개별적으로 한 사람에게만 왜곡된 여론조사결과를 알리더라도 그를 통하여 불특정 또는 다수인에게 전파될 가능성이 있다면 이 요건을 충족하나, 전파될 가능성에 관하여서는 검사의 엄격한 증명이 필요하다.

한편 공직선거법 제96조 제1항의 입법 취지에 비추어 공직선거법 제96조 제1항

에 따라 공표 또는 보도가 금지되는 '왜곡된 여론조사결과'는 선거인으로 하여금 객관성·공정성을 신뢰할 만한 수준의 여론조사가 실제 이루어진 결과에 해당한다고 믿게 할 정도의 구체성을 가지는 정보로서 그것이 공표 또는 보도될 경우 선거인의 판단에 잘못된 영향을 미치고 선거의 공정성을 저해할 개연성이 있는 내용일 것을 요한다. 따라서 전파가능성을 이유로 개별적으로 한 사람에게 알리는 행위가 '왜곡된 여론조사결과의 공표' 행위에 해당한다고 하기 위해서는 그 한 사람을 통하여 '왜곡된 여론조사결과'로 인정될 수 있을 정도의 구체성이 있는 정보가 불특정 또는 다수인에게 전파될 가능성이 있다는 점이 인정되어야 한다.

【평석】 피고인이 후보로 등록한 이래로 후보자들에 대한 여론 조사가 실시된 적이 없음에도 선거구민에게 전화하여, "우리 자체여론 조사했는데 28포인트 앞서고 있다..." 는 등의 말을 한 사실이 여론조사결과를 왜곡하여 공표한 것인지 여부가 쟁점이었는데, 여론 조사의결과의 공표, 전파가능성 등에 대한 기준을 제시하였다고 본다. 대법원 2020. 11. 19. 선고 대법원 2020도5813 사건(명예훼손죄에서 전파가능성 사건) 참조.85)

라. 후보자등 토론회에서 피고인(지방자치단체장)에 대한 허위사실공표에 의한 공직선거법 위반 등 사건

🏛 대법원 2020. 7. 16. 선고 2019도13328 전원합의체 판결[직권남용권리행사방해·공직선거법위반]

판결의 요지

[1] [다수의견] (가) 공직선거법 제250조 제1항은 '당선되거나 되게 할 목적으로 연설·방송·신문·통신·잡지·벽보·선전문서 기타의 방법으로 후보자에게 유리하도록 후보자, 후보자의 배우자 또는 직계존비속이나 형제자매의 출생지·가족관계·신분·직업·경력 등·재산·행위·소속단체, 특정인 또는 특정단체로부터의 지지 여부 등에 관하여 허위의 사실을 공표하거나 공표하게 한 자'를 처벌한다. 그

---

85) 조은경, 공직선거법 제96조 제1항이 규정하는 '여론조사결과 왜곡 공표'의 의미, 대법원판례해설(제128호 2021년 상), 법원도서관, 458면

규정 취지는 선거인의 공정한 판단에 영향을 미치는 허위사실을 공표하는 행위 등을 처벌함으로써 선거운동의 자유를 해치지 않으면서 선거의 공정을 보장하기 위한 것이다. 선거 과정에서 유권자에게 허위사실이 공표되는 경우 유권자가 올바른 선택을 할 수 없게 되어 민의가 왜곡되고 선거제도의 기능과 대의민주주의의 본질이 훼손될 염려가 있기 때문이다.

(나) 헌법상 모든 국민은 국가권력의 간섭이나 통제를 받지 아니하고 자유롭게 정치적 의사를 형성·발표할 수 있는 정치적 자유권을 가지고, 선거운동의 자유는 정치적 자유권의 주된 내용의 하나로서 널리 선거과정에서 의사를 표현할 자유의 일환이므로 표현의 자유의 한 태양이기도 하다. 자유로운 의사 표현과 활발한 토론이 보장되지 않고서는 민주주의가 존재할 수 없으므로 표현의 자유, 특히 공적·정치적 관심사에 대한 정치적 표현의 자유는 중요한 헌법상 권리로서 최대한 보장되어야 한다.

(다) 단체·언론기관의 후보자 등 초청 토론회나 선거방송토론위원회 주관 토론회는 헌법상 선거공영제에 기초하여 고비용 정치구조의 개선과 선거운동의 공정성 확대를 위하여 도입된 선거운동방법의 하나로서, 후보자에게는 별다른 비용 없이 효율적으로 유권자에게 다가설 수 있게 하고, 유권자에게는 토론과정을 통하여 후보자의 정책, 정치이념, 통치철학, 중요한 선거쟁점 등을 파악하고 각 후보자를 적절히 비교·평가하여 올바른 선택을 할 수 있도록 도와주는 중요한 기능을 하고 있다. 이러한 후보자 토론회에 참여한 후보자 등은 토론을 할 때 다른 선거운동과 마찬가지로, 자신에 관한 것이든 다른 후보자에 관한 것이든 진실에 부합하는 주장만을 제시하고, 자신의 의견을 밝히고 다른 후보자에게 질문하거나 다른 후보자의 질문에 답변할 때에는 분명하고도 정확한 표현을 사용함으로써 유권자가 각 후보자의 자질, 식견과 견해를 명확하게 파악할 수 있도록 하는 것이 원칙이다.

한편 후보자 토론회는 선거의 공정과 후보자 간 균형을 위하여 참여기회의 부여나 참여한 후보자 등의 발언 순서, 발언 시간 등 토론의 형식이 엄격하게 규제되고 있으므로(공직선거법 제82조 제3항, 제82조의2 제7항, 제14항, 공직선거관리규칙 제45조, 선거방송토론위원회의 구성 및 운영에 관한 규칙 제23조 등 참조), 이러한 공정과 균형을 위한 기본 조건이 준수되는 한 후보자 등은 토론과정에서 최대한 자유롭고 활발하게 의사를 표현하고 실질적인 공방을 주고받을 수 있어야 한다. 후보자 토론회는 후보자 등이 직접 한자리에 모여 치열하게 질문과 답변, 공격과 방어, 의혹 제기와 해명 등을 할 수 있는 공론의 장이고, 후보자 등 상호 간의 토론이 실질적으로 활성화되어야만 유권자는 보다 명확하게 각 후보자의 자질, 식견과 견해를 비교·평가할 수 있기 때문이다. 그리고 이와 같은 토론의 경우에는 미리 준비한 자료에 의하여 일방적으로 자신의 의견을 표현하는 연설 등의 경우와 달리, 후보자 사이에서 질문과 답변, 주장과 반론에 의한 공방이 제한된 시간 내에서 즉흥적·계속적으로 이루어지게 되므로 그 표현의 명확성에 한계가 있을 수밖에 없다. 특히 토론회에서 후보자 등은 다른 후보자의 질문이나 견해에 대하여 즉석에서 답변하거나 비판하여야 하는 입장에 있으므로, 다른 후보자의 발언을 의도적으로 왜곡하지 않는 한 자신이 처한 입장과 관점에서 다른 후보자의 발언의 의미를 해석하고 대응하며, 이에 대하여 다른 후보자도 즉시 반론하거나 재질문 등을 함으로써 그 진실 여부를 밝히고 견해의 차이를 분명히 하여 유권자가 그 공방과 논쟁을 보면서 어느 후보자가 공직 적격성을 갖추고 있는지 검증할 수 있게 하는 것이 선거과정에서의 일반적인 절차이다. 설령 후보자 등이 부분적으로 잘못되거나 일부 허위의 표현을 하더라도, 토론과정에서의 경쟁과 사후 검증을 통하여 도태되도록 하는 것이 민주적이고, 국가기관이 아닌 일반 국민이 그 토론과 후속 검증과정을 지켜보면서 누가 옳고 그른지 판단하는 것이 바람직하다.

물론 일정한 한계를 넘는 표현에 대해서는 엄정한 조치를 취할 필요가 있지만, 그에 앞서 자유로운 토론과 성숙한 민주주의를 위하여 표현의 자유를 더욱 넓게 보장하는 것이 보다 중요하다. 표현의 자유가 제 기능을 발휘하기 위하여는 그 생존에 필요한 숨 쉴 공간, 즉 법적 판단으로부터 자유로운 중립적인 공간이 있어야 하기 때문이다. 선거의 공정을 위하여 필요하다는 이유로 부정확하거나 바람직하지 못한 표현들 모두에 대하여 무거운 법적 책임을 묻는 것이 해결책이 될 수는 없다. 선거운동방법으로서 후보자 토론회가 가지는 중요성에도 불구하고, 후보자 간 균형을 위한 엄격한 토론 형식과 시간적 제약, 토론기술의 한계 등으로 인하여 토론이 형식적·피상적인 데에 그치는 경우도 적지 않다. 이러한 현실적 한계에 더하여 국가기관이 토론과정의 모든 정치적 표현에 대하여 그 발언이 이루어진 배경이나 맥락을 보지 않고 일률적으로 엄격한 법적 책임을 부과한다면, 후보자 등은 자신의 발언에 대해 사후적으로 법적 책임을 부담하게 될지도 모른다는 두려움 때문에 더더욱 활발한 토론을 하기 어렵게 된다. 이는 우리 사회의 중요한 공적·정치적 관심사에 대한 치열한 공방과 후보자 검증 등을 심각하게 위축시킴으로써 공개되고 공정한 토론의 장에서 후보자 사이의 상호 공방을 통하여 후보자의 자질 등을 검증하고자 하는 토론회의 의미가 몰각될 위험이 있다. 또한 선거를 전후하여 후보자 토론회에서 한 발언을 문제 삼아 고소·고발이 이어지고, 이로 인하여 수사권의 개입이 초래된다면 필연적으로 수사권 행사의 중립성에 대한 논란을 피할 수 없을 뿐만 아니라, 선거결과가 최종적으로 검찰과 법원의 사법적 판단에 좌우될 위험에 처해짐으로써 국민의 자유로운 의사로 대표자를 선출한다는 민주주의 이념이 훼손될 우려도 있다.

(라) 형벌법규 해석의 원칙을 토대로 정치적 표현의 자유와 선거운동의 자유의 헌법적 의의와 중요성, 공직선거법상 후보자 토론회를 비롯한 선거운동에 관한 제반 규정의 내용과 취지, 후보자 토론회의 기능과 특성 등을 함께 고려하면, 공직선거 후보자 등이 후보자 토론회의 토론과정 중에 한 발언을 이유로 공직선거법 제250조 제1항에서 정한 허위사실공표죄로 처벌하는 것에는 신중을 기하여야 하고, 공직선거법 제250조 제1항에 의하여 형사처벌의 대상이 되는 행위의 범위에 관하여 보다 구체적이고 분명한 기준을 제시할 필요가 있다.

그러므로 후보자 등이 후보자 토론회에 참여하여 질문·답변을 하거나 주장·반론을 하는 것은, 그것이 토론회의 주제나 맥락과 관련 없이 일방적으로 허위의 사실을 드러내어 알리려는 의도에서 적극적으로 허위사실을 표명한 것이라는 등의 특별한 사정이 없는 한 공직선거법 제250조 제1항에 의하여 허위사실공표죄로 처벌할 수 없다고 보아야 한다. 그리고 이를 판단할 때에는 사후적으로 개별 발언들의 관계를 치밀하게 분석·추론하는 데에 치중하기보다는 질문과 답변이 이루어진 당시의 상황과 토론의 전체적 맥락에 기초하여 유권자의 관점에서 어떠한 사실이 분명하게 발표되었는지를 살펴보아야 한다.

나아가 형사처벌 여부가 문제 되는 표현이 사실을 드러낸 것인지 아니면 의견이나 추상적 판단을 표명한 것인지를 구별할 때에는 언어의 통상적 의미와 용법, 증명가능성, 문제된 말이 사용된 문맥과 표현의 전체적인 취지, 표현의 경위와 사회적 맥락 등을 고려하여 판단하되, 헌법상 표현의 자유의 우월적 지위, 형벌법규 해석의 원칙에 비추어 어느 범주에 속한다고 단정하기 어려운 표현인 경우에는 원칙적으로 의견이나 추상적 판단을 표명한 것으로 파악하여야 한다. 또한 어떠한 표현이 공표된 사실의 내용 전체의 취지를 살펴볼 때 중요한 부분에서 객관적 사실과 합치되는 경우에는 세부적으로 진실과 약간 차이가 나거나 다소 과장된 표현이 있더라도 이를 허위사실의 공표라고 볼 수 없다. 특히 후보자 토론회의 기능과 특성을 고려할 때, 토론회에서 후보자 등이 선거인의 정확한 판단을 그르치게 할 수 있을 정도로 다른 후보자의 견해나 발언을 의도적으로 왜곡한 것이 아니라, 합리적으로 보아 가능한 범위 내에서 다른 후보자의 견해나 발언의 의미를 해석하고 이에 대하여 비판하거나 질문하는 행위는 진실에 반하는 사실을 공표한다는 인식을 가지고 행하는 허위사실 공표행위로 평가할 수 없다고 보아야 하고, 이러한 법리는 다른 후보자의 질문이나 비판에 대해 답변하거나 반론하는 경우에도 마찬가지로 적용되어야 한다.

공직선거법은 '허위의 사실'과 '사실의 왜곡'을 구분하여 규정하고 있으므로(제8조의4 제1항, 제8조의6 제4항, 제96조 제1항, 제2항 제1호, 제108조 제5항 제2호 등 참조), 적극적으로 표현된 내용에 허위가 없다면 법적으로 공개의무를 부담하지 않는 사항에 관하여 일부 사실을 묵비하였다는 이유만으로 전체 진술을 곧바로 허위로 평가하는 데에는 신중하여야 하고, 토론 중 질문·답변이나 주장·반론하는 과정에서 한 표현이 선거인의 정확한 판단을 그르칠 정도로 의도적으로 사실을 왜곡한 것이 아닌 한, 일부 부정확 또는 다소 과장되었거나 다의적으로 해석될 여지가 있는 경우에도 허위사실 공표행위로 평가하여서는 안 된다.

[반대의견] (가) 공직선거법 제250조 제1항은 선거인의 공정한 판단에 영향을 미치는 허위사실을 공표하는 행위 등을 처벌함으로써 선거운동의 자유를 해치지 않으면서 선거의 공정을 보장하기 위한 규정이다. 즉, 후보자에게 유리한 허위사실을 공표하지 못하도록 함으로써 선거인들이 후보자에 대한 정확한 판단자료를 가지고 올바른 선택을 할 수 있도록 하기 위한 것이다.

공직선거법 제250조 제1항의 행위태양인 '공표'란 그 수단이나 방법의 여하를 불문하고 불특정 또는 다수인에게 허위사실을 알리는 것이고, 비록 개별적으로 한 사람에 대하여 사실을 유포하더라도 이로부터 불특정 또는 다수인에게 전파될 가능성이 있다면 이 요건을 충족한다.

공직선거법 제250조 제1항에서 말하는 '사실'의 공표란 가치판단이나 평가를 내용으로 하는 의견표현에 대치되는 개념으로서 시간과 공간적으로 구체적인 과거 또는 현재의 사실관계에 관한 보고 내지 진술을 의미하며, 그 표현 내용이 증거에 의한 증명이 가능한 것을 말한다. 어떠한 표현이 사실의 적시인지 아니면 의견이나 추상적 판단의 표현인지의 구별은 단순히 사용된 한 구절의 용어만에 의하여 구별할 것이 아니라 선거의 공정을 보장한다는 입법 취지를 염두에 두고 그러한 표현을 둘러싼 모든 사정, 즉 언어의 통상적 의미와 용법, 표현 전체의 내용, 문제된 말이 사용된 문맥, 표현의 경위·전달방법·상대방, 표현 내용에 대한 증명가능성, 표현자와 후보자의 신분 등을 고려하여 종합적으로 결정되어야 할 것이다.

또한 공직선거법 제250조 제1항에서 말하는 '허위의 사실'이란 진실에 부합하지 않은 사항으로서 선거인으로 하여금 후보자에 대한 정확한 판단을 그르치게 할 수 있을 정도로 구체성을 가진 것이면 충분하다. 하지만 공표된 사실의 내용 전체의 취지를 살펴볼 때 중요한 부분이 객관적 사실과 합치되는 경우에는 세부적으로 진실과 약간 차이가 나거나 다소 과장된 표현이 있다 하더라도 이를 허위의 사실이라고 볼 수는 없다. 어떤 표현이 허위사실을 표명한 것인지 여부는 일반 선거인이 그 표현을 접하는 통상의 방법을 전제로 하여 그 표현의 전체적인 취지, 객관적 내용, 사용된 어휘의 통상적인 의미, 문구의 연결방법 등을 종합적으로 고려하여 그 표현이 선거인에게 주는 전체적인 인상을 기준으로 판단하여야 한다.

(나) '공표'의 범위를 제한적으로 해석하는 다수의견의 논리는 다음과 같은 이유로 찬성할 수 없다.

대의민주주의에서 후보자나 정당 등에 관한 정치적 정보 및 의견을 자유롭게 발표하고 교환하는 것을 내용으로 하는 선거운동 등 정치적 표현의 자유는 선거의 공정성을 전제로 인정되는 것이며, 선거의 공정성은 그러한 자유의 한정원리로 기능할 수 있다.

공직선거법은 후보자 토론회를 선거운동방법의 하나로 규정하고 있다(제81조, 제82조, 제82조의2, 제82조의3). 후보자 토론회는 유권자들에게 매우 강력한 파급력과 영향력을 가지고 있고, 유권자들도 토론회를 후보자의 공직 적격성을 판단하는 데 가장 중요한 정보 제공의 장으로 인식하고 있다. 후보자 토론회에서의 허위사실의 유포 또는 사실의 왜곡은 국민주권과 대의민주주의를 실현하는 핵심 수단인 선거에서 선거의 공정을 침해하여 선거제도의 본래적 기능과 대의민주주의의 본질을 심각하게 훼손한다. 다수의견과 같이 후보자 토론회의 토론과정 중 발언이 적극적·일방적으로 허위사실을 표명하는 것이 아니라는 이유에서 이를 허위사실공표죄로 처벌하지 않고 일률적으로 면죄부를 준다면, 이는 결과적으로 후보자 토론회의 의의와 기능을 소멸시켜 토론회가 가장 효율적이고 선진적인 선거운동으로 기능할 수 없게 만들고, 토론회에서 적극적으로 구체적인 발언을 한 후보자만이 법적 책임을 부담하게 될 위험이 커진다. 이로써 후보자들은 후보자 토론회에서 서로의 장점과 단점을 구체적·적극적으로 드러내지 않은 채 포괄적·소극적으로 불분명하게 지적하게 되고, 토론회의 생동감과 적극성은 기대할 수 없게 된다. 결국 실제 선거에서 후보자 토론회가 형식적으로 운영될 수밖에 없다.

방송중계를 전제로 하는 후보자 토론회에서의 발언을 '토론회'라는 측면에만 주목하여 '공표'가 아니라고 보는 것은 '공표'의 의미에 관한 대법원 판례에도 반한다.

후보자 토론회에서 이루어진 발언이 공직선거법 제250조 제1항에서 정한 '공표'에는 해당하나, 개별 사안에 따라 그 허위성 내지 허위성 인식 여부를 엄격하게 판단한 대법원의 확립된 법리는 선거의 공정과 후보자 토론회의 의의 및 기능, 정치적 표현의 자유, 선거운동의 자유 사이에서 적절한 균형을 유지하며 제 기능을 다하고 있다. 다수의견과 같이 '공표'의 범위를 제한하는 해석은 자칫 선거의 공정과 정치적 표현의 자유 사이의 균형을 심각하게 훼손할 수 있다.

공직선거법 제250조 제1항에서 정한 '공표'는 반드시 허위사실을 직접적으로 표현한 경우에 한정될 것은 아니고, 간접적이고 우회적인 표현에 의하더라도 그 표현된 내용 전체의 취지에 비추어 그와 같은 허위사실의 존재를 암시하고, 이로써 후보자의 평가에 유리한 영향을 미칠 가능성이 있을 정도의 구체성이 있으면 충분하다.

[2] [다수의견] 지방자치단체장 선거의 후보자인 피고인이, 사실은 시장(시장)으로 재직할 당시 수회에 걸쳐 관할 보건소장 등에게 자신의 친형 갑에 대하여 정신보건법에 따른 강제입원 절차를 진행하도록 지시하였음에도 KBS 초청 공직선거 후보자 토론회(이하 'KBS 토론회'라고 한다)와 선거방송토론위원회 주관 MBC 공직선거 후보자 토론회(이하 'MBC 토론회'라고 한다)에서 상대 후보자 을이 위 강제입원 절차 관여 여부에 대하여 한 질문에 이를 부인하면서 갑을 정신병원에 입원시키려고 한 적이 없다는 취지로 발언(답변)을 함으로써 허위사실을 공표하였다고 하여 공직선거법 위반으로 기소된 사안에서, 피고인이 KBS 토론회에서 한 발언들은 을의 질문이나 의혹 제기에 대하여 답변하거나 해명하는 과정에서 나온 것으로 일방적으로 허위사실을 드러내어 알리려는 의도에서 적극적으로 반대사실을 공표한 것이라고 보기 어려운 점, 을의 질문에 직권남용이나 강제입원의 불법성을 확인하려는 취지가 포함되어 있다고 볼 여지가 있고, 이를 부인하는 의미로 피고인이 답변하였으며, 피고인이 을의 질문의 의미를 의도적으로 왜곡한 것이라고 단정하기 어려운 점, 피고인의 나머지 발언들에 허위로 단정할 만한 내용이 없으므로, 비록 피

고인이 갑에 대한 정신병원 강제입원 절차 진행에 관여한 사실을 언급하지 아니한 채 발언을 하였더라도, 피고인이 위 관여 사실을 공개할 법적 의무를 부담한다고 볼 근거가 없는 이상 소극적으로 회피하거나 방어하는 답변 또는 일부 부정확하거나 다의적으로 해석될 여지가 있는 표현을 넘어서서 곧바로 적극적으로 반대사실을 공표하였다거나 전체 진술을 허위라고 평가할 수 없는 점, 피고인의 발언들을 적극적으로 허위의 반대사실을 공표한 것과 마찬가지라고 평가하는 것은 형벌법규에 따른 책임의 명확성, 예측가능성을 저해할 우려가 있는 점, 피고인이 MBC 토론회에서 한 발언이 선제적인 답변의 실질을 가진 점 등을 고려할 때 위 발언도 허위의 반대사실을 적극적·일방적으로 공표한 것으로 보기 어려운 점 등을 종합하면, 피고인의 발언은 공직선거법 제250조 제1항에서 정한 허위사실의 공표에 해당한다고 볼 수 없다는 이유로, 이와 달리 보아 공소사실을 유죄로 인정한 원심판단에 공직선거법 제250조 제1항에서 정한 허위사실의 공표에 관한 법리오해의 잘못이 있다.

　[반대의견] 위 사안에서, KBS 토론회 및 MBC 토론회에서 상대 후보자 을이 한 질문은 즉흥적·돌발적·포괄적이지 않으므로 주장과 반론, 질문과 답변을 통한 공방과 검증이 즉흥적·계속적으로 이루어진다는 후보자 토론회의 특성이 적용될 여지가 없고, 오히려 위 각 토론회에서의 피고인의 발언은 미리 준비한 자료에 의하여 일방적으로 자신이 전달하고자 하는 내용을 적극적으로 발표하는 것과 다르지 않으며, 객관적·실체적으로 하나의 사실에 해당하는 '피고인이 갑에 대한 정신병원 입원 절차에 관여하였다는 사실' 자체에 관한 명확한 질문과 답변인 점, 피고인은 자신의 지휘와 감독을 받고 있는 관할 보건소장 등에게 갑에 대한 정신병원 강제입원을 지시하고 독촉한 사실이 인정됨에도 을의 질문에 대하여 단순히 부인하는 답변만을 한 것이 아니라 자신에게 불리한 지시·독촉 사실은 숨기고, 자신에게 유리한 사실만을 덧붙여서 전체적으로 보아 '피고인이 갑의 정신병원 입원 절차에 관여한 사실이 없다'는 의미로 해석될 수밖에 없는 취지로 발언한 점, 피고인 발언의 전체적 내용은 피고인이 갑에 대한 정신병원 입원 절차에 관한 자신의 관여 사실을 적극 부인하는 답변으로서 구체적 사실에 대한 거짓 해명이므로 이는 증명할 수 있는 허위사실의 공표에 해당하는 점 등을 종합하면, 피고인의 발언은 단순한 묵비나 부작위가 아니라 적극적으로 구체적 사실을 들어 거짓 해명을 한 것일 뿐만 아니라, 피고인이 부하 직원들에게 갑에 대한 정신병원 입원 절차를 지시하고 독촉한 사실을 숨기거나 은폐함으로써 전체적으로 보아 선거인의 정확한 판단을

그르칠 정도로 의도적으로 사실을 왜곡한 것으로서 '허위사실의 공표'에 해당한다.

【평석】 공표의 의미는 '여러 사람에게 널리 드러내어 알림', '공개 발표'의 의미이다. 전파될 가능성이 없다면 소수에게 사적으로 정보를 전달한 행위는 공표에 해당하지 않는 것으로 해석되며, 기자를 통해 사실을 적시하는 경우에는 보도되어야만 공표로 본다. 후보낮 토론회에서의 발언에 대하여 질문 답변을 하거나 주장반론을 하는 것은 신중하게 판단해야 한다는 판결이다.

한편 소문을 전달하는 형식으로 공표한 경우로는, "피고인이 김00, 0광0에게 전달한 '황00이 00면에 들어가서 자신의 선거운동을 하지 않고 유00의 선거운동을 하고 다닌다'는 말이 허위이고, 한편 피고인이 김00 등에게 자신을 도와 달라고 호소하는 과정에서 위와 같은 말을 하였고 김00이 그 후 다른 사람에게 피고인이 한 말이 사실인지를 물어본 점에 비추어 피고인의 발언 내용이 김00 등을 통하여 여러 사람에게 알려질 것이 예견되었으므로 피고인의 행위는 '공표'에 해당한다고 판단하여 피고인에게 허위사실공표에 관한 고의 및 황00으로 하여금 당선되지 못하게 할 목적이 있었던 것을 전제로 하여 이 사건 공소사실에 대하여 피고인을 유죄로 인정한 조치는 정당한 것"이라는 대법원판결(대법원 2007. 7. 27. 선고 2007도3598 판결)이 있다.

마. 투표참여 권유행위가 선거운동이 금지되는 선거기간 개시일 전이나 선거일만 금지되는지 여부(적극)

🏛 대법원 2017. 12. 22. 선고 2017도6050 판결[공직선거법위반]

판결의 요지

구 공직선거법(2014. 5. 14. 법률 제12583호로 개정되기 전의 것) 제58조 제1항 단서는 "다음 각호의 어느 하나에 해당하는 행위는 선거운동으로 보지 아니한다."라고 규정하면서, 그 제5호에서 '특정 정당 또는 후보자를 지지·추천하거나 반대하는 내용 없이 투표참여를 권유하는 행위(호별로 방문하는 경우 또는 선거일에 확성장치·녹음기·녹화기를 사용하거나 투표소로부터 100m 안에서 하는 경우는 제외한다)'를 선거운동으로 보지 아니하는 행위로 열거하고 있었다.

그런데 선거운동기간이 아님에도 정당 또는 후보자 명의가 표시된 현수막 등을 사용한 투표참여 권유행위가 무분별하게 이루어지는 등 위 규정이 사실상 선거운동 제한의 탈법 수단으로 이용된다는 비판에 따라 위 법률로 개정된 공직선거법은 제58조 제1항 단서 제5호를 삭제하는 대신, 제58조의2를 신설하여 "누구든지 투표참여를 권유하는 행위를 할 수 있다. 다만 다음 각호의 어느 하나에 해당하는 행위의 경우에는 그러하지 아니하다."라고 규정하면서, 그 각호에서 '호별로 방문하는 경우'(제1호), '사전투표소 또는 투표소로부터 100m 안에서 하는 경우'(제2호), '현수막 등 시설물, 인쇄물, 확성장치·녹음기·녹화기, 어깨띠, 표찰 그 밖의 표시물을 사용하여 하는 경우'(제4호)와 함께 '특정 정당 또는 후보자를 지지·추천하거나 반대하는 내용을 포함하여 하는 경우'(제3호)를 금지되는 투표참여 권유행위로 열거하였다. 그리고 공직선거법 제256조 제3항 제3호는 '이 법에 규정되지 아니한 방법으로 제58조의2 단서를 위반하여 투표참여를 권유하는 행위를 한 자'를 처벌하도록 새롭게 규정하였다.

위와 같은 투표참여 권유행위에 관한 공직선거법 관련 규정들의 개정 취지에 비추어 보면, 공직선거법 제58조의2 단서 제1호, 제2호, 제4호에 해당하는 행위의 경우 투표매수 등 불법·부정 선거운동 또는 선거운동 방법의 제한을 회피한 탈법방법에 의한 선거운동을 방지하거나 투표소 등의 질서를 유지하기 위한 목적에서 이를 금지하는 것과 달리, 같은 조 단서 제3호는, 특정 정당 또는 후보자를 지지·추천하거나 반대하는 내용을 포함하는 행위인 경우 그 내용이 선거운동에 해당할 수 있다는 고려에서 규정된 것으로서 그 투표참여 권유행위 자체가 선거운동에 해당할 수 있기 때문에 나머지 각호의 행위와 함께 규제대상에 포함시켰다고 봄이 타당하다.

따라서 공직선거법 제58조의2 단서 제3호에 해당하는 투표참여 권유행위는 선거운동이 금지되는 선거기간개시일 전이나 선거일만 금지되고, 선거운동이 허용되는 선거기간개시일부터 선거일 전일까지의 선거운동기간 중에는 허용되어 그에 해당하는 투표참여 권유행위를 하였더라도 처벌할 수 없다고 보아야 한다. 이와 달리 선거운동기간 중에도 특정 정당 또는 후보자를 지지·추천하거나 반대하는 내용을 포함하여 하는 투표참여 권유행위가 금지된다고 본다면, 이는 선거운동 자체를 금지하는 것과 다를 바가 없고, 선거운동기간 중에는 공직선거법 등 법률에 의하여 금지 또는 제한되는 것이 아닌 한 누구든지 자유롭게 선거운동을 할 수 있도록 규정한 공직선거법 제58조 제2항, 제59조의 취지와 모순되어 부당하기 때문이다.

【평석】 선거운동기간 중에 공직선거법 제58조의2 단서 제3호에 해당하는 투표참여 권유행위를 하였더라도 이를 공직선거법 제256조 제3항 제3호를 적용하여 처벌할 수 없음을 최초로 명시적으로 판단한 판결이라고 본다.[86]

한편, 헌법재판소에서 2022. 7. 21. (1) 누구든지 일정 기간 동안 선거에 영향을 미치게 하기 위한 광고물 설치·진열·게시, 표시물 착용을 할 수 없도록 하고, 이에 위반한 경우 처벌하도록 한 공직선거법(2010. 1. 25. 법률 제9974호로 개정된 것) 제90조 제1항 제1호 중 '그 밖의 광고물 설치·진열·게시'에 관한 부분, 같은 항 제2호 중 '그 밖의 표시물 착용'에 관한 부분 및 공직선거법(2014. 2. 13. 법률 제12393호로 개정된 것) 제256조 제3항 제1호 아목 중 '제90조 제1항 제1호의 그 밖의 광고물 설치·진열·게시, 같은 항 제2호의 그 밖의 표시물 착용'에 관한 부분은 헌법에 합치되지 아니한다는 결정(2017헌가1, 헌법불합치), (2) 누구든지 선거운동기간 중 표시물을 사용하여 선거운동을 할 수 없도록 하고, 이에 위반한 경우 처벌하도록 한 공직선거법(2010. 1. 25. 법률 제9974호로 개정된 것) 제68조 제2항 및 제255조 제1항 제5호 중 '제68조 제2항'에 관한 부분은 모두 헌법에 합치되지 아니한다는 결정(2017헌가4, 헌법불합치), (3) ① 공직선거법 제90조 제1항 제1호 중 '현수막, 그 밖의 광고물 설치·게시'에 관한 부분, 같은 항 제2호 중 '그 밖의 표시물 착용'에 관한 부분, 공직선거법 제256조 제3항 제1호 아목 중 '제90조 제1항 제1호의 현수막, 그 밖의 광고물 설치·게시, 같은 항 제2호의 그 밖의 표시물 착용'에 관한 부분, ② 공직선거법 제93조 제1항 본문 중 '벽보 게시, 인쇄물 배부·게시'에 관한 부분 및 제255조 제2항 제5호 중 '제93조 제1항 본문의 벽보 게시, 인쇄물 배부·게시'에 관한 부분은 모두 헌법에 합치되지 아니한다는 결정(2017헌바100, 헌법불합치), (4) ① 공직선거법(2010. 1. 25. 법률 제9974호로 개정된 것) 제103조 제3항 중 '누구든지 선거기간 중 선거에 영향을 미치게 하기 위하여 그 밖의 집회나 모임을 개최할 수 없다'부분, ② 구 공직선거법(2010. 1. 25. 법률 제9974호로 개정되고, 2014. 2. 13. 법률 제12393호로 개정되기 전의 것) 제256조 제2항 제1호 카목 가운데 ① 조항 부분, ③ 공직선거법(2014. 2. 13. 법률 제12393호로 개정된 것) 제256조 제3항 제1호 카목 가운데 ① 조항 부분은, 집회의 자유, 정치적 표현의 자유를 침해하여 헌법에 위반된다는 결정(2018헌바164, 위헌), (5) ① 공직선거법 제103조 제3항 중 '누

86) 정문경, 선거운동기간 중 투표참여 권유행위와 공직선거법위반죄의 성립, 대법원판례해설, 제114호 (2017년 하), 법원도서관, 593면

구든지 선거기간 중 선거에 영향을 미치게 하기 위하여 그 밖의 집회나 모임을 개최할 수 없다'부분, ② 공직선거법 제256조 제3항 제1호 카목 가운데 ① 조항 부분은, 집회의 자유, 정치적 표현의 자유를 침해하여 헌법에 위반된다는 결정(2018헌바357, 위헌), ③ 공직선거법 제90조 제1항 제1호 중 '현수막, 그 밖의 광고물 게시'에 관한 부분, 공직선거법 제256조 제3항 제1호 아목 중 '제90조 제1항 제1호의 현수막, 그 밖의 광고물 게시'에 관한 부분, ④ 공직선거법 제93조 제1항 본문 중 '광고, 문서·도화 첩부·게시'에 관한 부분 및 제255조 제2항 제5호 중 '제93조 제1항 본문의 광고, 문서·도화 첩부·게시'에 관한 부분은 모두 헌법에 합치되지 아니한다는 결정(2018헌바357, 헌법불합치)을 각 선고하였다.

바. 장래에 있을 선거에서의 선거운동과 관련하여 금품 기타 이익의 제공, 그 제공의 의사표시 및 약속을 한 경우, 그 당시 반드시 선거운동의 대상인 특정 후보자가 존재하고 있어야 하는지 여부(소극)

🏛 대법원 2021. 7. 21. 선고 2020도16062 판결[컴퓨터등장애업무방해 · 공직선거법위반]

판결의 요지

공직선거법 제135조 제3항에서 정한 '선거운동과 관련하여'는 '선거운동에 즈음하여, 선거운동에 관한 사항을 동기로 하여'라는 의미로서 '선거운동을 위하여'보다 광범위하며, 선거운동의 목적 또는 선거에 영향을 미치게 할 목적이 없었다 하더라도 그 행위 자체가 선거의 자유·공정을 침해할 우려가 높은 행위를 규제할 필요성에서 설정된 것이고, 공직선거법 제230조 제1항 제4호, 제135조 제3항 위반죄는 선거운동과 관련하여 금품 기타 이익의 제공 또는 그 제공의 의사를 표시하거나 그 제공을 약속하는 행위를 처벌대상으로 하는 것으로서, 그 처벌 대상은 위 법이 정한 선거운동 기간 중의 금품제공 등에 한정되지 않는다. 한편 공직선거법 제135조 제3항은 '누구든지' 선거운동과 관련하여 금품 기타 이익의 제공 또는 그 제공의 의사를 표시하거나 그 제공을 약속하는 것을 금지하고 있을 뿐, 그 주체를 후보자, 후보자가 되고자 하는 자, 후보자를 위하여 선거운동을 하는 자 등으로 제한하고 있지 않다.

위와 같은 공직선거법 관련 법리 및 규정에 비추어 보면, 공직선거법 제230조

제1항 제4호, 제135조 제3항 위반죄는 금품 기타 이익의 제공, 그 제공의 의사표시 및 약속(이하 '이익의 제공 등'이라고 한다)이 특정 선거에서의 선거운동과 관련되어 있음이 인정되면 충분하다고 할 것이므로, 장래에 있을 선거에서의 선거운동과 관련하여 이익의 제공 등을 할 당시 선거운동의 대상인 후보자가 특정되어 있지 않더라도 장차 특정될 후보자를 위한 선거운동과 관련하여 이익의 제공 등을 한 경우에는 위 공직선거법 제230조 제1항 제4호, 제135조 제3항 위반죄가 성립한다고 보아야 하고, 이익의 제공 등을 할 당시 반드시 특정 후보자가 존재하고 있어야 한다고 볼 수 없다.

사. 후보자의 직계존속이 사망한 후 비방한 경우에도 후보자비방죄가 가능한지

🏛 대법원 2008. 7. 10. 선고 2008도3261 판결[공직선거법위반]

판결 이유

공직선거법 제251조의 후보자비방죄는 당선되거나 되게 하거나 되지 못하게 할 목적으로 연설·방송·신문·통신·잡지·벽보·선전문서 기타의 방법으로 공연히 사실을 적시하여 후보자(후보자가 되고자 하는 자를 포함한다), 그의 배우자, 또는 직계존·비속이나 형제자매를 비방할 경우 성립하는 것으로서 이때 "비방"이라 함은 정당한 이유 없이 상대방을 깎아내리거나 헐뜯는 것을 의미한다(대법원 2007. 9. 21. 선고 2007도2824 판결 참조). 한편 공직선거법 제251조 단서의 규정에 의하여 위법성이 조각되기 위하여서는 적시된 사실이 전체적으로 보아 진실에 부합하고, 그 내용과 성질에 비추어 객관적으로 볼 때 공공의 이익에 관한 것으로서 행위자도 공공의 이익을 위하여 그 사실을 적시한다는 동기를 가지고 있어야 하되, 반드시 공공의 이익이 사적 이익보다 우월한 동기에서 된 것이 아니더라도 양자가 동시에 존재하고 거기에 상당성이 인정되어야 할 것이다(대법원 1996. 6. 28. 선고 96도977 판결 참조).

위 법리에 따라 원심판결 이유를 기록에 비추어 살펴보면, 원심이 판시와 같은 사실을 인정한 다음, 피고인이 게시한 글의 내용 중 상당 부분이 객관적인 사실과 부합한다고 볼 만한 자료가 없을 뿐만 아니라, 표현의 전체적인 맥락이나 표현방법 등에 비추어 피고인이 후보자가 되고자 하는 박00 내지 그 직계존속인 박00의 공무담임의 적격성이나 자질에 관한 객관적인 정보를 제공하기보다는 후보자 개인에 대한 평가를 왜곡, 저하시키는 것으로서, 이는 공직선거법 제251조 소정의 후보자가 되고자 하는 자와 그 직계존속에 대한 비방에 해당한다고 할 것이고, 피고인이 이와 같은 게시물을 주로 언론매체나 기존에 출간된 출판물을 바탕으로 하거나 이를 인용하였다고 하더라도 달리 볼 것은 아니며, 그 게시물의 내용, 게시 시기, 게시 횟수 등에 비추어 후보자가 되고자 하는 박00를 당선되지 못하게 할 목적으로 위와 같은 행위를 하였다고 보기에 충분한바, 피고인이 이와 같이 후보자가 되고자 하는 박00를 당선되지 못하게 할 목적으로 컴퓨터 통신망의 공개게시판에 글을 게시하는 방법으로 공연히 사실을 적시하여 후보자를 비방하였다면 공직선거법 제251조에 정하는 '기타의 방법으로' 공연히 사실을 적시하여 후보자를 비방하는 행위에 해당하고, 한편 이 사건 게시물의 내용에 비추어 볼 때 비록 피고인에게 박근혜의 인격과 능력에 관한 정보를 유권자에게 제공한다는 측면에서 공공의 이익을 위한다는 동기도 일부 있었다고 하더라도, 이러한 공적 이익은 미미하고 박00나 그 가족들에 대한 비방을 통하여 박00를 낙선시키는 것이 중요한 동기가 되어 이 사건 글을 게시한 것으로 판단될 뿐만 아니라, 위와 같은 글을 게시하여 박00가 입는 인격권의 침해 정도는 피고인의 표현의 자유와 유권자에게 제공되는 정보의 유용성을 넘어선다고 보이므로, 공적 이익과 사적 이익 사이에 상당성도 인정할 수 없다는 이유로 피고인의 행위는 진실한 사실로서 공공의 이익에 관한 것이라고 할 수 없어 위법성이 조각되는 경우에도 해당하지 아니한다는 이유로 피고인의 주장을 배척하였는바, 이러한 원심의 사실인정과 판단은 정당한 것으로 수긍이 가고, 거기에 상고이유에서 주장하는 바와 같이 후보자비방죄에 관한 법리오해 등의 위법이 있다고 할 수 없다.

【평석】 후보자 비방은 '당선 또는 낙선 목적으로' '공연히 사실을 적시하여' 후보자 등을 '비방'하는 경우이다. 사실의 적시는 가치판단이나 평가를 내용으로 하는 의견표현에 대치되는 개념이고, 비방은 정당한 이유 없이 상대방을 깎아내 리거나 헐뜯는 것이다. 공연성의 개념은 명예훼손죄의 공연성과 동일하게 해석하여 후보자 비방을 공직선거법상의 특수한 명예훼손죄로 이해하기도 한다.

한편, 후보자비방죄의 위법성 조각 사유로는 '진실한 사실인 경우', '공공의 이익에 관한 때', 그리고 '상당성'이 있는 경우 등이다.

아. 구 공직선거법상 선거운동의 의미와 금지되는 선거운동의 범위를 판단하는 기준(00광역시장 등에 대한 공직선거법위반 등 사건)

🏛 대법원 2016. 8. 26. 선고 2015도11812 전원합의체 판결[공직선거법위반 · 정치자금법위반]

판결의 요지

[다수의견] 선거운동의 자유와 공정 및 기회균등을 꾀하고, 정치인의 통상적인 정치활동을 보장할 필요성, 죄형법정주의 원칙에서 파생되는 형벌법규의 엄격해석의 원칙, 구 공직선거법(2014. 1. 17. 법률 제12267호로 개정되기 전의 것, 이하 '공직선거법'이라고 한다)의 전체적인 체계에서 선거운동이 차지하는 위치 및 다른 개별적 금지규정의 내용 등에 비추어 볼 때, 공직선거법상 선거운동의 의미와 금지되는 선거운동의 범위는 다음과 같은 구체적인 기준에 따라 판단하는 것이 타당하다.

'선거운동'은 특정 선거에서 특정 후보자의 당선 또는 낙선을 도모한다는 목적의사가 객관적으로 인정될 수 있는 행위를 말하는데, 이에 해당하는지는 행위를 하는 주체 내부의 의사가 아니라 외부에 표시된 행위를 대상으로 객관적으로 판단하여야 한다. 따라서 행위가 당시의 상황에서 객관적으로 보아 그와 같은 목적의사를 실현하려는 행위로 인정되지 않음에도 행위자가 주관적으로 선거를 염두에 두고 있었다거나, 결과적으로 행위가 단순히 선거에 영향을 미친다거나 또는 당선이나 낙선을 도모하는 데 필요하거나 유리하다고 하여 선거운동에 해당한다고 할 수 없다. 또 선거 관련 국가기관이나 법률전문가의 관점에서 사후적 · 회고적인 방법이 아니라 일반인, 특히 선거인의 관점에서 행위 당시의 구체적인 상황에 기초하여 판단하여야 하므로, 개별적 행위들의 유기적 관계를 치밀하게 분석하거나 법률적 의미와 효과에 치중하기보다는 문제된 행위를 경험한 선거인이 행위 당시의 상황에서 그러한 목적의사가 있음을 알 수 있는지를 살펴보아야 한다.

위와 같은 목적 의사는 특정한 선거에 출마할 의사를 밝히면서 그에 대한 지지를 부탁하는 등의 명시적인 방법뿐만 아니라 당시의 객관적 사정에 비추어 선거인의 관점에서 특정 선거에서 당선이나 낙선을 도모하려는 목적 의사를 쉽게 추단할 수 있을 정도에 이른 경우에도 인정할 수 있다. 위와 같은 목적 의사가 있었다고 추단하려면, 단순히 선거와의 관련성을 추측할 수 있다거나 선거에 관한 사항을 동기로 하였다는 사정만으로는 부족하고 특정 선거에서의 당락을 도모하는 행위임을 선거인이 명백히 인식할 만한 객관적인 사정에 근거하여야 한다. 그러한 목적의사를 가지고 하는 행위인지는 단순히 행위의 명목뿐만 아니라 행위의 태양, 즉 행위가 행하여지는 시기·장소·방법 등을 종합적으로 관찰하여 판단하여야 한다. 특히, 공직선거법이 선거일과의 시간적 간격에 따라 특정한 행위에 대한 규율을 달리하고 있는 점과 문제가 된 행위가 이루어진 시기에 따라 동일한 행위라도 선거인의 관점에서는 선거와의 관련성이 달리 인식될 수 있는 점 등에 비추어, 행위를 한 시기가 선거일에 가까우면 가까울수록 명시적인 표현 없이도 다른 객관적 사정을 통하여 당해 선거에서의 당선 또는 낙선을 도모하는 의사가 있다고 인정할 수 있으나, 선거가 실시되기 오래전에 행해져서 시간적으로 멀리 떨어진 행위라면 단순히 선거와의 관련성을 추측할 수 있다는 것만으로 당해 선거에서의 당락을 도모하는 의사가 표시된 것으로 인정될 수는 없다.

선거운동은 대상인 선거가 특정되는 것이 중요한 개념표지이므로 문제된 행위가 특정 선거를 위한 것임이 인정되어야만 선거운동에 해당하는데, 행위 당시의 상황에서 특정 선거의 실시에 대한 예측이나 확정 여부, 행위의 시기와 특정 선거일 간의 시간적 간격, 행위의 내용과 당시의 상황, 행위자와 후보자의 관계 등 여러 객관적 사정을 종합하여 선거인의 관점에서 문제된 행위가 특정 선거를 대상으로 하였는지를 합리적으로 판단하여야 한다. 한편 정치인은 누구나 기회가 오면 장래의 적절한 선거에 출마하여 당선될 것을 목표로 삼고 있는 사람이고, 선거운동은 특정한 선거에서 당락을 목표로 하는 행위이므로, 문제된 행위가 특정 선거를 위한 것이라고 인정하려면, 단순히 어떤 사람이 향후 언젠가 어떤 선거에 나설 것이라는 예측을 할 수 있는 정도로는 부족하고, 특정 선거를 전제로 선거에서 당락을 도모하는 행위임을 선거인이 명백히 인식할 수 있는 객관적 사정이 있어야 한다.

정치인이 일상적인 사회활동과 통상적인 정치활동의 일환으로 선거인과 접촉하여 자신의 인격에 대한 공감과 정치적 식견에 대한 찬성과 동의를 구하는 한편, 그들의 의견을 청취·수용하여 지지를 받을 수 있는 정책을 구상·수립하는 과정을 통하여 이른바 인지도와 긍정적 이미지를 제고하여 정치적 기반을 다지는 행위에도 위와 같은 판단 기준이 그대로 적용되어야 한다. 따라서 그와 같은 일상적인 사회활동과 통상적인 정치활동에 인지도와 긍정적 이미지를 높이려는 목적이 있다 하여도 행위가 특정한 선거를 목표로 하여 선거에서 특정인의 당선 또는 낙선을 도모하는 목적의사가 표시된 것으로 인정되지 않는 한 선거운동이라고 볼 것은 아니다.

문제된 행위가 단체 등을 통한 활동의 모습으로 나타나는 경우에는 단체 등의 설립 목적과 경위, 인적 구성, 활동의 시기, 방법, 내용과 규모 등을 추가적으로 고려하여 활동이 특정 선거에서 특정인의 당선 또는 낙선을 도모하는 목적의사에 따라 행해진 것이라는 점이 당해 선거인의 관점에서 객관적으로 인정되는지를 살펴보아야 한다. 단체 등의 목적 범위 내에서 통상적으로 행해지는 한도에서는 특별한 사정이 없는 한 그러한 활동이 특정인의 당선 또는 낙선을 목적으로 한 선거운동이라고 보아서는 아니 되고, 단체의 목적이나 활동 내용이 정치 이외의 다른 전형적인 사회활동을 하는 단체가 갖는 특성에 딱 들어맞지 않는다는 이유만으로 단체의 활동을 선거운동에 해당한다고 단정하여서도 아니 된다.

[반대의견] 공직선거법은 선거운동을 '당선되거나 되게 하거나 되지 못하게 하기 위한' 행위(제58조 제1항 본문), 즉 자신이 당선되거나 다른 사람이 당선되게 하거나 당선되지 못하게 하기 위한 행위로 규정함으로써, 개념 자체로 자신 또는 타인의 당선 또는 낙선을 목적으로 하는 행위일 것을 요구하고 있다.

따라서 공직선거법에 의하여 처벌되는 사전선거운동행위나 유사기관설치행위가 성립하려면 행위자가 특정한 선거에 관하여 특정 후보자 또는 후보자가 되려는 자를 위한 것임을 인식하고 해당 행위를 하였다는 것만으로는 부족하고, 행위자에게 '당선되거나 되게 하거나 되지 못하게 할 목적'이 인정되지 아니하면 구성요건은 충족되지 아니한다. 그러므로 사전선거운동행위나 유사기관설치행위는 고의 외에 초과주관적 위법요소로서 당선 또는 낙선의 목적을 범죄성립요건으로 하는 목적범에 해당하거나, 적어도 여기에서의 목적은 목적범에서의 목적에 준하는 주관적 구성요건요소라고 이해하는 것이 타당하다. '당선 또는 낙선의 목적' 역시 주관적 구성요건요소인 이상 그 실현에 대한 인식과 의욕 여부는 구성요건적 고의나 목적범에서의 목적과 마찬가지로 당연히 행위자인 피고인을 기준으로 판단하여야 하고, 피고인에게 그와 같은 목적에 대한 인식이 있었음이 증명되는지에 따라 구성요건의 충족 여부를 가려야 한다.

선거운동이란 목적의사가 '객관적'으로 인정될 수 있는 행위를 말한다고 해석하여 온 취지는 자체로는 주관적인 요소인 행위자의 목적의사를 인정하기 위해서는 행위의 능동성이나 계획성을 통하여 객관적으로 확인하고 파악하여야 함을 가리키는 것으로 이해하여야 하지, 목적의사가 '객관적'으로 인정되어야 한다고 하여 다수의견과 같이 반드시 선거인이 목적의사를 명백히 인식할 수 있어야 한다는 의미로 새길 수는 없다.

선거일부터 멀리 떨어진 시기에 이루어진 '정치인'으로서의 통상적인 정치활동을 곧바로 선거운동에 해당한다고 볼 수 없음은 당연하고, 그와 같은 행위가 단순히 '정치인'으로서의 인지도를 높이려는 목적에서 비롯되었더라도 이를 선거운동으로 단정할 수는 없다. 다만 행위가 이루어진 시기가 선거일부터 상당한 시간적 간격을 두고 행하여졌더라도 행위자가 '후보자가 되고자 하는 자', 즉 선거에 입후보할 의사를 가진 것을 객관적으로 인식할 수 있을 정도에 이른 사람에 해당하고 문제 되는 행위가 '후보자가 되고자 하는 자'로서 선거에서의 당선 또는 낙선을 목적으로 자신의 인지도를 높이기 위하여 다수의 선거인들을 접촉한 것이라면, 이러한 행위는 이미 통상적인 정치활동의 범주를 벗어난 것으로서 당선 또는 낙선을 도모하는 목적의사가 객관적으로 확인될 수 있고, 행위의 태양에 따라 당선 또는 낙선을 도모하는 목적의지를 수반하는 행위로서 선거운동에 해당할 수 있다.

선거의 공정과 선거운동의 자유 사이의 균형점은 그 나라의 역사와 정치문화, 선거풍토와 선거문화의 수준 등 제반 사정에 따라 달라질 수밖에 없다. 국민의식의 성장에도 불구하고, 선거범죄 및 선거사범의 숫자는 줄어들고 있지 않고, 오히려 더욱 지능화·음성화되고 있다는 우려가 적지 아니하다. 이러한 상황에서 선거운동 자유의 측면만을 강조하여 선거운동의 의미를 법률의 취지와 달리 지나치게 좁게 해석한다면, 정치활동과 선거운동 자유의 확대를 명분으로 공정성 확보를 위한 중요한 장치를 무력화시킴으로써 자칫 그 균형을 무너뜨리는 결과가 될 수 있다.

【평석】 선거 운동의 개념을 명확히 하고 판단기준을 구체화시킨 판결이다. 구체적인 기준으로, 선거 운동은 '선거인의 관점에서', '내부의 의사 아닌 외부에 표시된 행위를 기준'으로, '선거인이 명백히 인식할만한 객관적인 사정에 근거하여' 판단한다는 것이다. 참고로 선거운동이 아닌 행위로는 언론의 인터뷰 요청에 소극적으로 응하여 입후보자의 경력 정책 의견을 완곡하게 제시하는 경우, 입후보 준비행위, 선거운동을 위한 내부적 절차적 준비행위 등을 보지만 결국 행위자의 의사, 행위 태양, 시기 방법, 내용 대상 등을 종합적으로 고려하여 구체적 개별적으로 판단해야 한다. 2020. 3. 25. 개정 공직선거법 제58조 제1항 6호에 의하면 명절 등에 하는 의례적인 인사말을 문자메시지로 전송하는 행위는 선거운동으로 보지 않으며,

2020. 12. 29. 개정 공직선거법 제59조 4호에 의하면 선거운동은 선거기간 개시일부터 선거일 전일까지 할 수 있지만, 선거일이 아닌 때에 전화를 이용하거나 말로 선거운동을 하는 경우에는 선거운동을 할 수 있는 것으로 개정하였다. 즉 말과 전화를 통한 선거운동은 상시 허용하는 것으로 개정되었다(헌법재판소 2022. 2. 24. 선고 2018헌바146 결정 참조).

공직선거법상의 '선거에 관하여', '선거에 영향을 미치게 하기 위하여', '선거운동을 위하여', '선거운동과 관련하여'의 용어에 대하여 그 적용범위 등을 선거운동과 관련하여 살펴볼 필요가 있다.

자. 당내경선기간 중 특정후보자를 홍보하는 내용의 문자메시지를 발송한 행위가 공직선거법 제57조의3 제1항의 '경선운동'에 해당하는지

🏛 대법원 2008. 9. 25. 선고 2008도6232 판결[공직선거법위반]

판결의 요지

공직선거법 제58조 제1항 소정의 '선거운동'이란 특정후보자의 당선 내지 득표나 낙선을 위하여 필요하고도 유리한 모든 행위로서, 당선 또는 낙선을 도모한다는 목적이 객관적으로 인정될 수 있는 능동적·계획적인 행동을 말한다. 구체적으로 어떠한 행위가 선거운동에 해당하는지 여부를 판단함에 있어서는 단순히 그 행위의 명목뿐만 아니라 그 행위의 태양, 즉 그 행위가 행하여지는 시기·장소·방법 등을 종합적으로 관찰하여 그것이 특정후보자의 당선 또는 낙선을 도모하는 목적의지를 수반하는 행위인지 여부를 판단하여야 한다. 이러한 기준은 어떠한 행위가 공직선거법 제57조의3 제1항 소정의 '경선운동'에 해당하는지 여부를 판단함에 있어서도 마찬가지로 적용된다.

당내경선기간 중 특정후보자를 홍보하는 내용의 문자메시지를 발송한 행위가 공직선거법 제57조의3 제1항의 '경선운동'에 해당한다.

공직선거법 제57조의3에서 당원과 당원이 아닌 자에게 투표권을 부여하여 실시하는 당내경선에 나서는 후보자는 제57조의3 제1항 각 호에서 규정하는 방법 이외의 방법으로 경선운동을 할 수 없도록 당내경선운동방법을 제한하는 취지는, 당내경선운동의 과열을 막아 질서 있는 경선을 도모함과 아울러 당내경선운동이 선거운동으로 변질되어 실질적으로 사전선거운동 금지규정 등을 회피하는 탈법적 수단으로 악용되는 것을 막기 위한 것이다. 따라서 당내경선기간 이전이라 할지라도 특정후보자의 당선을 위하여 공직선거법이 허용하는 범위를 넘어서 경선운동을 한 경우에는 당내경선운동 위반행위에 해당한다.

【평석】 선거운동과 경선운동이 양립불가능한 관계는 아니다. 허위사실 공표에 있어서 선거 관련 당선목적과 당내 경선 관련 당선목적 사이에 상상적 경합관계가 성립될 수 있다고 본다. 당내 경선행위는 원칙적으로 선거운동을 부정하고 예외적으로 인정하는 면이 있다. 경선운동에서 선거운동성을 인정하는 사례와 부정하는 사례들을 살펴보아야 한다.

차. 공직선거에 출마할 정당 추천 후보자 선출을 위한 당내경선에서의 당선 또는 낙선을 위한 행위가 공직선거법 제58조 제1항에서 정한 '선거운동'에 해당하는지 여부(원칙적 소극) 및 어떠한 기관·단체·시설이 당내경선에서 후보자로 선출되게 하기 위한 목적으로 설치된 경우

🏛 대법원 2013. 5. 9. 선고 2012도12172 판결[공직선거법위반]

판결의 요지

공직선거법(이하 '법'이라 한다) 제58조 제1항 본문과 제2조 및 제57조의2 제1항과 제57조의3 제1항 본문의 내용, 체제, 입법 취지 등을 종합하면, '선거운동'은 공직선거에서의 당선 또는 낙선을 위한 행위를 말하고, 공직선거에 출마할 정당 추천 후보자를 선출하기 위한 당내경선에서의 당선 또는 낙선을 위한 행위는 '선거운동'에 해당하지 아니하며, 다만 당내경선에서의 당선 또는 낙선을 위한 행위라는 구실로 실질적으로는 공직선거에서의 당선 또는 낙선을 위한 행위를 하는 것으로 평가할 수 있는 예외적인 경우에 한하여 그 범위 내에서 선거운동으로 볼 수 있다. 나아가 법 제57조의3 제1항은 "정당이 당원과 당원이 아닌 자에게 투표권을 부여하여 실시하는 당내경선에서는 다음 각 호의 어느 하나에 해당하는 방법 외의 방법으로 경선운동을 할 수 없다."고 규정함으로써 제한적으로나마 당내경선 과정에서 당원뿐만 아니라 경선선거인단으로 등록될 가능성이 있는 당원 아닌 일반 유권자를 상대로 한 경선운동을 허용하고 있는 점을 고려하면, 당내경선에서의 당선 또는 낙선을 위한 행위에 부수적으로 공직선거에서의 당선 또는 낙선을 도모하고자 하는 의사가 포함되어 있다는 사정만으로 그와 같은 행위가 '선거운동'에 해당하는 것으로 섣불리 단정하여서는 아니 된다.

　구 공직선거법(2012. 10. 2. 법률 제11485호로 개정되기 전의 것, 이하 '구법'이라 한다) 제89조 제1항(유사기관의 설치금지)의 규정은 후보자 간 선거운동기구의 형평성을 유지하고 각종 형태의 선거운동기구가 난립함으로 말미암은 과열경쟁 및 낭비를 방지하기 위한 것으로서, 조문의 체계나 입법 취지와 함께 당내경선 과정에서 특정 후보자가 선출되게 하기 위하여 공직선거법 제57조의3 제1항에 위배하여 유사기관을 이용하는 방법으로 이루어진 당내경선운동 행위는 공직선거법 제255조 제2항 제3호에 의하여 처벌할 수 있는 점, 구법 제89조 제1항과 입법 취지가 유사한 공직선거법 제87조 제2항이 '선거운동'을 위한 사조직 기타 단체의 설립 등을 금지하고 있는 점 등을 고려하여 보면, 어떠한 기관·단체·시설이 특정 후보자의 '선거운동'을 목적으로 설치된 것이 아니고 그 후보자가 당내경선에서 후보자로 선출되게 하기 위한 목적으로 설치된 것이라면 구법 제89조 제1항에 위배되는 것은 아니다.

　【평석】 이 사건은 1심에서 유죄, 항소심에서 무죄로 판단한 사안이다. 당내경선 과정, 국민경선과정에서 특정 후보자의 당선 내지 낙선을 위한 행위가 선거운동에 해당하는지 여부에 대한 판단 기준을 보다 구체적으로 제시하였다. 특정 후보자에 대한 지지 호소행위가 당내 경선뿐만 아니라 공직선거 자체에서 당선을 위한다는 목적이 있다는 사정만으로 바로 선거운동이라고 볼 것은 아니라는 취지이며, 경선 운동을 구실로 실질적으로 공직선거에서의 당선 또는 낙선을 위한 행위로 평가할 정도가 되어야 공직자선거법으로 처벌할 수 있다는 판결이다.[87]

카. 형법 제37조 후단 경합범과 공직선거법 위반의 형의 감면

🏛 대법원 2021. 10. 14. 선고 2021도8719 판결[특정범죄자에대한보호관찰및전자장치부착
　등에관한법률위반·재물손괴]

---

87) 김승주, 당내경선에서의 당선을 위한 행위가 공직선거법상 '선거운동'에 해당하는지 여부, 대법원판
　　례해설, 제96호(2013년 상), 835면

형법 제37조 후단 및 제39조 제1항의 문언, 입법 취지 등에 비추어 보면, 아직 판결을 받지 아니한 죄가 이미 판결이 확정된 죄와 동시에 판결할 수 없었던 경우에는 형법 제39조 제1항에 따라 동시에 판결할 경우와 형평을 고려하여 형을 선고하거나 그 형을 감경 또는 면제할 수 없다. 한편 공직선거법 제18조 제1항 제3호에서 '선거범'이란 공직선거법 제16장 벌칙에 규정된 죄와 국민투표법 위반의 죄를 범한 자를 말하는데(공직선거법 제18조 제2항), 공직선거법 제18조 제1항 제3호에 규정된 죄와 다른 죄의 경합범에 대하여는 이를 분리 선고하여야 한다(공직선거법 제18조 제3항 전단). 따라서 판결이 확정된 선거범죄와 확정되지 아니한 다른 죄는 동시에 판결할 수 없었던 경우에 해당하므로 형법 제39조 제1항에 따라 동시에 판결할 경우와의 형평을 고려하여 형을 선고하거나 그 형을 감경 또는 면제할 수 없다고 해석함이 타당하다.

타. 피의자 갑의 공직선거법 위반 범행을 영장 범죄사실로 하여 발부받은 압수·수색영장의 집행 과정에서 을, 병 사이의 대화가 녹음된 녹음파일을 압수하여 을, 병의 공직선거법 위반 혐의사실을 발견한 사안에서, 별도의 압수·수색영장을 발부받지 않고 압수한 위 녹음파일의 증거능력

🏛 대법원 2014. 1. 16. 선고 2013도7101 판결[공직선거법위반·정치자금법위반]

수사기관이 피의자 갑의 공직선거법 위반 범행을 영장 범죄사실로 하여 발부받은 압수·수색영장의 집행 과정에서 을, 병 사이의 대화가 녹음된 녹음파일(이하 '녹음파일'이라 한다)을 압수하여 을, 병의 공직선거법 위반 혐의사실을 발견한 사안에서, 압수·수색영장에 기재된 '피의자'인 갑이 녹음파일에 의하여 의심되는 혐의사실과 무관한 이상, 수사기관이 별도의 압수·수색영장을 발부받지 아니한 채 압수한 녹음파일은 형사소송법 제219조에 의하여 수사기관의 압수에 준용되는 형사소송법 제106조 제1항이 규정하는 '피고사건' 내지 같은 법 제215조 제1항이 규정하는 '해당 사건'과 '관계가 있다고 인정할 수 있는 것'에 해당하지 않으며, 이와 같은 압수에는 헌법 제12조 제1항 후문, 제3항 본문이 규정하는 영장주의를 위반한 절차적 위법이 있으므로, 녹음파일은 형사소송법 제308조의2에서 정한 '적법한 절차에 따르지 아니하고 수집한 증거'로서 증거로 쓸 수 없고, 그 절차적 위법은 헌법상 영장주의 내지 적법절차의 실질적 내용을 침해하는 중대한 위법에 해당하여 예외적으로 증거능력을 인정할 수도 없다.

【평석】압수 요건으로 필요성과 관련성을 명시하고 있다고 본다. 위 판례는 미국 연방증거규칙 401조와는 구별되는 관련성 개념의 단초를 연 것으로 볼 수 있으며, 또한 미국의 '플레인 뷰' 원칙을 아주 느슨하게 적용한다면 사안과 같은 경우에 압수의 적법성을 인정할 수도 있겠지만, 우리나라는 이러한 원칙이 채택되어 있지 아니하고 이를 채택한다고 하더라도 전자정보에 관하여는 또 다른 논쟁거리가 있다는 견해가 있다.[88]

3. 교통사고처리특례법 위반

가. 사망사고와 업무상 주의의무 위반

🏛 대법원 1985. 7. 9. 선고 85도833 판결[교통사고처리특례법위반]

판결 이유

검사의 상고이유를 본다.

원심판결은 그 이유에서 이 사건 사고 경위에 관하여 피고인은 1983. 11. 16. 19:40경 24.5톤 추레라(폭 248센티미터, 길이 593센티미터)를 운전하고 경주방면에서 포항방면을 향하여 약 40킬로미터로 진행중이었고, 그 도로는 왕복 4차선의 산업도로로서 제한속도가 60킬로미터 지점이며 부락이 밀집해 있는 주변이기는 하나 차도의 가장자리에 별도의 보행자인도가 없고 교차로 등지에만 신호등과 횡단보도가 설치되어 있을 뿐이어서 차량들만이 빠른 속도로 빈번히 통행하는 곳이며, 또 사고당시에는 야간인데다가 진눈개비가 약간 내리고 있어 전방의 시야가 똑똑히 보이지 않는 상황이었는데, 피고인이 2차선을 따라 사고지점에 이르렀을 무렵 뒤에서 따라오던 고속버스 1대는 1차선으로 진입하면서 피고인의 차량을 추월하여 앞

88) 이상원, 2014년 분야별 중요판례 분석, 법률신문, 2015. 5. 15.자

서다가 술에 취한 피해자가 도로중앙에서 1차선으로 뛰어드는 것을 미리 발견하고 핸들을 좌측으로 꺾어 중앙선 쪽으로 진입함으로써 간신히 피해 지나갈 수 있었으나 피고인은 그 고속버스에 가려진 피해자를 볼 수 없었고 피해자가 고속버스가 지나간 후 갑자기 좌측에서 2차선 상으로 뛰어드는 것을 1미터 전방에서 비로소 발견하였으므로 미처 제동조치를 취하지 못해 자동차의 전면으로 피해자를 충돌 사망케 하였다고 인정하였는바, 관계 증거에 비추어 보면 위와 같은 원심의 사실인정은 적법하고 거기에 소론과 같이 채증법칙 위반으로 사실을 그릇 인정한 허물이 있다할 수 없다. 또한 자동차의 운전자는 통상 예견되는 사태에 대비하여 그 결과를 회피할 수 있는 정도의 주의의무를 다함으로써 족하고 통상 예견하기 어려운 이례적인 사태의 발생을 예견하여 이에 대비하여야 할 주의의무까지 있다 할 수 없는 것이므로 원심이 사고 발생의 경위를 그 판시내용과 같이 확정한 이상 판시 사고가 피고인의 업무상 주의의무 태만에 기인된 것으로 볼 수 없다고 한 판단도 수긍되고, 거기에 소론과 같은 법리오해의 위법이 있다고 볼 수 없다.

【해설】 통상 교통사고가 나면 운전자가 민사·형사 책임을 부담하는데, 이 경우에는 예견하기 어려운 이례적인 사태의 발생으로 인한 사고여서 자동차운전자에게 책임이 없다고 한 사례이다. 다음 사례의 경우에도 운전자의 주의의무 위반이 없다고 판시하였다.

나. 업무상과실치상과 주의의무 위반

> 🏛 대법원 1991. 9. 10. 선고 91도1746 판결[교통사고처리특례법위반](서울서부지방법원 2012노774판결 참조)

판결 이유

원심은 그 거시 증거에 의하여 피고인 2가 전항 일 시경 위 승용차를 운전하여 목포방면에서 광주 쪽으로 시속 약 80㎞ 속력으로 운행 중 전남 함평군 학교면 고막리 소재 고막교 앞길에 이르렀던바, 당시 피고인 2는 2차 선상을 진행하면서 피고인 1이 운전하는 덤프트럭이 1차선으로 진입하여 속도를 늦추는 것을 목격하였을 뿐 아니라 도로 우측으로 좁은 길이 위와 같이 나 있고 그곳은 횡단보도가 설치되어 있어 횡단보도 전방 약 50m 전방의 노면에 주의표시가 설치되어 있었으므로 이러한 경우 운전업무에 종사하는 자로서는 피고인 1이 운전한 트럭이 서행하여 우회전하지는 않을까 하는 점을 예상하고 그 동정에 주의하면서 서행하여야 할 뿐 아니라 위 덤프트럭이 우회전할 것을 예상하지 못하고 우측으로 통과하려 하더라도 위 트럭으로 인하여 시야가 충분치 못한 피고인 2로서는 위 트럭의 전방에 도로 횡단자 또는 다른 차량이 있을지도 모른다는 점을 인식하고 상당히 감속하면서 진행하여야 할 업무상의 주의의무가 있음에도 불구하고 이를 게을리한 채 그대로 진행한 과실로 1차선에서 우회전 진입하는 위 트럭을 충돌 직전에야 발견하고 급제동하였으나 피하지 못하고 위 1항과 같이 트럭을 충돌하여 피고인 2의 차량에 타고 있던 피해자 000, 000으로 하여금 각 뇌타박상으로 그 자리에서 사망에 이르게 한 사실을 인정하고 피고인 2에 대하여도 업무상과실치사의 죄책이 있는 것으로 판단하였다.

그러나 원심이 위 판시 사실인정의 증거로 채용한 원심의 현장검증 결과에 의하면 피고인 1이 운전하는 덤프트럭이 진행도로에서 우회전하여 길폭 3.5m의 옆 도로로 진입하려면 그 차체의 크기로 말미암아 2차선에서 바로 진입할 수 없고 1차선을 넘어 황색 중앙선 가까이 가서 회전하여야만 진입할 수 있는 사실이 엿보이고, 역시 원심이 채용한 1심 증인 김00의 증언에 의하면 위 덤프트럭의 반대 방향에서 차를 운행하여 왔던 위 김00은 사고지점 가까이에서 위 덤프트럭이 좌·우측 방향지시등을 켜지 않은 채 중앙선을 조금 침범해오기 때문에 위 트럭이 좌회전하여 위 김0식 진행 방향 우측의 도로로 들어갈 것으로 알고 서행하였다는 취지로 진술하고 있다. 위와 같이 2차선에서 피고인 2가 운전하던 승용차를 앞서가던 위 덤프트럭이 1차선으로 들어가 중앙선 가까이에 접근해 감으로써 그 반대 방향에서 진행해 오던 다른 차량의 운전사조차 위 덤프트럭이 좌회전할 것으로 알고 서행할 정도였고 또 우회전 신호등까지도 켜지 않는 상태였다면(원심의 피고인 1에 대한 판시내용도 우회전 신호등을 켜는 등 주의의무를 다하지 아니하였음을 인정한 취지로 보인다), 위 덤프트럭을 뒤따라가던 피고인 2로서는 1차선으로 진입하던 위 덤프트럭이 사고 장소에서 갑자기 우회전하여 2차선으로 다시 들어올 것을 예견하기는 어려운 상황이었다고 하지 않을 수 없다.

그러므로 당시 피고인 2가 위와 같은 사실관계에도 불구하고 위 덤프트럭이 우회전할 것을 미리 예견할 수 있는 다른 사정이 있었는데도 이를 예견하지 못하였다거나 또는 위 덤프트럭이 우회전하기 시작하는 것을 목격한 지점에서 급정지하거나 피행함으로써 충돌을 피할 수 있는 데도 이를 게을리하였다는 것과 같은 특별한 사정이 인정되지 않는 한 피고인 2의 업무상 과실을 인정하기 어려움에도 불구하고, 원심이 만연히 위 덤프트럭의 우회전을 예견할 수 있었는데도 이를 예견하지 못한 점에 주의의무 위반이 있는 것으로 판단하였음은 증거가치 판단을 그르치고 심리를 다하지 아니한 위법을 저지른 것이라고 할 것이다.

이밖에 원심은 피고인 2가 위 덤프트럭의 우회전을 예견하지 못하였다고 하여도 위 덤프트럭 전방에 도로 횡단자나 다른 차량이 있을지도 모른다는 것을 인식하고 감속 운행해야 할 주의의무가 있는 것이라고 판시하였으나, 기록(특히 원심검증결과)에 의하면 피고인 2 운전의 승용차보다 앞서가던 위 덤프트럭도 횡단보도 앞에서 정지하지 않고 계속 운행하였을 뿐 아니라 우회전하기 위하여 일단 1차선으로 진입할 때에 이미 횡단보도에 들어섰던 사실이 인정되므로 이러한 경우에 뒤따라가던 위 피고인에게 위 덤프트럭의 전방에 도로 횡단자나 다른 차량이 있을지도 모를 것을 예상하여 감속 서행하라고 요구하는 것은 무리라고 할 것이다. 피고인 2의 상고 논지는 이유 있다.

【해설】한편, "자동차의 운전자는 횡단보행자용 신호기의 지시에 따라 횡단보도를 횡단하는 보행자가 있을 때에는 횡단보도에의 진입 선후를 불문하고 일시정지하는 등의 조치를 취함으로써 보행자의 통행이 방해되지 않도록 하여야 하고, 다만 자동차가 횡단보도에 먼저 진입한 경우로서 그대로 진행하더라도 보행자의 횡단을 방해하지 않거나 통행에 위험을 초래하지 않을 상황이라면 그대로 진행할 수 있는 것으로 해석되며(대법원 2017. 3. 15. 선고 2016도17442 판결 참조), 이러한 법리는 그 보호의 정도를 달리 볼 이유가 없는 횡단보행자용 신호기가 설치되지 않은 횡단보도를 횡단하는 보행자에 대하여도 마찬가지로 적용된다고 보아야 하고, 따라서 모든 차의 운전자는 보행자보다 먼저 횡단보행자용 신호기가 설치되지 않은 횡단보도에 진입한 경우에도, 보행자의 횡단을 방해하지 않거나 통행에 위험을 초래하지 않을 상황이 아니고서는, 차를 일시 정지하는 등으로 보행자의 통행이 방해되지 않도록 할 의무가 있다는 대법원 2020. 12. 24. 선고 2020도8675 판결이 있다.[89]

---

89) 일반적인 교통사고처리특례법에서 양형 사유로는, 운전에 있어서 과실의 정도, 같은 법 제3조 제2항 단서에 해당하는지 여부, 피해자의 상해 정도, 피해자와 합의 여부, 자동차종합보험가입 여부, 교통

4. 국가공무원법 위반

공무원인 교원이 집단적으로 행한 정치적 의사 표현행위

🏛 대법원 2012. 4. 19. 선고 2010도6388 판결[국가공무원법위반 등]

판결의 요지

1. 국가공무원법 제66조 제1항 본문에서 '공무 외의 일을 위한 집단행위'라고 다소 포괄적이고 광범위하게 규정하고 있다 하더라도, 이는 공무가 아닌 어떤 일을 위하여 공무원들이 하는 모든 집단행위를 의미하는 것이 아니라, 언론·출판·집회·결사의 자유를 보장하고 있는 헌법 제21조 제1항, 공무원 및 교원에게 요구되는 헌법상의 의무 및 이를 구체화한 국가공무원법의 취지, 국가공무원법상의 성실의무 및 직무전념의무 등을 종합적으로 고려하여 '공익에 반하는 목적을 위한 행위로서 직무전념의무를 해태하는 등의 영향을 가져오는 집단적 행위'라고 해석된다.(대법원 1992. 2. 14. 선고 90도2310 판결, 대법원 2005. 4. 15. 선고 2003도2960 판결 등 참조).

그런데 헌법은 제7조 제1항에서 공무원이 국민 전체의 봉사자임을 규정하고, 이에서 더 나아가 제7조 제2항에서 "공무원의 신분과 정치적 중립성은 법률이 정하는 바에 의하여 보장된다."고 규정하고 있다. 이에 따라 공무원은 정치적으로 중립적인 위치에서 공익을 추구하여야 하고, 이를 위해서 특정한 정파적 이익을 추구하는 정치세력으로부터 독립되어야 할 뿐만 아니라 스스로 공무 수행의 정치적 중립성에 영향을 주거나 줄 수 있는 행위를 하여서는 아니 되는 헌법적 의무를 부담한다. 공무원의 정치 운동을 금지하고 있는 국가공무원법 제65조 및 지방공무원법 제57조, 공무원의 선거운동 또는 선거에 영향을 미치는 행위를 금지하고 있는 공직선거법 제9조 제1항, 제60조 제1항, 제85조 제1항, 제86조 등은 모두 이를 구현하기 위한 규정들이다.

또한 헌법은 제31조 제4항에서 "교육의 자주성·전문성·정치적 중립성 및 대학의 자율성은 법률이 정하는 바에 의하여 보장된다."고 규정하여 교육의 정치적 중립성을 보장하고 있다. 교육의 정치적 중립성은 교육에 대한 정치적·당파적 개입

사고 처벌 전력, 피해자의 피해를 회복하기 위한 노력 등이다.

과 지배를 배제하여 교육의 자주성과 자율성을 보장하기 위한 헌법상 기본원칙으로, 이를 확보하기 위해서 교원은 정치적 세력 등에 의하여 교육의 본질에 어긋나는 부당한 영향을 받지 않도록 그 신분이 보장되어야 하는 한편 그러한 영향을 거부하고 정치적 중립성을 지켜야 할 의무도 함께 부담한다(헌법재판소 1991. 7. 22. 선고 89헌가106 결정 참조). 따라서 교원은 대립되는 사상과 정치관을 공정하고 객관적으로 제시함으로써 학생들이 편향적인 사상이나 정치관에 매몰되지 않고 민주적인 시민으로 성장하도록 하여야 하며, 이러한 교육의 정치적 중립성은 교원의 책임하에 자율적으로 확보되어야 한다. 이에 따라 교육기본법은 교육은 정치적·파당적 또는 개인적 편견을 전파하기 위한 방편으로 이용되어서는 아니 되고(제6조 제1항), 교원은 특정한 정당이나 정파를 지지하거나 반대하기 위하여 학생을 지도하거나 선동하여서는 아니 된다고 하여(제14조 제4항), 교원의 정치적 중립성이 교육의 정치적 중립성을 확보하기 위한 당연한 전제임을 확인하고 있다. 교원의 정치적 중립성은 비단 교육현장에서뿐만 아니라 교육현장 외에서도 지켜져야 한다. 특히 아직 독자적인 세계관이나 정치관이 형성되어 있지 아니하고 감수성과 모방성, 그리고 수용성이 왕성한 미성년자들을 교육하는 초·중등학교 교원의 활동은 그것이 교육현장 외에서 이루어졌다고 하더라도 학생들에게 직접적이고 중대한 영향을 미치므로, 초·중등학교의 교원은 교육현장 외에서의 활동도 잠재적 교육과정의 일부임을 인식하고 정치적 중립성이 훼손되지 않도록 유의하여야 한다.

그러므로 공무원인 교원의 경우에도 정치적 표현의 자유가 보장되어야 하지만, 공무원의 정치적 중립성 및 교육의 정치적 중립성을 선언한 헌법정신과 관련 법령의 취지에 비추어 그 정치적 표현의 자유는 일정한 범위 내에서 제한될 수밖에 없고, 이는 헌법에 의하여 신분이 보장되는 공무원인 교원이 감수하여야 하는 한계라 할 것이다. 더구나 공무원인 교원의 정치적 표현행위가 교원의 지위를 전면에 드러낸 채 대규모로 집단적으로 이루어지는 경우에는 그것이 교육현장 및 사회에 미치는 파급력을 고려한 평가가 요구된다고 할 것이다. 따라서 공무원인 교원이 집단적으로 행한 의사표현행위가 국가공무원법이나 공직선거법 등 개별 법률에서 공무원에 대하여 금지하는 특정의 정치적 활동에 해당하는 경우나, 특정 정당이나 정치세력에 대한 지지 또는 반대 의사를 직접적으로 표현하는 등 정치적 편향성 또는 당파성을 명백히 드러내는 행위 등과 같이 공무원인 교원의 정치적 중립성을 침해할 만한 직접적인 위험을 초래할 정도에 이르렀다고 볼 수 있는 경우에, 그 행위는 공무원인 교원으로서의 본분을 벗어나 공익에 반하는 행위로서 공무원으로서의 직무에 관한 기강을 저해하거나 공무의 본질을 해치는 것이어서 직무전념의무를 해태한 것이라 할 것이므로, 국가공무원법 제66조 제1항이 금지하는 '공무 외의 일을 위한 집단행위'에 해당한다고 봄이 상당하다. 여기서 어떠한 행위가 정치적 중립성을 침해할 만한 직접적인 위험을 초래할 정도에 이르렀다고 볼 것인지는 일률적으로 정할 수 없고, 헌법에 의하여 정치적 중립성이 요구되는 공무원 및 교원 지위의 특수성과 아울러, 구체적인 사안에서 당해 행위의 동기 또는 목적, 그 시기와 경위, 당시의 정치적·사회적 배경, 행위의 내용과 방식, 특정 정치세력과의 연계 여부 등 당해 행위와 관련된 여러 사정을 종합적으로 고려하여 판단하여야 한다.

【평석】 전국교직원노동조합(이하 '전교조'라고 한다) 지부 간부인 피고인들이 전교조 본부 및 지부 간부들과 공모하여 2009년 1, 2차 시국선언과 '교사·공무원 시국선언 탄압 규탄대회'를 추진하고 적극적으로 관여한 행위는 특정 정치세력에 대하여 반대하는 의사를 표현함으로써 공무원인 교원의 정치적 중립성을 침해할 만한 직접적인 위험을 초래할 정도의 정치적 편향성 또는 당파성을 명확히 드러낸 행위로서, 국가공무원법 제66조 제1항이 금지하는 '공무 외의 일을 위한 집단행위'에 해당한다고 본 사례이다.

5. (舊) 국가보안법

가. 구 국가보안법(법률 제10호) 제1조의 제3호의 「가입죄」와 즉시범

🏛 대법원 1960. 4. 5. 선고 4293형상57 판결[국가보안법위반]

판결의 요지

구 국가보안법(1948. 12. 1. 법률 제10호) 제1조 제3호의 「가입죄」는 계속범이 아니고 그 가입절차 완료로서 동 범죄행위는 종료되고 전형적 계속범인 체포감금죄에 있어서와 같이 다소 어느 정도 범행상태의 시간적 계속을 필요로 하는 것이 아닌 일종의 즉시범에 속한다고 해석함이 타당하다.

나. 국가보안법 제1조의 "정부를 참칭하고 국가를 변란할 목적"의 의의

🏛 대법원 1966. 4. 21. 선고 66도152 전원합의체 판결[국가보안법위반 · 반란예비음모]

판결의 요지

피고인들이 무력으로 현 정부를 전복하고 국회의 기능을 정지하며 소장급이상의 육 · 해 · 공군, 해병대 장성으로 구성된 구국위원회를 설치하고, 대통령이 피고인들의 건의를 받아들이면 그대로 유임시킬 것이나 이에 동의하지 아니하면 국무총리로 하여금 대통령의 직무를 대행케 하는 등 방법으로 정부를 새로 조직하기로 하고 이 목적을 달성하기 위한 결사를 구성하고 빈번히 회합하여 그 실천 방법으로서 특정 부대의 병력을 동원하여 무력으로 육군본부를 위시한 정부 기관을 점거하고, 대통령을 위시한 정부 요인을 체포하고, 이에 대항할 것으로 예상되는 부대병력을 무력으로 저지하기로 계획하였다면 이는 형법의 내란죄에서 말하는 국헌을 문란할 목적으로 폭동을 할 것을 계획한데 그치는 것이 아니고 한 걸음 더 나아가서 정부를 참칭하고 국가를 변란할 목적이 있었다고 볼 것이며, 만일 피고인들이 계획한 대로 막대한 병력의 군대가 통수계통을 무시하고 동원되어 정부전복과 정권획득의 목적으로 사용되어 극도의 혼란과 수습할 수 없는 국가적 위기에 봉착하게 된다면 이는 대한민국의 기본질서가 파괴되고 실로 국운에 중대한 영향이 미칠 것이라 할 것이니 결국 이는 국가보안법 1조에서 말하는 정부를 참칭하고 국가를 변란케하는 경우에 해당한다할 것이며 오로지 공산정권을 수립하거나 군주국가로 국체를 변경케하는 경우에만 국가보안법 1조에 해당한다는 논지는 독단에 지나지 아니한다.

다. 국가보안법 제7조 제5항의 이적표현물에 관한 죄에서 행위자의 '이적행위 목적' 유무의 판단 방법

🏛 대법원 2010. 12. 9. 선고 2007도10121판결[국가보안법위반(찬양 · 고무 등)]

판결의 요지

행위자가 이적표현물임을 인식하고 국가보안법 제7조 제5항에서 정한 행위를 하였다는 사실만으로 그에게 이적행위를 할 목적이 있었다고 추정해서는 아니 되고, 이 경우 행위자에게 이적행위 목적이 있음을 증명할 직접증거가 없는 때에는 표현물의 이적성의 징표가 되는 여러 사정들에 더하여 피고인의 경력과 지위, 피고인이 이적표현물과 관련하여 제5항의 행위를 하게 된 경위, 피고인의 이적단체 가입 여부 및 이적표현물과 피고인이 소속한 이적단체의 실질적인 목표 및 활동과의 연관성 등 간접사실을 종합적으로 고려하여 판단할 수 있다.

대학교수인 피고인이 이적표현물인 '한국전쟁과 민족통일'이라는 제목의 논문을 제작·반포하였다는 내용으로 기소된 사안에서, 위 논문은 6·25전쟁에 대한 북한과 소련 및 중국의 책임은 의도적으로 축소하거나 언급하지 않고 남한과 미국의 책임만 부각시키는 등 전체적으로 6·25전쟁을 조국통일해방전쟁이라고 주장하면서 미국과 남한에 전쟁 책임이 있다고 선전하고 있는 반국가단체로서의 북한의 활동을 찬양·고무·선전 또는 이에 동조하는 내용인 점, 피고인이 여러 대학에서 열린 각 주체사상 토론회에서 반국가단체로서의 북한의 활동을 찬양·고무·선전 또는 이에 동조하는 내용으로 행한 강연 중에 위 논문에서 주장한 것과 유사한 내용이 포함되어 있고, 잡지와 인터넷신문 등에 수회 게재한 기고문 중에 위 논문에서 주장한 것과 유사한 내용이 포함되어 있으며, 인천 통일연대 주최 토론회에서 위 논문에서 주장한 것과 유사한 내용을 강연하는 등 피고인이 위 논문과 같은 내용을 주장하는 행위는 일회적·우발적인 것이 아니고, 피고인은 오랜 기간 동안 지속적·반복적인 강연과 기고 등을 통하여 이를 전파하는 과정에서 그 전파 내용의 객관적 의미와 효과, 법률적 문제 등에 관하여 충분히 숙고, 인식하였을 것으로 볼 수 있는 점, 위 논문이 비록 학문적인 연구물의 외형을 지니고 있고 피고인이 북한 문제와 통일문제를 연구하는 학자이자 교수라는 점을 감안하더라도, 그 수록 내용이 현재 우리 사회에서 보편적으로 받아들여지는 객관적, 역사적 진실에 반하는 극단적 경향성과 편파성을 띠고 있고 이를 전파하려는 데 그 주된 목적이 있는 것으로 볼 수 있는 이상, 피고인이 순수한 학문적인 동기와 목적 아래 위 논문을 제작·반포한 것으로는 보기 어려운 점, 위 논문이 잡지에 게재·반포된 결과 반국가단체로서의 북한의 활동을 찬양·고무·선전 또는 이에 동조하는 내용의 위 논문이 가지는 이적(利敵) 효과가 전파되어 달성될 가능성 내지 개연성이 큰 점 등을 종합할 때, 피고인으로서는 위 논문의 내용이 이적성을 담고 있음을 인식하고 위 논문으로써 반국가단체 등의 활동에 대한 찬양·고무·선전 또는 이에 동조할 목적으로 제작·반포하였다고 인정할 수 있다.

라. 국가보안법 제7조 제5항에 규정된 이적표현물에 관한 죄의 법적 성격 및 이적행위를 할 목적의 증명책임 소재(검사)와 그 증명 방법

🏛 대법원 2010. 7. 23. 선고 2010도1189 전원합의체 판결[특수공무집행방해치상·일반교통방해·국가보안법위반(찬양·고무등)·집회및시위에관한법률위반]

판결의 요지

국가보안법 제7조 제5항의 죄는 제1, 3, 4항에 규정된 이적행위를 할 목적으로 문서·도화 기타의 표현물을 제작·수입·복사·소지·운반·반포·판매 또는 취득하는 것으로서 이른바 목적범임이 명백하다. 목적범에서의 목적은 범죄 성립을 위한 초과주관적 위법요소로서 고의 외에 별도로 요구되는 것이므로, 행위자가 표현물의 이적성을 인식하고 제5항의 행위를 하였다고 하더라도 이적행위를 할 목적이 인정되지 아니하면 그 구성요건은 충족되지 아니한다. 그리고 형사재판에서 공소가 제기된 범죄의 구성요건을 이루는 사실에 대한 증명책임은 검사에게 있으므로 행위자에게 이적행위를 할 목적이 있었다는 점은 검사가 증명하여야 하며, 행위자가 이적표현물임을 인식하고 제5항의 행위를 하였다는 사실만으로 그에게 이적행위를 할 목적이 있었다고 추정해서는 아니 된다. 이 경우 행위자에게 이적행위 목적이 있음을 증명할 직접증거가 없는 때에는 표현물의 이적성의 징표가 되는 여러 사정들에 더하여 피고인의 경력과 지위, 피고인이 이적표현물과 관련하여 제5항의 행위를 하게 된 경위, 피고인의 이적단체 가입 여부 및 이적표현물과 피고인이 소속한 이적단체의 실질적인 목표 및 활동과의 연관성 등 간접사실을 종합적으로 고려하여 판단할 수 있다.

이와 달리 이적표현물임을 인식하면서 취득·소지 또는 제작·반포하였다면 그 행위자에게는 위 표현물의 내용과 같은 이적행위를 할 목적이 있는 것으로 추정된다는 취지로 판시한 대법원 1992. 3. 31. 선고 90도2033 전원합의체 판결을 비롯하여 이 사건 전원합의체 판결의 견해에 배치되는 다른 대법원 판결들을 변경한다.

피고인이 이적단체인 남북공동선언실천연대(이하 '실천연대'라 한다)의 집행위원 겸 중앙사무처 사무국원으로서 적극 활동하고 있었던 점 및 실천연대의 목표와 노선 및 북한의 상투적인 대남 선전 선동 활동을 적극적으로 찬양·고무·선전하거나 이에 동조하는 내용 등을 수록한 각 표현물을 소지하여 이를 실천연대 간부로서 활동하는 지침으로 사용하였던 것으로 보이는 점 등의 사정을 종합할 때, 피고인은 위 표현물의 내용이 이적성을 담고 있음을 인식하고 위 표현물로써 반국가단체 등의 활동에 대한 찬양·고무 등 이적행위를 할 목적으로 위 표현물을 소지하였다고 인정할 수 있다.

마. 외국인의 국외범

🏛 대법원 2008. 4. 17. 선고 2004도4899 전원합의체 판결[국가보안법 위반(반국가단체의 구성 등)·국가보안법 위반(잠입·탈출)·국가보안법위반(회합·통신 등)·사기미수]

판결의 요지

국가보안법 제6조 제2항의 "반국가단체나 그 구성원의 지령을 받거나 받기 위하여 또는 그 목적수행을 협의하거나 협의하기 위하여 잠입하거나 탈출한 자" 및 같은 법 제8조 제1항의 "국가의 존립·안전이나 자유민주적 기본질서를 위태롭게 한다는 정을 알면서 반국가단체의 구성원 또는 그 지령을 받은 자와 회합·통신 기타의 방법으로 연락을 한 자"의 적용과 관련하여, 독일인이 독일 내에서 북한의 지령을 받아 베를린 주재 북한이익대표부를 방문하고 그곳에서 북한 공작원을 만났다면 위 각 구성요건상 범죄지는 모두 독일이므로 이는 외국인의 국외 범에 해당하여, 형법 제5조와 제6조에서 정한 요건에 해당하지 않는 이상 위 각 조항을 적용하여 처벌할 수 없다.

6. 국회에서의 증언·감정 등에 관한 법률

가. 국회에서의 증언감정 등에 관한 법률 제10조 소정의 고발이 동법 제8조 소정의 위증죄의 기소조건인가 여부 및 불이익변경금지 등

🏛 대법원 1965. 12. 10. 선고 65도826 전원합의체 판결[국회에서의증인감정에관한법률위반·임산물단속에관한법률위반 등]

1) 구(舊) 국회에서의 증언·감정 등에 관한 법률(54. 9. 23. 법률 제340호)은 국회에서 국정에 관한 조사의 필요상 국회 내부의 절차에 관한 규정으로서 국회에 있어서의 위증죄 등의 고발에 관하여 특히 같은 법 제10조 본문 단서와 같은 특별규정을 두고 있는 취지에 비추어 동 위증죄 등의 처벌에 있어서는 국회의 자율권에 맡겨 같은 법 제10조 소정의 고발을 기소조건으로 봄이 상당할 것이다.

2) 국유 임산물의 매수인이 농림부장관의 허가를 받지 않고 물건인수전에 이를 타인에게 전매한 사실을 알면서 영림서장이 국유임산물의 매각계약을 해제하지 아니한 경우에 위 영림서장에게 직무유기죄의 죄책을 부담시키려면 전매사실을 알았다는 사유만으로는 부족하고 특히 본건 계약을 해제하여야 할 특별한 이유 내지 사정이 있어야 한다고 할 것이다.

3) 비록 구 산림법(1961. 12. 27 법률 제881호) 제47조 제1항 제2호의 임산물매각계약을 매수인이 법령이나 계약상의 의무를 이행하지 아니한 때 계약을 해제할 수 있다는 규정이 어느 정도 행정청의 재량에 의할 수 있는 여지를 남겨놓았다고 해석되나 본건과 같이 단순한 법령위반이 아니고 형사 책임을 논하여야 할 정도의 도벌 행위가 있었고 이 경우 매각계약을 해제하는 것이 행정상의 관례인 만큼 영림서장으로서는 응당 매각계약을 해제하고 부하 사법경찰관리로 하여금 범법 사실을 입건 조사토록 하며 나아가서 동법시행령 제36조 소정의 부정임산물의 압류 및 채취와 반출의 정지를 명령하는 등 국유림보전에 필요한 모든 조처를 취하는 것이 법령에 따른 처리하고 할 것이고 또한 위 농림부장관의 지시에 합당하다고 할 것이며 이러한 조치는 영림서장의 임무라고도 할 것인데 단순히 매수인에게 가혹하다 하여 그 편의를 돌보아 주기 위하여 범법행위를 묵살하고, 이상의 직무 수행을 아니한 피고인의 행위는 공무원으로서의 직무를 다하지 아니하고 국가의 기관으로서 국가에 대한 업무상의 임무에 배치되는 것이라고 할 것이다.

4) 국가에서 정당히 양수받은 임목이라 하더라도 산림에서 반출함에 있어서는 당국의 허가가 필요하며 또 임목을 산림 내에서 피고인 경영 제재소까지 운반한 소위는 위 법조에서 말하는 반출에 해당한다.

5) 임산물의 생산지와 착하지가 같은 도내이나 지리상 조건 때문에 일시 타도를 경유하지 아니하면 착하지에 반출할 수 없는 부득이한 경우에 반출도중 일시 타도

를 경유하여 같은 도내인 착하지에 반출하였다고 하더라도 특별한 사정이 없는 한 도외반출이라 할 수 없으므로 도지사가 발급한 반출확인증은 필요하지 않다.

6) 산림절도죄는 그 목적물이 산림에서의 산물에 한정되어 있을 뿐 그 죄질은 형법 소정의 절도죄와 동일하므로 자기가 소지하는 타인소유의 임목에 대하여는 산림절도죄가 성립할 수 없다.

7) 형법 제155조 제1항의 증거인멸죄는 국가형벌권의 행사를 저해하는 일체의 행위를 처벌의 대상으로 하고 있으나 범인 자신이 한 증거인멸의 행위는 피고인의 형사소송에 있어서의 방어권을 인정하는 취지와 상충하므로 처벌의 대상이 되지 아니한다. 그러나 타인이 타인의 형사 사건에 관한 증거를 그 이익을 위하여 인멸하는 행위를 하면 본법 제155조 제1항의 증거인멸죄가 성립되므로 자기의 형사 사건에 관한 증거를 인멸하기 위하여 타인을 교사하여 죄를 범하게 한 자에 대하여도 교사범의 죄책을 부담케 함이 상당할 것이다.

8) 본조 제4항의 취지는 공소사실의 특정은 원칙상 범죄의 일시, 장소 및 방법의 명시로써 한다는 것으로서 이를 명시하지 아니하고 공소사실을 특정하였다고 하여도 공소의 제기가 부적법하게 되는 것은 아니고 범죄의 구성요건이 아닌 범죄의 일시, 장소와 방법은 구체적으로 명확히 할 수 없는 경우에는 부득이한 노릇이기도 하나 개괄적으로 표시하여도 무방하다고 해석된다.

9) 징역 1년에 3년간 집행유예가 선고된 제1심판결에 대하여 피고인 및 검사가 제기한 항소를 기각하고 직권으로 제1심판결의 형이 중하다는 이유로 이를 파기한 후 징역 10월의 실형을 선고한 경우에는 불이익변경의 금지규정에 위배된다(실질적으로 보면 집행유예라는 법률적, 사회적 가치판단은 높게 평가하지 않을 수 없으므로 총체적으로 고려하여 보면 원심의 형(실형 10월)은 제1심의 형(징역 1년 집행유예 3년간)보다 중하다고 하지 않을 수 없다).

나. 국회에서의 증언·감정 등에 관한 법률 제15조 제1항 단서의 고발은 특별위원회가 존속하는 동안에 해야 하는지

🏛 대법원 2018. 5. 17. 선고 2017도14749 전원합의체 판결[국회에서의증언·감정등에관한법률위반](국정농단 의혹사건 진상규명을 위한 국정조사 특별위원회의 위증 고발 사건)

[다수의견] 국회에서의 증언·감정 등에 관한 법률(이하 '국회증언감정법'이라 한다) 제15조 제1항 본문은 "본회의 또는 위원회는 증인·감정인 등이 제12조·제13조 또는 제14조 제1항 본문의 죄를 범하였다고 인정한 때에는 고발하여야 한다."라고 규정하고 있다. 제15조 제1항 본문에 따른 고발은 증인을 조사한 본회의 또는 위원회의 의장 또는 위원장의 명의로 한다(제15조 제3항). 따라서 그 위원회가 고발에 관한 의결을 하여야 하므로 제15조 제1항 본문의 고발은 위원회가 존속하고 있을 것을 전제로 한다.

한편 국회증언감정법 제15조 제1항 단서는 위와 같은 본문에 이어서 "다만 청문회의 경우에는 재적위원 3분의 1 이상의 연서에 따라 그 위원의 이름으로 고발할 수 있다."라고 규정하고 있다.

아래와 같은 이유로, 국회증언감정법 제15조 제1항 단서에 의한 고발도 위원회가 존속하는 동안에 이루어져야 한다고 해석하는 것이 타당하다.

① 국회증언감정법 제15조 제1항 단서에 규정된 재적위원은 위원회가 존속하고 있는 상태에서의 재적위원을 의미한다고 해석하는 것이 문언의 통상적인 용법에 부합한다. 재적(在籍)의 사전적 의미는 명부에 이름이 올라 있음을 뜻한다. 국회법은 여러 조항에서 재적위원이라는 용어를 사용하고 있다. 국회법이 규정하고 있는 재적위원은 모두 위원회가 존속하고 있는 것을 전제로 하여 현재 위원회에 적을 두고 있는 위원을 의미하고 있고, 위원회가 소멸하여 더 이상 존속하지 않는 경우를 상정하고 있다고 보기는 어렵다. 따라서 국회증언감정법 제15조 제1항 단서에서 특별히 '재적위원이었던 자'를 포함한다고 볼 만한 문언을 사용하지 않고 단순히 '재적위원'이라고만 규정하고 있는 이상 이는 국회법의 여러 규정에서 사용하고 있는 재적위원과 동일한 의미로 해석하는 것이 타당하다.

② 청문회를 개최한 특별위원회가 활동기한의 종료로 존속하지 않게 되었다면 그 후에는 청문회에서 증언한 증인을 위증죄로 고발할 수 없다고 해석하는 것이 특별위원회의 활동기간을 정한 취지에 부합한다. 국회증언감정법 제15조 제1항 단서의 문언과 입법 취지 및 목적, 특별위원회의 활동기간을 정한 취지 등을 고려하여 볼 때, 특별위원회가 존속하지 않게 되어 더 이상 국회증언감정법 제15조 제1항 본문에 의한 고발을 할 수 없게 되었다면 같은 항 단서에 의한 고발도 할 수 없다

고 해석하는 것이 타당하다.

③ 특별위원회가 존속하지 않게 된 이후에도 과거 특별위원회가 존속할 당시 재적위원이었던 사람이 연서로 고발할 수 있다고 해석하는 것은 유추해석금지의 원칙에 위배된다. 국회증언감정법 제15조 제1항 단서의 문언 및 입법 취지, 다른 법률규정과의 관계 등에 비추어 보면, 국회증언감정법 제15조 제1항 단서의 재적위원은 존속하고 있는 위원회에 적을 두고 있는 위원을 의미하고, 특별위원회가 존속하지 않게 된 경우 그 재적위원이었던 사람을 의미하는 것은 아니라고 해석하는 것이 타당하다. 이와 달리 특별위원회가 소멸하였음에도 과거 특별위원회가 존속할 당시 재적위원이었던 사람이 연서로 고발할 수 있다고 해석하는 것은 소추요건인 고발의 주체와 시기에 관하여 그 범위를 행위자에게 불리하게 확대하는 것이다. 이는 가능한 문언의 의미를 벗어나므로 유추해석 금지에 반한다.

7. 근로기준법 위반

가. 근로기준법 위반 - 고의조각사유

> 🏛 대법원 2007. 6. 28. 선고 2007도1539 판결[근로기준법위반]

판결의 요지

임금 등 지급의무의 존재에 관하여 다툴 만한 근거가 있는 것이라면 사용자가 그 임금 등을 지급하지 아니한 데에는 상당한 이유가 있다고 보아야 할 것이어서 사용자에게 구 근로기준법(2007. 4. 11. 법률 제8372호로 전문 개정되기 전의 것, 이하 같다) 제112조, 제36조 위반죄의 고의가 있었다고 인정하기 어렵다고 할 것이고, 임금 등 지급의무의 존부 및 범위에 관하여 다툴만한 근거가 있는지 여부는 사용자의 지급거절 이유 및 그 지급의무의 근거, 그리고 사용자가 운영하는 회사의 조직과 규모, 사업 목적 등 제반 사항, 기타 임금 등 지급의무의 존부 및 범위에 관한 다툼 당시의 제반 정황에 비추어 판단하여야 할 것이며, 사후적으로 사용자의 민사상 지급책임이 인정된다고 하여 곧바로 사용자에 대한 구 근로기준법 제112조, 제36조 위반죄의 고의가 인정된다고 단정해서는 안 될 것이다.

기록에 의하면, 피고인은 주식회사 00의 대표자로서 상시 130여 명의 근로자를 고용하여 금속제품(밸브) 제조업을 경영하여 온 사실, 00삼신의 노동조합(이하 '노조'라고 한다)은 기능직 사원들을 조합원으로 하여 구성되어 있는데 원래는 전체 근로자 수의 과반수 이상이었으나 2003. 8. 31.경부터 과반수에 미치지 못하게 된 사실, 피고인은 노조 측과 단체협상을 하여 2003년도 및 2004년도 상여금으로 기본급의 650%를 지급하되, 2월말, 4월말, 6월말, 8월말, 10월말, 12월말 각 100%씩을, 7월말 50%를 각 지급하기로 약정하였으며, 노조원이 아닌 관리직 사원에 대하여도 관례적으로 노조원인 기능직 종업원과 동일한 기준으로 상여금을 지급하여 온 사실, (중략) 2005년도 상여금인 기본급의 650% 중 400%는 지급하고 나머지는 2005년도 결산결과에 따라 사업목표 달성 시에 지급할 것'임을 통보하며 이에 관한 노조의 의견을 물었고, 이에 대해 노조위원장은 2005. 2. 2. 위 공문의 내용을 충분히 인지하였음을 알리며 최선을 다해 열심히 일할 것을 다짐함과 아울러 2005. 1. 28. 노·사간에 합의된 내용을 이행하여 줄 것을 요청하는 취지의 회신을 하였으며, 피고인은 그 합의된 내용을 이행한 사실, 피고인은 다시 2005. 4. 8. 노조위원장에게 공문을 보내, '2005. 3.말까지도 사업계획에 턱없이 모자라는 실적을 보이고 있어서 회사운영에 상당한 어려움을 겪고 있으므로 2004년도 잔여 상여금은 지급하지 아니하고, 2005년도 상여금은 기본급의 400%를 기준으로 지급하되 2005년도 결산결과 소기의 목표 달성 시에 재조정하겠다.'고 통보하였고, 이에 대해 노조 위원장은 2005. 4. 13. '회사의 경영상 어려움에 대하여 책임을 통감하고 추후에는 2004년도 잔여 상여금에 대하여 재론하지 않겠으며 다만 직원들의 사기 앙양을 위하여 2005. 7.분 상여금(기본급의 50%)을 지급하여 줄 것을 요청하는 취지의 회신을 하였으며, 피고인은 그 상여금을 지급한 사실, 피고인과 노조위원장은 2005. 7. 27. 단체협상을 하여 2005년도 상여금을 기본급의 400%를 기준으로 4회 분할하여 매 분기 말 100%씩 지급하고, 250%는 사업목표 달성 시에 성과급으로 지급하기로 약정한 사실, 피고인은 당초 2005년도의 사업목표로 400억 원의 매출을 정하였다가 380억 원으로 수정하였음에도 278억 원의 매출에 불과하자 매 분기 말에 지급하기로 한 기본급의 400%와 7월말에 지급한 50%를 제외한 나머지(공소장 기재 2005. 4.분 및 같은 해 8.분 상여금)를 지급하지 아니한 사실, 위와 같은 상여금 삭감 조치에 대해 다른 사원들은 모두 수긍하였으나 이 사건 진정인들만이 불만을 가지고 00삼신을 퇴사하기에 이른 사실, 피고인은 이 사건 각 상여금 및 퇴직금 외에는 사원들에 대하여 모든 임금을 지급하였고, 특히 2002년경부터 계속된 적자로 사업이 어려워지자 수십억 원의 사재를 출연하는 등으로 회사의 영업을 정상화시키기 위하여 노력한 사실 등을 알 수 있다.

앞에서 본 법리 및 위 사실관계에 비추어 보면, 피고인이 이 사건 각 상여금 및 퇴직금 차액에 대한 지급의무가 인정됨에도 이를 지급하지 아니한 것은 사실이나, 피고인이 이 사건 각 상여금 및 퇴직금 차액을 지급하지 아니하게 된 것은 피고인의 일방적인 조치가 아니고 회사의 경영이 극히 어려운 상황에서 경영의 합리화를 위한 시도로서 공식적인 절차를 갖추어 노조의 의견을 물어 행한 것이고, 노조도 회사의 어려운 여건을 이해하고 2005. 2. 2.자 및 같은 해 4. 13.자 회신, 그리고 2005. 7. 27. 단체협상을 통해 이에 부응하고 받아들인 점, 00삼신은 노조원이 아닌 사원에 대해서도 관례적으로 노조와의 단체협약에 따른 상여금을 지급해왔으므로 피고인이 노조원이 아닌 사원에 대해서는 달리 취급하여야 한다고 생각하기 어려웠을 것으로 보이는 점, 피고인 자신도 회사의 경영개선을 도모하기 위하여 수십억 원의 사재를 출연한 점, 이 사건 진정인들을 제외한 다른 사원들은 대체로 피고인의 상여금 삭감조치에 대하여 수긍하고 받아들인 점을 비롯하여 위에서 본 바와 같은 이 사건 각 상여금의 삭감조치 및 그 지급의무의 존재에 관한 다툼 당시의 삼신이 처한 상황, 피고인 및 사원들의 태도, 기타 제반 상황 등으로 보아, 피고인으로서는 이 사건 각 상여금에 대한 지급의무의 존재에 관하여 다툴만한 나름대로의 근거가 있었다고 할 것이고, 이 사건 각 퇴직금의 차액은 이 사건 각 상여금에 대한 지급의무가 인정될 경우에 그 각 상여금이 퇴직금 계산에 반영됨으로써 계산상 생긴 차액이므로, 이 사건 각 상여금에 대한 지급의무의 존재에 관하여 다툴만한 근거가 있는 이상 마찬가지로 이 사건 각 퇴직금에 대한 지급의무의 존부에 관해서도 다툴만한 근거가 있는 것이라고 할 것이니, 결국 피고인이 이 사건 진정인들에게 이 사건 각 상여금 및 퇴직금의 차액을 지급하지 아니한 데에 상당한 이유가 있다고 보아야 할 것이어서 피고인에게 구 근로기준법 제112조, 제36조 위반죄의 고의가 있었다고 단정하기는 어렵다.

【평석】 사용자가 근로자의 임금을 지급하지 않는 경우 근로기준법 위반으로 처벌받는 경우가 많다. 근로자를 보호하고 고의의 체불업자를 처벌하기 위함인데, 위와 같이 유의하여야 할 판례들이 있다.

나. 근로기준법 위반 - 책임조각사유

> 🏛 대법원 2006. 2. 9. 선고 2005도9230 판결[근로기준법위반]

판결의 요지

근로기준법 제112조, 제36조에서 정하는 임금 및 퇴직금 등의 기일 내 지급의무 위반죄는 사용자가 그 지급을 위하여 최선의 노력을 다하였으나, 경영 부진으로 인한 자금 사정 등으로 지급기일 내에 지급할 수 없었던 불가피한 사정이 사회통념에 비추어 인정되는 경우에만 면책되는 것이고, 단순히 사용자가 경영부진 등으로 자금압박을 받아 이를 지급할 수 없었다는 것만으로는 그 책임을 면할 수 없다(대법원 2002. 11. 26. 선고 2002도649 판결 등 참조).

이와 관련하여 근로기준법 제36조가 임금이나 퇴직금의 기일 내 지급의무를 정하고 위 법 제112조에서 이를 위반한 경우에는 형사처벌의 대상으로까지 삼고 있는 것은 근로자가 사망 또는 퇴직한 경우에 그러한 근로자 등의 생활안정을 도모하기 위한 안전판이 마련될 수 있도록 확실히 강제하려는 데 그 입법취지가 있다 할 것이다. 그렇게 볼 때 위와 같이 '임금이나 퇴직금을 기일 안에 지급할 수 없었던 불가피한 사정'이 있었는지 여부를 판단함에 있어서는, 사용자가 퇴직 근로자 등의 생활안정을 도모하기 위하여 임금이나 퇴직금 등을 조기에 청산하기 위해 최대한 변제 노력을 기울이거나 장래의 변제계획을 분명하게 제시하고 이에 관하여 근로자측과 성실한 협의를 하는 등, 퇴직 근로자 등의 입장에서 상당한 정도 수긍할만한 수준이라고 객관적으로 평가받을 수 있는 조치들이 행하여졌는지 여부도 하나의 구체적인 징표가 될 수 있을 것이다.

기록에 의하면, 피고인이 그가 인수받아 운영하던 회사의 경영상태가 계속 악화되자 경영 부진을 이유로 2003년 2월경부터 근로자들을 권고 사직시키는 등 인원 감축에 치중하였을 뿐이고 퇴직 근로자들에 대한 임금이나 퇴직금 등의 청산을 위한 변제 노력이 있었다거나 장래의 변제계획이 구체적으로 제시된 바 없고 이와 관련하여 근로자측과 성실한 협의를 한 흔적이 있음을 찾아볼 수 없다.

따라서 앞서 본 법리와 아울러 이러한 사실관계에 비추어 보면, 원심이, 피고인이 퇴직 근로자에 대하여 임금이나 퇴직금을 지급할 수 없었던 불가피한 사정이 있다고 사회통념상 인정할 수 있는 경우에 해당한다고 볼 수 없다는 취지에서, 임금 등 체불의 면책에 관한 피고인의 주장을 배척하고 원심 판시 범죄사실을 유죄로 인정한 것은 정당하다. 원심판결에는 채증법칙 위반으로 인한 사실오인, 심리미진, 책임조각사유에 관한 법리오해 등의 위법이 없다.

【평석】 위와 같이 근로기준법 위반이라 하더라도 고의 조각 사유 이외에 사용자의 책임이 조각되는 경우가 있음을 실무에서 유의하여야 한다.

다. 근로기준법 위반 - 근로자인지 여부

> 🏛 대법원 2010. 10. 28. 선고 2010도9240 판결[직업안정법위반](서울서부지방법원 2012 노842사건 참조)

판결의 요지

구 직업안정법(2009. 10. 9. 법률 제9795호로 개정되기 전의 것, 이하 같다) 제4조 제6호에 의하면 "모집"이란 근로자를 고용하고자 하는 자가 취직하고자 하는 자에게 피용자가 되도록 권유하거나 다른 사람으로 하여금 권유하게 하는 것을 말하고, 구 직업안정법은 근로자의 직업안정을 도모하는 데 그 목적을 두고 있으므로, 구 직업안정법 제32조에서 금지하는 금품수수 행위의 당사자인 '근로자를 모집하고자 하는 자'에 해당하기 위해서는 그가 모집하는 근로자가 종속적인 관계에서 근로를 제공할 의무를 지고 대가를 얻는 자여야만 할 것이고, 이때의 근로자는 근로기준법상의 근로자와 그 의미가 같다고 보아야 한다(대법원 1999. 11. 12. 선고 99도2451 판결 등 참조). 한편 근로기준법상의 근로자에 해당하는지 여부는 계약의 형식이 고용계약인지 도급계약인지보다 그 실질에 있어 근로자가 사업 또는 사업장에 임금을 목적으로 종속적인 관계에서 사용자에게 근로를 제공하였는지 여부에 따라 판단하여야 하고, 위에서 말하는 종속적인 관계가 있는지 여부는, 업무 내용을 사용자가 정하고 취업규칙 또는 복무(인사)규정 등의 적용을 받으며 업무수행 과정에서 사용자가 상당한 지휘·감독을 하는지, 사용자가 근무시간과 근무 장소를 지정하고 근로자가 이에 구속을 받는지, 노무 제공자가 스스로 비품·원자재나 작업도구 등을 소유하거나 제3자를 고용하여 업무를 대행하게 하는 등 독립하여 자신의 계산으로 사업을 영위할 수 있는지, 노무 제공을 통한 이윤의 창출과 손실의 초래 등 위험을 스스로 안고 있는지와, 보수의 성격이 근로 자체의 대상적 성격인지, 기본급이나 고정급이 정하여졌는지 및 근로소득세의 원천징수 여부 등 보수에 관한 사항, 근로 제공 관계의 계속성과 사용자에 대한 전속성의 유무와 그 정도, 사회보장제도에 관한 법령에서 근로자로서 지위를 인정받는지 등의 경제적·사회적 여러 조건을 종합하여 판단하여야 한다. 다만, 기본급이나 고정급이 정하여졌는지, 근로소득세를 원천징수하였는지, 사회보장제도에 관하여 근로자로 인정받는지 등의 사정은 사용자가 경제적으로 우월한 지위를 이용하여 임의로 정할 여지가 크다는 점에서, 그러한 점들이 인정되지 않는다는 것만으로 근로자성을 쉽게 부정하여서는 안 된다(대법원 2007. 9. 7. 선고 2006도777 판결 등 참조).

원심판결 이유에 의하면 원심은, 원심판결 별지 각 [범죄일람표] 기재 본부장, 총국장, 지사장(이하 '이 사건 지사장 등'이라고 한다)은 피고인에게 지대선납금 명목으로 일정한 금액을 납부하면서 피고인과 지사 등 개설약정을 체결하였고, 위 개설약정에 의하면 이 사건 지사장 등은 본사에서 공급하는 신문을 판매하고 광고를 수주하되, 신문 대금 중 20~30%에 해당하는 금액과 광고료 중 소정의 기준에 해당하는 금액만을 본사에 입금하고 나머지는 지사장 등의 수입으로 하기로 하는 내용 등이 규정되어 있기는 하나, 한편 이 사건 지사장 등은 대부분 인맥을 넓히거나 명예를 위하여 또는 경찰, 구청 등에 자유롭게 출입하기 위한 목적으로 위 개설약정을 체결한 것이고, 실제로 피고인으로부터 받은 신문 중 일부를 친지나 경찰서, 소방서, 파출소 등에 무가지로 배포하였을 뿐 거의 대부분을 폐신문지로 재활용 처리하였고 광고 수주실적도 전혀 없었으며, 이 사건 지사장 등은 물론 이들이 채용한 기자들은 취재 활동을 하지도 않았고 본사로부터 급여를 받지도 않았으며, 본사가 현실적으로 이 사건 지사장 등의 업무를 구체적으로 지휘, 감독하였다고 볼 자료도 없는 점 등도 종합하여 보면 이 사건 지사장 등을 피고인에게 고용된 근로자로 보기는 어렵다는 이유로, 근로자 모집의 대가로 금품을 수수하였다는 공소사실로 기소된 피고인에 대하여 무죄를 선고하였다.

원심이 들고 있는 사정을 앞서 본 법리에 비추어 보면 원심의 위와 같은 판단을 넉넉히 수긍할 수 있고, 거기에 구 직업안정법상의 모집 내지 근로기준법상의 근로자성에 관한 법리를 오해한 위법 등이 없다.

【평석】 근로기준법 위반에서 근로자인지 여부가 실제 많이 발생하는 사건인데,

노무 제공자가 스스로 원자재나 작업 도구 등을 소유하거나 제3자를 고용하여 업무를 대행하게 하는 등 독립하여 자신의 계산으로 사업을 영위할 수 있는지, 노무 제공을 통한 이윤의 창출과 손실의 초래 등 위험을 스스로 안고 있는지, 보수의 성격이 근로 자체의 대상적 성격인지, 기본급이나 고정급이 정하여졌는지 및 근로소득세의 원천징수 여부 등 보수에 관한 사항, 근로제공 관계의 계속성과 사용자에 대한 전속성의 유무와 그 정도, 사회보장제도에 관한 법령에서 근로자로서 지위를 인정받는지 등의 경제적·사회적 여러 조건을 종합하여 판단한다.

대법원은, 근로기준법에 따른 근로자에 해당하는지는 계약의 형식보다는 실질적으로 사용자에 대한 종속적 관계에서 임금을 목적으로 사용자에게 근로를 제공하였는지 여부에 따라 판단해야 한다. 여기에서 종속적인 관계가 있는지는 업무 내용을 사용자가 정하고 취업규칙 또는 복무(인사)규정 등이 적용되며 업무 수행 과정에서 사용자가 지휘·감독을 하는지, 사용자가 근무 시간·장소를 지정하고 근로자가 이에 구속되는지, 노무제공자가 스스로 비품·원자재나 작업도구를 소유하거나 제3자를 고용하여 업무를 대행하도록 하는 등 독립하여 자신의 계산으로 사업을 영위할 수 있는지, 노무 제공을 통해 스스로 이윤을 창출하거나 손실 등 위험을 부담하는지, 보수의 성격이 근로 자체의 대가적 성격인지, 기본급이나 고정급이 정해져 있는지, 근로소득세를 원천징수하는지 등 보수에 관한 사항, 근로 제공 관계의 계속성과 사용자에 대한 전속성의 유무와 그 정도, 사회보장제도에 관한 법령에서 근로자로 인정되는지 등 경제적·사회적 여러 조건을 종합하여 판단해야 한다. 다만 사용자가 정한 취업규칙 또는 복무(인사)규정 등이 적용되는지, 기본급이나 고정급이 정해져 있는지, 근로소득세를 원천징수하는지, 사회보장제도에 관하여 근로자로 인정되는지 등의 사정은 사용자가 경제적으로 우월한 지위를 이용하여 임의로 정할 여지가 크기 때문에, 그러한 점들이 인정되지 않는다고 해서 그것만으로 근로자가 아니라고 쉽게 단정해서는 안 된다. 어떤 근로자에게 누가 임금 등의 지급 의무를 부담하는 사용자인가를 판단할 때에도 실질적인 근로관계를 기준으로 해야 하고, 이때 위와 같은 여러 요소들을 종합적으로 고려해야 한다고 판시하였다(대법원 2022. 3. 31. 선고 2019도10297 판결[근로기준법위반·근로자퇴직급여보장법위반]).

8. 노동쟁의조정법 위반

🏛 대법원 1990. 11. 27. 선고 89도1579 전원합의체 판결[노동쟁의조정법위반, 집회및시위
에관한법률위반, 폭력행위등처벌에관한법률위반]

판결의 요지

　노동조합법 제3조 제4호 단서가 "해고의 효력을 다투고 있는 자를 근로자가 아
닌 자로 해석하여서는 아니 된다"고 규정하고 있는 취지에서 비추어 보면, 노동쟁
의조정법 제13조의2에서 개입을 금지하는 제3자에는 직접 근로관계를 맺고 있는
근로자가 사용자에 의하여 해고되었다 하더라도 상당한 기간 내에 그 해고가 부당
노동행위이거나 무효라고 주장하고 노동위원회나 법원에 부당노동행위의 구제신청
이나 해고무효확인의 소를 제기하여 그 해고의 효력을 다투고, 그가 근로자의 신분
이나 당해 노동조합의 조합원 또는 임원의 신분을 계속 보유함을 주장하면서, 당해
노, 사관계 내부에서 쟁의행위를 하는 근로자는 포함되지 아니하는 것으로 보아야
할 것이며, 노동조합의 정의에 관한 노동조합법 제3조 제4호 단서가 신설(1987. 11.
28.)되기 전의 쟁의행위에 개입한 경우라고 하여 달리 해석할 것은 아니다.

9. 노동조합 및 노동관계조정법 위반

**가. 노동조합의 조합 활동이 정당성을 갖추어 형법 제20조의 정당행위에 해당하
기 위한 요건 및 위 요건 중 시기·수단·방법 등에 관한 요건을 갖추었는지
판단할 때에 특히 고려할 사항**

🏛 대법원 2020. 7. 29. 선고 2017도2478 판결[폭력행위등처벌에관한법률위반(공동주거침입)]

판결의 요지

　노동조합의 조합 활동은 근로자가 가지는 결사의 자유 내지 노동3권에 바탕을
둔 것으로서 노동조합 및 노동관계조정법(이하 '노동조합법'이라고 한다) 제1조의 목
적을 달성하기 위하여 정당한 행위에 대하여는 민형사상 면책이 된다(노동조합법 제
4조, 형법 제20조). 노동조합의 활동이 정당하다고 하려면, 첫째 주체의 측면에서 행

위의 성질상 노동조합의 활동으로 볼 수 있거나 노동조합의 묵시적인 수권 혹은 승인을 받았다고 볼 수 있는 것이어야 하고, 둘째 목적의 측면에서 근로조건의 유지·개선과 근로자의 경제적 지위의 향상을 도모하기 위하여 필요하고 근로자들의 단결 강화에 도움이 되는 행위이어야 하며, 셋째 시기의 측면에서 취업규칙이나 단체협약에 별도의 허용규정이 있거나 관행이나 사용자의 승낙이 있는 경우 외에는 원칙적으로 근무시간 외에 행하여져야 하고, 넷째 수단·방법의 측면에서 사업장 내 조합 활동에서는 사용자의 시설관리권에 바탕을 둔 합리적인 규율이나 제약에 따라야 하며 폭력과 파괴행위 등의 방법에 의하지 않는 것이어야 한다.

이 중에서 시기·수단·방법 등에 관한 요건은 조합 활동과 사용자의 노무지휘권·시설관리권 등이 충돌할 경우에 그 정당성을 어떠한 기준으로 정할 것인지 하는 문제이므로, 위 요건을 갖추었는지 여부를 판단할 때에는 조합 활동의 필요성과 긴급성, 조합 활동으로 행해진 개별 행위의 경위와 구체적 태양, 사용자의 노무지휘권·시설관리권 등의 침해 여부와 정도, 그 밖에 근로관계의 여러 사정을 종합하여 충돌되는 가치를 객관적으로 비교·형량하여 실질적인 관점에서 판단하여야 한다.

나. 사용자인 수급인에 대한 정당성을 갖춘 쟁의행위가 도급인의 사업장에서 이루어져 형법상 보호되는 도급인의 법익을 침해하였더라도 형법 제20조의 '사회상규에 위배되지 아니하는 행위'로서 위법성이 조각되는 경우 및 이러한 경우에 해당하는지 판단하는 기준

🏛 대법원 2020. 9. 3. 선고 2015도1927 판결[업무방해·퇴거불응]

판결의 요지

(1) 단체행동권은 헌법 제33조 제1항에서 보장하는 기본권으로서 최대한 보장되어야 하지만 헌법 제37조 제2항에 의하여 국가안전보장·질서유지 또는 공공복리 등의 공익상의 이유로 제한될 수 있고 그 권리의 행사가 정당한 것이어야 한다는 내재적인 한계가 있다. 쟁의행위가 정당행위로 위법성이 조각되는 것은 사용자에 대한 관계에서 인정되는 것이므로, 제3자의 법익을 침해한 경우에는 원칙적으로 정당성이 인정되지 않는다. 그런데 도급인은 원칙적으로 수급인 소속 근로자의 사용자가 아니므로, 수급인 소속 근로자의 쟁의행위가 도급인의 사업장에서 일어나

도급인의 형법상 보호되는 법익을 침해한 경우에는 사용자인 수급인에 대한 관계에서 쟁의행위의 정당성을 갖추었다는 사정만으로 사용자가 아닌 도급인에 대한 관계에서까지 법령에 의한 정당한 행위로서 법익 침해의 위법성이 조각된다고 볼 수는 없다.

그러나 수급인 소속 근로자들이 집결하여 함께 근로를 제공하는 장소로서 도급인의 사업장은 수급인 소속 근로자들의 삶의 터전이 되는 곳이고, 쟁의행위의 주요 수단 중 하나인 파업이나 태업은 도급인의 사업장에서 이루어질 수밖에 없다. 또한 도급인은 비록 수급인 소속 근로자와 직접적인 근로계약 관계를 맺고 있지는 않지만, 수급인 소속 근로자가 제공하는 근로에 의하여 일정한 이익을 누리고, 그러한 이익을 향수하기 위하여 수급인 소속 근로자에게 사업장을 근로의 장소로 제공하였으므로 그 사업장에서 발생하는 쟁의행위로 인하여 일정 부분 법익이 침해되더라도 사회통념상 이를 용인하여야 하는 경우가 있을 수 있다. 따라서 사용자인 수급인에 대한 정당성을 갖춘 쟁의행위가 도급인의 사업장에서 이루어져 형법상 보호되는 도급인의 법익을 침해한 경우, 그것이 항상 위법하다고 볼 것은 아니고, 법질서 전체의 정신이나 그 배후에 놓여있는 사회윤리 내지 사회통념에 비추어 용인될 수 있는 행위에 해당하는 경우에는 형법 제20조의 '사회상규에 위배되지 아니하는 행위'로서 위법성이 조각된다. 이러한 경우에 해당하는지 여부는 쟁의행위의 목적과 경위, 쟁의행위의 방식·기간과 행위 태양, 해당 사업장에서 수행되는 업무의 성격과 사업장의 규모, 쟁의행위에 참여하는 근로자의 수와 이들이 쟁의행위를 행한 장소 또는 시설의 규모·특성과 종래 이용관계, 쟁의행위로 인해 도급인의 시설관리나 업무수행이 제한되는 정도, 도급인 사업장 내에서의 노동조합 활동 관행 등 여러 사정을 종합적으로 고려하여 판단하여야 한다.

(2) 사용자는 쟁의행위 기간 중 그 쟁의행위로 중단된 업무의 수행을 위하여 당해 사업과 관계없는 자를 채용 또는 대체할 수 없다(노동조합 및 노동관계조정법 제43조 제1항). 사용자가 당해 사업과 관계없는 자를 쟁의행위로 중단된 업무의 수행을 위하여 채용 또는 대체하는 경우, 쟁의행위에 참가한 근로자들이 위법한 대체근로를 저지하기 위하여 상당한 정도의 실력을 행사하는 것은 쟁의행위가 실효를 거둘 수 있도록 하기 위하여 마련된 위 규정의 취지에 비추어 정당행위로서 위법성이 조각된다. 위법한 대체근로를 저지하기 위한 실력 행사가 사회통념에 비추어 용인될 수 있는 행위로서 정당행위에 해당하는지는 그 경위, 목적, 수단과 방법, 그로

인한 결과 등을 종합적으로 고려하여 구체적인 사정 아래서 합목적적·합리적으로 고찰하여 개별적으로 판단하여야 한다.

【평석】 사내하청업체 소속 근로자들이 사용자인 하청업체를 상대로 한 쟁의행위의 일환으로 원청업체 사업장에서 집회·시위를 하고, 대체 투입된 근로자의 업무를 방해한 사건으로, 조합활동과 정당행위에 관한 판결들로, 하청업체 소속 근로자가 원청업체 사업장에서 한 쟁의행위가 정당행위인지 여부에 대한 기준을 제시한 판결이다.

다. 사용자가 연설, 사내방송 등을 통하여 의견을 표명하는 행위가 부당노동행위에 해당하기 위한 요건

🏛 대법원 2013. 1. 10. 선고 2011도15497 판결[업무방해]

판결의 요지

사용자가 연설, 사내방송, 게시문, 서한 등을 통하여 의견을 표명하는 경우 표명된 의견의 내용과 함께 그것이 행하여진 상황, 시점, 장소, 방법 및 그것이 노동조합의 운영이나 활동에 미치거나 미칠 수 있는 영향 등을 종합하여 노동조합의 조직이나 운영 및 활동을 지배하거나 이에 개입하는 의사가 인정된다면 노동조합 및 노동관계조정법 제81조 제4호에 규정된 '근로자가 노동조합을 조직 또는 운영하는 것을 지배하거나 이에 개입하는 행위'로서 부당노동행위가 성립하고, 또 그 지배·개입으로서 부당노동행위의 성립에 반드시 근로자의 단결권 침해라는 결과 발생까지 요하는 것은 아니다. 그러나 사용자 또한 자신의 의견을 표명할 수 있는 자유를 가지고 있으므로, 사용자가 노동조합의 활동에 대하여 단순히 비판적 견해를 표명하거나 근로자를 상대로 집단적인 설명회 등을 개최하여 회사의 경영상황 및 정책방향 등 입장을 설명하고 이해를 구하는 행위 또는 비록 파업이 예정된 상황이라 하더라도 파업의 정당성과 적법성 여부 및 파업이 회사나 근로자에 미치는 영향등을 설명하는 행위는 거기에 징계 등 불이익의 위협 또는 이익제공의 약속 등이 포함되어 있거나 다른 지배·개입의 정황 등 노동조합의 자주성을 해칠 수 있는 요소가 연관되어 있지 않는 한, 사용자에게 노동조합의 조직이나 운영 및 활동을 지배하거나 이에 개입하는 의사가 있다고 가볍게 단정할 것은 아니다.

전국철도노동조합(이하 '노동조합'라 한다)이 한국철도공사(이하 '철도공사'라 한다)와 단체교섭 결렬을 이유로 파업을 예고한 상태에서 파업 예정일 하루 전에 사용자 측 교섭위원인 갑이 직원들을 상대로 설명회를 개최하려고 지역 차량사업소에 도착하자, 노동조합 간부인 피고인들 등이 청사 안으로 들어가지 못하게 몸으로 가로막는 등 위력으로 갑의 업무를 방해하였다는 내용으로 기소된 사안에서, 갑이 설명회에서 발언하고자 한 내용과 설명회 전 다른 지역 순회설명회에서 표명한 발언 내용 및 그러한 발언 등이 조합원이나 노동조합 활동에 미쳤거나 미칠 수 있는 영향, 당초 예정된 파업의 정당성 여부 등 부당노동행위를 인정하는 전제가 되는 전후 상황 등에 관하여 구체적으로 심리하여, 설명회 개최가 사용자 입장에서 단순히 파업에 대한 의견을 개진하는 수준을 넘어 사용자에게 노동조합의 운영이나 활동을 지배하거나 그 활동에 개입하려는 의사가 있었던 것으로 추단되는지를 판단하지 아니한 채, 설명회 개최가 '근로자가 노동조합을 운영하는 것을 지배하거나 이에 개입하는 행위'로서 업무방해죄의 보호법익인 '업무'에 해당하지 않는다는 등의 이유로 피고인들에게 무죄를 선고한 원심판결에 법리오해 및 심리미진의 위법이 있다.

【평석】 사용자와 근로자의 권리와 이해를 조화롭게 도모하려는 판례로 보고 있다. 사용자가 노동조합의 활동에 대한 단순 비판이나 집단적인 설명회를 개최하여 회사의 정책 방향, 경영 상황 등 입장을 설명하고 이해를 구하는 행위는 근로자들에게 불이익을 준다거나 이익 제공의 약속 등, 조합에 대한 지배 개입, 자주성을 해할 수 있는 행위가 아닌 한, 노동조합의 조직 및 활동을 지배하거나 개입하였다고 단정할 사항은 아니라고 판시하였다.[90]

---

90) 박진환, 사용자의 표현의 자유와 부당행위의 여부: 파업 결정이……부당노동행위로 볼 수 있는지(부정), 대법원판례해설, 제96호(2013년 상), 945면

10. 구 농산물품질관리법(2009. 5. 8. 법률 제9667호로 개정되기 전의 것) 위반(원산지 표시 위반 행위와 죄형법정주의, 횡성 한우 사건)

🏛 대법원 2012. 10. 25. 선고 2012도3575 판결[농산물품질관리법위반]

판결의 요지

구 농산물품질관리법(2009. 5. 8. 법률 제9667호로 개정되기 전의 것, 이하 '법'이라 한다) 제2조 제1호, 제6호, 제15조 제1항, 제3항, 제17조 제1항 제1호, 제3호, 제34조의2, 제37조, 구 농산물품질관리법 시행령(2009. 11. 2. 대통령령 제21805호로 개정되기 전의 것, 이하 '시행령'이라 한다) 제24조 제1항 제1호, 제25조 제1항 제1호의 내용과 체제에다가 농산물의 적정한 품질관리를 통하여 농산물의 상품성을 높이고 공정한 거래를 유도함으로써 농업인의 소득증대와 소비자보호에 이바지한다는 법의 입법 목적을 종합적으로 고려하면, 국내산 쇠고기에 특정 시·도명이나 시·군·구명을 원산지로 표시하여 판매할 때 해당 소가 출생·사육·도축된 지역과 전혀 무관한 지역을 원산지로 표시하거나 출생·사육은 타 지역에서 이루어진 후 오로지 도축만을 위하여 도축지로 이동된 후 곧바로 도축되었을 뿐인데도 도축지를 원산지로 표시하였다면, 이는 법 제34조의2, 제17조 제1항 제1호 및 제3호에 규정된 '원산지 표시를 허위로 하거나 이를 혼동하게 할 우려가 있는 표시를 하는 행위 및 원산지를 위장하여 판매하는 행위'에 해당된다고 해석하여야 한다. 한편 형벌법규는 문언에 따라 엄격하게 해석·적용하여야 하고 피고인에게 불리한 방향으로 지나치게 확장해석하거나 유추해석 하여서는 안 되는 것이 원칙이므로, 국내에서 출생한 소가 출생지 외의 지역에서 사육되다가 도축된 경우 해당 소가 어느 정도의 기간 동안 사육되면 비로소 사육지 등을 원산지로 표시할 수 있는지에 관하여 관계 법령에 아무런 규정이 없다면 특정 지역에서 단기간이라도 일정 기간 사육된 소의 경우 쇠고기에 해당 시·도명이나 시·군·구명을 원산지로 표시하여 판매하였다고 하더라도 이를 곧바로 위와 같은 원산지 표시 규정 위반행위에 해당한다고 단정할 수는 없다.

범행 당시 원산지 표시 관계 법령에서 별도의 규정을 두고 있지 않았던 이상 국내산 소 도축을 위하여 출생지나 사육지로부터 특정 지역으로 이동시켰으나 이동

과정에서 감소된 체중 회복이나 도축시기 조정 등의 이유로 이동 당일 도축하지 않고 일정 기간 동안 그 특정 지역에서 사료 등을 먹이다가 도축한 경우, 이를 단순한 도축의 준비행위에 불과하다고 볼 것인지 아니면 사육으로 볼 것인지에 관하여는 해당 소의 종류와 연령, 건강상태, 이동 후 도축 시까지 기간, 이동 후 해당 소에게 사료를 먹이며 머물게 한 장소의 형태와 제공된 사료의 종류와 제공방법, 체중의 변동 여부 등을 종합적으로 고려하여 개별 사안에 따라 합리적으로 판단할 수밖에 없고, 이와 달리 이동 후 도축 시까지의 기간을 임의로 설정하여 일률적으로 원산지 표시 규정 위반 여부를 판단할 수는 없다.

피고인들이 강원도 횡성군 지역이 아닌 다른 지역에서 생산된 소를 구매하여 도축한 후 '횡성한우'로 표시하여 판매함으로써 구 농산물품질관리법(2009. 5. 8. 법률 제9667호로 개정되기 전의 것, 이하 '법'이라 한다)상 원산지 표시 규정을 위반하였다는 내용으로 기소된 사안에서, 횡성군 아닌 다른 지역에서 출생·사육된 소를 횡성군 인근의 도축업체로 이동시켜 이동 당일 그곳에서 도축하였을 뿐인데도 '횡성한우'로 표시하여 판매한 행위는 명백히 원산지 표시 규정 위반행위에 해당하나, 이와 달리 일단 도축을 위해 횡성군 지역으로 이동시켰으나 이동 당일 도축하지 않은 채 횡성군 지역 내 축산농가에서 1, 2개월 이상 사료를 먹이며 머물게 하다가 도축한 경우에는 이동 후 도축 시까지의 기간, 이동 후 해당 소에게 사료를 먹이며 머물게 한 장소의 형태와 제공된 사료의 종류와 제공방법, 체중의 변동 여부 등 구체적 사정에 대한 충분한 심리를 거쳐 그것이 단순히 도축을 위한 준비행위에 불과한지 아니면 특정 지역 사육에 해당하는지를 판단하여야 하는데도, 이에 이르지 아니한 채 횡성군 지역에서 출생·사육되지 아니한 소를 횡성군 지역으로 이동시킨 후 도축 시까지의 기간이 2개월 미만인 경우는 모두 일률적으로 도축의 준비행위 또는 단순한 보관행위에 불과하다고 보아 유죄를 인정한 원심판결에 법 제34조의2, 제17조 제1항, 제15조 제1항 및 제3항, 제2조 제6호에 대한 해석과 법률적용을 그르쳐 필요한 심리를 다하지 아니한 잘못이 있다.

【평석】 횡성 지역에서 자고 나란 소가 아니라 불과 몇 달간 머물렀던 소를 횡성한우라고 표시하여 판매한 사람들을 처벌할 수 없다고 할 경우 다소 여론에 대한 부담이 있을 수 있을 것이다. 한편 한우 한 마리씩 도축지에서 얼마나 어떠한 방식으로 관리·사육하였는지의 증명도 어렵다. 향후에는 구체적인 원산지 전환규정이

구비되어 있고 쇠고기 이력 추적제도도 의무적으로 시행되고 있어서 소의 추적이나 이동 경로를 비교적 용이하게 파악하게 될 것이다.

처벌의 필요성과 당위성, 형벌 법규와 죄형법정주의 등을 고려한 판결이다.[91]

11. 대통령기록물 관리에 관한 법률 위반

가. 공문서(전자공문서 포함)는 결재권자가 서명 등의 방법으로 결재함으로써 성립하는지 여부(적극) 및 여기서 '결재'의 의미와 결재권자의 결재가 있었는지 판단하는 기준

나. 구(舊) 대통령기록물 관리에 관한 법률상 대통령기록물은 대통령기록물 생산기관이 '생산'한 것이어야 하는지 여부(적극) 및 대통령기록물이 공문서(전자공문서 포함)의 성격을 띠는 경우에는 결재권자의 결재가 이루어짐으로써 공문서로 성립된 이후에 비로소 대통령기록물로도 생산되었다고 보아야 하는지 여부(적극)

다. 구(舊) 대통령기록물 관리에 관한 법률 제2조에서 규정한 대통령기록물의 '보유'가 '사실상의 보유'를 의미하는지 여부(적극) 및 등록이나 이관에 이르지 않았더라도 마찬가지인지 여부(적극)

라. 공용 전자기록 등 손상죄에서 말하는 '공무소에서 사용하는 서류 기타 전자기록'에 공문서로서의 효력이 생기기 이전의 서류, 정식의 접수 및 결재 절차를 거치지 않은 문서, 결재 상신 과정에서 반려된 문서 등이 포함되는지 여부(적극) 및 미완성의 문서라도 본죄가 성립하는지 여부(적극)

🏛 대법원 2020. 12. 10. 선고 2015도19296 판결[대통령기록물관리에관한법률위반 등]

판결의 요지

1) 구 전자정부법(2010. 2. 4. 법률 제10012호로 전부 개정되기 전의 것) 제17조 제1항은 "전자공문서는 당해 문서에 대한 결재(국회규칙 · 대법원규칙 · 헌법재판소규칙 · 중

---

91) 김강대, 원산지 표시 위반행위와 죄형법정주의-횡성 한우 사건, 대법원판례해설, 제94호(2012년 하), 법원도서관, 901면

앙선거관리위원회 규칙 및 대통령령으로 정하는 전자적인 수단에 의한 결재를 말한다)가 있음으로써 성립한다."라고 규정하고 있다. 구 사무관리규정(2008. 9. 2. 대통령령 제20982호로 개정되기 전의 것, 이하 '구 사무관리규정'이라 한다) 제6조의3 제4항은 "문서관리카드는 당해 문서관리카드에 대한 결재권자의 전자문자서명 및 처리일자의 표시에 의한 결재가 있음으로써 공문서로 성립한다."라고, 제8조 제1항은 "공문서는 당해 문서에 대한 서명(전자문자서명·전자이미지서명 및 행정전자서명을 포함한다. 이하 같다)에 의한 결재가 있음으로써 성립한다."라고 규정하고 있다. 또한 구 사무관리규정이 전부 개정된 이후 그 명칭이 변경된 현행 '행정 효율과 협업 촉진에 관한 규정' 제6조 제1항은 "공문서는 결재권자가 해당 문서에 서명의 방식으로 결재함으로써 성립한다."라고 규정하고 있다.

위 규정들을 종합하여 보면, 공문서(전자공문서 포함)는 결재권자가 서명 등의 방법으로 결재함으로써 성립된다. 여기서 '결재'란 문서의 내용을 승인하여 문서로서 성립시킨다는 의사를 서명 등을 통해 외부에 표시하는 행위이다. 결재권자의 결재가 있었는지 여부는 결재권자가 서명을 하였는지 뿐만 아니라 문서에 대한 결재권자의 지시 사항, 결재의 대상이 된 문서의 종류와 특성, 관련 법령의 규정 및 업무 절차 등을 종합적으로 고려하여야 한다.

2) 구 대통령기록물 관리에 관한 법률(2007. 4. 27. 법률 제8395호로 제정된 것, 이하 '구 대통령기록물법'이라 한다) 제2조 제1호는 대통령기록물에 관하여 '대통령의 직무수행과 관련하여 대통령 등의 기관이 생산·접수하여 보유하고 있는 기록물'이라고 정의하고 있다. 이와 같이 구 대통령기록물법상 대통령기록물은 대통령기록물 생산기관이 '생산'한 것이어야 하는데, 해당 대통령기록물이 공문서(전자공문서 포함)의 성격을 띠는 경우에는 결재권자의 결재가 이루어짐으로써 공문서로 성립된 이후에 비로소 대통령기록물로도 생산되었다고 봄이 타당하다.

3) 구 공공기록물 관리에 관한 법률 시행령(2011. 12. 21. 대통령령 제23383호로 개정되기 전의 것) 제20조 제1항 본문은 "공공기관이 기록물을 생산 또는 접수한 때에는 그 기관의 전자기록생산시스템으로 생산 또는 접수 등록번호를 부여하고 이를 그 기록물에 표기하여야 한다."라고 규정하고, 구 사무관리규정(2008. 9. 2. 대통령령 제20982호로 개정되기 전의 것) 제24조는 "공문서는 생산한 즉시 공공기록물 관리에 관한 법률 시행령 제20조의 규정에 의하여 기록물등록대장에 등록하고 생산등록번호를 부여하여야 한다."라고 규정하여 공문서를 포함한 기록물의 '생산' 이후

에 이루어지는 절차로서 '등록'을 구별하여 규정하고 있다.

나아가 구 대통령기록물 관리에 관한 법률(2007. 4. 27. 법률 제8395호로 제정된 것, 이하 '구 대통령기록물법'이라 한다)은 대통령기록물에 대한 체계적 보존·관리를 통해 이를 공개하도록 하여 국정운영의 투명성과 책임성을 높이는 것을 목적으로 제정된 점, 위 법률이 규정한 이관절차는 국정운영의 연속성을 유지하기 위해 대통령의 재직 기간 중에 생산된 기록물을 임기 종료 전까지 국가기록원 산하 대통령기록관에 이관하기 위한 것인 점, 그런데 대통령기록물 생산기관이 생산한 기록물이 등록이나 이관되지 않았다는 이유만으로 대통령기록물이 아니라고 보는 것은 법률의 규정 취지에 부합하지 않는 해석인 점 등을 종합하여 보면, 구 대통령기록물법 제2조가 규정한 '보유'란 '사실상의 보유'를 의미하는 것으로 봄이 타당하고, 등록이나 이관에 이르지 않았다고 하더라도 달리 볼 수 없다.

4) 형법 제141조 제1항은 공무소에서 사용하는 서류 기타 물건 또는 전자기록 등 특수매체 기록을 손상 또는 은닉하거나 기타 방법으로 그 효용을 해한 자를 처벌하도록 규정하고 있다. '공무소에서 사용하는 서류 기타 전자기록'에는 공문서로서의 효력이 생기기 이전의 서류라거나, 정식의 접수 및 결재 절차를 거치지 않은 문서, 결재 상신 과정에서 반려된 문서 등을 포함하는 것으로, 미완성의 문서라고 하더라도 본죄의 성립에는 영향이 없다.

12. 도로교통법 위반

가. 헌법재판소 2019헌바446 도로교통법 제148조의2 제1항 위헌소원[92]

---

92) 위 위헌결정으로 인하여, 1) 진행 중인 위 도로교통법 위반사건은 도로교통법 148조의2 2항 또는 3항 각호로 공소장을 변경하여 심리 판결하게 되고, 2) 이미 확정된 사건은 형사소송법 제420조 이하의 규정에 의하여 재심청구가 가능하다. 다만 별건 형사소송이 있는 경우에는 재심 사건과 병합이 어려우며, 형법 제37조 후단 경합범이나 누범이 될 여지는 없는 것으로 사료된다. 나아가 헌법재판소는 2022. 5. 26. ① 음주운전 금지규정 위반 또는 음주측정거부 전력이 1회 이상 있는 사람이 다시 음주운전을 한 경우 가중 처벌하는 도로교통법 제148조의2 제1항 중 '제44조 제1항 또는 제2항을 1회 이상 위반한 사람으로서 다시 같은 조 제1항을 위반한 사람'에 관한 부분 및 ② 음주운전 금지규정 위반 전력이 1회 이상 있는 사람이 다시 음주측정거부를 한 경우 가중 처벌하는 구 도로교통법(2018. 12. 24. 법률 제16037호로 개정되고, 2020. 6. 9. 법률 제17371호로 개정되기 전의 것, 이하 같음) 제148조의2 제1항 및 도로교통법 제148조의2 제1항 중 각 '제44조 제1항을 1회 이상 위반한 사람으로서 다시 같은 조 제2항을 위반한 사람'에 관한 부분에 대하여 위헌 결정 {헌법재판소 2021헌가30, 31, 2022헌가9(병합), 2021헌가32, 2022헌가3(병합)}을 하였다. 즉 음주 운전, 음주 측정 거부 전력이 있는 사람이 또 다시 범행을 저지를 경우 가중처벌 하도록 한 조

[심판 대상 조항]

구 도로교통법(2018. 12. 24. 법률 제16037호로 개정되고, 2020. 6. 9. 법률 제17371호로 개정되기 전의 것)

제148조의2(벌칙) ① 제44조 제1항 또는 제2항을 2회 이상 위반한 사람(자동차 등 또는 노면전차를 운전한 사람으로 한정한다)은 2년 이상 5년 이하의 징역이나 1천만 원 이상 2천만 원 이하의 벌금에 처한다.

[관련 조항]

도로교통법(2018. 3. 27. 법률 제15530호로 개정된 것)

제44조(술에 취한 상태에서의 운전 금지) ① 누구든지 술에 취한 상태에서 자동차등(「건설기계관리법」 제26조 제1항 단서에 따른 건설기계 외의 건설기계를 포함한다. 이하 이 조, 제45조, 제47조, 제93조 제1항 제1호부터 제4호까지 및 제148조의2에서 같다), 노면전차 또는 자전거를 운전하여서는 아니 된다.

【결정 이유의 요지】

(1) 죄형법정주의의 명확성 원칙 위반 여부

심판 대상 조항의 문언, 입법목적과 연혁, 관련 규정과의 관계 및 법원의 해석 등을 종합하여 볼 때, 심판 대상 조항에서 '제44조 제1항을 2회 이상 위반한 사람'이란 '2006. 6. 1. 이후 도로교통법 제44조 제1항을 위반하여 술에 취한 상태에서 운전을 하였던 사실이 인정되는 사람으로서, 다시 같은 조 제1항을 위반하여 술에 취한 상태에서 운전한 사람'을 의미함을 충분히 알 수 있으므로, 심판 대상 조항은 죄형법정주의의 명확성원칙에 위반된다고 할 수 없다.

(2) 책임과 형벌 간의 비례원칙 위반 여부

심판대상조항은 음주운전 금지규정을 반복하여 위반하는 사람에 대한 처벌을 강화하기 위한 규정인데, 그 구성요건을 '제44조 제1항을 2회 이상 위반'한 경우로 정하여 가중요건이 되는 과거 음주운전 금지규정 위반행위와 처벌대상이 되는 재범 음주운전 금지규정 위반행위 사이에 아무런 시간적 제한이 없고, 과거 위반행위가 형의 선고나 유죄의 확정판결을 받은 전과일 것

항도 위헌이라는 취지이다. 반복적인 위반행위를 예방하기 위한 조치로서 형벌의 강화는 최후의 수단이어야 하며, 비형벌적 수단에 대한 충분한 고려 없이 비교적 가벼운 유형의 음주운전이나 측정거부에 대하여 일률적으로 가중 처벌하는 것은 형벌 본래의 기능을 넘어서는 수준이라는 것이다.

을 요구하지도 않는다.

그런데 과거 위반행위가 예컨대 10년 이상 전에 발생한 것이라면 처벌대상이 되는 재범 음주운전이 준법정신이 현저히 부족한 상태에서 이루어진 반규범적 행위라거나 사회구성원에 대한 생명·신체 등을 '반복적으로' 위협하는 행위라고 평가하기 어려워 이를 일반적 음주운전 금지규정 위반행위와 구별하여 가중처벌할 필요성이 있다고 보기 어렵다. 범죄 전력이 있음에도 다시 범행한 경우 재범인 후범에 대하여 가중된 행위책임을 인정할 수 있다고 하더라도, 전범을 이유로 아무런 시간적 제한 없이 무제한 후범을 가중처벌하는 예는 찾기 어렵고, 공소시효나 형의 실효를 인정하는 취지에도 부합하지 않으므로, 심판대상조항은 예컨대 10년 이상의 세월이 지난 과거 위반행위를 근거로 재범으로 분류되는 음주운전 행위자에 대해서는 책임에 비해 과도한 형벌을 규정하고 있다고 하지 않을 수 없다.

도로교통법 제44조 제1항을 2회 이상 위반한 경우라고 하더라도 죄질을 일률적으로 평가할 수 없고 과거 위반 전력, 혈중알코올농도 수준, 운전한 차량의 종류에 비추어, 교통안전 등 보호법익에 미치는 위험 정도가 비교적 낮은 유형의 재범 음주운전 행위가 있다. 그런데 심판 대상 조항은 법정형의 하한을 징역 2년, 벌금 1천만 원으로 정하여 그와 같이 비난가능성이 상대적으로 낮고 죄질이 비교적 가벼운 행위까지 지나치게 엄히 처벌하도록 하고 있으므로, 책임과 형벌 사이의 비례성을 인정하기 어렵다.

반복적 음주운전에 대한 강한 처벌이 국민 일반의 법감정에 부합할 수는 있으나, 결국에는 중벌에 대한 면역성과 무감각이 생기게 되어 법의 권위를 실추시키고 법질서의 안정을 해할 수 있으므로, 재범 음주운전을 예방하기 위한 조치로서 형벌 강화는 최후의 수단이 되어야 한다. 심판 대상 조항은 음주 치료나 음주운전 방지장치 도입과 같은 비형벌적 수단에 대한 충분한 고려 없이 과거 위반 전력 등과 관련하여 아무런 제한도 두지 않고 죄질이 비교적 가벼운 유형의 재범 음주운전 행위에 대해서까지 일률적으로 가중처벌하도록 하고 있으므로 형벌 본래의 기능에 필요한 정도를 현저히 일탈하는 과도한 법정형을 정한 것이다. 그러므로 심판 대상 조항은 책임과 형벌 간의 비례원칙에 위반된다.

【평석】이에 대하여는, (가) 우리나라에서는 매년 음주운전 교통사고로 막대한 인명, 재산 피해가 발생하고 있고, 그중 40% 가량은 음주운전 단속 경력이 있는 재범에 의한 교통사고로 분류된다. 심판 대상 조항은 이른바 '윤창호 사건'을 계기로, 재범 음주운전 범죄를 엄히 처벌하고 예방하고자 하는 형사정책적 고려에 따라 입법화된 규정이고, 반복되는 음주운전은 비난가능성이 매우 크므로, 심판 대상 조항에 의한 재범 음주 운전자의 가중처벌은 합리적 이유가 있으며, (나) 고의에 의한 반복 음주운전행위는 비난가능성이 매우 크고 이를 사전에 예방하기 위해 법정형의 하한을 높여 형벌의 경고적 기능을 제고할 수 있으므로, 심판대상 조항이 '특정범죄 가중처벌 등에 관한 법률'상 위험운전치상죄보다 법정형의 하한을 높게 정한 것은 수긍할만한 합리적인 이유가 있다. 그리고 심판대상 조항의 재범 음주운전죄는 '특정범죄 가중처벌 등에 관한 법률'상 도주치상죄, 도로교통법 제148조 위반죄, 교통사고처리법 위반죄와는 보호법익, 행위태양, 죄질 등에서 구별되므로, 이러한 범죄들을 동일 선상에 놓고 그중 한 범죄의 법정형을 기준으로 하여 단순히 평면적인 비교를 함으로써 다른 범죄의 법정형이 과중하다고 판정할 수 없다는 취지의 반대의견이 있다. 나아가 여러 가지 형태의 음주운전에 대한 양형과 음주운전 관련 교육 재발방지 조치(차량 시동 시 음주감지장치 부착) 등에 대하여 입법례, 판례 등을 포함하여 실무에서 논의·검토되고 있다. 예컨대 10년 전의 음주 1회 벌금 처벌 전력이 있는 경우, 벌금 처벌 전력 3회이지만 15년 이전의 음주운전인 경우 등의 양형, 보호관찰과 사회봉사, 치료명령의 재범 방지 효과 등이 논의되고 있다.

나. 위법한 체포 상태에서 이루어진 음주측정요구에 불응한 행위가 음주측정거부로 처벌할 수 있는지 여부(소극)

🏛 대법원 2012. 12. 13. 선고 2012도11162 판결[도로교통법위반(음주측정거부) 등]

판결의 요지

교통안전과 위험방지를 위한 필요가 없음에도 주취운전을 하였다고 인정할 만한 상당한 이유가 있다는 이유만으로 이루어지는 음주측정은 이미 행하여진 주취운전이라는 범죄행위에 대한 증거 수집을 위한 수사절차로서 의미를 가지는데, 도로교통법상 규정들이 음주측정을 위한 강제처분의 근거가 될 수 없으므로 위와 같은 음주측정을 위하여 운전자를 강제로 연행하기 위해서는 수사상 강제처분에 관한 형사소송법상 절차에 따라야 하고, 이러한 절차를 무시한 채 이루어진 강제연행은 위법한 체포에 해당한다. 이와 같은 위법한 체포 상태에서 음주측정요구가 이루어진 경우, 음주측정요구를 위한 위법한 체포와 그에 이은 음주측정요구는 주취운전이라는 범죄행위에 대한 증거 수집을 위하여 연속하여 이루어진 것으로서 개별적으로 적법 여부를 평가하는 것은 적절하지 않으므로 일련의 과정을 전체적으로 보아 위법한 음주측정요구가 있었던 것으로 볼 수밖에 없고, 운전자가 주취운전을 하였다고 인정할 만한 상당한 이유가 있다 하더라도 운전자에게 경찰공무원의 이와 같은 위법한 음주측정요구까지 응할 의무가 있다고 보아 이를 강제하는 것은 부당하므로 그에 불응하였다고 하여 음주측정거부에 관한 도로교통법위반죄로 처벌할 수 없다.

화물차 운전자인 피고인이 경찰의 음주단속에 불응하고 도주하였다가 다른 차량에 막혀 더 이상 진행하지 못하게 되자 운전석에서 내려 다시 도주하려다 경찰관에게 검거되어 지구대로 보호 조치된 후 2회에 걸쳐 음주측정요구를 거부하였다고 하여 도로교통법 위반(음주측정거부)으로 기소된 사안에서, 당시 피고인이 술에 취한 상태이기는 하였으나 술에 만취하여 정상적인 판단능력이나 의사능력을 상실할 정도에 있었다고 보기 어려운 점, 당시 상황에 비추어 평균적인 경찰관으로서는 피고인이 경찰관직무집행법 제4조 제1항 제1호(이하 '이 사건 조항'이라 한다)의 보호조치를 필요로 하는 상태에 있었다고 판단하지 않았을 것으로 보이는 점, 경찰관이 피고인에 대하여 이 사건 조항에 따른 보호조치를 하고자 하였다면, 당시 옆에 있었던 피고인 처(妻)에게 피고인을 인계하였어야 하는데도, 피고인 처의 의사에 반하여 지구대로 데려간 점 등 제반 사정을 종합할 때, 경찰관이 피고인과 피고인 처의 의사에 반하여 피고인을 지구대로 데려간 행위를 적법한 보호조치라고 할 수 없고, 나아가 달리 적법 요건을 갖추었다고 볼 자료가 없는 이상 경찰관이 피고인을 지구대로 데려간 행위는 위법한 체포에 해당하므로, 그와 같이 위법한 체포 상태에서 이루어진 경찰관의 음주측정요구도 위법하다고 볼 수밖에 없어 그에 불응하였다고 하여 피고인을 음주측정거부에 관한 도로교통법위반죄로 처벌할 수는 없는데도, 이와 달리 보아 유죄를 선고한 원심판결에 이 사건 조항의 보호조치에 관한 법리를 오해하여 위법한 체포 상태에서의 도로교통법위반(음주측정거부)죄 성립에 관한 판단을 그르친 위법이 있다.[93)]

【평석】 음주운전 중 교통사고를 내고 의식불명 상태에 빠져 있을 경우 영장 없이 강제채혈을 할 수 있는지, 이 경우 사후 압수영장을 받아야 하는지에 대하여 다음의 대법원 2012. 11. 15. 선고 2011도15258 판결이 있다.

"음주운전 중 교통사고를 야기한 후 피의자가 의식불명 상태에 빠져 있는 등으로 도로교통법이 음주운전의 제1차적 수사방법으로 규정한 호흡조사에 의한 음주측정이 불가능하고 혈액 채취에 대한 동의를 받을 수도 없을 뿐만 아니라 법원으로부터 혈액 채취에 대한 감정처분허가장이나 사전 압수영장을 발부받을 시간적 여유도 없는 긴급한 상황이 생길 수 있다. 이러한 경우 피의자의 신체 내지 의복류에 주취로 인한 냄새가 강하게 나는 등 형사소송법 제211조 제2항 제3호가 정하는 범죄의 증적이 현저한 준현행범인의 요건이 갖추어져 있고 교통사고 발생 시각으로부터 사회통념상 범행 직후라고 볼 수 있는 시간 내라면, 피의자의 생명·신체를 구조하기 위하여 사고현장으로부터 곧바로 후송된 병원 응급실 등의 장소는 형사소송법 제216조 제3항의 범죄 장소에 준한다 할 것이므로, 검사 또는 사법경찰관은 피의자의 혈중알코올농도 등 증거의 수집을 위하여 의료법상 의료인의 자격이 있는 자로 하여금 의료용 기구로 의학적인 방법에 따라 필요최소한의 한도 내에서 피의자의 혈액을 채취하게 한 후 그 혈액을 영장 없이 압수할 수 있다. 다만 이 경우에도 형사소송법 제216조 제3항 단서, 형사소송규칙 제58조, 제107조 제1항 제3호에 따라 사후에 지체 없이 강제채혈에 의한 압수의 사유 등을 기재한 영장청구서에 의하여 법원으로부터 압수영장을 받아야 한다." 수사상 채혈의 성질에 관하여 검증설, 검증·감정설, 압수수색설, 압수수색 및 감정설 등의 학설이 있는데, 위 판결은 이를 감정 또는 압수로 파악하고 감정에 필요한 처분으로서 감정처분허가장을 받거나 압수영장을 받아 이 영장의 집행에 필요한 처분이 어려운 상황하에서 수사기관이 행할 수 있는 방법을 제시한 것이다.[94]

다. 자동차 운전면허 취소처분의 원인이 된 교통사고 또는 법규 위반에 대하여 무죄판결이 확정된 경우, 무면허운전의 죄로 처벌할 수 있는지 여부

---

93) 음주운전으로 인한 도로교통법 위반죄의 양형상 참고사항은 혈중 알코올 농도의 수치, 음주 운전 처벌 전력, 처벌받은 전력과의 시간적 간격, 운전 거리, 적발 경위, 적발 당시의 상황, 사고 유발 여부 등이다.

94) 이상원, 2012년 분야별 중요판례 분석, 법률신문 2013. 4. 25.자

판결의 요지

행정청의 자동차 운전면허 취소처분이 직권으로 또는 행정쟁송절차에 의하여 취소되면, 운전면허 취소처분은 그 처분 시에 소급하여 효력을 잃고 운전면허 취소처분에 복종할 의무가 원래부터 없었음이 확정되므로, 운전면허 취소처분을 받은 사람이 운전면허 취소처분이 취소되기 전에 자동차를 운전한 행위는 도로교통법에 규정된 무면허운전의 죄에 해당하지 아니한다.

위와 같은 관련 규정 및 법리, 헌법 제12조가 정한 적법절차의 원리, 형벌의 보충성 원칙을 고려하면, 자동차 운전면허 취소처분을 받은 사람이 자동차를 운전하였으나 운전면허 취소처분의 원인이 된 교통사고 또는 법규 위반에 대하여 범죄사실의 증명이 없는 때에 해당한다는 이유로 무죄판결이 확정된 경우에는 그 취소처분이 취소되지 않았더라도 도로교통법에 규정된 무면허운전의 죄로 처벌할 수는 없다고 보아야 한다.

【평석】 행정처분으로 자동차운전 면허 취소처분을 취소한 경우인데, 운전면허 취소처분을 받은 사람이 운전면허 취소처분이 취소되기 전에 자동차를 운전한 행위는 무면허 운전의 죄에 해당되지 않으며(대법원 1992. 2. 5. 선고 98도4239 판결 참조), 허위의 방법으로 연령을 속여 발급받은 운전면허이더라도 취소되지 않는 한 그 운전행위는 무면허 운전이라고 보기 어렵다(대법원 1982. 6. 8. 선고 80도2646 판결 참조). 행정처분에 위법의 하자가 있더라도 그것이 중대하고 명백하여 당연 무효가 아닌 한 행정처분이 취소되기 전에는 행정처분의 존재와 효력을 부인할 수 없는 것이다.

13. 도시 및 주거환경정비법 위반

가. 조합설립 인가처분의 무효와 위반행위의 주체

주택재개발정비사업조합의 임원이었던 피고인들이 공모하여, 총회의 결의 없이 철거감리업체를 선정하거나 정비사업 시행과 관련한 자료 등을 공개하지 아니하였다고 하여 구 도시 및 주거환경정비법(2012. 2. 1. 법률 제11293호로 개정되기 전의 것, 이하 '구 도시정비법'이라 한다) 위반으로 기소된 사안에서, 위 조합에 대한 조합설립인가처분이 무효여서 처음부터 구 도시정비법 제13조에서 정한 조합이 성립되었다 할 수 없으므로, 피고인들은 구 도시정비법 제85조 제5호, 제24조 제3항 제5호 및 제86조 제6호, 제81조 제1항의 각 위반행위에 대한 주체가 될 수 없고, 피고인들이 위 각 위반행위를 하였더라도 위 각 규정 위반죄로 처벌할 수 없다.

나. 도시 및 주거환경정비법상의 '조합원의 부담이 될 계약'을 체결한 경우

🏛 서울서부지방법원 2012노237(도시및주거환경정비법위반), 대법원 2012도9435 사건으로 확정(무변론 상고기각 판결)

이 사건 특화공사계약이 도시정비법 제24조 제3항 제5호의 '예산으로 정한 사항 외에 조합원의 부담이 될 계약'에 해당하는지 여부

살피건대, 도시정비법 제24조 제3항 제5호에서 말하는 '예산으로 정한 사항 외에 조합원의 부담이 될 계약'이란 조합의 예산으로 정해진 항목과 범위를 벗어나서 돈을 지출하거나 채무를 짐으로써 조합원에게 비용에 대한 부담이 되는 계약을 의미하는데, 위 규정 내용과 입법 취지 등에 비추어 보면, 조합원 총회 의결을 거친 예산상 정해진 항목이 아닌 것을 위하여 조합 예산을 지출하는 것은 그것이 정당한 예비비의 지출로 인정되지 않는 한 '예산으로 정한 사항 외에 조합원의 부담이 될 계약'에 해당하므로 원칙적으로 조합원 총회의 의결을 거쳐야 할 것이다(대법원 2011. 4. 28. 선고 2010다105112 판결 등 참조).

그렇다면 이 사건 특화공사계약이 정당한 예비비의 지출로 인정될 수 있는지 여부에 대하여 살피건대, 기록에 의하면, 2007. 6. 2.자 관리처분계획에 의하여 의결된 예비비 67억 원은 '보존등기시 채권매입액, 회계사 청산수수료, 확정측량결과에 따른 일반 분양자 정산대비금 및 청산인 경비, 그린벨트 보상 및 무허가 보상 등

기타 향후 청산시까지 발생할 수 있는 돌발 발생 제비용 등'의 명목으로 정해진 예산 항목으로서, 입주자들의 편의 증대와 단지의 고급화를 위해 체결된 이 사건 특화공사계약의 시공 내역이 아파트 건축시 예상하지 못하는 돌발적이고 긴급한 사항에 해당하는 등 예비비 항목에 해당한다고 보기 어려우므로, 위 특화공사계약을 위하여 조합 예산을 지출하는 것은 정당한 예비비의 지출로 인정될 수 없다. 따라서 이 사건 특화공사계약 체결은 예산상 정해진 항목이 아닌 것을 위하여 조합 예산을 지출하는 것이므로 '예산으로 정한 사항 외에 조합원의 부담이 될 계약'에 해당한다고 할 것이고, 이에 반하는 피고인들의 사실오인 내지 법리오해 주장은 이유 없다.

【평석】 도시 및 주거환경정비법 제24조 제3항 제5호에서 말하는 '예산으로 정한 사항 이외에 조합원의 부담이 될 계약'이라 함은 조합의 예산으로 정해진 항목과 범위를 벗어나서 금원 지출을 하거나 채무를 짐으로써 조합원에게 그 비용에 대한 부담이 되는 계약을 의미라고 볼 수 있다. 실무에서 조합 사건에서 자주 인용되는 중요 판결이다. 관련 민사 판결로는 대법원 2011. 4. 28. 선고 2010다105112(용역비) 판결이 있다.

14. 마약류관리에 관한 법률 위반(향정)

가. 함정수사의 기준

🏛 대법원 2007. 11. 29. 선고 2007도7680 판결[마약류관리에관한법률위반(향정)]

판결의 요지

수사기관과 직접 관련이 있는 유인자가 피유인자와의 개인적인 친밀관계를 이용하여 피유인자의 동정심이나 감정에 호소하거나, 금전적·심리적 압박이나 위협 등을 가하거나, 거절하기 힘든 유혹을 하거나, 또는 범행방법을 구체적으로 제시하고 범행에 사용될 금전까지 제공하는 등으로 과도하게 개입함으로써 피유인자로 하여금 범의를 일으키게 하는 것은 위법한 함정수사에 해당하여 허용되지 않지만, 유인자가 수사기관과 직접적인 관련을 맺지 아니한 상태에서 피유인자를 상대로 단순히 수차례 반복적으로 범행을 부탁하였을 뿐 수사기관이 사술이나 계략 등을 사용하였다고 볼 수 없는 경우는, 설령 그로 인하여 피유인자의 범의가 유발되었다 하더라도 위법한 함정수사에 해당하지 아니한다(대법원 2007. 7. 12. 선고 2006도 2339 판결 참조).

원심은, 판시 사실들에 비추어 피고인의 2006. 5. 26.자 필로폰 밀수입 범행의 범의가 공소외 4 등을 통한 수사기관의 함정수사에 의하여 비로소 유발되었다고 보기 어렵고, 설령 피고인의 주장과 같이 공소외 1의 끈질긴 권유나 협박에 의하여 위 범행에 대한 피고인의 범의가 유발되었다고 하더라도, 그 채용 증거들에 의하여 인정되는, 공소외 2가 2006. 5. 2. 경기지방경찰청 평택경찰서에 체포되자, 그 동거녀인 공소외 3이 이른바 '공적'을 쌓아 주어 공소외 2를 석방되게 하기 위하여 공소외 4와 공소외 5에게 수사기관과의 절충역할 및 필로폰 밀수입에 관한 정보의 제공을 부탁하면서 이에 대한 대가의 지급을 약속한 사실, 이에 공소외 4, 공소외 5가 위 경찰서 경찰관 및 수원지방검찰청 평택지청 수사관과 약 50g씩 2건의 필로폰 밀수입에 관한 정보를 제공하면 공소외 2를 석방하여 주기로 협의한 사실, 공소외 4는 공소외 6에게, 공소외 6은 공소외 1에게 순차로 필로폰 밀수입에 관한 정보의 제공을 부탁하였고, 이에 공소외 1은 피고인에게 필로폰 밀수입을 권유하여 피고인이 이를 승낙한 사실, 그 후 공소외 6이 공소외 1로부터 연락을 받아 공소외 4에게 이를 전하고, 공소외 4는 직접 또는 공소외 5를 통하여 위 검찰수사관에게 제보를 하여, 위 검찰수사관이 필로폰을 받으러 나온 피고인을 체포한 사실, 위 경찰관과 검찰수사관은 공소외 1이 필로폰 밀수입 의사가 없는 자를 상대로 하여 심리적 압박이나 위협을 가하는 등의 방법으로 그 밀수입 의사를 유발하는지의 여부를 알지 못한 사실 등을 종합하여 보면, 이 사건은 수사기관이 위 공소외 4 등으로 하여금 피고인을 유인하도록 한 것이라기보다는 공소외 4 등이 각자의 사적인 동기에 기하여 수사기관과 직접적인 관련이 없이 독자적으로 피고인을 유인한 것으로서, 수사기관이 사술이나 계략 등을 사용한 경우에 해당한다고 볼 수도 없다는 이유로, 이 부분 공소사실을 유죄로 인정하였는바, 위 법리 및 기록에 의하여 살펴보면, 원심의 위 인정 및 판단은 정당하고, 상고이유의 주장과 같이 채증법칙을 위반하거나, 함정 수사에 관한 법리를 오해한 위법 등이 없다.

【평석】 본래 범의를 가지지 아니한 자에 대하여 수사기관이 사술이나 계략 등을

써서 범의를 유발하게 하여 범죄인을 검거하는 함정수사는 위법하며, 구체적인 사건에 있어서 위법한 함정수사에 해당하는지 여부는 해당 범죄의 종류와 성질, 유인자의 지위와 역할, 유인의 경위와 방법, 유인에 따른 피유인자의 반응, 피유인자의 처벌 전력 및 유인행위 자체의 위법성 등을 종합하여 판단하여야 한다는 대법원 판례이다.

한편 함정수사에 기한 공소제기는 무효라고 판시한 사례

🏛 대법원 2008. 10. 23. 선고 2008도7362 판결[음악산업진흥에관한법률위반]

판결의 요지

범의를 가진 자에 대하여 단순히 범행의 기회를 제공하거나 범행을 용이하게 하는 것에 불과한 수사방법이 경우에 따라 허용될 수 있음은 별론으로 하고, 본래 범의를 가지지 아니한 자에 대하여 수사기관이 사술이나 계략 등을 써서 범의를 유발케 하여 범죄인을 검거하는 함정수사는 위법함을 면할 수 없고, 이러한 함정수사에 기한 공소제기는 그 절차가 법률의 규정에 위반하여 무효인 때에 해당한다고 볼 것이다(대법원 2005. 10. 28. 선고 2005도1247 판결 등 참조).

원심판결 이유에 의하면 원심은, 이 사건의 경우 경찰관들이 단속 실적을 올리기 위하여 손님을 가장하고 들어가 도우미를 불러 줄 것을 요구하였던 점, 피고인 측은 평소 자신들이 손님들에게 도우미를 불러 준적도 없으며, 더군다나 이 사건 당일 도우미를 불러달라는 다른 손님들이 있었으나 응하지 않고 모두 돌려보낸 바 있다고 주장하는데, 위 노래방이 평소 손님들에게 도우미 알선 영업을 해 왔다는 아무런 자료도 없는 점, 위 경찰관들도 그와 같은 제보나 첩보를 가지고 이 사건 노래방에 대한 단속을 한 것이 아닌 점, 위 경찰관들이 피고인 측으로부터 한 차례 거절당하였으면서도 다시 위 노래방에 찾아가 도우미를 불러 줄 것을 요구하여 도우미가 오게 된 점 등 여러 사정들을 종합해 보면, 이 사건 단속은 수사기관이 사술이나 계략 등을 써서 피고인의 범의를 유발케 한 것으로서 위법하고, 이러한 함정 수사에 기한 이 사건 공소제기 또한 그 절차가 법률의 규정에 위반하여 무효인 때에 해당한다고 하여 이 사건 공소를 기각한 제1심판결을 유지하였다.

위 법리와 기록에 비추어 살펴보면, 원심의 위와 같은 사실인정과 판단은 수긍이 가고 거기에 주장과 같은 함정 수사에 관한 법리오해의 위법이 없다.

나. 몰수와 추징

> 🏛 대법원 2016. 12. 15. 선고 2016도16170 판결[마약류관리에관한법률위반]

판결의 요지

마약류 관리에 관한 법률 제67조의 몰수나 추징을 선고하기 위하여는 몰수나 추징의 요건이 공소가 제기된 범죄사실과 관련되어 있어야 하므로, 법원으로서는 범죄사실에서 인정되지 아니한 사실에 관하여는 몰수나 추징을 선고할 수 없다.

【평석】 피고인이 공소외인에게 메트암페타민 각 불상량을 건네주어 이를 각 수수한 사안. 범죄사실의 '불상량'은 그 수량이 특정될 수 없으므로 추징하기 어렵다는 판결이다.[95]

다. 필로폰을 매수하려는 자에게서 필로폰을 구해 달라는 부탁과 함께 대금 명목의 돈을 지급받았으나, 매매행위에 근접·밀착한 상태에서 대금을 지급받은 것이 아닌 경우, 매매행위의 실행의 착수에 이른 것인지 여부(소극)

> 🏛 대법원 2015. 3. 20. 선고 2014도16920 판결[마약류관리에관한법률위반(향정)]

판결 이유

필로폰을 매수하려는 자로부터 필로폰을 구해 달라는 부탁과 함께 금전을 지급받았다고 하더라도, 당시 피고인이 필로폰을 소지 또는 입수한 상태에 있었거나 그것이 가능하였다는 등 매매행위에 근접·밀착한 상태에서 그 대금을 지급받은 것이 아니라 단순히 필로폰을 구해 달라는 부탁과 함께 대금 명목으로 금전을 지급받은

---

95) 만약 사안이 단순 수수가 아니라 매매인 경우, 매도인과 매수인 사이에서 이루어진 매매대금이 특정될 수 있다면 그 매매대금 상당액에 대하여 추징을 명할 수 있을 것이라는 견해는, 이용식, 2017년 분야별 중요판례 분석, 법률신문 2018. 4. 13.자. 참조

것에 불과한 경우에는 필로폰 매매행위의 실행의 착수에 이른 것이라고 볼 수 없다(대법원 2008. 5. 29. 선고 2008도2392 판결 등 참조).

원심판결 이유와 기록에 의하면, 피고인은 2011. 2. 중순경 공소외인으로부터 필로폰을 구해 달라는 부탁을 받고 그 대금 명목으로 200만 원을 송금받은 사실은 알 수 있으나, 그 당시 피고인이 필로폰을 소지 또는 입수하였거나 곧바로 입수 가능한 상태에 있었다고 볼 만한 아무런 증거가 없으므로, 비록 피고인이 그 전에 필로폰을 판매한 적이 있었음을 고려하더라도 피고인이 단순히 필로폰을 구해 달라는 부탁과 함께 금전을 지급받았다는 것만으로는 필로폰 매매행위의 실행의 착수에 이른 것이라고 보기 어렵다.[96]

15. 법무사법 위반(면허 대여)

1) 법무사법 제21조 제2항에서 정한 '법무사 등록증을 빌려준다'는 것의 의미
법무사 사무소 직원이 법무사 사무소의 업무 전체가 아니라 일정 부분의 업무에 한하여 실질적으로 법무사의 지휘·감독을 받지 않고 자신의 책임과 계산으로 해당 사무를 법무사 명의로 취급·처리하였고, 법무사는 나머지 업무에 관하여 정상적인 활동을 하고 있는 경우, 직원과 법무사에게 법무사법 제72조 제1항 위반죄가 성립하는지 여부(적극)

2) 법무사가 등록증을 다른 사람에게 빌려주거나 법무사의 등록증을 빌린 행위가 2017. 12. 12. 법률 제15151호로 개정된 법무사법 시행 이전부터 계속되어 온 경우, 개정된 법무사법이 시행된 이후의 행위로 취득한 금품 그 밖의 이익만이 개정된 법무사법 제72조 제2항에 따른 몰수나 추징의 대상이 되는지 여부(적극)

🏛 대법원 2020. 10. 15. 선고 2020도7307 판결[사기·법무사법위반]

---

96) 이 판결에 대하여, 필로폰 판매 상선이 구체적으로 확보되어 있는 상태에서 구입자금을 받았으나, 필로폰을 소지하고 있을 것으로 예상된 필로폰 판매 상선이 실제로는 필로폰을 소지하고 있지 않은 경우인데, 이러한 경우 실행의 착수를 인정할 것인지, 인정하더라도 이를 불능미수로 볼 것인지 불능범으로 볼 것인지, 그리고 필로폰 판매 상선이 구체적으로 확보된 것이 아니라 추상적으로 확보된 것으로 평가되는 경우(즉 필로폰 판매를 하는 상선들을 알고 있으나 구체적으로 매입이 확정되지는 않은 상태)에도 실행의 착수로 평가할 수 있는지 등의 문제점을 제시한 글은, 이용식, 2015년 분야별 중요판례 분석, 2016. 4. 4.자 참조

1) 법무사법 제21조 제2항이 정하고 있는 법무사 등록증을 빌려준다 함은 타인이 법무사 등록증을 이용하여 법무사로 행세하면서 법무사업을 하려는 것을 알면서도 법무사 등록증 자체를 빌려주는 것을 의미하는데, 여기서 '법무사로 행세'한다는 것은, 법무사 무자격자가 법무사의 명의를 빌린 후 법무사 본인인 듯이 가장하여 행위 하는 것뿐만 아니라, 무자격자가 법무사에게 일정액을 주는 대신 법무사는 그 무자격자의 수임 건수나 업무처리에 관여하지 아니하고 무자격자가 자신의 계산으로 법무사로서의 업무를 모두 처리하는 것도 포함한다.

나아가 법무사 사무소 직원이 법무사 사무소의 업무 전체가 아니라 일정 부분의 업무에 한하여 실질적으로 법무사의 지휘·감독을 받지 않고 자신의 책임과 계산으로 해당 사무를 법무사 명의로 취급·처리하였다면, 설령 법무사가 나머지 업무에 관하여 정상적인 활동을 하고 있더라도 직원과 법무사에게는 법무사법 제72조 제1항 위반죄가 성립될 수 있다.

2) 2017. 12. 12. 법률 제15151호로 개정된 법무사법(이하 '개정된 법무사법'이라 한다)에는 제72조 제2항이 신설되어 등록증을 다른 사람에게 빌려준 법무사, 법무사의 등록증을 빌린 사람 등이 취득한 금품이나 그 밖의 이익은 몰수하고 이를 몰수할 수 없을 때에는 그 가액을 추징한다고 규정하고 있고, 부칙 제2조는 "제72조 제2항의 개정규정은 이 법 시행 후 최초로 법무사 등록증을 다른 사람에게 빌려준 경우부터 적용한다."라고 규정하고 있다.

위와 같이 개정된 법무사법 제72조 제2항, 부칙 제2조, 헌법 제13조 제1항 전단과 형법 제1조 제1항에서 정한 형벌 법규의 소급효 금지 원칙에 비추어 보면, 법무사가 등록증을 다른 사람에게 빌려주거나 법무사의 등록증을 빌린 행위가 개정된 법무사법 시행 이전부터 계속되어 온 경우에는 개정된 법무사법이 시행된 이후의 행위로 취득한 금품 그 밖의 이익만이 개정된 법무사법 제72조 제2항에 따른 몰수나 추징의 대상이 된다고 보아야 한다.

16. 변호사법 위반

변호사법 제113조 제5호, 제31조 제1항 제3호 위반죄의 공소시효 기산점(수임행위가 종료한 때)

> 🏛 대법원 2022. 1. 14. 선고 2017도18693 판결[변호사법위반 등]

판결의 요지

변호사법은 제31조 제1항 제3호에서 '변호사는 공무원으로서 직무상 취급하거나 취급하게 된 사건에 관하여는 그 직무를 수행할 수 없다.'고 규정하면서 제113조 제5호에서 변호사법 제31조 제1항 제3호에 따른 사건을 수임한 변호사를 1년 이하의 징역 또는 1천만 원 이하의 벌금에 처하도록 규정하고 있는바, 금지규정인 변호사법 제31조 제1항 제3호가 '공무원으로서 직무상 취급하거나 취급하게 된 사건'에 관한 '직무수행'을 금지하고 있는 반면, 처벌규정인 변호사법 제113조 제5호는 '공무원으로서 직무상 취급하거나 취급하게 된 사건'을 '수임'한 행위를 처벌하고 있다. 위 금지규정에 관하여는 당초 처벌규정이 없다가 변호사법이 2000. 1. 28. 법률 제6207호로 전부 개정되면서 변호사법 제31조의 수임제한에 해당하는 행위 유형 가운데 제31조 제1항 제3호에 따른 사건을 '수임'한 경우에만 처벌하는 처벌규정을 신설하였고, 다른 행위 유형은 징계 대상으로만 규정하였다(변호사법 제91조 제2항 제1호). 이러한 금지규정 및 처벌규정의 문언과 변호사법 제90조, 제91조에 따라 형사처벌이 되지 않는 변호사법 위반 행위에 대해서는 징계의 제재가 가능한 점 등을 종합적으로 고려하면, 변호사법 제113조 제5호, 제31조 제1항 제3호 위반죄의 공소시효는 그 범죄행위인 '수임'행위가 종료한 때로부터 진행된다고 봄이 타당하고, 수임에 따른 '수임사무의 수행'이 종료될 때까지 공소시효가 진행되지 않는다고 해석할 수는 없다.

17. 병역법 위반

가. 병역법 위반과 정당한 사유(여호와의 증인 신도)

🏛 대법원 2018. 11. 1. 선고 2016도10912 전원합의체 판결[병역법위반]

판결의 요지

여호와의 증인 신도인 피고인이 지방병무청장 명의의 현역병 입영통지서를 받고도 입영일부터 3일이 지나도록 종교적 양심을 이유로 입영하지 않고 병역을 거부하여 병역법 위반으로 기소된 사안에서, 피고인은 여호와의 증인 신도인 아버지의 영향으로 만 13세 때 침례를 받고 그 신앙에 따라 생활하면서 약 10년 전에 최초 입영통지를 받은 이래 현재까지 신앙을 이유로 입영을 거부하고 있고, 과거 피고인의 아버지는 물론 최근 피고인의 동생도 같은 이유로 병역을 거부하여 병역법 위반으로 수감되었으며, 피고인이 부양해야 할 배우자, 어린 딸과 갓 태어난 아들이 있는 상태에서 형사처벌의 위험을 감수하면서도 종교적 신념을 이유로 병역거부 의사를 유지하고 있는 사정에 비추어 보면, 피고인의 입영거부 행위는 진정한 양심에 따른 것으로서 구 병역법(2013. 6. 4. 법률 제11849호로 개정되기 전의 것) 제88조 제1항에서 정한 '정당한 사유'에 해당할 여지가 있는데도, 피고인이 주장하는 양심이 위 조항의 정당한 사유에 해당하는지 심리하지 아니한 채 양심적 병역거부가 정당한 사유에 해당하지 않는다고 보아 유죄를 인정한 원심판결에 양심적 병역거부와 위 조항에서 정한 정당한 사유의 해석에 관한 법리를 오해한 잘못이 있다.

【평석】 병역법 제88조 1항 본문은 "현역 입영 또는 소집통지서를 받은 사람이 정당한 사유 없이 입영일이나 소집기일부터 다음 각 호의 기간이 지나도 입영하지 아니하거나 소집에 응하지 아니한 경우에는 3년 이하의 징역에 처한다.(이하 생략)"라고 규정하고 있다. 여기서 정당한 사유를 거론하며 입영하지 아니하거나 소집에 응하지 않는 경우가 있었는데, 이에 대한 대법원 판례의 견해가 변경되었다. 변경 전 대법원 판례로는 대법원 2004. 7. 15. 선고 2004도2965 전원합의체 판결 등 참조.

나. 양심적 병역거부의 의미와 증명 방법

🏛 대법원 2020. 7. 9. 선고 2019도17322 판결[병역법위반]

판결의 요지

1) 양심적 병역거부

여호와의 증인에서 침례를 받지 아니한 피고인이 그 신도라고 주장하면서 지방병무청장 명의의 현역병 입영통지서를 받고도 종교적 양심을 이유로 입영일부터 3일이 지나도록 입영하지 않고 병역을 거부하여 병역법 위반으로 기소된 사안에서, 피고인이 병역거부에 이르게 된 원인으로 주장하는 '양심'이 '진정한 양심'으로서 병역법 제88조 제1항의 정당한 사유에 해당하는지에 대하여 여전히 의문이 남는데도, 이와 달리 보아 무죄를 선고한 원심판단에 심리미진 등의 잘못이 있다.

2) 양심에 따른 병역거부와 증명

양심에 따른 병역거부, 이른바 양심적 병역거부는 종교적·윤리적·도덕적·철학적 또는 이와 유사한 동기에서 형성된 양심상 결정을 이유로 집총이나 군사훈련을 수반하는 병역의무의 이행을 거부하는 행위를 말한다. 양심적 병역거부자에게 병역의무의 이행을 일률적으로 강제하고 그 불이행에 대하여 형사처벌 등 제재를 하는 것은 양심의 자유를 비롯한 헌법상 기본권 보장체계와 전체 법질서에 비추어 타당하지 않을 뿐만 아니라 소수자에 대한 관용과 포용이라는 자유민주주의 정신에도 위배된다. 따라서 진정한 양심에 따른 병역거부라면, 이는 병역법 제88조 제1항의 '정당한 사유'에 해당한다.

구체적인 병역법 위반사건에서 피고인이 양심적 병역거부를 주장할 경우, 그 양심이 과연 깊고 확고하며 진실한 것인지를 가려내는 일이 무엇보다 중요하다. 인간의 내면에 있는 양심을 직접 객관적으로 증명할 수는 없으므로 사물의 성질상 양심과 관련성이 있는 간접사실 또는 정황사실을 증명하는 방법으로 판단하여야 한다.

예컨대 종교적 신념에 따른 양심적 병역거부 주장에 대해서는 종교의 구체적 교리가 어떠한지, 그 교리가 양심적 병역거부를 명하고 있는지, 실제로 신도들이 양심을 이유로 병역을 거부하고 있는지, 그 종교가 피고인을 정식 신도로 인정하고 있는지, 피고인이 교리 일반을 숙지하고 철저히 따르고 있는지, 피고인이 주장하는 양심적 병역거부가 오로지 또는 주로 그 교리에 따른 것인지, 피고인이 종교를 신봉하게 된 동기와 경위, 만일 피고인이 개종을 한 것이라면 그 경위와 이유, 피고인의 신앙 기간과 실제 종교적 활동 등이 주요한 판단 요소가 될 것이다. 피고인이 주장하는 양심과 동일한 양심을 가진 사람들이 이미 양심적 병역거부를 이유로 실형으로 복역하는 사례가 반복되었다는 등의 사정은 적극적인 고려요소가 될 수 있다.

그리고 위와 같은 판단 과정에서 피고인의 가정환경, 성장과정, 학교생활, 사회경험 등 전반적인 삶의 모습도 아울러 살펴볼 필요가 있다. 깊고 확고하며 진실한 양심은 그 사람의 삶 전체를 통하여 형성되고, 또한 어떤 형태로든 그 사람의 실제 삶으로 표출되었을 것이기 때문이다.

정당한 사유가 없다는 사실은 범죄구성요건이므로 검사가 증명하여야 한다. 다만 진정한 양심의 부존재를 증명한다는 것은 마치 특정되지 않은 기간과 공간에서 구체화 되지 않은 사실의 부존재를 증명하는 것과 유사하다. 위와 같은 불명확한 사실의 부존재를 증명하는 것은 사회통념상 불가능한 반면 그 존재를 주장·증명하는 것이 좀 더 쉬우므로, 이러한 사정은 검사가 증명책임을 다하였는지를 판단할 때 고려하여야 한다. 따라서 양심적 병역거부를 주장하는 피고인은 자신의 병역거부가 그에 따라 행동하지 않고서는 인격적 존재가치가 파멸되고 말 것이라는 절박하고 구체적인 양심에 따른 것이며 그 양심이 깊고 확고하며 진실한 것이라는 사실의 존재를 수긍할 만한 소명자료를 제시하고, 검사는 제시된 자료의 신빙성을 탄핵하는 방법으로 진정한 양심의 부존재를 증명할 수 있다. 이때 병역거부자가 제시하여야 할 소명자료는 적어도 검사가 그에 기초하여 정당한 사유가 없다는 것을 증명하는 것이 가능할 정도로 구체성을 갖추어야 한다.

3) 여호와의 증인에서 침례를 받지 아니한 피고인이 그 신도라고 주장하면서 지방병무청장 명의의 현역병 입영통지서를 받고도 종교적 양심을 이유로 입영일부터 3일이 지나도록 입영하지 않고 병역을 거부하여 병역법 위반으로 기소된 사안에서, 위 공소사실의 유무죄를 가림에 있어서는 피고인으로부터 병역거부에 이르게 된 그의 양심이 깊고 확고하며 진실한 것이라는 사실의 존재를 수긍할 만한 구체적인 소명자료를 제출받아 이를 자세히 심리할 필요가 있는바, 피고인이 이른바 '모태신앙'으로서 여호와의 증인의 신도라고 하면서도 위 종교의 공적 모임에서 자신의 신앙을 고백하고 그 종교의 다른 신도들로부터 공동체 구성원으로 받아들여지는 중요한 의식인 침례를 아직 받지 않고 있을 뿐 아니라 종교적 신념의 형성 여부 및 그 과정 등에 관하여 위 종교단체 명의의 사실확인서 등 구체성을 갖춘 자료를 제

대로 제출하지 않고 있어, 피고인의 주장과 달리 가정환경 및 성장 과정 등 삶의 전반에서 해당 종교의 교리 및 가르침이 피고인의 신념 및 사유체계에 심대한 영향을 미칠 만큼 지속적이면서 공고하게 자리 잡았다고 보기 어려운 것은 아닌지 의문이며, 나아가 설령 피고인이 그 주장대로 침례를 받지 않고도 지금까지 종교적 활동을 하여 온 것이 맞는다고 하더라도, 이러한 종교적 활동은 여호와의 증인의 교리 내지 신앙에 관하여 확신에 이르거나 그 종교적 신념이 내면의 양심으로까지 자리 잡게 된 상태가 아니더라도 얼마든지 행해질 수 있으므로, 피고인이 병역거부에 이르게 된 원인으로 주장하는 '양심'이 과연 그 주장에 상응하는 만큼 깊고 확고하며 진실한 것인지, 종교적 신념에 의한 것이라는 피고인의 병역거부가 실제로도 그에 따라 행동하지 않고서는 인격적 존재가치가 파멸되고 말 것이라는 절박하고 구체적인 양심에 따른 것으로서 병역법 제88조 제1항의 정당한 사유에 해당하는지에 대하여는 여전히 의문이 남는데도, 위 조항의 정당한 사유가 인정된다고 보아 무죄를 선고한 원심판단에 심리미진 등의 잘못이 있다.

☞ **서울중앙지방법원(2020노3601)은 병역법 위반 혐의에 대하여 1심에서 징역 1년 6월의 실형을 선고받은 피고인에게 다음과 같은 이유로 무죄를 선고하였다.(한편, 양심적 병역거부자가 대체복무로 편입할 수 있는 절차가 2020. 10.부터 시행되었다.)**

판결 이유

피고인이 성경의 구절과 여호와의 증인 교리를 이유로 집총과 군사훈련을 수반하는 병역을 거부하여 왔는데,

○ 피고인은 여호와의 증인 신도인 어머니, 외조부모 등의 영향으로 피고인의 형제자매와 함께 어려서부터 위 종교의 교리를 접하면서 성장하였고, 1998.경 여호와의 증인 한국지부 견학 행사에 참석한 이후 현재까지 성경과 여호와의 증인 교리에 어긋남 없이 성실히 삶을 살아온 것으로 보인다.

○ 피고인은 학창시절 원만한 교우관계를 위해 노력하였고 교내에서 지켜야 할 규칙들을 준수하는 등 별다른 문제 없이 학교생활을 하였으며, 현재까지 형사처벌을 받거나 수사를 받은 전력이 없고, 자신의 종교적 신념에 반하는 폭력적인 성향을 보인 바 없다. 또한 피고인은 2011. 경부터 수혈거부라는 위 종교의 교리를 지키기 위해 '사전 의료지시 및 위임장'을 소지하고 다니며 자신의 종교적 양심을 표

출하고 그에 부합하는 삶의 태도를 견지하고 있었던 것으로 보인다.

○ 원심법원의 사실조회 결과에 의하더라도 피고인이 웹하드 업체나 게임 업체에 가입한 사실이 없어, 여호와의 증인 신도로서의 신념에 반하는 음란물이나 폭력물을 시청하였다거나 폭력적인 게임 등을 이용하였다고 볼 만한 자료가 전혀 존재하지 않는다.

○ 피고인은 2018. 2. 12. 의무장교 입영통지서를 수령하고, 같은 날 '여호와의 증인 신도로서 전쟁을 연습하지 말라는 성서의 가르침에 따라 순수 민간대체복무가 마련될 때까지 병역을 거부한다'는 내용이 기재된 통지문을 작성하여 병무청에 제출한 후 지정된 일정에 입영하지 아니하였다.

○ 피고인이 입영거부를 할 당시 피고인은 여호와의 증인으로서 침례를 받지 않았고, 헌법재판소나 대법원이 양심적 병역거부를 인정하는 판결을 선고하기 전이어서 종교적 신념을 이유로 병역의무의 이행을 거부할 경우 형사처벌을 받을 가능성이 매우 높았던 상황이었음에도 피고인은 이를 감수하면서 병역거부의 의사표시를 하였고 현재까지 이를 유지하고 있다.

○ 피고인은 대학에 진학한 후 잠시 종교적으로 방황의 시기를 겪었던 것으로 보이나 2018년부터 회심하여 성서연구 및 정기 집회를 참석하며 종교생활에 다시 집중한 것으로 보이고, 서울 개포동회 중 소속 장로들과 신도들은, 피고인이 2020. 1. 미침례 전도인으로서 전도 봉사 활동을 시작하였고, 2020. 8. 2. 침례를 받은 이후 현재까지 본 회중에서 주말 및 주중 집회 참석, 성경 낭독 연설 수행 및 해설 참여, 전도 봉사 등을 하며 꾸준히 종교 활동을 하고 있다는 취지의 사실확인서를 제출하였다.

○ 피고인은 대한민국과 국민에게 부과되는 의무를 모두 존중하는 태도를 보이고 있고, 병역법상 규정된 대체복무에 적극적으로 응하겠다는 의사를 피력하고 있다.

다. 병역법 제8조(총칙의 적용), 현역병 증서의 송달

> 🏛 대법원 1965. 10. 21. 선고 65도564 전원합의체 판결[병역법위반]

판결의 요지

현역병 증서가 명령수령인에게 전달되었으나 병역의무자가 주거지를 떠나 그 소재를 알리지 않았기 때문에 실제로 전달된 사실을 몰랐다면 소정기일에 입영하지 아니한 것에 의사가 있었다고 할 수 없다.

18. 보호관찰 등에 관한 법률 위반(보호관찰의 의미)

1) 법원이 형의 집행을 유예하는 경우 명할 수 있는 '사회봉사'의 의미(시간 단위로 부과될 수 있는 일 또는 근로활동)

2) 보호관찰 등에 관한 법률 제32조 제3항에서 보호관찰 대상자에게 과할 수 있는 특별준수사항으로 정한 '범죄행위로 인한 손해를 회복하기 위하여 노력할 것(제4호)' 등 같은 항 제1호부터 제9호까지의 사항은 보호관찰 대상자에 한하여 부과할 수 있는지 여부(적극) 및 사회봉사명령·수강명령 대상자에 대해서도 이를 부과할 수 있는지 여부(소극)

🏛 대법원 2020. 11. 5. 선고 2017도18291 판결[개발제한구역의지정및관리에관한특별조치법위반]

판결의 요지

1) 우리 헌법 제12조 제1항은 "모든 국민은 신체의 자유를 가진다. 누구든지 … 법률과 적법한 절차에 의하지 아니하고는 처벌·보안처분 또는 강제노역을 받지 아니한다."라고 규정하여 처벌, 보안처분, 강제노역에 관한 법률주의 및 적법절차 원리를 선언하고 있다.

이에 따라 범죄인에 대한 사회 내 처우의 한 유형으로 도입된 사회봉사명령 등에 관하여 구체적인 사항을 정하고 있는 형법 제62조의2 제1항은 "형의 집행을 유예하는 경우에는 보호관찰을 받을 것을 명하거나 사회봉사 또는 수강을 명할 수 있다."라고 규정하고 있다. 나아가 보호관찰 등에 관한 법률 제59조 제1항은 "법원은 형법 제62조의2에 따른 사회봉사를 명할 때에는 500시간 … 의 범위에서 그 기간을 정하여야 한다. 다만 다른 법률에 특별한 규정이 있는 경우에는 그 법률에서 정한 바에 따른다."라고 규정하고 있다.

위 각 규정을 종합하면, 법원이 형의 집행을 유예하는 경우 명할 수 있는 사회봉사는 다른 법률에 특별한 규정이 없는 한 500시간 내에서 시간 단위로 부과될 수 있는 일 또는 근로활동을 의미하는 것으로 해석된다.

2) 보호관찰, 사회봉사명령·수강명령은 당해 대상자의 교화·개선 및 범죄예방을 위하여 필요하고도 상당한 한도 내에서 이루어져야 하고, 당해 대상자의 연령·경력·심신상태·가정환경·교우관계 기타 모든 사정을 충분히 고려하여 가장 적합한 방법으로 실시되어야 하므로, 법원은 특별준수사항을 부과하는 경우 대상자의 생활력, 심신의 상태, 범죄 또는 비행의 동기, 거주지의 환경 등 대상자의 특성을 고려하여 대상자가 준수할 수 있다고 인정되고 자유를 부당하게 제한하지 아니하는 범위 내에서 개별화하여 부과하여야 한다는 점, 보호관찰의 기간은 집행을 유예한 기간으로 하고 다만 법원은 유예기간의 범위 내에서 보호관찰기간을 정할 수 있는 반면, 사회봉사명령·수강명령은 집행유예기간 내에 이를 집행하되 일정한 시간의 범위 내에서 그 기간을 정하여야 하는 점, 보호관찰명령이 보호관찰기간 동안 바른 생활을 영위할 것을 요구하는 추상적 조건의 부과이거나 악행을 하지 말 것을 요구하는 소극적인 부작위조건의 부과인 반면, 사회봉사명령·수강명령은 특정 시간 동안의 적극적인 작위의무를 부과하는 데 특징이 있다는 점 등에 비추어 보면, 사회봉사명령·수강명령 대상자에 대한 특별준수사항은 보호관찰 대상자에 대한 것과 같을 수 없고, 따라서 보호관찰 대상자에 대한 특별준수사항을 사회봉사명령·수강명령 대상자에게 그대로 적용하는 것은 적합하지 않다.

보호관찰 등에 관한 법률(이하 '보호관찰법'이라고 한다) 제32조 제3항은 법원 및 보호관찰 심사위원회가 판결의 선고 또는 결정의 고지를 할 때 보호관찰 대상자에게 "범죄행위로 인한 손해를 회복하기 위하여 노력할 것(제4호)" 등 같은 항 제1호부터 제9호까지 정한 사항과 "그 밖에 보호관찰 대상자의 재범 방지를 위하여 필요하다고 인정되어 대통령령으로 정하는 사항(제10호)"을 특별준수사항으로 따로 과할 수 있다고 규정하고 있다. 이에 따라 보호관찰 등에 관한 법률 시행령(이하 '시행령'이라고 한다) 제19조는 보호관찰 대상자에게 과할 수 있는 특별준수사항을 제1호부터 제7호까지 규정한 데 이어, 제8호에서 "그 밖에 보호관찰 대상자의 생활상태, 심신의 상태, 범죄 또는 비행의 동기, 거주지의 환경 등으로 보아 보호관찰 대상자가 준수할 수 있고 자유를 부당하게 제한하지 아니하는 범위에서 개선·자립에 도움이 된다고 인정되는 구체적인 사항"을 규정하고 있다.

나아가 보호관찰법 제62조는 제2항에서 사회봉사명령·수강명령 대상자가 일반적으로 준수하여야 할 사항을 규정하는 한편, 제3항에서 "법원은 판결의 선고를 할 때 제2항의 준수사항 외에 대통령령으로 정하는 범위에서 본인의 특성 등을 고려하여 특별히 지켜야 할 사항을 따로 과할 수 있다."라고 규정하고 있다. 이에 따라 시행령 제39조 제1항은 사회봉사명령·수강명령 대상자에 대한 특별준수사항으로 위 시행령 제19조를 준용하고 있다.

위 각 규정을 종합하면, 보호관찰법 제32조 제3항이 보호관찰 대상자에게 과할 수 있는 특별준수사항으로 정한 "범죄행위로 인한 손해를 회복하기 위하여 노력할 것(제4호)" 등 같은 항 제1호부터 제9호까지의 사항은 보호관찰 대상자에 한해 부과할 수 있을 뿐, 사회봉사명령·수강명령 대상자에 대해서는 부과할 수 없다.

19. 부동산가격공시 및 감정평가에 관한 법률 위반

법원의 감정인 지정 결정 또는 민사소송법 제341조 제1항에 따른 법원의 감정 촉탁을 받은 경우, 감정평가업자가 아닌 사람이더라도 그 감정 사항에 포함된 토지 등의 감정평가를 할 수 있는지 여부(적극) 및 이러한 행위가 형법 제20조의 정당행위에 해당하여 위법성이 조각되는지 여부(적극)

🏛 대법원 2021. 10. 14. 선고 2017도10634 판결[부동산가격공시및감정평가에관한법률위반]

판결의 요지

구 부동산 가격공시 및 감정평가에 관한 법률(2016. 1. 19. 법률 제13796호 부동산 가격공시에 관한 법률로 전부 개정되기 전의 것, 이하 '구 부동산공시법'이라고 한다) 제2조 제7호 내지 제9호, 제43조 제2호는 감정평가란 토지 등의 경제적 가치를 판정하여 그 결과를 가액으로 표시하는 것을 말하고, 감정평가업자란 제27조에 따라 신고를 한 감정평가사와 제28조에 따라 인가를 받은 감정평가법인을 말한다고 정의하면서, 감정평가업자가 아닌 자가 타인의 의뢰에 의하여 일정한 보수를 받고 감정평가를 업으로 행하는 것을 처벌하도록 규정하고 있다. 이와 같이 감정평가사 자격을 갖춘 사람만이 감정평가업을 독점적으로 영위할 수 있도록 한 취지는 감정평가업무의 전문성, 공정성, 신뢰성을 확보해서 재산과 권리의 적정한 가격형성을 보장하여 국민의 권익을 보호하기 위한 것이다(구 부동산공시법 제1조 참조).

한편 소송의 증거방법 중 하나인 감정은 법관의 지식과 경험을 보충하기 위하여 특별한 학식과 경험을 가진 제3자에게 그 전문적 지식이나 이를 구체적 사실에 적용하여 얻은 판단을 법원에 보고하게 하는 것으로, 감정신청의 채택 여부를 결정하고 감정인을 지정하거나 단체 등에 감정촉탁을 하는 권한은 법원에 있고(민사소송법 제335조, 제341조 제1항 참조), 행정소송사건의 심리절차에서 공익사업을 위한 토지 등의 취득 및 보상에 관한 법률상 토지 등의 손실보상액에 관하여 감정을 명할 경우 그 감정인으로 반드시 감정평가사나 감정평가법인을 지정하여야 하는 것은 아니다.

법원은 소송에서 쟁점이 된 사항에 관한 전문성과 필요성에 대한 판단에 따라 감정인을 지정하거나 감정 촉탁을 하는 것이고, 감정 결과에 대하여 당사자에게 의견을 진술할 기회를 준 후 이를 종합하여 그 결과를 받아들일지 여부를 판단하므로, 감정인이나 감정 촉탁을 받은 사람의 자격을 감정평가사로 제한하지 않더라도 이러한 절차를 통하여 감정의 전문성, 공정성 및 신뢰성을 확보하고 국민의 재산권을 보호할 수 있기 때문이다.

그렇다면 민사소송법 제335조에 따른 법원의 감정인 지정결정 또는 같은 법 제341조 제1항에 따른 법원의 감정 촉탁을 받은 경우에는 감정평가업자가 아닌 사람이더라도 그 감정 사항에 포함된 토지 등의 감정평가를 할 수 있고, 이러한 행위는 법령에 근거한 법원의 적법한 결정이나 촉탁에 따른 것으로 형법 제20조의 정당행위에 해당하여 위법성이 조각된다고 보아야 한다.

20. 부정경쟁방지 및 영업비밀보호에 관한 법률 위반

가. 부정경쟁방지 및 영업비밀보호에 관한 법률 위반 사건의 공소사실에 기재된 '영업비밀'의 특정 정도 및 '영업비밀'의 의미와 그 요건

🏛 대법원 2009. 7. 9. 선고 2006도7916 판결[부정경쟁방지및영업비밀보호에관한법률위반]

판결의 요지

부정한 이익을 얻거나 기업에 손해를 가할 목적으로 영업비밀을 제3자에게 누설하였거나 이를 사용하였는지 여부가 문제되는 부정경쟁방지 및 영업비밀보호에 관한 법률 위반 사건의 공소사실에 '영업비밀'이라고 주장된 정보가 상세하게 기재되어 있지 않다고 하더라도, 다른 정보와 구별될 수 있고 그와 함께 적시된 다른 사항들에 의하여 어떤 내용에 관한 정보인지 알 수 있으며, 또한 피고인의 방어권 행사에도 지장이 없다면, 그 공소제기의 효력에는 영향이 없다.

구 부정경쟁방지 및 영업비밀보호에 관한 법률(2007. 12. 21. 법률 제8767호로 개정되기 전의 것) 제2조 제2호의 '영업비밀'이란 공연히 알려져 있지 아니하고 독립된 경제적 가치를 가지는 것으로서 상당한 노력에 의하여 비밀로 유지된 생산방법, 판매방법 그 밖에 영업활동에 유용한 기술상 또는 경영상의 정보를 말한다. 여기서 '공연히 알려져 있지 아니하다'는 것은 그 정보가 간행물 등의 매체에 실리는 등 불특정 다수인에게 알려져 있지 않기 때문에 보유자를 통하지 아니하고는 그 정보를 통상 입수할 수 없는 것을 말하고, '독립된 경제적 가치를 가진다'는 것은 그 정보의 보유자가 그 정보의 사용을 통해 경쟁자에 대하여 경쟁상의 이익을 얻을 수 있거나 또는 그 정보의 취득이나 개발을 위해 상당한 비용이나 노력이 필요하다는 것을 말하며, '상당한 노력에 의하여 비밀로 유지된다'는 것은 그 정보가 비밀이라고 인식될 수 있는 표시를 하거나 고지를 하고, 그 정보에 접근할 수 있는 대상자나 접근 방법을 제한하거나 그 정보에 접근한 자에게 비밀준수의무를 부과하는 등 객관적으로 그 정보가 비밀로 유지·관리되고 있다는 사실이 인식 가능한 상태인 것을 말한다.

조달물자구매계약상 철도청에 비밀유지의무가 부과된 기술상 정보인 캐드파일 및 기술 자료는, 청외자의 신청에 의한 도면의 출도·열람을 허가하는 철도청 도면 관리규정이 존재하고 자료의 일부가 몇 차례 출도·열람되었다는 사정이 있더라도, 영업비밀 보유자의 상당한 노력에 의하여 비밀로 유지된 정보로서 구 부정경쟁방지 및 영업비밀보호에 관한 법률(2007. 12. 21. 법률 제8767호로 개정되기 전의 것)에 정한 영업비밀에 해당한다.

구 부정경쟁방지 및 영업비밀보호에 관한 법률(2004. 1. 20. 법률 제7095호로 개정되기 전의 것)에는 기업의 전·현직 임원 또는 직원의 영업비밀 누설행위만을 처벌하고 기타 영업비밀 부정취득행위 및 부정사용행위를 처벌하는 벌칙규정이 없었으나, 구 부정경쟁방지 및 영업비밀보호에 관한 법률(2007. 12. 21. 법률 제8767호로 개정되기 전의 것) 제18조 제2항은 "누구든지 부정한 이익을 얻거나 기업에 손해를 가할 목적으로 그 기업에 유용한 영업비밀을 취득·사용하거나 제3자에게 누설한 자는 5년 이하의 징역 또는 그 재산상 이득액의 2배 이상 10배 이하에 상당하는 벌금에 처한다"고 규정하고 있다. 그 입법 취지는 기업의 영업비밀 침해행위의 처벌 대상을 확대함으로써 기업의 영업비밀 보호를 강화하는 데 있고, 그 부칙 제2항은 '이 법 시행 전에 종전의 제18조 제1항 및 제2항의 규정을 위반한 자에 대해서는 종전의 규정에 의한다'고만 규정하고 있을 뿐이므로, 개정법 시행 전에 취득한 영업비밀이라 하더라도 개정법 시행 후에 이를 부정사용하는 행위는 개정법 제18조 제2항의 적용대상이 된다고 해석함이 상당하다. 또한, 위 조항은 '부정한 이익을 얻거나 기업에 손해를 가할 목적으로 그 기업에 유용한 영업비밀을 취득·사용'하는 행위를 처벌하도록 규정하고 있을 뿐이고, 영업비밀을 취득하는 행위의 수단과 방법에 대해서는 특별한 제한이 없으므로, 영업비밀부정사용죄의 대상이 되는 영업비밀은 개정법 제2조 제3호 (가)목에 정한 '절취·기망·협박 기타 부정한 수단으로 취득'된 영업비밀임을 전제로 하지 않는다.

【평석】영업비밀은, 비밀유지관리성, 비공지성, 경제적 효용성을 갖춰야 부정경쟁방지 및 영업비밀보호에 관한 법률에 의한 보호를 받는다. 회사의 기밀 모두를 영업비밀이라고 생각하는 것은 잘못된 견해이다.

나. 부정경쟁방지 및 영업비밀보호에 관한 법률 위반과 배임죄의 성부

> 🏛 대법원 2008. 4. 24. 선고 2006도9089 판결(업무상배임) (대법원 2009. 10. 15. 선고 2008도9433 판결, 서울서부지방법원 2012노143 판결 참조)

판결 이유

가. 업무상배임죄는 타인의 사무를 처리하는 자가 그 임무에 위배하는 행위로써 재산상 이익을 취득하거나 제3자로 하여금 이를 취득하게 하여 본인에게 손해를 가함으로써 성립하는데, 여기에서 '그 임무에 위배하는 행위'란 사무의 내용, 성질 등 구체적 상황에 비추어 법률의 규정, 계약의 내용 혹은 신의칙상 당연히 할 것으로 기대되는 행위를 하지 않거나 당연히 하지 않아야 할 것으로 기대되는 행위를 함으로써 본인과 사이의 신임관계를 저버리는 일체의 행위를 말하고(대법원 1999. 3. 12. 선고 98도4704 판결 등 참조), '재산상 손해를 가한 때'란 현실적인 손해를 가한 경우뿐만 아니라 재산상 실해 발생의 위험을 초래한 경우도 포함한다(대법원

2003. 10. 30. 선고 2003도4382 판결 참조).

따라서 회사직원이 영업비밀을 경쟁업체에 유출하거나 스스로의 이익을 위하여 이용할 목적으로 무단으로 반출하였다면 그 반출시에 업무상배임죄의 기수가 되고 (대법원 2003. 10. 30. 선고 2003도4382 판결 참조), 영업비밀이 아니더라도 그 자료가 불특정 다수의 사람에게 공개되지 않았고 사용자가 상당한 시간, 노력 및 비용을 들여 제작한 영업상 주요한 자산인 경우에도 그 자료의 반출행위는 업무상배임죄를 구성하며(대법원 2005. 7. 14. 선고 2004도7962 판결 참조), 회사직원이 영업비밀이나 영업상 주요한 자산인 자료를 적법하게 반출하여 그 반출행위가 업무상배임죄에 해당하지 않는 경우라도 퇴사시에 그 영업비밀 등을 회사에 반환하거나 폐기할 의무가 있음에도 경쟁업체에 유출하거나 스스로의 이익을 위하여 이용할 목적으로 이를 반환하거나 폐기하지 아니하였다면, 이러한 행위가 업무상배임죄에 해당한다고 보아야 한다.

한편, 업무상배임죄가 성립하려면 주관적 요건으로서 임무위배의 인식과 그로 인하여 자기 또는 제3자가 이익을 취득하고 본인에게 손해를 가한다는 인식, 즉 배임의 고의가 있어야 하는데, 이러한 인식은 미필적 인식으로도 족한바, 피고인이 배임죄의 범의를 부인하는 경우에는 사물의 성질상 배임죄의 주관적 요소로 되는 사실은 고의와 상당한 관련성이 있는 간접사실을 증명하는 방법에 의하여 입증할 수밖에 없고, 이때 무엇이 상당한 관련성이 있는 간접사실에 해당하는가는 정상적인 경험칙에 바탕을 두고 치밀한 관찰력이나 분석력에 의하여 사실의 연결상태를 합리적으로 판단하여야 한다(대법원 2004. 3. 26. 선고 2003도7878 판결 등 참조).

나. 위 법리에 비추어 기록을 살펴보면, 이 사건에 있어서 피고인들이 이 사건 파일들을 공소외 1 주식회사 외부로 반출하였음은 인정하면서도 그 업무상배임의 고의를 부인하고 있으므로, 업무상배임의 고의와 상당한 관련성이 있는 간접사실들을 종합하여 피고인들에게 업무상배임의 고의가 있었는지를 판단하여야 하는데, 기록에 의하여 알 수 있는, 피고인들은 공소외 1 주식회사 입사시 또는 재직 중에 "업무상의 비밀사항은 물론이고 기타 회사의 업무에 대해서도 결코 누설하지 아니할 것과 퇴직 후라도 일체 이를 누설하지 않는다"는 내용의 서약서 또는 "본인은 업무를 수행하면서 지득한 회사의 기밀을 재직 중 또는 퇴직 후 공소외 1 주식회사 임직원 및 어떤 제3자에게도 누설하지 않을 것과 보안준수사항을 지킬 것을 서약합니다"라는 내용의 보안준수서약서 또는 비밀유지서약서 등을 각 작성한 점, 피

고인 2의 경우 그 비밀유지서약서에 "퇴사나 업무 변경시 모든 자료를 회사에 반환하겠습니다"라고 기재되어 있어, 퇴사 시 이 사건 파일들을 공소외 1 주식회사에 반환하거나 폐기할 의무가 있음이 분명하고, 피고인 1과 피고인 3의 경우에도 그들이 작성한 서약서 등에 그러한 내용이 기재되어 있지는 아니하나, 고용계약에 따른 부수적 의무로서 내지는 신의칙상 퇴사시에 이 사건 파일들을 공소외 1 주식회사에 반환하거나 폐기할 의무가 있다고 보이는 점, 한편 공소외 1 주식회사는 그 직원들에게 보안교육을 주기적으로 실시하였고 업무용 자료의 사외 반출을 금지하면서, 다만 재택근무 등 업무상 필요가 있는 경우에 한하여 업무용 자료의 반출을 용인하고 있었는데, 이 사건 파일들 반출 경위에 관한 피고인 1이나 피고인 3의 각 진술들에 비추어, 위 피고인들은 업무상 필요에 의하여 이 사건 파일들을 반출하였다고 보이지 않는 점, 피고인들은 이 사건 파일들을 반출함에 있어 공소외 1 주식회사의 승낙을 받지 않았음에도, 공소외 1 주식회사 퇴사 시에 "본인은 공소외 1 주식회사에 재직할 당시 업무와 관련한 문서, 도면, 파일 등을 정당한 권한 없이 외부로 유출한 사실이 없다"는 내용의 서약서가 첨부된 사직서를 공소외 1 주식회사에게 제출하여 이 사건 파일들의 반출사실을 고지하지 않았을 뿐만 아니라, 이 사건 파일들을 폐기하지 않고 퇴사 후에도 계속 보관하고 있었던 점, 피고인 2와 피고인 3은 공소외 8 주식회사 입사 후 이 사건 파일들 중 일부를 공소외 8 주식회사의 컴퓨터에 옮겨 놓은 점 등 제반 사정을 종합하여 보면, 피고인들이 이 사건 파일들을 공소외 1 주식회사 외부로 반출할 당시 피고인들에게는 향후 공소외 1 주식회사과 무관하게 이 사건 파일들을 사용할 의사가 있었다고 추단함이 상당하여 적어도 미필적으로나마 배임의 고의가 있었다고 보아야 하고(가사, 피고인 2의 경우 그 주장과 같이 순전히 재택근무 등 업무상 필요에 의하여 이 사건 파일들을 반출한 것이어서 그 반출행위에 있어서는 배임의 고의가 있었다고 단정하기 어렵더라도, 그 공소사실에 적시된 퇴사 시 이 사건 파일들을 공소외 1 주식회사에 반환하거나 폐기할 의무를 위반한 행위가 배임행위에 해당하고, 여기에는 미필적으로나마 배임의 고의가 있었다고 보아야 한다), 원심이 들고 있는 사정들은 피고인들에게 배임의 고의가 있는지를 판단함에 있어 고려할 수 없는 사정들이거나 위 인정에 방해가 되지 않는 사정들에 불과하다.

따라서 이 사건 파일들이 공소외 1 주식회사의 영업비밀 또는 영업상 주요한 자산에 해당한다면, 피고인들의 이 사건 파일들의 각 반출행위 또는 피고인 2의 이 사건 파일들의 미반환, 미폐기 행위는 업무상배임죄를 구성한다고 보아야 한다.

다. 그런데도 원심은 판시와 같은 이유로 피고인들에게 업무상배임의 고의를 인정할 수 없다고 속단하여 이 사건 파일들이 공소외 1 주식회사의 영업비밀 또는 영업상 주요한 자산에 해당하는지에 관하여 심리하지 아니한 채 이 사건 각 공소사실을 모두 무죄로 인정하였으니, 원심판결에는 필요한 심리를 다 하지 아니하고 채증법칙을 위반하였거나, 재직 중의 영업비밀 등의 반출 또는 퇴사시의 영업비밀 등의 미반환, 미폐기로 인한 업무상배임죄에 있어서의 배임행위 내지 배임의 고의에 관한 법리를 오해하여 판결에 영향을 미친 위법이 있고, 이를 지적하는 상고이유는 이유 있다.

【평석】 실무에서 부정경쟁방지 및 영업비밀보호에관한 법률위반이 성립이 안 되더라도 단순 무죄로 판단하지 아니하고 위와 같이 배임 부분이 검토된다.

21. 부정수표단속법 위반(배서의 위조·변조 책임 여하)

> 🏛 대법원 2019. 11. 28. 선고 2019도12022 판결[부정수표단속법위반·유가증권위조·위조유가증권행사·사기]

판결의 요지

부정수표 단속법은 부정수표 등의 '발행'을 단속·처벌함으로써 국민의 경제생활의 안전과 유통증권인 수표의 기능을 보장함을 목적으로 한다(제1조). 구 부정수표 단속법(2010. 3. 24. 법률 제10185호로 개정되기 전의 것, 이하 '구 부정수표 단속법'이라 한다) 제2조에서 처벌대상으로 정하고 있는 부정수표를 작성한 자는 수표용지에 수표의 기본요건을 작성한 자라고 보아야 하므로, 구 부정수표 단속법 제2조도 부정수표 발행을 규율하는 조항이라고 해석된다. 수표위조·변조죄에 관한 구 부정수표 단속법 제5조는 "수표를 위조 또는 변조한 자는 1년 이상의 유기징역과 수표금액의 10배 이하의 벌금에 처한다."라고 정하여 수표의 강한 유통성과 거래수단으로서의 중요성을 감안하여 유가증권 중 수표의 위조·변조행위에 관하여는 범죄성립요건을 완화하여 초과주관적 구성요건인 '행사할 목적'을 요구하지 않는 한편, 형법 제214조 제1항 위반에 해당하는 다른 유가증권위조·변조행위보다 그 형을 가중하여 처벌하려는 규정이다.

위에서 본 것처럼 형법 제214조에서 발행에 관한 위조·변조는 대상을 '유가증권'으로, 배서 등에 관한 위조·변조는 대상을 '유가증권의 권리의무에 관한 기재'로 구분하여 표현하고 있는데, 구 부정수표 단속법 제5조는 위조·변조 대상을 '수표'라고만 표현하고 있다. 구 부정수표 단속법 제5조는 유가증권에 관한 형법 제214조 제1항 위반행위를 가중처벌하려는 규정이므로, 그 처벌범위가 지나치게 넓어지지 않도록 제한적으로 해석할 필요가 있다.

따라서 구 부정수표 단속법 제5조에서 처벌하는 행위는 수표의 발행에 관한 위조·변조를 말하고, 수표의 배서를 위조·변조한 경우에는 수표의 권리의무에 관한 기재를 위조·변조한 것으로서, 형법 제214조 제2항에 해당하는지 여부는 별론으로 하고 구 부정수표 단속법 제5조에는 해당하지 않는다.

【해설】 형법 제214조는 제1항에서 "행사할 목적으로 대한민국 또는 외국의 공채증서 기타 유가증권을 위조 또는 변조한 자는 10년 이하의 징역에 처한다."라고 정하여 유가증권의 발행에 관한 위조·변조행위를 처벌하고, 이와 별도로 제2항에서 "행사할 목적으로 유가증권의 권리의무에 관한 기재를 위조 또는 변조한 자도 전항의 형과 같다."라고 정하여 유가증권의 배서·인수·보증 등에 관한 위조·변조행위를 처벌하고 있다. 따라서 유가증권의 배서의 위조·변조에 대한 처벌은 별론으로 하되 수표의 배서를 위조·변조한 경우로 처벌하지는 않는다는 취지이다.

22. 사립학교법 위반

사립학교법상 교비회계의 세출

🏛 대법원 2012. 5. 10. 선고 2011도12408 판결[특정경제범죄가중처벌등에관한법률위반(횡령)·업무상횡령·사립학교법위반]

판결의 요지

학교법인 00학원(이하 '00학원'이라 한다) 이사장인 피고인이 제1심 공동피고인 정00, 00학원 사무국장으로서 피고인의 처남인 박00과 공모하여, 00학원 산하 00대학의 각종 공사와 관련하여 공사업체들과 공사금액을 부풀려 계약을 체결한 다음 부풀려 지급한 금액을 돌려받는 방법으로 합계 25억 7,000만 원의 비자금을 조성하여 피고인의 정치자금이나 생활비 등 사적 용도에 사용함으로써 00대학 교비를 횡령함과 동시에 00대학의 교비회계에 속하는 수입을 다른 회계에 전출하였다는 이 부분 공소사실에 대하여, 피고인으로부터 비자금 조성 및 관리를 지시받았다는 정00, 박00의 진술은 그들의 재산형성 과정에서의 의혹, 피고인이 비자금조성을 지시하면서 서명했다는 견적서 등과 관련한 의문점, 최초 비자금조성 지시시기 및 장소와 관련한 의문점, 피고인과의 이해대립이나 적대적 관계 등 그 판시 사정에 비추어 쉽사리 믿기 어렵고 검사가 제출한 나머지 증거들만으로는 공소사실을 인정하기에 부족하다고 보아, 이를 유죄로 인정한 제1심과 달리 무죄를 선고한 원심은 정당하다.(중략)

원심판결 이유에 의하면, 원심은 피고인이 00대학 국제관 5층의 교사용 관사를 주거용으로 사용하여 오다가 2008. 3.경 이00와 동거하게 되면서 약혼을 앞두고 베란다를 거실로 확장하는 공사와 거실·주방의 인테리어 공사를 대대적으로 한 후 그 공사대금 합계 4억 3,756만 원을 신흥00 교비로 지급하게 한 사실, 00대학에 00학원 이사장 관사는 처음부터 없었고 이사장 관사를 둔다는 규정도 없는 사실 등 그 판시와 같은 사실을 인정한 다음, 위 비용 지출은 00대학의 교육에 직접 필요한 용도가 아닌 다른 용도에 교비회계 자금을 사용한 것과 마찬가지이므로 사립학교법상 허용되는 교비회계의 세출에 포함된다고 볼 수 없다고 보아 이 부분 공소사실을 유죄로 인정한 것은 정당하다.

【평석】 사립학교법상 교비회계를 전용하는 경우가 종종 있는데, 교비회계를 전용하는 횡령인지 아닌지 유무죄의 논란이 되는 경우의 판례이다.

사립학교법 제29조 제2항의 위임에 의하여 교비회계의 세출에 관한 사항을 정하고 있는 같은 법 시행령 제13조 제2항은 교비회계의 세출을 그 각 호 소정의 경비로 한다고 하면서, 학교운영에 필요한 인건비 및 물건비(제1호), 학교 교육에 직접 필요한 시설·설비를 위한 경비(제2호), 기타 학교 교육에 직접 필요한 경비(제5호) 등을 들고 있으므로, 교비회계에 속하는 수입에 의한 지출이 허용되는 교비회계의 세출에 해당하는지 여부는 그 지출과 관련된 제반 사정을 종합적으로 살펴볼 때 당해 학교의 교육에 직접 필요한 것인지 여부에 따라 판단하여야 한다. 한편 타인으로부터 용도가 엄격히 제한된 자금을 위탁받아 집행하면서 그 제한된 용도 이외의 목적으로 자금을 사용하는 것은 그 사용이 개인적인 목적에서 비롯된 경우는 물론 결과적으로 자금을 위탁한 본인을 위하는 면이 있더라도 그 사용행위 자체로 서 불법영득의 의사를 실현한 것이 되어 횡령죄가 성립하므로, 결국 사립학교의 교 비회계에 속하는 수입을 적법한 교비회계의 세출에 포함되는 용도, 즉 당해 학교의 교육에 직접 필요한 용도가 아닌 다른 용도에 사용하였다면 그 사용행위 자체로서 불법영득의사를 실현하는 것이 되어 그로 인한 죄책을 면할 수 없다(대법원 2008. 2. 29. 선고 2007도9755 판결 등 참조).

23. 산업안전보건법 위반(근로자 부상)

> 🏛 대법원 2009. 5. 28. 선고 2008도7030 판결[업무상과실치사 · 산업안전보건법위반]

판결 이유

가. 검사의 상고이유에 대하여

산업안전보건법(이하 '법'이라고 한다) 제29조 제2항은 "제1항의 규정에 의한 사업주는 그의 수급인이 사용하는 근로자가 노동부령이 정하는 산업재해 발생위험이 있는 장소에서 작업을 할 때에는 노동부령이 정하는 산업재해 예방을 위한 조치를 취하여야 한다."고 규정하고 있는바, 여기서 말하는 "제1항의 규정에 의한 사업주" 란 법 제29조 제1항에 규정된 "동일한 장소에서 행하여지는 사업의 일부를 도급에 의하여 행하는 사업으로서 대통령령이 정하는 사업의 사업주"를 의미하고, 동일한 장소에서 행하여지는 사업의 일부가 아닌 '전부'를 도급에 의하여 행하는 사업의 사업주는 이에 해당하지 않는다(대법원 2008. 7. 10. 선고 2007도5782 판결, 대법원 2005. 10. 28. 선고 2005도4802 판결 등 참조).

같은 취지에서 원심이, 피고인 00건설 주식회사(이하 '피고인 00건설'이라 한다)가 이 사건 공사현장에서 행하여지는 사업의 일부가 아닌 전부를 도급에 의하여 행하 였다는 이유로, 피고인 방00, 00건설에 대한 각 산업안전보건법위반의 점에 대하여 무죄를 선고한 제1심판결을 유지한 것은 정당하고, 거기에 주장하는 바와 같은 법 리오해, 채증법칙 위반 등의 위법이 없다.

나. 피고인 이00, 주식회사 00개발의 상고이유에 대하여

산업안전보건법은 제23조 제3항에서 사업주로 하여금 작업 중 근로자가 추락할 위험이 있는 장소 등 작업수행상 위험 발생이 예상되는 장소에는 그 위험을 방지하기 위하여 필요한 조치를 하도록 규정하면서 같은 조 제4항에서 제3항에 의하여 사업주가 하여야 할 안전상의 조치사항을 노동부령으로 정하도록 위임하고 있고, 그 위임을 받은 산업안전기준에 관한 규칙(이하 '규칙'이라고 한다)은 작업의 종류 등에 따라 위험을 예방하기 위하여 사업주가 취하여야 할 필요한 조치들을 구체적으로 규정하고 있으며, 법 제66조의2에서 사업주가 위와 같은 위험을 방지하기 위해 필요한 조치의무를 위반하여 근로자를 사망에 이르게 한 경우 7년 이하의 징역 또는 1억 원 이하의 벌금에 처하도록 하고 있다. 이와 같은 규정들을 종합하여 보면, 사업주에 대한 법 제66조의2, 제23조 제3항 위반죄는, 사업주가 자신이 운영하는 사업장에서 법 제23조 제3항에 규정된 안전상의 위험성이 있는 작업과 관련하여 규칙이 정하고 있는 안전조치를 취하지 않은 채 작업을 지시하거나, 그와 같은 안전조치가 취해지지 않은 상태에서 위 작업이 이루어지고 있다는 사실을 알면서도 이를 방치하는 등 그 위반행위가 사업주에 의하여 이루어졌다고 인정되는 경우에 한하여 성립하는 것이고, 규칙에서 정한 안전조치 외의 다른 가능한 안전조치가 취해지지 않은 상태에서 위험성이 있는 작업이 이루어졌다는 사실만으로 위 죄가 성립하는 것은 아니라고 할 것이다(대법원 2008. 9. 25. 선고 2008도5707 판결, 대법원 2008. 8. 11. 선고 2007도7987, 대법원 2006. 4. 28. 선고 2005도3700 판결 등 참조).

원심은, 피고인 이00는 피고인 주식회사 00개발(이하 '피고인 00개발'이라 한다)의 비계팀장이자 이 사건 현장의 안전관리자로서, 비계 해체 작업에 앞서 추락 방지망을 설치하는 등 근로자의 추락을 방지하기 위한 조치를 할 의무가 있음에도 해체 작업의 편리성과 효율성에 치중한 나머지 3m 간격으로 설치되어 있던 추락 방지망을 제거하고 별도의 안전조치도 강구하지 않은 채 근로자에게 비계 해체 작업을 지시하였고, 피고인 00개발은 자신의 사용인이 그 업무에 관하여 위반행위를 하였다는 산업안전보건법 위반의 점에 대하여 각 유죄로 인정한 제1심판결을 유지하였다.

그러나 원심의 이와 같은 판단은 다음과 같은 이유로 수긍하기 어렵다.

피고인 이00가 작업의 편리성 등에 치중하여 3m 간격으로 설치되어 있던 추락 방지망을 제거하고 매트리스를 설치하는 등의 추가적인 위험방지조치를 강구하지 않았다고 하더라도, 규칙에서 그와 같은 추락방지망 등을 설치할 의무에 관하여 따로 규정하고 있지 않은 이상, 법 제23조 제3항 소정의 안전조치 의무를 위반한 경우에 해당한다고 볼 수는 없다.

또한 규칙 제372조 제1항은 "사업주는 달비계 또는 높이 5미터 이상의 비계를 조립·해체하거나 변경하는 작업을 하는 때에는 다음 각 호의 사항을 준수하여야 한다."고 규정하고, 같은 항 제1호는 "관리감독자의 지휘 하에 작업하도록 할 것", 제2호는 "조립·해체 또는 변경의 시기·범위 및 절차를 그 작업에 종사하는 근로자에게 교육할 것", 제3호는 "조립·해체 또는 변경작업 구역 내에는 당해 작업에 종사하는 근로자외의 자의 출입을 금지시키고 그 내용을 보기 쉬운 장소에 게시할 것", 제5호는 "비계재료의 연결·해체작업을 하는 때에는 폭 20센티미터 이상의 발판을 설치하고 근로자로 하여금 안전대를 사용하도록 하는 등 근로자의 추락방지를 위한 조치를 할 것"이라고 각 규정하고 있다.

기록에 의하면, 이 사건 사고 당시 공사현장 5층 슬라브쪽에 피고인 이00, 반장 박00 및 피고인 00개발과 00건설의 안전요원 각 1명이 각 배치되어 작업지시 및 안전관리·감독의 업무를 수행하고 있었던 사실, 2006. 11. 20. 근로자들을 상대로 비계 설치·해체 관련 특별안전교육을 2시간에 걸쳐 실시하였고, 매일 아침마다 안전교육을 실시해온 사실, 피해자는 이 사건 사고 전날에도 같은 장소에서 비계 해체 작업을 하였으므로 작업 내용을 숙지하고 있었던 사실, 클린룸 3층 엘리베이터 출입문은 로프 및 삼각대를 이용하여 작업자 이외에는 출입하지 못하도록 조치가 취해진 사실, 이 사건 작업현장에는 작업 발판뿐만 아니라 2단 안전난간까지 설치되어 있었으나 사고 당일 비계 해체 작업을 위하여 안전난간을 제거한 사실, 피해자는 안전모, 안전대를 착용하고 있었고, 안전요원과 지휘감독자가 안전대 고리를 걸고 작업을 하도록 통제하고 있었던 사실을 알 수 있는바, 그와 같은 사실관계에 의하면 피고인 이상대가 규칙상의 안전조치 의무를 위반한 것이라고 볼 수도 없다.

그럼에도 원심은, 공소사실에서 들고 있는 사정만으로 피고인 000, 00산업이 법 제23조 제3항 소정의 안전조치 의무를 위반하였다고 인정한 제1심판결을 유지하고 말았으니, 원심의 이와 같은 판단에는 산업안전보건법 제23조 제3항 소정의 안전조치의무의 범위에 관한 법리를 오해하여 판결에 영향을 미친 위법이 있다고 할 것이다. 따라서 이를 지적하는 피고인 이00, 00개발의 상고이유의 주장은 이유 있다.

한편 상상적 경합 관계에 있는 수죄 중 그 일부만 유죄로 인정된 경우와 그 전부가 유죄로 인정된 경우와는 양형의 조건을 참작함에 있어 차이가 생기고 따라서 선고 형량을 정함에 있어서 차이가 있을 수 있어 결국 판결 결과에 영향을 미치게 되는 것이므로(대법원 2005. 10. 27. 선고 2005도5432 판결, 대법원 1980. 12. 9. 선고 80 도384 전원합의체 판결 등 참조), 원심판결 중 피고인 이OO에 대한 부분도 전부 파기 를 면할 수 없다.

【평석】 근로자의 업무상 사고 발생에 대하여 사업주의 형사 책임에 대한 판례이 다. 건설공사 현장이나 각종 산업 건설 현장에서 근로자가 업무상 다치는 경우 형 법 제268조 업무상과실치사상이나 산업안전보건법 위반이 적용되었는데, 중대재해 처벌 등에 관한 법률(법률 제17907호, 2022. 1. 27. 시행)이 입법되어 사업주, 경영책 임자들의 책임이 강화되는 추세로 나가고 있다. 그만큼 근로 사업장에서 근로자들 의 안전을 보호해야 한다는 취지이다.

24. 상표법 위반

가. 상표 침해(보쌈 사건)

🏛 대법원 2010. 6. 10. 선고 2010도2536 판결[상표법위반]

판결 이유

상표법 제51조 제1항 제2호에 의하면, 등록상표의 지정상품과 동일 또는 유사 한 상품의 품질·원재료 등을 보통으로 사용하는 방법으로 표시하는 표장에 대하여 는 상표권의 효력이 미치지 아니한다. 위와 같이 상표법 제51조 제1항 제2호가 적 용되는 경우로서 상품의 품질·원재료 등을 보통으로 사용하는 방법으로 표시하는 표장에 해당하는지 여부는 그 표장이 지니고 있는 관념, 사용상품과의 관계, 거래 사회의 실정 등을 감안하여 객관적으로 판단하여야 하며, 수요자가 그 사용상품을 고려하였을 때 품질·원재료 등의 성질을 표시하고 있는 것으로 직감할 수 있으면 이에 해당한다(대법원 2010. 5. 13. 선고 2008후4585 판결 등 참조).

기록에 의하면, 고소인은 2005. 4. 29. '족쌈'으로 구성된 표장에 관하여 지정상 품 또는 지정서비스업을 김치, 돼지고기, 간이식당업 등으로 하여 상표서비스표등 록(상표서비스표 등록번호 제12418호)을 마친 사실, 피고인은 '원조 59년 왕십리할매 보쌈'이란 상호로 프랜차이즈 사업을 실질적으로 운영하는 자로서 '족발을 김치와 함께 쌈으로 싸서 먹는 음식'을 찍은 사진 주위의 여백에 보통의 글씨체로 '족쌈'이라고 표시한 포스터와 메뉴판을 제작하여 40여 개의 가맹점에 게시하고 있는 사실 등을 알 수 있다.

이러한 사실을 앞서 본 법리에 비추어 보면, '족쌈'은 '족발'의 '족' 부분과 '보쌈'의 '쌈' 부분을 결합하여 만든 것으로서 사전에 등재되어 있지 아니한 조어이기는 하지만, 그 사용상품과 관련하여 볼 때 수요자에게 '족발을 김치와 함께 쌈으로 싸서 먹는 음식' 또는 '족발을 보쌈김치와 함께 먹는 음식' 등의 뜻으로 직감될 수 있다고 봄이 상당하다. 따라서 피고인이 사용한 '족쌈'은 비록 보통명칭화한 것이라고는 할 수 없다 하더라도 그 실제의 사용태양 등에 비추어 사용상품의 품질·원재료 등을 보통으로 사용하는 방법으로 표시하는 표장에 해당하여 이 사건 고소인의 상표권의 효력이 미치지 아니한다고 할 것이다."고 판시하여 원심이 피고인의 행위가 위 상표권에 대한 침해행위에 해당하지 아니한다는 이유로 이 사건 공소사실에 대하여 무죄로 판단한 제1심판결을 그대로 유지한 것은 정당하"다고 판시하였다.

【평석】 특허나 상표 등 지적재산권 침해사건이 많아지고 있다. 특히 특허권, 상표권 침해 등은 먼저 특허침해금지가처분이나 상표사용금지 가처분 등 인지대가 저렴한 가처분신청을 제기하기도 하지만, 형사고소를 하여 형사문제를 제기하는 경우가 종종 있다.

나. '상표'와 '상표의 사용'의 의미(일부 판촉용 사은품)

> 🏛 대법원 2022. 3. 17. 선고 2021도2180 판결[상표법위반·업무상배임]

상표법상 '상표의 사용'이란 상품 또는 상품의 포장에 상표를 표시하는 행위, 상품 또는 상품의 포장에 상표를 표시한 것을 양도 또는 인도하거나 그 목적으로 전시·수출 또는 수입하는 행위 등을 의미하고, 여기에서 말하는 '상품'은 그 자체가 교환가치를 가지고 독립된 상거래의 목적물이 되는 물품을 의미한다.

피고인 1은 상표권자의 허락 없이 상표를 임의로 표시한 수건 1,000개를 주문·제작하여 그중 200개 상당을 거래처에 판매하고 100개 상당을 다른 거래처에 사은품 내지 판촉용으로 제공하였으며, 피고인 2는 위 수건이 상표권자의 허락 없이 임의로 제작된 것임을 알면서도 그중 290개 상당을 거래처에 제공하여 상표법 위반으로 기소된 사안에서, 수건의 외관·품질 및 거래 현황 등에 비추어 위 수건은 그 자체가 교환가치를 가지고 독립된 상거래의 목적물이 되는 물품으로 '상품'에 해당하고, 그중 일부가 사은품 또는 판촉물로서 무상으로 제공되었더라도 무상으로 제공된 부분만을 분리하여 상품성을 부정할 것은 아니므로, 위 수건에 상표를 표시하거나 상표가 표시된 수건을 양도하는 행위는 상표법상 '상표의 사용'에 해당한다.

다. 수 개의 등록상표에 대하여 상표권 침해행위가 계속하여 이루어진 경우의 죄수(죄수)(등록상표마다 포괄하여 일죄)와 하나의 유사상표 사용행위로 수 개의 등록상표를 동시에 침해한 경우, 각각의 상표법 위반죄의 죄수 관계(상상적 경합범)

🏛 대법원 2020. 11. 12. 선고 2019도11688 판결[상표법위반]

판결의 요지

1) 수 개의 등록상표에 대하여 상표법 제230조의 상표권 침해행위가 계속하여 이루어진 경우에는 등록상표마다 포괄하여 1개의 범죄가 성립한다. 그러나 하나의 유사상표 사용행위로 수 개의 등록상표를 동시에 침해하였다면 각각의 상표법 위반죄는 상상적 경합의 관계에 있다.

2) 피고인 갑 주식회사의 대표이사인 피고인 을이 병 주식회사의 등록상표 '**코크린**', '**Coclean 코크린**'(이하 차례로 '제1, 2 등록상표'라 한다)과 유사한 상표인 '**코코크린**', '**kokoCLEAN** www.kokoclean.com'을 그 지정상품과 동일한 상품에 부착하여 인터넷 쇼핑몰 등에서 판매함으로써 병 회사의 상표권을 침해하였다는 공소사실이 원심에서 유죄로 인정된 사안에서, 공소사실 중 제1 등록상표의 침해로 인한 상표법 위반죄와 제2 등록상표의 침해로 인한 상표법 위반죄는 각각 포괄일죄의 관계에 있고, 피고인 을은 하나의 유사상표 사용행위로 제1 등록상표와 제2 등록상표를 동시에 침해하였으므로 이들 포괄일죄 상호 간에는 상상적 경합범 관계가 성립한다.

25. 석유사업법 위반

석유사업법 제24조, 제22조 위반죄의 범죄 주체, 죄수, 심판 대상

🏛 대법원 1980. 12. 9. 선고 80도384 전원합의체 판결[석유사업법위반, 석유사업법위반방조]

판결의 요지

1) 석유사업법 제24조, 제22조 위반죄의 범죄 주체는 석유판매업자, 석유정제업자나 석유 수출입업자 뿐만 아니라 그 종업원도 될 수 있다.

2) 판매의 목적으로 휘발유에 솔 벤트, 벤젠 등을 혼합하여 판매한 행위는 석유사업법 제24조, 제22조 위반죄와 형법상 사기죄의 상상적 경합 관계에 있다.

3) 원심이 두 개의 죄를 경합범으로 보고 한 죄는 유죄, 다른 한 죄는 무죄를 각 선고하자 검사가 무죄 부분 만에 대하여 불복상고 하였다고 하더라도 위 두 죄가 상상적 경합 관계에 있다면 유죄 부분도 상고심의 심판대상이 된다.

4) 상상적 경합 관계에 있는 수죄 중 그 일부만이 유죄로 인정된 경우와 그 전부가 유죄로 인정된 경우와는 양형의 조건을 참작함에 있어서 차이가 생기고 따라서 선고 형량을 정함에 있어서 차이가 있을 수 있으므로 결국 판결 결과에 영향을 미치게 되는 것이다(다수의견).

26. 선원법 위반

선장은 승객 등 선박공동체가 위험에 직면할 경우 선박공동체 전원의 안전이 종국적으로 확보될 때까지 적극적·지속적으로 구조조치를 취할 법률상 의무가 있는지 여부(적극) 및 선장이나 승무원은 선박 위험 시 조난된 승객이나 다른 승무원을 적극적으로 구조할 의무가 있는지 여부(적극)

🏛 대법원 2015. 11. 12. 선고 2015도6809 전원합의체 판결[살인(① 피고인1에 대하여 일부 제1예비적 죄명 및 일부인정된 죄명: 특정범죄가중처벌등에관한법률위반·제2예비적 죄명: 유기치사 ② 피고인2에 대하여 인정된 죄명: 특정범죄가중처벌등에관한법률위반·제2예비적 죄명: 유기치사 ③ 피고인3·피고인9에 대하여 일부예비적 죄명 및 일부인정된 죄명: 유기치사)·업무상과실선박매몰·수난구호법위반·선원법위반 등]

선장의 권한이나 의무, 해원의 상명하복체계 등에 관한 해사안전법 제45조, 구 선원법(2015. 1. 6. 법률 제13000호로 개정되기 전의 것) 제6조, 제10조, 제11조, 제22

조, 제23조 제2항, 제3항은 모두 선박의 안전과 선원 관리에 관한 포괄적이고 절대적인 권한을 가진 선장을 수장으로 하는 효율적인 지휘명령체계를 갖추어 항해 중인 선박의 위험을 신속하고 안전하게 극복할 수 있도록 하기 위한 것이므로, 선장은 승객 등 선박공동체의 안전에 대한 총책임자로서 선박공동체가 위험에 직면할 경우 그 사실을 당국에 신고하거나 구조세력의 도움을 요청하는 등의 기본적인 조치뿐만 아니라 위기상황의 태양, 구조세력의 지원 가능성과 규모, 시기 등을 종합적으로 고려하여 실현가능한 구체적인 구조계획을 신속히 수립하고 선장의 포괄적이고 절대적인 권한을 적절히 행사하여 선박공동체 전원의 안전이 종국적으로 확보될 때까지 적극적·지속적으로 구조조치를 취할 법률상 의무가 있다.

또한 선장이나 승무원은 수난구호법 제18조 제1항 단서에 의하여 조난된 사람에 대한 구조조치의무를 부담하고, 선박의 해상여객운송사업자와 승객 사이의 여객운송계약에 따라 승객의 안전에 대하여 계약상 보호의무를 부담하므로, 모든 승무원은 선박 위험 시 서로 협력하여 조난된 승객이나 다른 승무원을 적극적으로 구조할 의무가 있다.

따라서 선박침몰 등과 같은 조난사고로 승객이나 다른 승무원들이 스스로 생명에 대한 위협에 대처할 수 없는 급박한 상황이 발생한 경우에는 선박의 운항을 지배하고 있는 선장이나 갑판 또는 선내에서 구체적인 구조행위를 지배하고 있는 선원들은 적극적인 구호활동을 통해 보호능력이 없는 승객이나 다른 승무원의 사망 결과를 방지하여야 할 작위의무가 있으므로, 법익침해의 태양과 정도 등에 따라 요구되는 개별적·구체적인 구호의무를 이행함으로써 사망의 결과를 쉽게 방지할 수 있음에도 그에 이르는 사태의 핵심적 경과를 그대로 방관하여 사망의 결과를 초래하였다면, 부작위는 작위에 의한 살인행위와 동등한 형법적 가치를 가지고, 작위의무를 이행하였다면 결과가 발생하지 않았을 것이라는 관계가 인정될 경우에는 작위를 하지 않은 부작위와 사망의 결과 사이에 인과관계가 있다.

☞ 세월호 사건 중 부작위에 의한 살인 부분은 형법 제18조, 제250조, 조난된 사람을 신속히 구조하는 데 필요한 조치의 내용 및 그러한 조치 의무를 이행하였는지 판단 기준에 대하여는 수난구호법 위반 참조.

27. 성폭력 범죄의 처벌 등에 관한 특례법 위반[97]

가. 성폭력 범죄의 처벌 등에 관한 특례법 제11조에서 '공중 밀집 장소에서의 추행'을 처벌하는 취지 및 위 규정에서 정한 '추행'의 의미와 판단기준

🏛 대법원 2020. 6. 25. 선고 2015도7102 판결[성폭력범죄의처벌등에관한특례법위반(공중 밀집장소에서의추행)(예비적 죄명: 강제추행미수)]

판결의 요지

1) '대중교통수단, 공연·집회 장소, 그 밖에 공중이 밀집하는 장소에서 사람을 추행한 사람'을 1년 이하의 징역 또는 300만 원 이하의 벌금에 처하도록 하고 있다. 입법 취지는 도시화 된 현대사회에서 다중이 출입하는 공공연한 장소에서 추행 발생의 개연성과 함께 그에 대한 처벌의 필요성이 높아진 반면, 피해자와 접근이 용이하고 추행 장소가 공개되어 있는 등의 사정으로 피해자의 명시적·적극적인 저항이나 회피가 어려운 상황을 이용하여 유형력을 행사하는 것 이외의 방법으로 이루어지는 추행 행위로 말미암아 형법 등 다른 법률에 따른 처벌이 여의치 않은 상황에 대처하기 위한 것이다. 여기에서 '추행'이란 일반인을 기준으로 객관적으로 성적 수치심이나 혐오감을 일으키게 하고 선량한 성적 도덕관념에 반하는 행위로서 피해자의 성적 자기 결정권을 침해하는 것을 말한다. 이에 해당하는지는 피해자의 성별, 연령, 행위자와 피해자의 관계, 그 행위에 이르게 된 경위, 구체적 행위 양태, 주위의 객관적 상황과 그 시대의 성적 도덕관념 등을 종합적으로 고려하여 신중히 결정해야 한다.

2) 피고인이 지하철 내에서 갑(여)의 등 뒤에 밀착하여 무릎을 굽힌 후 성기를 갑의 엉덩이 부분에 붙이고 앞으로 내미는 등 갑을 추행하였다고 하여 구 성폭력 범죄의 처벌 등에 관한 특례법(2020. 5. 19. 법률 제17264호로 개정되기 전의 것) 위반 (공중 밀집 장소에서의 추행)의 주위적 공소사실로 기소된 사안에서, 위 죄가 기수에 이르기 위해서는 객관적으로 일반인에게 성적 수치심이나 혐오감을 일으키게 할

---

[97] 2010. 4. 15.자로 성폭력범죄의 처벌 등에 관한 특례법이 제정되면서 이전의 성폭력범죄의 처벌 및 피해자 보호 등에 관한 법률은 성폭력범죄의 피해자 보호 등에 관한 법률로 개정되었다가, 2010. 4. 15.자 법률 제10261호로 이를 대체하는 성폭력방지 및 피해자 보호 등에 관한 법률이 제정(2011. 1. 1.시행)되면서 폐지됨.

만한 행위로서 선량한 성적 도덕관념에 반하는 행위를 행위자가 대상자를 상대로 실행하는 것으로 충분하고, 행위자의 행위로 말미암아 대상자가 성적 수치심이나 혐오감을 반드시 실제로 느껴야 하는 것은 아니다(공소사실 유죄 인정).

나. 대법원 양형위원회 제정 양형기준상 특별 감경 인자인 '처벌불원'의 의미

> 🏛 대법원 2020. 8. 20. 선고 2020도6965, 2020전도74 판결[성폭력범죄의처벌등에관한특례법위반(친족관계에의한강간)·부착명령 등]

판결의 요지

성폭행 피해자의 대처 양상은 피해자의 성정이나 가해자와의 관계 및 구체적인 상황에 따라 다르게 나타날 수밖에 없다. 따라서 개별적, 구체적인 사건에서 성폭행 등의 피해자가 처하여 있는 특별한 사정을 충분히 고려하지 않은 채 피해자 진술의 증명력을 가볍게 배척하는 것은 정의와 형평의 이념에 입각하여 논리와 경험의 법칙에 따른 증거 판단이라고 볼 수 없다. 피고인의 친딸로 가족관계에 있던 피해자가 '마땅히 그러한 반응을 보여야만 하는 피해자'로 보이지 않는다는 이유만으로 피해자 진술의 신빙성을 함부로 배척할 수 없다. 그리고 친족 관계에 의한 성범죄를 당하였다는 피해자의 진술은 피고인에 대한 이중적인 감정, 가족들의 계속되는 회유와 압박 등으로 인하여 번복되거나 불분명해질 수 있는 특수성이 있다는 점을 고려해야 한다.

대법원 양형위원회 제정 양형기준상 특별 감경 인자인 '처벌불원'이란 피고인이 자신의 범행에 대하여 진심으로 뉘우치고 합의를 위한 진지한 노력을 기울여 피해에 대한 상당한 보상이 이루어졌으며, 피해자가 처벌불원의 법적·사회적 의미를 정확히 인식하면서 이를 받아들여 피고인의 처벌을 원하지 않는 경우를 의미한다.

다. 의붓아버지와 의붓딸의 관계

의붓아버지와 의붓딸의 관계가 성폭력범죄의 처벌 등에 관한 특례법 제5조 제4항에서 규정한 '4촌 이내의 인척'으로서 친족 관계에 해당하는지 여부(적극)

> 🏛 대법원 2020. 11. 5. 선고 2020도10806 판결[성폭력범죄의처벌등에관한특례법위반(친족관계에의한준강간)]

성폭력범죄의 처벌 등에 관한 특례법 제5조 제3항은 "친족 관계인 사람이 사람에 대하여 형법 제299조(준강간, 준강제추행)의 죄를 범한 경우에는 제1항 또는 제2항의 예에 따라 처벌한다."라고 규정하고 있고, 같은 조 제1항은 "친족 관계인 사람이 폭행 또는 협박으로 사람을 강간한 경우에는 7년 이상의 유기징역에 처한다."라고 규정하고 있으며, 같은 조 제4항은 "제1항부터 제3항까지의 친족의 범위는 4촌 이내의 혈족·인척과 동거하는 친족으로 한다."라고 규정하고 있다. 한편 민법 제767조는 "배우자, 혈족 및 인척을 친족으로 한다."라고 규정하고 있고, 같은 법 제769조는 "혈족의 배우자, 배우자의 혈족, 배우자의 혈족의 배우자를 인척으로 한다."라고 규정하고 있으며, 같은 법 제771조는 "인척은 배우자의 혈족에 대하여는 배우자의 그 혈족에 대한 촌수에 따르고, 혈족의 배우자에 대하여는 그 혈족에 대한 촌수에 따른다."라고 규정하고 있다. 따라서 의붓아버지와 의붓딸의 관계는 성폭력처벌법 제5조 제4항이 규정한 4촌 이내의 인척으로서 친족 관계에 해당한다.

라. 장애인 강간의 의미와 기준

행위자가 범행 당시 피해자에게 이러한 신체적인 장애가 있음을 인식하여야 하는지 여부(적극)

> 🏛 대법원 2021. 2. 25. 선고 2016도4404, 2016전도49 판결[성폭력범죄의처벌등에관한특례법위반(장애인강간)(인정된 죄명: 강간·강간미수) 등]

성폭력범죄의 처벌 등에 관한 특례법(이하 '성폭력처벌법'이라고 한다) 제6조는 신체적인 장애가 있는 사람에 대하여 강간의 죄 또는 강제추행의 죄를 범하거나 위계 또는 위력으로써 그러한 사람을 간음한 사람을 처벌하고 있다.

2010. 4. 15. 제정된 당초의 성폭력처벌법 제6조는 '신체적인 장애 등으로 항거불능인 상태에 있는 여자 내지 사람'을 객체로 하는 간음, 추행만을 처벌하였으나, 2011. 11. 17.자 개정 이후 '신체적인 장애가 있는 여자 내지 사람'을 객체로 하는 강간, 강제추행 등도 처벌 대상으로 삼고 있다. 이러한 개정 취지는 성폭력에 대한

인지능력, 항거능력, 대처능력 등이 비장애인보다 낮은 장애인을 보호하기 위하여 장애인에 대한 성폭력범죄를 가중 처벌하는 데 있다.

장애인복지법 제2조는 장애인을 '신체적·정신적 장애로 오랫동안 일상생활이나 사회생활에서 상당한 제약을 받는 자'라고 규정하고 있고, 성폭력처벌법과 유사하게 장애인에 대한 성폭력 범행의 특칙을 두고 있는 아동·청소년의 성보호에 관한 법률 제8조는 장애인복지법상 장애인 개념을 그대로 가져와 장애 아동·청소년의 의미를 밝히고 있다. 장애인차별금지 및 권리구제 등에 관한 법률 제2조는 장애를 '신체적·정신적 손상 또는 기능상실이 장기간에 걸쳐 개인의 일상 또는 사회생활에 상당한 제약을 초래하는 상태'라고 규정하면서, 그러한 장애가 있는 사람을 장애인이라고 규정하고 있다. 이와 같은 관련 규정의 내용을 종합하면, 성폭력처벌법 제6조에서 규정하는 '신체적인 장애가 있는 사람'이란 '신체적 기능이나 구조 등의 문제로 일상생활이나 사회생활에서 상당한 제약을 받는 사람'을 의미한다고 해석할 수 있다.

한편 장애와 관련된 피해자의 상태는 개인별로 그 모습과 정도에 차이가 있는데 그러한 모습과 정도가 성폭력처벌법 제6조에서 정한 신체적인 장애를 판단하는 본질적인 요소가 되므로, 신체적인 장애를 판단함에 있어서는 해당 피해자의 상태가 충분히 고려되어야 하고 비장애인의 시각과 기준에서 피해자의 상태를 판단하여 장애가 없다고 쉽게 단정해서는 안 된다.

아울러 본 죄가 성립하려면 행위자도 범행 당시 피해자에게 이러한 신체적인 장애가 있음을 인식하여야 한다.

마. 강간죄의 고소 기간과 성폭력범죄의 처벌 및 피해자 보호 등에 관한 법률상의 고소 기간

🏛 대법원 2002. 5. 16. 선고 2002도51 전원합의체 판결[강간·폭력행위등처벌에관한법률위반]

판결의 요지

[다수의견] 성폭력범죄의 처벌 및 피해자 보호 등에 관한 법률이 시행된 이후에도 여전히 친고죄로 남아 있는 강간죄의 경우, 고소가 없거나 고소가 취소된 경우

또는 강간죄의 고소 기간이 경과된 후에 고소가 있는 때에는 강간죄로 공소를 제기할 수 없음은 물론, 나아가 그 강간범행의 수단으로 또는 그에 수반하여 저질러진 폭행·협박의 점 또한 강간죄의 구성요소로서 그에 흡수되는 법조경합의 관계에 있는 만큼 이를 따로 떼어내어 폭행죄·협박죄 또는 폭력행위 등 처벌에 관한 법률 위반의 죄로 공소 제기할 수 없다고 해야 마땅하고, 이는 만일 이러한 공소제기를 허용한다면, 강간죄를 친고죄로 규정한 취지에 반하기 때문이므로 결국 그와 같은 공소는 공소제기의 절차가 법률에 위반되어 무효인 경우로서 형사소송법 제327조 제2호에 따라 공소기각의 판결을 하여야 한다. 따라서 강간죄에 대하여 고소취소가 있는 경우에 그 수단인 폭행만을 분리하여 공소 제기하였다면 이는 범죄로 되지 아니하는 경우에 해당하므로, 무죄를 선고하여야 한다고 본 대법원 1976. 4. 27. 선고 75도3365 판결의 견해는 이와 저촉되는 한도 내에서 변경하기로 한다.

[별개의견] 강간죄를 친고죄로 정한 취지가 피해자의 명예와 인격을 보호하기 위하여 공소권의 행사 여부를 피해자의 의사에 따르도록 제한하려는 데 있는 이상, 피해자가 강간죄 자체가 아니라 특별히 그 수단인 폭행·협박의 점에 대하여만 한정하여 처벌을 원하는 취지의 고소를 하였거나, 강간죄의 고소 기간이 도과된 후에 그 폭행·협박의 점에 대한 처벌을 원하는 고소를 한 경우와 같이, 행위자를 강간죄로 소추할 수 없는 상태에서 피해자가 적극적으로 강간죄의 수단인 폭행·협박의 점에 대한 처벌을 원하고 있는 경우에는 그 폭행·협박의 점을 소추·처벌하더라도 강간죄를 친고죄로 정한 취지에 반하지 않는다고 보아야 하고, 특히 강간죄의 고소 기간이 이미 도과한 후에 강간죄의 고소를 한 피해자의 의사는 특별한 사정이 없는 한 폭행·협박의 죄에 대해서만이라도 처벌을 원하는 데 있다고 해석되는데, 친고죄에 관한 고소 기간을 정하여 고소권의 행사 시기를 제한하는 이유가, 친고죄에 관한 형사소추권의 발동 여부가 일정의 장기간 이상 피해자의 의사에 따라 불확정한 상태에 놓여지게 됨으로써 생길 수 있는 폐단을 방지하려는 데 있는 이상, 강간죄의 고소 기간이 도과된 경우에도 피해자가 적극적으로 처벌을 원하는 경우에 한하여 친고죄가 아닌 폭행죄 또는 협박죄로 처벌할 수 있게 되는 것은, 친고죄의 고소 기간을 정하여 둔 형사소송법의 입법 취지에도 반하지 않는다고 보아야 할 뿐만 아니라 강간죄와 같은 결합범의 경우에, 법이 친고죄로 정한 취지를 해하지 아니하는 범위 안에서 강간의 수단인 폭행·협박 부분을 분리하여 처벌하는 것이 반드시 불가능하다고만 볼 것은 아닌바, 이러한 점을 종합하여 볼 때, 피해자가 적극

적으로 폭행·협박의 점에 대하여만 한정하여 고소를 하였거나 강간죄의 고소가 법률상 불가능한 상태에서 한 피해자의 고소가 폭행·협박의 점에 대해서만이라도 처벌을 원하는 취지라고 해석되는 예외적인 경우에는, 앞에서 본 원칙에 대한 예외로서 그 폭행·협박의 점에 대한 소추·처벌이 가능하다고 보는 것이 옳다.

　[별개의견을 위한 보충의견] 고소 기간이 경과되어 고소권이 행사될 수 없게 된 경우에는 고소권자의 권익이 침해될 수 없음은 물론, 폭행·협박행위에 한정하여 처벌을 원하는 고소권자의 의사를 좇아 검사가 그 범행만을 기소한 이상 폭행죄·협박죄가 반의사불벌죄로 규정된 우리 법제 아래에서 그 공소제기절차는 어느 절차법규에도 위반된 바가 없는 유효한 것이기에 형사소송법 제327조 제2호의 공소기각 사유에 해당되지 않는다.

바. 舊 성폭력범죄의 처벌 및 피해자보호 등에 관한 법률 제9조 제1항의 상해의 의미

🏛 대법원 1999. 1. 26. 선고 98도3732 판결[성폭력범죄의처벌및피해자보호등에관한법률위반(강간등상해·치상)]

판결 이유

　원심판결 이유에 의하면, 원심은 성폭력범죄의 처벌 및 피해자 보호 등에 관한 법률 제9조 제1항의 상해는 피해자의 신체의 완전성을 훼손하거나 생리적 기능에 장애를 초래하는 것으로, 반드시 외부적인 상처가 있어야만 하는 것이 아니고, 여기서의 생리적 기능에는 육체적 기능뿐만 아니라 정신적 기능도 포함된다고 전제한 후, 제1심이 조사·채택한 증거들에 장 신경외과의원 원장 장00에 대한 사실조회에 대한 회신의 기재를 종합하여 피고인들의 강간행위로 인하여 피해자의 불안, 불면, 악몽, 자책감, 우울 감정, 대인관계 회피, 일상생활에 대한 무관심, 흥미 상실 등의 증상을 보였고, 이와 같은 증세는 의학적으로는 통상적인 상황에서는 겪을 수 없는 극심한 위협적 사건에서 심리적인 충격을 경험한 후 일으키는 특수한 정신과적 증상인 외상 후 스트레스 장애에 해당하고, 피해자는 그와 같은 증세로 인하여 2일간 치료약을 복용하였고, 6개월간의 치료를 요하는 사실을 인정하고, 피해자가 겪은 위와 같은 증상은 강간을 당한 모든 피해자가 필연적으로 겪는 증상이라고 할 수도 없으므로 결국 피해자는 피고인들의 강간행위로 말미암아 위 법률 제9조

제1항이 정하는 상해를 입은 것이라고 판단하였는바, 원심의 위와 같은 사실인정 및 판단은 모두 수긍할 수 있고, 여기에 피고인들의 변호인과 피고인 2가 논하는 바와 같은 채증법칙 위반 또는 심리미진의 위법이나 피고인들의 변호인이 논하는 위 법률 제9조 제1항의 상해에 대한 법리오해의 위법 등이 있다고 할 수 없다.

이에 대한 관련 대법원판결을 추가한다.

> 🏛 대법원 2011. 12. 8. 선고 2011도7928 판결[성폭력범죄의처벌등에관한특례법위반(강간 등치상) (서울서부지방법원 2010노1008 사건 참조)]

판결의 요지

1. 성폭력범죄의 처벌 등에 관한 특례법(이하 '법'이라고 한다) 제8조 제1항(강간 등 상해·치상)의 상해는 피해자의 신체의 완전성을 훼손하거나 생리적 기능에 장애를 초래하는 것으로, 여기서의 생리적 기능에는 육체적 기능뿐만 아니라 정신적 기능도 포함된다(대법원 1999. 1. 26. 선고 98도3732 판결 참조).

한편 강간행위에 수반하여 생긴 상해가 극히 경미한 것으로서 굳이 치료할 필요가 없어서 자연적으로 치유되며 일상생활을 하는 데 아무런 지장이 없는 경우에는 강간치상죄의 상해에 해당하지 아니한다고 할 수 있을 것이지만, 그러한 논거는 피해자의 반항을 억압할 만한 폭행 또는 협박이 없어도 일상생활 중 발생할 수 있는 것이거나 합의에 따른 성교행위에서도 통상 발생할 수 있는 상해와 같은 정도임을 전제로 하는 것이므로 그러한 정도를 넘는 상해가 그 폭행 또는 협박에 의하여 생긴 경우라면 상해에 해당한다고 할 것이며, 피해자의 건강상태가 나쁘게 변경되고 생활기능에 장애가 초래된 것인지는 객관적, 일률적으로 판단할 것이 아니라 피해자의 연령, 성별, 체격 등 신체·정신상의 구체적 상태를 기준으로 판단하여야 한다(대법원 2003. 9. 26. 선고 2003도4606 판결 참조).

2. 원심판결 이유에 의하면, 원심은, "피고인이 2010. 8. 3. 01:30경 피해자의 집의 담을 넘어 침입하여 피해자가 자고 있던 방으로 들어가 피해자의 몸 위에 올라탄 후 잠에서 깨어나 저항하는 피해자의 어깨 부분을 무릎으로 누르고 한 손으로 피해자의 입을 틀어막고 한 손으로 피해자의 바지와 팬티를 내리는 등 반항을 강제로 억압한 다음 강간하려고 하였으나 피해자가 심하게 저항하는 바람에 그 뜻을 이루지 못하였고, 그로 인하여 피해자에게 약 3주간의 치료가 필요한 흉추부염

좌, 약 6개월간의 치료가 필요한 급성 스트레스장애 등의 상해를 입게 하였다."는 요지의 이 사건 공소사실에 대하여, 다음과 같은 이유로 피해자가 입은 상해가 법 제8조 제1항의 상해에 해당한다고 볼 수 없다고 판단하였다.

즉, ① 피해자가 입은 흉추부 염좌 등의 신체적 상해는 피해자의 반항을 억압할 만한 폭행 또는 협박이 없어도 일상생활 중에 발생할 수 있는 것으로서 별도의 치료 없이도 시간의 자연적 경과에 따라 충분히 치유될 수 있는 정도에 불과한 것으로 보이고, ② 성폭행 범죄의 피해자에게는 통상 정신적 고통으로 인한 스트레스장애 또는 우울증 등의 증상이 수반되기 마련이므로 정신적 고통으로 인한 상해를 새로운 피해법익으로 보기 위해서는 극심한 충격으로 인하여 통상 수반되는 정도를 넘어선 정신적 상해를 입었음이 인정되어야 할 것인데, 이 사건 범행의 경위와 내용, 피해자의 연령, 특히 정신과적 치료는 그 특성상 경미한 증상이라도 장기간의 치료 기간이 필요하고 정상적 생활을 하는 사람도 스트레스성 장애 또는 우울증 증상으로 병원을 찾을 수 있는 점 등의 사정에 비추어 보면, 피해자가 이 사건 범행으로 인하여 통상의 정도를 넘어선 정신적 상해를 입었다고 인정할 수 없다는 것이다.

3. 그러나 원심의 위와 같은 판단은 수긍하기 어렵다.

기록에 의하면, ① 피해자는 당시 65세의 여성으로서 자신을 강간하려는 피고인에게 격렬히 저항하는 과정에서 적지 않은 물리적 충돌로 인하여 안면과 흉부 등에 타박상 등의 상처를 입게 된 사실, ② 피해자는 사건 당일인 2010. 8. 3. 병원을 방문하여 방사선 촬영 및 약물 주사 등의 진료를 받았고, 당시 피해자를 진료한 의사는 피해자가 골절은 없었지만 왼쪽 가슴 등에 통증을 크게 호소하였고 얼굴에 발적(發赤)이 있었다고 진술하였으며, 그가 발부한 상해진단서에 의하면 피해자의 상해는 '흉추부 염좌, 흉부 타박상, 안면부 타박상, 좌측 상완부 타박상'이고 예상 치료 기간은 3주인 사실, ③ 또한 피해자는 사건 직후인 2010. 8. 7.부터 2010. 10. 15.까지 6회에 걸쳐 정신과 병원에서 진료를 받으면서 항우울제 등의 약물 처방을 받은 사실, ④ 피해자를 진료한 정신과 의사는 피해자의 증세가 이 사건 범행으로 인한 정신적 충격에 따른 급성 스트레스 장애 및 우울증이고, 일상생활에 지장을 주는 정도의 증상이라고 볼 수 있으며, 최소 6개월 이상의 치료 기간이 필요하고 완치 여부도 단정할 수 없다는 소견을 보인 사실, ⑤ 피해자는 수사기관과 법정에서, 이 사건 후 얼굴 부분에 멍이 들고 어깨와 목, 가슴이 심하게 아파서 한의원을 다니며 침을 맞는 등 치료를 받았고, 우울증도 생겨서 정신과 병원을 다니면서 약을 먹고 있는데, 살던 집도 찾아가지 못하고 잠도 제대로 잘 수 없다는 등으로 자신의 증상을 진술한 사실을 알 수 있다.

이러한 사정들을 앞서 본 법리에 비추어 보면, 피해자가 입은 위와 같은 상해의 정도는 일상생활에 지장이 없고 단기간 내에 자연치유가 가능한 극히 경미한 것이라거나 피해자의 반항을 억압할 만한 폭행 또는 협박이 없어도 일상생활 중 발생할 수 있는 정도의 것이라고 보기 어려울 뿐 아니라, 그러한 정도의 상해로 인하여 피해자의 신체의 건강상태가 불량하게 변경되고 생활기능에 장애를 초래하지 아니하였다고 단정할 수 없으며, 또한 피해자에게 나타난 정신적 장애 증상이 성폭력범죄를 당한 모든 피해자가 필연적으로 겪는 증상으로서 당연히 예견되는 정도의 것이라고 보기도 어렵다고 할 것이다.

그럼에도 위와 같은 이유만으로 피해자에게 발생한 증상이 강간치상죄에서 정한 상해에 해당하지 않는다고 본 원심판결은 강간치상죄에 있어서의 상해에 관한 법리를 오해하여 판단을 그르친 것이다.

사. 제16조 피해자의 의사

청소년 성 보호에 관한 법률 제16조에 규정된 반의사불벌죄에서 피해 청소년이 처벌불원 여부 등의 의사표시를 하는 데에 법정대리인의 동의가 필요한지 여부(소극)

> 🏛 대법원 2009. 11. 19. 선고 2009도6058 전원합의체 판결[성폭력범죄의처벌및피해자보호등에관한법률위반(특수강간)[인정된 죄명: 성폭력범죄의처벌및피해자보호등에관한법률위반(13세미만미성년자강간등) 등]

판결의 요지

형사소송법상 소송능력이라 함은 소송당사자가 유효하게 소송행위를 할 수 있는 능력, 즉 피고인 또는 피의자가 자기의 소송상의 지위와 이해관계를 이해하고 이에 따라 방어행위를 할 수 있는 의사능력을 의미한다. 의사능력이 있으면 소송능력이 있다는 원칙은 피해자 등 제3자가 소송행위를 하는 경우에도 마찬가지라고 보아야 한다. 따라서 반의사불벌죄에 있어서 피해자의 피고인 또는 피의자에 대한 처벌을 희망하지 않는다는 의사표시 또는 처벌을 희망하는 의사표시의 철회는, 위와 같은 형사소송절차에 있어서의 소송능력에 관한 일반원칙에 따라, 의사능력이 있는 피해자가 단독으로 이를 할 수 있고, 거기에 법정대리인의 동의가 있어야 한다거나 법정대리인에 의해 대리되어야만 한다고 볼 것은 아니다. 나아가 청소년 성 보호에 관한 법률이 형사소송법과 다른 특별한 규정을 두고 있지 않는 한, 위와 같은 반의사불벌죄에 관한 해석론은 청소년 성 보호에 관한 법률의 경우에도 그대로 적용되어야 한다. 그러므로 청소년 성 보호에 관한 법률 제16조에 규정된 반의사불벌죄라고 하더라도, 피해자인 청소년에게 의사능력이 있는 이상, 단독으로 피고인 또는 피의자의 처벌을 희망하지 않는다는 의사표시 또는 처벌희망 의사표시의 철회를 할 수 있고, 거기에 법정대리인의 동의가 있어야 하는 것으로 볼 것은 아니다.

피해자가 제1심 법정에서 피고인들에 대한 처벌희망 의사표시를 철회할 당시 비록 14세 10개월의 어린 나이였다고는 하나, 피해자의 의사표시가 당해 사건 범행의 의미, 본인이 피해를 당한 정황, 자신이 하는 처벌희망 의사표시 철회의 의미 및 효과 등을 충분히 이해하고 분별할 수 있는 등 의사능력이 있는 상태에서 행해졌다면 법정대리인의 동의가 없었더라도 그 철회의 의사표시는 유효하다.

아. 수사기관이 특정 범죄혐의와 관련하여 전자정보가 수록된 정보저장매체를 임의제출받아 그 안에 저장된 전자정보를 압수할 때 예외적으로 정보저장매체 자체나 복제본을 임의제출받아 압수할 수 있는 경우

> 🏛 대법원 2021. 11. 18. 선고 2016도348 전원합의체 판결[준강제추행·성폭력범죄의처벌등에관한특례법위반(카메라등이용촬영)]

판결의 요지

1) 오늘날 개인 또는 기업의 업무는 컴퓨터나 서버, 저장매체가 탑재된 정보처리장치 없이 유지되기 어려운데, 전자정보가 저장된 각종 저장매체(이하 '정보저장매체'라 한다)는 대부분 대용량이어서 수사의 대상이 된 범죄혐의와 관련이 없는 개인의 일상생활이나 기업경영에 관한 정보가 광범위하게 포함되어 있다. 이러한 전자정보에 대한 수사기관의 압수·수색은 사생활의 비밀과 자유, 정보에 대한 자기결정권, 재산권 등을 침해할 우려가 크므로 포괄적으로 이루어져서는 안 되고, 비례의 원칙에 따라 수사의 목적상 필요한 최소한의 범위 내에서 이루어져야 한다. 수

사기관의 전자정보에 대한 압수·수색은 원칙적으로 영장 발부의 사유로 된 범죄혐의사실과 관련된 부분만을 문서 출력물로 수집하거나 수사기관이 휴대한 정보저장매체에 해당 파일을 복제하는 방식으로 이루어져야 하고, 정보저장매체 자체를 직접 반출하거나 저장매체에 들어 있는 전자파일 전부를 하드카피나 이미징 등 형태(이하 '복제본'이라 한다)로 수사기관 사무실 등 외부로 반출하는 방식으로 압수·수색하는 것은 현장의 사정이나 전자정보의 대량성으로 인하여 관련 정보 획득에 긴 시간이 소요되거나 전문 인력에 의한 기술적 조치가 필요한 경우 등 범위를 정하여 출력 또는 복제하는 방법이 불가능하거나 압수의 목적을 달성하기에 현저히 곤란하다고 인정되는 때에 한하여 예외적으로 허용될 수 있을 뿐이다.

위와 같은 법리는 정보저장매체에 해당하는 임의제출물의 압수(형사소송법 제218조)에도 마찬가지로 적용된다. 임의제출물의 압수는 압수물에 대한 수사기관의 점유 취득이 제출자의 의사에 따라 이루어진다는 점에서 차이가 있을 뿐 범죄혐의를 전제로 한 수사 목적이나 압수의 효력은 영장에 의한 경우와 동일하기 때문이다. 따라서 수사기관은 특정 범죄혐의와 관련하여 전자정보가 수록된 정보저장매체를 임의제출받아 그 안에 저장된 전자정보를 압수하는 경우 그 동기가 된 범죄혐의사실과 관련된 전자정보의 출력물 등을 임의제출받아 압수하는 것이 원칙이다. 다만 현장의 사정이나 전자정보의 대량성과 탐색의 어려움 등의 이유로 범위를 정하여 출력 또는 복제하는 방법이 불가능하거나 압수의 목적을 달성하기에 현저히 곤란하다고 인정되는 때에 한하여 예외적으로 정보저장매체 자체나 복제본을 임의제출받아 압수할 수 있다.

2) 수사기관이 제출자의 의사를 쉽게 확인할 수 있음에도 이를 확인하지 않은 채 특정 범죄혐의사실과 관련된 전자정보와 그렇지 않은 전자정보가 혼재된 정보저장매체를 임의제출받은 경우, 그 정보저장매체에 저장된 전자정보 전부가 임의제출되어 압수된 것으로 취급할 수는 없다.

전자정보를 압수하고자 하는 수사기관이 정보저장매체와 거기에 저장된 전자정보를 임의제출의 방식으로 압수할 때, 제출자의 구체적인 제출 범위에 관한 의사를 제대로 확인하지 않는 등의 사유로 인해 임의제출자의 의사에 따른 전자정보 압수의 대상과 범위가 명확하지 않거나 이를 알 수 없는 경우에는 임의제출에 따른 압수의 동기가 된 범죄혐의사실과 관련되고 이를 증명할 수 있는 최소한의 가치가 있는 전자정보에 한하여 압수의 대상이 된다. 이때 범죄혐의사실과 관련된 전자정보에는 범죄혐의사실 그 자체 또는 그와 기본적 사실관계가 동일한 범행과 직접 관련되어 있는 것은 물론 범행 동기와 경위, 범행 수단과 방법, 범행 시간과 장소 등을 증명하기 위한 간접증거나 정황증거 등으로 사용될 수 있는 것도 포함될 수 있다. 다만 그 관련성은 임의제출에 따른 압수의 동기가 된 범죄혐의사실의 내용과 수사의 대상, 수사의 경위, 임의제출의 과정 등을 종합하여 구체적·개별적 연관관계가 있는 경우에만 인정되고, 범죄혐의사실과 단순히 동종 또는 유사 범행이라는 사유만으로 관련성이 있다고 할 것은 아니다.

　범죄혐의사실과 관련된 전자정보인지를 판단할 때는 범죄혐의사실의 내용과 성격, 임의제출의 과정 등을 토대로 구체적·개별적 연관관계를 살펴볼 필요가 있다. 특히 카메라의 기능과 정보저장매체의 기능을 함께 갖춘 휴대전화인 스마트폰을 이용한 불법촬영 범죄와 같이 범죄의 속성상 해당 범행의 상습성이 의심되거나 성적 기호 내지 경향성의 발현에 따른 일련의 범행의 일환으로 이루어진 것으로 의심되고, 범행의 직접증거가 스마트폰 안에 이미지 파일이나 동영상 파일의 형태로 남아 있을 개연성이 있는 경우에는 그 안에 저장되어 있는 같은 유형의 전자정보에서 그와 관련한 유력한 간접증거나 정황증거가 발견될 가능성이 높다는 점에서 이러한 간접증거나 정황증거는 범죄혐의사실과 구체적·개별적 연관관계를 인정할 수 있다. 이처럼 범죄의 대상이 된 피해자의 인격권을 현저히 침해하는 성격의 전자정보를 담고 있는 불법촬영물은 범죄행위로 인해 생성된 것으로서 몰수의 대상이기도 하므로 임의제출된 휴대전화에서 해당 전자정보를 신속히 압수·수색하여 불법촬영물의 유통 가능성을 적시에 차단함으로써 피해자를 보호할 필요성이 크다. 나아가 이와 같은 경우에는 간접증거나 정황증거이면서 몰수의 대상이자 압수·수색의 대상인 전자정보의 유형이 이미지 파일 내지 동영상 파일 등으로 비교적 명확하게 특정되어 그와 무관한 사적 전자정보 전반의 압수·수색으로 이어질 가능성이 적어 상대적으로 폭넓게 관련성을 인정할 여지가 많다는 점에서도 그러하다.

　피의자가 소유·관리하는 정보저장매체를 피의자 아닌 피해자 등 제3자가 임의제출하는 경우에는, 그 임의제출 및 그에 따른 수사기관의 압수가 적법하더라도 임의제출의 동기가 된 범죄혐의사실과 구체적·개별적 연관관계가 있는 전자정보에 한하여 압수의 대상이 되는 것으로 더욱 제한적으로 해석하여야 한다. 피의자 개인이 소유·관리하는 정보저장매체에는 그의 사생활의 비밀과 자유, 정보에 대한 자기결정권 등 인격적 법익에 관한 모든 것이 저장되어 있어 제한 없이 압수·수색이 허용될 경우 피의자의 인격적 법익이 현저히 침해될 우려가 있기 때문이다.

3) 압수의 대상이 되는 전자정보와 그렇지 않은 전자정보가 혼재된 정보저장매체나 그 복제본을 임의제출받은 수사기관이 그 정보저장매체 등을 수사기관 사무실 등으로 옮겨 이를 탐색·복제·출력하는 경우, 그와 같은 일련의 과정에서 형사소송법 제219조, 제121조에서 규정하는 피압수·수색 당사자(이하 '피압수자'라 한다)나 그 변호인에게 참여의 기회를 보장하고 압수된 전자정보의 파일 명세가 특정된 압수목록을 작성·교부하여야 하며 범죄혐의사실과 무관한 전자정보의 임의적인 복제 등을 막기 위한 적절한 조치를 취하는 등 영장주의 원칙과 적법절차를 준수하여야 한다. 만약 그러한 조치가 취해지지 않았다면 피압수자 측이 참여하지 아니한다는 의사를 명시적으로 표시하였거나 임의제출의 취지와 경과 또는 그 절차 위반행위가 이루어진 과정의 성질과 내용 등에 비추어 피압수자 측에 절차 참여를 보장한 취지가 실질적으로 침해되었다고 볼 수 없을 정도에 해당한다는 등의 특별한 사정이 없는 이상 압수·수색이 적법하다고 평가할 수 없고, 비록 수사기관이 정보저장매체 또는 복제본에서 범죄혐의사실과 관련된 전자정보만을 복제·출력하였다 하더라도 달리 볼 것은 아니다. 나아가 피해자 등 제3자가 피의자의 소유·관리에 속하는 정보저장매체를 영장에 의하지 않고 임의제출한 경우에는 실질적 피압수자인 피의자가 수사기관으로 하여금 그 전자정보 전부를 무제한 탐색하는 데 동의한 것으로 보기 어려울 뿐만 아니라 피의자 스스로 임의제출한 경우 피의자의 참여권 등이 보장되어야 하는 것과 견주어 보더라도 특별한 사정이 없는 한 형사소송법 제219조, 제121조, 제129조에 따라 피의자에게 참여권을 보장하고 압수한 전자정보 목록을 교부하는 등 피의자의 절차적 권리를 보장하기 위한 적절한 조치가 이루어져야 한다.

4) 임의제출된 정보저장매체에서 압수의 대상이 되는 전자정보의 범위를 초과하여 수사기관이 임의로 전자정보를 탐색·복제·출력하는 것은 원칙적으로 위법한 압수·수색에 해당하므로 허용될 수 없다. 만약 전자정보에 대한 압수·수색이 종료되기 전에 범죄혐의사실과 관련된 전자정보를 적법하게 탐색하는 과정에서 별도의 범죄혐의와 관련된 전자정보를 우연히 발견한 경우라면, 수사기관은 더 이상의 추가 탐색을 중단하고 법원으로부터 별도의 범죄혐의에 대한 압수·수색영장을 발부받은 경우에 한하여 그러한 정보에 대하여도 적법하게 압수·수색을 할 수 있다. 따라서 임의제출된 정보저장매체에서 압수의 대상이 되는 전자정보의 범위를 넘어

서는 전자정보에 대해 수사기관이 영장 없이 압수·수색하여 취득한 증거는 위법수집증거에 해당하고, 사후에 법원으로부터 영장이 발부되었다거나 피고인이나 변호인이 이를 증거로 함에 동의하였다고 하여 그 위법성이 치유되는 것도 아니다.

5) 피고인이 2014. 12. 11. 피해자 갑을 상대로 저지른 성폭력범죄의 처벌 등에 관한 특례법 위반(카메라 등 이용촬영) 범행(이하 '2014년 범행'이라 한다)에 대하여 갑이 즉시 피해 사실을 경찰에 신고하면서 피고인의 집에서 가지고 나온 피고인 소유의 휴대전화 2대에 피고인이 촬영한 동영상과 사진이 저장되어 있다는 취지로 말하고 이를 범행의 증거물로 임의제출하였는데, 경찰이 이를 압수한 다음 그 안에 저장된 전자정보를 탐색하다가 갑을 촬영한 휴대전화가 아닌 다른 휴대전화에서 피고인이 2013. 12.경 피해자 을, 병을 상대로 저지른 같은 법 위반(카메라 등 이용촬영) 범행(이하 '2013년 범행'이라 한다)을 발견하고 그에 관한 동영상·사진 등을 영장 없이 복제한 CD를 증거로 제출한 사안에서, 갑은 경찰에 피고인의 휴대전화를 증거물로 제출할 당시 그 안에 수록된 전자정보의 제출 범위를 명확히 밝히지 않았고, 담당 경찰관들도 제출자로부터 그에 관한 확인절차를 거치지 않은 이상 휴대전화에 담긴 전자정보의 제출 범위에 관한 제출자의 의사가 명확하지 않거나 이를 알 수 없는 경우에 해당하므로, 휴대전화에 담긴 전자정보 중 임의제출을 통해 적법하게 압수된 범위는 임의제출 및 압수의 동기가 된 피고인의 2014년 범행 자체와 구체적·개별적 연관관계가 있는 전자정보로 제한적으로 해석하는 것이 타당하고, 이에 비추어 볼 때 범죄발생 시점 사이에 상당한 간격이 있고 피해자 및 범행에 이용한 휴대전화도 전혀 다른 피고인의 2013년 범행에 관한 동영상은 임의제출에 따른 압수의 동기가 된 범죄혐의사실(2014년 범행)과 구체적·개별적 연관관계 있는 전자정보로 보기 어려워 수사기관이 사전영장 없이 이를 취득한 이상 증거능력이 없고, 사후에 압수·수색영장을 받아 압수절차가 진행되었더라도 달리 볼 수 없다는 이유로, 피고인의 2013년 범행을 무죄로 판단한 원심의 결론이 정당하다.

【평석】 피의자가 소유·관리하는 정보저장매체를 피의자 아닌 피해자 등 제3자가 임의제출하는 경우에, 그 임의제출 및 그에 따른 수사기관의 압수가 적법하더라도 임의제출의 동기가 된 범죄혐의사실과 구체적·개별적 연관관계가 있는 전자정보에 한하여 압수의 대상이 되는 것으로 더욱 제한적으로 해석하여야 한다는 것으로 논란이 되었고 구체적인 사건들에서 쟁점이 되고 있다. 관련 대법원 판결로는

2021도11170 판결 참조. 한편 성폭력범죄 미성년 피해자의 영상녹화진술은 조사 과정에 동석하였던 신뢰관계에 있는 사람 또는 진술조력인의 진술에 의하여 성립 의 진정함이 인정된 경우 증거로 할 수 있다는 성폭력범죄의 처벌 등에 관한 특례 법 제30조 제6항은 헌법에 위반된다(헌법재판소 2018헌바524). 이로 인해 같은 조항 의 심신미약자 부분과 아동·청소년의 성 보호에 관한 법률 제26조 6항 부분도 같 은 구조이므로 위헌으로 판단될 가능성이 있다는 견해가 있다.[98] 법조계나 사회적 으로 논란이 있는 부분이다.

자. 성인지 감수성

법원이 성폭행이나 성희롱 사건의 심리를 할 때 유의하여야 할 사항 및 성폭행 등의 피해자 진술의 증명력을 판단하는 방법

강간죄가 성립하기 위한 가해자의 폭행·협박이 있었는지 판단하는 기준과 방법

🏛 대법원 2018. 10. 25. 선고 2018도7709 판결[강간·특수상해·협박 등]

판결의 요지

법원이 성폭행이나 성희롱 사건의 심리를 할 때에는 그 사건이 발생한 맥락에서 성차별 문제를 이해하고 양성평등을 실현할 수 있도록 '성인지 감수성'을 잃지 않 도록 유의하여야 한다(양성평등기본법 제5조 제1항 참조). 우리 사회의 가해자 중심의 문화와 인식, 구조 등으로 인하여 성폭행이나 성희롱 피해자가 피해사실을 알리고 문제를 삼는 과정에서 오히려 피해자가 부정적인 여론이나 불이익한 처우 및 신분 노출의 피해 등을 입기도 하여 온 점 등에 비추어 보면, 성폭행 피해자의 대처 양 상은 피해자의 성정이나 가해자와의 관계 및 구체적인 상황에 따라 다르게 나타날 수밖에 없다. 따라서 개별적, 구체적인 사건에서 성폭행 등의 피해자가 처하여 있 는 특별한 사정을 충분히 고려하지 않은 채 피해자 진술의 증명력을 가볍게 배척 하는 것은 정의와 형평의 이념에 입각하여 논리와 경험의 법칙에 따른 증거판단이 라고 볼 수 없다.

강간죄가 성립하기 위한 가해자의 폭행·협박이 있었는지 여부는 그 폭행·협박

---

98) 이상원, 2021년 분야별 중요판례 분석, 법률신문, 2022. 3. 17.자

의 내용과 정도는 물론 유형력을 행사하게 된 경위, 피해자와의 관계, 성교 당시와 그 후의 정황 등 모든 사정을 종합하여 피해자가 성교 당시 처하였던 구체적인 상황을 기준으로 판단하여야 하며, 사후적으로 보아 피해자가 성교 이전에 범행 현장을 벗어날 수 있었다거나 피해자가 사력을 다하여 반항하지 않았다는 사정만으로 가해자의 폭행·협박이 피해자의 항거를 현저히 곤란하게 할 정도에 이르지 않았다고 섣불리 단정하여서는 아니 된다.

강간죄에서 공소사실을 인정할 증거로 사실상 피해자의 진술이 유일한 경우에 피고인의 진술이 경험칙상 합리성이 없고 그 자체로 모순되어 믿을 수 없다고 하여 그것이 공소사실을 인정하는 직접증거가 되는 것은 아니지만, 이러한 사정은 법관의 자유판단에 따라 피해자 진술의 신빙성을 뒷받침하거나 직접증거인 피해자 진술과 결합하여 공소사실을 뒷받침하는 간접정황이 될 수 있다.

【평석】'성인지 감수성'에 관하여 최초로 제시된 심리 기준은 대법원 2018. 4. 12. 선고 2017두74702 판결에서 설시되었고, 그 이후 위 대법원 판례와 대법원 2019. 7. 11. 선고 2018도2614 판결 등으로 그 적용 범위와 법리가 누적적으로 확장되었으며, 유사 형사 사건 판결에 자주 인용되었다.

위 2017두74702 판결 [교원소청심사위원회결정취소]의 내용은 다음과 같다.

『성희롱이란 업무, 고용, 그 밖의 관계에서 국가기관·지방자치단체, 각급 학교, 공직유관단체 등 공공단체의 종사자, 직장의 사업주·상급자 또는 근로자가 ① 지위를 이용하거나 업무 등과 관련하여 성적 언동 또는 성적 요구 등으로 상대방에게 성적 굴욕감이나 혐오감을 느끼게 하는 행위, ② 상대방이 성적 언동 또는 요구 등에 따르지 아니한다는 이유로 불이익을 주거나 그에 따르는 것을 조건으로 이익 공여의 의사표시를 하는 행위를 하는 것을 말한다[양성평등기본법 제3조 제2호, 남녀고용평등과 일·가정 양립 지원에 관한 법률 제2조 제2호, 국가인권위원회법 제2조 제3호 (라)목 등 참조]. 여기에서 '성적 언동'이란 남녀 간의 육체적 관계나 남성 또는 여성의 신체적 특징과 관련된 육체적, 언어적, 시각적 행위로서 사회 공동체의 건전한 상식과 관행에 비추어 볼 때, 객관적으로 상대방과 같은 처지에 있는 일반적이고도 평균적인 사람으로 하여금 성적 굴욕감이나 혐오감을 느끼게 할 수 있는 행위를 의미한다.

성희롱이 성립하기 위해서는 행위자에게 반드시 성적 동기나 의도가 있어야 하는 것은 아니지만, 당사자의 관계, 행위가 행해진 장소 및 상황, 행위에 대한 상대방의 명시적 또는 추정적인 반응의 내용, 행위의 내용 및 정도, 행위가 일회적 또는 단기간의 것인지 아니면 계속적인 것인지 등의 구체적 사정을 참작하여 볼 때, 객관적으로 상대방과 같은 처지에 있는 일반적이고도 평균적인 사람으로 하여금 성적 굴욕감이나 혐오감을 느낄 수 있게 하는 행위가 있고, 그로 인하여 행위의 상대방이 성적 굴욕감이나 혐오감을 느꼈음이 인정되어야 한다.

성희롱을 사유로 한 징계처분의 당부를 다투는 행정소송에서 징계사유에 대한 증명책임은 그 처분의 적법성을 주장하는 피고에게 있다. 다만 민사소송이나 행정소송에서 사실의 증명은 추호의 의혹도 없어야 한다는 자연과학적 증명이 아니고, 특별한 사정이 없는 한 경험칙에 비추어 모든 증거를 종합적으로 검토하여 볼 때 어떤 사실이 있었다는 점을 시인할 수 있는 고도의 개연성을 증명하는 것이면 충분하다. 민사책임과 형사 책임은 지도이념과 증명책임, 증명의 정도 등에서 서로 다른 원리가 적용되므로, 징계 사유인 성희롱 관련 형사재판에서 성희롱 행위가 있었다는 점을 합리적 의심을 배제할 정도로 확신하기 어렵다는 이유로 공소사실에 관하여 무죄가 선고되었다고 하여 그러한 사정만으로 행정소송에서 징계 사유의 존재를 부정할 것은 아니다.

법원이 성희롱 관련 소송의 심리를 할 때에는 그 사건이 발생한 맥락에서 성차별 문제를 이해하고 양성평등을 실현할 수 있도록 '성인지 감수성'을 잃지 않아야 한다(양성평등기본법 제5조 제1항 참조). 그리하여 우리 사회의 가해자 중심적인 문화와 인식, 구조 등으로 인하여 피해자가 성희롱 사실을 알리고 문제를 삼는 과정에서 오히려 부정적 반응이나 여론, 불이익한 처우 또는 그로 인한 정신적 피해 등에 노출되는 이른바 '2차 피해'를 입을 수 있다는 점을 유념하여야 한다. 피해자는 이러한 2차 피해에 대한 불안감이나 두려움으로 인하여 피해를 당한 후에도 가해자와 종전의 관계를 계속 유지하는 경우도 있고, 피해 사실을 즉시 신고하지 못하다가 다른 피해자 등 제3자가 문제를 제기하거나 신고를 권유한 것을 계기로 비로소 신고를 하는 경우도 있으며, 피해 사실을 신고한 후에도 수사기관이나 법원에서 그에 관한 진술에 소극적인 태도를 보이는 경우도 적지 않다. 이와 같은 성희롱 피해자가 처하여 있는 특별한 사정을 충분히 고려하지 않은 채 피해자 진술의 증명력을 가볍게 배척하는 것은 정의와 형평의 이념에 입각하여 논리와 경험의 법칙에 따른 증거 판단이라고 볼 수 없다.」

차. 피해자 본인에게 촬영물을 교부하는 행위

🏛 대법원 2018. 8. 1. 선고 2018도1481 판결[성폭력범죄의처벌등에관한특례법위반(카메라 등이용촬영) · 폭행 등]

판결의 요지

성폭력범죄의 처벌 등에 관한 특례법(이하 '성폭력처벌법'이라 한다) 제14조 제1항에서 촬영행위뿐만 아니라 촬영물을 반포 · 판매 · 임대 · 제공 또는 공공연하게 전시 · 상영하는 행위까지 처벌하는 것은, 성적 욕망 또는 수치심을 유발할 수 있는 타인의 신체를 촬영한 촬영물이 인터넷 등 정보통신망을 통하여 급속도로 광범위하게 유포됨으로써 피해자에게 엄청난 피해와 고통을 초래하는 사회적 문제를 감안하여, 죄책이나 비난가능성이 촬영행위 못지않게 크다고 할 수 있는 촬영물의 유포행위를 한 자를 촬영자와 동일하게 처벌하기 위해서이다.

성폭력처벌법 제14조 제1항에서 '반포'와 별도로 열거된 '제공'은, '반포'에 이르지 아니하는 무상 교부행위로서 '반포'할 의사 없이 '특정한 1인 또는 소수의 사람'에게 무상으로 교부하는 것을 의미하는데, 성폭력처벌법 제14조 제1항에서 촬영행위뿐만 아니라 촬영물을 반포 · 판매 · 임대 · 제공 또는 공공연하게 전시 · 상영하는 행위까지 처벌하는 것이 촬영물의 유포행위를 방지함으로써 피해자를 보호하기 위한 것임에 비추어 볼 때, 촬영의 대상이 된 피해자 본인은 성폭력처벌법 제14조 제1항에서 말하는 '제공'의 상대방인 '특정한 1인 또는 소수의 사람'에 포함되지 않는다고 봄이 타당하다.

【평석】 피해자의 의사에 반하여 촬영한 사진 1장을 피해자 본인의 휴대전화로 전송한 행위가 '제공'에 해당되는지에 대하여 긍정설과 부정설이 있는데, 대법원은 성폭력처벌법 제14조의 취지는 촬영물의 유포행위를 방지함으로써 피해자를 보호하기 위한 규정으로 해석하여 피해자 본인은 위 조항에서 말하는 상대방인 특정한 1인 또는 소수의 사람에 포함되지 않는다고 판시하였다.[99]

한편 성폭력 범죄의 처벌 등에 관한 특례법, 아동 · 청소년의 성보호에 관한 법률 위반의 경우 신상정보등록, 공개 · 고지명령, 수강 · 이수명령, 취업제한명령 등의

---

99) 민철기, 피해자 본인에게 촬영물을 교부하는 행위가 성폭력 범죄의 처벌 등에 관한 특례법 제14조 제1항의 '제공'에 해당하는지 여부, 대법원판례해설, 제118호(2018년 하), 법원도서관, 695면

부수처분이 해당 규정에 의해 따른다.

카. 성폭력범죄의 처벌 등에 관한 특례법상 등록대상 성범죄에 대해 선고유예 판결이 있는 경우, 판결 확정 즉시 등록대상자로서 신상정보 제출의무를 지는지 여부(적극) 및 선고유예 판결 확정 후 2년이 경과하면 신상정보 제출의무를 면하는지 여부(적극)

🏛 대법원 2014. 11. 13. 선고 2014도3564 판결[성폭력범죄의처벌등에관한특례법위반(통신매체이용음란)]

판결의 요지

성폭력범죄의 처벌 등에 관한 특례법(이하 '성폭력 특례법'이라 한다) 제16조 제2항, 제42조 제1항, 제2항, 제43조 제1항, 제3항, 제4항, 제45조 제1항의 내용 및 형식, 그 취지와 아울러 선고유예 판결의 법적 성격 등에 비추어 보면, 등록대상자의 신상정보 제출의무는 법원이 별도로 부과하는 것이 아니라 등록대상 성범죄로 유죄판결이 확정되면 성폭력 특례법의 규정에 따라 당연히 발생하는 것이고, 위 유죄판결에서 선고유예 판결이 제외된다고 볼 수 없다. 따라서 등록대상 성범죄에 대하여 선고유예 판결이 있는 경우에도 선고유예 판결이 확정됨으로써 곧바로 등록대상자로 되어 신상정보를 제출할 의무를 지게 되며, 다만 선고유예 판결 확정 후 2년이 경과하여 면소된 것으로 간주되면 등록대상자로서 신상정보를 제출할 의무를 면한다고 해석된다.

그리고 이와 같이 등록대상자의 신상정보 제출의무는 법원이 별도로 부과하는 것이 아니므로, 유죄판결을 선고하는 법원이 하는 신상정보 제출의무 등의 고지는 등록대상자에게 신상정보 제출의무가 있음을 알려 주는 것에 의미가 있을 뿐이다. 따라서 설령 법원이 유죄판결을 선고하면서 고지를 누락하거나 고지한 신상정보 제출의무 대상이나 내용 등에 잘못이 있더라도, 그 법원은 적법한 내용으로 수정하여 다시 신상정보 제출의무를 고지할 수 있고, 상급심 법원도 그 사유로 판결을 파기할 필요 없이 적법한 내용의 신상정보 제출의무 등을 새로 고지함으로써 잘못을 바로잡을 수 있으므로, 제1심 또는 원심의 신상정보 제출의무 고지와 관련하여 그 대상, 내용 및 절차 등에 관한 잘못을 다투는 취지의 상고이유는 판결에 영향을 미치지 않는 사항에 관한 것으로서 적법한 상고이유가 되지 못한다.

【평석】 위 판결의 제1심은 벌금형의 선고를 유예하면서 피고인에게 선고유예가 실효되는 경우에 비로소 신상정보 제출의무가 발생한다는 취지로 고지하였고, 원심은 이를 그대로 유지한 사안. 대법원은 등록대상자의 신상정보 제출의무는 법원이 별도로 부과하는 것이 아니라 등록대상 성범죄로 유죄판결이 확정되면 위 특례법의 규정에 따라 당연히 발생하는 것이고, 이러한 의무가 발생하는 유죄판결에서 선고유예 판결이 제외된다고 볼 수 없다는 이유로 하급심의 판단이 잘못되었다고 하였다.[100]

타. 채용 절차에서 구직자를 추행한 사건

🏛 대법원 2020. 7. 9. 선고 2020도5646 판결[성폭력범죄의처벌등에관한특례법위반(업무상위력등에의한추행)]

판결의 요지

성폭력범죄의 처벌 등에 관한 특례법 제10조는 '업무상 위력 등에 의한 추행'에 관한 처벌 규정인데, 제1항에서 "업무, 고용이나 그 밖의 관계로 인하여 자기의 보호, 감독을 받는 사람에 대하여 위계 또는 위력으로 추행한 사람은 3년 이하의 징역 또는 1천 500만 원 이하의 벌금에 처한다."라고 정하고 있다. '업무, 고용이나 그 밖의 관계로 인하여 자기의 보호, 감독을 받는 사람'에는 직장 안에서 보호 또는 감독을 받거나 사실상 보호 또는 감독을 받는 상황에 있는 사람뿐만 아니라 채용 절차에서 영향력의 범위 안에 있는 사람도 포함된다.

그리고 '위력'이란 피해자의 자유의사를 제압하기에 충분한 힘을 말하고, 유형적이든 무형적이든 묻지 않고 폭행·협박뿐만 아니라 사회적·경제적·정치적인 지위나 권세를 이용하는 것도 가능하며, 현실적으로 피해자의 자유의사가 제압될 필요는 없다. 위력으로써 추행하였는지는 행사한 유형력의 내용과 정도, 행위자의 지위나 권세의 종류, 피해자의 연령, 행위자와 피해자의 관계, 그 행위에 이르게 된 경위, 구체적인 행위 모습, 범행 당시의 정황 등 여러 사정을 종합적으로 고려하여

---

100) 이상원, 2014년 분야별 중요판례 분석, 법률신문, 2015. 5. 15.자. 위 판결은 법문을 벗어나지 않으면서 가혹한 결과를 피하려는 묘수를 찾은 것처럼 보이지만, 신상정보 제출의무가 2년 후 면제된다는 점에 관하여 구체적인 논증을 제시하지 아니하였을 뿐만 아니라 결과적으로 형사제재의 부과에 관한 법원의 재량을 박탈한 법률의 유효성을 인정한 셈이 되었다고 한다.

판단하여야 한다.

편의점 업주인 피고인이 아르바이트 구인 광고를 보고 연락한 갑을 채용을 빌미로 불러내 면접을 한 후 자신의 집으로 유인하여 갑의 성기를 만지고 갑에게 피고인의 성기를 만지게 하였다고 하여 성폭력범죄의 처벌 등에 관한 특례법 위반(업무상위력등에의한추행)으로 기소된 사안에서, 피고인이 채용 권한을 가지고 있는 지위를 이용하여 갑의 자유의사를 제압하여 갑을 추행하였다고 본 원심판단이 정당하다.

파. 13세 미만 미성년자의 증인신문이 이루어지지 않은 상태에서 피해자의 영상물과 속기록만으로 유죄의 증거로 삼을 수 있는지 여부

🏛 대법원 2022. 4. 14. 선고 2021도14530, 2021전도143 판결[성폭력범죄의처벌등에관한특례법위반(13세미만미성년자위계등간음) 등]

판결의 요지

피고인이 위력으로써 13세 미만 미성년자인 피해자 甲(女, 12세)에게 유사성행위와 추행을 하였다는 성폭력범죄의 처벌 등에 관한 특례법(이하 '성폭력처벌법'이라 한다) 위반의 공소사실에 대하여, 원심이 甲의 진술과 조사 과정을 촬영한 영상물과 속기록을 중요한 증거로 삼아 유죄로 인정하였는데, 피고인은 위 영상물과 속기록을 증거로 함에 동의하지 않았고, 조사 과정에 동석하였던 신뢰관계인에 대한 증인신문이 이루어졌을 뿐 원진술자인 甲에 대한 증인신문은 이루어지지 않은 사안에서, 헌법재판소는 2021. 12. 23. 성폭력처벌법 제30조 제6항 중 19세 미만 성폭력범죄 피해자의 진술을 촬영한 영상물의 증거능력을 규정한 부분(이하 '위헌 법률 조항'이라 한다)에 대해 과잉금지 원칙 위반 등을 이유로 위헌결정을 하였는데, 위 위헌결정의 효력은 결정 당시 법원에 계속 중이던 사건에도 미치므로 위헌 법률 조항은 위 영상물과 속기록의 증거능력을 인정하는 근거가 될 수 없고, 한편 피고인의 범행은 아동·청소년의 성보호에 관한 법률(이하 '청소년성보호법'이라 한다) 제26조 제1항의 아동·청소년대상 성범죄에 해당하므로 같은 법 제26조 제6항에 따라 영상물의 증거능력이 인정될 여지가 있으나, 청소년성보호법 제26조 제6항 중 위헌 법률 조항과 동일한 내용을 규정한 부분은 위헌결정의 심판대상이 되지 않았지만, 위헌 법률 조항에 대한 위헌결정 이유와 마찬가지로 과잉금지 원칙에 위반될 수 있으므로, 청소년성보호법 제26조 제6항의 위헌 여부 또는 그 적용에 따른 위헌적 결과를 피하기 위하여 甲을 증인으로 소환하여 진술을 듣고 피고인에게 반대신문권을 행사할 기회를 부여할 필요가 있는지 여부 등에 관하여 심리·판단하였어야 한다는 이유로, 이와 같은 심리에 이르지 않은 채 위 영상물과 속기록을 유죄의 증거로 삼은 원심판결에 법리오해 또는 심리미진의 잘못이 있다.

【해설】 성폭력범죄 피해 아동 등이 조사 과정에서 진술한 것을 녹화한 영상물을 증거로 사용하기가 어렵게 되었다. 헌법재판소의 결정과 대법원판결로 13세 미만 피해자들에 대한 합리적인 증거조사 방법과 절차 등에 대하여 학계와 법조계에서 연구, 검토 중이다. 피고인의 방어권을 보장하면서도 피해 진술 과정에서 아동에 대한 2차 피해를 방지하기 위한 제도 변화와 입법개선이 필요한 시점이다.

28. 소년법 위반

가. 제1조 목적

'특정 범죄자에 대한 위치추적 전자장치 부착 등에 관한 법률' 제5조 제1항 제3호에서 부착명령청구 요건으로 정한 '성폭력범죄를 2회 이상 범하여(유죄의 확정판결을 받은 경우를 포함한다)'에 '소년보호처분을 받은 전력'이 포함되는지 여부(소극)

> 🏛 대법원 2012. 3. 22. 선고 2011도15057, 2011전도249 전원합의체 판결[강간상해·강도상해·상해·부착 명령]

판결의 요지

죄형법정주의 원칙상 형벌법규는 문언에 따라 엄격하게 해석·적용하여야 하고 피고인에게 불리한 방향으로 지나치게 확장해석하거나 유추 해석하여서는 안 되는 것이 원칙이고, 이는 특정 범죄자에 대한 위치추적 전자장치 부착명령의 요건을 해석할 때에도 마찬가지이다.

'특정 범죄자에 대한 위치추적 전자장치 부착 등에 관한 법률'(이하 '전자장치부착법'이라 한다) 제5조 제1항 제3호는 검사가 전자장치 부착명령을 법원에 청구할 수 있는 경우 중의 하나로 '성폭력범죄를 2회 이상 범하여(유죄의 확정판결을 받은 경우를 포함한다) 그 습벽이 인정된 때'라고 규정하고 있는데, 이 규정 전단은 문언상 '유죄의 확정판결을 받은 전과 사실을 포함하여 성폭력범죄를 2회 이상 범한 경우'를 의미한다고 해석된다. 따라서 피부착명령 청구자가 소년법에 의한 보호처분(이하 '소년보호처분'이라고 한다)을 받은 전력이 있다고 하더라도, 이는 유죄의 확정판결을 받은 경우에 해당하지 아니함이 명백하므로, 피부착명령 청구자가 2회 이상 성폭력범죄를 범하였는지를 판단할 때 소년보호처분을 받은 전력을 고려할 것이 아니다.

나. 제2조 소년 및 보호자

1) 상습성 인정의 자료

🏛 대법원 1973. 7. 24. 선고 73도1255 전원합의체 판결[상습절도]

판결의 요지

소년법상의 보호처분을 받은 사실도 상습성 인정의 자료가 된다.

2) 항소심이 항소이유 없음을 이유로, 항소를 기각하는 경우에, 항소심 판결 선고 시에 성년에 달한 피고인에 대하여, 정기형을 선고할 수 있는가 여부

🏛 대법원 1966. 3. 3. 선고 65도1229 전원합의체 판결[절도]

판결의 요지

항소심 판결 선고 당시 성년이 되었음에 불구하고 정기형을 선고함이 없이 부정기형을 선고한 제1심판결을 인용하여 항소를 기각한 것은 위법이다.

29. 수난구호법 위반(세월호 침몰 사건)

수난구호법 제18조 제1항 단서의 '조난사고의 원인을 제공한 선박의 선장 및 승무원'에 조난사고의 원인을 스스로 제공하여 '조난된 선박의 선장 및 승무원'이 포함되는지 여부

🏛 대법원 2015. 11. 12. 선고 2015도6809 전원합의체 판결[살인(① 피고인 1에 대하여 일부 제1 예비적 죄명 및 일부 인정된 죄명: 특정범죄가중처벌등에관한법률위반, 제2 예비적 죄명: 유기치사 ② 피고인 2에 대하여 인정된 죄명: 특정범죄가중처벌등에관한법률위반, 업무상과실선박매몰 · 수난구호법 위반 · 선원법 위반 등]

판결의 요지

수난구호법 제1조, 제2조 제3호, 제4호, 제7호, 제18조 제1항의 체계, 내용 및 취지와 더불어, 수난구호법 제18조 제1항은 구조대상을 '조난된 선박'이 아니라 '조난된 사람'으로 명시하고 있는데, 같은 법 제2조 제4호에서 조난사고가 다른 선박과의 충돌 등 외부적 원인 외에 화재, 기관 고장 등과 같이 선박 자체의 내부적 원인으로도 발생할 수 있음을 전제로 하고 있으므로, 조난된 선박의 선장 및 승무원이라 하더라도 구조 활동이 불가능한 상황이 아니라면 구조조치의무를 부담하게 하는 것이 조난된 사람의 신속한 구조를 목적으로 하는 수난구호법의 입법 취지에 부합하는 점을 고려하면, 수난구호법 제18조 제1항 단서의 '조난사고의 원인을 제공한 선박의 선장 및 승무원'에는 조난사고의 원인을 스스로 제공하여 '조난된 선박의 선장 및 승무원'도 포함된다.

한편 수난구호법 제18조 제1항 단서에 따라 사고를 낸 선장 또는 승무원이 취하여야 할 조치는 사고의 내용과 피해의 정도 등 구체적 상황에 따라 건전한 양식에 비추어 통상 요구되는 정도로 적절히 강구되어야 하고, 그러한 조치를 취하기 전에 도주의 범의로써 사고 현장을 이탈한 것인지 여부를 판정함에 있어서는 그 사고의 경위와 내용, 피해자의 생명·신체에 대한 위험의 양상과 정도, 선장 또는 승무원의 과실 정도, 사고 후의 정황 등을 종합적으로 고려하여야 할 것이다(대법원 2012. 7. 12. 선고 2012도1474 판결 참조).

☞ 세월호 침몰 사건에 있어서 선장과 승무원들의 책임에 관한 사건이다. 선장의

구호 조치의무와 부작위에 의한 살인 등과 관련하여 형법 제18조 부작위범, 선원법 위반 참조.

30. 식품위생법 위반

1) 식품위생법상 식품제조·가공업과 식품접객업 중 일반음식점영업의 의미 및 위 각 영업을 구별하는 요소

2) 특정 영업소에 관하여 식품접객업 중 일반음식점영업 신고를 마친 사람이 별개의 장소에서 식품제조·가공업을 하려면 해당 장소를 영업소로 하여 식품제조·가공업 등록의무를 이행해야 하는지 여부(적극)

3) 동일인이 별개의 장소에서 식품제조·가공업과 일반음식점영업을 각각 영위하고 있더라도 자신이 제조·가공한 식품을 보관·운반시설을 이용하여 그 음식점에 제공하는 행위는 별개 사업자 간의 거래로서 유통과정을 거치는 행위인지 여부(적극)

4) 5곳의 음식점을 직영하는 피고인 갑 주식회사의 대표자인 피고인 을이 회사 명의로 상가를 임차하여 그곳에 냉장고 등을 설치하고 나물류 4종을 만든 다음 이를 회사가 각 직영하는 음식점에 공급하여 손님에게 주문한 음식의 반찬으로 제공함으로써 무등록 식품제조·가공업을 한 경우, 무등록 식품제조·가공업을 한 것에 해당하는지 여부

🏛 대법원 2021. 7. 15. 선고 2020도13815 판결[식품위생법위반]

판결의 요지

식품위생법 제36조 제1항, 식품위생법 시행령 제21조 제1호, 제8호 (나)목, 식품위생법 시행규칙 제36조 [별표 14]를 종합하면, 식품제조·가공업은 최종 소비자의 개별 주문과 상관없이 소비자에게 식품이 제공되는 장소와 구별되는 장소에서 일정한 시설을 갖추어 식품을 만들고, 만들어진 식품을 주로 유통과정을 거쳐 소비자에게 제공하는 형태의 영업을 가리키고, 식품접객업 중 일반음식점영업은 식품을 조리한 그 영업소에서 최종 소비자에게 식품을 직접 제공하여 취식할 수 있게 하는 형태의 영업을 가리킨다. 식품을 만드는 장소와 식품이 소비자에게 제공되는

장소가 동일한지와 식품을 만든 다음 이를 소비자에게 제공하기까지 별도의 유통과정을 거치는지는 위 각 영업을 구별하는 주요한 요소이다.

식품위생법은 식품 관련 영업을 하려는 사람은 영업종류별 또는 영업소별로 신고의무 또는 등록의무를 이행하도록 정하고 있다(식품위생법 제37조 제4항, 제5항). 따라서 특정 영업소에 관하여 식품접객업 중 일반음식점영업 신고를 마친 사람이 별개의 장소에서 식품제조·가공업을 하려면 해당 장소를 영업소로 하여 식품제조·가공업 등록의무를 이행해야 한다. 동일인이 별개의 장소에서 식품제조·가공업과 일반음식점영업을 각각 영위하고 있더라도, 그가 자신이 제조·가공한 식품을 보관·운반시설을 이용하여 그 음식점에 제공하는 행위는 별개의 사업자 간의 거래로서 유통과정을 거치는 행위라고 보아야 한다.

5곳의 음식점을 직영하는 피고인 갑 주식회사의 대표자인 피고인 을이 회사 명의로 상가를 임차하여 그곳에 냉장고 등을 설치하고 시래기 등 나물류 4종을 만든 다음 이를 회사가 각 직영하는 음식점에 공급하여 손님에게 주문한 음식의 반찬으로 제공함으로써 무등록 식품제조·가공업을 하였다는 공소사실로 기소된 사안에서, 피고인 을이 피고인 갑 회사가 운영하는 식당과 별도의 장소에 일정한 시설을 갖추어 식품을 만든 다음 피고인 갑 회사가 각지에서 직영하는 음식점들에 배송하는 방법으로 일괄 공급함으로써 그 음식점들을 거쳐서 최종 소비자가 취식할 수 있게 한 행위는 무등록 식품제조·가공업을 한 것에 해당한다.

31. 아동·청소년의 성보호에 관한 법률 위반(舊 청소년의 성보호에 관한 법률 위반)

가. 반의사불벌죄에 있어서 미성년자의 대리인의 처벌 불원 의사의 한계

🏛 대법원 2010. 5. 13. 선고 2009도5658 판결[청소년의성보호에관한법률위반(청소년강간등)]

판결의 요지

반의사불벌죄에 있어서 피해자가 처벌을 희망하지 아니하는 의사표시나 처벌을 희망하는 의사표시의 철회를 하였다고 인정하기 위해서는 피해자의 진실한 의사가 명백하고 믿을 수 있는 방법으로 표현되어야 하는바(대법원 2001. 6. 15. 선고 2001도 1809 판결 참조), 피해자가 나이 어린 미성년자인 경우 그 법정대리인이 피고인 등에 대하여 밝힌 처벌불원의 의사표시에 피해자 본인의 의사가 포함되어 있는지는 대상 사건의 유형 및 내용, 피해자의 나이, 합의의 실질적인 주체 및 내용, 합의 전후의 정황, 법정대리인 및 피해자의 태도 등을 종합적으로 고려하여 판단하여야 할 것이다.

이러한 법리에 따라 이 사건에 대하여 보건대, 기록에 의하여 인정되는 다음과 같은 사정, 즉 피해자의 법정대리인 부 공소외인은 이 사건 발생 다음날인 2008. 11. 4. 피고인을 피해자에 대한 강간죄로 고소한 후 이 사건 공소제기 후로서 제1심판결 선고 전인 2009. 2. 12. 제1심법원에 피고인에 대하여 처벌을 원하지 않는다는 의사를 표시하였는바, 이 사건은 13세인 중학교 1학년 여자 청소년을 대상으로 한 구 청소년의 성보호에 관한 법률(2009. 6. 9. 법률 제9765호로 전부 개정되기 전의 것, 이하 '구 청소년성보호법'이라고 한다) 제7조 제4항 소정의 청소년 대상 성범죄로서 같은 법 제16조에 의하여 피해자의 명시한 의사에 반하여 처벌할 수 없는 점, 비록 피고인에 대하여 처벌을 원하지 않는다는 내용으로 제1심법원에 제출된 합의서의 형식이 피해자를 대리하여 그 법정대리인인 부 공소외인이 작성명의인으로 되어 있기는 하나 그 내용은 피해자 본인이 피고인의 처벌을 원하지 않는다는 것인 점, 한편 피해자는 수사기관 및 법원에 위 공소외인과 함께 출석하여 위 공소외인이 지켜보는 가운데 진술하는 등 이 사건 수사 및 재판 과정에서 법정대리인인 부의 실질적인 보호를 받은 것으로 보이는 점, 달리 그러한 합의가 피해자의 의사에 반하는 것이었다거나 피해자에게 불이익한 것이라는 등의 사정을 찾아볼 수 없고, 피해자가 그러한 합의에 대하여 어떠한 이의도 제기하지 않고 있는 사정 등을 종합하여 보면, 위와 같은 피고인에 대한 처벌불원의 의사표시에는 피해자 본인의 의사가 포함되어 있다고 볼 수 있다.

따라서 이 사건 공소제기 이후 제1심판결 선고 전에 피해자의 피고인에 대한 처벌희망의 의사표시가 철회되었다고 보아 이 사건 공소를 기각한 원심판결은 결과적으로 정당하다.

【평석】구(舊) 청소년의 성보호에 관한 법률 제7조 4항에 정한 청소년 대상 성범죄의 피해자(13세)를 대신하여 그 법정대리인인 피해자의 부(父)가 피고인에 대하

여 처벌불원의 의사를 표시한 사안이다.

성폭력범죄의 처벌 등에 관한 특례법과 아동·청소년의 성보호에 관한 법률 상의 아동·청소년 대상 성폭력범죄인 경우 특별법인 아동·청소년의 성보호에 관한 법률을 우선 적용 고려하며, 성폭법상 성폭력범죄는 형법 성풍속죄(공연음란죄 등)가 추가됨을 주의해야 한다.

나. 청소년의 성보호에 관한 법률 제16조에 규정된 반의사불벌죄에서 피해 청소년이 처벌불원 여부 등의 의사표시를 하는 데에 법정대리인의 동의가 필요한지 여부(소극)

🏛 대법원 2009. 11. 19. 선고 2009도6058 전원합의체 판결[성폭력범죄의처벌및피해자보호등에관한법률위반(특수강간)[인정된 죄명: 성폭력범죄의처벌및피해자보호등에관한법률위반(13세미만미성년자강간등)]·청소년의성보호에관한법률위반(청소년강간등) 등]

판결의 요지

형사소송법상 소송능력이라 함은 소송당사자가 유효하게 소송행위를 할 수 있는 능력, 즉 피고인 또는 피의자가 자기의 소송상의 지위와 이해관계를 이해하고 이에 따라 방어행위를 할 수 있는 의사능력을 의미한다. 의사능력이 있으면 소송능력이 있다는 원칙은 피해자 등 제3자가 소송행위를 하는 경우에도 마찬가지라고 보아야 한다. 따라서 반의사불벌죄에 있어서 피해자의 피고인 또는 피의자에 대한 처벌을 희망하지 않는다는 의사표시 또는 처벌을 희망하는 의사표시의 철회는, 위와 같은 형사소송절차에 있어서의 소송능력에 관한 일반원칙에 따라, 의사능력이 있는 피해자가 단독으로 이를 할 수 있고, 거기에 법정대리인의 동의가 있어야 한다거나 법정대리인에 의해 대리되어야만 한다고 볼 것은 아니다. 나아가 청소년 성 보호에 관한 법률이 형사소송법과 다른 특별한 규정을 두고 있지 않는 한, 위와 같은 반의사불벌죄에 관한 해석론은 청소년 성 보호에 관한 법률의 경우에도 그대로 적용되어야 한다. 그러므로 청소년 성 보호에 관한 법률 제16조에 규정된 반의사불벌죄라고 하더라도, 피해자인 청소년에게 의사능력이 있는 이상, 단독으로 피고인 또는 피의자의 처벌을 희망하지 않는다는 의사표시 또는 처벌희망 의사표시의 철회를 할 수 있고, 거기에 법정대리인의 동의가 있어야 하는 것으로 볼 것은 아니다.

피해자가 제1심 법정에서 피고인들에 대한 처벌희망 의사표시를 철회할 당시 비록 14세 10개월의 어린 나이였다고는 하나, 피해자의 의사표시가 당해 사건 범행의 의미, 본인이 피해를 당한 정황, 자신이 하는 처벌희망 의사표시 철회의 의미 및 효과 등을 충분히 이해하고 분별할 수 있는 등 의사능력이 있는 상태에서 행해졌다면 법정대리인의 동의가 없었더라도 그 철회의 의사표시는 유효하다.

다. 아동·청소년의 온전한 성적 자기 결정권의 행사에 의한 것이라고 평가할 수 있는지 여부

1) 아동·청소년이 타인의 기망이나 왜곡된 신뢰 관계의 이용에 의하여 외관상 성적 결정 또는 동의로 보이는 언동을 한 경우, 이를 아동·청소년의 온전한 성적 자기 결정권의 행사에 의한 것이라고 평가할 수 있는지 여부(소극)

2) 행위자가 간음의 목적으로 피해자에게 오인, 착각, 부지를 일으키고 피해자의 그러한 심적 상태를 이용하여 간음의 목적을 달성한 경우, 위계에 의한 간음죄가 성립하는지 여부(적극)

3) 피해자가 오인, 착각, 부지에 빠지게 되는 대상이 간음행위 자체 외에 간음행위에 이르게 된 동기이거나 간음행위와 결부된 금전적·비금전적 대가와 같은 요소일 수도 있는지 여부(적극)

4) 위계와 간음행위 사이 인과관계의 내용 및 이러한 인과관계를 판단할 때 고려해야 할 사정

5) 간음행위와 인과관계가 있는 위계에 해당하는지 판단할 때 일반적·평균적 판단능력을 갖춘 성인 또는 충분한 보호와 교육을 받은 또래의 시각에서 인과관계를 쉽사리 부정하여서는 안 되는지 여부(적극)

6) 피고인이 스마트폰 채팅을 통하여 알게 된 14세의 피해자에게 자신을 '고등학교 2학년인 갑'이라고 거짓으로 소개하고, 자신을 스토킹하는 여성 때문에 힘들다며 그 여성을 떼어내려면 자신의 선배와 성관계를 하여야 한다는 취지로 피해자에게 이야기하고, 피고인과 헤어지는 것이 두려워 피고인의 제안을 승낙한 피해자를 마치 자신이 갑의 선배인 것처럼 행세하여 간음한 경우

🏛 대법원 2020. 8. 27. 선고 2015도9436 전원합의체 판결[아동·청소년의성보호에관한법률위반(위계등간음)]

판결의 요지

아동·청소년을 보호하고자 하는 이유는, 아동·청소년은 사회적·문화적 제약 등으로 아직 온전한 자기 결정권을 행사하기 어려울 뿐만 아니라, 인지적·심리적·관계적 자원의 부족으로 타인의 성적 침해 또는 착취행위로부터 자신을 방어하기 어려운 처지에 있기 때문이다. 또한 아동·청소년은 성적 가치관을 형성하고 성 건강을 완성해가는 과정에 있으므로 아동·청소년에 대한 성적 침해 또는 착취행위는 아동·청소년이 성과 관련한 정신적·신체적 건강을 추구하고 자율적 인격을 형성·발전시키는 데에 심각하고 지속적인 부정적 영향을 미칠 수 있다. 따라서 아동·청소년이 외관상 성적 결정 또는 동의로 보이는 언동을 하였더라도, 그것이 타인의 기망이나 왜곡된 신뢰 관계의 이용에 의한 것이라면, 이를 아동·청소년의 온전한 성적 자기 결정권의 행사에 의한 것이라고 평가하기 어렵다.

위계에 의한 간음죄에서 '위계'란 행위자의 행위 목적을 달성하기 위하여 피해자에게 오인, 착각, 부지를 일으키게 하여 이를 이용하는 것을 말한다. 이러한 위계의 개념 및 성폭력 범행에 특히 취약한 사람을 보호하고 행위자를 강력하게 처벌하려는 입법 태도, 피해자의 인지적·심리적·관계적 특성으로 온전한 성적 자기 결정권 행사를 기대하기 어려운 사정 등을 종합하면, 행위자가 간음의 목적으로 피해자에게 오인, 착각, 부지를 일으키고 피해자의 그러한 심적 상태를 이용하여 간음의 목적을 달성하였다면 위계와 간음행위 사이의 인과관계를 인정할 수 있고, 따라서 위계에 의한 간음죄가 성립한다. 왜곡된 성적 결정에 기초하여 성행위를 하였다면 왜곡이 발생한 지점이 성행위 그 자체인지 성행위에 이르게 된 동기인지는 성적 자기 결정권에 대한 침해가 발생한 것은 마찬가지라는 점에서 핵심적인 부분이라고 하기 어렵다. 피해자가 오인, 착각, 부지에 빠지게 되는 대상은 간음행위 자체일 수도 있고, 간음행위에 이르게 된 동기이거나 간음행위와 결부된 금전적·비금전적 대가와 같은 요소일 수도 있다.

다만 행위자의 위계적 언동이 존재하였다는 사정만으로 위계에 의한 간음죄가 성립하는 것은 아니므로 위계적 언동의 내용 중에 피해자가 성행위를 결심하게 된 중요한 동기를 이룰 만한 사정이 포함되어 있어 피해자의 자발적인 성적 자기결정권의 행사가 없었다고 평가할 수 있어야 한다. 이와 같은 인과관계를 판단할 때에는 피해자의 연령 및 행위자와의 관계, 범행에 이르게 된 경위, 범행 당시와 전후의 상황 등 여러 사정을 종합적으로 고려하여야 한다.

한편 위계에 의한 간음죄가 보호 대상으로 삼는 아동·청소년, 미성년자, 심신미약자, 피보호자·피감독자, 장애인 등의 성적 자기 결정 능력은 그 나이, 성장 과정, 환경, 지능 내지 정신기능 장애의 정도 등에 따라 개인별로 차이가 있으므로 간음행위와 인과관계가 있는 위계에 해당하는지 여부를 판단할 때에는 구체적인 범행 상황에 놓인 피해자의 입장과 관점이 충분히 고려되어야 하고, 일반적·평균적 판단능력을 갖춘 성인 또는 충분한 보호와 교육을 받은 또래의 시각에서 인과관계를 쉽사리 부정하여서는 안 된다.

피고인이 스마트폰 채팅 애플리케이션을 통하여 알게 된 14세의 피해자에게 자신을 '고등학교 2학년인 갑'이라고 거짓으로 소개하고 채팅을 통해 교제하던 중 자신을 스토킹하는 여성 때문에 힘들다며 그 여성을 떼어내려면 자신의 선배와 성관계를 하여야 한다는 취지로 피해자에게 이야기하고, 피고인과 헤어지는 것이 두려워 피고인의 제안을 승낙한 피해자를 마치 자신이 갑의 선배인 것처럼 행세하여 간음한 사안에서, 14세에 불과한 아동·청소년인 피해자는 36세 피고인에게 속아 자신이 갑의 선배와 성관계를 하는 것만이 갑을 스토킹하는 여성을 떼어내고 갑과 연인관계를 지속할 수 있는 방법이라고 오인하여 갑의 선배로 가장한 피고인과 성관계를 하였고, 피해자가 위와 같은 오인에 빠지지 않았다면 피고인과의 성행위에 응하지 않았을 것인데, 피해자가 오인한 상황은 피해자가 피고인과의 성행위를 결심하게 된 중요한 동기가 된 것으로 보이고, 이를 자발적이고 진지한 성적 자기결정권의 행사에 따른 것이라고 보기 어렵다는 이유로, 피고인은 간음의 목적으로 피해자에게 오인, 착각, 부지를 일으키고 피해자의 그러한 심적 상태를 이용하여 피해자를 간음한 것이므로 이러한 피고인의 간음행위는 위계에 의한 것이라고 평가할 수 있음에도 이와 달리 본 원심판결에 위계에 의한 간음죄에 관한 법리오해의 위법이 있다.

라. 구 아동·청소년의 성보호에 관한 법률 제2조 제5호의 '아동·청소년으로 인식될 수 있는 사람이 등장하는 아동·청소년이용음란물'인지 판단하는 기준

🏛 대법원 2014. 9. 24. 선고 2013도4503 판결[아동·청소년의성보호에관한법률위반(음란물제작·배포등)]

　국가형벌권의 자의적인 행사로부터 개인의 자유와 권리를 보호하기 위하여 형벌법규는 엄격히 해석되어야 하고 명문의 형벌법규의 의미를 피고인에게 불리한 방향으로 지나치게 확장해석하거나 유추해석하는 것은 죄형법정주의 원칙에 어긋나는 것으로 허용되지 않는 점, 구 아동·청소년의 성보호에 관한 법률(2012. 12. 18. 법률 제11572호로 전부 개정되기 전의 것, 이하 '구 아청법'이라고 한다) 제2조 제5호의 아동·청소년이용음란물 정의 규정 중 '아동·청소년으로 인식될 수 있는 사람이나 표현물'이라는 문언이 다소 모호한 측면이 있고, 일선 수사기관의 자의적 판정으로 뜻하지 않게 처벌의 범위가 지나치게 넓어질 우려가 있게 되자, 그 의미를 분명히 하기 위해서 2012. 12. 18. 법률 제11572호로 구 아청법을 개정하면서 '명백하게'라는 문구를 추가하여 '아동·청소년으로 명백하게 인식될 수 있는 사람이나 표현물'이라고 규정한 점 등 구 아청법의 입법 목적과 개정 연혁, 그리고 법 규범의 체계적 구조 등에 비추어 보면, 구 아청법 제2조 제5호의 '아동·청소년으로 인식될 수 있는 사람이 등장하는 아동·청소년이용음란물'이라고 하기 위해서는 주된 내용이 아동·청소년의 성교행위 등을 표현하는 것이어야 할 뿐만 아니라, 등장인물의 외모나 신체발육 상태, 영상물의 출처나 제작 경위, 등장인물의 신원 등에 대하여 주어진 여러 정보 등을 종합적으로 고려하여 사회 평균인의 시각에서 객관적으로 관찰할 때 외관상 의심의 여지 없이 명백하게 아동·청소년으로 인식되는 경우라야 하고, 등장인물이 다소 어려 보인다는 사정만으로 쉽사리 '아동·청소년으로 인식될 수 있는 사람이 등장하는 아동·청소년이용 음란물'이라고 단정해서는 아니 된다.

　【평석】 이 사건 동영상에 나오는 인물은 어려 보이고 교복 유사의 복장을 하고 있지만, 외모나 신체발육 상태로 보아 성인으로 볼 수 있는 점, 아동·청소년과의 성적 행위를 묘사하는 것을 주된 내용으로 하는 것인지 불분명하다는 점 등을 고려하여 개정 아동·청소년의 성보호에 관한 법률상의 아동 청소년이용 음란물에 해당하지 않는다고 판시하였다.[101]

---

101) 고제성, 구 아동·청소년의 성보호에 관한 법률 제2조 제5호의 '아동·청소년으로 인식될 수 있는 사람이 등장하는 아동·청소년이용음란물'인지 판단하는 기준, 대법원판례해설, 제102호(2014년 하), 법원도서관, 492면. 표현물이 등장하는 아동·청소년이용음란물의 판단 기준에 대하여, '구 아

32. 아동학대범죄의 처벌 등에 관한 특례법 위반

아동복지법상 아동의 보호자가 아동을 방임함으로써 아동복지법 제71조 제1항 제2호를 위반하였는지 판단할 때 고려하여야 할 사항 및 특히 보호자가 친권자 또는 이에 준하는 주 양육자인 경우 중요하게 고려해야 할 사항

> 🏛 대법원 2020. 9. 3. 선고 2020도7625 판결[아동학대범죄의처벌등에관한특례법위반(아동학대치사) · 아동복지법위반(아동 유기 · 방임)]

판결의 요지

아동복지법은 아동이 건강하게 출생하여 행복하고 안전하게 자랄 수 있도록 아동의 복지를 보장하는 것을 목적으로 한다(제1조). 아동은 완전하고 조화로운 인격 발달을 위하여 안정된 가정환경에서 행복하게 자라나야 한다(제2조 제2항). 아동복지법상 아동의 보호자란 친권자, 후견인, 아동을 보호 · 양육 · 교육하거나 그러한 의무가 있는 자 또는 업무 · 고용 등의 관계로 사실상 아동을 보호 · 감독하는 자를 말하는데(제3조 제3호), 아동의 보호자는 아동을 가정에서 그의 성장 시기에 맞추어 건강하고 안전하게 양육하여야 하고, 아동에게 신체적 고통이나 폭언 등의 정신적 고통을 가하여서는 아니 되는 책무를 부담한다(제5조 제1항, 제2항).

이와 함께 아동복지법은 아동학대의 의미를 정의하면서 아동의 보호자와 그 외의 성인을 구분하여, 아동의 보호자가 아닌 성인에 관해서는 신체적 · 정신적 · 성적 폭력이나 가혹 행위를 아동 학대행위로 규정하는 것에 비하여 아동의 보호자에 관해서는 위 행위들에 더하여 아동을 유기하거나 방임하는 행위까지 포함시키고 있다(제3조 제7호). 자신의 보호 · 감독을 받는 아동에 대하여 의식주를 포함한 기본적 보호 · 양육 · 치료 및 교육을 소홀히 하는 방임행위를 하여서는 아니 되고(제17조 제6호), 이를 위반하면 5년 이하의 징역 또는 5천만 원 이하의 벌금에 처해진다(제71

동 · 청소년의 성보호에 관한 법률(2012. 12. 18. 법률 제11572호로 전부 개정되기 전의 것)의 입법 목적과 개정 연혁, 표현물의 특징 등에 비추어 보면, 위 법률 제2조 제5호에서 말하는 '아동 · 청소년으로 인식될 수 있는 표현물'이란 사회 평균인의 시각에서 객관적으로 보아 명백하게 청소년으로 인식될 수 있는 표현물을 의미하고, 개별적인 사안에서 표현물이 나타내고 있는 인물의 외모와 신체발육에 대한 묘사, 음성 또는 말투, 복장, 상황 설정, 영상물의 배경이나 줄거리 등 여러 사정을 종합적으로 고려하여 신중하게 판단하여야 한다.'고 판시하였다.(대법원 2019. 5. 30. 선고 2015도 863 판결 [정보통신망이용촉진및정보보호등에관한법률위반(음란물유포)방조 · 청소년보호법위반 · 아동 · 청소년의성보호에관한법률위반(음란물제작 · 배포등)방조 등])

조 제1항 제2호).

따라서 보호자가 아동을 방임함으로써 아동복지법 제71조 제1항 제2호를 위반하였는지 여부를 판단할 때에는 아동복지법의 입법목적과 더불어 아동의 보호자가 그 입법목적을 달성하기 위하여 일정한 책무를 부담한다는 점을 전제로 하여 보호자와 피해 아동의 관계, 피해 아동의 나이, 방임행위의 경위와 태양 등의 사정을 종합적으로 고려하여야 할 필요가 있다. 특히 보호자가 친권자 또는 이에 준하는 주 양육자인 경우에는 피해 아동을 보호하고 양육할 1차적 책임을 부담한다는 점을 중요하게 고려해야 한다.

아동 갑(당시 1세)의 친아버지인 피고인이 갑을 양육하면서 집안 내부에 먹다 남은 음식물 쓰레기, 소주병, 담배꽁초가 방치된 상태로 청소를 하지 않아 악취가 나는 비위생적인 환경에서 갑에게 제대로 세탁하지 않아 음식물이 묻어있는 옷을 입히고, 목욕을 주기적으로 시키지 않아 몸에서 악취를 풍기게 하는 등으로 갑을 방임하였다고 하여 아동복지법 위반으로 기소된 사안에서, 생존에 필요한 최소한의 보호를 하였다는 사정이나 갑이 피고인에게 애정을 표현했다는 사정만으로는 피고인이 갑의 친권자로서 갑의 건강과 안전, 행복을 위하여 필요한 책무를 다했다고 보기 어렵다는 이유로, 피고인이 비위생적인 환경에서 갑을 양육하였고 갑의 의복과 몸을 청결하게 유지해 주지 않았으며 갑을 집에 두고 외출하기도 하는 등 의식주를 포함한 기본적인 보호 · 양육 · 치료 및 교육을 소홀히 하는 방임행위를 하였다고 본 원심의 판단이 정당하다.

☞ 아동학대범죄의 처벌 등에 관한 특례법, 아동복지법 위반과 관련하여 공소시효를 정지, 연장, 배제하는 특례조항을 신설하면서 소급적용에 관한 명시적인 경과규정을 두지 않은 경우, 그 조항을 소급하여 적용할 수 있는지에 관한 판례는 형사소송법 제249조 참조.

33. 의료법 위반

가. 의료과오(폐색전증 발생 예견 가능성)

🏛 대법원 2006. 10. 26. 선고 2004도486 판결[업무상과실치사]

　이 사건 공소사실은 피해자가 고령의 초산모로서 수술 5년 전 혈전치료를 받은 병력이 있고 수술 후 수시로 호흡곤란을 호소하였으므로 피고인으로서는 폐색전증의 위험을 예견할 수 있었다는 것이고, 원심은 위 공소사실을 인정하면서 이에 더하여 혈전으로 인한 폐색전증은 분만 전후 언제든지 발생할 수 있는 치명적인 합병증으로서 피고인이 이러한 의학적 지식을 잘 알고 있었다는 점과 수술 후 실시한 동맥혈가스분석 및 흉부 방사선 촬영검사 결과와 피해자에게 나타난 저혈압, 빈맥, 발열 등의 증세가 모두 폐색전증을 의심할 정도였고 나아가 위 병원에 폐색전증 확진에 필요한 폐혈관조영술을 실시할 장비가 갖추어져 있었다는 사실을 인정한 다음 피고인으로서는 피해자의 폐색전증 발생을 예견할 수 있었다고 보았다.

　그런데 기록에 첨부된 국내의 일반적인 내과학·산과학 교과서 등에 의하면, 폐색전증은 정맥계, 특히 하지의 심부정맥에서 발생한 혈전이나 이물질에 의하여 폐동맥이 막히는 증상으로서 비특이적인 증상 및 징후, 다양한 임상상을 보일 수 있고 폐색전증과 유사한 증상과 징후를 보이는 질환이 흔하며 임신·출산이 폐색전증 발병의 위험인자 중의 하나이고 호흡곤란이나 현기증 등은 폐색전증의 증상과 징후의 하나인 것도 사실이나 이러한 호흡곤란이나 현기증 등은 수술 후 나타날 수 있는 흔한 증상 중의 하나이기도 하여 제왕절개술로 분만한 산모에게서 수술 후 발생할 수 있는 호흡곤란이나 현기증 등만으로 폐색전증을 예상하여 이를 진단하는 것은 지극히 어려울 뿐만 아니라, 심전도·흉부방사선사진·동맥혈가스분석검사 등으로는 폐색전증을 확진하기 어렵고 폐혈관조영술을 실시하면 폐색전증을 확진할 수 있지만 이는 침습적인 검사이고 그 자체로 색전을 유발할 가능성이 있으며, 한편 폐색전증의 가능성은 고령·제왕절개술의 출산 후 증가하지만 전체 임산부 중 폐색전증의 발생 가능성 자체는 극히 낮다는 것이다. 이러한 점과 아울러 고령자의 출산과 제왕절개술이 보편화된 실정에 비추어 볼 때 제왕절개술로 출산한 30대 중반의 산모에게 발열·호흡곤란과 같이 비특이적인 증상·징후가 나타났다는 사정만을 가지고 담당 의사가 폐색전증을 예견하지 못한 것에 어떠한 잘못이 있었다고 볼 수 없고, 따라서 이와 같이 폐색전증을 의심하기 어려운 상황에서 폐색전증을 확진하기 위하여 폐혈관 조영술을 일반적으로 실시하여야 할 의무가 있다고 단정할 수도 없다고 할 것이다.

한편, 이 사건 기록에 의하면, 피해자는 수술 다음날 호흡곤란, 복부팽만, 오심 등을 호소한 것 외에도 빈호흡, 간헐적인 저혈압, 빈맥 증세를 보이고 동맥혈가스 분석검사 결과 혈액의 알칼리화, 혈중 이산화탄소의 감소가 나타났지만 이들은 폐색전증에 특이적인 소견이라고 할 수 없고 피해자에게 이미 발생하여 있던 빈혈, 폐부종, 장폐색에서도 나타나는 증상일뿐더러, 당시 피고인이 피해자를 장폐색으로 진단하고 이에 대한 조치를 취한 결과 피해자의 상태가 호전되었던 사실을 알 수 있고, 피고인이 피해자 등으로부터 수술 이전에 혈전증의 병력을 고지받았다거나, 흉부 방사선 촬영검사에서 폐색전증이 의심된다는 내용의 판독 결과가 피해자의 사망 이전에 진단방사선과로부터 피고인에게 도착하였다고 인정할 자료는 보이지 아니한다.

그렇다면 원심이 이 사건에서 피고인이 피해자의 폐색전증을 예견할 수 있었다는 근거로서 들고 있는 사정들은 증거에 의하여 인정되지 않거나, 그 밖에 인정되는 사정들을 합하더라도 당시 피고인에게 피해자의 폐색전증에 관한 예견가능성을 긍정하기에는 부족하다고 할 것인바, 형사재판에서 기소된 공소사실에 대한 입증책임이 검사에게 있는 이상 이 사건에서 검사가 피고인의 예견가능성에 관하여 법관으로 하여금 합리적인 의심을 할 여지가 없을 정도로 입증하였다고 볼 수 없다고 할 것이다.

원심은 폐색전증의 회피가능성에 관하여, 피고인이 피해자의 걷기운동을 지시하고 철저히 감독하며 예방적으로 항응고제인 헤파린을 투여함으로써 폐색전증의 발생을 회피할 수 있었음에도 단순히 피해자 및 가족들에게 걷기운동을 열심히 하라고 말하기만 하였고, 한편 헤파린은 폐색전증을 예방하기 위하여 투여하는 항응고제로서 출혈 위험이 있는 환자에게는 사용할 수 없지만, 일반적으로 수술 후 24시간이 지나면 사용할 수 있고 피해자는 수술 3일 후에는 출혈이 진정되어 가고 있어 헤파린을 사용할 수 있었음에도 피고인이 이러한 조치를 취하지 아니하였다고 보아 이를 인정하였다.

그러나 원심이 배척하지 아니한 증거들인 제1심법원 및 원심의 대한의사협회장에 대한 각 사실조회 결과 등에 의하면 폐색전증이 발병하면 미처 진단과 치료를 하기 이전에 사망에 이르는 경우가 대부분이므로 폐색전증이 강하게 의심되는 환자라면 곧바로 항응고제인 헤파린을 투여하는 등 치료를 시작하여야 하지만, 출혈이 있는 환자에게 헤파린을 주사할 경우 출혈이 증가할 위험성이 있고 따라서 제왕절개수술 후 2~3일 동안 출혈이 계속되는 상태라면 헤파린의 투여에 신중을 기하여야 하며 나아가 일반적으로 헤파린을 예방적으로 투여하지는 아니한다는 것이다.

이미 앞서 본 바와 같이 피고인이 피해자의 폐색전증을 예견할 수 있었다고 보기 어려운 이 사건에서 피고인에게 통상적인 예방적 조치로서 헤파린을 투여하여야 할 의무를 부과할 수 없을뿐더러, 기록에 의하면, 피해자는 수술 당일 350㎖의 출혈을 보이고 다음날부터 4일 동안 하루에 600㎖, 225㎖, 225㎖, 90㎖의 출혈을 보였으므로(원심은 "피해자는 수술 당일 600㎖의 출혈을 보였으나 그 다음날부터 3일 동안 225㎖, 225㎖, 90㎖의 출혈을 보였다."고 인정하였으나, 이는 수술 당일의 출혈량을 혼동한 것으로 보인다), 수술 후 3일 동안은 헤파린 투여시 출혈이 증가할 위험을 배제할 수 없었고 그 이후에는 헤파린 투여로 폐색전증 발생을 방지할 수 있었는지 여부가 확실하지 않은 사실, 걷기 운동은 혈전예방을 위한 보조적인 방법으로서 피고인은 피해자 및 가족들에게 걷기 운동의 중요성을 설명하고 운동을 지시하였으나 피해자 측에서 휠체어를 사용하는 등 제대로 이행하지 않은 사실을 알 수 있어서, 원심이 들고 있는 사정들은 증거에 의하여 인정되지 않거나, 또는 인정되는 사정들을 합하더라도 회피가능성을 인정하기에 부족하다고 할 것이다.

따라서 피고인이 수술 후 피해자에게 헤파린을 투여하지 않았다거나 걷기 운동의 이행 여부를 확인하지 않았다는 점을 들어 피고인에게 과실이 있다고 할 수는 없고 그 밖에 피고인이 폐색전증을 예방하기 위한 조치를 게을리 하였다고 볼 만한 사정도 엿보이지 아니함에도 불구하고, 원심이 피고인을 유죄로 인정한 것은 폐색전증의 예측가능성·회피가능성, 예방조치 등 의료과오에 있어서 의사의 과실에 관한 법리오해 또는 논리칙·경험칙 위배의 채증법칙 위반으로 사실을 오인함으로써 판결 결과에 영향을 미친 위법이 있다고 할 것이다.

【평석】 의료과오사건에 있어서 의사의 과실을 인정하려면 결과 발생을 예견할 수 있고 또 회피할 수 있었음에도 불구하고, 하지 못한 점을 인정할 수 있어야 할 것이고(대법원 1984. 6. 12. 선고 82도3199 판결 등 참조), 위 과실의 유무를 판단함에는 같은 업무와 직무에 종사하는 일반적 보통인의 주의 정도를 표준으로 하여야 하며, 이에는 사고 당시의 일반적인 의학의 수준과 의료 환경 및 조건, 의료행위의 특수성 등이 고려되어야 한다는 것이 대법원의 취지이다(대법원 1996. 11. 8. 선고 95도2710 판결 등 참조).

나. 의사의 설명의무 위반

🏛 대법원 2011. 4. 14. 선고 2010도10104 판결[업무상과실치상 · 의료법위반]

판결의 요지

의사가 설명의무를 위반한 채 의료행위를 하였고 피해자에게 상해가 발생하였다고 하더라도, 의사가 업무상 과실로 인한 형사 책임을 지기 위해서는 피해자의 상해와 의사의 설명의무위반 내지 승낙취득 과정에서의 잘못 사이에 상당인과관계가 존재하여야 하고, 이는 한의사의 경우에도 마찬가지이다.

원심판결 이유에 의하면, 피해자는 이전에도 여러 차례 봉침 시술을 받아왔고 봉침 시술로 인하여 아나필락시 쇼크 및 면역치료가 필요한 상태에 이르는 발생빈도가 낮은 점 등에 비추어 피고인 000이 봉침 시술에 앞서 피해자에게 설명의무를 다하였다 하더라도 피해자가 반드시 봉침 시술을 거부하였을 것이라고 볼 수 없으므로, 피고인 000의 설명의무위반과 피해자의 상해 사이에 상당인과관계를 인정하기는 어렵다.

같은 취지의 원심의 판단은 정당하고, 거기에 상고이유 주장과 같이 한의사의 설명의무위반에 관한 판단누락, 법리오해 등의 위법은 없다.

【평석】 한의사인 피고인이 목디스크 때문에 찾아온 환자에게 예전에 봉침(蜂針) 시술을 받은 일이 있다는 점만 확인하고 부작용을 설명하지 아니한 채 봉침시술을 하였는데, 약 10분 후 환자가 구토, 발진, 협심증 등을 일으킨 사안. 의사 뿐만 아니라 한의사의 환자에 대한 설명의무의 불이행이 주의의무 위반에 해당할 수 있음을 판시하고 있다. 다만 위 사건에서는 설명의무 불이행과 상해의 결과 발생 사이에 인과관계가 있느냐에 대하여 상당한 인과관계가 없다는 취지로 판시하고 있다. '피고인 000이 봉침 시술에 앞서 피해자에게 설명의무를 다하였다 하더라도 피해자가 반드시 봉침 시술을 거부하였을 것이라고 볼 수 없다'라는 표현에 대하여 이른바 적법한 대체행위의 이론을 적용한 것이라고 볼 수 있다는 견해가 있다. 설명의무위반과 상당인과관계이론, 적법한 대체행위의 이론에 관한 대법원 판례이다.[102]

---

102) 적법한 대체행위의 이론이란 주의의무를 다하였더라도 동일한 결과가 발생하였을 것이라고 판단되는 경우에 형법적 인과관계를 부정하는 이론인데, 본 판례에서 대법원은 "봉침시술에 앞서 피해자

다. 면허된 것 이외의 의료행위(치과의사의 안면 보톡스 시술에 관한 사건)

의료법이 의사, 치과의사 및 한의사가 각자 면허를 받아 면허된 것 이외의 의료행위를 할 수 없도록 규정한 취지와 '면허된 것 이외의 의료행위'에 해당하는지 판단하는 기준 등

> 🏛 대법원 2016. 7. 21. 선고 2013도850 전원합의체 판결[의료법위반]

판결의 요지

의료법 제2조 제1항, 제2항 제1호, 제2호, 제3호, 제5조, 제27조 제1항 본문, 제87조 제1항이 의사, 치과의사 및 한의사가 각자 면허를 받아 면허된 것 이외의 의료행위를 할 수 없도록 규정한 취지는, 각 의료인의 고유한 담당 영역을 정하여 전문화를 꾀하고 독자적인 발전을 촉진함으로써 국민이 보다 나은 의료 혜택을 누리게 하는 한편, 의사, 치과의사 및 한의사가 각자의 영역에서 체계적인 교육을 받고 국가로부터 관련 의료에 관한 전문지식과 기술을 검증받은 범위를 벗어난 의료행위를 할 경우 사람의 생명·신체나 일반 공중위생에 발생할 수 있는 위험을 방지함으로써 궁극적으로 국민의 건강을 보호하고 증진하기 위한 데 있다.

이러한 취지에서 의료법은 의료기관의 개설(제33조), 진료과목의 설치·운영(제43조), 전문의 자격 인정 및 전문 과목의 표시(제77조) 등에 관한 여러 규정에서 의사·치과의사·한의사의 세 가지 직역이 각각 구분되는 것을 전제로 규율하면서 각 직역의 의료인이 '면허된 것 이외의 의료행위'를 할 경우 형사처벌까지 받도록 규정하고 있으나, 막상 각 의료인에게 '면허된 의료행위'의 내용이 무엇인지, 어떠한 기준에 의하여 구분하는지 등에 관하여는 구체적인 규정을 두고 있지 아니하다. 즉 의료법은 의료인을 의사·치과의사·한의사 등 종별로 엄격히 구분하고 각각의 면허가 일정한 한계를 가짐을 전제로 면허된 것 이외의 의료행위를 금지·처벌하는 것을 기본적 체계로 하고 있으나, 각각의 업무 영역이 어떤 것이고 면허의 범위 안에 포섭되는 의료행위가 구체적으로 어디까지인지에 관하여는 아무런 규정을 두고 있지 아니하다. 이는 의료행위의 종류가 극히 다양하고 그 개념도 의학의 발달과 사

에게 설명의무를 다하였다 하더라도"라는 표현을 사용하고 있는데, 이 부분은 소위 적법한 대체행위의 이론을 동원하는 것이라고 할 수 있는 견해가 있다. 신동운, 2011년 분야별 중요판례 분석, 법률신문, 2012. 5. 17.자 참조

회의 발전, 의료서비스 수요자의 인식과 요구에 수반하여 얼마든지 변화될 수 있는 것임을 감안하여, 법률로 일의적으로 규정하는 경직된 형태보다는 시대적 상황에 맞는 합리적인 법 해석에 맡기는 유연한 형태가 더 적절하다는 입법 의지에 기인한다.

의사나 치과의사의 의료행위가 '면허된 것 이외의 의료행위'에 해당하는지는 구체적 사안에 따라 의사와 치과의사의 면허를 구분한 의료법의 입법 목적, 해당 의료행위에 관련된 법령의 규정 및 취지, 해당 의료행위의 기초가 되는 학문적 원리, 해당 의료행위의 경위·목적·태양, 의과대학 등의 교육과정이나 국가시험 등을 통하여 해당 의료행위의 전문성을 확보할 수 있는지 등을 종합적으로 고려하여 사회통념에 비추어 합리적으로 판단하여야 한다.

전통적인 관념이나 문언적 의미에 따르면, '치과'는 '이(치아)와 그 지지 조직 및 입 안의 생리·병리·치료 기술 등을 연구하는 의학 분야', '치과의사'는 '입 안 및 치아의 질병이나 손상을 예방하고 치료하는 것을 직업으로 하는 사람'으로 정의함이 일반적이다. 그러나 치과의사의 의료행위와 의사의 의료행위가 이러한 전통적 관념이나 문언적 의미만으로 구분될 수 있는 것은 아닐뿐더러, 의료행위의 개념은 고정불변인 것이 아니라 의료기술의 발전과 시대 상황의 변화, 의료서비스에 대한 수요자의 인식과 필요에 따라 달라질 수 있는 가변적인 것이기도 하고, 의약품과 의료기술 등의 변화·발전 양상을 반영하여 전통적인 치과 진료 영역을 넘어서 치과의사에게 허용되는 의료행위의 영역이 생겨날 수도 있다. 따라서 앞서 든 '면허된 것 이외의 의료행위' 해당 여부에 관한 판단기준에 이러한 관점을 더하여 치과의사의 면허된 것 이외의 의료행위에 해당하여 의료법 위반으로 처벌 대상이 되는지 살펴볼 필요가 있다.

【평석】한의사가 환자의 코와 볼에 히알루론산을 성분으로 하는 필러스타(Filostar)를 이용하여 필러를 주입하는 시술을 한 경우, 한의사는 히알루론산은 태반 등 한약전통약제에도 함유되어 있어 무면허의료행위라고 볼 수 없다고 주장하였지만, 대법원은 의사와 한의사의 면허된 것에 대한 판단 기준으로, 의료체계의 입법목적, 관련 법령의 취지, 당해 의료 행위의 학문적 원리 등을 종합하여 위와 같이 판시하였다(대법원 2011도16649 판결 참조).[103]

---

103) 조민석, 의사와 한의사의 의료행위가 면허된 것 이외의 의료행위에 해당하는지 여부의 판단 기준, 대법원판례해설, 제100호(2014년 상), 법원도서관, 471면

한편, 피고인(의사)이 환자들의 허리 부위 근육과 신경쪽에 IIMS시술용 침을 근육에 삽입하는 방법으로 꽂은 후 전기 자극을 가하는 등의 방법으로 시술하여 의료행위를 한 사안에서, 원심은 이 사건 시술행위가 시술 부위 및 시술 방법, 시술 도구 등에 있어서 침술행위와는 차이가 있어 한방 의료행위로 단정할 수 없다는 등의 이유로 범죄의 증명이 없다고 보아 무죄를 선고하였지만, 대법원은, 근육 자극에 의한 신경 근성 통증 치료법(Intramuscular Stimulation, 이하 'IMS'라 한다) 시술이 침술행위인 한방 의료행위에 해당하는지 아니면 침술행위와 구별되는 별개의 시술에 해당하는지 여부를 가리기 위해서는 해당 시술행위의 구체적인 시술 방법, 시술 도구, 시술 부위 등을 면밀히 검토하여 개별 사안에 따라 이원적 의료체계의 입법목적 등에 부합하게끔 사회통념에 비추어 합리적으로 판단하여야 하며(대법원 2014. 10. 30. 선고 2014도3285 판결 참조), "침술행위에서 침을 놓는 부혈위(穴位)는 경혈에 한정되지 않고, 경외기혈, 아시혈 등으로 다양하며, 특히 아시혈은 통증이 있는 부위를 뜻하는 것으로, IMS 시술 부위인 통증 유발점과 큰 차이점을 찾기 어렵다. 그러므로 피고인이 이정규, 강연자에게 시술한 부위는 경혈 그 자체는 아니라 하여도 경외기혈 또는 아시혈 유사의 부위로 전통적인 한방 침술행위의 시술부위에 해당한다고 볼 여지가 많다.

또한, 침술의 자침방법에는 피부 표면에 얕게 꽂는 방법뿐만 아니라 근육 깊숙이 꽂는 방법도 있고, 피고인이 이 사건 시술 행위에 사용한 30~60mm 길이의 IMS 시술용 침은 한의원에서 침술의 시술을 위하여 널리 일반적으로 사용되고 있는 호침과 그 길이, 두께 재질 등에 있어서 큰 차이가 있다고 보이지 않는다. 나아가 피고인이 IMS 시술에 사용되는 유도관인 플런저(Plunger)를 이 사건 시술 행위에 사용하였는지 여부도 기록상 불분명할 뿐만 아니라, 전기 자극기에 의한 전기적 자극은 전자침술, 침전기 자극술 등 한방 의료행위에서도 널리 사용되고 있으므로, 그와 같은 시술 방법이 침술과 구별되는 본질적인 차이라고 보기도 어렵다."고 판시하여 심리미진으로 파기 환송하였다.[104]

---

104) 이 판례에 대하여는, 한의학과 현대의학 모두 대증적 요법의 측면에서 통증 부위에 다른 자극을 가하는 등, 경험적으로 쉽게 도달할 수 있는 치료법에 있어서 상호간에 유사한 점이 우연히 발생할 수 있는 것도 쉽게 수긍 가능한 결과이고, 이러한 상황하에서 '한방 침술과의 유사점이 있다면, 현대의학의 의료행위가 아니고, 그러므로 의료법 제27조 제1항을 위반했다'는 당해 판결의 논리는 문제가 있으며, 요컨대 IMS 시술이 의과대학의 교육이나, 일반적으로 통용되는 현대의학에 의해 충분히 그 안전성과 전문성을 입증할 수 있는 경우라면, 그것이 한의학의 침술과 유사하다고 하여 '관련 의료에 관한 전문지식과 기술을 벗어난 의료행위를 할 경우에 사람의 생명, 신체나 일반 공

라. 한의사의 무면허 의료행위

🏛 대법원 2011. 1. 13. 선고 2010도2534 판결[의료법 위반(인정된 죄명: 의료법위반교사)]

판결 이유

원심판결 이유에 의하면, 원심은, 이 사건 한방병원에서 한방 물리치료 행위를 한 김OO 등이 물리치료사 면허를 가진 의료기사이고, 김OO 등에게 한방 물리치료 행위를 지시한 피고인 노OO이 한의사의 자격을 가지고 있다고 하더라도, 김OO 등이 의사 또는 치과의사의 지도를 받지 아니하고 한방 물리치료 행위 등의 의료행위를 한 이상 김OO 등의 위 행위는 무면허 의료행위에 해당하고, 피고인 노OO이 한의사로서 직접 한방 물리치료 행위를 하는 것은 허용된다고 하더라도, 김OO 등에게 한방 물리 치료행위를 지시함으로써 무면허 의료행위를 하도록 한 이상, 피고인 노OO이 무면허 의료행위의 교사범으로서의 죄책을 진다고 판단하였다.

위 법리에 비추어 보면 원심의 위와 같은 판단은 정당하고, 거기에 의료법이나 의료기사법의 해석에 관한 법리를 오해하여 판결에 영향을 미친 위법이 없다.

【평석】 의료 행위는 의료인만이 할 수 있음을 원칙으로 하되, 의료기사 등에 관한 법률에 의하여 임상 병리사, 방사선사, 물리치료사, 작업치료사, 치과기공사, 치과위생사의 면허를 가진 자가 의사 또는 치과의사의 지도하에 진료 또는 의화학적 검사에 종사하는 행위는 예외적으로 허용된다 할 것이나(대법원 2009. 6. 11. 선고 2009도794 판결 등 참조), 의료기사 등에 관한 법률 소정의 면허를 가진 의료기사라 하더라도 의사나 치과의사의 지도를 받지 않고 의료행위를 하는 것은 허용될 수 없으므로, 이러한 행위는 의료법 제27조 제1항의 무면허의료행위에 해당한다고 보아야 하고(대법원 1976. 10. 12. 선고 76도2706 판결 등 참조), 설령 면허를 가진 의료기사가 한의사의 지도하에 진료나 의화학적 검사를 하였더라도, 그 한의사가 의사나 치과의사 면허를 가지고 있지 않은 이상 의료기사를 지도할 권한이 없으므로, 이러한 의료기사의 행위 역시 무면허 의료행위에 해당한다고 본다.

중위생에 발생할 수 있는 위험을 방지' 한다는 의료법의 목적이 해쳐지는 것은 아니라는 의견이 있다. 김재춘, 2021년 분야별 중요판례 분석, 법률신문 2022. 5. 12.자 참조

마. 수지침과 사회상규에 위배되지 아니하는 행위

🏛 대법원 2000. 4. 25. 선고 98도2389 판결[의료법위반]

판결 이유

원심판결 이유에 의하면, 원심은, 피고인이 공소외 용00의 맥을 짚어 보고 그 병명을 진단한 후 수지침을 시술하였다는 이 사건 공소사실을 인정하여 피고인의 이와 같은 행위가 의료법에서 금지하고 있는 무면허 의료행위에 해당한다고 판단하면서도, 피고인의 위와 같은 수지침 시술 행위는 손등과 손바닥에만 하는 것으로서 피부에 침투하는 정도가 아주 경미하여 부작용이 생길 위험이 극히 적은 사실(아직까지 부작용이 보고된 예는 보이지 아니한다), 수지침시술은 1971년경 공소외 유00에 의하여 연구, 발표된 이래 국민건강요법으로 이용되어 왔고, 수지침을 연구하는 사람들의 모임인 고려수지요법학회는 전국 160개 지부를 통하여 전국에 걸쳐 수지침을 통한 의료봉사활동을 하고 있으며, 수지침시술은 누구나 쉽게 배워 스스로를 진단하여 자신의 손에 시술할 수 있고, 또한 실제로 많은 사람들이 민간요법으로 이용하고 있는 사실, 피고인은 수지침의 전문가로서 위 학회의 춘천시지회를 운영하면서 일반인들에게 수지침요법을 보급하고, 수지침을 통한 무료의료봉사활동을 하여 온 사실, 위 용인순은 스스로 수지침(침의 총길이 1.9~2.3㎝, 침만의 길이 약 0.7~1㎜) 한 봉지를 사 가지고 피고인을 찾아와서 수지침 시술을 부탁하므로, 피고인은 아무런 대가를 받지 아니하고 이 사건 시술 행위를 한 사실 등을 인정한 다음, 수지침시술로 인한 부작용의 발생 가능성이 극히 적은 점, 수지침시술이 우리 사회에 민간요법으로서 광범위하게 행하여지고 있는 점, 피고인이 위와 같은 행위에 이르게 된 경위 등 제반 사정에 비추어 보면, 피고인의 위 행위는 사회통념상 허용될 만한 정도의 상당성이 있는 것으로서 형법 제20조 소정의 정당행위에 해당하여 범죄로 되지 아니한다고 판단하여 이 사건 공소사실을 유죄로 인정한 제1심 판결을 파기하고 피고인에 대하여 무죄를 선고하였다.(중략)

그리고 일반적으로 면허 또는 자격 없이 침술 행위를 하는 것은 의료법 제25조의 무면허 의료행위(한방의료행위)에 해당되어 같은 법 제66조에 의하여 처벌되어야 하고(대법원 1986. 10. 28. 선고 86도1842 판결, 1993. 1. 15. 선고 92도2548 판결 등 참조), 수지침 시술 행위도 위와 같은 침술행위의 일종으로서 의료법에서 금지하고 있는 의료행위에 해당하며(대법원 1996. 7. 30. 선고 94도1297 판결 참조), 이러한 수지침 시술 행위가 광범위하고 보편화된 민간요법이고, 그 시술로 인한 위험성이 적다는 사정만으로 그것이 바로 사회상규에 위배되지 아니하는 행위에 해당한다고 보기는 어렵다고 할 것이나, 수지침은 위와 같이 시술 부위나 시술 방법 등에 있어서 예로부터 동양의학으로 전래되어 내려오는 체침의 경우와 현저한 차이가 있고, 일반인들의 인식도 이에 대한 관용의 입장에 기울어져 있으므로, 이러한 사정과 함께 시술자의 시술의 동기, 목적, 방법, 횟수, 시술에 대한 지식수준, 시술경력, 피시술자의 나이, 체질, 건강상태, 시술행위로 인한 부작용 내지 위험 발생 가능성 등을 종합적으로 고려하여 구체적인 경우에 있어서 개별적으로 보아 법질서 전체의 정신이나 그 배후에 놓여 있는 사회윤리 내지 사회통념에 비추어 용인될 수 있는 행위에 해당한다고 인정되는 경우에는 형법 제20조 소정의 사회상규에 위배되지 아니하는 행위로서 위법성이 조각된다고 할 것이다.

원심판결 이유를 기록에 비추어 살펴보면, 원심이 위 인정한 사실관계 아래서 피고인의 수지침 시술 행위가 형법 제20조 소정의 사회상규에 위배되지 아니하는 정당행위에 해당한다고 판단한 것은 그 설시에 있어 다소 부적절한 점이 없는 것은 아니나 전체적으로는 위에서 본 법리에 따른 것으로서 정당한 것으로 수긍이 되고, 거기에 상고이유에서 주장하는 바와 같은 정당행위에 관한 법리를 오해한 위법이 있다고 할 수 없으며, 검사의 상고이유의 주장은 피해자에게 부작용이 발생하고 피해자의 의사에 반하여 시술이 이루어졌고 시술의 대가를 받은 것을 전제로 하고 있으나, 기록상 그와 같이 인정하기에 족한 증거가 없고, 또 이 사건의 경우에는 위에서 본 정당행위의 요건 중 긴급성이나 보충성 등의 요건도 수지침의 시술방법, 시술에 따른 부작용의 위험성 정도 등에 비추어 그 엄격한 적용이 요청되는 경우는 아니라 할 것이다.

【평석】 형법 제20조 소정의 "사회상규에 위배되지 아니하는 행위"는 법질서 전체의 정신이나 그 배후에 놓여 있는 사회윤리 내지 사회통념에 비추어 용인될 수 있는 행위를 말하고(대법원 1997. 11. 14. 선고 97도2118 판결 참조), 어떠한 행위가 사회상규에 위배되지 아니하는 정당한 행위로서 위법성이 조각되는 것인지는 구체적인 사정 아래서 합목적적, 합리적으로 고찰하여 개별적으로 판단되어야 할 것이다. 이와 같은 정당행위를 인정하려면 첫째 그 행위의 동기나 목적의 정당성, 둘째

행위의 수단이나 방법의 상당성, 셋째 보호이익과 침해이익과의 법익균형성, 넷째 긴급성, 다섯째 그 행위 외에 다른 수단이나 방법이 없다는 보충성 등의 요건을 갖추어야 한다는 것이 대법원 판례의 취지이다(대법원 1986. 10. 28. 선고 86도1764 판결, 1994. 4. 15. 선고 93도2899 판결, 1999. 1. 26. 선고 98도3029 판결 등 참조).

바. 위임입법의 한계(의료법 시행령)

법률의 시행령이 형사 처벌에 관한 사항을 규정하면서 법률의 명시적인 위임 범위를 벗어나 처벌 대상을 확장하는 경우 위임입법의 한계

의료법 시행령 제18조 제1항이 위임입법의 한계를 벗어나 무효인지 여부(적극)

🏛 대법원 2017. 2. 16. 선고 2015도16014 전원합의체 판결[의료법위반]

판결의 요지

[다수의견] 의료법(2016. 12. 20. 법률 제14438호로 개정되기 전의 것, 이하 같다) 제41조는 "각종 병원에는 응급환자와 입원환자의 진료 등에 필요한 당직의료인을 두어야 한다."라고 규정하는 한편, 제90조에서 제41조를 위반한 사람에 대한 처벌규정을 두었다. 이와 같이 의료법 제41조는 각종 병원에 응급환자와 입원환자의 진료 등에 필요한 당직 의료인을 두어야 한다고만 규정하고 있을 뿐, 각종 병원에 두어야 하는 당직 의료인의 수와 자격에 아무런 제한을 두고 있지 않고 이를 하위 법령에 위임하고 있지도 않다.

그런데도 의료법 시행령 제18조 제1항(이하 '시행령 조항'이라 한다)은 "법 제41조에 따라 각종 병원에 두어야 하는 당직의료인의 수는 입원환자 200명까지는 의사·치과의사 또는 한의사의 경우에는 1명, 간호사의 경우에는 2명을 두되, 입원환자 200명을 초과하는 200명마다 의사·치과의사 또는 한의사의 경우에는 1명, 간호사의 경우에는 2명을 추가한 인원수로 한다."라고 규정하고 있다. 의료법 제41조가 "환자의 진료 등에 필요한 당직 의료인을 두어야 한다."라고 규정하고 있을 뿐인데도 시행령 조항은 당직 의료인의 수와 자격 등 배치기준을 규정하고 이를 위반하면 의료법 제90조에 의한 처벌의 대상이 되도록 함으로써 형사 처벌의 대상을 신설 또는 확장하였다. 그러므로 시행령 조항은 위임입법의 한계를 벗어난 것으로서 무효

이다.

[별개의견] 법률의 시행령은 모법에 의한 위임이 없으면 개인의 권리·의무에 관한 내용을 변경·보충하거나 모법이 규정하지 아니한 새로운 내용을 정할 수 없음이 원칙이다. 특히 해당 규정이 형사 처벌에 관한 법률의 내용을 보충하는 것으로서 법률과 결합하여 형사 처벌의 근거가 되기 위해서는 죄형법정주의의 원칙상 법률로부터 구체적으로 범위를 정하여 위임받을 것이 요구된다.

그렇지만 법률의 시행령이 모법으로부터 직접 위임을 받지 아니한 규정을 두었다 하더라도 그 규정을 둔 취지와 구체적인 기능을 살펴 그 내용을 해석하고 그에 따라 그 규정의 모법 위배 내지 적용 가능성을 가려야 한다. 예를 들어 모법에서 어떠한 행위를 하도록 포괄적으로 규정하는 한편 그 법률 규정 위반에 대하여 처벌하도록 정하였는데 시행령에서 모법의 위임 없이 그 행위와 관련된 내용을 규정한 경우에, 모법의 처벌규정을 해석·적용할 때에는 해당 시행령 규정이 모법으로부터 직접 위임을 받지 아니한 것이어서 모법에 의한 처벌은 그 법률 규정 자체의 위반에 그치고 해당 시행령 규정을 모법의 행위규범과 결합한 처벌 근거로 삼아 이를 적용할 수 없다고 하더라도, 모법의 행위규범과 관련하여서는 그 해석 가능한 범위 내에서 그 내용을 보완하는 규정이 될 수 있고 또한 적어도 그 시행 또는 집행을 위하여 필요한 지침이나 준칙으로서 기능할 수도 있으므로 그 범위 내에서는 유효하여 이를 적용할 수 있다고 보아야 하며, 무조건적으로 법에 위배된다거나 무효라고 단정하여서는 아니 된다.

사. 전화로 원격지 환자에 대한 진료행위

의료인이 전화 등을 통해 원격지에 있는 환자에게 행하는 의료행위가 의료법 제33조 제1항에 위반되는 행위인지 여부(원칙적 적극) 및 이는 의료법 제33조 제1항 제2호에서 정한 '환자나 환자 보호자의 요청에 따라 진료하는 경우'에도 동일하게 적용되는지 여부(적극)

🏛 대법원 2020. 11. 5. 선고 2015도13830 판결[의료법위반]

의료법 제33조 제1항은 "의료인은 이 법에 따른 의료기관을 개설하지 아니하고는 의료업을 할 수 없으며, 다음 각 호의 어느 하나에 해당하는 경우 외에는 그 의료기관 내에서 의료업을 하여야 한다."라고 규정하고 있다.

의료법이 의료인에 대하여 의료기관 내에서 의료업을 영위하도록 한 것은 그렇지 않을 경우 의료의 질 저하와 적정 진료를 받을 환자의 권리 침해 등으로 인해 의료질서가 문란하게 되고 국민의 보건위생에 심각한 위험을 초래하게 되는 것을 사전에 방지하고자 하는 보건 의료정책상의 필요성에 의한 것이다.

아울러 의료법 제34조 제1항은 "의료인은 제33조 제1항에도 불구하고 컴퓨터·화상통신 등 정보통신기술을 활용하여 먼 곳에 있는 의료인에게 의료지식이나 기술을 지원하는 원격의료를 할 수 있다."라고 규정하여 의료인이 원격지에서 행하는 의료행위를 의료법 제33조 제1항의 예외로 보는 한편, 이를 의료인 대 의료인의 행위로 제한적으로만 허용하고 있다.

또한 현재의 의료기술 수준 등을 고려할 때 의료인이 전화 등을 통해 원격지에 있는 환자에게 의료행위를 행할 경우, 환자에 근접하여 환자의 상태를 관찰해가며 행하는 일반적인 의료행위와 동일한 수준의 의료서비스를 기대하기 어려울 뿐만 아니라 환자에 대한 정보 부족 및 의료기관에 설치된 시설 내지 장비의 활용 제약 등으로 말미암아 부적정한 의료행위가 이루어질 가능성이 높고, 그 결과 국민의 보건위생에 심각한 위험을 초래할 수 있다. 이러한 의료행위는 의료법 제33조 제1항의 목적에 반하고 이는 의료법이 원격의료를 제한적으로만 허용하는 까닭이기도 하다.

이와 같은 사정 등을 종합하면, 의료인이 전화 등을 통해 원격지에 있는 환자에게 행하는 의료행위는 특별한 사정이 없는 한 의료법 제33조 제1항에 위반되는 행위로 봄이 타당하다. 이는 의료법 제33조 제1항 제2호에서 정한 '환자나 환자 보호자의 요청에 따라 진료하는 경우'에도 동일하게 적용된다.

【평석】 대법원의 원격 의료 허용 여부에 대한 판결인데, 이에 대하여는 2002년 입법 당시 입법자는 구 의료법 제18조 해석상 원격의료가 금지된다고 보고 이를 단계적으로 허용하기 위하여 원격의료 규정을 도입한 것이지, 원격의료를 전면 금

지하기 위하여 규정을 신설한 것이 아니며, 위 대법원 판결은 특별한 사정이 있는 경우 의료인과 환자간 원격 의료는 의료법에 위반되지 않는다고 하면서도, 환자측 요청에 다라 원격진료가 이루어지는 경우에는 여기에 해당하지 않는다고 판시하였는데, 이러한 판단은 의료법 제33조 제1항의 문언에 반한다는 비판을 면하기 어렵다는 의견이 있다.[105)

아. 한의사의 의료과실 인정 요건

🏛 대법원 2014. 7. 24. 선고 2013도16101 판결[업무상과실치상]

가) 의료사고에서 의사에게 과실이 있다고 하기 위하여는 의사가 결과 발생을 예견할 수 있고 또 회피할 수 있었는데도 이를 예견하지 못하거나 회피하지 못하였음이 인정되어야 하며, 과실의 유무를 판단할 때에는 같은 업무와 직종에 종사하는 일반적 보통인의 주의정도를 표준으로 하고, 사고 당시의 일반적인 의학의 수준과 의료환경 및 조건, 의료행위의 특수성 등을 고려하여야 한다. 이러한 법리는 한의사의 경우에도 마찬가지라고 할 것이다(대법원 2011. 4. 14. 선고 2010도10104 판결 등 참조).

그리고 형사재판에서 공소가 제기된 범죄사실은 검사가 증명하여야 하고, 법관은 합리적인 의심을 할 여지가 없을 정도로 공소사실이 진실한 것이라는 확신을 가지게 하는 증명력을 가진 증거에 의하여 유죄를 인정하여야 하므로, 그와 같은 증거가 없다면 설령 피고인에게 유죄의 의심이 간다고 하더라도 피고인의 이익으로 판단할 수밖에 없다.

나) 원심판결 이유와 원심이 적법하게 채택한 증거에 의하면, 다음과 같은 사실과 사정을 알 수 있다.

(1) 대한한의사협회에 대한 사실조회결과 등에 의하면 당뇨 병력이 있는 환자나 당뇨병성 족병변에 대하여 침을 놓거나 사혈을 하는 것이 금지되어 있지는 않고, 다만 시술 전에 소독을 철저히 하고 자침 시에 너무 강하게 찌르거나 너무 깊게 찔러서 상처를 필요 이상으로 크게 하거나 기타 조직을 손상하는 일이 없도록 주의를 기울여야 한다고 되어 있다. 따라서 피고인과 같은 업무와 직종에 종사하는 일

---

105) 현두륜, '원격의료' 규정은 원격의료를 금지하는가, 법률신문, 2022. 2. 28.자

반적인 한의사의 주의정도를 표준으로 하였을 때 당뇨 병력이 있는 피해자에게 침을 놓거나 사혈을 한 행위 자체만으로 어떠한 과실이 있다고 단정할 수는 없다.

(2) 피해자는 1999년경부터 당뇨병으로 ○○○○병원에서 치료를 꾸준히 받고 있던 상태에서 당뇨병 치료가 아니라 다리 통증의 치료를 위하여 피고인 운영의 한의원에 내원하였고, 그때 자신이 ○○○○병원에서 당뇨병 치료를 받고 있다고 말하였을 뿐만 아니라, 피고인 운영의 한의원에 다니던 중에도 ○○○○병원에 가 당뇨병에 대한 치료를 받고 그 사실 역시 피고인에게 말하였기 때문에, 피고인으로서는 당뇨병에 대하여는 피해자가 알아서 ○○○○병원 등에서 적절한 치료를 받을 것이라고 생각하였을 것으로 보인다.

3) 괴사되어 절단된 피해자의 족부에서 배양된 균들은 통상 족부에서 발견되는 것이어서, 이러한 균이 피고인이 침 등을 시술하는 과정에서 감염된 균이라고 단정하기는 어렵다.

4) 피해자가 피고인의 치료를 받은 후 △△△△△병원에 내원하였을 당시에 촬영한 피해자의 발 사진을 보면 왼쪽 발가락 부분에만 괴사가 되어 있는데 그 부위는 피해자가 피고인에게 치료를 받기 전부터 상처가 나있던 엄지발가락 쪽 발바닥의 상처 부위 및 일본에 출장을 갔을 당시에 발생한 새끼발가락 쪽 발바닥의 상처 부위와 밀접하고, 피고인이 침을 놓거나 사혈을 한 왼쪽 종아리 쪽이나 발등 쪽과는 다소 거리가 있는 부위이다.

5) '위 괴사는 2개월 정도 지속된 좌하지의 사혈로 인해 2차 감염이 당뇨족에 발생하여 진행된 것으로 사료된다'는 취지의 진단서를 발급한 의사 공소외인은 피해자의 족부를 절단하는 수술을 담당한 의사인데, 그는 법정에서 위 진단서는 피해자의 이야기를 통해 전해들은 치료과정 등의 여러 정황을 고려하여 자신의 추정적인 의견을 기재한 것이라고 밝히고 있으며, 피해자가 일본에 다녀온 이후 통증이 훨씬 심해지고 계속 몸이 아픈 등의 증세가 나타났던 점에 비추어 보면 피해자의 왼쪽 발 괴사가 피고인의 침술행위 때문이 아니라 피해자의 왼쪽 발바닥 좌, 우측에 종전부터 있던 상처들이 자극을 받아 그 부위에 염증이 생기는 바람에 발생하였을 개연성도 배제할 수 없고, 실제로 자신이 진료할 당시에 피해자의 왼쪽 발바닥에 기존의 상처부위의 앞, 옆쪽 전체적으로 괴사가 진행되고 있었다고 증언하였다.

6) 한편 피해자도 피고인으로부터 2008. 5. 6.경 왼쪽 발의 상태가 심상치 않으니 피부과 검진을 반드시 받아보라는 권유를 받았고, 그 후 피고인에게 아는 피부

과를 소개해 달라고 했더니 피부과 의사와 통화한 후 피부과로는 안 되니 ○○○
○병원에 가보라는 권유를 받았다고 하였다. 그럼에도 불구하고 피해자는 위와 같
은 전원 권유를 받은 지 13일이 지난 2008. 5. 19.경에야 ○○○○병원에 내원하
였고, 그 당시에 좌측 첫 번째 발가락이 검은 색깔로 변하여 있어서 입원을 권유받
았음에도 입원하지 않고 그대로 귀가하였고, 그 다음날 △△△△△병원에 내원하
여 당뇨로 인한 족부궤양으로서 왼쪽 엄지발가락이 검은 색깔로 변하여 괴사가 진
행 중이라는 진단을 받고 나서야 입원하였으며, 5. 26.경 △△△△△병원에서 좌
하지 쪽 동맥혈류 공급을 개선하기 위한 동맥 연결수술을 받았다가 그 후 좌족지
절제술 등을 받았다.

　다) 이러한 사실관계와 사정을 앞서 본 법리에 비추어 보면, 검사가 제출한 증
거만으로는 피고인이 같은 업무와 직종에 종사하는 보편적인 한의사에게 요구되는
정도의 업무상 주의의무를 다하지 아니하였고 그로 인하여 피해자에게 왼쪽 발 괴
사 등의 상해가 발생하였다는 점이 합리적인 의심을 할 여지가 없을 정도로 증명
되었다고 보기는 어렵다고 할 것이다.

　【평석】 의료사건에 있어서 과실은 의사가 결과 발생을 예견할 수 있고, 또 회피
할 수 있었는데도 이를 예견하지 못하거나 회피하지 못하였음이 인정되어야 한다.
침이나 사혈 시술을 한의사의 경우에도 주의의무의 기준에 대하여 마찬가지 법리
가 적용된다는 것이 이 판례의 취지이다.[106)

자. 입퇴원확인서가 허위진단서작성죄의 객체인지 여부

🏛 대법원 2013. 12. 12. 선고 2012도3173 판결[사기 · 허위진단서작성]

판결의 요지

　형법 제233조의 허위진단서작성죄에서 '진단서'란 의사가 진찰의 결과에 관한
판단을 표시하여 사람의 건강상태를 증명하기 위하여 작성하는 문서를 말하고, 위
조항에서 규율하는 진단서에 해당하는지 여부는 서류의 제목, 내용, 작성목적 등을

---

106) 박영호, 한의사가 당뇨병 환자에게 침, 사혈 등의 행위를 한 것이 형사상 업무상 과실 행위인지 여
　　부, 대법원판례해설, 제102호(2014년 하), 법원도서관, 445면

종합적으로 고려하여 판단하여야 한다.

의사인 피고인이 환자의 인적사항, 병명, 입원기간 및 그러한 입원사실을 확인하는 내용이 기재된 '입퇴원 확인서'를 허위로 작성하였다고 하여 허위진단서작성으로 기소된 사안에서, 위 '입퇴원 확인서'는 문언의 제목, 내용 등에 비추어 의사의 전문적 지식에 의한 진찰이 없더라도 확인 가능한 환자들의 입원 여부 및 입원기간의 증명이 주된 목적인 서류로서 환자의 건강상태를 증명하기 위한 서류라고볼 수 없어 허위진단서작성죄에서 규율하는 진단서로 보기 어려운데도, 이와 달리보아 유죄를 인정한 원심판결에 허위진단서작성죄의 진단서에 관한 법리를 오해한위법이 있다.

【평석】 그동안 의사가 작성한 서류이면 일반적으로 허위진단서 작성죄의 객체인진단서에 해당한다고 볼 여지가 있었지만, 진단서는 전문적인 지식에 의한 진찰이필요한 사항에 대한 내용이 포함되어 있는 서류만을 의미하고, 의사가 아닌 자가작성하더라도 아무런 문제가 없는 서류는 진단서가 아니라는 점을 명시적으로 밝히고 있으며, 의사의 전문적인 지식에 의한 진찰이 꼭 필요하지 않은 객관적인 사실에 해당한다고 볼 수 있는 입원 여부에 관한 내용을 추가로 허위 기재하는 경우라 하더라도 허위진단서 작성죄가 성립된다는 점을 선언한 판결이다.[107]

차. 의사 등이 처방전에 제3자를 진찰하고도 환자의 성명 및 주민등록번호를 허위로 기재하여 처방전을 작성·교부한 행위

> 🏛 대법원 2013. 4. 11. 선고 2011도14690 판결[의료법위반]

판결의 요지

의사나 치과의사(이하 '의사 등'이라고 한다)와 약사 사이의 분업 내지 협업을 통한 환자의 치료행위는 의사 등에 의하여 진료를 받은 환자와 약사에 의한 의약품조제와 복약지도의 상대방이 되는 환자의 동일성을 필수적 전제로 하며, 그 동일성은 의사 등이 최초로 작성한 처방전의 기재를 통하여 담보될 수밖에 없으므로, 의

---

107) 박영호, 입·퇴원확인서가 허위진단서작성죄의 객체인 진단서에 해당하는지 여부, 대법원판례해설 (제98호 2013년 하), 법원도서관, 331면

사 등이 의료법 제18조에 따라 작성하는 처방전의 기재사항 중 의료법 시행규칙 제12조 제1항 제1호에서 정한 '환자의 성명 및 주민등록번호'는 치료행위의 대상을 특정하는 요소로서 중요한 의미를 가진다고 보아야 한다. 따라서 의사 등이 의료법 제17조 제1항에 따라 직접 진찰하여야 할 상대방은 처방전에 환자로 기재된 사람을 가리키고, 만일 의사 등이 처방전에 환자로 기재한 사람이 아닌 제3자를 진찰하고도 환자의 성명 및 주민등록번호를 허위로 기재하여 처방전을 작성·교부하였다면, 그러한 행위는 의료법 제17조 제1항에 위배된다고 보아야 한다.

【평석】 당연한 판결로 보일 수 있지만, 그동안 의료계에서 향정신의약품에 대한 처방 일수 규제를 피하기 위하여 직접 진찰한 환자가 아닌 다른 사람의 인적사항을 기재한 처방전을 추가로 발급하는 방법을 사용하게 되자, 이에 대하여 의료법 제17조 1항 위반이라는 견해와 아니라는 견해가 대립되어 있었다. 의료법 전체의 취지를 볼 때 의료법 제17조 제1항에 의해 원칙적으로 진찰한 환자 본인의 성명, 주민등록번호 등 인적 사항을 반드시 처방전에 기재하여 이를 환자 본인에게 반드시 교부하도록 하였으며, 여기서 말하는 환자는 처방전을 받는 자가 아니라 처방전에 환자로 기재된 자를 의미한다는 최초의 판결이다.[108]

카. 환자유인행위와 허용되는 의료광고의 관계

🏛 대법원 2012. 9. 13. 선고 2010도1763 판결[의료법위반]

판결의 요지

환자유인행위를 금지하는 구 의료법(2009. 1. 30. 법률 제9386호로 개정되기 전의 것. 이하 같다) 제27조 제3항의 입법취지와 관련 법익, 의료광고 조항의 내용 및 연혁·취지 등을 고려하면, 의료광고행위는 그것이 구 의료법 제27조 제3항 본문에서 명문으로 금지하는 개별적 행위유형에 준하는 것으로 평가될 수 있거나 또는 의료시장의 질서를 현저하게 해치는 것인 등의 특별한 사정이 없는 한 구 의료법 제27조 제3항에서 정하는 환자의 '유인'에 해당하지 아니하고, 그러한 광고행위가 의료

---

108) 박영호, 직접 진찰한 환자가 아닌 자의 인적사항을 처방전에 기재하여 교부한 행위가 의료법 제17조 제1항 위반행위인지 여부, 대법원판례해설, 제96호(2013년 상), 법원도서관, 1018면

인의 직원 또는 의료인의 부탁을 받은 제3자를 통하여 행하여졌다고 하더라도 이를 환자의 '소개·알선' 또는 그 '사주'에 해당하지 아니한다고 봄이 상당하다.

　의사인 피고인 갑과 피고인 을 주식회사의 대표이사 피고인 병이 공모하여, 피고인 을 회사가 운영하는 인터넷 사이트의 30만 명 회원들에게 안과수술에 관한 이벤트광고를 이메일로 발송하여 이에 응모한 일부 신청자들로 하여금 광고내용대로 수술 등을 받도록 함으로써 영리를 목적으로 환자를 의료기관이나 의료인에게 소개·알선·유인하거나 이를 사주하는 행위를 하였다고 하여 구 의료법(2009. 1. 30. 법률 제9386호로 개정되기 전의 것. 이하 같다) 위반으로 기소된 사안에서, 피고인 갑이 피고인 을 회사를 통하여 이메일을 발송한 행위는 불특정 다수인을 상대로 한 의료광고에 해당하므로 특별한 사정이 없는 한 구 의료법 제27조 제3항에서 정한 환자의 '유인'이라고 볼 수 없고, 광고 등 행위가 피고인 갑의 부탁을 받은 피고인 을 회사 등을 통하여 이루어졌더라도 환자의 '소개·알선' 또는 그 '사주'에 해당한다고 볼 수 없는데도, 이와 달리 보아 피고인들에게 유죄를 인정한 원심판결에 구 의료법상 금지되는 환자유인행위 등에 관한 법리를 오해하여 형벌법규의 해석을 그르친 위법이 있다.

【평석】 의료광고 조항은 광고의 파급효과가 크다. 의료 광고와 환자유인행위와는 취지가 다르다. 유인행위금지 조항은 의료광고 금지조항과 중첩적(또는 보충적)으로 적용되는 조항으로 보아야 한다. 낙태와 같이 의료법상 문제가 되는 의료 광고는 제한되어야 할 것이다. 의료광고에 대한 문제는 나라마다 다르지만, 이 판결은 특별한 사정이 없는 한 의료광고는 구 의료법상 환자의 유인행위에 해당하지 아니한 점을 판시한 최초의 판결로 보고 있다.[109]

---

109) 문현호, 의료법상 금지되는 환자유인행위와 허용되는 의료광고의 관계, 대법원판례해설, 법원도서관, 제94호(2012년 하), 954면. 나아가 보건범죄 단속에 관한 특별조치법 제5조에서 정한 '영리의 목적'이란 널리 경제적인 이익을 취득할 목적을 말하는 것으로, 무면허 의료행위를 행하는 사람이 반드시 그 경제적 이익의 귀속자나 경영의 주체와 일치하여야 할 필요는 없고(대법원 1999. 3. 26. 선고 98도2481 판결 등 참조), 일시적이거나 계속적인 것이거나를 묻지 아니하므로 현실적으로 이익을 얻어야만 인정되는 것도 아니다(대법원 2002. 5. 31. 선고 2002도2550 판결 참조). 그리고 무면허 의료행위 등 위반행위의 직접적인 대가가 아니라 위반행위를 통하여 간접적으로 얻게 될 이익을 위한 경우에도 영리의 목적이 인정된다고 하여 무면허 침술의 경우 비용을 안 받았더라도 환자 증가등 간접적 이익을 얻었다면 영리 목적을 인정하였다(대법원 2021. 7. 8. 선고 2018도8467 판결).

타. 비의료인이 면허를 갖춘 의료인을 통하여 진료를 한 경우, 이때 진료를 받은 환자의 실손의료비 청구와 사기죄의 성부 ☞ 형법 제347조 사기죄 부분 참조

34. 저작권법 위반

가. 저작권법 위반과 방조범

🏛 대법원 2013. 11. 28. 선고 2013도7681 판결[저작권법위반방조]

판결의 요지

1. 저작권법이 보호하는 복제권·전송권의 침해를 방조하는 행위란 정범의 복제권·전송권 침해를 용이하게 하는 직접·간접의 모든 행위를 말한다. 이는 정범의 복제권·전송권 침해행위 중에 이를 방조하는 경우는 물론, 복제권·전송권 침해행위에 착수하기 전에 장래의 복제권·전송권 침해행위를 예상하고 이를 용이하게 하는 경우도 포함한다. 또한 정범에 의하여 실행되는 복제권·전송권 침해행위에 대한 미필적 고의가 있는 것으로 충분하고, 정범의 복제권·전송권 침해행위가 실행되는 일시·장소 또는 객체 등을 구체적으로 인식할 필요가 없으며, 나아가 정범이 누구인지 확정적으로 인식할 필요도 없다(대법원 2005. 4. 29. 선고 2003도6056 판결, 대법원 2007. 12. 14. 선고 2005도872 판결 등 참조).

2. 원심이 적법하게 채택한 증거들에 의하면 다음과 같은 사정을 알 수 있다.

① 피고인 000는 피고인 주식회사 00(당시 상호는 주식회사 △△, 이하 '피고인 회사'라고 한다)의 대표이사로서 '갬플'이라는 이 사건 사이트를 운영하면서, 그 전용 프로그램 등을 통하여 저작재산권자의 정당한 허락 없이 만화, 애니메이션, 동영상, 영화 및 소설 파일 등이 유통되는 것을 예견하면서도 이 사건 사이트 이용자들에게 파일 업로드 및 다운로드, 자료 검색 등의 서비스를 제공하여 이로써 수익을 얻었다.

② 피고인 회사의 위와 같은 서비스 제공에 따라 이 사건 사이트의 이용자들 중 일부가 원심 판시 각 범죄일람표 기재와 같이 이 사건 소설 파일들을 저작재산권자의 정당한 허락 없이 업로드 하여 다른 이용자들이 다운로드 받을 수 있도록 하

였다.

③ 이 사건 피해자들 일부가 속한 한국대중문화작가협회에서는 2007. 8. 14.경 피고인 회사에게 이 메일로 해당 저작물의 권리자임을 소명할 수 있는 자료 등까지는 첨부하지 아니하였으나 저작권 보호 요청 및 작품목록을 보냈고, 한국대중문학작가협회로부터 권한을 위임받은 한국저작권단체연합회가 2008. 5. 14.경 피고인 회사에게 소명자료를 첨부하여 불법저작물들의 차단을 위한 기술조치요청서를 보냈으며 그 목록에도 이 사건 소설들 중 일부가 포함되어 있었다.

④ 위와 같은 요청이 있었을 뿐만 아니라, 이 사선 피해자들이 2009. 8. 20. "이 사건 사이트에 2009. 5. 25.부터 2009. 8. 9.까지에 걸쳐 이 사건 소설 파일들이 다른 이용자들이 다운로드 받을 수 있도록 업로드 되어 있다"는 이유로 피고인들을 저작권법 위반으로 고소하였음에도 불구하고, 2010년 2월경 내지 3월경에도 이 사건 사이트에 이 사건 소설 파일들 중 상당수가 그대로 업로드 되어 있거나 추가로 업로드 되어 다운로드 받을 수 있는 상태로 있었다.

⑤ 피고인 서00는 위와 같이 기술적 조치 요청을 받은 저작물과 관련하여 2009년 10월경까지도 단지 그 제호와 일치하는 문자열에 대하여만 검색제한조치를 하였을 뿐 제호에 포함된 부분문자에 대하여는 검색제한조치를 전혀 하지 아니하였고, 전송제한조치를 제대로 취하지 아니하여 이용자들이 부분문자에 의한 검색을 통하여 해당 제호가 제목으로 되어 있는 게시물을 다운로드 받는 것이 가능한 경우까지 있었다.

이상과 같은 사정들을 종합하면, 피고인 서00는 피고인 회사의 대표이사로서 이 사건 사이트를 운영하면서 적어도 미필적인 고의를 가지고 이 사건 사이트 이용자들의 복제권·전송권 침해행위를 용이하게 하였다고 봄이 상당하고, 또한 피고인들이 구 저작권법(2011. 6. 30. 법률 제10807호로 개정되기 전의 것) 제102조 제2항에서 정한 저작재산권 침해 방지를 위한 기술적 조치를 다하였다고 할 수 없다.

3. 그럼에도 원심은 이와 달리 "피고인들이 구체적인 저작권 침해행위가 발생하고 있음을 인식하기 어려웠고, 구체적 침해행위가 있음을 인식한 경우에는 침해를 방지하거나 중단시키기 위한 최선의 조치를 다하였으므로 피고인들에게 저작권 침해행위 방조의 범의가 있었다고 인정하기 부족하다"는 제1심의 판단을 수긍하고, 이 사건 각 저작물 업로드 행위가 저작권의 침해행위에 해당한다는 점을 피고인들이 인식하고 있었다고 단정하기도 부족하다는 이유로 피고인들에 대한 이 사건 공

소사실을 무죄로 판단한 제1심판결을 그대로 유지하였다.

이러한 원심의 판단에는 방조범 및 구 저작권법 제102조 제2항에서 정한 기술적 조치 이행에 관한 법리 등을 오해하여 판결에 영향을 미친 위법이 있다고 할 것이다.

【평석】 형법상 방조행위는 정범이 범행을 한다는 정을 알면서 그 실행행위를 용이하게 하는 직접·간접의 행위를 말하므로, 방조범은 정범의 실행을 방조한다는 이른바 방조의 고의와 정범의 행위가 구성요건에 해당하는 행위인 점에 대한 정범의 고의가 있어야 하나, 이와 같은 고의는 내심적 사실이므로 피고인이 이를 부정하는 경우에는 사물의 성질상 고의와 상당한 관련성이 있는 간접사실을 증명하는 방법에 의하여 입증할 수밖에 없다.

이때 무엇이 상당한 관련성이 있는 간접사실에 해당할 것인가는 정상적인 경험칙에 바탕을 두고 치밀한 관찰력이나 분석력에 의하여 사실의 연결 상태를 합리적으로 판단하는 외에 다른 방법이 없다고 할 것이며(대법원 1999. 1. 29. 선고 98도4031 판결 참조), 또한 방조범에 있어서 정범의 고의는 정범에 의하여 실현되는 범죄의 구체적 내용을 인식할 것을 요하는 것은 아니고 미필적 인식 또는 예견으로 족하다고 할 것이다(대법원 2004. 6. 24. 선고 2002도995 판결, 대법원 2005. 4. 29. 선고 2003도6056 판결 등 참조).

나. 저작재산권자의 이용허락 없이 전송되는 공중송신권 침해 게시물로 연결되는 링크를 이른바 '다시 보기' 링크 사이트 등에서 공중의 구성원에게 제공하는 행위가 공중송신권 침해의 방조가 되는지 여부

🏛 대법원 2021. 9. 9. 선고 2017도19025 전원합의체 판결[저작권법위반방조]

판결의 요지

[다수의견] 1) 공중송신권을 침해하는 게시물이나 그 게시물이 위치한 웹페이지 등(이하 통틀어 '침해 게시물 등'이라 한다)에 연결되는 링크를 한 행위라도, 전송권(공중송신권) 침해행위의 구성요건인 '전송(공중송신)'에 해당하지 않기 때문에 전송권 침해가 성립하지 않는다. 이는 대법원의 확립된 판례이다.

링크는 인터넷에서 링크하고자 하는 웹페이지나 웹사이트 등의 서버에 저장된 개개의 저작물 등의 웹 위치 정보 또는 경로를 나타낸 것에 지나지 않는다. 인터넷 이용자가 링크 부분을 클릭함으로써 침해 게시물 등에 직접 연결되더라도, 이러한 연결 대상 정보를 전송하는 주체는 이를 인터넷 웹사이트 서버에 업로드 하여 공중이 이용할 수 있도록 제공하는 측이지 그 정보에 연결되는 링크를 설정한 사람이 아니다. 링크는 단지 저작물 등의 전송을 의뢰하는 지시나 의뢰의 준비행위 또는 해당 저작물로 연결되는 통로에 해당할 뿐이므로, 링크를 설정한 행위는 전송에 해당하지 않는다. 따라서 전송권(공중송신권) 침해에 관한 위와 같은 판례는 타당하다.

2) (가) 공중송신권 침해의 방조에 관한 종전 판례는 인터넷 이용자가 링크 클릭을 통해 저작자의 공중송신권 등을 침해하는 웹페이지에 직접 연결되더라도 링크를 한 행위가 '공중송신권 침해행위의 실행 자체를 용이하게 한다고 할 수는 없다.'는 이유로, 링크 행위만으로는 공중송신권 침해의 방조 행위에 해당한다고 볼 수 없다는 법리를 전개하고 있다.

링크는 인터넷 공간을 통한 정보의 자유로운 유통을 활성화하고 표현의 자유를 실현하는 등의 고유한 의미와 사회적 기능을 가진다. 인터넷 등을 이용하는 과정에서 일상적으로 이루어지는 링크 행위에 대해서까지 공중송신권 침해의 방조를 쉽게 인정하는 것은 인터넷 공간에서 표현의 자유나 일반적 행동의 자유를 과도하게 위축시킬 우려가 있어 바람직하지 않다.

그러나 링크 행위가 어떠한 경우에도 공중송신권 침해의 방조 행위에 해당하지 않는다는 종전 판례는 방조범의 성립에 관한 일반 법리 등에 비추어 볼 때 재검토할 필요가 있다. 이는 링크 행위를 공중송신권 침해의 방조라고 쉽게 단정해서는 안 된다는 것과는 다른 문제이다.

(나) 정범이 침해 게시물을 인터넷 웹사이트 서버 등에 업로드 하여 공중의 구성원이 개별적으로 선택한 시간과 장소에서 접근할 수 있도록 이용에 제공하면, 공중에게 침해 게시물을 실제로 송신하지 않더라도 공중송신권 침해는 기수에 이른다. 그런데 정범이 침해 게시물을 서버에서 삭제하는 등으로 게시를 철회하지 않으면 이를 공중의 구성원이 개별적으로 선택한 시간과 장소에서 접근할 수 있도록 이용에 제공하는 가벌적인 위법행위가 계속 반복되고 있어 공중송신권 침해의 범죄행위가 종료되지 않았으므로, 그러한 정범의 범죄행위는 방조의 대상이 될 수 있다.

저작권 침해물 링크 사이트에서 침해 게시물에 연결되는 링크를 제공하는 경우 등과 같이, 링크 행위자가 정범이 공중송신권을 침해한다는 사실을 충분히 인식하면서 그러한 침해 게시물 등에 연결되는 링크를 인터넷 사이트에 영리적·계속적으로 게시하는 등으로 공중의 구성원이 개별적으로 선택한 시간과 장소에서 침해 게시물에 쉽게 접근할 수 있도록 하는 정도의 링크 행위를 한 경우에는 침해 게시물을 공중의 이용에 제공하는 정범의 범죄를 용이하게 하므로 공중송신권 침해의 방조범이 성립한다. 이러한 링크 행위는 정범의 범죄행위가 종료되기 전 단계에서 침해 게시물을 공중의 이용에 제공하는 정범의 범죄 실현과 밀접한 관련이 있고 그 구성요건적 결과 발생의 기회를 현실적으로 증대함으로써 정범의 실행행위를 용이하게 하고 공중송신권이라는 법익의 침해를 강화·증대하였다고 평가할 수 있다. 링크 행위자에게 방조의 고의와 정범의 고의도 인정할 수 있다.

(다) 저작권 침해물 링크 사이트에서 침해 게시물로 연결되는 링크를 제공하는 경우 등과 같이, 링크 행위는 그 의도나 양태에 따라서는 공중송신권 침해와 밀접한 관련이 있는 것으로서 그 행위자에게 방조 책임의 귀속을 인정할 수 있다. 이러한 경우 인터넷에서 원활한 정보 교류와 유통을 위한 수단이라는 링크 고유의 사회적 의미는 명목상의 것에 지나지 않는다. 다만 행위자가 링크 대상이 침해 게시물 등이라는 점을 명확하게 인식하지 못한 경우에는 방조가 성립하지 않고, 침해 게시물 등에 연결되는 링크를 영리적·계속적으로 제공한 정도에 이르지 않은 경우 등과 같이 방조범의 고의 또는 링크 행위와 정범의 범죄 실현 사이의 인과관계가 부정될 수 있거나 법질서 전체의 관점에서 살펴볼 때 사회적 상당성을 갖추었다고 볼 수 있는 경우에는 공중송신권 침해에 대한 방조가 성립하지 않을 수 있다.

[반대의견] 첫째, 다수의견은 규제와 처벌의 필요성을 내세워 저작권 침해물 링크 사이트에서 침해 게시물에 연결되는 링크를 제공하는 링크 행위를 처벌하고자 형법 총칙상 개념인 방조에 대한 확장해석, 링크 행위 및 방조행위와 정범의 범죄 사이의 인과관계에 관한 확장해석을 통해 형사처벌의 대상을 확대하고 있는데, 이는 형사처벌의 과잉화를 초래하고 사생활 영역의 비범죄화라는 시대적 흐름에 역행하는 것이다.

둘째, 다수의견은 방조범 성립 범위의 확대로 말미암아 초래될 부작용을 축소하고자 영리적·계속적 형태의 링크 행위만을 방조범으로 처벌할 수 있다고 하나, 이는 일반적인 방조범의 성립과 종속성, 죄수 등의 법리에 반하고, 법원으로 하여금 방조범의 성립이 문제될 때마다 그 성립 요건을 일일이 정해야만 하는 부담을 지우며, 죄형법정주의 원칙에 따른 법적 안정성과 예측가능성에 커다란 혼란을 가져올 수밖에 없다.

셋째, 저작권 침해물 링크 사이트에서 침해 게시물에 연결되는 링크를 제공하는 링크 행위에 대하여 종전 판례를 변경하여 유죄로 판단할 정당성은 인정되기 어렵다. 비록 저작권 침해물 링크 사이트에서의 영리적 · 계속적 링크 행위의 폐해가 증가하고 있다고 하더라도 이에 대해서는 입법을 통해 대처하는 것이 바람직하다. 링크 행위의 유형화와 그에 따른 처벌의 필요성 및 근거 조항 마련을 위한 입법 논의가 이루어지고 있는 현시점에서 대법원이 구성요건과 기본 법리를 확장하여 종전에 죄가 되지 않는다고 보았던 행위에 관한 견해를 바꾸어 형사 처벌의 범위를 넓히는 것(사실상 소급처벌에 해당한다)은 결코 바람직하지 않다. 충분한 논의를 통해 사회적 합의를 끌어내고, 그에 따른 입법적 결단을 기다려주는 것이 올바른 제도 도입을 위해서도 필요하다. 결론적으로 쟁점에 관한 종전 판례의 견해는 여전히 타당하므로 유지되어야 한다.

【평석】 방조범이 성립하려면 방조행위가 정범의 범죄 실현과 밀접한 관련이 있고 정범으로 하여금 구체적 위험을 실현시키거나 범죄결과를 발생시킬 기회를 높이는 등 정범의 범죄 실현에 현실적인 기여를 하여야 할 것이다. 그동안의 판례는 정범과 방조행위의 인과관계에 대하여 명시적인 판단이 없었는데, 이에 대하여 학계에서는 인과관계 불필요에 가깝거나 인과관계를 매우 폭넓게 인정하는 견해, 방조행위는 정범행위의 실행행위를 용이하게 하는 직접, 간접의 모든 행위라고 보는 견해 등 다양한 의견이 있었다. 이 판례는 방조행위의 인과관계와 관련하여 인과적 기회증대설을 명시적으로 채택한 진일보한 판결로 평가되고 있다.[110]

다. 저작자 아닌 자가 저작자로 기재한 행위

1) 저작자 아닌 자를 저작자로 표시하여 저작물을 공표한 이상 저작권법 제137조 제1항 제1호에 따른 범죄가 성립하는지 여부(적극) 및 그러한 공표에 저작자 아닌 자와 실제 저작자의 동의가 있었더라도 마찬가지인지 여부(원칙적 적극)

2) 실제 저작자가 저작자 아닌 자를 저작자로 표시하여 저작물을 공표하는 범행

---

110) 이주원, 전게 평석 참조

에 가담한 경우, 위 규정 위반죄의 공범으로 처벌할 수 있는지 여부(적극)

3) 저작자를 허위로 표시하는 대상이 되는 저작물이 이전에 공표된 적이 있더라도 저작권법 제137조 제1항 제1호에 따른 범죄가 성립하는지 여부(적극)

🏛 대법원 2021. 7. 15. 선고 2018도144 판결[저작권법위반]

판결의 요지

1) 저작권법 제137조 제1항 제1호는 저작자 아닌 자를 저작자로 하여 실명·이명을 표시하여 저작물을 공표한 자를 형사 처벌한다고 정하고 있다. 이 규정은 자신의 의사에 반하여 타인의 저작물에 저작자로 표시된 저작자 아닌 자의 인격적 권리나 자신의 의사에 반하여 자신의 저작물에 저작자 아닌 자가 저작자로 표시된 데 따른 실제 저작자의 인격적 권리뿐만 아니라 저작자 명의에 관한 사회 일반의 신뢰도 보호하려는 데 목적이 있다. 이러한 입법 취지 등을 고려하면, 저작자 아닌 자를 저작자로 표시하여 저작물을 공표한 이상 위 규정에 따른 범죄는 성립하고, 사회통념에 비추어 사회 일반의 신뢰가 손상되지 않는다고 인정되는 특별한 사정이 있는 경우가 아닌 한 그러한 공표에 저작자 아닌 자와 실제 저작자의 동의가 있었더라도 달리 볼 것은 아니다. 또한 실제 저작자가 저작자 아닌 자를 저작자로 표시하여 저작물을 공표하는 범행에 가담하였다면 저작권법 제137조 제1항 제1호 위반죄의 공범으로 처벌할 수 있다.

2) 저작권법상 공표는 저작물을 공연, 공중송신 또는 전시 그 밖의 방법으로 공중에게 공개하는 것과 저작물을 발행하는 것을 말한다(저작권법 제2조 제25호). 이러한 공표의 문언적 의미와 저작권법 제137조 제1항 제1호의 입법 취지에 비추어 보면, 저작자를 허위로 표시하는 대상이 되는 저작물이 이전에 공표된 적이 있더라도 위 규정에 따른 범죄의 성립에는 영향이 없다.

---

35. 전자금융거래법 위반

가. 보이스 피싱

🏛 서울서부지방법원 2012. 5. 3. 선고 2012노213 판결(2012. 5. 11. 확정)

【범죄 사실】

피고인은 2006. 5. 29.경 한국에 입국하여 2006. 12. 21. 그 체류 기간이 만료된 후 불법체류 중인 중국인이다.

1. 사기

피고인은 성명 불상의 공범들로부터 한국 국가기관을 사칭하면서 사실은 피해자들의 금융거래정보가 유출된 적이 없는데도 불구하고 그 정보가 유출된 것처럼 피해자들을 속이고 이를 방지하기 위한 조치인 것처럼 피해자들로 하여금 현금인출에 필요한 비밀번호 등 금융정보를 알려주게 함으로써 이를 이용하여 계좌 명의를 차용하여 개설한 일명 대포통장으로 돈을 송금한 다음 대포통장의 현금카드로 송금된 돈을 인출함에 있어 위와 같이 송금된 돈을 인출하여 전달하여 주면 사례를 하겠다는 제의를 받고 이를 승낙하여 비밀번호와 함께 대포통장의 현금카드를 교부받아 은행에서 대기하고 있다가 돈이 송금되면 이를 인출하여 위 공범들에게 전달하기로 함으로써 성명불상자들과 일명 '보이스 피싱' 수법으로 금원을 편취하기로 공모하였다.

위와 같이 공모한 성명불상자가 2011. 11. 17. 오전 시간 불상경 피해자 정00(67세)에게 전화를 걸어 우체국 직원을 사칭하며 "명의가 도용되어 경찰에 신고를 해야 한다. 명의가 도용되었는지 확인하기 위해 계좌번호, 보안 카드번호, 비밀번호를 불러 달라"는 취지로 거짓말을 하여 이에 속은 피해자로부터 피해자 명의 경남은행 통장의 계좌번호, 보안 카드번호, 비밀번호를 입수한 후 이를 이용하여 위 통장에서 미리 소지하고 있던 문00 명의 농협 계좌로 598만 원, 임00 명의 농협 계좌로 364만 원 합계 962만 원을 이체하고, 피고인에게 연락하여 위 이체 사실을 알렸다. 이에 피고인은 2011. 11. 17. 11:38경부터 11:45경까지 서울 양천구 목1동 소재 외환은행 트라펠리스 지점에서 문00 명의 농협 계좌에서 총 6회에 걸쳐 합계 598만 원, 임00 명의 농협계좌에서 총 4회에 걸쳐 합계 363만 원 총 961만 원을 인출하였다.

2. 전자금융거래법 위반

피고인은 제1항 기재 전화금융사기 범행에 이용할 목적으로 2011. 11. 16. 22:31경 시흥시 정왕동 소재 시화중학교 부근 우체통에서 공범인 성명불상자로부터 문00 명의의 농협 IC카드, 임00 명의의 농협 채움카드, 최00 명의의 농협채움카드, 박00 명의의 농협 IC카드, 임00 명의의 농협 IC카드, 김00 명의의 국민은행

플러스타 카드를 위 각 카드의 비밀번호, 연결계좌번호와 함께 양수하였다.

【평석】 1심에서 징역 2년이 선고되었다가 항소심에서 피해액, 연령, 제반 사정을 살펴 징역 1년 6월의 형으로 감형된 사안이다.

보이스 피싱(voice phishing)은 voice, private information, fishing의 세 영어단어를 조립한 용어로 전화를 걸어 타인의 신분을 가장하여 개인정보를 알아낸 후 이를 이용하여 금원 등을 사취하는 범죄를 말한다. 비교적 짧은 기간 동안 사기피해의 범위가 전국적으로 광범위하게 확산되어 거의 모든 국민이 사기성 전화를 받고 사기 미수의 피해자가 된 경험을 갖게 되었다. 더구나 이제는 순수한 국내조직에 의한 보이스 피싱 사기사건도 발생하여, 국내 활동과 언어 구사에 제한이 있는 중국인들에 의한 경우보다 피해가 더욱 심각한 형편이다. 보이스 피싱 사기단은 '영수'라고 불리어지는 사기범죄의 총 두목, '입금유도책', 대포통장의 '양수인', '현금 인출책', 다시 피해 금액을 중국으로 불법 송출하는 '송금책'으로 구별된다. 이러한 범죄에 간접적으로 참여하는 국내인에는 '명의대여인'과 '양도인'이 있다. 물론 명의대여인이 국내에 거주하는 중국인이나 교포, 일시거주자인 사례도 있다. 작은 규모의 사기단이라면, '영수'와 '입금유도책'이 한국에 들어와 대포 전화를 이용하여 활동하거나, '명의대여인'이 직접 '현금 인출책'으로 포섭되어 활동하는 경우 등 다양한 형태가 있으므로 일선에서 수사하는 경찰도 조직원 구성에 관해서는 미리 선입견을 가지지 말고 조직을 파악해야 할 것이다.

통상 보이스 피싱은 사기와 횡령, 전자금융거래법 위반을 함께 하는 경우가 많다. 보이스 피싱 사건의 주모자는 대부분 중국이나 필리핀 등에 있거나 점조직으로 구성되어 공범 방조범들이 성명불상자로 판결문에 등장한다. 실무에서는 이들 공범, 방조범들이 많은 국민들을 괴롭히고 있으며 대법원 판례가 축적되고 있다.

☞ 보이스 피싱 관련한 판결들은 아래 나.항 판결 및 형법 제355조 횡령 부분 판결 참조.

나. 접근매체의 대여 및 대가의 의미(보이스 피싱 조직에 속아 대출에 필요하다고 하여 접근매체를 교부한 사안)

🏛 대법원 2021. 4. 15. 선고 2020도16468 판결[사기·전자금융거래법위반]

전자금융거래법 제6조 제3항 제2호에서 정한 '접근매체의 대여'란 대가를 수수·요구 또는 약속하면서 일시적으로 다른 사람으로 하여금 접근매체 이용자의 관리·감독 없이 접근매체를 사용해서 전자금융거래를 할 수 있도록 접근매체를 빌려주는 행위를 말하고, 여기에서 '대가'란 접근매체의 대여에 대응하는 관계에 있는 경제적 이익을 말한다. 이때 접근매체를 대여하는 자는 접근매체 대여에 대응하는 경제적 이익을 수수·요구 또는 약속하면서 접근매체를 대여한다는 인식을 가져야 한다.

피고인이 성명불상자로부터 '대출이 가능하고, 대출 원리금 상환에 필요한 체크카드(이하 '카드'라고 한다)를 보내주면 대출을 해 주겠다.'는 연락을 받고 그에게 피고인 명의의 카드를 비밀번호와 함께 교부함으로써 접근매체를 대여하였다고 하여 전자금융거래법 위반으로 기소된 사안에서, 피고인은 성명불상자가 보낸 월변대출 관련 광고성 문자를 보고 그에게 카카오톡 문자로 대출을 문의하였고, 성명불상자는 카카오톡 문자로 피고인에게 대출에 따른 월 이자, 원금 상환방식 및 필요한 대출서류 등을 알려주면서, 원금 또는 이자의 상환은 피고인의 계좌와 카드를 이용하여 이루어지므로 원리금을 상환할 카드를 자신에게 맡겨야 한다고 안내한 점, 피고인은 대출에 필요한 서류를 전송한 후 성명불상자로부터 대출 승인이 났다고 안내받고 성명불상자의 요구에 따라 그에게 대출금을 지급받을 계좌번호, 카드에 대한 은행명 및 비밀번호, 계약서 및 차용증을 받을 주소 등을 알려준 후 카드를 건네준 점, 성명불상자는 피고인에게 연체 없는 정상 카드인지 확인한다고 하면서 카드와 연결된 계좌에 입금된 돈을 인출하였고, 피고인은 당일 저녁 성명불상자에게 보이스 피싱은 아닌지 되묻기도 한 점, 피고인은 이전에 보이스 피싱 범행에 연루된 적이 없는 점 등의 사정을 종합하면, 피고인은 대출금 및 이자를 지급하기 위해 필요하다는 성명불상자의 기망으로 카드를 교부한 사람으로서 대출의 대가로 접근매체를 대여했다거나 카드를 교부할 당시 그러한 인식을 하였다고 단정하기 어렵다는 이유로, 이와 달리 보아 공소사실을 유죄로 판단한 원심판결에 전자금융거래법상 '대가를 약속하면서 접근매체를 대여하는 행위' 및 고의에 관한 법리오해의 잘못이 있다.

【평석】 보이스 피싱 범죄는 불특정다수를 상대로 한 조직적 범행으로서 국민들

의피해가 크며, 양형에서도 엄벌에 처해야 할 상황이다. 대출에 필요하다고 하여 접근매체를 교부한 경우, 특히 자신의 대출원리금 상환 용도로 체크카드를 교부한 경우 이를 '대가를 약속하고 접근 매체를 대여한' 행위에 해당한다고 볼 수 있는지는 대법원에서도 구체적인 사실관계에 따라 그동안 결론이 다소 나뉘고 있다. 전자금융거래법은 2006. 4. 28. 법률 제7929호로 제정된 전자금융거래법(2007. 1. 1. 시행)이후 2008. 12. 31. 법률 제9325호, 2015. 1. 20. 법률 제13069호로 각 개정되어 왔으며, 그동안 대법원 판례도 접근매체의 '양도', '대여', '대가' 등에 대한 판결을 선고하였다.[111]

다. 구(舊) 전자금융거래법 위반과 증명의 정도

🏛 대법원 2012. 7. 5. 선고 2011도16167 판결[전자금융거래법위반]

판결의 요지

구(舊) 전자금융거래법(2008. 12. 31. 법률 제9325호로 개정되기 전의 것, 이하 같다) 제2조 제10호는 금융계좌에 관한 접근 매체의 종류로 '전자식 카드 및 이에 준하는 전자적 정보', '금융기관 또는 전자금융업자에 등록된 이용자 번호' 등을 규정하고 있고, 제6조 제3항은 접근 매체를 양도·양수하는 행위를 원칙적으로 금지하고 있으며, 제49조 제5항 제1호는 ' 제6조 제3항의 규정을 위반하여 접근 매체를 양도·양수한 자는 1년 이하의 징역 또는 1천만 원 이하의 벌금에 처한다'고 규정하고 있다.

일반적으로 양도라고 하면 권리나 물건 등을 남에게 넘겨주는 행위를 지칭한다

---

111) 김민상, 접근매체 교부행위와 전자금융거래법 위반죄의 성부 – 보이스피싱 조직에 속아 대출에 필요하다고 하여 접근매체를 교부한 것이 처벌 대상인지, 사법논집, 제72집, 법원도서관, 153면 이하 참조. 위 논문에서 접근매체 교부행위와 관련하여 근본적인 문제 중의 하나로 '대포통장'에 대한 명확한 개념 정의 없이 그때그때 처벌범위를 정한 법령 미비에 있다고 보고 있으며, 접근매체 '양도'와 '대여'에 관한 판결로, 대법원 2010. 2. 11. 선고 2009도10578 판결, 대법원 2010. 9. 30. 선고 2010도2593 판결, 대법원 2011. 4. 14. 선고 2011도1518 판결, 대법원 2010. 9. 9. 선고 2010도7069 판결, 대법원 2012. 2. 9. 선고 2011도14913 판결, 대법원 2011. 8. 25. 선고 2011도2764 판결, 대법원 2012. 5. 24. 선고 2011도12789 판결, 대법원 2012. 7. 5. 선고 2011도16167 판결, 대법원 2017. 8. 18. 선고 2016도8957 판결, 대법원 2019. 1. 31. 선고 2018도18704 판결, 대법원 2019. 5. 10. 선고 2018도292 판결, 대법원 2019. 5. 16. 선고 2018도1011 판결, 대법원 2019. 6. 27. 선고 2017도16946 판결, 대법원 2019. 7. 4. 선고 2017도13896 판결 등을 제시, 검토하고 있다.

고 할 것인데, 형벌 법규의 해석은 엄격하여야 하고 명문 규정의 의미를 피고인에게 불리한 방향으로 지나치게 확장 해석하거나 유추 해석하는 것은 죄형법정주의의 원칙상 허용되지 않는 점, 민법상 양도와 임대를 별개의 개념으로 취급하고 있는 점, 이른바 '대포통장'을 활용한 범죄에 적극 대처하기 위하여 2008. 12. 31. 법률 제9325호로 구 전자금융거래법을 개정하면서 '대가를 매개로 접근 매체를 대여받거나 대여하는 행위'에 대한 금지 및 처벌 조항을 신설한 점(제6조 제3항 제2호, 제49조 제4항 제2호) 등에 비추어 보면, 구 전자금융거래법에서 말하는 양도에는 단순히 접근 매체를 빌려주거나 일시적으로 사용하게 하는 행위는 포함되지 아니한다고 봄이 상당하다. (중략)

이 사건 공소사실의 요지는, 피고인이 2008. 4. 3. 불상자에게 금융거래 접근 매체인 통장과 현금카드 8개를 양도하였다는 것이다.

이에 대하여 원심은 그 채택 증거를 종합하여 그 판시와 같은 사실을 인정한 다음, 피고인은 대출업자를 가장한 자에게 기망당하여 대출금과 함께 통장 등을 반환하여 준다는 말을 믿고 대출을 받을 목적으로 이 사건 통장 등을 교부하여 이를 편취당한 것으로 봄이 상당하고, 통장 등 접근 매체의 소유권 내지 처분권을 타인에게 확정적으로 이전하여 준 것이라고 보기는 어려우므로, 피고인의 위와 같은 행위는 접근 매체를 양도한 경우에 해당한다고 할 수 없고, 나아가 위 행위 당시 접근 매체를 양도한다는 범의가 있었다고 보기도 어렵다고 판단하여 피고인에게 무죄를 선고하였다.

그러나 원심의 위와 같은 판단은 다음과 같은 이유로 그대로 수긍하기 어렵다.

증거의 증명력은 법관의 자유판단에 맡겨져 있으나 그 판단은 논리법칙과 경험칙에 따라야 하고, 형사재판의 경우 범죄사실의 인정은 합리적인 의심이 없는 정도의 증명에 이르렀을 때 허용되는 것이기는 하지만, 이는 모든 가능한 의심을 배제할 정도에 이를 것까지 요구하는 것은 아니며, 증명력이 있는 것으로 인정되는 증거를 합리적인 근거가 없는 의심을 일으켜 배척하는 것은 자유심증주의의 한계를 벗어나는 것으로 허용될 수 없다(대법원 2004. 6. 25. 선고 2004도2221 판결 등 참조).

피고인은 2008. 4. 3. 생활정보지에 실린 광고를 보고 서울 강남역 부근에서 불상자들을 만나 8개의 예금계좌를 개설한 후 그 통장 등을 넘겨준 사실을 자인하고 있는데, 당시 불상자들의 인적사항이나 사무실 등을 전혀 확인하지 아니하였을 뿐만 아니라 통장 등을 돌려받을 구체적인 시기나 장소, 방법 등을 정하지도 아니한 점 등에 비추어 보면 이러한 행위는 다른 특별한 사정이 없는 한 통장 등을 양도한 경우에 해당한다고 할 것이고, 원심판결 및 원심이 적법하게 조사한 증거들에 의하여 인정되는 다음의 사정, 즉 ① 피고인은 2008. 3. 14. 생활정보지에 실린 광고를 보고 불상자들을 만나 그들의 요구에 따라 광명시 일대 금융기관에서 10개의 예금계좌를 개설한 후 그 통장 등을 넘겨주고 60만 원을 지급받은 점, ② 위 통장 등은 보이스 피싱 범죄에 사용되었고 이로 인하여 피고인은 2008. 3. 27. 및 2008. 4. 7. 2회에 걸쳐 경찰 조사를 받은 후 2008. 5. 23. 전자금융거래법위반죄로 벌금 300만 원의 약식명령을 발령받아 그 무렵 위 약식명령이 확정된 점, ③ 그런데 피고인은 경찰 조사를 받던 중인 2008. 4. 3. 또다시 불상자들을 만나 이 사건 통장 등을 개설하여 넘겨준 점 등을 종합하여 보면, 당시 피고인에게는 미필적으로나마 통장 등을 양도한다는 범의도 있었던 것으로 봄이 상당하다.

그렇다면 이 사건 공소사실은 합리적인 의심의 여지가 없을 정도로 증명되었다고 할 것인데, 원심은 신빙성이 없는 피고인의 변소를 그대로 받아들여 무죄를 속단하고 말았으니, 거기에는 자유심증주의에 관한 법리를 오해하고, 논리와 경험의 법칙을 위반하여 사실을 잘못 인정함으로써 판결에 영향을 미친 위법이 있다. 이 점을 지적하는 상고이유의 주장은 이유 있다.

【평석】 일반적으로 형사법상 '양도'라고 하면 권리나 물건 등을 남에게 넘겨주는 행위를 지칭한다고 할 것인데, 형벌 법규의 해석은 엄격하여야 하고 명문 규정의 의미를 피고인에게 불리한 방향으로 지나치게 확장 해석하거나 유추 해석하는 것은 죄형법정주의의 원칙상 허용되지 않는다는 법리로, 하급심에서 전자금융거래법 위반에 대하여 무죄가 선고되는 경우가 있다.

36. 정보통신망 이용촉진 및 정보보호 등에 관한 법률 위반

가. 명예훼손

> 🏛 대법원 2011. 11. 24. 선고 2010도10864 판결[정보통신망이용촉진및정보보호등에관한법률위반(명예훼손)] 대법원 2004도6371 판결, 서울서부지방법원 2013노41, 47 판결 참조

`판결 이유`

비방의 목적의 점에 관한 상고이유에 대하여

법 제70조 제1, 2항에서 정한 '사람을 비방할 목적'이란 가해의 의사 내지 목적을 요하는 것으로, 사람을 비방할 목적이 있는지 여부는 당해 적시 사실의 내용과 성질, 당해 사실의 공표가 이루어진 상대방의 범위, 그 표현의 방법 등 그 표현 자체에 관한 제반 사정을 감안함과 동시에 그 표현에 의하여 훼손되거나 훼손될 수 있는 명예의 침해 정도 등을 비교·형량하여 판단되어야 한다. 또한 비방할 목적이란 공공의 이익을 위한 것과는 행위자의 주관적 의도의 방향에 있어 서로 상반되는 관계에 있으므로, 적시한 사실이 공공의 이익에 관한 것인 경우에는 특별한 사정이 없는 한 비방할 목적은 부인된다고 봄이 상당하고, 여기에서 '적시한 사실이 공공의 이익에 관한 경우'라 함은 적시된 사실이 객관적으로 볼 때 공공의 이익에 관한 것으로서 행위자도 주관적으로 공공의 이익을 위하여 그 사실을 적시한 것이어야 하는데, 공공의 이익에 관한 것에는 널리 국가·사회 기타 일반 다수인의 이익에 관한 것뿐만 아니라 특정한 사회집단이나 그 구성원 전체의 관심과 이익에 관한 것도 포함하는 것이다. 나아가 그 적시된 사실이 이러한 공공의 이익에 관한 것인지 여부는 당해 명예훼손적 표현으로 인한 피해자가 공무원 내지 공적 인물과 같은 공인(公人)인지 아니면 사인(私人)에 불과한지 여부, 그 표현이 객관적으로 국민이 알아야 할 공공성·사회성을 갖춘 공적 관심 사안에 관한 것으로 사회의 여론 형성 내지 공개토론에 기여하는 것인지 아니면 순수한 사적인 영역에 속하는 것인지 여부, 피해자가 그와 같은 명예훼손적 표현의 위험을 자초한 것인지 여부, 그리고 그 표현에 의하여 훼손되는 명예의 성격과 그 침해의 정도, 그 표현의 방법과 동기 등 제반 사정을 고려하여 판단하여야 하고, 행위자의 주요한 동기 내지 목적이 공공의 이익을 위한 것이라면 부수적으로 다른 사익적 목적이나 동기가 내포되어 있더라도 비방할 목적이 있다고 보기는 어렵다(대법원 2005. 10. 14. 선고 2005도5068 판결, 대법원 2011. 7. 14. 선고 2010도17173 판결 등 참조).

원심은, 피고인이 정보통신망인 국세청 지식관리시스템 '나도 한마디' 코너에 이 사건 게시글을 올린 주된 동기, 피해자의 지위 및 행태, 명예 침해의 정도 등 그 판시와 같은 사정을 종합하여 보면 피고인에게 비방의 목적이 있었다고 보기는 어렵다고 판단하였는바, 앞서 본 법리에 비추어 원심의 위와 같은 인정과 판단은 정당하다.

　【평석】한편 '허위인식'의 점에 대하여는, "정보통신망 이용촉진 및 정보보호 등
에 관한 법률(이하 '법'이라 한다) 제70조 제2항의 정보통신망을 통한 허위사실 적시
에 의한 명예훼손죄가 성립하려면, 그 적시하는 사실이 허위이어야 할 뿐 아니라,
피고인이 그와 같은 사실을 적시함에 있어 적시 사실이 허위임을 인식하여야 하고,
이러한 허위의 점에 대한 인식 즉 범의에 대한 입증책임은 검사에게 있다(대법원
2010. 10. 28. 선고 2009도4949 판결 등 참조)"고 판시하였다. 나아가 '사실의 적시'에
대하여는, 명예훼손죄에서 사실의 적시란 가치판단이나 평가를 내용으로 하는 의
견표명에 대치되는 개념으로서 증거에 의한 입증이 가능한 과거 또는 현재의 구체
적인 사실관계에 관한 보고 내지 진술을 의미하고, 어떤 표현이 사실의 적시인지
의견의 표명인지를 구별함에 있어서는 언어의 통상적 의미와 용법, 입증가능성, 문
제된 말이 사용된 문맥, 그 표현이 행하여진 사회적 상황 등 전체적 정황을 고려하
여 판단하여야 한다(대법원 1998. 3. 24. 선고 97도2956 판결 등 참조)고 하여, 피고인
이 인터넷 포털인 '다음' 사이트의 '아고라 자유토론방'에 "3. 뉴라이트 전국연합의
실체", "3－1. 극단적인 친일, 매국세력"이라는 제목으로 "뉴라이트는 친일세력을
등에 업은 기득권 정치세력으로 볼 수 있다. 이들은 일제시대로 인하여 한국의 시
장경제와 자본주의가 정비되었다고 평가하고 있으며, 일제강점기 우리 근대사의
큰 발전을 가져왔다고 평가하며 이에 감사하여야 한다고 말한다. 또한 종군위안부
는 강제적인 것이 아닌 자발적인 매춘이며, 안중근 의사가 테러리스트라는 비상식
적인 주장까지 하고 있다."라고 게시한 부분(이하 '이 사건 게시부분'이라 한다)은 '친
일, 매국세력'과 같은 표현이 사용되었다 하더라도 단순히 사람의 사회적 평가를
저하시킬만한 추상적 판단이나 경멸적 감정을 표현한 것에 불과할 뿐 어떠한 구체
적 사실의 적시가 있다고 볼 수 없다는 이유로 명예훼손의 예비적 공소사실에 대
하여 무죄에 해당한다고 판단한 원심에 대하여, 이 사건 게시부분 중 "뉴라이트는
친일세력을 등에 업은 기득권 정치세력으로 볼 수 있다"는 표현은 주관적 의견표
명 내지 추상적 판단을 나타낸 것이라고 볼 수 있다. 그러나 나머지 부분인 "이들
은… 비상식적인 주장까지 하고 있다"는 내용은 그 입증이 가능할 뿐만 아니라, 언
어의 통상적 의미와 용법, 문제된 말이 사용된 문맥 등 전체적인 정황을 고려하여
그 의미를 되새겨 보면 뉴라이트 전국연합이 위와 같은 내용의 주장을 하고 있다

고 표현한 것으로 이는 사실의 적시에 해당한다고 봄이 상당하다고 판시하였다(대법원 2012. 10. 25. 선고 2012도5756 판결).

나. 정보통신망 이용촉진 및 정보보호 등에 관한 법률 제74조 제1항 제3호, 제44조의7 제1항 제3호 '정보통신망을 통하여 공포심이나 불안감을 유발하는 문언을 반복적으로 상대방에게 도달하게 한 자'의 의미

🏛 대법원 2009. 4. 23. 선고 2008도11595 판결[사기 · 정보통신망이용촉진및정보보호등에 관한법률위반](서울서부지방법원 2012노507 판결 참조)

판결의 요지

정보통신망 이용촉진 및 정보보호 등에 관한 법률 제74조 제1항 제3호, 제44조의7 제1항 제3호는 "정보통신망을 통하여 공포심이나 불안감을 유발하는 문언을 반복적으로 상대방에게 도달하게 한 자"를 처벌하고 있는바, 이 범죄는 구성요건상 위 조항에서 정한 정보통신망을 이용하여 상대방의 불안감 등을 조성하는 일정 행위의 반복을 필수적인 요건으로 삼고 있을 뿐만 아니라, 그 입법 취지에 비추어 보더라도 위 정보통신망을 이용한 일련의 불안감 조성행위가 이에 해당한다고 하기 위해서는 각 행위 상호간에 일시 · 장소의 근접, 방법의 유사성, 기회의 동일, 범의의 계속 등 밀접한 관계가 있어 그 전체를 일련의 반복적인 행위로 평가할 수 있는 경우라야 이에 해당하고, 그와 같이 평가될 수 없는 일회성 내지 비연속적인 단발성 행위가 수차 이루어진 것에 불과한 경우에는 그 문언의 구체적 내용 및 정도에 따라 협박죄나 경범죄처벌법상 불안감 조성행위 등 별개의 범죄로 처벌함은 별론으로 하더라도 위 법 위반죄로 처벌할 수는 없다(대법원 2008. 8. 21. 선고 2008도4351 판결, 대법원 2009. 1. 15. 선고 2008도10506 판결 등 참조).

원심은, 생명보험회사 보험설계사로 근무하면서 피해자로부터 투자금 명목으로 받은 금원을 변제하지 못해 피해자로부터 지속적으로 변제독촉을 받아 오던 피고인이 피해자의 핸드폰으로 2007. 8. 24. 01:00경 "너 어디야 기다리고 있다. 칼로 쑤셔줄 테니까 빨리 와. 내 자식들한테 뭐라구? 내 목숨 같은 딸들이다."라는 내용으로, 같은 달 25. 22:20경 "당신 그 날 나 안 만난 것 잘했어. 진짜 칼 가지고 있었어. 내 자식들 얘기 잘못하면 당신은 내 손에 죽어. 장난 아냐. 명심해요. 나 자식 위해서 감옥 가는 것 하나도 안 무서워. 알았어"라는 내용으로 각 발송한 문자메시지가 그 내용에 있어 위법에서 정한 공포심이나 불안감을 조성하는 글에 해당한다는 이유를 들어, 위 범죄의 성립을 다투는 피고인의 주장을 배척하고 제1심의 유죄판단을 그대로 유지하였다.

그러나 공소사실에 기재된 바와 같이 하루 간격으로 피해자에게 단 두 번 문자메시지를 보낸 것만으로는 일련의 반복적인 행위라고 단정하기 쉽지 아니할 뿐만 아니라(위 대법원 2008도10506 판결 참조), 위 각 문자메시지의 발송 경위와 관련하여 원심의 채택 증거에서 알 수 있는 다음과 같은 사정들, 즉 위 문자메시지 발송 이전에 피해자가 피고인에게 보낸 문자메시지 중 보관되어 있는 자료를 보면, "너는 사기꾼, 마누라는 너랑 짜고 노는 몽골도둑년, 그럼 니 딸들이 커서 이 다음에 뭐가 되겠냐?"라는 내용으로 몽고 출신인 피고인의 처 등 피고인의 가족에 대한 인신모독적·인종차별적인 험구로 일관되어 있는 점, 피고인의 진술로는 위 남아 있는 문자메시지보다 훨씬 심한 내용의 문자메시지를 피해자가 계속해서 피고인에게 보내기에 화가 나서 이 사건 각 문자메시지를 발송한 것이라고 하는바, 피해자도 경찰 진술에서 피고인의 이 사건 문자발송 직전에 피고인에게 전화를 하여 '감정적인 몇 마디를 한 사실'을 시인한 바 있고, 피고인으로부터 위 투자금을 돌려받기 위해 수시로 피고인 근무 회사에 찾아가 고성으로 거칠게 항의하는 과정에서 근거도 없이 피고인 사무실의 비서에게 피고인과 불륜관계가 아니냐고 말하기도 하였다는 것이어서, 이 사건 각 문자메시지의 발송 경위에 관한 피고인의 위 진술은 대체로 신빙성이 있어 보이는 점, 그와 같은 경위에 비추어 2회에 걸쳐 발송한 이 사건 각 문자메시지의 전체적인 의미는, '내 가족에게 참을 수 없는 모욕행위를 그만두지 않으면 그에 대한 보복으로 나도 위해를 가하겠다'라는 취지로 해석될 수 있다는 점 등의 사정들을 종합하여 보면, 이 사건 각 문자메시지는 그에 앞서 있은 피해자의 피고인 가족에 대한 불법적인 모욕 행위에 격분한 피고인이 피해자에게 그러한 행위의 중단을 촉구하는 차원에서 일시적·충동적으로 다소 과격한 표현의 경고성 문구를 발송한 것으로 볼 여지가 많고, 피해자 또한 전후 사정상 이를 알았다고 보아야 할 것이니, 이러한 피고인의 행위는 정보통신망을 이용하여 상대방의 불안감 등을 조성하기 위한 일련의 반복적인 행위에 해당한다고 인정하기에 충분하지 않다 할 것이다.

그럼에도 원심이 이 사건 각 문자메시지의 내용에만 치중한 나머지 그 발송행위의 반복성과 관련하여 위 법에서 정한 구성요건을 충족하는지를 제대로 살피지 아니한 채 만연히 제1심의 유죄판단을 그대로 유지한 것은, 정보통신망 이용촉진 및 정보보호 등에 관한 법률 위반죄의 법리를 오해하여 판결 결과에 영향을 미친 위법이 있다.

【해설】 핸드폰으로 문자메시지를 보내 여성이나 아동 등 상대방을 협박하는 경우가 많다. 이와 같이 문자메시지로 공포심을 주거나 불안감을 주는 사안에서 대법원의 판시 내용이다.

다. 악성 프로그램의 판단 기준

1) 정보통신망 이용촉진 및 정보보호 등에 관한 법률 제70조의2와 제48조 제2항은 악성 프로그램을 전달하거나 유포하는 행위만으로 범죄 성립이 인정되는지 여부(적극) 및 그로 말미암아 정보통신시스템 등의 훼손·멸실·변경·위조 또는 그 운용을 방해하는 결과가 발생할 것을 필요로 하는지 여부(소극)

2) '악성 프로그램'에 해당하는지 판단하는 기준

3) 피고인이 갑 유한회사가 운영하는 온라인 슈팅 게임에서, 위 게임의 이용자가 상대방을 더욱 쉽게 조준하여 사격할 수 있도록 도와주기 위한 것으로 처음 사격이 성공한 다음부터 상대방 캐릭터를 자동으로 조준해 주는 기능을 하는 을 프로그램을 판매함으로써 정당한 사유 없이 정보통신시스템 등의 운용을 방해할 수 있는 '악성 프로그램'을 전달 또는 유포한 경우, 정보통신망 이용촉진 및 정보보호 등에 관한 법률 제48조 제2항의 '악성 프로그램'에 해당하는지

> 🏛 대법원 2020. 10. 15. 선고 2019도2862 판결[정보통신망이용촉진및정보보호등에관한법률위반 · 게임산업진흥에관한법률위반]

판결의 요지

1) 정보통신망 이용촉진 및 정보보호 등에 관한 법률(이하 '정보통신망법'이라 한다) 제48조 제2항은 "누구든지 정당한 사유 없이 정보통신시스템, 데이터 또는 프로그램 등을 훼손·멸실·변경·위조하거나 그 운용을 방해할 수 있는 프로그램(이하 '악성 프로그램'이라 한다)을 전달 또는 유포하여서는 아니 된다."라고 정하고 있고, 같은 법 제70조의2는 "제48조 제2항을 위반하여 악성 프로그램을 전달 또는 유포하는 자는

7년 이하의 징역 또는 7천만 원 이하의 벌금에 처한다."라고 정하고 있다.

정보통신망법 제70조의2와 제48조 제2항은 악성 프로그램이 정보통신시스템, 데이터 또는 프로그램 등(이하 '정보통신시스템 등'이라 한다)에 미치는 영향을 고려하여 악성 프로그램을 전달하거나 유포하는 행위만으로 범죄 성립을 인정하고, 그로 말미암아 정보통신시스템 등의 훼손·멸실·변경·위조 또는 그 운용을 방해하는 결과가 발생할 것을 필요로 하지 않는다. 악성 프로그램에 해당하는지는 프로그램 자체를 기준으로 하되, 그 사용 용도와 기술적 구성, 작동 방식, 정보통신시스템 등에 미치는 영향, 프로그램의 설치나 작동 등에 대한 운용자의 동의 여부 등을 종합적으로 고려하여 판단하여야 한다.

2) 피고인이 갑 유한회사가 운영하는 온라인 슈팅 게임에서, 위 게임의 이용자가 상대방을 더욱 쉽게 조준하여 사격할 수 있도록 도와주기 위한 것으로 처음 사격이 성공한 다음부터 상대방 캐릭터를 자동으로 조준해 주는 기능을 하는 을 프로그램을 판매함으로써 정당한 사유 없이 정보통신시스템 등의 운용을 방해할 수 있는 '악성 프로그램'을 전달 또는 유포하였다고 하여 정보통신망 이용촉진 및 정보보호 등에 관한 법률(이하 '정보통신망법'이라 한다) 위반으로 기소된 사안에서, 위 게임의 이용자가 상대방 캐릭터를 처음 사격하는 데 성공하면 상대방 캐릭터 근처에 붉은색 체력 바(bar)가 나타나는데, 을 프로그램은 체력 바의 이미지를 분석한 다음 게임 화면에서 그와 동일한 이미지를 인식하여 해당 좌표로 마우스 커서를 이동시키는 작업을 반복적으로 수행하도록 설계되어 있는 점, 을 프로그램은 이용자 본인의 의사에 따라 해당 이용자의 컴퓨터에 설치되어 그 컴퓨터 내에서만 실행되고 정보통신시스템이나 게임 데이터 또는 프로그램 자체를 변경시키지 않으며, 정보통신시스템 등이 예정한 대로 작동하는 범위에서 상대방 캐릭터에 대한 조준과 사격을 더욱 쉽게 할 수 있도록 해줄 뿐, 을 프로그램을 실행하더라도 기본적으로 일반 이용자가 직접 상대방 캐릭터를 조준하여 사격하는 것과 동일한 경로와 방법으로 작업이 수행되는 점, 을 프로그램이 서버를 점거함으로써 다른 이용자들의 서버 접속 시간을 지연시키거나 서버 접속을 어렵게 만들고 서버에 대량의 네트워크 트래픽을 발생시키는 등으로 정보통신시스템 등의 기능 수행에 장애를 일으킨다고 볼 증거가 없는 점을 종합하면, 검사가 제출한 증거만으로는 을 프로그램이 정보통신망법 제48조 제2항의 '악성 프로그램'에 해당한다고 단정하기 어렵다는 이유로, 이와 달리 보아 공소사실을 유죄로 판단한 원심판결에 정보통신망법 제48

조 제2항의 '악성 프로그램'에 관한 법리오해의 잘못이 있다.[112]

라. 초등학생 명예훼손

1) 정보통신망 이용촉진 및 정보보호 등에 관한 법률 제70조 제1항에 따른 범죄가 성립하기 위한 요건으로서 '피해자가 특정된 사실을 드러내어 명예를 훼손한 것'인지 판단하는 방법

2) 피고인이 초등학생인 딸 갑에 대한 학교폭력을 신고하여 교장이 가해학생인 을에 대하여 학교폭력대책자치위원회의 의결에 따라 '피해학생에 대한 접촉, 보복행위의 금지' 등의 조치를 하였는데, 그 후 피고인이 자신의 카카오톡 계정 프로필 상태 메시지에 "학교폭력범은 접촉금지!!!"라는 글과 주먹 모양의 그림말 세 개를 게시함으로써 을의 명예를 훼손한 한 경우 정보통신망 이용촉진 및 정보보호 등에 관한 법률 위반(명예훼손)에 해당하는지 여부

> 🏛 대법원 2020. 5. 28. 선고 2019도12750 판결[아동복지법 위반 · 정보통신망이용촉진및 정보보호등에관한법률위반(명예훼손)]

판결의 요지

1) 정보통신망 이용촉진 및 정보보호 등에 관한 법률 제70조 제1항은 "사람을 비방할 목적으로 정보통신망을 통하여 공공연하게 사실을 드러내어 다른 사람의 명예를 훼손한 자는 3년 이하의 징역 또는 3천만 원 이하의 벌금에 처한다."라고 정하고 있다. 이 규정에 따른 범죄가 성립하기 위해서는 피해자가 특정된 사실을 드러내어 명예를 훼손하여야 한다. 여기에서 사실을 드러낸다는 것은 이로써 특정인의 사회적 가치나 평가가 침해될 가능성이 있을 정도로 구체성을 띠는 사실을 드러낸다는 것을 뜻하는데, 그러한 요건이 충족되기 위해서 반드시 구체적인 사실이 직접적으로 명시되어 있어야 하는 것은 아니지만, 적어도 특정 표현에서 그러한

---

112) 이른바 '야놀자 크롤링 프로그램'을 사용하여 API서버에 명령구문을 입력하는 방식으로 피해자 회사의 숙박업소 정보를 수집한 사안에서, 피고인들이 사용한 '패킷 캡쳐 프로그램'은 통상 이용되는 프로그램이라는 이유 등으로 구 정보통신망 이용촉진 및 정보 보호 등에 관한 법률 위반에 대하여 무죄로 판단한 원심을 유지한 사례로는 대법원 2022. 5. 12. 선고 2021도1533 판결 참조. 이 대법원판결에서 접근 권한 유무의 판단기준('객관적으로 드러난 사정')에 대하여는, 2022. 8. 16. 형사법연구회 공동학술대회에서 김태균 판사의 '크롤링을 통한 데이터수집의 형사책임'과 최호진 교수의 토론문 참조.

사실이 곧바로 유추될 수 있을 정도는 되어야 한다. 그리고 피해자가 특정되었다고 하기 위해서는 표현의 내용을 주위사정과 종합하여 볼 때, 그 표현이 누구를 지목하는가를 알아차릴 수 있을 정도가 되어야 한다. 한편 특정 표현이 사실인지 아니면 의견인지를 구별할 때에는 언어의 통상적 의미와 용법, 증명가능성, 문제된 말이 사용된 문맥, 그 표현이 행해진 사회적 상황 등 전체적 정황을 고려하여 판단하여야 한다.

2) 피고인이 초등학생인 딸 갑에 대한 학교폭력을 신고하여 교장이 가해학생인 을에 대하여 학교폭력대책자치위원회의 의결에 따라 '피해학생에 대한 접촉, 보복행위의 금지' 등의 조치를 하였는데, 그 후 피고인이 자신의 카카오톡 계정 프로필 상태 메시지에 "학교폭력범은 접촉금지!!!"라는 글과 주먹 모양의 그림말 세 개를 게시함으로써 을의 명예를 훼손하였다고 하여 정보통신망 이용촉진 및 정보보호 등에 관한 법률 위반(명예훼손)으로 기소된 사안에서, 위 상태 메시지에는 그 표현의 기초가 되는 사실관계가 드러나 있지 않고, '학교폭력범'이라는 단어는 '학교폭력을 저지른 사람'을 통칭하는 표현인데, 피고인은 '학교폭력범' 자체를 표현의 대상으로 삼았을 뿐 특정인을 '학교폭력범'으로 지칭하지 않았으며, 학교폭력이 심각한 문제로 대두되고 있는 우리 사회의 현실, 초등학생 자녀를 둔 피고인의 지위 등을 고려하면, 피고인이 '학교폭력범'이라는 단어를 사용하였다고 하여 실제 일어난 학교폭력 사건에 관해 언급한 것이라고 단정할 수 없고, '접촉금지'라는 어휘는 통상적으로 '접촉하지 말 것'이라는 의미로 이해되며, 위 의결 등을 통해 을에게 위조치가 내려졌다는 사실이 을과 같은 반 학생들이나 그 부모들에게 알려졌음을 인정할 증거도 없으므로, 피고인이 상태메시지를 통해 을의 학교폭력 사건이나 그 사건으로 을이 받은 조치에 대해 기재함으로써 을의 사회적 가치나 평가를 저하시키기에 충분한 구체적인 사실을 드러냈다고 볼 수 없는데도, 이와 달리 본 원심판결에 법리오해 등의 잘못이 있다.

마. 비방할 목적, 공공 이익의 의미

1) 정보통신망 이용촉진 및 정보보호 등에 관한 법률 제70조 제2항 명예훼손죄의 구성요건 중 비방할 목적이 있는지와 피고인이 드러낸 사실이 거짓인지가 별개의 구성요건인지 여부(적극) 및 드러낸 사실이 거짓인 경우 비방할 목적이 당연히 인정되는지 여부(소극)

2) 위 규정에서 정한 모든 구성요건에 대한 증명책임의 소재(검사)

3) '사람을 비방할 목적'의 의미와 판단기준 및 '공공의 이익'을 위한 것과의 관계

4) 드러낸 사실이 '공공의 이익'에 관한 것인지 판단하는 기준

🏛 대법원 2020. 12. 10. 선고 2020도11471 판결[정보통신망이용촉진및정보보호등에관한 법률위반(명예훼손)]

판결의 요지

정보통신망 이용촉진 및 정보보호 등에 관한 법률 제70조 제2항은 "사람을 비방할 목적으로 정보통신망을 통하여 공공연하게 거짓의 사실을 드러내어 다른 사람의 명예를 훼손한 자는 7년 이하의 징역, 10년 이하의 자격정지 또는 5천만 원 이하의 벌금에 처한다."라고 정하고 있다. 이 규정에 따른 범죄가 성립하려면 피고인이 공공연하게 드러낸 사실이 거짓이고 그 사실이 거짓임을 인식하여야 할 뿐만 아니라 사람을 비방할 목적이 있어야 한다. 비방할 목적이 있는지 여부는 피고인이 드러낸 사실이 거짓인지 여부와 별개의 구성요건으로서, 드러낸 사실이 거짓이라고 해서 비방할 목적이 당연히 인정되는 것은 아니다. 그리고 이 규정에서 정한 모든 구성요건에 대한 증명책임은 검사에게 있다.

'사람을 비방할 목적'이란 가해의 의사와 목적을 필요로 하는 것으로서, 사람을 비방할 목적이 있는지는 드러낸 사실의 내용과 성질, 사실의 공표가 이루어진 상대방의 범위, 표현의 방법 등 표현 자체에 관한 여러 사정을 감안함과 동시에 그 표현으로 훼손되는 명예의 침해 정도 등을 비교·형량하여 판단하여야 한다. '비방할 목적'은 공공의 이익을 위한 것과는 행위자의 주관적 의도라는 방향에서 상반되므로, 드러낸 사실이 공공의 이익에 관한 것인 경우에는 특별한 사정이 없는 한 비방할 목적은 부정된다. 여기에서 '드러낸 사실이 공공의 이익에 관한 것인 경우'란 드러낸 사실이 객관적으로 볼 때 공공의 이익에 관한 것으로서 행위자도 주관적으로 공공의 이익을 위하여 그 사실을 드러낸 것이어야 한다. 그 사실이 공공의 이익에 관한 것인지는 명예훼손의 피해자가 공무원 등 공인(公人)인지 아니면 사인(私人)에 불과한지, 그 표현이 객관적으로 공공성·사회성을 갖춘 공적 관심 사안에 관한 것으로 사회의 여론형성이나 공개토론에 기여하는 것인지 아니면 순수한 사적인 영

역에 속하는 것인지, 피해자가 명예 훼손적 표현의 위험을 자초한 것인지 여부, 그리고 표현으로 훼손되는 명예의 성격과 침해의 정도, 표현의 방법과 동기 등 여러 사정을 고려하여 판단하여야 한다. 행위자의 주요한 동기와 목적이 공공의 이익을 위한 것이라면 부수적으로 다른 사익적 목적이나 동기가 포함되어 있더라도 비방할 목적이 있다고 보기는 어렵다.

바. 컴퓨터에 저장되어 있던 직장 동료의 사내 메신저 대화 내용을 몰래 열람·복사한 행위가 정보통신망에 의해 처리·보관·전송되는 타인 비밀의 침해·누설 행위에 해당하는지 여부

🏛 대법원 2018. 12. 27. 선고 2017도15226 판결[정보통신망이용촉진및정보보호등에관한 법률위반(정보통신망침해등)]

판결의 요지

정보통신망 이용촉진 및 정보보호 등에 관한 법률(이하 '정보통신망법'이라 한다) 제49조는 "누구든지 정보통신망에 의하여 처리·보관 또는 전송되는 타인의 정보를 훼손하거나 타인의 비밀을 침해·도용 또는 누설하여서는 아니 된다."라고 정하고, 제71조 제1항 제11호는 '제49조를 위반하여 타인의 정보를 훼손하거나 타인의 비밀을 침해·도용 또는 누설한 자는 5년 이하의 징역 또는 5천만 원 이하의 벌금에 처한다.'고 정하고 있다.

정보통신망법은 정보통신망의 이용을 촉진하고 정보통신서비스를 이용하는 자의 개인정보를 보호함과 아울러 정보통신망을 건전하고 안전하게 이용할 수 있는 환경을 조성하여 국민생활의 향상과 공공복리의 증진에 이바지하기 위한 목적으로 제정되었다(제1조). 정보통신망은 전기통신사업법 제2조 제2호에 따른 전기통신설비를 이용하거나 전기통신설비와 컴퓨터 및 컴퓨터의 이용기술을 활용하여 정보를 수집·가공·저장·검색·송신 또는 수신하는 정보통신체제를 말한다(제2조 제1항 제1호). 전기통신설비는 전기통신을 하기 위한 기계·기구·선로 또는 그 밖에 전기통신에 필요한 설비를 말한다(전기통신사업법 제2조 제2호). 정보통신망법 제49조의 규율 내용이 포괄적이기 때문에, 위와 같은 정보통신망법의 입법목적이나 정보통신망의 개념 등을 고려하여 그 조항을 해석해야 한다.

정보통신망법 제49조 위반행위의 객체인 '정보통신망에 의해 처리·보관 또는 전송되는 타인의 비밀'에는 정보통신망으로 실시간 처리·전송 중인 비밀, 나아가 정보통신망으로 처리·전송이 완료되어 원격지 서버에 저장·보관된 것으로 통신기능을 이용한 처리·전송을 거쳐야만 열람·검색이 가능한 비밀이 포함됨은 당연하다. 그러나 이에 한정되는 것은 아니다. 정보통신망으로 처리·전송이 완료된 다음 사용자의 개인용 컴퓨터(PC)에 저장·보관되어 있더라도, 그 처리·전송과 저장·보관이 서로 밀접하게 연계됨으로써 정보통신망과 관련된 컴퓨터 프로그램을 활용해서만 열람·검색이 가능한 경우 등 정보통신체제 내에서 저장·보관 중인 것으로 볼 수 있는 비밀도 여기서 말하는 '타인의 비밀'에 포함된다고 보아야 한다. 이러한 결론은 정보통신망법 제49조의 문언, 정보통신망법상 정보통신망의 개념, 구성요소와 기능, 정보통신망법의 입법목적 등에 비추어 도출할 수 있다.

또한 정보통신망법 제49조에서 말하는 '타인의 비밀'이란 일반적으로 알려져 있지 않은 사실로서 이를 다른 사람에게 알리지 않는 것이 본인에게 이익이 되는 것을 뜻한다.

정보통신망 이용촉진 및 정보보호 등에 관한 법률(이하 '정보통신망법'이라 한다) 제49조에서 말하는 타인의 비밀 '침해'란 정보통신망에 의하여 처리·보관 또는 전송되는 타인의 비밀을 정보통신망에 침입하는 등 부정한 수단 또는 방법으로 취득하는 행위를 말한다. 타인의 비밀 '누설'이란 타인의 비밀에 관한 일체의 누설행위를 의미하는 것이 아니라, 정보통신망에 의하여 처리·보관 또는 전송되는 타인의 비밀을 정보통신망에 침입하는 등의 부정한 수단 또는 방법으로 취득한 사람이나 그 비밀이 위와 같은 방법으로 취득된 것임을 알고 있는 사람이 그 비밀을 아직 알지 못하는 타인에게 이를 알려주는 행위만을 의미한다.

정보통신망법 제48조 제1항은 정보통신망에 대한 보호조치를 침해하거나 훼손할 것을 구성요건으로 하지 않고 '정당한 접근권한 없이 또는 허용된 접근권한을 넘어' 정보통신망에 침입하는 행위를 금지하고 있다. 정보통신망법 제49조는 제48조와 달리 정보통신망 자체를 보호하는 것이 아니라 정보통신망에 의하여 처리·보관 또는 전송되는 타인의 정보나 비밀을 보호대상으로 한다. 따라서 정보통신망법 제49조의 '타인의 비밀 침해 또는 누설'에서 요구되는 '정보통신망에 침입하는 등 부정한 수단 또는 방법'에는 부정하게 취득한 타인의 식별부호(아이디와 비밀번호)를 직접 입력하거나 보호조치에 따른 제한을 면할 수 있게 하는 부정한 명령을 입력하는 등의 행위에 한정되지 않는다. 이러한 행위가 없더라도 사용자가 식별부호를 입력하여 정보통신망에 접속된 상태에 있는 것을 기화로 정당한 접근권한 없는 사람이 사용자 몰래 정보통신망의 장치나 기능을 이용하는 등의 방법으로 타인의 비밀을 취득·누설하는 행위도 포함된다. 그와 같은 해석이 죄형법정주의에 위배된다고 볼 수는 없다.

어떠한 행위가 위법성조각사유로서 정당행위나 정당방위가 되는지 여부는 구체적인 경우에 따라 합목적적·합리적으로 가려야 하고, 또 행위의 적법 여부는 국가질서를 벗어나서 이를 가릴 수 없는 것이다. 정당행위로 인정되려면 첫째 행위의 동기나 목적의 정당성, 둘째 행위의 수단이나 방법의 상당성, 셋째 보호법익과 침해법익의 법익균형성, 넷째 긴급성, 다섯째 그 행위 이외의 다른 수단이나 방법이 없다는 보충성의 요건을 모두 갖추어야 한다. 그리고 정당방위가 성립하려면 침해행위에 의하여 침해되는 법익의 종류, 정도, 침해의 방법, 침해행위의 완급과 방위행위에 의하여 침해될 법익의 종류, 정도 등 일체의 구체적 사정들을 참작하여 방위행위가 사회적으로 상당한 것이어야 한다.

【평석】 전송된 파일에는 피해자들의 선교 활동 계획 및 피고인을 비롯한 회사직원들에 대한 피해자들의 개인감정, 피해자들과 함께 하는 선교 모임의 구성원 이름, 건강 검진 내용 등에 관한 대화 내용이 있었다. 사내 정보통신망에 의한 근로자들 간의 사적 통신 내용의 비밀성을 인정할 것인지, 나아가 사용자 감시권과 근로자 프라이버시와의 관계 등이 이 사건 쟁점이다. 사인이 증거수집을 목적으로 범행을 저지른 경우 정당행위 성립 가능성에 대하여 성립을 부정한 대법원 2004다16280 판결, 2006도6389 판결, 긍정한 2007도6243 판결, 2010도16827판결 들이 있다. 정보통신망법의 입법 취지와 연혁, 유사한 관련 규정과의 체계, 다양한 선례와 사안과의 대비 속에 종합적이고 합리적인 해석 기준을 제시한 대법원판결이다.[113]

한편, "피고인이 자신이 운영하는 인터넷 사이트 카페에 개인정보가 담겨 있는 '특정 종교 교인 명단' 파일을 업로드하여 이에 접속하는 다른 회원들로 하여금 이를 다운로드받아 볼 수 있게 함으로써 정보통신망에 의하여 처리·보관 또는 전송

---

113) 하태한, 정보통신망 이용촉진 및 정보보호 등에 관한 법률 제49조에서 '정보통신망에 의해 처리·보관·전송되는 타인의 비밀 침해'의 의미, 대법원판례해설, 제118호(2018년 하), 법원도서관, 723면

되는 타인의 비밀을 침해·도용 또는 누설하였다는 내용으로 기소된 사안에서, 설령 위 명단이 타인의 비밀에 해당하여 보호받을 필요성이 인정된다 하더라도 원래 정보통신망에 의하여 처리·보관 또는 전송되던 것을 정보통신망을 침해하는 방법 등으로 명단의 작성자나 관리자의 승낙 없이 취득한 것이라는 점을 인정할 증거가 없는 이상, 피고인의 행위가 정보통신망 이용촉진 및 정보보호 등에 관한 법률 제49조에 규정된 정보통신망에 의하여 처리·보관 또는 전송되는 타인의 비밀을 침해·도용 또는 누설한 경우에 해당한다고 볼 수 없다"는 이유로 무죄를 선고한 대법원 2012. 12. 13. 선고 2010도10576 판결이 있다.[114)

37. 정치자금법 위반

가. 정치자금을 '정치 활동을 위한 경비' 외의 용도로 지출하는 것을 금지하는 정치자금법 제2조 제3항에서 말하는 '사적 경비', '부정한 용도'의 의미 및 구체적 사안에서 정치자금이 정치 활동을 위하여 소요되는 경비 외의 용도로 지출되었는지 판단하는 기준

🏛 대법원 2021. 6. 10. 선고 2020도14321 판결[정치자금법위반]

판결의 요지

정치자금법은 정치자금의 적정한 제공을 보장하고 그 수입과 지출 내역을 공개하여 투명성을 확보하는 동시에 정치자금과 관련한 부정을 방지함으로써 민주정치의 건전한 발전에 기여하는 데에 입법 목적이 있다(제1조). 그에 따라 정치자금은 국민의 의혹을 사는 일이 없도록 공명정대하게 운용되어야 하고(제2조 제2항), 정치활동을 위한 경비가 아닌 사적 경비로 지출하거나 부정한 용도로 지출하여서는 아니 되며(제2조 제3항), 이를 위반하는 행위는 형사처벌의 대상이 된다. 여기에서 말하는 '사적 경비'란 가계에 대한 지원이나 보조, 개인적인 채무의 변제나 대여, 사적 모임의 회비나 그에 대한 지원경비, 개인적인 여가나 취미활동을 위한 비용 등

---

114) 이 판결에 대한 평석으로는 박진환, 정보통신망 이용촉진 및 정보보호 등에 관한 법률 제71조 제11호, 제49조에 규정된 '정보통신망에 의하여 처리·보관 또는 전송되는 타인의 비밀누설'의 의미, 대법원판례해설, 제94호(2012년 하), 법원도서관, 1010면 참조

의 용도로 사용하는 경비를 의미하고, '부정한 용도'란 이러한 사적 경비 이외의 경우로서 정치자금의 지출 목적이 위법한 것뿐만 아니라 사회상규나 신의성실의 원칙에 위배되는 부당한 경우를 의미한다. 구체적 사안에서 정치자금이 정치 활동을 위하여 소요되는 경비 외의 용도로 지출되었는지 여부는 지출의 목적, 상대방, 지급액수 및 전후 경위 등을 종합적으로 고려하여 정치활동의 목적을 위하여 그 지출이 필요하다고 평가할 수 있는지에 따라 판단하여야 한다.

나. 피고인이 된 '정치활동을 하는 자'가 받은 형사재판 변호사 선임비용을 정치자금법상 '정치자금 수수'로 볼 수 있는지 여부 및 이때 수수된 변호사 선임비용이 '정치자금'에 해당하는지 판단하는 기준

🏛 대법원 2014. 3. 13. 선고 2011도8330 판결[정치자금법위반]

판결의 요지

정치활동을 하는 자가 형사소추를 당하여 형사피고인이 된 경우, 그 형사소추는 검사에 의해 이루어진 것이어서 당해 형사재판에서 범죄혐의를 벗거나 유리한 양형을 받기 위해 소극적으로 하는 피고인의 방어 및 변호활동을 일반적으로 정치활동이라고 할 수는 없으므로, 정치활동을 하는 자가 형사재판에서 소요될 변호사 선임비용을 제공받았다고 하더라도 원칙적으로 이를 정치자금 수수라고 볼 수는 없다.

다만 형사재판에서 소요될 변호사 선임비용 명목으로 자금이 수수된 경우라도, 당해 형사재판이 그의 정치활동과 관련된 범죄로 인한 것으로서 자금 수수가 그의 정치활동의 유지를 위한 목적에서 이루어진 것이라면 그러한 자금도 정치자금이 될 수 있다. 이때 수수된 변호사 선임비용이 정치자금에 해당하는지 여부는 당해 형사소추와 피고인의 정치활동과의 관련성, 재판결과가 정치활동의 유지에 미치는 영향, 피고인과 자금제공자의 관계 및 수수된 자금의 규모 등 당해 형사재판을 둘러싸고 자금 수수와 관련하여 나타난 여러 사정을 종합적으로 고려하여 판단하여야 한다.

【평석】 통상적으로는 형사소송에서 변론행위를 정치 활동이라고 볼 수는 없으므로 형사재판의 소송비용을 제공받았다 하더라도 이를 정치자금 수수라고 바로 단

정하기는 어렵다. 하지만 그 형사 재판이 피고인의 정치활동과 관련된 범죄로 인한 것으로서 변호사 비용이 그의 정치활동의 유지를 위한 목적에서 이루어진 것이라면 정치자금이 될 수 있다고 판시한 최초의 판결로 보고 있다.[115]

다. 정치자금법 제31조 제2항에서 기부금지 대상으로 정한 '법인 또는 단체와 관련된 자금'에 해당하는 경우 및 그 판단 기준(00회 입법 로비 사건)

🏛 대법원 2013. 10. 31. 선고 2011도8649 판결[정치자금법위반]

판결의 요지

정치자금법 제31조 제1항, 제2항의 입법 취지와 연혁, 각 규정의 내용 및 관계 등에 비추어 볼 때, 정치자금법 제31조 제1항에서 "법인 또는 단체는 정치자금을 기부할 수 없다."고 한 것은 법인 또는 단체 스스로 자신의 자금으로 정치자금을 기부하는 행위를 금지하는 규정이라고 보아야 하고, 한편 정치자금법 제31조 제2항에서 법인 또는 단체 스스로 정치자금을 기부하지 않더라도 그와 관련된 자금으로 정치자금을 기부하는 것을 금지한다고 하여 법인 또는 단체가 기부자금 마련에 어떤 형태로든 관련되기만 하면 모두 정치자금법 제31조 제2항에서 규정한 기부금지 대상인 '법인 또는 단체와 관련된 자금'에 해당한다고 보아서는 안 될 것이지만, 법인 또는 단체가 기부자금의 모집·조성에 주도적·적극적으로 관여함으로써 모집·조성된 자금을 법인 또는 단체가 처분할 수 있거나 적어도 그와 동일시할 수 있는 정도의 자금인 경우에는 '법인 또는 단체와 관련된 자금'에 해당한다고 보아야 한다. 나아가 구체적 사안에서 자금이 법인 또는 단체와 그와 같은 관련이 있는지 여부는 자금 모집과 기부가 이루어진 일련의 과정을 전체적으로 파악하여 판단하여야 한다.

전국0000친목협의회(이하 '00회'라고 한다) 임원인 피고인들이 공모하여, 청원경찰법 개정과정에서 입법 로비를 위하여 청목회 내에서 모금된 특별회비 자금을 회원 개인 명의의 후원금 명목으로 다수의 국회의원들에게 정치자금으로 기부하였다고 하여 정치자금법 위반으로 기소된 사안에서, 위 특별회비 자금은 단체인 청목회가 자신의 이름을 사용하여 주도적으로 모집·조성하여 청목회 자신의 의사결정에

---

115) 박영호, 형사재판에서 소요될 변호사 선임비용을 제공받은 것이 정치자금법상 정치자금 수수에 해당하는지 여부, 대법원판례해설, 제102호(2014년 상), 법원도서관, 521면

따라 기부할 수 있는 돈으로서 정치자금법 제31조 제2항에서 정한 '단체와 관련된 자금'에 해당한다.

정치자금법 제32조의 입법 취지, 정치자금법 제32조 제3호가 "누구든지 공무원이 담당·처리하는 사무에 관하여 청탁 또는 알선하는 일과 관련하여 정치자금을 기부하거나 받을 수 없다."고 규정하여 청탁행위와 알선행위를 모두 금지대상으로 하고 있는데 '청탁'은 알선과는 달리 기부행위를 받은 공무원과 분리된 다른 공무원이 담당·처리하는 사무를 당연한 전제로 하고 있지 아니한 점 등에 비추어 보면, 기부자가 당해 정치자금을 받은 공무원이 직접 담당·처리하는 사무에 관하여 청탁하는 일과 관련하여 정치자금을 기부하는 행위 역시 위 조항에 위배된다.

【평석】 정치자금법 제31조 제2항의 해석에 있어서 기부자가 공무원이자 정치인인 국회의원이 직접 당당 처리하는 입법개정에 관한 청탁을 위하여 정치자금을 제공하는 행위도 위법하다고 판단한 최초의 판시라는 점에 의의가 있다.[116]

38. 조세범 처벌법 위반

가. 제9조 성실신고의 방해 행위

특정범죄가중처벌 등에 관한 법률 제8조 제1항 소정의 '연간'의 의미(1월 1일부터 12월 31일까지의 1년간) 및 '연간 포탈세액 등'의 의미{각 세목의 과세기간 등에 관계없이 각 연도별(1월 1일부터 12월 31일까지)로 포탈한 또는 부정 환급받은 모든 세액을 합산한 금액}

🏛 대법원 2000. 4. 20. 선고 99도3822 전원합의체 판결[특정범죄가중처벌등에관한법률위반(조세)]

---

116) 김강대, 국회의원에 대한 입법 로비를 위해 정치자금을 기부한 것이 정치자금법 제32조 제2호의 '공무원이 담당·처리하는 사무에 관하여 청탁 또는 알선하는 일과 관련하여 정치자금을 기부한 경우'에 해당하는지 여부, 00회 입법로비 사건, 대법원판례해설, 제98호(2013년 하), 법원도서관, 642면

[다수의견] 원래 조세포탈범의 죄수는 위반 사실의 구성요건 충족 회수를 기준으로 하여 예컨대, 소득세포탈범은 각 과세년도의 소득세마다, 법인세포탈범은 각 사업년도의 법인세마다, 그리고 부가가치세의 포탈범은 각 과세기간인 6월의 부가가치세마다 1죄가 성립하는 것이 원칙이나, 특정범죄가중처벌등에 관한 법률 제8조 제1항은 연간 포탈세액이 일정액 이상이라는 가중사유를 구성요건화하여 조세범처벌법 제9조 제1항의 행위와 합쳐서 하나의 범죄유형으로 하고 그에 대한 법정형을 규정한 것이므로, 조세의 종류를 불문하고 1년간 포탈한 세액을 모두 합산한 금액이 특정범죄가중처벌등에 관한 법률 제8조 제1항 소정의 금액 이상인 때에는 같은 항 위반의 1죄만이 성립하고, 또한 같은 항 위반죄는 1년 단위로 하나의 죄를 구성하며 그 상호간에는 경합범 관계에 있다 할 것이고, 따라서 같은 항에 있어서 '연간'은 그 적용대상이 되는지 여부를 판단하기 위한 포탈세액을 합산하여야 할 대상 기간을 의미할 뿐만 아니라, 그 죄수와 기판력의 객관적 범위를 결정하는 주요한 구성요건의 하나이므로 일반인의 입장에서 보아 어떠한 조세포탈행위가 같은 항 위반의 죄가 되고 또 어떤 형벌이 과하여지는지 알 수 있도록 그 개념이 명확하여야 하는데, 같은 항에서와 같이 연간이라는 용어를 사용하면서 그 기산시점을 특정하지 아니한 경우에는 역법상의 한 해인 1월 1일부터 12월 31일까지의 1년간으로 이해하는 것이 일반적이며 이렇게 보는 것이 형벌 법규의 명확성의 요청에 보다 부응한다 할 것이고, 그리고 포탈범칙행위는 조세범처벌법 제9조의3 소정의 신고·납부기한이 경과한 때에 비로소 기수에 이르는 점 등에 비추어 보면, 특정범죄가중처벌 등에 관한 법률 제8조 제1항에서 말하는 '연간 포탈세액 등'은 각 세목의 과세기간 등에 관계없이 각 연도별(1월 1일부터 12월 31일까지)로 포탈한 또는 부정환급받은 모든 세액을 합산한 금액을 의미한다 할 것이다.

[반대의견] 특정범죄가중처벌 등에 관한 법률 제8조는 조세범처벌법 제9조 제1항에 규정된 죄를 지은 사람의 포탈세액 등이 연간 일정한 금액 이상에 달할 경우 가중하여 처벌하는 규정으로서, 단기간 내에 많은 금액의 조세를 부정한 행위로써 포탈하거나 환급·공제받은 사람을 포탈세액 등의 금액에 따라 엄하게 처벌함으로써 건전한 사회질서를 유지하고 국민경제의 발전에 기여하려는 데에 그 입법목적이 있고, 또 문리상으로도 특정범죄가중처벌등에 관한 법률 제8조 제1항의 '연간'

은 법문대로 '1년의 기간'을 의미하는 것으로 해석될 뿐 각 연도별 1월 1일부터 12월 31일까지를 의미한다고 볼 아무런 근거가 없으며, 뿐만 아니라 형법 제83조는 연 또는 월로써 정한 기간은 역수(曆數)에 따라 계산한다고 규정하고 있는 점 등에 비추어 볼 때 특정범죄가중처벌 등에 관한 법률 제8조 제1항의 '연간'은 기소된 최초의 포탈 등 범칙행위의 성립시기인 어느 해의 특정 시점으로부터 1년의 기간을 뜻하는 것이라고 해석하여야 한다.

나. 조세범 처벌법 위반과 공소사실의 특정

🏛 대법원 2006. 12. 26. 선고 2006도5147 판결[증권거래법위반 · 부정수표단속법위반 · 사기 · 조세범처벌법위반 등] (대법원 2005. 11. 10. 선고 2005도6084 판결, 2003. 8. 22. 선고 2003도2626 판결 등 참조)

판결의 요지

조세범 처벌법 제11조의2 제4항 소정의 무거래 세금계산서 교부죄는 각 세금계산서마다 하나의 죄가 성립한다고 할 것이므로, 세금계산서마다 그 공급가액이 공소장에 기재되어야 개개의 범죄사실이 구체적으로 특정되었다고 볼 수 있고, 세금계산서의 총 매수와 그 공급가액의 합계액이 기재되어 있다고 하여 공소사실이 특정되었다고 볼 수는 없다.

【평석】 위 판례는 피고인에 대한 조세범 처벌법 위반의 공소사실 중 세금계산서마다 그 공급가액이 기재되어 있지 않고 세금계산서의 총 매수와 그 공급가액의 합계액만이 기재된 부분에 대하여 공소사실이 특정되지 않았다고 판단하여 그 부분에 대한 공소를 기각한 제1심판결 부분을 그대로 유지하였다.

다. 미등록사업자로부터 세금계산서를 발급받지 않은 경우

🏛 대법원 2019. 6. 27. 선고 2018도14148 판결[특정범죄가중처벌등에관한법률위반(허위세금계산서교부등)(예비적 죄명: 조세범처벌법위반) · 조세범처벌법위반]

　구 조세범 처벌법(2018. 12. 31. 법률 제16108호로 개정되기 전의 것, 이하 같다)은 '부가가치세법에 따라 세금계산서를 작성하여 발급하여야 할 자'가 세금계산서를 발급하지 아니한 행위(제10조 제1항 제1호)와 '부가가치세법에 따라 세금계산서를 발급받아야 할 자'가 공급자와 통정하여 세금계산서를 발급받지 아니한 행위(제10조 제2항 제1호)를 각 처벌하도록 정하고 있다. 이는 세금계산서 발급을 강제하여 거래를 양성화하고, 세금계산서를 발급하지 않거나 발급받지 않아 조세의 부과와 징수를 불가능하게 하거나 현저히 곤란하게 하는 것을 막고자 하는 취지이다.

　한편 '세금계산서를 발급하여야 할 자'에 관하여, 구 부가가치세법(2013. 6. 7. 법률 제11873호로 전부 개정되기 전의 것)에서는 '납세의무자로 등록한 사업자'가 재화 또는 용역을 공급하는 경우에는 세금계산서를 발급하여야 한다고 규정하고 있다가(제16조 제1항), 위 법률 제11873호로 전부 개정되어 2013. 7. 1. 시행된 부가가치세법에서는 '납세의무자로 등록한 사업자'가 '사업자'로 개정되었다(제32조 제1항). 여기서 '사업자'란 부가가치세법상 사업자등록 여부를 불문하고 사업 목적이 영리이든 비영리이든 관계없이 사업상 독립적으로 재화 또는 용역을 공급하는 자를 말한다(개정된 부가가치세법 제2조 제3호).

　이와 같은 관련 규정의 체계와 입법 취지 및 개정된 부가가치세법의 문언 내용 등에 비추어 보면, 개정된 부가가치세법이 시행된 2013. 7. 1. 이후에 재화 또는 용역을 공급한 '사업자'는 부가가치세법에 따른 사업자등록을 하였는지와 상관없이 구 조세범 처벌법 제10조 제1항 제1호의 '부가가치세법에 따라 세금계산서를 작성하여 발급하여야 할 자'에 해당한다. 다만 위에서 '사업자'는 일반과세자를 말하므로 간이과세자 및 면세사업자는 이에 해당하지 않고, 일반과세자도 세금계산서 발급의무가 면제되는 경우(부가가치세법 제33조)와 영수증 발급대상인 경우(같은 법 제36조)에는 구 조세범 처벌법 제10조 제1항 제1호의 '부가가치세법에 따라 세금계산서를 작성하여 발급하여야 할 자'에 해당하지 않는다.

　【평석】 개정 부가가치세법에 따라 사업자등록을 하지 않은 사업자로부터 세금계산서를 발급받지 않은 경우에도 조세범처벌법 제10조 제2항 제1호의 세금계산서 미수취죄가 성립할 수 있다고 판시하였다. 사업자등록을 하지 않으면 현실적으로

세금계산서를 발급하기 어렵지만, 그것을 이유로 위 판결이 부당하다는 주장은 받아들이기 어렵다.[117]

라. 법인의 사업자등록을 하면서 법인의 대표자 성명을 다른 사람의 것을 사용하거나 이를 허락한 경우, 조세범 처벌법 제11조의 구성요건에 해당하는지 여부(원칙적 소극)

🏛 대법원 2016. 11. 10. 선고 2016도10770 판결[특정범죄가중처벌등에관한법률위반(조세) · 조세범처벌법위반]

판결의 요지

조세범 처벌법 제11조 제1항은 조세의 회피 등을 목적으로 타인의 성명을 사용하여 사업자등록을 하는 행위를, 동조 제2항은 그와 같이 자신의 성명을 사용하여 사업자등록을 할 것을 허락하는 행위를 각 구성요건으로 하는데, 위 규정의 내용, 입법 취지 및 형벌법규는 엄격하게 해석하여야 한다는 죄형법정주의의 원칙 등에 비추어 보면, 위 구성요건은 사업자등록에서의 사업자의 성명 자체를 다른 사람의 것을 사용하거나 이를 허락한 경우를 말하는 것일 뿐이고, 다른 특별한 사정이 없는 한 법인의 사업자등록을 하면서 단지 법인의 대표자 성명을 다른 사람의 것을 사용하거나 이를 허락한 경우는 위 구성요건에 해당하지 않는다.

【평석】 구 조세범처벌법 제11조 제1항의 '타인의 성명을 사용하여 사업자 등록을 한 행위'에 법인 명의 사업자등록을 하면서 그 대표자를 타인 명의로 한 경우도 포함되는지에 대하여 긍정설과 부정설이 있는데, 대법원은 부정설의 입장에서 피고인들에 대하여 무죄의 입장이다. 죄형법정주의, 조세법이 규정한 사업자등록제도의 목적, 위 조항의 입법 취지 등을 살펴 부정설을 취한 최초의 판시로 보고 있다.[118]

---

117) 이용호, 미등록사업자로부터 세금계산서를 발급받지 않은 경우 조세범 처벌법 제10조 제2항 제1호 위반죄가 성립하는지 여부, 대법원판례해설(제120호 2019년 상), 법원도서관, 686면
118) 지귀연, 법인의 사업자등록을 하면서 법인의 대표자 성명을 다른 사람의 것을 사용하거나 이를 허락한 경우, 조세범처벌법 제11조의 구성요건에 해당하는지 여부, 대법원판례해설, 제110호(2016년 하), 법원도서관, 731면

39. 집회 및 시위에 관한 법률 위반

가. 집회 및 시위에 관한 법률 위반의 판단 기준

> 🏛 대법원 2012. 2. 9. 선고 2011도14467 판결[일반교통방해 · 집회및시위에관한법률위반]
> (서울서부지방법원 2012노1121 일반교통방해 참조 - 무죄)

판결의 요지

신고 후 개최된 옥외집회나 시위가 신고의 범위를 벗어나 신고된 옥외집회 또는 시위와 동일성이 없거나 집회 및 시위에 관한 법률(이하 '집시법'이라 한다) 제16조 제4항 제3호에서 정한 '신고한 목적, 일시, 장소, 방법 등의 범위를 뚜렷이 벗어나는 행위'에 해당하는지 여부는, 집회 · 시위의 자유가 헌법상 보장된 국민의 기본권이라는 점과, 집회 등의 주최자로서는 사전에 그 진행방법의 세부적인 사항까지 모두 예상하여 빠짐없이 신고하기 어려울 뿐 아니라 그 진행 과정에서 방법의 변경이 불가피한 경우도 있을 수 있다는 점을 염두에 두고, 신고내용과 실제 상황을 구체적 · 개별적으로 비교하여 살펴본 다음 이를 전체적 · 종합적으로 평가하여 판단하여야 한다(대법원 2008. 7. 10. 선고 2006도9471 판결, 대법원 2010. 3. 11. 선고 2009도 10425 판결 등 참조).

또한 집시법에 의하여 적법한 신고를 마치고 도로에서 집회나 시위를 하는 경우 도로의 교통이 어느 정도 제한될 수밖에 없으므로, 그 집회 또는 시위가 신고된 범위 내에서 행해졌거나 신고된 내용과 다소 다르게 행해졌어도 신고된 범위를 현저히 일탈하지 않는 경우에는 그로 인하여 도로의 교통이 방해를 받았다고 하더라도 특별한 사정이 없는 한 형법 제185조 소정의 일반교통방해죄가 성립한다고 볼 수 없다(대법원 2009. 11. 13. 선고 2006도755 판결 등 참조).

원심이 그 판시와 같은 이유를 들어 일반교통방해 및 집회 및 시위에 관한 법률 위반의 점에 관한 이 사건 공소사실에 관하여 각 그 범죄의 증명이 없음을 이유로 무죄를 선고한 것은 위와 같은 법리에 따른 것으로서 수긍할 수 있고, 거기에 논리와 경험의 법칙에 반하여 자유심증주의의 한계를 벗어나거나 일반교통방해죄 및 집회 및 시위에 관한 법률 위반죄에 관한 법리를 오해한 위법이 없다.

【평석】 원심판결인 부산지방법원 2011노2225 판결의 내용은 다음과 같다.

"위와 같은 법리 등에 비추어 이 사건으로 돌아와 살피건대, 원심이 적법하게 채택·조사한 증거들에 의하여 인정되는 다음과 같은 사정들, 즉 ① 부산환경운동연합 회원팀국장 000는, 피고인으로부터 이 사건 집회신고에 관한 권한을 위임받아, 집회명칭 '00스님 시민추모문화제', 개최일시 '2010년 7월 17일(토) 오후 17시~23시', 개최장소 '서면 쥬디스태화 앞', 참가예정인원 '700명', 시위방법 '발언, 공연, 영상물 상영, 판넬전 등', 참조사항 '앰프, 현수막 2개, 피켓 100 등'을 내용으로 하는 집회신고서를 워드프로세서로 작성하여 2010. 7. 12. 부산진경찰서에 제출하였으나, 담당 경찰관은 개최장소를 '인도'라고 특정해 줄 것을 요청하였고, 이에 000는 담당 경찰관의 요구에 따라 개최장소란에 자필로 '(부전2동 193) 인도'를 추가 기재하였던 점, ② 이 사건 집회신고서에 기재된 참가예정인원은 '700명', 시위방법은 '발언, 공연, 영상물 상영, 판넬전 등'이었는데, 쥬디스태화 앞 도로 사정을 고려하면, 쥬디스태화 앞 '인도'에서는 700명의 인원이 참가하여 공연 등 문화제를 진행하는 집회를 개최하기 힘든 것으로 보이고, 따라서 집회참가자들이 그 주변 차로까지 점거할 수도 있음은 충분히 예견 가능한 점, ③ 부산진경찰서장에 대한 사실조회 회신결과에 의하면, 2009년부터 2010년까지 집회를 신고하는 경우 '쥬디스태화', '쥬디스태화 앞, 옆' 등만 기재하는 집회신고가 이루어져 왔고, 더구나 참가예정 인원이 300명이 넘는 경우에 쥬디스태화 앞 인도라고 신고된 예가 거의 없는 점(공판기록 50~61면), ④ 이와 같은 사정에 비추어, 담당 경찰관도 700명의 참가예정 인원으로 하는 이 사건 집회를 쥬디스태화 '인도'에서 개최하도록 하는 것이 사실상 불가능하여 참가자들이 차도까지 점거할 수도 있다는 가능성을 어느 정도 예상하고 있었다고 봄이 상당한 점, ⑤ 이 사건 집회에 실제 참가한 인원은 약 400여명이었고, 집회참가자들은 쥬디스태화 앞 차로에 앉은 상태에서 19:55부터 20:10까지는 천도제, 20:12부터 21:34까지는 추모 발언, 노래공연, 진혼무 등 방법으로 집회를 진행한 후 자진 해산하였는바, 이에 의하면 이 사건 집회는 신고한 장소 이외에는 목적, 일시, 주최자, 참가인원, 방법에 있어서는 그 범위를 현저히 일탈한 것으로 볼 만한 별다른 사정은 보이지 않는 점, ⑥ 다만, 피고인을 비롯한 이 사건 집회 주최자들이 쥬디스태화 앞 차로의 양쪽 진입로를 무대 차량, 트럭, 승합차량으로 막은 다음 무대를 설치하였고, 이 사건 집회참가자들이 쥬디스태화 앞 차로에 앉아 약 1시간 39분 동안 위 도로를 점거한 사정은 있으나, 집회참가자 400

명의 인원이 공연 등 문화제 형식의 집회를 쥬디스태화 앞 인도에서만 개최하기는 힘들어 인접한 그 앞 차도를 점거하지 않을 방법은 없어 보이는바, 쥬디스태화 앞 차로는 왕복 2차로로 상인들의 가판대들도 즐비하고 사람들의 통행도 많은 상황에서, 이 사건 집회참가자들이 쥬디스태화 양쪽 진입로를 막은 것은 집회진행과 집회 참가자들의 안전을 위한 질서유지를 위한 조치로 볼 여지가 있는 점 등을 종합하면, 피고인이 신고한 집회 개최장소의 범위를 뚜렷이 벗어나는 행위를 하였다고 보기 어렵고, 그밖에 달리 이를 인정할 증거가 없다.

따라서 피고인에 대한 이 부분 공소사실은 범죄의 증명이 없는 때에 해당함에도 피고인을 유죄로 인정한 원심판결에는 사실을 오인하거나 법리를 오해하여 판결에 영향을 미친 위법이 있고, 이를 지적하는 피고인의 주장은 이유 있다.

【해설】 집회·시위가 많은 우리나라에서 유·무죄를 판단하기 위한 사실인정과 법리판단을 위해 여러 제반 사정을 살펴보아야 한다. 여러 판례가 있지만 신고 범위를 일탈한 집회 관련 판례는 다음과 같다.

"원심판결 이유와 기록에 의하면, ① 이 사건 공장에는 총 7개의 출입구가 있고, 그 중 정문과 서문은 대형 차량이 교차 진행할 수 있는 큰 문이고, 남문은 주로 보행자나 자전거가 통행하는 문인데, 정문은 서문으로부터 약 2km, 남문은 서문으로부터 약 1km 정도 떨어져 있는 사실, ② 피고인 이00는 관할 경찰서장에게 '이 사건 공장 서문 앞'에서 2009. 9. 9.부터 2009. 9. 16.까지 및 2009. 9. 24.부터 2009. 9. 30.까지의 기간 동안 일출시부터 일몰시까지의 시간대에 '비정규직 탄압 △△△△ 규탄, 비정규직 지회 인정, 해고자 복직'을 목적으로 하는 '△△ 비정규직 투쟁승리 결의대회'라는 명칭의 집회를 개최한다는 내용의 집회신고를 한 사실, ③ 그런 다음 피고인 이00는 매주 1회씩 오후 시간대를 이용하여 공장 서문 앞에서 100여 명이 참가하는 집회를 개최하였는데, 그와 같이 실제 집회를 개최하는 당일 오전 출근시간대에 조합원 2~4명을 1개조로 편성하여 회사의 부당노동행위를 규탄하는 내용의 피켓을 각자 들고 공장 출입구에 약 1시간 정도 서 있거나 유인물 배포를 하게 한 사실, ④ 그 당시 집회장소로 신고된 공장 서문에서는 3명 또는 4명의 조합원이, 공장 정문과 남문에서는 각각 2명 또는 3명의 조합원이 위와 같은 행위를 한 사실, ⑤ 이를 담당한 조합원들은 구호제창은 하지 않고 피켓을 들고 서 있거나 유인물을 배포하는 방법으로 당일 오후에 개최하는 집회 관련 사항 등을 공장 직원 등에게 알린 사실을 알 수 있다.

위와 같은 행위의 동기 또는 경위, 수단과 방법, 참가자의 수 등의 사실관계를 앞서 본 법리에 비추어 살펴보면, 이 부분 행위는 적법하게 신고를 마친 집회를 홍보하는 차원에서 신고한 집회 장소와 인접한 장소에서 공공의 안녕질서와 제3자의 재산권이나 권리를 침해하지 않는 방법으로 이루어진 것으로서 통상적으로 집회에 수반하는 행위로 볼 수 있고, 이러한 행위로 인하여 집회신고제도의 목적 달성이 현저히 곤란하게 된다고 보기도 어려우므로, 위 행위가 집시법 제16조 제4항 제3호에서 금지하는 행위에 해당한다고 할 수 없다."(대법원 2012. 6. 28. 선고 2010도14286 판결) 집회 및 시위에 관한 법률(이하 '집시법'이라 한다) 제16조 제4항 제3호에서 정한 '신고한 목적, 일시, 장소, 방법 등의 범위를 뚜렷이 벗어나는 행위'에 해당하는지는 공공의 안녕질서와 제3자의 재산권과 권리 침해 등을 고려하여(행위의 동기 또는 경위, 수단과 방법, 참가자의 수 등) 판단한다.[119]

나. 집회 및 시위에 관한 법률상 미신고 옥외집회 또는 시위라는 이유만으로 해산을 명하고 이에 불응하였다고 하여 처벌할 수 있는지 여부

🏛 대법원 2012. 4. 19. 선고 2010도6388 전원합의체 판결[국가공무원법위반 · 집회및시위에관한법률위반] (전교조 시국선언 사건)(서울서부지방법원 2012노892판결 참조)

판결의 요지

1) 공무원인 교원의 경우에도 정치적 표현의 자유가 보장되어야 하지만, 공무원의 정치적 중립성 및 교육의 정치적 중립성을 선언한 헌법정신과 관련 법령의 취지에 비추어 정치적 표현의 자유는 일정한 범위 내에서 제한될 수밖에 없고, 이는 헌법에 의하여 신분이 보장되는 공무원인 교원이 감수하여야 하는 한계이다. 더구나 공무원인 교원의 정치적 표현행위가 교원의 지위를 전면에 드러낸 채 대규모로 집단적으로 이루어지는 경우에는 그것이 교육현장 및 사회에 미치는 파급력을 고려한 평가가 요구된다. 따라서 공무원인 교원이 집단적으로 행한 의사표현행위가 국가공무원법이나 공직선거법 등 개별 법률에서 공무원에 대하여 금지하는 특정의 정치적 활동에 해당하는 경우나, 특정 정당이나 정치세력에 대한 지지 또는 반대

---

119) 신종열, 신고범위 일탈 집회, 대법원판례해설, 제92집(2012년 상), 법원도서관, 1123면

의사를 직접적으로 표현하는 등 정치적 편향성 또는 당파성을 명백히 드러내는 행위 등과 같이 공무원인 교원의 정치적 중립성을 침해할 만한 직접적인 위험을 초래할 정도에 이르렀다고 볼 수 있는 경우에, 그 행위는 공무원인 교원의 본분을 벗어나 공익에 반하는 행위로서 공무원의 직무에 관한 기강을 저해하거나 공무의 본질을 해치는 것이어서 직무전념의무를 해태한 것이라 할 것이므로, 국가공무원법 제66조 제1항에서 금지하는 '공무 외의 일을 위한 집단행위'에 해당한다고 보아야 한다. 여기서 어떠한 행위가 정치적 중립성을 침해할 만한 직접적인 위험을 초래할 정도에 이르렀다고 볼 것인지는 일률적으로 정할 수 없고, 헌법에 의하여 정치적 중립성이 요구되는 공무원 및 교원 지위의 특수성과 아울러, 구체적인 사안에서 당해 행위의 동기 또는 목적, 시기와 경위, 당시의 정치적·사회적 배경, 행위 내용과 방식, 특정 정치세력과의 연계 여부 등 당해 행위와 관련된 여러 사정을 종합적으로 고려하여 판단하여야 한다.

2) 교사인 피고인들이 전국교직원노동조합(이하 '전교조'라고 한다) 본부 및 지부 간부들과 공모하여, 2009년 정부의 정책과 국정운영을 비판하고 국정쇄신을 촉구하는 내용의 제1차 시국선언(이하 '1차 시국선언'이라고 한다) 및 그에 뒤이어 표현의 자유 보장과 시국선언 탄압 중지 등을 요구하는 내용의 제2차 시국선언(이하 '2차 시국선언'이라고 한다)과 '교사·공무원 시국선언 탄압 규탄대회'(이하 '규탄대회'라고 한다)를 추진하고 적극적으로 관여하여 '공무 외의 일을 위한 집단행위'를 하였다고 하여 구 국가공무원법(2010. 3. 22. 법률 제10148호로 개정되기 전의 것, 이하 '국가공무원법'이라고 한다) 위반으로 기소된 사안에서, 1, 2차 시국선언의 목적, 시기와 경위, 내용, 추진 방식과 그 영향 및 초·중등학교 교원 지위의 특수성 등 여러 사정을 종합하면, 위 행위는 공무원인 교원의 정치적 중립성을 침해할 만한 직접적인 위험을 초래할 정도의 정치적 편향성 또는 당파성을 명확히 드러낸 행위이고, 이는 공무원인 교원의 본분을 벗어나 공익에 반하는 행위로서 공무원의 직무에 관한 기강을 저해하거나 공무의 본질을 해치는 것이어서 직무전념의무를 해태한 것이므로 국가공무원법 제66조 제1항에서 금지하는 '공무 외의 일을 위한 집단행위'에 해당한다는 이유로, 피고인들에게 유죄를 인정한 원심판단은 정당하다.

3) 집회의 자유가 가지는 헌법적 가치와 기능, 집회에 대한 허가 금지를 선언한 헌법정신, 옥외집회 및 시위에 관한 사전신고제의 취지 등을 종합하여 보면, 신고는 행정관청에 집회에 관한 구체적인 정보를 제공함으로써 공공질서의 유지에 협

력하도록 하는 데 의의가 있는 것으로 집회의 허가를 구하는 신청으로 변질되어서는 아니 되므로, 신고를 하지 아니하였다는 이유만으로 옥외집회 또는 시위를 헌법의 보호 범위를 벗어나 개최가 허용되지 않는 집회 내지 시위라고 단정할 수 없다. 따라서 집회 및 시위에 관한 법률(이하 '집시법'이라고 한다) 제20조 제1항 제2호가 미신고 옥외집회 또는 시위를 해산명령 대상으로 하면서 별도의 해산 요건을 정하고 있지 않더라도, 그 옥외집회 또는 시위로 인하여 타인의 법익이나 공공의 안녕질서에 대한 직접적인 위험이 명백하게 초래된 경우에 한하여 위 조항에 기하여 해산을 명할 수 있고, 이러한 요건을 갖춘 해산명령에 불응하는 경우에만 집시법 제24조 제5호에 의하여 처벌할 수 있다고 보아야 한다.

【해설】집회 및 시위에 관한 법률 위반은 우리나라 정치사와 함께 그동안 여러 판결들이 축적되어 왔다. 집회 및 시위에 관한 법률의 위헌성, 각 조문의 입법 취지와 각 규정의 해석 등에 대법원의 다수의견, 소수의견, 반대의견 등이 있으므로 이를 잘 살펴보면 유, 무죄에 대한 기준을 찾을 수 있다.

다. 집회 및 시위에 관한 법률 중 '야간옥외집회 금지규정'에 대한 헌법불합치결정이 위헌결정인지 여부(적극) 및 이로 인하여 위 규정이 소급하여 효력을 상실하는지 여부(적극)

> 🏛 대법원 2011. 6. 23. 선고 2008도7562 전원합의체 판결[업무방해·집회및시위에관한법률위반]

판결의 요지

(가) 헌법재판소의 헌법불합치 결정은 헌법과 헌법재판소법이 규정하고 있지 않은 변형된 형태이지만 법률조항에 대한 위헌결정에 해당하고, 집회 및 시위에 관한 법률(2007. 5. 11. 법률 제8424호로 전부 개정된 것, 이하 '집시법'이라 한다) 제23조 제1호는 집회 주최자가 집시법 제10조 본문을 위반할 것을 구성요건으로 삼고 있어 집시법 제10조 본문은 집시법 제23조 제1호와 결합하여 형벌에 관한 법률조항을 이루게 되므로, 집시법의 위 조항들(이하 '이 사건 법률조항'이라 한다)에 대하여 선고된 헌법불합치 결정(헌법재판소 2009. 9. 24. 선고 2008헌가25 전원재판부 결정, 이하 '이

사건 헌법불합치 결정'이라 한다)은 형벌에 관한 법률조항에 대한 위헌결정이다. 그리고 헌법재판소법 제47조 제2항 단서는 형벌에 관한 법률조항에 대하여 위헌결정이 선고된 경우 그 조항이 소급하여 효력을 상실한다고 규정하고 있으므로, 형벌에 관한 법률조항이 소급하여 효력을 상실한 경우에 당해 조항을 적용하여 공소가 제기된 피고사건은 범죄로 되지 아니한 때에 해당하고, 법원은 이에 대하여 형사소송법 제325조 전단에 따라 무죄를 선고하여야 한다.

(나) 또한 헌법 제111조 제1항과 헌법재판소법 제45조 본문에 의하면 헌법재판소는 법률 또는 법률조항의 위헌 여부만을 심판·결정할 수 있으므로, 형벌에 관한 법률조항이 위헌으로 결정된 이상 그 조항은 헌법재판소법 제47조 제2항 단서에 정해진 대로 효력이 상실된다. 그러므로 헌법재판소가 이 사건 헌법불합치 결정의 주문에서 이 사건 법률조항이 개정될 때까지 계속 적용되고, 이유 중 결론에서 개정시한까지 개선 입법이 이루어지지 않는 경우 그 다음날부터 효력을 상실하도록 하였더라도, 이 사건 헌법불합치 결정을 위헌결정으로 보는 이상 이와 달리 해석할 여지가 없다.

(다) 피고인이 야간옥외집회를 주최하였다는 취지의 공소사실에 대하여 원심이 집회 및 시위에 관한 법률(2007. 5. 11. 법률 제8424호로 전부 개정된 것) 제23조 제1호, 제10조 본문을 적용하여 유죄를 인정하였는데, 원심판결 선고 후 헌법재판소가 위 법률조항에 대해 헌법불합치 결정을 선고하면서 개정시한을 정하여 입법개선을 촉구하였는데도 위 시한까지 법률 개정이 이루어지지 않은 사안에서, 위 법률조항은 소급하여 효력을 상실하므로 이를 적용하여 공소가 제기된 위 피고사건에 대하여 형사소송법 제325조 전단에 따라 무죄를 선고하여야 한다.

라. 중복 집회를 이유로 한 금지통고를 위반한 집회 사건

🏛 대법원 2014. 12. 11. 선고 2011도13299 판결[집회및시위에관한법률위반]

판결의 요지

집회의 신고가 경합할 경우 특별한 사정이 없는 한 관할경찰관서장은 집회 및 시위에 관한 법률(이하 '집시법'이라 한다) 제8조 제2항의 규정에 의하여 신고 순서에 따라 뒤에 신고된 집회에 대하여 금지통고를 할 수 있지만, 먼저 신고된 집회의 참여예정인원, 집회의 목적, 집회개최장소 및 시간, 집회 신고인이 기존에 신고한 집회 건수와 실제로 집회를 개최한 비율 등 먼저 신고된 집회의 실제 개최 가능성 여부와 양 집회의 상반 또는 방해가능성 등 제반 사정을 확인하여 먼저 신고된 집회가 다른 집회의 개최를 봉쇄하기 위한 허위 또는 가장 집회신고에 해당함이 객관적으로 분명해 보이는 경우에는, 뒤에 신고된 집회에 다른 집회금지 사유가 있는 경우가 아닌 한, 관할경찰관서장이 단지 먼저 신고가 있었다는 이유만으로 뒤에 신고된 집회에 대하여 집회 자체를 금지하는 통고를 하여서는 아니 되고, 설령 이러한 금지통고에 위반하여 집회를 개최하였다고 하더라도 그러한 행위를 집시법상 금지통고에 위반한 집회개최행위에 해당한다고 보아서는 아니 된다.

【평석】 먼저 신고된 유령집회를 통하여 그 이후에 신고된 집회의 개최를 봉쇄하려는 시도가 있을 경우, 먼저 신고된 집회가 유령집회임이 분명하다면, 뒤에 신고된 집회라는 이유만으로 금지통고를 할 것은 아니라는 취지로 판시한 것이다. 중복집회 금지제도 악용에 제동을 건 판결이라는 점에서 의의가 크다.[120]

40. 청소년 보호법 위반(청소년에게 주류를 판매하는 행위)

🏛 대법원 2011. 1. 27. 선고 2010도6259[청소년보호법위반](서울서부지방법원 2012노 161 판결 참조)

판결의 요지

음식점을 운영하는 사람이 그 음식점에 들어온 여러 사람의 일행에게 술 등의 주류를 판매한 행위가 청소년 보호법 제51조 제8호에 규정된 '청소년에게 주류를 판매하는 행위'에 해당하기 위해서는, 그 일행에게 술을 내어 놓을 당시 그 일행 중에 청소년이 포함되어 있었고 이를 음식점 운영자가 인식하고 있었어야 할 것이므로, 술을 내어놓을 당시에는 성년자들만이 자리에 앉아서 그들끼리만 술을 마시

---

120) 이용식, 2014년 분야별 중요판례 분석, 법률신문, 2015. 4. 9.자. 유령집회임이 분명하다고 판단하여 뒤에 신고된 집회의 개최를 허용하였는데, 선신고집회가 실제로 개최될 경우 두 집회가 충돌할 수 있으므로, 집회가 실제 경합할 경우 개최 방법, 우선순위 등에 관하여 분명한 기준을 마련하는 새로운 입법조치가 마련되어야 할 것으로 보인다는 견해이다.

다가 나중에 청소년이 들어와서 합석하게 된 경우에는 처음부터 음식점 운영자가 나중에 그렇게 청소년이 합석하리라는 것을 예견할 만한 사정이 있었거나, 청소년이 합석한 후에 이를 인식하면서 추가로 술을 내어 준 경우가 아닌 이상, 합석한 청소년이 상 위에 남아 있던 소주를 일부 마셨다고 하더라도 음식점 운영자가 청소년에게 술을 판매하는 행위를 하였다고는 할 수 없고(대법원 2009. 4. 9. 선고 2008도11282 판결 참조), 이 같은 법리는 음식점 운영자가 나중에 합석한 청소년에게 술을 따라 마실 술잔을 내주었다고 하여 달리 볼 것은 아니다(대법원 2002. 1. 11. 선고 2001도6032 판결 참조).

기록에 의하면, 제1심은 청소년 2명과 성년자 2명의 법정진술, 그 중 일부의 수사기관에서의 진술을 모두 증거로 채택하여 성년자 2명과 합석한 청소년 2명에게 주류를 판매하였다는 이 사건 공소사실을 유죄로 인정한 사실, 그러나 청소년 등의 법정 진술은, 성년자 2명이 술을 마시다가 나중에 청소년 2명이 합석한 후에 소주 1병을 추가로 주문하여 제공 받았다는 점을 인정한 수사기관에서의 진술과 달리, 이 점을 잘 알지 못한다거나 반대로 청소년 2명이 합석하기 전에 이미 소주 1병을 추가로 주문하여 제공 받았다는 내용인 사실, 원심은 청소년에게 주류를 판매하였다는 이 사건 공소사실의 인정 여부는 청소년 2명이 합석한 후에 소주 1병을 추가로 주문하여 제공 받았는지 여부에 달려 있다는 전제 아래 이를 뒷받침하는 청소년 등의 수사기관에서의 진술은 판시와 같은 이유로 청소년 등의 법정 진술에 비추어 믿기 어렵다고 판단하여 이 사건 공소사실에 대하여 무죄를 선고한 사실을 알 수 있다.

결국 원심은 제1심이 채택한 청소년 등의 법정 진술이 신빙성이 없다고 배척한 것이 아니라 오히려 그 법정 진술이 수사기관에서의 진술보다 신빙성이 있다고 본 다음 이를 이유로 이 사건 공소사실을 인정할 수 없다고 판단한 것이다.

앞서 본 법리에 비추어 기록을 살펴보면 이러한 원심의 조치와 판단은 정당하고, 거기에 상고이유의 주장과 같이 공판중심주의와 직접심리주의를 위반하였거나, 논리와 경험의 법칙에 위배하고 자유심증주의의 한계를 벗어나 사실을 인정한 위법이 없다.

검사가 들고 있는 대법원 2009. 1. 30. 선고 2008도7917 판결은 공판중심주의와 직접심리주의의 원칙상 제1심판결 내용과 제1심에서 적법하게 증거조사를 거친 증거들에 비추어 제1심 증인이 한 진술의 신빙성 유무에 대한 제1심의 판단이 명백하게 잘못되었다고 볼 특별한 사정이 있거나, 제1심의 증거조사 결과와 항소심 변론 종결시까지 추가로 이루어진 증거조사 결과를 종합하면 제1심 증인이 한 진술의 신빙성 유무에 대한 제1심의 판단을 그대로 유지하는 것이 현저히 부당하다고 인정되는 예외적인 경우가 아니라면, 항소심으로서는 제1심 증인이 한 진술의 신빙성 유무에 대한 제1심의 판단이 항소심의 판단과 다르다는 이유만으로 이에 대한 제1심의 판단을 함부로 뒤집어서는 아니 된다는 취지로서, 제1심 증인이 한 진술의 신빙성 유무에 대한 제1심의 판단을 뒤집지 않은 이 사건에서는 원용하기에 적절하지 아니하다.

【해설】 청소년 보호법 제51조 제8호에 규정된 '청소년에게 주류를 판매하는 행위'에 해당하기 위해서는, 손님들에게 술을 내어 놓을 당시 그 중에 청소년이 포함되어 있었고 이를 음식점 운영자가 인식하고 있어야 성립한다. 실무에서 종종 발생하는 사건이다.

　나아가, "청소년 보호법의 입법목적 등에 비추어 볼 때, 유흥주점과 같은 청소년유해업소의 업주에게는 청소년 보호를 위하여 청소년을 당해 업소에 고용하여서는 아니 될 매우 엄중한 책임이 부여되어 있으므로, 유흥주점의 업주가 당해 유흥업소에 종업원을 고용할 때에는 주민등록증이나 이에 유사한 정도로 연령에 관한 공적 증명력이 있는 증거에 의하여 대상자의 연령을 확인하여야 하고, 만일 대상자가 제시한 주민등록증상의 사진과 실물이 다르다는 의심이 들면 청소년이 자신의 신분과 연령을 감추고 유흥업소 취업을 감행하는 사례가 적지 않은 유흥업계의 취약한 고용실태 등에 비추어 볼 때, 업주로서는 주민등록증상의 사진과 실물을 자세히 대조하거나 주민등록증상의 주소 또는 주민등록번호를 외워보도록 하는 등 추가적인 연령확인조치를 취하여야 할 의무가 있다"라는 대법원 2013. 9. 27. 선고 2013도8385 판결이 있다.[121]

---

121) 이 판결은 청소년이 자신의 신분을 감추고 취업을 하는 현 고용상태에서, 청소년 유해업소에 청소년을 취업시켜서는 안 될 고용주에게 청소년의 신분증 검사에 더하여 사진과 실물을 대조하고 주소 주민등록번호를 외어 보도록 하는 등 추가적인 연령확인조치를 해야 할 의무가 있다고 판시하였다는 데 그 의의가 있다. 위광하, 청소년유해업소에서 종업원 고용 시 연령확인의무, 대법원판례해설, 제98호(2013년 하), 법원도서관, 561면

가. 불법 감청·녹음 등에 관여하지 아니한 언론기관이 그 사정을 알면서 이를 보도하여 공개하는 행위가 형법 제20조의 '정당행위'로 인정되기 위한 요건

🏛 대법원 2011. 3. 17. 선고 2006도8839 전원합의체 판결[통신비밀보호법위반]

판결의 요지

1) (가) 통신비밀보호법은 같은 법 및 형사소송법 또는 군사법원법의 규정에 의하지 아니한 우편물의 검열 또는 전기통신의 감청, 공개되지 아니한 타인 간의 대화의 녹음 또는 청취행위 등 통신비밀에 속하는 내용을 수집하는 행위(이하 이러한 행위들을 '불법 감청·녹음 등'이라고 한다)를 금지하고 이를 위반한 행위를 처벌하는 한편(제3조 제1항, 제16조 제1항 제1호), 불법 감청·녹음 등에 의하여 수집된 통신 또는 대화의 내용을 공개하거나 누설하는 행위를 동일한 형으로 처벌하도록 규정하고 있다(제16조 제1항 제2호). 이와 같이 통신비밀보호법이 통신비밀의 공개·누설행위를 불법 감청·녹음 등의 행위와 똑같이 처벌 대상으로 하고 법정형도 동일하게 규정하고 있는 것은, 통신비밀의 침해로 수집된 정보의 내용에 관계없이 정보 자체의 사용을 금지함으로써 당초 존재하지 아니하였어야 할 불법의 결과를 용인하지 않겠다는 취지이고, 이는 불법의 결과를 이용하여 이익을 얻는 것을 금지함과 아울러 그러한 행위의 유인마저 없애겠다는 정책적 고려에 기인한 것이다.

(나) 불법 감청·녹음 등에 관여하지 아니한 언론기관이, 그 통신 또는 대화의 내용이 불법 감청·녹음 등에 의하여 수집된 것이라는 사정을 알면서도 이를 보도하여 공개하는 행위가 형법 제20조의 정당행위로서 위법성이 조각된다고 하기 위해서는, 첫째 보도의 목적이 불법 감청·녹음 등의 범죄가 저질러졌다는 사실 자체를 고발하기 위한 것으로 그 과정에서 불가피하게 통신 또는 대화의 내용을 공개할 수밖에 없는 경우이거나, 불법 감청·녹음 등에 의하여 수집된 통신 또는 대화의 내용이 이를 공개하지 아니하면 공중의 생명·신체·재산 기타 공익에 대한 중대한 침해가 발생할 가능성이 현저한 경우 등과 같이 비상한 공적 관심의 대상이 되는 경우에 해당하여야 하고, 둘째 언론기관이 불법 감청·녹음 등의 결과물을 취득할 때 위법한 방법을 사용하거나 적극적·주도적으로 관여하여서는 아니 되며,

셋째 보도가 불법 감청·녹음 등의 사실을 고발하거나 비상한 공적 관심 사항을 알리기 위한 목적을 달성하는 데 필요한 부분에 한정되는 등 통신비밀의 침해를 최소화하는 방법으로 이루어져야 하고, 넷째 언론이 그 내용을 보도함으로써 얻어지는 이익 및 가치가 통신비밀의 보호에 의하여 달성되는 이익 및 가치를 초과하여야 한다. 여기서 이익의 비교·형량은, 불법 감청·녹음된 타인 간의 통신 또는 대화가 이루어진 경위와 목적, 통신 또는 대화의 내용, 통신 또는 대화 당사자의 지위 내지 공적 인물로서의 성격, 불법 감청·녹음 등의 주체와 그러한 행위의 동기 및 경위, 언론기관이 불법 감청·녹음 등의 결과물을 취득하게 된 경위와 보도의 목적, 보도의 내용 및 보도로 인하여 침해되는 이익 등 제반 사정을 종합적으로 고려하여 정하여야 한다.

2) 방송사 기자인 피고인이, 구 국가안전기획부 내 정보수집팀이 대기업 고위관계자와 모 중앙일간지 사주 간의 사적 대화를 불법 녹음하여 생성한 녹음테이프와 녹취보고서로서, 1997년 제15대 대통령 선거를 앞두고 위 대기업의 여야 후보 진영에 대한 정치자금 지원 문제 및 정치인과 검찰 고위관계자에 대한 이른바 추석 떡값 지원 문제 등을 논의한 대화가 담겨 있는 도청자료를 입수한 후 그 내용을 자사의 방송프로그램을 통하여 공개한 사안에서, 피고인이 국가기관의 불법 녹음을 고발하기 위하여 불가피하게 위 도청자료에 담겨있던 대화 내용을 공개하였다고 보기 어렵고, 위 대화가 보도 시점으로부터 약 8년 전에 이루어져 그 내용이 보도 당시의 정치질서 전개에 직접적인 영향력을 미친다고 보기 어려운 사정 등을 고려할 때 위 대화 내용이 비상한 공적 관심의 대상이 되는 경우에 해당한다고 보기도 어려우며, 피고인이 위 도청자료의 취득에 적극적·주도적으로 관여하였다고 보는 것이 타당하고, 이를 보도하면서 대화 당사자들의 실명과 구체적인 대화 내용을 그대로 공개함으로써 수단이나 방법의 상당성을 결여하였으며, 위 보도와 관련된 모든 사정을 종합하여 볼 때 위 보도에 의하여 얻어지는 이익 및 가치가 통신비밀이 유지됨으로써 얻어지는 이익 및 가치보다 우월하다고 볼 수 없다는 이유로, 피고인의 위 공개행위가 형법 제20조의 정당행위에 해당하지 않는다.

【평석】 언론기관이 그 통신 또는 대화의 내용이 불법 감청·녹음 등에 의하여 수집된 것이라는 사정을 알면서도 이를 보도하여 공개하는 행위가 형법 제20조의 정당행위로서 위법성이 조각되는지 여부와 그 기준을 제시하고 있다. 판례에서 대법

원은 통신비밀의 보호와 언론보도의 자유가 충돌하는 경우에 형법 제20조의 정당행위 적용가능성을 긍정하면서, 특별히 이 분야에 대해 목적의 정당성, 수단의 상당성, 침해의 최소성, 이익형량의 우월성 등을 제시하고 있다고 본다.[122]

나. 통신제한조치의 집행으로 수집된 카카오톡 대화 내용의 증거능력

> 🏛 대법원 2016. 10. 13. 선고 2016도8137 판결[국가보안법위반(이적단체의구성등) · 국가보안법위반(잠입 · 탈출) · 국가보안법위반(찬양 · 고무등)]

판결의 요지

통신비밀보호법에 규정된 '통신제한조치'는 '우편물의 검열 또는 전기통신의 감청'을 말하는 것으로(제3조 제2항), 여기서 '전기통신'은 전화 · 전자우편 · 모사전송 등과 같이 유선 · 무선 · 광선 및 기타의 전자적 방식에 의하여 모든 종류의 음향 · 문언 · 부호 또는 영상을 송신하거나 수신하는 것을 말하고(제2조 제3호), '감청'은 전기통신에 대하여 당사자의 동의 없이 전자장치 · 기계장치 등을 사용하여 통신의 음향 · 문언 · 부호 · 영상을 청취 · 공독하여 그 내용을 지득 또는 채록하거나 전기통신의 송 · 수신을 방해하는 것을 말한다고 규정되어 있다(제2조 제7호). 따라서 '전기통신의 감청'은 '감청'의 개념 규정에 비추어 전기통신이 이루어지고 있는 상황에서 실시간으로 전기통신의 내용을 지득 · 채록하는 경우와 통신의 송 · 수신을 직접적으로 방해하는 경우를 의미하는 것이지, 이미 수신이 완료된 전기통신에 관하여 남아 있는 기록이나 내용을 열어보는 등의 행위는 포함하지 않는다.

통신제한조치허가서에는 통신제한조치의 종류 · 목적 · 대상 · 범위 · 기간 및 집행장소와 방법을 특정하여 기재하여야 하고(통신비밀보호법 제6조 제6항), 수사기관은 허가서에 기재된 허가의 내용과 범위 및 집행방법 등을 준수하여 통신제한조치를 집행하여야 한다. 이때 수사기관은 통신기관 등에 통신제한조치허가서의 사본을 교부하고 집행을 위탁할 수 있으나(통신비밀보호법 제9조 제1항, 제2항), 그 경우에도 집행의 위탁을 받은 통신기관 등은 수사기관이 직접 집행할 경우와 마찬가지로 허가서에 기재된 집행방법 등을 준수하여야 함은 당연하다. 따라서 허가된 통신제한조치의 종류가 전기통신의 '감청'인 경우, 수사기관 또는 수사기관으로부터 통신제

---

122) 신동운, 분야별 중요판례 분석, 법률신문, 2012. 5. 17.자 참조

한조치의 집행을 위탁받은 통신기관 등은 통신비밀보호법이 정한 감청의 방식으로 집행하여야 하고 그와 다른 방식으로 집행하여서는 아니 된다. 한편 수사기관이 통신기관 등에 통신제한조치의 집행을 위탁하는 경우에는 집행에 필요한 설비를 제공하여야 한다(통신비밀보호법 시행령 제21조 제3항).

그러므로 수사기관으로부터 통신제한조치의 집행을 위탁받은 통신기관 등이 집행에 필요한 설비가 없을 때에는 수사기관에 설비의 제공을 요청하여야 하고, 그러한 요청 없이 통신제한조치허가서에 기재된 사항을 준수하지 아니한 채 통신제한조치를 집행하였다면, 그러한 집행으로 취득한 전기통신의 내용 등은 헌법과 통신비밀보호법이 국민의 기본권인 통신의 비밀을 보장하기 위해 마련한 적법한 절차를 따르지 아니하고 수집한 증거에 해당하므로(형사소송법 제308조의2), 이는 유죄 인정의 증거로 할 수 없다.

【평석】 전기 통신감청에 관하여는 대법원 2011도12407판결, 2012도4644 판결들이 있으며, 압수물에 관한 위법수집 증거 배제 법칙에 관하여는 대법원 2007도3061 전원합의체 판결이 있다. 이사건 카카오톡 대화 내용의 증거능력에 대하여 견해가 대립되고 있으며, 나아가 위법수집 증거이지만 예외적으로 증거능력이 인정된다는 견해 등이 있지만, 대법원은 적법절차의 실질적 내용을 침해하는 것으로 위법하게 수집된 증거라고 판단하였다.[123]

다. 사물에서 발생하는 음향이나 비명소리가 통신비밀보호법에서 보호하는 타인 간의 '대화'에 해당하는지 문제된 사건

🏛 대법원 2017. 3. 15. 선고 2016도19843 판결[상해·협박]

판결의 요지

통신비밀보호법 제1조, 제3조 제1항 본문, 제4조, 제14조 제1항, 제2항의 문언, 내용, 체계와 입법 취지 등에 비추어 보면, 통신비밀보호법에서 보호하는 타인 간의 '대화'는 원칙적으로 현장에 있는 당사자들이 육성으로 말을 주고받는 의사소통

---

123) 박성윤, 통신제한조치의 집행으로 수집된 카카오톡 대화내용의 증거능력, 대법원판례해설 제110호 (2016년 하), 법원도서관, 574면

행위를 가리킨다. 따라서 사람의 육성이 아닌 사물에서 발생하는 음향은 타인 간의 '대화'에 해당하지 않는다. 또한 사람의 목소리라고 하더라도 상대방에게 의사를 전달하는 말이 아닌 단순한 비명소리나 탄식 등은 타인과 의사소통을 하기 위한 것이 아니라면 특별한 사정이 없는 한 타인 간의 '대화'에 해당한다고 볼 수 없다.

한편 국민의 인간으로서의 존엄과 가치를 보장하는 것은 국가기관의 기본적인 의무에 속하고 이는 형사절차에서도 구현되어야 한다. 위와 같은 소리가 비록 통신비밀보호법에서 말하는 타인 간의 '대화'에는 해당하지 않더라도, 형사절차에서 그러한 증거를 사용할 수 있는지는 개별적인 사안에서 효과적인 형사소추와 형사절차상 진실발견이라는 공익과 개인의 인격적 이익 등의 보호이익을 비교형량하여 결정하여야 한다. 대화에 속하지 않는 사람의 목소리를 녹음하거나 청취하는 행위가 개인의 사생활의 비밀과 자유 또는 인격권을 중대하게 침해하여 사회통념상 허용되는 한도를 벗어난 것이라면, 단지 형사소추에 필요한 증거라는 사정만을 들어 곧바로 형사소송에서 진실발견이라는 공익이 개인의 인격적 이익 등 보호이익보다 우월한 것으로 섣불리 단정해서는 안 된다. 그러나 그러한 한도를 벗어난 것이 아니라면 위와 같은 목소리를 들었다는 진술을 형사절차에서 증거로 사용할 수 있다.

【평석】공소외인이 들었다는 '우당탕' 소리는 사물에서 발생하는 음향일 뿐 사람의 목소리가 아니므로 통신비밀보호법에서 말하는 타인 간의 '대화'에 해당하지 않는다는 취지이다. '악' 소리도 사람의 목소리이기는 하나 단순한 비명소리에 지나지 않아 그것만으로 상대방에게 의사를 전달하는 말이라고 보기는 어려워 특별한 사정이 없는 한 타인 간의 '대화'에 해당한다고 볼 수 없다. 나아가 위와 같은 소리는 막연히 몸싸움이 있었다는 것 외에 사생활에 관한 다른 정보는 제공하지 않는 점, 공소외인이 소리를 들은 시간이 길지 않은 점, 소리를 듣게 된 동기와 상황, 공소외인과 피해자의 관계 등 기록에 나타난 여러 사정에 비추어 볼 때, 통신비밀보호법에서 보호하는 타인 간의 '대화'에 준하는 것으로 보아 증거능력을 부정할 만한 특별한 사정이 있다고 보기도 어렵다고 판시하였다. 전화통화 후 종료버튼을 누르지 않은 관계로 들려오는 타인간의 대화를 녹음한 것은 위법하다고 한 2016년 판례(2013도15616)에 이어 타인 간 대화의 의미를 구체화한 판결이라고도 본다.[124]

---

124) 이상원, 2017년 분야별 중요판례 분석, 법률신문, 2018. 6. 21.자

42. 특정 범죄자에 대한 위치추적 전자장치 부착 등에 관한 법률 위반

'특정 범죄자에 대한 위치추적 전자장치 부착 등에 관한 법률' 제5조 제1항 제3호에서 부착명령청구 요건으로 정한 '성폭력범죄를 2회 이상 범하여(유죄의 확정판결을 받은 경우를 포함한다)'에 '소년보호처분을 받은 전력'이 포함되는지 여부

> 🏛 대법원 2012. 3. 22. 선고 2011도15057, 2011전도249 전원합의체 판결[강간상해 · 강도 상해 · 상해 · 부착 명령]

판결의 요지

죄형법정주의 원칙상 형벌 법규는 문언에 따라 엄격하게 해석 · 적용하여야 하고 피고인에게 불리한 방향으로 지나치게 확장해석하거나 유추 해석하여서는 안 되는 것이 원칙이고, 이는 특정 범죄자에 대한 위치추적 전자장치 부착 명령의 요건을 해석할 때에도 마찬가지이다.

'특정 범죄자에 대한 위치추적 전자장치 부착 등에 관한 법률'(이하 '전자장치부착법'이라 한다) 제5조 제1항 제3호는 검사가 전자장치 부착명령을 법원에 청구할 수 있는 경우 중의 하나로 '성폭력범죄를 2회 이상 범하여(유죄의 확정판결을 받은 경우를 포함한다) 그 습벽이 인정된 때'라고 규정하고 있는데, 이 규정 전단은 문언상 '유죄의 확정판결을 받은 전과사실을 포함하여 성폭력범죄를 2회 이상 범한 경우'를 의미한다고 해석된다. 따라서 피부착명령 청구자가 소년법에 의한 보호처분(이하 '소년보호처분'이라고 한다)을 받은 전력이 있다고 하더라도, 이는 유죄의 확정판결을 받은 경우에 해당하지 아니함이 명백하므로, 피부착명령 청구자가 2회 이상 성폭력범죄를 범하였는지를 판단할 때 소년보호처분을 받은 전력을 고려할 것이 아니다.

43. 특정경제범죄 가중처벌 등에 관한 법률 위반

가. 제3조 특정 재산범죄의 가중 처벌

> 🏛 대법원 2018. 5. 17. 선고 2017도4027 전원합의체 판결[특정경제범죄가중처벌등에관한법률위반(배임) 등]

1) 부동산 매도인인 피고인이 매수인 甲 등과 매매계약을 체결하고 甲 등으로부터 계약금과 중도금을 지급받은 후 매매목적물인 부동산을 제3자 乙 등에게 이중으로 매도하고 소유권이전등기를 마쳐 주어 구 특정경제범죄 가중처벌 등에 관한 법률 위반(배임)으로 기소된 사안에서, 제반 사정을 종합하면 피고인의 행위는 甲 등과의 신임관계를 저버리는 임무위배행위로서 배임죄가 성립하고, 피고인에게 배임의 범의와 불법이득의사가 인정됨에도, 이와 달리 보아 공소사실을 무죄로 판단한 원심판결에 배임죄에서 '타인의 사무를 처리하는 자', 범의 등에 관한 법리오해의 위법이 있다.

2) 부동산 매도인인 피고인이 매수인 甲 등과 매매계약을 체결하고 甲 등으로부터 계약금과 중도금을 지급받은 후 매매목적물인 부동산을 제3자 乙 등에게 이중으로 매도하고 소유권이전등기를 마쳐 주어 구 특정경제범죄 가중처벌 등에 관한 법률(2016. 1. 6. 법률 제13719호로 개정되기 전의 것) 위반(배임)으로 기소된 사안에서, 甲 등이 피고인에게 매매계약에 따라 중도금을 지급하였을 때 매매계약은 임의로 해제할 수 없는 단계에 이르렀고, 피고인은 甲 등에 대하여 재산적 이익을 보호할 신임관계에 있게 되어 타인인 甲 등의 부동산에 관한 소유권 취득 사무를 처리하는 자가 된 점, 甲 등이 잔금 지급기일이 지나도 부동산을 인도받지 못하자 피고인에게 보낸 통고서의 내용은, 甲 등이 피고인에게 요구조건을 받아들일 것을 촉구하면서 이를 받아들이지 않으면 매매계약을 해제하겠다는 취지일 뿐 그 자체로 계약 해제의 의사표시가 포함되어 있다고 보기 어려운 점, 피고인은 매매계약이 적법하게 해제되지 않은 상태에서 甲 등에 대한 위와 같은 신임관계에 기초한 임무를 위배하여 부동산을 乙 등에게 매도하고 소유권이전등기를 마쳐 준 점, 비록 피고인이 당시 임차인으로부터 부동산을 반환받지 못하여 甲 등에게 이를 인도하지 못하고 있었고, 甲 등과 채무불이행으로 인한 손해배상과 관련한 말들을 주고받았더라도, 매매계약이 적법하게 해제되지 않고 유효하게 유지되고 있었던 이상 위와 같은 신임관계가 소멸되었다고 볼 수 없는 점을 종합하면, 피고인의 행위는 甲 등과의 신임관계를 저버리는 임무 위배 행위로서 배임죄가 성립하고, 또한 매매계약은 당시 적법하게 해제되지 않았고, 설령 피고인이 적법하게 해제되었다고 믿었더라도 그 믿음에 정당한 사유가 있다고 보기 어려워 피고인에게 배임의 범의와 불법이득

의사가 인정됨에도, 이와 달리 보아 공소사실을 무죄로 판단한 원심판결에 배임죄에서 '타인의 사무를 처리하는 자', 범의 등에 관한 법리오해의 위법이 있다.

나. 주식회사의 대표이사가 대표권을 남용하는 등 임무에 위배하여 약속어음 발행을 한 행위가 배임죄의 기수 또는 미수에 해당하는지 판단하는 기준

🏛 대법원 2017. 7. 20. 선고 2014도1104 전원합의체 판결[특정경제범죄가중처벌등에관한
법률위반(배임)]

판결의 요지

1) 배임죄로 기소된 형사사건의 재판 실무에서 배임죄의 기수시기를 심리·판단하기란 쉽지 않다. 타인의 사무를 처리하는 자가 형식적으로는 본인을 위한 법률행위를 하는 외관을 갖추고 있지만 그러한 행위가 실질적으로는 배임죄에서의 임무위배 행위에 해당하는 경우, 이러한 행위는 민사재판에서 반사회질서의 법률행위(민법 제103조 참조) 등에 해당한다는 사유로 무효로 판단될 가능성이 적지 않은데, 형사재판에서 배임죄의 성립 여부를 판단할 때에도 이러한 행위에 대한 민사법상의 평가가 경제적 관점에서 피해자의 재산 상태에 미치는 영향 등을 충분히 고려하여야 하기 때문이다. 결국 형사재판에서 배임죄의 객관적 구성요건요소인 손해발생 또는 배임죄의 보호법익인 피해자의 재산상 이익의 침해 여부를 판단할 때에는 종래의 대법원 판례를 기준으로 하되 구체적 사안별로 타인의 사무의 내용과 성질, 임무 위배의 중대성 및 본인의 재산 상태에 미치는 영향 등을 종합하여 신중하게 판단하여야 한다.

2) 주식회사의 대표이사가 대표권을 남용하는 등 그 임무에 위배하여 회사 명의로 의무를 부담하는 행위를 하더라도 일단 회사의 행위로서 유효하고, 다만 상대방이 대표이사의 진의를 알았거나 알 수 있었을 때에는 회사에 대하여 무효가 된다. 따라서 상대방이 대표권 남용 사실을 알았거나 알 수 있었던 경우 그 의무부담행위는 원칙적으로 회사에 대하여 효력이 없고, 경제적 관점에서 보아도 이러한 사실만으로는 회사에 현실적인 손해가 발생하였다거나 실해 발생의 위험이 초래되었다고 평가하기 어려우므로, 달리 그 의무부담행위로 인하여 실제로 채무의 이행이 이루어졌다거나 회사가 민법상 불법행위책임을 부담하게 되었다는 등의 사정이 없는

이상 배임죄의 기수에 이른 것은 아니다. 그러나 이 경우에도 대표이사로서는 배임의 범의로 임무위배 행위를 함으로써 실행에 착수한 것이므로 배임죄의 미수범이된다.

그리고 상대방이 대표권 남용 사실을 알지 못하였다는 등의 사정이 있어 그 의무부담행위가 회사에 대하여 유효한 경우에는 회사의 채무가 발생하고 회사는 그 채무를 이행할 의무를 부담하므로, 이러한 채무의 발생은 그 자체로 현실적인 손해 또는 재산상 실해 발생의 위험이라고 할 것이어서 그 채무가 현실적으로 이행되기 전이라도 배임죄의 기수에 이르렀다고 보아야 한다.

3) 주식회사의 대표이사가 대표권을 남용하는 등 그 임무에 위배하여 약속어음 발행을 한 행위가 배임죄에 해당하는지도 원칙적으로 위에서 살펴본 의무부담행위와 마찬가지로 보아야 한다. 다만 약속어음 발행의 경우 어음법상 발행인은 종전의 소지인에 대한 인적 관계로 인한 항변으로써 소지인에게 대항하지 못하므로(어음법 제17조, 제77조), 어음발행이 무효라 하더라도 그 어음이 실제로 제3자에게 유통되었다면 회사로서는 어음채무를 부담할 위험이 구체적·현실적으로 발생하였다고 보아야 하고, 따라서 그 어음채무가 실제로 이행되기 전이라도 배임죄의 기수범이된다. 그러나 약속어음 발행이 무효일 뿐만 아니라 그 어음이 유통되지도 않았다면 회사는 어음발행의 상대방에게 어음채무를 부담하지 않기 때문에 특별한 사정이 없는 한 회사에 현실적으로 손해가 발생하였다거나 실해 발생의 위험이 발생하였다고도 볼 수 없으므로, 이때에는 배임죄의 기수범이 아니라 배임미수죄로 처벌하여야 한다.

4) 甲 주식회사 대표이사인 피고인이, 자신이 별도로 대표이사를 맡고 있던 乙 주식회사의 丙 은행에 대한 대출금채무를 담보하기 위해 丙 은행에 甲 회사 명의로 액면금 29억 9,000만 원의 약속어음을 발행하여 줌으로써 丙 은행에 재산상 이익을 취득하게 하고 甲 회사에 손해를 가하였다고 하여 특정경제범죄 가중처벌 등에 관한 법률 위반(배임)으로 기소된 사안에서, 피고인이 대표권을 남용하여 약속어음을 발행하였고 당시 상대방인 丙 은행이 그러한 사실을 알았거나 알 수 있었던 때에 해당하여 그 발행행위가 甲 회사에 대하여 효력이 없다면, 그로 인해 甲 회사가 실제로 약속어음금을 지급하였거나 민사상 손해배상책임 등을 부담하거나 약속어음이 실제로 제3자에게 유통되었다는 등의 특별한 사정이 없는 한 피고인의 약속어음 발행행위로 인해 甲 회사에 현실적인 손해나 재산상 실해 발생의 위험이

초래되었다고 볼 수 없는데도, 이에 대한 심리 없이 약속어음 발행행위가 배임죄의 기수에 이르렀음을 전제로 공소사실을 유죄로 판단한 원심판결에 배임죄의 재산상 손해 요건 및 기수시기 등에 관한 법리오해의 잘못이 있다.

다. 특정경제범죄가중처벌 등에 관한 법률 시행 전후에 걸쳐 상습사기 범행을 한 자가 위 법 시행 이후 취득한 가액이 동법 제3조 제1항 제3호 소정의 하단을 초과하는 경우의 적용법조

🏛 대법원 1986. 7. 22. 선고 86도1012 전원합의체 판결[상습사기, 특정경제범죄가중처벌등에관한법률위반, 유가증권 위조]

판결의 요지

형법 부칙 제4조 제1항은 "1개의 죄가 본법 시행 전후에 걸쳐서 행하여진 때에는 본법 시행 전에 범한 것으로 간주 한다" 고 규정하고 있으나 위 부칙은 형법 시행에 즈음하여 구 형법과의 관계에서 그 적용 범위를 규정한 경과법으로서 형법 제8조에서 규정하는 총칙 규정이 아닐 뿐 아니라 범죄의 성립과 처벌은 행위 시의 법률에 의한다고 규정한 형법 제1조 제1항의 해석으로서도 행위종료시의 법률의 적용을 배제한 점에서 타당한 것이 아니므로 신·구 형법과의 관계가 아닌 다른 법과의 관계에서는 위 부칙을 적용 내지 유추 적용할 것이 아니다. 따라서 상습으로 사기의 범죄행위를 되풀이 한 경우에 특정경제범죄가중처벌 등에 관한 법률시행 이후의 범행으로 인하여 취득한 재물의 가액이 위 법률 제3조 제1항 제3호의 구성요건을 충족하는 때는 그중 법정형이 중한 위 특정경제범죄가중처벌 등에 관한 법률 위반의 죄에 나머지 행위를 포괄시켜 특정경제범죄가중처벌 등에 관한 법률 위반의 죄로 처단하여야 한다.

라. 제4조 재산국외도피의 죄

특정경제범죄 가중처벌 등에 관한 법률상 재산국외도피죄의 성립요건

대한민국 또는 대한민국 국민의 국내 재산을 국외로 이동한 행위가 도피에 해당하려면 재산에 대한 지배·관리 상태를 국내에서 국외로 옮기는 경우여야 하는지 여부(적극) 및 이동으로 인하여 재산에 대한 지배·관리 상태를 상실하는 경우가 여기

에 해당하는지 여부(소극)

🏛 대법원 2019. 8. 29. 선고 2018도2738 전원합의체 판결[특정경제범죄가중처벌등에관한법
률위반(재산국외도피) · 범죄수익은닉의규제및처벌등에관한법률위반 · 국회에서의증언 · 감정등
에관한법률위반 등]

판결의 요지

　특정경제범죄 가중처벌 등에 관한 법률 제4조 제1항은 "법령을 위반하여 대한
민국 또는 대한민국 국민의 재산을 국외로 이동하거나 국내로 반입하여야 할 재산
을 국외에서 은닉 또는 처분하여 도피시켰을 때에는 1년 이상의 유기징역 또는 해
당 범죄행위의 목적물 가액의 2배 이상 10배 이하에 상당하는 벌금에 처한다."라
고 정하고, 제2항에서 도피액이 5억 원 이상일 때에는 금액에 따라 가중처벌하고
있다. 재산국외도피죄는 자신의 행위가 법령을 위반하여 국내 재산을 해외로 이동
한다는 인식과 그 행위가 재산을 대한민국의 법률과 제도에 의한 규율과 관리를 받
지 않고 자신이 해외에서 임의로 소비, 축적, 은닉 등 지배·관리할 수 있는 상태에
두는 행위라는 인식을 가지고 국내 재산을 해외로 이동하여 대한민국 또는 대한민
국 국민의 재산이 유출될 위험이 있는 상태를 발생하게 한 때에 성립한다. 대한민국
또는 대한민국 국민의 국내 재산을 국외로 이동한 행위가 도피에 해당하려면 재산
에 대한 지배·관리 상태를 국내에서 국외로 옮기는 경우여야 하고 이동으로 인하
여 재산에 대한 지배·관리 상태를 상실하는 경우는 여기에 해당하지 않는다.

**마. 채무자가 채권양도담보계약에 따라 '담보 목적 채권의 담보가치를 유지·보
전할 의무'를 부담하는 경우, 채권자에 대한 관계에서 '타인의 사무를 처리하
는 자'에 해당하는지 여부(소극)**

🏛 대법원 2021. 7. 15. 선고 2015도5184 판결[특정경제범죄가중처벌등에관한법률위반(배
임)(인정된 죄명: 배임)]

판결의 요지

　금전 채권채무 관계에서 채권자가 채무자의 급부이행에 대한 신뢰를 바탕으로

금전을 대여하고 채무자의 성실한 급부이행에 의해 채권의 만족이라는 이익을 얻게 된다 하더라도, 채권자가 채무자에 대한 신임을 기초로 그의 재산을 보호 또는 관리하는 임무를 부여하였다고 할 수 없고, 금전채무의 이행은 어디까지나 채무자가 자신의 급부의무의 이행으로서 행하는 것이므로 이를 두고 채권자의 사무를 맡아 처리하는 것으로 볼 수 없다. 따라서 금전 채권채무의 경우 채무자는 채권자에 대한 관계에서 '타인의 사무를 처리하는 자'에 해당한다고 할 수 없다.

채무자가 기존 금전채무를 담보하기 위하여 다른 금전채권을 채권자에게 양도하는 경우에도 마찬가지이다. 채권양도담보계약에 따라 채무자가 부담하는 '담보 목적 채권의 담보가치를 유지·보전할 의무' 등은 담보 목적을 달성하기 위한 것에 불과하며, 채권양도담보계약의 체결에도 불구하고 당사자 관계의 전형적·본질적 내용은 여전히 피담보채권인 금전채권의 실현에 있다.

따라서 채무자가 채권양도담보계약에 따라 부담하는 '담보 목적 채권의 담보가치를 유지·보전할 의무'를 이행하는 것은 채무자 자신의 사무에 해당할 뿐이고, 채무자가 통상의 계약에서의 이익대립 관계를 넘어서 채권자와의 신임관계에 기초하여 채권자의 사무를 맡아 처리한다고 볼 수 없으므로, 이 경우 채무자는 채권자에 대한 관계에서 '타인의 사무를 처리하는 자'에 해당한다고 할 수 없다.

바. 금전채무 담보를 위한 금전채권의 양도와 횡령죄의 성부

채무자가 기존 금전채무를 담보하기 위하여 다른 금전채권을 채권자에게 양도한 후 제3채무자에게 채권양도 통지를 하지 않은 채 자신이 사용할 의도로 제3채무자로부터 변제를 받아 변제금을 수령한 경우, 채권자와의 위탁신임관계에 의하여 채권자를 위해 위 변제금을 보관하는 지위에 있는지 여부(소극) 및 채무자가 이를 임의로 소비하면 횡령죄가 성립하는지 여부(소극)

🏛 대법원 2021. 2. 25. 선고 2020도12927 판결[특정경제범죄 가중처벌 등에 관한 법률 위반(배임)(피고인 1에 대하여 예비적 죄명: 배임수재)·특정경제범죄가중처벌등에관한법률위반(횡령)·공갈미수·조세범처벌법위반]

채무자가 기존 금전채무를 담보하기 위하여 다른 금전채권을 채권자에게 양도하는 경우, 채무자가 채권자에 대하여 부담하는 '담보 목적 채권의 담보가치를 유지·보전할 의무'는 채권양도담보 계약에 따라 부담하게 된 채무의 한 내용에 불과하다.

또한 통상의 채권양도계약은 그 자체가 채권자 지위의 이전을 내용으로 하는 주된 계약이고, 그 당사자 사이의 본질적 관계는 양수인이 채권자 지위를 온전히 확보하여 채무자로부터 유효하게 채권의 변제를 받는 것이다. 그런데 채권 양도담보 계약은 피담보채권의 발생을 위한 계약(예컨대 금전소비대차계약 등)의 종된 계약으로, 채권양도담보 계약에 따라 채무자가 부담하는 위와 같은 의무는 담보 목적을 달성하기 위한 것에 불과하고, 그 당사자 사이의 본질적이고 주된 관계는 피담보채권의 실현이다. 이처럼 채권 양도담보계약의 목적이나 본질적 내용을 통상의 채권양도계약과 같이 볼 수는 없다.

따라서 채무자가 채권양도담보 계약에 따라 담보 목적 채권의 담보가치를 유지·보전할 의무는 계약에 따른 자신의 채무에 불과하고, 채권자와 채무자 사이에 채무자가 채권자를 위하여 담보가치의 유지·보전사무를 처리함으로써 채무자의 사무처리를 통해 채권자가 담보 목적을 달성한다는 신임관계가 존재한다고 볼 수 없다. 그러므로 채무자가 제3채무자에게 채권양도 통지를 하지 않은 채 자신이 사용할 의도로 제3채무자로부터 변제를 받아 변제금을 수령한 경우, 이는 단순한 민사상 채무불이행에 해당할 뿐, 채무자가 채권자와의 위탁신임관계에 의하여 채권자를 위해 위 변제금을 보관하는 지위에 있다고 볼 수 없고, 채무자가 이를 임의로 소비하더라도 횡령죄는 성립하지 않는다.

사. 금전채무이행에 있어서 타인의 사무를 처리하는 자

🏛 대법원 2021. 7. 15. 선고 2015도 5184 판결[특정경제범죄가중처벌등에관한법률위반(배임)(인정된 죄명: 배임)]

금전 채권채무 관계에서 채권자가 채무자의 급부이행에 대한 신뢰를 바탕으로 금전을 대여하고 채무자의 성실한 급부이행에 의해 채권의 만족이라는 이익을 얻게 된다 하더라도, 채권자가 채무자에 대한 신임을 기초로 그의 재산을 보호 또는 관리하는 임무를 부여하였다고 할 수 없고, 금전채무의 이행은 어디까지나 채무자가 자신의 급부의무의 이행으로서 행하는 것이므로 이를 두고 채권자의 사무를 맡아 처리하는 것으로 볼 수 없다. 따라서 금전 채권채무의 경우 채무자는 채권자에 대한 관계에서 '타인의 사무를 처리하는 자'에 해당한다고 할 수 없다(대법원 2011. 4. 28. 선고 2011도3247 판결 등 참조).

채무자가 기존 금전채무를 담보하기 위하여 다른 금전채권을 채권자에게 양도하는 경우에도 마찬가지이다. 채권양도담보계약에 따라 채무자가 부담하는 '담보 목적 채권의 담보가치를 유지·보전할 의무' 등은 담보 목적을 달성하기 위한 것에 불과하며, 채권양도담보계약의 체결에도 불구하고 당사자 관계의 전형적·본질적 내용은 여전히 피담보채권인 금전채권의 실현에 있다(대법원 2020. 2. 20. 선고 2019 도9756 전원합의체 판결 등 참조).

따라서 채무자가 채권양도담보계약에 따라 부담하는 '담보 목적 채권의 담보가치를 유지·보전할 의무'를 이행하는 것은 채무자 자신의 사무에 해당할 뿐이고, 채무자가 통상의 계약에서의 이익대립관계를 넘어서 채권자와의 신임관계에 기초하여 채권자의 사무를 맡아 처리한다고 볼 수 없으므로, 이 경우 채무자는 채권자에 대한 관계에서 '타인의 사무를 처리하는 자'에 해당한다고 할 수 없다.

원심이 인정한 사실을 앞서 본 법리에 비추어 살펴보면, 피고인의 담보가치 유지·보전에 관한 사무가 채권양도담보계약에 따른 채무의 한 내용임을 넘어 피해자의 담보 목적 달성을 위한 신임관계에 기초한 타인의 사무에 해당한다고 볼 수 없다. 따라서 피고인이 피해자에게 채권양도담보에 관한 대항요건을 갖추어 주기 전에 담보 목적 채권을 타에 이중으로 양도하고 제3채무자에게 그 채권양도통지를 하였다 하더라도, 피고인이 피해자와의 신임관계에 의하여 '타인의 사무를 처리하는 자'의 지위에 있다고 볼 수 없어 배임죄는 성립하지 않는다. 그런데도 원심은 피고인이 이에 해당된다고 전제하여 이 사건 공소사실 중 액수 미상의 재산상 이익 및 손해로 인한 배임 부분을 유죄로 판단하였으니, 이러한 원심판결에는 배임죄에서 '타인의 사무를 처리하는 자'의 의미에 관한 법리를 오해한 잘못이 있다. 이를 지적하는 피고인의 상고이유 주장은 이유 있다.

44. 특정범죄 가중처벌 등에 관한 법률 위반

가. 제2조 뇌물죄의 가중처벌

뇌물죄에 있어서 대통령의 직무 범위 및 그 직무관련성

> 🏛 대법원 1997. 4. 17. 선고 96도3377 전원합의체 판결[특정범죄가중처벌등에관한법률위반 (뇌물·뇌물방조·알선수재) 등]

판결의 요지

1) 대통령은 정부의 수반으로서 중앙행정기관의 장을 지휘·감독하여 정부의 중요정책을 수립·추진하는 등 모든 행정업무를 총괄하는 직무를 수행하고, 대형건설사업 및 국토개발에 관한 정책, 통화, 금융, 조세에 관한 정책 및 기업활동에 관한 정책 등 각종 재정·경제 정책의 수립 및 시행을 최종 결정하며, 소관 행정 각 부의 장들에게 위임된 사업자 선정, 신규 사업의 인·허가, 금융지원, 세무조사 등 구체적 사항에 대하여 직접 또는 간접적인 권한을 행사함으로써 기업체들의 활동에 있어 직무상 또는 사실상의 영향력을 행사할 수 있는 지위에 있고, 국책사업의 사업자 선정도 역시 대통령의 직무범위에 속하거나 그 직무와 밀접한 관계가 있는 행위이므로 이에 관하여 대통령에게 금품을 공여하면 바로 뇌물공여죄가 성립하고, 대통령이 실제로 영향력을 행사하였는지 여부는 범죄의 성립에 영향을 미치지 않는다.

또한 뇌물죄는 직무집행의 공정과 이에 대한 사회의 신뢰에 기하여 직무행위의 불가매수성을 그 직접의 보호법익으로 하고 있고, 뇌물성을 인정하는 데에는 특별히 의무위반행위의 유무나 청탁의 유무 등을 고려할 필요가 없는 것이므로, 뇌물은 대통령의 직무에 관하여 공여되거나 수수된 것으로 족하고 개개의 직무행위와 대가적 관계에 있을 필요가 없으며, 그 직무행위가 특정된 것일 필요도 없다.

2) 정치자금과 뇌물의 관계

정치자금, 선거자금, 성금 등의 명목으로 이루어진 금품의 수수라 하더라도, 그것이 정치인인 공무원의 직무 행위에 대한 대가로서의 실체를 가지는 한 뇌물로서의 성격을 잃지 않는다.

나. 제5조의3 도주차량 운전자의 가중처벌

1) 특정범죄가중처벌 등에 관한 법률(도주차량)에서의 '도주'의 의미

🏛 대법원 2004. 6. 10. 선고 2003도5138 판결[특정범죄가중처벌등에관한법률위반(도주차량)(서울서부지방법원 2012노387 판결 참조)]

판결의 요지

특정범죄가중처벌 등에 관한 법률 제5조의3 제1항에 규정된 '피해자를 구호하는 등 도로교통법 제50조 제1항의 규정에 의한 조치를 취하지 아니하고 도주한 때'라 함은 사고 운전자가 사고로 인하여 피해자가 사상을 당한 사실을 인식하였음에도 불구하고, 피해자를 구호하는 등 도로교통법 제50조 제1항에 규정된 의무를 이행하기 이전에 사고현장을 이탈하여 사고를 낸 자가 누구인지 확정될 수 없는 상태를 초래하는 경우를 말한다(대법원 1999. 4. 13. 선고 98도3315 판결, 2002. 2. 8. 선고 2001도4771 판결 등 참조).

그런데 이 사건에서 원심이 확정한 사실관계에 의하더라도, 피고인은 이 사건 교통사고를 낸 후 역과 지점을 약간 지나서 최초로 정차하였던 사고 장소 부근(최초 충격지점으로부터 약 56.7m 전방의 지점)을 떠나지 않고, 피고인 차량에서 내려 사고 장소 쪽으로 걸어가던 중 마침 누군가의 신고로 바로 구급차가 사고 장소에 도착하여 부근에 있는 사람들과 경찰관들이 피해자를 구급차에 실어 병원으로 호송하는 광경을 보고 피고인 차량으로 돌아와 차 안에서 가족에게 사고를 알리는 전화를 하고 있었다는 것이며, 한편, 기록에 의하면, 그 후 피고인은 목격자로 행세하면서 경찰관의 요청에 따라 파출소, 정비업소, 익산경찰서로 갔을 뿐, 자의로 사고현장을 이탈한 적극적인 행동은 하지 않던 중, 피고인 차량의 밑 부위에서 피해자의 것으로 추정되는 혈흔 등이 발견되어 경찰관으로부터 사고발생 여부를 추궁당하기에 이르자 태도를 바꾸어 뒤늦게 자신의 잘못을 시인하면서 범행을 자백하게 된 사실을 알 수 있다. 비록 피고인이 원심 판시와 같이 사고현장에서 목격자로 행세하면서, 마치 피고인보다 앞서 간 다른 흰색 차량과 피고인 차량을 뒤따르던 다른 차량들만이 피해자를 역과한 것처럼 거짓말을 하였다고 하더라도, 피고인이 자의로 사고 장소 부근을 떠난 바 없었고, 경찰관의 요청에 따라 또는 경찰관과 함께 파출소 또는 정비업소 등으로 동행하였을 뿐, 달리 피고인이 도주의 범의를 가지고 적극적으로 현장을 이탈하였다는 점을 인정할 만한 자료를 기록상 찾아볼 수 없으므로, 이러한 사정만으로 피고인의 판시 행위를 도주로 보아 피고인에게 특정범죄가중처벌등에 관한 법률 위반(도주차량)의 죄책을 묻기는 어렵다.

【평석】 또한 "피고인이 자동차운전면허 없이 혈중알코올농도 0.172%의 술에 취한 상태에서 포터 화물차를 운전하다가 원심 판시와 같이 교통사고를 야기하고서 그 사고로 차량에서 튕겨져 나와 잠시 정신을 잃고 있던 중 동승한 조00이 먼저 의식을 차리고 119 구급차량을 불러달라고 소리를 쳤고, 그 사이에 사고 현장 주민들이 신고하여 먼저 도착한 119 구급차량이 피해자를 후송하고, 그 후 의식을 회복한 피고인이 조00과 함께 현장에 출동한 경찰관의 '운전자가 누구냐?'는 질문에 대답하지 아니한 채 주민이 호출한 택시를 타고 경찰관이 가 있으라고 한 00병원으로 가다가 그 도중에 있는 00의원 앞에 이르러 택시에서 내려 몸에 힘이 없고 술에 취하여 빨리 집으로 돌아가 쉬고 싶다는 생각에서 고향 선배에게 연락하여 그가 가지고 온 차를 타고 집으로 간 다음, 나중에 찾아온 경찰관에게 교통사고 야기 사실을 시인하였다는 것인바, 사실관계가 이러하다면, 피고인이 그 사고로 부상을 입고 사고 현장 주민이 부른 택시로 경찰관의 조치에 따라 병원으로 후송되던 도중 곧바로 집으로 가버리고, 그사이에 경찰에 신고나 연락을 취하지 아니한 사안"에서도, 그 당시에는 이미 경찰이나 구급 차량 등에 의하여 피해자 000에 대한 구호 조치가 이루어진 후이므로, 이를 두고 피고인이 피해자를 구호하는 등 도로교통법 제50조 제1항에 규정된 의무를 이행하기 전에 사고 장소를 이탈하여 사고야기자로서 확정될 수 없는 상태를 초래한 경우에 해당한다고 볼 수는 없다라는 판결(대법원 2002. 11. 26. 선고 2002도4986 판결)도 있어서 특정범죄가중처벌등에 관한 법률 위반(도주차량)의 해당 여부는 사안별로 제반 사정을 검토해야 한다.

2) 특정범죄가중처벌 등에 관한 법률(도주차량)에서의 '도주'의 범의

🏛 대법원 2002. 1. 11. 선고 2001도2869 판결[특정범죄가중처벌등에관한법률위반(도주차량) 등]

"특정범죄가중처벌 등에 관한 법률 제5조의3 제1항 소정의 '피해자를 구호하는 등 도로교통법 제50조 제1항의 규정에 의한 조치를 취하지 아니하고 도주한 때'라 함은 사고 운전자가 사고로 인하여 피해자가 사상을 당한 사실을 인식하였음에도 불구하고 피해자를 구호하는 등 도로교통법 제50조 제1항에 규정된 의무를 이행하기 이전에 사고 현장을 이탈하여 사고를 낸 자가 누구인지 확정될 수 없는 상태를 초래하는 경우를 말하는 것이나(대법원 2001. 1. 5. 선고 2000도2563 판결 등 참조), 특정범죄가중처벌 등에 관한 법률 제5조의3 제1항의 규정은 자동차와 교통사고의 격증에 상응하는 건전하고 합리적인 교통질서가 확립되지 못한 현실에서 자신의 과실로 교통사고를 야기한 운전자가 그 사고로 사상을 당한 피해자를 구호하는 등의 조치를 취하지 아니하고 도주하는 행위에는 강한 윤리적 비난가능성이 있음을 감안하여 이를 가중 처벌함으로써 교통의 안전이라는 공공의 이익을 보호함과 아울러 교통사고로 사상을 당한 피해자의 생명·신체의 안전이라는 개인적 법익을 보호하기 위하여 제정된 것이라는 입법 취지와 보호법익에 비추어 볼 때, 사고의 경위와 내용, 피해자의 상해의 부위와 정도, 사고 운전자의 과실 정도, 사고 운전자와 피해자의 나이와 성별, 사고 후의 정황 등을 종합적으로 고려하여 사고 운전자가 실제로 피해자를 구호하는 등 도로교통법 제50조 제1항에 의한 조치를 취할 필요가 있었다고 인정되지 아니하는 경우에는 사고 운전자가 피해자를 구호하는 등 도로교통법 제50조 제1항에 규정된 의무를 이행하기 이전에 사고현장을 이탈하였더라도 특정범죄가중처벌 등에 관한 법률 제5조의3 제1항 위반죄로는 처벌할 수 없다 할 것이다.

그런데 원심이 인용한 제1심의 채용 증거들에 의하면, 피고인은 제1심 판시와 같은 교통사고를 낸 후 자신이 운전하던 차량을 도로변에 정차시키고 차에서 내려 피해자가 목을 주무르고 있는 것을 보고도 별다른 조치 없이 운전하던 차량을 사고현장에 놓아둔 채 다른 사람에게 사고처리를 부탁하기 위하여 사고현장을 이탈하였으나, 위 사고로 피해자가 입은 상해는 목이 뻐근한 정도로서 그 다음날 병원에서 엑스레이를 촬영한 결과 이상이 없고 임상적 추정에 의하여 약 2주간의 치료를 요하는 급성경추염좌의 진단을 받았을 뿐인 사실을 알 수 있는바, 이와 같은 피해자의 상해의 부위와 정도 및 그 밖에 기록에 나타난 이 사건 사고의 경위와 사고

후의 정황 등에 비추어 보아도 이 사건 사고에서 피고인이 실제로 피해자를 구호하는 등의 조치를 취하여야 할 필요가 있었다고 보기는 어려우므로, 피고인이 그 조치를 취하지 아니한 채 사고현장을 이탈하였다고 하여 피고인을 특정범죄가중처벌 등에 관한 법률 제5조의3 제1항 제2호 위반죄로 처벌할 수는 없다 할 것이다.

그런데도 원심은 위와 같은 이유로 피고인에 대한 특정범죄가중처벌 등에 관한 법률 제5조의3 제1항 제2호 위반의 공소사실을 유죄로 인정한 제1심판결을 그대로 유지하였으니, 원심판결에는 특정범죄가중처벌 등에 관한 법률 제5조의3 제1항 제2호 위반죄에 관한 법리를 오해함으로써 판결 결과에 영향을 미친 위법이 있다 할 것이다. 이 점을 지적하는 취지의 피고인의 상고 이유의 주장은 이유 있다."고 판시하였다.

【평석】구(舊) 특정범죄가중처벌 등에 관한 법률(2005. 5. 31. 법 7545호로 개정되기 전의 것)에는 특정범죄가중처벌 등에 관한 법률(도주차량) 위반의 경우 징역 1년 이상의 무거운 형이 법정형으로 규정되어 있었다. 그러나 이러한 무거운 형은 도주의 범의와 도주사실에 대하여 치열한 법정공방을 야기하게 되었고 많은 판례가 쌓였다.

당시의 엄정한 형을 피하기 위한 방법으로 경미한 상해는 특정범죄가중처벌 등에 관한 법률(도주차량) 위반이 의미하는 상해가 아니란 판례(무죄)들이 있었다.

3) '도주'를 부인한 사례

> 🏛 대법원 2004. 6. 10. 선고 2003도5138 판결[특정범죄가중처벌등에관한법률위반(도주차량)](서울서부지방법원 2012노387사건 참조)

판결의 요지

원심이 확정한 사실관계에 의하더라도, 피고인은 이 사건 교통사고를 낸 후 역과 지점을 약간 지나서 최초로 정차하였던 사고 장소 부근(최초 충격지점으로부터 약 56.7m 전방의 지점)을 떠나지 않고, 피고인 차량에서 내려 사고 장소 쪽으로 걸어가던 중 마침 누군가의 신고로 바로 구급차가 사고 장소에 도착하여 부근에 있는 사람들과 경찰관들이 피해자를 구급차에 실어 병원으로 호송하는 광경을 보고 피고인 차량으로 돌아와 차 안에서 가족에게 사고를 알리는 전화를 하고 있었다는 것이며, 한편, 기록에 의하면, 그 후 피고인은 목격자로 행세하면서 경찰관의 요청에 따라 파출소, 정비업소, 익산경찰서로 갔을 뿐, 자의로 사고현장을 이탈한 적극적인 행동은 하지 않던 중, 피고인 차량의 밑 부위에서 피해자의 것으로 추정되는 혈흔 등이 발견되어 경찰관으로부터 사고발생 여부를 추궁당하기에 이르자 태도를 바꾸어 뒤늦게 자신의 잘못을 시인하면서 범행을 자백하게 된 사실을 알 수 있다. 비록 피고인이 원심 판시와 같이 사고현장에서 목격자로 행세하면서, 마치 피고인보다 앞서 간 다른 흰색 차량과 피고인 차량을 뒤따르던 다른 차량들만이 피해자를 역과한 것처럼 거짓말을 하였다고 하더라도, 피고인이 자의로 사고 장소 부근을 떠난 바 없었고, 경찰관의 요청에 따라 또는 경찰관과 함께 파출소 또는 정비업소 등으로 동행하였을 뿐, 달리 피고인이 도주의 범의를 가지고 적극적으로 현장을 이탈하였다는 점을 인정할 만한 자료를 기록상 찾아볼 수 없으므로, 이러한 사정만으로 피고인의 판시 행위를 도주로 보아 피고인에게 특정범죄가중처벌등에 관한 법률위반(도주차량)의 죄책을 묻기는 어렵다.

4) '도주'를 인정한 사례

🏛 대법원 2007. 6. 28. 선고 2007도2934 판결[특정범죄가중처벌등에관한법률위반(도주차량) 등]

판결의 요지

'특정범죄 가중처벌 등에 관한 법률' 제5조의3 제1항에 정하여진 '피해자를 구호하는 등 도로교통법 제50조 제1항의 규정에 의한 조치를 취하지 아니하고 도주한 때'란 사고 운전자가 사고로 인하여 피해자가 사상을 당한 사실을 인식하였음에도 '도로교통법 제50조 제1항의 규정에 의한 조치'를 취하지 아니하고 사고 장소를 이탈하여 사고를 낸 사람이 누구인지 확정될 수 없는 상태를 초래하는 경우를 말하므로, 위 '도로교통법 제50조 제1항의 규정에 의한 조치'에는 피해자나 경찰관 등 교통사고와 관계있는 사람에게 사고 운전자의 신원을 밝히는 것도 포함된다(대법원

2006. 1. 26. 선고 2005도8264 판결 등 참조).

원심은, 그 채용 증거들을 종합하여 판시 사실들을 인정한 다음, 이와 같이 피고인은 자신과 그의 가족이 심한 상처를 입어 긴급하게 병원으로 후송된 것도 아니어서 사고 수습 과정에서 충분히 목격자나 병원 관계자, 경찰 등 교통사고와 관계있는 사람들에게 자신의 신원을 밝힐 수 있었음에도 사건 현장에서 이를 밝히지 아니한 채 자의로 현장을 이탈하였고, 피해자가 중상을 입고 의식을 잃은 상태에서 병원으로 후송되었음에도 그 병원에 찾아가서 유족 등에게 자신의 신분을 밝히는 등의 조치를 하지 아니하였으며, 사건 발생시부터 약 2시간 50분이 경과한 후에야 경찰의 연락에 의해 수동적으로 경찰에 출석하고, 피고인에게 전화를 건 경찰관이나 출석 후 피고인을 조사한 경찰관에 대하여도 타인의 신분을 도용하여 사고 운전자로서의 피고인의 신원이 확인되지 아니하게 한 이상, 피고인으로서는 이 사건 교통사고 야기 후 구 도로교통법(2006. 7. 19. 법률 제7969호로 개정되기 전의 것) 제50조 제1항의 규정에 의한 조치를 취하지 아니하고 사고 장소를 이탈하여 사고를 낸 사람이 누구인지 확정할 수 없는 상태를 초래하였다고 봄이 상당하다고 판단하였는바, 위 법리 및 기록에 의하여 관계 증거들을 살펴보면, 원심의 위 인정 및 판단은 정당하고, 상고이유의 주장과 같이 채증법칙을 위반하거나, 특정범죄 가중처벌 등에 관한 법률 위반(도주차량)죄에 관한 법리를 오해한 위법 등이 없다.

5) 구호 조치의 필요성

🏛 대법원 2007. 5. 10. 선고 2007도2085 판결[특정범죄가중처벌등에관한법률위반(도주차량)(인정된 죄명: 교통사고처리특례법위반)]

판결의 요지

특정범죄 가중처벌 등에 관한 법률 제5조의3 도주차량 운전자의 가중처벌에 관한 규정의 입법 취지와 보호법익 등에 비추어 볼 때, 사고의 경위와 내용, 피해자의 나이와 그 상해의 부위 및 정도, 사고 뒤의 정황 등을 종합적으로 고려하여 사고 운전자가 실제로 피해자를 구호하는 등 구 도로교통법(법률 제7545호로 전문 개정되기 전의 것) 제50조 제1항의 규정에 따른 조치를 취할 필요가 있었다고 인정되지 아니하는 때에는 사고 운전자가 피해자를 구호하는 등의 조치를 취하지 아니하고 사고 장소를 떠났다고 하더라도 위 법률 제5조의3 제1항 위반죄가 되지 아니한다.

그런데 위 구호 조치 필요성 유무는 피해자의 상해 부위와 정도, 사고의 내용과 사고 후의 정황, 치료의 시작 시점·경위와 기간 및 내용, 피해자의 연령 및 건강상태 등을 종합하여 판단하여야 하는 것이되, 대개의 경우는 피고인이 피해자와 직접 대화함으로써 피해자에게 통증 진술의 기회를 부여하든지 아니면 적어도 피고인이 정차하여 피해자의 상태를 눈으로 확인하여야 구호조치의 필요가 없는 경우라고 판단할 수 있을 것이고, 그렇지 않았던 경우에는 구호조치의 필요가 없었다고 섣불리 판단하여서는 아니 된다(대법원 2002. 1. 11. 선고 2001도2763 판결, 2002. 1. 11. 선고 2001도2869 판결, 2004. 5. 28. 선고 2004도1213 판결, 2004. 6. 11. 선고 2003도8092 판결, 2004. 10. 15. 선고 2004도5304 판결 등 참조).

원심은, 피고인이 사고 당시 피해자가 그 판시와 같은 상해를 입었을 수 있다는 사실을 미필적으로나마 인식하고도 피해자를 구호하는 등의 필요한 조치를 취하지 아니한 채 사고현장을 떠나 그대로 도주한 사실을 인정하면서도, 위와 같은 구호조치 필요성 유무에 관하여, 이 사건 기록에 의하여 인정되는 사실, 즉 사고 당시 아반떼와 피해자의 충돌 부위와 그 충격 정도(아반떼는 우측 후사경이 탈락되었으나 앞 범퍼나 보닛 부위에 충돌의 흔적이 전혀 없음), 이 사건 사고로 인한 피해자의 상해 부위와 정도, 그 치료의 시작 시점과 기간 및 경위와 내용, 이 사건 사고 당시 피해자의 연령, 성별 및 건강상태에다가 피해자가 이 사건 사고 직후 사고 차량의 등록번호를 확인하여 경찰관서에 112 범죄신고 전화로 사고신고를 하고 그 신고에 따라 출동한 경찰관과 함께 사고현장 주변을 수색하여 피고인을 검거한 후 사고현장조사에 참여하고 장시간 동안 사고경위에 관한 조사를 받고 귀가하였다가 사고 당시로부터 상당한 시간이 경과한 뒤에 병원에 입원하여 치료를 받은 점, 피해자의 신고에 따라 사고현장에 출동한 경찰관도 만일 피해자를 병원으로 후송하는 등 구호의 필요성이 있었다면 즉시 피해자를 병원으로 후송하였을 것임에도 불구하고, 피해자를 병원으로 후송하기는커녕 오히려 피해자를 사고현장조사에 참여시키고 장시간 동안 피해자를 상대로 사고 경위에 관한 조사를 한 후 귀가를 시킨 점, 피해자가 병원에 입원해 있으면서 혼자 외출을 하기도 하였던 점, 피해자는 이 사건 사고 후 1주일가량 경과한 시점에 피고인과 이 사건 사고에 관한 합의를 하자 즉시 퇴원하였고 대구카톨릭대학 병원에서 검진을 받은 결과 특별한 상해가 발견되지 아니한 점 등을 보태어 보면, 피해자가 이 사건 사고로 인하여 앞서 본 바와 같은 상해를 입었지만, 그로 인하여 피고인 등으로부터 구호를 받아야 할 필요성이 있었다고 보기 어렵고, 그 밖에 달리 이를 인정할 만한 아무런 증거가 없으므로, 결국 피고인을 특가법위반(도주차량)죄로 처벌할 수 없다고 판단하였다.

그러나 원심이 내린 위 결론은 수긍하기 어렵다.

왜냐하면, 이 사건 사고에 관하여 원심이 인정한 사실관계 그 자체에 의하더라도 이 사건이 사고 운전자가 실제로 피해자를 구호하는 등의 조치를 취할 필요가 있었다고 인정되지 아니하는 때에 해당하는 경우라고 보기는 어렵기 때문이다. 원심이 인정한 사실관계에 의하면, 피고인은 이 사건 사고 후 차를 세울 듯 말 듯 하며 주춤주춤하다가 그대로 진행하여 가 버렸고, 피해자의 점퍼가 찢어지고 오른손과 오른 무릎에 찰과상이 있었으며, 아반떼의 우측 후사경이 부서져 있었던바, 이런 정도의 차량과 사람 사이의 충돌이 있는 경우에 구호조치의 필요가 없었다고 볼 수는 없다.

원심이 구호 조치 필요성을 부정하면서 들고 있는 사정들을 보더라도, 차량과 인체가 부딪힌 사고에 있어서는 범퍼나 보닛 부위에 충돌 흔적이 없더라도 인체가 상당한 손상을 입을 수 있고, 피해자가 중상을 입지 않은 한 사고현장 주변에서 경찰관과 함께 가해 차량을 찾는다든지 사고 경위에 관한 수사에 협조한다든지 하는 일은 충분히 있을 수 있는 일이며, 피해자가 한밤중에 사고를 당한 후 범인 검거, 경찰 조사를 마치고 귀가하였다가 같은 날 11:52경 병원에 간 것을 두고서 원심의 판시처럼 '사고 당시로부터 상당한 시간이 경과한 뒤에 병원에 입원'한 것이라고 말할 수는 없다고 할 것이고, 사고일로부터 1주일 후의 퇴원을 두고서 사고 당시의 구호 필요성이 없었다는 주장의 근거로 사용할 수는 없다고 보아야 한다. 즉, 원심 판시의 사실만으로 이 사건 사고 당시 사고 운전자가 피해자를 구호할 필요가 있었다고 보기는 어렵다고 단정할 수는 없다 할 것이다.

6) 특정범죄가중처벌 등에 관한 법률 제5조의3 제1항 '피해자를 구호하는 등 조치를 취하지 아니하고 도주한 때'의 의미

🏛 대법원 2004. 6. 10. 선고 2003도5138 판결[특정범죄가중처벌등에관한법률위반(도주차량)]

　특정범죄가중처벌 등에 관한 법률 제5조의3 제1항에 정하여진 '피해자를 구호하는 등 도로교통법 제50조 제1항의 규정에 의한 조치를 취하지 아니하고 도주한 때'라고 함은 사고 운전자가 사고로 인하여 피해자가 사상을 당한 사실을 인식하였음에도 불구하고 피해자를 구호하는 등 도로교통법 제50조 제1항에 규정된 의무를 이행하기 이전에 사고현장을 이탈하여 사고를 낸 사람이 누구인지 확정될 수 없는 상태를 초래하는 경우를 말한다(대법원 2002. 2. 8. 선고 2001도4771 판결, 2003. 4. 25. 선고 2002도6903 판결, 2004. 3. 25. 선고 2003도8125 판결 등 참조).

　그런데 이 사건에서 원심이 확정한 사실관계에 의하더라도, 피고인은 이 사건 교통사고를 낸 후 역과 지점을 약간 지나서 최초로 정차하였던 사고 장소 부근(최초 충격지점으로부터 약 56.7m 전방의 지점)을 떠나지 않고, 피고인 차량에서 내려 사고 장소 쪽으로 걸어가던 중 마침 누군가의 신고로 바로 구급차가 사고 장소에 도착하여 부근에 있는 사람들과 경찰관들이 피해자를 구급차에 실어 병원으로 호송하는 광경을 보고 피고인 차량으로 돌아와 차 안에서 가족에게 사고를 알리는 전화를 하고 있었다는 것이며, 한편, 기록에 의하면, 그 후 피고인은 목격자로 행세하면서 경찰관의 요청에 따라 파출소, 정비업소, 익산경찰서로 갔을 뿐, 자의로 사고현장을 이탈한 적극적인 행동은 하지 않던 중, 피고인 차량의 밑 부위에서 피해자의 것으로 추정되는 혈흔 등이 발견되어 경찰관으로부터 사고 발생 여부를 추궁당하기에 이르자 태도를 바꾸어 뒤늦게 자신의 잘못을 시인하면서 범행을 자백하게 된 사실을 알 수 있다. 비록 피고인이 원심 판시와 같이 사고현장에서 목격자로 행세하면서, 마치 피고인보다 앞서 간 다른 흰색 차량과 피고인 차량을 뒤따르던 다른 차량들만이 피해자를 역과한 것처럼 거짓말을 하였다고 하더라도, 피고인이 자의로 사고 장소 부근을 떠난 바 없었고, 경찰관의 요청에 따라 또는 경찰관과 함께 파출소 또는 정비업소 등으로 동행하였을 뿐, 달리 피고인이 도주의 범의를 가지고 적극적으로 현장을 이탈하였다는 점을 인정할 만한 자료를 기록상 찾아볼 수 없으므로, 이러한 사정만으로 피고인의 판시 행위를 도주로 보아 피고인에게 특정범죄가중처벌 등에 관한 법률위반(도주차량)의 죄책을 묻기는 어렵다."라고 판시하였다.

7) 특정범죄가중처벌 등에 관한 법률 위반(도주차량)에 있어서 도주의 의사

🏛 대법원 2004. 12. 9. 선고 2004도6485 판결[특정범죄가중처벌등에관한법률위반(도주차량)]

판결의 요지

1. 이 사건 공소사실 중 특정범죄가중처벌 등에 관한 법률 위반(도주차량)의 점의 요지

피고인은 2004. 1. 3. 19:40경 소나타쓰리 승용차를 운전하여 대전 대덕구 신탄진동 소재 현대증권 앞 편도 3차로를 신탄진사거리 방면에서 한일병원 방면으로 그 도로 제1차로를 따라 시속 약 40 내지 50 킬로미터로 진행함에 있어 당시는 야간으로서 부근 신탄진시장에서 5일 장이 열리고 있어 사람들의 통행이 빈번하였으므로 이러한 경우 자동차의 운전업무에 종사하는 자로서는 전방 및 좌우를 잘 살펴 사고를 방지할 업무상 주의의무가 있음에도 이를 게을리 한 채 그대로 진행한 과실로 그 도로 제1차로에 술에 취해 누워 있던 피해자 이00(여,37세)을 발견하지 못하고 피해자의 몸을 위 승용차 아래 부분의 오일팬 카바 등으로 역과하고도 피해자를 구호하는 등 필요한 조치를 취하지 아니하여 도주하고, 피해자로 하여금 같은 해 2월 12일 17:30경 대전 중구 대사동 640 소재 충남대학교병원 중환자실에서 치료 중 외상성 지주막하 출혈 등으로 인한 급성호흡부전 증후군으로 사망에 이르게 하였다.

2. 원심의 판단

원심판결 이유에 의하면, 원심은, 피고인이 자신의 자동차로 사람을 충격한 줄은 몰랐다고 도주 부분에 대한 범의를 부인하고 있고, 이 사건 사고 당시 피고인이 피해자를 사고 직전 발견하지 못한 것으로 보이고 또 피해자를 역과한 것이 피고인 차량의 바퀴 부분이 아니라 하체 바닥 부분인 점에 비추어 피고인이 이 사건 사고 직전이나 직후에 자신이 충격한 것이 사람이라고 인식하지 못하였을 가능성이 있다는 점, 피고인이 이 사건 직후 그 곳에서부터 약 100m 가량 떨어진 곳에 차량을 주차하고 복권을 구입하러 들어갔고, 복권을 구입한 후 나와서 다른 사람들이 자신이 사람을 치었다는 취지의 이야기를 하는 것을 듣고 바로 파출소에 신고를 한 점 등에 비추어 피고인이 도주할 의사로 약 100m를 진행한 것으로 보이지 않

고, 피고인이 복권을 사고 나왔을 때는 이미 사람들이 사고 현장에 모여 있고 구급차도 와 있어서 피해자의 구호조치가 취하여져 있었으므로 피고인이 바로 파출소로 간 행위를 두고 피해자를 구호하는 등 필요한 조치를 취하지 아니하고 도주한 때에 해당한다고 볼 수 없으며, 달리 피고인이 이 사건 사고로 인하여 피해자가 사상을 당한 사실을 인식하면서도 피해자를 구호하는 등의 조치를 취하기 전에 현장을 이탈하였다고 볼 아무런 증거가 없다는 이유로, 이 사건 특정범죄가중처벌 등에 관한 특례법(도주)의 점에 대하여 무죄로 판단하면서 다만 이와 일죄의 관계에 있는 교통사고처리특례법위반죄를 유죄로 인정하므로 주문에는 따로 무죄를 선고하지 아니한다고 하여 제1심판결을 유지하였다.

3. 대법원의 판단

그러나, 원심의 위와 같은 판단은 다음과 같은 이유로 수긍하기 어렵다.

가. 특정범죄가중처벌 등에 관한 법률 제5조의3 제1항 소정의 '피해자를 구호하는 등 도로교통법 제50조 제1항의 규정에 의한 조치를 취하지 아니하고 도주한 때'라 함은 사고 운전자가 사고로 인하여 피해자가 사상을 당한 사실을 인식하였음에도 불구하고 피해자를 구호하는 등 도로교통법 제50조 제1항에 규정된 의무를 이행하기 이전에 사고 현장을 이탈하여 사고를 낸 자가 누구인지 확정될 수 없는 상태를 초래하는 경우를 말하고(대법원 1998. 5. 12. 선고 98도375 판결, 1999. 12. 7. 선고 99도2869 판결 등 참조), 여기에서 말하는 사고로 인하여 피해자가 사상을 당한 사실에 대한 인식의 정도는 반드시 확정적임을 요하지 아니하고 미필적으로라도 인식하면 족한바, 사고운전자가 사고 직후 차에서 내려 직접 확인하였더라면 쉽게 사고사실을 확인할 수 있었는데도 그러한 조치를 취하지 아니한 채 별일 아닌 것으로 알고 그대로 사고현장을 이탈하였다면 사고 운전자에게는 미필적으로라도 사고의 발생 사실을 알고 도주할 의사가 있었다고 볼 것이며(대법원 1998. 5. 12. 선고 98도375 판결, 2000. 3. 28. 선고 99도5023 판결 등 참조), 피고인이 범죄의 구성요건이 되는 행위에 대하여는 인정하면서 다만 그 범의나 상황의 인식 여부에 관하여 부인하는 경우에는 이러한 주관적 요소의 사실은 사물의 성질상 그 범의 혹은 인식과 상당한 관련성이 있는 간접사실 또는 정황 사실을 증명하는 방법에 의하여 이를 입증할 수밖에 없고, 무엇이 상당한 관련성이 있는 간접사실에 해당할 것인가는 정상적인 경험칙에 바탕을 두고 치밀한 관찰력이나 분석력에 의하여 사실의 연결 상태를 합리적으로 판단하는 방법에 의하여야 할 것이다(대법원 2003. 1. 24. 선고

2002도6103 판결 참조).

　나. 피고인에 대한 경찰 및 검사 작성의 피의자신문조서의 각 진술기재에 의하면, 피고인은 이 사건 사고지점 약 5m 전방에서 검은 것이 움직이는 것을 보았는데 비닐봉지가 바람에 펄럭이는 것으로 생각하였으며, 길바닥에 있던 피해자를 차량의 밑바닥으로 충격할 당시 덜커덩하면서 핸들도 흔들리고 울커덩 하는 느낌도 들었다는 것이고, 제1심에 이르러서는 치인 물건이 개나 고양이 혹은 시장바구니일 것이라고 생각하였다는 취지로 진술하고 있다. 또한 제1심이 적법하게 채택하여 조사한 증거들을 기록에 비추어 살펴보면, 이 사건 사고지점은 편도 3차로의 평탄한 아스팔트 도로 위였고, 사고 당시는 2004. 1. 3. 19:40경으로 겨울철 야간이었지만 주위 상가들의 조명과 가로등 및 차량들의 불빛 때문에 어두운 편이 아니었던 사실, 피해자는 연령 37세, 키 160cm의 여성으로 그다지 작은 체구가 아니었고 이 사건 사고로 인하여 왼쪽 발과 골반 뼈가 골절되고 제3요추는 방출성으로 골절된 점에 비추어 피고인 차량의 하체 부분이 피해자의 몸통을 단순히 가볍게 스치듯 지나간 것으로는 보이지 않는 사실, 피고인은 로또복권을 사고 나와서 사고지점 부근에 사람들이 많은 것을 보고서 파출소에 가서 자진신고를 하였다고 주장하고 있지만, 당시 피고인 차량을 바로 뒤따라온 차량의 운전자인 김00은 피고인 차량이 사고 직후 100m 가량 전방의 우측에 정차하는 것을 보았는데 잠시 후 경찰이 도착했을 때에는 그 피고인의 차량이 보이지 않았다고 진술하고 있고, 피고인이 구매하였다는 로또복권의 발권 시간은 같은 날 19:46경인데 로또복권 판매점 바로 옆에 소재한 파출소에 신고한 시간은 같은 날 20:20경으로 30여 분 이상 지체한 후에 신고한 것으로 되어 있는 점에 비추어 피고인이 로또복권 판매점에서 나와 그 즉시 신고한 것이 아니라 차량을 운전하여 다른 곳으로 갔다가 나중에 되돌아와 신고하였을 가능성이 높은 사실을 알 수 있다.

　그러므로 이와 같이 평탄한 아스팔트 도로 위를 주행하던 차량의 운전자인 피고인이 사전에 전방의 도로 위에 있던 물체를 발견하였고, 그 물체 위를 통과할 때 소리가 나고 차량의 흔들림을 인식하였던 점, 피해자의 체구나 상해의 정도 및 그에 미루어 볼 때 그 충격으로 인한 차체의 흔들림의 정도가 상당하였을 것인 점을 함께 살펴보면 이를 단순히 비닐봉지나 개, 고양이 혹은 시장바구니로 오인하기가 쉽지 않은 점, 사고지점 주위에 상가 등이 있어서 사람들의 통행이 상당한 점 등을 감안한다면 피고인이 자신의 차량으로 역과한 것이 사람인 점을 알았거나 적어도 사람일 수 있다고 생각할 수 있었을 것으로 보이는바, 그렇다면 당연히 그 자리에 정차하여 자신이 역과한 것이 무엇인지 확인하였어야 할 것임에도 피고인이 그와 같은 조치를 취함이 없이 그대로 그 자리를 떠난 것은 피고인에게 미필적으로라도 사람을 역과한 사실을 알고 도주할 의사가 있었다고 판단함이 상당하다 할 것이다.

또한, 위에서 본 바에 의하면 피고인은 사고지점에서 100m 가량 떨어진 곳까지 진행하여 차량을 정차한 후 사고상황을 살피지 않고 위 복권을 사러 들어감으로써 그 때 이미 필요한 조치를 취하지 않고 도주한 것이라 할 것이다.

그럼에도 불구하고 원심이, 피고인이 사고 사실을 알았다고 할 증거가 없고, 피고인이 복권 판매점에서 나와 파출소로 간 행위가 도주한 때에 해당한다고 볼 수 없다고 판단하고 만 것은, 위와 같이 주관적 사실의 인정에 관한 채증법칙을 위반하여 사실을 오인하고 특정범죄가중처벌등에 관한 법률위반(도주)죄에 있어서의 도주의 의사 및 시기에 관한 법리를 오해하여 판결에 영향을 미친 위법을 저질렀다 할 것이다.

따라서 원심판결 중 특정범죄가중처벌 등에 관한 법률 위반(도주)죄에 대한 부분은 파기하여야 할 것인바, 원심이 유죄로 인정한 교통사고처리특례법 위반의 점은 위 죄와 1죄의 관계에 있으므로, 결국 원심판결은 모두 파기되어야 한다.

8) 형벌 법규의 해석-도로교통법 규정의 원동기장치 자전거(배기량 50cc미만)의 의미

배기량 50cc 미만의 오토바이가 특정범죄가중처벌등에 관한 법률 제5조의 3의 도주차량가중처벌규정의 적용대상인 도로교통법 제2조 제15호 소정의 "원동기장치 자전거"에 해당하는지 여부(소극)

> 🏛 대법원 1990. 11. 27. 선고 90도1516 전원합의체 판결[특정범죄가중처벌등에관한법률위
> 반(도주차량, 인정된 죄명: 교통사고처리특례법위반, 도로교통법위반), 폭력행위등처벌에관
> 한법률위반, 도로교통법위반]

판결의 요지

특정범죄가중처벌 등에 관한 법률 제5조의3의 도주차량 가중처벌규정의 적용대상인 도로교통법 제2조 제15호 소정의 "원동기장치 자전거"는 자동차관리법 제3조 및 같은 법 시행규칙 제2조에 규정된 배기량 50cc 이상 또는 정격출력 0.59 킬

로 왓트 이상의 2륜 자동차 중에서 내무부령으로 정하는 차만을 말하므로 배기량 50cc 미만의 오토바이는 위 가중처벌규정의 적용대상이 될 수 없다.

【평석】 형벌 법규의 해석은 엄격하여야 하고 명문 규정의 의미를 피고인에게 불리한 방향으로 지나치게 확장 해석하거나 유추 해석하는 것은 죄형법정주의의 원칙에 어긋나는 것으로서 허용되지 않으며, 이러한 법해석의 원리는 그 형벌 법규의 적용대상이 행정법규가 규정한 사항을 내용으로 하고 있는 경우에 그 행정법규의 규정을 해석하는 데에도 마찬가지로 적용된다.

다. '특정범죄 가중처벌 등에 관한 법률'(2010. 3. 31. 법률 제10210호로 개정된 것) 제5조의4 제1항 중 형법 제329조에 관한 부분(2014헌가16, 2014헌가23), 같은 법률 제1항 중 형법 제329조의 미수죄에 관한 부분(2014헌가23), 같은 법률 제4항 중 형법 제363조 가운데 형법 제362조 제1항의 '취득'에 관한 부분(2014헌가19)이 헌법에 위반되는지 여부

🏛 헌법재판소 2014헌가16·19·23(병합)[특정범죄 가중처벌 등에 관한 법률 제5조의4 제1항 위헌제청 등]

[심판 대상 조항]

특정범죄 가중처벌 등에 관한 법률(2010. 3. 31. 법률 제10210호로 개정된 것) 제5조의4(상습 강도·절도죄 등의 가중처벌)[125]

① 상습적으로 형법 제329조부터 제331조까지의 죄 또는 그 미수죄를 범한 사람은 무기 또는 3년 이상의 징역에 처한다.

④ 형법 제363조의 죄를 범한 사람은 무기 또는 3년 이상의 징역에 처한다.

【결정 이유의 요지】

어떤 유형의 범죄에 대하여 특별히 형을 가중할 필요가 있는 경우라 하더라도, 그 가중의 정도가 통상의 형사 처분과 비교하여 현저히 형벌체계상의 정당성과 균형을 잃은 것이 명백한 경우에는 인간의 존엄성과 가치를 보장하는 헌법의 기본원

---

125) 상습절도를 규율하고 있는, 이른바 장발장법이라고도 일컬어진다.

리에 위배될 뿐 아니라 법의 내용에 있어서도 평등원칙에 반하는 위헌적 법률이 되는바, 심판 대상 조항은 별도의 가중적 구성요건표지를 규정하지 않은 채 형법 조항과 똑같은 구성요건을 규정하면서 법정형만 상향 조정하여 형사특별법으로서 갖추어야 할 형벌체계상의 정당성과 균형을 잃어 인간의 존엄성과 가치를 보장하는 헌법의 기본원리에 위배될 뿐만 아니라 그 내용에 있어서도 평등의 원칙에 위반되어 위헌이다.

【해설】특정범죄 가중처벌 등에 관한 법률 제5조의4 제5항 제1호는 '형법 제329조부터 제331조까지의 죄 또는 그 미수죄로 세 번 이상 징역형을 받은 사람이 다시 이들 죄(미수범을 포함한다)를 범하여 누범으로 처벌하는 경우에는 2년 이상 20년 이하의 징역에 처한다.'라고 규정하고 있다. 위 처벌 조항은 전범(前犯)과 후범(後犯)이 모두 동종의 절도 고의범일 것이라는 실질적 관련성을 요구하고, 전범에 대하여 '3회 이상의 징역형'을 선고받아 형이 아직 실효되지 아니하여야 하며, 후범을 '누범'으로 처벌하는 경우여야 하는 등 상당히 엄격한 구성요건을 설정하고 있다. 그리고 그 구성요건을 충족하는 행위가 3차례에 걸친 전범에 대한 형벌의 경고 기능을 무시하고 다시 누범기간 내에 동종의 절도 범행을 저지른 것이라는 점에서 그 불법성과 비난가능성을 무겁게 평가하여 징벌의 강도를 높임으로써 결국 이와 같은 범죄를 예방하려는 데 처벌조항의 목적이 있다. 위 처벌조항의 문언 내용 및 입법 취지, 형법 제37조 후단과 제39조 제1항의 규정은 법원이 형법 제37조 후단 경합범인 판결을 받지 아니한 죄에 대한 판결을 선고할 경우 판결이 확정된 죄와 동시에 판결할 경우와의 형평을 고려하여야 한다는 형의 양정(형법 제51조)에 관한 추가적인 고려사항과 형평에 맞지 않는다고 판단되는 경우에는 형의 임의적 감면을 할 수 있음을 제시한 것일 뿐 판결이 확정된 죄에 대한 형의 선고와 그 판결확정 전에 범한 죄에 대한 형의 선고를 하나의 형의 선고와 동일하게 취급하라는 것이 아닌 점 등을 고려하면, 처벌조항 중 '세 번 이상 징역형을 받은 사람'은 그 문언대로 형법 제329조 등의 죄로 세 번 이상 징역형을 받은 사실이 인정되는 사람으로 해석하면 충분하고, 전범 중 일부가 나머지 전범과 사이에 후단 경합범의 관계에 있다고 하여 이를 처벌조항에 규정된 처벌받은 형의 수를 산정할 때 제외할 것은 아니다(대법원 2020. 3. 12. 선고 2019도17381 판결).

나아가 반복적인 절도 범행 등에 대한 누범가중 처벌규정인 특정범죄 가중처벌

등에 관한 법률 제5조의4 제5항의 취지는, 같은 항 각호에서 정한 죄 가운데 동일한 호에서 정한 죄를 3회 이상 반복 범행하고, 다시 그 반복 범행한 죄와 동일한 호에서 정한 죄를 범하여 누범에 해당하는 경우에는 동일한 호에서 정한 법정형으로 처벌한다는 뜻으로 보아야 하므로, 특정범죄가중법 제5조의4 제5항 제1호 중 '이들 죄를 범하여 누범으로 처벌하는 경우' 부분에서 '이들 죄'란, 앞의 범행과 동일한 범죄일 필요는 없으나, 특정범죄가중법 제5조의4 제5항 각호에 열거된 모든 죄가 아니라 앞의 범죄와 동종의 범죄, 즉 형법 제329조 내지 제331조의 죄 또는 그 미수죄를 의미한다(대법원 2020. 2. 27. 선고 2019도18891 판결).

☞ **특정범죄가중처벌 등에 관한 법률상의 절도와 상습성의 기준에 관한 대법원 2007. 6. 28. 선고 2007도2956 판결[특정범죄가중처벌등에관한법률위반(절도)(인정된 죄명: 절도)]은 형법 제329조 절도 부분 참조.**[126)

라. 제5조의12 도주 선박의 선장 또는 승무원에 대한 가중처벌

1) 특정범죄 가중처벌 등에 관한 법률 제5조의12 위반죄는 선박의 교통으로 인하여 형법 제268조의 죄를 범한 선박의 선장 또는 승무원이 수난구호법 제18조 제1항 단서에 규정된 의무를 이행하기 이전에 사고현장을 이탈한 때에 성립하는지 여부(적극) 및 위 죄는 '선박 간의 충돌사고'나 '조타상의 과실'로 형법 제268조의 죄를 범한 경우에 한하여 성립하는지 여부(소극)

2) 수난구호법 제18조 제1항 단서에 따라 사고를 낸 선장 또는 승무원이 취하여야 할 조치의 정도 및 그러한 조치를 취하기 전에 도주의 범의로써 사고현장을 이탈한 것인지 판단하는 기준

🏛 대법원 2015. 11. 12. 선고 2015도6809 전원합의체 판결[살인, 살인미수(① 피고인 1에 대하여 제1 예비적 죄명: 특정범죄가중처벌등에관한법률위반, 제2 예비적 죄명: 유기치상 등)

판결의 요지

특정범죄 가중처벌 등에 관한 법률(이하 '특정범죄가중법'이라 한다) 제1조, 제5조

---

126) 특정범죄가중처벌 등에 관한 법률 제5조의4 제5항 제1호에 관한 대법원 2020. 2. 27. 선고 2019도18891 판결에 대한 해설은, 성현창, 특정범죄가중처벌 등에 관한 법률 제5조의4 제5항 제1호의 취지 및 규율 범위 참조, 대법원판례해설, 제124호(2020년 상), 637면 참조

의12 제1호, 제2호, 해사안전법 제2조 제2호, 수난구호법 제18조 제1항 단서의 체계, 내용 및 취지 등을 고려하면, 특정범죄가중법 제5조의12 위반죄는 형법 제268조의 업무상과실치사상죄 및 중과실치사상죄를 기본범죄로 하여 수난구호법 제18조 제1항 단서 위반행위 및 도주행위를 결합하여 가중 처벌하는 일종의 결합범으로서 선박의 교통으로 형법 제268조의 죄를 범한 선박의 선장 또는 승무원이 수난구호법 제18조 제1항 단서에 규정된 의무를 이행하기 이전에 사고 현장을 이탈한 때에 성립하고, '선박 간의 충돌사고'나 '조타상의 과실'로 형법 제268조의 죄를 범한 경우에 한하여 성립하는 것으로 볼 수 없다.

한편 수난구호법 제18조 제1항 단서에 따라 사고를 낸 선장 또는 승무원이 취하여야 할 조치는 사고의 내용과 피해의 정도 등 구체적 상황에 따라 건전한 양식에 비추어 통상 요구되는 정도로 적절히 강구되어야 하고, 그러한 조치를 취하기 전에 도주의 범의로써 사고 현장을 이탈한 것인지를 판정할 때에는 사고의 경위와 내용, 피해자의 생명·신체에 대한 위험의 양상과 정도, 선장 또는 승무원의 과실정도, 사고 후의 정황 등을 종합적으로 고려하여야 한다.

마. 제6조 관세법 위반행위의 가중처벌

특정범죄가중처벌 등에 관한 법률 제6조 제4항 소정의 물품 원가의 의미

🏛 대법원 1983. 12. 13. 선고 83도2193 전원합의체 판결[특정범죄가중처벌등에관한법률위반]

판결의 요지

특정범죄가중처벌 등에 관한 법률 제6조 제4항 소정의 물품 원가라 함은 수입의 경우에는 수입지의 도착가격(이른바 CIF가격)을 말하는 것이고 여기에 관세 등 제세 기타 과징금, 비용 및 이윤 등이 첨가된 내부 도매가격 또 시가를 말하는 것이 아니다.

바. 제8조 조세 포탈의 가중처벌

1) 특정범죄가중처벌 등에 관한 법률 제8조 제1항 소정의 '연간'의 의미(1월 1일

부터 12월 31일까지의 1년간) 및 '연간 포탈세액 등'의 의미{각 세목의 과세기간 등에 관계없이 각 연도별(1월 1일부터 12월 31일까지)로 포탈한 또는 부정 환급받은 모든 세액을 합산한 금액}

🏛 대법원 2000. 4. 20. 선고 99도3822 전원합의체 판결[특정범죄가중처벌등에관한법률위반 (조세)] ☞ 조세범처벌법 위반 제9조 판결 참조

2) (1) 세법이 정한 과세요건을 갖추지 못하여 조세채무가 성립하지 않은 경우, 조세포탈죄가 성립하는지 여부(소극)

(2) 법인세법상 내국법인의 각 사업 연도 소득금액을 산정하는 방법 및 익금과 손금의 귀속사업 연도

(3) 각 사업 연도를 단위로 계산되는 법인의 소득에 대하여 과세하는 법인세를 포탈하였다고 인정하기 위한 요건

(4) 관급공사를 수주한 피고인 갑 주식회사가 비자금을 조성할 목적으로 최저가로 입찰한 협력업체를 하수급업체로 선정하여 위 업체와 실제 공사대금은 입찰가로 하면서도 공사대금을 부풀려 하도급 계약을 체결한 다음 부풀린 공사금액을 실제 지급한 후 차액을 현금으로 돌려받았는데도 이를 법인세 과세표준에 익금으로 산입하지 않고 납부기한을 경과시키는 방법으로 여러 사업 연도의 각 법인세를 포탈하였다는 공소사실의 유무죄가 문제 된 사안에서, 피고인 갑 회사가 협력업체로부터 차액을 돌려받은 사업 연도에 이를 익금으로 산입할 수 있다는 잘못된 전제에서 공소사실을 유죄로 판단한 원심판결에 법인세 납부의무 성립을 전제로 하는 조세 포탈죄에 관한 법리오해의 잘못이 있다고 한 사례

🏛 대법원 2020. 5. 28. 선고 2018도16864 판결[특정경제범죄가중처벌등에관한법률위반(횡령)·특정범죄가중처벌등에관한법률위반(조세)·조세범처벌법위반·배임수재]

판결의 요지

1) 조세범 처벌법 제3조와 특정범죄 가중처벌 등에 관한 법률 제8조에서 정한 조세 포탈죄가 성립하기 위해서는 세법이 정한 과세요건이 충족되어 조세채권이

성립해야 하므로, 과세요건을 갖추지 못해 조세채무가 성립하지 않으면 조세 포탈죄도 성립할 여지가 없다.

2) 내국법인의 각 사업 연도 소득은 그 사업 연도에 속하거나 속하게 될 익금의 총액에서 그 사업 연도에 속하거나 속하게 될 손금의 총액을 뺀 금액으로 하고, 익금과 손금의 귀속 사업 연도는 그 익금과 손금이 확정된 날이 속하는 사업 연도로 한다(법인세법 제14조 제1항, 제40조 제1항). 이처럼 각 사업 연도를 단위로 계산되는 법인의 소득에 대하여 과세하는 법인세를 포탈하였다고 하기 위해서는 특정 사업 연도에 귀속되는 익금 누락 또는 가공 손금 계상 등을 통하여 해당 사업 연도에 과세소득이 감소되어야 한다.

3) 관급공사를 수주한 피고인 갑 주식회사가 비자금을 조성할 목적으로 최저가로 입찰한 협력업체를 하수급업체로 선정하여 위 업체와 실제 공사대금은 입찰가로 하면서도 공사대금을 부풀려 하도급계약을 체결한 다음 부풀린 공사금액을 실제 지급한 후 차액을 현금으로 돌려받았는데도 이를 법인세 과세표준에 익금으로 산입하지 않고 납부기한을 경과시키는 방법으로 여러 사업 연도의 각 법인세를 포탈하였다는 공소사실의 유무죄가 문제 된 사안에서, 공사대금을 부풀린 하도급 계약은 피고인 갑 회사와 하수급업체의 가장행위에 해당한다고 볼 수 있어 이를 무시하고 거래의 실질에 따라 입찰가를 실제 공사대금으로 하는 하도급 계약 거래 관계에 따라 과세해야 하는데, 실제 공사대금보다 부풀린 공사금액이 지출된 사업 연도에 차액이 손금으로 과다 계상되어 피고인 갑 회사의 법인세 과세소득이 감소되었으므로, 차액을 해당 사업 연도에 손금 불산입하여 누락된 소득에 대한 포탈세액을 산정하여야 하는 점, 공사대금을 부풀린 가장의 하도급 계약에 따라 과다하게 지급된 공사금액 중 차액은 손금산입의 요건인 '그 법인의 사업과 관련하여 발생하거나 지출된 손실 또는 비용으로서 일반적으로 인정되는 통상적인 것'(법인세법 제19조 제2항)이라 볼 수 없어 이를 공사금액이 지출된 사업 연도의 손금에 산입할 수 없는 점, 법인세법 제18조 제2호에서 '이미 과세된 소득'은 이후 사업 연도에 환입되더라도 익금에 산입하지 않는다고 정하고 있으므로, 부풀려 지급한 공사금액 중 차액은 지출 사업 연도 과세표준에 포함되었어야 할 소득으로서 나중에 차액을 돌려받더라도 반환받은 사업 연도의 익금에 산입할 수 없는 점, 한편 과다 지급된 차액을 돌려받은 사업 연도의 법인세를 포탈하였다고 인정하기 위해서는 차액이 반환받은 사업 연도에 익금으로 확정되어 귀속되는 것을 전제로 하는데, 공사대금

을 부풀린 하도급 계약의 효력은 차치하고, 피고인 갑 회사는 협력업체와 하도급계약을 체결할 때 차액을 반환받기로 약정하였고 위 약정에 따라 차액을 돌려받은 것이어서, 피고인 갑 회사가 부풀린 공사금액을 협력업체에 지급한 사업연도에 차액을 반환받을 권리가 실현 가능성이 높은 정도로 성숙·확정되었으므로 차액에 해당하는 채권이 공사금액 지출 사업 연도의 익금으로 귀속되어야 하고, 이후 피고인 갑 회사가 차액을 실제 반환받았더라도 해당 사업 연도에는 이미 익금으로 확정된 권리가 실현되어 위 채권이 소멸하고 그에 대응하는 현금이 들어온 것에 불과하여 피고인 갑 회사의 순 자산에 아무런 변동이 없으므로, 차액은 반환받은 사업 연도의 익금이 될 수 없는 점 등을 종합하면, 피고인 갑 회사가 협력업체에 부풀린 공사금액을 지급한 사업 연도에 실제 공사대금보다 과다 계상한 공사금액을 손금 불산입하는 것은 별론으로 하더라도 피고인 갑 회사가 협력업체로부터 차액을 돌려받은 사업 연도에 차액을 익금에 산입할 수는 없으므로, 차액만큼 익금 누락을 통해서 과세소득이 감소되었음을 전제로 한 피고인 갑 회사의 법인세 납부의무는 성립할 수 없다는 이유로, 이와 달리 피고인 갑 회사가 협력업체로부터 차액을 돌려받은 사업 연도에 이를 익금으로 산입할 수 있다는 잘못된 전제에서 공소사실을 유죄로 판단한 원심판결에 법인세 납부의무 성립을 전제로 하는 조세포탈죄에 관한 법리를 오해한 잘못이 있다.

4) 특정범죄 가중처벌 등에 관한 법률 제8조의2 제1항에서 정한 '영리의 목적'의 의미 및 거짓으로 기재한 매입처별 세금계산서합계표를 제출하여 부당하게 부가가치세를 환급·공제받으려는 목적이 이에 해당하는지 여부(적극)

> 🏛 대법원 2014. 9. 24. 선고 2013도5758 판결[특정범죄가중처벌등에관한법률위반(허위세금계산서교부등)(피고인1에 대하여 인정된 죄명: 조세범처벌법위반)]

판결의 요지

특정범죄 가중처벌 등에 관한 법률 제8조의2 제1항에서 정하고 있는 '영리의 목적'이란 널리 경제적인 이익을 취득할 목적을 말하는 것으로서, 거짓으로 기재한 매입처별 세금계산서합계표를 제출하여 부당하게 부가가치세를 환급·공제받으려는 목적은 여기에 해당한다.

특정범죄 가중처벌 등에 관한 법률(이하 '특가법'이라 한다) 제8조의2 제1항의 죄는 조세범 처벌법 제10조 제3항 및 제4항 전단의 죄 중 영리의 목적이 있고 공급가액 등의 합계액이 일정금액 이상인 경우를 가중 처벌하는 것에 불과하여 위 조세범 처벌법 규정에 의하여 규율되지 아니하는 새로운 유형의 범죄를 신설한 것으로 볼 수 없으므로, 법률에 별도의 규정이 없는 한 조세범 처벌법 제21조에 따라 국세청장, 지방국세청장 또는 세무서장(이하 '국세청장 등'이라 한다)의 고발이 없으면 공소를 제기할 수 없다. 그런데 특가법 제16조는 예외적으로 고소 또는 고발 없이 공소를 제기할 수 있는 범죄로 특가법 제6조, 제8조의 죄만을 열거하고 있을 뿐이고, 그 밖에 다른 예외 규정을 두고 있지 아니하므로, 특가법 제8조의2 제1항의 죄는 조세범 처벌법 제21조에 따라 국세청장 등의 고발을 소추조건으로 한다고 봄이 타당하다.

【평석】특정범죄 가중처벌 등에 관한 법률 제8조의2 제1항의 '영리의 목적'에 대하여 명백하게 규정되어 있거나 하급심 판례가 명확하지 않았다. 대법원은 영리의 목적이란 널리 경제적 이익을 취득하는 것으로서, 거짓으로 기재한 매입처별 세금계산서 합계표를 제출하여 부당하게 부가가치세를 환급 공제하려는 목적은 여기에 해당한다고 판시하였다.[127]

45. 특정 범죄자에 대한 위치추적 전자장치 부착 등에 관한 법률 위반

'특정 범죄자에 대한 위치추적 전자장치 부착 등에 관한 법률' 제5조 제1항 제3호에서 부착명령청구 요건으로 정한 '성폭력범죄를 2회 이상 범하여(유죄의 확정판결을 받은 경우를 포함한다)'에 '소년보호처분을 받은 전력'이 포함되는지 여부(소극)

🏛 대법원 2012. 3. 22. 선고 2011도15057, 2011전도249 전원합의체 판결[강간상해 · 강도상해 · 상해 · 부착 명령]

---

[127] 이동식, 조세포탈목적도 특정범죄 가중처벌 등에 관한 법률 제8조의2 제1항에서 정한 '영리의 목적'에 해당하는지 여부, 대법원판례해설, 제102호(2014년 하), 582면

1) '특정 범죄자에 대한 위치추적 전자장치 부착 등에 관한 법률'(이하 '전자장치 부착법'이라 한다) 제5조 제1항 제3호는 검사가 전자장치 부착명령을 법원에 청구할 수 있는 경우 중의 하나로 '성폭력범죄를 2회 이상 범하여(유죄의 확정판결을 받은 경우를 포함한다) 그 습벽이 인정된 때'라고 규정하고 있는데, 이 규정 전단은 문언상 '유죄의 확정판결을 받은 전과 사실을 포함하여 성폭력범죄를 2회 이상 범한 경우'를 의미한다고 해석된다. 따라서 피부착명령 청구자가 소년법에 의한 보호처분(이하 '소년보호처분'이라고 한다)을 받은 전력이 있다고 하더라도, 이는 유죄의 확정판결을 받은 경우에 해당하지 아니함이 명백하므로, 피부착명령 청구자가 2회 이상 성폭력범죄를 범하였는지를 판단할 때 소년보호처분을 받은 전력을 고려할 것이 아니다.

2) 피고인이 성폭력범죄로 소년법에 의한 보호처분을 받은 전력이 있는데 다시 강간상해죄를 범하여 '특정 범죄자에 대한 위치추적 전자장치 부착 등에 관한 법률' 제5조 제1항 제3호에 근거하여 부착 명령이 청구된 사안에서, 피부착명령 청구자가 피고사건 범죄사실인 강간상해죄를 1회 범한 것 외에 과거에 성폭력범죄로 소년보호처분을 받은 사실이 있다는 사유만으로는 위 규정에서 정한 '성폭력범죄를 2회 이상 범한 경우'에 해당하지 않는다고 보아 부착명령 청구를 기각한 원심판단은 정당하다.

46. 특허법 위반

특허법 위반과 공소사실의 특정

🏛 대법원 2016. 5. 26. 선고 2015도17674 판결[특허법위반]

형사소송법 제254조 제4항이 "공소사실의 기재는 범죄의 시일, 장소와 방법을 명시하여 사실을 특정할 수 있도록 하여야 한다."라고 규정한 취지는, 심판의 대상을 한정함으로써 심판의 능률과 신속을 꾀함과 동시에 방어의 범위를 특정하여 피고인의 방어권 행사를 쉽게 해주기 위한 것이므로, 검사로서는 위 세 가지 특정요소를 종합하여 다른 사실과의 식별이 가능하도록 범죄 구성요건에 해당하는 구체적 사실을 기재하여야 한다(대법원 2000. 10. 27. 선고 2000도3082 판결, 대법원 2011. 2. 10. 선고 2010도16361 판결 등 참조).

그리고 피고인이 생산 등을 하는 물건 또는 사용하는 방법(이하 '침해제품 등'이라고 한다)이 특허발명의 특허권을 침해하였는지가 문제로 되는 특허법 위반 사건에서 다른 사실과 식별이 가능하도록 범죄 구성요건에 해당하는 구체적 사실을 기재하였다고 하기 위해서는 침해의 대상과 관련하여 특허등록번호를 기재하는 방법 등에 의하여 침해의 대상이 된 특허발명을 특정할 수 있어야 하고, 침해의 태양과 관련하여서는 침해제품 등의 제품명, 제품번호 등을 기재하거나 침해제품 등의 구성을 기재하는 방법 등에 의하여 침해제품 등을 다른 것과 구별할 수 있을 정도로 특정할 수 있어야 한다.

【평석】 범죄의 방법에 대하여, 공소사실에 "피고인은 2013. 1.경 상아목재에서, 피해자 전일목재산업 주식회사가 대한민국 특허청에 제0639398호로 등록한 '팔레타이저용 조립형 포장 박스'와 그 구성요소가 동일하고, 위 특허의 권리범위에 속하는 포장 박스를 제작, 생산 및 판매함으로써 피해자 회사의 특허권을 침해하였다."라고만 기재하고 있어서, 피고인이 제작, 생산 및 판매하였다는 침해제품인 포장 박스가 어떠한 것인지 명확하게 적시되어 있지 아니하여 이를 특정할 수 없고, 그와 함께 기재된 공소사실의 다른 사항을 고려하더라도 마찬가지이므로, 공소사실이 특정되었다고 할 수 없다고 판단한 주요 판례이다.

47. 폭력행위 등 처벌에 관한 법률 위반

가. 가정불화로 처와 일시 별거 중인 남편이 그의 부모와 함께 주거지에 들어가려고 하는데 처로부터 집을 돌보아 달라는 부탁을 받은 처제가 출입을 못하게 하자, 출입문에 설치된 잠금장치를 손괴하고 주거지에 출입하여 폭력행위 등 처벌에 관한 법률위반(공동주거침입)죄 등으로 기소된 사안

🏛 대법원 2021. 9. 9. 선고 2020도6085 전원합의체 판결[폭력행위등처벌에관한법률위반(공동주거침입) 등]

1) [다수의견] 형법은 제319조 제1항에서 '사람의 주거, 관리하는 건조물, 선박이나 항공기 또는 점유하는 방실에 침입한 자'를 주거침입죄로 처벌한다고 규정하고 있는바, 주거침입죄는 주거에 거주하는 거주자, 건조물이나 선박, 항공기의 관리자, 방실의 점유자 이외의 사람이 위 주거, 건조물, 선박이나 항공기, 방실(이하 '주거 등'이라 한다)에 침입한 경우에 성립한다. 따라서 주거침입죄의 객체는 행위자 이외의 사람, 즉 '타인'이 거주하는 주거 등이라고 할 것이므로 행위자 자신이 단독으로 또는 다른 사람과 공동으로 거주하거나 관리 또는 점유하는 주거 등에 임의로 출입하더라도 주거침입죄를 구성하지 않는다. 다만 다른 사람과 공동으로 주거에 거주하거나 건조물을 관리하던 사람이 공동생활 관계에서 이탈하거나 주거 등에 대한 사실상의 지배·관리를 상실한 경우 등 특별한 사정이 있는 경우에 주거침입죄가 성립할 수 있을 뿐이다.

2) 주거침입죄가 사실상 주거의 평온을 보호법익으로 하는 이상, 공동주거에서 생활하는 공동거주자 개개인은 각자 사실상 주거의 평온을 누릴 수 있다고 할 것이다. 그런데 공동거주자 각자는 특별한 사정이 없는 한 공동 주거 관계의 취지 및 특성에 맞추어 공동 주거 중 공동생활의 장소로 설정한 부분에 출입하여 공동의 공간을 이용할 수 있는 것과 같은 이유로, 다른 공동거주자가 이에 출입하여 이용하는 것을 용인할 수인의무도 있다. 그것이 공동거주자가 공동 주거를 이용하는 보편적인 모습이기도 하다. 이처럼 공동거주자 각자가 공동생활의 장소에서 누리는 사실상 주거의 평온이라는 법익은 공동거주자 상호 간의 관계로 인하여 일정 부분 제약될 수밖에 없고, 공동거주자는 이러한 사정에 대한 상호 용인하에 공동 주거 관계를 형성하기로 하였다고 보아야 한다. 따라서 공동거주자 상호 간에는 특별한 사정이 없는 한 다른 공동거주자가 공동생활의 장소에 자유로이 출입하고 이를 이용하는 것을 금지할 수 없다.

공동거주자 중 한 사람이 법률적인 근거 기타 정당한 이유 없이 다른 공동거주자가 공동생활의 장소에 출입하는 것을 금지한 경우, 다른 공동거주자가 이에 대항하여 공동생활의 장소에 들어갔더라도 이는 사전 양해된 공동 주거의 취지 및 특성에 맞추어 공동생활의 장소를 이용하기 위한 방편에 불과할 뿐, 그의 출입을 금지한 공동거주자의 사실상 주거의 평온이라는 법익을 침해하는 행위라고는 볼 수 없으므로 주거침입죄는 성립하지 않는다. 설령 그 공동거주자가 공동생활의 장소에 출입하기 위하여 출입문의 잠금장치를 손괴하는 등 다소간의 물리력을 행사하여 그 출입을 금지한 공동거주자의 사실상 평온상태를 해쳤더라도 그러한 행위 자체를 처벌하는 별도의 규정에 따라 처벌될 수 있음은 별론으로 하고, 주거침입죄가 성립하지 아니함은 마찬가지이다.

3) 공동거주자 각자가 상호 용인한 통상적인 공동생활 장소의 출입 및 이용행위의 내용과 범위는 공동 주거의 형태와 성질, 공동 주거를 형성하게 된 경위 등에 따라 개별적·구체적으로 살펴보아야 한다. 공동거주자 중 한 사람의 승낙에 따른 외부인의 공동생활 장소의 출입 및 이용행위가 외부인의 출입을 승낙한 공동거주자의 통상적인 공동생활 장소의 출입 및 이용행위의 일환이자 이에 수반되는 행위로 평가할 수 있는 경우에는 이러한 외부인의 행위는 전체적으로 그 공동거주자의 행위와 동일하게 평가할 수 있다. 따라서 공동거주자 중 한 사람이 법률적인 근거 기타 정당한 이유 없이 다른 공동거주자가 공동생활의 장소에 출입하는 것을 금지하고, 이에 대항하여 다른 공동거주자가 공동생활의 장소에 들어가는 과정에서 그의 출입을 금지한 공동거주자의 사실상 평온상태를 해쳤더라도 주거침입죄가 성립하지 않는 경우로서, 그 공동거주자의 승낙을 받아 공동생활의 장소에 함께 들어간 외부인의 출입 및 이용행위가 전체적으로 그의 출입을 승낙한 공동거주자의 통상적인 공동생활 장소의 출입 및 이용행위의 일환이자 이에 수반되는 행위로 평가할 수 있는 경우라면, 이를 금지하는 공동거주자의 사실상 평온상태를 해쳤음에도 불구하고 그 외부인에 대하여도 역시 주거침입죄가 성립하지 않는다고 봄이 타당하다.

【판시 사항】

피고인 갑은 처(妻) 을과의 불화로 인해 을과 공동생활을 영위하던 아파트에서 짐 일부를 챙겨 나왔는데, 그 후 자신의 부모인 피고인 병, 정과 함께 아파트에 찾아가 출입문을 열 것을 요구하였으나 을은 외출한 상태로 을의 동생인 무가 출입문에 설치된 체인형 걸쇠를 걸어 "언니가 귀가하면 오라."며 문을 열어 주지 않자 공동하여 걸쇠를 손괴한 후 아파트에 침입하였다고 하여 폭력행위 등 처벌에 관한 법률 위반(공동주거침입)으로 기소된 사안에서, 검사가 제출한 증거만으로는 피고인 갑이 아파트에서의 공동생활관계에서 이탈하였다거나 그에 대한 지배·관리를 상실하였다고 보기 어렵고, 공동거주자인 을이나 그로부터 출입관리를 위탁받은 무가 공동거주자인 피고인 갑의 출입을 금지할 법률적인 근거 기타 정당한 이유가 인정되지 않으므로, 아파트에 대한 공동거주자의 지위를 계속 유지하고 있던 피고인 갑이 아파트에 출입하는 과정에서 정당한 이유 없이 이를 금지하는 무의 조치에 대항하여 걸쇠를 손괴하는 등 물리력을 행사하였다고 하여 주거침입죄가 성립한다고 볼 수 없고, 한편 피고인 병, 정은 공동거주자이자 아들인 피고인 갑의 공동주거인 아파트에 출입함에 있어 무의 정당한 이유 없는 출입금지 조치에 대항하여 아파트에 출입하는 데에 가담한 것으로 볼 수 있고, 그 과정에서 피고인 갑이 걸쇠를 손괴하는 등 물리력을 행사하고 피고인 병도 이에 가담함으로써 공동으로 재물손괴 범죄를 저질렀으나 피고인 병의 행위는 그 실질에 있어 피고인 갑의 행위에 편승, 가담한 것에 불과하므로, 피고인 병, 정이 아파트에 출입한 행위 자체는 전체적으로 공동거주자인 피고인 갑이 아파트에 출입하고 이를 이용하는 행위의 일환이자 이에 수반되어 이루어진 것에 해당한다고 평가할 수 있어 피고인 병, 정에 대하여도 같은 법 위반(공동주거침입)죄가 성립하지 않는다.

【해설】 같은 날 선고한 같은 취지의 전원합의체 대법원판결 2020도12630(주거침입)은, '외부인이 공동거주자의 일부가 부재중에 주거 내에 현재하는 거주자의 현실적인 승낙을 받아 통상적인 출입방법에 따라 공동 주거에 들어갔으나 부재중인 다른 거주자의 추정적 의사에 반하는 경우, 주거침입죄가 성립하지 않으며, 피고인이 갑의 부재중에 갑의 처(妻) 을과 혼외 성관계를 가질 목적으로 을이 열어 준 현관 출입문을 통하여 갑과 을이 공동으로 거주하는 아파트에 들어간 사안에서, 피고인이 을로부터 현실적인 승낙을 받아 통상적인 출입방법에 따라 주거에 들어갔으므로 주거의 사실상 평온상태를 해치는 행위 태양으로 주거에 들어간 것이 아니어서 주거에 침입한 것으로 볼 수 없고, 피고인의 주거 출입이 부재중인 갑의 의사에 반하는 것으로 추정되더라도 주거침입죄의 성립 여부에 영향을 미치지 않는다'라고 판시하였다.

나. 폭력조직 간부인 피고인이 조직원들과 공모하여 갑이 운영하는 성매매업소 앞에 속칭 '병풍'을 치거나 차량을 주차해 놓는 등 위력으로써 업무를 방해하였다는 내용으로 기소된 사안에서, 성매매업소 운영업무가 업무방해죄의 보호대상인 업무라고 볼 수 있는지 여부 ☞ 형법 제314조 업무방해죄 부분 참조

다. 도로교통법 위반행위와 폭력행위 등 처벌에 관한 법률(흉기 등 협박) 위반행위의 동일성 여하

> 🏛 대법원 2012. 6. 28. 선고 2011도10670 판결[폭력행위등처벌에관한법률위반(집단 · 흉기 등 협박)]

판결 이유

도로교통법 제164조 제3항은, 범칙금 납부 통고를 받고 범칙금을 납부한 사람은 그 범칙행위에 대하여 다시 벌 받지 아니한다고 규정하고 있다. 이 경우 다시 벌 받지 아니하게 되는 행위 사실은 범칙금 통고의 이유에 기재된 당해 범칙행위 자체 및 그 범칙행위와 동일성이 인정되는 행위에 한정된다 할 것이므로, 범칙행위와 같은 시간과 장소에서 이루어진 행위라 하더라도 그 동일성의 범주를 벗어난 형사범죄 행위에 대하여는 확정판결에 준하는 일사부재리의 효력이 미치지 아니한다고 할 것이다. 이 경우 범칙행위나 공소사실의 동일성 여부는 사실의 동일성이 갖는 법률적 기능을 염두에 두고 그 행위 및 사회적 사실관계를 기본으로 하면서 규범적 요소 또한 함께 고려하여 판단할 것이고(대법원 2002. 11. 22. 선고 2001도849 판결, 대법원 2011. 4. 28. 선고 2009도12249 판결 등 참조), 특히 도로교통법상의 통고처분은 본질적으로 경찰서장 등에 의한 행정처분으로서 법원의 재판절차에 의하여 벌금, 과료 등 형사벌을 과하는 절차와는 그 제도적 취지 및 법적 성질에서 근본적인 차이가 있다는 점도 고려하여야 한다.

앞서 본 사실관계 및 기록에 의하면, 피고인이 범칙금의 통고처분을 받게 된 범칙행위인 안전운전의무를 위반한 운전과 이 사건 공소사실인 협박행위는 장소와 일시가 동일하고 피고인의 난폭운전이 협박행위의 수단이 되었다는 점에서 일부 중복되는 면이 있다.

그러나 피고인에게 적용된 도로교통법 제48조 제1항(안전운전 등 의무)의 범칙행위는 '도로의 교통상황과 차의 구조 및 성능에 따라 다른 사람에게 위험과 장해를 주는 속도나 방법으로 운전하여서는 아니 된다'는 의무를 위반한 행위인 데 반하여, 이 사건 공소사실은 위험한 물건인 승용차를 이용하여 피해자에게 겁을 주어 협박하였다는 것이므로 행위의 내용과 태양에서 차이가 크다. 또한 안전운전의무 위반은 도로교통상의 위험과 장해 방지 및 안전하고 원활한 교통의 확보를 목적으로 하는 데 비하여(도로교통법 제1조), 협박죄는 특정인의 의사 또는 신체의 자유를 보호법익으로 하므로 각 행위에 따른 피해법익이 다르고, 그 죄질에도 현저한 차이가 있다. 따라서 위 범칙행위와 이 사건 공소사실인 협박행위는 행위의 동일성이 인정되는 범위를 벗어난 별개의 행위라고 봄이 상당하다.

그럼에도 불구하고 위 범칙행위와 이 사건 공소사실이 동일성이 인정되는 하나의 행위라고 판단하여 이 사건 공소사실에 대하여 면소를 선고한 원심판결에는 관련 법리를 오해하여 판결 결과에 영향을 미친 위법이 있다.

【평석】이 사건 공소사실의 요지는, 피고인이 2010. 7. 11. 17:00경 약 20여 분간 금강휴게소 검표소에서부터 약 16㎞에 이르는 경부고속도로 구간에서 자신의 승용차를 운전하면서 피해자 승용차 약 10m 정도 앞에서 갑자기 피해자 주행 차선으로 진로를 변경하고, 다시 주행 차선을 바꾸어 피해자 승용차 옆으로 피고인 승용차를 붙인 다음 팔을 내밀어 피해자의 승용차를 세우도록 종용하였으나 피해자가 이에 응하지 않자 다시 피해자 주행 차선 앞쪽으로 갑자기 진로를 변경하여 운전하는 방법으로 위험한 물건인 승용차를 이용하여 피해자를 협박하였다는 사안이다. 원심은 이미 자신의 승용차를 운전함에 있어 안전운전의무를 불이행한 범칙행위로 도로교통법 제48조 제1항 위반으로 범칙금 40,000원의 통고처분을 받고, 같은 달 27일 그 범칙금을 납부한 사실을 인정한 다음, 그 범칙행위는 이 사건 공소사실과 범죄의 내용이나 행위의 태양, 피해법익 및 죄질, 주의의무 위반의 내용 등에 있어 동일성이 인정되는 하나의 행위라고 판단하여 형사소송법 제326조 제1호에 의하여 면소를 선고한 제1심판결을 그대로 유지하였다. 하지만 도로교통법상의 밤칙금 제도의 취지 및 법적 성질, 양 행위의 내용 및 태양, 보호법익, 죄질 등 규범적 요소를 고려하여 범칙행위와 이사건 협박행위가 동일성이 인정되지 않는다고 판시하였다.[128]

☞ 이밖에 폭력행위 등 처벌에 관한 법률 제3조 제1항에서 정한 '위험한 물건'의 의미, '자동차와 위험한 물건'에 대하여는 형법 제160조 폭행 부분 판결 참조.

---

128) 박정규, 도로교통법 위반행위와 폭력행위 등 처벌에 관한 법률상의 흉기 등 협박행위의 동일성 여부, 대법원판례해설, 제92호(2012년 상), 법원도서관, 1081면

라. 상습폭행에서 상습성 인정의 기준

🏛 대법원 2018. 4. 24. 선고 2017도21663 판결[상습협박 · 상습폭행]

판결의 요지

상해죄 및 폭행죄의 상습범에 관한 형법 제264조는 "상습으로 제257조, 제258조, 제258조의2, 제260조 또는 제261조의 죄를 범한 때에는 그 죄에 정한 형의 2분의 1까지 가중한다."라고 규정하고 있다. 형법 제264조에서 말하는 '상습'이란 위 규정에 열거된 상해 내지 폭행행위의 습벽을 말하는 것이므로, 위 규정에 열거되지 아니한 다른 유형의 범죄까지 고려하여 상습성의 유무를 결정하여서는 아니 된다.

【해설】 마찬가지로 2016. 1. 6. 법률 제13718호로 폭력행위 등 처벌에 관한 법률이 일부 개정되어 같은 날 시행됨으로써 형법상 폭력범죄는 폭력행위 등 처벌에 관한 법률이 정한 별도의 구성요건을 충족하지 않으면 폭력행위 등 처벌에 관한 법률에 따라 처벌할 수 없게 되었으며, 폭력행위 등 처벌에 관한 법률 제7조(우범자)에서 말하는 '이 법에 규정된 범죄'가 '폭력행위 등 처벌에 관한 법률에 규정된 범죄'만을 의미한다고 본다(대법원 2018. 1. 24. 선고 2017도15914 판결).

48. 舊 형의 실효 등에 관한 법률

가. 제1조 목적

구(舊) 형의 실효 등에 관한 법률 제6조 제3항에 규정한 '범죄경력자료 등의 취득'이 수사자료표를 관리하거나 직무상 이에 의한 범죄경력조회를 하는 사람으로부터 '직접' 취득하는 경우에 한정되는지 여부(소극)

🏛 대법원 2010. 11. 11. 선고 2010도8265 판결[형의실효등에관한법률위반 · 명예훼손(2010. 3. 31. 법률 제10211호로 개정되기 전의 것)]

구(舊) 형의 실효 등에 관한 법률(2010. 3. 31. 법률 제10211호로 개정되기 전의 것) 제6조 제3항은 누구든지 위 법에서 정하는 경우 외의 용도에 사용할 목적으로 범 죄경력자료 또는 수사경력자료(이하 '범죄경력자료 등'이라 한다)를 취득하여서는 아 니 된다고 규정하면서, 제10조 제2항에서 이를 위반하여 범죄경력자료 등을 취득 한 자를 처벌하고 있다. 위 법이 전과기록 및 수사 자료의 관리와 형의 실효에 관 한 기준을 정함으로써 전과자의 정상적인 사회복귀를 보장하고자 함을 입법목적으 로 하고 있는 점(제1조), 같은 법 제6조 제4항이 범죄경력자료 등을 법령에 규정된 용도 외에 사용하는 것을 금하면서 그 주체를 제1항의 규정에 의하여 범죄경력자 료 등을 회보 받거나 취득한 자로 한정함으로써 같은 법 제6조 제3항에 위반하여 범죄경력자료 등을 취득한 자가 법령에 규정된 용도 외에 범죄경력자료 등을 사용 하는 경우에는 이 법에 의하여 별도로 처벌할 수 없는 점 등을 종합하면, 위 법 제 6조 제3항에서 말하는 '범죄경력자료 등의 취득'이 수사자료표를 관리하는 사람이 나 직무상 수사자료표에 의한 범죄경력조회를 하는 사람으로부터 직접 취득하는 경우에 한정된다고 볼 수는 없다.

나. 제6조 범죄경력조회·수사경력조회 및 회보 제한 등(2005. 7. 29. 법률 제 7624호로 개정되기 전의 것)

구(舊) 형의 실효 등에 관한 법률 제6조 제2항 등에서 말하는 '수사자료표의 내 용 누설'의 의미

🏛 대법원 2007. 9. 28. 선고 2007도606 전원합의체 판결[형의실효등에관한법률위반 · 협박]

구 형의 실효 등에 관한 법률(2005. 7. 29. 법률 제7624호로 개정되기 전의 것)이 전 과기록 및 수사 자료의 관리와 형의 실효에 관한 기준을 정함으로써 전과자의 정 상적인 사회복귀를 보장하고자 함을 입법목적으로 하고 있는 점, 전과자는 주위에 자신의 구체적인 전과 내용이 아닌 전과자라는 사실이 알려지는 것만으로도 정상

적인 사회복귀에 커다란 지장을 받게 되는 점과 위 법 제6조 제2항, 제10조 제1항의 규정 형식 및 내용에 비추어 보면 위 조항에서 말하는 '수사자료표의 내용 누설'은 수사자료표에 나타난 전과자의 죄명·형종·형기 등의 내용을 구체적으로 적시하여 누설하는 행위뿐만 아니라, 단순히 특정인에게 전과경력이 존재한다는 사실을 누설하는 행위도 포함한다.

49. 항공 보안법 위반

항공 보안법상 제42조 '항로'의 의미와 항로 변경 행위

> 🏛 대법원 2017. 12. 21. 선고 2015도8335 전원합의체 판결[항공보안법 위반·증거은닉
> (인정된 죄명: 증거은닉교사)·공무상비밀누설 등]

판결의 요지

항공 보안법 제42조에서 정한 '항로'의 의미

승객이 탑승한 후 항공기의 모든 문이 닫힌 때부터 내리기 위하여 문을 열 때까지 항공기가 지상에서 이동하는 경로는 위 '항로'에 포함되지 아니한다.

1) 항공 보안법 제42조는 "위계 또는 위력으로써 운항 중인 항공기의 항로를 변경하게 하여 정상 운항을 방해한 사람은 1년 이상 10년 이하의 징역에 처한다."라고 규정하고 있다. 같은 법 제2조 제1호는 '운항 중'을 '승객이 탑승한 후 항공기의 모든 문이 닫힌 때로부터 내리기 위하여 문을 열 때까지'로 정의하였다. 그러나 항공 보안법에 '항로'가 무엇인지에 관하여 정의한 규정은 없다.

죄형법정주의는 국가형벌권의 자의적인 행사로부터 개인의 자유와 권리를 보호하기 위하여 범죄와 형벌을 법률로 정할 것을 요구한다. 그러한 취지에 비추어 보면 형벌 법규의 해석은 엄격하여야 하고, 문언의 가능한 의미를 벗어나 피고인에게 불리한 방향으로 해석하는 것은 죄형법정주의의 내용인 확장해석금지에 따라 허용되지 아니한다. 법률을 해석할 때 입법 취지와 목적, 제·개정 연혁, 법질서 전체와의 조화, 다른 법령과의 관계 등을 고려하는 체계적·논리적 해석 방법을 사용할 수 있으나, 문언 자체가 비교적 명확한 개념으로 구성되어 있다면 원칙적으로 이러한 해석 방법은 활용할 필요가 없거나 제한될 수밖에 없다. 죄형법정주의 원칙이

적용되는 형벌 법규의 해석에서는 더욱 그러하다.

법령에서 쓰인 용어에 관해 정의규정이 없는 경우에는 원칙적으로 사전적인 정의 등 일반적으로 받아들여진 의미에 따라야 한다. 국립국어원의 표준국어대사전은 항로를 '항공기가 통행하는 공로(空路)'로 정의하고 있다. 국어학적 의미에서 항로는 공중의 개념을 내포하고 있음이 분명하다. 항공기 운항과 관련하여 '항로'가 지상에서의 이동 경로를 가리키는 용어로 쓰인 예를 찾을 수 없다.

다른 법률에서 항로는 '항공로'의 뜻으로 사용되기도 하였다. 구 항공법(2016. 3. 29. 법률 제14116호로 폐지) 제115조의2 제2항은, 국토교통부 장관이 항공운송 사업자에게 운항증명을 하는 경우 '운항하려는 항로' 등 운항조건을 정하도록 규정하였다. 이 조문의 내용을 물려받은 항공안전법(2016. 3. 29. 법률 제14116호) 제90조 제2항은 '운항하려는 항로'를 '운항하려는 항공로'로 바꾸었으므로, 여기에서 '항로'는 항공로와 같은 뜻으로 쓰였음이 분명하다. 항공로의 법률적 정의는 '국토교통부 장관이 항공기 등의 항행에 적합하다고 지정한 지구의 표면상에 표시한 공간의 길'로 규정되어 있으므로(항공안전법 제2조 제13호, 구 항공법에서의 정의도 같다), 항공기가 비행하면서 다녀야 항공로가 될 수 있다. 이처럼 항로가 법률용어로서 항공로와 혼용되기도 한 것을 볼 때, 입법자도 항로를 공중의 개념을 내포한 단어로 인식하였다고 볼 수 있다.

반면에 입법자가 유달리 본죄 처벌규정에서만 '항로'를 통상의 의미와 달리 지상에서의 이동 경로까지 포함하는 뜻으로 사용하였다고 볼 만한 입법자료는 찾을 수 없다.

본죄는 항공 보안법의 전신인 구 항공기운항안전법(1974. 12. 26. 법률 제2742호) 제11조에서 처음으로 범죄로 규정되었다. 구 항공기운항안전법의 제정과정에서 법률안 심사를 위해 열린 1974. 11. 26. 국회 법제사법위원회 회의록은, 본죄의 처벌규정에 관하여는 아무런 논의가 없어서 '항로'의 의미를 알 수 있는 직접적인 단서가 되기 어렵다. 다만 제안이유에 관한 설명을 보면, 민간 항공기에 대한 범죄 억제를 위한 국제협약에 우리나라가 가입한 데 따른 협력 의무의 이행으로 범죄 행위자에 대한 가중처벌규정 등을 마련하기 위해 구 항공기운항안전법이 제정된 것임을 알 수 있다.

본죄의 객체는 '운항 중'의 항공기이다. 그러나 위계 또는 위력으로 변경할 대상인 '항로'는 별개의 구성요건요소로서 그 자체로 죄형법정주의 원칙에 부합하게 해석해야 할 대상이 된다. 항로가 공중의 개념을 내포한 말이고, 입법자가 그 말뜻을 사전적 정의보다 넓은 의미로 사용하였다고 볼 자료가 없다. 지상의 항공기가 이동할 때 '운항 중'이 된다는 이유만으로 그때 다니는 지상의 길까지 '항로'로 해석하는 것은 문언의 가능한 의미를 벗어난다.

지상에서 이동하는 항공기의 경로를 함부로 변경하는 것은 다른 항공기나 시설물과 충돌할 수 있어 위험성이 큰 행위임이 분명하다. 그러나 처벌의 필요성만으로 죄형법정주의 원칙을 후퇴시켜서는 안 된다. 그런 행위는 기장에 대한 업무방해죄로 처벌할 수 있을 뿐만 아니라, 많은 경우 폭행·협박 또는 위계를 수반할 것이므로 10년 이하의 징역으로 처벌 가능한 직무집행방해죄(항공 보안법 제43조) 등에 해당할 수 있어 처벌의 공백이 생기는 것도 아니다.

2) 甲 항공사 부사장인 피고인이 외국 공항에서 국내로 출발 예정인 자사 여객기에 탑승하였다가, 담당 승무원이 일등석 승객인 자신에게 견과를 대접하는 방식이 자기가 알고 있는 객실 서비스 설명서에 규정된 방법과 다르다는 이유로 화가 나 폭언하면서 승무원을 비행기에서 내리도록 다음 위해, 기장으로 하여금 계류장의 탑승교에서 분리되어 푸시백(Pushback, 계류장의 항공기를 차량으로 밀어 유도로까지 옮기는 것) 중이던 비행기를 다시 탑승구 쪽으로 돌아가게 함으로써 위력으로 운항 중인 항공기의 항로를 변경하게 하였다고 하여 항공 보안법 위반으로 기소된 사안에서, 피고인이 푸시백 중이던 비행기를 탑승구로 돌아가게 한 행위가 항공기의 항로를 변경하게 한 것에 해당하지 않는다는 이유로, 같은 취지에서 피고인에게 무죄를 선고한 원심판단이 정당하다.

50. 구(舊) 해양오염방지법 위반(2007. 1. 19. 법률 제8260호로 해양환경관리법 제정) (태안반도 유조선 기름유출사건)

'태안반도 유조선 기름누출사고'에서, 예인선단 선원들의 충돌방지 주의의무 위반

형법 제187조 선박파괴죄에서 말하는 '파괴'의 의미와 실체적 경합범에 대하여 이종(이종)의 형을 부과한 경우, 일부에만 파기사유가 있는 때 그 파기 범위

🏛 대법원 2009. 4. 23. 선고 2008도11921 판결[해양오염방지법위반·업무상과실선박파괴·선원법위반]

1) 형법이 제187조를 교통방해의 죄 중 하나로서 그 법정형을 높게 정하는 한편 미수, 예비·음모까지도 처벌 대상으로 삼고 있는 사정에 덧붙여 '파괴' 외에 다른 구성요건 행위인 전복, 매몰, 추락 행위가 일반적으로 상당한 정도의 손괴를 수반할 것이 당연히 예상되는 사정 등을 고려해 볼 때, 형법 제187조에서 정한 '파괴'란 다른 구성요건 행위인 전복, 매몰, 추락 등과 같은 수준으로 인정할 수 있을 만큼 교통기관으로서의 기능·용법의 전부나 일부를 불가능하게 할 정도의 파손을 의미하고, 그 정도에 이르지 아니하는 단순한 손괴는 포함되지 않는다.

2) 총 길이 338m, 갑판 높이 28.9m, 총 톤수 146,848톤, 유류탱크 13개, 평형수탱크 4개인 대형 유조선의 유류탱크 일부에 구멍이 생기고 선수마스트, 위성통신안테나, 항해등 등이 파손된 정도에 불과한 것은 형법 제187조에 정한 선박의 '파괴'에 해당하지 않는다.

3) 업무상과실선박파괴죄와 해양오염방지법 위반 및 선원법 위반(일부)을 실체적 경합범으로 보아 업무상과실선박파괴죄와 해양오염방지법 위반에 대하여는 하나의 징역형을 선고하고 선원법 위반에 대하여는 이와 별개로 벌금형을 병과한 경우, 하나의 징역형이 선고된 업무상과실선박파괴죄와 해양오염방지법 위반은 소송상 일체로 취급되어야 하므로 업무상과실선박파괴죄에 관한 원심판단에 위법이 있는 이상 해양오염방지법 위반 부분까지 함께 파기를 면할 수 없으나, 별개의 벌금형이 병과된 선원법 위반 부분은 소송상 별개로 분리 취급되어야 하므로 이 부분은 파기 범위에 속하지 아니한다.

【평석】해양유류 오염사고는 전 세계적으로 발생한다. 1989. 3. 24. 알래스카 부근에서 발생한 Exxon Valdez호 기름 유출 사건, 1993. 1. 5. 스코틀랜드 부근에서 발생한 Braer호 기름 유출 사건 등이 세계에서 가장 큰 유류 오염 사건으로 꼽히고 있으며, 우리나라에서도 크고 작은 유류 오염 사고가 자주 발생하였다. 1995. 7. 통영군 욕지도 해상에서 씨 프린스호 벙커 씨유 기름 유출 사건(선장, 용선자 형사처벌), 1995. 9. 부산 사하구 남형제도 인근에서 제1유일호 기름 유출 사건(선장, 일등항해사 형사 처벌), 1995. 11. 여천시 삼일항 소재 호남정유 원유 제2부두에서 호남 사파이어 기름 유출 사건(선장, 도선사 형사 처벌), 1993. 9. 비지아산호와 금동호 선박충돌로 인한 기름 유출 사건(선장, 도선사 형사 처벌)가 발생하여 구 해양오염방

지법 위반으로 선원이나 도선사 등이 처벌받았다.[129)]

129) 해양유류오염사고와 관련된 자료, 태안반도 유류 오염사고와 관련된 논문은, 필자(이성철)의 '법과
    등대(판례와 논문 개정판)', 퍼플, 2021. 11. 참조.

제5편

헌법재판소 결정

Quae sunt Caesaris Caesari et quae sunt Dei Deo
케사르의 것은 케사르에게 신의 것은 신에게

내가 자네와 논쟁한다고 하세. 자네가 나를 이기고 내가 자네를 이기지 못하면,
과연 자네는 옳고 나는 정말 그른 것인가. 내가 자네를 이기고 자네가 나를 이기지
못하면, 나는 정녕 옳고 자네는 정말 그른 것인가. 어느 한쪽은 옳고 어느 한쪽은
그른 것인가, 아니면 두 쪽이 모두 옳거나 두 쪽이 다 그른 것인가. 나나 자네나
알 수는 없고 다른 사람은 본디 알 수 없으니 누구에게 판단해 달라 하겠는가.
— 장자 內篇 제2편 齊物論, 모든 사물은 하나다 —

1. 사형제도의 위헌 여부

> 🏛 헌법재판소 2010. 2. 25. 선고 2008헌가23 전원재판부[형법 제41조 등 위헌제청]

결정의 요지

가. 형법 제41조 제1호(사형제도)의 위헌 여부

(1) 사형제도의 의의 및 현황

형법 제41조 제1호는 형의 종류의 하나로서 사형을 규정하고 있고, 사형은 인간 존재의 바탕인 생명을 빼앗아 사람의 사회적 존재를 말살하는 형벌이므로 생명의 소멸을 가져온다는 의미에서 생명형이자, 성질상 모든 형벌 중에서 가장 무거운 형벌이라는 의미에서 극형인 궁극의 형벌이다. 사형은 국가형사정책적인 측면과 인도적인 측면에서 비판이 되어 오기도 하였으나 인류 역사상 가장 오랜 역사를 가진 형벌의 하나로서 범죄에 대한 근원적인 응보 방법이며 또한 가장 효과적인 일반예방법으로 인식되어 왔고, 우리나라에서는 고대의 소위 기자 8조 금법(八條禁法)에 "상살자 이사상(傷殺者 以死傷)"이라고 규정된 이래 현행의 형법 및 특별형법에 이르기까지 계속하여 하나의 형벌로 인정되어 오고 있다(헌재 1996. 11. 28. 95헌바1, 판례집 8-2, 537, 544 참조).

우리나라의 현행 형법과 특별형법에는 사형을 법정형으로 규정한 조문들이 있는바, 형법의 경우 각칙에서 21개 조항이 사형을 법정형으로 규정하고 있는데, 이 중 여적죄(형법 제93조)만이 절대적 법정형으로 사형만을 규정하고 있고, 나머지는 모두 상대적 법정형으로 규정하고 있으며, 특별형법의 경우 20여개의 특별형법에 사형을 법정형으로 규정한 조문들이 있고, 그 가운데에는 절대적 법정형으로 사형을 규정한 것도 있다.

한편, 전 세계적으로 보아 2008년 말 기준으로 사형이 존치하는 국가는 미국, 일본, 중국, 대만, 인도 등 105개국으로서 그 중 전쟁범죄를 제외한 일반범죄에 대하여 사형을 폐지한 국가는 10개국이고, 최근 10년 이상 사형집행을 하지 않은 국가는 36개국이다. 모든 범죄에 대한 사형을 폐지한 국가는 독일, 프랑스, 스웨덴, 필리핀 등 92개국이다.

우리나라에서 사형의 집행은 1997. 12. 30. 이후로는 이루어진 적이 없으나, 사형의 선고는 계속되고 있으며, 헌법재판소는 사형을 형의 종류의 하나로서 규정한 형법 제41조 제1호(사형제도) 및 사형을 법정형의 하나로 규정한 살인죄 조항인 형법 제250조 제1항에 대하여 1996. 11. 28. 95헌바1 사건에서 합헌결정을 한 바 있다.

(2) 생명권의 의의 및 사형제도 자체의 위헌성 심사에 있어서의 쟁점

인간의 생명은 고귀하고, 이 세상에서 무엇과도 바꿀 수 없는 존엄한 인간존재의 근원이다. 이러한 생명에 대한 권리는 비록 헌법에 명문의 규정이 없다 하더라도 인간의 생존본능과 존재목적에 바탕을 둔 선험적이고 자연법적인 권리로서 헌법에 규정된 모든 기본권의 전제로서 기능하는 기본권 중의 기본권이라 할 것이다(헌재 1996. 11. 28. 95헌바1, 판례집 8-2, 537, 545 참조). 따라서 인간의 생명권은 최대한 존중되어야 하고, 국가는 헌법상 용인될 수 있는 정당한 사유 없이 생명권을 박탈하는 내용의 입법 등을 하여서는 아니 될 뿐만 아니라, 한편으로는 사인의 범죄행위로 인해 일반 국민의 생명권이 박탈되는 것을 방지할 수 있는 입법 등을 함으로써 일반 국민의 생명권을 최대한 보호할 의무가 있다.

사형은 이러한 생명권에 대한 박탈을 의미하므로, 만약 그것이 형벌의 목적달성에 필요한 정도를 넘는 과도한 것으로 평가된다면 우리 헌법의 해석상 허용될 수 없는 위헌적인 형벌이라고 하지 않을 수 없을 것이다(헌재 1996. 11. 28. 95헌바1, 판례집 8-2, 537, 545 참조).

그런데 사형제도가 위헌인지 여부의 문제와 형사정책적인 고려 등에 의하여 사형 제도를 법률상 존치시킬 것인지 또는 폐지할 것인지의 문제는 서로 구분되어야 할 것이다. 즉, 사형제도가 위헌인지 여부의 문제는 성문 헌법을 비롯한 헌법의 법원(法源)을 토대로 헌법규범의 내용을 밝혀 사형제도가 그러한 헌법규범에 위반하는지 여부를 판단하는 것으로서 헌법재판소에 최종적인 결정권한이 있는 반면, 사형제도를 법률상 존치시킬 것인지 또는 폐지할 것인지의 문제는 사형제도의 존치가 필요하거나 유용한지 또는 바람직한지에 관한 평가를 통하여 민주적 정당성을 가진 입법부가 결정할 입법 정책적 문제이지 헌법재판소가 심사할 대상은 아니라 할 것이다. 유럽의 선진 각국을 비롯하여 사형 제도를 폐지한 대다수의 국가에서 헌법해석을 통한 헌법재판기관의 위헌결정이 아닌 헌법 개정이나 입법을 통하여 사형제도의 폐지가 이루어졌다는 점은 위와 같은 구분과 관련하여 시사한 바가 크다.

또한 사형제도 자체의 위헌성 여부를 심사하는 것과 사형을 법정형으로 규정하고 있는 개별 형벌조항의 위헌성 여부를 심사하는 것 역시 구분되어야 할 것이다.

즉, 사형제도 자체가 위헌이라고 선언되려면, 잔혹한 방법으로 수많은 인명을 살해한 연쇄살인범이나 테러범, 대량학살을 주도한 자, 계획적이고 조직적으로 타인의 생명을 박탈한 살인범 등 타인의 생명을 박탈한 범죄 중에서도 극악한 범죄 및 이에 준하는 범죄에 대한 어떠한 사형 선고조차도 모두 헌법에 위반된다고 인정할 수 있어야 한다. 따라서 만약, 극악한 범죄 중 극히 일부에 대하여서라도 헌법질서 내에서 사형이 허용될 수 있다고 한다면, 사형제도 자체가 위헌이라고 할 수는 없고, 다만, 사형제도 자체의 합헌성을 전제로 하여 사형이 허용되는 범죄유형을 어느 범위까지 인정할 것인지가 문제될 뿐이며, 이는 개별 형벌조항의 위헌성 여부의 판단을 통하여 해결할 문제라고 할 것이다.

따라서 위와 같은 구분을 전제로 하여, 우리 헌법이 명문으로 사형 제도를 인정하고 있는지, 생명권이 헌법 제37조 제2항에 의한 일반적 법률유보의 대상이 되는지, 사형제도가 생명권 제한에 있어서의 헌법상 비례원칙에 위배되는지, 사형제도가 인간의 존엄과 가치를 규정한 헌법 제10조에 위배되는지를 차례로 살펴본다.

(3) 우리 헌법이 명문으로 사형 제도를 인정하고 있는지 여부

우리 헌법은 사형제도에 대하여 그 금지나 허용을 직접적으로 규정하고 있지는 않다. 그러나 헌법 제12조 제1항은 "모든 국민은 …… 법률과 적법절차에 의하지 아니하고는 처벌·보안처분 또는 강제노역을 받지 아니한다."고 규정하는 한편, 헌법 제110조 제4항은 "비상계엄하의 군사재판은 군인·군무원의 범죄나 군사에 관한 간첩죄의 경우와 초병·초소·유독음식물공급·포로에 관한 죄 중 법률이 정한 경우에 한하여 단심으로 할 수 있다. 다만, 사형을 선고한 경우에는 그러하지 아니하다."고 규정하고 있다. 이는 법률에 의하여 사형이 형벌로서 규정되고, 그 형벌조항의 적용으로 사형이 선고될 수 있음을 전제로 하여, 사형을 선고한 경우에는 비상계엄하의 군사재판이라도 단심으로 할 수 없고, 사법절차를 통한 불복이 보장되어야 한다는 취지의 규정이라 할 것이다.

따라서 우리 헌법은 적어도 문언의 해석상 사형 제도를 간접적으로나마 인정하고 있다고 할 것이다(헌재 1996. 11. 28. 95헌바1, 판례집 8-2, 537, 544-545 참조).

(4) 생명권이 헌법 제37조 제2항에 의한 일반적 법률유보의 대상이 되는지 여부

인간의 생명에 대하여는 함부로 사회과학적 혹은 법적인 평가가 행하여져서는 아니 되고, 각 개인의 입장에서 그 생명은 절대적 가치를 가진다고 할 것이므로 생명권은 헌법 제37조 제2항에 따른 제한이 불가능한 절대적 기본권이 아닌지가 문

제 될 수 있다.

그런데 우리 헌법은 절대적 기본권을 명문으로 인정하고 있지 아니하며, 헌법 제37조 제2항에서는 국민의 모든 자유와 권리는 국가안전보장·질서유지 또는 공공복리를 위하여 필요한 경우에 한하여 법률로써 제한할 수 있도록 규정하고 있는 바, 어느 개인의 생명권에 대한 보호가 곧바로 다른 개인의 생명권에 대한 제한이될 수밖에 없거나, 특정한 인간에 대한 생명권의 제한이 일반 국민의 생명 보호나이에 준하는 매우 중대한 공익을 지키기 위하여 불가피한 경우에는 비록 생명이이념적으로 절대적 가치를 지닌 것이라 하더라도 생명에 대한 법적 평가가 예외적으로 허용될 수 있다고 할 것이므로, 생명권 역시 헌법 제37조 제2항에 의한 일반적 법률유보의 대상이 될 수밖에 없다.

예컨대 생명에 대한 현재의 급박하고 불법적인 침해 위협으로부터 벗어나기 위한 정당방위로서 그 침해자의 생명에 제한을 가하여야 하는 경우, 모체의 생명이 상실될 우려가 있어 태아의 생명권을 제한하여야 하는 경우, 국민 전체의 생명에 대하여 위협이 되는 현재적이고 급박한 외적의 침입에 대한 방어를 위하여 부득이하게 국가가 전쟁을 수행하는 경우, 정당한 이유 없이 타인의 생명을 부정하거나 그에 못지아니한 중대한 공공이익을 침해하는 극악한 범죄의 발생을 예방하기 위하여 범죄자에 대한 극형의 부과가 불가피한 경우 등 매우 예외적인 상황 하에서 국가는 생명에 대한 법적인 평가를 통해 특정 개인의 생명권을 제한할 수 있다 할 것이다.

한편, 헌법 제37조 제2항에서는 자유와 권리를 제한하는 경우에도 자유와 권리의 본질적인 내용을 침해할 수 없다고 규정하고 있다. 그런데 생명권의 경우, 다른 일반적인 기본권 제한의 구조와는 달리, 생명의 일부 박탈이라는 것은 상정할 수 없기 때문에 생명권에 대한 제한은 필연적으로 생명권의 완전한 박탈을 의미하게 되는바, 이를 이유로 생명권의 제한은 어떠한 상황에서든 곧바로 개인의 생명권의 본질적인 내용을 침해하는 것으로서 기본권 제한의 한계를 넘는 것으로 본다면, 이는 생명권을 제한이 불가능한 절대적 기본권으로 인정하는 것과 동일한 결과를 가져오게 된다.

그러나 앞서 본 바와 같이 생명권 역시 그 제한을 정당화할 수 있는 예외적 상황 하에서는 헌법상 그 제한이 허용되는 기본권인 점 및 생명권 제한구조의 특수성을 고려한다면, 생명권 제한이 정당화될 수 있는 예외적인 경우에는 생명권의 박탈이 초래된다 하더라도 곧바로 기본권의 본질적인 내용을 침해하는 것이라 볼 수는 없다. 따라서 사형이 비례의 원칙에 따라 최소한 동등한 가치가 있는 다른 생명 또는 그에 못지아니한 공공의 이익을 보호하기 위한 불가피성이 충족되는 예외적인 경우에만 적용됨으로써 생명권의 제한이 정당화될 수 있는 경우에는, 그것이 비록 생명권의 박탈을 초래하는 형벌이라 하더라도 이를 두고 곧바로 생명권이라는 기본권의 본질적인 내용을 침해하는 것이라 볼 수는 없다.

(5) 사형제도가 생명권 제한에 있어서의 헌법상 비례원칙에 위배되는지 여부

(가) 앞서 본 바와 같이, 생명권 역시 헌법 제37조 제2항에 의한 일반적 법률유보의 대상이 될 수 있다 할 것이므로, 생명권의 제한을 형벌의 내용으로 하는 사형제도의 위헌성 여부를 판단하기 위하여 사형제도가 생명권 제한에 있어서의 헌법상 비례원칙에 위배되는지 여부를 살펴본다.

(나) 입법목적의 정당성 및 수단의 적합성

사형은, 이를 형벌의 한 종류로 규정함으로써, 일반국민에 대한 심리적 위하를 통하여 범죄의 발생을 예방하며, 이를 집행함으로써 극악한 범죄에 대한 정당한 응보를 통하여 정의를 실현하고, 당해 범죄인 자신에 의한 재범의 가능성을 영구히 차단함으로써 사회를 방어한다는 공익상의 목적을 가진 형벌인바, 이러한 사형제도의 입법목적은 정당하다고 할 것이다.

나아가 사형은 인간의 죽음에 대한 공포본능을 이용한 가장 냉엄한 궁극의 형벌로서 이를 통한 일반적 범죄예방효과가 있다고 볼 수 있으므로 일반적 범죄예방목적을 달성하기 위한 적합한 수단이라 할 것이다. 또한 잔혹한 방법으로 다수의 인명을 살해하는 등의 극악한 범죄의 경우, 그 법익침해의 정도와 범죄자의 책임의 정도는 가늠할 수 없을 만큼 심대하다 할 것이며, 수많은 피해자 가족들의 형언할 수 없는 슬픔과 고통, 분노 및 일반국민이 느낄 불안과 공포, 분노까지 고려한다면, 이러한 극악한 범죄에 대하여는 우리 헌법질서가 허용하는 한도 내에서 그 불법정도와 책임에 상응하는 강력한 처벌을 함이 정의의 실현을 위하여 필수불가결하다 할 것인바, 가장 무거운 형벌인 사형은 이러한 정당한 응보를 통한 정의의 실현을 달성하기 위한 적합한 수단이라 할 것이다.

(다) 피해의 최소성

1) 특정 범죄와 그 법정형 사이에 적정한 비례관계가 존재하는 일반적인 상황하에서는, 형벌이 무거울수록, 즉, 형벌 부과에 의한 범죄자의 법익침해 정도가 커

질수록 범죄를 실행하려는 자의 입장에서는 범죄를 통하여 얻을 수 있는 이익에 비하여 범죄로 인하여 부과될 수 있는 불이익이 보다 커지게 됨으로써 그 범죄행위를 포기하게 될 가능성이 커진다고 볼 수 있다. 따라서 우리 형법체계에 비추어 보면, 일반적으로 벌금형보다는 징역형이, 단기의 징역형보다는 장기의 징역형이, 유기징역형보다는 무기징역형이 범죄억지효과가 크다고 봄이 상당하다. 특히, 무기징역형이나 사형의 대체형벌로 논의될 수 있는 가석방이 불가능한 종신형을 선고받은 범죄자의 경우 사회로부터의 격리라는 자유형의 집행 목적에 반하지 아니하는 한도 내에서는 인격권 등의 기본권을 그대로 가지는 반면, 사형을 선고받은 범죄자는 사형집행으로 인하여 생명을 박탈당함으로써 인간의 생존을 전제로 한 모든 자유와 권리까지 동시에 전면적으로 박탈당한다는 점에 비추어 보면, 한 인간에게 있어서 가장 소중한 생명을 박탈하는 내용의 사형은 무기징역형이나 가석방이 불가능한 종신형보다도 범죄자에 대한 법익침해의 정도가 크다 할 것이다. 여기에다 인간의 생존본능과 죽음에 대한 근원적인 공포까지 고려하면, 사형은 잠재적 범죄자를 포함하는 모든 일반국민에 대하여 무기징역형이나 가석방이 불가능한 종신형보다 더 큰 위하력을 발휘함으로써 가장 강력한 범죄억지력을 가지고 있다고 봄이 상당하다. 따라서 입법자가 이러한 범죄와 형벌의 본질 및 그 관계, 인간의 본성 등을 바탕으로 하여 사형이 무기징역형 등 자유형보다 더 큰 일반적 범죄예방효과를 가지고 있다고 보아 형벌의 한 종류로 규정한 이상, 이러한 입법자의 판단은 존중되어야 할 것이고, 이와 달리 무기징역형이나 가석방이 불가능한 종신형이 사형과 동일한 혹은 오히려 더 큰 일반적 범죄예방효과를 가지므로 사형을 대체할 수 있다는 주장은 이를 인정할 만한 명백한 근거가 없는 이상 받아들일 수 없다.

나아가 이와 같이 사형이 무기징역형이나 가석방이 불가능한 종신형보다 일반적 범죄예방효과가 크다고 볼 수 있는 이상, 무기징역형 등 자유형보다 사형을 통하여 살인범죄 등 극악한 범죄의 발생을 보다 더 감소시킬 수 있다 할 것이다. 이는 무고하게 살해되는 일반국민의 수가 사형제도의 영향으로 감소될 수 있다는 것, 즉, 무고한 생명의 일부라도 사지(死地)로부터 구해낼 수 있다는 것을 의미한다. 그리고 설령 사형과 무기징역형 등 자유형 사이의 일반적 범죄예방효과 차이가 탁월하게 크지는 아니하여 사형제도로 인하여 보다 더 구제되는 무고한 생명의 수가 월등히 많지는 않다고 하더라도, 구제되는 생명의 수의 많고 적음을 떠나, 이러한 무고한 국민의 생명 보호는 결코 양보하거나 포기할 수 있는 성질의 것이 아니라 할 것이다.

2) 또한 잔혹한 방법으로 다수의 인명을 살해한 범죄 등 극악한 범죄의 경우에는, 범죄자에 대한 무기징역형이나 가석방이 불가능한 종신형의 선고만으로는 형벌로 인한 범죄자의 법익침해 정도가 당해 범죄로 인한 법익침해의 정도 및 범죄자의 책임에 미치지 못하게 되어 범죄와 형벌 사이의 균형성을 잃게 될 뿐만 아니라 이로 인하여 피해자들의 가족 및 일반국민의 정의 관념에도 부합하지 못하게 된다. 결국, 극악한 범죄에 대한 정당한 응보를 통한 정의의 실현이라는 목적을 달성함에 있어서 사형보다 범죄자에 대한 법익침해의 정도가 작은 무기징역형이나 가석방이 불가능한 종신형은 사형만큼의 효과를 나타낸다고 보기 어렵다.

3) 한편, 생명을 박탈하는 형벌인 사형은 그 성격상 이미 형이 집행되고 난 후에는 오판임이 밝혀지더라도 범죄자의 기본권 제한을 회복할 수 있는 수단이 없다는 점에서 최소침해성 원칙에 위배되는지 여부가 문제된다.

그런데, 인간은 완벽한 존재일 수가 없고 그러한 인간이 만들어낸 어떠한 사법제도 역시 결점이 없을 수는 없다는 점에 비추어 보면, 형사재판에 있어서의 오판가능성은 사법제도가 가지는 숙명적 한계라고 할 것이지 사형이라는 형벌제도 자체의 문제라고 보기는 어렵다. 따라서 오판가능성 및 그 회복의 문제는, 피고인의 방어권을 최대한 보장하고, 엄격한 증거조사절차를 거쳐 유죄를 인정하도록 하는 형사공판절차제도와 오판을 한 하급심 판결이나 확정된 판결을 시정할 수 있는 심급제도, 재심제도 등의 제도적 장치 및 그에 대한 개선을 통하여 오판가능성을 최소화함으로써 해결할 문제이지, 이를 이유로 사형이라는 형벌의 부과 자체를 최소침해성 원칙에 어긋나 위헌이라고 할 수는 없다.

4) 위에서 살펴본 바와 같이, 사형은 그보다 완화된 형벌인 무기징역형이나 가석방이 불가능한 종신형에 비하여 일반적 범죄예방목적 및 정당한 응보를 통한 정의의 실현이라는 목적을 달성함에 있어서 더 효과적인 수단이라고 할 것이고, 위와 같은 입법목적의 달성에 있어서 사형과 동일한 효과를 나타내면서도 사형보다 범죄자에 대한 법익침해 정도가 작은 다른 형벌이 명백히 존재한다고 보기 어려우므로 사형제도는 최소침해성 원칙에 어긋난다고 할 수 없다.

(라) 법익의 균형성

모든 인간의 생명은 자연적 존재로서 동등한 가치를 갖는다고 할 것이나 그 동등한 가치가 서로 충돌하게 되거나 생명의 침해에 못지아니한 중대한 공익을 침해하는 등의 경우에는 국민의 생명 등을 보호할 의무가 있는 국가로서는 어떠한 생명 또는 법익이 보호되어야 할 것인지 그 규준을 제시할 수 있는 것이다. 인간의 생명을 부정하는 등의 범죄행위에 대한 불법적 효과로서 지극히 한정적인 경우에만 부과되는 사형은 죽음에 대한 인간의 본능적인 공포심과 범죄에 대한 응보욕구가 서로 맞물려 고안된 "필요악"으로서 불가피하게 선택된 것이며 지금도 여전히 제 기능을 하고 있다는 점에서 정당화될 수 있다(헌재 1996. 11. 28. 95헌바1, 판례집 8-2, 537, 547-548 참조).

나아가 사형으로 인하여 침해되는 사익은 타인의 생명을 박탈하는 등의 극악한 범죄를 저지른 자의 생명 박탈이라 할 것인바, 이는 범죄자의 자기책임에 기초한 형벌효과에 기인한 것으로서 엄격하고 신중한 형사소송절차를 거쳐 생명이 박탈된다는 점에서, 극악무도한 범죄행위로 인하여 무고하게 살해당하였거나 살해당할 위험이 있는 일반국민의 생명권 박탈 및 그 위험과는 동일한 성격을 가진다고 보기 어렵고, 두 생명권이 서로 충돌하게 될 경우 범죄행위로 인한 무고한 일반국민의 생명권 박탈의 방지가 보다 우선시되어야 할 가치라 할 것이다.

따라서 사형제도에 의하여 달성되는 범죄예방을 통한 무고한 일반국민의 생명보호 등 중대한 공익의 보호와 정의의 실현 및 사회방위라는 공익은 사형제도로 발생하는 극악한 범죄를 저지른 자의 생명권 박탈이라는 사익보다 결코 작다고 볼 수 없을 뿐만 아니라, 다수의 인명을 잔혹하게 살해하는 등의 극악한 범죄에 대하여 한정적으로 부과되는 사형이 그 범죄의 잔혹함에 비하여 과도한 형벌이라고 볼 수 없으므로, 사형제도는 법익균형성원칙에 위배되지 아니한다.

(마) 결국 사형이 극악한 범죄에 한정적으로 선고되는 한, 사형제도 자체는 위에서 살펴본 바와 같이 입법목적의 정당성, 수단의 적합성, 피해의 최소성, 법익균형성 등을 모두 갖추었으므로 생명권 제한에 있어서의 헌법상 비례원칙에 위배되지 아니한다.

(6) 사형제도가 인간의 존엄과 가치를 규정한 헌법 제10조에 위배되는지 여부

헌법 제10조는 "모든 국민은 인간으로서의 존엄과 가치를 가지며, 행복을 추구할 권리를 가진다. 국가는 개인이 가지는 불가침의 기본적 인권을 확인하고 이를 보장할 의무를 진다."라고 하여 모든 기본권의 종국적 목적이자 기본이념이라 할 수 있는 인간의 존엄과 가치를 규정하고 있다. 이러한 인간의 존엄과 가치 조항은 헌법이념의 핵심으로 국가는 헌법에 규정된 개별적 기본권을 비롯하여 헌법에 열

거되지 아니한 자유와 권리까지도 이를 보장하여야 하고, 이를 통하여 개별 국민이 가지는 인간으로서의 존엄과 가치를 존중하고 확보하여야 한다는 헌법의 기본원리를 선언한 것이라 할 것이다(헌재 2001. 7. 19. 2000헌마546, 판례집 13-2, 103, 111-111, 헌재 2004. 10. 28. 2002헌마328, 공보 98, 1187, 1193-1194 참조).

그런데 사형제도가 범죄자의 생명권 박탈을 그 내용으로 하고 있으므로 인간의 존엄과 가치를 규정한 헌법 제10조에 위배되는지에 관하여 보건대, 앞서 살펴본 바와 같이, 사형제도 자체는 우리 헌법이 적어도 문언의 해석상 간접적으로나마 인정하고 있는 형벌의 한 종류일 뿐만 아니라, 사형이 극악한 범죄에 한정적으로 선고되는 한, 기본권 중의 기본권이라고 할 생명권을 제한함에 있어서 헌법상 비례원칙에 위배되지 아니한다고 할 것인바, 이와 같이 사형제도가 인간존엄성의 활력적인 기초를 의미하는 생명권 제한에 있어서 헌법 제37조 제2항에 의한 헌법적 한계를 일탈하였다고 볼 수 없는 이상, 사형제도가 범죄자의 생명권 박탈을 내용으로 한다는 이유만으로 곧바로 인간의 존엄과 가치를 규정한 일반조항인 헌법 제10조에 위배되어 위헌이라고 할 수는 없다.

또한 사형은 형벌의 한 종류로서, 앞서 살펴본 바와 같이, 다수의 무고한 생명을 박탈하는 살인범죄 등의 극악한 범죄에 예외적으로 부과되는 한, 그 내용이 생명권 제한에 있어서의 헌법적 한계를 일탈하였다고 볼 수 없을 뿐만 아니라, 사형제도는 공익의 달성을 위하여 무고한 국민의 생명을 그 수단으로 삼는 것이 아니라, 형벌의 경고기능을 무시하고 극악한 범죄를 저지른 자에 대하여 그 중한 불법 정도와 책임에 상응하는 형벌을 부과하는 것으로서 이는 당해 범죄자가 스스로 선택한 잔악무도한 범죄행위의 결과라 할 것인바, 이러한 형벌제도를 두고 범죄자를 오로지 사회방위라는 공익 추구를 위한 객체로만 취급함으로써 범죄자의 인간으로서의 존엄과 가치를 침해한 것으로 보아 위헌이라고 할 수는 없다.

한편, 사형을 선고하는 법관이나 이를 집행하여야 하는 교도관 등은 인간의 생명을 박탈하는 사형을 선고하거나 집행하는 과정에서 인간으로서의 자책감을 가지게 될 여지가 있다고 할 것이나, 이는 사형제도가 본래 목적한 바가 아니고 사형의 적용 및 집행이라는 과정에서 필연적으로 발생하게 되는 부수적인 결과일 뿐이다. 물론 사형을 직접 집행하는 교도관의 자책감 등을 최소화할 수 있는 사형집행방법의 개발 등은 필요하다고 할 것이지만, 앞서 살펴본 바와 같이, 사형제도는 무고한 일반국민의 생명 보호 등 극히 중대한 공익을 보호하기 위한 것으로서 생명권 제한에 있어서의 헌법적 한계를 일탈하였다고 할 수 없는 이상, 이러한 공익을 보호하여야 할 공적 지위에 있는 법관 및 교도관 등은 다른 형벌의 적용, 집행과 마찬가지로 사형의 적용, 집행을 수인할 의무가 있다고 할 것이다. 따라서 법관 및 교도관 등이 인간적 자책감을 가질 수 있다는 이유만으로 사형제도가 법관 및 교도관 등을 공익 달성을 위한 도구로서만 취급하여 그들의 인간으로서의 존엄과 가치를 침해하는 위헌적인 형벌 제도라고 할 수는 없다.

(7) 소결론

앞서 살펴본 바와 같이, 형법 제41조 제1호 규정의 사형제도 자체는 우리의 현행 헌법이 스스로 예상하고 있는 형벌의 한 종류이기도 할 뿐만 아니라 생명권 제한에 있어서의 헌법 제37조 제2항에 의한 한계를 일탈하였다고 할 수 없고, 인간의 존엄과 가치를 규정한 헌법 제10조에 위배된다고 볼 수 없으므로 헌법에 위반되지 아니한다고 할 것이다.

국가는 때로 보다 더 소중한 가치를 지키기 위하여 소중한 가치를 포기할 수밖에 없는 상황에 직면하게 되기도 한다. 사형제도 역시, 무고한 일반국민의 생명이나 이에 준하는 중대한 공익을 지키기 위하여 이를 파괴하는 잔악무도한 범죄를 저지른 자의 생명을 박탈할 수밖에 없는 국가의 불가피한 선택의 산물이라고 할 것이다.

다만, 사형이란 형벌이 무엇보다 고귀한 인간의 생명을 박탈하는 극형임에 비추어, 우리의 형사관계법령에 사형을 법정형으로 규정하고 있는 법률조항들이 과연 행위의 불법과 형벌 사이에 적정한 비례관계를 유지하고 있는지를 개별적으로 따져 보아야 할 것임은 물론 나아가 비록 법정형으로서의 사형이 적정한 것이라 하더라도 이를 선고함에 있어서는 특히 신중을 기하여야 할 것이다.

【평석】 한국천주교주교회의가 형법 제41조 1호 등에 관해 낸 헌법소원심판 청구사건의 공개변론이 진행되었다. 사형제도 폐지에 관한 세 번째 헌법소원심판 청구사건이다. 한국천주교주교회의는 사형제도가 범죄예방에 도움이 된다는 근거가 없으며, 우리나라는 1997. 12. 30. 23명에 대한 사형집행 이후 사형을 집행하지 않아 실질적 사형 폐지국가로 분류되고 있다는 이유 등으로 헌법소원심판을 구하고 있다. 현재 우리나라에는 약 55명 정도의 사형수가 복역 중이다. 사형제도와 무기징역형 제도의 위헌 여부, 양심적 병역거부자의 양심의 자유 등은 시사 문제, 각종

시험 면접시 집단토론 등에서 종종 나온 사안들이고 여전히 언론에서 화두로 삼는다.

2. 형법 제41조 제2호, 제42조 중 각 '무기징역' 부분(무기징역형 제도)의 위헌 여부

🏛 헌법재판소 2010. 2. 25. 선고 2008헌가23 전원재판부[형법 제41조 등 위헌제청]

결정의 요지

(1) 형법 제42조는 사형 다음으로 무거운 형벌인(형법 제50조 제1항, 제41조 참조) 징역과 금고에 대해 그 기간을 무기 또는 유기로 한다고 규정함으로써 무기형(무기징역과 무기금고)을 규정하고 있다.

무기형, 이른바 '종신형'은 수형자가 자연사할 때까지 자유를 박탈하는 형벌이지만, 이는 가석방의 가능성이 없는 '절대적 종신형'과 가석방이 가능한 '상대적 종신형'으로 구분할 수 있다.

무기수형자라 하더라도 10년을 복역한 이후에는 유기 수형자의 경우와 비교하여 요건의 차별 없이 가석방이 가능하고(형법 제72조 제1항), 사면법에 따라 사면이나 감형도 가능하다(사면법 제3조 참조). '형의 집행 및 수용자의 처우에 관한 법률' 제1조는 "이 법은 수형자의 교정교화와 건전한 사회복귀를 도모하고..."라고 명시하고 있어 어떠한 무기형도 가석방이 불가능하다는 것을 전제로 하지는 않는다. 이처럼 우리나라는 사실상 '가석방이 가능한 무기형'을 채택하되 '가석방이 불가능한 무기형'은 따로 규정하고 있지 아니하고 있다고 볼 것이다.

(2) 사형에 비하면 절대적 종신형이 생명을 유지시킨다는 점에서 인도적이라고 할 수는 있으나, 절대적 종신형 역시 자연사할 때까지 수용자를 구금한다는 점에서 사형에 못지 않은 형벌이고, 수형자와 공동체의 연대성을 영원히 단절시킨다는 비판을 면하기 어렵다.

일반적으로 형벌의 종류에 대해서는 입법자의 형성권이 존중되어야 할 것인데 위와 같은 이유가 존재하는 한 입법자가 절대적 종신형을 도입하지 않은 것이 헌법적 정당성을 문제 삼을 정도로 잘못된 것이라고 볼 수 없다.

(3) 한편 우리 형법이 가석방이 가능한 무기형, 즉 상대적 종신형만을 규정하고

있는 것으로 본다고 하더라도 현행 무기징역형제도의 형집행 실무는 사실상 절대적 종신형을 본위로 운용되고 있다고 할 것이다. 형법은 무기수형자의 경우 10년이 지난 후에 가석방이 가능하도록 규정하고 있을 뿐 기한이 된 모든 무기수형자에게 가석방을 허가하여야 하는 것도 아니고 무기수형자들에게 가석방신청권을 부여한 것도 아니다. 따라서 무기징역형이 '무기'라는 표현에 걸맞지 않게 운용되고 있는 부분이 일부 있다고 하더라도 그것은 형집행 실무상의 문제라고 볼 것이고, 한편으로는 무기수형자에 대한 현재의 가석방요건을 보완하는 방법으로 해결할 수 있는 것이다.

또한 절대적 종신형제도를 도입한다고 하더라도 여전히 사면에 의한 석방이나 감형의 가능성이 열려 있는 이상, 현재의 무기형에 대하여 가석방이 가능한 것을 문제삼는 것은 적절하지 아니한 측면이 있다.

(4) 한편 앞서 본 바와 같이 사형제도는 헌법에 위반되지 아니한다고 할 것이므로 우리 형벌체계상 절대적 종신형을 반드시 도입하여야 할 필요성이 있다고 할 수 없다는 점에서도 현행 무기징역형제도의 위헌성을 인정하기는 어렵다.

(5) 이상에서 본 바와 같이 절대적 종신형제도가 우리 헌법 하에서 사형제도와는 또 다른 위헌성 문제를 야기할 수 있고, 현행 형사법령 하에서도 가석방제도의 운영 여하에 따라 사회로부터의 영구적 격리가 가능한 절대적 종신형과 상대적 종신형의 각 취지를 살릴 수 있다는 점 등을 고려하면, 우리 형벌법규체계에 상대적 종신형 외에 무기수형자에게 더 가혹한 절대적 종신형을 따로 두어야 할 절박한 필요성도 없고 그 도입으로 인하여 무기수형자들 사이 또는 무기수형자와 유기수형자 사이의 형평성 문제가 완전히 해결된다고 볼 객관적 자료도 없다. 또한 무기징역이라는 형벌의 특징상 범행의 편차가 커도 수긍할 수밖에 없는 측면이 있어, 그 제도를 두어야만 평등원칙 등에 부합되는 것이라 보기도 어렵다.

따라서 현행 무기징역형제도가 상대적 종신형 외에 절대적 종신형을 따로 두고 있지 아니함으로 인하여 무기수형자들에 대하여 형벌체계상의 정당성과 균형을 상실한 것으로서 헌법 제11조의 평등원칙에 반하고 무기징역형제도가 형벌이 죄질과 책임에 상응하도록 적절한 비례성을 갖추어야 한다는 책임원칙에 반하여 위헌이라고 단정하기는 어렵다.

형법 제250조 제1항 중 '사형, 무기의 징역에 처한다.'는 부분의 위헌 여부

사형제도 자체가 합헌이라고 하더라도 형법 제250조 제1항이 지나치게 과도하

거나 평등원칙에 반하는 법정형인지 여부를 살펴본다.

비록 형벌로서의 사형이나 무기징역형이 그 자체로서 위헌이라고는 할 수 없다고 하더라도 형법 제250조 제1항이 살인이라는 구체적인 범죄구성요건에 대한 불법효과의 하나로서 사형과 무기징역을 규정하고 있는 것이 행위의 불법과 행위자의 책임에 비하여 현저히 균형을 잃음으로써 책임원칙 등에 반한다고 평가된다면, 형법 제250조 제1항은 사형제도나 무기징역형제도 자체의 위헌 여부와는 관계없이 위헌임을 면하지 못할 것이다.

형법 제250조 제1항이 규정하고 있는 살인의 죄는 인간 생명을 부정하는 범죄행위의 전형이고, 이러한 범죄에는 그 행위의 태양이나 결과의 중대성으로 미루어 보아 반인륜적 범죄라고 규정지워질 수 있는 극악한 유형의 것들도 포함되어 있을 수 있는 것이다. 따라서 사형이나 무기징역을 형벌의 한 종류로서 합헌이라고 보는 한 그와 같이 타인의 생명을 부정하는 범죄행위에 대하여 5년 이상의 징역 외에 행위자의 생명을 부정하는 사형이나 행위자를 영구히 사회에서 격리하는 무기징역을 그 불법효과의 하나로서 규정한 것은 행위자의 생명과 그 가치가 동일한 하나의 혹은 다수의 생명을 보호하기 위하여 필요한 수단의 선택이라고 볼 수밖에 없으므로 이를 가리켜 비례의 원칙이나 평등의 원칙에 반한다고 할 수 없어 헌법에 위반되는 것이 아니다.

3. 수사관이 피의자신문에 참여한 변호인에게 피의자 후방에 앉으라고 요구한 행위가 변호인의 변호권을 침해하는지 여부

🏛 헌법재판소 2017. 11. 30. 선고 2016헌마503 전원재판부[변호인 참여 신청서 요구행위 등 위헌 확인]

결정의 요지

가. 변호인이 피의자신문에 자유롭게 참여할 수 있는 권리는 피의자가 가지는 변호인의 조력을 받을 권리를 실현하는 수단이므로 헌법상 기본권인 변호인의 변호권으로서 보호되어야 한다.

피의자신문에 참여한 변호인이 피의자 옆에 앉는다고 하여 피의자 뒤에 앉는 경우보다 수사를 방해할 가능성이 높아진다거나 수사기밀을 유출할 가능성이 높아진다고 볼 수 없으므로, 이 사건 후방착석요구행위의 목적의 정당성과 수단의 적절성을 인정할 수 없다.

이 사건 후방착석요구행위로 인하여 위축된 피의자가 변호인에게 적극적으로 조언과 상담을 요청할 것을 기대하기 어렵고, 변호인이 피의자의 뒤에 앉게 되면 피의자의 상태를 즉각적으로 파악하거나 수사기관이 피의자에게 제시한 서류 등의 내용을 정확하게 파악하기 어려우므로, 이 사건 후방착석요구행위는 변호인인 청구인의 피의자신문참여권을 과도하게 제한한다. 그런데 이 사건에서 변호인의 수사방해나 수사기밀의 유출에 대한 우려가 없고, 조사실의 장소적 제약 등과 같이 이 사건 후방착석요구행위를 정당화할 그 외의 특별한 사정도 없으므로, 이 사건 후방착석요구행위는 침해의 최소성 요건을 충족하지 못한다.

이 사건 후방착석요구행위로 얻어질 공익보다는 변호인의 피의자신문참여권 제한에 따른 불이익의 정도가 크므로, 법익의 균형성 요건도 충족하지 못한다.

따라서 이 사건 후방착석요구행위는 변호인인 청구인의 변호권을 침해한다.

나. 청구인은 이 사건 참여신청서요구행위에 따라 수사관이 출력해 준 신청서에 인적사항을 기재하여 제출하였는데, 이는 청구인이 피의자의 변호인임을 밝혀 피의자신문에 참여할 수 있도록 하기 위한 검찰 내부 절차를 수행하는 과정에서 이루어진 비권력적 사실행위에 불과하므로, 헌법소원의 대상이 되는 공권력의 행사에 해당하지 않는다.

다. 이 사건 지침은 피의자신문 시 변호인 참여와 관련된 제반 절차를 규정한 검찰청 내부의 업무처리지침 내지 사무처리준칙으로서 대외적인 구속력이 없으므로, 헌법소원의 대상이 되는 공권력의 행사에 해당하지 않는다.

[별개의견] 이 사건 후방착석요구행위에 대하여 위헌확인을 하여야 한다는 점에 있어서는 법정의견과 견해를 같이 하나, 변호인의 변호권은 법률상 권리에 불과하므로 법정의견이 변호인의 변호권을 헌법상 기본권으로 파악한 부분에 대해서는 동의하기 어렵고, 이 사건 후방착석요구행위는 청구인의 직업수행의 자유를 침해한 것으로 보면 충분하다.

[보충의견] 피의자 및 피고인에 대하여 변호인이 조력할 권리는 헌법 제15조에 따른 변호사의 직업수행의 자유 및 헌법 제12조 제4항 등에 의해 보장되는 '피의자 및 피고인이 가지는 변호인의 조력을 받을 권리'에서 도출되는 별도의 헌법상 기본권으로서 보호될 수 있다. 따라서 이 사건 후방착석요구행위에 관하여 변호사의 직

업수행의 자유가 아니라 피의자 및 피고인에 대하여 변호인이 조력할 권리를 침해하는지 여부를 살펴볼 수 있으며, 엄격한 기준에 의해 심사하는 것이 상당하다.

[반대의견] 형사소송법 등 관련 법령에 피의자신문에 참여하는 변호인의 좌석위치에 관하여 아무런 규정이 없고, 이 사건 지침은 대외적인 효력이 없으므로, 청구인은 이 사건 후방착석요구행위에 따라야 할 법률상 의무를 부담하지 않는다. 피의자신문에 참여하는 변호인은 피의자와는 달리 수사기관과 대등한 위치에 있으므로, 청구인이 이 사건 후방착석요구행위로 인하여 심리적으로 위축되어 부득이 그 요구에 그대로 따랐다고 보기도 어렵다. 실제로 청구인은 이 사건 후방착석요구행위에 대하여 강하게 항의한 후 피청구인이 요구한 위치보다 피의자와 더 가까운, 피의자 뒤 오른편 대각선 위치에 앉았고, 피의자신문에 참여하여 피의자를 충분히 조력하였으므로, 청구인이 이 사건 후방착석요구행위로 인하여 어떠한 불이익을 받았다고 볼 수 없다. 따라서 이 사건 후방착석요구행위는 비권력적 사실행위에 불과하여 헌법소원의 대상이 되는 공권력의 행사에 해당하지 않는다.

'변호인으로서 조력할 권리'는 피의자 등의 헌법상 기본권인 '변호인의 조력을 받을 권리'를 충실하게 보장하기 위하여 입법자가 형사소송법 등 개별 법률을 통하여 구체적으로 형성한 결과로서 인정되는 '법률상의 권리'에 불과하다. 다수의견처럼 변호인의 피의자신문참여권이 헌법상 기본권에 해당한다고 보더라도, 청구인은 적극적으로 피의자에게 진술거부권 행사를 조력하는 등 피의자신문참여권을 행사함에 있어 어떠한 지장도 받지 않았으므로 이 사건 후방착석요구행위에 대한 심판청구는 기본권침해가능성이 없다.

다수의견과 같이 이 사건 후방착석요구행위가 권력적 사실행위라면 형사소송법 제417조의 '제243조의2에 따른 변호인 참여 등에 관한 처분'에 해당하여 준항고로 다툴 수 있으므로, 준항고 절차를 거치지 아니한 채 제기된 이 사건 후방착석요구행위에 대한 심판청구는 보충성 요건을 구비하지 못하였다.

이 사건 후방착석요구행위는 이미 종료하였으므로 이에 대한 심판청구는 주관적 권리보호이익이 없고, 수사기관의 후방착석요구행위가 변호인의 피의자신문참여권을 침해하는지 여부는 수사기관이 형사소송법 제243조의2에 규정된 변호인의 권리를 침해하였는지 여부의 문제, 즉 '위법성 판단'의 문제에 불과하므로 심판청구의 이익도 인정할 수 없다.

따라서 이 사건 후방착석요구행위에 대한 심판청구는 부적법하다.

【평석】 수사관이 피의자신문 중에 정당한 사유 없이 피의자의 변호인에게 피의자로부터 떨어진 곳으로 옮겨 앉으라고 지시하고, 이에 따르지 않았다는 이유로 퇴실을 명한 행위는 변호인의 피의자신문 참여권을 침해한 것이라는 대법원판결(2008모793 변호인 퇴실명령에 대한 준항고 결정에 대한 재항고)과 같은 취지의 결정이다.[130]

4. 법원의 수사서류 열람·등사 허용 결정에도 불구하고 검사가 해당 수사서류의 등사를 거부한 경우, 헌법소원심판을 청구할 권리보호이익 및 심판의 이익이 인정되는지 여부(적극)

> 🏛 헌법재판소 2017. 12. 28. 선고 2015헌마632 전원재판부[열람·등사 신청 거부행위 위헌확인]

결정의 요지

청구인들에 대한 형사사건이 현재 대법원에 계속 중이어서 수사서류를 등사한다고 하더라도 이를 새로운 증거로 제출할 수는 없으나, 대법원에서 원심판결을 파기하는 경우 항소심 절차가 다시 진행될 수 있어 수사서류를 증거로 제출할 수 있는 기회가 완전히 봉쇄되었다고 볼 수 없고, 대법원에서도 공판기일을 지정하여 변호인으로 하여금 피고인을 위하여 변론하도록 하거나(형사소송법 제387조, 제388조) 필요한 경우에는 특정한 사항에 관하여 변론을 열어 참고인의 진술을 들을 수 있으므로(형사소송법 제390조 제2항), 이 사건 헌법소원심판 청구가 청구인들의 권리구제에 더 이상 도움이 되지 않는다고 볼 수는 없다.

또한, 법원의 열람·등사 허용 결정에도 불구하고 수사서류의 등사를 거부하는 검사의 행위가 앞으로도 반복될 가능성이 있고, 이 사건과 동일한 쟁점에 대하여 헌법적 해명이 이루어진 바 없으므로, 설령 청구인들에 대한 권리보호 이익이 소멸하였다고 하더라도 이 사건 심판청구의 이익은 여전히 존재한다.

피청구인은 법원의 수사서류 열람·등사 허용 결정 이후 해당 수사서류에 대한 열람은 허용하고 등사만을 거부하였는데, 변호인이 수사서류를 열람은 하였지만 등사가 허용되지 않는다면, 변호인은 형사소송절차에서 청구인들에게 유리한 수사서류의 내용을 법원에 현출할 수 있는 방법이 없어 불리한 지위에 놓이게 되고, 그

---

130) 이상원, 2017년 분야별 중요판례 분석, 법률신문, 2018. 6. 21.자

결과 청구인들을 충분히 조력할 수 없음이 명백하므로, 피청구인이 수사서류에 대한 등사만을 거부하였다 하더라도 청구인들의 신속·공정한 재판을 받을 권리 및 변호인의 조력을 받을 권리가 침해되었다고 보아야 한다.

신속하고 실효적인 구제절차를 형사소송절차 내에 마련하고자 열람·등사에 관한 규정을 신설한 입법취지와, 검사의 열람·등사 거부처분에 대한 정당성 여부가 법원에 의하여 심사된 마당에 헌법재판소가 다시 열람·등사 제한의 정당성 여부를 심사하게 된다면 이는 법원의 결정에 대한 당부의 통제가 되는 측면이 있는 점 등을 고려하여 볼 때, 수사서류에 대한 법원의 열람·등사 허용 결정이 있음에도 검사가 열람·등사를 거부하는 경우 수사서류 각각에 대하여 검사가 열람·등사를 거부할 정당한 사유가 있는지를 심사할 필요 없이 그 거부행위 자체로써 청구인들의 기본권을 침해하는 것이 되고, 이는 법원의 수사서류에 대한 열람·등사 허용 결정이 있음에도 검사인 피청구인이 해당 서류에 대한 열람만을 허용하고 등사를 거부하는 경우에도 마찬가지이다.

【평석】 다양한 소송에서 법원의 수사 서류에 대한 열람 등사 청구가 점점 더 필요하고 중요하다. 반면 수사기관으로서는 수사 중인 사건에 있어서 이를 열람하고 등사하는 데에 소극적으로 된다. 2007년 개정 형사소송법은 검사의 열람 등사 거부에 대한 불복절차를 규정하고 열람 등사 명령 등 법원의 결정을 검사가 이행하지 아니한 때에는 당해 증거를 신청할 수 없다고 하였다. 위 결정은 검사가 열람은 허용하고 등사만을 거부한 경우에도 위헌이라고 판시하였다.[131]

5. 이른바 '보도자료 배포행위', '촬영허용행위'의 적법성(피의사실언론공표 등 위헌확인)

가. 피청구인이 청구인에 관한 보도자료를 기자들에게 배포한 행위(이하 '보도자료 배포행위'라 한다)에 대한 헌법소원심판청구가 적법한지 여부(소극)

나. 피청구인이 보도자료 배포 직후 기자들의 취재 요청에 응하여 청구인이 경찰서 조사실에서 양손에 수갑을 찬 채 조사받는 모습을 촬영할 수 있도록 허용

---

131) 이상원, 전게 논문 참조

한 행위(이하 '촬영허용행위'라 한다)가 청구인의 인격권을 침해하는지 여부
(적극)

🏛 헌법재판소 2014. 3. 27. 선고 2012헌마652 전원재판부[피의사실 언론공표 등 위헌확인]

결정의 요지

보도자료 배포행위는 수사기관이 공소제기 이전에 피의사실을 대외적으로 알리는 것으로서, 이것이 형법 제126조의 피의사실공표죄에 해당하는 범죄행위라면 청구인은 이를 수사기관에 고소하고 그 처리결과에 따라 검찰청법에 따른 항고를 거쳐 재정신청을 할 수 있으므로, 위와 같은 권리구제절차를 거치지 아니한 채 제기한 보도자료 배포행위에 대한 심판청구는 보충성 요건을 갖추지 못하여 부적법하다.

사람은 자신의 의사에 반하여 얼굴을 비롯하여 일반적으로 특정인임을 식별할 수 있는 신체적 특징에 관하여 함부로 촬영당하지 아니할 권리를 가지고 있으므로, 촬영허용행위는 헌법 제10조로부터 도출되는 초상권을 포함한 일반적 인격권을 제한한다고 할 것이다. 원칙적으로 '범죄사실' 자체가 아닌 그 범죄를 저지른 자에 관한 부분은 일반 국민에게 널리 알려야 할 공공성을 지닌다고 할 수 없고, 이에 대한 예외는 공개수배의 필요성이 있는 경우 등에 극히 제한적으로 인정될 수 있을 뿐이다. 피청구인은 기자들에게 청구인이 경찰서 내에서 수갑을 차고 얼굴을 드러낸 상태에서 조사받는 모습을 촬영할 수 있도록 허용하였는데, 청구인에 대한 이러한 수사 장면을 공개 및 촬영하게 할 어떠한 공익 목적도 인정하기 어려우므로 촬영허용행위는 목적의 정당성이 인정되지 아니한다. 피의자의 얼굴을 공개하더라도 그로 인한 피해의 심각성을 고려하여 모자, 마스크 등으로 피의자의 얼굴을 가리는 등 피의자의 신원이 노출되지 않도록 침해를 최소화하기 위한 조치를 취하여야 하는데, 피청구인은 그러한 조치를 전혀 취하지 아니하였으므로 침해의 최소성 원칙도 충족하였다고 볼 수 없다. 또한 촬영허용행위는 언론 보도를 보다 실감나게 하기 위한 목적 외에 어떠한 공익도 인정할 수 없는 반면, 청구인은 피의자로서 얼굴이 공개되어 초상권을 비롯한 인격권에 대한 중대한 제한을 받았고, 촬영한 것이 언론에 보도될 경우 범인으로서의 낙인 효과와 그 파급효는 매우 가혹하여 법익균형성도 인정되지 아니하므로, 촬영허용행위는 과잉금지원칙에 위반되어 청구인의 인격권을 침해하였다.

【평석】 헌법재판소는 경찰이 기자들의 취재 요청에 응하여 피의자가 경찰서 조사실에서 양손에 수갑을 찬 채 조사받는 모습을 촬영할 수 있도록 허용한 행위는 위헌이라고 하였다.

이 결정에는, 보도자료 배포행위와 촬영허용행위는 동일한 목적 아래 시간적·장소적으로 밀접하게 이루어진 것이므로, 전체적으로 볼 때 피청구인이 언론기관에 청구인의 피의사실을 알리는 일련의 행위로서 하나의 공권력행사라고 보아야 하고, 피청구인의 보도자료 배포 및 촬영허용행위가 포괄하여 형법 제126조의 피의사실공표죄에 해당하는 범죄행위라면, 보충성 요건을 갖추지 못하여 부적법하다는 반대의견이 있다.

6. 헌법재판소법 제68조 제1항 본문 중 '법원의 재판' 가운데 '법률에 대한 위헌결정의 기속력에 반하는 재판' 부분 취소 사안 [별칭 재판 취소 사건]

🏛 헌법재판소 2022. 6. 30. 선고 2014헌마760, 763(병합) 전원재판부

결정의 요지

헌법재판소법 제68조 제1항 본문 중 '법원의 재판' 가운데 '법률에 대한 위헌결정의 기속력에 반하는 재판' 부분은 헌법에 위반되고, 법률에 대한 일부 위헌결정에 해당하는 헌재 2012. 12. 27. 2011헌바117 결정의 기속력을 부인한 법원의 재판(재심기각결정)은 청구인들의 재판청구권을 침해한 것이므로 이를 취소한다. [일부 위헌, 재판 취소]

【해설】 헌법재판소는, '법원의 재판'을 헌법소원심판의 대상에서 원칙적으로 제외하고 있는 재판소원금지조항에서 '법률에 대한 위헌결정의 기속력에 반하는 재판' 부분에 대하여 위헌결정을 선고함으로써, 헌법이 부여한 헌법재판소의 법률에 대한 위헌심사권의 의미와 일부위헌결정으로서 한정위헌결정의 효력을 분명히 하였다. 헌법재판소는 2016. 4. 28. 2016헌마33 결정에서 헌법재판소법 제68조 제1항 본문의 '법원의 재판' 중 '헌법재판소가 위헌으로 결정한 법령을 적용함으로써 국민의 기본권을 침해한 재판' 부분에 대하여 위헌결정을 한 바 있으나, 위 결정의

효력은 위 주문에 표시된 부분에 국한되므로, 재판소원금지조항의 적용 영역에서 '법률에 대한 위헌결정의 기속력에 반하는 재판' 부분을 모두 제외하기 위해 헌법 재판소법 제68조 제1항 본문 중 '법원의 재판' 가운데 '법률에 대한 위헌결정의 기 속력에 반하는 재판' 부분은 헌법에 위반된다는 결정을 한 것이며, 이번 결정은, 헌 법재판소의 한정위헌결정의 기속력을 부인하여 재심절차에 따른 재심청구를 받아 들이지 아니한 법원의 재판에 대한 것으로, 헌법재판소가 직접 법원의 재판을 취소 한 것은 헌재 1997. 12. 24. 96헌마172등 결정 이후 두 번째라고 밝혔다.

요컨대 헌법재판소가 법원의 재판 결과에 문제가 있으니 일반적으로 재심을 구 하는 취지의 헌법소원은 원칙적으로 불가능하지만, 헌법재판소의 위헌 결정에 따 르지 않은 법원의 재판은 헌법재판소가 개입할 수 있다는 취지이다. 그동안 헌법재 판소의 한정 위헌 결정에 대하여, 대법원은 헌법재판소의 단순위헌 결정은 유효하 지만, 한정 위헌 결정은 법률적 근거가 없으며, 법률의 해석 적용에 관하여는 법원 에 판단할 권한이 있다고 하였다.

이 사건은, 지방의 0000평가 심의위원회 위원이 억대 금품을 수수하였다는 혐 의로 기소되어 법원에서 유죄 판결을 받자, 위 위원이 자신은 심의위원회의 위촉위 원에 불과하여 형법 제129조의 공무원이 아님에도 공무원으로 인정받아 뇌물수수 로 처벌받았는데 이를 구제받기 위하여 2006. 첫 번째 헌법소원을 신청하였다. 헌 법재판소는 "형법 제129조 제1항의 공무원에 0000 심의위원회 심의위원 중 위촉 위원이 포함되는 것으로 해석하는 한 헌법에 위반된다"는 한정 위헌 결정을 선고 하였고, 위 위원은 2013. 법원에 재심을 청구하였지만, 대법원이 받아들이지 않자 2014. 다시 헌법소원을 내었다. 헌법재판소는 법원이 헌법재판소의 한정 위헌 결정 도 따라야 한다고 하면서, 2012년 한정 위헌 결정을 하였고, 이는 형벌 조항 일부 가 헌법에 위반돼 무효라는 일부 위헌 결정으로 법원에 대하여 기속력이 있다고 하였다.

이러한 법원의 판결과 이를 취소하는 헌법재판소의 결정은 이미 1997년 이00 전 국회의원이 관련된 소득세법 사건 이후 두 번째이고 향후에 이러한 잠재적인 분쟁이 더 있을 것으로 예측된다. 대법원은, 헌법재판소의 한정 위헌 결정은 단순 히 헌법재판소의 의견표명에 불과하다고 판시하면서, 합헌적 법률해석을 포함한 법령의 해석 권한은 대법원을 최고법원으로 하는 법원에 전속하는 것이며, 다른 국 가기관이 법률 해석기준을 제시해 구체적 분쟁 사건에 적용하는 등 간섭하는 것은 헌법에 규정된 국가권력 분립 구조의 기본원리와 사법권 독립의 원칙상 허용될 수 없다고 하였다. 헌법재판소는 이러한 대법원의 확정판결을 취소하였다.

현재로서는 두 최고 사법기관의 판단이 충돌할 경우 현재의 법체계상 적절한 해결 방법이 없다. 한정 위헌 결정의 효력에 대하여, 변형 위헌결정이 독일은 물론 우리나라에서도 학설과 판례에 의하여 인정되고 있으므로 헌법재판소의 법원 재판 취소가 무리가 아니라는 의견, 헌법재판소의 한정 위헌 결정은 법원에 기속력이 없으며, 이를 인정하는 순간 재판이 사실상 4심제가 된다고 주장하는 의견 등이 대립되고 있다.

살피건대, 헌법재판소의 결정 주문에 대한 검토(한정 위헌 결정 등), 헌법재판소법 제68조 제1항 단서(재판소원 금지조항)에 대한 합리적인 검토가 있어야겠지만, 나아가 헌법을 개정하여 헌법재판소와 대법원이 통합하는 방안도 검토될 필요가 있다. 역사적으로 우리나라에서는 헌법재판소가 없었던 경우도 있었으며, 외국에서는 헌법재판소만 있는 경우, 대법원만 있는 경우, 우리나라와 같이 두 기관이 공존하는 경우 등이 있는데, 좀 더 나라와 국민들의 발전을 위하여 최고 사법기관과 법조계 학계, 언론 등이 지혜를 모을 필요가 있다.

7. 법원이 열람·등사 허용 결정을 하였음에도 검사가 열람·등사를 거부한 행위의 위헌 확인 사건

🏛 헌법재판소 2022. 6. 30. 선고 2019헌마356 결정[열람·등사 신청 거부 위헌 확인]

결정의 요지

헌법재판소는 2022년 6월 30일 재판관 전원일치 의견으로, 별건으로 공소제기 후 확정되어 검사가 보관하고 있는 서류에 대하여 법원의 열람·등사 허용 결정이 있었음에도 검사가 청구인에 대한 형사사건과의 관련성을 부정하면서 해당 서류의 열람·등사를 허용하지 아니한 행위가 청구인의 신속하고 공정한 재판을 받을 권리와 변호인의 조력을 받을 권리를 침해한 것이므로 헌법에 위반됨을 확인한다.[위헌 확인]

【평석】 민사소송 또는 형사소송에서 사건 당사자들이 관련 사건을 확인하고 필요한 자료를 제출하고자 할 때에 검사가 수사상 필요에 의하여 또는 다른 사정에 의하여 열람 등사를 거부하거나 지연하게 되어 사건 당사자들이 애를 먹거나, 사건이 잘못 판단되는 경우가 있다. 이에 대하여 이미 오래전부터 재판부에 열람 등사 신청권이 행사되어 왔다.

헌법재판소는 헌재 2010. 6. 24. 2009헌마257 사건과 헌재 2017. 12. 28. 2015헌마632 사건에서 형사소송법 제266조의4에 기한 변호인의 당해 형사사건의 수사기록에 대한 열람·등사신청을 거부한 검사의 처분이 변호인의 기본권을 침해하여 위헌임을 확인하여 이미 헌법적 해명을 한 바 있다. 이 사건 결정은 위와 같은 선례의 연장선에서 별건으로 공소제기 후 확정되어 검사가 보관하고 있는 서류에 대하여 법원이 이미 열람·등사 허용 결정을 하였음에도 검사가 청구인에 대한 형사사건과의 관련성을 부정하면서 해당 서류의 열람·등사를 허용하지 아니한 행위가 피고인의 청구인의 신속·공정한 재판을 받을 권리 및 변호인의 조력을 받을 권리를 침해하여 위헌임을 확인하였다.

형사소송법 제266조의 3에 따른 증거개시절차에서 피고인의 변호인 또는 피고인이 당해 형사 사건과 관련된 별건의 서류에 대해서도 열람·등사 신청권을 행사할 수 있고, 법원이 형사소송법 제266조의4에 따라 그 서류에 대한 열람·등사를 허용할 경우 검사는 법원의 결정을 따라야 한다는 점을 명확히 한 결정이라고 본다.

색 인

판 례 색 인

저자 약력

이성철
법학박사
연세대학교 법학과, 동 행정대학원
한국해양대학교 대학원, 영국 런던대학교 대학원
서울고등법원(국제거래), 대전고등법원(형사1부)
서울중앙지방법원(민사1부), 서울서부지방법원(형사1부)
서울동부지방법원(수석부장), 수원지방법원(제1파산부, 행정1부)
청주지방법원 진천, 괴산, 보은군 법원
광주지방법원 순천지원(형사 합의, 형사 단독)

저서, 세미나 논문 등
법과 등대(바른 디자인)
형사실무와 판례(박영사)
선박충돌과 손해배상책임(퍼플)
해상재판실무편람(공동 집필, 법원행정처)
항소심에서 본 형사단독재판, 선거범죄재판실무(세미나)

이정택
법학전문석사
연세대학교 법학과
아주대학교 법학전문대학원
법무법인(유) 클라스 변호사
인턴십 Kim & Chang 법률사무소, IMO(국제해사기구), 법무법인(유) 대륙아주,
법무법인(유) 로고스 베트남 호치민 지사

이선호
법학전문석사
이화여자대학교 정치외교학과
이화여자대학교 법학전문대학원
법무법인(유) LKB & Partners 변호사
인턴십 IMO(국제해사기구), 법무법인(유) 로고스 베트남 호치민 지사

형사실무와 판례

초판발행	2022년 8월 30일
지은이	이성철·이정택·이선호
펴낸이	안종만·안상준
편 집	장유나
기획/마케팅	조성호
표지디자인	BEN STORY
제 작	고철민·조영환
펴낸곳	(주) 박영사
	서울특별시 금천구 가산디지털2로 53, 210호(가산동, 한라시그마밸리)
	등록 1959. 3. 11. 제300-1959-1호(倫)
전 화	02)733-6771
f a x	02)736-4818
e-mail	pys@pybook.co.kr
homepage	www.pybook.co.kr
ISBN	979-11-303-4221-4 93360

정 가   53,000원